言継卿記 第三

正記　天文廿二年八月一日

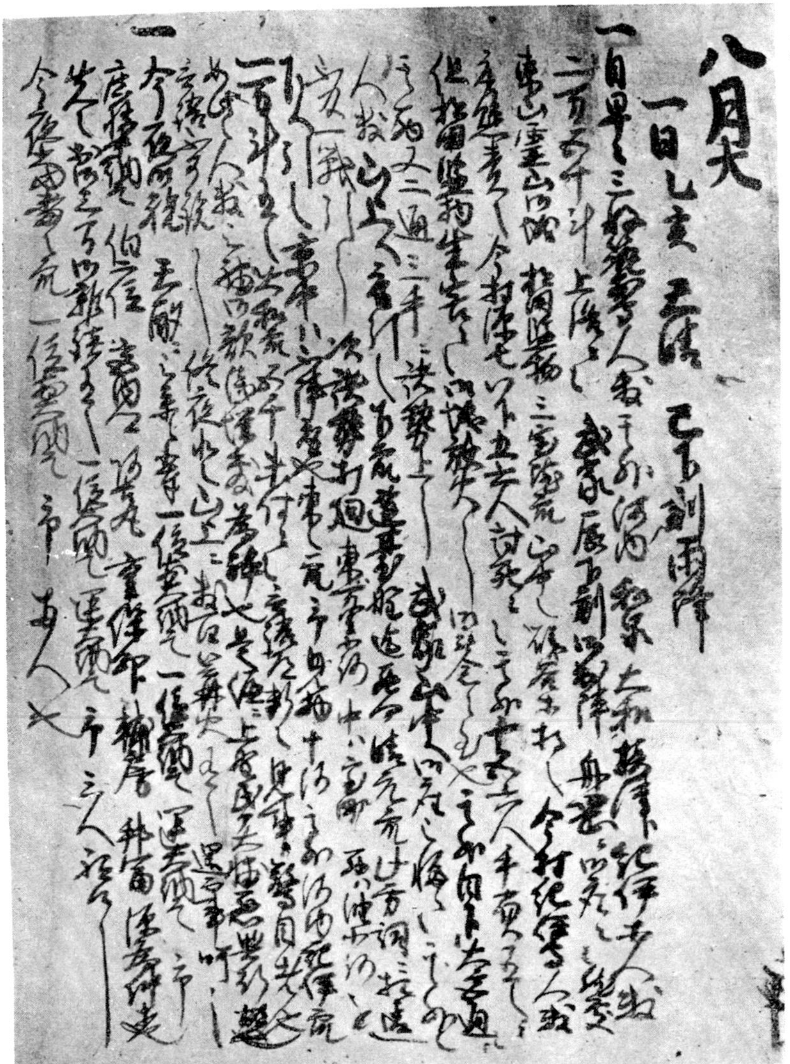

（東京帝國大學所藏）

言繼卿記卷三目次

言繼卿記十八

言繼卿記十九

言繼卿記二十

言繼卿記廿六

永祿八乙丑年○九、十、十一月缺文

目次終

言繼卿記 十五

天文十九年 庚戌

○正月大

一日、丙寅、天晴、未刻小雨降、夜入雪降、晴陰、○自去夜禁裏に祗候之間、於薄所行水申付沙汰之、寅一點內侍所參詣、御最花十疋先五位に借用之分也、進之、神盃頂戴、餅にて祝了、極﨟同參了、○四方拜如例年、於東庭有之、出納兩人參、御裝束奉仕、奉行職事右中辨、賴房、先頭中將、極﨟等に裝束令着了、刻限御服着御、御服に予參、御前裝束新中納言、次出御、御簾同御裾等頭辨晴秀朝臣、御劔重保朝臣、御草鞋賴房、脂燭殿上人基孝朝臣、源爲仲、藤原種直等也、東階御昇降之時、予、新中納言等御手引申候了、天明以前還御了、次於男末各盃酌如例年、次退出了、○看經、四方拜候了、次吉書、次今日祝如例年、葉室於此方相伴、○大澤掃部助、澤路彥九郎、同修理進、井上將監等禮に來、各盃令飮了、野洲彌四郎禮に來、云々、○及黃昏高辻衣文之事被申候間、罷向令着之、同五條被着用了、一盞有之、○御祝に參內、東坊城阿子召具、天酌に被參之輩三條大納言、予、四辻中納言、新中納言、伯二位、宮內卿、阿子丸、晴秀朝臣、重保朝臣、基孝朝臣、公遠、賴房、源爲仲等也、御盃以後、新中納言衣文之事被申之間、於局令着之、○中山亞相衣文之事被申候間、罷向令着之、一盞有之、○新中納言、中山孝親卿、菅宰相廣橋國光等着陣、云々、○亥下刻節會始、內辨新大納言、外辨新中納言、五條爲康卿、高辻長雅卿、式部大輔、菅宰相等也、少納言不參、代基孝朝臣、次將左基孝朝臣一人、右闕、外記以下不及見之間不注、丑下刻計各退出了、三條大納言當番一人之間、可祗候之由被申之間、予其間々祗候了、於男末盃酌如例年、○臺所衆阿茶墨、阿かゝ匂貝、かゝ同、むめ同、たゝ同、非司墨、同德同遣之了、○新中納言魚袋金、借用之間遣之、

二日、丁卯、雪晴陰、　○澤路彥三郞、同新三郞、　藤堂又五郞等大澤掃部いさこの者也禮に來、云々、不及對面、○伯母西專庵朝飡に呼、德利持來了、○暮々中御門へ禮に罷向、一盞有之、長松丸、阿子丸召具、先親王御方へ參、今夜御盃被下候衆長松丸、晴秀朝臣、基孝朝臣等也、予御伊茶へ牛黃圓一貝、御麝香丸同、御阿子へ牛黃圓一貝、御阿茶へ墨二丁、御乳人へ墨二丁、茶々ち匂一貝進了、次參內、　長橋局之右京大夫に匂一貝、あやゝ同、あ五ゝ同遣之、　內侍所之さい墨一丁、五ゐ牛黃圓一貝、　あこ薰物一貝、あか同、女嬬墨一丁、茶々こ同遣之了、非司女高橋妻墨一丁同遣之了、○天酌に被參之輩三條大納言、予、伯二位、宮內卿、長松丸、阿子丸、晴秀朝臣、重保朝臣、基孝朝臣、公遠、源爲仲等也、次退出了、

三日、戊辰、晴、五墓日、○堀川判官國弘、禮に來、對面、一盞勸了、五條禮に被來、云々、　○今日午時葉室在所へ被歸、云云、○暮々御祝に參內、天酌被參之輩三條大納言、予、四辻中納言、新中納言、伯二位、宮內卿、　晴秀朝臣、重保朝臣、基孝朝臣、公遠、熙長、源爲仲等也、甘露寺左衞門佐　嘉例之御扇拜領了、忝者也、次退出了、

四日、己巳、天晴、○當番始、又千秋萬歲に可參之由候間、　九時分長松丸召具參內了、伯二位、公遠、　源爲仲等被參了、於議定所御盃如例年了、長橋局、新內侍局、伊與局牛黃圓一貝宛進了、伊與官女五ゝ墨二丁遣了、先於長橋局一盞有之、鈴一對遣之、次於內侍所一盞有之、　○大祥寺殿へ長松召具御禮に參、牛黃圓一貝、持參、御盃被下了、○當番之間、晚飡臺所へ召寄了、　相番宮內卿計也、○田中隼人母煩腹痛之由申候間、　牛黃圓長砂丸出之、五粒遣之了、○仙井伊豆守景賴、河端左衞門大夫等禮に來、云々、

五日、庚午、天晴、○讚岐守忠宗、　同息左兵衞尉忠雄禮に來、一荷兩種あみ魚、串柿、　持來對面、一盞勸了、○井上將監妻禮に來、云々、德利持來、云々、　○北畠千秋萬歲參候間、長松丸、阿子丸召具、九時分參內、被參之衆如昨日、曲舞和多酒もり、なす與一、　等舞了、　於長橋一盞有之、　八過時分退出

了、○中御門、山伏石見禮に來、一盞勸了、石見多賀社牛王札持來、○從葉室予南向へ餅鏡樽等被上了、祝着々々、○飛鳥井前亞相今夜御禮に參內、於此方用意一荷兩種（はむ、串柿、）被持、吸物にて一盞勸了、○中御門今夜參仕之間、衣文に罷向、一盞有之、（一條殿）次高辻へ衣文に罷向一盞有之、次持明院へ罷向、右府渡御、今夜敍位御參也、三獻有之、御衣文之事、昨日被仰之間參了、同折重之事被仰候間、今日調進了、次新中納言衣文之事、於局被申候間令着之、葉室衣文等令着了、○敍位之儀四過時分始、執筆右大臣、（兼冬公、）公卿中御門中納言、（宣忠卿、）新中納言、（國光卿、）入眼上卿、菅宰相（長雅卿、清書、）等也、於男末盃酌如常、衣文にくたひるゝ間、不及見物退出了、○女嬬自去夜所勞之間、今夜人參敗毒散三包遣之、得驗今夜參了、○伊勢牧雲齋、粟津修理亮、祐乘三位法印、同大藏卿、主殿大夫、同新大夫等禮に來、云々、

六日、（辛未、雨晴陰、）○三條西稱名院へ兩種（荒卷二、埀一盆、）樽一、遣之、禮に罷向、吸物にて一盞了、次中御門殿へ御禮に參、李部王御對面、次靑蓮院殿へ參、御所勞、云々、次竹內殿へ參、持明院中將、甘露寺、左衞門佐等被參、御盃被下、及數盃、次福昌庵へ罷向、柳一兩種（串柿、埀一盆、）遣之、又墨三丁、正祐に墨三丁、五位に墨二丁、下女に一丁遣了、吸物にて盃二出了、○藥屋片岡（八文字屋、）柳一荷兩種（小鮒一折、埀一盆、）送之、祝着々々、○自播州都多村田口伊賀守上洛、三百疋進上、云々、引替路次之儀等引、云々、二貫六百文出之、辛勞分二十疋遣之、音信に杉原十帖上之、○廣橋黃門、市正通昭、同伊昭、御承師生島越中清嚴等に禮に來、云々、

七日、（壬申、天晴、）○息女阿子、自大祥寺殿今日此方へ來、德利兩種（山の芋、豆腐、）被持之、畏入者也、○野洲彌四郎官途之由申付、稱五郎左衞門、爲祝着一荷兩種（鯛一折、豆腐、）持參對面、盃令飮了、○早瀨彥二郎子禮に來、德利兩種（小鮒一折、豆腐一折、）持來對面、盃令飮了、○廣橋新黃門被來、一盞勸、同中山新亞相年始禮、又元日衣文禮に被來、又今夜內辨に參勲、衣文之事被申、一盞勸了、○長橋局迄參、夜

殿に置申櫃申出、庭田借用之平胡籙（矢、緒、丸）調遣之、菊亭へ壺胡籙遣之了、○今夜參仕之公卿無人之由候間、俄參懃、先長松丸、阿子丸召具、御祝に參內、天酌に被參之輩三條大納言、予、四辻中納言、新中納言、伯二位、長松丸、阿子丸、康保朝臣、基孝朝臣、公遠、邦富、源爲仲等也、親王御方今夜始御參也、今夜北陣申事有之、亥下刻始了、頭中將（重保朝臣）、右中辨（輔房）、藏人（藤櫨）、藤藏人（藤種直）等也、判官國弘、吉弘、陣官櫛田等也、　次中山へ罷向、裝束令着了、予於彼亭着之、拔衣文也、吸物（菜、餅入、）一盞有之、次參內、先着陣如常、辨右中辨、無殊事不及記、○子下刻節會始、新大納言（內辨）、予、菅宰相着陣、先加敍有之、（濟枝賢敍從四位上）作法如常、召內侍、新內侍、次着外辨、新中納言、式部大輔等、於床子南加了、今夜辨、大內記、少納言等不參、無殊事之間不及記、　次將基孝朝臣一人、　左馬寮代基孝朝臣也、右馬寮代源爲仲、少納言代基孝朝臣、　輔代俊定朝臣、敍列枝賢朝臣等也、　造酒正代小槻伊昭、今夜早出無之、各祿所以後退出了、參議宣命使菅宰相、　雜事催同、御酒勅使祿所等者式部大輔、事終日出退出了、○吉田左兵衞佐（兼右朝臣）、神供一膳送之、滿足頂戴之了、○對馬守久氏、速水越中守正益朝臣、　加田彌三郎禮に來、云々、

八日、（癸酉、天晴、）○自八幡眺望坊兩所御香水牛玉等到、（吉）油煙二丁、遣了、○昨日借用之具返之、中御門へ裙、赤大口、平緒三色返遣之、　廣橋へ飾太刀、菊亭へ靴、勸修寺へ袍等返遣了、又庭田菊亭借用之具被返了、○暮々太元帥法爲廳（カ）（◎聽）聞、召具長松丸參內、亥刻退出了、○陣官人兩人着陣之禮に來、云々、祝着之儀重可遣之由申返了、○自菊亭壺胡籙弓、自庭田平箶籙皆具被返了、○若王子佛陀寺之善德院壽璘、　吉田之神光院西堵禮に來儀、云々、

九日、（甲戌、天晴、）○佛陀寺之壽禎德利兩種（土器物）持來、吸物（豆腐、餅入、）一盞勸了、○福生庵一荷兩種（饅頭、梅漬、）持來了、正祐水引（二色、）予に被與了、○廣橋新黃門來儀、於竹內殿御連歌一巡爲談合也、○當番之間暮々參內、相番予、四辻中納言、

宮内卿代、永相朝臣父卿代、外様上姿内々祗候、等也、乍三人参御前、子刻迄
御雑談、御寝以後、於臺所酒有之、予徳利持了、○□光
照院殿内學首座禮に□、◎來カ云々、
十日、乙亥、晴、節分、土用終、○自五條靴被返了、次徳大寺公維朝臣、正四下、位
記、卜部兼高吉田同名従四上位記等被送之、 彼方へ可相届之由有之、
○阿子大祥寺殿へ還参、徳利土器物二、調進了、各へ宮
笥惡に墨十二丁遣之、○福昌庵へ方違に罷向臥了、鈴一
對遣之、盃兩度被出了、雑煮有之、
十一日、丙子、天晴、立春、(正月節)○看經に神樂少々吹之、次樂始、笛、
五常樂急、三反、太平樂急一反、吹了、○四條少將隆益朝臣、禮
に被來、吸物にて一盞勸了、 以次禁裏へ御禮令申、右
衞門佐に裾指貫借用、 黛御免之事今日執申、勅許了、
於議定所御對面、 予申次、於男末天盃頂戴了、次親王
御方へ被参、同予申次了、次伏見殿へ参、 李部王御對
面了、次被歸宅了、 ○親王御方御乳人徳利鯛一、被送
之、祝着候了、○今日伏見殿申沙汰也、兩種土器物はむ、茎、
一荷進上了、七過時分中御門令同道参了、 長松丸、阿

子丸同参了、暮々御盃始、入道宮、李部王、梶井宮、總
持寺殿、新大納言中山、予、四辻中納言、中御門中納言、菅
宰相、長松丸、阿子丸、重保朝臣庭田頭中將、基孝朝臣持明院中將、永相朝臣高倉右衞門佐、
三條實福朝臣、公遠四辻少將、源爲仲五辻極﨟等也、三獻以後御盃に参内、
天酌に被参之輩三條大納言、予、四辻中納言、新中納
言、伯二位、宮内卿、長松丸、阿子丸、基孝納言、公遠等
也、各親王御方御参還御等之供奉参了、次又伏見殿へ
参、六獻に参、九獻参了、夜半時分退出了、
十二日、丁丑、天晴、○瀧雲院殿忌日之間、佛陀寺之僧善勝齋
に來、徳利随身、相伴了、墨二丁、遣之了、○内侍所へ鈴
一對遣了、○御楊弓に四時分参内、 先内侍所へ罷向、
一盞有之、 今日御楊弓、四十三度有之、御人數御矢、卅六、 曼殊院宮、
卅四、予、廿、四辻中納言、十九、新中納言、十、重保朝臣、九、
永相朝臣十七、等也、 卅二枚勝、及黄昏退出了、今日聖
護院被参、云々、於番衆所各小漬如常、○滋野井、三條正親
町少將、局務枝賢朝臣禮に來儀、云々、
十三日、戊寅、天晴、未刻雪花飛、○昨日從稱名院使者有之、 今朝朝

湌可來之由有之、云々、仍使者遣之、兼約之條故障之由申、然者明朝可來之由有之、同心候了、○右衛門佐雙子假ども之事申候、罷向調之、朝湌有之、八時分歸宅、（右衛門佐に牛黃圓、繼母に麝香丸一貝つゝ遣之、）○岡殿へ御禮に參、御盃被下了、牛黃圓一貝、持參、次四辻、白川、冷泉、薄、高倉、富小路等へ禮に罷向了、薄見參有之、其外各他行、云々、○自四條徳利被送了、祝着候了、○從備州松井孫左衛門尉昨日上洛、今日來對面、盃令飮了、自備前居都上村三貫出之、自播州下揖保二貫、靑海苔百把出之、云云、路次にて七十疋（自來月之分也）遣之、云々、先借に一貫五百文返之、殘而九百文之借用也、○甲斐守久宗、中興新左衛門尉禮に來、云々、

十四日、（己卯、天晴、）○上御靈に長松丸召具參詣了、共大澤掃部助、澤路彥九郎、井上將監、雜色源左衛門等也、○稱名院へ朝湌に罷向、薄、高倉金吾等計也、○四時分高倉金吾令同道、坂本へ罷下、藤黃門に牛黃圓、華撥圓兩種一貝宛遣之、供大澤掃部助、將監小者新五郎兩人召具了、戌刻風呂へ入候、藤黃門、同金吾、予各罷了、○坂本執當法印樽一兩種（荒卷二（いさゝすし）、串柿、）送之、云々、○高倉宿主迎珠院（比丘尼、）牛黃圓一貝遣了、かや一蓋送之、○今日當番庭田（頭中將、重保朝臣、）相轉了、○富小路禮に來、云々、

十五日、（庚辰、天晴、戌刻雪降、）○朝湌以後、高倉父子令同道參大樹、四過時分御對面、大御所（右大將殿、）自舊冬御所勞、水腫張滿、云々、上池院御療治、云々、同篇之由有之、然者及數日之間煩敷事也、被參之衆、公家烏丸、日野、高倉、（藤中納言、）予、高倉金吾、細川右京大夫（大名）、御共衆細川右馬頭、大館左衛門佐、上野民部大輔、伊勢守、佐々木（朽木）民部少輔、御部屋衆細川刑部少輔、三淵掃部頭、外様細川播（和泉守護）磨守、同陸奥守、三公ヽ、ヽ、（大津之）岩室ヽヽ等也、次朽木所へ罷向、民部少輔は近衛殿へ、右京大夫祗候御酒有之、云々、女房衆子息彌六見參、雜煮吸物（鴨）二獻有之、及數盃之處、民部少輔歸宅也、以外沈醉了、次近衛殿へ參、御留守、云々、次右京大夫所へ罷向、留守、云々、奏者茨木伊賀守也、次七時分令出京、路次雖走、五時分歸京、

直に參内、御盃天酌、被參之輩三條大納言、勸修寺大納言、予、四辻中納言、萬里小路中納言、新中納言、伯二位、宮内卿、重保朝臣、基孝朝臣、公遠、賴房、邦富、源爲仲等也、次召御前、予、四辻中納言、頭中將、重保朝臣、庭、源爲仲、亥下刻迄御雜談了、次退出、○夜半計三毬打ほころかし候了、○一條殿右府、韻鏡之一紙之口訣被返下了、○祖母忌日之間、安養寺之僧慶存齋に來、茶隨身、云々、墨悪二丁遣之、

十六日、辛巳、天晴、○今日爲祈禱建仁寺光堂宰相僧都、良盛、呼了、仁王經讀誦了、齋相伴了、杉原一帖、南良油煙一丁遣之、梅漬一桶持來、○福昌庵へ八時分罷向、稱名院室西向、被申薰物二兩合、調合了、攝取院喝食被來、嵯峨之二尊院西堂、廬山寺之西堂禮に被參了、予に晩飡有之、○此町北米屋小童自北谷下山、云々、宮御用にて德利送了、○今日祈禱如例年、念佛百萬返各申之、心經百卷、消除疫病經十卷、壽命經三卷、慈救咒千返、光明眞言千返、地藏眞言三百返等、春日社へ祈念了、○北隣德阿み次男三才、兩三日腹中相煩、云々、藥之事申來、人參丁香散三包、加鷲粟遣之、

十七日、壬申、天晴、○薄朝飡に可來之由有之間罷向、予計也、○此邊所々少々禮に罷向、三條轉法輪、中山、五辻、菊亭、庭田、勸修寺、梶井殿、持明院、賀二位、牧雲軒、甘露寺、淨土寺殿、一條殿御兩所御見參、御盃被下、日野、五條、祐乘法印、德大寺、局務枝賢、鷹司殿、勸修寺入道、三條正親町、滋野井、彥部雅頭樂、廣橋、半井宮内大輔、治部大藏丞、佛陀寺僧衆等禮に罷向、各他行、云々、申置候了、○四條少將被申三毬打申付調進了、○自深草三毬打竹五本持來了、名字地依被落不進上者也、○中御門へ罷向、一盞有之、○鴨祝三位秀行禮に來、云々、

十八日、癸未、晴、巳午刻雪降、○禁裏御三毬打卯刻有之、長松召具參内、被參之輩予、四辻中納言、新中納言、伯二位、長松丸、重保朝臣、基孝朝臣、公遠、賴房、邦富、源爲仲等也、聲聞師大黑參はやし候了、御稽古兩奉行藤中納言代、頭中將代、參、次於男末盃酌如常、次於御學問所御楊弓百一度有

之、御矢、八十五、脇穴一、曼殊院宮、九十一、穴一、下官、六十、穴一、脇穴二、四辻中納言、四、十八度に、新中納言、廿二、脇穴一、頭中將、廿七、穴一、極﨟八、卅餘度、等也、六十四枚勝了、朝飡有之、夕方餅にて御酒有之、暮暮退出了、○四條少將德利持來、云々、御三毬打見物之望、云々、過之間不及是非、中御門に被留、云々、○伏見之般舟院孝純、西塔純智禮に來、云々、卷數串柹等持來、云々、○鞍馬寺戒光坊代御所坊禮に來、云々、牛玉持來、云々、○段子小袖新調了、

十九日、甲申、天晴、十方暮、　○今日上邊禮に罷向、四條可同道之由被申候由候間、早々迎遣之、朝飡相伴、　四時分令同道、長松丸同召具、先飛鳥井へ罷向、前亞相に牛黃圓二貝、左金吾に華撥圓一貝、遣之、一盞有之、次總持寺殿へ參、見參、及數盃、次南御所へ參、皆々見參、吸物、餅、盃及數盃、次寶鏡寺へ參、今朝坂本へ御下、云々、次四條返了、次遙琳庵へ罷向、青海苔廿把進之、牛黃圓一貝、遣之、　雜煮一盞有之、次入江殿へ參、方丈如去年御所勞、云々、御喝食御所御見參、　四條又參及數盃、半井宮內大輔明英朝臣、參、長松に御喝食御所小鬼板同小鬼子被下了、　其外方々所々一裹つゝ種々被遣滿足了、次四條へ罷向、祖母に牛黃圓一貝、少將に墨三丁、遣之、　一盞有之、及黃昏歸宅了、○五辻禮に來、一盞勸了、○勸修寺亞相入道、高辻、上冷泉等禮に來儀、云々、○雖當番以外沈醉之間、所勞之由申入候了、

廿日、乙酉、晴、時時雨散、　○自栂尾閼伽井坊久喜一桶被送、　德大寺之伯父也、德大寺公維朝臣加級申沙汰之禮被申了以次元服之事申驚候了、　○從四條祖母、　昨日少將同道、祝着之由書狀有之、　○藤黃門昨夕上洛之由候間、先日之禮に罷向、約束之青海苔廿把、遣之候了、○福昌庵見舞了、小瘡以外相煩散々式、云々、　○自庭田今夜番之事被申候間、暮々參內、相番予、　伯卿季遠卿代、極﨟等也、於御學問所に予、　伯卿兩人參、四過時分迄御雜談了、○禁裏御會始出題之事、飛鳥井前大納言に可申候由被仰下候間、以大澤掃部申遣了、次明日御楊弓に可參之由被仰下了、○自菊亭爲當年禮使者有之、

廿一日、丙戌、天晴、五墓日、〇看經、神樂少々吹之、〇自藤黃門昨日被申黃芪調遣、又山藥一分、所望之間、同遣之、次はかりとをし被借之間遣之了、夕方兩種被返了、〇福昌庵へ小瘡藥ちうやく、雪下草、目はちき、黑燒、等分合遣之了、〇長講堂之周德禮に來、樽一、兩種餅一盃、串柿、持來、吸物にて一盞勸了、但禁酒之僧也、〇自飛鳥井御會始御題到來、則持參、今日禁裏御楊弓五十五度有之、御矢、十八、曼殊院宮、卅六、穴一、藤中納言、八、予、廿、四十四度、四辻中納言、十九、四十五度、新中納言、十九、重保朝臣、廿一、永相朝臣、十、源爲仲十六、等也、予卅一枚勝了、御小漬如常、於東庭有之、御矢取次基孝朝臣、庭田之御矢取伏見殿之生島松千代、竹内殿之幸菊、千夜叉、加田孫三郎等也、及黃昏内侍所へ罷向、中山、予、五辻、甘露寺等一盞有之、次退出了、〇行事官時久禮に來、云々、出納右京進約束之五八霜持來、云々、

廿二日、丁亥、天晴、去夜薄雪、〇自禁裏和歌御會奉行之事被仰下之間、御請申入候了、勅筆御題被出了、則廻文相調相觸候了、調樣如此、金屋人觸之、

寄龜祝

刻限可爲午一點之由其沙汰候也、

右御題、來廿五日可爲和歌御會始、各可令豫參給之

由、被仰下候也、

正月廿二日　　言繼

飛鳥井前大納言殿、坂本へ被下云々奉、三條大納言殿、奉、勸修寺大納言殿、奉、日野大納言殿、新大納言殿、奉、日野新大納言殿、奉、藤中納言殿、四辻中納言殿、奉、萬里小路中納言殿、奉、中御門中納言殿、奉、新中納言殿、奉、伯二位殿、奉、右衞門督殿、奉、左衞門督殿、奉、宮内卿殿、奉、頭辨殿、奉、頭中將殿、奉、持明院中將殿、奉、藏人中務丞殿、奉、

稱名院入道右府、萬里小路前内府兩人者無案内之間、罷向直申含了、親王御方、座主宮、伏見殿、聖護院、大覺寺等自御所被申、云々、奉行不存知、云々、大臣へは文章調樣同前、宛所一人つゝ、三條殿、西殿萬里小路殿とあるへし、〇勸修寺之御會奉行之儀、大方相尋罷向之

處、大祥寺殿へ被參候間、則參之處、御參內、云々、各盃被出一盞了、○長橋局迄參、御會始之儀相觸之由申入候了、次內侍所へ罷向候處、又一盞有之、○吉田右兵衞佐兼右朝臣、禮に來、一盞勸了、靑侍兩人召出了、○稱名院へ罷向之次、予和歌談合了、

廿三日、戊子、天晴、○庭田禮に被來、云々、○老母四條へ朝飡に被行、云々、暮々歸宅、○田中隼人中御門侍母禮に來、德利隨身、入麪にて一盞勸、云々、○福昌庵小猪見舞、同篇、云々、○自藤黃門はかり借用、則被返了、○明後日御會始、各御懷紙計可被進之由被仰出候間、以廻文相觸了、

廿四日、己丑、天晴、黃昏小雨灑、丑刻寒嵐、○執當方へ先日返事相調、藤黃門へ罷向、便宜可被屆之由申候、一盞有之、右衞門佐者禁裏へ御楊弓、云々、七十度有之、云々、御矢卅四、曼宮七十七、四中、廿二、新中、十三、頭中、廿二、右佐四十七、等、云云、○當番之間暮々參內、相番不參、一身也、

廿五日、庚寅、天晴、○阿子、阿茶々上御靈へ參詣、云々、○人參丁香散一濟調合了、予受用之料也、○去々年三條亞相被借用藤氏諸家系圖一冊、所用之事有之條、今日取返了、○出納右京進重弘明日防州へ下向、云々、仍柳原、廣橋へ書狀言傳了、重弘に牛黃圓一貝、五疳保童圓二百粒宛、遣之了、○勸修寺亞相、同頭辨、薄宮內卿、兩三人、御會始御懷紙到、予懷紙相添、暮々持參了、薄所へ呼候間罷向、一盞有之、暮過歸宅了、予和歌、

春日同詠寄龜祝和歌

權中納言藤原言繼

池ひろみ水もみ、とりにすみ龜は、かそへもしるや
萬、代の春

廿六日、辛卯、天晴、正月中、○禁裏御和漢有之、駿州僧妙心寺之僧善德寺宗孚首座申沙汰、云々、四時分參內、於小御所有之、御人數御製、入道宮、入道前右大臣、三條大納言、新大納言、下官、四辻中納言、新中納言、伯二位、執筆菅宰相、仁如、相國寺雲頂院江心、天龍寺董西塔孚首座等也、及黃昏終了、八時分小漬如常、後三獻參了、御茶に永相朝臣、御盃之時重保

朝臣、公遠、邦富、源爲仲參了、亥刻退出了、御發句以
下、如此、

外なしとおほふや霞天津空　御

花　管　萬　家　春　入道宮

百千鳥つゝける梢日のさして　入道前右大臣

雨になる夜の雲かへる山　三條大納言

旅の袖曉露やふかゝらん　四辻中納言

清水執行禮に來、云々、牛王香水持來、云々、

廿七日、壬辰、天晴、○春日社御師積藏院中大藏大輔大中臣
時良書狀、神供、油物等到、同正預、同辰巳中臣祐恩連
書狀、神供、串柿一束到了、○禁裏御楊弓之間、四時分
參內、六十三度有之、御矢、卅七、穴一、曼殊院宮、四十三、穴一、予、四十
四、四辻中納言、十九、穴一、新中納言、十八、重保朝臣、十二、永
相朝臣廿二、等也、予卅三枚勝了、小漬如常、○安居院
僧正禮に被來、云々、

廿八日、癸巳、晴、自申至丑刻雨降、天一天上、○右衛門佐被申三體詩絕句一
册、切とけ表紙懸之遣之了、○下邊禮に少々罷向、供

大澤掃部、井上將監、雜色源左衛門計也、所々本光院
御所勞、云々、二條殿、殿下御對面、御盃被下、次曇花
院、御見參、及數盃、次建仁寺光堂へ罷向、吸物にて酒
有之、次一華院へ罷向之處出京、云々、清水寺執行へ
可罷之處、沈醉之間大澤掃部助遣之了、

廿九日、甲午、陰、天一天上、○禁裏聖天御法樂御和漢有之、四時
分參內、御人數御製、十八句、入道宮、十三、曼殊院宮、六、入
道前右大臣、十六、三條大納言、九、新大納言、六、下官、九、執筆
四辻中納言、六、新中納言、九、菅宰相、四、重保朝臣四、等
也、所役殿上人基孝朝臣、於御學問所有之、於男末小
漬如常、酉下刻終了、御發句以下如此、

鶯に梅か香しるき朝戸かな　御製

春　可　惜　斯　須　入道前右大臣

横雲にかすみもはてぬ月すみて　入道宮

舟の行ての波のしつけさ　曼殊院宮

輕　鳧　釣　絲　細　三條大納言

半　醒　壽　盞　斛カ◎斟　新中納言

夕まくれたつ鳴雲に◎缺句　新大納言
入日の末の遠き眞砂地　言繼

當番之間其間◎々脫カ祇候、相番無之、予一身也、廿五日御會始御懷紙申出、裏書とち事、可調進之由被仰下候了、○春日社御師中方へ返事、御最花十疋遣之、正預、辰巳方へ筆一對遣候了、

卅日、乙未、天晴、天一天上、　○故父卿宗永等忌日之間、淨花院之松林院、佛陀寺之舜智等齋に來、予相伴候了、松林院茶持來、兩人に墨二丁つゝ遣之了、○五條李部來儀、一盞勸了、自一條殿前殿下白扁豆八兩、被下候、○御會始御懷紙とち候了、乍次寫之、裏書如此調之持參了、

天文十九年正月廿五日和歌御會始

禁裏御楊弓に午時に參內、六十八度有之、御矢、廿六、曼殊院宮、五十四、今出川前左大臣、廿四、新大納言、九、下官、廿八、六十一度に、新中納言、十一、永相朝臣、廿四、若王子增鎮法印、四十五、源爲仲、卅二、穴一、等也、持候了、但廿五枚拜領了、於番衆所小漬如常、及黃昏退出了、○自彥部雅樂頭所鑓取に來、云々、遣之、云々、

○二月小

一日、丙申、陰、時々雪飛、霰散、天一天上、○看經神樂少々吹之、○福昌庵へ禮に罷向、攝取院喝食從去月廿九日被移室、云々、一盞有之、同靈山寺之竹中被來了、次岡殿へ參、御見參、次梶井殿、竹內殿へ參御留守、云々、次稱名院見參、次靑蓮院殿御所勞、云々、次伏見殿へ參、各御楊弓有之、李部王御對面、次大祥寺殿へ參、御參內、云々、兩三人被出一盞有之、次一條殿へ參、御兩所御見參、五條父子祇候、御盃被下了、○淨土寺殿之西坊に誂候楊弓之弓出來、禁裏へ可進上之用也、仍持參入見參、先强內々可被引試之爲也、○禁裏御祝に參內、長松丸、阿子丸召具、親王御方御參也、先予、四辻中納言、新中納言、參御學問所、暫御雜談了、妙心寺故長老大休和尚、國師號之事、御沙汰共有之、次天酌、被參之輩三條大納言、予、四辻中納言、新中納言、長松丸、阿子丸、重保朝臣、基孝朝臣、公遠、源爲仲等也、次退出了、

二日、丁酉、天晴、時々雪飛、天一天上、○禁裏御楊弓有之、中御門臺物、一、柳五荷進上、云々、五十八度有之、御矢、廿、曼殊院宮、卅二、今出川前左大臣、廿六、勸修寺大納言、卅二、新大納言、廿二、予、卅、四十六度に、中御門中納言、十、重保朝臣、十三、源爲仲卅、穴一、等也、先半臺にて一盞有之、夕方小漬如常、予五十九枚勝了、及黄昏退出候了、○昨日之弓被出、藤之事可申付之由有之、又一張被出、かは可申付之由有之、○廣橋新黄門來談、四過時分迄雜談了、○内侍所へ鈴一、持之、御楊弓之前受用候了、次五位借用之間、西行讀之御裳濯川、宮川等之歌合一册遣之了、

三日、戊戌、曉天薄雪、晴、天一天上、○滋野井來儀也、三條少將實福朝臣十五歲、冬袍新調之事談合也、鵠之君不知被所望之間、二枚遣之、○中御門女中來儀、鈴一對兩種被持、云々、○滋野井又來儀、袍之事可申付之由有之間、御料織手司遠山右京進、に申付之、文輪無五丈五尺、尺きれに申付了、手付且二百疋被渡、云々、○中御門來談、一盞勸了、○長橋局迄參、予所持之金襴紫色、雲に飛鶴、昨日之御弓二張之束に可進上歟否之由伺之、可申付、御祝着之由有之、○中御門倩筆公卿補任後深草院四ヶ年分、出來到、

四日、己亥、天晴、天一天上、○從伊與局長松丸に徽物一土器被送、祝着之次、中御門目藥所望之由可申傳、云々、○禁裏御弓之事、爲可申付、西坊所へ罷向、留守之由申之間、一條殿へ參、五條に申置候了、右府御見參、暫御雜談候了、○晩飡以後、親王御方へ參、暫御雜談申入候了、御酒被下了、次當番之間參内、予一身也、御室當年始御參内、於常御所三獻參了、三獻之時、御室御酌女中、次予參了、○朝飡之汁に中御門へ罷向、鴈之汁也、伊與局臺所かゝ申目藥之事今所望、則遣之了、

五日、庚子、天晴、天一天上、○一條殿御會有之、可參之由昨日被仰之間、四時分參、九時分參集、兼日御懷紙有之、予不詠進、但題江上霞、寄梅戀二首也、御當座百首有之、前殿下、十五首、右府、同、下官、十三、五條、式部大輔、十、大內記、明融、冷泉兄也、天龍寺六王院公藏主、西坊、東坊、堀川判官、難波右馬允、宗四郎等也、申刻各出來、次先晩飡各持參歟、

予不及持參、次被取重、次予懷紙短册共讀揚了、次御盃參及數盃、亥刻歸宅了、以外沈醉者也、○小川木內彌二郎子三歳、扇一本持來、保童圓所望之由申、云々、○今日予和歌題子日松、庭上落花、夕卯花、五月雨、七夕、曉鴈、秋霜、寄門戀、寄屋戀、寄海戀、田家、述懷、社頭、

千とせをも思ひ岡へに打むれて
　二葉の小松けふや引らん
庭の面に散しく花を吹たてゝ
　梢にかへせ春の朝かせ
うつ木さく岡への里は夕附日
　さすや墻ねの雪や殘れる
なをさりになかめはすてし五月雨の
　晴行月に山ほとゝきす
天川逢瀨うれしき彥星の
　袖より秋の露もをくらん
夢さますかりねの枕風過て
　鴈かねさむき秋の半天
道芝の昨日の露や秋なから
　氷りて今朝の霜にをくらむ
何をかもさして恨のしけからん
　とひよる門は八重むくらして
いかなれは篠のしの屋のかりにたに
　そよとも人の音信もなき
かつきするあまりつれなくわたつ海の
　かりのみるめもいかに絕けん
すみなるゝ田つらの里はをのつから
　いふせくもなき庵ねすゝしも
武士もやはらく文の道し有て
　ともにさかへん時をしそ思ふ
宮はしら太木たてゝみかさ山
　四の社よ世をまもらなん

公卿補任後深草院令校合了、本廣橋へ返遣了、

六日、辛丑、天晴、自酉刻雨降、天一天上、○五條來儀、國師號之事高辻へ被

仰出之處、御請被申、云々、言語道斷次第也、云一門之
儀云先例、旁以不可然、當官之儒卿之上首書之、先例
也、雖上首前官不書之也、然處閣上首下﨟調之儀、公私
相違之御沙汰也、○禁裏御楊弓之間、巳刻參內、午時始
五十一度有之、御人數御矢、廿二、曼殊院宮廿五、今出川
前左大臣、十三、（烏丸）日野大納言、七、下官、十七、四辻中納言、
十七、新中納言、九、頭中將、十八、右衞門佐、十八、極﨟十五、
等也、五十八枚負了、小漬如常、○木內彌二郎子に保
童圓（二百粒）、遣之、次雜色源左衞門妻に內炎散三包遣之、
○高屋九郎左衞門黑藥之事申候間、一包遣之、○福昌
庵被來、夕方被歸、云々、
七日、（壬寅、天晴、天一天上、）○中御門へ罷向、臺所之たと所望之由
申間、目藥三貝、令所望遣之、○右衞門佐所へ罷向、坂
本へ下、云々、次稱名院へ罷向之處、嵯峨へ被行、云
云、次攝取院へ罷向、三條亞相母儀被來、一盞有之、○
竹內殿楊弓之御矢一つ折、又一筋新五矢之分に調之、
羽付改事、西坊に申調可進之由承候間申遣之、君不知
三枚不足之間、予所持之間添遣之、心得之由申候了、
○五辻被所望之間、鵠之君不知三枚遣之、○澤路彥九
郎養母咳氣之間、藥之事申候間、仲和散（加前胡）、三包遣之、
○葉室出京了、
八日、（癸卯、天晴、天一天上、）○中御門に朝飡有之罷向、人數勸修寺
亞相、烏丸、（昨夕出京、云々）予、四辻、亭主、廣橋黃門、葉室、藤藏人等
也、中酒以後碁將碁有之、次吸物にて及大飮、音曲有
之、予鼓大小取寄了、奧坊白臥（手使也、）來、○烏丸へ年頭之
禮に罷向、奧坊同道、鯉膾有之、一盞又有之、○今朝早
早小屋藥師へ參詣、
九日、（甲辰、天晴、天一天上、）○今日禁裏御楊弓有之、先伯卿へ罷
向、昨日書狀有之、松尾社遷宮に外記史、史生、官掌等
參懃之由申之、如何之由被尋之、予一向無案內之儀
也、但所役何事乎、不審之由返答了、彼等參懃者祭之
儀歟、於遷宮者不審之儀也、猶可尋儀也、盃被出一盞
了、次午時參內、御楊弓五十度有之、御人數御矢、十八、
曼殊院宮、廿二、今出河前左大臣、廿六、勸修寺大納言、

十三、日野大納言、七、下官、（廿二、廿枚勝、）四辻中納言、廿二、新
中納言、七、頭中將七、右衞門佐、八、若王子增鎭法印、廿、
極臈十九、等也、於東庭有之、御矢取自竹門兩人加田孫
三郎等也、於番衆所小漬如常、○今日當番予一身也、
右衞門佐外樣番（父卿代也、）其間々祇候、内々に祇候也、○自
中御門鼓大小、碁盤、同石、將棊馬等被返了、
十日、（乙巳、天晴、天一天上、）○廣橋に朝飡有之、人數烏丸、中山、日
野、予、四辻、中御門、（新黄門、）亭主、庭田、右衞門佐、葉室、
五辻、河端左衞門大夫（庭田侍）、加田孫三郎（同）、小島源四郎（烏丸侍）、平（同）
井又二郎等也、中酒凝、次音曲有之、予鼓大小笛等取
寄了、吸物にて及大飲了、七時分歸宅了、○葉室在所
へ被歸了、○自廣橋鼓大小被返了、
十一日、（丙午、天晴、二月節、天一天上、）○看經、神樂少々吹之、○中御門
來談有之、○三條西へ罷向、去五日於一條殿和歌稱名
院に談合、一首結句被直了、飛鳥井左衞門督、右衞門
佐等一盞有之、次自長橋局可來之由被申候之間罷向、
高倉侍從（範信、）夏直衣指貫等之事被申間領掌了、次伊
與局へ罷向、三川國之事被尋候間雜談了、○自伊與局
竹内殿爲御養生、人參丁香散可調進候由有之、代十疋
到、又小鯛十、子共にとて被送了、祝着々々、○飛鳥井
前亞相及黃昏來儀、御番祇候、云々、暫雜談了、○戌刻
計自伏見殿鼓大小可借進之由御使有之、則進了、
十二日、（丁未、天晴、天一天上、）○亡父忌日之間、佛陀寺之僧善勝齋
に來、相伴候了、○藥屋小山新四郎所にて、藥種六色
召寄、代十疋遣之、廿八文かけ也、○從伏見殿鼓大小
被返下了、○今日禁裏御楊弓五十六度有之、御人數御
矢、十六、曼殊院宮、（廿二、穴二、）今出河前左大臣、廿一、勸修寺
大納言、十四、四辻中納言、卅、新中納言、七、重保朝臣、十
六、永相朝臣、十五、增鎭法印、卅五、源爲仲、廿、下官卅四、
等也、五十四枚勝、於番衆所小漬如常、御矢取九日同
前、及黃昏退出了、
十三日、（戊申、天晴、天一天上、）○早々從長橋局絹一疋調料六十疋
到、高倉侍從直衣指貫新調也、○中御門へ罷向、從禁
裏御尋之儀有之、堀川判官入道法印之事、令存知乎否

之事御不審之處、去年冬令披露之處、勅許之間令下知之由被申、只入道法印之事、叡慮御失念歟、又中御門申沙汰之儀、太不可然題目也、當時之儀諸事聊爾而已、言語道斷、不可説々々々、則長橋局迄參申入了、御楊弓被遊之間可參之由有之、○右衞門佐所へ罷向、竹之根之鞭遣之、一盞有之、雁尾一尻與之、祝着々々、○禁裏御楊弓自未下刻始、卅三度有之、御人數御矢、六、卅度に、曼殊院宮、十四、新中納言、八、永相朝臣、廿五、下官十七、等也、五十一枚勝了、於番衆所餅にて一盞有之、次御膳御跡被下了、酉下刻退出了、

十四日、己酉、自丑刻至辰刻雨降、陰、天一下艮、○早々高倉侍從直衣指貫出來之間、長橋局へ進了、○長橋局伊與局へ被申候、人參丁香散加黄芪、宿砂、二濟調合、且三兩宛進之、○自竹內殿被仰之楊弓矢一筋捻續事、一筋折たるを續事、又羽付改事、又弓新調藤以下出來到、則竹內殿へ矢五進了、弓は禁裏へ、予つる以下調之、持參進上了、御祝着之由被仰下了、○今日禁裏御楊弓六十一度有之、御人數御矢卅七、穴一、曼殊院宮、五十四、今出河前左大臣、廿一、勸修寺大納言、廿九、新大納言、十九、四辻中納言、廿七、中御門中納言、十四、新中納言、十九、穴一、重保朝臣、十五、永相朝臣、卅、增鎭法印、五十二、源爲仲、十七、下官卅、等也、卅一枚勝了、所役に竹內殿範信祗候也、御矢取加田彌三郎、奉行治部大藏子千鶴也、幸菊等也、於番衆所小漬如常、○當番之間其間々祗候、相番予、高倉侍從範信兩人也、

十五日、庚戌、天晴、○禁裏御矢羽付改事、西坊に可申付之由被仰被出了、○祖母安明院忌日之間、淨花院之松林院乘誓、齋に來、相伴候了、慶存故障之間如此、一竹四穴持參、同吹樣之一紙景範書之、先預候了、○行事官時久來、一盞勸了、松尾遷宮參仕之事申候了、○西坊所へ御矢四、羽、君不知四枚、鴈尾四枚持罷向申付之、明日可出來之由申候了、同予矢羽一きるゝ間、君不知一枚添之誂了、種々無心之禮に杉原三帖、扇すなご、一本、保童圓三包六百粒、等遣之、○一條殿へ參、先日之御當座二首直之、御兩所御見參、御酒數盃被下了、○自竹內殿御楊弓に

可參之由御使有之間參、御人數竹門、予、中御門中納言、新中納言、滋野井、若王子、五辻、新四郎、幸菊等也、餅吸物にて御酒有之、十餘枚負了、及黃昏歸宅、○藤黃門女中より鈴一對被送了、祝着々々、○自長橋局御弓かは之代二十疋半到、明日取寄可進上者也、

十六日、辛亥、天晴、○禁裏御弓取寄進上了、同西坊所へ御矢取に遣、持參了、次予矢一同到、○長橋局、六兩、伊與局五兩半、人參丁香散殘持參了、今日禁裏御楊弓、六十一度有之、先於御學問所御雜談有之、竹內殿、今出河、勸修寺、予等也、御楊弓御人數御矢、卅四、曼殊院宮、七十二、今出河前左大臣、廿、勸修寺大納言、四十四、四辻中納言、卅、新中納言、廿四、滋野井中將（公古朝臣）、廿一、四十八度に、右衞門佐（永相朝臣）、廿二、若王子（增鎭法印）、五十八、極﨟、廿四、下官卅五、等也、廿七枚勝、於番衆所小漬如常、範信被參了、御矢取幸菊、千鶴丶丶兩三人也、明後日十八日、聖天御法樂可參之由被仰下了、○長橋局へ鈴一對持之、御楊弓前受用了、○自新內侍殿、去年沈之代百廿文到、

十七日、壬子、自寅刻雨降、八專入、自巳刻晴、○一竹四穴同頌寫之、四辻へ罷向、尙々調之了、右衞門佐來雙紙書之、又高倉侍從被來、一盞有之、⊙薄所へ罷向、暫雜談、一盞有之、○長橋へ罷向、大津粟津之者、公事之儀申之、坊城ゝ中事有之、○自町黃門書狀有之、則返事調遣之、墨善一丁、惡二丁、遣之了、○藥屋へ十二日之かけ、舊冬五十疋六かけ之內百卅四返之了、殘四百文かけ也、

十八日、癸丑、天晴、○禁裏聖天御法樂御和漢有之、所勞氣之間故障申候了、但一巡計申候了、御發句以下如此、

さきて梅おもへは春を色香かな　曼殊院宮
曉枝鶯亂啼　入道宮
手枕の夢も長閑に月出て　御製
雲一むらの遠き山風　入道前右大臣
虹腰橋跨岸　三條大納言
涼意雨淋畦　新中納言
行歸る袖には露を打はらひ　新大納言
野へを分れは尾花蓬生　言繼

自長橋局粟津之儀、爲談合被呼之間、兩度參了、○福昌庵爲見舞罷向、驚歸宅了、○及黄昏御番に可參之由候間、則參內、予一身也、白御服拜領了、過分忝者也、

十九日、甲寅、天晴、八專、○御承師越中清嚴召寄、三河國寮領采女國役等之儀、妙心寺長老龜年、賴候事申含了、一盞勸了、○禁裏御楊弓六十七度有之、御矢、卅四、曼殊院宮、四十九、穴一、今出河前左大臣、廿八、勸修寺大納言、四十二、新大納言、十四、四十八度に、四辻中納言、十二、廿度に、新中納言、十四、重保朝臣、廿、永相朝臣、卅二、穴一、下官廿六、等也、四十六枚負了、小漬於番衆所如常、今日御扇被出勝負了、新中納言被下了、○當番之間其間々祗候、相番予、範信兩人也、右衞門佐、父卿代に外樣へ參、雖然內々祗候也、○長橋局官女あや、所勞頭痛身痛、云々、不換金正氣散加白芷、當歸、芍藥、三包與之了、

廿日、乙卯、天晴、八專、○入江殿御所勞爲御見舞參、御煩とて無御見參、福壽庵等春被出、一盞有之、次一條殿へ參、御兩所御見參、暫御雜談申候了、○庭之梅一枝禁裏へ、一枝長橋局へ持參了、○廣橋新黄門被來、暫雜談了、

廿一日、丙辰、天晴、自酉下刻雨降、○看經、神樂少々吹之候了、○自福昌庵沈所望之間、五きれ遣了、同下藥十二神丸二服分廿四粒、遣之、○申入候勅筆詩歌五枚出來、自長橋局給候了、○午刻御楊弓之由有之間、則參內、御人數御矢、四十七度卅七、竹內殿、卅五、穴一、勸修寺大納言、廿六、四辻中納言、廿、穴一、新中納言、十一、重保朝臣、十六、下官十七、等也、於番衆所小漬如常、五十六枚負了、御矢取基孝朝臣、範信、源爲仲等也、於清涼殿被遊之、

廿二日、丁巳、雨降、八專、自巳刻晴、○早旦廣黄門被來、和歌被談合了、題林抄上、被借用遣之、○公宴水無瀨殿御法樂和歌詠進、稱名院へ以使者談合了、勅題花雪、

とひ來るも心あさしや跡つけて
ふまヽくおしき花のしら雪

自四辻香蘇散所望之間五包遣了、○三好筑前守、同日向守、狩野信乃守方へ書狀調之、澤路方へ遣了、勅筆

詩歌三枚筑前、二枚日向に遣之、率分之儀、今村紀伊守違亂之間申遣之、○久不參之間、岡殿へ梅一枝持參了、四辻祗候也、次賀二位(在富卿)所へ罷向、一盞有之、暫雜談了、○三條中將(實福朝臣)、冬袍、今日出來之間持遣了、

廿三日、(戊午、天晴、)○自來廿五日御千句發句、稱名院へ罷向談合、二句合點也、故障之由有之無見參、只今參內、云云、○今日御千句、各御發句被定之由有之間、巳刻參內、午下刻各參集、御發句入韻御第三等被定了、於番衆所土器物にて一盞有之、被參之御人數入道宮、曼殊院宮、入道前右大臣、三條大納言、新大納言、下官、四辻中納言、新中納言、菅宰相等也、次御楊弓廿五度有之、御矢、廿四、曼、十八、新大納言、十、予、七、十一(度に)、四辻中納言、十五、新中納言十二、等也、御矢取基孝朝臣、範信、源爲仲等也、二枚勝了、酉下刻退出了、○岡殿御所望之愛洲藥一包進上了、○大津粟津之輩申、長橋局東坊城三上判官三方相論之押折紙所望之間、兩通調遣之、大津之者樽代參十疋出之、粟津衆鈴一對兩種出之、一盞令飮之、折紙如此、

內侍所每月朔日神供料以下御代官之事、雖被仰付三上判官、有子細被召放畢、然者自坊城家違亂、云云、太不可然、所詮只今御糺明之間、於他納者可爲二重成、舊冬以來公用、堅可相拘之由、長橋殿御局被仰出候、此旨可存知者也、仍狀如件、

天文十九
二月廿三日　重成(大澤掃部大夫)

粟津供御人中　大津供御人中

自舊冬申出公物指貫、長橋局へ返進了、予指貫出來之故也、

廿四日、(己未、晴、辰刻雨降、八專、)○當番之間暮々參內、相番予、高辻侍從兩人也、自明日御千句之間、廣橋黃門、高辻、右衞門佐等從今夜被參了、各小御所に臥了、

廿五日、(庚申、雪晴陰、八專、)○從寅刻御千句始了、日之中に二百韻有之、庚申之間、丑刻迄有之、以上三百五十韻了、於男末兩度之小漬、曉天日中以下一盞等有之如常、北野社御法樂也、御發句脇第三如此、

第一
野は春につむ新草の若菜かな　御製
一　宵　花　擁　松　入道宮
明渡る空ものとかに雨晴て　曼殊院宮
第二
けぬかうへの雪にしら雲山もなし　入道宮
花　光　弄　夕　輝　御製
蝶　逾（◎踰カ）　墻　愈　短　入道前右大臣
第三
手をおりて春やいくかの初わらひ　入道前右大臣
幾　花　下　自　蹊　曼殊院宮
行とくと霞はへある袖ならん　御製
第四
月やしる秋ならぬ秋の夕霞　三條大納言
春　霧　罩　花　薰　新大納言
琴　澁　剩　寒　鳥　入道宮
御人數御製、入道宮、曼殊院宮、入道前右大臣、三條大納言、新大納言、下官、四辻中納言、新中納言、菅宰相等也、所役殿上人重保朝臣、永相朝臣兩人也、

廿六日、辛酉、雪晴陰、八專、○今日及天晴始了、盃酌以下御人數等如昨日、御發句以下如此、第七一折有之、
第五
朝なき（雊）てさす日にむかふ雉かな　新大納言
霞　紅　花　捧　山　三條大納言
なをさりにいつこの春かなかむらん　言繼
第六
あかりては雲をやねくら夕ひはり　言繼
尋　花　路　更　遙　四辻中納言
履　宜　歌　踏　翠　三條大納言
第七
紅も綠も桃の一木かな　四辻中納言
對　花　又　費　哦　言繼
月をまつ春の玉たれ卷あけて　新中納言
今夜方違之間、戌刻攝取院へ罷了、鈴一對遣之、一盞

有之、廳參內了、戌下刻終了、廣橋黃門鈴被持、於臺所酒了、新亞相、予、新黃門、菅相公、頭羽林、金五等也、

廿七日、壬戌、天晴、二月中、○寅刻始了、盃酌以下如昨日、今日事外早、自第七二折有之、亥刻終了、各退出了、御發句以下如此、

第八

芝生にもまきれぬ色やつほ菫　新中納言

先　花　暮　紫　凝　菅宰相

春なからなへてあまきる雪散て　新大納言

第九

雨の後みなくちさはく蛙かな　菅宰相

花　浮　曉　溜　深　新中納言

吹あへぬ風に軒はの梅ちりて　四辻中納言

第十

波かへるいはほ岩根の松の藤　曼殊院宮

晩　風　花　舞　檐　入道前右大臣

飛　鳴　窺　戶　燕　菅宰相

追加

きぬ匂ふ色や山吹八重かさね　重保朝臣

留　春　葉　底　花　御製

なかき日もなをしたはるゝまさぬして　永相朝臣

廿八日、癸亥、天晴、八專終、○禁裏御楊弓之間、四時分參內、四十七度有之、小漬如常、御人數御矢、四十二、曼殊院宮、卅四、穴一、勸修寺大納言、廿二、新大納言、十六、下官、廿二、四辻中納言、廿三、穴一、新中納言、十、重保朝臣、十七、永相朝臣、十八、源爲仲十九、等也、及黃昏退出、今日五十七枚負了、

○四辻黃門桐火桶被借用之間遣之了、

廿九日、甲子、天晴、彼岸入、○正親町入道一品自賀州上洛、云々、迎に可罷之處、可參內之由被仰下之間、大澤掃部、澤路彥九郎、同小者、雜色源左衞門等申付遣之、○淨華院之松林院舜玉、佛陀寺之舜智等齋に來、相番◎伴カ了、松林院へ一竹四穴、同一紙之口傳等返遣了、○巳下刻御楊弓始、五十一度有之、御人數御矢、廿四、穴一、曼殊院宮、五十、勸修寺大納言、卅五、新大納言、十五、下官、廿四、四辻中

納言、廿四、新中納言、十三、頭中將、九、右衞門佐、卅一、穴一、極﨟十六、等也、十枚負了、於番衆所小漬如常、當番之間其間々祗候、相番予、高倉侍從兩人也、今夜甲子待有之、各其間々丑刻迄祗候、音曲有之、食籠にて一盞有之、

○三月大

一日、乙丑、天晴、彼岸、○安禪寺殿へ當年始參、御見參、御盃被下了、次攝取院へ罷向、福昌庵は昨日東福寺不二庵へ罷、云々、外祖母十三回、云々、不二は伯父也、次正親町へ罷向、昨夕上洛、云々、見參了、次竹內殿へ參、御見參、次稱名院へ罷向、見參、次伏見殿へ參、李部王御見參、次大祥寺殿へ參、御盃被下候、岡殿、勸修寺父子、五辻等祗候也、○中御門禮に來儀了、○長松丸召具、親王御方へ參、御對面也、次參內、御祝天酌に被參之輩三條大納言、下官、四辻中納言、新中納言、長松丸、晴秀朝臣、重保朝臣、基孝朝臣、範信、源爲仲等也、亥刻退出了、○自正親町一品入道賀州中折、一束、毛拔、二、小刀一、宮笥とて被送了、

二日、丙寅、天晴、彼岸、○中御門來談、明後日御會、云々、內々可參之由有之、兼日和歌內々談合了、○前栽菊、ふき、みやうか植改了、

三日、丁卯、天晴、自酉刻雨降、彼岸中日、○禁裏鬪鷄辰刻有之、長松丸召具參內、予、廣橋黃門、御學問所可參之由有之、巳刻迄御雜談有之、先退出、御楊弓可被遊之由有之、先長松丸退出了、被參之輩予、廣橋黃門、賀子丸、中院、長松丸、晴秀朝臣、重保朝臣、公古朝臣、源爲仲等也、○青蓮院殿御侍法師安藝法橋招寄、庭之木之事談合了、一盞勸了、讚岐守忠宗禮に來、云々、○午時御楊弓に參內、六十一度有之、御人數御矢、卅九、曼殊院宮、五十五、今出河前左大臣、廿一、勸修寺大納言、卅九、穴一、新大納言、十二、下官、卅五、四辻中納言、廿五、新中納言、廿二、頭中將、廿一、極﨟廿五、等也、於番衆所小漬如常、卅三枚勝了、○今夜御祝天酌、被參之輩三條大納言、予、四辻中納言、萬里小路中納言、範信、源爲仲等也、親王御方御參、還御に伴

各參、御盃參、三條大納言不參也、前內大臣祗候、次於臺所佳例一盞有之、次退出了、
四日、戊辰、天晴、彼岸、　○一條殿に御會有之、可參之由候間、午下刻參、兼日當座等卅首有之、予當座讀揚、御人數前殿、右府、淨土寺殿御兒、予、五條李部、同大內記、　等覺院明融、上冷兒也、淨土寺殿坊官衆、西坊玄洞法眼、　東坊專祝法眼、堀川判官國弘、難波左馬允常久、〻〻宗四郎、天龍寺六王院公藏主等也、中御門不參也、中御門、　明融兩頭、云々、食籠にて一盞有之、酉下刻歸宅、
兼日題山寒花遲、花洛春月、晚風催戀、當座花滿山、寄瀧戀、

さきぬやとあやまたれつゝさへ歸る
　梢に花を嶺のしら雪
見るかけも雲の上なる月なれは
　都の空はかすますもかな
夕まくれひとりはいかになつむやと
　思ふそなたの風そ吹たつ
山の端はいつく成けむさきつゝく
　花より出て匂ふ朝日に
いへはえにいはにさはるや瀧浪の
　千々にくたけて物をこそ思へ

當番之間及黃昏參、相番高倉侍從範信計也、
五日、己巳、天晴、　○禁裏御夢想、爲太神宮御法樂御連歌有之、巳刻參內、御人數御製、十九句、曼殊院宮、十二、　三條大納言、十三、新大納言、十、下官、十五、四辻中納言、十五、新中納言、十三、基孝朝臣、二、執筆、所役殿上人範信、　於小御所有之、小漬如常、亥刻終退出了、御夢相◎想カ以下如此、

うけて見よ神もひろはむいさめ草
　雲井へたてぬ神の瑞籬　御製
行水にかすむも月のかけ澄て　曼殊院宮

予按察使申請、頭中將に申、則勅許、云々、則以長橋御禮申入候了、○豐後國大友修理大夫義鑑朝臣、去月五日爲內之者生害、云々、今日東福寺へ注進、云々、
六日、庚午、自丑刻雨降、自辰刻晴、酉刻雨降、彼岸終、　○正親町一品朝湌に可來之

由候間罷向、人數亭主、勸修寺亞相、中山亞相、予、四辻黄門、廣橋黄門、庭田頭羽林、尊勝院、甘露寺左衞門佐、極﨟、伊勢牧雲軒等也、次又一盞音曲等有之、午時各罷歸候了、○上冷泉連歌有之間罷向、人數予、十九句、四辻、十九、中御門、八、新黄門十六、亭主、十二、庭田、八、五辻七、牧雲十三、等也、吸物一盞有之、及黄昏各晩飡取寄汁有之、次又一盞有之、亥刻歸宅了、

七日、辛未、天晴、○自坂本大樹今日穴宇迄御進發、云々、細川右京大夫足輕少々出京、云々、小泉、今村衆出合、於四條野伏有之、云々、○上冷泉被來雜談有之、軈被歸了、○長橋局迄用之事有之罷向了、○内侍所五位申拔藥十餘粒遣之了、

八日、壬申、天晴、○庭前之梅木面之庭へ出之、大澤掃部、源左衞門、中御門之雜色彥九郎小者、井上將監小者倩之、舁出之時廣橋衆三人合力、硯水令飲酒了、○櫻木一本禁裏へ進上了、○禁裏御楊弓八時分參内、五十九度有之、御人數御矢、卅七、曼殊院宮、卅、今出河前左大臣、卅、勸修寺大納言、廿九、下官、十八、四十度に、四辻中納言、卅五、穴一、新中納言、十、重保朝臣、十五、源爲仲卅、青門御侍等也、卅一枚負了、於番衆所小漬如常、御矢取與利彥太郎、加田彌三郎、田兩人也、於東庭有之、及黄昏退出了、○自一條殿右府被仰候、十二文字之伊呂波文字鎖進了、

九日、癸酉、天晴、○自長橋局御用之儀有之間、可參之由有之、四時分局迄參候處、來廿日春日祭之事、如何樣にも可參行之由被仰出、與舁之代可被下之由有之、敬神之間畏承之由申入、但四辻中納言所望之由内々申之間、可申聞之由申入了、次飛鳥井前大納言、若州供御御料所之儀に、可罷下之由可申傳之由被仰下了、又御楊弓可被遊之間、軈可參之由了、○四辻へ罷向、春日祭之事、令談合、大略可參之由申之、尙重御返事可申入、云々、一盞了、○午時御楊弓に參内、五十度有之、御人數御矢、四十七、曼殊院宮、四十三、勸修寺大納言、卅四、新中納言、廿一、重保朝臣、十八、下官卅一、等也、十四枚勝、

小漬如常、○當番之間其間々祗候、予、高倉侍從兩人也、御矢取生島松千世、加田彌三郎等也、夜於臺所一盞有之、

十日、甲戌、自辰刻雨降、○自岡殿西方庵被誂候和歌二首讀之遣了、花似雲、名所鶴、

さへ歸りわきてことしは待とをに
　思ひし花をみねのしら雪◎雲カ
よる波のよしやあし邊もわかの浦を
　さして今こそまな鶴の聲

禁裏御楊弓之間午時參內、六十度有之、御人數御矢、五十三、穴一、曼殊院宮、卅四、勸修寺大納言、四十二、穴一、予、卅三、四辻中納言、卅一、重保朝臣、十三、源爲仲卅六、等也、御矢取は基孝朝臣、範信兩人、於番衆所小漬如常、五十四枚負了、各有懸物、勸修寺取之、予懸物は香箸一せん也、長橋賜了、申下刻退出、○一條殿右府、一昨日之文字鋂之內、逍遙院入道前內大臣實隆公作、節會儀註被遊被見候、言語道斷殊勝々々、可寫置者也、

十一日、乙亥、自寅刻雨降、○飛鳥井へ罷向、若州へ御使に下向之事申含、御請被申了、一盞有之、次春日祭上卿合力之事申、同心了、次烏丸、中御門、中山、冷泉、勸修寺父子、廣橋等に申、各同心了、予、葉室迄十八、三十疋宛合力之儀、予申調了、則長橋局迄參、若州へ之事御返事申候了、○福昌庵へ罷向、則歸宅了、○今朝早々四辻へ罷向、法樂に神樂有之、庭火、榊木、韓神、早韓神、吉々利々、其駒等有之、人數予、笛、亭主、本拍子、持明院中將、末拍子、四辻少將和琴、等也、次小漬有之、

十二日、丙子、小雨降、自午時晴、○四辻へ罷向、各同心之由申聞、西林院舍弟之侍者、牧雲軒等被來、一盞有之、然者四辻春日祭上卿御請之由、長橋へ參申入候了、○亡父忌日之間、佛陀寺之僧善勝齋に來、相伴候了、○藤中納言上洛之間罷向、暫雜談了、○禁裏御楊弓之間、八時分參內、四十二度有之、先之御碁有之、云々、御人數御矢、四十二、穴一、曼殊院宮、四十五、穴一、勸修寺大納言、廿六、新大納言、八、四辻中納言、十四、下官十五、等也、廿九枚負、但御

懸物御矢穴之分廿五枚、又曼殊院宮五十枚、勸修寺大納言扇一本予取之、祝着々々、及黄昏退出了、

十三日、丁丑、雨降、三月節、○細川右京大夫人數、其外近江衆少少打廻、西院燒之、云々、驢打歸、云々、○後白川院御聖月之間、爲御陪膳竹内殿へ參懃之、自去年彼門跡に御座之間如此、院廳鈴持參了、此方へも持參、於竹内殿各御酒被下了、○自長橋局可參之由有之間則參、春日社之事也、○四辻被來、云々、留守之間不及見參、春日社上卿合力之儀馳走之禮、云々、○中御門に借用之服忌令、取に來之間返遣了、

十四日、戊寅、晴陰不定、雪降、○山井伊豆守來談、一盞勸了、○自親王御方御笙被出、簀落之間可付進之由有之、悉放之、すを拂調之進上候了、○竹内殿へ參、墨一丁進之、御參内、云々、新四郎に申置、同花徳院に不カ◎五帖袈裟之料、禁色表袴之きれ遣之、○親王御方へ御器變黑持參、暫御雜談候了、五常樂急被遊了、○七時分參内、當番也、御碁御楊弓等有之、云々、御人數竹内殿、勸修寺大納言、新大納言、四辻中納言等、云々、御矢取基孝朝臣、範信也、御見物被出、四辻中納言賜之、御扇杉原五帖、云々、○今夜相番予、高倉侍從兩人也、○伏見殿入道宮人參丁香散御所望之間、一包進上了、御使淸嚴也、

十五日、己卯、天晴、○安明院忌日之間、安養寺之僧慶存齋に來、相伴候了、○烏丸、廣橋黄門等來儀、暫雜談共候了、鯨之吸物にて一盞勸了、○福昌庵自昨晚來、云々、今日齋以後被歸了、

十六日、庚辰、天晴、○甘露寺右少辨被申裙之裏、板引今日付之、則持遣了、一丈五寸有之、云々、一昨日到、代五疋到、○禁裏御楊弓之棚新調、予塗了、

十七日、辛巳、雨降、○新大夫秀方來、春日祭松明之事、調間敷之由申、對面、傳奏へ可申之由申含了、○廣橋之内速水越中守正益朝臣招寄、子腰之腫物令見之、無殊事之由申之、一盞勸了、於付藥は、予藥にて療治了、○自禁裏可祗候之由雖有之、故障申候了、次に御楊弓之棚進

上了、〇中御門來儀、來廿三日故坊城大府卿第三回、云々、和歌勸進、予に一首、以上廿首也、〇四辻へ春日祭之合力參十疋遣之、今二十疋調次第可遣、留守、云云、

十八日、壬午、雨降、〇四辻德利持來、此間馳走之禮之心也、一盞勸了、〇同禪師號上卿之事、被與奪予、禮物五十疋到、宣旨者未到也、〇吉田民部少輔來、息兼高朝臣敘位々位(◎記カ)從四位上遣之了、〇同左兵衛佐兼右朝臣、來、暫雜談了、

十九日、癸未、雪降、〇久不罷向之間、福昌庵へ罷向、盧山寺竹中西搭被來、暫雜談了、〇正親町へ罷向、一品入道見參、暫雜談、一盞了、〇禁裏御楊弓四十三度有之、御人數御矢、廿八、曼殊院宮、廿、勸修寺大納言、十七、新中納言、十四、頭中將、廿、予、廿、等也、御矢取基孝朝臣、範信兩人也、小漬如常、予六十八枚勝、〇四辻へ明日春日祭之合力烏丸、中山、中御門、飛鳥井三十疋宛到、則四辻へ遣了、〇當番之間其間々祗候、相番範信、予兩人也、

廿日、甲申、雨降、自今日十方暮、〇四辻爲衣文大澤掃部助被倩之間遣之、及天明出門、大乘院之内南院、光明院へ書狀、牛黃圓三貝、官務入道登辰、に書狀、毛拔一、掃部に言傳遣之了、其外皆皆言傳申含了、〇西專庵來談、及黃昏銚子被取寄、一盞被振舞了、

廿一日、乙酉、天晴、〇春日祭之間、寅刻令行水、着衣冠、看經、神樂等吹了、〇新黃門來儀、拾芥抄中卷持來被返了、又被來暫雜談了、〇拾芥抄中卷中卷(◎二字衍カ)梶井殿御借用之間、伏見殿へ持參進之了、同李部王御對面、御三人御楊弓廿度有之、次五辻へ罷向、中山等被出一盞了、〇唯識論書寫之望之間、端不切一帖、經師越前所へ遣之、こ(マヽ)しられ事申付了、〇稱名院へ罷向、中御門勸進之和歌談合了、

廿二日、丙戌、天晴、〇河原者岩來、庭に檜木杉なり二本植之、〇四辻黃門去夜五時分、於木幡たう下山賊、云々、無心元之間、路次迄罷向、於櫻町行會、先於宇治以外

喧嘩、云々、其後又山賊、無興至極儀也、但各笠臺等捨之計也、別之物共不苦、輿舁蒙矢疵計、云々、無殊事者大明神御加護也、又踏會以下穢之事共兩ヶ條有之、云々、仍如此之題目也、去夜深草赤塚所に逗留、云云、今朝朝飡同有之、云々、直に彼亭へ罷向、三條亞相、勸修寺亞相、中山亞相、萬里小路黄門、廣橋黄門、薄、庭田、高倉侍從等被來了、一盞有之、大澤掃部助無殊事也、予笠捨之、云々、

廿三日、(丁亥、雨降、晩天晴、)○故東坊城(長淳卿、)第三回也、於中御門施餓鬼有之、從粥齋に罷向、僧衆淨花院衆七人、佛陀寺之舜智等也、其外予、五條、富小路父子、松田八郎左衞門入道宗喜等也、和歌廿首勸進、齋以後於佛前五條被讀揚了、予題一切衆生悉有佛性、

草木とて何あたならん花も葉も
ちりてはもとの根に歸りぬる

禁裏御楊弓有之、五十五度有之、御見物也、御人數竹内殿、(四十、)勸修寺大納言、(十九、)新大納言、(十、)四辻中納言、(廿五、)新中納言、(廿二、)重保朝朝、(十二、)予、(四十一、)等也、十枚負了、小漬如常、但於番衆(◎所脱カ)有之、御見物也、鮒汁有之、次碁五番有之、予竹内殿へ一番參、杉原一枚勝申候了、次臺物にて一盞有之、四過時分迄音曲了、次退出、○葉室今日出京了、

廿四日、(戊子、曇、大霞不見及、)○昨日自頭辨禪師號下知有之、如此、

天文十九年三月九日　宣旨

大林和尚

宜特賜佛印圓證禪師號

藏人頭左中辨藤原晴秀(奉)

口宣一紙獻之、早可令下知給之狀如件、

三月九日　左中辨晴秀

謹上　山科中納言殿(可爲按察中之亊、官、未被知歟、)

則今日大内記(五條)へ下知如此、裏加遣之、

宣旨

大林和尚

宜特賜佛印圓證禪師號

右宣旨奉入如件、
天文十九年三月九日　　按察使判
大内記局

四辻被來、今日各被來之間、可來之由被申之間同心了、○攝取院へ罷向、暫雜談了、次大祥寺殿花盛之間參見之、休首座亮造作有之、次萬里小路へ罷向、前内府見參雜談了、○四辻へ罷向、人數勸修寺、烏丸、中山、予、中御門、廣橋黄門、庭田、高倉侍從、牧雲軒、大澤掃部助等也、はう飯有之、予、甘露寺へ被急候間早歸了、○甘露寺職事之拜賀也、先折重調之、酉刻束帶着用被見訪候、人數勸修寺、中山、予、中御門、葉室、極﨟等也、予、太刀金遣之、三獻有之、次出門、雜色三本、如木雜色一人、布衣侍一人、笠持烏帽子着兩人計也、於殿上之作法如常、○今夜當番也、相番高倉侍從計也、兆司戌下刻頓死了、不便々々、○粟田口へ掃部遣之、鮒廿二喉召寄、家中衆に振舞了、

廿五日、己丑、天晴、霞如昨日、土用入、○自甘露寺一荷兩種鮒五、混布、被送之、來廿九日衣文之事同被申、使加藤孫三郎、對面、一盞勸了、○久不參之間、岡殿へ參、大祥寺殿御花見、云々、御留守也、○阿子大祥寺殿へ參、

廿六日、庚寅、天晴、霞大暈、○正親町一品禪門楊弓之由被申送之間罷向、六十五度有之、人數亭主、廿二、中山、五、予、廿七、四辻、廿七、中御門、三、滋野井、廿四、穴一、甘露寺、六、牧雲十四、穴一、等也、先一盞有之、後に白粥有之、申下刻歸宅、予杉原、廿枚、鷺眼四十二勝了、○葉室在所へ被歸了、

廿七日、辛卯、天晴、霞聊薄、自申下刻雨降、○長橋局官女あやゝ喉耳痛之間、藥之事昨日申送、人敗三包遣之、○飛鳥井昨日被申禁裏金屏、來廿九日妙心寺之入院に申出度之由被申候、御不出之由申遣、尙重被申候間、長橋局迄參申入候、泉涌寺御屏風可被遣之由有之、女房文被出之間、則申遣、彼寺へ申候處、山上へ預之由申不出之、云云、則此由長橋迄申候了、○自禁裏藥種共之事、五色被仰下候間、則小山新四郎所にて召寄進之、十疋廿四歟、則遣之、○一竹四穴爲校合四辻へ罷向、一盞有之、

暫雜談、次高倉金吾へ罷向、連歌二百韻校合了、○自勸修寺番相轉之間參內、相番予、伯卿兩人計也、先之於內侍所一盞有之、○小山所にて藥種三色、代五十三之分先借了、

廿八日、壬辰、天晴、三月中、○長橋局迄可參之由有之間、則參之處、妙心寺雪齋崇孚長老、被申候御屛風、花之金屛、以別儀可被出之由有之間、則飛鳥井へ申遣了、

廿九日、癸巳、天晴、天一天上、○妙心寺大原駿州崇孚雪齋、今日入院、云云、甘露寺右少辨熙長、勅使參向衣文之事被申候間、未明に罷向令着之了、○庭田へ罷向之處、沈醉無正體、云々、次竹內殿へ參、新中納言、庭田祗候、御酒了、予按察使之口宣案今日被調與了、○今日當番勸修寺亞相被參了、

卅日、甲午、天晴、自酉刻雨降、○伏見殿へ參之處、於東御所御酒有之、岡殿、李部王、梶井宮、中山、予、四辻、庭田、五辻等也、音曲有之、及大飲、次右衞門佐參、御鞠有之、○竹內殿御楊弓有之、予遲參了、竹門、予、滋野井、牧雲、新四郎等也、一帖計勝了、○大澤掃部助、自廣橋今明日被借之間、申付遣之、

○四月大

一日、乙未、雨降、五墓日、○廣橋黃門祖父是稱院賜內府廿五回也、齋に可來之由有之間、從粥罷向、大德寺之龍源院之僧衆十八懺法有之、其外予、高辻、庭田、尊勝院等也、中酒及大飲、音曲等有之、○暮々召具長松丸、參御祝、先之親王御方へ御禮申、御對面、若御乳人へ牛黃圓一貝、遣之、次參內、天酌に被參之輩三條大納言、予、四辻中納言、萬里小路中納言、新中納言、長松丸、基孝朝臣、公遠、範信等也、

二日、丙申、天晴、自申刻雨降、○竹內殿御楊弓之由有之間、參候處御延引、云々、新四郎に墨一丁、虎福に竹笛約束之間遣了、然處伏見殿御楊弓之由有之間、竹門同道申參、御人數梶井宮、七、竹門、廿七、菊亭、十九、中山、五、予、卅一、四辻、九、庭田、六、滋野井、十八、三條中將、十三、高倉侍從、廿二、極﨟、廿三、生島與三郎、十、宍一、竹內殿御侍新四

郎、卅二、同幸菊十五、等也、五十五度有之、卅枚計負了、後御酒有之、音曲及大飲、亥刻退出、

三日、丁酉、天晴、○長橋局可來之由有之間罷向、粟津之事、中御門放狀被遣之、云々、近比無遠慮之儀也、不可說不可說、文言如此、次夕方御番に可參之由有之、

粟津之事、長橋局知行之由被仰出候、坊城證文不得求候間、不及是非候、自然向後證文出帶候者、其時樣體可申入候、不然者違亂申儀不可有之候、此旨可預御披露候、恐惶謹言、

四月三日　宣忠

御方
勸修寺殿

暮々御番に參、高辻宰相被召、兩人參番衆所、亥刻迄御雜談了、先之御銚子被出、兩人受用了、其間々菅宰相內々に被祗候了、

四日、戊戌、天晴、○藤中納言北白川城御番に、此間上洛之由有之間、爲見舞北白川へ罷向、柳一荷三種草餅一盆、栗一包、こさし、遣之、各一盞勸了、次御城見物申候了、近比見事之御山也、御殿以下以上四立了、上野以下奉公衆卅人被居、御作事有之、厚飯にて一盞有之、則罷歸了、○大原辻に小泉立置候闕之者、右京大夫衆卅人計來、兩人生害了、馬一疋取之、云々、香西、三好右衛門大夫人數山中に居候衆、云々、○暮々岡〔殿脫カ〕へ參、暫御雜談申候了、御酒被下候了、

五日、己亥、天晴、○大津之者來之間、折紙調遣之、同粟津之者にも調遣了、

大津粟津供御人諸役之事、爲坊城殿御違亂之段、於禁裏樣被遂御糺明之處、一紙之證文無之上、如此之御放狀進之間、違亂之仁體に此旨被申屆、於商買物者、可爲如前々候、萬一於此上猶申懸之族有之者、急度可有注進之由被仰出候、此旨可被存知候也、仍狀如件、

四月六日　大澤掃部大夫　重成

當浦供御人中

內侍所御神供料之事、爲坊城殿雖御違亂、於禁裏樣

被遂御糺明之處、一紙之證文無之間、中御門殿御放
火（◎狀カ）如此候、然者舊冬分以下、如前々無別儀、急度
長橋殿御局代々可有備進之由被仰出候、此旨可可
（◎衍カ）被存知候也、仍狀如件、

四月六日　　　　　　　、、、、

粟津供御人中　　　　　、

佛陀寺之内西光寺西堂へ罷向、矢筒外題之事申候了、
見參、久不叶起居之由被申、（八十三歳也、）暫雜談了、○冷泉へ
罷向、碁三盤打了、一盞有之、○庭田へ罷向、補歷直改
下知案共披見了、一盞有之、次（菊亭前左府へ）檜扇置物之事無心申之
處、明日可調與之由了、前左府、同大方殿へ牛黃圓一
貝つゝ進了、暫雜談了、○自大祥寺殿明日御齋に可參
之由有之、必可參之由、以參申入候了、○臺所かゝ、舊
冬之藥之代十疋到、

六日、（庚子、雨降、）○廣橋にて成唯識論第一卷借用候了、○大
祥寺殿へ御齋に參、生栗五十持參了、明日予隙入之
間、今日被召候、御人數岡殿、勸修寺亞相、予、極﨟、遊（座）
（主宮御乳人）仙庵等也、御相伴有之、○右衞門佐所へ罷向、暫雜談
了、○自禁裏百疋拜領了、忝者也、則長橋局迄御禮に
參申入候了、○新内侍局被申人參丁香散一濟（加宿砂、鶯粟、肉豆蔻、）
薄所へ遣之了、○藥屋小山新四郎に、先日借用藥種代
五十三返遣之了、○富小路所へ罷向、明日城南へ可同
道之由申談候了、次此間福昌庵無音之間、攝取院へ罷
向、無殊事聽歸宅了、○右衞門佐に明日之馬借用了、
○菊亭前左府へ申候、檜扇置物（折入菱、）出來、祝着候了」、

七日、（辛丑、雨降、）○早々出立、先三條西へ罷向、裝束令着、一
盞候了、○高倉右佐に馬借用、粟津修理亮馬也、口付
正親町雜色借之、裝束以下富小路に言傳了、予共大澤
掃部助、澤路彥九郎、雜色源左衞門、井上將監小者、彥
九郎小者等也、五過時分參着了、○於般舟三昧院着衣
冠、（直衣潤色、）富小路權佐、極﨟同前、先於方丈齋有之、三條
大納言、予、右兵衞權佐、氏直、極﨟、爲仲、長老（孝純、）等
相伴、伏見殿入道宮、稱名院入道右府等御燒香之後、
大通院へ渡御了、巳下刻御經供養始、先三條大納言、

予、兩人着座、簀子敷疊、自南進自座後着之、(北上西向、)次導師(事勝院法印慈承、)次名僧三口、松泉院權少僧都應全、(唄、)華德院權少僧都恕圓散華、 南樂院、、、、打磬、 御經供養了、御導師復座、先氏直賦花籠、先御導師、次名僧三口一度同撤之、次下自座前、 三條大納言被取御布施、被懸右袖、家說、云々、御導師前、次復座、次予同前、但懸右袖也、公卿分出納出之、 極﨟取次、次裹物御導師以下四人氏直賦之、出納出之直取之、次御導師名僧等、自下﨟取御布施退出了、次予起座、 次三條大納言起座、事終了、御願文高辻菅相公草進、 淸書曼殊院宮也、次各麪にて一盞了、和泉境光明院長老、 盧山寺之竹中等後被出了、次各出京了、御承師淸嚴法師也、 尋常法華經心阿等之外、勅筆以下法花一部、 金(◎紺カ)紙金字之勅筆阿彌陀經等被遊了、予宮笥に十疋遣之、

八日、(壬寅、陰、)○召具長松丸(木屋)藥師へ參、十二燈中付之、 次金山天王寺觀音等へ參詣了、 ○唯識論第一今日立筆了、○禁裏御楊弓四十七度有之、 御人數御矢、(卅四、)曼殊院宮、卅九、予、卅、四條中納言、廿、新中納言、十五、永相朝臣廿一、等也、予卅一枚勝、御矢取基孝朝臣、 範信等也、御小漬如常、

九日、(癸卯、天晴、)○藥師觀音へ召具長松丸參詣了、○禁裏御楊弓之間參候處、御延引、云々、仍先退出、於內侍所一盞有之、○飛鳥井左衞門督來儀、明後日在國、云々、○當番之間暮々參內、予、高倉侍從範信、兩人計也、

十日、(甲辰、天晴、)○臺所之德女中保童圓千粒遣之、○禁裏御楊弓之間、午時參內、六十七度有之、御人數御矢、(四十六、穴一、)曼殊院宮、(五十、穴一、)今出川前左府、廿一、 勸修寺大納言、(卅三、)新大納言、十三、予、(卅四、)四辻中納言、(卅三、) 新中納言、十八、重保朝臣、(廿一、穴一、)永相朝臣、(卅九、)源爲仲卅一、 等也、予七十八枚負了、小漬如常、及黃昏退出了、範信祗候也、御矢取幸菊、虎福、加田孫三郎等也、○藥師觀音へ如昨日參詣了、日々間向後不及注也、

十一日、(乙巳、天晴、入夜深雨、)○竹內殿御楊弓有之、 未刻參、牧雲御樽持參歟及大飲、七十一枚勝了、 及黃昏歸宅、御人

數中山、予、滋野井、右衞門佐、若王子、三條中將、高倉侍從、甘露寺、五辻、牧雲等也、○葉室上洛、來十五日松尾社正遷宮治定、云々、○攝取院へ方違に罷向、鈴一對遣之、一盞有之、所勞氣之間歸宅了、

十二日、丙午、天晴、○禁裏御楊弓五十二度有之、御人數御矢、卅三、曼殊院宮、卅五、勸修寺大納言、廿一、予、廿七、新中、十六、永相朝臣、廿四、増鎭法印廿一、等也、御矢取基孝朝臣、範信等也、小漬如常、予卅八枚勝了、○佛陀寺僧善勝齋に來、瀧雲院殿忌日也、不及相伴、○岡殿御母儀故西松妙忍第廿五年忌明日、云々、仍今日御齋に召候間參、勸修寺大納言入道、予、四辻黄門、頭中將等參了、

十三日、丁未、天晴、四月節、○葉室在所へ歸、南向同道谷へ被行了、長松丸、鶴松丸同道、云々、○竹内殿御楊弓有之、予、十六度仕了、廿五枚歟負了、御人數門跡、烏丸、予、新黄門、滋野井、右衞門佐、三條中將、若王子、甘露寺、高倉侍從、極藹、牧雲軒、粟津修理父子、加田彌三郎、清水小四郎等參、音曲了、○滋野井、三條中將、若王子來儀、小漬申付、一盞勸了、此方被留者也、

十四日、戊申、天晴、自未刻風堅、○禁裏聖天御法樂御會有之、御人數御製、入道宮、曼殊院宮、入道前右大臣、執筆三條大納言、予、十、四辻中納言、八、新中納言、十、菅宰相等也、所役殿上人基孝朝臣、範信兩人也、於記錄所有之、小漬如常、當番之間其間々祇候、相番高倉侍從計也、○大澤掃部大夫葉室へ罷了、明夜葉室衣文之用、松尾社遷宮勅使に參向、云々、○鴨社務祐春卿、同祝秀行卿、明日祭之葵桂等送之、

御發句 人の秋のね覺やこよひ時鳥　入道前右大臣

月　懸　◎以下缺文

十五日、己酉、晴、風吹、自酉刻雨降、○伊與局腹痛熱氣利澁、云々、藥之事被申候間、人敗に加黄連、芍藥、肉桂三包遣了、次内侍所之五位咳氣血道頭痛之間、藥之事申、同藥に加白芷三包遣之、同黑藥所望之間一包遣之、○西專庵取次三光丸百粒、所望之間遣之、代十、到、○岡殿去十二

日御齋之御禮に參、御留守、云々、申置了、○大祥寺殿へ去六日御齋之御禮に參、岡殿御座、勸修寺亞相祗候、自暮々及戌刻うたい候了、御酒數盃被下了、○今朝藥師、觀音へ參詣了、日々御最花進了、○自若王子蕨十把、鈴之代十疋被送之、祝着候了、但代返遣了、

十六日、庚戌、雨降、自午時晴、○去夜松尾社正遷宮有之、云々、○自伊與局本服祝着之由書狀有之、○自竹内殿唯識論可持參、各雙紙被書之由御使有之、自午時參、新中納言、右衞門佐等參、田樂にて御酒被下了、及黃昏歸宅、○自竹内殿梔子御所望之間、一包四五十、進了、○藥師、觀音へ參詣了、

十七日、辛亥、天晴、○細川右京兆人數、自山中未明出京、西院小泉城へ取懸責之、寄衆卅人計手負、云々、馬廻者一人死、云々、午時打歸了、○富小路見物に罷向、小者中流矢死去、云々、不便至也、先以無用々々、○藥師、觀音へ參詣了、○禁裏御楊弓に參、七十一度有之、御人數御矢、五十五、穴二、曼殊院宮、四十六、下官、四十二、四辻中納言、卅七、穴二、新中納言、十八、永相朝臣廿三、等也、於長橋局小漬有之、御矢取基孝朝臣、邦富、範信等也、予卅七枚勝了、暮々退出了、

十八日、壬子、晴、自申下刻雨降、八專入、○藥師、觀音へ參詣了、○大澤掃部今日從葉室歸了、○自一條殿右府、かね之事被仰候間進了、○親王御方御樂被遊之間、巳刻參、平調萬歲樂、只、三臺急、五常樂急、太平樂急、老君子、小娘子、慶德等有之、予、四辻中納言計也、一盞被下了、○福昌庵來、晩天被歸了、○唯識論一卷出來、二卷廣橋に又借用了、○稱名院へ罷向、唯識論本之借用、明日相尋可借之由返答、二尊院良純西堂被來了、○一條殿久不參之間、七過時分參、御兩所御見參、御酒被下了、及黃昏歸宅了、

十九日、癸丑、天晴、○藥師、觀音へ參詣候了、○唯識論第一校合、句切之本、廣橋へ返遣了、○四辻に十二律季春卿作、借用、一竹四穴に調子寫之、○唯識論第二立筆了、○明日禁裏聖天御法樂御一巡被出、爲談合高辻へ罷向、一

盞有之、長橋局迄持參、次御製被遊、予に被書了、○當番之間暮々參、相番伯二位(範信代)、被參、御銚子被出了、兩人受用、伊與局酌也、次參御前、戌下刻迄御雜談了、

廿日、(甲寅、天晴、八專、)○藥師、觀音へ參詣了、○十二律四辻へ返了、予一竹四穴出來也、○朝飡長橋局に有之、相伴候了、御和漢巳下刻始、御人數御製、(十九句、)曼殊院宮、十、入道前右大臣、十八、三條大納言、十、(執筆也)予、十一、四辻中納言、九、新中納言、十、伯二位、六、菅宰相七、等也、所役殿上人基孝朝臣、於記錄所有之、於小御所小漬如常、申下刻退出了、發句以下如此、

卯花に小草色めく雪間かな　三條大納言
鵑　枝　有　月　來　新中納言
雲うつむ昨日の山の嶺はれて　四辻中納言
おき出る野の袖のさむけさ　曼殊院宮
馬　嘶　懷　土　意　入道前右大臣
龍　競　檀　塲　戈　菅宰相
紅のよそにまきれぬ桃さきて　下官
のこる霞にうつる日のかけ　御製

淨土寺殿西坊來、參內之路次にて行會、御手本之事申候了、

廿一日、(乙卯、自寅刻雨降、八專、)○藥師、觀音へ參詣了、○福昌庵に罷向、一盞有之、稱名院被來了、○西坊勅筆之事申、御短冊十首、八代集卷頭歌唐紙に申、則申入候了、次矢之羽一きるゝ間、付事申遣了、同折矢遣了、○禁裏御楊弓之間參內、五十八度有之、御矢、卅八、曼殊院宮、五十一、勸修寺大納言、廿六、下官、卅一、(穴二、)新中納言、十八、永相朝臣廿四、等也、御矢取基孝朝臣、範信兩人也、於長橋局小漬有之、予今日百十枚勝了、嘉定有之、○長橋局取次、保童圓合調合所望之由有之、十疋被送之、

廿二日、(丙辰、陰、辰刻小雨降、)○藥師、觀音へ參詣了、○自藤黃門丁香散所望之間、六七服遣之、○葉雪(算師、易師、八十三歲者也、)來、一盞勸了、○廣橋黃門被來、雙紙紙被打了、速水越中守(正益朝臣、)來、一竹四穴予作所望候間遣了、○攝取院喝食(中院侍從前黃門通爲卿)女、所望(◎勞カ)氣之間、脈之事被申間罷向、腹痛瀉痢、云

云、人參丁香散、加鶯粟、肉豆蔻、七八服遣了、○自賀州白山梅坊上洛、參宮、云々、白光院伯母御亮文到、一盞勸、云々、○禁裏御楊弓之間、午時參内、五十一度有之、御人數御矢、卅五、穴一、曼殊院宮、卅七、四辻中納言、卅一、新中納言、十五、永相朝臣、十八、予四十三、穴二、二百卅一枚勝了、御矢取基孝朝臣、範信兩人也、如常於淸涼殿有之、於長橋局小漬如常、先於御學問所一盞有之、勸修寺門跡當年始御參内、云々、○自藤黄門書狀有之、二三日出京、云々、人丁散被所望之間、七八服遣之、御楊弓之次罷向、一盞有之、○稱名院に借用之唯識論第二卷、今日送給候了、

廿三日、丁巳、天晴、八專、○賀州へ返事遣之、墨二丁、遣之、○藥師、觀音へ參詣了、○竹内殿に手習講有之間參、新中廣納言、臺物まき鈴一對等持參、御人數予、廣橋、右衞門佐、甘露寺右少辨、加田彌三郎、淸水小四郎等也、墨一丁、幸菊に遣之、暮々歸宅了、

廿四日、戊午、天晴、○藥師、觀音へ參詣、次淨花院之内松林院へ一竹四穴持罷向返了、乘誓留守、云々、舜玉出合一盞有之、次攝取院見舞、所勞本服、云々、○早々福昌庵來、晩天歸、云々、○一竹四穴之かば出來、一昨日申付、今朝到來、代四十也、○竹内殿へ參、論書之、終日御雜談申候了、下河原殿眞之物手本一枚、花徳院所望之間遣之、七時分歸宅、○當番之間七過時分參、相番範信計也、○長橋局取次之保童圓八百粒遣之、

廿五日、己未、陰、八專、○藥師、觀音へ參詣了、○禁裏御和漢有之、巳一點參内、則始、御人數御製、十二句、入道宮、九、入道前右大臣、十一、三條大納言、六、予、五、四辻中納言、三、新中納言、三、伯二位、三、水無瀨三位、二、仁如相國寺、十一、龜年妙心寺長老、八、太原同、八、江心天龍寺董西堂、十二、實福朝臣、二、宗禎太原弟子堯長老飛鳥前亞相次男、四、菅宰相執筆、一、等也、於小御所有之、小漬如常、御茶所役熙長甘露寺右少辨、西刻終退出了、○四辻へ罷向、一竹四穴又吹調之處、かばつかう故にめり候、一段樣之者也、然間又一可用意之間、聊かり候、十二律借用了、次藤黄門へ罷向、四五人楊

弓有之、暫見物了、○中御門女中被來、驪被歸了、予不見參、御發句以下、

聲の色や昨日の花にほとゝきす　御製

綠　自　上　林　新　太原

明殘る月の眞砂地雨過て　入道前右大臣

まくらさためぬ秋のかりふし　入道宮

うつ音も里のいつくのさ夜衣　三條大納言

舟さす袖にかよふ浦風　言繼

欸あう乃わい鷗將ニㇾ雖ント　仁如

假如よ兎不ㇾ眞　江心

無クンハㇾ香梅モ亦雪　宗禎

染ㇾ線句◎鈌　龜年

廿六日、庚申、八專、自寅刻雨降、自未刻晴、○藥師、觀音へ參詣了、○來廿八日御會、飛鳥井前亞相、中御門中納言可參之由可申遣之由、被仰下之間申遣、可參之由有之、則直に披露申了、次安居院僧正被申御短册、出來之間遣之、○藤黃門人參丁香散所望、云々、代半到、○禁裏御楊弓之間、四過時分參、六十九度有之、御人數御矢、二、四十曼殊院宮、五十四、穴一、下官、廿二、新中納言、十九、增鎭法印、廿六、源爲仲廿五、五十七度に、等也、於淸涼殿有之、御矢取基孝朝臣、範信兩人也、小漬於長橋局有之、如常、予百五十三枚負了、戌刻計退出、

廿七日、辛酉、天晴、八專、○藥師、觀音へ參詣了、○廣黃門被來、明日御一巡被談合了、○松田九郎左衞門來、暫雜談、及黃昏歸了、

廿八日、壬戌、天晴、○藥師、觀音へ參詣了、○自長橋局朝飡申付之由有之間罷向了、○禁裏御會有之、妙心寺之太原申沙汰、云々、辰下刻參集、御人數御製、十一、入道宮、七、入道前右大臣、十、三條大納言、六、下官、四、四辻中納言、三、中御門中納言、二、新中納言、三、伯二位、三、菅宰相、一、執筆、以高、鹿苑院、九、仁如、十、龜年、八、太原、八、永相朝臣、二、實福朝臣、二、江心、七、宗禎四、等也、精進記錄所、於小御所有之、八時分小漬濟々儀也、八過時分終了、廿首、次御當座有之、僧衆作詩也、飛鳥井前大納言被參、講頌讀師三條

大納言、講師菅宰相、發聲飛鳥井前亞相、講頌衆飛鳥井、予、四辻、中御門、新中納言等也、先之冷麪有之、講頌以後御盃四獻參、音曲等有之、戌刻退出了、飛鳥井於愚亭用意也、上句以下如此、

山滴先梅雨　入道前右大臣
雲間涼しき軒の玉垂　御製
みたれ行螢に秋の風みえて　入道宮
あしのむら〳〵よするさゝ濟　三條大納言
送ㇾ夕歸帆早　以高
趁ㇾ朝歩屧遲　仁如
すむ月の影も眞砂の露の庭　言繼
〃〃〃夜の時そ移れる　四辻中納言

御當座廿首勅題、予御題深夜螢、

月はなをまたれて深る半天を
をのか光にとふ螢かな

藤黄門被申入參丁香散半濟半、四兩、調遣了、

廿九日、癸亥、天晴、八專終、四月中、○藥師、觀音へ參詣了、○禁裏御楊弓有之、朝飡於長橋局有之、自午時御楊弓始、六十四度有之、御人數御矢、卅六、曼殊院宮、四十六、穴一、下官、四十五、新中納言、十三、永相朝臣、廿八、增鎭法印、卅六、源爲仲廿五、等也、予二百十五枚勝、於番衆所小漬如常有之、御矢取幸菊、加田彌三郎兩人也、○當番之間其間々祗候、相番範信、永相朝臣御添番に祗候、但外樣父卿代也、

卅日、甲子、自巳刻雨降、○故葉室、宗永兩忌日之間、佛陀寺之舜智、淨花院之舜玉等齋に來、相伴候了、○南向、長松、鶴松等、自葉室被歸了、迎に大澤掃部、澤路彥九郎、井上將監等遣之、但於路次相違、◎逢カ云々、南向姉、丹州之阿茶同上洛也、○禁裏御甲子待之間、暮々參內、御人數曼殊院宮、予、四辻中納言、新中納言、基孝朝臣、永相朝臣、範信、源爲仲等也、御雜談音曲等有之、赤粥にて一盞有之、子下刻迄候了、今夜當番衆四辻黃門、退出也、代範信、源爲仲兩人也、頭中將所勞、云々、予深泥之間其間々祗候了、○自午下刻竹內殿へ參物書了、七時分歸宅了、○藥師、觀音へ參詣了、

○五月小

一日、乙丑、晴、○藥師、觀音へ參詣了、（長松召具）看經如每日、神樂少少吹之、○薄所へ禮に罷向、伯卿、同侍從、伯弟（西）賀茂中坊等被來、入麵にて酒有之、次高倉、四辻、三條（西）稱名、亞相乍兩人見參、次伏見殿李部王御對面、次大祥寺殿御參內、云々、休首座亮にて一盞、音曲有之、○暮々御祝參內、先親王御方へ參、御對面、今夜天酌に被參之輩三條大納言、下官、萬里小路中納言、新中納言、伯二位、阿古丸、基孝朝臣、範信、源爲仲等也、五過時分退出了、

二日、丙寅、天晴、○藥師、觀音へ長松丸召具參詣了、○葉室出京、軈夕方被歸、云々、丹州之阿茶同道、云々、自禁裏山國衆官途口宣之事、葉室に卅通之分可調進之由有之、職事中各へ如此、云々、自在所可調進之由有之、云々、○禁裏御楊弓也、巳刻參內、長松丸爲見參◎（物カ）同參了、五十六度有之、御矢、廿五、曼殊院宮、廿七、下官、廿四、四辻中納言、廿七、新中納言、十六、永相朝臣、廿、等也、予十二枚負了、御矢取基孝朝臣、範信兩人也、於番所小漬如常有之、暮々退出了、

三日、丁卯、天晴、○藥師、觀音へ長松召具參詣了、○淨花院之內松林院舜玉借用之論語疏本上下全、持遣了、○淨土寺殿西坊に誂候楊弓矢、二筋出來、一羽きる、一筋新調、、祝着々々、○一昨夕右大將殿於坂本穴太被薨、云々、但憚無注進、從舊冬水腫張滿也、○廣橋へ唯識論第三卷借用了、

四日、戊辰、小雨降、自巳刻晴、五墓日、○右大將殿今日辰刻御他界治定、云々、○自薄所朝飡に可來之由有之間罷向、予計也、暫雜談了、○禁裏御池之水不參之間、申付直之了、○右衞門佐所へ罷向、雙紙二冊とぢ候了、○當番之間暮暮參、相番高倉侍從計也、○今朝藥師、觀音へ長松召具參詣了、

五日、己巳、天晴、○藥師、觀音へ長松召具參詣了、○澤路新三郎禮に來、自去月始和泉堺へ下向、一昨日上洛、云云、茶垸皿數十進之、祝着々々、一盞祝了、○井上將監

小童禮に來、德利隨身了、○出納、主殿大夫、野洲五郎左衞門禮に來、云々、○一條殿へ御禮に參、御兩所競馬御見物、云々、臺御方御見參、御酒給了、次大祥寺殿へ參、御盃被下、伏見殿御取亂、云々、靑門御所勞、云云、次稱名院見參、萬里小路父子見參、一盞有之、次竹內殿御對面、御酒被下了、○暮々御祝參、長松丸、阿子丸同道、先親王御方へ參、御對面、次參內、天酌、被參之輩三條大納言、予、四辻中納言、萬里小路中納言、新中納言、伯二位、長松丸、阿子丸、晴秀朝臣、重保朝臣、基孝朝臣、公遠、邦富、範信、源爲仲等也、

六日、庚午、天晴、○伏見殿李部王御母儀御七回也、御齋に可參之由有之間、兩種豆腐、混布、柳一荷進了、御齋に參之輩中山亞相、予、頭中將、右少辨、極﨟、師廉、報恩寺長老以下四人、淸和院等、其外葉雪、瑞音等也、內者竹內殿、入道相國、稱名院等被參、云々、予餘醉氣之間則退出了、○藥師、觀音へ參詣了、○廣橋へ唯識論第二卷返遣了、○申付念珠出來、代五十遣之、木槐、庭之木之枝也、

七日、辛未、天晴、○藥師、觀音へ長松召具參詣了、○新黃門暫來談了、女房衆子共、今宮祭見物了、○福昌庵被來、晚天被歸了、○室町殿故右大將義晴、今日申刻被贈左大臣從一位、陣儀有之、云々、上卿新大納言、奉行頭中將重保朝臣、少納言時秀朝臣、詔書位記等相國寺鹿苑院へ持向、云々、不及見物之間、不能巨細、院號萬松院之由風聞、新亞相へ衣文に罷向、晚飡有之、次於廣橋西洞院平少納言に裝束令着了、今日慈照寺へ先御出、云々、○早朝五條李部來儀、位記之事令談合、相違之處直遣之、

八日、壬申、天晴、○觀音、藥師へ長松、鶴松等召具參詣了、○勸修寺亞相被申和歌、駿州之者堯慶申歟、爲談合稱名院へ罷向、次唯識論第二卷返遣之、又第三第四卷借之了、次短册令淸書、勸修寺へ遣之、如此、題曉松風、

春風のいかにしりてかをのつから
　ひとり枕の夢さそふらん
竹田殿へ參物書候了、但午過時分御參內之間罷歸了、
○自禁裏御用之由有之間、八時分參、竹內殿、予、四辻中納言、新中納言等祗候、暫於御學問所御雜談、次御碁有之、御見物、御扇、杉原二帖被出、四辻中納言三盤勝之、拜領候也、次麵にて一盞有之、次竹內殿、予一方、四辻中納言、新中納言一方、和歌文字鏁有之、戌下刻有之、勝負無之、事終各退出了、○自正親町一品入道作工之茶七袋被送之、祝着候了、
九日、癸酉、天晴、暮小雨灑、○藥師、觀音へ長松召具參詣了、○藪墻申付沙汰之、掃部、源左衞門兩人也、○自四辻今日新中納言令同道可來之由有之、昨日之御見物可見に罷之由、昨夕申之間如此、庭前之佛桑花開旁之由有之、八時分罷向之處、夢想連歌以次興行、暮々終了、、先一盞、次小漬有之、當番之間予早歸了、○自禁裏被仰藥種六種先召寄、伊與局へ進了、○鴨祝三位秀行卿來、新古今集上下借用之間遣之、觸穢之間內へ不來、○當番之間暮々參內、相番範信也、御添番に基孝朝臣參、於御學問所、乍三人戌下刻迄御雜談候了、
十日、甲戌、小雨灑、自巳刻晴、○自禁裏建仁寺之內一華院正藏主に續錦綉（◎繡カ）段同注三冊、青玉抜、以上四册、可返遣之由有之、被出了、○藥師、觀音へ長松、鶴松等召具參詣了、○岡殿へ久不參之間參候處、御見參、御酒被下了、○伏見殿へ參、先日之御禮申候了、李部王御對面、暫御雜談候了、○竹內殿へ參、唯識論書之、中村越前入道、河內等參、中將棊有之、御酒被下了、廿一代卷頭和歌一册申請了、
○自禁裏御用之由有之間、暮々祗候、予、新中納言等參、當番衆四辻中納言、頭中將等兩人也、參御學問（◎所脱カ）各御雜談有之、御銚子被出、於御前一盞有之、戌下刻退出了、
十一日、乙亥、天晴、○自烏丸使有之、先日度々音信、云々、庭前松木二本洗（すかし）事賴入之由有之間、罷向洗之、麵にて一

盞有之、○右衛門佐可來之由有之間罷向、雙紙二冊とち候了、次庭之松木一本洗之、○藥師、觀音へ長松丸、鶴松等召具參詣了、○續錦綉段同注三冊、廣橋黄門寫度之由被申之間遣之、則此方へ紙四帖持來、掃部に申付しめし候了、暫雜談了、

十二日、丙子、天晴、○新黄門被來、雙紙紙被打之、予假とち沙汰之遣了、小漬にて中酒相伴了、○亡父卿忌日之間、佛陀寺之僧善勝齋に來、相伴候了、○廣橋新黄門、來雙紙可書之由被申之間、唯識論持罷向書之、同高辻被呼、三人終日雜談、八時分小漬にて一盞有之、七過時分又一盞有之、○藥師、觀音へ暮々參詣了、子共晝參詣、云々、○紙屋備中屋、室町、にて厚紙一帖取寄、經之用也、○伊與局より藥種之代一丁半餘到、則小山所へ遣了、

十三日、丁丑、天晴、○早々烏丸來談了、○松田八郎左衛門入道宗喜來、暫雜談、彼仁娚カ◎甥下京古川治部少輔小坂へ下、云々、仍庭田書狀所望之由有之、予調法賴入之由申候了、○自禁裏可祗候之由有之間、申刻參內、竹內殿、新大納言中山、予、四辻中納言四人御碁有之、三番勝に、御懸物御扇に結花橘枝被出之、予勝拜領了、祝着祝着、此外新中納言、永相朝臣祗候、麵にて一盞有之、暫御雜談有之、戌下刻退出了、○藥師、觀音へ參詣了、

十四日、戊寅、雨降、五月節、○藥師、觀音へ長松、鶴松等召具參詣了、○自竹內殿、雙紙令持參可書寫之由有之間參、長松丸同參了、まきにて一盞有之、七時分歸宅了、○當番之間參、相番予、高倉侍從範信、兩人計也、先日西坊中御手本共出來、但一枚被遊損了、○廣橋に唯識論四卷借用了、

十五日、己卯、天晴、自戌刻深雨、○藥師、觀音へ長松、鶴松等召具參詣了、○廣橋へ唯識論三卷返遣了、昨日出來了、○祖母安明院忌日之間、安養寺僧慶存齋に來、相伴候了、○宗喜先度之儀催促に來、未申之由返答了、○西坊團扇一送之、祝着々々、御手本共遣之、祝着之由重申送、

○大祥寺殿佛桑花枝持參、岡殿、勸修寺父子祗候、御酒被下了、○庭田へ罷向、竹内殿へ被參之由有之間參、小坂へ書狀之事申候處同心也、則罷歸了、五辻同祗候也、○自伊與局御新參所勞氣之間、可來之由有之間、罷向脈取之、引風頭痛熱氣有之、藥之事被申候間、人敗に加白芷、荊芥、三包遣之、○唯識論三卷廣橋へ返遣了、

十六日、庚辰、天晴、○建仁寺之內光堂之光明院宰相良盛僧都招請、仁王經分讀了、齋相伴、筆一對遣之、○松田宗喜來、庭田返事之樣申渡了、○爲家中披官等百萬返唱之、如例年、予心經百卷、壽命經三卷、消除疫病經十卷、慈救呪千返、光明眞言千返、藥師小呪五百返、地藏小呪五百返等唱之、祇園社へ祈念、○藥師、觀音へ長松、鶴松等召具參詣了、次福昌庵へ罷向、○自伊與局御新參減氣、云々、猶脈之事被申候間、罷向取之、莫太減氣也、藥之事猶被申候間、同藥又三包遣了、

十七日、辛巳、小雨降、○建仁寺之一華院被來、一盞勸了、○松田宗喜入道來、下京古河治部少輔光家同道、柳一荷紺鮭一折、まき一折、持來、對面、勸一盞及數盃了、庭田へ掃部相添遣了、他行、云々、後日に可來之由有之、云々、牛黃圓十貝、遣之、云々、○富小路へ久不罷之間罷向、佛桑花一枝遣之、暫雜談了、次中御門公事之儀、意見可然之由申之、諸事無承引候間、不及是非之由返答、

十八日、壬午、雨降、自巳刻晴、○松田宗喜來談了、○藥師、觀音へ參詣了、○禁裏御楊弓之間、巳刻參內、先於御學問所暫御雜談有之、午下刻始、七十二度有之、御人數御矢、四十九、竹內殿、六十五、下官、四十五、四辻中納言、四十一、穴一、新中納言、廿五、穴一、重保朝臣廿三、等也、十二枚負、於番衆所小漬有之、如常、暮々退出了、○古河治部少輔昨日禮狀到來、約束之鶴君不知九枚送之、但一枚別之者也、祝着候了、

十九日、癸未、天晴、○藥師、觀音へ長松、鶴松召具參詣了、○澤路修理進申、法然上人源空、一枚起請書之遣了、○自禁裏御番に早々可參之由有之間、未下刻參內、新中納

言、永相朝臣等祗候、御雜談暮々迄有之、今夜當番衆予、範信兩人也、右衞門佐者外樣番代（父卿）也、内々に祗候也、

廿日、（甲申、自卯刻雨降終日、從今日十方暮、）○西坊與之團扇、今朝禁裏へ進上了、御祝着之由有之、○松田宗喜來談、一盞勸了、○藥師、觀音へ長松、鶴松召具參詣了、○今日日吉祭禮有之、云々、觸穢中に不審之儀也、

廿一日、（乙酉、天晴、）○庭田去年被借用法花經七八之卷被返了、○自伊與局鈴一對、鮒鮓、三、和布一折、被送之、先日藥之禮歟、○竹内殿へ參經書了、中村入道、河内等參、中將棊有之、○暮々松田入道宗喜來、中酒相伴候了、○今曉於慈照寺萬松院御葬禮有之、云々、供奉公家飛鳥井前大納言、日野（烏丸）大納言、藤（高倉）中納言、新（廣橋）中納言、永相（高倉右衞門佐）朝臣、晴資（日野左中（◎少カ）辨）等也、前々各淨衣、云々、今度者不及其沙汰、各直垂、云々、　此外御比丘尼衆南御所、入江殿、通玄寺殿、寶鏡寺殿、總持寺殿、五山十札（◎刹カ）諸衆悉參、云々、引馬數聲いな鳴、云々、以外不吉之儀、可被愼儀也、奉公衆少々烏帽子、云々、御中院自去七日始、云々、古今上下中院者、葬禮之夜より始者也、今度其以前始事、諸家不審也、於先例者無之、云々、

廿二日、（丙戌、雨降、五墓日、）○古河治部少輔明日大坂へ下、云々、仍書狀取に來、本願寺へ扇一本、同息太子へ小佛、（粮佛あみ）たいまへ橋之結花遣之渡之、一盞勸了、次庭田へ書狀取に罷向、予可同道之由申間罷向、庭田へ又一荷兩種隨身、云々、一盞有之、及數盃、○御楊弓之間、九過時分參内、七十五度有之、御矢、（五十五、）曼殊院宮、（四十六、穴二、）四辻中納言、（四十二、穴一、）新中納言、廿二、重保朝臣、（卅四、五十二度に、）予（卅八、五十度に、）等也、廿五枚負、於番衆所小漬如常、深雨之間其間々御番に祗候了、予、新黃門、永相朝臣等御添番也、公古代源爲仲祗候也、今日御矢取範信、源爲仲兩人也、○古河に蘭奢待一燒、竹内殿御筆詩歌二枚等遣之、

廿三日、（丁亥、晴陰、）○藥師、觀音へ長松、鶴松召具參詣了、○廣橋唯識論五卷借用了、○唯識論之料紙、予作工に令

日調候了、〇自親王御方、御參內之間御伴に可參之由有之間、七時分參、御下姿御小直衣にて御參、御懸より番衆所三帖敷へ御參、御所作、親王御方、四辻中納言御三人にて御樂、蘇合急、白柱、青海波、越殿樂、千秋樂五有之、聽聞申候了、則御退出、御供予、四辻中納言、公遠、輔房、範信等也、

廿四日、戊子、天晴、〇藥師、觀音へ兩人召具參詣了、〇自親王御方、御笙簧落之間被出之、則付之持參、同佛桑花一枝進了、〇藤黄門近日上洛之由有之間罷向、佛桑花一枝遣之、一盞有之、〇禁裏御楊弓有之、午時參內、七十五度有之、御矢、六十、竹內殿、七十二、予、四十六、四辻中納言、廿六、穴三、新中納言、廿四、永相朝臣廿三、等也、十八枚負、御矢取邦富、範信兩人、於番衆所小漬如常、當番之間其間々祗候、予、範信兩人也、

廿五日、己丑、雨降、〇藥師、觀音へ兩人召具參詣了、〇廣橋へ唯識論四卷返遣了、〇自紙屋備中屋、保童圓五百粒、十疋にて取之、但紙蘇等有之、云々、〇禁裏御楊弓之間、四過時分參內、七十度有之、御矢、四十四、穴一、曼殊院宮、六十九、穴一、予、四十三、四辻中納言、十七、四十度、新中納言、十六、穴一、永相朝臣廿、等也、五十六枚勝、御矢取公遠、邦富、範信等也、小漬如昨日、及昏黄退出了、

廿六日、庚寅、雨降、〇萬松院殿儀爲御訪坂本へ下向、共大澤掃部助、雜色源左衞門兩人計也、爲禁裏同新黄門被指下、其外四辻、庭田被下、各同道候了、未刻計坂本兩社之邊布屋へ下着了、則用意、武家へ參、比叡辻寶泉寺也、先之近衞殿へ參、同妙泉寺也、各同道、御見參御酒被下了、次武家へ參、朽木民部少輔申次、今日除服復任宣旨枝賢朝臣持參、遠所之間不及束帶直垂也、先例有之、云々、召使異體也、申次日野左少辨晴資、同直垂也、今晚戌刻御除服、云々、藤黄門、新黄門祗候、云々、永相朝臣御沓、御劍晴資、御脂燭俊直朝臣等、云々、各直垂、云々、禁裏へ御馬、御太刀、二、新黄門へ御太刀、二、枝賢朝臣に御太刀、練貫、一重、召使同前、云々、自禁裏法花經一部、以新黄門鹿苑院へ今朝被進、云々、〇朽

木宿へ呼候間罷向、內々へ罷向、小漬にて一盞有之、暫雜談了、暮々歸旅宿布屋了、庭田之內河端左衞門大夫所へ德利到來、酒有之、

廿七日、辛卯、雨降、○朝飡以後種々雜談有之、巳下刻發足上洛、各同道、七時分京着、今日六角左京大夫下國、云云、午時殿中へ參、御酒可被下、云々、各被參、云々、昨今旅宿予上下三八之儀、廣橋新黃門被申付、云々、煩敷儀也、

廿八日、壬辰、雨降、五墓日、○藥師、觀音へ兩人召具參詣了、○四辻女中へ誂候小袖之下繪出來、祝着々々、次鶯粟一袋到、又陳皮、五兩、香薷、三兩、荊芥三兩、被所望之間遣之了、○新黃門來儀、連歌一巡談合也、○武州慈光寺山之西藏坊重譽、權大僧都之事望申、口宣案葉室に申調、此方へ來之間對面、一盞勸了、綿五把送之、此內二把職事へ遣、掃部助に一把遣之、云々、

廿九日、癸巳、天晴、天一天上、五月中、○藥師、觀音へ兩人召具參詣了、○佛陀寺之舜智、淨花院舜玉齋に來、相伴候了、○自庭田可手傳之由有之間、七時分罷向、詠歌大概竹門御筆、東下野國天德寺へ遣、云々、きりとち表紙之懸事調之、一盞有之、○方違に攝取院へ罷向、一盞有之、不及歸宅臥了、○綿廿目福昌庵、十五目昌祐に遣了、

○潤五月小

一日、甲午、天晴、天一天上、○藥師、觀音へ召具長松、鶴松參詣了、○一條殿へ御禮に參、御兩所御見參、御酒被下、次大祥寺殿へ參、御盃被下了、勸修寺亞相、極﨟同祗候也、此間御服中被煩、云々、勸修寺に茶垸臺下地、湯山物、一遣之、次伏見殿へ參、李部王御對面、次稱名院へ罷向、唯識論五六卷借用、見參、昌休同來、次竹內殿へ參、御見參、次岡殿へ參、御盃被下了、○松田入道宗喜禮に來、暫雜談了、○七時分長松丸、鶴松丸召具參內、軈鶴松丸退出了、今夜天酌に被參之輩予、四辻中納言、萬里小路中納言、新中納言、長松丸、阿古丸、重保朝臣、基孝朝臣、公遠、邦富、輔房、範信、源爲仲等也、戌下刻退出了、○春日社權神主師重朝臣書狀到、神宮預祐淳七

月廿四日遠行、云々、改補東地井祐父之長者宣之事、無別儀之樣馳走賴入之由有之、○綿廿目老母に進了、、

二日、乙未、晴、時々小雨、五墓日、天一天上、○藥師、觀音へ兩人召具參詣了、○自二條殿御使有之、春日社々司事也、對面御返事申入候了、○伯母西専庵、自一昨日所勞之由有之、藥之事被申候間、人敗に加當歸、芍藥二包、麝香丸一貝遣之了、○正親町へ罷向暫雜談、一盞有之、○二條室町押小路三條坊門、喧嘩有之、自午刻申刻迄取合、云々、二條殿へ大澤掃部進之、讃岐守忠宗所へ同遣之、左右方百人計手負有之、云々、上下京宿老地下人口入、云々、殿下同御出、云々、申下刻無事相調、云々、

三日、丙申、天晴、天一天上、○藥師、觀音へ兩人召具參詣了、○西専庵小減、云々、魚一、被送之、同藥三包遣之、○保童圓◎缺文介丸之、○自一條殿、今日醫方大成論講尺有之、可參歟之由被仰下、午時參、嵯峨角藏吉田、子桂藏主讀之、御兩所御下聞之後、御酒有之、自親王御方被仰下候御雙紙、題林愚抄一卷、前殿へ申入候了、油煙二丁、進上候了、

四日、丁酉、天晴、未下刻大夕立、天一天上、○藥師、觀音へ子共召具參詣了、○禁裏御夢想御會之間、四時分參內、御人數御製、十八句、入道宮、十四、入道前右大臣、十八、新大納言、八、下官、十一、四辻中納言、十二、新中納言、九、菅宰相、四、執筆也、重保朝臣等也、御夢想、二句、所役殿上人基孝朝臣、範信兩人也、及昏黃各退出、於紫宸殿渡御有之、於小御所小漬如常、御夢想以下如此、

梓弓さるとも菊をいさふなよ
野は藤はかまいつれをかみむ
影にほふ月こそうつれ袖はへて　御製
光そふ夜の露の玉階　入道宮
飛行もつらをみたらぬ鴈の聲　入道前右大臣
ともなふからの旅そなくさむ　言繼

今夜當番之間其間々祗候、相番範信計也、

五日、戊戌、晴陰、自申刻雨降、寅刻大夕立電(◎雷カ)鳴大、天一天上、○藥師、觀音へ如例參詣了、○一條殿右府、今朝朝飡可被下之由有之間參、

御兩所御相伴、其外予、天龍寺六王院之公首座等也、御精進也、次大成論講尺有之、如一昨日、四過時分退宅了、○讃岐守忠宗、先日喧嘩之時人遣之禮に來、暫雜談了、○禁裏御楊弓之間、午刻參、六十度有之、於東庭被遊之、雨降之間、後者於淸涼殿有之、仍兩人御矢取了、於番所小漬如常、御人數御矢、十三、卌五度に、曼殊院宮、四十三、今出河前左大臣、十九、日野(烏)大納言、十四、下官、卌一、四辻中納言、卄五、穴一、新中納言、十六、重保朝臣、十二、永相朝臣、十一、四十度に、源爲仲十二、卌五度に、等也、予六十九枚勝、○去月卄九日相轉之代庭田代に、其間々祗候、相番四辻中納言計也、源爲仲去夜祗候、云々、

六日、己亥、天晴、天一天上、○藥師、觀音へ參詣如每日、○飛鳥井前亞相爲使安居院僧正被來、明後日汁可申付之由有之、○松田宗喜入道暫來談了、○今晩於禁裏御樂五、可被遊之由、一昨日被仰出、但來九日へ御延引、云々、

七日、庚子、天晴、天一天上、○藥師、觀音、長松、鶴松等召具參詣了、○一條殿に四時分大成論講尺有之、參了、○新黃門被來、續錦綉段、同靑玉案被持參被返了、○一條殿へ參路次に、大學輯釋上下、二冊有之、卅錢に召寄之、唐本也、○伏見殿御承師盛嚴法師、同仕丁若狹、河驅(かり)之處、水之故歟、聲聞師及喧嘩、乍兩人令打擲、云々、仍馳參、各數多祗候、無殊事之間罷出之處、於禁裏南堀外、伏御侍三木新五郎罷出、聲聞師之內大黑と云物令生害、不便之至也、利不盡之樣之沙汰歟、○讃岐守忠宗物忩無心元之由申來、暫雜談了、

八日、辛丑、雨降、天一天上、五墓日、○自伏見殿聲聞師村御成敗、云々、伏見仁和寺方に御人數共二千餘馳參、各祗候、種々馳走、廣橋境內披官之間、堅可致成敗之由被申、未下刻相調、上使共罷向、本人逐電、家放火也、武士に付之間種々申事有之、七時分各分散了、今朝自禁裏、予、四辻黃門以兩人、穩便之御沙汰可然之由被申、仍又夕方以兩人禁裏へ御案內被申候了、○藥師、觀音へ晚天參詣了、

九日、壬寅、雨降、自巳刻晴、天一天上、○藥師、觀音へ參詣了、○飛鳥へ朝

飡に罷向、予計也、大澤掃部助同相伴也、同雜談了、○禁裏御楊弓之間、九時分參內、五十度有之、御人數御矢、卅三、穴一、曼殊院宮、卅九、予、卅五、四辻中納言、廿一、穴一、新中納言、十一、永相朝臣、十二、源爲仲十三、等也、予十五枚勝了、於番衆所小漬如常、御矢取基孝朝臣、公遠、邦富等也、○當番之間其間々祗候、永相朝臣代父卿、外樣番也、內々に祗候、高倉侍從所勞、云々、○唯識論六卷、廣橋に借用了、五卷寫功終了、

十日、癸卯、雨降、天一天上、半夏生、○烏丸、奥坊暫來談了、○藥師、觀音へ參詣了、○右衞門佐はけ被借用遣之、○烏丸に汁有之、晩飡持罷向暫雜談、暮々歸宅了、○唯識論五卷、廣橋へ返遣了、

十一日、甲辰、雨降、天一天上、自未刻雨晴、○藥師、觀音へ長松、鶴松令同道參詣了、以次福昌庵立寄候了、○薄所へ罷向雜談了、○一條殿大成論講尺之間參、如先日、○上總介忠吉子忠隆禮に來、今日始來、德利代十疋持來、盃令飮了、右兵衞尉之事、可申沙汰之由申候了、自三條中將勅免御禮、于今不被申候間、可被申入、其以後可申沙汰之由返答了、

十二日、乙巳、天晴、天一天上、未刻夕立、○亡父瀧雲院殿忌日之間、佛陀寺之善勝齋に來、相伴候了、○高倉右衞門佐被來、紙四五帖被打、假とちの事被申候間、調遣之、花鳥餘情仕立之由有之、一盞勸了、○藥師、觀音へ息兩人召具參詣了、

十三日、丙午、天晴、天一天上、○藥師、觀音へ兩人召具參詣了、○一條殿へ大成論之講尺に參了、聽衆如前々、○建仁寺之一華院へ、自禁裏續錦綉段、同靑玉案三冊持罷向之處、越前へ去十日に下向之由申之間、取て歸宅了、光堂へ音信、同他行、云々、○自長橋局可參之由有之間參之處、就粟津之公事錢之儀被談合了、

十四日、丁未、天晴、天一天上、○藥師、觀音へ兩人召具參詣了、○自長橋御用之事有之、可參之由有之間則參、御池之水不參之間、新中納言申談、可相直之由被仰之間、樣體申入候了、近日可申付之由有之、次長橋丁香散所望之

由被申候間、領掌候了、○右衞門佐來、料紙一束持來、又假とち持遣之、粟津修理父子、山口孫三郎等來、一盞勸了、○自三條中將使有之、村田令對面、返事申候了、○當番之間七過時分參、御碁有之、云々、竹內殿、勸修寺大納言、新大納言、四辻中納言等也、御懸物新大納言賜之、云々、今夜相番予、高倉侍從兩人也、

十五日、戊申、天晴、天一天上、六月節、○土佐繪師刑部大輔光茂來、萬松院殿御影に、御直垂之腰古圖に、或かひ、或かはす如何、又紐之色如何、又大口可重哉否之由尋之、予返答、直垂之腰は前こしは皆かう、後腰はかはさる者也、紐之色は淺黃茶之間可然歟、可重大口之由返答、其外暫雜談、一盞勸了、○藥師、觀音へ兩人召具參詣了、○祖母安明院忌日之間、安養寺之慶存齋に來、相伴候了、○一條殿大成論講尺參了、予、中御門、五條等御酒被下候了、○叡山月藏坊祐增法印、自禁裏被仰下、山王緣起十五卷持進之、自去十日湯山へ入、云々、使書狀等有之、梶井宮御書同被添下之、請取之由折紙調遣之、則長橋局迄持參、○御用之事有之、可祗候之由有之間、酉下刻參內、曼殊院宮、予、四辻中納言等祗候、入江殿御所持之鏡壺被見之、奇特之物也、又山王緣起三卷被出之、各讀之、日暮之間、一卷讀殘了、戌下刻迄御雜談了、其間々御番に可祗候之由有之間祗候候了、相番四辻中納言計也、予於御所口御酒被下了、四辻者沈醉之間予計也、又御寢以後、於大所酒有之、かゝ振舞了、○源左衞門薬室へ遣了、

十六日、己酉、時々晴陰夕立、○藥師、觀音へ兩人召具參詣了、○新黃門被來、暫雜談了、大津之物公事之儀、中御門へ意見之處、同心之間不及披露、可相果之由被申候間、同心之由返答了、

十七日、庚戌、天晴、○藥師、觀音へ長松、鶴松召具參詣了、○一條殿へ大成論之講尺に參、如一昨日、○自廣橋速水越中守爲使來、中御門被申者、粟津大津之輩相紛之間、人數可注出之由有之、云々、予返答、自往古不定也、其上ざると云かご不可紛之由返答了、

十八日、辛亥、天晴、○藥師、觀音へ兩人召具參詣了、○禁裏御楊弓之間、巳刻參內、七十三度有之、御矢、四十、竹門、五十八、勸修寺大納言、四十五、新大納言、十七、予、四十三、新中納言、九、永相朝臣、十八、穴一、源爲仲廿一、等也、予三枚負了、於淸涼殿有之、御矢取基孝朝臣、邦富、範信等也、及黃昏退出了、於番衆所小漬如常、次御今參所勞之間、脈之事、傷風歟吐瀉、云々、藥之事被申候、明日可遣之由申候了、○粟津大津供御人鹽公事之儀に、予一行所望之由中御門申候由、新黃門被申間調遣之、案文追可注、

十九日、壬子、天晴、八專入、○藥師、觀音へ兩人召具參詣了、○御新參之藥之事早旦遣之、參蘇飲三包調遣了、○禁裏御楊弓之間、參內被急之間、辰下刻祗候、午時始、六十五度有之、御人數御矢、卅九、竹內殿、六十、穴一、勸修寺大納言、卅六、新大納言、廿五、予、四十二、新中納言、卅四、永相朝臣、廿二、源爲仲卅九、等也、予卅枚勝了、御矢取加田彌三郞、同弟虎松兩人也、於東庭有之、鈴被出之、兩度各飮之、於番衆所小漬如常、○御新參脈今日兩度取之、晚天事外驗氣也、但度數相殘之間、同藥三包遣了、○中御門より於醍醐鹽公事被取之、粟津大津之供御人競望之事、放◎散カ狀到、對代官之折紙如此、新黃門被調送之、

就粟津大津供御人鹽之儀、爲其方被置押之由、彼供御人歎申候、此儀者從前々不致沙汰之由申候間、先可被返付候、於向後、彼供御人不可被留候、若又前前沙汰申候子細候者可被申候、重而可被仰達候、巨細者重而可被仰出候也、恐々謹言、

後五月十七日　東坊城家雜掌　忠久判

矢野新右兵衛尉殿

予狀如此、

粟津大津供御人等鹽公事之儀、御同心之上御折紙被付候、本望候、向後於有御存分者、被達叡聞、可爲憲法御沙汰候哉、尙期面謁之時存候也、恐々謹言、

後五月十六日　言繼

中御門殿

大成論講尺に不罷出也、

廿日、癸丑、天晴、○藥師、觀音へ兩人召具參詣了、賀二位、半井宮内大輔所へ罷、云々、見付來、於觀音堂暫雜談了、○自禁裏御扇しつめ折、黒繪、拜領、忝者也、則長橋局迄參御禮申入候了、次御新參見舞候、彌驗候、聊頭痛之由被申候間、二包殘之藥に川芎、白芷加之了、次大所へ罷向一盞有之、鳴不動繪借用、老母以下見之、則立歸返遣之、○自廣橋速水越中守爲使來、自中御門書狀文言違亂、云々、證文之詞證人と可改之由被申、不及覺語之由返答了、○長橋局迄參、御扇之御禮申候了、次御今參之脈取之、彌驗氣也、但蟲氣胸苦之由有之間、人參丁香散に枳穀、砂仁加之、二包遣了、

廿一日、甲寅、天晴、八專、○藥師、觀音へ長松、鶴松召具參詣了、○伊與局より藥代二十疋被送之、則返之處、重留主に被送之間留候了、○一條殿御參、大成論之講尺參候了、○禁裏御楊弓之間、四時分參、七十八度有之、御矢、五十四、六十八度、竹門、六十三、今出河前左大臣、卅六、日野大納言、卅三、予、卅一、新中納言、卅、重保朝臣廿四、永相朝臣、廿三、源爲仲廿六、六十三度、等也、予五十三枚負了、御矢取基孝朝臣、邦富、範信等也、御小漬如常、○御今參脈取之、彌驗氣也、食事無之、云々、

廿二日、乙卯、天晴、八專、○藥師、觀音へ兩人召具參詣了、○明後日禁裏御會入韻可申之由有之間、高辻招寄令談合、二句調之進上了、廣橋黄門同被來、暫雜談也、一盞勸了、○伊與局へ昨日之藥代之禮申候了、麝香丸一貝遣之了、尙脈可見之由被申候間、未下刻罷向脈取之、彌本服也、自今朝食事平性之半分有之、云々、藥之事猶被申候間、同藥三包、香薷散等遣了、○廣橋懸之松木洗事被申候間、夕方罷向、乾方木一本先洗之了、一盞有之、○藥屋へ前々かけ、今兩種召寄、代半遣之、○一條町與西洞院之間、北五間辰刻燒亡、一條殿、日野等へ大澤掃部進候了、

廿三日、丙辰、天晴、○藥師、觀音へ兩人召具參詣了、○眞繼

九郎左衞門息女腹中煩之由申、藥之事申、先香薷散三服遣了、○大澤掃部助暇乞之候了、○自長橋香薷散、三光丸等所望之間進之、蟲氣之由被申候了、○阿茶々熱氣之由申候間、仲和散、川芎、白芷、前胡加之、一包遣之、○右衞門佐に令所望妻紅之扇一本到、老母姉越前之靑木三郎右衞門母所望之間、下之候了、○福昌庵へ罷向、留主、云々、次右衞門佐所へ罷向、扇之禮申候了、次四辻瘧病之由候間、罷向見舞了、今日起之由有之、次長橋見舞、無殊事、御今參者大概本服之由有之、○昨日新黃門口入之間、先日之中御門へ之書狀、改文言調遣之、見前、

廿四日、丁巳、天晴、八專、○眞繼女に調中散三服遣了、○藥師、觀音へ兩人召具參詣了、○正親町米屋保童圓替米、云云、二百五十粒代五十、遣之、○禁裏聖天御法樂和漢御會有之、巳刻參內、則始了、於紫宸殿有之、御人數御製、十六、句、曼殊院宮、九、入道前右大臣、十九、新大納言、五、下官、十二、萬里小路中納言、十四、新中納言、十二、伯二位、六、菅宰相、八、執筆、等也、於小御所小漬如常、所役殿上人範信計也、七時分終、各退出了、發句以下如此、

有明に影みる程の夏もかな　新大納言
透簾螢色新　言繼
麥光堆淨几　入道前右大臣
蓂曆逐奔輪　萬里小路中納言
吹となき風にも露のちりそめて　曼殊院宮
きのふにかはる秋の涼しさ　御
桐の葉の落る板井のかけふかみ　新中納言
鐘依刻漏頻　菅宰相
なかき日は移るもわかぬ空なれや　伯二位
かすむに雨の軒のしつけさ　新大納言
梅かゝも夕露よりやしめるらん　言繼

當番之間暮々參、相番予、範信兩人計也、○廣橋黃門弟南都修南院得業光俊七時分上洛、云々、使者大澤遣之、北隣柳原に被居、云々、

廿五日、戊午、天晴、○藥師、觀音へ兩人召具參詣了、○一條

殿へ大成論之講尺に參、暫御雜談了、〇唯識論七卷、
廣橋に借用、六卷今日終寫功了、〇澤路修理進取次、三
歲男子、咽渇利カ◎痢瀉藥之事申、五苓散に加葛根、烏梅、
二包遣之、〇四辻瘧病見舞了、〇修南院得業宮笥さ
て、茶十五袋被送之、祝着了、
廿六日、己未、八專、天晴、〇藥師、觀音、長松、鶴松參詣了、〇禁
裏御楊弓七十五度有之、於東庭有之、御人數御矢、四十一、
曼殊院宮、五十、新大納言、廿三、予、四十、新中納言、六、重
保朝臣、廿三、永相朝臣、廿七、源爲仲廿八、等也、御矢取
加田彌三郎、同虎松、藪田幸菊等也、於番衆所小漬如
常、長松丸爲見物祗候了、於伊與局竹門御相伴申、云
云、暮々退出、予卅一枚勝了、〇唯識論六卷、廣橋へ返
遣了、
廿七日、庚申、天晴、八專土用、〇藥師、觀音へ長松、鶴松召具參詣
了、〇一條殿へ大成論講尺に參了、〇稱名院へ唯識論
五六卷持罷向返之、又七卷借用了、〇久不參之間伏見
殿へ參、御楊弓暫見物申候了、次大祥寺殿へ參、御酒
被下了、次賀二位所へ罷向、久我殿御出候、其外上池
院、相國寺、大智院喜藏主兼右弟也等暫雜談了、及黄昏歸宅了、
〇勸修寺亞相腹中所勞、云々、藥之事被申候間、調中
散三服遣之、〇禁中不寢御番に人可進之由有之間、大
澤掃部助進之、飛鳥井一人被進、同予申遣了、〇明後
日禁裏聖天御法樂御發句可申、早々可進之由有之間、
則稱名院へ令談合、二進候了、
廿八日、辛酉、天晴、八專、〇長松、鶴松召具、上御靈へ參詣了、
伴大澤掃部助、澤路彥九郎、井上將監、源左衞門等也、
歸路遙琳庵罷向、酒有之、〇藥師、觀音へ參詣同前、〇
自長橋局二十疋到、保童圓調合之事賴之由被申、〇
長橋、一濟、新內侍殿半濟、被申入參丁香散、令調合進候
了、
廿九日、壬戌、天晴、〇藥師、觀音へ兩人召具參詣、〇勸修寺
亞相腹中藥尙被申之間、有之間々二服遣了、〇一條殿
講尺不參、故障之故也 〇故葉室 宗永等忌日之間、佛
陀寺之舜智、淨花院之舜玉齋に來、相伴候了、〇禁裏

聖天御法樂之間、巳刻參内、於紫宸殿後御有之、御人數御製、十八句、曼殊院宮、九、入道前右大臣、廿一、下官、十二、萬里小路中納言、十三、新中納言、十、伯二位、七、菅宰相十、等也、執筆一四折菅宰相、二三折竹門被遊了、所役殿上人基孝朝臣、範信兩人也、七時分終了、各退出、○予當番之間其間々祗候、當番予、範信、御添番基孝朝臣等也、御寢以後、右衞門佐門へ各罷向、音曲有之、臺所之衆銚子持來一盞有之、今日發句以下如此、

木の下にもらぬや雨に蟬の聲　言繼
度欄峯夏雲　萬里小路中納言
待空に月はほのめく影みえて　曼殊院宮
ふく風しるく秋さむき比　伯二位
信好錦書鴈　御
交疎金氣蚊　入道前右大臣
夕村烟聚散　菅宰相
曉露圃耕耘　新中納言
物換春多景　萬里小路中納言
うすくもこくもかすむ遠近　言繼

○六月大

一日、癸亥、天晴、八事終、六月中、○河堂之愛染明王へ長松召具參詣了、次藥師、觀音へ參詣、○入道殿へ參、圓頓戒有、淨花院之西堂也、受者栗屋右京亮女壽勝比丘尼十四歲歟、令聽聞候了、次二獻有之、御所勞同前、但御出座也、次總持寺殿へ參、御盃被下候了、次一條殿へ參、御兩所御對面、次大祥寺殿へ參、御盃被下了、自禁裏數度御使有之、云々、御楊弓、云々、仍先歸宅之處、不可及祗候之由有之間、不及是非、○暮々長松丸召具、親王御方へ御禮、但遲參長松次に參、御對面、次參内、天酌に被參之輩三條大納言、下官、萬里小路中納言、新中納言、長松丸、重保朝臣、基孝朝臣、邦富、輔房、範信等也、戌刻退出了、○禁裏御大工中務子新三郎痳病、云々、藥之事度々所望之間、五痳散七包遣候了、○建仁寺一華院續錦綉段、同靑玉案、三冊、先禁裏へ進候了、○南都修南院之五々女土犬十疋、二月堂牛玉二枚送之、祝着々々、

二日、甲子、天晴、申刻夕立小降、○藥師、觀音へ兩人召具參詣了、○親王御方御和漢有之、云々、暑氣所勞氣之間不參、仍一條殿大成論御談義今日終、雖然不參了、○粟津修理亮一昨日中鳥子廿五枚、假とち調遣了、○香薷散一濟調合了、則所望之所々遣之、長橋局、三兩、薄、二兩、藤黃門、一兩、同右衞門佐、一兩、福昌庵一兩、遣之了、○暮々室町喧嘩、云々、無殊事、○松田入道宗喜來談了、

三日、乙丑、天晴、未下刻夕立、夜雨風吹、○藥師、觀音へ兩人召具參詣了、○山井伊豆守景賴來暫雜談了、○自竹內殿繪一幅福祿壽、表法繪申付、可進之由有之、一昨日一幅出來、逢御意、云々、○早瀨彥二郎母瀉利藥之事申、香薷散遣了○葉室へ便宜之間、谷殿、同葉室香薷散一兩宛遣了、

四日、丙寅、陰晴、未刻夕立、○藥師、觀音へ兩人召具參詣了、○禁裏御楊弓有之、所勞之由申故障申候了、○自葉室便宜之間、山崎之柴垣所望候、勅筆詩歌、唐紙(大)、一枚可被傳之由申遣了、○今日當番庭田に相轉了、○松田九郎左衞門自去年預置候石菖、取來之間返遣了、

五日、丁卯、雨、陰晴不定、○藥師、觀音へ長松、鶴松召具參詣了、○自廣橋新黃門法花經一、二、三、三卷被返了、從春借用也、○西專庵晚飡之中酒被振舞了、○廣橋へ唯識論八卷借用了、

六日、戊辰、晴、五墓日、○藥師、觀音へ兩人召具參詣了、○唯識論七卷終寫功、切句、朱、一校了、○下總國之僧權大僧都賢範、法印所望之由申、葉室に申之、予對面之事申候間出合、德利代十疋送之、祝着候了、○唯識論七卷稱名院へ返遣之、次卷之事申候處、被見失、云々、

七日、己巳、自寅刻雨降、自辰刻天晴、夜又時々雨、○兩人召具、藥師、觀音へ參詣了、○久不參之間、竹內殿へ參、御所勞氣、云々、御脈給候、暑氣聊御風被引候、第一御氣也、暫御雜談申候了、次長橋局、內侍所等へ立寄了、次薄所へ罷向雜談了、次歸宅、○御番に可參之由有之間參之處、參仕之輩有之間可罷出之由有之間、退出了、○宮御方へ參、二日御會に不參之怠申入候了、御酒被下了、○戌刻又御番に可參之由被仰之間則參、今夜御近邊へ强盜之

沙汰有之故、云々、仍御添番共有之、當番勸修寺大納言計也、御添番に新大納言、予、永相朝臣、源爲仲等也、宿直今出川兩人、庭田兩人被進、云々、○竹内殿香薷散御所望之間、十四五服計進了、

八日、庚午、天晴、○早朝長松、鶴松藥師、觀音へ參詣了、○自一條殿右府香薷散御所望之間、一包一兩計進了、○松田入道宗喜來談、一盞勸了、同藥所望之間、同遣之了、○晩天藥師、觀音へ參詣了、次冷泉へ罷向暫雜談、一盞有之、○自禁裏御添番に可祗候之由、俄被仰之間戌刻參、當番衆廣橋新黃門、式部大輔、御添番予、基孝朝臣、永相朝臣、範信等也、但予小御所に祗候、親王御方渡御也、同内山上乘院僧正被參了、番衆所にて御酒各被下了、

九日、辛未、天晴、○祇薗少將井、同大政所へ早々參詣、召具長松丸、五辻令同道、伴大澤掃部、井上將監、源左衞門計也、○一條殿久不參之間參、御兩所御出座、御酒被下了、五條父子祗候也、一竹四穴樺本樣御用に御借用、持參了、○當番之間七過時分參内、親王御方へ御使に參、今夜も小御所へ可有渡御之由也、則御參了、今夜當番衆予、範信、御添番新大納言、菅宰相等也、高倉侍從小御所へ祗候也、御銚子被出、於番衆所受用、

十日、壬申、天晴、○藥師、觀音へ兩人召具參詣了、○松田宗喜暫來談、晩飡之中酒被振舞了、痛入者也、人參丁香散所望之由、少遣之了、○去夜勸修寺入道所へ忍盜人入、云々、無心元之由申罷向、不審之樣體也、内之者所作歟之由存也、然處晝同朋金阿み逐電、云々、無念之沙汰也、○大祥寺殿へ參、干飯被下候、親王御方之御伊茶御參也、暫御雜談申候了、

十一日、癸酉、天晴、○早々南向祇薗御旅所へ參詣、云々、○藥師、觀音へ兩人召具參詣了、○祇薗大政所御湯立有之、云々、未見之間、舜智令同道見物之、但遲之間半分計見物了、次參因幡堂藥師へ、次悲田寺始見物了、次淨花院に岡寄之文殊有之、參詣之處、松林院に見會、頻招請之間罷向、仍西堂被來一盞了、及數盃、唯識論見度之由被申間召寄了、以上七卷也、○飛鳥井暮々被

來暫雜談、御番晝計被參、云々、○自禁裏宿直可進之由有之間、大澤出雲守、澤路彥九郎兩人進候了、自三條西一人、自右衞門佐土島被進、云々、○俄可祗候之由、戌刻計被仰下候間參內、當番基孝朝臣、御添番新大納言、予、永相朝臣等也、○長橋取次大典侍殿御用歟、香薷散半代、御用之由有之間、五兩進了、

十二日、甲戌、陰、未刻夕立、○藥師、觀音へ兩人召具參詣了、○亡父卿忌日之間、佛陀寺之僧善勝齋に來、相伴候了、○昨日遲之間、今日少將井湯立見物了、長松丸召具令見了、○勸修寺代御番に參、予、萬里小路中納言兩人也、

十三日、乙亥、天晴、○藥師、觀音へ長松、鶴松召具參詣了、○禁裏御楊弓之間參、六十二度有之、御矢、廿七、四十度に、曼殊院宮、卅八、勸修寺大納言、卅一、予、廿四、新中納言、八、重保朝臣、十五、永相朝臣九、等也、於番衆所小漬如常、長松丸爲見物祗候了、予四十四枚負了、

十四日、丙子、天晴、○藥師、觀音へ兩人召具參詣了、○松田入道宗喜來、團扇作工也、今日出來、明後日葛川へ被入、云々、藥共所望之間遣之、人參丁香散、小兎絲々、圓粒、五百遣之、○祇薗會に、於曇花院御門喧嘩、云々、礫矢等以外也、云々、但無殊事、○當番之間暮々參內、予、範信兩人也、自近衞殿御番十人計被進、云云、

十五日、丁丑、天晴、○藥師、觀音へ兩人召具參詣了、○祖母安明院忌日之間、安養寺之僧慶存齋に來、相伴候了、○禁裏聖天御法樂御和漢之間、四時分參內、御人數御製、十四句、入道宮、十三、曼殊院宮、九、入道前右大臣、十八、新大納言、五、予、十、萬里小路中納言、十一、新中納言、十一、菅宰相、四、執筆、水無瀨三位五、等也、於紫宸殿後御有之、於小御所御小漬如常、七時分終了、則退出了、發句以下如此、

つもれ雪扇を出る風の聲　萬里小路中納言

久福昌庵へ不罷之間暮々見舞、瓜有之、歸路田中隼人佑招請之間罷向、酒有之、戌下刻歸宅候了、

十六日、戊寅、天晴、○藥師、觀音へ參詣、兩人同參詣了、○廣橋に嘉例之嘉定被振舞、各罷向、午時正親町一品入道、烏丸、予、四辻、中御門、亭主、冷泉、庭田、高倉金吾、富小路、奧坊、牧雲軒、治部大藏丞、烏丸靑侍三人、出納將監職定、內膳民部少輔淸景、其外雜々卄餘人、冷麪にて嘉定令飮之、酒、饅頭、きんとん、熨斗鮑思々有之、大略酒也、予酒饅（中）受用、其後及數盃音曲有之、予鼓大小被借用、但打手持來、及秉燭予罷歸了、○方違に攝取院へ罷向、一盞有之、沈醉之間令鷄鳴歸宅了、○松田宗喜葛川へ之暇乞に被來、香薷散所望之間一包遣之、○廣橋へ唯識論九十卷借用了、

十七日、己卯、晴、未下刻晩立、○藥師、觀音、長松、鶴松召具參詣了、○禁裏御楊弓之間、午下刻參內、四十二度有之、御不被遊之、只御見物也、曼殊院宮、卄四、勸修寺大納言、十七、卄度に、新大納言、十四、予、十五、新中納言、十一、重保朝臣、十一、永相朝臣八、等也、基孝朝臣祗候、長松丸同爲見物祗候、御矢取加田彌三郎、幸菊兩人也、於番衆所小漬如常、及黃昏退出了、○葉室出京、今夜禁裏へ宿直兩人被進之、云々、○唯識論八卷終寫功了、○廣橋大納言昨日從防州堺津へ着岸之由注進、云々、

十八日、庚辰、天晴、○藥師、觀音へ兩人召具參詣、○百々（どう〳〵）粉川觀音開帳之由有之間參詣、每年如此、云々、次飛鳥井へ罷向、一盞有之、次日野へ罷向、干飯にて一盞有之、次西坊へ罷向、予楊弓之矢ゆかみ令直之、同弓之換之處之事令申、同心也、○自白川、伯卿、予預置候懸字七幅被返之、慥請取了、

十九日、辛巳、天晴、時々小雨降、○藥師、觀音如每日參詣了、○廣橋へ唯識論八卷返遣了、○香薷散又一濟調合了、○臺所之かゝ、人參丁香散半濟、香薷散三兩、所望之由申候間、調遣之、○當番之間及黃昏參、予、基孝朝臣兩人計也、

卄日、壬午、小雨時々降、○臺所たヽ、女嬬等、香薷散所望之間、一包宛遣了、○柳原雜色二郎右衞門腹中瀉、云々、藥之事申候間、香薷散五服遣了、○藥師、觀音へ兩人召

具參詣了、○高倉藤黃門自坂本被上之由候間、罷向一盞了、次福昌庵へ罷向、○自竹内殿御使有之、於甘露寺御楊弓之間、可參之由有之間則參、人數竹門、予、若王子、亭主、竹内殿之御内新四郎、幸菊、藤中内山口彌三郎、亭主内加藤孫三郎等也、干飯にて一盞有之、七過時分歸宅了、

廿一日、癸未、天晴、○寅刻東山靈山悉放火、坊五、殘、云々、昨日號平松時衆爲總打殺、云々、仍自山上山科七郷衆、自山下宇治俵衆、深草衆等、以猛勢取懸、云々、但本堂無事、云々、僧衆無殊事、言語道斷、不可説題目共也、○藥師、觀音へ兩人召具參詣了、○自武家禁裏へ御遣物とて、御腰刀被進候、御使伊勢守貞孝、於長橋局御酒被下、云々、傳奏新中納言、云々、非差物之由風聞、聊爾之御沙汰之由風説也、○長橋へ保童圓五百粒遣之、持罷向、天野酒有之間被勸之、受用了、○甘露寺に楊弓有之、人數如昨日、後に音曲酒有之、鼓大小出之、淵田次男岡又二郎、清水(大鼓)小四郎、與三(米屋小鼓)等來、粟津(笛)孫三郎等也、暮々歸宅、沈醉了、

廿二日、甲申、天晴、十方暮、丑下刻地震、暫、○藥師、觀音へ參詣如每日、○遙琳庵昨夕書狀到、可來之由有之間、朝飡以後則罷向、就夲分之儀、上田望之由有之、重返事可申之由返答了、干飯にて一盞有之、○禁裏御楊弓之間參内、五十五度有之、御人數御矢、廿三、穴一、曼殊院宮、卅三、今出川前左大臣、廿八、下官、廿一、四辻中納言、十四、重保朝臣、十、永相朝臣、十、增鎭法印卅二、等也、於番衆所小漬如常、御矢取幸菊、加田彌三郎等也、予卅二枚勝了、及黃昏退出了、

廿三日、乙酉、天晴、○烏丸被來暫雜談了、○藥師、觀音へ兩人召具參詣、○薄申(加味)三黃圓令調合持罷向、暫雜談了、○白川へ罷向暫雜談、一盞有之、令沈醉歸宅、

廿四日、丙戌、天晴、五墓日、○去夜夢想「友ふかし扇をつたふ時雨かな、○藥師、觀音へ長松、鶴松召具參詣、○松田入道宗喜來談了、○比叡山東谷月藏坊祐增法印、勅筆名號伊勢天照皇太神宮、日吉大八王子權現、申請度之由申送、淨土寺殿西坊傳達

之次、西坊團扇一、被與之、祝着候了、　○當番之間暮々
參、相番予、持明院中將兩人也、
廿五日、丁亥、天晴、○藥師、觀音へ兩人召具參詣了、○禁裏
御法樂御會之間、巳刻參內、則始了、御人數御製、十六句、
曼殊院宮、十一、入道前右大臣、十八、新大納言、五、下官、
十二、四辻中納言、十一、萬里小路中納言、十、伯二位、六、
菅宰相、八、永相朝臣一、執筆、等也、於紫震殿後御有之、於
小御所小漬如常、所役殿上人基孝朝臣、申刻終之、次
御當座廿首有之、菅宰相被讀揚了、及黃昏退出了、御
發句以下如此、

とるからに氷をたゝむ扇かな　御製
月はねやもるかせの涼しさ　曼殊院宮
くれ竹の緣のすたれ卷あけて　入道前右大臣

御當座勅題夏野、夏枕、
それとしも色はわかれす青やかに
しけるかまゝの野への草むら
枕とてなにむすひけんかりそめも
みしかき夜半はみる夢もなし

廿六日、戊子、自去夜雨降、自巳刻晴、○藥師、觀音へ兩人召具參詣了、
○松木九郎左衛門自北國上洛、宮笥とてまから團扇
送之、祝着候了、路次にて落馬相煩、云々、藥之事拂底
之間不遣之、○飛鳥井に朝飡有之、各令同道罷向、勸
修寺、中山、予、四辻、五辻等也、碁之會也、晝又一盞有
之、自禁裏御楊弓之由有之間、八時各罷歸了、　音曲有
之、○禁裏御楊弓未刻參、御人數曼殊院宮、廿、勸修寺
大納言、十六、新大納言、十、下官、十八、四辻中納言、十四、
永相朝臣十一、等也、御矢不被遊、御見物計也、於御學
問所有之、御矢取基孝朝臣、邦富、範信等也、於番衆所
小漬如常、及黃昏退出、予卅三枚勝候了、
廿七日、己丑、雨降、○廣橋亞相昨日竹田迄被上、云々、　曉天
大澤兄弟、井上將監迎に遣候、天明迎に罷向、烏丸、中
山、予、中御門、五條、高辻、庭田、持明院中將、富小路、
師廉等同道、七條迄罷向了、送迎等五百人計有之、於
六角堂小漬にて一盞有之、各厚食也、　四時分京着了、

○晩天藥師、觀音へ長松召具參詣了、觀音堂舜智出合、一盞被振舞、及數盃了、○葉室出京、明日坂本へ下向之用也、

廿八日、庚寅、天晴、○寅刻坂本へ下向、中山、予、中御門、上冷泉、庭田等同道、自山中若王子同道、四時分到比叡辻、於朽木民部少輔宿各用意、干飯にて一盞有之、各烏帽子也、巳下刻各出仕也、　公家衆飛鳥井前亞相、三條亞相、勸修寺亞相、烏丸、〃〃、中山、〃〃、藤黄門、下官、萬里小路黄門、中御門、〃〃、伯二位、冷泉金吾、高倉金吾、三條羽林、葉室右中辨、日野辨、甘露寺右少辨等也、法中安居院僧正、若王子法印等也、西衆近衞殿、中次右衞門佐西園寺亞相、久我亞相、今出川三位中將、四條黄門、庭田羽林、西洞院平少納言、　駿河守各扇杉原等也、法中聖護院殿、大覺寺殿等也、先之五山長老五人、　慈照寺殿御喝食、次大名細川右京大夫、外樣細川播磨守、同陸奥守以下五人、御共衆細川右馬頭、同中務大輔、上野民部大輔、伊勢守、大館治部大輔、申次朽木民部少輔等也、各烏帽子也、此外御部屋衆、申次番方、節朔、つめ衆、奉行、御末之者數多有之、節朔與つめ衆次第相論有之、仍七時御對面有之、各金之御太刀進上、鬮取、云々、此外遍昭心院、眞如堂執當、御室坊官高橋、梶井殿之北坊等也、田樂三人祗候等也、次少々出京、云々、各於同所改衣裳、坂本之宿へ罷向、予、葉室兩人、於朽木所小漬有之、次藤黄門宿へ罷向、葉室同道了、及黄昏伊勢守來、暫雜談了、酒有之、

廿九日、辛卯、天晴、○寅刻上洛、於藤黄門干飯食之、予、萬里黄門、中御門、冷泉、葉室、甘露寺同道、辰下刻上洛了、○藥師、觀音へ兩人召具參詣了、○岡殿へ參、暫御雜談申候了、次攝取院へ罷向、福昌庵は安禪寺殿へ祗候、云々、○眞繼九郎左衞門くだし所望之由申候間、十二神丸二服分廿四粒遣之、○出納右京進重弘自防州、三宮大宮司時重書狀代二十枚持來、○當番之間暮暮參、相番予計也、御添番菅宰相被參了、

卅日、壬辰、天晴、五墓日、○藥師、觀音へ兩人召具參詣了、○寶

樹院、宗永等忌日之間、淨花院之内松林院、乘誓、佛陀寺之舜智齋に來、相伴候了、○禁裏御楊弓之間、午時參内、五十度有之、御矢、卅、曼殊院宮、卅四、下官、廿七、四辻中納言、廿四、穴一、重保朝臣、十七、源爲仲廿、等也、予五十五枚負了、御矢取幸菊、春鶴、加田彌三郎等也、於鬼間東庭有之、小漬如常、長松丸爲見物祗候、其間々輪御祝、參衆予、四辻中納言、伯二位、長松丸、重保朝臣、基孝朝臣、邦富、源爲仲等也、御輪之後一獻如常、次各退出、予御添番に可祗候之由候了、○番予四辻中納言、頭中將、極﨟等也、御添番予等也、兩人宛不寢也、宿直予大澤掃部助、四辻之彌二郎兩人也、

○七月小

一日、癸巳、天晴、天一天上、○予、四辻中納言兩人參御前、大内進上之銀館子被見、暫御雜談有之、○藥師、觀音へ兩人召具參詣了、○大祥寺殿御禮に參、御盃被下了、次竹内殿、次稱名院、來四日之發句談合了、三亞相見參、次伏見殿李部王御見參、次攝取院等へ罷向了、○暮々長松丸、坊城阿子丸召具、親王御方へ御禮に參、御對面、次參内、天酌に被參之輩三條大納言、予、四辻中納言、萬里小路中納言、新中納言、伯二位、長松丸、阿子丸、重保朝臣、基孝朝臣、邦當、範信、源爲仲等也、御局々へ御禮申候了、○自禁裏白檀十兩拜領了、忝者也、夕方御盃之次御禮申候了、從防州大内大貳濟々進上、云云、

二日、甲午、天晴、天一天上、七月中、○藥師、觀音へ長松、鶴松召具參詣了、○廣橋へ罷向、亞相所勞相尋、同前之由有之、見參了、一盞有之、○禁裏御楊弓之間、四時分參内、先御雜談有之、午時御楊弓始、六十三度有之、御人數御矢、四十五、竹内殿、四十九、勸修寺大納言、卅、五十度に、新大納言、十七、予、四十五、四辻中納言、卅七、穴一、永相朝臣、十六、源爲仲卅四、等也、小漬如常、予卅三枚負、

三日、乙未、天晴、戌刻雨降、天一天上、五墓日、○藥師、觀音へ長松召具參詣了、○自葉室、禁裏へ不寢番衆山口松菊、今若孫四郎等被進、葉室土長被送之、祝着候了、○自禁裏七夕御題

被出之間、則廻文調之、憶二牛女一言レ志、總へ之廻文、兩人之丞相等へ別紙如御會始、但文言如此、

右七夕御題、可令詠進給之由被仰下候也、

飛、奉、三、奉、勸、奉、廣、所勞、日、同、新大、奉、日新、所勞、

四、奉、萬、奉、中、奉、新中、奉、伯、奉、右、奉、宮、〔廣〕奉、頭、奉、頭中、奉、持、奉、藏中、奉、

四日、丙申、小雨降、終日陰、天一天上、〇長松丸召具、藥師、觀音へ參詣了、〇唯識論九卷終寫功、第十卷立筆了、〇禁裏御和漢有之、御人數御製、十六句、曼殊院宮、十一、　入道前右大臣、十八、新大納言、七、予、十二、四辻中納言、八、　萬里小路中納言、十一、新中納言。十、執筆一四、菅宰相、七、執一二三、　等也、於紫震殿後御有之、　於小御所小漬如常、　所役殿上人基孝朝臣、暮々各退出了、〇予當番之間其間々祇候、相番予、範信兩人、御添番源爲仲等也、　御寢以後、於臺所一盞有之、かゝ振舞、御和漢發句以下如此、

染てちる秋の外なる一葉かな　言繼

御　龍　涼　意　新　新中納言

鑽　峯　何　處　月　萬里小路中納言

雪は消つゝ殘る山かせ　四辻中納言

夕波に又こき出る舟みえて　御

浦より近き里のむら／＼　曼殊院宮

拂　烟　粧　入　柳　菅宰相

迎　歲　壽　期　椿　入道前右大臣

五日、丁酉、小雨降、天一天上、〇藥師、觀音へ兩人召具參詣了、〇朝飡之汁に、四辻、新中、高辻呼、　土長之汁申付了、新中德利持來、松田宗喜被來之間、小漬申付了、　〇禁裏御楊弓四十三度、　於紫震殿後御有之、御人數御矢、廿九、曼殊院宮、廿七、勸修寺大納言、卅、下官、廿、四辻中納言、十四、永相朝臣、十四、源爲仲十三、等也、於番衆所小漬如常、御矢取基孝朝臣、邦富、範信等也、予九枚勝了、

六日、戊戌、天晴、天一天上、　〇稱名院へ罷向、他行、云々、明日之詠草、次唯識論九卷返之、佐竹に預置候了、　〇廣橋亞相所勞爲見舞罷向、見參、烏丸同被來、　暫種々雜談共候了、廣橋へ唯識論九卷返遣了、

七日、己亥、天晴、天一天上、○藥師、觀音へ兩人召具參詣了、○攝取院へ禮に罷向、冷麪にて酒有之、竹中西堂同被來、及數盃了、次安禪寺殿へ參、御見參、冷麪にて及數盃了、次入江殿へ參、又被煩、云々、各被出御酒給了、次一條殿へ參、御兩所御見參、次中御門へ罷向、嘉例之各招請及大飮、予又及數盃了、次歸宅、○暮過長松丸、阿子丸召具、親王御方へ參、御酒被下候了、次參內、天酌、被參之輩三條大納言、予、四辻中納言、萬里小路中納言、新中納言、伯二位、長松丸、阿子丸、晴秀朝臣、重保朝臣、基孝朝臣、邦富、輔房、範信、源爲仲等也、○今朝忠宗、同忠雄禮に來、盛秋朝臣同來、云々、去々年借用之本古今上下卷持來返了、○今日御懷紙御祝之次持參、勸修寺父子此方へ被付之間、同持參了、予如此、

七夕同詠憶牛女言志和歌

陸奥出羽按察使藤原言繼

かはらしの契りあやしな待えての
一、夜も千世の星合のそら

八日、庚子、天晴、天一天上、○藥師、觀音へ兩人召具參詣、○勸修寺に雲雀之汁有之間、朝飡持罷向、予、四辻、中御門、高倉拾遺等也、○予、中御門大祥寺殿へ參、御茶受用了、○自禁裏可祗候之由有之間、四過時分參、於記錄所新大納言、予兩人、勸善書朱引仕了、晚飡於大典侍殿御局有之、暮々退出了、○自坂本細川右京大夫馬廻以下、悉吉田、淨土寺、北白川等へ出張、云々、無殊事」、

九日、辛丑、天晴、天一天上、五墓日、○藥師、觀音へ長松召具參詣了、○自禁裏早々可祗候之由有之、朝飡急參內、新大納言、予、四辻中納言、於記錄所勸善書朱引沙汰了、八時分水本僧正御禮被參、於議定所御對面、暫御雜談有之、先御加持被申候了、予申次了、次於大典侍殿御局、新大納言以下三人一盞有之、次於御學問所三帖敷、御碁有之、御懸物三種被出、三盤勝、新大納言拜領了、次於同御局三人晚飡給之了、○今日當番之間其間々祗候、予、範信兩人也、四辻中納言御添番に祗候了、

十日、壬寅、天晴、天一天上、○勸善書十一之十二、昨日朱引殘之間

被出、於愚亭仕之、申刻出來之間則進上、七夕御懷紙とち事、裏書等可調進上之由有之、則相調同進上了、○冷泉父卿一周忌、云々、齋に雖被呼令故障了、四辻新中罷、云々、此方へ被來休息、當座短冊於此方乍兩人被清書了、○隙過次第、自冷泉可來之由有之間罷向、烏丸、予罷以後同被來、自今朝之人數四辻、中御門、新中、庭田、富小路、速水越中守、臼井田介（細川右馬頭內）、蓮池入道玄甫等也、當座庭田被讀揚、伏見殿御兩所、稱名院御短冊被出了、次吸物にて及大飲、音曲等有之、○福昌庵生見玉とて兩種一荷持來、祝着々々、一盞有之、○今朝藥師、觀音へ長松丸召具參詣了、○自（◎禁裏脫カ）不寢宿直可進之由有之間、大澤出雲守、澤路彥九郎兩人進了、

十一日、（癸卯、天晴、天一天上、）○藥師、觀音へ長松丸召具參詣了、○此方生見玉沙汰了、朝飡に西專庵、田中隼人母等呼了、○今日伏見殿御目出度事之間、兩種（はむ、すいき、）土器物、柳一荷進上了、○薄所へ罷向、長橋以下目出度事、云云、切麵にて一盞了、○七時分伏見殿へ參、則御盃參、御人數入道宮、式部卿宮、勸修寺宮、總持寺殿、今出川前左府、予、四辻中納言、中御門中納言、菅宰相、頭中將、持明院中將、高倉侍從、極﨟、喜首座等也、三獻御酌李部王、四獻勸門、五獻入道宮、六獻前左府、音曲有之、次予夜半鐘聲、

十二日、（甲辰、天晴、天一天上、）○藥師、觀音へ兩人召具參詣了、次伏見殿へ參、入道宮御見參、策藏主參、若宮御脈、御盃被下了、次於李部王、勸門上﨟御局御酒被下、及數盃了、後岡殿、總持寺殿御出、中山等祗候也、○亡父卿忌日之間、佛陀寺之善勝齋に來、相伴候了、○北尾出雲守來、從柳原書狀持來、同防州宮笥とて肩衣、（もち）一、（藥）さぢ、一、唐の耳搔、一、鷹尾等隨身、一盞勸了、○暮々山井伊豆守景賴德利持來、昨日自八幡上洛、云々、十日に安居頭差有之、云々、則自他受用了、○御添番可祗候之由有之間則祗候、當番衆伯二位、晴秀朝臣、御添番予、永相朝臣等也、御銚子被出各受用了、

十三日、乙巳、天晴、天一天上、○藥師、觀音へ長松召具參詣、○稱名院へ目出事に鈴一對隨身罷向、盃被出如例年、受用了、夕方同此方へ被送之、云々、次内侍所へ罷向、暫納涼了、○今日禁裏御目出事也、七時分參內、先參御前、參、御學問所同伯卿被參、暫御雜談了、次各親王御方へ御向に御參、則御參內、御盃五獻參、二獻冷麵、公卿御相伴也、御參之衆宮御方、大祥寺殿、岡殿、諸卿以下三條大納言、予、四辻中納言、萬里小路中納言、新中納言、伯二位、式部大輔、晴秀朝臣、重保朝臣、基孝朝臣、公遠、邦富、輔房、範信、源爲仲等也、御酌一獻晴秀朝臣、三獻天酌、四獻大祥寺殿、五獻新中納言等也、自三獻音曲有之、夜半時分退出了、○從親王御方被仰切子、五、大澤出雲守に申付、出來之間持來、○自禁裏二百疋拜領、忝者也、自防州大內大方ヤ、大貳濟々進上、云々、○從廣橋宮笥とて帷、一、越後、唐扇、一本、爲中紙一束、被送之、使者速水越中守也、對面祝着之由返答了、○臺所之德藥之代十疋、故非司藥之代十疋等持來了、

十四日、丙午、天晴、天一天上、○藥師、觀音へ長松丸召具參詣、○三好人數東へ打出見物、禁裏築地之上、九過時分迄各見物、筑前守は山崎に殘、云々、同名日向守、きう介、三好弟十河民部大夫以下都合一萬八千、云々、從一條至五條取出、細川右京兆人數足輕百人計出合、野伏有之、きう介與力一人鐵l に當死、云々、東之人數吉田山之上に陣取不出合、江州衆北白川山上に有之、終不取出之間、九過時分諸勢引之、山崎へ各打歸、云々、細川右京兆人數、見物之諸人惡口共不可說々々々、仍京中之地子、東衆不及競望、如去年、云々、寺社本所領如先規可出之由三好下知、云々、自東方は寺社本所領以下雖押之、地下不能承引、云々、○廣橋亞相上洛以後始被來、所勞聊驗氣、云々、暫雜談共有之、雖不被受用、一盞勸了、○此方地子共過半出之、云々、○安養寺慶存來、佛前之經讀了、一盞勸之、○暮々長松丸、阿子丸同道、御燈爐に參內、五過時分退出、

十五日、丁未、天晴、天一天上、○長松召具、藥師、觀音へ參詣了、○

祖母安明院忌日之間、佛陀寺之舜智齋に來、相伴候了、同佛前之經讀了、○今日祝如形、珍重々々、○暮々長松、阿子召具、御祝に參內、御燈呂共各調之、卅七歟有之、當年皆々奔走也、如例年於議定所御盃參、親王御方御參、天酌に被參之輩三條大納言、予、四辻中納言、萬里小路中納言、新中納言、伯二位、長松丸、阿子丸、晴秀朝臣、重保朝臣、基孝朝臣、永相朝臣、公遠、邦富、輔房、範信、源爲仲等也、次親王御方御退出、各御共に參了、次各退出、○一條殿御門前之町與誓願寺之門前町喧嘩移刻、自戌至子始、一人討死、云々、手負左右方數多、云々、予一條殿へ參了、事終之後歸宅、

十六日、戊申、天晴、天一天上、○藥師、觀音へ長松丸召具參詣了、○松田入道宗喜暫來談、○自一條殿堀川判官、昨夜之儀に御使、云々、今日又取懸、云々、雖然上京中爲百卅町中分、云々、

十七日、己酉、從未刻雨降、天一下艮、八月節、○藥師、觀音へ長松召具參詣、○禁裏御楊弓五十一度有之、御人數御矢、四十、曼殊院宮、五十三、予、廿二、新中納言、十五、穴一、重保朝臣、十三、公古朝臣、十九、永相朝臣、十三、源爲仲、廿、穴一、予八十二枚負了、但五十六枚拜領了、御矢取基孝朝臣、邦富、範信等也、於番所小漬如常、○深泥之間、予其間々祇候、當番公古朝臣、御添番予、基孝朝臣兩人等也、

十八日、庚戌、風雨、自晩天大風、○藥師、觀音へ長松、鶴松召具參詣、○御靈祭之間、上下社へ心經一卷宛令書寫、別而看經了、○於廣橋門祭見物、長松丸召具、亭主被呼之間罷向、父子被出、亞相彌驗之由被申、一盞有之、○野分事外吹起之間、禁中見舞申候了、然處御番に可祇候之由被仰出之間、裝束以下臺所へ召寄用意、但先右衞門佐可來之由申候間罷向、小漬有之、次參內、以外風吹了、曉天見廻之處、方々破損、議定所之西壁六間、損之、御懸之東はた板、其外六七ヶ所損了、○今夜當番無之、御添番予、四辻黃門、伯二位等也、番衆所障子破雨入之間、御三間に祇候了、

十九日、辛亥、風雨、自巳刻晴、○予可祇候之由被仰出之間、其間々

祇候、新中納言、頭中將、右衛門佐等祇候、粟津修理父子、加田彌三郎、御大工共總領子伴左衛門父子、木子中務等祇候、方々令直之、內侍所東之壁土悉吹落之間、予令披露、先御屛風被出之被立之、則頭中將に被仰出、但來廿一日迄者產穢之間、其以後廳可申付、云云、次御楊弓之間、各其間々祇候了、予、右衛門佐、於長橋局朝飡有之、○御楊弓五十一度有之、不被遊、御見物也、御懸物被出之、唐絲、大一結、杉原五帖、也、各數被定之、竹內殿五十七、五十四、穴一、予卅、卅三、四辻中納言卅、卅四、新中納言廿、十四、穴一、重保朝臣廿、十三、永相朝臣十五、等也、予、四辻、滿數、仍絲四辻、次杉原予拜領了、滿足了、予十六〻勝、於番衆所小漬如常、御矢取基孝朝臣、邦富、範信等也、○當番之間其間々祇候、予、範信兩人也、永相朝臣外樣番也、仍內々に祇候、○愚亭一兩所昨夜之風に損、云云、大澤掃部助馳走直之、云々、

廿日、壬子、天晴、八專入、　○茜根十錢、四兩、一條茜屋にて召寄了、○藥師、觀音へ長松、鶴松召具參詣、○滋野井招寄楊弓之矢羽、禁、二枚、予六枚、令染之、茜根染に文付之段古今無之、近來從東國滋野井相傳、仍予今日令習之、於此方被染之、五辻同道、入麵にて一盞勸了、○自禁裏被出草朴之木、西坊へ持て罷向、御矢之事申付了、廳可出來之由申候了、次一條殿へ參、御兩所御出座、御盃被下及數盃了、五條父子祇候也、

廿一日、癸丑、天晴、○藥師、觀音へ長松、鶴松召具參詣、○高倉に罷向、右佐暫雜談了、次稱名院へ唯識論十卷返遣了、○竹內殿へ參、唯識論書終、但三行殘之、明日吉日之間如此、皆々五六人參、中將棊、雙六、御楊弓等有之、○正親町へ罷向暫雜談、一盞了、

廿二日、甲寅、天晴、八專、　○唯識論十卷、今朝終寫功、看經了、

奥書如此、

右意趣者、奉祈一天泰平、五穀豐饒、寶祚延久、諸人快樂、殊當家再興、子孫繁榮、家中息災、福壽增長、心中所願、皆令滿足者也、

龍集天文十九庚戌年七月十六日

正二位行權中納言兼陸奥出羽按察使
臣藤原朝臣言繼生年四十四歲敬白

禁裏聖天御法樂御和漢有之、御人數御製、十五句、入道宮、十二、曼殊院宮、六、入道前右大臣、十五、新大納言、七、予、七、四辻中納言、八、萬里小路中納言、九、新中納言、九、伯二位、六、菅宰相六、執筆、等也、所役殿上人基孝朝臣、於小御所小漬如常、日沒時分各退出了、○越後國種月寺樂崇香衣之事望之、使僧上洛、自越前青木三郎右衛門母老母姉也、取次也、今夜暮之間明日可見參之由示之、僧兩人之内、一人腹中相煩之由申候間、調中散少調合遣之、井上將監所宿也、○治部大藏丞子春鶴あやまち足、仍愛洲藥俄調合遣之、○今日御會、御發句以下如此、

秋ふくや松を下葉の荻の聲　新中納言
月遲倚玉欄　御製
朔雲連陣鴈　入道前右大臣
東海起波鸞　入道宮
行やらぬ神はしはしの旅なれや　曼殊院宮
山こへくれは日こそ暮ぬれ　新大納言
聲すめる笛は木こりのすさみにて　言繼
今雪又添寒　萬里小路中納言

廿三日、乙卯、天晴、八專、自申刻至戌小雨降、○越後使僧兩人來、對面一盞勸了、方々禮錢七貫四百文渡之、予に綿三把送之、祝着候了、又自青木方二十疋被送之、先度扇遣之禮也、○議定所御築地被築之間、巳刻參内、大澤掃部、源左衛門進之、此外之者共所望之由申候間、不及是非、自飛鳥井三人被進、予申次之、次種月寺樂崇正續和尚香衣之事、以長橋申、則勅許之間、引合十帖、盆香合代三百疋、長橋局へ進之、同御局へ百疋進之了、御教書之事、葉室に可申遣、やねのために盆香合之代申請度之由申候處、只今御用之事有之間、來月必可被下、云々、且百疋拜領候了、予申次之間百疋、奏者大掃、二十疋遣之、葉室百疋可遣者也、同奏者之物有之、女房文被出之間、彼僧に可遣者也、文言如此、

しゆ月寺樂崇かうえの御れいとして、十帖ひき、御

かうはこ代三百疋、まいり候、めてたくおほしめし候よ
し申とて候、かしく、
仰天文一九七廿二　山しな中納言とのへ
御築地四簀及黄昏出來、方々人數六七十人有之、予、
新中納言、頭中將、右衞門佐、極﨟祗候、於長橋切麵に
て一盞有之、戌刻退出了、
廿四日、丙辰、天晴、○葉室へ自早々源左衞門遣之、可被來之
由申遣了、○種月寺使僧兩人文輿上座、長薰上座召
寄、御敎書、同女房文、同長橋へ禮之請取、此方へ之請
取、大澤掃部折紙、葉室へ之禮請取等悉渡遣之、入麵
にて一盞勸了、○葉室出京、香衣之御敎書予調之、判
被調了、○禁裏御楊弓有之、九時分參、四十九度有之、
予卅五度仕候了、御人數御矢、卅六、竹內殿、四十一、勸修寺
大納言、卅三、予、廿六、四辻中納言、廿六、新中納言、十、重
保朝臣、十五、永相朝臣、九、源爲仲廿三、等也、御矢取基
孝朝臣、公遠、範信等也、於番衆所小漬如常、○當番之間
其間々祗候、相番予、高倉侍從兩人也、右衞門佐臺所へ
來、鈴取寄酒候了、
廿五日、丁巳、天晴、八專、○葉室汁被振舞了、○晩天禁中徘
徊、次右衞門佐所へ罷向雜談了、
廿六日、戊午、天晴、○御用之由有之間參內、唐絲紅れち八十五文目、拜
領、忝者也、予、新中納言御三間に參、暫御雜談、一條殿
へ爲御使兩人可參之由被仰出了、二條殿、鷹司殿魚棚
公事御相論有之、其故二條殿御當職渡領之由被申、鷹
司殿永領之由被申了、一條殿御職之時、如何之由被尋
申候了、次退出、新中納言故障之事有之由被申候間、
晩天可參之由候了、○岡殿へ久不參之間參、一盞被
下、暫御雜談申候了、○七過時分新中納言令同道、一
條殿へ參、御兩所御見參、御尋之樣申入候、御返答、御
當職之時綸旨被申請、雖然代官申事有之、無御知行、
云々、御酒被下了、則長橋局へ兩人參、內々御返事申
入候了、
廿七日、己未、天晴、未刻夕立、八專、○北隣修南院へ臺物一、柳一荷遣
之、可來之由有之間則罷向、速水越中守被召寄酒有

之、暫雜談了、○葉室在所へ被歸了、
廿八日、庚申、天晴、八專、　○四以前可參之由被仰之間則參內、議定所御庭、自來月廿日比可被直、云々、仍細川河原者小五郎召寄、予、新中納言兩人樣體申付了、於長橋局一盞受用了、次薄所にて一盞有之、○自親王御方切子被遊之間、可參之由被仰之間、從禁中直八時分參、大祥寺殿、岡殿、萬里小路、勸修寺大納言、下官、四辻中納言、頭辨、四辻少將、右兵衞佐、高倉侍從、極﨟等、此外御伊茶、御阿子、春御亮等、左右方引分切子二番有之、男衆勝了、次御小漬有之、御相伴候了、暮々退出了、○禁裏御庚申可參之由有之間、暮々祗候、御人數曼殊院宮、勸修寺大納言、新大納言、予、四辻中納言、新中納言、式部大輔、永相朝臣、範信、源爲仲等也、碁四五盤有之、白粥有之、其後音曲有之、八時分各退出、次自親王御方今日之祗候衆、又可參之由被仰下之間各參、又音曲有之、七時分歸宅了、
廿九日、辛酉、天晴、八專、　○佛陀寺之僧舜智、善勝兩人齋に來、如每月、○松田宗喜來談之處、修南院被來、食籠鈴一對持來之間、入麵にて酒勸了、○當番之間參、予、範信兩人計也、

○八月小

一日、壬戌、天晴、八作、　○御憑之間、禁裏へ杉原十帖、油煙大、二丁進上、同長松丸、四條少將、葉室等御太刀金、進上、御襃日之間、御返今日不出也、親王御方へ予迄四人御太刀進上、則御返事同被出了、次伏見殿御兩所へ予、四條同御太刀進之、則御返被出候了、○從福昌庵憑とて、水引百筋到、則返に綿廿目、遣之候了、○長松丸召具總持寺殿へ參、御對面、御酒被下了、次南御所へ參內、御酒給了、於御兩所長松に種々物被與了、次入江殿へ參、御所勞、云々、無御見參、御酒有之、次一條殿へ參、御兩所御對面、御酒被下候了、長松歸宅候了、次安禪寺殿へ參、御對面、御酒被下候了、杉山兵部大輔參、令同道暮々罷歸了、○暮々長松召具、親王御方へ御禮參、御對面、次禁裏へ參、天酌被參之輩三條大納言、廣

橋大納言、予、四辻中納言、新中納言、伯二位、宮内卿、長松丸、阿子丸、晴秀朝臣、重保朝臣、公遠、邦富、輔房、範信、源爲仲等也、予御添番可候之由有之間、其間祗候、當番兩人三條大納言、萬里小路中納言、御格子以後退出、予一身也、

二日、（癸亥、雨降、八專終、）○禁裏御憑御返、十帖、茶垸鉢一、帶二筋拜領、同御太刀（金、）共被下了、忝者也、○禁裏御楊弓卅度有之、御人數御矢、十六、（穴一、）曼殊院宮、廿六、今出河前左大臣、十二、勸修寺大納言、十二、（穴一、）日野大納言、五、新大納言、七、予、六、四辻中納言、十一、新中納言、九、重保朝臣、九、永相朝臣、十二、源爲仲十、等也、予八十一枚負了、於御學問所有之、御矢取公遠、邦富、範信等也、長松丸爲見物祗候、及黄昏退出了、○今日細川右京兆越前へ下向、云々、人數語之用、云々、

三日、（甲子、自昨日深雨、八月中、）○今夜禁裏十炷香有之、御懸物和歌之心可持參之由有之、予懸物梅之枝に綿ひいなの尼一、小刀一、等也、「梅の花それともみえす久方のあまき（マヽ）り雪のなへてふれゝは心也、御人數御、竹内殿、勸修寺大納言、新大納言、予、四辻中納言、新中納言、重保朝臣、永相朝臣、範信、源爲仲等也、御懸物四辻拜領也、予、勸修寺見物取之、蟲籠、一、さじ二、等也、蟲籠則安禪寺殿へ進上了、一盞有之、次各退出、甲子待可有之處、御咳氣之間無之、云々、深雨之間予不及退出祗候了、今夜當番新中納言、（父卿代、）御添番予、範信兩人也、

○今日禁裏長谷寺御法樂和歌御題先日被下、今日早詠進、勅題也、

野梅　ふく風にしられぬかたを音にたてゝ
　　鶯さそふ野への梅か香

里卯花　櫻ちる跡のかきねの里つゝき
　　なに卯花の春にをくれし

禁中月　見るまゝに月の光もさしそひて
　　のほるに清き露の玉階

夕雪　はつせ山そこともわかすうつもれて
　　雪よりひゝく入相の聲

寄海戀　かりそめの見るめも波にわたつ海の
そことしる身もなとかつれなき
葦間鶴　むら〳〵のあし邊ほのかに暮渡る
浦半を遠みたつあさるなり
四日、乙丑、雨降、洪水、自未刻晴、○四辻へ罷向、一竹四穴調校合、一盞有之、次右衛門佐へ罷向、軈歸宅了、○當番之間暮々參內、予、範信兩人計也、臺所へ右衛門佐來談、御格子以後、予一盞振舞了、
五日、丙寅、天晴、彼岸入、○經師越前に阿彌陀之料紙之事申付之處、相調持來、一盞勸了、則卅行書寫了、○自禁裏日吉社緣起十五卷被出之、比叡山へ可返遣之由有之、○伏見殿へ久不參之間參、李部王御對面、暫御雜談申候了、○一竹四穴之かば申付了、
六日、丁卯、天晴、時正、○金山天王寺之舜智早旦來、茶子樣、一盞被振舞了、近日駿州へ下向、云々、勅筆申請度之由有之、保童圓三包、牛黃圓二貝計遣之、○阿彌陀經八時分書終了、則經師に表紙申付、代卅、遣之、則出來、佛陀寺之壽禎に校合之事申、則到、奧書如此、
迎故亞相慈空周忌、聊爲延朋友之志、繙彼墨痕、令書寫四紙眞文、潤涕淚而已、乃至法界功德平均矣、
于時天文十九年八月七日　黃門都護言繼敬白
伯卿來儀、暫雜談、一盞勸了、故中山十三回、來十四日之間、和歌可勸進、四五ヶ所賦事、同予一首可詠之由被示了、○高辻士長汁可申付之由有之間罷向、晩飡持之處被返、云々、悉皆用意、云々、新黃門、予兩人也、庭前柿これり、枝折數十、隨身之、○正親町へ阿彌陀經持向、置佛前燒香了、入道見參、明日は頓寫之間、自曉天可來之由候了、
七日、戊辰、天晴、五墓日、時正、○曉天正親町へ罷向、三部經頓寫有之、先粥有之、僧衆廬山寺之竹中西塔、穎乘、秀智、照音、二尊院、永鎭、侍者一人等也、助筆衆稱名院一品禪門、中山、予、四辻、廣新黃門、東大寺之西室、庭田、甘露寺等也、其外權少輔、淸種等也、經供養以後齋有之、□□僧衆、次男衆也、稱名院一首被詠之間、各贈答、予如

此、

一めくりはやく移りてむら時雨

をくるゝ袖をなをぬらせとや

大祥寺殿へ久不參之間參了、聽歸宅、○日吉緣起五卷讀之了、

八日、己巳、天晴、時正、○昨夕一竹穴かば出來取寄、代四十、遣之了、○中御門來儀、小烏帽子額之事被申候間、相調遣候了、○自禁裏今夜宿直之事、葉室へ可申遣之由有之間、源左衞門遣之、於路次相違、逢カ葉室出京也、○稱名院へ罷向、明日之和歌談合、幷來十五日御千句之發句等談合了、○和歌令淸書、伯卿へ持遣了、題飛鳥井、野た萩、

たつとしもおほえねけふの秋かせに

野へは錦をたゝむ萩つら

晚天長松、鶴松等召具、木屋藥師へ參詣了、

九日、庚午、自巳刻雨降、時正、○自土州中御門治部卿之使者僧俗兩人、葉室被呼朝飡、同予相伴、鴨祝三位秀行來、中酒相伴候了、○禁裏御楊弓卅八度有之、御人數御矢、卅一、曼殊院宮、卅穴一、勸修寺大納言、廿六、予、十二、四辻中納言、十七、新中納言十八、等也、予四十四枚負、御矢取邦富、範信兩人也、於番衆所小漬如常、○當番之間其間祗候、予、範信兩人計也、

十日、辛未、天晴、時正、○從來十五日御千句有之、今日御發句以下被定之間、四時分參內、入道宮、曼殊院宮、入道前右大臣、新大納言、予、四辻中納言、萬里小路中納言、新中納言、菅宰相等祗候、御發句入韻第三、次第一之一巡被定了、於番衆所一盞有之、範信、源爲仲等參了、

十一日、壬申、天晴、時正終、○早旦四辻黃門、同少將、長松丸、庭田、五辻等令同道、上下御靈御旅所へ參詣、去月書寫之心經持參了、○福昌庵へ齋に罷向、故理慶之一周忌也、廬山寺へ入佛事、云々、予計也、香典不調之間、二十疋折紙遣之、○久不罷之間、賀二位所へ罷向、暫雜談了、武家之春阿彌同來了、

十二日、癸酉、天晴、○亡父卿忌日之間、佛陀寺之僧善勝齋に

來、相伴候了、次先度借用之醫方大成論、懸表紙遣之、祝着之由申候了、○自中御門小本結可調與之由有之絲到、今日俄息宣將六歲、元服、云々、則調遣之、又後刻可見舞之由有之間、午過時分罷向、一盞有之、元服之具相調之、一荷兩種はむ一折、混布、遣之了、○葉室出京、今日元服之理髮、云々、二荷三種被遣之、云々、○七時分元服、云々、過其節可來之由有之間罷向、三獻有之、相伴予、亭坊主、阿子丸、葉室、富小路、新冠、藤藏人等也、次新冠令同道參內、於議定所御對面、予申次了、次退出、加級一官左衞門佐被申請、云々、○予自昨日咳氣之間、自今晚仲和散加前胡、川芎、白芷、受用了、

十三日、甲戌、天晴、○藤中上洛之由有之間、罷向見參、一盞有之、○葉室被歸在所、云々、

十四日、乙亥、天晴、○自伊與局書狀有之、竹內殿御咳氣之間、御脈給之、藥之事賴入之由有之、仍早々參御脈給之、御熱氣御頭痛有之、云々、仲和散に加川芎、白芷、前胡、三包進之、○自明日御千句之間、當番旁暮々祗候、御格子以後、小御所□□□□當番衆予、範信兩人也、其外自今夜被參之輩中山、廣橋黃門、高辻、此外小御所之番衆右衞門佐、極﨟等也、

十五日、丙子、天晴、○寅一點各參集、先各於男末田樂にて一盞有之、次始太神宮御法樂、廣橋大納言申沙汰、云々、兩度之外、午時麵有之、戌下刻終、於小御所食籠にて一盞有之、自今夜四辻祗候也、御人數御製、入道宮、曼殊院宮、入道前右大臣、新大納言、下官、四辻中納言、萬里小路中納言、新中納言、菅宰相等也、發句以下第三迄如此、

第一　執筆菅宰相

ちる露の聲きく桐の一葉かな　御製

鳳闕月和光　入道宮

秋とふく風の玉たれ夜をかけて　曼殊院宮

第二　執筆新中納言

楸たつ濱荻たかし秋の聲　入道宮

月輕一葦航　曼殊院宮

印沙留宿鴈　御製

第三　執筆四辻中納言
野分してむへ山風の秋もなし　曼殊院宮
月期三五昏　菅宰相
砧踈霜露底　入道前右大臣
十六日、丁丑、天晴、○始終如昨日、午時饅頭有之、
第四　執筆曼殊院宮
百草をかるかや霧の朝しめり　入道前右大臣
露光記月痕　新大納言
鹿鳴樓眺近　萬里小路中納言
第五　、、菅宰相
玉まくや葛葉の露の秋の風　廣橋大納言
先月霧初披　入道前右大臣
待てふをたゝをのか名の蟲鳴て　言繼
第六　、、新中納言
千種にもすれるや小鷹かり衣　言繼
野歩月相隨　四辻中納言
山の端のうす霧しろく雨晴て　新大納言

第七　、、四辻中納言
日晩に夕かけ殘せ秋の庭　四辻中納言
月昇山愈高　言繼
霜楓鐘色染　新中納言
竹内殿尙々御藥之事被仰之間、同御藥三包進候了、
十七日、戊寅、天晴、自暮暮時々小雨降、○如昨日、午時さたう餅一盞有之、
第八　曼殊院宮
しめさすや野へは夜さむのかた鶉　萬里小路中納言
迁床月亦曹　新中納言
山奇秋霽後　菅宰相
第九
百夜まて羽かく鴫に秋もかな　新□納言（◎大カ）
恩澤月如珠　□□□□中納言（◎萬里小路カ）
染ぬ間の草木は露を光にて　四辻中納言
第十　菅宰相
玉かきの光や蔦のゆふかつら　新大納言
月秋社酒斟　御製

とふ人のかへさかたらふつはくらめ　入道宮
月かけなから露の玉敷　御製
刷翼千秋鳫□□
追加　下官
子刻始◎脱アルカ刻終、各退出、無事珍重々々、
十八日、己卯、天晴、○長松丸自一昨日咳氣之由申、熱氣頭痛之間、人敗に加白芷、杏仁、十度餘與之、晩天得驗氣、云々、○白川官女小侍従近日以外赤痢所勞、云々、藥之事申十疋送之、調中散七服遣之候了、○治部大藏丞男春鶴、十四歳、一兩日所勞、云々、於伊與局脈取之、官女五々子也、風痢也、人敗に加肉豆蔻、鶯粟、三包遣之、以後祐乘三位藥遣之、云々、○禁裏御楊弓之間、四時分參内、四十五度有之、御人數御矢、廿三、曼殊院宮、四十六、新大納言、七予、廿九、四辻中納言、十五、若王寺僧正、廿六、重保朝臣、十九、永相朝臣、十、源爲仲廿三、等也、予十二枚勝了、於番衆所小漬如常、暮々退出了、○東山之細川方之衆、今朝竹田を亂妨放火、云々、但可然者六人討死、云云、竹田者一人死、云々、以外之手負東衆、云々、藤中納言無與之至也、不知其故、不可説々々々、○福昌庵被來、今日逗留、云々、
十九日、庚辰、天晴、九月節、○自伊與局竹内殿御藥之禮被申、筑紫紙一束、綿五十目、被送之、祝着候了、○御用之由候間參内、四辻、予兩人被召、議定所御庭之事被仰了、畏之由申入候了、次御楊弓之御矢西坊に可申付之由有之、草朴、君不知、絲等被出候了、○當番之間暮々參内、相番予、宮内卿、但宿に退出、範信等也、○南向、長松丸、鶴松丸、官女茶々、大澤掃部大夫等葉室へ罷候了、明日祭之故也、中御門一家中被行、云々、○藤中納言被申人參丁香散一濟調遣之、
廿日、辛巳、陰、自巳刻雨降、夜深雨、○西坊へ罷向、御矢之事申付了、次予矢數五、同新調之事申、木羽等遣之、又予音信に關小刀、一、綿廿五〆目、遣之、祝着之由候了、○飛鳥井へ罷向、前亞相に、若州へ就供御々料所之儀可被下之由、前々内々被仰、仍明日吉日之間、可被門出樣體共申候了、

一盞有之、○禁裏御楊弓之間參內、五十一度有之、御人數御矢、卅七、曼殊院宮、卅五、予、卅三、卅五度に、四辻中納言、廿、穴一、重保朝臣、十七、源爲仲廿三、等也、御矢取邦富、囗囗囗囗也、於番衆所小漬如常、深雨之間其間々祗候了、○當番之衆四辻中納言、頭中將、源爲仲等也、予御添番也、○小侍從驗之由申、尙藥之事申候間、調中散又七服遣之、○來廿五日、御月次和歌御題被出之間、廻文相調觸之、如七夕、別注之、

廿一日、壬午、天晴、○叡山東谷月藏坊弟子三位來、三王緣起淨土寺殿御覽有度之由申、九卷先渡之候了、○大澤掃部今日自谷歸、各者逗留、云々、中御門衆各上洛、云云、○久不罷候間廣橋へ罷向、作事見物了、○伏見殿へ參、李部王御對面、次大祥寺殿へ參、御盃被下候了、次於路次飛鳥井行逢、當番に被參、云々、被誘引之間令同道、禁中徘徊了、

廿二日、癸未、天晴、○藤中納言へ罷向暫雜談、一盞了、○廣橋へ罷向作事見物、次南都松丹院十八歲、去十六日被薨之間、無心元之由申防◎訪カ候了、

廿三日、甲申、天晴、十方暮、○禁裏聖天御法樂有之、御人數御製、十七、入道宮、十四、曼殊院宮、九、入道前右大臣、十九、新大納言、六、下官、十一、四辻中納言、九、萬里小路中納言、九、菅宰相六、執筆、等也、於記錄所有之、所役殿上人範信、於小御所小漬如常、暮々退出了、發句以下如此、

一しほや露のみ染る初紅葉　菅宰相
月殘晴後山　入道宮
おき出る枕をちかみ鴈鳴て　曼殊院宮
波路わかるゝ眞砂地の末　四辻中納言
曉喚刺蘆艇　萬里小路中納言
鄰留探樹鐶　入道前右大臣
あそふにも心しらるゝみとり子に　御製
日もうら〳〵の鶴のもろ聲　言繼

自中御門待月之間、宵之間可來之由候間罷向、四過時分退宅候了、田樂一盞有之、松田宗喜入道計也、

廿四日、乙酉、天晴、○稱名院へ罷向、明日公宴和歌談合、其

外晳雜談了、○澤路彥九郎取次小者二歲、夜々熱氣之由申間、前々二包人敗、遣之、今日十疋出之、霍香正氣散三包遣之、○靑蓮院殿久御所勞之由候間參、無御心元之由申入候了、不能御對□◎面カ、○西坊來、禁裏御矢、同予矢五、出來とて持來、祝着々々、□□參內之間、可進上之由申返候了、○當番之間暮々參內、相番予、宮內卿、範信等也、明日御懷紙持參了、和歌如此、初鴈橫月、月前擣衣、□□□□、

むれて來る鴈もや月に一むらの
　雲に聲ある秋の半天
まき返し深るもしらすうちねぬや
　月のためなるきぬたなるらん
淸見かたこえてせかれぬ影なれや
　なを有明の月のうら波

廿五日、丙戌、天晴、○中御門介同道、鴨下上參詣、次賀茂山いくち取之、松田宗喜同道、七時分歸宅了、○鴨祝三位秀行、今朝早々來、先日申入勅筆之事、一兩日中出來之樣賴入之由申、○讚岐守忠宗來、軈歸了、○東山吉田左兵衞佐來、自申下刻至亥刻雜談了、

廿六日、丁亥、雨降、○白川之小侍從腹中悉驗氣、云々、但腹心聊不思之由候間、加味鋏劑散七服遣之候了、○大澤掃部いとこの子二歲、腹中煩之由申間、調中散三包遣了、○禁裏御楊弓之間參、四十一度有之、御人數御矢、廿四、竹內殿、廿六、下官、十五、四辻中納言、六、廿度に、重保朝臣、十三、永相朝臣、三、廿度に、等也、小漬如常、御矢取公遠、邦富、源爲仲等也、及黃昏退出了、○今朝勅筆御短册十首出來之間、鴨祝三位所へ遣之、

廿七日、戊子、天晴、○大澤掃部汁中酒等振舞了、○廣橋へ用之事有之罷向、他行、云々、次一條殿へ參、御留守、云々、次德大寺へ罷向、栂尾閼伽井坊見參、一盞了、德大寺元服之事申之、涯分可馳走之由被申候了、○岡殿へ久不參之間參、御腹中先日被煩、云々、早御本服之由候了、○夜入予足手一マヽ足、炎カ◎灸二百沙汰之、○自葉室人來、南向子共無殊事之由候了、

廿八日、己丑、天晴、○薄所へ朝湌に呼之間罷向、予計也、○烏丸へ久不罷向之間罷了、一盞有之、息風毒腫出來、仍相國寺之僧梅藏主來藥付了、同中澤掃部來、各一盞有之、○今夜禁裏宿直可召進之由有之間、大澤掃部助申付進之、廣橋一人北尾、被進、云々、○掃部いとこ又三郎子、腹中悉本服祝着之由申、禮に來、云々、

廿九日、庚寅、陰、自午時小雨灌、○竹内殿御養性藥調合之事被仰、代二丁廿五到、則藥屋へ取遣之調之、次薄中藥以下調之、○福昌庵咳氣之由申候間、罷向脈取之、仲和散加前胡、川芎、白芷、三包遣之、少熱氣頭痛等、云々、○當番之間暮暮參、相番予、宮内卿、範信等也、

○九月大

一日、辛卯、晴、○堀川判官、蓮池入道玄甫禮に來、云々、○禁裏自來四日太神宮御法樂御千句、云々、仍今日御發句以下被定、云々、巳下刻參内、午時各參集、御人數御製、入道宮、曼殊院宮、入道前右大臣、新大納言、予、四辻中納言、萬里小路中納言、伯二位、右衛門督、爲益卿、菅宰相、水無瀬三位親氏卿、等也、第三一巡少々有之、基孝朝臣、永相朝臣、範信等祗候、於番衆所一盞有之、申刻各退出了、○長橋局被申人參丁香散一濟、新内侍被申加味鐵刷湯調遣之、○暮々親王御方へ御禮に參、御對面、御參内、云々、仍各御迎に參供奉候了、先於御三間親王御方、予、萬里小路中納言等、暫御雜談有之、次天酌、被參之輩三條大納言、予、四辻中納言、萬里小路中納言、新中納言、伯二位、宮内卿、重保朝臣、基孝朝臣、公遠、範信、源爲仲等也、次親王御方御退出、各供奉申、各退出、予、新中納言、宮内卿、於臺所嘉例一盞有之、次新黄門令同道退出了、

二日、壬辰、自去夜子刻雨降、五墓日、土用入、○重陽和歌勅題申出、廻文相調長橋へ進之、今日御申口之間、昨日之日付調之、稱名院、萬里小路別紙遣口、

菊久馥

右重陽御題、可令詠進給之由、被仰下候也、

九月朔日　言繼

飛鳥井前大納言殿、三條大納言殿、廣橋大納言殿、日野大納言殿、新大納言殿、日野新大納言殿、藤中納言殿、四辻中納言殿、萬里小路中納言殿、中御門中納言殿、新中納言殿、伯二位殿、右衛門督殿、宮内卿殿、頭辨殿、頭中將殿、持明院中將殿、藏人中務丞殿、

此外各別紙、文章同前、三條殿（西殿）、萬里小路殿等也、○一條殿へ參、御兩所御出座、暫御雜談了、御酒被下候了、○一條殿右府、日吉靈驗繪御一覽御望之由候間、此方之分六卷進候了、○庭前栗五（いが）、長橋へ持罷候了、

三日、（癸巳、天晴、）○南向、長松、鶴松、官女茶々等、自葉室被歸候了、栗濟々厚飯等持來了、○自長橋局綿廿目、到、重陽菊綿不可進上之由、内々申候間如此、○高倉右衛門佐被來、廣橋へ罷向、云々、驪被歸候了、○自暮々參内、自明日御千句之間如此、次長松宮笥とて、安禪寺殿御喝食御所へ栗箱一蓋、（數十五、）長橋へ數百、伊與殿へ百、薄所へ百進之候了、長橋官女之中へ卅、臺所末之衆に卅、次内侍所之衆に十等遣之了、自今夜小御所に祗候之衆新大納言（中山）、予、四辻中納言、右衛門督（上冷泉）、菅宰（高辻）相、水無瀨三位、（親氏、）持明院中將、（基孝、）右衛門佐（永相、）等也、各小御所に臥了、

四日、（甲午、天晴、）○自巳下刻御千句始、太神宮御法樂也、御人數御製、入道宮（伏見殿）、曼殊院宮、入道前右大臣（西三條）、新大納言、予、四辻中納言、萬里小路中納言、伯二位、右衛門督、菅宰相、水無瀨三位等也、執筆竹門、（三百）丶、予、（百）丶、四辻、（二百）丶、萬里、（百）丶、菅—、（三百）丶、等也、基孝朝臣、永相朝臣、所役兩人也、曉天田樂にて一盞、戌刻又同前、二時湌、午時餠入麵、風情日々同之、戌刻終、第四三折迄有之、御發句以下如此、

第一

こゝにみる星こそ雲ゐ菊もなし　御製

楓紅映紫震　菅宰相

沙排成列鴈　入道宮

第二

天照す日や下染の□□□□□　入道宮

金菊以霜□□□□□

行雲に風や西ふく秋ならん　御製

第三

汲てしる秋やいく年菊の水　曼殊院宮

露濃楓未乾　御製

すみまさる月より長き夜は更て　伯二位

第四

紅葉にと行小車も錦かな　入道前右大臣

菊徑蝶成團　入道宮

たけのほる日影に秋の霧晴て　右衛門督

自禁裏被仰御硯、今日自朽木所到來、則進上了、○予今夜自戌刻蟲起、夜半計退出了、曉天寅刻計に落入候了、○自今夜入道宮小御所北方、御寢、云々、

五日、乙未、天晴、九月中、○辰刻參內、從曉天御千句始、云々、諸事如昨日、第七終了、御發句以下如此、

第五

つむ袖にうはたきさめよ秋の菊　新大納言

楓陛霧初晴　曼殊院宮

月色鵬霄一　入道前右大臣

第六

常磐木の色のふかさも紅葉かな　言繼

見山拾菊英　入道前右大臣

露よりやうつろふ霜の道分て　曼殊院宮

第七

きせ綿や露さむからぬ菊の花　四辻中納言

吟楓又賞秋　新大納言

江をちかみ砧の音に夢さめて　水無瀨三位

戌下刻終、予退出了、各如一昨日小御所に祗候、云云、

六日、丙申、晴、自晚天時々小雨灑、○日出參內、御會諸事如昨日、御發句以下如此、丑下刻始、云々、

第八

ききらきの花染かへす紅葉かな　萬里小路中納言

菊籬迎月　修　言繼

くる丶より友まつ蟲の鳴出て　新大納言

第九

菊の色を初霜むすふたより哉　右衛門督

山從楓染鮮　四辻中納言

捲簾秋景麗　言繼

第十

うち散に紅葉はかろし露時雨　伯二位

節近菊花天　萬里小路中納言

埜蟄籬根冷　菅宰相

追加

松のへん千代やありかす菊の露　御製

楓邊簇錦纈　入道前右大臣

歸るさもわする丶山の秋に□□　□□□宮（◎曼殊院カ）

戌刻終、各退出了、丑下刻聲聞師村二三間燒亡、

七日、丁酉、天晴、○長橋、臺所、內侍所へ、去夜火事之事申罷向了、次藤中納言、福昌庵へ罷向、暫雜談、次廣橋へ罷向暫雜談、及黃昏歸宅了、○竹內殿御乳人腹中所望（◎勞カ）云々、藥之事被申候間、調中散五服遣了、○行事官時久、來、出雲國大社遷宮、云々、素絹之事談合了、○大澤掃部助葉室へ、自南向方被遣、云々、

八日、戊戌、天晴、○禁裏御楊弓之間、四時分參內、先於御學問所御雜談有之、竹內殿、勸修寺、予等參了、未刻始、四十一度有之、御人數御矢、十一、曼殊院宮、廿九、勸修寺大納言、廿一、予、廿、一、穴新中納言、四、重保朝臣、十八、永相朝臣、六、源爲仲十四、穴一、等也、御矢取竹內殿幸菊、虎福兩人也、於番衆所小漬如常、予四十枚勝、暮々退出、○大澤掃部自葉室歸了、○禁裏へ菊綿紫、黃、白、三色進上候了」、

九日、己亥、天晴、○敷地春日へ神供三膳、供之、神輿小童共相語令舁之、○西專庵朝飡令呼了、○福昌庵へ罷向、一盞有之、次安禪寺殿御盃被下、次一條殿御兩所御見參、御盃被下、次入江殿御留守也、各被出、御酒有之、次寶鏡寺殿御盃被下、近日自坂本御上洛、當年始也、次大祥寺殿御盃被下、次伏見殿、稱名院、萬里小路、正

親町、岡殿、中御門等へ罷向、各見參了、〇暮々長松丸、阿子丸召具參內、天酌に被參之輩三條大納言、廣橋大納言、予、四辻中納言、萬里小路中納言、新中納言、宮內卿、長松丸、阿子丸、重保朝臣、基孝朝臣、公遠、邦富、範信等也、次予兩人召具、親王御方へ參、御對面、次兩人退出了、予當番之間祗候、次於臺所佳例一盞有之、〇當番之衆予、宮內卿、範信等也、〇今日御懷紙持參、如此、

重陽同詠菊久馥倭歌

按察使藤原言繼

うちはらふ袖もかほりて色そふや
千代のかさしの露のしら菊

十日、庚子、天晴、〇昨日御懷紙則去夜被出、今朝とち裏書沙汰之、進上□□、◎候了カ〇葉室出京、宮笥栗一蓋隨身、

十一日、辛丑、天晴、五墓日、〇伊與局腹中被煩之由有之、藥之事被申間、調中散七服進之、竹內殿御乳人へ同三服進候了、〇旬之間、如先々神樂少々吹之了、〇廣橋へ罷向、

安藝國內侍所六月分御燈之事、大內方へ之一通之段談合、案文調之、則歸宅調遣了、如此、

內侍所內藏寮御燈六月分、安藝國役候、如舊儀令申沙汰給者、可爲神忠之由、被仰下候也、仍執達如件、

九月九日　按察使言繼

謹上　太宰大貳殿

此外年中十二月之國宛寫之遣之、奧に如此、但以代京進之時千疋、云々、於過分者難調之由、廣橋意見之間如此、根本油二石二斗也、此外廣橋へ書狀遣之、文言如此、

內侍所御燈安藝國役之事一通、幷員數等調進候、宜然之樣、被仰調候間、可畏入候、尙々可參謝候也、恐惶謹言、

九月九日　言繼

廣橋殿

粟津修理亮所へ罷向、一竹四穴之竹令所望、右衛門佐來、晚飡有之、庭之栗之いが五遣之、廣橋へも今日栗

同遣之、
十二日、壬寅、雨降、○亡父卿聖忌之間、僧淨花院之舜玉齋に來、相伴候了、松田入道宗喜同呼了、次宗喜と碁五盤打了、○吉田左兵衛佐來談、暮之間歸了、○及黄昏長松丸召具、小屋藥師參詣了、
十三日、癸卯、雨降、○藤黄門に大般若有之、自齋可來之由有之間罷向、亭主父子、予、薄相伴、其後僧衆六人、盃出及數盃、次將棊□盤有之、八過時分歸宅了、○北隣修南院へ、久不罷之間罷向、庭之栗五、隨身、暫雜談了、○被歸在所候了、
十四日、甲辰、天晴、○福昌庵來、驪夕方歸寺、去夜戌下刻靑蓮院宮尊鎭、當座主、御他界、云々、○當番之間申下刻參、相番予、宮内卿、範信等也、○去夜戌下刻治部大藏丞息春鶴、於伊與局遠行、云々、其砌被出、云々、官女五々子也、
十五日、乙巳、天晴、○安明院忌日之間、安養寺之僧慶存齋に來、相伴候了、○飛鳥井へ罷向、若州へ下向之儀可被急之由示了、一盞有之、○入江殿内昌御亮へ罷向、福昌庵事令談合了、○大澤掃部助、建仁寺之光明院之宰相明日可被來之由申遣了、祇園勸進猿樂一番見物、云云、喧嘩出來、云々、○自庭田番相轉之間、暮々參內、予一身也、○自長橋局へ參丁香散代十疋到、
十六日、丙午、自丑下刻至午時雨降、○光明院宰相眞盛、早々被出、先茶子茶勸之、仁王經讀誦祈禱了、次齋相伴、筑紫紙三帖遣了、○如例年家中衆百萬返、爲祈禱各令唱之、切紙如常、次予看經に心經百卷、壽命經五卷、消除疫病經十卷、慈救咒千返、光明眞言千返、藥師小咒五百返等唱之、上御靈へ祈念了、○自伊與局腹之藥之事又被申之間、調中散五服遣了、○無沙汰之下知共今日沙汰了、柳原民部卿之事、口宣卷籠、其□カ◎外中御門左衛門佐官位下知了、

奉入
宣旨一枚
正二位藤原朝臣資

宣任民部卿事
右職事仰調、內々奉入如件、
七月廿一日　　按察使（花押）
大外記局

天文十九年八月十二日　宣旨
藤原宣將
宜任左衛門佐
按察使藤原言繼奉

宣旨
從五位下藤原宣將
右人、宜賜從五位上位記□□□如件、
天文十九年八月十二日　按察使（花押）
大內記局

奉入
宣旨一枚
藤原宣將
宜任左衛門佐事

右宣旨奉入如件、
八月十二日　按察使（花押）
大外記局

十七日、丁未、陰、自丑下刻至未下刻風吹、○中御門へ罷向、松田宗喜同來、碁三盤、中御門に◎こ（カ）打之皆勝、次雙六卅一枚三人打之、予勝了、又肴打之、予負了、兩種召寄、一盞被振舞了、○申下刻飛鳥井前亞相被來、令同道參、長橋局へ樣體被申談、稱名院祇候之間樣體被申含了、於長橋局一盞有之、次令同道退出、又於此方一盞勸、及黃昏被歸了、

十八日、戊申、天晴、○中御門來談、碁三盤打之、負了、軈被歸、同女中子共皆々被來、云々、○七時分長橋局迄少用之事有之間參了、次伊與局見舞之處見參、脈取之、同篇也、牛黃圓所望之由被申間一貝遣了、

十九日、己酉、天晴、○金山天王寺觀音へ長松丸召具參詣了、燈明申付了、長橋、新內侍被參詣了、○勸修寺へ罷向、茶垸臺塗かけたる約束之間遣之、又香合一、作工に被塗之間誂候了、令同道大祥寺殿へ參、岡殿、親王

御方之御伊茶等、各暫御雜談申候了、○藤中納言へ罷向、右衞門佐は四辻へ被行之由候間、四辻へ向罷、物書會云々、吸物にて一盞有之、○御番に早々可參之由有之間、七過時分參內、予、四辻中納言、新中納言、永相朝臣、範信等祗候、夜半時分迄、於御學問所御雜談有之、於番衆所中央赤粥有之、新中納言計□、〔◎也カ〕當番衆予、四辻中納言、宮内卿代、範信等也、永相朝臣御添番也、○自叡山東谷月藏坊松茸一籠十本、送之、日吉靈驗繪明日可取進之由有之、○松茸五本北隣修南院へ遣、坊主理性院近日上洛、云々、言傳申遣之、

廿日、庚戌、天晴、十月節、○伊與局脈之事被申候間取之、同籌也、聊度數減了、○自廣橋使者有之、明後日朝湌に可來之由有之、同心了、○日吉靈驗繪、先度之殘六卷披見之候了、○修南院へ罷向、所勞見舞、煩敷樣也、三人理性院に見參、一盞有之、○自月藏坊繪請取に使有之、一盞勸之、繪十五卷、入櫃封付之渡了、同勅筆之名號天照皇太神宮、日吉八王子權現二幅申調遣之、梶井宮へ同書狀進了、同弟子三位に、靑門之御筆折紙二枚遣之、○高倉侍從孟子之本被借用之間、四冊遣之、一二之卷紛失之故也、

廿一日、辛亥、天晴、○千本之養命坊へ罷向、留守、云々、善法坊出合盃出之、酒過時分坊主歸、一竹四穴校合、尙々連々可調之由申預置候了、暮々歸宅、菊一莖與之、

廿二日、壬子、天晴、八專入、○朽木室被預革籠取に來、禁裏臺所に置之間、罷向取出渡之了、○廣橋へ巳刻朝湌に罷向、相伴人數亭主父子、烏丸、日野、藤黄門、日野予、中御門、白川、薄、庭田、持明院羽林、右衞門佐、左少辨、富小路、高倉侍從、五辻、富小路藤藏人、伊勢牧雲齋、速水越中守、世續民部丞、粟津修理亮、加田彌三郎等也、中酒八時分過候了、其後吸物にて及大飲、音曲等有之、夜に入歸宅了、

廿三日、癸丑、天晴、○吉田兵衞佐武者小路に在京之間罷向、留守之由候間、罷歸了、次福昌庵へ久不罷之間見舞

了、○白川に罷向、花被立見物了、二日直とて一盞被勸了、

廿四日、甲寅、天晴、八專、○吉田取次、韻府十冊全、沽却之本到、三十疋半に申定、代先十疋遣之了、○高辻へ罷向、韻府之本令見了、○吉田左兵衛佐來談、數刻雜談、次薄同來談了、○烏丸被來、痰氣之間藥之事被申、牛黃圓、華撥圓一貝宛、遣之、煎藥明日可遣之由申候了、○當番必可參之由被仰下之間、暮々參、相番四辻中納言、範信代、也、兩人參御學問所、亥刻迄御雜談了、

廿五日、乙卯、晴、自申刻雨降、八專、○伊與局脈取之、同篇之由頗歎樣也、○大八參湯調合、溫肺湯同少調合了、○千本之養命坊來、一竹四穴共持來、相違之所共有之、又竹持來、可調與之由申候了、一盞勸了、○烏丸へ溫肺湯杏仁湯書（◎加カ）之、三包持罷向、留守之間預置了、○中御門へ罷向了、轆歸宅、

廿六日、丙辰、雨降、自午時晴、○飛鳥井に朝飡有之、予計也、大澤掃部助被召出相伴了、若州へ之儀堅申、女中產可爲近日之間、得其意可申候由返答也、○長橋局迄參、飛鳥井被申分申候了、○藤黃門へ罷向、明日坂本へ被下、云々、來月武家之御嚴重之事可被申出之由申候了、同中御門、坊城、四條、□□□（◎葉室ヘカ）可被申出之由申含了、次近衛殿御方御所、昨日禁裏へ御禮被申、云々、於御在京者、御禮に可參之由申之處、昨夕慈照寺御出、云云、政所藤中に御座之間、東山へ可參之由申候處、不可及其儀、可被申之由有之、

廿七日、丁巳、天晴、自申刻雨降、八專、○中御門へ罷向、松田宗喜同來、酒有之、○岡殿へ庭前菊持參、御留守、云々、內侍所へ一本遣之、○松田宗喜菊一莖持來了、○自烏丸先度之藥にて少減之間、所望之由被申之間、溫肺湯七包遣之候了、

廿八日、戊午、天晴、○廣橋へ罷向、日野亞相、同左少辨被來、酒了、近日左少辨職事之拜賀、云々、仍習禮有之、云云、○烏丸へ罷向暫雜談、晚飡被振舞了、奥坊被來、及黃昏歸宅候了、

廿九日、己未、天晴、未下刻小雨灌、○薄所へ罷向、一盞有之、梁塵抄神樂催馬樂抄、後成恩寺殿御注也、令借用候了、○雖爲當番不可參、明後日可參之由被仰之間、不參也、

卅日、庚申、天晴、○淨藏院之舜玉齋に來、故葉室宗永等忌日之間如此、相伴候了、暫雜談了、○禁中御庚申之間、暮暮參內、被參之輩廣橋大納言、予、四辻中納言、新中納言、伯二位、重保朝臣、基孝朝臣、永相朝臣、範信等也、御雜談計也、無殊事、赤粥にて一盞有之、丑刻各退出、予及深更之間、其間々祗候、當番之衆四辻中納言、重保朝臣兩人也、御添番予、基孝朝臣等也、

○十月小

一日、辛酉、雨降、○今夜日野左少辨晴光職事拜賀、云々、衣文之事使者有之、但依深雨延引也、禁裏へ折、五合、柳五荷、云々、○今夜御祝に被參之輩三條大納言、廣橋大納言、予、四辻中納言、伯二位、重保朝臣、基孝朝臣、範信、源爲仲等也、御祝之後、於臺所佳例一盞有之、今夜當番三條大納言者退出也、基孝朝臣計也、御添番予、基孝朝臣兩人也、

二日、壬戌、天晴、○新內侍殿藥加味鐵剛湯之事承了、卅到、○日野左少辨拜賀今夜有之、自廣橋亭出門、衣文に罷向、先裝束之折重沙汰之、五時分束帶被着之、予衣文、前裝束廣橋亞相沙汰之、次三獻有之、見防◎訪カ人數先廣橋亞相、烏丸亞相、日野亞相、予、新黃門、極﨟等相伴也、初獻廣亞相、二獻予、三獻左少辨始之、亥刻出門候了、舞踏殿上之儀以下如常、於常御所御對面了、次予歸宅、先之予太刀金、遣之候了、

三日、癸亥、天晴、自戌刻雨降、○千本之養命坊來、鈴一對隨身、善法坊同道、一竹四穴予作、數十調之、此內六善也、兩人に一つゝ所望之間遣之、吸物餠にて酒勸了、數刻雜談候了、○御亥子に暮々參內、長松丸召具參、先親王御方へ參、各御伴申候了、先於番衆所つく〳〵有之、次天酌に被參之輩三條大納言、予、四辻中納言、新中納言、伯二位、宮內卿、長松丸、晴秀朝臣、重保朝臣、基孝朝臣、公遠、邦富、輔房、範信、源爲仲等也、次親王御方御嚴重、常

御所於御庇有之、如例年、次親王御方還御、各御伴參如前、次於臺所一盞有之、中御門、兄弟息坊城、四條、葉室等御嚴重申出之、親王御方、同中御門、坊城分申出之候了、

四日、甲子、天晴、○新内侍殿、薄等被申鐵刷湯出來之間、持罷向、祝着之由有之、○伯母西専庵被呼之間罷向、雖近所三年不罷向之間、德利隨身、老母、南向、予共各被呼了、吸物餅にて酒有之、驪歸宅候了、○禁裏御甲子待、可參之由被仰下之間、暮々參、御人數勸修寺大納言、新大納言、予、四辻中納言、重保朝臣、基孝朝臣、永相朝臣、範信等也、御雜談音曲時々有之、赤粥有之、夜半以後各退出、今夜當番予、範信兩人也、御添番四辻中納言、基孝朝臣等也、○長橋取次權典侍殿、人參丁香散御所望之由有之、十疋到、

五日、乙丑、天晴、十月中、○親王御方に御和漢有之、巳下刻參、戌刻終了、御人數宮御方、十五句、入道前右大臣、廿、前内大臣、十三、三條大納言、一、不參、下官、十二、四辻中納言、十、萬里小路中納言、十、伯二位、六、菅宰相、七、執筆、上乘院權僧正六、等也、午時先田樂にて一盞有之、未下刻小漬有之、所役殿上人輔房、範信等也、御發句以下如此、

野は霜に又見る花の千種哉　松

排　冬　松　獨　青　入道前右大臣

月薄く曙しらむ山冴て　四辻中納言

かすむや雲間落る瀧波　前内大臣

氷とく水の向後も春深み　言繼

六日、丙寅、天晴、○禁裏御楊弓之間、四時分參內、四十一度有之、御人數御矢、十三、穴二、勸修寺大納言、十二、予、九、四辻中納言、十九、重保朝臣、十五、永相朝臣二、等也、四十六枚負、於清涼殿有之、於番衆所小漬如常、及黃昏退出了、○長橋丁香散所望之由有之、十疋到、

七日、丁卯、天晴、○勸修寺、四辻被來、中御門へ同道、碁有之、夕方小漬被振舞了、勸修寺當番とて暮々被歸、四辻、予、松田宗喜、戌刻迄雜談候了、○長橋へ人參丁香散兩人分二濟、薄申同藥半濟調之持參了、

八日、戊辰、天晴、夜入雨降、五墓日、○禁裏御楊弓有之、四十三度有之、御懸物可持參之由有之間、牛黄圓一貝、持參、御人數御矢、廿、勸修寺大納言、廿、予、十七、四辻中納言、十五、穴一、新中納言、九、重保朝臣、十三、永相朝臣八、等也、御懸物新中納言拜領也、杉原十帖御帶一筋也、勸修寺二人之分茶庭坑、右佐杉原一帖被取之、予杉原二帖取之、新中四十右衛門佐香箸、勸予牛黄圓取之候了、於淸涼殿有之、小漬如常、及黄昏退出候了、四十七枚勝候了、○長橋へ人參丁香散又一濟調合之、進候了、

九日、己巳、天晴、○薄來儀、育中湯調合之事被申、代十疋八十隨身、餅にて一盞勸之、數刻雜談了、○禁裏御和漢一折可被遊、云々、七時分參、秉燭以後始之、御製、予、四辻中納言、新中納言、　菅宰相、重保朝臣、永相朝臣、執筆、源爲仲等也、卅句有之、赤御粥にて一盞有之、夜半迄御雜談了、今夜當番衆予、四辻中納言、範信代、御添番新中納言、重保朝臣、源爲仲等也、

朝おらし霜ふきかへす落葉哉　御製

一　簾　送　早　寒　新中納言

かたる間におほえす月の影ふけて　言繼

をくさせしより露の曙　四辻中納言

十日、庚午、天晴、○廣橋へ罷向、大德寺之董首座被來、一盞有之、次予身體之儀、知行分等之事、禁裏へ披露之事申談、去々年以來之樣體物語了、數刻雜談了、○中御門へ罷向、宗喜と碁一盤勝了、中御門と三盤打之、二盤負了、○飛鳥井前亞相被來、則被歸了、

十一日、辛未、天晴、○禁裏御受戒、申次に四時分參、泉涌寺聖讚長老被參、於御學問所有之、其後暫御雜談有之、予參御前了、次戒光寺之內善應寺西塔被參同所、御對面申次了、次臺所按申子細有之、○松田宗喜來、盛秋朝臣久不來、詫言之由申、同心了、

十二日、壬申、天晴、○亡父卿忌日之間、淨花院之松林院乘誓齋に來、相伴候了、一竹四穴所望之間一遣之、○禁裏先度御和漢之殘可被遊之由有之間、參之處、稱名院依故障御延引、云々、仍俄御楊弓有之、五十一度有之、御人

數御矢、廿九、勸修寺大納言、十九、予、廿一、四辻中納言、廿、穴一、新中納言、三、重保朝臣、十五、永相朝臣十一、等也、御懸物唐紙十枚、杉原二帖、綿皮一枚、被出之、四辻中納言拜領也、御矢取基孝朝臣、邦富、範信等也、小漬如常、及黄昏退出候了、十枚負、

十三日、癸酉、天晴、○守秋朝臣、同隆秋、松田宗喜早朝來、守秋鈴一對食籠等持來、一盞勸了、○本國寺見物に中御門同道、兩人罷候了、次本能寺見物、音曲有之、入破二番見物了、歸路安養寺へ立寄、慶存に茶所望之處、盃出、自路次宗喜同道、及數盃、○廣橋作事見舞に暮々罷向、右衞門佐、伊勢守、同弟之萬藏院、牧雲齋等酒有之、野依、東川帶刀、横川掃部、粟津修理召出音曲了、大內雜掌丹首座等來、及數盃失正體歸宅、不可說不可說、

十四日、甲戌、晴陰不定、○松田宗喜來、丁香散所望之間、五六服遣了、○守秋朝臣來、餘醉之間不及對面、○薄誂之育中湯調合、卅五包遣之候了、○今日御和漢に蟲之所勞之由申之不參、餘醉故也、○雖當番庭田へ相轉了、○內々番結改之由、自勸修寺催有之、五番十五、予、重保朝臣、源爲仲等也、四辻中納言被任亞相歟、

十五日、乙亥、天晴、自酉刻雨降、○亞相に蕐撥圓一貝遣了、○廣橋へ罷向、作事暫見物了、亞相之新造作事也、○長橋局迄罷向、飛鳥井前亞相若州へ明日可罷下之由候間、女房奉書可被出之由申候間、御亥子に御取亂候間、明日可被出、云々、次に中御門、四條、葉室等御嚴重申出候了、○安居院權僧正、飛鳥井爲使被來、若州へ之一書見失之由被申候間、調遣了、一根本御料所稻積庄正、二、十二月、問丸沙汰之、殘月反錢申付進之事、一奏者宇野左馬允事、一當年二月迄參、自三月未進之事、一申樣體度々に可有注進事、一於無沙汰者逐々各可被差下事、如此調遣了、○暮々御祝に、召具長松丸、四辻阿子丸參內、今夜被參之輩三條大納言、廣橋大納言、新大納言、予、萬里小路中納言、新中納言、伯二位、宮內卿、長松丸、阿子丸、晴秀朝臣、重保朝臣、基孝朝臣、公古朝臣、公遠、熈長、邦富、範信、

源爲仲等也、御兩所之御亥子如先日、親王御方還御、御供參了、次於臺所一盞有之、次退出了、○四辻中納言去十二日亞相に〔取次歟〕被任之由有之間、禮に罷向、一盞有之、○藤黄門被申華撥圓入香合遣之、同黄門へ一貝遣了、○自甘露寺女房衆、牛黄圓所望之由被申候間、二貝遣了、

十六日、丙子、雨降、○若州へ之事、飛鳥井へ之女房奉書被出之間、以大澤掃部助遣了、次牛黄圓所望之由被申候間、一貝遣了、○可祗候之由有之間、未刻計參内、新中納言兩人參御前、種々御雜談共也、先於臺所一盞有之、次以長橋局、自來廿四日之御千句、如何樣にも可祗候之由重被仰下、不具故障非一事之由、平故障申候了、

十七日、丁丑、天晴、○久不參之間、一條殿へ參、御兩所御見參、御酒數盃被下了、暫御雜談共申候了、次五條へ罷向、一盞有之、○藥師屋之藥種百廿五文分借用候了、

十八日、戊寅、天晴、○中御門來談、碁七盤打了、予四盤勝、○自萬里小路黄門杜之美六冊被歸候了、○廣橋へ罷向、作事見物候了、

十九日、己卯、天晴、○可祗候之由有之間、巳下刻參内、四辻新亞相、予、新中納言、永相朝臣等參御學問所、暫御雜談了、○座主宣下有之、妙法院、〔親王〕、法爲天台座主、上卿中山大納言、職事〔頭辨〕晴秀朝臣、少納言代基孝朝臣、内記中原康雄等也、中山亞相衣文之事被申候間罷向、吸物餅にて一盞有之、頭辨、頭中將、右少辨、熙長、極﨟等相伴也、陣儀見物以後、及黄昏退出了、○早々召具長松丸、鶴松丸、金山天王寺へ參詣、

廿日、庚辰、天晴、十一月節、自昨日攝州衆上洛、云々、今日自早々禁裏之東至五條、十河、芥川、三好日向守以下二百餘計打出、江州之人數二萬計、東之山上陣取、其内永原衆、其外細川方之衆二千計河原へ打出、八時分迄野伏有之、東衆事外被逐候了、無殊事、左右方一人つヽ死、云云、手負者兩方數多有之、云々、○於白川亭小漬有之、一盞了、予計也、○夕方廣橋へ罷向、麝香一分、丁香一

兩餘、蜜十六兩請取、麝香丸調合之人數に被成了、○自十六日内々番結改、仍今日當番始之間、酉刻參內、相番予、重保朝臣、公古朝臣、源爲仲代、此外御添番基孝朝臣被參、各參御前、戌下刻迄御雜談了、其後於臺所かか一盞振舞候了、

廿一日、辛巳、天晴、○今日蜜練之麝香丸調合了、○松田宗喜來談、晩湌之中酒宗喜隨身候了、○自中山亞相一昨日衣文之禮に書狀到、○自禁裏明日之御一巡出了、令淸書進之、○今日も江州人數東之山上に有之、云々、

廿二日、壬午、初雪降、自辰刻雨降、○禁裏聖天御法樂之間、巳刻參內、御人數御製、十八句、曼殊院宮、八、入道前右大臣、廿、三條大納言、十二、新大納言、十二、予、十、新中納言、十、菅宰相十句、等也、執筆は新大納言以下一折宛懃之、於臺盤所有之、所役殿上人基孝朝臣、小漬於男末如常、戌刻終退出了、發句以下如此、去月分也、

木の本も嵐にさはく落葉哉　曼殊院宮
菊殘霜滿天　三條大納言
明ぬやと鳥鳴月におき出て　新大納言
行はかさなる秋の山々　御製
いつくより立ともわかす霧ふかみ　予

廿三日、癸未、天晴、○廣橋へ麝香丸三兩二分持罷遣之、祝着之由有之、三百五十粒之分也、一盞有之、○臺所かゝ申麝香丸三貝分、同梅に三貝之分遣之、皆人數に加候分也、同かゝ、あかゝ中人參丁香散五十宛之分遣之、○禁裏御楊弓有之、先長橋局、新内侍局、伊與局等、麝香丸一貝つゝ遣之、御楊弓四十一度、於東庭有之、御人數御矢、廿六、曼殊院宮、廿八、勸修寺大納言、廿三、穴一、新大納言、廿一、予、廿二、穴一、新中納言、十六、重保朝臣、廿、永相朝臣、十五、源爲仲十五、等也、予六枚勝了、於番衆所小漬如常、及黃昏退出候了、

廿四日、甲申、天晴、自今日十方暮、○伊與局に人參丁香散三兩進之候了、○禁裏聖天御法樂有之、御人數御製、曼殊院宮、入道前右大臣、三條大納言、新大納言、予、十一、萬里小路中納言、新中納言、菅宰相等也、御執筆如一昨日、予早

出之間、句數不付之、於男末小漬如常、所役殿上人範信、及黃昏二三句不終退出了、

廿五日、乙酉、天晴、○自來廿八日御千句被遊之由有之、御發句之次第、韻次第等折紙被出之、勅筆に被遊被出之、寫進上了、本留此方、予不具非一事之間、平故障申候了、○烏丸へ約束之華撥圓一貝、遣之、次岡殿へ久不參之間、麝香丸一貝、持參、御酒被下了、次大祥寺殿へ同一貝持參、同御酒被下候了、乍御兩所御盃被下候了、勸修寺大納言祗候也、救首座へも一貝遣之、次四辻へ罷向、北向に麝香丸二貝遣之、先度下繪之事申候禮之心也、○當番之間參內、各不參、予一身也、大典侍殿久御所勞不尋申之間參、麝香丸一貝進了、

廿六日、丙戌、天晴、五墓日、○今日御千句御發句定、云々、○自長橋御文有之、飛鳥井若州へ于今不被下、云々、太不可然之由有之、大澤掃部助遣之處、去廿三日、云々、此由參申候了、次三光丸一包進了、次臺所たと中へ參丁香散、半之分三兩半遣之、次四辻被申淋カ◎痳病之藥五痳散、七包遣之、○暮々中御門へ罷向、一盞有之、碁數盤打之、予五盤之負也、○高和泉守奉公衆來、茶被所望之間、二袋遣之候了、

廿七日、丁亥、天晴、晩天風雨、○神樂之抄梁塵鈔立筆書寫了、後常恩寺禪閤御自筆本也、薄に借用了、○福昌庵へ久不罷之間罷向、次正親町へ罷向、所勞之後不行水之由有之無見參、次竹內殿へ參、廿一代集卷頭之和歌御雙紙返進之、暫御雜談申候了、次久伏見殿へ不參之間、◎參脫カ李部王御對面、御酒被下了、○御亥子之間、暮々召具長松丸、阿子丸參內、被參之輩三條大納言、廣橋大納言、新大納言、予、萬里小路中納言、新中納言、伯二位、宮內卿、長松丸、阿子丸、重保朝臣、公遠、熈長、範信、源爲仲等也、御祝作法如常、次親王御方御不參之間、各參御嚴重給候了、次予於臺所一盞有之、次退出、○自越州中御門青侍野本上洛、云々、青木三郎右衛門母書狀到來、予に鹽引被送之、老母に小袖一被上了、○禁裏御本袖中抄三卷申出、○禁裏御障子二枚、御大工中務

次男新三郎に申付、暮々出來、則掃部に申付張之進上了、○修南院法眼今朝早々下向、云々、所勞義（マヽ）急之由有之、

廿八日、戊子、雨降、○中御門へ罷向、碁數盤打之、予二盤之勝也、松田宗喜同罷向、阿彌陀之光有之、一盞了、○松田九郎左衛門來、暫雜談、及黄昏歸候了、

廿九日、己丑、時雨晴陰、○松田宗喜來、中御門令同道、賀茂へ參詣、云々、會下笠借用之間遣之、○御千句爲見舞參內、於男末入麵にて酒了、五百韻過、云々、小御所にて右衛門佐、高倉侍從等暫雜談了、於長橋局晩飡有之、○自南都春日社正預祐恩、來月十九日祭禮上卿可有參行歟否之由有之、葉室方へ一通同有之、內々長橋迄申、無御返事、○中御門へ、入夜南都之一通持罷向遣之、則頭辨へ被遣、則披露、云々、碁三四盤打、一盞有之、

○十一月大

一日、庚寅、天晴、○廣橋へ禮に罷向、大內雜掌端首座來、次久我諸大夫竹內宮內少輔來、一盞有之、次大祥寺殿へ參、御坏被下了、勸修寺亞相、同頭辨、中御門黄門、極﨟等祗候也、次中御門令同道伏見殿へ參、李部王御對面也、○暮々御祝に長松、阿子召具參內、天酌に被參之輩廣橋大納言、新大納言、予、新中納言、伯二位、宮內卿、長松丸、阿子、重保朝臣、基孝朝臣、永相朝臣、範信等也、次親王御方へ參、御對面、次兩人子共退出了、予御添番に可祗候之由有之間、其間々祗候了、○今夜當番基孝朝臣一身也、御添番予、永相朝臣等也、御千句子下刻終候了、○自禁裏春日祭上卿可有參行之由、早々御返事有之、廣橋新中納言被申請、云々、自葉室返事中御門持來、仍返事巳下刻遣之、

二日、辛卯、時々雪飛、天晴、○御楊弓有之間、巳刻參內、先於御學問所御雜談有之、次於東庭御楊弓卅五度有之、御矢、十七、曼殊院宮、十四、勸修寺大納言、十一、新大納言、六、予、十五、新中納言、二、重保朝臣、六、永相朝臣、十一、穴一、源爲仲、十、穴一、等也、予五十枚勝、御矢取次基孝朝臣、御矢取

始參速水左衛門尉武益、加田彌三郎、同弟虎松三人、音曲
有之、於番衆◎所脫カ小漬如常、及黃昏退出了、
三日、壬辰、天晴、五墓日、○自禁裏長橋迄可參之由有之間、早々
參、今日御楊弓、自臺盤所南へ可被遊、自四足門人可
見之間、可見計之由被仰之間、樣體申入候了、○中御
門來談、御楊弓に參之間、軈被歸了、○巳始刻參內、臺
盤所之內御座、各簀子に祗候、四足門下不見之樣に調
之、御楊弓四十八度有之、御矢、廿一、曼殊院宮、四十九、今
出川前左大臣、十、勸修寺大納言、十七、中山大納言、十
一、新大納言、十二、予、卅六、新中納言、五、重保朝臣、十三、
永相朝臣、十八、源爲仲十七、等也、予九十七ゝ勝、御矢
取加田彌三郎、同弟兩人良松、虎福等也、於番衆所小
漬如常、及黃昏退出了、
四日、癸巳、天晴、自今日天一天上、○右衛門佐所へ罷向、留守之間罷
歸候了、次中御門へ罷向碁打了、一盞有之、○及黃昏
俄御添番可祗候之由候間參、當番範信一身也、御添番
予、源爲仲等也、

五日、甲午、天晴、天一天上、○中御門來談、軈被歸了、次山井伊豆
守景賴來、○自伊勢神宮御師御祓熨斗鮑百本、送之、○
南都興福寺修南院光俊法眼、去月廿九日午時遠行、云々、廿三歲、
今日注進、云々、新中納言舍弟也、言語◎道斷脫カ不可說不
可說、○自晩天禁裏御會、云々、申刻參內、御人數御
製、曼殊院宮、新大納言、予、重保朝臣、永相朝臣、源爲
仲等也、十六句被遊之、其後至子刻御雜談了、田樂に
て一盞有之、發句以下如此、

朝何

あけて月影もうすらひの汀かな　三條大納言
浪間のいつくをしのなく聲　曼殊院宮
ほのかにもみきりの梅のかほりきて　言繼
春に◎缺字みとりそふ松　新大納言

今夜當番予、重保朝臣、源爲仲等也、
六日、乙未、天晴、天一天上、○禁裏御本袖中抄、自四至十卷七卷申
出之、以上十卷也、○御楊弓有之間、巳刻參內、五十度
有之、於東庭被遊、御人數御矢、廿六、曼殊院宮、五十八、今

出川前左大臣、廿二、勸修寺大納言、廿一、新大納言、廿九、予、廿五、重保朝臣、十九、永相朝臣、十三、穴一、源爲仲十八、穴一、等也、十七枚勝、此外基孝朝臣祗候也、於番衆所小潰如常、御矢取大澤掃部助、加田彌三郎、同弟虎福等也、時時音曲有之、及黄昏退出了、○自南都春日祭之事正預注進、則中御門へ申遣、廣橋之書狀等遣之、

七日、丙申、天晴、天一天上、十一月中、冬至、○大祥寺殿へ參、御留守、云々、中山亞相祗候申置、袖中抄一之卷被遊事申入候了、中山亞相祗候之間、同五ノ卷誂了、勸修寺亞相に三ノ卷誂候、同申置了、次右衞門佐所へ罷向、留守、云々、皆相國寺秉拂見物、云々、同袖中抄九ノ卷誂之申置了、次藤黄門女中へ麝香丸一貝、遣之、同見物之由有之間、申置了、次薄所へ罷向之處、一盞有之、○南都へ返事調遣之、祭禮社家へ被付了、上卿新中納言輕服之故也、○及黄昏御添番に可祗候之由有之間參、相番予、伯卿兩人也、

八日、丁酉、天晴、天一天上、夜に入雪降、○小屋藥師へ參詣、○禁裏先日御連歌之殘可被遊之間、可祗候之由有之間、七時分參內、御人數御製、曼殊院宮、中山大納言、新大納言、下官、重保朝臣、執筆基孝朝臣、永相朝臣、源爲仲等也、伯二位雖祗候、俄蟲之所勞故退出、田樂にて一盞有之、二折終了、亥刻計各退出了、○三好與力藤岡石見守直綱申子細有之、

九日、戊戌、曉天雪降、天晴、天一天上、五墓日、○吉田右兵衞佐、千秋刑部少輔、同兄壽命院聖碩等暫來談、○及黄昏藤岡石見守禮に來、樽代二十疋到、掃部助に十疋遣之、云々、予對面、一盞勸了、

十日、己亥、天晴、天一天上、○御用之間可祗候之由有之間、巳刻參內、曼殊院宮、予兩人、公事根源抄被寫之、永相朝臣に大槐祕抄伊通公作、被進二條院、被寫之、各記祿所に祗候寫之、晩湌於長橋局兩人有之、竹門於伊與局有之歟、○當番之間其間々祗候、相番予、重保朝臣、源爲仲等也、御寢以後兩人他出、酒有之、云々、後德利隨身、予に被勸之了、○藤岡石見申分相調書狀遣之、同彼一行請人兩人一行等有之、如此、

山科家領城州於淀鄕、高荷公事錢之事、先年御同名近江守方ゟ爲本所被賣渡申候事候、就其樣體被申入候趣、則致披露候處、無其紛之由得其意、可申旨候也、恐々謹言、

七月二日　重成判

藤岡石見守殿御宿所

御家領淀高荷公用錢之儀に付而、先年對同名近江守、御こきやく之段御案內申入候之處、無別儀御返事忝存候、就其爲御禮物二千疋分、來年從天文廿亥四ヶ年間、每年仁伍百疋宛進上可申候、聊以不可有相違候、此等之趣可預御披露候、恐々謹言、

七月二日　藤岡石見守直綱判

大澤掃部助殿

就淀高荷儀、從藤岡石見守方樣體被申入之處に、被聞召分、無別儀段、於我等畏入候、彼儀手に入候はは、爲御禮物千疋可有進上由候、萬一於無沙汰者、我等爲兩人進納可申候、此旨御披露所仰候、恐々謹言、

霜月十一日　田原次郎五郎秀政判

井上宗次郎正宗判

大澤掃部助殿

田原は雜色衆、云々、井上者甘露寺前之銀屋、云々、兩人請人也、

十一日、庚子、天晴、天一天上、　○久入江殿へ不參之間參、次福昌庵御屆之事申入候了、當月中に可進之由有之、御所勞之間無御見參、云々、於正御亮厚飯にて御酒給候了、麝香丸二貝進之、同正御亮一貝遣之、春江軒に一貝遣之、又福昌庵、等俊、祐閑、壽正に華撥圓一貝宛遣了、次五條所へ罷向、流產、云々、於門外見參、雙紙之事申候處、故障、云々、次廣橋へ罷向、作事見之、次修南院之事無心元之由申候了、同薄被來、一盞了、次藤黃門出京之由有之間、罷向見參了、

十二日、辛丑、晴、從午刻雨降、天一天上、五墓日、　○亡父忌日之間、松林院乘誓齋に來、相伴暫雜談了、○禁裏御楊弓之間參內、五十六度有之、御人數御矢、卅一、竹門、卅三、新大納言、廿

九、新中納言、十、永相朝臣、廿八、予廿五、等也、六枚負、御矢取基孝朝臣、公遠、範信等也、於番衆所小漬如常、〇伯卿番相轉之間、其間々祗候、相番公古朝臣計也、

十三日、壬寅、天晴、天一天上、〇自若州飛鳥井前亞相書狀到、大德寺之僧有梅軒上洛、云々、持來、對面勸一盞了、當年中自三月以來分に百五十貫可進上、云々、然者五ヶ月分也、〇長橋局へ參、樣體申入候了、御思案有之、可有御返事、云々、〇藤黃門へ罷向、人參丁香散之事被申間、七兩隨身遣之、一盞有之、和人參同所望之間、一兩遣之、薰物一貝被與了、〇自竹內殿、故座主宮懸字可入見參之由有之間、七幅持參了、御酒被下了、次福昌庵へ久不罷之間、見舞了、

十四日、癸卯、天晴、天一天上、〇禁裏聖天御法樂之間、巳刻參內、於臺盤所有之、御人數御製、十八句、入道宮、十九、入道前右大臣、廿二、中山大納言、十、新大納言、十一、予、十、菅宰相十、執筆、等也、於男末小漬如常、酉下刻終了、所役殿上人基孝朝臣、發句以下如此、

うす雪は色わく山の絕間かな　中山大納言
窻寒有竹敲　入道宮
掛鉤雲箔月　菅宰相
袖に待とる秋の夕かせ　入道前右大臣
こし方のたよりかなしき鴈鳴て　御
こと浦波の立かへり行　新大納言
朝霧とみしは霞の島かくれ　下官

十五日、甲辰、天晴、天一天上、〇伯卿華撥圓被所望之間、一貝遣之、自先日蟲之所勞之由被申、藥之事被申、雖然脈不知之間不遣之、今日當番代故障之由被申候了、〇安明院忌日之間、安養寺之慶存齋に來、相伴候了、〇伯卿所へ罷向脈取之、非蟲氣之樣覺候、藥之事雖斟酌、被申候間、先一兩服可遣歟之由申候了、一盞有之、藿正二包遣候了、〇自藤黃門藥篩、藥臼被借用之間、遣之候了、〇藤黃門へ罷向、白粥有之、水無瀨三位被居了、暫雜談了、〇當番之間暮々祗候、相番予、重保朝臣、源爲仲等也、各參御湯殿、御燒火戌刻有之、御寢之後、親王

御方へ御日待之間、極﨟令同道參了、御人數宮御方、姫宮御方、大祥寺殿、岡殿、御伊茶、御阿子、御阿茶、前內府、勸修寺大納言、新大納言、下官、萬里小路中納言、中御門中納言、晴秀朝臣、基孝朝臣、公遠、輔房、範信、源爲仲等也、碁、雙六、音曲等終夜有之、田樂、小漬、赤粥等有之、度々御酒有之、辰刻退出了、○今朝早々若州へ飛鳥井返事調遣之、不能披露分也、非皆濟者、雖越年不可有上洛之由申下候了、○右衛門佐三社託宣青門故座主宮御筆、被借之間遣之了、白之次也、
十六日、乙巳、天晴、天一天上、○早旦參御格子に相了、又親王御方へ參、辰刻退出了、○內侍所へ古反古撰に罷向、麝香丸一貝、三光丸一包各之中へ遣之、一盞有之、伯卿兩度使有之、可來之由有之間罷向、薄、阿茶等來、田樂にて一盞有之、及黃昏歸宅候了、○藤黃門よ◎り脫カ先度之人丁散代一丁到、○自薄所銕劘湯所望之由有之、三十到、○福昌庵今夜逗留了、
十七日、丙午、天晴、天一天上、○中御門、松田宗喜等來、碁五六盤有之、一盞勸了、○藥屋にて藥種四色召寄、代五十二遣了、○壽命院に袖中抄二之卷、誂候了、
十八日、丁未、天晴、天一天上、○中御門に狸汁有之、朝飡持罷向、予計也、但淨感檢校來、朝飡有之、駿州之座頭也、次碁四五盤打候了、○自禁裏御添番に可參之由雖有之、犬子死之間、子細申不參了、○梁塵抄終寫功了、○千秋刑部少輔夜に入來、見參、只今御城より歸、云々、明曉又可入城、北隣女房衆之事賴入之由候了、
十九日、戊申、天晴、曉雪不埋地、天一天上、○自曉天、三好以下攝州、丹州、河州之人數四萬計取出、東山、聖護院、岡崎、吉田、北白川、淨土寺、師子谷、田中悉不殘放火了、城きはにて野伏有之、午時打歸了、細川衆後に卅人計河原打出了、○薄育中湯所望之由申、代一丁半到、則藥種召寄候了、○福昌庵今晚歸院候了、
廿日、己酉、雪散、天一天上今日迄、○薄被申加味鐵劘湯調遣之、次內侍所之阿子申下腹之藥同藥、七服遣之、○中御門へ罷向碁打了、晚飡取寄、中酒被振舞了、○三好以下人數

山科へ打越、大津、松本以下放火、云々、三好人數五人討死、云々、山科に陣取、云々、

廿一日、庚戌、天晴、○今曉東山武家之御城落、自火云々、坂本へ奉公衆細川方各被越、云々、大樹者堅田へ被移御座之由風聞、三好人數北白川以下罷向、一昨日之燒殘又放火亂妨、云々、○中御門來儀、碁五盤打了、勸一盞了、

廿二日、辛亥、天晴、十二月節、○薄被申育中湯出來之間、卅五包遣了、次梁塵愚案鈔返遣了、○自中御門被倩筆之間罷向、書狀二通調之、次碁五盤打候了、○自禁裏犬死穢於今日迄者可參、御連歌可被遊、云々、昨朝又一疋死之間、廿五日迄者不可參之由申入候了、

廿三日、壬子、天晴、八專入、○入江殿正御亮迄參、福昌庵當月中に祇候之事難調之由申候了、次一條殿へ參、御兩所御見參、次中御門祇候、暫御雜談申候了、令同道罷歸了、次廣橋へ罷向、黃門女中所勞、云々、右衛門佐見舞に被來、一盞有之、策藏主脈に來了、○禁中犬食入云々、仍來廿八日迄觸穢也、晚天御連歌可被遊、可祇候之由有之間參內、竹內殿、新大納言、予、新中納言等也、昨夕卅六句有之、云々、次廿八句有之、田樂にて一盞有之、夜半時分入御了、予今夜御番に可祇候之由有之、當番衆新中納言、父卿代、予熙長代に付之、計也、○東山武家御城、今日三好人數罷越わると云々、御無念之次第也、○壽命院聖碩、に誂候袖中抄第二卷出來持來、祝着候了、

廿四日、癸丑、天晴、○三好以下諸國衆今日大略下、云々、○中御門へ罷向、碁二三盤打了、次烏丸へ罷向そと見參、客人有之、云々、次賀二位所へ罷向、僧兩人有之、茶飲了、次一盞有之、次岡殿へ參之處、御留守之由候了、

廿五日、甲寅、天晴、八專、○廣橋へ補歷借用之處、不直改、云云、土代到、此方補歷被返了、○北隣千秋刑部少輔、今日自坂本上洛、云々、○人參丁香散一濟調合、予受用之料也、

廿六日、乙卯、天晴、八專、　○廣橋へ土代返遣了、○自禁裏可祇候之由有之間、巳刻參內、竹內殿、予、於記錄所公事根源抄被寫之、右衞門佐に大槐祕抄被出之、自暮々御連歌被遊、先日兩度之殘今夜終了、次誹諧一折、音曲等有之、田樂にて一盞有之、 夜半以後各退出了、御人數御製、曼殊院宮、中山大納言、新大納言、予、重保朝臣、基孝朝臣執筆、永相朝臣、源爲仲等也、晚湌於長橋予、右衞門佐給了、○自若州飛鳥井亞相書狀到、先兩月之分四月迄也六十貫進上難調之由有之、○丹州都筑彌八八田萬句之發句、父子之分二可調與之由人上候間、俄調遣之、 如此、予同淸書了、

春月　影かすむ月や梅かゝ春の風　忠祐

花　さきつきて花そ常磐木千世の春　幸千代丸

廿七日、丙辰、天晴、○禁裏御楊弓之間參、五十七度有之、 御人數御矢、廿一、曼殊院宮、卅八、穴一、勸修寺大納言、十、中山大納言、十九、新大納言、廿九、予、十九、穴一、 永相朝臣十五等也、十二枚勝、御矢取基孝朝臣、範信、源爲仲等也、 於番衆所小漬如常、○今朝自長橋局飛鳥井へ、女房奉書被出之間、令添狀使に渡遣候了、 ○又自飛鳥井書狀到、

廿八日、丁巳、晴、終日時時雪降、八專、 ○自臺所あかゝ、かゝ、たと、樂之代二丁到、 ○暮々千秋刑部少輔來、戌下刻迄雜談、田樂にて一盞勸了、

廿九日、戊午、天晴、○自禁裏可祇候之由有之間、 午刻參內、先日之御雙紙之殘、予、永相朝臣兩人、 於記錄所被書之、於長橋局乍兩人晚湌有之、其儘可祇候之由被仰之間、宿に祇候、番衆所三帖敷に御出座、御茵被敷之、下壇御燒火有之、至亥下刻御雜談、番衆各祇候、 當番衆新大納言、範信兩人也、其外下官、永相朝臣御添番也、

○華德院來儀、職源◎原カ抄持來被返了、

卅日、己未、天晴、八專、 ○淨花院之舜玉齋に來、云々、 他行之間不見參、○甘露寺故一品第三回、來月被取越法事有之、兼日被申候間、自早旦罷向、先粥有之、僧衆廬山寺衆竹中西堂以下六人、 其外稱名院、勸修寺亞相、中山

亞相、予、中御門黄門、亭主等也、法事如法念佛有之、兩亞相者法事以後被來、次齋有之、次僧衆被歸、次又盃出及數盃了、○攝取院へ罷向暫雜談候了、

○十二月大

一日、庚申、天晴、八専、○大祥寺殿へ御禮に參、御盃被下、勸修寺亞相同祗候、次伏見殿へ參、李部王御對面、次稱名院へ罷向申置、次竹内殿へ參御見參、次正親町へ罷向、女房客人有之、云々、申置、次岡殿へ參、御對面、次冷泉へ罷向見參、暫雜談、次中御門へ罷向、他行、云々、○暮々御祝に參内、天酌に被參之輩三條大納言、廣橋大納言、新大納言、予、萬里小路中納言、新中納言、左大辨宰相、晴秀朝臣、去月廿六日昇進、云々、重保朝臣、基孝朝臣、永相朝臣、公遠、邦富、範信、源爲仲等也、次親王御方へ參、御對面候了、今夜禁裏御庚申各祗候、御人數曼殊院宮、勸修寺大納言、中山大納言、新大納言、予、萬里小路中納言、重保朝臣、基孝朝臣、永相朝臣、範信、源爲仲等也、御三間に出御、於三帖敷御燒火有之、田樂にて御酒被下候了、御雜談音曲等有之、丑下刻入御、各退出了、當番衆萬里小路中納言、基孝朝臣等也、永相朝臣御添番歟、予は臺所に臥候了、○福昌庵被來、此方に逗留候了、

二日、辛酉、天晴、八専、○葉室出京、狸足一宮笥に被與了、○自禁裏可祗候之由有之間、長橋迄參、中御門就粟津西鹽公事之儀、古綸旨建武四、寛正六、二通被進、於長橋被寫之、謀書也、不可說之至也、殊諸役免除之綸旨也、自問自答之證文也、次上姿にて可祗候之由有之間祗候、於記六所予、永相朝臣兩人、先度之御雙紙之殘被書之、晩湌於長橋局有之、暮々退出、○今日近所之經師野坂越前良德遠行、云々、不便之至也、

三日、壬戌、天晴、○井水無之間掘之、井上將監小者召寄、其外葉室兩人合力了、○葉室四品加級等之御禮に、下姿にて長橋迄被參、其後被歸在所了、

四日、癸亥、天晴、八専終、土用入、○◎自(脫カ)禁裏可祗候之由有之間、午時參內、於記錄所先度之御雙紙之殘、永相朝臣兩人被書之、

晩飡於長橋局有之、其儘御番に可祗候之由被仰之間祗候、於番衆所御焼火有之、夜半以後迄御雜談有之、當番新大納言、範信兩人也、御添番予、永相朝臣等也、○福昌庵與攝取院申事有之、三條亞相母儀之謀計也、予書狀調遣之、

五日、甲子、天晴、○自正親町一品入道、楊弓之由被申候間、從未刻罷向、亭主、八、予、卅、甘露寺右少辨、七、竹内殿内幸菊四、四人也、五十五度有之、一盞有之、申下刻歸宅候了、○禁裏御甲子待之間、暮々參内、御人數竹内殿、中山大納言、新大納言、予、萬里小路中納言、重保朝臣、公古朝臣、永相朝臣、範信、源爲仲等也、碁六盤有之、次音曲有之、田樂にて一盞有之、次又臺之物にて一盞有之、中山大納言御樽進上、云々、丑下刻各退出、○今夜當番衆予、重保朝臣、公古朝臣源爲仲、等也、○攝取院之正祐來、云々、福昌庵申事之故也、

六日、乙丑、小雨降、○内侍所へ罷向、一盞有之、次臺所へ罷向了、次右衛門佐所へ罷向暫雜談了、○福昌庵攝取院へ罷向、少々雜具取て來候了、

七日、丙寅、天晴、大寒入、十二月中、○中御門來儀、暫雜談、次令同道又彼亭へ罷向、碁二盤打了、○自若王子使者有之、對面、彼同宿寂笑松坊弟子、予猶子之事被申、同心之由返答了、吉田神人鈴鹿子、云々、○廬山寺之竹中坊穎範西堂、一荷兩種橀柑一折、豆腐一折、持來、先度遣之一竹四穴持來、調子相傳了、次福昌庵事無心元之由有之、樣體被尋之間、存分演說了、吸物餅入、豆腐、及數盃了、中山大納言、新大納言、予乍三人非番之輩也、當番衆悉不參、至丑刻於番衆所御焼火、御雜談候了、○臺所かゝ、中人參丁香散半濟四兩、遣之、次三光丸千粒遣之、先度之染物帷子之禮心也、

八日、丁卯、天晴、時々霰下、○澤路修理進來、年代記之事尋之、子細有之、○自攝取院、福昌庵雜具少々到、昨日竹中坊子細敎訓歟、○淨花院之内松林院舜玉早旦來、繪越前國者、養雪筆、持來被見、○晩天中御門へ罷向、碁五盤打了、予三盤勝了、○自八幡御師眺望坊、兩所之御香水、卷數等到、

同重雄權少僧都專申候間、葉室代、去月廿日之日付沙汰了、

九日、戊辰、雪降、五墓日、〇吉田京之宿へ罷向、暫雜談了、〇一條觀音堂金山天王寺、未刻燒揚、云々、但消之、云々、〇烏丸へ近比之間罷向、無心元之由申之、同新黃門被來了、三人令同道廣橋𛀁罷向、亞相新造へ昨宵被移、云々、珍重之由申候了、吸物にて酒有之、〇自中御門檜扇、自若王子笠袋借用之間遣之、明後日伏見般舟院御經供養用也、

十日、己巳、晴、〇及黃昏中御門使者有之、三好方へ書狀之事被申間、罷向兩通調之、一盞了、戌刻歸宅、〇飛鳥井左衞門督雅教卿、昨夕自西國上洛之由有之間、大澤掃部遣之候了、

十一日、庚午、天晴、〇看經、神樂少々吹之、〇故福昌庵理慶忌日之間、盧山寺竹中坊穎範西堂、齋に來、相伴候了、〇春江軒來暫雜談、一盞勸了、〇藤黃門自坂本上洛之由有之間、罷向暫雜談了、〇飛鳥井雜色、去年此方に居候孫二郞來、自西國宮笥とて、大紙五枚、はしほ一送之、祝着候了、〇自禁裏御添番に可祗候之由候間、及黃昏參、相番廣橋大納言、兼秀卿、基孝朝臣代、萬里小路中納言兩人也、予御添番、乍三人參三帖敷、戌下刻迄御雜談有之、〇橋通子粟津修理亮弟宿、戌下刻燒あかる、但消之了、

十二日、辛未、天晴、〇大祥寺殿、轉法輪、中山、五辻等へ、去夜無心元之由申罷向候了、次持明院、賀二位、牧雲軒、師廉朝臣、粟津修理、同弟中將公所へ大澤掃部助遣了、〇亡父卿忌日之間、淨花院之內松林院乘誓、齋に來、相伴候了、〇古川治部少輔自小坂上洛とて來、加賀染手綱腹帶一具持來、一盞勸了、暫雜談了、〇烏丸へ罷向、約束之華撥圓一具遣了、〇自右府麝香少送給候了、〇若王子笠袋被返了、

十三日、壬申、天晴、〇福昌庵自昨夕甘露寺へ罷向、云々、今朝朝飡以後此方へ被歸了、〇右衞門佐去年借用之笛之家取に來之間、返遣了、〇內侍所之阿子蟲氣とて所望之間、人參丁香散十服計遣候了、〇滋野井被來、三條

中將實福朝臣、書狀持來、多忠高勅免畏入之由有之、次右兵衞尉可申沙汰之由候也、○松田宗喜暫來談、吉田兵衞佐來談、基二盤打候了、○自叡山月藏坊、正圓法印探題之事申沙汰賴入之由申送、則內々長橋迄申入候了、○井上將監所勞氣之間、養生藥之事申候間、五平散半濟令調合遣了、

十四日、癸酉、天晴、○入江殿へ參、福昌庵近日可參之由、以正御亮申、十六十九日之間可進之由被仰、云々、然者十九日に可進之由申入候了、同御喝食御所御乳人へ罷向、如此之間賴入之由申候了、一盞有之、○滋野井へ罷向、袖中抄一冊、東大寺之尊勝院一冊、同西室歟定法寺歟兩人之間、賴入之由申含了、三條中將被出、一盞了、○自禁裏御添番可祗候之由有之間、暮々參內、當番新大納言、予、熙長兩人御添番也、於番衆所御燒火戌下刻迄有之、御銚子被出之、一盞有之、次三條中將申忠隆勅免御禮、次左兵衞少尉所望之事申入、勅許了、○藤中納言に朝飡有之、予計也、右衞門佐補歷借用之間、兩本遣之、

十五日、甲戌、晴、時時小雨、○自廣橋亞相染小袖一、被送之、祝着候了、次人參丁香散一兩服所望之由有之、○廣橋へ小袖之禮、次丁香散一包持罷向、見參暫雜談候了、○雖當番先々參之處◎間カ今日不參之由了、

十六日、乙亥、天晴、○右衞門佐袍潤色之事申送、事外破損之間如此之由、罷向申候了、○飛鳥井左衞門督上洛之由候間、罷向見參、一盞了、覩世神六來了、○中御門へ罷向、一盞有之、基二三盤打候了、

十七日、丙子、天晴、○吉田左兵衞佐來、暫雜談了、○添番に可參之由有之間、暮々參、當番伯卿、予御添番等兩人計也、於御學問所戌下刻◎脫カ迄御雜談有之、

十八日、丁丑、天晴、○飛鳥井亞相昨夕上洛とて、使速水對馬守來、對面了、速水宮笥とて大打一、送之、○禁裏御煤拂有之、朝飡以後參內、被參之輩廣橋大納言、下官、新中納言、伯二位、式部大輔、宮內卿、重保朝臣、基孝朝臣、公遠、熙長、邦富、氏直、範信、源爲仲、藤原種直等也、

先於長橋一盞有之、次於男末如例年各田樂にて一盞有之、七時分終了、次於男末各入麵にて盃酌如例年、次各退出了、○愚亭楪拂了、大澤出雲守、同掃部助、源左衞門計也、祝儀如形了、○松井孫左衞門自備州上洛、自居都庄代三百疋、鴈一、到、自播州下揖保庄百疋、すし二鉢、青海苔百把、うるか三桶出、云々、引替以下引之、殘二貫六百餘出之、尙引替六十疋有之、云々、

十九日、戊寅、晴、自申刻小雨降、○中御門來儀、一盞勸了、○今日福昌庵入江殿へ參、八時分予參、同福昌庵參、入江殿へ柳二荷、強飯、入唐櫃盞、臺物進之、正御亮へ鈴一對、遣之、御喝食御所へはりこ一包進之、同御乳人に兩種豆腐一折、混布、柳一荷遣之、其外祐圓壽正に帶遣之候了、方丈之御方にて一盞有之、次又面向へ御喝食御所御出產、各强飯相伴にて及數盃了、次可退出之處被召返、御非時被下候了、御喝食御所、予、福昌庵御相伴候了、○自禁裏御添番に可參之由有之間、暮々參內、當番衆新大納言、範信、御添番予、永相朝臣等也、竹內殿御參にて、於番衆所御燒火有之、御銚子出了、御雜談至丑初點候了、

廿日、己卯、天晴、○滋野井被來、東大寺之尊勝院申袖中抄出來、持來了、一盞勸了、禁裏御楊弓に參之由有之、○親王御方之姬宮御十歲歟、昨日大祥寺殿へ御入室、御喝食に被成了、仍今日臺物、柳一荷持參了、御兩所御見參、御盃被下了、夕方御非時に可參之由有之、○禁裏御楊弓之間、午時參內、先於番衆所新大納言、公古朝臣碁一盤有之、次御楊弓有之、御人數御矢、十五、曼殊院宮、廿二、新大納言、十一、予、八、穴一、新中納言、五、公古朝臣、十一、永相朝臣十一、等也、廿六度有之、次於番衆所小漬如常、予大祥寺へ參之間、此以後不知也、十一枚勝了、○大祥寺へ御非時に參、先御兩所、岡殿、御阿子、萬里小路女中、中山大納言、予、萬里小路中納言、右大辨宰相、極﨟、遊仙庵等御相伴了、御中酒之後又御盃二三參了、及大飲音曲有之、勸修寺大納言被參了、夜半に歸宅了、○叡山月藏坊蜜柑一籠送了、祝着候了、

廿一日、庚辰、天晴、節分、○粟津修理申名字五切付遣之、○自

月藏坊探題之事又申送、惠心院正圓法印、望也、海岸坊、覺林坊死闕之替也、云々、○自薄所加味鐵剛湯所望、云云、代半到、則藥種取廿八にて寄了、○星供養之事、盧山寺竹中坊に申候了、則到、

廿二日、辛巳、晴、時々雪飛、正月節、立春、○禁裏御楊弓之間、巳刻參內、廿九度有之、御人數御矢、廿、曼殊院宮、廿三、勸修寺大納言、十、予、十五、新中納言、五、重保朝臣十七、等也、二枚勝、御矢取邦富、範信兩人也、於清涼殿有之、於番衆所小漬如常、先之於長橋局一盞有之、○立春御祝之間、其間々祇候、天酌に被參之輩三條大納言、廣橋大納言、新萬里小路今日昇進云々大納言、予、新中納言、伯二位、宮內卿、重保朝臣、基孝朝臣、邦富、範信、源爲仲等也、次於臺所予、伯卿、宮內卿等、佳例一盞有之、○御神樂御訪、今日取に遣、御訖言申之處、無相違之由、新中納言來儀被示之、則折紙如此被調之、同請取調遣之、

總用之內二百疋、可被相渡山科殿雜掌之由、被仰下候也、恐々謹言、

天文十九
十二月廿二日　速水右近大夫 有益 判

禁裏御倉
立入與次殿

請取申御神樂御訪之事

合二貫文者

右所請取申如件、

天文十九年十二月廿二日　山科家雜掌 重成 判

速水右近大夫殿

自甘露寺御神樂觸一通到、如此、

追言上
御所作可爲笛候也、重謹言、

來廿六日、可被行內侍所臨時御神樂、可令候召人座給、者依天氣言上如件、熙長謹言、

十二月廿二日　右少辨熙長 判

進上　按察中納言殿

廿三日、壬午、天晴、○早々烏丸來談、次讚岐守忠宗來、暫雜談、○滋野井被來、忠隆御神樂に可參懃之由被申候了、○松田宗喜來、丁香散所望之間、十服計遣了、○飛鳥井前亞相上洛以後、無對顏之間、罷向暫雜談、さた

う餅にて一盞有之、○右衞門佐來談了、○四辻亞相今日奏慶、云々、隨身太刀被借用之間、一振遣之、音信不調之間、不及見訪也、

廿四日、癸未、天晴、時々雪飛、○長橋局迄參、昨日飛鳥井前大納言被申候樣申入候了、○自座主宮妙法院、御使廳務來、御服之公事役之事、可申沙汰之由有之、雖斟酌之由申候、大典侍殿委細可被申之間、面向可申入之由再往申候間、先請取候了、一盞勸候了、○四辻亞相去夜拜賀之間、珍重之由罷向申候了、太刀金、遣之、少將出合一盞有之、亞相餘醉平臥、云々、○伏見殿へ參、入道宮へ爲禁裏御使也、梶井殿へ可被申入、今度正圓法印惠心院、探題之事望申了、土立如何之由也、以便宜可被申之由御返答有之也、○明後日御神樂、神事入之風呂留之、各入了、中山、予、白川、薄、長松丸、持明院中將、甘露寺、五辻等也、一條之風呂也、○廣橋亞相へ罷向、御服公事之儀案內申之、駕輿丁申次之間如此、○薄を晩湌に呼候了、相伴候了、鯰之汁也、○自長橋局可參之由有之間則參、自座主宮御申之段令故障、相構不可披露之由內內仰、云々、畏之由申入退出候了、○廬山寺之竹中坊被來、一盞勸了、稱名院へ言傳申候了、福昌庵雜具、西向不被出之、不知其故、內々可有意見歟之由申含候了、乍不及返事、櫛二、差櫛四、鬘二、薄紙之物、唐絹二、單一、以下女被持送了、

廿五日、甲申、天晴、十方暮入、○新內侍、薄等被申加味銕刷湯三兩宛遣了、○藥賣來、白朮、十兩、山藥五兩、胡椒五兩、取之、○持明院へ罷向、神樂稽古歟之由申候處、自五辻可來、云々、仍兩人罷向、星三首、朝倉等合了、一盞有之、○竹中坊へ大澤掃部助昨日之禮に遣了、留守、云々、竹中又被來、云々、予他行之間不能見參、○澤路彥九郎男一歲、所勞之由申、召具來、藥之事申候間、人敗二包遣之、○甘露寺へ御神樂參仕之請文調遣之、同日請文之分候間、無宛所、爲他日者可有宛所也、

來廿六日可被行內侍所臨時御神樂、可令候召人座之由、謹所請如件、

十二月廿二日

按察使言繼

廿六日、乙酉、曇、時時小雨降、○袍新中納言に借用、指貫高辻に借用、內侍所へ參了、御祈尾十疋進之、○吉田左兵衞佐來談了、季敎、同孫季學上洛とて來、○高辻へ指貫䙁返遣了、○裾中御門に借用、雜色狩衣一具、薄に借用了、公物表袴申出、○四辻神樂習禮之由有之、罷向、持明院中將、五辻、久氏、季敎等罷向、神樂少々合了、一盞有之、○戌下刻參內、於外樣藤中納言に衣文之事申候了、巳下刻參集、夜半鐘以後出御、先御服藤中納言、御前裝束永相朝臣父子參了、御共女中め丶典侍殿、頭中將嫄、三條中將、勾當內侍等也、奉行職事右少辨、甘熈長、御劔實福朝臣、御簾頭中將、重保朝臣、御草鞋右少辨、日野晴資、御脂燭基孝朝臣、永相朝臣、公遠、源爲仲、藤原種直、源長治等也、御後に三條大納言、勸修寺大納言、廣橋大納言、中山大納言、藤中納言、伯二位等被參了、御鈴三度之後駒取、四辻本大納言、予、末基孝朝臣、末源爲仲、安陪季敎等也、予笛音取、次季敎篳篥音取、次自下﨟起座、次人長安陪季學參進、召所作人次第、先予庭火吹之着座、次季敎吹之着座、次出納將監職定和琴持參、公遠彈之、次笛篳篥與利合、次本拍子四辻大納言、末拍子基孝朝臣、庭火取了着座、次源爲仲、忠宗、久氏、久宗、忠雄、久益等着座了、次阿知女、次問籍音取、次榊、本末、次韓神、同、次早韓神、同、次々第に才男、次小前張、誰贊、千歲、早歌、次星勅使熈長仰本拍子、次笛、次篳篥音取、次吉々利利、本末、次得錢子、同、次木綿作、同、次笛篳篥朝倉音取歌本末了、其駒了、次還御如常、次於內侍所予、基孝朝臣、公遠、源爲仲等、吸物にて一盞了、次雨降之間、於軒廊恆例始、駒取無之、庭火笛予、篳篥季敎、和琴公遠、庭火以後早出、與奪久宗、本拍子基孝朝臣、末拍子源爲仲、其外同前、但忠雄、久益早出、四辻大納言公卿之間、臨時以後退出、予は笛所作人無之間、雖公卿懃仕、或敬神或奉公、補闕如此、小前張本拍子忠宗、末拍子久氏に與奪也、星使同熈長等也、辰刻終了、各退出了」

廿七日、丙戌、雨降、自晚天晴、○自禁裏可祗候之由有之間、午下刻參、御楊弓(廿六度、)有之、御人數御矢、十八、竹内殿、廿、勸修寺大納言、十二、四辻大納言、九、予、十二、新中納言、七、重保朝臣、九、永相朝臣十、等也、六十六枚負了、御矢取公遠、邦富、範信等也、於番衆所小漬如常、及黄昏退出了、○若王子、廬山寺、鞍馬寺戒光坊、長泊寺等、歳末之卷數到來、頂戴了、○公物表袴、薄襪、雜色狩衣等返遣了(◎進カ)、○福昌庵へ自内侍所半疊、一、膝穴(つき)一、神供等到、○自廣橋中納言今朝被呼之間罷向、官女所勞之間、脈之事被申、人敗三包遣了、

廿八日、(丁亥、天晴、)○中御門へ裾返遣了、○自高辻靴借用之間遣之了、元日用、云々、○大津供御人役錢百疋之内六十疋出之、殘は詫言、云々、今度三好人數大津へ亂入、悉放火之間如此、後之不可爲例之由懇望也、○長松丸、鶴松丸兩人足袋十疋、召寄了、○入江殿へ御歳末御禮に參、御喝食御所御見參、御盃被下了、次一條殿へ參、前殿、右府御兩所御見參、次廣橋父子へ罷向、留守、云々、次烏丸へ罷向、一盞有之、暫雜談了、○自伏見般舟院歳末之卷數到、梅干一包被送之、○大澤掃部所勞氣之間、人丁所望之由申候間、分調合半濟遣之、

廿九日、(戊子、天晴、)○岡殿、大祥寺殿、伏見殿、(入道宮御對面、)正親町歳末御禮申候了、各御見參候了、○自廣黄門先日之官女驗氣之間、尙藥之事被申候間、又同藥三包遣候了、○葉室上洛、色々宮笥有之、則晩飡被歸了、○自禁裏可祗候之由有之間、晩飡以後參内、自午時御碁有之、云々、曼殊院宮、中山大納言、四辻大納言、公古朝臣等數盤有之、云々、御見(◎懸カ)物被出之、沈杉原等也、曼宮御勝也、二盤見物、其次曼宮、予三盤打、一盤勝了、巳下刻退出、御膳の御あと頂了、○丑刻安禪寺殿向家十間燒亡、彼御寺へ參候了、○吉田兵衛佐聚分韻(崑山片玉四册、)備叡覽持參候了、其外眞性院、光明院、岩藏、長泊寺等之卷數持參候了、

卅日、(己丑、天晴、)○長橋へ被呼之間罷向、粟津之公事之事也、次稱名院、(見參、)萬里小路、竹内殿、(御見參、)四辻、(見參、)白川、薄、中御門(見參、一盞有之、)等へ歳末之禮申候了、○室町町

人野田鈴一對送之、燒跡之藥之禮、云々、○萬里小路新亞相、高倉侍從等禮に被來、云々、○禁裏へ御歲末之御禮申候了、於御三間御對面、各被參、親王御方御參、御盃參了、御小本結、禁裏、親王御方御兩所へ進上申候了、○明朝四方拜御服御衣文之事被仰之間、自今夜祇候了、○末之むめ自今朝所勞、云々、引風血道氣之間、人敗三包遣之、

言繼卿記　十六

天文二十年辛亥

○正月大

一日、庚寅、天晴、○丑下刻起行水、薄所にて中之、參內侍所、御最花十疋進之、頂神盃了、同中山大納言、源爲仲等被參了、甘露寺次右少辨熙長令着裝束、同源爲仲に令着裝束了、○四方拜奉行職事熙長、中山大納言扶眼、清涼殿御格子五間揚之、東庭御屛風立之、御座構之、机北に二脚、東に一脚、坤に一脚、式筥置之、出納職定、重弘、奉仕之、先御行水、次着御、御服御衣文予、御前裝束永相朝臣、寅刻出御、御簾御裾頭中將重保朝臣、御劔實福朝臣、御草鞋右中辨晴資、脂燭殿上人永相朝臣、公遠、源爲仲、藤原種直等也、東階御昇降、御中風氣之間、予令引御手、其外參仕之公卿御跡に祇候也、還御之後、猶夜殘了、次於男末盃酌如

例年、廣橋中納言、中山大納言、四辻大納言、新大納言、予、新中納言、重保朝臣、永相朝臣、實福朝臣、晴資、熙長、公遠、源爲仲、藤原種直等也、次各退出了、○看經如例年、次吉書、○此方祝雜煮以下如例年、朝飡以後、男共盃令飲了、大澤掃部助、澤路彥九郎、同修理進、早瀨小つく、野州五郎左衛門等也、井上將監子禮に出之、德利隨身、早瀨同持來、各朝飡如例年、○局務枝賢朝臣補歷借用之間遣之、○自中御門餝太刀之事被申之間令借用、德大寺へ遣之、同大帷遣之、○自高辻靴被借用之間、一昨日遣之、○四辻亞相禮に被來、一盞勸了、魚袋令借用、父子用、云々、金銀二、遣之、○新中納言次夏袍借用、公事日不着直衣之間如此、○暮々御祝に參內、長松丸召具、先親王御方へ各御向に參、御盃各被下了、次御參內、天酌に被參之輩三條大納言、廣橋大納言、四辻大納言、新大納言、予、新中納言、伯二位、右大辨宰相、宮內卿、長松丸、阿子丸、重保朝臣、基孝朝臣、熙長、公遠、輔房、邦富、範信、源爲仲等也、御こは供御參了、次今夜節會衣文之事被申之間令着之、頭中將於局着之、次中御門へ罷向令着之、一盞有之、次廣橋へ罷向、先右中辨日野、次亞相令着之、一盞有之、次於臺所四辻大納言令着之、○子下刻節會始、廣橋大納言、四辻大納言先着陣如常、次陣儀有之、廣橋大納言、四辻大納言、中御門中納言、菅宰相等也、奉行熙長、廣橋大納言に仰內辨之事、現任之奏今夜無之、云々、外辨已下如常、次將左公遠計、右無之、少納言代公遠勤之、此後不引陣也、召內侍、新內侍髮わけ之具自此方進、福昌庵宣（◎菅カ）領之、內辨早練也、堂上之後、則予忍て內辨へ一盞勸了、次開門、其詞開門仕たりや、次闈司いし罷よれ、自此方同進、次舍人少納言代公遠、參進着版一揖、內辨宣、大夫公達召せ、次諸卿參列、次敷尹、次謝酒、次謝座堂上、次內辨下殿催混沌、◎餛飩カ次仰參議催飯汁、次仰參議召座、仰一獻、次二獻、次內辨早出、續內辨四辻大納言三獻、宣命以下如常、云々、三獻以下予不見物之間、不能巨細、無殊事、云々、○末之むめ所勞昨宵之藥にて過半本服、云々、尚今日人敗加白芷、三包遣

之、今夜御祝に參、云々、○今夜當番三條大納言、予、基孝朝臣等也、三條大納言退出也、

二日、(辛卯、自未刻小雨、自戌下刻俄風雨頻也、)○於男末餅にて一盞有之、御佳例也、次退出了、次看經、朝飡如常、○北尾出雲守、澤(掃部いさこ)路新三郎、又五郎禮に來、盃令飲了、○廣橋內笠川又次郎、御倉竹鼻左馬助等禮に來、云々、○朝飡に伯母西專庵呼了、○暮々御祝に參內、天酌に被參之輩廣橋大納言、四辻大納言、新大納言、予、新中納言、伯二位、宮內卿、重保朝臣、基孝朝臣、公遠、輔房、邦富、範信、源爲仲等也、御祝之後、於臺所佳例之一盞有之、男衆廣亞相、四亞相、予、宮內卿、四辻少將公遠等也、次廣橋父子令同道退出、路次中俄大風雨令迷惑者也、○末之むめ依藥本服、祝着之由禮申候了、○自福昌庵末之阿茶方へ鏡餅二人分、(未進遂(◎逐カ)可遣之)帶一筋遣之、返に鵞眼四十疋(旦二十疋)(到)到、使に少遣之、云々、

三日、(壬辰、天晴、風吹、五墓日、自酉刻雪降、)北隣町黃門息いと六歲、朝飡に呼了、○自廣橋亞相拾芥抄中卷被借用之間遣之、(使北尾、)○高辻、堀川判官國弘、粟津修理亮、隱岐守守秋朝臣、同將監隆秋等禮に來、云々、○井上將監禮に來、盃令飲之、大澤出雲守禮に來、參內之時分之間不及盃也、○暮々坊城阿子丸令同道參內、天酌に被參之輩三條大納言、廣橋大納言、四辻大納言、萬里小路新大納言、予、新中納言、伯二位、宮內卿、阿子丸、重保朝臣、基孝朝臣、公遠、輔房、邦富、範信、源爲仲等也、次各退出了、

四日、(癸巳、雪降、(二寸餘)自巳刻天晴、天一天上、)○妙音天供酒肴、樂始吹、(笛、)太平樂急、五常樂急各二返吹之、○河端左衞門大夫、出納將監職定、同右京進重弘禮に來、云々、

五日、(甲午、天晴、天一天上、)○長松丸召具、敷地之鎮守、春日社、上御靈等參詣了、次遙琳庵へ禮に罷向、麝香丸一貝、華撥圓一貝等遣之、雜煮にて一盞了、供大澤掃部助、井上將監、野洲五郎左衞門、雜色源左衞門計也、○中御門官女彌々、大澤掃部近日妻愛、云々、田中隼人佑妻令同道來、兩種(强飯一盆、鯰三一折、)柳二荷持來了、○自禁裏千秋

萬歳に可參之由有之間、午時參內、被參之輩新大納言、予、長松丸、重保朝臣、公遠、邦富、源爲仲等也、今日北畠之千秋萬歳參、曲舞和田酒盛、次こし越、次ゆり若少等也、次於長橋局吸物にて一盞了、當年始也、○及黄昏中御門來儀、一盞勸了、○持明院中將、讃岐守忠宗、(扇金銀持來、)伊豆守景頼、主殿大夫、同新大夫、外記通昭、柚留木與次郎(南艮雜掌)、高屋(地下人)九郎左衛門等禮に來、云々、○稲荷社中神主神供一膳送之、不寄思儀也、則頂戴了、

六日、(乙未、天晴、天一天上、)○此邊少々禮に罷向、冷泉、(一盞有之、)高辻、岡殿、(御盃被下、)持明院、正親町、竹內殿、(御盃被下、)轉法輪三條、中山、五辻、大祥寺殿、(御盃被下、)勸修寺、庭田、伏見殿、菊亭、白川、薄、藤中納言、四辻、(一盞有之、)高倉、萬里小路、攝取院、甘露寺(一盞有之、)等へ罷了、○自四辻魚袋二被返了、○今日禮者速水(廣橋内)左衛門大夫、對馬守久氏、甲斐守久宗等來、云々、○自中御門大帷太刀檜扇等被返了、○廣橋へ裝束に罷了、亞相、日野右中辨等令着了、令同道參內、予當番也、今夜敍位執筆廣橋大納言、入眼上卿四辻大納言、淸書菅宰相等也、奉行職事頭中將重保朝臣、撰定不見物之間不及注、大內記菅原爲治、不見物之間不能巨細、少納言代基孝朝臣、中務源爲仲、外記中原治氏、少內記中原康雄、小槻伊昭等、云々、御前之儀寅刻終、入眼之儀辰始刻終了、小折紙如此、

從二位菅原爲康、藤原家輔、同宣忠、正三位藤原晴季、同良豐、(從一位藤原朝臣給)正四位上藤原賴房、從四位上藤原基盛、源季治、從四位下藤原光綱、正五位下多久氏、紀宗衡、源邦富、藤原氏直、從五位上源基時、從五位下中原章政、

七日、(丙申、小雨降、天一天上、自亥刻終夜寒嵐、正月中、)○今日禮者千秋刑部少輔、(一盞勸了、)中井宗慶、鴨脚三位(光輔卿、)等也、○自庭田今夕北陣之用、平胡籙之事被申之間、矢からみて遣之、次自冷泉大帷魚袋(金、)赤大口之事被申間遣之、今夕拜賀、云云、一條殿より下襲襟石帶之事被仰之間進之、○大祥寺殿之救首座咳氣之間、藥之事被申間、參蘇飮三包遣之、○冷泉右衛門督拜賀、自廣橋出門、衣文之事被申

之間、及黃昏罷向、先右中辨晴資令着之、次金吾令着、次三獻有之、予、新中納言、金吾只三人計也、布衣侍一人、雜色六本、如木一人、白張一人、烏帽子着兩三人有之、戌刻出門也、令同道參內、於局新中納言裝束令着、次於小御所右府着御也、御前裝束基孝朝臣也、於男末盃酌、元日昨今如常、今夜御祝に拜賀に指合不參、天酌、被參之輩廣橋大納言、新大納言、右大辨宰相、宮內卿、阿子丸、重保朝臣、基孝朝臣、熙長、公遠、輔房、邦富、範信、源爲仲等也、云々、亥下刻節會始、先右府御禮被申、於議定所御對面、申次予、先之新中納言、右衞門督等着陣、云々、次各下殿着陣、右大臣、新中納言、式部大輔、右衞門督、菅宰相等也、作法如常、內辨起座之時、新中納言外者、各家禮之間起座也、召內侍、新內侍也、今夜奉行職事右中辨晴資也、次將基孝朝臣一人也、少納言代馬頭代同兼之、敍列式部大輔也、衣文に零落之間、不見物之間巨細不注之、及天明終了、右府敍位宣命以後御早出、云々、新中納言續內辨、云々、式部大輔御酒勅使、右衞門督宣命使、菅宰相雜事催錄カ◎諡所等、云々、

八日、丁酉、雪降、(自卯至辰下刻)天一天上、寒嵐雨雪、○八幡眺望坊より兩所之御香水牛玉等到、舊冬任官之禮とて、茶森、十袋送之、○福昌庵當年始自入江殿來、兩種豆腐一折、混布一折、柳一荷隨身、祝着候了、○松林院、同舜玉、速水對馬守、淸水加賀守禮に來、云々、○從飛鳥井使有之、從若州供御御料所旦五千疋運上、云々、殘四千疋、兩三日中可進、云々、御約束之千疋可被下歟否之由有之、則長橋迄尋申之處、直可被下之由有之、其外返答了、○淸水加賀守來、飛鳥井へ千疋可遣歟否之由申來、直可遣之由返答了、

九日、戊戌、陰、天一天上、○自竹內殿回陽湯可調進之由有之、藥種代二十疋七十五到、則藥種召寄、餘分六十三返進了、○自廣橋新黃門兩種鯛一折、混布一折、柳一荷被送之、御神樂に袍借用令潤色返之禮也、○稱名院へ兩種一荷遣之、禮に可罷向也、○禮に罷出、安禪寺殿、御盃被下、羽子一進上、次入江殿、御喝食御所御盃被下、次飛鳥井、吸物一盞、次日野、五條、一條殿、

（御兩所御見參、御盃被下、）淨土寺殿、稱名院（吸物一盞、）等へ參了、〇今朝五
條被來、一盞勸了、葉室正四位上之位記持來了、〇今
日禮者廣橋、同新黃門、勸修寺右大辨、庭田、吉田民部
少輔、伊勢牧雲軒、速水（廣內）右近大夫等來儀了、〇自一條
殿石帶、下襲襟、自高辻靴被返了、
十日、（己亥、天晴、天一天上、）〇薄禮被來、一盞勸了、臺所阿茶咳氣
之間、藥之事被申、咳嗽頭痛、云々、仲和散（加白芷、川芎、薄荷、細辛、）
五包遣之、自庭田平胡籙被返了、〇今日禮者若王子、
局務、通昭、伊昭、大德寺之董首座、祐乘法印、古川治
部少輔等來了、〇自飛鳥井書狀速水對馬守持來、對
面、千疋拜領忝之由有之、次今夕御禮に可參內之由
有之、則長橋局迄參申入候了、〇暮々飛鳥井前亞相被
來禁裏へ被參、於此方用意、樽代（三十疋、）持來、吸物（餅豆腐、）一盞
勸了、速水以下靑侍三人相伴了、
十一日、（庚子、天晴、天一天上、夜半之後雨降、）〇盧山寺之竹中坊穎範西堂齋
に被來、故福昌庵理慶忌日之故也、兩種（豆腐、混布、）柳一荷
卷數札等隨身、予相伴、次福昌庵出、一盞勸之、扇一本
（去年自禁拜領之扇也、）遣之了、〇松田宗喜來、針廿本持來、一盞勸
了、人丁所望之間、十服計遣候了、〇伏見殿申沙汰如
例年有之間、土器物二（海老、芹、）柳一荷進了、及黃昏始了、
（五獻御酌）入道宮、（三獻｜）李部王、（六獻｜）總持寺殿（自四獻御出座、）等也、各被參之輩四
辻大納言、予、（七獻｜）中御門中納言、菅宰相、（初獻｜）頭中將、（二獻｜）持明院
中將、右衞門佐、高倉侍從、極﨟、喜首座等也、自三獻
音曲有之、及數盃之間、六獻以後予退出了、（夜半計、）七獻有
之、云々、〇自竹內殿承候回陽湯六十三包進了、〇辰
刻自南都升手掃部上洛、御師（時良）卷數、神供、油物、（一包、）火
箸等送之、父新權神主時具串柿一袋（百歟、）送之、辰巳正
預祐恩神供串柿（百、）送之、大東子延能神供油物（一包、）等
送之了、〇今日當番白川に相轉了、
十二日、（辛丑、天晴、天一天上、）〇亡父卿忌日之間、淨花院之內松林
院乘誓齋に來、茶持來、〇禁裏御楊弓之間、巳刻參內、
五十一度有之、御人數御矢、（四十、）曼殊院宮、（廿八、穴一、）四辻
大納言、（廿五、）予、（廿六、穴一、）新中納言、（九、）公古朝臣、（十二、）永相
朝臣（十五、）等也、予六十二枚勝了、於番衆（◎所脫カ）小漬如常、

御矢取基孝朝臣、公遠、範信等也、御楊弓以後碁有之、曼殊院宮と予六盤、四辻大納言與公古朝臣五盤等有之、
○伯卿代御番に其儘祗候了、予、公古朝臣兩人也、戌刻一條邊喧嘩之間、予、滋野井兩人廣橋へ罷向、無殊事、一盞了、○局務借用之補任歷名取に遣、則到、○吉田神恩院之周鶴、富小路右兵衞權佐、學首座（春江軒）、等禮に來、云々、
十三日、（壬寅、天晴、天一天上、）○早々退出、明後日御三毬打之事被仰、難調之由申入候了、又自來廿九日御千句之由有之、同故障申候了、○親王御方之御補歷直付了、○滋野井、三條中將禮に被來、云々、
十四日、（癸卯、天晴、天一天上、）○自廣橋赤大口、魚袋、沓等被返之、
○此方三毬打料、自大澤出雲守綱守所藁三丸出之、禁裏へ十本自去々年不進之、山科大宅鄉依不知行也、○親王御方御補歷直改持參之、○自禁裏御添番に可參之由有之間、及黃昏參、當番衆四辻大納言、範信兩人也、參御前御雜談有之、四辻與予碁一盤打了、入御後三盤、以上四盤負、杉原二百十二枚負了、○右衞門佐、賀二位等禮に來、云々、
十五日、（甲辰、天晴、自暮々雨降、天一天上、）○三毬打囃了、次粥祝如例年、
○祖母安明院忌日之間、安養寺之僧齋に來、相伴了、茶持來、○南都之返事取に來之間遣之、御師時良方へ唐絲ち一れ、遣之、同父新權神主に華撥圓、一貝、毛拔一、遣之、正預祐恩に同藥、一貝、扇一本、大東延能に同藥一貝、等遣之了、○暮々召具長松丸御祝に參內、（當年始）天酌に被參之輩勸修寺大納言、廣橋大納言、四辻大納言、新大納言、予、新中納言、伯二位、宮內卿、長松丸、重保朝臣、基孝朝臣、熙長、公遠、輔房、邦富、範信、源爲仲等也、次於東庭御三毬打三本如例年、兩奉行者共、烏帽子襖參、御吉書入之囃了、自去々年予十本不進上、勸修寺三本計也、御祝以前於番衆所四辻と碁二盤打了、杉原百六十餘枚勝、先夜之殘四十八枚之負也、次於臺所四辻父子、予、薄等佳例一盞有之、○御祝、○正親町一品禪門禮に被來、云々、松田對馬守、同子主計允來、云々、

十六日、乙巳、天晴、天一天上、○去夜夢想、さく藤は心の色のゆかりにて、○如例年百萬返念佛各賦之、同予看經、般若心經百卷、壽命經十卷、消除疫病經十卷、慈救咒千返、光明眞言千返、地藏小咒千返等誦之、春日社へ看經了、○中御門へ罷向、碁四盤打了、一盞有之、滋野井中將君不知枚羽三被所望之間遣之處、禮とて來儀、中御門へ被來了、碁二盤被打了、○薄阿茶咳氣之藥侚所望之由有之間、同藥加川芎、細辛、七包遣了、

十七日、丙午、天晴、天一天上、數五○予楊弓矢新中納言所望之由内々被申間、持遣之、祝着之由有之、○禁裏御楊弓之由有之間、巳刻參內、先參御前、竹內殿、新中納言、基孝朝臣等御雜談、竹內殿與予碁三盤、二盤予負了、次御楊弓有之、四十三度に御矢、廿七、穴一、三十三度に、曼殊院宮、四十一、予、廿四、新中納言十七、等也、御矢取基孝朝臣、範信兩人也、予晩飡於長橋局有之、次碁二盤、持也、御楊弓に卅枚負了、但碁に四十二枚勝了、及黄昏退出了、

十八日、丁未、天晴、天一天上、○早旦召具長松丸、御三毬打に參内、但遲參不及見物、於男末佳例一盞有之、廣橋大納言、新大納言、予、新中納言、重保朝臣、永相朝臣、公遠、輔房、邦富、源爲仲等也、次御楊弓有之、御人數御矢、四十八、曼殊院宮、七十八、穴一、四辻大納言、卅八、予、卅八、穴一、新中納言、廿一、重保朝臣、卅二、永相朝臣、廿二、源爲仲卅六、穴一、等也、於東庭有之、御矢取加田彌三郎兄弟三人參、予十四枚負了、御矢取次基孝朝臣、於番衆所小漬巳刻有之、次八時分一盞有之、及黄昏退出了、

十九日、戊申、自去夜雪降、天一天上、○禁裏御楊弓卅九度有之、御矢、十七、穴一、曼殊院宮、四十、四辻大納言、廿二、予、廿六、新中納言十五、等也、御矢取基孝朝臣、範信兩人也、◎晩飡脱カ予於長橋局有之、殘衆大典侍局、伊與局等にて有之、云々、及黄昏退出了、

廿日、己酉、天晴、天一下艮、○自中御門使有之、碁可打之間可來之由、則罷向、松田宗喜同來、予五盤勝了、一盞有之、

廿一日、庚戌、天晴、○禁裏御楊弓五十七度有之、御矢、廿二、穴一、曼殊院宮、四十六、勸修寺大納言、卅三、四辻大納言、卅六、予、

卅七、新中納言、十八、重保朝臣廿、等也、持也、御矢取基孝朝臣、邦富兩人也、於番衆所小漬如常、次碁夜半計迄有之、廿二、勝、今夜當番之間其間々祗候、予、基孝朝臣兩人計也、

廿二日、辛亥、天晴、○今日又御楊弓有之間、於長橋局朝飡有之、巳刻始、六十一度有之、御矢、卅四、曼殊院宮、五十五、穴一、勸修寺大納言、卅一、四辻大納言、五十、予、卅九、新中納言、卅八、永相朝臣廿二、穴二、等也、八十枚負了、丑刻迄碁有之、六十枚勝、今夜番衆無之間、可祗候之由被仰之間、其間々祗候、予一人計也、○葉室出京候了、

廿三日、壬子、天晴、八專入、二月節、○富小路、松田對馬守所へ禮に罷了、次烏丸へ禮に罷向、吸物にて酒候了、次伊勢牧雲軒、賀二位所へ禮に罷向、次岡殿へ參、御酒被下了、○竹内殿に御楊弓有之、滋野井中將、右衛門佐、三條中將、甘露寺、五辻、新四郎、幸菊等也、御酒了、十二枚負了、○福昌庵自去十七日腫氣、云々、今日此方へ來了、○自禁裏五十疋拜領了、畏入者也、長橋局迄御禮に參了、葉室當年御禮に被參之間、令同道了、

廿四日、癸丑、天晴、○町與室町喧嘩有之、町之者一人、中分者小幡入道、大澤掃部伯父むこ也、兩人討死了、仍取懸之由申及物忩、安禪寺殿へ參了、次廣橋へ罷向、烏丸、中御門等同一盞有之、次一條殿へ參、同御酒有之、先上京中宿老共中分、云々、今夜無殊事、○自禁裏御添番に可參之由有之間、及黄昏參、丑刻迄御碁有之、當番衆四辻大納言、範信兩人也、予御添番也、竹内殿碁に御參了、○福昌庵爲療治古川に申遣、坂本へ下、云々、○大澤掃部助小幡所へ罷向之間、觸穢之間、此方へ不可來之由申候了、○今日葉室被歸了、

廿五日、甲寅、天晴、八專、○六合湯に加澤瀉、木通、福昌庵に與候了、自廿日大小便不通、云々、○禁裏御楊弓有之、四十七度有之、御矢、卅四、曼殊院宮、五十九、穴一、勸修寺大納言、十八、四辻大納言、廿五、予、廿六、新中納言、十七、重保朝臣、十二、公古朝臣、十七、永相朝臣、十一、源爲仲廿八、等也、四十四枚勝了、次碁有之、戌刻退出了、

廿六日、乙卯、雨降、八專、　○早旦從稱名院三條西使者有之、朝飡に可來、云々、則罷向、人數萬里小路前内府、中山亞相、四辻亞相、予、白川伯卿、冷泉金吾、薄、庭田宮内卿羽林、甘露寺右少辨等也、稱名院相伴、三條亞相無出座、○昨夜御會始御題被出之、右衛門督出題、云々、來廿六日之由被仰出之間、今朝廻文調之、稱名院へ持罷向、文章如此、萬里小路へ同別紙也、

松樹契久

右御題、明後日廿八日、可爲和歌御會始、可令詠進給之由、被仰下候也、

正月廿六日　言繼

西殿
三條殿

萬里小路殿別紙如此、

松樹契久

右御題、明後日廿八日、可爲和歌御會始、各可令詠進給之由、被仰下候也、

正月廿六日　言繼

飛鳥井前大納言殿、奉、三條大納言殿、奉、勸修寺大納言殿、奉、廣橋大納言殿、奉、日野大納言殿、奉、中山大納言殿、奉、四辻大納言殿、奉、日野新大納言殿、奉、新大納言殿、奉、中御門中納言殿、奉、新中納言殿、奉、伯二位殿、奉、右衛門督殿、奉、左衛門督殿、奉、右大辨宰相殿、奉、宮内卿殿、奉、頭中將殿、奉、持明院中將殿、奉、藏人中務丞殿奉、等也、

○從入江殿日々御使被下、福昌庵無御心元之由有之、醫者意庵可被下之由有之、午時參脈令取之、無殊事之由申、藥於此方調合、煎藥、粉藥兩種與了、昨曉小便通、云々、次中御門へ罷向、意庵來、餅にて一盞有之、次意庵令同道、入江殿へ御禮に參、御見參、御酒被下了、○今夜雖當番、前兩度參之間不參了、○庭田金襴◎襴カのきれ所望之由被申間、遣之了、

廿七日、丙辰、天晴、　○禁裏御楊弓五十二度有之、先御碁有之、予廿枚負了、次御楊弓、御矢、卅一、穴一、曼殊院宮、卅八、勸修寺大納言、廿五、四辻大納言、卅二、予、廿五、新中納言廿六、等也、二枚勝、於番衆所小漬如常、次又碁有之、

戌下刻退出了、○自山上月藏坊書狀到、海岸坊正圓法
印題者之事也、明日可披露、
廿八日、丁巳、天晴、八專、 ○自伏見殿文有之、同梶井殿口書
到、正圓法印探題之事、雖支被申、月藏坊內儀申分歟、
御執申之分也、仍則長橋局迄參申候了、則勅許也、此
樣月藏坊返事、同梶井殿へ御返事調渡之了、○今日禁
裏御會始懷紙調了、○自廣橋黃門鈴一對被送了、舊冬
官女藥之事被申禮也、○竹內殿藥種之事被仰之間、藥
屋へ取に遣進之、○伏見殿へ參、今朝之御返事申入候
了、入道宮御對面、暫御雜談申候了、○竹內殿へ參、藥
種之事申候了、○福昌庵樣體可申聞之間、意庵所へ罷
向、對客とて不出會、○山井伊豆守來談了、○從方々
懷紙、稱名院、同亞相、飛鳥井、同金吾、伯卿、溥、庭田
等被送之、暮々長橋迄進上了、○福昌庵五皮湯令調合
一包與之了、昨日今日小便三度つゝ罷、云々、腫氣同
前、云々、

春日同詠松樹契久和歌

陸奧出羽按察使藤原言繼

君か經む千世をみきりの松か枝に
かそへあけてや鶴のもろ聲

廿九日、戊午、自卯刻雨降、 ○長講堂之周德、當年始禮に來、鈴
二對、餠、一盆、栗梅むき等持來、餠入菜、一盞勸了、○禁
裏聖天御法樂有之、御人數御製、十九句、入道宮、十三、曼殊
院宮、九、入道前右大臣、十九、四辻大納言、十、新大納言、
十一、予、十二、新中納言、七、執筆、等也、所役殿上人基孝朝
臣、於男末小漬如常、及黃昏退出、明日飛鳥井會始和
歌、於長橋局稱名院談合了、御發句以下如此、

色こきや香こそといふも梅の花　御製
柳　起　綠　池　波　入道宮
朝風に岩根の氷とけそめて　曼殊院宮
かけはかすみの月うすき山　入道前右大臣
夜　殘　鶯　送　客　四辻大納言
霜　落　蟋　添　哦　新大納言
おもはえすなかめせしまに秋ふけて　言繼

松林院乘誓、明日齋に不可來之由書狀有之、蜜柑五、被送之、

卅日、己未、天晴、夜入雨降、八專、○故葉室、宗永等忌日之間、松田宗喜入道齋に呼了、○中御門來儀、碁三四盤打了、○禁裏御楊弓之間參內、五十一度有之、御矢、廿八、穴一、曼殊院宮、四十四、今出川前左大臣、十四、勸修寺大納言、廿一、四辻大納言、卅九、予、廿三、穴一、新中納言、十八、重保朝臣、廿一、穴一、永相朝臣、十七、源爲仲廿三、穴二、等也、予四十一枚勝、於番衆所小漬如常、御矢取加田彌三郎兄弟三人也、次御碁有之、及深更之間其儘祗候、夜半計各退出、丑刻河堂之內火事候了、○今夜當番衆新大納言、重保朝臣、源爲仲等也、予御添番也、

○二月小

一日、庚申、天晴、八專、○昨夕淨土寺殿內岡本紀介生害、云云、御知行沽却、云々、其仕手々負、云々、可參見之由、昨日兩度、今朝又御使有之、云々、仍則參見之、左之人指脂◎指カ半分過切了、愛洲藥與之、付藥等遣之、御見御見參、御酒被下了、先之一條殿へ參、右府御見參、御盃被下了、次自淨土寺殿御祝着之由御使有之、對面了、○五辻來儀、上邊禮に參度之間、可同道之由有之、則令同道安禪寺殿へ參、御對面、御酒被下了、次入江殿へ參、御喝食御見參、御盃被下了、予計奧へ召、方丈御見參、福昌庵之事御尋也、一兩日驗氣之由申候了、次總持寺殿へ參、御酒及數盃、次南御所へ御所◎二字衍カ參、各被出御酒有之、次滋野井、三條等へ禮に罷向、次歸宅了、○及黃昏御祝に參內、天酌に被參之輩廣橋大納言、四辻大納言、予、新中納言、宮內卿、重保朝臣、基孝朝臣、公遠、範信等也、次御庚申有之、御碁有之、曼殊院宮、四辻大納言、予等也、新中納言、基孝朝臣見物也、丑刻迄有之、一盞被下了、○當番衆予、基孝朝臣兩人也、新中納言及深更之間、御添番に祗候也、○昨宵大樹被拔可有御上洛之處、令露顯無其儀、云々、仍伊勢守、一色七郎、進士九郎、春阿み、祐阿彌等夜中に上洛、云々、京中仰天共也、

二日、辛酉、天晴、八專、○今日飛鳥井亭歌鞠會始有之、先大祥寺殿へ昨日之禮に參、次勸修寺亞相令同道、午時飛鳥井へ罷向、當座一首つゝ有之、兼日題、梅萬年友、

難波津の春の色香をつたへ來て　梅にそ代々の風は殘れる

同當座題、河柳、

淺みとりかけをひたして河水に　浪の文をる青柳のいと

次はう飯にて一盞有之、次兼日當座講頌有之、人數亭主、勸修寺亞相、予、左衞門督、安居院權僧正、速水對馬守親忠、主殿大夫職照、其外大德寺之僧兩三人、賀茂供僧、今宮別當、淨泉寺法印、六波羅普門院等也、次鞠有之、人數同前、次吸物にて二獻有之、音曲有之、戌下刻歸宅了、左衞門督、予、勸兩人に唐絲一つゝ被與之、安居院予に草朴木被與之、○山上月藏坊書狀到、探題御禮共相調、今日可下山之處、依伊勢守身體、路次惡之間、先延引之由申送了、

三日、壬戌、天晴、未刻俄大雷、大霰降、○禁裏御碁有之、午時始、曼殊院宮、勸修寺大納言、四辻大納言、予等也、御懸物檀紙一帖、古曆一卷被出之、四盤勝也、四辻大納言拜領也、及黃昏退出了、今夜權典侍局へ別殿行幸、云々、○探題之事、職事甘露寺辨へ申、父卿中山に款狀渡遣之了」、

四日、癸亥、天晴、八專終、○禁裏御楊弓五十度有之、御矢、卅二、曼殊院宮、廿七、穴一、四辻大納言、十七、穴二、予、廿四、新中納言、五、廿七度に、重保朝臣、五、同上、公古朝臣、十八、源爲仲十八、等也、十三枚負了、於番衆所小漬如常、御矢取加田彌三郎、同弟虎福兩人也、次御碁有之、御懸物田舍紙一帖、唐絲一ねち被出之、曼宮、四大、予、公古等也、予給之、戌刻退出了、

五日、甲子、天晴、○澤路修理進來、暫雜談、雜色源左衞門今日暇乞了、○新内侍殿承候雙紙三帖切とち候了、○福昌庵腫氣悉平喩カ◎癒了、祝着々々、

六日、乙丑、天晴、自晚天雨降、○禁裏御楊弓六十五度有之、御人數御矢、四十五、曼殊院宮、四十一、勸修寺大納言、卅三、四辻大納

言、五十二、予、四十二、新中納言廿八、等也、十八枚勝了、御矢取向、四辻へ被行之間、彼亭へ罷向、碁二三盤打了、さたう餅にて一盞了、夕方又酒有之、

基孝朝臣、範信兩人也、於番衆所小漬如常、次碁有之、夜半計迄有之、○今夜當番予、基孝朝臣兩人也、

七日、丙寅、天晴、○安養寺之僧慶存來、誓願寺長老被申、駿州へ老母書狀渡遣了、○誓願寺長老弘松軒天甫上人、禮に被來、兩種豆腐一折、昆布一折、柳一荷持來、老母に鈴一對、饅頭一折被送之、吸物にて一盞勸了、同宿一人、慶存等被來了、麝香丸二貝遣之了、○中御門へ罷向、碁打候了、

八日、丁卯、晴、二月中、○藥師へ參詣、次長橋局へ罷向、御添番に可參之樣被仰間、則參御前、廣橋、予四過時分迄御雜談有之、今日當番之衆廣橋大納言、熙長兩人也、御添番予計也、

九日、戊辰、天晴、五墓日、○禁裏御碁有之、曼殊院宮、勸修寺大納言、四辻大納言、予、永相朝臣、範信等也、夜半計迄御碁有之、餅にて一盞有之、及深更之間其間々祗候、當番衆四辻大納言、範信兩人也、予、永相朝臣等御添番、○正親町へ罷向暫雜談、一盞有之、次右佐へ罷向、四辻へ被行之間、彼亭へ罷向、碁二三盤打了、さたう餅にて一盞了、夕方又酒有之、

十日、己巳、雨降、彼岸入、○廣橋亞相へ罷向、碁四五盤打了、さたう餅にて一盞了、夕方又酒有之、

十一日、庚午、天晴、時正、○中御門令同道遺敎經へ參詣、上冷泉從跡參詣、令同道歸了、○當番之間暮々參内、予、基孝朝臣兩人也、梶井宮昨日御下山、云々、今夕御參内、於常御所三獻有之、三獻之時梨門御酌、兩人番衆御通に參了、夕方新中納言參、兩人於御學問所御雜談有之、○誓願寺長老へ、先日之禮に罷向、留守、云々、○今夕外祖母遠行、云々、仍長橋、同新內侍局、近所へ被移、云々、

十二日、辛未、天晴、時正、○亡父卿忌日之間、淨花院之舜玉齋に來、相伴、暫雜談了、○中御門令同道誓願寺へ參詣、

十三日、壬申、天晴、時正中日、○今日於禁裏御齋有之、御相伴曼殊院宮、稱名院仍覺入道前右大臣、勸修寺大納言、四辻大納言、予、重保朝臣、基孝朝臣、範信、源爲仲等也、次自午時御楊弓有之、御人數御矢、卅四、曼殊院宮、廿八、勸修寺大納

言、十三、四辻大納言、卅六、重保朝臣、十五、予、廿二、源爲仲十二、等也、六十枚勝、次御碁有之、廿枚勝了、次於內侍所予、極﨟一盞有之、次近所の長橋局爲見舞罷向、四辻亞相同被見舞、一盞有之、戌刻計歸宅候了、

十四日、癸酉、雨降、○禁裏御碁有之參、曼殊院宮、勸修寺大納言、四辻大納言、予等也、○福昌庵今日入江殿へ參了、○三好所へ音信之用、來月御神樂之出立、內々廣橋へ申、百疋下京御倉長谷川入道所にて請取、則請取相調、廣橋へ遣之、文言如前、

十五日、甲戌、天晴、○晚天中御門令同道誓願寺へ參詣、次入江殿へ參、前內大府被參、方丈御見參、御酒給了、○新黃門被與之草朴之木幷羽等、西坊へ持罷向誂之了、○自西坊鈴一對、赤貝一折送之、祝着候了、先日之手負療治禮歟、○向之宿長橋局、新內侍局兩所之內へ、鈴一對、臺物一、暮々送之、可來之由有之間罷向、酒有之、

十六日、乙亥、天晴、○禁裏御楊弓六十度有之、御人數御矢、五十五、穴一、曼殊院宮、卅、四辻大納言、卅二、予、廿六、新中納言十六、等也、卅一枚勝了、於記錄所有之、○今日當番之間其間々祗候、予、基孝朝臣兩人計也、○三好筑前守、松永彈正忠所へ、上洛珍重之由申、大澤掃部遣之、先松永東寺に居候、禮に罷見參、云々、吉祥院三好所へ令同道罷向之處、三好留守とて、自路次歸、云々、松永に樽代二十疋、奏者に十疋遣之、

十七日、丙子、天晴、○大澤掃部、三好所へ又遣之、太刀遣之、祝着之由返答了、奏者に十八◎疋カ遣之、○中御門へ罷向、栃木二本續之了、一盞有之、○甘露寺に楊弓有之、竹內殿御使被下之間罷向、人數竹門、四辻、予、亭主、牧雲（竹門侯人）、新四郎（同）、幸菊（藤中納言內）、山口彌三郎、加藤孫三郎（甘露寺內）等也、五十餘度有之、餅、入土筆、にて酒有之、見物に四辻少將、白川少將等罷向、暮々歸宅、予七一枚負了、

十八日、丁丑、天晴、○自三好所使者山本若狹守早々來、昨日使之禮太刀送之、○長橋見舞、薄同見舞、一盞有之、○禁裏御會有之、不具之間、故障申候了、

十九日、戊寅、天晴、○禁裏御楊弓六十一度有之、午時飛鳥井前亞相令同道參、則始、御人數御矢、廿八、曼殊院宮、五十三、今出川前左大臣、廿一、飛鳥井前大納言、八、勸修寺大納言、廿二、廣橋大納言、十一、四辻大納言、卅八、予、廿五、新中納言、卅、重保朝臣、廿五、穴一、永相朝臣、廿九、源爲仲五、等也、於東庭有之、御矢取幸菊、藤堂兵衞大夫、加田彌三郎等也、於番衆◎所脫カ小漬如常、及黃昏退出了、予八十七ゝ負、

廿日、己卯、天晴、○田中隼人佑栃木續事申候間、罷向二本續、一盞有之、次中御門、松田宗喜等來、石數雙六有之、中御門勝也、仍又一盞有之、七時分歸宅了、○自廣橋公卿補任第一被借用之間遣之、○薄來、云々、留守之間不見參、代二十疋持來、藥之事被申候了、

廿一日、庚辰、天晴、○禁裏御楊弓六十二度有之、於東庭有之、御人數御矢、四十、穴一、曼殊院宮、四十六、勸修寺大納言、廿五、四辻大納言、卅五、穴一、予、廿九、新中納言、十七、穴一、重保朝臣等也、五十五負、於番衆所小漬如常、御矢取虎福、加田彌三郎兄弟也、○當番之間其儘祗候、予、基孝朝臣兩人也、

廿二日、辛巳、天晴、○禁裏御碁有之、勸修寺宮御參、其外中山大納言、四辻大納言、下官等也、あこやにて一盞有之、及黃昏退出了、○江州中郡少々北郡昨日敵に成、云々、仍細川右京大夫女房衆去夜渡海、云々、今日細川右京大夫、佐々木左京大夫渡海、云々、仍東坂本騷動、云々、自方々注進共有之由風聞、

廿三日、壬午、天晴、三月節、○梶井殿へ參之處、伏見殿に御座之由有之間參、御將棊、碁、雙六等有之、碁、雙六等打候了、○烏丸へ久不罷之間罷向、暫雜談了、○及黃昏北隣千秋刑部少輔、五六日以前上洛とて來、鈴一對隨身、一盞有之、次大和刑部少輔來、同一盞勸了、○自長橋昨日音曲本被借之間、今朝持罷向、又江州之儀雜談、次中御門へ罷向、碁二盤打候了、○薄暫來談、昨日釣舟令借用、花立了、

廿四日、癸未、雨降、○禁裏御碁有之間、可參之由有之間、午

時參、御人數故障、仍一盤有之、次御楊弓卅一度有之、
御人數御矢、廿、穴二、中山中納言、五、四辻大納言、十六、予、
廿、新中納言八、等也、あこやにて一盞有之、予十九、
勝、御矢取邦富、範信兩人也、及黄昏退出了、○今朝自
冷泉來可碁打之由有之間罷向、中御門被來、碁二盤
打了、次參内了、長橋兄弟今日被歸局了、○今朝三好
人數、伊勢守人數等志賀入、云々、但江州人數取出、走
井にて野伏有之、云々、伊勢守足輕、志賀四五間燒之、
云々、則打歸候了、
廿五日、甲申、雨降、自今日十方暮、○禁裏御會、聖廟御法樂御連歌有
之、巳刻參内、御人數御製、十六句、入道宮、十四、曼殊院宮、
八、入道前右大臣、十九、中山大納言、八、四辻大納言、八、
予、十、新中納言、三、執筆、伯二位、七、菅宰相七、等也、於男末
小漬如常、所役殿上人基孝朝臣、次御當座廿首有之、
菅宰相被讀揚了、亥刻退出了、予和歌稱名院に談合、
題寒山花遲、殘月關越、
さへ歸る梢の雪の積る日も
花には遠き山風そふく
清見かた越る關路の明かたに
うつるもうすき波の月影
廿六日、乙酉、天晴、○飛鳥井楊弓之布がう可被借之由申遣、
則到、禁へ進了、飛鳥井前亞相被來、令同道、巳初刻參
内、先飛、四大於番所碁一番有之、次御楊弓四十九度
有之、先半食籠にて一盞有之、今日廣橋大納言申沙
汰、云々、御人數御矢、四十三、穴一、曼殊院宮、五十一、今出川前左
大臣、十八、新中納言、十八、穴一、重保朝臣、十四、永相朝臣、十
五、源爲仲等也、於番衆所小漬如常、御矢取藤堂次郎、
同兵衛大夫、速水左衛門大夫、幸菊等也、予三枚負、暮
暮各退出、予當番之間其儘祗候、相番基孝朝臣、○三
好人數、伊勢守以下志賀入、今夜山陣、云々、
廿七日、丙戌、天晴、五墓日、○伊勢守以下三好人數、今朝早々歸
陣、江州人數送之、於師子谷三好弓介合戰、四人討死、
云々、則江州衆坂本へ打歸了、又八時足輕出、北白川
悉放火了、伊勢守足輕雖向早引了、○正親町に楊弓有

之、一品入道、予、右衛門佐、甘露寺、新四郎、竹內殿幸菊、粟
津修理亮、山口彌三郎等也、五六枚負了、
廿八日、丁亥、天晴、○自坂本江州人數出張、東門前、師子谷、
岡崎、若王子、粟田口、山科、日岡等放火、於河原野伏、
伊勢守人數に加、今村紀伊守其外、後に三好御人數、
八時分江州衆坂本へ打歸了、○育中湯調合、卅三包持
て罷向了、次內侍所阿子申鳥子打之、假とち調之遣
了、次伊與局へ被呼之間罷向、東之樣體御尋之間申候
了、次竹內殿御乳人所勞氣之由有之、脈取了、熱氣有
之、服中瀉、云々、藥之事被申候了、○大祥寺殿御喝食
御所御煩之由候間、見舞申候了、御脈給之、御熱氣有
之、祐乘三位法印御藥、云々、
廿九日、戊子、晴、自亥刻雨降、○寶樹院、宗永等忌日之間、淨花院
之舜玉齋に來、相伴候了、○禁裏聖天御法樂之間、巳
刻參內、御人數御製、廿一句、入道宮、一、依犬死御□□、曼殊院宮、十
一、入道前右大臣、廿二、四辻大納言、十五、予、十二、菅宰
相、十、執筆、水無瀨三位八、等也、於男末小漬如常、所役殿

上人基孝朝臣、酉下刻終了、各退出、御發句以下如此、
今朝たつや雲の朶わく初櫻　入道宮
捧　山　一　片　霞　入道前右大臣
長閑なる風のさゝ波舟うけて　御
はらはぬ程の袖のあは雪　曼殊院宮
さむさをも忘るゝ月のよな／＼に　四辻大納言
あかぬはしゐの鐘つくる空　言繼
燈　殘　簾　影　動　菅宰相
烟　濕　笛　聲　賒　水無瀨三位
大祥寺殿へ御見舞に參、萬里小路父子、同東向、內山
僧正、御伊茶、御阿子、岡御所、勸修寺、中山、中御門、
五辻各祗候、御酒了、御脈給了、事外之御熱氣御煩敷
樣也、戌刻中御門令同道歸宅了、
○三月大
一日、己丑、雨降、○禁裏御楊弓之間、巳初點參內、於御學問
所六十七度有之、御人數御矢、五十一、曼殊院宮、五十四、四辻
大納言、四十一、予、卅四、新中納言、卅、若王子權僧正、四十八、永

相朝臣廿八、等也、予負之間、又一帖拜領、七十八枚負了、於番衆所小漬如常、及黃昏各退出、○暮々親王御方へ御禮に參、申次無之由有之間、申置退出了、各大祥寺殿へ被參、云々、○今夜天酌に被參之輩廣橋大納言、四辻大納言、予、新中納言、基孝朝臣、範信等也、於番衆所四辻と碁一番打了、○予當番之間其儘祗候、相番基孝朝臣計也、○滋野井取次、定法寺に申、袖中抄八卷出來到、

二日、庚寅、天晴、○三好人數、岩藏山本館へ取懸悉放火、不出合、云々、岩藏、長谷亂妨、云々、筑前守は不立、人數計二萬餘有之、軈打歸了、○廣橋へ予、中御門令同道罷向、亞相與三八碁十番計有之、草餅にて一盞有之、○御添番に可參之由有之間、暮々參、當番衆無之、予、永相朝臣祗候、基孝朝臣、父卿代外樣へ被參、但內々に祗候也、右佐と碁二盤打了、

三日、辛卯、自丑刻雨降、○禁裏鬪鷄巳刻有之、於孔雀間有之、遲參之鳥多、六七番有之、被參之輩廣橋大納言、予、新中納言、賀子丸、中院息、重保朝臣、基孝朝臣、永相朝臣、熙長、公遠、邦富、範信、源爲仲等也、於長橋局小漬有之、○忠宗、景賴來、暫雜談了、出納重弘禮に來、云々、澤路彥九郎、井上將監等禮に來、○禁裏正月廿八日御會始御懷紙申出寫之、とちて可進之由有之、とち裏書調進了、○暮々召具長松丸、御祝に參內、天酌に被參之輩三條大納言、廣橋大納言、予、新中納言、伯二位、宮內卿、長松丸、重保朝臣、基孝朝臣、熙長、公遠、邦富、範信、源爲仲等也、次於臺所廣亞相、予等一盞有之、次新黃門令同道退出了、

四日、壬辰、天晴、五墓日、○中御門來儀、三好筑前守、伊勢守所へ罷之由申候間、令同道見物、相隨人數千人計にて罷了、大酒音曲等有之、云々、次入江殿、寶鏡寺殿へ參、云々、次中御門令同道、一條殿へ參、隨心院殿御出、御酒了、○中御門へ罷向、碁四番打了、冷泉被來了、

五日、癸巳、天晴、天一天上、○廣橋へ罷向、新黃門春日祭之事被尋了、○禁裏御用之事有之、可參之由有之間、巳下刻參

內、竹內殿、予、新中納言等、暫御雜談有之、あこやにて御茶有之、次又勸修寺大納言被參、御楊弓五十一度有之、曼殊院宮、卌四、勸修寺大納言、廿六、穴一、予、十七、新中納言廿二、等也、十五枚負了、次於長橋局予、新中納言、白川侍從等小漬了、勸修寺大納言、範信等、於大典侍局小漬有之、云々、曼殊院宮於伊豫局有之、御矢取兩人也、暮々退出了、

六日、甲午、自丑刻雨降、天一天上、土用入、○自五辻雨中吟本被借之間、和歌部類抄一冊遣之、○田中將監所へ罷向、釣舟之上籠之事申之、一盞振舞了、○中御門へ罷向、碁四五番打之候了、○當番之間暮々參、相番三條當年始大納言、予、基孝朝臣等也、

七日、乙未、天晴、天一天上、五墓日、○賀州白山松泉坊禪慶書狀有之、親類とて宇津呂又五郎と云物昨夕持來、云々、今朝朝飡以後來、樽代二十疋持來、對面了、入麵にて一盞勸了、急用之子細有之、則明日下向、云々、同松泉坊十疋送之、則返事相調持遣之、松泉坊にも宇津呂にも、麝香丸一貝宛遣了、○山井伊豆守景賴來、暫雜談了、一盞勸了、○廣橋へ罷向、明日春日祭上卿新黃門下向、仍折重調之、一盞有之、

八日、丙申、陰、自未刻至子刻雨降、天一天上、○伊勢守昨日三好吉祥院所へ罷向、及大飮、云々、然處去夜小童忍入、可燒討之造意、云々、彼小童召取强問、今朝近所之物取之、但他行、云々、於下京兩人召取、晚天三人生害、云々、六十人計同類有之、云々、○禁裏御楊弓七十二度有之、御人數御矢、五十四、曼殊院宮、五十、勸修寺大納言、廿九、中山大納言、十五、四辻大納言、四十五、予、廿一、重保朝臣廿八、等也、予百枚負了、但百十枚拜領了、御矢取基孝朝臣、範信兩人也、於番衆所小漬如常、次碁五六番有之、戌刻退出了、○大澤掃部助吉祥院へ遣、三好自昨日東寺松永陣所へ罷向、云々、鳥養兵部丞牽分之事、幷御廚子所之事等申遣了、○福昌庵自入江殿來、云々、則甘露寺へ罷、云云、

九日、丁酉、天晴、天一天上、三月中、○平旦春日祭之時分看經、次神樂

少々爲法樂吹之候了、○禁裏御楊弓、於東庭七十八度有之、御矢、四十八、穴三、曼殊院宮、卅八、勸修寺大納言、卅一、穴二、中山大納言、十一、四辻大納言、四十四、穴一、予、廿九、重保朝臣、十八、永相朝臣、十三、十五度に、初參熙長、卅一、源爲仲廿四、等也、御矢取次範信、御矢取幸菊一人也、於番衆所小漬如常、及黄昏退出了、予六十枚負了、但九十餘枚拜領了、○新黄門迎に大澤掃部遣之、苧カ◎芋洗迄罷向、云々、亥刻被上洛了、

十日、戊戌、天晴、天一天上、○自白川伯卿、來十三日內々申沙汰廻文有之、不具之由申候了、○從長橋局可參之由有之、又飛鳥井父子被參之由可申遣之由有之間、則申遣、畏之由有之、次予如何樣にも可祗候之由被仰下、不具之由雖申入候、及數度被仰下之間、令借用次第可參之由申入候了、○高辻へ罷向、指貫之事申、兼約、云云、廣橋へ罷向申之處、同兼約、云々、但次之指貫可借之由申候了、新黄門夏袍同借用候了、○南之墻申付沙汰了、○御添番に可參之由有之間、晚天祗候、四辻大納言、予、源爲仲等、於番衆所碁有之、御懸物被出之、南良紙一束、香箸銀、四辻被取之、及鷄鳴了、當番衆重保朝臣、源爲仲、御添番四辻大納言、予兩人也、

十一日、己亥、天晴、天一天上、○禁裏明後日御猿樂之舞臺被敷、御大工共參見計了、四辻、予、新中納言、頭中將、右衞門佐、極﨟等也、於長橋局小漬了、雖未出來候、故障之間、巳下刻退出了、○一條殿へ播州赤松之有馬、幷攝州山中又三郎等參之間、午時可參之由、自右府被仰之間參、八時分參、御兩所へ有馬御太刀にて御禮申候了、吸物食籠臺物以下にて及大飲、音曲有之、佐野十右衞門尉後に被召出、小袖肩衣袴引共遣之、七過時分歸宅、事外沈醉了、

十二日、庚子、天晴、天一天上、○近所之風呂申付合木了、廣橋父子、四辻父子、予、庭田、五辻等也、風呂あかりに、廣橋亞相草餅にて酒被振舞了、○亡父忌日也、淨花院觸穢之間、松田宗喜呼齋了、

十三日、辛丑、自辰刻雨降、天一天上、○辰刻可參之由候間、則參內、空

樣可有如何之由御尋之內降出了、猿樂之具少々雖參候返了、御楊弓可被遊之由候間、朝飡召寄了、各御人數祗候、六十七度有之、御矢、四十二、曼殊院宮、四十九、四辻大納言、廿八、穴一、予、十四、新中納言、廿五、重保朝臣、十六、永相朝臣廿三、等也、予四十七枚負了、御矢取邦富、範信兩人也、於番衆所小漬如常、○自高辻指貫可借與之由有之、中山雖兼約、昨日息女被失、云々、仍不參、○新黃門夏袍、高辻指貫借寄了、

十四日、壬寅、陰、天一天上、 ○禁裏へ兩種鯛こさし土器物、生栗小折、 一荷進上了、申沙汰明日、云々、○葉室出京了、明日猿樂爲見物歟、○禁裏御楊弓之間參內、八十度有之、御矢、五十五、曼殊院宮、卅七、勸修寺大納言、卅四、 四辻大納言、五十四、穴一、予、四十一、新中納言廿七、等也、予十枚勝了、於番衆所小漬如常、御矢取邦富、範信兩人也、及黃昏退出、○伊勢守宿所へ三好筑前守奉公衆罷向、將碁有之、云々、次亂舞有之、及黃昏於彼亭進士九郎自害、醉狂、云々、 仍則三好歸了、伊勢守送之、云々、無殊事、但近邊搖動了、

十五日、癸卯、天晴、天一天上、 ○今朝風聞、進士九郎三好筑前守を三刀築之、云々、生死取々沙汰未定也、 直に山崎へ各罷越、云々、伊勢守以下奉公衆、奉行衆各罷向、三好於死者、伊勢守以下可生害、云々、仍岩藏山本罷出、東門前、東山邊悉放火了、東洞院自二條至五條亂妨、云々、聲聞師村悉放火了、自宇都、香西、柳本、宇津、三好右衛門大夫等人數出、云々、 伊勢守宿所雜舍令放火了、近所之衆消之、云々、 ○祖母忌日之間、安養寺之僧慶存齋に來、相伴候了、 ○禁裏中沙汰御能之事、依物忩無之、其上御稽古以下不相調之間、不及是非了、

十六日、甲辰、天晴、天一天上、 ○三好無殊事、從方々使者に對面之由有之、今日も北邊各出、云々、自南方三好弓介以下二萬計馳向追拂、西賀茂、 聖天寺悉放火了、敵昨今陣取故、云々、先敵之衆彼兩所、北野、千本以下今宮悉亂妨、云々、 南衆半分東へ打廻、事外大勢也、○禁裏御能之舞臺以下取置了、予、庭田、極﨟、右衛門佐見舞了、○今日申沙汰御盃參、未下刻各參集、先飛鳥井父子此方へ

被來用意了、一盞勸了、今日被參之輩御室、入道前右大臣、一位入道、飛鳥井前大納言、三條大納言、廣橋大納言、中山大納言、四辻大納言、予、新中納言、伯二位、右衞門督、左衞門督、宮内卿、重保朝臣、基孝朝臣、永相朝臣、實福朝臣、熈長、公遠、邦富、範信、源爲仲等也、御當座有之、勅題二首懷紙也、御題予に被出之、各廻覽、先各被參御前、（御三間、）一獻參了、御陪膳三條大納言、御手長重保朝臣、次於男末麪有之、此次各和歌淸書、次各持參、飛鳥井前大納言被取重、予、左衞門督等合力、次講頌有之、讀師三條大納言、講師重保朝臣、發聲飛鳥井前大納言（飛鳥歌四辻大納言、）等也、次三獻參、以上七獻參、音曲等有之、丑刻各退出了、予當番之間其間々祗候了、相番基孝朝臣計也、予和歌如此、名所春曙、寄日祝言、

住の江や浪路の向後鴈なきて
　有明かすむ春のあけほの
をこたらぬ君か千とせのめくみた丶
　空にしれつ丶めくる日のかけ

十七日、乙巳、（天晴、天一天上、）○禁裏御楊弓五十五度有之、御人數御矢、（五十六、）曼殊院宮、（四十八、）四辻大納言、（四十七、）予、（十四、）新中納言、（廿六、）若王子權僧正、（卅一、）重保朝臣、（廿三、）永相朝臣、（四十六、）源爲仲（十五、）等也、御矢取加田彌三郎、同弟虎松兩人也、予四十四枚負了、於番衆所小漬如常、○三好筑前守無殊事之由風聞、

十八日、丙午、（天晴、天一天上、）○禁裏御楊弓六十度有之、御人數御矢、（四十五、）曼殊院宮、（四十一、穴一、）四辻大納言、（四十四、）予、（廿四、）新中納言、（廿七、）永相朝臣（卅、）等也、予四十八丶負了、御矢取基孝朝臣、邦富、範信等也、於番衆所小漬如常、

十九日、丁未、（天晴、天一天上、）○飛鳥井左衞門督各被呼朝飡、少々令同道罷向了、人數正親町一品入道、亭主、烏丸、中山、四辻、予、中御門、廣橋黄門、左金吾、持明院中將、富小路、五辻、速水越中守、大澤掃部大夫等也、次昨日鷹令取之こう包（◎庖カ）丁有之、次吸物三、及數盃大飲了、各和歌云捨有之、次其間々鞠一足有之、暮々各歸宅、○稱名院へ罷向、來廿二日御發句令談合、於長橋局書之

進上了、○自禁裏御月次來廿五日御題被出之、廻文如例調之觸了、

廿日、戊申、天晴、天一天上、晩天雨降、○禁裏御楊弓六十一度有之、御矢、五十二、曼殊院宮、五十一、四辻大納言、五十一、予、廿四、永相朝臣、四十、源爲仲廿一、等也、御矢取基孝朝臣、邦富等也、於番衆所小漬如常、及黄昏退出了、○自長橋局人參丁香散所望とて十疋到、

廿一日、己酉、天晴、天一下艮、○山井伊豆守暫來談、一盞勸了、○藥屋小山所にて、藥種五十五、召寄了、○飛鳥井へ罷向、若州へ就御料所之儀、飛脚可被差下之間、書狀可被調進之由申候了、一盞有之、

廿二日、庚戌、天晴、○禁裏御和漢有之、於記錄所有之、御人數御製、二三折曼殊院宮、名殘一折入道前右大臣、四辻大納言、予、十三、一折新中納言、菅宰相等也、執筆替了、於小御所小漬如常、未下刻終了、所役殿上人基孝朝臣、次御楊弓五十一度有之、御人數御矢、卅五、曼殊院宮、卅六、四辻大納言、卅三、予、廿一、新中納言、十七、永相朝臣十八、等也、御矢取基孝朝臣、範信等也、予卅六枚勝了、亥刻退出了、今日發句如此、

常磐木も春と岩根のつゝし哉　言繼
紅殘昨雨餘　四辻大納言
霞千山一色　菅宰相
天上省中書　入道前右大臣
こすの内所せきまて袖みえて　御
くるゝ軒はに月は出けり　曼殊院宮
松氣無秋暑　新中納言
わくれは露もをかのへの道　言繼

廿三日、辛亥、天晴、○禁裏御楊弓九十二度有之、御矢、五十五、曼殊院宮、四十五、四辻大納言、五十八、穴二、予、五十、永相朝臣、六十三、穴一、源爲仲廿四、等也、予五十三枚勝、御矢取基孝朝臣、範信兩人也、於番衆所小漬如常、及黄昏退出了、○御楊弓以前、右衞門佐可來之由申來之間罷向、同四辻被來、一盞有之、○三好筑前守爲見舞、大澤掃部助山崎へ遣了、次伊勢守以下、各へ可罷向之由示了、

廿四日、壬子、天晴、八專入、○賀二位所へ罷向暫雜談、一盞了、○廣橋へ罷向、明日除目申文令談合了、○右衛門佐所へ罷向、除目に藤黄門申文作名調進了、○藤中書狀到、入參丁香散所望之由有之、代十疋到、○北尾出雲守來、入時分可來、可申談子細有之、云々、同薄罷向之由候間令同道、同阿茶來、晚飡有之、息之侍者出合、後又一盞有、不思寄之儀也、

廿五日、癸丑、雨降、自戌刻晴、四月節、○除目申文相調、頭中將に重保朝臣、庭田、遣之、

從七位上眞朝臣亨利　　裏紙有之、懸紙不懸之、封字言、直に書之、

望丹後國目

右當年給、所請如件、

天文廿年三月廿五日

正二位行權中納言兼陸奧出羽按察使藤原朝臣言繼

轉任申文
陸奧權掾從七位上陸奧阿祇奈君陸奧

望大掾

右去天文十八年給二合、同三月以件陸奧、申任彼國權掾之處、稱非大掾不給任符、仍可被轉任大掾之狀、所請如件、

天文廿年――　正二位――

飛鳥井左金吾申文之事、被調歟之由尋遣之處、無其覺語、可調與之由被申之間、俄當年給、督請兩通、予相調、直に庭田へ遣了、○廣橋亞相衣文之事被申之間、罷向令着之、次於同所中御門黃門同令着之、一盞有之、令同道參內、參仕之公卿執筆廣橋大納言、取硯、中御門中納言、菅宰相等也、先撰定、不及見物、重保朝臣、熙長、源爲仲等也、奏聞兩人也、御前之儀不及見物、又不得才學之間不及注、其間々祗候了、○公宴御月次稱名院へ令談合、淸書進上了、御題追年花珍、殘花薰風、飛瀧音淸、

春をへて色香そひつゝことし又
　あらぬ梢も花やさくらん

山風のにほひも來すはいかにして
　　靑葉か底の花を見ましや
落そひてひゝきも淸し巖にや
　　みかゝれてちる瀧のしら玉

廿六日、甲寅、天晴、八專、○大澤掃部大夫今日從山崎上洛、葉室に逗留、云々、三好は不逢、云々、伊勢守見參、松永彈正、鳥養兵部以下各逢、云々、○暮々廣橋へ衣文に罷向、令同道參內了、今夜參仕廣橋大納言、四辻大納言、菅宰相等也、無殊事、予當番之間其間々祗候、基孝朝臣兩人也、御前之儀丑下刻終了、

廿七日、乙卯、天晴、八專、○自庭田今夜之公卿及闕如之由被申之間、俄可參之分也、仍廣橋へ罷向、入眼上卿之事習禮了、晩飡有之、於廣橋亭予着束帶、先廣橋亞相被着之、冷泉右金吾於同所束帶、令同道參內、先一盞有之、直に（三ヶ夜）着陣、今夜參仕之公卿廣橋大納言、予、右衞門督、菅宰相等也、外記小槻道昭、中原康雄、小槻伊昭、同盛厚等也、源爲仲召諸卿、次筥文如常、各着御前座、銜重之後休息、丑刻受領擧、入上戶（殿上）掛腰、柱のきは、尻殿上、足小板敷、無揖裾をくる、次右衞門督同前、次召使式部民部交名一卷令見之（笏脇にはさむ）、見了返之、次國々目六出之、取之令任之、奧之位署之下に名字書之返之、筆留此方、外記卷之封之出之、予封、言字也、筆計返之、笏に取添起座、出上戶着座御前、右衞門督、菅宰相着座之後受領擧、執筆之後に次第に持參、次復本座、次予起座、次御前之儀了、予先入上戶着殿上、端座、揖、次執筆大間成柄等入筥、持之入上戶、跪御倚子前目上卿、予揖起、跪執筆前、置笏取之、次執筆懷中小折紙取出給之、則予取之、懷中退出了、予大間筥置臺盤之上、召外記乍座自棹間下押出之、外記取之立、予揖下殿、入神仙門出無名門、入宣仁門着陣、端、次召官人令敷軾、次外記大間筥持來、外記召留、大間之封令切之、此間參議兩人着陣、横敷、次以官人召外記、仰硯折堺事、外記參議前に硯持參、次參議金吾、可移第一座之由予目許、次右衞門督移第一座、次召右衞門督授大間、次磨墨、次淸

書、右衛門督早退出、菅宰相書終、持來見合之、次召外記令取硯、次菅宰相退出、次淸書、勅任、奏任、召名等入筥、令持外記、（大間成柄等置座、）進弓場代奏聞、重保朝臣付臺盤所內侍則返賜、次復座、外記召留、先召名、次折堺、次大間令封之、予付墨悉入筥、仰云、大間成柄は執筆之亭へ、召名以下は外記局に、次予退出、辰刻歸宅了、

小折紙如此、

權中納言藤原爲益、少納言藤原範信、侍從源重通、藤原光宣、大學頭菅原長雅、（兼、）大膳大夫源季治、若狹守紀宗衡、安藝守藤原有益、左近衛權少將源邦富、左衛門尉藤原重成、

（裏に）修理左宮城使左中辨藤原賴房、修理右宮城使右中辨藤原晴資、

廿八日、（丙辰、天晴、）○佛陀寺之僧壽禎久不來とて、鈴一對持來、一盞勸了、暫雜談、○禁裏御楊弓之間參內、九十一（於淸涼殿）度有之、御人數御矢、（五十五、）曼殊院宮、（五十六、穴二、）四辻大納言、（四十三、）予、（卅七、）廣橋大納言、（四十二、）永相朝臣、（七十一、）予卅四枚負了、於番衆所小漬如常、御矢取基孝朝臣、範信兩人也、及黃昏退出、自昨日終不及睡眠無術、

廿九日、（丁巳、天晴、八專、）○禁裏御楊弓之間參內、六十度有之、御人數御矢、（卅一、）曼殊院宮、（卅二、）四辻大納言、（廿九、）予、（十七、）廣橋中納言、（卅三、穴一、）重保朝臣、（卅、）永相朝臣（六十六、）等也、予百枚負了、春中に五百七十五枚負、無念々々、御矢取基孝朝臣、範信兩人也、於番衆所小漬如常、及黃昏退出了、

卅日、（戊午、天晴、）○淨花院之僧舜玉齋に來、相伴候了、暫雜談了、○今日公宴盡之御當座有之、申刻參集、勅題御人數御製、曼殊院宮、入道前右大臣、廣橋大納言、中山大納言、四辻大納言、予、廣橋中納言、重保朝臣、基孝朝臣、永相朝臣、範信、源爲仲等也、於男末冷麵にて一盞有之、於御學問所被取重、講頌有之、讀師廣橋大納言、講師重保朝臣、發聲四辻大納言、四辻和歌予發聲了、予和歌雲雀落、依淚顯戀、

　空にのみあかるは聲のしはしにて

はやくも落る夕ひはりかな
つゝむにもあまるそつらき袖のみか
そほつ涙はうき名くたして
戌下刻退出了、
○四月小
一日、己未、八専、天晴、○方々禮に罷出、安禪寺殿、御見參御酒有之、次一條殿、御兩所御見參、次飛鳥井、一盞有之、次總持寺殿、御見參數盃、次瑤琳庵、一盞、次入江殿、御喝食御所御盃被下、次大祥寺殿、御盃被下、次伏見殿、御酒有之、次稱名院、次白川、薄、次竹內殿、次岡殿御見參、等也、○暮々御祝に參內、天酌に被參之輩廣橋大納言、四辻大納言、予、廣橋中納言、宮內卿、基孝朝臣、公遠、邦富、範信、源爲仲等也、予當番之間其間々祗候、以外令沈醉了、相番基孝朝臣計也、
二日、庚申、八専、天晴、○薄所より育中湯所望之由申來、代旦十疋到、○禁裏御庚申之由候間、暮々參內、御碁有之、臺物にて御酒有之、御人數曼殊院宮、四辻大納言、予、廣橋中納言、重保朝臣、基孝朝臣、永相朝臣、範信等也、及鷄鳴之間、予其間々祗候了、
三日、辛酉、八専、天晴、○小山所にて藥種六十二にて召寄了、
◎以下缺文

言繼卿記 十七

天文廿一 壬子 年

○正月大

一日、甲申、天晴、十方暮、日蝕、(寅卯刻十一分)日出不蝕、○自御歳末參內、日蝕之間、四方拜被急了、丑刻參集、先頭中將、庭田重保朝臣、頭辨、賴房朝臣、葉室、經元、甘露寺權右少辨、奉行職事初度、源爲仲極﨟、五辻、等束帶、予分着之了、次御服着御、御衣文言繼、御前裝束廣橋中納言國光卿、等也、庭上御裝束如例年、階間一間御格子揚了、內竪闕、代出納將監、中原職定奉仕、○寅一點出御、御簾御裾等賴房朝臣、御劔重保朝臣、御草鞋經元、脂燭殿上人隆益朝臣、四條少將、源爲仲、藤原種直等也、地下之儀出納右京進重弘相催、御拜了還御如前、御中風氣に而、階御昇降一位大納言、廣橋予等御手引候了、次於男末一盞以下如例年、勸盃之人々一位大納言、兼秀卿、新大納言、惟房卿、萬里小路、予、廣橋中納言、重保朝臣、賴房朝臣、隆益朝臣、經元、源爲仲、藤原種直等也、次各退出了、未明也、日蝕之間、極﨟下知、御所方々以莚包之、○葉室在所へ被歸了、○看經、神樂少々吹之候了、○此方祝如例年、澤路彥九郎禮に來、○北尾出雲守禮に來、云々、○今日當番始之間、七時分參內、於長橋局一盞有之、今夜御祝、親王御方御參、各御迎に被參、天酌に被參之輩一位大納言、新大納言、予、廣橋中納言、伯二位、白川雅業王、持明院中將、右大辨宰相、勸晴秀卿、宮內卿、薄以緒卿、阿子丸、東坊城、重保朝臣、基孝朝臣、萬里小路右少辨輔房、白川少將邦富、經元、源爲仲等也、次親王御方御退出、各御送に參、予、右大辨宰相、宮內卿、阿子丸、基孝朝臣、經元等御盃頂戴了、殘は先各頂戴、云々、○今夜當番予、基孝朝臣兩人也、於臺所一盞有之、

二日、乙酉、天晴、十方暮、○今日吉書了、次當年之公卿補任書續之、○西專庵、大澤左衞門大夫妻やゝ、等、朝飡に來了、やゝ、德利隨身、○早瀨彥二郎禮に來、德利持來、盃令飮、大澤左衞門大夫、澤路修理進、野洲五郎左衞門等

盃令飲了、○舊冬從庭田傳達、九歳子服中煩、云々、藥之事被申之間、則調中散五服、遣之、得驗、云々、尙所望之由申候間、又五服遣之、織手歟織物之手覆のきれ送之、○暮々中御門へ禮に罷向、一盞有之、 坊城阿子丸令同道參內、 今夜御祝、天酌に被參之輩昨夜に同前、戌刻退出了、○今日禮者藤堂次郎廣橋內衆、 同右兵衞尉、速水左衞門尉、下笠又二郎、清水武田內小四郎等來、云々、○五條式部大輔爲康卿今日中納言御免、云々、

三日、丙戌、天晴、十、節分、五墓日、、、 ○井上將監禮に來、盃令飲了、○薄、速水廣橋內安藝守、中澤武家奉行掃部助等禮に來、云々、山井伊豆守同來、云々、○節分之看經、心經二百餘卷讀之、○暮阿子丸令同道參內、天酌に被參之輩如夜前、一位大納言、新大納言、予、廣橋中納言、伯二位、右大辨宰相、宮內卿、阿子丸、 重保朝臣、基孝朝臣、輔房、邦富、 經元、源爲仲等也、戌刻退出了、○予、長松丸當年星羅丨、供養之事、河堂內常持院於山川共(東南)聖光坊に申候了、○越前國青木三郎右衞門母老母姉也、書狀到、綿廿目被送之、

四日、丁亥、曉天雪散、天晴、十方暮、立春、正月節、 ○當年星頂、看經如常、○掛妙音天二幅、供御酒等、樂五吹之、(笙)萬歲樂只、(笛)五常樂急、(笙)老君子、(笛)太平樂急、(笙)慶德、○禁裏千秋萬歲に可參之由有之間、午時參內、坊城阿子丸、 同弟中御門左衞門佐宣將、當年御禮被申、令同道、則御對面、予申次、 同宮御方、 伏見殿へ令同道參之、伏見殿御盃被下、 千秋萬歲八過時分參、於孔雀間申之、 被參之輩予、阿子丸、 龜壽丸、邦富、經元、源爲仲等也、宣將も見物了、 於議定所召出、勸盃如例年、宣將外樣衆之間不參、龜壽水干不着、 上之間不參也、仍退出了、先之於長橋局吸物にて祝了、 ○暮々召具長松丸、御祝に參內、同阿子丸同道、 先親王御方へ御禮申候了、 次參內、天酌に被參之輩一位大納言、新大納言、予、廣橋中納言、伯二位、宮內卿、長松丸、阿子丸、重保朝臣、輔房、邦富、經元、源爲仲等也、次於臺所一盞有之、予、長松、阿子、邦富、經元等也、戌下刻退出了、長松丸童裝束、練貫直衣、濃色指貫、 橫目檜扇等、四辻少將に借用候了、 ○自庭田取次服中藥又申、 云

云、三服遣之、十疋送之、○井上將監妻禮に來、德利隨身候了、○今日禮者淨土寺坊官西坊、祐乘法印、出納將監職定、同右京進重弘、內豎國益、中興新左衞門、久河彌二郎等也、

五日、戊子、天晴、未申刻雨雪降、十方暮、○讚岐守忠宗禮に來、扇一本持來、對面、盃令飮了、○召具長松丸午時參內、北畠之千秋萬歲參、於孔雀間申之、曲舞三番舞了、被參候輩予、長松丸、龜壽丸、邦富、經元、源爲仲等也、次於長橋局予父子一盞有之、次少々禮に罷向、大祥寺殿、御盃被下、岡殿、同、竹內殿、同、菊亭、見參、三條、正親町、中山、白川、勸修寺、冷泉、高辻、薄、庭田、甘露寺、攝取院、持明院、五辻等罷候了、○今日禮者平野預堀川判官、對馬守久氏等也、○自庭田取次、腹中藥之事申來之間、又七服遣了、○非司子腹中煩之由申來之間、一昨日藥三服、今夕又三服遣了、○德大寺中將上階、四條少將從四位上、大澤左衞門大夫重成從五上、多忠宗子忠季左兵衞少尉等之事申入候了、勅許了、

六日、己丑、天晴、十方暮、○越州へ返事遣之、混布一本二間有之、遣之、○從葉室如例年予、南向兩人ゟ餠鏡、同樽等被送之、祝着々々、○廣橋一品、伯卿、甲斐守多久宗、小外記通昭、同伊昭、大隅民部丞、甘露寺內加藤孫三郎等禮に來、云々、○當番之間申下刻參內、相番基孝朝臣計也、於末年越御祝有之、

七日、庚寅、天晴、十方暮、○五疳保童圓二濟調合引之候了、○四條羽林來儀、吸物にて祝了、次令着裝束、同道參內御禮令申之處、四方拜脂燭參勤之間、御對面無之、但於男末天盃頂戴、次親王御方へ同道、御對面有之、四條退出、予御祝に參了、○天盃に被參之輩一位大納言、新大納言、予、廣橋中納言、伯二位、宮內卿、阿子丸、重保朝臣、輔房、經元、邦富、源爲仲等也、戌刻退出了、○今日禮者持明院羽林、賀二位、在富卿、鴨脚三位、光輔卿、主殿大夫、職照、新大夫等也、

八日、辛卯、天晴、十方暮、○至去年三ヶ年之公卿補任淸書了、自庭田使とて中村越前入道來、先度服藥禮申、大宮之

織手小島子、云々、得小驗、云々、尙藥之事申之間、又五服遣了、○今日禮者廣橋中納言、春光軒、松田對馬守等也、○自五條補歷借用之間遣之、○廣橋黄門被借用公卿補任、後二條院、(全、)後柏原院上下、取返候了、

九日、(壬辰、天晴、十方暮、五墓日、)○少外記康雄禮に來、云々、

十日、(癸巳、寅刻小雨灌、午時雪飛、天晴、十方暮終、天一天上、)○周監方立筆、○西專庵來儀、さち唐、被與之、○自庭田目之藥被所望之間、五靈膏一貝遣之、○正親町一品入道、壽命院聖碩、治部(武家奉行)大藏丞等禮に來儀、云々、

十一日、(甲午、天晴、天一天上、)○內侍所へ參詣、御最花十疋、(先折紙遣之、)さいに華撥圓、一貝、五ゐに保童圓、(二百粒、)あこ、女嬬等に華撥圓一貝宛遣之、神盃頂戴祝了、供大澤掃部大夫、井上將監、雜色與次郎等也、銚子被出、云々、次臺所へ罷向、末衆五人に華撥圓一貝宛遣之、非司兩人に保童圓(二百粒宛、)遣之、次召具長松丸、上御靈、同下御靈、清明神、鞠敷地上春日等へ參詣候了、○唐人蒼嵐來、大文字五、令書持來、一盞勸了、暫雜談、且通語、○今日伏見殿申沙汰也、兩種(土器物、)柳一荷進候了、依不具不參、○當番之間暮々參內、曼殊院宮御參、於御三間御盃參、邦富御陪膳、御通曼宮御酌、予、邦富兩人計也、長橋局官女右京大夫に華撥圓一貝、や丶、つる等に沈香一包宛遣了、今夜相番予、基孝朝臣兩人也、○葉室出京候了、

十二日、(乙未、天晴、天一天上、五墓日、)○瀧雲院殿忌日之間、淨花院之內松林院(乘譽、)齋に來、德利隨身、予相伴、五雲膏一包、火箸一遣之候了、○自南都春日御師井手掃部丞上洛、新權神主時具、(串柹一袋、)同子時良、(此方御師)(神供、油物、卷數、火箸、)辰巳正預祐恩、(串柹一包、)大東延能(神供、油物、)各書狀到、井手酒令飮了、當年者大略大神樂可有之由雜談也、○禁裏御楊弓之間、午時參內、御人數御矢、(五十一度有之)卅、曼殊院宮、卅、予、廿七、廣橋中納言、八、右大辨宰相、十、若王子權僧正、卅、經元、十七、源爲仲九、等也、六十二枚勝了、小御所太元帥法聽聞了、戌刻退出了、晚天各小漬如例、○今晚葉室在所へ被歸、云々」、

十三日、(丙申、天晴、天一天上、未刻雪飛、)○江州多賀社宮內卿法師、鳥子百枚送之、祝着々々、去年勅筆令申沙汰遣之禮、云々、(圓頓者)

○後白川院御影竹内殿に有之、爲陪膳參彼門跡燒香申候了、藤藏人種直御禮に參、御盃被下候、同予賜了、○四條少將加級從四位上、口宣案、葉室に申調遣之了、
十四日、丁酉、去夜雪降、(三寸計)天晴、天一天上、　○長講堂周德禮に來、鈴一對、餅一盆、大根一折(つけ物)等隨身也、吸物(蔓草入餅)、盃令飲了、同宿珠泉同相伴候了、○薄痔病再發、云々、育中湯所望、云々、十疋到、干鮭一、被送之、○飛鳥井前亞相、今日當年御禮に參內、於此方用意、兩種(はむ、串柹)、一荷隨身、　吸物(蔓草入餅)、一盞勸了、靑侍三人召出了、○大內記大外記等に下知共調遣之、又德大寺、五條等へ口宣案持遣、

天文廿一年正月二日　宣旨

參議菅原朝臣爲

宣任權中納言

按察使藤原言繼奉

奉入

宣旨一枚

參議藤原朝臣爲

宣任權中納言事

右宣旨奉入如件、

正月二日　　按察使(花押)

大外記局

宣旨

從三位藤原朝臣雅

橘朝臣

右人等、宜賜正三位位記之狀如件、

天文廿一年正月九日　按察使藤原言繼奉

大內記局

宣旨

左衞門少志多忠季

宜任左兵衞少尉

右宣旨、可被下知之狀如件、

天文廿一年正月五日　　按察使(花押)

大外記局

十五日、戊戌、天晴、天一天上、　○祖母安明院乘蓮永幸忌日之間、安

養寺僧慶存齋に來、茶持來、五靈膏一貝遣之、○藥屋小山新四郎禮に來、沙糖一桶半斤、隨身、對面、盃令飲了、○薄當年禮に來儀、暫雜談了、次萬里小路亞相、勸修寺右大丞、◎辨カ五辻等禮に來儀、云々、三條中將同來臨、云々、○暮々御祝參內、親王御方御參、各御迎に參、御供申了、天酌に被參之輩一位大納言、萬里小路大納言、予、廣橋中納言、伯二位、右大辨宰相、宮內卿、重保朝臣、基孝朝臣、輔房、經元、公遠、邦富、源爲仲等也、次於東庭三毬打三本、勸修寺進上、仕丁共囃了、頭中將靑侍加田彌三郎參、御吉書共入之、藤中納言觸穢之間、粟津不參、加田一人也、次親王御方御退出、次於臺所予、宮內卿等一盞有之、戌刻退出了、○今日禮者正親町一品入道、壽命院聖碩等也、云々、

十六日、己亥、天晴、天一天上、月蝕、申酉戌刻十二分、○如例年春日社へ祈念、家中衆百萬反、般若心經百卷、壽命經十卷、消除疫病經廿卷、光明眞言、慈救呪、地藏咒等千返宛祈禱了、○來十九日禁裏御會始勅題被出、則廻文調之、

梅有佳色

右御題來十九日、可爲和歌御會始、各可令詠進給之由、被仰下候也、

正月十六日　言繼

一位大納言殿、飛鳥井前大納言殿、日野大納言殿、中山大納言殿、日野新大納言殿、新大納言殿、三條前大納言殿、冷泉中納言殿、廣橋中納言殿、伯二位殿、左衞門督殿、右大辨宰相殿、宮內卿殿、頭中將殿西殿、持明院中將殿、藏人中務丞殿等也、

此外別紙に三條殿、文章同前也、○今日禮者富小路、金山天王寺之舜智、廬山寺之竹中西塔、卷數持參、局務枝賢朝臣、速水越中守等也、○當番之間暮々參內、予、基孝朝臣兩人也、參御學問所、兩人亥下刻迄御雜談了、兩人出御前、一盞被下了、

十七日、庚子、天晴、天一天上、自申刻雨降、○澤路筑後守禮に來、德利兩種隨身、盃令飲、五靈膏所望之由申候間、一貝遣之了、五條○臺所非司德、小男禮に來、德利兩種持來了、○新中納

言、爲康卿、三條中將、甘露寺權辨等、初御會之御人數に被召加之間、別々に以折紙申遣之、文章同前、○大内記へ下知如此、

天文廿一年正月五日　宣旨

正四位下藤原公維朝臣
宜敍從三位
從四位下藤原隆益朝臣
宜敍從四位上
正五位下藤原經元
宜敍正五位上
從五位上藤原重成
宜敍從五位上

按察使藤原言繼　奉

奉入
宣旨一枚
正四位下藤原公維朝臣以下四人加級之事
右宣旨奉入如件、

正月五日

大内記殿

按察使（花押）

暮々御添番に可祗候之由有之間則參、予、伯二位、基孝朝臣、經元等也、於番衆所御銚子被出之、御酒各被下候了、次各參御前、巳初刻迄御雜談了、○正親町一品入道禮に來臨、云々、

十八日、辛丑、天晴、天一天上、○辰刻禁裏御三毬打有之、十一本、賀茂九本、以上廿本有之、如例年聲聞師參囃之、被參之輩新大納言、予、廣橋中納言、右大辨宰相、龜壽丸、重保朝臣、基孝朝臣、輔房、經元、公遠、邦富、源爲仲等也、次於男末一盞有之、如例年、次御楊弓八十三度有之、御人數御矢、卅七、五十度、曼殊院宮、四十六、予、五十六、廣橋中納言、廿七、穴一、六十度に、右大辨宰相、十六、重保朝臣、十八、經元、卅九、源爲仲廿一、七十度、等也、予百枚勝候了、御矢取龜壽丸、邦富兩人、巳刻小漬如常、未刻於御前一盞各被下、申刻各退出了、源爲仲蟲之所勞、早出也、○山井左兵衛尉景理禮に來、云々、德利兩種隨身、云々、

十九日、壬寅、天晴、天一天上、正月中、○五條當年禮、又今日和歌御會始之歌爲談合被來、一盞勸了、○藥之唐人來、藥種三色廿五メ（マヽ）未遣之、○御會始懷紙淸書候了、和歌昨日稱名院へ遣之、談合了、

春日同詠梅有佳色和歌

陸奧出羽按察使藤原言繼

あかすみむ色に出つゝさくや此
花に千とせの春こもるらし

此外飛鳥井父子、伯卿、薄、五條、庭田等、懷紙到來之間、暮々持參、無故障者御添番に可祗候之由被仰下之間、其間々祗候、當番衆經元一身也、御添番予、基孝朝臣兩人等也、

廿日、癸卯、天晴、天一天上、○來廿三日大樹從朽木坂本先御上洛、云々、藤中納言燧袋被借用之間持遣之、○今日當年爲禮方々罷向、路次次第、安祥寺殿、御盃被下、一條殿、御盃〳〵、五條、一盞、御喝食御所也、德大寺、留守、飛鳥井、同、總持寺殿、御盃〳〵、南御所、一盞有之、寶鏡寺殿、御盃〳〵、入江殿、御盃〳〵、等也、○中山禮に被來、云々、

廿一日、甲辰、天晴、天一天上、○自五條補歷被返了、○薄先度之藥調合之禮とて、暫來談了、吉田左兵衞佐兼右朝臣當年禮來儀、雜談了、○當番之間暮々參內、予、基孝朝臣兩人也、於御末御膳頂了、

廿二日、乙巳、天晴、天一天上、○山井伊豆守景賴來、暫雜談了、五運六氣之本返遣之、○以賀二位、孝阿に燧袋誂了、武金襴二色裏練貫遣之、○御楊弓之由有之間、午時參內、六十六度有之、御人數御矢、卅三、穴一、曼殊院宮、卅三、穴一、予、廿五、廣橋中納言、十四、右大辨宰相、十三、經元、廿一、源爲仲十八、等也、予廿三枚負了、於番衆所小漬如常、戌刻各退出、音曲等有之、

廿三日、丙午、曉天小雨降、天晴、天一天上、○禁裏御祈禱因幡堂藥師詣、今日廣橋一品被催之、予不具所勞旁故障了、○一昨日從禁裏美乃紙三帖被出之、昨日申付大澤水打候了、今日假結相調之進候了、○御添番可祗候之由候間、暮々參內、當番一位大納言、予兩人計也、

廿四日、丁未、天晴、天一天上、自亥刻雨降、○今日禁裏聖天御法樂之間、其

間々祇候、於長橋局朝湌有之、巳下刻參集、御人數御製、句、廿二曼殊院宮、十一、入道前右大臣、廿三、中山大納言、九、新大納言、十三、予、執筆十二、菅宰相十、等也、於小御所有之、及黃昏各退出了、御發句以下如此、

むら消はかたへや霞みねの雪　御

漲　氷　水　半　江　入道前右大臣

行舟の跡の朝かせ春みえて　曼殊院宮

空のみとりに晴る遠かた　中山大納言

こゝにとや夜比かさねん秋の月　新大納言

うちねぬ程をきぬたにそ聞　言繼

霜　寒　蛩　促　織　菅宰相

沙　鷺　成　躞◎コノ句一字脫アルカ　御

傾　蓋　松　如　故　入道前右大臣

截　籬　竹　厥　厖　菅宰相

心もてやすくもすめる世中に　言繼

建仁寺之內光明院良盛僧都、當年禮來儀、云々、梅つけ一桶隨身、云々、○大樹相公羽林、自朽木昨日比良へ御座被移、今日未下刻、比叡辻へ御座被移、云々、

廿五日、戊申、雨降、天一天上、○禁裏御楊弓之間、巳刻參內、午時參集、六十七度有之、御人數御矢、五十三、曼殊院宮、五十、五十六度に、今出川前左大臣、卄九、中山大納言、十七、穴二、予、卄九、右大辨宰相、十四、源爲仲廿四、等也、予四十一枚勝、先於御前一盞有之、未下刻於番衆所小漬如常、及黃昏退出了、御矢取龜壽丸、邦富兩人也、

廿六日、己酉、天晴、天一下艮、○山井伊豆守景賴暫來談了、○自藤黃門燧袋被返了、○禁裏御楊弓之間、午時參內、六十二度有之、御人數御矢、卄一、卄八度に、曼殊院宮、四十七、予、卄、廣橋中納言、十三、右大辨宰相、十四、經元、十九、源爲仲廿一、等也、予五十枚負了、御懸物十種被出之、源爲仲拜領也、於番衆所小漬如常、御矢取如昨日兩人也、及黃昏各退出了、予當番之間其間々祇候、相番基孝朝臣計也、今夜左衛門督御禮被申、御對面、申次源爲仲、云云、

廿七日、庚戌、天晴、未申刻雪降、○一條觀音堂融瑞軒舜智德利隨身、暫

來談、
廿八日、辛亥、天晴、時々雪飛、 ○今日大樹相公羽林御入洛、云々、午時爲見物罷出、薄同道、未下刻御上洛、先御物奉行伊勢守内蜷川彌三郎、五六十、堤三郎兵衛同上、二騎也、次三寶院、二百計、使節六騎歟、四五百計、次奉公同朋衆十餘人、御鷹共、次大樹御馬、御走十二人、殘衆悉、御馬跡に參、御共衆大館左衛門佐、百人計、上野民部少カ◎大輔、同、大館治部大輔、五十計、朽木民部少輔、二百餘、細川中務大輔、五十計、伊勢守、五百計、緣阿彌、五十計、次藤中納言、二百餘、次御臺御輿十一丁、次遊佐勘解由左衛門、六七百、次近衛殿、二百計、次大覺寺殿同上、等也、 辻堅内藤彥七、丹州衆 波多野與兵衛、同 野間、三好内 秋篠、大和衆同 柳本、片山、和泉衆 三宅等五町有之、攝州 人數數千人有之、御上洛各人數辻堅以下、衣裳太刀刀以下驚目、諸人入謄、近來見物也、細川右京大夫息聰明丸、 夜に入戌刻計上洛、云々、東寺迄、云々、江州六角内衆就之、云々、迎者三好千熊以下數多、云々、細川右京大夫晴元は雜談有之、自堅田出奔、葛川へ被越、云々、 若州へ被越、云々、○所用之儀有之、萬里小路、中山等へ罷向、次藤黃門へ罷向、武家へ御禮之事談合了、
廿九日、壬子、天晴、八專入、 ○藤黃門大般若有之、爲聽聞罷向、朝飡有之、 ○大館左衛門佐所へ、 大澤左衛門大夫遣之、武家へ今日內々御禮に可參、但朽木へ御見舞に不參之輩、御見參不可有之、云々、予事一圓無足之事、不事叶子細內々申之處、無別儀、可參之由有之間、午時參、西園寺右大將、三條前大納言、予、伯二位、右大辨宰相、三條中將、 安居院僧正、智恩院長老、 法然寺長老、鞍馬寺之御所坊、 其外法師兩人、狩野法眼、同孫、繪師 三條八幡神主、奉公 井上勘介、奉行 布施與太郎等御禮申、 長老兩人、法師一人、一束一本持參、各御太刀金、進了、次公家各、薄等令同道、近衛殿へ參、准后御見參、御酒被下候了、 次予、伯卿、勸修寺、薄同道、伊勢守、朽木、宮內卿局、大館左衛門佐、三條兩所、西園寺、滋野井等へ禮に罷向了、予尙烏丸、賀二位、中澤掃部助等へ罷向了、
○正親町入道以次可來之由、今朝使有之間罷向、純カ◎鈍

色可新調、云々、樣體談合也、一盞有之、○栂尾閼伽
井坊禮に來儀、鈴一對隨身、勸一盞了、○大和奉公衆刑部少
輔來儀、見參了
卅日、癸丑、雨降、○故葉室、宗永等忌日之間、金山天王寺之
僧舜智、淨花院之松林院弟子舜玉兩人齋に來、相伴候
了、舜玉茶持來、暫雜談、○禁裏御楊弓、自未下刻有
之、戌下刻迄有之、四十三度也、御人數御矢、廿六、卅二度、曼
殊院宮、廿一、予、十五、廣橋中納言、六、右大辨宰相、五、經
元、八、源爲仲七、等也、御矢取龜壽丸、公遠、邦富三人
也、兩度御銚子出、御酒被下、予四十五枚勝、深泥之
間其間々御添番に祗候、當番爲仲一人、御添番予、國
光卿、邦富等也、

○二月小

一日、甲寅、天晴、八專、正親町一品入道使者有之、今朝朝飡に
可來之由有之、罷向之處、予計也、暫雜談、次竹內殿へ
御禮に參、御見參、次大祥寺殿參、暫御雜談、御盃被下、
右大辨宰相、極﨟等祗候也、次萬里小路亞相、右大辨
宰相、予、甘露寺權辨等令同道、安禪寺殿へ參、御見參、
各御盃被下、次通玄寺へ參、曇花院殿御留守、云々、寶
持院、同妹御亮、寶光庵以下被出酒了、次殿下へ參、御
見參、御酒被下了、○讚岐守忠宗禮に來、云々、先日息
一官之禮申候了、扇子一本、持來、云々、○暮々親王御
方ゐ御禮に參、御對面、次參內、天酌被參之輩一位大納
言、予、廣橋中納言、宮內卿、基孝朝臣、輔房、公遠、邦
富、源爲仲等也、予、基孝朝臣兩人當番祗候了、○長
橋局之官女右京大夫一盞送之、云々、串柹、草蘚、たこし風情、云々、
二日、乙卯、陰、八專、○昨日閼伽井坊被來、云々、近日連歌可
興行、予可來、云々、發句隨身、予脇之事被申候間調
遣了、

櫻色におもはせかほる霞かな　公瑾

鶯むせふ明ほのゝ山　言繼

自賀州白山松泉坊書狀到來、同宇津呂又五郎書狀、綿
卅日等送之、
三日、丙辰、天晴、未刻霰少散、○岡殿ゐ參、梅一枝進、御留守、云々、

中御門女中見舞、次松田九郎左衛門所へ罷向、見參了、唐人蒼嵐來談、○禁裏御楊弓之間、未刻參內、卅一度有之、於東庭被遊、御人數御矢、十八、曼殊院宮、廿一、予、十三、廣橋中納言、十、右大辨宰相、九、源爲仲七、等也、予十三枚負、御矢取因幡法印、竹內殿幸菊入道御侍法師伯之侍加田彌三郎、虎松兩人也、一盞有之、及黃昏退出、

四日、丁巳、天晴、二月節、八專、酉戌刻雨降雹、○正親町一品禪門、檜扇申付可與之由有之、代十疋到、則井上將監に申付了、○烏丸來談、當年始被來了、○及黃昏大和刑部少輔暫來談了、○薄申蒼朮散一濟之分調遣之、

五日、戊午、天晴、寒嵐、○自廣橋一品、後二條院公卿補任被借用之間遣之、○禁裏御楊弓之間、巳刻參內、於東庭有之、六十九度被遊了、御人數御矢、廿七、曼殊院宮、四十五、予、廿七、廣橋中納言廿二、右大辨宰相、廿二、經元、十七、源爲仲十二、等也、予廿二枚勝、御矢取因幡法師一人也、於番衆◎所脫カ小漬如常、及黃昏退出、○山井伊豆守景賴來、北野社社恩三九日之保之事、豐隆秋半分競望、云云、可披露之由申之間、則令披露之處、女房奉書可被出、云々、隆秋不能出頭之身、如此之儀、言語道斷曲事也、堅可致折檻之由、被仰出了、

六日、己未、自曉天雪、晴陰、八專、○景賴招寄、昨日勅答之樣申聞之處、滿足候了、德利取寄、中酒振舞了、同隆秋所へ以大澤左衛門大夫、彼競望可停止、尙又於同前者、堅可有御成敗之由申遣了、○當番之間及黃昏參、予、基孝朝臣兩人也、被出御銚子、忝者也、

七日、庚申、晴、八專、自酉刻雨降、○番退出之次、藤黃門へ罷向雜談、被留朝飡受用候了、○梶井殿御下山之由候間、伏見殿に參、御對面、同李部王御對面、暫御雜談申候了、次入道宮上樣より、隆秋事可然之樣に候由、被仰下之間、曲事之子細申入候了、○自出羽上洛之政宗男來、混布十卷隨身、暫雜談了、○禁裏御庚申に可參之間◎由カ被仰下之間、雖目相煩、及黃昏參內、御人數曼殊院宮、中山大納言、予、廣橋中納言、右大辨宰相、重保朝臣、龜壽丸、基孝朝臣、邦富等也、白粥有之、於番衆所受用、

自戌下刻至丑刻、御楊弓卅七度有之、曼、十八、中大、十二、予、十二、廣中、五、右大、六、頭中九、等也、半御銚子被出之、御矢取龜壽、邦富兩人也、音曲等有之、予卅二枚負、深泥之間、曼殊院宮、予、廣橋中納言、基孝朝臣、邦富等、各御番へ祗候、○七過時分五辻暫來談了、

八日、辛酉、雨降、八專、○禁裏御楊弓之間、巳下刻參内、六十度有之、御人數御矢、五十、曼殊院宮、五十二、穴一、中山大納言、十一、予、十八、穴一、廣橋中納言、卅、右大辨宰相、七、重保朝臣十五、等也、予五十二枚負、於番衆所小漬如例、御矢取龜壽丸、邦富兩人也、及黃昏退出了、

九日、壬戌、天晴、○山井伊豆守來、北野之儀、女房奉書申出遣之、

仰 天文廿一 二五

かけまさ申候、北野の神りやう三九日のほうの事、たか秋けいはうのよしきこしめし候、くせ事におほしめし候、もり秋のおそんしさゐ候て、なかくめしつかはれ候はぬ事にて候へは、たか秋もおなし事にて候に、神やくなとにしたかひ候はんする事はあるましき事候、かたく御せつかんの事にて候、ことにしゆんなとにまいり候事も、かくとうまかせの事にて候ほとに、せんきのことく、かけまさしんしいたし候へのよし、申つけられ候へく候よし、心え候て申とて候、かしく、

あせちの中納言とのへ

此方より折紙を相添候、如此、

北野社神領三九日保事、豊隆秋競望、言語同斷曲事次第也、女房御奉書如此被成下之上者、如先規可被進止之由、被仰出候也、恐々謹言、

二月五日　大澤左衛門大夫 重成 判

山井左兵衛尉殿

三好筑前守、松永彈正忠禮に來、云々、太刀持、持來、云云、○禁裏御楊弓之間參、先白川へ少用之事有之間罷向、一盞有之、次午時參、十四度以後參、六十度有之、御人數御矢、廿六、曼殊院宮、十九、今出川前左大臣、廿四、

一位入道、十二、藤中納言、八、予、卅九、穴一、廣橋中納言、三十三度に、右大辨宰相、十七、若王子權僧正、廿二、重保朝臣、十八、廿八度に、源爲仲七、等也、御矢取因幡法師、虎松兩人也、於番衆◎所脫カ小漬如常、

十日、癸亥、天晴、八專終、〇遺教經一卷終寫功了、〇野州◎洲カ五郎左衞門申北門役之儀に、大典侍殿御局へ參、以杉山兵部大輔申候了、〇於甘露寺各楊弓有之、竹内殿御書被下之間晩天參、故障之由申罷歸了、五六日目之所勞之間如此、〇飛鳥井前亞相、晩飡に可來之由有之間罷向、予計也、大澤左衞門大夫被召出相伴了、狸汁有之、暮々歸宅了、

十一日、甲子、晴、寒嵐、〇旬之間、神樂少々笛吹了、看經、〇小女阿茶々腹痛煩了、〇飛鳥井前亞相、予、白川、薄、白川少將等令同道、千本大報恩寺遺教經へ參詣、遲參、經之半聽聞了、歸路於飛鳥井、各田樂にて一盞候了、〇當番之間暮々參、予、基孝朝臣兩人也、昨夜於河內國飯守◎盛カ城、萱堀以下九人生害、云々、

十二日、乙丑、天晴、〇亡父忌日之間、淨花院乘誓齋に來、相伴候了、〇白川父子、薄等令同道、遺教經へ參詣、式二段時分參、三段五段之次樂吹之、酒胡子、武德樂等也、養命坊に見物、◎參カ鈴一、遣之、令他行之由申候了、〇小女阿茶々腹痛同前之間、富小路招寄令脈取、藥之事申、加減枳◎松カ實湯一包到、

十三日、丙寅、天晴、阿茶々去夜少驗之間、今朝又藥之事、富小路へ所望、二包到、自未下刻蟲落入、平喩候了、〇富小路へ藥之禮に罷向、烏丸被來、暫雜談候了、〇今日禁裏聖天御法樂有之、阿茶々所勞之間、故障申不參也、但一巡如此、

梅か香に霞もしらぬ嵐かな　曼殊院宮
春光映玉墀　御製
艶聲鶯執樂　入道前右大臣
孤影兎催詩　廣橋中納言
秋葉鳴疑雨　菅宰相
草はいつくの露かをきけん　言繼

うすくこく山分衣色はへて　中山大納言
やすらふ程と枕かる暮　水無瀨三位
涼しさの影もこゝそと見る月に　御製
こすまきゐけて語る夜ふかさ　曼殊院宮
迎客呼隣酒　廣橋中納言
抗才讀路碑　入道前右大臣
よそに名のしられぬるこそ賢けれ　言繼

十四日、丁卯、天晴、○梶井殿定石院に御座之間參、石檜葉被下、御楊弓に參候間、則退出了、○藤黃門へ罷向、目藥所望、乍父子御楊弓に被參、云々、一盞有之、○今日禁裏御楊弓、正親町入道申沙汰、云々、五十五度有之、御人數御矢、十一、曼殊院宮、卅九、　今出川前左大臣、廿一、一位入道、九、一位大納言、六、中山大納言、八、藤中納言、六、予、卅一、廣橋中納言、十七、右大辨宰相、廿一、若王子權僧正、廿九、重保朝臣、十六、永相朝臣、十九、經元、十三、源爲仲十二、等也、予十枚勝了、御矢取因幡法師、加田彌三郎、同虎松等三八也、先於御前臺物にて一盞有之、於番衆所小漬如常、音曲等有之、及黃昏退出了、

十五日、戊辰、雨降、五墓日、○祖母安明院忌日之間、安養寺僧慶存齋に來、相伴候了、目之藥所望之間遣之、遺敎經之本一卷、同遣之了、○梶井殿へ參、御留守、云々、次岡殿へ參、暫御雜談申候了、永御亮又所勞、云々、脈取之、外睢腹痛、云々、卅餘日、云々、藥之事、明日可進之由申候了、○自二條殿俊定朝臣御使、圓福寺之僧香衣御敎書之事、葉室に可申屆之由有之、

十六日、己巳、天晴、○自冷泉黃門一荷兩種被送之、不寄思之儀也、○勸修寺へ罷向、北御門役所之儀、與亞相談合之子細有之、一盞被勸了、次大祥寺殿へ參、滋野井祇候也、暫御雜談申候了、次竹内殿へ參、正親町に楊弓有之、云々、同道申罷向、廿度計有之、竹門、亭主、予、廿内廣橋黃門、右大辨、若王子、甘露寺、因幡法印、加藤孫三郎等也、一盞有之、暮々歸宅、○稱名院へ當年未罷向之間、今日罷向、鈴一對隨身、一盞有之、○當番之間參內、予、基孝朝臣兩人也、今夜大典侍殿御局へ別

殿行幸也、三獻之時召出、天酌、予、右大辨宰相、基孝朝臣等也、次番衆兩人參御學問所、亥下刻迄御雜談有之、

十七日、庚午、天晴、○葉室へ人遣、葉室母儀へ茶調散一包遣了、○從梶井殿目藥御所望之間、五靈膏一貝、進上了、○岡殿へ目藥同一貝、同御亮久所勞、內熱睢腹痛祕結、云々、仍道遙散に加前胡、杏仁、半夏、陳皮、木通等、七包遣之、○新大典侍殿目藥御所望之間、一貝進之、臺所非司德女、愛洲藥之事申候間、一包遣之、當月產、云々、持明院羽林に約束之保童圓三百、遣之、○禁裏御夢想長谷寺御法樂御連歌有之、巳刻參內、酉下刻終了、於御學問所有之、御人數御製、廿三句、曼殊院宮、一四折十五、中山大納言、二三折十五、予、十九、廣橋中納言、十六、基孝朝臣、五、永相朝臣、六、等也、執筆兩人、二折宛勤之、於番衆所小漬有之如例、御夢想以下如此、

いくとせかうつり來し世の轆めくり　御夢想

いさむ心の春そかはらぬ　御製

さきぬやと花におくある里問て　曼殊院宮

行かふ道の袖かすむなり　中山大納言

くれやらて月も夜をまついさよひに　言繼

柳原地子之儀、總持寺殿壽正軒より催促被入之、齋藤越前者一人、烏養兵部者兩人、云々、强々儀以外、云云、無念之至、失面目了、不可說々々々、富小路內衆兩人來、先返之、云々、

十八日、辛未、天晴、亥刻小雨灑、○富小路來、昨日之儀無心元之由有之、雜談共了、不可說々々々、○伏見殿に參、昨日之儀李部王に御物語申候、驚思召之由有之、內々總持寺殿へ可被申之由候了、次廣橋へ罷向談合之處、所存有之間、以他人可申入之由被申候間、不及是非、正親町入道、烏丸、庭田、亭主父子、內衆四人等楊弓有之、廿度計見物、一盞有之、次勸修寺に罷向、大祥寺殿に祗候之間則參、奏聞之儀賴入之由申含了、公家之宅へ强强使◎儀カ前一兩度之例歟、御成敗之段者可爲叡心之由申入候了、

十九日、壬申、雨降、二月中、　〇勸修寺亞相に朝飡有之、予計相伴了、次大祥寺殿、伏見殿へ參、次藤黃門へ罷向、晚天熊汁可振舞之由有之、先歸宅候了、〇自正親町入道被申檜扇こち事相調、持て罷向遣之了、〇藤黃門に晚飡有之、右金吾相伴、水無瀨三位來談有之、次梶井殿へ參、御目御煩候也、〇一昨日地子鑓（◎譴カ下同ツ）責之事、總持院殿へ被仰出、云々、女房奉書如此、云々、〇葉室出京候了、明後日爲武家參賀歟、

廿日、癸酉、曇、　〇自勸修寺書狀到、總持院殿より御返事、爲禁裏可披見之由有之、云々、則罷向、予文にて不及申、以叡心可被仰出之由申了、大祥寺（◎殿脫カ）にて御菓子にて、暫御雜談申了、〇廣橋へ罷向、父子參會、一盞有之、地子之儀雜談了、〇暮々稱名院へ罷向、鑓責之樣以下雜談了、不可說々々々、〇自一條殿保多加賀守爲御使來、鑓責之樣如何、無心元之由有之、委曲物語了、

廿一日、甲戌、天晴、彼岸入、　〇自長橋局人參丁香散一濟所望之由被申候間、則令調合遣之、藥料舊冬之分迄二十疋到、藥屋へ舊冬不遣分卅返之、使與次郎、　〇御月次和歌御會勅題被出之、則折紙相調、長橋へ進之、

名所春曙、待花遲開、窓前栽竹、

右御題、月次和歌御會、可令詠進給之由、被仰下候也、

二月廿一日　　　言繼

一位大納言殿、飛鳥井前大納言殿、勸修寺大納言殿、日野大納言殿、中山大納言殿、日野新大納言殿、新大納言殿、三條前大納言殿、藤中納言殿、新中納言殿、冷泉中納言殿、廣橋中納言殿、伯二位殿、左衞門督殿、右大辨宰相殿、宮內卿殿、頭中將殿、持明院中將殿、三條中將殿、藏人權辨殿、藏人中務丞殿、此外別紙文言同、三條（西殿）殿、

富小路へ罷向、先度來禮也、暫雜談了、〇自伏見殿爲御使四條少將被來、就彼鑓責之儀可有御談合、明晚可參之由有之、承之了由返答申候了、〇去年分地子、

定使召寄悉渡之、皆濟之請取出之、以上四十疋半計歟、○今日武家へ總參賀也、葉室出仕自此方出、同夕方歸在所了、○久我之竹内新藏人源長治、爲當年禮來、對面了、○自一條殿昨日檜扇、笠袋御借用、今日被返了、○自禁裏公卿補任後土御門院、上中下、後柏原院、上下、以上五冊、可入見參之由被仰下之間、進上了、○自今日辨天看經、百日精進、一盞也、

廿二日、乙亥、天晴、時正、○禁裏水無瀨御法樂御短冊、勅題二首、昨日被出之、今朝早々清書詠進如此、雨中春草、寄晝戀、昨晚稱名院へ談合了、

をきそふる草葉の露にしられつゝ
　ふるとはみえぬ春雨の空
あはぬ夜のつらさのみかはつゝむてふ
　袖のひるまも涙なりけり

自總持院殿又文有之、壽しやうけんてう首座、

昨日は御事けさむに入候、さい／＼に御まいりかよゐ候、ことに御ともしなく御申候御事にて候に、このやうたゐ一はし、この御所さまへ御申候はゝ、ふしの物をまいり候はぬとの事も、又かう／＼のさいそく申つけ候はぬやうたゐも申わけさせられ候て、御ふけうも御入候はぬやうたいも御入候はんするに、しかとも御しり候はぬ事を御きゝ候て、れうしにうつたへ御申候御事、うつゝなく御入候、ことに／＼そうしてこの御寺にれゐもなき、女はうのほうしよなとまいらせられ候御事、きよくなく思ひまいらせられ候、ふけに御わかくいらせをはしまし候ほとに、御ふあんないにいらせをはしまし候はんと思ひまいらせられ候て、御申さた候やと、いかゝにおほしめし候、さりなからとも御入候へ、たひ／＼のおほせにて御入候、又御あいはにこそよりまいり候へ、過分の事にて候へはとて、さやうの事申つけ候はんや、これは一かうしりまいり候はぬ、こなたにてはさやうには申候はす候つる、この御申やうは、その御ふけうは御ことはり

にて候まゝ、しゝうをこの御所へ、いまよりのち御けようさせられ候ましく候よし、かたくおほせつけられ候、又空事を申て、こなたの御なんになし候ちやう、つかひをもかへられ候御事にて候、このうへにてなをしゝうと申物は、ふしの物にて候と申せう人御入候はゝ、たしかに〳〵御申候へ、御きうめい御入候へく候よし、心え候て申とて候、しろし、こなたにはふしはまいらせられ候はす、かう〳〵は申もつけ候はぬ御事にて候に、一はしの御とゝけも御入候はて、きとのおほせをきよくも御入候はぬとの御事にて御入候つれとも、しゝうかうかう申たるとの御事にて候ほとに、そのたんは御ことはり候て、かやうにかたくおほせつけられ候御事にて候、

山しなとのへまいろへく候

御返事如此申候、

さきに文の折ふし、やうめいはうきたり候て、くもしのなかはの事にて御返事申候はてめいわくいたし候、文のやううけ給候、まつ〳〵さい〳〵にしこうもいたし候に、ない〳〵とゝけまいり候はて、うつたへ申まいり候事、御ふけうのよしめいわくいたし候、さりなからとき繼もさやうにそんし候、御めをかけられ候て、さい〳〵にしこういたし候へは、それにも御ともしなくそんし候に、あまりなる御さたともせられ候さ、きよくもなく〳〵ちおしくそんし候事候、又しかともしり候はぬ事を申候よしうけ給候、われ〳〵はいつれも見しりまいり候はねとも、ぬしとも〳〵又ちやうつかひも、ふしの物と申て候へは、それをほんにしまいり候事候、その御所へなりとも、しらぬ物のまいり候はんするをは、なを御とひ候て、それをほんにせられ候はては、御しり候ましく候ほとに、せう人も入候はぬ事候、ふしか又さ候はぬかは、ぬしとちやうつかひとにたつねられ候へく候、又ふけの御所さま御わか

く候とて、かやうに申さた候かなと丶おほせられ
候事、めいわくいたし候、われ〳〵はいま丶てくけ
なとの所へかやうな□まいれいもなき事にて、め
んほくをうしなひ候へは、ひつそくいたし候て、い
まにまかりも出候はす候事候、女はうの文なとに
ておほせ出され候事もそんし候はす候、もとゆひ
をもはらひ候て、いつかたへもと申候事にて候へ
とも、又とかく申され候かた〳〵御入候へは、いま
まてはかんにんいたし候事候、それにつきてし丶
う又ちやうつかひなと御きよ丶う候ましきよし、
まつ〳〵かしこまりそんし候、返々ふしの物かの
せう人の事は、ぬしとちやうつかひにたつねられ
候へく候、これには見しりたる物は御入候はねと
も、さやうに申たる事にて候へは、こなたよりつ
くり出したる事にては御入候はす候、このよし御
心え候て御ひろうにあつかり候へく候、なを〳〵
しこういたし候て、御れい申まいらせ候へく候、

かしく、

あせち

壽正けんまいるへく候

千本之大報恩寺之養命坊、鈴一對臺物持來、同善法坊同道、吸物沙糖餅にて、一盞勸了、暫雜談了、自禁裏被仰下之せんれう一本持來、則進上申候了、○自伏見殿今晩可參之由、昨夕以四條少將被仰下之間、晩天參、但向勸修寺不參之間、明日可參之由有之、一ヶ條總持院殿事、云々、○自昨日上下京衆、於土御門法花堂跡、勸進猿樂有之、云々、

廿三日、丙子、雨降、時正、○自烏丸書狀有之、雨中可來談之由有之、未刻罷向、日野、中澤掃部助、速水越中守等來談、日野軈被歸了、白粥各有之、暮々歸宅了、

廿四日、丁丑、雨降、時正中日、○自勸修寺、總持院殿よりの文到、自禁裏可披見之由被仰下、云々、文章一昨日此方へ之と大略同前之間、不及書寫、則勸修寺へ罷向、返々此分にて可致堪忍之分候哉、如何之由返答、則被參內

被申入、尙重可被仰出、云々、參大祥寺殿、暫御雜談申候了、吉田取次、上池院申源氏出來候て被下、

廿五日、戊寅、天晴、時正、 ○今曉夢想見之、如此、春ことのねさしやかすむ千代の松、 ○五辻來談、令同道野遊罷出、土筆取之、歸路於五辻小漬有之、 及黃昏歸宅、先之鴨祝三位秀行卿來談、去十七日之儀無心元之由申、暫雜談了、

廿六日、己卯、天晴、時正、 ○閼伽井坊來談、○右金吾へ香合花塗之事申て遣之、 ○藤黃門へ罷向、今日三好筑前守、武家御共衆に被來出仕、云々、仍祗候沈醉、云々、右金吾は大覺寺へ連歌に被參、云々、留守也、 ○自昨日唯識論一卷書寫候了、

廿七日、庚辰、時々小雨灑、時正終、酉戌刻雨降、 ○勸修寺ㇾ罷向、參內、云々、又罷向對面、一ヶ條之儀同篇御返事、云々、 次藤黃門へ罷向、武家へ被參、云々、右金吾見參、次萬里小路へ罷向、前內府入道、玉泉院等見參、暫雜談、次五辻へ罷向暫雜談了、 ○岡殿ㇾ參、御留守、云々、 御亮所勞相尋之處、驗云々、藥又所望之由被申、次伏見殿へ參、御頭痛氣、云々、 茶調散御所望之由候間、令歸宅七服進之、 次梶井殿へ參、御目所勞尋申、此間以外被煩、 云云、 今日少御驗、云々、 伏見殿入道宮御見舞に御成、庭田御共、御酒有之、竹內殿同御出也、 ○及黃昏長橋下口迄參、出羽國波岡具永四品、 同孫具運敍爵、式部大輔等之事申入、則勅許、○薄來談、閼伽井坊來談、山井伊豆守に小鳥ヒハ、遣之、禮に來、

廿八日、辛巳、陰、 ○藤黃門へ罷向、波岡口宣三通、 葉室代相調遣之、一盞有之、 ○白川伯卿來談、明日武家御參內之用沓之事被申之間、可遣之由申候了、○與次郞葉室へ、明日御參內之事申て遣之、○自廣橋御參內參會之廻文有之、

明後日廿九日、 室町殿可有御參內、 任例可令參會給之由、被仰下候也、

　廿七日　　國光

飛鳥井殿、所勞子細候而、可得御意候、御方 勸修寺殿、同上、烏丸殿、 中山

殿、不具非一事候而、可得御意候、日野殿、萬里小路殿(御方)、三條殿(正親町殿)、不具候而、可得御意候、高倉殿、奉、山科殿、不具非一事候而、可得御意候、冷泉殿、白川殿、奉、飛鳥井殿(御方)、不具、〃〃、勸修寺殿(辨殿)、不具、〃〃、坊城殿、庭田殿、不具、〃〃、葉室殿、滋野井殿、不具、〃〃、高倉殿(御方)、奉、三條殿(御方)、奉、萬(辨殿)里小路殿、甘露寺殿、奉、白川殿(御方)、奉、中御門殿(御方)、岡殿御亮へ同藥五包進之了、○自葉室爲使山口又七出京、目藥所望之間、五靈膏一貝遣之、○以福昌庵、畠山上野介笠袋借用之間遣之、明日御共之用、云々、

廿九日、壬午、陰、雨降、○白川被借用之間、沓打置之板一枚栗、遣之、○葉室出京、今日御參内參會に祗候也、予無出頭之間不及是非、○今日御參内見物憚有之、又細川四郎、三好筑前守等初而御共之間、内々爲見物佛陀寺へ罷向、自藪中遙見物、但御參之時分雨降、御共衆奉行、同朋以下、悉無乘馬之間、行粧無之、近衞殿も先御參也、予於壽禎亮一盞有之、○大和刑部少輔暫來談、

○三月大

一日、癸未、陰、○今日禁裏内々申沙汰、云々、御警固細川四郎人數、云々、予無出頭之間不參、猿樂有之、十五番有之、云々、大夫、近衞殿、一條殿御兩所之御番頭判田將監(號丹波屋)子也、云々、御相伴親王御方、大祥寺殿、岡殿、安禪寺殿、云々、祗候之輩一位入道、一位大納言、日野大納言(烏丸)、日野新大納言、三條前大納言、藤中納言、伯二位、水無瀨三位、宮内卿、阿賀丸(中院)、阿子丸(東坊城)、重保朝臣、永相朝臣、實福朝臣、經元、公遠、邦富、氏直、藤原種直等也、云々、七獻參、夜半時分各退出、云々、半分者外樣衆也、各不具故障、云々、○一位入道純(鈍カ)色着用之事、不辨之由被申間、罷向令着之、一盞有之、○自長橋局、葉室袍可借進之由有之、進候了、○一條殿へ久不參、度々御音信之間參、一盞被下、陰陽頭、有脩、山中又三郎(細川内)祗候也、猿樂裏頭にて御見物也、次閼伽井坊へ參向、一盞有之、次飛鳥井へ罷向、一盞有之、先刻予地子鑓責之儀、有脩に雜談、内々武家へ申入度之間、大樹御乳人へ入魂之儀申候處、則參申、此方へ來、

云々、予未罷歸之間歸、云々、○自甘露寺補歷借用之間遣之、

二日、甲申、天晴、自今日十方暮、○葉室在所へ被歸了、○有脩來見參、昨日則御乳人へ申之處、予無念尤之儀也、御成敗之段、予存分之樣可申入、可申沙汰之由返答也、尙令思案可申之由申、目煩之間、五靈膏一貝遣之、○西専庵目藥所望之間、一貝遣了、○大祥寺殿順首座目藥、先度所望、驗之間、又所望之由有之間、一貝遣、德利被送之、○自勸修寺使者有之、萬里小路へ可來、云々、則罷向之處、自禁裏被出勅書、予先可出仕之由被仰出、尙中山新大納言等可令談合之由仰也、予存分之事、各被尋之間、存分悉存候、但御成敗之一途於無之者、出仕之事不及覺語、遂御成敗之樣、只今被仰聞、可祗候之樣申、各同心也、則勸修寺大納言被參申之處、御楊弓之間、重可被仰出、云々、於萬里一盞有之、勅書予乞請之候了、○一位入道所へ、晚湌に可來之由有之間罷向、亭主、中山、予等也、○冷泉へ罷向暫雜談了、○溥、持明院羽林等被來、云々、他行之間不能見參、

三日、乙酉、雨降、○讃岐守忠宗、伊豆守景賴、筆一對、絲卷持來、甲斐守久宗、澤路筑後守、酒令飲、同彦九郎、早瀨彦九郎、野洲五郎左衞門等禮に來、對面、○息女阿茶々、又如去月腹痛熱氣有之間、富小路へ罷向藥令所望、松實湯二包送之、水無瀨三位同來談了、○彥部雅樂頭來、予無興之儀雜談、武家御庭之儀急とて驄歸了、○壽命院、千秋刑部少輔兄弟同道來、予無興之儀、今日始鬪之間、無心元之由申來、暫雜談了、○陰陽頭有脩來、條々談合、尙又重可申之由申候了、○自冷泉及黃昏使有之、可來談、云々、則罷向、碁可打之由被申之間、予石盤取寄二盤打之、持也、暫雜談、一盞有之、戌下刻歸宅、

四日、丙戌、雨降、五墓日、自午時晴、○富小路ゟ藥之禮に罷向、阿茶々本服祝着之由申候了、○田中隼人佑所へ招入、一盞振舞、暫令雜談歸候了、○勸修寺へ罷向、今朝被仰出之御返事可申之處、御楊弓に被參、云々、○一條殿右府御祖母自臺御方、鈴一對、田舍酒、食籠賜之、祝着了、○持

明院羽林來談、一ヶ條之儀無心元之由有之、○烏丸、富小路等、及黃昏招寄、一盞勸了、戌下刻被歸了、○今日大樹相國寺萬松院に爲御燒香御成、云々、

五日、丁亥、晴、三月節、○澤路筑後守來、牽分之儀に、伊勢守内蜷川新右衛門所へ書狀之事申、調遣了、○五辻來談、田舍酒一盞勸了、○就一ヶ條之儀、松田對馬守所へ罷向、他行、云々、同陰陽頭所へ罷向、淸水寺へ參詣、云云、次藤中納言所へ罷向暫雜談、一盞有之、次梶井殿へ參詣、御雜談申歸宅了、岡殿へ參之處、永御亮先度之藥にて本服、云々、○大樹近衛殿へ御成、云々、○自大祥寺殿、未下刻可參之由有之間則參、各御野遊土筆被取、云々、方丈、岡殿、御伊茶、中山、右大辨相公、極﨟等、云々、予御非時被下、後に勸修寺亞相被參、音曲有之、喝食壽正に絲卷、筆一對遣之、及黃昏歸宅了、

六日、戊子、天晴、○薄暫來談、長橋局言傳有之、出頭遲々無心元、云々、○唯識論一卷終寫功切句、同二卷筆立候了、○小屋藥師へ參詣、

七日、己丑、天晴、○一ヶ條之儀武家へ申入、松田對馬守所へ書狀相調遣之、軈可披露之由有之、文言如此、

從當敷地柳原家に地子沙汰候、然號去年少分未進、去月十七日各罷出、兒女子計有之所へ、總持院殿内爲壽正軒所行相語、强方打入、雜具數多令破却燒火、言語道斷爲體、前代未聞次第候、所詮急度被仰付之、被成御成敗者、可畏存之旨、御披露所仰候也、恐々謹言、

三月三日　　言繼

松田對馬守殿

賀二位在富卿、來、一ヶ條之儀無御心元之由申訪、暫雜談有之、○東山吉田左兵衛佐所へ罷向、當年禮、次先年申檜扇結之遣、同上池院源氏、吉田取次、大祥寺〔殿脱カ〕へ以予申入、出來之間、持罷向遣之、一盞有之、息兼和、同弟乍兩人以外所勞、云々、軈歸了、○廣橋黃門一ヶ條之儀無心元之由申被來了、暫雜談、○小屋藥師へ參詣、

八日、庚寅、自寅刻雨降、○小屋藥師へ參詣、今日迄三日參了、○彥部雅樂頭暫來談了、○藤黃門へ罷向暫雜談、晚天小漬にて一盞有之、○大祥寺殿へ參、暫雜談申入候了、一盞被下了、勸修寺亞相へ、禁裏へ拙者身體之儀、先日仰之趣難同心申之由申渡了、○長橋局へ唯識論一卷遣之、連々所望之由被申間如此、連々一卷宛可遣也、

九日、辛卯、天晴、○五辻令同道葉室へ罷向、葉室に扇、一本、同母儀油煙、一丁、同孫女に小香包一、遣之、次三人令同道、西方寺見物了、晚飡有之、和田來、音曲有之、○大澤掃部助跡より來、牽分之儀に、飯尾左衞門大夫盛就、方へ書狀之事申、澤路筑後守申、云々、則調遣了、如此、

禁裏御料所內藏寮領、陸路河上四方八口牽分役所事、從往古令直務、內侍所神供、幷每月朔日之備進御盃、其外種々朝役共懃仕之處、今度始而今村紀伊守押領仕候間、氏綱幷筑前守相屆、兩人折紙等雖有之、不能承引押取候、然者及諸役退轉候條、對伊勢守被成御內書、尙筑前守祗候之砌、於殿中急度被仰付候者、可忝畏存之旨、御披露所仰候也、恐々謹言、

三月八日　言繼

飯尾左衞門大夫殿

十日、壬辰、天晴、五墓日、○朝飡以後、大原野花爲見物罷向、今朝長松丸來之間召具、予、長松、葉室、五辻等也、於大原野藥師堂勝持寺、堂前花見物、德利隨身、一盞、音曲等有之、近頃見事也、殊以境地言語道斷景也、則刻葉室迄歸候了、

十一日、癸巳、雨降、十方暮終、自今日天一天上、○可歸宅之處、深雨之間逗留、松尾社務宮內少輔來談、德利隨身、同舍弟中務大輔方より一樽被送之、同社家左馬助來、音曲雜談等有之、午時餠、小豆入、晚天白粥有之、○細川次郎氏綱、今日任右京大夫出仕、云々、御字拜領藤、云々、同四郎任右馬頭、云々、同御字被下、云々、藤云々、同出仕武家、云々、

十二日、甲午、天晴、天一天上、○予、長松、五辻等令同道上洛、嵯峨

念佛之間參詣、於路次一盞有之、五辻調法也、○藤黃門より波岡（出羽國）官位之儀に音信、舊冬殘（六之）四十疋被送之、○細川前右京大夫晴元、今日從葛川若州へ被越、云々」
十三日、乙未、天晴、五墓日、天一天上、○後白川院御聖月之間、御陪膳に竹內殿へ參、無殊事、自昨日於禁中御和漢御千句、云々、竹內御參、云々、御留守也、次正親町へ罷向暫雜談、草餅にて一盞有之、庭前石四五被直之、靑門御內之與利對馬入道作也、予晚飡有之、○及黃昏長橋局迄罷向、久無音之故也、西方寺之椿之枝（檜葉相交）遣之、次內侍所へ立寄、さい、五位雜談了、
十四日、丙申、天晴、天一天上、○從長橋局鮒一折二被送之、自粟津四十出之、大澤左衛門大夫取次濯分、云々、○萬里小路前內府入道一ヶ條之儀無心元、如何之由、今朝書狀有之、晚天罷向禮申之處見參、小漬相伴候了、○齋藤越前守使堀江來、一ヶ條之儀一向不存之由申之、他行之由返答、
十五日、丁酉、天晴、天一天上、○以大澤左衛門大夫、堀江宿迄返事申遣了、○同齋藤越前守所へ、澤路筑後守遣之、禮申候了、○藤黃門へ罷向、見參候了、
十六日、戊戌、天晴、天一天上、○近衛殿へ參、一ヶ條之儀武家へ申入之間、內々御取合奉賴之由申、西洞院相公申次、則御見參、始而被聞召、云々、言語不可說之由御返答、則御臺へ可被申入、云々、御盃被下了、次飛鳥井へ罷向、前亞相見參、一ヶ條之儀無心元之由數度音信有之間、禮申候了、暫雜談了、次一條殿へ參、右府御見參、暫御雜談了、○齋藤越前守方より堀江來、總持院殿定使同侍從逐電之由申也、予對面、祝着之由返答、然者書狀所望之由申候了、
十七日、己亥、雨降、天一天上、○自烏丸可來談之由有之間、午時罷向、晚飡有之、中澤掃部來談了、
十八日、庚子、天晴、天一天上、土用入、○松田對馬守所へ罷向、一ヶ條之儀具申含、武家へ早々可披露之由申候了、一盞有之、○自勸修寺、先日勅定之樣被申、御返事今日申入候了、同篇之儀御請難申入之由申候了、於大祥寺殿

申之、○五辻へ罷向暫雜談了、次正親町へ罷向、一盞有之、次藤黄門へ罷向、右衛門佐は武家御共御鷹野、云々、晩飡有之、○自春日社神主三位家賢方、祭上卿參行之事、重注進有之、葉室在所之間、庭田へ遣之、寺門折紙添之、無沙汰之上卿可放氏之由有之、

十九日、辛丑、天晴、天一天上、土用、五墓日、○甘露寺へ罷向、下冷泉家支證、去年七月相國寺亂妨之時取之、下邊有之、澤路筑後調法、先取寄令見之、少樽代にて可所望之由試之間如何之由申、尙兄弟之僧衆に可談合、云々、三四十通有之、先被留之、○南向、鶴松、今日葉室へ被行了、○金山天王寺へ參詣了、○閼伽井坊來談了、

廿日、壬寅、雨降、天一天上、土用、○淨土寺殿奥坊來、三好所へ禮に可罷向之處、一ヶ條之儀、無出頭之間遲々間、可然之樣取合賴入之由申之處、其分申聞之由了、○妙法院之今小路來、僧官兩人之口宣案所望之由申之間、葉室へ之書狀調遣了、○飯尾左衛門大夫來、牽分之事申狀可調改之由申、子細有之間、改直之次、武家御乳人より一ヶ條之儀、中分之由被申之由了、不失面目之樣候者、可同心申之由返答、一盞勸了、烏丸來談、○岡殿永御亮所勞再發、云々、藥之事被申候間、同前逍遙散に加前胡、杏仁、半夏、陳皮、鶯粟、肉豆蔲、七包遣之、鈴一對被送之、○牽分之儀、雜掌請文如此、

禁裏御料所内藏寮領、陸路河上四方八口牽分役所之事、從往古令直務、内侍所神供、幷每月朔日之御盃備進、其外種々朝役共懃仕之處、今度上意坂本に被移御座候以來、今村紀伊守押領仕候、然者諸役及退轉候間、急度任當知行之旨、被成下御下知候者、可忝畏存候、若僞申候者、可預御成敗候也、恐々謹言、

三月廿日　　重清判　山科家雜掌

飯尾左衛門大夫殿

自武家御乳人爲使、又飯尾左衛門大夫就一ヶ條之儀、總持院殿内壽正軒身體於令披露者、可有御成敗、餘不可然之間、御乳人可被請御恩間、拙者可堪忍、定使彼

惡僧侍從兩人者可被逐失、於誹詗◎徘徊カ者、可有成敗、定使家者門可被結之由有之、予返答、御懇之儀旨任可申候、然者其段御乳人書狀可調給候、又定使門被結事、開闔松田對馬守に可被仰付之由申候了、則此分松田對馬守所へ以大澤申遣、明日御乳人迄御案內申、可成敗之由返答、

廿一日、癸卯、天晴、天一天上、三月中、土用、○看經、旬之間神樂少々、大笛吹了、○自南都之御返事于今無之、飛脚堪忍不叶之由申候間、先指下公人、御下行之事第一不調、云々、○廣橋一位當妾來◎去カ九日產、其後煩、今日酉下刻死去、云云、一位者大坂へ下向留守、云々、不便之至也、前女官たと也、○自庭田補歷借用、甘露寺に有之間、取に可被遣之由返答、○四條少將姉、近日但馬國母儀方へ下向、云々、暇乞に被來、香包一、遣之、

廿二日、甲辰、晴、天一天上、土用、○甘露寺來儀、春日祭之事、禁裏御下行、同上卿旁不調之間、可被付社家、冬季必可有參行之由可申下之由有之、二月堂牛玉一枚遣之、○飯尾左衞門大夫爲乳人使來、壽正軒定使家結事、御乳人大館左衞門佐、左衞門大夫等人遣可結之、自此方檢使可出之由有之、上意無御存知之間、不可爲開闔之由有之、同心之由返答申渡了、○吉田左兵衞佐來、先度罷向禮、云々、○正親町に楊弓有之、廿度射之、竹門、亭主、中山、勸右大辨、若王子、甘露寺、因幡法師等也、次藤黃門へ罷向暫雜談、次梶井殿へ參、暫御雜談申、戌刻歸宅了、○長松丸葉室へ罷向、朽木女房衆今日被歸、云々、其送之者と罷、云々、

廿三日、乙巳、自丑刻雨降、天一天上、自未刻晴、申刻夕立、土用、○自勸修寺亞相、源氏桐壺卷借用之間遣之、○唯識論二之卷終寫功了、○岡殿へ參、御留守、云々、次大祥寺殿に參、同御參內、云云、於久首座亮、暫勸亞、中山等雜談了、次梶井殿に參、竹門、持明院中將、三條中將、甘露寺、五辻等被參、碁音曲等有之、御酒了、及黃昏歸宅了、

廿四日、丙午、天晴、天一天上、土用、○武家御內書之事申、入對飯尾左衞門大夫申狀遣之、如此、

禁裏御料所內藏寮領、陸路河上四方八口率分之事、從往古令直務、內侍所神供、幷每月朔日之御盃備進、其外朝役共懃仕之處、今度上意坂本ゟ被移御座候以來、今村紀伊守押領仕候、然者諸役及退轉候間、急度對三好筑前守、被成御內書被仰付者、可忝畏存候由、宜然之樣、御披露所仰候也、恐々謹言、

三月廿日　　　言繼

飯尾左衞門大夫殿

淨土寺殿奧坊來、自右府御使、云々、明日山中藏人與行御連歌可有之、無人之間可參之由有之、承候由申候了、

廿五日、丁未、天晴、天一天上、土用、○朝飡以後一條殿へ參、四過時分御會始、御人數右府、廿一、日野新亞相、予、十八、五條新黃門、同大內記、有馬民部少輔（奉公衆）、入道元超、山中藏人、祐乘大藏卿、執筆堀川判官國弘等也、秉燭以後終了、晚飡有之、甘露寺晚飡より被參、至丑初點音曲大御酒有之、○就地子之儀令煩藉、總持寺殿壽正軒使侍從、同定使紺屋兩人、今日逐電、定使之家、大館內富森、御乳人之內池、飯尾左衞門大夫者等罷向、門結之了、御乳人より如此之由書狀有之、

そうち院殿に御しこう候てうしゆそとおほせむすはれ候御事、くはうさま御みゝに入まいらせ候へは、色々の事ともにて、御はういけにたちいられ候はゝいかゝと思ひまいらせ候て、さしいてかましく思ひまいらせ候なから、いゝのをのさへもんの大夫をもつて申事にて候、しゝう事は、をいうしなはれ候ふんにて候、五日のあいたいさゝかもはいくわいさせ候ましく候、又ちやうつかひ事も、五日のあいたおなしおもむきにて、いゑのかとをゆはせまいらせ候、このふんにて御かんにん候てしかるへく候、御うれしく思ひまいらせ候へく候、なを御水からをこし入まいらせ候、この外申候はす候、かしく、

御　ち

山しなさのへまいる申給へ
廿六日、戊申、天晴、天一天上終、土用、○中御門久不見舞之間罷向、女
中見參、一盞有之、○大祥寺殿へ參、勸修寺亞相招寄、
禁裏へ一ヶ條之儀如形令成敗之間、可參內歟之由御
披露賴入之由申、則被披露、雖何時可參之由勅答、云
云、○當番旁晚天參內、直衣伯卿に借用、相番基孝
朝臣計也、○午時自烏丸可來談之由使有之、則罷向雜
談、晚飡有之、○自萬里小路亞相使有之、明日早々因
幡堂藥師へ御代官詣、必可參之由有之、○葉室へ與次
郎遣、自萬里小路所用有之、可被出京之由申遣、○自
勸修寺亞相、源氏箒木卷被借用之間遣之了、以上兩冊
也、
廿七日、己酉、天晴、天一下艮、土用、○早々因幡堂詣、萬里小路へ罷向、
餅善哉にて酒有之、人數萬里亞相被申、伯卿、勸修寺
右大辨、薄、四辻少將、白川少將等也、○自今日於伊勢
守犬馬場、勸進猿樂有之、大夫觀世、云々、伊勢守取
持、眞如堂勸進、云々、○正親町へ罷向、御乳煩、云々、
脈之事被申之間取之、事外煩敷也、無分別、藥之事被
申、令斟酌了、次藤黃門へ罷向、今日能雜談聞之、○葉
室出京、則萬里小路へ被行、及黃昏被歸、此方に逗留
也、
廿八日、庚戌、天晴、土用、○朝飡以後、方々禮に罷出、共大澤
左衞門大夫、澤路筑後守、同彥九郎、雜色與次郎、將監
小者、筑後小者兩人等也、先武家へ參、率分之儀、御下
知被成下御禮申、太刀、金、申次他行、云々、一色七郎申
入、御咳氣之由有之、無御對面、次御乳人に令禮申了、
次朽木所へ大刀持罷向、乍夫婦猿樂へ被行、云々、次細川右
京大夫所へ禮に罷向、奏者安都地大和守脚氣所勞之
由有之、無見參、次三好筑前守所へ罷向、當年禮、又御共武家
衆に加之由珍重之由申、太刀持、遣之、奏者鳥養兵部丞
也、見參了、能々急之間、不及一盞之由申候了、次瑤林
庵へ罷向、一盞有之、次松永彈正忠所へ罷向、留守、云
云、次入江殿へ參、御寢、云々、次四條所へ罷向、吉田へ
被行、云々、祖母見參、次齋藤越前守所へ罷向、留守、云

云、次廣橋黄門へ罷向、見參、次歸宅了、○伏見殿へ參、御客人有之、云々、次稱名院へ罷向暫雜談、次五辻へ罷向、蟲所勞、云々、見參脈取之、次富小路へ罷向、見參了、○葉室猿樂見物以後、在所へ被歸了、

廿九日、辛亥、天晴、自酉刻雨降、土用、○粟津修理亮申、中將棊馬書遣之候了、○薄所へ罷向、昨日借用之腰刀返之、一盞有之、○正親町へ罷向、御乳脈取之、過半驗也、富小路藥、云々、一盞有之、○梶井殿へ參、竹內殿御出也、暫御雜談申候了、○遍昭院に中袖中抄三卷出來了、

卅日、壬子、雨降、八專入、土用、自午時天晴、○自伏見殿三木新五郎爲御使來、一昨日無御對面之條御無念之至也、不圖可祗候之由有之、

○四月大

一日、癸丑、天晴、土用、○澤路筑後守來、飯尾左衛門大夫率分之儀、奉書調之、云々、持來、如此、

禁裏御料所內藏寮領、陸路河上四方八口率分役所事、從往古令直務、內侍所神供、幷每月朔日之御盃備進、其外朝役懃仕之處、今度至坂本被移御座以來、依今村紀伊守押領、諸役及退轉、云々、太不可然、所詮云當知行云證文、旁被成奉書訖、彌全領知可被專朝役之由、所被仰下也、仍執達如件、

天文廿一年三月廿日　散　位判　飯尾左衛門大夫盛就也

沙　彌判　松田丹後守入道宗祥也

山科家雜掌

○飯尾左衛門大夫來、武家御乳人、萬松院殿御乳人、同宮內卿局使、云云、彼總持院殿定使紺屋、同侍從入道安堵之事、予免候樣にと云々、雖爲早速之儀、爲兩人承候間、任申候由返答了、○讃岐守忠宗禮に來、云々、○大祥寺殿へ御禮に參、御盃被下、伏見殿へ參、李部王御對面、稱名院見參、梶井殿、竹內殿御留守、云々、○自冷泉被呼之間罷向、此間以外被煩、云々、脈取之、一盞有之、○南向子共、今日可歸之由有之間、大澤左京◎衛門カ大夫、與次郎等迎に遣之處、明日可歸之由有之、兩人歸了、○暮々

親王御方へ御禮に參、御對面、次御祝に參內、天酌、被參之輩予、廣橋中納言、宮內卿、重保朝臣、公遠、邦富、源爲仲等也、當番之間其間々祇候、予一身也、於臺所佳例一盞有之、

二日、甲寅、陰、土用、八專、自申下刻雨降、〇南向迎に又兩人葉室へ罷候了、七時分皆々被歸了、〇彥部雅樂頭晴直、奉公先日罷向禮、云々、暫來談了、〇千本之善法坊、先度之遺敎經分校合持來、兩所直之、暫雜談了、〇大神景理神樂笛稽古に來、〇自藤黃門可來之由有之間罷向、書狀一被誂、山國之儀松永源正忠方へ也、又波岡へ返事案調遣、小漬有之、〇出羽國波岡方へ書狀調遣、茶壺一、遣之、彥左衞門に保童圓、三包、五靈膏三貝、遣之、混布度度、いりこ等送之者也、波岡孫名字具運ゆき予調遣、切郡字注書之、彥左衞門に渡之了、

三日、乙卯、雨降、土用、八專、自午時晴、〇奉懸慈惠大師、看經燒香了、〇甘露寺へ罷向、先度之支證如何之由申、相國寺僧衆可相尋之由有之、一盞有之、暫雜談了、〇梶井殿へ參、竹內殿渡御、暫御雜談申候了、

四日、丙辰、天晴、土用、〇吉田左兵衞佐暫來談有之、〇飛鳥井へ先日度々使之禮に人遣之、返事に、今晚鞠に可來、云云、未刻五辻被來、令同道飛鳥井へ罷向、ちまきにて一盞有之、次鞠有之、人數亭主、予、五辻、大與坊、叡山東西、西賀茂少納言法師、今宮別當、大德寺之僧宗恩等也、茶有之、次各歸宅了、〇及黃昏澤路筑後守來、今日牽分之儀、對三好筑後守御下知被成、云々、則三好所へ以山本若狹守遣之、云々、〇三好筑後守禁裏へ御禮參、云々、御太刀折紙萬疋進上、云々、勅筆之古今申出御禮、云々、於小御所御庭御酒被下、云々、廣中、右大、經元、邦富計參、云々、

五日、丁巳、天晴、土用終、八專、〇九條殿此間御在京、二條殿に御座、云々、仍今日御禮に參、御兩所御見參、御酒被下候、暫御雜談申候了、九條前殿十九年御在國、云々、〇一條殿へ參、右府淨土寺殿へ御出也、彼御寺へ參、暫御雜談申候了、山中藏人祇候也、〇晚天右衞門佐音信、可

來談之由有之、則罷向、今日武家に猿樂有之、大夫觀世、三好以下座衆、奉公衆、伊勢守衆、其外三好內衆、云々、藤黃門祗候、云々、先度御酒迎御返、御臺、大館左衞門佐、朽木民部少輔、宮內卿局、御乳人等御沙汰、云々、依右金吾不參、云々、暫雜談、小漬有之、及黃昏歸宅候了、○四辻少將從昨日蟲所勞吐逆、云々、藥之事被申候間、人參丁香散に加藿香、縮砂、三包遣之了」、

六日、戊午、天晴、四月節、○自萬里小路亞相使有之、舍弟玉泉院權僧正、胤秀、飛鳥井に鞠道門弟望候、予申試可同道之由有之、則飛鳥井前亞相へ申遣了、此方次第可來、但今日惡日之間、如何之由返答、然者明日可罷之由有之、○冷泉可來談之由使有之、則罷向、所勞今日者聊可然之樣也、云々、淸侍從來脈取之、同篇之由申、吸物にて酒有之、予碁打之、○當番之間晚天參、予一身也、

七日、己未、自辰刻雨降、八專、○四辻少將本服祝着之由、從母儀書狀到、○自玉泉院使有之、今日惡日之間、明日飛鳥へ可同道、又鴨沓之間可談合之間、可來之由被申候間、萬里へ罷向沓沙汰也、片出來、晚湌有之、萬里父子被出、雜談共候了、○右金吾三光丸所望之間、粉一包遣之、○今日雖先皇聖忌、御經供養無之、云々、御施物以下不調故也、言語不可說、無念之至也、

八日、庚申、天晴、八專、未申刻雨降、○玉泉院權僧正來儀、盃一、唐、被與之、祝着候了、令同道飛鳥井へ罷向、前亞相見參、先鞠道之事被申授之、八境圖以下一卷被渡之、次盃二、酒、まき、吸物等有之、次令同道歸宅了、○甘露寺權辨被來、先度之下冷泉支證之禮也、先日樽代二丁にて申調、○淨花院之內松林院之舜玉來、勅筆天神名號申請之由有之、但唐紙裏打之事、可被調之由申返了、名香少、松根、被送之、祝着候了、○晚天召具長松丸、金山、藥師寺へ參詣了、

九日、辛酉、天晴、八專、○玉泉院昨日爲禮被來了、○金山天王寺之融瑞軒舜智來談了、○梨門へ參、常寂院、竹門御出、五辻參、數刻御雜談申了、次正親町へ罷向、一盞有之、次

大祥寺殿へ參、勸修寺亞相、中山亞相、右大丞◎辨カ、極﨟等被參、音曲有之、及黄昏歸宅了、

十日、壬戌、天晴、○自飛鳥井前亞相、華撥圓方所望之間遣之、○從梨門御使有之、故靑門御筆龍虎二幅可持參之由有之間、則持參、於竹門被御覽、今日禁中御楊弓に御參、云々、又梨門御房へ參、一盞有之、次淸水寺へ御參竹門主、御共申、梨門、予、白川少將、內膳淸景、出納職定、因幡法師、大藏等供奉也、○自賀二位使有之、明晚小漬可申付之由有之、可罷向之由返答了、

十一日、癸亥、天晴、八專終、未刻晚立雷鳴、又戌刻、○從二條殿女房御使有之、自九條殿被仰、息女阿子可進置、阿波へ可被下之由有之、度々被仰、尙令思案御返事可申入之由返答申、○自遠州使僧高清庵、上洛、息女阿子、駿州今川所ゟ可下之由有之、又老母も可下向之由有之、於同心共、來月迎之儀可上、云々、先可爲密々、云々、宿源左衞門所、申付、齋以下自此方遣了、○晚天賀二位所へ罷向、相伴予、薄、持明院羽林、亭主等也、晚湌有之、雜談、暮々歸了、予、薄同道、直に當番之間祗候、予一身也、

十二日、甲子、天晴、○長橋局先度遣之唯識論一卷取て罷歸了、表紙可懸之爲也、○自竹門被仰候間、藥桂香湯今日令調合、卅六包持參了、○唯識論一二卷、予作工表紙懸之、持參了、次藤黄門へ罷向暫雜談、一盞有之、○遠州使僧、及黄昏予對面、盃令飮、下戶、云々、老母返事渡之、僧に扇面白、裏砂、五本遣之、明後日可下向之由申、齋非時自此方申付了、○今朝松林院舜玉齋に來、予相伴、亡父忌日之故也、○遠州僧高淸庵、自去夜熱氣頭痛耳鳴胸苦之由申來之間、香蘇散に加川芎、白芷、前胡、枳殼、三包於此方煎與之、晚天少驗、云々、

十三日、乙丑、天晴、○一乘院殿御師弟御在京之間御禮、云云、乍御兩所御留守、云々、次武家宮內卿局所へ、先度之儀口入之禮に罷向、留守、云々、次近衞殿へ參、御見參、御盞被下了、暫御雜談有之、次細川奥州へ音信、面談、次烏丸ゟ罷向、暫雜談、一盞有之、次大祥寺殿へ參、次歸宅了、○鴨祝三位秀行卿、來、云々、留守之間不及

是非、○自禁裏公卿補任（後土御門（上中下）、先皇上下）五冊被返下候了、
○遠州之高清庵、晩天本服之由申候了、
十四日、（丙寅、天晴、）○遠州使僧、今朝早々下向、出立申付了、
○細川右京大夫に就率分之儀、書狀遣之、以澤路筑後守石田所に遣之、文言如此、

禁裏御料所內藏寮領率分之儀、先度雖御下知候、今村紀伊守にて不能承引、押領之事候、然者爲上意被成御下知候以其筋目、彌堅被仰付候者、可畏入候、委曲石田大藏大夫可被申入候、尙可參申候也、恐々謹言、

卯月十四日　言繼

細川殿へ

自冷泉可來談之由有之間罷向、脈取之、事外煩敷也、一盞有之、○唯識論三之卷立筆了、
十五日、（丁卯、天晴、）○安明院忌日之間、慶存齋に可來之處、俄故障、云々、○常寂院梨門へ參、伏見殿に御出之間、御共申參、李部王御見參、暫御雜談申候了、次竹門へ參、甘露寺祇候、暫御雜談、甘と碁二盤打之負了、一盞有之、次冷泉へ罷向脈取之、自昨日聊脈直了、次萬里小路へ罷向、各留守、云々、玉泉院被申鴨沓調遣、右少辨に預了、○伯母西專庵晩湌之中酒被振舞了、
十六日、（戊辰、自曉雨降、五墓日、）○山井伊豆守來談、唯識論二之卷切事、經師所へ言傳了、○自冷泉被呼之間罷向、脈取之、同篇也、暫雜談、一盞有之、○自中御門女中被呼之間罷向雜談、子細有之、一盞有之、○當番之間暮々參內、予一身也、
十七日、（己巳、天晴、未刻小雨灑、）○早旦白川（伯卿、）來臨、一昨日予罷向之處、東福寺息音首座秉拂見舞に被行、無見參、無念之由被申、種々雜談了、○甘露寺へ所用之事有之罷向、暫雜談了、○自山井伊豆守所唯識論二之卷切事申付到、景理持來、則予作工懸表紙、外題押候了、
十八日、（庚午、天晴、）○自梨門寫經一把可書進之由有之、來月四日萬松院第三回、自相國寺申、云々、則令書寫持參、暫御雜談申候了、○長橋局被申入參丁香散一濟令調

合遣之、持罷向了、○自冷泉脈之事被申候間罷向、今日者煩敷之樣也、○葉室清水寺へ參詣とて來儀、則被歸了、

十九日、辛未、天晴、○賀二位貝香所望之間、一分遣之、○四條羽林來儀、則被歸了、裹頭之用歟、老母衣借用也、○景理來、神樂早韓神少稽古了、○自禁裏御月次御題被出之、勅筆、則廻文相調之、長橋局へ進之、稱名院に者從此方持遣了、

　夕卯花、聞郭公、久忍戀、

右御題、月次和歌御會、可令詠進給之由、被仰下候也、

四月廿日　　言繼

一位大納言殿、飛鳥井前大納言殿、勸修寺大納言殿、日野大納言殿、中山大納言殿、日野新大納言殿、新大納言殿、三條前大納言殿、藤中納言殿、新中納言殿、冷泉中納言殿、廣橋中納言殿、伯二位殿、左衞門督殿、右大辨宰相殿、宮內卿殿、頭中將殿、持明院中將殿、三條中將殿、藏人辨殿、藏人中務丞殿、別紙に三條殿、西殿 文言同前、

久不罷之間、三條、正、滋野井等へ罷向、乍兩人他行、云云、次藤黄門へ罷向、暫雜談、持明院中將來談了、次萬里小路へ罷向、入道內府、亞相兩人見參、暫雜談了、○金山天王寺へ參詣了、

廿日、壬申、天晴、○日吉祭禮今日有之、云々、○景理神樂稽古に來、○明日賀茂祭之間、鴨祝三位秀行卿葵桂送之、○及黄昏梨門へ參、御雜談申候了、戌刻歸宅了、

廿一日、癸酉、天晴、四月中、○自長橋局妹新內侍殿、二三日腹痛痢瀉之間、藥之事被申間、人參丁香散に加鶯粟、肉豆蔲三包二服、煎、進之、○當番之間暮々參內、予、基孝朝臣兩人也、

廿二日、甲戌、天晴、自未刻雨降、○薄之使爲見物、讃岐守定宗所二條室町、罷向、麵にて一盞有之、次通玄寺殿へ參、御留守、云云、室カ◎寶光殿一位入道女、見參、一盞有之、

廿三日、乙亥、晴陰、午時小雨灑、○竹門へ參、御楊弓へ御參內、云

云、次正親町へ罷向、同參内、云々、次岡殿へ參、御參内、云々、次烏丸に罷向、一盞有之、暫雜談了、○自長橋局新内侍殿、先日之藥にて驗、云々、尙藥所望之由有之間、同藥三包遣之、加減同し、

廿四日、丙子、雨降、○去夜々半計、親王御方若宮御誕生、云云、御阿子萬里小路前内府女、御母腹也、仍御太刀金、御禮に參、前内府、同亞相見參、一盞有之、申次者亞相息右少辨也、○竹内殿へ參、一盞有之、甘露寺以下祗候、雙六有之、

廿五日、丁丑、天晴、○禁裏御月次和歌稱名院へ談合、則令淸書進了、御題夕卯花、聞郭公、久忍戀、

むら〳〵の雪かあらぬか夕つく日
　さすや岡へにさける卯花
き〻つとも人にはいはし一こゑは
　雲のよそなる山ほと〻きす
色にしも出しさはかりたのめきて
　なと年月をふるの神杉

長橋局迄參、若宮御誕生珍重之由申入候了、次明日令登山之間、御暇之事申候了、次白川亭へ罷向、一盞有之、○自冷泉被呼之間罷向、脈取之、聊脈宜樣也、一盞有之、次梨門へ參、宮御方へ御加持に御參候了、竹門へ昨日申候御手本出來、○晩天正親町に罷向、一盞有之、次梨門へ參、水無瀨三位祗候、御酒有之、戌下刻歸宅了、

廿六日、戊寅、天晴、○唯識論三卷終寫功、四卷立筆了、○正親町より香薷散可調合之由有之、藥種到、○山井伊豆守來、江中抄一卷持來、予借用也、○一條殿へ久不參之間參、御雜談暫有之、○長局迄罷向、唯識論三卷遣之、○爲同道梨門へ參之處、伏見殿に御座之由候間、先大祥寺殿に參、次於伏見殿御鞠一足有之、未下刻御發足登山、於梨門晩飡、暮々榮光坊へ罷向臥候了、

廿七日、己卯、天晴、○時以後梨門へ參、次淨土寺門跡東谷親仙坊に御座之間參、御酒被下候了、次御鞠一足有之、次榮光坊へ歸坊了、松根洸、少進了、次榮光坊へ茶一斤遣之、同宮内卿に玻理◎璃カ皿一、遣之、

廿八日、庚辰、天晴、○宮内卿令同道、横川元三大師ゟ參詣、都率谷恵心院也、坊主出合、吸物にて酒有之、去年探題拜任、予中沙汰之者也、次梨門へ參、三光坊御樋進上、云々、宮内卿參、御酒有之、次宮内卿令同道歸坊了、

廿九日、辛巳、天晴、○午時淨門へ參、一盞有之、暫御雜談、次晩湌御相伴有之、次梨門へ參、御雜談有之、次歸坊了、

卅日、壬午、天晴、○月藏坊呼候間、未刻罷歸、非時有之、次淨門へ參了、○安居院へ罷向、雜談有之、次梨門へ參、次歸坊了、

○五月小

一日、癸未、雨降風吹、○安居院へ時に罷向、數刻雜談、又一盞有之、次梨門へ參、御非時被下、深泥之間其間々臥候了、

二日、甲申、雨降、自七日十方暮、○宮内卿宣圓、榮光坊宣祐等令祗候、御雜談申候了、○晩天榮光坊へ罷向臥候了、○自月藏坊三位爲使來、墨一丁送之、

三日、乙酉、天晴、○大講堂ゟ柱之木、自東谷今日坂本衆引之、云々、○今日予可下山之間、淨土寺殿へ御暇乞に參、一盞有之、次梨門へ參、御暇乞申候了、次摩尼寶坊へ禮に罷向、留守、云々、仍下山歸宅了、○長橋局迄罷向、下山之由申、所勞氣さて脈令取之、次藤黄門へ罷向、一盞有之、次四辻自甲州上洛之由有之間罷向、參内、云々、次萬里小路へ罷向、御伊茶局へ申入子細有之、若宮御方見申候、珍重々々、

四日、丙戌、天晴、○出納右京進重弘鈴一對持來、對面一盞勸了、

五日、丁亥、天晴、○大祥寺殿へ御禮に參、御盞被下之、次武家へ參、共大澤左衞門大夫、澤路筑後守、同彥九郎、并上將監、雜色等也、今日參賀公家烏丸、予、廣橋黄門、自禁御くす玉持參、飛鳥左金吾、右衞門佐、三將中將等也、大名細川右京兆氏綱、同右馬頭、畠山上野介、上野民部大輔、朽木民部少輔、伊勢守、中次小笠原民部少輔、海老名、祐乘法印等計也、武家賀茂競馬へ御成、云々、次方々御禮

に參、近衛殿烏丸、廣黄門同道御對面、次寳鏡寺殿、大御酒有之、予計退出、次南御所、一盞有之、次入江殿、御喝食御所御對面、御盃被下、次伏見殿、竹内殿、三條西、冷泉等へ罷向了、○暮々御祝に參内、天酌に被參之輩一位大納言、四辻大納言、予、伯二位、阿古丸、公遠、邦富等也、予御番に可祗候之由候間、其間々祗候、予一身也、○讃岐守忠宗來、云々、（南殿雜掌）柚留木來、對面一盞勸了、（扇持參）大澤竹壽、大澤出雲守等禮に來、

六日、戊子、天晴、五月節、　○彥部雅樂頭來談了、先日一竹四穴遣之禮、云々、○中御門女中來儀、德利隨身、云々、○禁裏より被仰候藥種召寄進之、○自冷泉被呼之間罷向、脈取之、一盞有之、○柚留木來、長者宣調遣了、　葉室代、○小幡又五郎目藥所望之間、五靈膏一貝遣之、○唐人來、藥種五六種取候了、

七日、己丑、天晴、自戌下刻雨降、○自菊亭女房衆用、云々、痢疾腹痛藥之事被申、八參丁香散加鶯粟、肉豆蔲、（二服煎）三包遣之、○烏丸來儀、暫雜談了、○景理來、聊取亂之間、先返了、周鑑方持來返了、

八日、庚寅、雨降、自午刻晴、　○自菊亭痢疾驗氣、云々、尙藥之事被申間、同藥五包遣之、○大澤出雲守、自去五日所勞、云云、頭痛發熱不食、云々、參蘇飮七包遣之了、○眞性院之内大野見掃部助來、對面雜談、眞性院隆慶僧都、自去年春所勞、當年三月廿九日遠行、云々、言語道斷、不可說々々々、四條少將伯父也、卅六才也、○德大寺へ罷向、閼伽井坊相尋之處他行、云々、○木屋藥師へ參詣了、

九日、辛卯、天晴、○唯識論四卷終寫切、大經師所へ三四之卷遣之、令切之、則予細工、懸表紙表卷調之了、一部首尾滿足了、○德大寺へ罷向、閼伽井坊に對顏、明日南都へ下向、同道之事、同代物於南都借用之事申之、同心候了、○長橋局迄參、南都へ可罷下之間、御暇之事申入候了、又唯識論四之卷長橋に遣之、同表紙々殘、境二枚等遣之了、

十日、壬辰、天晴、五墓日、　○令出立德大寺へ罷向、大澤左衞門大

夫、雜色與次郎兩人召具之、路次之用意二十疋持之、辰下刻發足、自伏見乘船、小倉へ越、東路也、於高畫休有之、狛迄自喜多院迎共馬二疋到、申初點着南都、予宿轉害之塞屋也、閼伽井坊者猪屋也、今夕晩飡喜多院に各有之、予計罷向、於黃昏歸旅宿了、

十一日、癸巳、天晴、十方暮終、自今日天一天上、　○大佛同八幡へ參詣、次松井安藝守所へ罷向、小鳥共見物了、○與福寺之東北院大僧正兼繼坊へ罷向、　唯識論校合、　供養等之事申候了、暫雜談、次大乘院殿へ參、社頭に御參籠、云々、御（九條殿御母儀）母儀政所御座所新造也、同所ゟ前攝取院ゟ音信、見參、所勞腰不立、云々、同政所御見參、酒有之、次修南院へ罷向、他行、云々、次東院へ罷向、見參、一盞有之、○壬生官務入道登辰來、明日就栂尾春日神影開帳、服者共除服長者宣之事、葉室代に可調與之由申候間、五通遣調（◎調遣カ）了、又後に兩通申之、爲禮百疋持來了、○大乘院殿に（社頭之屋、舟戸之屋、）參、御見參、御盞被下候了、○同宿之輩內山衆、云々、僧衆四五人、及黃昏招寄、一盞勸了、

十二日、甲午、天晴、天一天上、　○東北院へ罷向、今日之開帳に被參之砌也、論供養施物、號扇代三十疋遣之了、○春日社、近所十四重塔にて開帳、其邊群集之輩、罷向見物了、次大乘院殿へ參、暫雜談申候了、御酒被申（◎下カ）候了、○今朝內山衆予に一盞勸了、則歸坊、云々、○御師大藏大輔時良禮に來、麻布片持來、一盞勸了、○自雲松軒又兩通除服長者宣之事申次、又兩通申之、二十疋送之、及黃昏又兩通申候了、次僧壽洞除服之事申、十疋送之、○宿にて惡墨十疋に卅三丁取之、紙三束十疋五、か子紙二帖七十五にて取之、

十三日、乙未、天晴、五墓日、天一天上、　○松井安藝禮に來、同按察同道、一盞勸了、○大乘院殿御書有之、今日令社參者、從朝飡可參之由有之、今日惡日之間、不可參之由申入候了、○自東北院午時可參之由有之、則罷向、論之書誤之事直之、小漬有之、大澤左衞門大夫同相伴候了、今日可供養之由有之、次喜多院ゟ罷向、閼伽井坊被來、鞠有之、次麵にて一盞有之、次可歸宅之處被留之、晩

湌有之、次歸宅了、○東北院より唯識論到來、長堅に墨三丁、十疋にて所望之、○御師時良晩湌可用意之由、數度申來、故障了、又松井安藝、同晩湌に可來之由有之、同故障了、○自雲松軒、昨日長者宣之禮二十疋到、又紙二束送之、祝着々々、○御師父新權神主時具來、一盞勸了、明日出立、時良所に可用意之由申之間、種種雖故障候堅申候間、同心了、○自前攝取院臺物饅頭、枇杷、鈴一對送給了、宿へ遣之了、

十四日、丙申、天晴、天一天上、○早旦御師所へ罷向、令行水着淨衣社參、唯識論備神前奉幣、次若宮社、同所にて奉幣、次論返與之、次榎本社參、次御師所へ歸了、次朝湌有之、共衆兩人同之、正預祐恩連、中東師宣禮に來、二月堂牛玉正二枚、中東一同、送之、頂戴了、一盞勸之、次歸旅宿了、次閼伽井坊宿へ罷向、一盞有之、四時分發足、松井安藝予に馬送之、自木津返了、同按察上洛に而同道了、於多賀晝休、自小倉乘船、於伏見一盞、暮々歸宅了、

十五日、丁酉、従卯刻雨降、天一天上、○長橋局迄參、上洛之由申入候、次西殿へ罷向、自南都書狀共遣之、所勞、云々、次萬里小路へ罷向、同言傳之書狀遣之、入道、同亞相等見參、次伏見殿へ參、同中宮寺殿御返事進之、李部王御見參、暫御雜談、次大祥寺殿へ參、次歸宅了、○今朝安明院忌日之間、慶存齋に來、相伴了、○大澤出雲守所勞同前、曖之由申候間、山井伊豆守に脈藥等之事申遣之、○長橋局官女右京大夫咳氣、脈取之、藥仲和散加前胡、五包遣之、○梨門坊官按察目藥所望之間、一貝遣了」、

十六日、戊戌、天晴、天一天上、○如例百萬返以下、小呪小經看經了、○大樹御腫御所勞、云々、緣阿彌所に御座、云々、御見舞に、親王御方爲御使參、不及御對面、申次海老名民部少輔也、次親王御方へ參、御返事候樣入道內府へ申渡了、次藤黃門へ罷向、今朝被尋候間如此之處、右金吾飛鳥井爲門弟鞠道望、云々、予可口入之由有之、次官務女五位、自昨日以外所勞、云々、脈之事被申候間診之、事外熱氣頭痛也、藥之事被申候間、香蘇散に加川芎、白芷、前胡、三包遣之、○當番之間七過時分參

内、予、基孝朝臣兩人也、○今朝粟津孫三郎、楊弓之矢所望之間遣之、

十七日、己亥、天晴、天一天上、○一條殿へ參、右府御對面、自南都法花寺殿之御書進了、臺御方御見參、天目に一盞、右府御酌にて被下了、次德大寺へ罷向、閼伽井坊へ先日之禮申候了、所勞之由有之、不及見參、次飛鳥井へ罷向、萬里小路亞相被行、一盞有之、右金吾門弟之事申調、次萬里令同道罷歸了、次高倉へ罷向、飛鳥へ返答候樣申候了、○粟津孫三郎、楊弓之矢祝着之由申、例之矢又送之、

十八日、庚子、天晴、天一天上、○正親町入道被申香薷散一濟令調合、持罷向遣之、一盞有之、○西坊申懸字三幅、勅筆歟否之事、可備叡覽之由申之間、長橋局迄持參之處、非勅筆(後花園)、云々、先被置御所了、次竹内殿へ參、暫御雜談申候了、次大祥寺殿へ參、御伊茶御局へ申子細有之、勸亞、中山亞、萬里亞、五辻等祗候、音曲有之、一盞被下、及黃昏歸宅了、○山井伊豆守來、大澤出雲守脈不宜之樣申、藥之事予に可與之由申候間、令談合、升麻前胡湯に加五味子、半夏、□□七包遣之、

十九日、辛丑、雨降、自巳刻晴、天一天上、五墓日、○自廣橋腹之藥所望之間、調中散二服遣之、○自庭田若子腹中被煩、云々、瘧之後、云々、藥之事被申候、人參丁香散五服遣之、○香薷散二濟調合、老母、大左衞門大夫、與次郎等に一包宛遣之、朽木女房一包遣之、○祐乘大藏卿燒跡藥所望之間、一包遣了、○金山天王寺觀音へ參詣了、○自勸修寺亞相腹中藥所望之間、三服遣之、女房衆用、云々、

廿日、壬寅、晴陰不定、天一天上、○大澤出雲守藥之事申候間、同藥九包遣之、噯之藥(丁香湯三包)一包又遣之、代五十八、先借用候了、○右金吾七時分飛鳥井へ被行之間同道、三荷三種被持、同粟津孫三郎、同伯父湯屋坊淳慶、同門弟に成、二荷兩種宛遣之、盃二獻、麵、吸物等有之、音曲有之、夜半鐘以後歸宅候了、

廿一日、癸卯、晴陰、天一天上、五月中、○建仁寺之内 光堂之 光明院被來、笋一束隨身、一盞勸了、駿州へ眞性院雜具之事、老

母に被申渡了、香薷散所望之間、一包遣之、○出雲守曦昨日去夜停、又自今朝曦之間、藥之事申候間、二包遣之、○晩天藤黃門へ罷向、楊弓有之、家中衆七八、暫見物、小漬有之、○當番之間暮々參內、相番予、基孝朝臣兩人計也、

廿二日、甲辰、辰刻雨降、自巳刻晴、天一天上、申刻雨降、○西坊懸御目三幅懸字、非勅筆之由有之、被出之間、則西坊に持遣之、○彥部雅樂頭所望之一竹四穴口傳一紙、相調遣之、○禁末之たさ中目藥五靈膏三貝遣之了、○梨門坊官按察目藥所望之間、又一貝遣了、○自勸修寺亞相腹中煩之間、藥所望之由被申間、調中散五服遣之、又先度被借用源氏、一二之卷被返了、

廿三日、乙巳、雨降、天一天上、○山井伊豆守來、暫雜談了、○冷泉被呼之間罷向、脈取之、聊驗氣也、一盞有之、次庭田へ罷向、書寫之事被申、源氏料紙先返遣之、一盞有之、次菊亭へ罷向、歷名本返遣之、暫雜談候了、一盞有之、○新內侍殿承候人參丁香散、同薄所望之間、仲和散七包持遣之、○大澤出雲守藥之事申候間、養胃湯に加前胡、黃芩、七包遣之、事外驗氣之由申候了、同小女所勞氣本服之由申候了、

廿四日、丙午、雨降、天一天上、○谷川所望之間、人參丁香散七服遣之、○出雲守養胃湯當之樣候由申候間、又柴胡升麻湯五包遣之了、○甘露寺へ罷向、令借用實語敎、童子敎返遣之、又沽却之雙紙十二冊見遣之、暫雜談了、○藤黃門へ罷向、武家へ祗候、云々、右金吾と暫雜談了、

廿五日、丁未、天晴、天一天上、○北野社へ參詣了、○三好筑前守以下、悉自去月末責丹州波多野城、一昨夜敗軍、云々、三好者攝州小淸水城へ引、云々、慥不聞、○藤黃門へ罷向、一盞有之、暫雜談候了、次大祥寺殿へ祗候、先日申入候袖中抄、先申出、本之事自禁裏被召返之故也、○冷泉へ罷向令談合、御月次和歌詠進、稱名院他行之故也、御題、勅題、

簾外螢飛、寄島戀、

すたれまく外面の夕月遲き

空にほたるの光みせけり
みるめさへなみのゐしまのえかたきに
いかて心をうつしそめけん
金山天王寺之僧舜智來談了、○四條來儀、自伏見殿蛸蛉結之事被仰、調進之、又茶調散方御所望、同進之、
廿六日、戊申、天晴、天一天上、○大澤出雲守室來、大略本服、祝着之由禮申候了、○庭田次男三才、瀉痢有熱氣、云々、藥之事被申候間、人參丁香散五服遣之、○當番之間暮々參內、相番予、基孝朝臣兩人也、
廿七日、己酉、天晴、天一下艮、○飛鳥井乍父子、明日防州へ下向、云々、仍暇乞に罷向、下京醫者古川治部入道同來、一盞有之、香薷散一包前亞相へ遣之、○伏見殿へ參、唯識論可入見參之由被仰之間、取寄進之了、○冷泉へ罷向暫雜談候了、一盞有之、
廿八日、庚戌、天晴、○上御靈社へ參詣、薄同道候了、○飛鳥井亞相へ令約束人參丁香散、一包、調中散十服、持遣之、今日發足治定、云々、○常寂院辨天へ參詣了、次竹門へ參、三條前亞相、滋野井被參、暫御雜談了、次五辻へ罷向之處、自伏見殿可參之由候間則參、御楊弓五十度有之、御人數李部王、菊亭、三條前亞相、予、庭田、滋野井、三條中將、極﨟等也、十枚計勝了、次烏丸へ罷向、中澤掃部、速水越中守等汁有之、中酒相伴候了、
廿九日、辛亥、雨降、○故葉室寶樹院、宗永等忌日之間、如例僧兩人齋に來、相伴候了、○自長橋局用候由有之間罷向、夏袍二具被見了、一盞有之、次常寂院辨天へ參詣了、

○六月大

一日、壬子、雨降、八專入、○澤路彥九郎禮に來、山井伊豆守來、不及對面、江中抄物一册返遣之、○大和刑部少輔來儀了、○常寂院辨天へ參詣了、○大祥寺殿御盃被下、竹內殿、稱名院産穢、云々、等へ禮に罷向候了、○親王御方へ御禮に參、御對面、次參內、天酌に被參之輩一位大納言、四辻大納言、予、廣橋中納言、宮內卿、阿子丸、基孝朝臣、邦富、源爲仲等也、當番之間其間々祗候、予、基孝朝臣

兩人也、
二日、癸丑、天晴、○藤黄門へ罷向、明日八幡御法樂、禁裏可有五常樂急百返之由候間、直衣借用之事令申候間、同心也、暫雜談了、○常寂院辨天に參詣、次竹内殿に參、於正親町亭、楊弓之事可催之由被仰之間、申遣之處、故障之由返答之間、不及是非、
三日、甲寅、天晴、八專、半夏生、○於禁裏、八幡御法樂五常樂急百返有之、人數八人之間、十三返也、先三反、次五反、又次五反、次太平樂急二返有之、笙伯二位（音頭）、基孝朝臣、篳篥宮内卿、笛下官、琵琶今出川前左大臣、箏御所作、四辻大納言、公遠（初參）等也、於御學問所有之、次於番衆所一盞有之、次御楊弓有之、可候之由被仰下之間、雜具召寄、六十八度於東庭有之、御人數御矢、卅三、曼殊院宮、卅、今出川前左大臣、廿六、四辻大納言、廿六、予、十八、廣橋中納言、八、右大辨宰相、十五、實福朝臣、十三、經元、廿、源爲仲十五、等也、予七十二枚勝了、於番衆所小漬如常、御矢取虎福（竹門）、虎┃（三條芝子）、加田彌三郎等也、所役に邦富、及黄昏退出了、○常寂院辨天に參詣了、
四日、乙卯、天晴、○丑刻より腹痛終日煩之間、富小路招寄令取脈、霍亂之由有之、只香薷散可受用之由申候間、十服計受用、亥刻計落入候了、○三條（正）香薷◎散（脫カ）所望之間、一袋遣之候了、○葉室出京、五辻所勞爲見舞被來、常寂院へ爲代官參詣、自今日三日佛供之事申付候了、○薄候所之阿茶腹中煩之間、藥所望、調中散五服遣了、
五日、丙辰、天晴、○早々大和刑部少輔被來、昨日相尋之處、御番に祗候之由有之、○常寂院辨天へ參詣、佛具◎供（カ）御酒等頂戴了、次竹内殿へ參、御楊弓に御參内、云々、次長橋局へ參、右京、彌々等所勞、云々、脈取之、彌々霍亂之間、香薷散一包十服計、遣之、
六日、丁巳、天晴、○常寂院辨天に參詣、今日迄三日佛供申付了、御酒頂戴候了、次竹門へ參、甘露寺祗候、令同道能歸了、竹門へ香薷散一包、二兩、進之、○長橋局迄參、今日雖當番、未無力之間、不可參之由申候了、香薷散一包二兩、局へ遣了、次藤黄門へ罷向、暫金吾、甘露寺等雜談

了、金吾に同一包遣之、○自一品入道廻文（十三人歟、）有之、明後日、田舍酒所持之間各可來、云々、

七日、（戊午、天晴、）○今日祇園會有之、云々、老母。阿子等社參、云々、葉室見物に被行了、○自禁裏、明後日御法樂五常樂急百返可有之、可祇候之由有之、○葉室母儀、同葉室婦、（丹州阿茶、）爲見物出京さて來儀、則晩天皆々被歸在所、阿茶此方に逗留也、葉室、同母儀へ香薷散一包宛遣之、○武家奉公衆本鄕宮內少輔、千秋刑部少輔、海老名刑部少輔、楢生新三郞、山名又五郞、矢島――等、祇園會見物、喧嘩出來、雜色衆一人手籠、開闔へ被行、可成敗之由有之、各事外沈醉、云々、夜に入爲武家堅被仰歸宅、云々、以外近所物忩也、不可說不可說、○御添番に參、予、基孝朝臣兩人也、當番衆無之、

八日、（己未、天晴、六月節、）○今日從正親町一品、各十餘人招請、田舍酒被振舞了、予無力之間故障了、晚天卒爾罷向了、音曲等有之、事外之大飮也、予今夜右金吾へ罷向臥候了、○竹內殿へ參、暫御雜談申候了、勸修寺亞相、

滋野井羽林、吉田右兵衞佐兼右朝臣等參、中將棊了、

九日、（庚申、天晴、）○丹州阿茶、阿子等、淸水寺へ參詣、云々、○晚頭自冷泉、庚申に可來談之由有之間、暮々罷向、兩人暫雜談、小漬有之、一盞有之、亥刻計歸宅了、

十日、（辛酉、雨降、）○丹州阿茶、自葉室迎來被歸了、香薷散一包遣之、

十一日、（壬戌、晴、自巳刻雨降、自未刻晴、）○薄、五辻令同道、祇薗少將井、大政兩所へ參詣了、共大澤左衞門大夫、澤路彥九郞、雜色等也、○今朝看經に神樂（笛）少々吹之、○五辻へ罷向之處、他行、云々、仍大祥寺殿へ參、香薷散一包進上、同久首座へ一包遣之、暫御雜談申了、一盞被下了、次中山へ罷向之處、勸修寺亞相、同右大辨宰相、庭田、尊勝院、五辻、鴨祝三位秀行、二位、（日蓮衆庭田內）河內等雙六有之、同碁將棊等有之、晚頭汁有之、仍飯召寄了、音曲有之、○當番之間及黃昏參內、相番予、基孝朝臣兩人計也」、

十二日、（癸亥、天晴、）○亡父卿忌日之間、舜智、淨花院小僧兩人齋に來、相伴候了、○一條殿へ參、內々右府へ御約

束中候韻鏡料紙堺を懸て持參、書寫之事中入候了、又袖中抄一卷書寫之事、五條黄門へ誂了、同四卷、堀川判官に誂了、同自五卷至八卷、右府へ返上申候了、○長橋局官女彌々約束之人參丁香散一包遣之、○彥部雅樂頭に借用之和歌名寄一冊返遣之、○一條殿御所望之間、香薷散一包持進了、○勸修寺へ罷向、亭主父子、中山、四辻、同少將、牧雲軒、河内等、碁將棊雙六等有之、後に吉田右兵衛佐兼右朝臣、來、一盞有之、次予、吉田令同道、冷泉へ罷向、ちまきにて一盞有之、及黄昏歸宅了、○自朽木所海松一蓋到、云々、

十三日、甲子、天晴、自長講堂珠泉來、周德者霍亂所勞、云々、樽一、まき、山桃送之、一盞勸了、後白川院御影、自去去年竹内殿に置申候、申出長講堂へ返申候了、同兩社神體、禁裏紫震殿に有之、同珠泉に渡了、予竹内殿に暫御雜談申了、○自薄所取次、正親町町人餅屋四郎左衛門、自去年六月所勞、腰不立、云々、脈之事申候間、薄令同道、近所於山國所禁御仕丁、脈取之、腳氣之樣也、則歸宅、藥之事申候間、令思案可遣之由返答、○正親町へ海松一蓋遣之、香薷散又所望之由被申候間、罷向香薷乞之、一盞有之、○新内侍殿腹中瀉之間、藥之事承候間、調中散五服、遣了、

十四日、乙丑、天晴、○藥屋小山所藥種四種卅二、先取寄了、○自餅屋早々中酒にとて、鈴一對兩種鮒のすし、まき、送之、同薄禮とて來之間、一盞勸了、○祇園會爲見物、通玄寺殿へ參、烏丸、同女房衆子共被參、山共見物、次於寶持院酒暫有之、次祭禮見物、次同亮にて小漬有、日野之内勢多來、音曲有之、申刻歸宅了、○及黄昏四辻誓願寺へ參詣之間令同道、誓願寺眞如堂へ參詣、○速水安藝守霍亂、云々、及黄昏藥所望之間、香薷散四五服計遣之、

十五日、丙寅、天晴、○祖母安明院忌日之間、慶存齋に來、相伴候了、○餅屋四郎左衛門藥令調合、獨活寄生湯七包、愛洲藥卅一服、七日之分遣之了、山國仕丁禮に來、云々、親類歟、○自庭田、三才之男子腹中瀉之由有之、

藥之事被申候間、號黃連散香薷散五服遣之、〇自冷泉可來談之由有之間罷向、一盞有之、妾所勞之間、脈之事被申、香薷散一包遣之、〇參蘇飲調合了、〇速水安藝守昨日之藥之禮に來、云々、〇自廣橋、如例年明日嘉定に可來之由有之、可罷向之由返答、〇中御門官女小宰相小男七才、瀉痢藥之事被申候間、香薷散三服遣之、

十六日、丁卯、天晴、〇看經、不動明王、火界呪廿一反、慈救呪百反、心經七卷、如意輪去三日に失念之間、慈恵大師影懸之、同心經三卷、小呪百返看經、供荒米了、〇自田中隼人佑、目之藥所望之間、五靈膏一貝遣之了、〇霍亂氣之間、廣橋へ故障之由申遣之、又使有之、返答同前、〇長松丸所勞氣之由申候間、藥共與之、〇當番之間暮々參內、當番衆予、基孝朝臣兩人也、以長橋局、攝州之樣御尋、風說之分申候了、〇薄於禁中禮被申、新內侍殿腹中御煩、先度之藥にて本服、祝着之由候了、

十七日、戊辰、戊刻雨降、五墓日、〇自內侍所五位、瀉痢藥之事申候間、香薷散五服遣了、〇自駿州檢校◎鈌字來、對面、一盞勸了、近日下向、云々、香薷散一包遣之、〇富小路へ罷向、所勞、云々、以外瘦也、長松煩之樣雜談、只香薷散可與之由有之、〇一條殿右府御目所勞、云々、藥御所望之間、五靈膏一貝進了、〇天文七鞠之記、柳原書之、竹內殿御本申請、今日寫功終了、則令持參返進申候了、

十八日、己巳、天晴、〇中御門官女小宰相先日申、小男腹未本服之由、又藥所望、同藥五服遣之、〇官務入道雲松軒登辰、去十五日從南都上洛之由申來、油煙一丁送之、〇晚天烏丸亭へ罷向、雜談候了、次於五辻門前納涼、勸大、中大、萬大、持中、極﨟等也、

十九日、庚午、天晴、酉刻夕立雷鳴、〇萬里小路へ罷向、亞相暫雜談了、次藤黃門へ罷向、暫雜談、金吾は葛川へ中二日參籠、云々、明日下向、云々、一盞有之、〇金山天王寺へ參詣、〇自伏見殿御楊弓に可參之由有之間、則參候、五十度有之、人數李部王、十五、穴一、竹內殿、卅、穴一、予、卅五、右大辨宰相、十二、廿二度に、頭中將、十三、滋野井中將、十四、極﨟十四、等也、予八枚勝了、

廿日、辛未、天晴、未申刻雨降、土用入、○松平〈○井カ〉孫左衛門來、明後日備州へ下向、云々、書狀共可言傳之由申了、○冷泉へ罷向、妾風氣散々式也、脈取之、大熱氣也、淸侍從藥、云々」、

廿一日、壬申、雨降、○自禁裏、御月次和歌御會勅題被出之、則廻文調之、長橋局へ進之、

　墻夕顏、野夕立、古寺鐘

右御題、月次和歌御會、可令詠進之由、被仰下候也、

六月廿一日　　言繼

一位大納言殿、勸修寺大納言殿、日野大納言殿、中山大納言殿、四辻大納言殿、日野新大納言殿、新大納言殿、三條前大納言殿、藤中納言殿、新中納言殿、冷泉中納言殿、廣橋中納言殿、伯二位殿、右大辨宰相殿、宮內卿殿、頭中將殿、持明院中將殿、三條中將殿、藏人辨殿、藏人中務丞殿、

自岡御所、香薷散御所望之間、一包廿服計、進上了、○大和刑部少輔誘引之間、令同道五辻へ罷向、勸修寺父子、中山等被來、ちまきにて一盞有之、半日計音曲候了、○餅屋四郎左衛門藥拂底之由申候間、同藥七包遣之、同愛洲藥廿服遣、○當番之間申下刻參內、當番衆予、基孝朝臣兩人也、○松井孫左衛門所へ書狀調遣、播州島津方へ書狀計、備前中山方へ書狀、保童圓一包遣之、

廿二日、癸酉、雨降、○松井孫左衛門香薷散、七服、保童圓二百粒、所望之間遣之、○禁裏聖天御法樂之間、辰下刻參內、巳刻始、御人數御製、十九句、曼殊院宮、九、入道前右大臣、十八、中山大納言、八、四辻大納言、十二、予、十、廣橋中納言、十四、菅宰相十一、等也、執筆一折宛、廣、予、曼、菅、被書之、於長橋局小漬如例、未下刻終了、發句以下如此、

雪そとも手にとるからの扇かな　廣橋中納言
夜　涼　箔　捲　珠　曼殊院宮
待れつる月は軒端の程にして　四辻大納言
いつしか秋にそよく下荻　中山大納言
しはし猶あつさは殘る暮つかた　言繼
道もあまたに行つるゝ人　御

望山雲縹緲　　菅宰相

抜地阜崎嶇　　入道前右大臣

藤黄門へ罷向、金吾從葛川上洛、自一昨日途中に逗留、云々、次岡御所へ久不參之間祗候、暫御雜談申候了、御酒被下了、〇自葉室梢はさみ被返、又狗之子二女犬也疋被上了、

廿三日、甲戌、晴陰、六月中、〇自新内侍局、扇一本、引合二帖被送之、祝着候了、〇正親町へ罷向、一盞有之、次賀二位所へ罷向暫雜談了、〇大澤出雲守病後始而禮に來了、

廿四日、乙亥、晴陰、夜深雨、〇稱名院へ罷向、御月次和歌談合了、暫雜談了、次高倉黄門へ罷向、右金吾雜談、於彼亭懷紙清書、長橋局へ進了、種々雜談、晩湌有之、〇竹内殿へ參、明題抄略返上了、次岡御所へ祗候、御酒被下了、

廿五日、丙子、晴陰不定、〇今日御月次和歌如此、題墻夕顔、野夕立、古寺鐘、

をく露もえならすみえてしつかすむ
　かきほにおしき花の夕かほ

野へにきてたのむ木陰も露しつく
　さらにひまなき夕立の空

難波寺そこさしれとやこき帰る
　舟は湊に入相の聲

北野社法樂之間、辰下刻參内、御和漢二百韻有之、於紫震殿後御被遊之、執筆兩人相雙、第一菅宰相、第二竹門二三、廣中一四、御人數御製、曼殊院宮、入道前右大臣、中山大納言、四辻大納言、予、九、十一、廣橋中納言、十三、十一、菅宰相等也、於長橋局小漬如常、御發句以下如此、暮々終了、各退出了、

第一

かさねあけてこゝやふしのれ雲の峯　　御

涼襟話雪抜　　入道前右大臣

呉竹の軒はの月はかけすみて　　曼殊院宮

秋になる夜の窻のしつけさ　　中山大納言

村雨の跡とや霧の殘るらん　四辻大納言
あし邊舟さす袖しめるなり　予
篗唱驚汀鷺　廣橋中納言

第二

たはやかにさくませかきのさやか哉　御
雨後愛薰風　曼殊院宮
蟬響淨琴外　入道前右大臣
鵖凝甲帳中　廣橋中納言
隙もさめさし入月の閨深て　中山大納言
よそのきぬたも枕にて聞　四辻大納言
帶雪秋葉亂　菅宰相
嵐もわきて朝け寒けき　予

退出之次、於內侍所納涼之處、盃出、酒受用了、五位、阿子等也、○伯卿去夜より腹中以外瀉、云々、藥之事被申間、明朝可遣之由申候了、

廿六日、丁丑、天晴、○早々從伯卿藥之事所望、不食之由有之間、調中湯に加木香、川芎、豆蔻、三包遣之了、○勸修寺亞相被誘引之間、午時御手洗へ參詣、同道之衆勸亞、中山、四辻、萬里小路亞相、予、右大丞、庭田、尊勝院、五辻、二位、りんかんす、日蓮衆相國寺僧內膳民部大輔等也、鴨祝所へ被行、同祝秀行卿振舞、於社務祐雄卿、光輔卿等相伴、冷麪、吸物にて及大飲、音曲等有之、七時分歸宅了、○當番之間參內、予、基孝朝臣兩人也、今夜大典侍殿御局へ別殿行幸也、三獻有之候に、番衆兩人參了、

廿七日、戊寅、天晴、申刻雨降、○從伏見殿御使被下、日吉與九郎祗候仕之間、可參之由有之、則參之、大鼓被打之、予、極﨟等微音に音曲了、次大祥寺殿へ參、勸修寺、中山、中將基有之、極﨟祗候、音曲等有之、○今朝伯卿腹中驗氣之樣也、先以祝着之由書狀到、○自冷泉被呼之間、晩天罷向、妾所勞、自昨日少驗之由有之、暫雜談、戌刻計歸宅了、○五條黃門へ誂候袖中抄、一之卷出來到、

廿八日、己卯、雨降、自巳刻天晴、自申刻雨降、○右金吾へ罷向、若王へ◎子カ出京也、暫雜談了、次正親町へ罷向、一盞有之、次高辻へ罷向、韻鏡新寫之本、五六枚助筆之事申候了、

廿九日、庚辰、天晴、申下刻夕立、○一條殿今日從土州御上洛之由有之間、路次迄御迎に參候了、中御門黃門同上洛、云々、仍各迎共、鳥羽迄各罷向、云々、予、五條、持明院中將、藤藏人種直、三上三郎等、竹田迄罷向、於本覺坊五條伯父也、一盞有之、次又於石橋小漬有之、及數盃、予知人也、又九條迄罷向衆日野大内記、奉公衆に安威美作守、有馬治部少輔、大草三郎、大隅民部丞等參了、其外御地之上之衆、中御門披官衆、近所町衆等罷向了、申下刻上洛、直に一條殿へ參、御兩所御出座、各御酒被下候了、

卅日、辛巳、天晴、時々急雨、○高倉へ罷向、金吾に竹田石橋坊に禮之事申含、同奥田彈正忠に申、與昇一人申禮等之事申了、同粟津修理亮に申渡、禮之事了、石橋坊へ扇一本遣之、修理亮に遣了、○正町町餅屋藥之事申候間、先獨活寄生湯三包、愛洲藥十服遣之、直令調合可遣之由申了、藥種代三十疋送之、○淨土寺殿之西坊來、武家御楊弓御矢之用とて、鴫尾令所望之間、四枚遣之、藿香一包送之、祝着候了、○中御門へ罷向、土州之儀雜談共了、葉室出京、同罷向、淨土寺殿奥坊同罷向、一盞有之、○右金吾用之事有之、門前迄來談了、

○七月小

一日、壬午、未下刻村雨、○高倉へ禮に罷向、次竹内殿へ參、御見參、次一條殿に參、御兩所御見參、一盞遠來酒、被下之、暫御雜談承了、次大祥寺殿へ參、御盃被下了、次伏見殿へ參、李部王御對面、次稱名院へ罷向、見參了、次菊亭に楊弓有之間、雜具取寄射了、卅餘度仕了、人數亭主、前左府、同三位中將、予、若王子、中村越前入道、高木越中守等也、瓜出了、○飛鳥井西國へ下向、路次にて海賊之風聞有之、無心元之由申遣、大澤不苦之間、風聞之由返答了、○暮々御祝に參内、先親王御方へ參、御對面也、今夜天酌に被參之輩一位大納言、四辻大納言、予、廣橋中納言、伯二位、右大辨宰相、宮内卿、重保朝臣、基孝朝臣、公遠、源爲仲等也、今夜當番之間祗候、當番衆予、基孝朝臣兩人也、○白川今日禮、又先日藥之禮等に來儀、云々、又薄來儀、云々、山井伊豆守、

蓮池入道玄甫等禮に來、云々、○四條中將轉任之事、以葉室申、則勅許也、主腫物之所勞之間、予先内々御禮申入候了、

二日、癸未、天晴、○七夕和歌御題勅筆被出、則廻文相調、長橋局へ進之、同稱名院へ遣之、廻文如此、

七夕迎夜

右七夕御題、可令詠進給之由、被仰下候也、同別紙に、宛所西殿、三條殿、

七月二日　言繼

一位大納言殿、勸修寺大納言殿、日野ゝゝゝ、中山ゝゝゝ、四辻ゝゝゝ、日野新ゝゝゝ、新大納言殿、三條前ゝゝゝ、藤中納言殿、新中納言殿、中御門中納殿、冷泉ゝゝゝ、廣橋ゝゝゝ、伯二位殿、右大辨宰相殿、宮内卿殿、頭中將殿、持明院ゝゝゝ、三條ゝゝゝ、藏人辨殿、藏人中務丞殿、

餅屋へ藥共令調合、獨寄十包、愛洲藥卅服等遣之、○葉室在所へ被歸了、○予笛質物之儀、井上將監所へ、大澤左衛門大夫、澤路筑後守兩人爲使遣之、同室町之藥屋祖母來、針一本隨身、

三日、甲申、天晴、急雨、自今日十方暮、○就笛之儀、又將監所へ以兩人兩度申遣之、○竹内殿御養生藥廿一包調合持參、各參、中將棊有之、○高倉へ罷向、右金吾河狩に被行之間、令同道罷向、晩飡有之、○中御門上洛以後初而被來、田舍紙一束持來、一盞勸了、

四日、乙酉、天晴、未下刻小雨灑、○高辻に誂候韻鏡、被書寫到、祝着候了、○笛之儀に、又將監所へ兩使遣之、不存之旨同篇申候了、深澤◎澤路カ筑後守細工之團扇一與之、祝着候了、○晩頭冷泉へ罷向暫雜談、一盞了、

五日、丙戌、天晴、五墓日、未下刻夕立、○高倉金吾へ少用之子細有之罷向、留守之間罷歸了、次冷泉へ罷向、田上之不動へ被參詣之由有之、○韻鏡之本校合畢、同表紙懸之、○富小路へ罷向、中御門同被行、暫雜談候了、

六日、丁亥、天晴、○大神景理來、神樂稽古了、○自大祥寺殿久首座可來之由有之間罷向、公事邊之儀被相尋、方丈

御參内、云々、勸修寺亞相、同右大丞、中山等被來、瓜有之、次五辻へ罷向、次五辻令同道正親町へ罷向、一盞有之、○自一條殿前殿、土州御宮笥とて、藿香、五兩、川芎、五兩、田舍紙十帖被下了、罷出御返事不申候間、則參御禮申候了、暫御雜談申候了、右府御出座候了、○及黄昏當番之間參内、番衆予、基孝朝臣兩人計也、長橋局自三日腹中被煩、云々、

七日、戊子、天晴、○讃岐守忠宗、伊豆守景賴、出納右京進重弘、小童重弘子、内竪國益等禮に來、澤路彥九郎同禮に來、○稱名院へ禮に罷向、次に今日禁裏御歌令談合、一盞有之、次伏見殿へ參、李部王御對面、次大祥寺殿へ參、御盃被下了、次五辻へ罷向、禁裏御懷紙、於彼亭淸書如此、五條黄門、伯卿等御懷紙到來、

星夕同詠七夕迎夜、和歌

按察使藤原言繼

玉さかの露の、ちきりを待えてはこ、よひや袖もほし合、の空

中御門黄門、予和歌餘分所望之間遣之、

天河けふの逢瀨のいそ枕

いそく心の舟出すらしも

○竹内殿江御禮に參、五辻同道、甘露寺祗候、御酒被下了、○中御門へ今日佳例各被呼之間罷向、人數烏丸、中山、予、亭主、廣橋黄門、庭田、甘露寺、富小路、同藏人、堀川判官國弘、淨土寺殿奥坊、北尾入道、久河彌二郎等也、冷麪、再進に飯被引之、いりこ酒有之、次盃及數盃、音曲有之、○今日御祝に暮々參、先親王御方へ御禮申候了、御對面、次參内、天酌に被參之輩一位大納言、予、廣橋黄門、伯二位、宮内卿、阿子丸、重保朝臣、基孝朝臣、源爲仲等也、次於臺所佳例一盞有之、次退出了、○長橋局之右京大夫、腹藥所望之間、調中散三服遣了、他所用、云々、

八日、己丑、七月節、天晴、○溥來儀、昨夕公宴御懷紙一覽之望、云々、昨夜可結進之由有之被出、暫雜談了、次御懷紙結之、裏書等調之、法中別に結之、○冷泉へ罷向、自田上不動昨夕下向、云々、數刻雜談、一盞有之、○横田に

借米之事に、井上將監宅へ使入之、云々、無興々々、種々馳走候了、〇長橋局腹中未被傾之間、藥所望之間、三服遣之、

九日、庚寅、天晴、少夕立、〇總在廳隆生來、南良油煙一ヶ隨身、六月會可在之、云々、仍前奏法中四十、聽衆交名談合、舊案持來之間、十餘人出入直遣之、〇長橋局腹中藥又所望之間、五服遣之、〇中御門被來、料紙被求了、〇烏丸へ罷向、庭之松木二本洗之、小漬にて一盞有之、〇七時分東山吉田へ罷向、留候間共物返之、晩飡有之、種々雜談、臥候了、

十日、辛卯、天晴、八時分小雨降、〇吉田へ栂尾闕伽井坊被來、吉田次男同所勞療治也、齋有之、相伴、碁中將棊有之、七時分歸宅候了、〇暮々長橋局へ見舞に罷向、同篇、云々、脈取之、熱氣有之、以外勞也、次禁中徘徊、勸大、中山等同道、戌刻計歸宅了、〇亥刻計長橋局より、女房衆俄霍亂とて、香薷散所望之間、五六服遣之、誰人候哉不知之也、可尋、

十一日、壬辰、天晴、五墓日、〇看經、神樂（大笛）少々吹之、〇自庭田使有之、今日伏見殿御目出度事、必可參由候之由有之、不具所勞之間、不可參之由返答、如何樣にも可參之由重使有之、同樣返答、又自伏見殿、四條中將爲御使、必可參之由被仰下候間、畏之由申入候了、御樽進上之儀、依不相調如此候了、〇申下刻伏見殿へ參、暮々御盃參、入道宮、李部王、總持院殿、（三獻より御出座）予、中御門中納言、頭中將、持明院中將、右衛門佐、四條中將、（三獻より參）極﨟、承喜首座等計也、及大飲音曲等有之、予五獻以後退出、七獻云々、〇當番之間宿に祗候、御寢、云々、予、基孝朝臣兩人也、〇不動、長谷寺觀音表法繪今日出來、早瀨彥二郎沙汰候了、

十二日、癸巳、天晴、自今日天一天上、〇今日亡父卿雖爲忌日、依不事調僧不呼、無念々々、不可說々々々、竹内殿へ參、不動入見參、次長橋局へ罷向見舞、少驗之由有之、次高倉へ罷向、黃門、金吾等見參、一盞有之、次歸宅候了、〇冷泉へ罷向、留守、云々、岡殿へ參、同留守也、次又夜

に入、納涼に中御門へ罷向、一盞有之、○自長橋局御目出事廻文有之、

あす十三日、めてたき御さか月參る、御しこう候へく候よし申とて候、

一位の大なこん殿、四つし大納言殿、新大なこん殿、あせちの中なこん殿、ひろはしの中納言殿、はくの二位殿、頭中將殿、ちみやう院中將殿、右少辨殿、權辨殿、四つし少將殿、きよくらう殿、

十三日、甲午、自卯刻雨降、從辰刻晴陰不定風吹、天一天上、○晚天萬里小路へ罷向、亞相暫雜談、一盞有之、○御盃に參內、戌初刻各親王御方御迎に參、則御參內、於議定所御一獻參、親王御（三獻御酌）方、（四〻）大祥寺殿、（岡殿 五〻）大慈光院殿、（親王御方御陪膳）各祗候之輩一位大納言、（大祥〻）（岡殿御〻）予、廣橋中納言、重保朝臣、基孝朝臣、公遠、邦富、源爲仲等計也、各不參、不可說々々々、女中又只三人也、男女無人、無念至也、御盃五獻也、音曲無之、亥刻退出了、長橋局所勞故不參、脈取之、痢又瀉、云々、

十四日、乙未、陰、時々小雨、終日風吹、天一天上、五墓日、○各申付、御倉町之地子令催促、亥刻計一貫三百八十五到、同近衞地子大澤出雲守三百七十持來、云々、井上所へ横田使入之由申候間、一貫六百文遣之、云々、○長橋局腹之藥被所望之間、調中散五服進了、

十五日、丙申、晴、天一天上、○正親町米屋中村與三左衞門、に百疋借用、大澤出雲守取次、德政之沙汰有之間、賣劵狀調遣之、限十二月、五文子、云々、出雲守に惡肩衣遣之、○自葉室如例年、予、南向へ蓮飯到、同老母方へも到、云々、則祝候了、○今夕御祝、依不具不參了、○夜に入冷泉黃門令同道誓願寺へ參詣了、

十六日、丁酉、雨降、天一天上、○竹內殿へ參、中將棊一盤、碁三盤參了、次梶井殿御下山之由有之間參、伏見殿へ梨門御對面、暫御雜談共申了、次岡殿へ參、御酒被下了、暫御雜談申候了、○正親町之餠屋へ、同藥十三包遣之了、○當番之間暮々參內、持明院中將所勞、云々、予一身也、

十七日、戊戌、天晴、天一天上、○四辻より齋に可來之由有之、雖故

障重被申之間罷向、故亞相休雄、十三回、云々、施餓鬼有之、妙心寺衆龜年長老被來、僧衆八人也、其外者亭主父子、予、薄計也、齋以後盃出酒有之、樂有之、五常樂（笛）急、太平樂（笛）急、鷄德（笙）等也、午過時歸了、○正親町に楊弓會始、右衞門佐頭、云々、五十度有之、食籠にて一盞有之、人數竹内殿、亭主、予、若王子、右金吾、甘露寺、牧雲軒、竹内殿御侍因幡法師、加藤孫三郎等也、五十枚勝了、暮々歸宅、

十八日、己亥、天晴、天一天上、○高倉へ罷向、若王子皆々青侍共楊弓之間、弓矢取寄射了、次一盞有之、次若王子令同道菊亭へ罷向、楊弓有之、人數竹内殿、亭主、中山、予、三條中將、若王子、庭田、越前入道等也、若王子隨身歟、食籠にて酒有之、○今日御靈祭之間、今朝看經、心經二卷上下の分、書寫了、○東山粟田口衆風流武家へ參、次伏見殿へ參、令祇候見物了、

十九日、庚子、天晴、天一天上、○上京日々風流、此邊徘徊之事見物了、○長橋局所勞見舞、同篇、云々、

廿日、辛丑、天晴、五墓日、天一天上、申刻小雨降、○正親町楊弓、頭牧野カ◎雲軒沙汰、云々、午時罷向之處、禁中御楊弓之間延引、云々、暫雜談、一盞有之、○月藏坊從山門三院成敗、云々、在京之由有之間、淨土寺殿ゟ相尋之處、彼御房に居候間、無心元之由申、坊暫雜談了、○亥刻諸奉公衆風流、廣橋へ見物、入破、くれは有之、種々一物狂言也、罷向見物了、

廿一日、壬寅、天晴、天一天上、○看經、神樂少々吹之了、○大祥寺殿久不參之間參、暫御雜談申候了、御酒被下了、○當番之間暮々參內、當番予、基孝朝臣兩人也、

廿二日、癸卯、天晴、天一天上、酉刻小雨降、○自廣橋、今晚奉公衆へ一昨夜之返有之、云々、使遣之處、可來之由又使有之間、未刻罷向、各稽古共有之、一盞有之、方々人數集、晚景小漬有之、予、大澤左衞門大夫、澤路筑後守、同修理進、早瀨彥二郎等申付遣之、其外方々人數二百餘人有之、戌刻計出門、先報恩寺上野民部大輔所へ罷向、躍（あつま）、次難波（きり）梅、次師子等有之、次大覺寺殿御門前、武家御見物、次大

館左衞門佐(くればきり)、次庭田門前、次廣橋門前等有之(くればきり)、夜半計各歸宅了、出門之砌、各一盞有之、

廿三日、(甲辰、天晴、天一天上、七月中、)○今日正親町楊弓有之、牧雲軒興行、云々、未刻罷向、先中山、予兩人に一盞有之、次楊弓始、人數竹内殿、菊亭、亭主(竹門)、勸修寺、中山、四辻、予、若王子、甘露寺、牧雲軒、因幡、加藤孫三郎、中村越前入道、高木等也、半酒有之、暮々終了、菊亭適來儀とて盃被出之處、各被歸了、仍予計被留、一盞受用之處、竹門、甘露寺等再御(マヽ)之間、音曲等にて及數盃候了、○安居院被來、飛鳥井父子、安藝國宮島へ、去月十八日(去月廿三日)無事被付由之書狀到來之由、被語候了、

廿四日、(乙巳、天晴、天一天上、)○武者小路風流小五月會、近所通之間、見物了、具足見事也、○自勸修寺亞相、雙紙きり事賴之由被申候間罷向、全九集七册、くき結わつくり令沙汰了、一盞有之、○今日正親町楊弓有之、甘露寺頭、云々、未刻罷向了、人數如昨日、但若王子不來、五辻來了、半酒如昨日、暮々歸宅了、予矢二筋、正親所望之間遣之、○長橋局所勞、自昨日上池院藥にて被得驗、云云、

廿五日、(天晴、未下刻雨降、)○調中散半濟調合候了、○烏丸へ罷向暫雜談、一盞候了、次庭田所勞見舞了、不及見參、次伏見殿へ參、李部王、梨門、暫雜談申候了、○廣橋黃門被來、六月會に、明後日勅使參向、云々、柳原左少辨淳光、云々、予如何樣にも可登山之由被申候間、同心候了、○高倉へ罷向、楊弓之矢、可然一筋所望之由被申候間、昨日正親町被所望之殘遣之了、小漬にて一盞有之、○今夜五辻番所望、明夜に相轉了、暮々參、予一身也、

廿六日、(丁未、天晴、天一天上、)○禁裏御月次和歌、兎角遲々、今日稱名院へ談合、令淸書進上了、御題◎(短カ)册也、勅題、月前鐘、寄風戀、

すみ渡り月影しろくをく霜に
　深る夜しるきかねのこゑ〱
いまはさて朝夕かせの聲たえず

松にしかよふ心ともかな

山井伊豆守來、明日登山之共に可來之由申候了、○正親町へ罷向、河狩、云々、晩湌有之、

廿七日、戊申、天晴、天一天上、○早旦令用意廣橋へ罷向、共伊豆守、雜色與次郎計也、登山遲々、辰下刻出門、勅使柳原左少辨淳光、布衣藤堂次郎、青侍衆眞繼九郎左衞門、速水安藝守、藤堂兵衞大夫、北尾出雲守、出納右京進、其外辨侍、藤井、雜色四人、白張等也、同道衆予、廣橋黃門、高辻計也、於試樂寺赤山嘉例一盞如常、巳下刻着西尊院、○淨土寺殿へ參、御見參、一盞有之、○勅使七時分參向、兩度各見物了、○講師西塔教林坊圓秀禮に來、各見參、樽兩種、三貫霜月會料持來、○寺家新中納言、榮光坊宮內卿、總在廳隆生等禮に來、一盞有之、

廿八日、己酉、天晴、天一神下艮、夜雨降、○南光坊へ罷向、盃すき唐一枚、結花紅葉枝、遣之、祝着了、干飯にて一盞有之、○勅使參向、兩度如例、衣文予調之、○眞珠院來、酒有之、○勅使以下、法花堂靈寶共拜物、次戒檀◎壇カ踏了、

廿九日、庚戌、天晴、○榮光坊へ罷向、井掘之、暫見物、又宮內卿に申儀有之、○廣橋黃門淨土寺殿ゟ被參、云々、扇一本隨身、次南光坊ゟ被行、云々、一束一本被遣之、予、高辻等可來之由有之間罷向、先數寄座敷にて茶有之、次冷麵、水煮、食籠以下にて三獻、及大飲了、八過時分歸坊了、則南光坊禮に來、云々、○中御門、高倉金吾兩人登山、去夜於武家之風流雜談也、○大會供給之儀に申事有之、出仕延引、總在廳來了、盃出及大飲、音曲有之、○眞珠院、宮內卿來、供給之儀、暫問答有之、亥刻計落居了、○勅使參向同前、次各兩方へ別、風流狂言、至子下刻、○自京迎之人夫共登山了、

○八月大

一日、辛亥、天晴、○桐藏坊禮に來、宮內卿同道、各見參、酒勸了、予に鳥子五十枚、送之、○午時勅使參向、霜月會開白以後歸坊、ちまきにて一盞有之、未刻より下山、申刻歸宅了、○暮々御祝に參、先親王御方へ參、御對面、次天酌に被參之輩一位大納言、予、廣橋黃門、宮內卿、重保

朝臣、基孝朝臣、輔房、邦富、源爲仲等也、〇今夜當番予、基孝朝臣兩人計也、〇正親町之餅屋より鈴一對、兩種はむ、、送之、云々、

二日、壬子、天晴、申刻夕立、八專入、〇自栁原辨、山門にて衣文禮に、一荷兩種干鯛、たうふ、被送之、祝着候了、〇安禪寺御喝食御所、去月廿六日御得度、云々、仍今日御禮に參、一荷臺物一、持參、薄同道候了、御盃被下及數盃了、次正親町へ罷向、大工被遣之見物了、

三日、癸丑、天晴、申刻夕立、〇竹内殿へ參、御留守、云々、次大祥寺殿へ參、中山、五辻等祗候、暫御雜談申候了、次岡殿へ祗候、滋野井被參、一盞被下、兩人暫音曲了、

四日、甲寅、天晴、八專、〇高倉へ罷向、黄門近衞殿御連歌に祗候、云々、金吾武家御楊弓に參、云々、路次迄同道了、〇半井宮内大輔明英朝臣、冷泉兄自相州去月廿七日上洛、云々、仍罷向、明融、座頭兩人忠一、巴一、等也、盃出及數盃了、平家二三句有之、次一條殿へ參、右府御對面、伊勢次郎同參、御酒被下了、〇伊勢守内下笠又次郎、鮎一折送之、〇戌刻南向產、男子誕生、無事也、滿足大慶也、

五日、乙卯、天晴、八專、〇產之事葉室へ早々注進之處、米以下少々被送之、從朽木女房衆美物被送之、〇賀二位勘文之事申之處、則調來了、〇南向腹痛之間、大和刑部少輔に藥所望、淸神散三包、到、〇粟津供御人中武者小路道下、女血道煩之間、藥之事申候間、愛洲藥五服遣之、〇南向腹痛少驗、愛洲藥服用、驗之由有之、〇自暮々小男鳴之間、亥刻富小路に藥所望、淸心丸三粒、與之、

六日、丙辰、小雨、時々晴陰、〇粟津物道下、鮒すし三、かつを二、送之、昨日藥禮、云々、〇小男同前鳴之間、又藥之事罷向申、加味同藥三粒、與之、雖然不得驗氣、午下刻遠行、不便不便、則六條長講堂周德方へ遣了、惡日之間、賀二位にましない祈禱之事申了、七度被申付了、地祭、

七日、丁巳、天晴、八專、未下刻夕立、〇昨夕自賀二位來ましなひの筥、今朝長證堂へ持遣之、棺へ可入之由申付、來十日に可供養之由申遣了、〇半井宮内大輔禮に來、云々、他行

之由返答了、○伊勢次郎(奉公衆)楊弓矢被所望之間、一四矢遣了、

八日、戊午、天晴、未下刻夕立、○冷泉へ罷向暫雜談、庭梢柹五、隨身、一盞有之、○中御門へ罷向、和田忠兵衞自昨日來、云々、小鼓稽古也、暫雜談、冷泉被來、予と碁一盤打了、

九日、己未、天晴、八專、○五辻腹中瀉、云々、藥之事被申候間、香薫散五六服計遣之、藤黄門へ罷向暫雜談候了、○中御門へ罷向、麝香丸之藥種四五種所望候了、○彥部雅樂頭晩天來談候了、

十日、庚申、天晴、八專、八月節、○山井伊豆守來、同右兵衞尉景理來、五常樂急忘之間、令稽古了、○自竹内殿被仰鴨沓、今日仕立了、○大和刑部少輔所へ、庭之梢柹一蓋數十、遣候了、○持明院羽林へ、約束之平胃散一包遣之候了」、

十一日、辛酉、天晴、八專、○竹内殿へ參、鴨沓可被取下之由、軈被取下之間進之、云々、○就粟津之儀、竹鼻勘左衞門申とて、勢州之内吉井御下知案付之、此方不知之由、雖返遣、尙打置候間、不及是非、則長橋へ申入候了、然者則荷物無理に可取來之由申之間、近所町衆閫閤(◎開闔カ)等へ案內申候了、御下知如此、言語同斷、不可說之次第也、

粟津供御人鹽座申、當所商賣人事、爲日吉社神人先規、于今不致所役、自當座諸口、左衞門府領爲公事役、年中最少分致沙汰畢、至此外者、不依多少一切公事役無之處、一兩年非分之族、無謂儀申懸之、或於路次留置荷物、或對在所宿以下鑓(◎譴カ)責之段、無古今題目、云々、所詮於新儀者、不可致承引之旨、被成奉書之上者、宜存知之由所仰下也、仍下知如件、

天文廿一年八月十日　掃部助源在判

加賀守三善朝臣判

十二日、壬戌、天晴、○亡父卿忌日之間、松林院乘榜齋に來、相伴、暫雜談了、○粟津之儀如何之由、長橋局へ兩度參尋申候へ共、武家御返事無之、云々、大澤出雲守、澤路筑後守等終日此方候、終荷物不取來也、○就率分

之儀、武家上樣御書、三好筑前守に被出候樣にと、御乳人迄以書狀申候了、文章如此、

きんり御れう所くられうりやうそつふんの事、御下ちを申うけ候へとも、いまむらきのかみいまにせういんいたし候はす候、みよしちくせんのかみにたひ／＼申候へとも、いまた申つけ候はす候、いつそや御ない書の事申入て候へとも、まつかみさまの文を出され候て、ちくせんのかみにおほせつけられ候はゝ、かしこまりそんし候へく候、ないないせいしうへたんかう申候へは、このふんよく候へきよし候ほとに、し(◎か脱カ)るへきやうに御とりあはせたのみ／＼そんし候、なを／＼ふとまいり候て申入まいらせ候へく候、かしく、

御ちの人へまいる　　あせち

筑後守申、如時(マヽ)衆申、云々、腹中藥之事申候間、七服遣之、○澤路藤次郎久瘧病之由申、藥之事候間、清脾湯七包遣之、

十三日、癸亥、天晴、八專終、○粟津之儀如何之由、長橋局迄參尋申、同篇、云々、○正親町へ罷向、庭聊被直見之、一盞有之、○自未刻予所勞、腹痛平臥、散々式也、夜に入彌煩勞、○時衆腹之藥之事申之間、又三服遣之、

十四日、甲子、天晴、○予腹痛落入、辰刻又一段痛、巳刻落入、大和刑部少輔脈申之、同藥令所望、沈香湯三包到、終日平臥、○五辻被來、伊勢物語きり結之事被申、所勞之間、本服次第可調進之由申候了、○烏丸來儀、所勞之間不能見參、○時衆腹之藥之事又申候間、五服遣之、○覺辨算師、野跡經五行與予之、祝着候了、

十五日、乙丑、晴陰不定、戌刻夕立雷鳴、○祖母安明院忌日之間、慶存齋に來、予不食之間不能相伴、○澤路彥九郎藥皆飮之間、又所望之由申候間、同藥三包遣之、○所勞乍驗氣尙不食、終日平臥了、○竹內殿へ申入候天神名號五、出來到、○晩天覺辨來、物申度之由申、云々、則乍平臥對面、下野國那須庄湯泉(ゆつみ)八幡住侶實濟法印參內之望

被申、中々不及沙汰之由返答之處、於然者親王御方御對面之段如何之由申之間、御乳人迄相尋申、明朝可返答之由申候了、

十六日、丙寅、晴陰、○予乍驗氣、尙蟲同所之間、大和刑部藥之事又申遣之、同各加減三包到、今日者食事少有之、○五辻招寄、實濟法印之申含、御伊茶へ可被談合之由申、則萬里小路亞相へ談合、云々、則又被來、申調之由有之、則覺辨に此由申遣、明日午時御禮に可參之由申之、○持明院羽林被來、伯母比丘尼七十八才、云々、赤痢、自十三日被煩、以外之由被申、藥之事被申候間、乍斟酌調中散五服遣之、○早瀨彥次郎、自十日河內國へ下、昨日上洛之由申來、宮笥とて一包檳榔子、大黃、都合六七兩、沈一兩送之、祝着了、又竹門へ扇、二、竹門御筆之事申度之由申、十五本持參、○暮々從長橋局可來之由候間、漸步行罷向、粟津之事、以四辻中御門へ被仰出、重放狀被進、云々、次又今日以勸修寺大納言、廣橋中納言、武家へ被申、云々、予祇候之內に歸參之間、御返事之様聞之、中澤掃部披露仕候間、尙被相尋、以其上、以請文之筋目、御成敗候て可被進御尋之間、先宜被披露之由御返事、云々、

十七日、丁卯、天晴、晩天小雨、○五辻被來、今日禁裏御楊弓之間、昨日申合之儀、不遲々様可申之由有之、申次之事、予申渡之故也、暫雜談了、○覺辨、實濟法印令同道來、予雖所勞、對面之事申候間對面、一盞勸了、予に百疋送之、祝着了、次親王御方へ相添大澤左衞門大夫進候、十帖御扇代百疋、進上、云々、御對面、云々、申次極﨟、云々、申次扇代十疋、遣之、云々、歸路又來禮申候了、○常寂院辨天ゟ、六月始三ヶ日佛供申付、代于今無沙汰之間、十疋持遣、則孝順禮に來、對面一盞勸了、○官女茶茶、唐人蒼嵐に木綿一端代十疋半、去年借用、云々、然處茶茶逐電分也、然者予可返之由申之、雖不及覺語、他國人之間、予存各可遣之由請乞之間、招寄、旦々十疋遣之、○覺辨依馳走、予に濟々音信、令祝着之由申、覺辨所へ十疋遣之、○右金吾被來、楊弓之矢羽武家御用、云々、染事

被申、令斟酌了、一盞勸了、○暮々長橋局迄可來之由
有之間罷向、粟津事談合也、○從持明院比丘尼少驗之
間、藥之事被申候間、又五服遣之、
十八日、（戊辰、卯刻雨降、天晴、五墓日、）○葉室在所之祭根本今日、云々、
近來廿日に有之、從當年復舊儀、今日有之、云々、予可
來之由昨今雖申來、所勞之餘氣不散之間無其儀、中御
門被行、云々、○正親町楊弓、今日亭主頭役、云々、罷
向見物、廿度計射了、粟餅にて及大飲、見物而已也、料
紙廿枚計勝了、○今日御靈祭御歸也、無殊事、云々、
十九日、（己巳、天晴、）○烏丸へ罷向、寶慈院（比丘尼、）被來、暫雜談、
一盞有之、○晩天冷泉に罷向、暫雜談、晩湌召寄相伴、
中酒有之、藤堂兵衛大夫同相伴了、亥刻計歸宅了、
廿日、（庚午、天晴、）○竹內殿へ參、早瀨彥次郎申扇七本、詩歌々
計など申候了、次大祥寺殿へ參、御留守也、勸大、中
山、極﨟、兵部大輔等、勝負之中將棊有之、一盤見物
了、其外勸大、滋野井等見物了、○中御門自葉室被歸、
云々、罷向、葉室猿樂以下之事雜談聞了、○四辻亞相
被來、暫雜談、一盞勸了、○五辻被申伊勢物語、切結表
紙懸之遣了、○扇七本、早瀨所へ遣之、五十本到、同申
入度之由申、
廿一日、（辛未、天晴、）○長橋局へ罷向、武家御返事于今無之、
云々、○御月次御題被出、則廻文書之、長橋局へ遣、三
條西殿へ自此方遣之、廻文如每月、

御題初鴈、翫月、野宿

右御題、月次和歌御會、可令詠進給之由、被仰下候
也、

八月廿一日　　言繼

一位大納言殿、勸修寺大納言殿、日野大納言殿、中
山大納言殿、四辻大納言殿、日野新大納言殿、新大
納言殿、三條前大納言殿、藤中納言殿、新中納言殿、
中御門中納言殿、冷泉中納言殿、廣橋中納言殿、伯
二位殿、右大辨宰相殿、宮內卿殿、頭中將殿、持明院
中將殿、三條中將殿、藏人辨殿、藏人中務丞殿、
廿二日、（壬申、天晴、）○藤黃門へ罷向、乍父子留守也、今日武

家御所近衞殿へ御出、云々、仍兩人參也、○伊勢牧雲軒所望之楊弓矢之羽君不知、六枚、鳫尾、十枚、深山梟五羽、遣之、留守、云々、○甘露寺楊弓有之間、見物に罷向、二三十度射了、少負之、小漬有之、中酒に事外令沈醉、其間々臥了、今日人數竹内殿、今出河前左府、一品入道、予、滋野井、亭主、極﨟、山口彌三郎、因幡、加藤孫三郎、中村越前入道等也、

廿三日、癸酉、天晴、○長橋局へ罷向、于今武家御返事無之、云々、○稱名院へ御月次和歌爲談合罷向、留守、云々、又晚天罷向令談合、女中所勞、云々、暫雜談了、○及黄昏從冷泉可來之由有之、則罷向、藤堂次郎田樂鈴等隨身、云々、同右兵衞大夫來了、一盞有之、予は碁三盤打之、月出之後歸宅了、

廿四日、甲戌、天晴、○御月次令清書進上了、御題初鳫、翫月、野宿、

まちかくて思ふそなたのたよりをも
見るはかりなる初鳫の聲

夜もすから見まくほしさにそことなく
ゆきてはきぬる月の下道

野をかけてすめるすまゐはをのつから
千種を庭にかこはてそみる

自正親町一品入道、河狩に被誘引之間罷向、同道中山、予、甘露寺、五辻等也、但河中に穢物多有之間、各歸了、於正親町各楊弓射之、竹内殿御出了、一盞有之、

廿五日、乙亥、天晴、八月中、○竹内殿へ參、中山、甘露寺祗候、四人御楊弓廿五度有之、各御酒被下了、後に極﨟祗候也、○自長橋局可參之由有之間則參、一條殿あまつらを被進候樣、爲拙者可申之由有之間、參申て申入候了、准后、右府御見參、御酒被下了、あまつら明日可被進、云々、又明朝朝湌可被下之間、可參之由有之、

廿六日、丙子、天晴、○今日大樹北山神事猿樂爲御見物御成、云々、一條御通り不慮見物了、御共大館左衞門佐、上野民部大輔、佐々木民部少輔三騎也、御跡に藤中納言、同右衞門佐兩人馬上也、其外各奉公衆數多、御馬

之前後也、〇一條殿へ參、御兩所御相伴、朝飡被下候、鶴汁有之、暫御雜談申入候了、あまつら兩種被進、則長橋局へ持參進上了、御祝着之由、能々可申入之由有之、〇細川前右京大夫晴元、此間葛川に逗留、今日宇津近所小野へ被越、云々、宇津へ可被越之由風聞有之、人數八十人計、云々、〇朽木女房衆來、

廿七日、丁丑、天晴、彼岸入、〇昨日從大和刑部少輔、音曲本通盛、蟬丸、二番可寫與之由有之間、今日終寫功了、

廿八日、戊寅、天晴、時正、〇三條前亞相催因幡堂藥師七人詣也、先三條亭へ罷向、各餅にて一盞有之、萬里小路亞相、三條前亞相、予、頭中將、滋野井中將、三條中將、極﨟等也、〇正親町に楊弓有之、使者有之間罷向、人數竹内殿、中山、予、右衞門佐、甘露寺、因幡、加藤孫三郎、山口彌三郎等也、酒有之、暮々歸宅了、〇大和刑部少輔所へ、新寫音曲本通盛本等持遣之、蟬丸本明日可返遣申候、

廿九日、己卯、天晴、時正、〇大和刑部少輔所へ蟬丸本返遣之、昨今に二番寫之、〇晩天御番に可祗候之由有之間、七過時分參内、當番衆經元、予御添番、兩人也、

卅日、庚辰、天晴、時正中日、〇今夕御番に可祗候、不可罷出之由被仰之間、其間々祗候、於長橋局朝飡有之、〇午時藤黄門へ罷向暫雜談、次四辻へ罷向暫雜談、瘧病今日起候、但落了、〇誓願寺長老扇一本、鈴一對、小食籠二隨身來儀、云々、〇親王御方之御伊茶局、此方大祥寺に數日御入候由候間、鈴召寄、大祥寺殿へ持參、御非時御中酒に申候了、極﨟被召寄、又勸修寺亞相被參、音曲等有之、〇今夜當番衆源爲仲、御添番予兩人也、

〇九月小

一日、辛巳、天晴、自戌刻雨降、時正、〇澤路筑後守禮に來了、〇大祥寺殿へ御禮に參、御盃被下、次伏見殿へ參、御客人、云云、次稱名院へ罷向、見參、次竹内殿へ參、御參内御楊弓、云々、次岡殿へ參、御對面候了、〇暮々親王御方へ御禮に參、御對面、次參内、天酌に被參之輩一位大納言、予、廣橋中納言、右大辨宰相、宮内卿、重保朝臣、基

孝朝臣、公遠、邦富、源爲仲等也、女中典侍達御指合之間、御陪膳に實福朝臣祇候也、○今夜當番予、基孝朝臣兩人也、○重陽御題被出、則廻文調之、長橋局へ進之、如此、

秋菊獨盈枝

右重陽御題、可令詠進給之由、被仰下候也、

九月二日　言繼

一位大納言殿、勸修寺大納言殿、日野大納言殿、中山大納言殿、四辻大納言殿、日野大納言殿、新大納言殿、三條前大納言殿、藤中納言殿、新中納言殿、中御門中納言殿、廣橋中納言殿、冷泉中納言殿、伯二位殿、右大辨宰相殿、宮內卿殿、頭中將殿、持明院中將殿、三條中將殿、藏人辨殿、藏人中務丞殿、別紙に三條西殿殿、

二日、壬午、雨降、時正、

三日、癸未、天晴、時正結願日、自申刻雨降、○佛陀寺之內西光寺壽禎來、志賀大通寺返事持來、尙予折紙所望之間調遣之、鈴一對隨身、一盞勸了、○澤路筑後守來、牽分之儀に、重御下知被成之、同伊勢守添狀到之間、予、飯尾越前方へも書狀之事申候間、調遣之、○自長橋局可來之由有之間罷向、自粟津供御人中申狀事、武家へ可被仰出之間、手日記可調進之由有之、○竹內殿へ參、詠歌大概きりとち表紙之事被仰之間、調進了、

四日、甲申、天晴、自今日十方暮、○明日於松尾社猿樂有之、云々、爲見物召具長松丸、葉室へ罷向之處、延引、云々、共大澤左衞門大夫、澤路彥九郎等則返了、小者置之、葉室者雜舍造改、其外作事共有之、

五日、乙酉、天晴、○松尾社務息あやまち由候間、先日愛洲藥遣之、無心元之由申罷向之處、大概本服、云々、又藥一包遣之、盃出小漬有之、鮎の膾、同すし、燒鮎等也、天竺左京亮入道宗春相伴也、暫雜談了、今日も葉室に逗留了、葉室昨今大工兩人來了、

六日、丙戌、天晴、五墓日、○予、長松、天竺宗春令同道、西方寺庭見物、同山へ登下草伐之、歸路に宗春葉室へ同道、先

一盞有之、晩湌土長汁有之、葉室は地藏院之衆僧一人
逐放、葉室、天龍寺長老、松尾社務、中路美濃等中分、
云々、地藏院へ被行沈醉、云々、
七日、丁亥、天晴、○葉室林之栗且々熟之間、二三百取之了、
大澤、澤路等迎に來之間、未刻計予同長松罷歸了、葉
室河之端迄被送了、○藤中へ兒之小袖返、栗箱五、同栗
五十、遣之、○長橋局へ參、上へ下草、栗五十、進上了、安
禪寺殿へ栗卅、進上了、次粟津之事被申候了、面向可被
付奉行、云々、
八日、戊子、天晴、自申下刻小雨降、○自竹内殿御養生藥之事被仰、藥
種代四十三、到、則藥種召寄候了、○大祥寺殿へ參、栗箱五、
同栗五十、進上了、暫御雜談申了、次四辻へ罷向、馬之
事尋之處、餘所へ被遣、云々、暫雜談了、次正親町へ
罷向、所勞本服、云々、驪罷歸了、○臺所たと蟲俄煩之
由有之、藥所望之間、三光丸少遣了、○薄龜千代腹中
所勞、云々、赤痢、云々、藥之事被申候間、調中散五服、
遣之、○自長橋局菊綿之事、可調進之由有之、內々十
疋半給了、暮々調進了、赤、黄、白、
九日、己丑、天晴、時時小雨灑、○讚岐守忠宗、出納右京進重弘、辨侍
藤井、大澤出雲守、早瀨彥次郎、河原者岩等禮に來、○
暮々親王御方へ御禮に參、次參內、天酌に祗候之輩一
位大納言、四辻大納言、予、廣橋中納言、宮內卿、阿子
丸、重保朝臣、基孝朝臣、經元、公遠等也、次於臺所佳
例一盞有之、廣父子、四辻父子、予、薄、坊城、甘露寺等
也、次廣橋令同道退出了、○鷹司殿入道准宮兼輔公今日御他
界、云々、七十一才、號法音院、云々、
十日、庚寅、天晴、九月節、○正親町米屋中村與三左衛門、に又三貫目借用、
大澤掃部使、來年七月迄五文子分也、爲德政要心、御
倉町賣劵狀調遣、四貫八百文之分也、請人早瀨彥二
郎、○予笛之儀、去々月申定之間、以大澤掃部一貫三
百文持遣之處、筆屋留守之由返答、筆屋段不知、此方
由度々申遣、尙同前之儀申候了、○今朝西專庵朝湌呼
之、明日伊勢へ下向也、庵迄沽却、云々、扇、一本、油煙
五丁、進之、

十一日、辛卯、天晴、○西專庵暇乞に德利隨身了、大澤左衞門大夫爲送下向、次以參宮望、云々、○井上將監所へ笛之儀に、澤路筑後守遣之處、遣他所之由返答、去々月申堅之處、言語同斷曲事之由、重申遣之處、尙同前之由申、云々、於然者可加成敗之外無別儀、不可說不可說、○從冷泉可來談之由有之間罷向、暫雜談、晩飡召寄、汁有之、○及黃昏當番に參、御添番經元祗候、御銚子被出了、○重陽御懷紙、自禁裏昨日被出、今日結進上了、

十二日、壬辰、天晴、五墓日、○亡父卿聖月也、松林院乘誓齋に來、相伴候了、○自細川中務、就將監儀使者有之、○今朝松田九郎左衞門來、井上將監儀談合了、○今晚より予瘧病氣也、

十三日、癸巳、天晴、自今日天一天上、○勢州內服部彌五郎使者有之、井上將監儀也、病臥之由申返之、○自長橋局可來之由有之間罷向、粟津儀也、次五辻へ罷向、餠にて一盞有之、次大和刑部少輔宿へ罷向、談合子細有之、○養胃湯令談合、服用候了、

十四日、甲午、天晴、天一天上、○無殊事、午下刻瘧病起候了、○自日野山菅所望之間、二三本遣之、

十五日、乙未、天晴、天一天上、五墓日、○安明院忌日看經了、慶存不來、不及案內、不審候了、○自細川奧州使者、此間佛詣、只今歸宅、云々、井上將監事被申送了、○暮々佛陀寺へ罷向、細川中務大輔相尋之處、他行、云々、宗俊亮にて雜談了、○佛陀寺之內西光寺壽禎及黃昏來、先刻相尋之處他行也、仍來、云々、井上事、中書へ可申さて罷候間、相尋候、大方一ヶ條之儀雜談了、

十六日、丙申、天晴、天一天上、○如例念佛百萬返、般若心經百卷、壽命經十卷、消除經卄卷、慈救咒千返、光明眞言千返、千手觀音小咒千反、御靈社へ看經了、○未刻瘧病起了、○細川中務大輔來儀、井上將監詫言之事被申候、然者笛可請出之由有之、於于今者不及覺語、所勞煩出之間、尙令思案、從是返事可申之由申候了、一盞勸了、

十七日、丁酉、晴、天一天上、入夜雨降、○勢州之內服部彌五郎來、云々、

病臥之由申て返、云々、○今日雖間日、瘧病未下刻起了、
十八日、戊戌、自辰刻晴、天一天上、○服部彌五郎使有之、云々、同前之返答、云々、
十九日、己亥、天晴、天一天上、自暮々雨降、○服部彌五郎使有之、云々、返事同前、○就井上將監儀、日々松田對馬守雖招寄、故障之由有之、○瘧病申刻起了、
廿日、庚子、雨降、天一天上、九虎日、○無殊事、瘧病申刻(かけ少)起了、○中御門爲見舞暫來談、
廿一日、辛丑、晴陰、天一天上、五墓日、○四辻亞相、瘧病無心元之由有之來儀、暫雜談、次薄來儀、被同道被歸了、○大和刑部少輔來談、脈申候了、藥之事令談合了、○瘧病申刻起了、晩天より參蘇飮に加草菓服用了、
廿二日、壬寅、天晴、天一天上、土用入、○瘧病きり藥、大和刑部少輔に令所望、白虎丸二粒、到、早旦午時兩度に服用了、今日瘧落了、○自甘露寺鴨沓之形被返之、次自竹門より肉豆蔻少御所望之間、一分計進了、甘露寺へ約束之竹笛遣之、又自去々年孟子四卷被借用之、一二之卷先年紛失之處、此間求得之間、全部二、遣之了、○井上將監事、松田對馬守に以書狀申遣、返答有之、
廿三日、癸卯、天晴、天一天上、○山科知行分之事、内々御臺、近衞殿、御乳人號左衞門督、武家、三人へ申候、仍契約狀共相調、以澤路進之、文言如此、

本所知行分城州山科小野庄大宅鄕、野村、西山等地頭分事、預御馳走、爲上意於被返付者、爲御禮分西山鄕年貢地子錢等、帳面三分一、至辛酉十ヶ年間、可致進納候、此等趣可然樣、可預御披露候、恐惶謹言、

九月廿三日　重清判　澤路筑後守　予袖判如此(花押)

進藤左衞門尉殿

御臺へ文如此、
ちきやうふん山しなをの丶庄大やけ、にしの山、野むら三ヶ所の事、萬せう院との丶御時、かたく大りへ御申の事にて、へちき御入候ましきよし御入

候つる、いさゐは御さとの御所御そんちにて候はんする、いかやうにも返し下され候やうに、しつかい上さまの御きをたのみたてまつり候、しかるへきやうに御ひろうたのみ〳〵そんし候、返しつけられ候は丶、にしの山をちやうめん三ふん一ちしまて、ことしよりかのとのとりのとしまて、十かねんのあいたしん上いたし候へく候、このよしよくよく御心え候て、御とりあはせにあつかり候へく候、かしく、

とき繼

御いちやの御局へまいる申給へ

御乳人への文如此、

ちきやうふん山しなをの丶庄大やけ、にしの山、野村三ヶ所の事、萬せう院との丶御代、かたく大りへ御申の事にて、へちき御入候ましきよし御入候つる、いさゐこんゐとの丶御そんちにて御入候はんする、いかやうにも返し下され候やうに、御とりあはせたのみ〳〵そんし候、ない〳〵上さまへも申入候ほとに、おなしやうに御ゆたんなく、へつして、御ちそうたのみ入まいらせ候、返しつけられ候は丶、野むらをちやうめん半分ちしまて、ことしよりかのとのとりのとしまて、十かねんそれへまいらせ入候へく候、返々しつかいたのみ〳〵まいらせ候、いかさまふとまいり候て、申まいらせ候へく候、かしく、

とき繼

さゐもんの督との丶御局へ

長橋局より、人參丁香散所望とて、代十疋到、○藥屋小山新四郎所にて、藥種二色卅四にて召寄、又前之かけの内五十五返之、○自伊勢守使林塙、有之、井上將監爲被官之間、非分之儀不可申之、云々、

廿四日、甲辰、天晴、天一天上、○南向、長松、鶴松等迎來とて、葉室へ被行候了、竹壽共に行了、○藤藏人種直竹笛之由申候間、調遣之、晩頭禮とて來、見參了、

廿五日、乙巳、陰、自未刻雨降、天一天上、九月中、　○去夜之夢に、　今日御當座
題とて、勅題五首、於御前直拜領之由見之、　仍今朝一
題兩種宛詠之、冷泉黄門招寄、　內々令見之、令淸書備
叡覽、　御合點之分書付之、題如此、　月前天象、月前地
儀、月前植物、月前動物、月前人事、

晴てなを影さえゆけは一むらの
　雲こそ月の光とはなれ
有明はわれてそうつる瀧川の
　あはん行ゑのかけのしら波
こゝに來て千世も見まほし菊さける
　山路の月の影のさやけさ
暮ふかみ尾上の鹿の聲々に
　妻やこふらん月や待らん
うしみつのとのゐまうしも月かけの
　玉しく庭の秋やえならぬ

自長橋局、麝香一朱、所用之由有之間、則取寄進之、　代卅二、則遣之、○昨日大和刑部少輔音曲本芭蕉、借用之、今日返了、

廿六日、丙午、天晴、天一天上、　○入參丁香散一濟令調合、長橋局へ進了、○自葉室、竹壽午時に歸了、無殊事、云々、　○甘露寺被來、先度之笛之禮、又所勞見舞旁也、暫雜談了、

廿七日、丁未、天晴、天一天上、　○薄被來、所勞見舞、　又養生藥所望之由被申、可調進之由申、雜談移時了、○中御門來談、碁二盤打、勝了、○自長橋局、麝香二朱所望之由有之、代六十四、到、則召寄進了、　○庭仙翁花一本、賀二位在富卿、所へ遣之、祝着之由候了、

廿八日、戊申、天晴、天一天上、　○袖中抄十卷寫功終了、○山井伊豆守來談、此間江州へ下向、云々、○葉室へ人遣、米、栗、柹、强飯、　酒等來、　○庭之南天實事外成之間、二本實六ふさ、禁裏へ進上了、○薄藥種代卅五被送之、則藥種二色十八、召寄了、

廿九日、己酉、天晴、天一天上、　○袖中抄九之十、一條殿返上了、　然者此方に御本無之、○甘露寺へ罷向、竹內殿御出、　暫御雜談了、　次烏丸へ罷向暫雜談、　晚飡有之、　及黄昏歸宅

了、

○十月小

一日、庚戌、天晴、○澤路筑後守、同修理進禮來、云々、○薄禮に來儀、云々、○自正親町使者有之、今日楊弓會可來之由有之、午時罷向、若王子頭役、云々、人數竹內殿、菊亭、前左府、亭主、中山、四辻、藤黃門、予、若王子、甘露寺、加藤孫三郎、山口彌三郎、因幡等也、後に烏丸、廣橋黃門等被來、田樂にて酒有之、予七時分罷歸了、音曲等有之、次大祥寺殿へ御禮に參、次中御門、勸修寺亞相等被參、御盃被下了、勸修寺亞相、昨日一位之儀勅許之由有之、舊冬十二月廿八日之分也、云々、廣橋一位同日也、○暮々親王御方へ御禮に參、次參內、天酌に被參之輩一位大納言、予、廣橋黃門、宮內卿、經元、公遠等也、予當番之間祗候、相番御祝以後祗候也、依不具也、又拂曉に退出也、

二日、辛亥、天晴、自酉刻終夜雨降、○薄中蒼朮散令調合遣了、○藤黃門被申入參丁香散、先半濟持罷向遣之、次今夜武家之御嚴重之事申候了、同葉室、四條分申候了、○自禁裏御楊弓に可參之由有之間、午過時分參內、未初刻始、御人數御矢、曼殊院宮、今出川前左府、一位入道、中山大納言、予、廣橋中納言、右大辨宰相、重保朝臣、經元等也、卅度計有之、竹門祗候、御矢取次龜壽丸、御矢取加田彌三郎、同弟虎松、同弟虎福等也、於番衆所小漬如常、予十四五枚負了、○御祝に其間々祗候、天酌に被參之輩一位大納言、予、右大辨宰相、宮內卿、重保朝臣、經元、公遠、源爲仲等也、於番衆所つく〱如例、深泥之間、予其間々祗候、番衆基孝朝臣祗候也、但曉天退出、予於臺所一盞了、○今日三好筑前守及黃昏上洛、云々、○自一條殿右府、袖中抄五冊被持下、十卷、自十一至廿、云々、

三日、壬子、天晴、八專入、○藤黃門へ、昨日之殘半濟人參丁香散遣之、加胡椒了、○五辻被來、暫雜談了、○名字地之事に、武家へ被成女房奉書候樣にと、長橋局まて參申入候了、御心得候由有之、○中御門へ罷向、藤藏人種直同來、暫雜談、戌刻計歸宅、一盞了、○自菊亭爲養生、

十全內補湯所望之由被申、藥種代十疋到、○三好筑前守上洛、云々、西岡所々、三鈷寺、灰方、良峯、岩藏、坂本以下七八ヶ所燒之、云々、
四日、癸丑、天晴、○藥買來、前之かけ十返之、又藥種四色卅五にて取之、○木香代四十かけ之內廿返之了、○自葉室山口又次郎來、三好、松永等所へ音信、云々、○長橋局迄可參之由有之間則參、昨日申候文之案、可調進之由有之、
五日、甲寅、天晴、八專、○今日武家龍安寺へ御成、云々、御臺以下悉、云々、○賀二位所へ罷向、吉田左兵衛佐、小笠原民部少輔、諏方左近大夫等雜談暫有之、仙翁花一本遣之、○長橋へ參、武家へ文之案調進之、今日御和漢有之、云々、江心、龜年被參、云々、次薄所へ罷向雜談候了、○今日所勞以後始而行水、足爪切了、
六日、乙卯、天晴、八專、○富小路へ罷向暫雜談了、次廣橋へ罷向、他行、云々、○自長橋局女房奉書二通、武家、近衞殿へ被出之、則廣橋へ持遣之、留守、云々、○當番之間暮々參內、今日も御楊弓有之、云々、相番基孝朝臣計也、夜於臺所一盞有之、
七日、丙辰、天晴、時々時雨、○五辻被來、今日二三人爲稽古連歌興行之間、可來之由有之、同心候了、○菊亭前左府被申十全內補湯咳嗽之方、加半夏、吉更、五味子、卅五包調之、持罷向遣之、見參暫雜談了、○五辻へ罷向、午過時分連歌始、人數予、勸右大、庭田、五辻、內膳民部少輔淸景、加田彌三郞保景執筆、計也、晚飡各隨身、汁有之、及黃昏歸宅了、
○廣橋一品武家へ文持參之事、堅故障之間、文申改、同中納言に申候了、近衞殿へは、一品可持參之由有之、
八日、丁巳、天晴、八專、○伏見殿へ久不參之間祗候、李部王御對面、暫御雜談候了、歸路田中隼人佐所へ呼入、一盞了、○晚天金山藥師寺へ參詣、冷泉來貢之間令同道、戌刻計迄雜談候了、
九日、戊午、天晴、○自賀二位所、予不辨之由聞及之由申、下女方迄とて米十疋餘程有之、云々、送之、誠懇意之儀、有難事也、

○葉室へ源左衛門早々遣之、米少到、同程歟、云々、南向來十五日可歸之由有之、○廣橋一品昨日近衛殿へ女房奉書持參、云々、以澤路筑後守禮申候了、

十日、己未、陰、八專、○大澤左衛門大夫從伊勢今日上洛、德源院長老、周淸、同藏主周仰、海苔紙袋、西專庵張たこ二、二書狀等到、無事下着、云々、○大祥寺殿へ瞿麥種生十本計持參、極﨟祗候、粟餠にて御酒候了、後に勸修寺一品、同右大丞、中山亞相等被來、音曲徵音有之、岡殿御座了、○粟津之儀長橋之代官中御門へ被仰合、云々、不相屆之儀、無興々々、荷物取に來、悉返了、

十一日、庚申、天晴、八專、十月節、○當番之間暮々參內、相番基孝朝臣計也、來十五日御日待に可祗候之由有之、

十二日、辛酉、天晴、八專、○藤黃門へ久不罷候間、早々罷向、暫雜談了、○亡父卿忌日之間、松林院乘誓齋に來、相伴候了、○景理神樂稽古に來候了、○若王子菊亭にて楊弓被射之間罷向、袖中抄十三之卷、若王子に誂了、楊弓廿度計射候了、人數六七人也、○廣橋へ先日之知行分之儀に禮に罷向、留守、云々、晚頭禮に又使有之、次中御門へ昇進之禮に罷向、他行、云々、又賀二位所へ、先日音信之禮に罷向、女房客人有之、云々、○晚頭甘露寺來談、及黃昏被歸、暫雜談候了、

十三日、壬戌、天晴、○右衛門佐楊弓之矢五、之羽付事、西坊に誂之、今日出來、取寄遣之、則代廿五到、持遣之了、○景理來、五常樂急稽古了、○北尾出雲守來、予女あこ、自丹州所望之由申輩有之、云々、先約之事有之間、其方相尋可返事之由返答了、○自禁裏、明後日御日待御歌題一首被出之、又御和漢一巡調進之、

十四日、癸亥、天晴、晚頭時雨、八專終、○薄來儀、新內侍殿內灸散所望之由有之、云々、十疋隨身、令沈醉不能面談、慮外慮外、○藥屋小山、藥種二色取に遣之、廿四遣之、又前之かけ之內五十返之、○自五辻使有之、晚頭大祥寺殿へ參、明夜之稽古に可歌之由候間、夕方參、予、右大丞、五辻三人うたい候了、御酒被下、○暮々參內、御悅に被參之

輩一位大納言、四辻大納言、予、右大辨宰相、宮內卿、阿子丸、重保朝臣、經元、公遠、源爲仲等也、次各親王御方へ參了、御嚴重如常、予其間々禁中に祗候、當番衆四辻大納言、經元兩人也、於臺所一盞有之、

十五日、甲子、天晴、○自禁裏被仰下厚朴、二兩、香附子一兩、林（マ、）メ進上了、○八過時分參內、則御楊弓有之、御人數御矢、曼殊院宮、一位前大納言、中山大納言、四辻大納言、予、廣橋中納言、右大辨宰相、若王子（乘々院）權僧正、重保朝臣、永相朝臣、經元、源爲仲等也、今夜御日待御人數、此外に龜壽丸、基孝朝臣、邦富等也、御楊弓之內、臺之物にて御盃二參了、次種々事共有之、御歌兼題被下、各一首、予題田氷、勅題、昨夜詠草懸御目了、

いつせかむ水は氷りにまかせつゝ
殘るもくつる小田のいなくき

次御聯句十六句、執筆予、上句御製、

寒（マ、）影寒猶重　御製　五雲待日昇　同
上天時已至　廣橋中納言　萬瓦看霜凝　廣ヽヽ
梅意入春早　曼殊院宮　桃脣滋露恆（マ、）　予
宴闌宜酌月　四辻大納言　景暖或消氷　御製
流細水如語　御製　風清溪亦膺　橋廣中納言
何瞿松寺鶴　曼殊院宮　須（マ、）茗園鷹　御製
院靜棊聲響　御製　湖晴鏡面澄　廣橋中納言
棹歌鷗夢脆　廣橋中納言　書札鴈音憑　御製

次御和漢一折有之、執筆四辻大納言、

草そ色いつ置初て霜の花　曼殊院宮
影寒月半更　廣橋中納言
山佳來不速　四辻大納言
ふもとにみるも遠き海つら　中山大納言
かすむより舟路のさけき浪の上　源爲仲
春たつ風の空に吹かふ　基孝朝臣
園芳迷蝶意　言繼

次誹諧一折、執筆永相朝臣、

まいれ世のるすをあつかる神無月　中山大納言
散錢はこに落葉する比　四辻大納言

篠にふく風はさゝめく音きゝて　予
次碁、歌文字鑽、詩文字鑽、三文字鑽、七文字鑽、十炷香、音曲、御盃、以上十五、此間に赤粥、田樂等有之、及天明了、○南向以下今日可歸之由候間、迎に妙祐、竹壽、猿千世等遣之、明日可歸之由有之、竹、猿歸、云々」、
十六日、乙丑、天晴、○日出以前より御楊弓始、但御矢不被遊、十六度有之、御小漬各有之、次各退出了、○今日大織冠御聖月之間、精進、看經、次不動緣日之間、供荒米、看經、○新内侍殿承候内炙散、昨日調合、今日引之、粉藥一包七兩計有之、薄所へ遣之了、○竹壽、勝千世兩人、早々葉室へ罷向、南向、長松、鶴松等迎也、七時分被歸了、
十七日、丙寅、天晴、○藤黄門へ罷向暫雜談、一盞有之、次正親町へ罷向暫雜談了、次賀二位所へ罷向暫雜談、次歸宅了、○藤黄門より今朝藥之さかしほとて、德利一被送之、○若王子鵠君不知所望之間、三枚遣之了、
十八日、丁卯、天晴、○今日於五辻連歌興行、云々、但禁裏御楊弓とて延引也、○知行分名字地之儀に、近衞殿へ女房奉書申出進之、則廣橋一品へ持遣了、○葉室出京、跡より山口又二郎上洛、新坊分儀、石谷兵部大輔付御下知、云々、
十九日、戊辰、天晴、五墓日、○葉室へ石谷打入之由風聞、仍朽木者兩人、伊勢守者一人被遣之、中御門、予、葉室令同道、晩天葉室へ罷向之處、石谷歸之由、於太秦聞之、各歸了、則朽木武家へ申入、松田九郎左衞門付之、押御下知被成了、
廿日、己巳、天晴、○伊勢守以下奉公衆西邊打廻有之、都合二千計有之、○丹州軍有之云々、内藤人數被討云々、前右京兆衆得利、云々、○晩天朽木所へ葉室所被行、二荷三種隨身、同予同道、於内々酒有之、民部少輔以外沈醉、同彌六酌也、但公事邊之樣體具見了、
廿一日、庚午、天晴、○丹州之儀に、西岡邊物忩とて、葉室迎來、在所へ被歸了、○禁裏御楊弓に可參之由有之間參、御人數御矢、曼殊院宮、今出河前左大臣、一位入

道、中山大納言、四辻大納言、予、廣橋中納言、右大辨宰相、經元、源爲仲等也、於番衆所小漬如常、○今日雖當番、夜衣依不具退出了、

廿二日、辛未、天晴、○葉室就證文之儀、葉室へ罷向了、共大澤左衞門大夫、早瀨彥二郎計也、今日逗留了、

廿三日、壬申、天晴、○自松尾社務所、明後日月次發句所望之間、二句調遣之、

をく霜にあらはす松の千とせかな
雪にみよ松の千とせのふかみとり

祝着之由有之、鮎之すし、荒卷一、被送之、○葉室令同道出京了、

廿四日、癸酉、天晴、○就葉室公事之儀、松田九郞左衞門尉所へ罷向、客來之由申候間歸宅候了、○就名字之地之儀、女房奉書申出、廣橋中納言へ罷向、武家へ持參之事申含了、○藤黃門へ久不罷之間、罷向雜談了、右衞門佐咳氣所勞、云々、○內侍所へ罷向、葉室證文、予櫃之中に有之、撰了、一盞有之、

廿五日、甲戌、天晴、○松田九郞左衞門所へ罷向、取亂之間、軈此方へ可來之由申候了、○中御門へ罷向、一盞有之、○松田九郞左衞門來、葉室申狀之樣談合之、一盞勸了、○丹州之儀、三好筑前守丹波立、云々、今日西岡へ越、云々、就其伊勢守も出陣、見物了、前勢嵯峨に相待、云々、自京五百計有之、○今日御月次和歌、禁裏へ懸御目了、御合點之分令淸書進之、勅題早涼至、原上行人、

夕風の吹とはなしに袖の上の
はや涼しさや秋の立らん
露ふかきをのゝしのはらしほれつゝ
分るも遠き旅の衣手

五辻へ罷向暫雜談、來廿八日故治部卿十三回之間、齋に可來之由有之、○大祥寺殿へ參、岡殿御座、うたい共御所望也、鶉餠にて御茶給了、

廿六日、乙亥、天晴、○今日諸奉公衆、すい坂嵯峨迄打迴、人數千五百計有之、見物了、○暮々御祝に參、天酌に被

參之輩一位大納言、四辻大納言、予、宮内卿、阿子丸、重保朝臣、經元、公遠、源爲仲等也、次親王御方へ各參、如常、次於臺所一盞有之、予當番之間其間々祗候、相番無之、○吉田左兵衞佐來談了、

廿七日、丙子、天晴、十月中、○五辻へ罷向、明日爲茶子大栗數卅、遣之、神光院、五辻兄也、佛陀寺之善得院、相國寺之僧等一盞有之、○大祥寺殿へ參、暫うたい申候了、勸修寺被參了、

廿八日、丁丑、天晴、○早々五辻へ罷向、法事は無之、半齋計也、僧衆四人、其外中山、予、白川、薄、庭田、神光院、亭主等也、其外鳥羽之知行代官堤相伴、中酒凝候了、○葉室今日在所へ被歸了、○今日奉公衆打廻有之、被打入之後、晴元（細川前右京兆）牢人長刀坂迄出、嵯峨衆逐拂、云々、丹州之儀、三好以下河瀨城取卷、無殊事、云々、

廿九日、戊寅、天晴、○今日牢人衆蓮臺野迄五百計出、云々、奉公衆千計舟岡山へ被打揚、野伏有之、云々、○故葉室寶樹院榮春理永、宗永童子等忌日之間、佛陀寺之舜智、淨花院之壽全等齋に來、相伴候了、

○十一月大

一日、己卯、天晴、○明日公宴聖天御法樂可參之由有之、御發句可進之由被仰下之間、兩句調進候了、○大祥寺殿へ御禮に參、御盃被下、勸修寺父子祗候、久首座へ海苔之紙袋一、遣之、次伏見殿へ參、李部王、梨門御對面候了、次竹内殿へ參、御留守、云々、正親町へ罷向、女房客人有之、云々、次岡殿へ參、御對面了、○暮々御祝に參、先親王御方へ參、御對面、天酌に被參之輩一位大納言、四辻大納言、予、廣橋中納言、伯二位、右大辨宰相、宮内卿、阿子丸、重保朝臣、經元、公遠、源爲仲等也、今日御楊弓有之、云々、其後於番衆所碁有之、御懸物被出、御扇杉原二帖也、五人相別、竹門、四辻一方、中山、右大辨、極﨟一方也、三人之方勝也、其後四過時分迄御雜談了、○今日當番予、基孝朝臣兩人也、明日御法樂御延引、云々、○今日如昨日牢人出、野伏事外有之、云々、明日可合戰之由申候、云々、○中御門禮に

來儀、云々、他行之間不及見參、一盞勸、云々、
二日、庚辰、天晴、○薄養生藥兎絲々圓調合之事被申、代四十五、到、則藥種取寄了、○今日牢人衆不見、云々、奉公衆舟岡に數刻被待、云々、
三日、辛巳、天晴、時々雪雨晴陰、○竹内殿御養生藥囘春湯御所望之由有之、代四十、到、則藥種召寄候了、○長橋局へ參、名字地之事、重武家へ被仰出之樣に申入候、御心得候由候、文案可調進之由有之、○總在廳來、烏丸へ少中子細有之、予烏丸へ罷向、一盞有之、○葉室出京、廳被歸候了、
四日、壬午、天晴、○御倉總在廳來、昨日烏丸之返事申聞候了、
五日、癸未、天晴、○自正實坊使有之、於山科鄉公用可相渡之由有之間、大澤左衛門大夫、澤路筑後守申付下了、於音羽鄉渡之、後藤九郎、進士修理亮、松田監物、正實房等、云々、四石請取候了、在所人夫持來、酉下刻到、且且滿足、○竹内殿御藥持參、御參内之由申候間、伊與局へ預候了、今日聖天御法樂、云々、御催不相屆、魚食之間不及是非、只御六人、云々、發句以下如此、

よるき丶し嵐やはこふ今朝の雪　予
冬深くなる松の下道　四辻大納言
苔のむす岩ねのなかれ月すみて　廣橋中納言
音すさましくたかき瀧波　御
山は丶や秋にもあへすしくるらん　曼殊院宮
晴行みねに又か丶る雲　中山大納言
へたつなよ霞のうちの鳥の聲　入道前右大臣
さはれて春のなさけそふ宿　予

薄所へ罷向、吸物、餅等にて一盞有之、暫雜談、
六日、甲申、天晴、自今日十方暮、○一條殿准后へ申入候、袖中抄十六卷、出來、畏入之由申入候了、○澤路筑後守に且々米三斗申付遣之、此間粉骨之故也、○近衛殿へ以不斷光院、昨日之儀、以澤路筑後守申入候、御客來之間、晩天可有御返事之由有之、○中御門より指貫借用之間遣之、今日御楊弓に參内、云々、
七日、乙酉、天晴、○今日五辻連歌會、云々、可罷向之處、又今

日禁裏御楊弓之間延引之由有之、○竹内殿へ參、梨
門、中山、甘露寺等祗候也、圓頓者、二三社託宣三等、五内々
申入候了、
八日、丙戌、自申刻雨降、五墓日、○自正實坊昨夕使有之、明朝於野村
鄕、米三俵可相渡之由有之間、早旦大澤左衞門大夫、
澤路筑後守兩人申付指下、午時米三俵到來、合五石五
斗之請取、兩人相調遣之、云々、奉行衆先日之同前、云
云、澤路に又二斗遣之、合五斗遣之、○晩天近所藥師
へ參詣了、
九日、丁亥、天晴、○今日禁裏聖天御法樂、御和漢二百韻有百句執筆
之、急朝飡參内、執筆兩人相並、御人數御製、曼殊院二折執
宮、□折執筆入道前右大臣、中山大納言、四辻大納言、予、廣橋
筆中納言、基孝朝臣等、予十三句宛仕候了、於記錄所有
之、於長橋局小漬如常、發句以下如此、及黃昏退出了、
うす氷り嵐やみかく朝かゝみ　基孝朝臣
吟　雪　白　高　臺　入道前右大臣
なをさりになかめもすてん春ならて　下官
かすみし月の曙の山　曼殊院宮
鶯　左　漏　琴　意　廣橋中納言
獸　尊　注　酒　魁　御
うときさへ伴なれてかたる日に　四辻大納言
あまたに舟の出る湊江　中山大納言
柳　絲　秋　有　類　入道前右大臣
草葉も露のむすふまゝなる　下官
同
ふらぬ日も都は雪の外山哉　曼殊院宮
御　爐　別　置　春　廣橋中納言
つほめるを冬木の梅の色香にて　御
雨にうるほふ庭の眞砂地　四辻大納言
飮　啄　啾　々　鳥　入道前右大臣
月にもなりてくるゝしつけさ　中山大納言
きこえ來てそことしられすうつ衣　下官
十日、戊子、天晴、○禁裏御楊弓有之、廿二度御人數御矢、梶井宮、曼
殊院宮、今出川前左大臣、一位入道、四辻大納言、新大中御

門納言、予、廣橋中納言、右大辨宰相、若王子權僧正、重保朝臣、慈承尊勝院法印、經元等也、於番衆所小漬如常、前之於御前御銚子參、中御門申沙汰、云々、及黄昏退出了、卅枚負了、○冷泉黄門來談、至亥刻和漢一面有之、予祭飯相伴了、○葉室一昨日上洛、今日被歸了、

十一日、己丑、天晴、○七時分五辻へ罷向、うたい二三番了、後に勸修寺一品被來了、○今朝看經、神樂少々吹之、

十二日、庚寅、天晴、○亡父卿忌日之間、淨花院之内松林院乘誓、齋に來、相伴了、○賀二位所へ罷向、一盞有之、爲武家名字地年貢被下之儀雜談、又方角日等之事兩條尋之間、予細有之、○勸修寺へ罷向、一品と中將棊一盤差了、一盞有之、○自暮々禁裏御和漢有之、於御學問所有之、夜半に終了、田樂にて一盞有之、御人數御製、廿五、曼殊院宮七十句御執筆、七、入道前右大臣、廿八、中山大納言、九、卅句執筆四辻大納言、十二、予、十二、廣橋中納言、二、不參、基孝朝臣、三、源爲仲三、等也、○御添番に祗候了、基孝朝臣兩人也、當番衆不參、今日御發句以下如此、

峯の雪むかへはさむき朝戸哉　曼殊院宮
梅　早　座　倫　春　四辻大納言
吟　澁　鶯　凍　口　廣橋中納言
歸　催　鴈　旅　身　入道前右大臣
遠山は殘る霞のむら〳〵に　基孝朝臣
浪もしつけし浦の夕なき　御
めもはるにひくや手くりの綱手繩　予

薄被申兎絲々圓令調合、今日遣之、

十三日、辛卯、天晴、十一月節、○禁裏御楊弓有之、四時分始、御人數御矢、梶井宮、曼殊院宮、今出川前左大臣、一位入道、中山大納言、四辻大納言、新大納言、予、廣橋中納言、右大辨宰相、若王子僧正、重保朝臣、慈承法印、經元等也、龜壽丸、源爲仲所役に祗候、於東庭有之、予持也、於番衆所小漬如常、尊勝院申沙汰、云々、音曲有之、及黄昏退出了、○自丹州昨日伊勢守開陣歸宅、三好筑前守嵯峨迄開陣、今日攝州へ下向、云々、○今夜建仁寺伽藍塔頭悉炎上、云々、夜半時分也、○自今夜十

五夜、一條觀音堂、金山天王寺舜智所へ方違、則鷄鳴歸宅了、來廿一日竈塗直之用也、

十四日、壬辰、天晴、五墓日、○自長講堂明日可來、鎮守新造身體明朝移申之間、可見之由申、可罷向之由返答候了、○五辻へ罷向、明日可同道之由雖申候、目之所勞之由有之、暫雜談了、○方違に罷向、舜智他行之間、千秋刑部少輔寄宿之所へ罷向、則歸了、德利雖持之、千秋下女に預置、云々、○堀川判官國弘に申袖中抄四卷出來了、三卷彌六沙汰了、到、

十五日、癸巳、天晴、今日より天一天上、○祖母安明院忌日之間、安養寺之僧慶存齋に來、相伴了、○薄先度之藥之禮とて來儀、○長講堂へ午時罷向、慶存令同道了、共に大澤左衛門大夫、澤路筑後守、野洲五郎左衛門等召具、齋二汁、菜五、有之、各相伴了、八過時分歸了、周德馳走也、四十八夜別行終夜念佛申、云々、○近衛殿へ參、御留守、云々、次一條殿へ參、先度之袖中抄被遊下之御禮申候了、御兩所御見參、暫御雜談申候了、○觀音堂へ方違に罷向、予持候田樂にて一盞有之、千秋刑部少輔、同兄壽命院等來了、亥刻計鷄鳴歸宅了、○暮々五辻來談、驢被歸了、音曲二三了、

十六日、甲午、天晴、天一天上、○不動明王供供米、看經了、○長講堂へ昨日爲禮、大澤左衛門大夫遣之、次鉢之石四五日借用仕度之由申遣了、○中御門來儀、一盞勸了、暫雜談了、○金山天王寺へ方違に罷向、則鷄鳴歸宅了、

十七日、乙未、天晴、天一天上、五墓日、○長講堂周德禮とて來、一樽兩種、筆之代とて十疋持來候了、重疊之儀、懇志之至也、餅にて盃出、但禁酒也、○武家御乳人左衛門督局へ罷向、先日之山科俵御禮、御臺へ能々可被申入之由申、同督殿種々入魂禮申候了、一盞有之、次朽木所へ罷向、乍父子東山御城へと云々、女房衆方へ罷向、葉室公事之儀申候了、次宮内卿局へ罷向、先日御取合祝着之由申籠了、○東山靈山御城爲見舞參、御禮申候了、次建仁寺炎上之跡見物了、言語不可說也、光堂へ罷向、留守、云云、光堂者持佛堂計炎上也、○松田九郎左衛門及黃昏

來談、葉室公事之儀披露之處、內々宜之樣雜談也、一盞勸了、暫雜談了、○金山天王寺へ方違に罷向、則鷄鳴歸宅了、○禁裏晚頭長谷寺御法樂御和漢、云々、故障申候了、連々に御千句、云々、御發句以下如此、

第一

雪とのみをきまとはせる霜夜哉　入道前右大臣

愈　白　月　光　寒　御

嵐ふく雲はふもとの嶺晴て　曼殊院宮

十八日、丙申、天晴、天一天上、○長橋局迄可參之由有之間則參、明後日長谷寺御法樂御和漢、七時分より可參之由有之、連々に可爲御千句、云々、昨夕百韻有之、云々、予故障申候了、然者御發句雪、可進之由有之、承之由申候了、○中御門夢想法樂連歌、三句云々、可來之由有之間、午時罷向、人數一位亞相、八句、四辻亞相、十三、亭主、五、予、十七、廣橋黃門、十六、明融、冷泉黃門兄也廿、壽倫、一、政國、田中隼人二、貞吉、和田忠兵衛尉十三、清景、內膳執筆二、等也、先一盞、次白粥有之、晚湌、會以後一盞等有之、戌刻終了、○觀音堂へ方違に罷向、鷄鳴歸宅候了、

十九日、丁酉、天晴、天一天上、○葉室へ罷向、明後日竈塗之間、人兩人、栗木等所望候了、又公事之儀、松田九郎左衛門申分申傳了、晚湌以後歸宅、及黃昏葉室母に丁香散、三光丸等遣之、葉室に三光丸五百粒遣之、同山口又二郎に二百粒遣之、松尾社務に五百粒遣之了、○觀音堂へ方違に罷向、鷄鳴則歸宅了、

廿日、戊戌、天晴、天一天上、○自藤黃門土六七荷被持送了、祝着祝着、○自葉室栗木一本、蘘等到、○竹內殿へ參、梨門御出也、碁有之、予四盤打之了、○大祥寺殿へ參、暫御雜談、岡殿渡御也、久首座之弟子壽正、喝食十四才法華經讀誦畢、仍智惠粥被振舞了、御伊茶局被參、其外勸修寺一品、同右大辨、中山亞相、予、極﨟等御相伴了、○禁裏御法樂之間、七時分參內、長谷寺御法樂二百韻有之、御人數御製、曼殊院宮、入道前右大臣、中山大納言、四辻大納言、予、廣橋中納言、菅宰相等也、予方違之間、五十韻之後退出了、御發句以下如此、

第二

雪やあす松にそ氷る夕あらし　御

狹　續　一　爐　邊　入道前右大臣

鐘の聲さらに深たる夜をしりて　四辻大納言

旅にはいをもやすくやはぬる　中山大納言

舟とめて友なふ月のうら波に　曼殊院宮

鴈かねさむみ空そ身にしむ　言繼

第三

今朝みるや遠き高根も雪の庭　曼殊院宮

冱　泓　呵　又　凍　菅宰相

微　陽　梅　破　白　入道前右大臣

下　若　杏　浮　紅　御

かひつらね行袖かすむ春の野に　中山大納言

くれなは月も此比のかけ　四辻大納言

あつさをもわするゝ秋のはしゐして　廣橋中納言

いつかはあふきうちもをかなん　予

宗春入道久痢不通、云々、藥之事申候間、香蘇散に大黃、黃芩、杏仁、前胡、木通、枳殼等加之、十包遣了、〇觀音堂へ方違に、鷄鳴歸宅了、

廿一日、己亥、天晴、天一天上、〇自二條殿、大弼俊定朝臣爲御使被下、葉室に天文十七綸旨紛失之間、可調進之由堅可申遣之由有之、予見參候了、〇從葉室人兩人來、源左衞門等合力、竈塗改、先聲聞師來地祭、晩天出來、ゆるり等塗之、〇自五辻楊弓矢借用之間、一四矢遣之、禁御楊弓、云々、〇觀音堂へ方違に罷向、鷄鳴歸宅了、

廿二日、庚子、天晴、天一天上、〇宗春藥同方十三包遣之了、同前、云云、〇薄女下腹氣、云々、藥之事被申候間、經驗對金飲子七服、遣之、〇禁御月次御題、昨日出了、今日廻文相調、長橋局へ進、如例、

池氷、松雪、尋戀

右御題、月次和歌御會、可令詠進給之由、被仰下候也、

霜月廿二日　言繼

勸一位前大納言殿、廣一位大納言殿、烏日野大納言殿、中

山大納言殿、四辻大納言殿、日野新大納言殿、萬里小路大納言殿、權帥殿(三條)、新大納言殿(中御門)、藤中納言殿、新中納言殿(五條)、冷泉中納言殿、廣橋中納言殿、伯二位殿、右大辨宰相殿(勸)、宮内卿殿(薄)、頭中將殿(庭田)、持明院中將殿、三條中將殿(西殿)、藏人辨殿(甘露寺)、藏人中務丞殿(五辻)、此外別紙三條殿、
自正實坊、山科米可取下之由申來之間、大澤、澤路申付遣之、遲候とて罷歸了、明日早々可來之由有之、云云、

廿三日、辛丑、天晴、天一天上、五墓日、○山科へ大澤左衞門大夫罷向、正實坊米一石相渡、云々、明日又可來、云々、○禁裏長谷寺御法樂之間、朝飡を急參內、則始了、文臺被並、二百韻有之、第四予執筆、第五曼殊院宮、一二三四折、四辻大納言也、御人數如先度、於長橋局小漬有之、及黃昏退出了、發句以下如此、

第四

鐘の音は雪より出て山もなし　言繼
影寒月五更　曼殊院宮
回春梅臘底　菅宰相
抱節竹風清　入道前右大臣
秋わかき霜の瓦の軒ふりて　御
あさ日まつ間の空そ身にしむ　廣橋中納言
こと草にかゝる槿さき殘り　四辻大納言
をくかとみれば消るしら露　言繼

第五

うす雪も氷りてあつき汀かな　中山大納言
彩鴛映碧流　四辻大納言
影清き月こそ鏡むかいゐて　言繼

金山天王寺へ方違に罷向、鷄鳴歸宅了、

廿四日、壬寅、天晴、天一天上、○自二條殿被仰葉室綸旨之事、到來之間、早瀨彥二郎に持進了、○冷泉法樂連歌とて被呼之間罷向、四辻、予、亭主、廣橋黃門、和田忠兵衞、速水左衞門大夫(執筆)等也、白粥有之、戌刻計歸宅、三折句也、發句亭主、○大澤左衞門大夫山科へ罷下、澤路藤二郎

同罷向、又一石到、い上七石五斗也、○觀音堂へ方違如例、

廿五日、癸卯、天晴、天一天上、○松林院被申十重禁之本、被急之間、令書寫遣之了、○觀音堂へ方違如前、

廿六日、甲辰、天晴、天一天上、○雜舍之簀子修理申付了、○自一條殿右府、御用之間可參之由有之、則參之處、御職之事、二條殿御約束之子細遲々間、御辭退之樣、稱名院御意見候樣にと、罷向可申屆之由被仰下、一盞有之、○稱名院へ罷向、右府仰之趣演說、其分可申入之由有之、次雖遲々、禁裏御月次和歌談合了、御題池氷、松雪、尋戀、

風渡る池の氷りのます鏡
　むかふや鴛のかけうつるらん
ふる雪に夜半の嵐はうつもれて
　松に殘れる下おれの聲
尋來しなさけかひなくいかなれは
　あらぬこたへにいひはなつらん

葉室自一昨日所勞發熱頭痛、云々、藥之事被申候間、參蘇飮五包、遣之、○觀音堂へ方違に罷向了、如例、○薄下女咳氣熱氣、云々、藥被所望之間、仲和散に加前胡、薄荷、三包遣之、○澤路筑後守淋病之藥之事申候間、五淋湯七包遣之、

廿七日、乙巳、天晴、天一天上、○細川前右京兆牢人西岡へ出、云々、方々放火、嵯峨へ陣取、云々、○禁裏御會紙令淸書、早早進了、○久不罷向之間、藤黃門へ罷向、一盞有之、金吾は御城へ被參、云々、○自嵯峨馬三疋、牛一疋、藪の堀に人々預候了、○自葉室又藥之事被申候間、同方七包遣了、○觀音堂へ方違に罷向、今夜計也、茶子にて茶了、則歸宅了、○冷泉來談、同甘露寺來談了、

廿八日、丙午、天晴、天一天上、冬至、十一月中、○去夜西院之小泉、郡之中路修理等城自燒、靈山へ參、云々、○牢人衆西邊方々放火、辰刻計靈山へ取懸、五條坂悉放火、建仁寺之大龍十如一塔頭悉炎上了、乗拂無之、清水之坂にて軍有之、但討死無之、手負左右方六七人宛有之、云々、午時

引之、禁裏之東岩藏へ取懸、岩藏長谷等悉亂妨放火、云々、三千人計有之、○申刻計予、冷泉、廣橋黃門、庭田、尊勝院等令同道靈山へ參、其外奉公衆攝津掃部頭、飯尾大和守、同加賀守、疋田彌四郎、梅雪等同道了、則御對面、次清水へ罷向、御臺、近衞殿、御乳人等方々音信了、暮々歸宅了、○牛馬預之物、鈴一、餅等送了、○戌刻計近所藥師堂隣家一間火事、但無類火、

廿九日、丁未、天晴、天一天上、○禁裏長谷寺御法樂御和漢、云々、魚食之間不參、御發句以下如此、

第六

晴る夜の月に又ちれ木々の雪　四辻大納言
梅早雨三枝　廣橋中納言
かけひろみ鴛鳴岩ね水すみて　御
景佳舟去遲　入道前右大臣
雲歸るあとはふもとの朝風に　曼殊院宮
しめるはかりの露の衣手　中山大納言
初雪蛩近枕　基孝朝臣
九日蝶過雛　菅宰相
みしや夢うつゝは遠き故郷に　言繼

第七

みかきそへて雲に言葉の玉もかな　廣橋中納言
霜紅落葉庭　基孝朝臣
槇の戸のあけほのふかく月さえて　四辻大納言

牛馬引て歸、云々、○五辻へ罷向、右大辨、甘露寺等暫雜談了、○今夜亥刻安居火事、又丑刻百々火事、○葉室より人來、驗、云々、但らやく（マヽ）、云々、同方三包遣之、○今朝舜玉被來、近日從加州上洛、云々、毛拔一、隨身、

卅日、戊申、天晴、天一天上、○寶樹院、宗永等忌日之間、舜智、舜玉齋に來、相伴候了、○萬里小路亞相、予、右大辨宰相、三條中將、甘露寺等令同道靈山へ參了、各御對面了、次清水へ參、各御臺、御乳人へ申候了、御風呂可申候、近衞殿御對面有之、朽木民部少輔陣所子安觀音堂各罷向、一盞了、次建仁寺燒跡見物了、○河內八隅京都

へ上、西賀茂迄打廻、三千計、云々、牢人衆は去夕丹州へ引、云々、八隅清水へ參、百計諸勢下へ引、云々、見物了、○南御所、寶鏡寺、總持寺殿へ、去夜火事御心元なき由申參、御見參了、

○十二月小

一日、己酉、天晴、天一天上、○一條殿へ御禮に參、先度從右府稱名院へ御言傳之御返事申候了、御兩所御見參、御酒被下了、次稱名院へ禮に罷向、○自葉室人來、所勞閪(マヽ)疫、云云、藥種五六種所望之間遣了、○大祥寺殿へ參、御盃被下、次伏見殿へ參、御對面、次竹內殿へ參、御留守、云々、次岡殿へ參、御留守之御所、云々、○今日三好筑前守上洛參武家、云々、牢人衆引丹州之後無曲、○暮々親王御方へ御禮に參、御對面也、次參內、先於御三間一位大納言、予兩人被召御前、暫御雜談有之、戌刻御祝、天酌に被參之輩一位大納言、四辻大納言、予、廣橋中納言、右大辨宰相、宮內卿、重保朝臣、基孝朝臣、經元、源爲仲等也、次於臺所一盞有之、次予雖當番、依不具子細有之退出了、

二日、庚戌、天晴、

三日、辛亥、天晴、○自伊與局文有之、竹內殿自去夜御煩之間、御脈、御藥之事被申候間、則參御脈取了、御ひき風也、參蘇飲五包進了、○正親町へ罷向、一盞有之、暫雜談了、次五辻へ罷向、令同道大祥寺殿へ參、勸修寺一品被參、三人二三番音曲了、暮々歸宅了、

四日、壬子、雪如霜、天晴、八專入、○禁裏長谷寺御法樂御和漢有之、第八、第九二百韻有之、巳刻始、於御學問所有之、執筆兩人、文臺被並、第八予、第九菅宰相執筆也、御人數御製、入道前右大臣、中山大納言、四辻大納言、予、廣橋中納言、菅宰相、基孝朝臣、經元等也、於長橋局小漬如常、戌刻終退出了、發句以下如此、

第八

梅か枝のかほりもあさし雪の花　菅宰相

南江蘆帶霜　言繼

第九

分えぬや鷹もしらふのみ雪かな　基孝朝臣
杖　驅　冬　景　皺　中山大納言
暮　嵐　樵　笛　濕　言繼

五日、癸丑、天晴、○澤路筑後守來、牽分之儀に、三好方へ御內書被出之、祐阿彌馳走也、伊勢守に被出之、先持來、披見寫之、則伊勢守方へ持遣之、則又三好筑前守宿祇園云々、へ、伊勢守持被罷向、云々、他行、云々、松永彈正請取、云々、御內書如此、

禁裏御料所內藏寮領諸口牽分事、今村紀伊守押領段、于今同前之由候、不可然候、既公役及退轉儀候條、早々可退其綺旨、堅可申付事肝要候、猶貞孝可申候也、

十二月四日　（花押）

三好筑前守とのへ

葉室所勞爲見舞罷向、先賀二位所へ早々罷向、葉室所へ造作之所談合、不可然之由申候、次竹內殿御所勞見舞申候、彌御驗氣之由有之、次葉室へ罷向、共澤路藤二郎、早瀨彥二郎兩人也、葉室自昨日少驗氣之由有之、晚湌以後罷歸了、

六日、甲寅、天晴、八專、○御內書之御禮に靈山へ參、祐阿彌申次、御對面、次於御次一盞有之、次伊勢守所へ罷向、清水執行所に有之、彼所へ罷向、以蜷川新右衛門禮申之、談合之子細有之、云々、不見參、予共大澤左衛門大夫、澤路筑後守、同藤二郎、小者等也、次歸宅了、○岡殿へ參、予昇進之事御執奏候樣にと、內々申候了、大祥寺殿へも可申入、爲御兩所可有御申之由有之、

七日、乙卯、天晴、八專、○予數日下腹氣之間、近所之石風呂へ早々罷向了、○庭田へ罷向、宣下之物共披見、補歷直改了、次大祥寺殿へ參、內々岡殿へ申分同申入候了、次勸修寺へ罷向、中山、五辻、井上、亭主等中將棊、見物了、次竹內殿見舞申候、彌御驗也、御脈給候了、○自葉室人來、彌驗氣之由有之、

八日、丙辰、雪如霜、晴、○石風呂へ罷向了、○冷泉へ罷向、暫雜談、次富小路へ罷向、一盞有之、暫雜談了、

九日、丁巳、晴、八專、○聖天御法樂之御發句被出之、入韻可仕進之由有之間、高辻へ罷向令談合調之、長橋局迄持參了、○常寂院辨天へ參詣、燈明申付了、○中御門來儀、一盞勸了、同薄來談了、○自長橋局、丁香散所望之由有之、十疋到、

十日、戊午、天晴、○因幡堂御代官詣、自勸修寺右大丞被催之間、早々參、先於彼亭小漬有之、人數四辻、萬里小路亞相、予、右大丞、庭田、持明院、五辻等也、巳刻計下向了、○自南都雲松軒、官務入道、先日之長者宣之禮葉室へ二十疋、又予方へか子紙一帖送之、○勸修寺へ罷向、中山、四辻、萬里小路、予、五辻等、中將棊有之、次大祥寺殿へ參了、

十一日、己未、天晴、八專、時々雨雪灑、○看經、神樂少々吹之了、○富小路雜色早々生害、云々、不知其故也、○當番之間申刻參、相番予、基孝朝臣兩人也、御格子之後、戌刻退出了、○藤黄門へ罷向、先日藥種兩種調事被申候、調遣之、御城へ被參、云々、金吾參會雜談了、○及黄昏淨土寺殿之奥坊來、云々、

十二日、庚午、天晴、八專、○人參丁香散一濟調合了、○亡父卿忌日之間、松林院乘誓、齋に來、相伴候了、○禁裏聖天御法樂之間、巳刻參內、則始、御人數御製、十九句、御執筆曼殊院宮、五、入道前右大臣、十九、中山大納言、五、四辻大納言、十一、予、十四、廣橋中納言、十二、菅宰相、八、基孝朝臣、四、經元三、等也、於長橋局小漬如常、酉下刻終退出了、發句以下如此、

さく梅の花に梢は冬もなし　基孝朝臣

霏　雪　嶺　形　雲　予

先日馬預け之物、嵯峨より鈴送之、云々、

十三日、辛酉、雪降、自午時晴、八專、十二月節、小寒入、○長橋局へ、人參丁香散一濟餘十二兩、進了、○廣橋黄門被來、自去夜手甲腫、云々、ましないの事被申了、○自庭田明日因幡堂御代官詣之事催有之、同心候了、

十四日、壬戌、雪(五寸餘)降、○自(◎庭田脫カ)深雪之間藥師詣延引之由有之、朝飡以後、又可參詣之由有之間、庭田へ罷向、人

數廣橋一品、四辻亞相、予、亭主、持明院羽林、甘露寺、極﨟等也、あつかへにて一盞有之、巳刻計參詣、看經以下如常、歸立於同所小漬有之、中酒及數盃、各沈醉、七時分各被歸了、歸路に四辻、予、持明院、甘露寺等五辻へ罷向、又一盞有之、次大祥寺殿へ各參、皆々沈醉無正體、不可說々々々、戌刻計歸宅了、○夜半計自朽木所、燒跡之藥所望、若黨兩人あやまち、云々、

十五日、癸亥、天晴、八專終、○祖母安明院忌日之間、安養寺之僧慶存齋に來、相伴、暫雜談了、○冷泉へ罷向暫雜談、後に藤堂兵衞大夫被呼、一盞有之、戌下刻歸宅候了、○早瀨彥二郎子小づく、謠之本邯鄲、書寫之事申候間、今日令書寫遣之、

十六日、甲子、天晴、○多武峯、不動等看經了、○田中隼人佑女髮置、云々、厚飯、鈴一、送之、○禁裏長谷寺御法樂御和漢連々御千句、第十今日有之、申刻參內、御人數御製、十五句、曼殊院宮、九、入道前右大臣、十四、中山大納言、八、四辻大納言、九、予、十、廣橋中納言、十二、菅宰相、十四、基孝朝臣、四、經元、三、源爲仲二、等也、於御學問所有之、餠入豆腐一盞有之、亥刻退出了、雖當番依不具如此、發句以下如此、

第十

くれ竹のなひく夜なかし雪の窗　經元
迎臘惜年華　入道前右大臣
せきとめぬ早瀨の波の岩こえて　中山大納言
あさるかたなき水のうき鳥　曼殊院宮
當戶山環擁　御
望鄕雲掩遮　菅宰相
人やりの道かはあやなたひ衣　四辻大納言
けふもかりねの草枕せん　基孝朝臣
いく夜半そともなひあかす月の下　予

追加

年も日も積る木たかし松の雪　源爲仲
堪繙殘曆纔　御
灯の影ふくる夜は猶さらて　曼殊院宮

入　禮　佛　名　來　入道前右大臣
ふく音もはけしき冬の山嵐　中山大納言
おち葉をしらぬ梢もそある　予
霜　入　吟　遊　履　四辻大納言
寒　傳　御　宴　盃　廣橋中納言

十七日、乙丑、天晴、時々雪降、○近衞殿へ參、名字地之公用之事、先日之後、爲武家不被仰付、迷惑之由申入候了、御見參、聊無御疎意、但當時不可說之時分之間、雖難屆、尙尙可被申之由有之、內府御方に御連歌有之、一句可仕之由有之、雖斟酌、堅仰之間其間々祗候、六十四句以後退出、戌刻計也、御人數准后、聖護院准后、內府、予、平宰相時秀朝臣、藤（鴨）之朝臣、不斷光院西堂、小笠原民部少輔、其外御侍衆四五人、執筆觀世虎菊等也、

十八日、丙寅、雪晴陰、○伯卿所へ罷向、自近衞殿御尋之子細有之、重服同居之輩事也、一夜於他宿者、雖爲神事、同火不苦之由有之、則以折紙近衞殿へ申入了、一盞有之、次藤黃門へ罷向暫雜談、一盞有之、次大祥寺殿へ參、田樂にて御酒有之、晚天歸宅了、

十九日、丁卯、天晴、晚天雪降、○梶井宮今日妙法院殿へ御出之間、可被召具之由有之間、午時伏見殿へ參、先御酒有之、未刻渡御、妙法院宮數年御所勞、虛氣不仁之間、梶井宮御入室兼對之儀、云々、三獻有之、御相伴予、安居院權僧正、日嚴院權僧正、花恩院大納言、聽務行忠等也、夜に入又御酒暫有之、櫻町聲聞師舞有之、西山進藤入道長久等祗候了、所々御樽共進上也、明日還御、云々」、

廿日、戊辰、天晴、雪時々飛、五墓日、○御齋御相伴日嚴院被參、云々、予聽務所へ朝飡に招請之間罷向、予同道內膳民部少輔淸景、御承師威嚴等也、朝飡以後聽參、安居院、花恩院參、御酒有之、夜に入田樂にて御酒有之、及數盃、日嚴院其外雜人衆、西得院、今小路刑部卿、三位、肥後等也、夜半計御寢了、午時櫻町者父子參舞了、御太刀被下了、今日還御之事、各申留了、

廿一日、己巳、雪降、晴陰、○今日門中各申次、御院領悉注申候了、次御當座十五首、有之、梨門御出題、予二首、題神樂、寄

社祝言、

くり返しあそへやあそへうたふ夜の
空もさへ行あか星の聲

いまよりは猶末かけてゆふたすき
七の社の神のめくみを

同今小路行充、代、同子辰壽丸代、予に誂了、年欲暮、經年忍戀、

月も日もうつる早瀬の年次の
こえなて歸るしからみもかな

年月をふるの神杉時雨ても
同し色にそ過しくるしさ

今日も又御逗留也、晝入麵にて御酒有之、及黃昏花恩院祇候、田樂持參、至夜半大御酒也、御内二御歌予讀揚了、

廿二日、庚午、雪埋庭、天晴、○今日八瀬之路次之儀申事共有之、未刻御盃以後還御、各供奉、於伏見殿又御酒了、○長橋局へ參、此間御暇不申候間、可然之樣可被申之由申含了、先日内々申入候勅筆百人一首拜領、一段忝之由申入候了、

廿三日、辛未、天晴、○煤拂如例年今日沙汰了、○禁裏御煤拂之間、未下刻爲御見舞參、被參之輩四辻大納言、予、廣橋中納言、伯二位、右大辨宰相、宮内卿、龜壽丸、重保朝臣、基孝朝臣、永相朝臣、經元、公遠、邦富、源爲仲、藤原種直等也、暮々入麵にて御酒於男末有之、如例年、及黃昏退出了、

廿四日、壬申、天晴、○自稱名院、今朝齋に可來之由雖有之、咳氣之間故障了、○今曉七時分、近所米屋燒揚、但早けし了、○千秋刑部少輔今曉音信之間、禮に罷向了、○大祥寺殿へ參、三光丸三百粒、進上了、又順首座に、約束之愛洲藥一包遣之、○伏見殿へ參、梶井殿へ先日之御禮申候了、暫祇候了、○岡殿へ參、内々申入之子細有之、山梔子一連進上之、○自竹内殿、回春湯御所望之由有之、代四十四、到、則藥種召寄了、

廿五日、癸酉、天晴、土用入、○禁裏御月次和歌、昨日稱名院へ見

之、則令清書進上了、勅題二首、網代、厭戀、

　身のわさとなれてもるとも日をへては
　　　さそなあしろの床のさよ風
　はるけえすそならぬふしをかことにて
　　　いとはるゝ身のいとゝくるしき

回春湯廿包令調合、竹内殿へ持參了、○自正實坊使有之、先度山科鄉公用請取可調給候、令算用又可渡之由申來之間、請取調させ持遣之、如此、明後日一石於在所可相渡之間、早々可取來之由申、云々、

　請取申米之事
　　合七石五斗者
　右所請取申如件、
　　天文廿一年十一月廿四日
　　　山科家雜掌
　　　　重成判　大澤左衛門大夫
　　　　清長判　濱路藤次郎
　　　　　　　　　　　　兩人判形
　　正實坊大藏卿殿

自庭田、若子腹中被煩之間、見之藥所望之由使有之間罷向、蟲腹口之間、人參丁香散先五服遣之、○伏見殿へ參、定法寺被參、梨門へ德利持參歟、中山、三條中將同祗候、田樂にて御酒有之、戌刻退出了、

廿六日、甲戌、天晴、○勸修寺へ石𥐢所望了、○中御門へ罷向、所勞氣之由有之、白粥相伴、一盞有之、暫雜談、藤藏人同來談了、○建仁寺光堂光明院歲末禮に來、卷數、見參了、同禁裏へ御卷數、三枝、眞性院、光明院、東岩藏寺、如例年可執奏之由有之、○二條長伯寺歲末之卷數送之、同禁裏へ一枝可執進之由有之如例、○自勸修寺番結改之觸有之、元日より、云々、一番、御參、阿古丸、尹豐、如此也、○自正親町、明日若子深そきの用、馬之髮鋏藤黃門にて令借用、可當之由使有之、○高倉へ罷向、髮鋏之事申候、同心也、竹田之供僧禮に來、云云、一盞有之、○當番之間申刻參內、御卷數共四枝、披露、相番予、大藏卿兩人也、持明院中將基孝朝臣、去廿三日上階、同廿四日に大藏卿被申請、云々、仍如此、於番衆所御燒火有之、兩人參御前、御雜談共有之、亥刻

御寢也、
廿七日、乙亥、天晴、○大澤左衛門大夫、早旦山科へ差下、米可請取也、一石二斗六升到、以上八石七斗六升也、○自伏見殿爲御使四條中將來儀、人參丁香散御所望之間、十四五服程進上了、○白川丁香散所望之間、十服計遣之、○庭田息に丁香散十服持遣之、○坂本執當法印、嘉例納豆廿包送之、祝着候了、○梶井殿今日御登山、云々、先皇勅筆三首御懷紙被預下候、祝着々々、○滋野井被來、今夕轉法輪三條帥卿息、兒實教、元服、云々、理髮之樣被尋之間示之了、
廿八日、丙子、雪降、○鞍馬寺戒光坊歳末之禮に來、卷數、毘沙門像、佛名之いも、黑木一束、等持來、對面一盞勸、米少遣之、○葉室出京、正月料種々被持了、○大祥寺殿、岡殿、伏見殿、竹内殿、稱名院等へ、歳末御禮に參、各御見參了、菊亭、勸修寺、烏丸、五辻等同申了、○武家へ御歳末に參、申次小笠原民部少輔休息之由有之間、以朽木民部少輔申入之處、先日御あやまち于今御煩之由有之、無御對面了、○自正實坊使有之、明日於山科鄕鳥目少可被渡、五時以前に可取來之由申候了、
廿九日、丁丑、天晴、入大寒、十二月中、○早旦大澤左衛門大夫山科鄕へ差下、於野村鄕六百文被渡之、又晩天於進士修理所三十疋渡之、○御陵職手司手覆、御小本結絲出之、如例、○廣橋、冷泉等へ歳末之禮申候了、同中御門へ罷向、一盞有之、正親町へ罷向、見參、藤黄門へ罷向、父子見參了、○薄、千秋刑部少輔歳末之禮に被來了、○廣橋一品歳末之禮に被來、見參申候了、予昇進之事、内々申候處、御返事重之由有之、被示了、○葉室依不具四方拜に不參、云々、今日被歸在所候了、○及黃昏御歳末に參内、於御三間御對面、如例年御小本結進上了、次親王御方へ參、御對面有之、御小本結絲不足、仍不進、次萬里小路へ歳末申、次御局々へ申候了、次今夜祗候禁中、明朝內侍所へ爲參詣也、

言繼卿記第二 終

山田安榮
伊藤千可良　校
岩橋小彌太

言繼卿記 十八

天文二十二癸丑年

○正月大

一日、戊寅、晴、自午時雪降、○寅刻於禁裏臺所令行水、予、頭中將、庭田甘露寺權辨令同道參詣內侍所、予十疋御最花進之、看經以後、一獻祝如例年有之、○四方拜有之、寅下刻、及天明出御、奉行職事頭中將重保朝臣、御服御衣紋藤中納言、御前裝束永朝朝臣父子奉仕之、出御、御劍重保朝臣、御簾御裾御草鞋等經元、脂燭殿上人永相朝臣、源爲仲、藤原種直等也、內豎國益、五才、初參、出納職定、重弘等參庭中、御座以下如例年、御格子階間計揚了、御後に一位大納言、藤中納言、廣橋中納言等被參、予着直衣之間不參、主上御束帶九人之時、着直衣之輩不徘徊之儀也、還御以後、於男末各盃酌如例年、辰刻退出了、○予四方拜沙汰之、看經、次神樂笛、少々吹之、次懸妙音天、五常樂急、太平樂急笛吹之、次吉書、○各青侍共於此方朝飡有之、次予盃令飲、大澤左衞門大夫、澤路筑後守、同修理進、同藤次郎、野洲五郎左衞門、早瀨彥二郎等也、早瀨德利出之、○當番始之間申刻參內、酉下刻親王御方へ御禮に參、御盃各頂戴、被參之輩一位前大納言、萬里小路大納言、予、宮內卿、重保朝臣、輔房、源爲仲等也、次同若宮御方へ各御禮申候了、事外御成人也、○今夜天酌に被參之輩一位前大納言、一位大納言、四辻大納言、予、廣橋中納言、伯二位、宮內卿、阿古丸、重保朝臣、輔房、經元、公遠、邦富、源爲仲等也、次於臺所予、宮內卿一盞有之、○當番一位前大納言、予、阿古丸等也、但阿古丸退出了、

二日、己卯、雪積、(五寸計)陰、○早旦退出了、○自吉田三位方、吉田社神供一膳送之、目出度頂戴了、○大澤左衞門大夫德利進之、○少外記康雄禮に來云々、

三日、庚辰、天晴、○北尾出雲守禮に來、盃令飲了、大澤竹壽、

澤路新三郎等禮に來、盃令飲了、○今日禮者海老名(奉公衆)刑部大輔、片岡大和守、本鄕宮內少輔、荒川治部少輔、彥部雅樂頭、松任修理亮、安東藏人、千秋刑部少輔、眞下彌太郎、進士修理亮等來儀云々、

四日、辛巳、陰、○此邊少々禮に罷向所々岡殿、御對面、竹內殿、御見參、御盃、正親町、稱名院、見參、中山、白川、薄、藤黃門、四辻、伊勢加賀入道、三條、(轉、、)五辻、伏見殿、御對面、菊亭、見參、庭田、大祥寺殿御見參、御盃、等へ參了、次武家へ午時參、出仕之輩公家藤黃門、予、地下賀二位、在富卿、陰陽頭、有脩朝臣、武家御共衆大館左衛門佐、同治部大輔、上野(中次也)民部大輔、伊勢守、同左衛門尉、申次飯川山城守、其外大膳亮、番方沼田彌四郎、本鄕源三郎、眞杉丶、丶、奉行衆飯尾大和守、松田對馬守、飯尾左衛門大夫、諏訪左近大夫、松田左衛門大夫、中澤掃部助、松田九郎左衛門、同二郎左衛門、同主計允、治部三郎左衛門、諏訪孫三郎等也、次御臺へ申入、次退出了、次朽木民部少輔、大館左衛門佐、高和泉守、彥部雅樂頭、大覺寺殿、宮內卿局、左衛門督局、杉原兵庫頭、烏丸等へ禮に罷了、次歸宅、異體に成了、○又禮に罷出、伊勢守、本鄕宮內少輔、同新九郎、海老名刑部大輔、入江殿、御喝食御所御對面、奉公奉行今日出仕之輩不殘祗候也、暫御酒也、次方丈御方へ予、大館左衛門佐、意庵三人祗候、御酒了、次於壽正亮予、左衛門佐、糠井八郎等酒及數盃、音曲有之、入夜歸宅了、○今日此方へ禮者陰陽頭、伊勢加賀入道、祐乘法印、出納右京進重弘、內豎國益、久河彌介等來云々、○今日予共大澤左衛門大夫、澤路藤二郎、野洲五郎左衛門、與三郎、猿千世等也、

五日、壬午、陰、自午時雨降、○今日も方々禮に罷出、所々廣橋一品、見參、酒有之、同黃門、千秋刑部少輔(晴季)、松田對馬守(盛秀)、同主計允、中御門、冷泉、見參、高辻、富小路(氏直)、松田九郎左衛門(賴隆)、攝取院、甘露寺、安禪寺殿、御對面、御盃、一條殿御兩所、御見參、御酒、日野、德大寺、祐乘法印、西洞院、近衛殿、御見參、御盞、不斷光院、寶鏡寺殿御喝食、御見參、御酒、總持寺殿、御見參、御盃、兩御所皆皆見參、酒有之、三條中將(正親町)、見參、酒有之、七過時分歸宅了、○今日

此方へ禮者松田對馬守、同主計允、衞士等來云々、○山井左兵衞尉景理禮來、鈴一對隨身云々、他行之間不及對面、○讃岐守忠宗禮に來、對面盃令飲了、扇(面黄、裏砂子、)一本持來、

六日、(癸未、陰、)○自葉室佳例樽鏡餅以下來云々、祝着祝着、○中御門へ罷向暫雜談、餅にて一盞了、○今日禮者廣橋一品、西洞院少納言、(時秀朝臣)鴨脚三位、(光輔卿)飯尾左衞門大夫、(奉行盛就)(伊勢守內)下笠又次郎等來云々、○當番之間申下刻參內、相番勸修寺一品、予兩人計也、今夜新大納言、(中御門)同左衞門佐宣將御禮被申、予申次沙汰了、於議定所御對面有之、予長橋局之官女右京大夫、鶴兩人に油煙一丁宛遣之了、

七日、(甲申、曉天雪飛、天晴、十方暮、)○山井伊豆守景賴來、對面一盞勸了、暫雜談了、○今日禮者烏丸、賀二位、堀川判官國弘、(廣橋內)速水左衞門尉、(舞人)甲斐守久宗、(藤中之內)栗津修理亮、(中御門內)田中隼人佑、(同)同將監、(御臺祗候目醫師)中興新左衞門、(奉公衆)本鄉常陸入道、(奉行)松田左衞門大夫、(同)中澤備前守、(同)松田二郎左衞門尉、(奈良雜掌)柚留木與次郎、上冷泉等也、○召具長松丸親王御方へ禮申、御對面、伏見殿御對面、御盃被下、大祥寺殿御見參、御盃被下了、○長松丸爲着用、四辻少將練貫直衣、濃色指貫、紅梅小袖等借用、童姿也、○禁裏御祝に參內、今夜天酌に被參之輩一位大納言、四辻大納言、予、廣橋中納言、伯二位、右大辨宰相、長松丸、重保朝臣、輔房、經元、源爲仲等也、次廣橋黃門令同道退出了、

八日、(乙酉、天晴、)○自久我亞相使有之、若子爐中へ被入足之間、燒跡之藥所望之由有之、一包進候了、○八幡社眺望坊方より兩所御香水牛玉等送之、目出頂戴了、返事に華撥圓二貝、遣之、○今日禮者廣橋黃門、不斷光院、松林院、同舜玉等云々、

九日、(丙戌、天晴、五墓日、)○自久我使(中西三郎右衞門)有之、燒跡之藥之事尙所望之由有之、予對面、又一包進之、○自右府御書有之、御當職之儀に、稱名院に被仰子細有之、則罷向之處、大覺寺殿御和漢に被參云々、次(禁)臺所へ罷向、去夜庭田局へ忍盜人入云々、下女物二革籠取之計云々、言語道斷

儀也、又末衆あかゝ、かゝ、むめ、たと等、華撥圓一貝宛遺之、非司兩人に三光丸百粒宛遺之、次内侍所へ罷向、五位、阿子に華撥圓一貝宛、あかに墨一丁遺之、

十日、丁亥、天晴、○今日禮者薄、見參一盞勸了、安居院、甘露寺、大德寺紹董首座、對馬守多久氏、醫者古川入道等云々、

十一日、戊子、天晴、○南都春日社御師積藏院中大藏大輔時良書狀到、卷數、神供、油物一包、火箸等送之、同父新權神主、神供之串柿一袋、百、同正預辰巳祐恩、神供、串柿一束等送之、目出度頂戴了、使如例年西刑部師清若黨井手掃部助持來、○大澤左衞門大夫妻彌々母少將女德利兩種持來了、○淨花院之内松林院乘誓德利兩種被送之、○今日伏見殿申沙汰如例年有之、兩種土器物海老、堅、柳一荷進之、○伏見殿へ暮々參、卽御盃參、總持寺殿自四獻御出座也、其外被參之輩今出川前左府、中山大納言、四辻大納言、新大納言中御門、予、大藏卿持明院、頭中將庭田、右衞門佐高倉、極﨟爲仲等也、三獻李部王御酌也、三獻以後音曲有之、五獻之後四辻、予早出了、○今日禮者滋野井、高伊與守奉公衆、大和刑部少輔同、松田九郎左衞門奉行、壽命院等云々、○今日當番伯卿に相轉了、

十二日、己丑、天晴、○亡父卿忌日之間松林院齋に來、相伴候了、○昨日從右府御狀有之、天文十四六二、一條殿准后關白御拜任之時之儀、御記被尋、失之間、愚記可懸御目之由被仰下、但僅之間、大方書寫之進了、次袖中抄十一之十二、一冊返上、殘而三冊此方に有之、○袖中抄十二之卷、一昨日立筆、今朝終寫功了、○今日禮者治部大藏丞奉行來云々、

十三日、庚寅、天晴、酉戌刻雪降、○南都へ返事遣之、正預に華撥圓、二貝、新權神主に同、一貝、御師中に十疋御最花遣了、○中御門へ罷向暫雜談、一盞有之、又中御門此方へ禮に來儀、一盞勸了、○今日禮者金山天王寺之融瑞軒舜智、繪師土佐刑部大輔光茂等來云々、○伯卿番代に參、各被參、竹内殿、中山大納言、四辻大納言、予、大藏卿、經元等也、先予小御所太元帥法聽聞了、次於番衆所各一盞有之、次御出座、巳刻迄御雜談有之、中山與予碁三

盤打、予二番勝、四辻大納言、經元御添番に祗候、殘退出也、○朽木（奉公）民部少輔禮に來儀云々、

十四日、辛卯、天晴、節分、時々雪飛、○德大寺（三位中將公維）正三位加級之事、去七日甘露寺に申候處、則勅許之由去夜被示之間、以左衛門大夫德大寺へ申遣了、○速水（廣橋內）越中守禮に來云々、○節分看經如例年沙汰了、

十五日、壬辰、陰、五墓日、(立春)正月節、酉刻雪飛、○三毬打如形一本如常、粥祝如常、予次袴竹壽に遣之、○祖母安明院乘蓮永幸忌日之間、安養寺之僧慶存齋に來、茶藥一、持來、相伴候了、○自稱名院折紙有之、關白御辭退之事、二條殿へ申入之處、來十七日早々可被獻辭狀之由有之云々、則一條殿へ以左衛門大夫申入候了、別而御祝着之由有之、則又稱名院へ以左衛門大夫、右府御祝着之由申遣候了、○今日禮者勸修寺一品、三條（正親町）、藤黃門、同右衛門佐、刑部權少輔（近衛殿諸大夫）、飯川山城守（奉公）、藤井（辨侍）、才田四郎左衛門尉等云々、五辻禮に被來云々、○八時分中御門へ罷向碁五盤打了、予一盤負了、一盞有之、○暮々御祝參內、親王御方御參內、天酌に被參之輩一位大納言、四辻大納言、予、廣橋中納言、宮內卿、重保朝臣、公古朝臣、輔房、經元、公遠、源爲仲等也、次於東庭三毬打三本被囃、如近年、勸修寺三本進上也、予十本進上者近年名字地依不知行不進之、兩奉行之物粟津修理亮通淸、加田彌三郎保景如例、極﨟申沙汰也、次於臺所佳例有之、予、頭中將、滋野井、極﨟等也、次退出了、

十六日、癸巳、天晴、月蝕、(丑刻三分)天一天上、○如例年祈禱、家中百萬返、幷心經百卷、壽命經十卷、消除經廿卷、慈救咒千返、光明眞言千返、地藏小咒千返等、春日社へ祈念了、○自右府御書有之、關白御辭退之事申調之儀、御祝着之由有之、則明日御當職可被申請之處、禁裏御衰日之間、可爲來廿二日之由有之、稱名院へも能々可申旨有之、○小外記通昭禮に來云々、持明院禮に被來云々、○來十九日和歌御會始勅題、今日被出、則廻文相調、長橋局へ進了、

鶯告春

右御題、來十九日可爲和歌御會始、各可令詠進給之由、被仰下候也、

正月十六日　　言　繼

一位前大納言殿、一位大納言殿、日野大納言殿、中山大納言殿、四辻大納言殿、日野新大納言殿、萬里小路大納言殿、權帥殿、新大納言殿、藤中納言殿、菅中納言殿、冷泉中納言殿、廣橋中納言殿、伯二位殿、右大辨宰相殿、宮內卿殿、大藏卿殿、頭中將殿、三條中將殿西殿、藏人辨殿、藏人中務丞殿、別紙に三條殿、

當番之間晩天參內、於長橋局祝了、一盞有之、今夜相番勸修寺一品、予兩人計也、御學問所にて兩人召御前、暫御雜談了、〇戌刻自二條殿預御使、大彌俊定、春日社神主死去、仍轉任之長者宣之事、今夜に可調進之由有之、仍令待臺所調進了、同中時良書狀到、注進狀以下如此、禮物者神主百疋、權新等五十疋宛云々、後便に可上之由有之、

神主職　家賢死去闕

當時權神主師重拜任理運之上者、被任先例、可被成下長者宣事、

權神主職　師重轉任神主職闕

當時新權神主時具拜任理運之上者、可被成下長者宣事、

新權神主職　時具轉任權神主職之闕

氏人第一﨟經榮座次理運之間、被任先例、同可被成下長者宣事、

右注進言上如件、

天文廿二年正月十六日

經榮　時具　師重

長者宣共如此、

當社神主職事、以師重所被補也、可令存知給之由、長者宣如此、悉之以狀、

天文廿二年正月十六日　　左衛門尉房久

謹上　春日神主殿

當社權神主職事、以時具所被補也、、、、

天文丶丶丶　　　　　左丶丶丶

謹上　春日權神主殿

當社新權神主職事、以經榮丶丶丶

天文丶丶丶　　　　左丶丶丶

謹上　春日新權神主殿

十七日、甲午、天晴、自午時雨降、雷鳴、天一天上、○自葉室人來、三毬打於禁中調之云々、○中御門へ罷向碁四盤打了、予三盤勝、晩飡相伴候了、○自深草三毬打竹如例年四本、八寸餘、心竹一本等持來、

十八日、乙未、時々雪飛、五墓日、天一天上、○禁裏御三毬打に早旦參內、但遲參之間不及見物、於男末盃酌如例、被參之輩一位入道、一位大納言、予、廣橋中納言、右大辨宰相、重保朝臣、永相朝臣、輔房、經元、公遠、邦富、源爲仲等也、○明日御會始之愚歌爲談合、稱名院へ罷向、嵯峨へ被行之由有之、次大祥寺殿へ參、餅にて御酒有之、岡殿御座、其外勸修寺父子、極﨟等祗候也、次廣橋一品へ罷向暫雜談、一盞有之、○自廣橋黃門明後日廿日、近衛殿御會始云々、御題到、庭松契久、○鞍馬寺戒光坊來云々、毗沙門檀供之餅、黑木一束持來云々、

十九日、丙申、陰、天一天上、○稱名院へ罷向、今日御會始之和歌幷明日近衛殿御會始和歌等談合了、次一昨日中院侍從元服之由有之間、珍重之由申了、稱名院之孫也、次藤黃門へ罷向、見參一盞有之、○禁裏御會始御懷紙調進上了、如此、

春日同詠鶯告春和歌

陸奥出羽按察使藤原言繼

天の戸も今朝は長閑に鶯の聲よりあくる千世のしつ春

勸修寺一品、同右大辨、五條等、懷紙可取進之由有之、予相添長橋局へ進之、○勸修寺一品燒跡之藥被所望之間、一包遣之、

廿日、丁酉、天晴、時々雪飛、寒嵐、天一天上、○自禁裏、昨日之御懷紙可結進之由有之被出了、則とちて裏書沙汰之進上了、法中三枚結之了、○坂本執當法印言全一樽兩種荒卷、昆布、送之、祝着了、○近衞殿和歌御會始懷紙調之、賀二位在富卿中風氣とて、清書之事昨日中候間、調遣了、予懷紙如此、

春日同詠庭松契久和歌

陸奥出羽按察使言繼

栽しより四本の松の枝ことに君か千とせの數こもるらし

此邊少々禮に罷向、所々次第不同、治部大藏大輔（奉行）、近衞殿大政所、久我、持明院、大和刑部少輔（奉公）、賀二位、粟津修理進（使遣之）、中澤備前守（奉行）、壽命院、陰陽頭有脩、西坊、大草三郎左衞門、松田丹後守、同左衞門大夫、祐乘三位法印、土佐刑部大輔（使遣之）、梅仙軒等也、○近衞殿御會始に未刻參、各遲參、先本能寺（日蓮衆）上人被參、御相伴、入麵にて御酒了、次坂本圓明坊、護聖院父子參、同御盃被下了、申刻各被參、御人數准后、聖護院准后、大覺寺准后、內府、一位大納言、久我大納言（不參）、日野大納言、藤中納言、予、冷泉中納言、廣橋中納言、平宰相（不參）、賀二位（不參）、右衞門佐（永相朝臣）、平少納言（時秀朝臣）、賴景朝臣（典藥頭）、藤之朝臣、俊直朝臣、藤原長信（以下御侍進藤左衞門尉）、同光盛（同左馬亮）、重信（日向國人）、吉綱（觀世、、）、（此者御懷紙可進之儀如何也、內府御若□之間如此、也）法中に梅仙軒、紹胤（上池院醫師）法印、誘（祐乘法印同）、、紹巴（連歌法橋）等也、御當座卅首有之、次御懷紙被講了、讀師一位大納言、講師俊直朝臣（諸大夫刑部少輔）、發聲冷泉中納言、（但聲不出之間、兩三首發聲也、以後予に被與奪之間、予勤之、）予和歌は藤中納言發聲也、次御當座同俊直朝臣讀揚之、次御盃三獻有之、土器物共饅頭折等也、各此邊衆令同道、夜半鐘時分歸宅了、予當座和歌准后得御意了、題雲浮野水、

かけあさき澤邊の水もなかれては雲につゝける末のしら波

但野字落題也、申出野澤の水と可改也、○正親町一品入道、高辻相公、大館左衞門佐等禮に被來云々、

廿一日、（戊戌、天晴、天一天上、）○自右府御折紙有之、二條殿關白御辭退之事非十七日、于今御辭退無之云々、今日中に被辭候樣に稱名院へ可申屆之由有之、乍去今朝早々被獻辭狀之由承及之間、其分申入候了、昨日御辭退之分也、○中御門へ罷向碁五盤打了、三盤予負了、一盞有之、○今日當番故障申候了、

廿二日、（己亥、天晴、天一天上、）○大澤左衞門大夫暇乞候了、○廣橋黃門、甘露寺等使有之、今日宣下に綈文（◎衣紋カ下同ジ）之事賴之由有之、○申刻廣橋黃門より使有之、可來云々、先

高辻相公被着裝束了、廣橋一品轉正、小除目被付行云云、仍淸書之、參議也、次黃門裝束被着、次一盞有之、次甘露寺より可來之由有之間罷向、裝束令着了、次一盞有之、次爲見物參內、先廣橋黃門着陣、次關白宣下、關白氏長者、內覽、左右近衞府生各四人、近衞各六人爲隨身兵仗、可令列前左大臣上之由等也、作法如常、奉行職事頭中將重保朝臣、參陣辨權辨經元、中務極﨟源爲仲、少外記康雄、同伊昭、內記盛厚等也、次小除目、大納言藤原兼秀一人計也、淸書作法無殊事、戌刻退出了、○春日社々氏神主師重（積藏院向）敍正四位下、（天文廿一十二廿四、）新權神主經榮（正眞院）敍正五位下、（天文廿二正廿二、）時宣（積藏院中東）敍從四位下（天文廿二正廿二、）等之事、予披露、則勅許了、頭中將、權辨等に口宣之事一つゝ申候了、今一葉室可申遣也、○攝津守（奉公）入道禮に來云々、

廿三日、（庚子、天晴、天一天上、）○吉田右兵衞督（三位兼右卿）禮に來、對面暫雜談了、

廿四日、（辛丑、天晴、五墓日、天一天上、）○南向谷へ被行、鶴松同道、明後日葉室嫁娵（◎娶カ）之儀云々、竹壽共に行、○禁臺所迄所用之儀有之罷向、次冷泉、中御門等へ罷向、他行云々、○來月四日より、禁裏御和漢御千句云々、御發句之題被觸、予第六桃也、

廿五日、（壬寅、自夜中雪降、（四寸餘）自午時晴、天一天上、）○一條殿御方御所關白御拜任之御禮に參、御對面御酒被下、今度之儀依馳走相調之段、御祝着之由被仰了、及數盃、五條黃門祗候也、次近衞殿へ參、御對面、先度之御當座落題之儀申直之、

廿六日、（癸卯、天晴、自申下刻雨降、天一天上、）○今朝早々澤路筑後守、山崎之かぎ屋へ遣之、牽分之儀也、予書狀遣之、○薄所へ朝飡に罷向、予一身也、又息名字切之事被下、（◎申カ）切付之遣了、以廣、以淸可爲二之內、大略以淸可然歟、以廣无形、以淸切盈也、○廣橋黃門衣文之事被申候間罷向、一盞有之、今日任大臣宣下也、右大臣（殿下）（近衞殿）轉左、內大臣（晴嗣公、）轉右、右大將公朝公（西園寺）任內大臣、左右大將如元云々、（マヽ）上卿廣橋中納言、奉行職事頭中將重保朝臣云々、○自

葉室竹壽歸了、昨日者依雷逗留也、○中御門へ罷向碁六盤打、四、負了、一盞有之、○當番之間暮々參內、勸修寺不參相轉云々、予、經元兩人也、予長橋局へ罷向、一盞有之、

廿七日、甲辰、雨降、天一天上、自午時晴、○中御門へ罷向、碁昨日之無念打之、八番に六盤勝了、又別人と三盤打之、予一盞（◎盤カ）負了、一盞有之、○長橋局之官女右京大夫申入參丁香散半濟（◎劑カ下同ジ）調合之、

廿八日、乙巳、天晴、天一天上、○中御門へ罷向碁三盤打之、予二盤勝了、一盞有之、○長橋局官女右京大夫鈴一送之、○奉公衆當年禮被來之所々、今日罷向、飯川山城守、松任修理亮、次勸修寺入道、見參、酒有之、次眞下彌太郎、片岡大和守、安東藏人、次伊勢守、子息十郎元服之禮申之、太刀持、遣之、奏者淵田與三郎也、次荒川治部少輔、松田二郎左衛門、進士修理亮、飯尾左衛門大夫所等へ罷了、次遙琳庵へ罷向、留守云々、次入江殿壽正に先日之大酒之禮申之、次下京へ下了、二條殿へ參、御對面、御酒有之、次曇花院殿へ參、各留守也、兩三人見參、酒有之、次古川入道、下笠又二郎、柚留木等所へ使大澤左衛門大夫遣之了、○三好筑前守、同子孫二郎舊冬元服、今日上洛云々、夜に入、

廿九日、丙午、天晴、天一天上、○松尾社社務相光朝臣來、茶三袋持來、見參、肴餅善哉一盞勸之、○自二條殿大弼俊宣朝臣爲御使來、見參、先度之春日社神主轉任之禮物且百疋持來、南都之申次中御門へ禮物、以此內可調之由、爲社家申之由云々、一向不及覺語（◎悟カ下同ジ）之由返答、大弼幷二條殿御乳人方へ南院折紙相（◎調脫カ）遣之、又大乘院殿候人寺主多門院子英舜任權上座、權寺主泰淳任寺主、都維那盛舜任權寺主多門院長者宣、去年八月廿二日分、御所望之由有之間、則調進之、葉室代也、文言如此、

被長者宣偁、寺主英舜可爲權上座、者長者宣如此、以此旨可令申入興福寺別當僧正御房給、仍執達如件、

天文廿一年八月廿二日　　左中辨賴房

謹上　東林院得業御房　三通文言同前、

大粥に一盞勸了、○去々年冬、葉室拜賀殿上之儀、諸司半下行也、仍只今之百疋、主殿司に四十匹、女嬬に二十疋、出納大膳職等に十疋宛、八十匹遣之了、○長橋局右京大夫、人參丁香散三兩半持罷歸（◎向カ）遣之、先日二兩遣之、○藤黄門へ罷向、小林入道圓林晩飡有之、中酒相伴了、○薄息今日元服云々、晩頭禮に被來云々、實園中將基國朝臣息也、今日敍爵、同任美濃守、名字以清云々、

卅日、（丁未、天晴、天一天上、正月中、）○故葉室寶樹院幷宗永童子忌日之間、佛陀寺之春智、淨花院舜玉齋に來、相伴候了、舜玉茶（茶巾、）持來、○禁裏御楊弓に可參之由有之、午時參、先薄所へ元服之禮に罷向、一盞有之、次御楊弓五度以後參、百手有之、御人數御矢、（廿五、）曼殊院宮、（廿二、）中山大納言、（廿五、）四辻大納言、（廿四、）予、（十八、）廣橋中納言、（九、）右大辨宰相、（十四、）經元、（十六、）源爲仲（十二、）等也、先一盞有之、申刻於番衆所小漬如常、予廿枚勝、暮々退出了、

○長講堂之周德當年之禮に來、參內之間不及對面、但酒數盃飮之云々、差樽二、兩種（餅一盆、柿一束、）串持來云々、○三好筑前守、齋藤越前守禮に來云々、兩人太刀（糸卷、）持來、

○閏正月小

一日、（戊申、天晴、天一天上、今日迄、）○午時參、武家今日被參之輩公家勸修寺一位、廣橋一位、烏丸、藤中納言、予、廣橋中納言、右衞門佐、三條中將等也、奉公御共衆上野民部大輔、伊勢守、朽木民部少輔、（申次）伊勢左衞門尉、三好筑前守、（牧雲齋）伊勢加賀入道、（眞齋）結城越後入道等也、御對面、次御臺へ御禮申、申次女中小宰相殿也、次各退出、○三好筑前守所へ禮に罷向、太刀（糸卷、）遣之、同孫二郎元服之禮に同太刀遣之、次齋藤越前守所へ罷向、太刀（糸卷、）遣之、○大祥寺殿（西三條）へ御禮に參、御對面御盃被下、次伏見殿御對面、次稱名院、（見參、）次竹內殿、（御見參、）次岡殿（御對面、）等へ參了、○禁裏御祝に參、先親王御方へ參、御對面、次天酌に被參候輩一位大納言、四辻大納言、予、廣橋

中納言、伯二位、宮内卿、大藏卿、重保朝臣、輔房、經元、源爲仲等也、今日予當番也、勸修寺不參、大藏卿阿古代、計也、

二日、己酉、雪少降、晴、天一下艮、○中御門へ罷向碁打候了、一盞有之、

三日、庚戌、晴、○南向可被歸之由有之間、大澤竹壽丸、猿千代等迎に遣之、明日可被歸之由有之、猿千世歸了、竹壽逗留云々、○五辻亭に連歌會有之、發句人衆中山、六、四辻、廿二、予、廿、右大丞、九、庭田、十五、甘露寺、七、亭主、十、師廉、七、淸景、二、保景、二、等也、晝一盞有之、晩飡各持向、汁有之、内補湯隨身也、戌刻歸宅了、

四日、辛亥、陰、○禁裏御楊弓之由有之間午下刻參内、御楊弓五十七度有之、予十七度以後參、御人數御矢、十八、曼殊院宮、廿、中山大納言、廿二、四辻大納言、十四、予、三、經元、九、源爲仲、十七、予卅二枚負、於番衆所小漬如常、後に御碁有之、戌刻退出了、○南向同鶴松丸自葉室被歸候了、戌刻、○自伏見殿御使有之、明日城南入道宮へ右京大夫氏綱祇◎候脱カ也、無人之間、如何樣にも可祇候之由有之、畏之由申入候了、

五日、壬子、天晴、時々雪散、八專入、○早旦五辻令同道伏見へ罷下、參寶護院了、則入道宮御對面、次朝飡有之、午下刻右京大夫祇候、御太刀持、五種五荷進上、則御對面、御盃二、參御酒有之、花臺院、晴雲寺氏直弟也同道、召出天竺上野介、若槻若狹守等也、次盃マヽ見之退出、雖滯留尚退出也、次寺寺僧衆以下參、及大飲音曲巡舞等有之、巳刻計自右京大夫以津田筑後守御禮被申、予、五辻見參、又御酒有之、失正體了、

六日、癸丑、雪聊降、晴、○予、五辻餘醉無正體、未下迄平臥、未下刻入道宮御出、指月淸泉寺御遊覽、海邊御眺望、獵師射鳥進上了、次卽成院御參詣、次御歸寺了、夜に入參内々、御酒有之、大澤左衞門大夫迎に來、御滯留之間不及是非、爲當番相轉大澤歸了、甘露寺へ相轉云云、

七日、甲寅、晴陰不定、八專、○朝飡以後又御盃出、御酒被下了、次御暇申候了、五辻同道、歸路東福寺陸◎缺字之相藏主五辻

兄也、亮へ被立寄、吸物にて酒有之、次歸宅了、〇伏見殿より御使有之、可參之由有之間晩頭參、御對面、城南へ參之條御祝着之由、種々被加御詞候了、〇明日禁裏聖天御法樂可參之由、昨日被仰下云々、長橋局迄參、鳥食之間不可參之由申入之處、御無人之間、別勅にて可參之由有之、〇葉室昨日上洛、今日歸宅了、

八日、乙卯、天晴、時時雪飛、八專、〇三好筑前守雜説共有之、今日淀迄罷下云々、〇公宴御法樂、巳刻參内、則被始、於御三間有之、御人數御製、十八句、曼殊院宮、十、入道前右大臣、十四、入道前内大臣、十、中山大納言、七、四辻大納言、十、予、七、廣橋中納言、十二、菅宰相十二、等也、執筆四辻以下一折宛懃之、未刻於長橋局小漬如常、申刻終了、所役殿上人以清、御發句以下如此、

うらわかみ根もい（◎まカ）た春の小草哉　曼　宮
何　山　雪　尙　残　御
曙　光　霞　爛　漫　入道前右大臣
立枝やちかき鳥のさへつり　入道前内大臣
やさりなも問つゝこゝにたさりきて　中山大納言
舟路過れは野へのはろけさ　予

中御門來談、一盞勸之云々、予不及見參、

九日、丙辰、天晴、〇吉田三位來、冷泉に和歌會云々、歌爲吟味也、茶勸了、又反古約束之間、五百枚遣之、〇中御門へ罷向碁五盤打了、一盞有之、〇暮々御番に參内、去六日相轉之故也、相番四辻大納言、予代、經元等也、於番衆所予に一盞被下了、長橋局之右京大夫蟲氣之由申候間、三光丸二百粒、遣之、〇自五辻華撥圓所望之間、一貝遣了、〇栂尾閼伽井坊禮に被來云々、

十日、丁巳、晴、八專、自戌刻小雨降、〇五辻へ罷向暫雜談、師廉等也、次五辻令同道菊亭へ罷向、楊弓有之、五十五度有之、人數前左府、予、新黄門、若王子、極﨟、中村越前入道、高木忠兵衞尉、辻彌二郎等也、庭田は後四五度被射了、一盞有之、〇自冷泉晩頭使有之、可來談之由有之間、及黄昏罷向、小漬有之、予計也、戌下刻迄雜談了、〇自近衞殿御使有之云々、仁木左衞門督子息名字切之事被仰下、二三有之、

十一日、戊午、天晴、○自近衛殿被仰名字之切付之、西洞院方迄以大澤左衛門大夫進了、○中御門へ罷向碁四五盤打了、○當番故障申候了、○福昌庵來、赤飯德利等隨身云々、

十二日、己未、天晴、八專、○亡父忌日之間、松林院乘誓齋に來、相伴、暫雜談了、○中御門へ罷向碁五盤打之、四番勝了、

十三日、庚申、晴、八專、未申刻時々雨降、○長講堂周德所へ、先日來之爲禮大澤左衛門大夫遣之了、○禁裏御楊弓可參之由有之間、則巳下刻參內、未刻始、御人數御矢、廿五度有之、清涼殿、九、中山大納言、十三、四辻大納言、四、下官、十三、永相朝臣、二、五度、經元、六、源爲仲、十一、等也、予二枚負了、御矢取公遠、邦富兩人也、於長橋局小漬如常、次御庚申之間、各可祗候之由有之、御楊弓御人數之外、梶井宮、廣橋中納言、大藏卿等祗候也、御雜談、音曲碁等有之、碁（中山、(勝)四辻、）（梶井宮、廣橋中納言、(勝)）（予、(勝)經元、）等也、餅入豆腐吸物一盞有之、夜半鐘以後各退出了、

十四日、辛酉、晴、八專、時々雪飛、○栂尾閼伽井坊被來、明日久我亭會云々、懷紙調樣以下之事被尋了、○禁裏北野社御法樂御和漢有之、巳刻參內、午刻始、於記錄所有之、御人數御製、廿一句、御所勞御不參、曼殊院宮、一、入道前右大臣、廿一、中山大納言、九、四辻大納言、十二、予、十三、廣橋中納言、十三、菅宰相、十、執筆也、等也、於長橋局小漬如常、所役殿上人邦富也、及黃昏終了、各退出、御發句以下如此、

くはゝるも色香やこさし花の春　御製
鳥囀自歡聲　入道前右大臣
殘る夜の月は霞をひかりにて　曼殊院宮
漕出けりなあけのそほ舟　中山大納言
あしつゝのうす雪晴る江を遠み　四辻大納言
波も立そひさむき浦風　予
四開雲幕岫　菅宰相
五里霧藏城　廣橋中納言
鹿入瑤琴曲　入道前右大臣
蟾添書案檠　御
深る夜は秋に涼しき比なれや　中山大納言
川音たかく空そすみそふ　四辻大納言

淮　村　風　送　角　　廣橋中納言
商　嶺　雹　飛　杵　　菅　宰　相
かそへてもかきりはしらしわか思ひ　　予

十五日、壬戌、天晴、申酉刻雪降、二月節、○安明院忌日之間慶存齋に來、相伴候了、○澤路筑後守自山崎昨日上洛とて來、牽分之事大略無別儀樣也、三好筑州武家との申事相調、上洛之時可申調之由有之、○中御門令同道吉田へ罷向、先日誂候唯識論三卷之分、料紙調遣之、又袖中抄十九廿卷誂之、碁有之、今日彼方に逗留、人返了、千秋刑部少輔、壽命院、清法印等來了、○藤中納言永家卿今日大納言拜任云々、去々年以來數度、近衞殿准后爲武家御執奏御使被申云々、出家初例也、○廣橋一品、予補歷爲校合令借之、則遣了、

十六日、癸亥、天晴、八專終、時々雪飛、○於吉田朝飡有之、次音曲碁等有之、八時分中御門令同道歸宅了、○自三好方、爲武家御警固三頭人數五百計上洛云々、近所室町陣取云云、○今日雖當番、故障申候了、

十七日、甲子、天晴、時々雪飛、○中御門被來、碁打之、五盤負了、甘露寺同被來、德大寺正三位之口宣案持來、又吉田三位等來、一盞勸了、音曲暫有之、○高倉昇進之禮に罷向、見參一盞有之、

十八日、乙丑、天晴、時々雪飛、○禁裏御千句、自來廿三日可有之、廿日に御發句可持參之由有之、不具之間難參之由申入候了、○吉田右兵(衞脫カ)督昨夜千秋刑部少輔所に逗留とて來談了、○伏見殿へ參、李部王常御所へ參、碁一盤參了、梨門、中山、高辻、四條中將等祗候也、次大祥寺殿へ參、勸修寺父子、滋野井、極﨟等祗候、中將棊有之、○及黃昏冷泉へ罷向、同廣橋黃門被來、戌下刻迄雜談了、

十九日、丙寅、天晴、晩天雨降、○大和刑部少輔に借用之うたい本江口、藤戸、返遣之、又二番田村、羽衣、借用了、○廣橋公卿補任堀河院一冊借用了、○稱名院へ罷向、御千句發句談合了、二句合點也、廣橋黃門、高辻等同被來、廣鈴隨身云々、酒有之、各令同道、及黃昏歸宅了、發句二句如此、

君かへん數や三千とせ桃の花
空やけさゑへるさか月桃の花

廿日、丁卯、天晴、未下刻小雨降、 ○禁裏御千句御發句脇第三今日被成、午時參內、於番衆所各沙汰之、 發句以下後日可注之、於番衆所一盞有之、七時分退出了、 ○伯卿予藥研借用、但晚頭被返了、

廿一日、戊辰、晴、五墓日、○自五辻所勞氣之間脈藥等之事被申、未刻罷向脈取之、咳氣也、仲和散に加前胡、川芎、六包遣了、○中御門へ罷向、客來之事候間、軈歸宅了、○一昨日大和刑部少輔に借用之うたい本、田村、羽衣、 今晚返遣了、○御千句第一之再返可調進之由有之、又僅之所之間、高辻へ罷向令談合調進了、

廿二日、己巳、陰、晚頭雨降、 ○閼伽井坊に晚飡有之、予計也、 暫雜談、及黃昏歸宅了、

廿三日、庚午、晴、時々雪降、 ○禁裏御千句、 歡喜天御法樂有之、早旦參內、御人數御製、入道宮、曼殊院宮、入道前右大臣、中山大納言、四辻大納言、予、廣橋中納言、菅宰相、水無瀨三位等也、兩度之飡、晝酒肴等、於長橋局有之、戌刻計於御前田樂にて一盞有之、予不終に戌刻退出、

今日三百韻一折有之、御發句以下如此、

第一　御十四句、入宮十四、曼五、入右十六、中七、四大十、予八、廣十、菅九、水七、

山は春消るもふるも雪間かな　御製
鳥語泄韶光　入道宮
朝日影空ば霞にうつりきて　曼殊院宮

第二　十四、十一、九、十八、六、七、九、十一、九、六、

朝霜のきえぬや匂ひ梅の花　入道宮
橋好聽春淙　曼殊院宮
沙暖曳吟履　御製

第三　十七、十二、七、廿二、八、八、五、七、八、六、

枝いつれなひくは風の柳かな　曼殊院宮
糸織碧空遊　入道前右大臣

今日澤路筑後守山崎へ、就牽分之儀差下、かぎ屋へ書狀遣之、

廿四日、辛未、晴、時々雪降、 ○早旦參內、御人數以下悉以如昨日、今日三百五十韻有之、戌刻退出、

第四　御十六、入十四、曼四、入右十八、中大七、四大九、予八、廣中九、菅八、水七、

歸るさやたかならはしの春の鴈　中山大納言

花處駐征鞍　四辻大納言

催雨雲霞賦　入道前右大臣

第五　十三、十四、七、十七、八、八、八、十、八、七、

たえすたつ雲を櫻の種もかな　四辻大納言

曲新鶯柳邊　予

氷さくなかれも春の音はして　中山大納言

第六　十四、十一、八、十八、七、八、八、十一、六、九、

空も今朝ゑへるさかつき桃のかけ　予

陪宴屬東君　中山大納言

消そむる雪の色より道ありて　四辻大納言

第七　十六、十一、八、十八、七、七、七、十、八、八、

木のめはる月の桂はかすみかな　廣橋中納言

競春甲第科　菅宰相

長閑なる袖の行々駒なへて　予

臺所たと息律僧新發自今朝所勞云々、脈之事申、風氣發熱頭痛有之、香蘇散に加前胡、川芎、白芷、七包遣之、急に可與之由申付了、

廿五日、壬申、晴、時時雪降、○早旦參內、御人數以下如兩日、亥下刻終候了、各退出、廣黃門、高辻等令同道歸宅候了、

第八　御十六、入宮十一、曼五、入右廿三、中七、四大六、予八、廣十一、菅八、水七、

露もけさつほむさみろやつほ菫　菅宰相

一夜月朦朧　水無瀨三位

鶯の聲もほのかに明そめて　廣橋中納言

第九　十八、十二、二、廿一、五、七、十一、八、九、

さきかされ八重山吹や代々の春　水無瀨三位

官塘鼓吹蛙　廣橋中納言

回船忘日永　菅宰相

第十　十三、十一、八、廿、九、七、八、十、六、八、

けふなせにさくや昨日の藤の花　入道前右大臣

波穩禁池春　御製

月與蝶車轉　水無瀨三位

追加　御連歌何、人、都合句數、御百五十一句、入宮百廿一、中大七十八句皆春也、曼宮六十三、入右百九十一、三、四大七十五、予七十六、廣中九十八、菅七十八、水三七十四、

千種にもあまろめくみや春の雨　邦富

さくより花の雲井のさけし　御製

影も先かすむな月の匂ひにて　予

臺所たと子小僧に、同藥又三包遣之、今晩悉本服云云、

廿六日、癸酉、天晴、○自禁裏御用之間可參之由有之、巳刻參內、竹內殿、中山大納言、予、右大辨宰相、經元等、於番衆〔◎所脫カ〕暫御雜談有之、四辻大納言遲參、未刻御楊弓始了、予一帖計負了、於番衆所小漬如常、○當番之間其間々祗候、予一身也、坊城阿子丸代中御門大納言外樣に祗候也、

廿七日、甲戌、天晴、○高倉へ罷向、新亞相腹中所勞云々、不及見參、右衞門督見參、御千句之發句脇第三書之、茶子餠にて茶飮了、近日自賀州北野之松梅院へ奇特之馬乘上洛云々、右衞門督可見物之由申之間、可同道之由申談了、○巳刻右金吾所へ罷向、水無瀨三位、若王子、遍昭心院等令同道、金吾馬引之、川崎之馬場へ罷向、伊勢左衞門尉、飯尾左衞門大夫、松梅院等同道來、種々事共乘了、近比之見事驚目了、金吾は直に鶉野へ被行了、○大祥寺殿へ參暫雜談申候了、次伏見殿へ參、入道宮へ先日之御禮可申之由覺語之處、先刻城南へ御下向云々、御千句各被寫之間、予百韻餘寫之了、一盞被下了、

廿八日、乙亥、天晴、○伏見殿へ參、李部王御座所へ參、極﨟參、自巳刻申刻迄うたい了、餠にて一盞有之、御室、梨門等御出也、中山祗〔◎候脫カ〕也、○正親町へ罷向、當年始見參、東所望、四五十被與了、盃出一盞有之、暫雜談、當年始とて、自內々又盃被出一盞有之、

廿九日、丙子、天晴、○久我諸大夫森刑部大輔盛時朝臣來、對面、予披〔◎被カ下同ジ〕官野洲五郞左衞門地子無沙汰、難澁之子細有之、可及責鑓〔◎譴責カ〕之間、案內之由申之、則以大澤左衞門申付候了、○中御門へ罷向碁打了、以上持也、一盞有之、汁用意之間晩飡召寄、及黃昏歸宅候了、○澤路藤二郞來、姉時衆俄自先刻發熱頭痛平臥云々、藥之事申候間、香蘇散に加川芎、白芷、前胡、七包遣之、

○二月大

一日、丁丑、天晴、二月中、〇山井伊豆守景賴禮に來云々、澤路藤二郎禮に來、姉時衆本服之由申了、〇大和刑部少輔に、廿七日に借用之うたい本二番、浮舟、羅城門、今晩返遣之、〇暮々御祝參內、先親王御方へ參、御對面、今夜天酌に被參之輩一位大納言、四辻大納言、予、宮內卿、重保朝臣、輔房、經元、公遠、邦富、源爲仲等也、予當番之間其間々祗候、相番不參、御添番一位大納言、重保朝臣兩人祗候也、

二日、戊寅、天晴、自未刻小雨降、自申刻晴、〇禁裏〻聖天御法樂御連歌有之間、巳下刻參內、參集之後始、御人數御製、廿一句、仁和寺宮、八、曼殊院宮、十一、中山大納言、十二、四辻大納言、十六、予、十五、廣橋中納言、十四、經元三、等也、執筆經元初參也、所役殿上人邦富、於長橋局小漬如常、酉下刻終退出了、御發句以下如此、

何人

けふ幾日行てや天もあさ霞　中山大納言
雪けに歸る雲の春風　仁和寺宮
うす氷隙あるかたに舟さめて　曼殊院宮
みきりの池に水ひろきかけ　御
あかなくも宿から月やすみぬらん　四辻大納言
なをましはりの身にしめる空　予

自大和刑部、賴政、舟辨慶本兩冊到、

三日、己卯、天晴、時正入、〇禁臺所たさ徳利兩種鮒すし三、若和布、送、先度之藥之禮歟、〇甘露寺へ罷向、一盞有之、笛一手令習之間敎候了、

四日、庚辰、雨降、時正、〇中御門へ罷向、一盞有之、乍父子葉室へ被行云々、〇一昨日大和刑部に借用之本兩冊、今晩返遣之、

五日、辛巳、雪降、時正、自巳刻天晴、〇自冷泉被呼之間罷向、智恩寺之法談爲聽聞可同道之由被申候間、則令同道之處、早終了、仍日蓮衆頂妙寺へ罷向、同終了、空歸了、於冷泉餠にて一盞有之、又名字八、切之事被申之間調遣之、〇自大和刑部音曲之本兩冊當麻、攝待、到來、

六日、壬午、晴、時正中日、〇賀二位在富卿、齋服、頸紙立事申之、則女房衆に申付、鈴一對送之、〇竹內殿御書有之、甘露寺へ渡御之間可參云々、則巳刻參、碁數番有之、〇自禁

裏文有之、自來十七日御千句御連歌可被遊之間可參、同人數書題等折紙可調進之由有之間、調進之、予參仕之事は故障申候了、○當番之間晩天參內、予一身也、御千句に必可參之由兩三度被仰下、尙堅故障申候了」、

七日、癸未、天晴、時正、○中御門へ罷向、一盞有之、碁二盤打了、○吉田兼右卿に中袖中抄十九廿卷出來到、祝着了、次冷泉に有之言傳云々、可來之由候間、冷へ罷向、廣黃門被來、俄法樂連歌有之、申刻始子刻終了、秉燭以後小漬有之、人數予、廿一句、冷泉、廿二、廣橋中納言、廿五、右兵衞督兼右、廿三、等也、執筆一二折亭主、奥二折兼右卿沙汰了、發句以下如此、

山何
松にさく花にも匂へ宿の梅　廣中
夕かけしろく月かすむ空　冷
歸り行程は雲井の鴈鳴て　予

廣橋一品へ以書狀、予昇進之事御催促之事賴入之由申遣之、

八日、甲申、天晴、時正、十方暮、○早旦廣橋一品被來、昨日書狀之樣令披露之處、重御返事之由有之云々、○廣橋一品へ禮に罷向了、暫雜談了、○大和刑部少輔昨日被來云々、不能見參、無念之由申、彼宿へ音信見參、草餅にて一盞有之、○賀二位所へ罷向、奉公衆攝津守、同弟海老名刑部大輔、千秋刑部少輔、杉原等雜談也、軈而被歸、次諏訪左近大夫來、兩人に一盞有之、其半へ細川中務大輔被來了、予に明後日晩飡に可來之由示了、

九日、乙酉、天晴、時正終、○從吉田右兵衞督新千載集借用之間、上下卷兩冊遣之、○自長橋局艾所望之間、一包遣了、○自賀二位使有之、明晩可來之由雖申之、可爲明朝之由有之、○行事官時久、予所持之屏風之裏唐紙板令借用之間遣之、○高倉へ罷向、新亞相見參、右衞門督東山御城御普請に被參云々、暫雜談、一盞有之、次大祥寺殿へ參、勸修寺一品、同右大辨宰相、極﨟等祗候、闘御所も渡御也、暫御雜談申候了、五辻に誂候袖中抄十七之卷、出來到、

十日、丙戌、卯辰小雨灑、五墓日、天晴、○賀二位所へ朝飡に罷向、予、薄

兩人、同亭主相伴、重寶共有之、八時分迄雜談了、○大和刑部少輔に借用之音曲本兩冊返遣了、 ○晩頭中御門へ罷向暫雜談、一盞有之、

十一日、丁亥、天晴、○公卿補任堀川院寫功了、同一校本廣橋へ返遣之、同補曆返了、 鳥羽院公卿補任又借用候了、○自大和刑部少輔又本一冊三番、到、 ○當番之間申下刻參內、無相番、予一身也、○自今日二條烏丸勸進猿樂有之云々、大夫淀之物、十四五才云々、

十二日、戊子、雨終日、晴陰、○松峯忌日之間、 淨花院之舜玉齋に被來、相伴候了、○中御門へ罷向碁打了、三番勝了、一盞有之、○自冷泉被呼之間、及黃昏罷向、 小女之乳人所勞腹痛云々、脈之事被申之間取之、蟲氣、無殊事、戌刻計歸宅了、○三好筑前守東寺迄上洛云々、事外他人數云々、雜說共不知何故也、

十三日、己丑、天晴、○自來十七日禁裏御千句云々、今日御發句被定、予種々雖故障申、先御發句計可持參之由有之間、午時參內、各參集、第三迄有之、 御人數御製、曼殊院宮、中山大納言、 四辻大納言、予、冷泉中納言、廣橋中納言、水無瀨三位、永相朝臣、源爲仲等也、於番所土器物にて一盞有之、申下刻退出了、

十四日、庚寅、天晴、○今夕高倉新亞相奏慶云々、 午時見舞、一盞有之、 舞踏先予可沙汰之由有之、 次新亞相沙汰之、存分申候了、 ○暮々新亞相へ罷向、先右衛門督被着束帶、予令着之、次亞相着用、同予令着之、但袖者主沙汰之、拔衣文也、廣橋黃門遲々間、沈醉、盃戌下刻始、座敷人數廣橋一品、亭主、予、廣橋黃門、 水無瀨三位、庭田頭羽林、右衛門督、極﨟申次、等也、 三獻如例、盃始事、初獻一品、二獻亭主、三獻予始了、巳下刻出門、扈從廣橋黃門、依甥也、右衛門督永相朝臣、兩人也、 於中門外一揖答揖等如常、布衣一人、如木一人、 小雜色八人、笠持一人、此外小襖之衆十餘人有之、 次廣橋黃門、小雜色四人、笠持、烏帽子着三人以下也、右衛門督、小雜色二人、笠持、烏帽子着四五人以下也、其外作法如常、 新亞相之沓、金吾被勸其役了、於禁中舞踏之間、金吾蹲居如常、

申次源爲仲、於御三間御對面、御盃頂戴云々、次親王御方へ被參、予申次、御對面、同御盃頂戴也、次退出、次於彼亭各に盃有之、予其後歸宅、

十五日、辛卯、天晴、○今朝於高倉新亞相各朝飡有之、予依不辨一樽不遣之間、雖令斟酌、度々被申之間、中御門令同道罷向了、罷向相伴之人數正親町一位入道、廣橋一位、亭主、烏丸、中山、四辻、中御門、予、廣橋黄門、水無瀨、持明院大府卿、右衛門督、西洞院少納言、甘露寺、四辻少將、明英朝臣、半井修理大夫、伊勢家之侍加賀入道、牧雲齋、其外廣橋内衆速水越中守、同安藝守、粟津修理亮等相伴、中酒及數盃、次音曲有之、吸物以下盃數多、終日之儀也、申下刻各歸候了、

十六日、壬辰、天晴、五墓日、○長橋局迄參、明日御千句可參之處、咳嗽喘幷聲不出、小瘡旁之間、不可參之由申入之處、雖如何樣是非共に可參之由被仰下候了、○大祥寺殿へ參、庭之梢梅進上之、其外小枝共各不殘進之、一盞被下、中山右大辨、極﨟等祗候、地聲に五番うたい候了、歸路に五辻へ、中山、予被呼之間罷向、蛤にて一盞有之、○當番之間、御千句旁に參内、番衆予計也、以長橋局奈良紙一束拜領、又於男末御膳之御跡被下候了、○御千句御人數、各記錄所に自今夜祗候也、中山計退出云々、

十七日、癸巳、雨降、自今日天一天上、三月節、○自今日禁裏御千句有之、北野社御法樂於鬼間有之、御拜之間迄也、御座者母屋之内也、御人數御製、曼殊院宮、中山大納言、四辻大納言、予、冷泉中納言、廣橋中納言、水無瀨三位、永相朝臣、源爲仲等也、雲客兩人者御執筆也、今朝寅刻始、戌刻終、三百韻一折有之、兩度之飡、未刻土器物にて一盞於長橋局有之、夜田樂にて一盞於御前有之、所役殿上人邦富一人也、御發句以下如此、

第一　何人

色も香も何なか種の世々の花　御製
春な時なる鶯のこゝろ　曼殊院宮
明てみる軒はの山はかすみきて　中山大納言

第二　初何

光もて花に曙よるもなし　中山大納言
糸はへなかき露の青柳　御製
春に吹風もしつかに雨晴て　廣橋中納言

第三　何船

月にあはゝれかひや花に三の春　四辻大納言
霞しつけき暮こその空　冷泉中納言
露はらふ垣ねを蝶のやさりにて　御製

第四　夕何

橘を聲のかほりやほさゝきす　予
しめりも夏の玉垂の雨　四辻大納言
うたゝねに月を待間の枕して　曼殊院宮

各記錄所に臥了、宮内卿記錄所に乍二ヶ日祗候也、
十八日、甲午、雨降、自午時晴、天一天上、○御千句天明以後始、御人數以下諸色如昨日、亥刻終了、今日第七之二折迄有之、

第五

なけやなけ所は雲ゐほさゝきす　冷泉中納言
月も御はしの影の涼しさ　予
眞砂地に夕露しろくをきそひて　永相朝臣

第六

吹分るあらしを月の木の間かな　廣橋中納言
袖ひやゝかにさ夜深る比　水無瀨三位
蟲の音は庭もさなから野をかけて　四辻大納言

第七

影やさす月の下水塵もなし　水無瀨三位
夕霧晴る池の島山　廣橋中納言
そめたより紅葉や霜に深からん　源爲仲

十九日、乙未、天晴、五墓日、天一天上、○御會如兩日無殊事、今日夜半鐘以後終了、追加之執筆疊字之間、予可勤之由有之間仕了、冷泉令同道退出了、

第八　千何

えならすやみれはさらなる月の秋　永相朝臣
風やゝさむく雲そ晴行　源爲仲
鴫のたつかたははるかに水すみて　冷泉中納言

第九　何衣

春にみむつきてなをさけ雪の花　源爲仲
みさりの松の冬深きかけ　永相朝臣
雲晴る嶺のあらしのさえ〳〵て　水無瀨三位

第十　一字露題

うつろ日の朝かけさむし雪の庭　曼殊院宮
氷りて水もよさむ岩かれ　中山大納言
木の葉もや落て色なる波ならん　予

追加　疊字

◎以下缺

廿日、丙申、天晴、天一天上、○長橋局迄參、御千句に比興之句共多申入令迷惑之由、内々可被申之由申含了、○細川前右京大夫衆乾邊へ足輕少々出云々、三好人數追拂云々」、

廿一日、丁酉、天晴、天一天上、晩天雨降、○公卿補任鳥羽院、終寫功了、○當番之間暮々參内、予一人也、

廿二日、戊戌、天晴、天一天上、○禁裏御雙紙源氏注算花、七之卷可書寫之由被仰之間、於男末終日寫之、晩飡於長橋局有之、晩頭退出了、○公卿補任鳥羽院、一校加朱點、本廣橋へ返遣之、又崇德院、四條院兩册借用了、

廿三日、己亥、天晴、天一天上、○五辻へ罷向、則罷歸了、次長橋局迄參、今日御雙紙可書寫申候處、東山武家御城へ參之間、明日可祗候之由申入候了、○中御門、勸修寺右大丞、靈山御城へ被參之間令同道參、見舞申候了、則御對面、申次伊勢左衞門尉、次清水寺へ參詣了、○自大閤一條殿、御書有之、明後日廿五日、於叡山觀仙坊淨土寺殿、御連歌有之、如何樣にも明日可參之由被仰下了、○及黄昏長橋局迄參、明日可登山之間、御暇申候了、○自御城之歸路右衞門督所へ罷向、可雜談之由有之間、雙紙取寄寄書之、晩飡相伴了、

廿四日、庚子、晴、自未刻風雨、天一天上、○早々一條殿へ參、仰之事候間可登山之由申入候了、西洞院も可參之由有之、坊官衆以下、四時分令同道可登山之由被仰候了、○雜具淨土寺殿之東坊に言傳了、共に大澤竹壽一人召具、先東坊來、一條殿迄可參之由有之間參之處、先東坊にて一盞有之、次一條殿にて一盞有之、西洞院者俄故障云々、予、嵯峨之六王院之厚首座、東坊三人令同道登山、自河原雨降、坂にて大風、笠吹破之間、各悉平にぬれ了、言語不可說爲體也、○南谷榮光坊へ予計立寄、衣服しほり、燒火休息、湯汁にて一盞有之、○御非時觀仙坊に有之間參、其間々臥了、

廿五日、辛丑、天晴、天一天上、五墓日、　○淨土寺殿と碁三盤打了、巳刻連衆各參集始了、御人數淨門、予、東坊、心叔、原首座、其外山僧十二人、以上十九人也、執筆月藏坊弟子三位祐永、勤之、未刻湯漬有之、淨門御相伴無之、予各相伴、　但予一人三方也、又申下刻むし麥有之、　御會及黄昏終之後、御盃二、及數盃音曲等有之、御門徒衆以上爲廿人計、今日終日之後申沙汰云々、　予十三句沙汰之、　殘大略七句計也、御發句淨門、脇大閤（マヽ）、第三殿下等也、御句計被申請云々、

何人

花や雲月はおほろの木の間哉　淨

春の高ねの明わたる比　桃（大閤）

山かけの氷りのなかれかつさけて　松（殿下）

桃一句、松一、淨一、按察中納言十三、　賢信供奉七、完範七、慶舜五、證藝法印七、存心供奉四、幸祐法印二、隆堯六、亮舜供奉八、榮增二、源應二、仁忠法印十二、增舜二、專祝法眼七、卽心六、祐永一、

廿六日、壬寅、天晴、天一天上、　○今日可下山之處、御滯留之間不及是非、碁以下御雜談共也、二時之外、　未下刻むし麥有之、御酒有之、其外無殊事、　○今日細川前右京兆衆高尾五臺山に城用意、人數出之云々、　於鳴瀧軍有之、三好人數得利、牢人衆大將分四五人、以上廿人計討取云云、富樫拗右衞門以下討死云々、のぼり、　旌等三四京都へ取來云々、○三好筑前守武家へ之申事相調、今日於淸水寺願所御對面云々、　奉公衆六人別心之輩各人質被出之云々、

廿七日、癸卯、天晴、天一天上、　○今日齋以後下山、　御盃被下、同道如先日、南光坊へ音信、留守云々、茶受用了、榮光坊へ音信、乍師弟留守也、　○歸路直に一條殿へ參、大閤御見參、草餅にて御酒被下了、　御懷紙令隨身入見參了、○今日三好以下高尾へ押寄、一萬計云々、今夜者山陣云々、○今出川之二本松、亥刻火事、卅餘間燒了、武家御近所之間馳參、火子消之、左衞門督局、宮內卿局、正親町三條、滋野井等へ音信了、

廿八日、甲辰、天晴、天一天上、　○右衞門督所へ罷向、亞相一昨日出京云々、今日御城被參了、金吾被侍立之、　花鳥餘情之

本十五卷之内八卷、きりとち予沙汰了、晩飡相伴了、暮々歸宅了、

廿九日、乙巳、天晴、天一天上、土用入、 ○竹内殿へ參暫御雜談申候了、先日申入候袖中抄外題五、出來候了、○正親町へ罷向、中山、勸辨、五辻等被同道、土筆被取被歸了、則肴土筆、其外鯉さしみ、拔蛤等にて酒有之、○中御門へ罷向碁七盤打了、予三盤之負也、○惠臨律僧來、源氏兩册、若菜上下、連歌新式、きりとち之事申候間調遣之、

卅日、丙午、天晴、天一天上、 ○故葉室弁宗永忌日之間僧呼、但舜智他行、舜玉一人也、予相伴候了、○葉室出京來儀、晩頭被歸了、

○三月大

一日、丁未、天晴、天一天上、 ○大祥寺殿へ御禮に參、御盃被下了、勸修寺一品、五辻等祗候也、 又伯卿被參、次伏見殿へ參、御産穢云々、次竹内殿御留守云々、次岡殿へ參、御盃被下、五辻、總在廳祗候、音曲暫有之、○晩頭親王御方へ御禮に參、御對面、次參内、 天酌に被參之輩一位大納言、四辻大納言、予、廣橋中納言、伯二位、右大辨宰相、宮内卿、經元、公遠等也、 ○當番之間其間々祗候、予一身也、○今日吉田右兵衛督禮に來、暫雜談了」、

二日、戊申、天晴、天一天上、三月中、 ○竹内殿御養生藥之事被仰下、代九十、到、則小屋所にて藥種召寄了、 各被參碁將棊有之、可參之由有之、○禁裏御雙紙可書寫之由被仰下之間、朝飡以後參、先竹内殿へ參、 今日如此之間不可參之由申候了、次參内、先日之算花◎抄脫カ殘、於小御所書寫之、於長橋局晩飡有之、七過時分退出、 ○晩頭自竹内殿可參之由有之間參、勸修寺一品、中山亞相、甘露寺、極﨟等祗候、音曲有之、予に小漬被下、各に有之歟、但予長橋局にて有之間不及是非、御酒被下、及黄昏迄音曲有之、

三日、己酉、天晴、天一下艮、 ○元三大師看經、○堀川判官國弘禮に來云々、讃岐守忠宗禮に來、盃令飲了、 山井伊豆守景賴來、對面、暫雜談了、澤路藤次郎禮に來、○巳下刻參内、昨日之殘算花抄七卷、終寫功了、 三月に出來了、於

長橋晩飡有之、又竹門、中山大納言、四辻大納言、右大辨宰相等祇候、、於番衆所御碁有之云々、御懸物匂貝五貝、被出云々、中山、右大辨兩人勝、拜領云々、後に音曲有之、又明後日北野御法樂一巡被出之、○親王御方暮々御禮に參、御對面有之、○今夜天酌、被參之輩一位大納言、四辻大納言、予、廣橋中納言、伯二位、右大辨宰相、宮内卿、重保朝臣、輔房、公遠、源爲仲等也、

四日、庚戌、天晴、○薄人參丁香散被所望之間、十服計遣之、又臺所之むめ目之藥被所望之間、一貝遣之了、○竹内殿御養生藥二濟令調合持參了、

五日、辛亥、天晴、○今日禁裏北野社之御法樂御連歌有之、巳刻參集、御人數御製、廿四句、曼殊院宮、十三、中山大納言、十三、四辻大納言、十六、予、廿、廣橋中納言、十二、經元、二、執筆、等也、秉燭以後終了、於長橋局小漬如常、御發句以下如此、所役殿上人邦富、

何人

さく比の世は花なれや風もなし　曼殊院宮
霞のいつく明そむる山　御製
残る夜の影長閑にも月みえて　中山大納言
さへは鶯れくらなる聲　四辻大納言
さえ歸るかたは春ともわかなくに　予
消てあさある霜の板はし　廣橋中納言
行々も朝日うつろふ袖の上　經元
やさり出ての野へのはるけさ　曼　宮

今夜御番に可祇候之由有之間其間々祇候、予一身也、

○今日右衞門督兩度迄使有之、可來之由有之云々、仍御會以後罷向、家所望之間、勸修寺、中御門兩所之儀、可申試之由有之、

六日、壬子、天晴、八專入、○今日令祇候御雙紙又可書寫之由被仰出了、次文有之、今日者御楊弓被遊之間、早々可參之由有之、○中御門へ罷向、家之事相尋之處、可沽却之由有之、次勸修寺へ罷向同相尋之處、是も可放之由有之、仍大祥寺殿へ參、救首座に内々申之、御地之上之間如此、内々方丈に申入、御返事可申之由有之、次高倉へ罷向、金吾に此樣申聞了、一盞有之、○巳刻參內、

先於御學問所各御雜談有之、午時御楊弓始、五十五度有之、御人數御矢、曼殊院宮、中山大納言、四辻大納言、予、廣橋中納言、右大辨宰相、源爲仲等也、於番衆所小漬如常、今日者各不當、予、右大辨廿つヽ當、一矢數也、予卅餘枚勝了、次各引別碁有之、予負方也、御見物被出云々、夜半鐘之時分退出了、

七日、癸丑、天晴、○今朝自朽木民部少輔、朝飡に予、南向可來之由有之、昨日三度、又今朝使有之、故障了、中御門夫婦、予共各被行云々、○中御門へ罷向家之事申、明日大工に可見之由申合了、此樣金吾へ罷向申、一盞有之、○禁裏へ御受戒申次、御雙紙旁に可參之由有之間、巳始刻參內、善應寺西堂御受戒に被參、次於小御所算花抄終日書寫之、於長橋局晩飡有之、次金吾へ罷向、明日必早々人中御門へ可被遣之由申合了、一盞有之、○今朝粟津修理亮山中鶉餅一盃送之、珍物不寄思之儀也、

八日、甲寅、天晴、八專、○自金吾使有之、存分有之間、中御門家先不可見之由有之、又桐木所望之間遣之、○大祥寺殿久首座亮迄罷向、先度之御返事相尋之處、無御同心、其分以大澤左京大夫申遣了、○竹內殿虎福自今曉腹中煩、赤痢云々、從伊與局被申之間、調中散三服遣之、○五辻亭今日連歌有之、巳初刻罷向、人數中山、十九、四辻、二、故障、予、廿五、代五、勸修寺右大辨、十二、庭田、十四、甘露寺、八、五辻、十四、師廉、四、虎千代、二、等也、各晩飡持之、汁有之、酉下刻終歸宅了、發句勸右大也、○木屋藥師へ參詣了、○武家與三好筑前守との間之事、今日相破、武家靈山へ御入城云々、○今日葉室出京云々、櫻一枝被送之、則被歸云々、

九日、乙卯、天晴、八專、○櫻之枝閤殿へ持參、御留守云々、申置了、○禁裏御雙紙令書之、於小御所北書之、算花抄宿木之卷出來了、於長橋局晩飡有之、

十日、丙辰、天晴、○自金吾、中御門を大工に可見之由案內有之、則粟津修理亮大工召具來之間、令同道令見之了、○閤伽井坊被來、折紙一束被打之、さけつち石等被借

用、一盞勸了、○鴨脚刑部丞來、公領勢州關之代官望之由內々申、內々長橋へ可相尋之由申返了、○公卿補任崇德院、出來、本廣橋へ返遣之、又近衞院以下四代一冊、借用之、補任四帖懸表紙切とち了、○及黃昏長橋局へ罷向、關之事相尋、伺候て明日御返事可有之云々、

十一日、丁巳、天晴、八專、　○神樂少々吹之、看經了、○甘露寺來談、○當番之間暮々參、予一身也、

十二日、戊午、天晴、○中御門、甘露寺令同道、御城爲見舞參、先於中御門一盞有之、御城にて御對面有之、申次飯川山城守也、○今日亡父卿雖忌日　淨花院觸穢之間、舜玉不來也、○粟津供御人新關之事相調、武家御下知出云々、祝着之由申、樽代二十疋持來、

十三日、己未、天晴、八專、　○後白河院御忌月之間、長講堂へ御陪膳に參、共大澤左衞門大夫、野洲五郎左衞門、早瀨彥二郎、□左衞門等也、於長講堂酒有之、餅豆腐に入二盃出了、次法住寺へ參そと燒香了、妙法院之內西得院所用之儀有之音信、一盞有之、歸路於曇花院殿御茶所望申候了、皆々被出了、一盞有之、○自松田九郎左衞門母方、田舍とて鈴被送之云々、

十四日、庚申、小雨降、自午時晴、八專、　○自岡殿、午時攝津三位入道參之間予可參、但先御用之由候間、巳刻參、御談合之子細有之、次賀二位所へ罷向、飮茶雜談了、午時參、祗候之衆勸修寺一品、中山亞相、予、頭中將、極﨟、攝津守、三位入道等也、はう飯有之、次三位入道驣退出、伊勢太神宮遷宮之事令馳走勸進之、比丘尼慶光院、上人、申沙汰云々、次御盃參、彼比丘尼祗候、御酒、及大飮音曲等有之、總在廳、加田彌三郎等參音曲了、及黃昏各退出了、○晚天御庚申に可參之由御使有之間、直に參內、沈醉之間聊睡眠、戌刻計參御前、御人數曼殊院宮、中山大納言、予、廣橋中納言、右大辨宰相、若王子權僧正、重保朝臣、經元、邦富、源爲仲等也、餅豆腐にて一盞有之、音曲有之、予、廣中に二盤、負、經元一盤賸、碁打了、夜半以後各退出、予沈醉之間、其間々番衆所に祗候了、竹內殿御寢也、番衆經元一身也、

十五日、辛酉、雨降、八專、　○祖母安明院忌日之間、如例慶存齋
に來、相伴了、
十六日、壬戌、天晴、土用終、　○不動看經了、○岡殿へ一昨日御禮
に參之處、總在廳同參、極﨟被召寄、其外女房衆一人、
又音曲にて御酒有之、及數盃沈醉了、○大祥寺殿へ參
暫御雜談申了、岡殿御出、　禁裏へ御兩所御參云々、次
右衛門督所へ罷向暫雜談了、　○自禁裏香附子粉御用
之由候間進之、又所勞氣之間、當番故障申候了、
十七日、癸亥、天晴、八專終、四月節、○公卿補任、近衛院、自去十一日立筆、今
日終功了、同加朱點一校了、　○所勞氣之間終日臥了、
十八日、甲子、天晴、○伯卿早々被來、暫雜談共候了、　○自禁
裏夕方甲子待可祗候之由被仰下、所勞氣之間、加養生
可祗候之由申候了、○鴨脚刑部丞來、先度勢州御料所
闕之事申候了、○松田九郎左衛門尉來、鋏放臺槐木所
望之間、可遣之由申候了、鈴一、召寄一盞勸了、　○申下
刻參內、　被仰下麝香牛兩召寄持參、　幷御筆一對持參
了、今夜被參之翟曼殊院宮、中山大納言、四辻大納言、

予、廣橋中納言、　右大辨宰相、公古朝臣、經元、源爲仲
等也、音曲御雜談等有之、碁有之、　予廣橋中納言與三
盤、右大辨與二盤打了、赤粥にて一盞有之、　子下刻各
退出了、○今夜番衆公古朝臣一身也、予御添番に祗候
了、
十九日、乙丑、天晴、○大澤左衛門大夫有所用叡山へ遣之、近
所才田四郎左衛門同添之、○長橋局迄參、勢州諸木之
御闕之事尋申候處、無御存知之由有之、○中御門へ罷
向暫雜談了、吉田來、冷泉に會有之云々、
廿日、丙寅、天晴、○鴨脚刑部丞來、諸木之闕之事、　無御存知
之由申聞了、　○禁裏御雙紙爲書寫於記錄所參內、竹內殿、中山
大納言同祗候、御雙紙四五枚書之、御學問所へ可祗候
之由有、各參御雜談共有之、碁四五盤有之、　於番衆所
中山、予晚飡被下之了、暮々退出了、　○大澤左衛門大
夫今日下山了、
廿一日、丁卯、天晴、　○自今日嵯峨尺迦堂に三萬部經有之云
云、念佛も有之云々、　從諸國爲結緣上洛云々、京都此

邊迄一兩日貴賤男女繁多徘徊也、同於北野經堂自今日千部經有之云々、○巳刻參內、算花抄六卷終寫功了、於長橋局晩飡有之、今日當番之間其間々祗候了、

廿二日、戊辰、天晴、五墓日、○禁裏聖天御法樂御和漢之間、巳刻參內、各參集之後始、記錄所、御人數御製、十八句、曼殊院宮、九、入道前右大臣、十八、二折執筆一折、、中山大納言、七、三四折執筆四辻大納言、十一、予、十二、廣橋中納言、十二、菅宰相十二、等也、於長橋局小漬如例、所役殿上人以清也、中刻終、各退出了、發句以下如此、

あひよりもこきや紫藤の花	中山大納言
披庭春尚閑	廣橋中納言
吟遊霞染履	菅宰相
旅夢水鳴環	入道前右大臣
わか方にいそく波路の舟さして	御
入日をうすみ殘る一むら	曼殊院宮
出る月雲間に夜をや待ぬらん	予

高倉金吾へ罷向雜談了、先今朝御番之次罷向、朝飡有之、予腰刀之つか粟津孫三郎令卷之、

廿三日、己巳、天晴、○冷泉被誘引之間、北野經聽聞了、僧衆五百餘人有之、歸路に本隆寺之內本陽坊法花衆に罷向、あこやにて酒有之、

廿四日、庚午、天晴、○南向今日嵯峨經へ參詣、中御門女中誘引云々、亞相同道云々、○久一條殿へ不參之間參、御兩所、淨門、暫御雜談申候了、明日嵯峨經へ可有御結緣之間、必可參之由有之、淨土寺殿去廿一日御下山云云、次淨土寺殿へ御禮に參、御盃被下御酒候了、

廿五日、辛未、天晴、○朝飡以後、自淨土寺殿早々可參之由有之、聊除入候間、先可有御出之由返答申候了、則自御跡嵯峨へ參、於佛前懸御目候了、讀經之僧衆三千人計有之云々、尺迦堂東西へ假屋打之、嵯峨中之聽衆不知其數、諏◎輙カ往還不叶、市勸進乞食種々無盡之事也、大概田舍衆也、念佛者坤方塔にて有之、○一條殿御兩所、淨土寺殿、予、五條、同大內記等、六王院へ御音信、可有御出之由有之、先風呂有之、於風呂一盞有之、次はう飯にて御酒有之、其後吸物臺物食籠等にて及大

飲、若衆五六人各音曲有之、御歸之處、又門前松原に
て〻〻又御酒有之、七時分御歸也、淨土寺殿、大內記、龜千
世等、今夜者六王院に逗留也、○自賀州白山中坊上洛
云々、自白光院書狀中折一束、同御亮二帖到、
廿六日、壬申、天晴、○今日又予嵯峨經法然上人へ參詣、澤路筑後守召
具、朝經過之間、二尊院之足引御影、其外靈寶共見物、
三條稱名院今朝參詣之由住持被申候間罷向對面、雜
談了、齋用意、兩人相伴了、次予尺迦堂經聽聞、大覺寺
殿御聽聞云々、仍御禮申候了、御酒被下了、次於臨泉
寺邊、松尾社家衆右馬助に行合、令同道松尾へ參、於
經所酒有之、音曲等有之、法光坊振舞也、葉室母儀同
被來、次各令同道、今夜葉室に逗留了、事外沈醉了、
廿七日、癸酉、天晴、○今朝於葉室朝飡相伴了、其後女中初而
見參、一盞有之、次葉室同道にて、又嵯峨經へ參詣、昨
今に莪朮卅兩取了、三好筑前守參詣、馬上五六十騎有
之、人數七八百計有之、自午過時分罷歸了、○高倉亞
相自御城出京之由有之間罷向、見參暫雜談了、小漬に
て一盞有之、薰物之事誂之、又人參丁香散所望之由被
申、
廿八日、甲戌、天晴、○禁裏に知恩寺之長老法談有之、五日計
歟、今日迄云々、今日聽聞に可參之由雖被仰下、明後去廿五日
日迄產穢之事有之間、故障申候了、○禁裏御月次和
歌、于今無沙汰之間、詠草稱名院へ持罷向談合了、又
先度之禮申之、東福寺長老、廬山寺之西塔被來、酒有
之、次大祥寺殿へ參御雜談申候了、次岡殿より御使有
之間參、東國へ書狀之事被仰候、卽罷歸了、○禁裏去
廿五日御月次和歌如此、御題更衣、寒草、
月も日もたつこさやすく夏衣けさはひさへに袖の涼しき
見し秋の色ならねさも一さかりかれ野も花にさける朝霜
廿九日、乙亥、天晴、○老母、阿子等北野御經へ參詣云々、○
自冷泉、北野經可結緣之間可同道之由使有之、早終云
云、何も罷向、夜に入迄雜談了、一盞有之、
卅日、丙子、天晴、午未刻小雨降、酉刻夕立風雨、○故葉室寶樹院、榮春、理永、宗
永童子等忌日之間、舜智齋に來、淨花院は穢之間、舜

玉不來、舜智齋相伴了、○禁裏三月盡御會御連歌有之、辰下刻參内、午二點始、御人數御製、廿二句、曼殊院宮、十三、入道前右大臣、廿三、中山大納言、十一、予、十八、廣橋中納言、十二、經元一、執筆也、等也、於記錄所有之、所役殿上人邦富、小漬於長橋局有之、及黄昏終了、各退出、御發句以下如此、

何路

おしめさは月に日に見よけふの春　曼殊院宮
かすむ夕の殘るさな山　中山大納言
やすらひものさかなろにやあかさらん　經元
つゝみの柳みさりそふかけ　予
又たくひなきさの花のさきそめて　御
舟さしうかへあそふ海士の子　廣橋中納言

雨降之間予不退出、御添番に祗候、當番衆源爲仲一人也、

○四月小

一日、丁丑、天晴、○伏見殿御禮に參、仁和寺殿、梶井殿御座、又大和中宮寺殿御出京、御尼衆御侍に李部王御對面、大御酒有之、御鞠卒土有之、次大祥寺殿へ參、御盃被下、次稱名院へ罷向、見參、次竹内殿へ參、御留守云云、○當番之間申下刻參内、先暮々親王御方へ御禮に參、御對面、今夜天酌に被參之輩四辻大納言、予、廣橋中納言、宮内卿、阿子丸、重保朝臣、經元、邦富、源爲仲等也、今夜番衆予一身也、

二日、戊寅、天晴、四月中、○稱名院ゟ玉葉集上卷借用候了、○自禁裏可急參之由有之、則午時參、尾州者師子舞其外狂言於車寄仕候了、廣橋一位、四辻大納言、予、廣橋中納言、重保朝臣、經元、公遠、邦富、通總、中院侍從、源爲仲等祗候也、柳枝に帶十筋歟被遣之、次右衞門督所へ罷向雜談了、○暮々冷泉被來、戌刻迄、暫雜談有之、○三好筑前守被申玉葉集、今日立筆始了、

三日、己卯、天晴、○右衞門督に玉葉集上中下、借用了、○正親町三條へ所用之儀有之、五辻令同道罷向暫雜談了、○右衞門督可來談之由申候間、雙紙隨身罷向了、未下刻牧雲所へ伊勢守來云々、右金吾被呼罷向、予又自禁

裏可參之由有之間則祇候、中山大納言、四辻大納言、予、廣橋中納言參御學問所、御雜談有之、於番衆所小漬各被下了、及黃昏各退出了、○巳刻山井伊豆守景賴暫來談了、

四日、庚辰、天晴、○伯卿より靑門御筆思無邪、勸善懲惡、毋不敬三幅被借之間遣之、○昨日申入候勅筆名號二、詩歌三、今日出來被下了、○大和刑部少輔、うたひの本二番可寫與之由有之、○公卿補任六條院、今日終寫功、今日兩冊切とち候了、

五日、辛巳、天晴、○去夜丑刻烏丸亭へ强盜入、少々雜物取云云、夜中に罷向、無心元之由申候了、今日不審之者一人被召籠云々、若州者云々、○申刻計自中御門被呼之間罷向、鯉膾にて桑酒有之、次又晩飡相伴小漬了、同鯉汁有之、事外沈醉、及黃昏歸宅了、

六日、壬午、晴、自未刻雨降、○長橋局被申八參丁香散十一兩、遣之、○當番之間七時分參內、予一身也、

七日、癸未、天晴、○廣橋一品法華經一卷被借用之間遣之、○老母一兩日中に東國へ下向之間、書狀共調之、先伊勢國へ伯母西專庵に沈、三きれ、針一、耳かき五、遣之、德源院長老へ奈良油煙二丁、同仰藏主に鳥子廿枚遣了、又尾張國松波三川入道に竹內殿御筆、天神名號、水野監物に同、遠江國朝比奈遠江守に桂蓮院宮御筆、柿本人丸名號一幅、同彌二郞に勅筆、天神名號、遠江守女中へ勅筆、詩歌一、駿州今河母儀へ中御門故入道宣胤卿筆天神名號、等遣之、此マヽ中御門、三條亞相、持明院等へ書狀遣候了、○臺所非司德、取次腹之藥所望之間、調中散三服遣了、○葉室母儀上洛、老母に暇乞云々、老母は伯母也、今夜此方に逗留、

八日、甲申、天晴、月星合、又二星合、○昨日賀二位中うたい本外題、卅、書之遣了、○老母下向之路次、尾州佐治方へ之事、日野書狀所望、松波七郞左衞門方へ狀調給候了、○薄被來、阿茶燒跡聊減云々、尙藥所望之間、又一包遣了、○葉室上洛、老母に暇乞云々、又明日松尾祭之用とて、朽木所にて具足八兩借用云々、今日母儀同道被歸了、○中御門へ被マヽ來、一盞有之、碁三盤打之、二盤負了、

九日、乙酉、天晴、○老母今日駿河國へ下向、共妙祐、大澤左衞門大夫相添差下了、下京之商人伊勢國迄申合了、午時下京へ被下候了、中御門夫婦暇乞に被來、一盞有之、又富小路女中暇乞に來云々、牛玉圓蘇合圓一貝宛被出云云、○中御門と又碁打之、乍三盤勝了、○昨日久我右大將落髮云々、就世上之儀、武家御母儀へ種々御意見雖被申候、無御同心、御述懷云々、禁裏へ不及御暇也、○東山御城御見舞に參、御蟲氣とて無御對面、申次朽木民部少輔也、清水執行へ罷向高倉新大納言相尋、碁有之、一盞了、今日地主祭禮也、見物了、又於祇園小童兩人打大鼓、見物了、言語◎道斷脫カ奇妙不思議也、○昨日又勅筆詩歌二枚、三社託宣等申入了、今朝被遊下了、

十日、丙戌、卯辰刻小雨灌、天晴、五墓日、○公卿補任高倉院半分、今朝出來、自崇德院至高倉院一冊本廣橋へ返遣了、○自五辻番相轉之間暮々參內、無相番、只一身也、

十一日、丁亥、天晴、○予巳刻より腹痛、申刻以外痛之間、富小路招寄令取脈、藥一二帖受用、又半井修理大夫入道に藥所望、化塊丸五十粒到、廿粒宛兩度受用、聊驗氣也、○自廣橋一品公卿補任高倉院一冊到、

十二日、戊子、天晴、○亡父卿雖忌日、淨花院舜玉指合不來、○予所勞同前、富小路に藥所望、枳實湯二包、到、晚天より又半井に所望、弟白藏主脈に來、次和靑湯三包到」、

十三日、己丑、天晴、○予所勞聊つゝ雖驗氣尙同前、又半井藥所望、同各三包到、○禁裏聖天供御法樂御會有之、一巡雖申、所勞之間不參、御發句以下如此、

春ならぬ初音や松に時鳥　御
雲もみさりに明わたる山　入道前右大臣
月殘るかけも涼しく雨晴て　中山大納言
旅れなからや露かゝる袖　曼殊院宮
うつり行秋なしらする風の聲　四辻大納言
夕ほのかになひく萩はら　予

自稱名院所勞無心元之由使者有之、

十四日、庚寅、天晴、○予所勞同前、但痢不通之間、其加減之事申候了、

十五日、辛卯、天晴、自未刻至子刻雨降、○所勞同前之內少つゝ驗氣也、

但巳刻又蟲揚、軈落入了、○祖母安明院忌日之間慶存齋に來、そと燒香了、○自半井所靑侍脈に來、藥又二包到、痢事外通了、○自長橋局、鴈少、いりこ十到、今日食事少了、

十六日、壬辰、天晴、五墓日、○吉田右兵衞佐來、乍平臥見參、暫雜談了、○所勞少つゝ得驗了、食事尙◎カ少候了、痢瀉了、又留藥所望、豆蔻散三服到、

十七日、癸巳、天晴、自今日天一天上、五月節、○所勞尙々得驗、食事如形有之、痢大方調了、

十八日、甲午、天晴、天一天上、○午時半井所へ、此間藥之禮に罷向、他行云々、次賀二位所へ罷向暫雜談、酒聊吸了、○暮暮冷泉へ罷向雜談、今日禁裏御和漢有之云々、冷泉も被參云々、仁如東福寺、宣長老妙心寺、龜年等祗候云々、龜年申沙汰云々、○所勞如形本服、但蟲同所に有之、

十九日、乙未、天晴、天一天上、○所勞彌本服、但蟲同所了、○早旦半井所へ罷向脈令取之、腹に灸二、連々可灸申候了、○長橋局へ罷向、留守也、次右衞門督所へ罷向暫雜談、八過時分小漬了、○自甘露寺無心元之由使有之、次竹內殿、伊與局等御言傳有之、得驗者可來談之由有之間、則罷向暫雜談了、酒少吸了、

廿日、丙申、天晴、天一天上、○所勞彌本服、尙蟲同所に候了、但尙一向無力也、○稱名院先日被尋之間禮に罷向、三條帥、高辻等物書會歟、連歌法師紹巴同來、一盞有之、雜談移刻了、次萬里小路へ久不罷之間罷向、亞相見參、暫雜談了、○中御門所勞如何之由申被來、暫雜談了、○葉室久不來、又所勞如何之由有之出京、夕方被歸云云、○又半井に尙爲養生藥所望、和靑湯三包到、○今日日吉社祭禮有之云々、但俄延引云々、○自鴨祝三位秀行卿方、明日鴨祭之間桂枝葵等送了、

廿一日、丁酉、天晴、天一天上、○冷泉可來談之由使有之間、自未下刻罷向雜談、晩飡召寄汁有之、暮々歸宅了、○自禁裏明日聖天御法樂、如何樣にも可祗候之由雖被仰下候、未所勞不本服之間、故障申候了、○來廿五日御月次勅題被出、則廻文相調、長橋局へ進候了、稱名院へは自

此方持遣了、
聞郭公、橘薫枕、名所山、
右御題、月次和歌御會、可令詠進給之由、被仰下候
也、
四月廿一日　言繼
一位前大納言殿、一位大納言殿、新大納言殿、日野
大納言殿、中山大納言殿、四辻大納言殿、日野新大
納言殿、萬里小路大納言殿、權帥殿、中御門大納言
殿、菅中納言殿、冷泉中納言殿、廣橋中納言殿、伯二
位殿、右大辨宰相殿、宮内卿殿、頭中將殿、三條中將
殿、藏人辨殿、藏人中務丞殿、別紙に三條西殿、
澤路小者猿千代、先度之藥にて本服とて禮に來云々」、
廿二日、戊戌、天晴、天一天上、子刻小雨灑、○公卿補任高倉院、終寫功、則懸表
紙了、本廣橋へ返遣之、又後鳥羽院一冊借用了、○久不
參之間大祥寺殿へ參、暫御雜談申候了、岡殿御座候、
又勸修寺一品、同右大辨宰相祇候也、次長橋局へ罷
向、所勞之樣雜談了、次内侍所臺所等へ立寄、次正親
町入道へ罷向暫雜談了、○老母從伊勢之書狀到、十六
日乘船、駿河府中へ直に渡海云々、
廿三日、己亥、天晴、天一天上、○自閼伽井坊撫子以下花所望之由
有之間、撫子、佛桑花兩種遣了、○薄來儀、所勞之儀不
知之、乍遲々相尋之由有之、○大和刑部少輔被誂うた
ひの本田村、難波梅、二番、今日令書寫遣之、次先日借用之本
一冊二人靜、漢(成カ)陽宮、◎返遣了、今一冊道明寺此方にあり、
廿四日、庚子、晴、自巳刻雨降、天一天上、○山井伊豆守景賴來談了、
廿五日、辛丑、雨降、午時より天晴、天一天上、五墓日、○稱名院へ罷向御月次和歌
談合了、正親町三條父子、高辻等物書會有之、予懷紙
令淸書進之、五條懷紙到之間、取添同進之、聞郭公、橘
薫枕、名所山、
たのめつるたれにきけとかまきれなく名のりをしつゝ行ほとゝきす
名殘あれやあかすむかしをみし夢のさむる枕に匂ふたちはな
立よりて見てやゆかましかゝみ山くもりなき世のかけやうつると
自甘露寺可來談之由有之間、八時分罷向、雙紙隨身書
之、氣被煩云々、一盞有之、晩天歸宅了、
廿六日、壬寅、天晴、天一天上、○自梶井殿品經歌御勸進とて御短

册到、同中御門へ予可申傳之由有之、同御短册到、則申遣了、明後日可被取下之由有之、○高倉へ久不罷之間音信、父子見參、一盞了、○當番之間暮々參內、今日御楊弓有之云々、次碁有之、御懸物被出之、杉原一帖、透袋二、中山被取之、廣橋黄門勝方之間、袋一、被取之、今夜當番予一身也、

廿七日、癸卯、天晴、天一天上、○稱名院へ爲品經歌談合罷向之處、留守云々、預置罷歸了、

廿八日、甲辰、天晴、天一天上、○中御門來儀、品經之歌被談合之間、存分申候了、○澤路小者衞門自一昨日所勞云々、熱氣頭痛腹痛云々、香蘇散に加川芎、白朮、芍藥、五包遣之、○久我女中三位中将通典母去夜頓死云々、懷姙云々、調法歟、○所用之儀有之內侍所へ罷向、各他行云々、○晩天中御門へ罷向マ暫雜談、一盞了、○自梶井殿品經和歌淸書之、但今日不取來、題法師品、舜英無人聲にて讀之、

しつかにさ思ひ入にしかひありてこの山かけはたゝ松のかせ

廿九日、乙巳、雨降、天一天上、○僧衆依事◎不脫カ調止之云々、無念々々、

○澤路小者昨日之藥にて大概本服云々、又澤路妻熱氣頭痛自昨日云々、藥之事申候間、香蘇散に加川芎、白芷、前胡、三包遣之候了、○自四辻書狀到、來月二日等持寺祥瑞和歌會興行、可同道之由有之、

○五月大

一日、丙午、天晴、天一天上、○澤路妻小驗之間、藥猶所望之由申來、同藥三包遣了、右衞門者悉本服之由申、○自梶井殿今日品經和歌取に被下了、中御門、予兩人分進了、○稱名院へ禮に罷向、又明日之和歌談合、但及黄昏之間、詠草明日可給之由有之、次高倉へ罷向、明日等持寺へ可同道之由申合了、○親王御方へ四辻、伯卿等令同道御禮に參、御對面了、次參內、今夜天酌に被參之輩一位大納言、四辻大納言、予、廣橋中納言、伯二位、宮內卿、重保朝臣、源爲仲等也、予當番之間其間◎間脫カ祗候、一身也、去月御月次和歌御懷紙、可結進之由有之被出了、

二日、丁未、天晴、天一天上、○澤路來、妻所勞尙々驗之由申、但尙

藥所望之由申候間、五包遣了、○於等持寺祥瑞會有之、四辻亞相、予、右衞門督令同道、巳刻罷向、此外伊勢伊賀入道、牧雲齋、惠倫、祥瑞、周嚴、同弟子、等繼藏主、薩摩國之島津薩摩守入道、同國僧金剛院、粟津修理亮、同孫三郎等也、先すいせんにて一盞有之、次當座題廿首、予盛硯蓋、出題稱名院、各取之、短冊淸書之後、懷紙各持進置文臺之上、次當座置硯蓋了、次予取重之、四辻扶助、懷紙同重之、次短冊講頌有之、讀師予、講師惠倫、發聲四辻亞相也、四辻歌金吾發聲也、次更惠倫進寄懷紙讀揚了、薩摩入道日照、金剛院、林湖、等繼等は、懷紙短冊共に詩也、次湯汁有之、次吸物にて及數盃大飲、申下刻各令同道、及黃昏歸宅了、兼日題二首、菖蒲、山家、

あやめ草いつかりそめてなかきねをなかきためしといまも引らん

花よりもみとりはさかり久しくてうつろふ色も夏の山さと

當座二首、瞿麥副垣、對鏡知老、

青葉のみ茂るかきねにさき出てひとり色こきやまとなてしこ

老やいつ思ひしよりもます鏡むかふに積る霜のしらかみ

祥瑞周嚴、代に送日增戀、

庭の面は猶日にそひて夏草のしける思ひをいつかはらはん

三日、戊申、天晴、天一天上、○昨日從禁裏文有之、來六日聖天御法樂に可祗候、同發句可進上之由被仰下之間、畏候由今朝申入候了、○就率分之儀、女房奉書之事申入候、武家へ被申子細有之間、其後可被出之由候了、○高倉へ罷向、昨日之禮祥瑞へ可有傳送之由申候了、次昨日予短冊題取ちかへ淸書之間、可書改之間取て歸了、○久不參之間一條殿へ參、御兩所御出座、暫御雜談共申承了、五條父子祗候、御酒被下候了、○稱名院へ罷向、來六日御發句爲談合也、同昨日二首題之事申之、但對客とて見參無之、晚頭到、○去月御月次懷紙とちて進上、次來六日御法樂之發句二句進之、○暮々冷泉へ罷向雜談了、戌刻歸宅了、

四日、己酉、天晴、天一下艮、五月中、○高倉先日所望之保童圓代十疋到、○昨日之短冊兩首令淸書、高倉へ遣了、○自四辻一昨日之懷紙到、とち事、同裏書之事被申、則調遣之、

五日、庚戌、天晴、○堀川判官國弘、北尾出雲守禮に來云々、

○澤路彥九郎、野洲五郎左衛門、澤路藤次郎、大澤竹壽等禮に來、○讃岐守忠宗來、對面暫雜談了、○暮々親王御方へ御禮に參、御對面有之、御伊茶、御阿こへも申、同若宮御方へ保童圓五百粒進上申候了、次萬里小路前内府入道へ禮申入、見參雜談了、○今夜御祝、天酌に被參之輩一位大納言、四辻大納言、予、廣橋中納言、伯二位、阿子丸、重保朝臣、輔房、公遠、邦富、源爲仲等也、次廣橋父子令同道退出了、

六日、辛亥、雨降、曉天晴、○賀州白山之中坊來、一兩日中可下向之間、返事共可調之由申、見參了、○禁裏聖天御法樂御和漢有之、巳刻始、於紫震◎宸カ下同ジ殿渡御有之、御人數御製、廿句、曼殊院宮、十、入道前右大臣、廿一、中山大納言、九、四辻大納言、十四、予、十三、廣橋中納言、一、菅宰相十二、執筆、等也、所役殿上人以淸、於長橋局小漬如常、申刻終了、予當番之間其間々祗候、予一身也、今日御發句以下如此、

月のためさゝぬ戸たゝく水鷄哉　予
涼新一刻宵　四辻大納言
軟沙吟履響　御製
遠浦旅帆漂　入道前右大臣
雨晴て空は雲行朝かせに　曼殊院宮
露なく庭の草そひかたき　中山大納言
推枕陰蛩切　菅宰相
喞枚初鴈遙　廣橋中納言

七日、壬子、天晴、八專入、○内侍所阿子一采女、方より鯉一、送之、不思寄之儀也、祝着候了、○三好中玉葉集四季分六卷迄、今日終寫功了、

八日、癸丑、陰、○玉葉集四季分令一校、本稱名院へ返之、又中卷借用候了、○内侍所ゟ預置唐櫃取寄了、○他姓系圖略下、一卷、廣橋一品被借用之間遣之、

九日、甲寅、自寅刻雨降、八專、○公卿補任一冊後鳥羽院、廣橋一品へ返之、次龜山院上、借用之、○中御門へ罷向碁四盤打之、三盤勝了、一盞有之、○大祥寺殿へ參、岡殿御出、御伊茶局、勸修寺父子三人、中山、予、五辻等祗候、但中山禁裏へ御碁に祗候也、地聲にうたい六七番うたひ了、御

兩所御用とて御參內、驪還御也、小飯有之、一盞同有之、次五辻へ罷向休息、小漬有之、次及黃昏又大祥寺殿へ參、田樂にて御酒有之、各光マヽ也、音曲有之、戌刻退出了、○粟津修理亮所へ三好筑前守招請云々、音曲戌刻迄有之、及大飮云々、

十日、乙卯、雨、晴陰、八專、○廣橋一品へ罷向雜談移刻候了、

十一日、丙辰、陰、○自長橋局可來之由有之則參、就率分之儀、先度女房奉書之事申入之處、御思案之由有之、樣體申入了、文後刻可被出之由有之、次保童圓之方可進上、堅固可被祕之由有之間進上了、○自岡殿可參之由有之、雖所勞氣則參、予、五辻祗候、地聲に二三番うたい申候、御酒有之、予事外令沈醉退出、自昨日瀉痢之故也、○今日雖當番候、所勞氣之間不參、

十二日、丁巳、小雨降、自巳刻晴、八專、申下刻急雨、○瀧雲院殿忌日之間、松林院乘誓齋に來、相伴候了、暫雜談了、○自勸修寺一品被借用うたい本一冊被返了、○東口就率分之儀、女房奉書之事申入、今日被出了、案文調進、如此、

御れう所くられうそつふんのうちひかしくちの事、さはさひやうゑとやらんにおほせつけられ候よしきこしめし候、おとろきおほしめし候、これはへつしたるそつふんの事にて候、ことにこその春まて御下ちをなされ候事にて候ほとに、きと返しつけられ候やうに、むろまちとのへよく〳〵申され候へく候よし心え候て申とて候、かしく、

ひろはし中納言とのへ

景理來、神樂笛稽古、早韓神之始一段令傳授了、

十三日、戊午、陰、○烏丸來談、驪被歸了、○自吉田新千載集上下、兩冊返之、

十四日、己未、陰、八專、半夏生、○右衛門督所へ罷向、小漬有之、今日竹田庄麥倉付云々、將棊一盤さし了、勝了、○長橋局迄一昨日之女房奉書之御禮申候了、○先之自長橋局、予所勞氣無心元如何之由有之、書狀幷鯨荒卷、五、いりこ、七、白瓜十、到、懇志之儀祝着候了、○大和刑部少輔來儀、暫雜談了、○惠倫來、去二日懷紙裏書之事予失

念之間、可調改之由持來、則調改詩歌會之書了、
十五日、庚申、晴陰、八專、　○安明院雖爲聖月、慶存其外此邊僧衆各指合了、
十六日、辛酉、天晴、八專、中刻夕立、○多武峯、不動等看經、別沙汰了、
○今日如例家中被官等百萬返念佛、并心經百卷、（長松讀之）壽命經十卷、消除經廿卷、慈救咒、光明眞言、藥師小咒等千返宛祈禱看經、祇園社に祈念了、○冷泉可來談之由有之間、罷向、晩飡召寄相伴、雜談候了、○當番之間暮々參、予一身也、
十七日、壬戌、天晴、○久不參之間竹内殿へ參、中山與中將碁二盤見物申候了、後五辻祗候、予罷歸了、次大祥寺殿へ參、暫御雜談申候了、右大辨相公祗候也、次中御門へ罷向、卽罷歸了、○自高倉右金吾使有之、川狩沙汰之間、汁に可來之由有之間則罷向、予、甘露寺兩人晩飡有之、及黄昏歸宅了、先之亞相與碁二盤打之、持也、
○景理神樂稽古に來、早韓神中段授之了、
十八日、癸亥、天晴、八專終、○公卿補任龜山院上卷終寫功畢、則本廣橋へ返遣之、同下卷借用到、○山井伊豆守景賴來談、
十九日、甲子、天晴、午刻以後急雨、晴陰、六月節、○東寺寶菩提院權僧正字◎闕、來、東寺公事邊故、一寺悉離寺近所に借屋、仍來云々、一樽兩種白瓜一折、饅頭一折、隨身、一盞勸、暫雜談了、○田中隼人佑に一桟カ◎俵米、借用、代六十疋之預狀調遣了、
廿日、乙丑、天晴、○中御門來儀、料紙廿枚計被打之、さけつち借用了、一盞勸了、○自禁裏御楊弓に可祗候之由有之間、巳刻參内、午刻各參集始了、正親町入道中沙汰云々、六十七度有之、於東庭被遊之、御人數御矢、四十二、曼殊院宮、四十一、今出川前左大臣、三十七、一位入道、十七、中山大納言、卅六、四辻大納言、依所勞見物、數被取之、予、十八、廣橋中納言、十九、右大辨宰相、四十、若王子權僧正、卅八、穴二、重保朝臣、九、源爲仲廿二、等也、予廿二枚負了、於番衆所（竹門）小（三條）漬如常有之、殿上人邦富、竹内殿小兒、御矢取虎福、伊（芝子）豆千世兩人計也、暮々退出了、○高倉へ罷向、亞相餘醉平臥云々、金吾長谷上乘院へ被行云々、玉葉集上卷

一册返之、粟津彌二郎に渡之了、
廿一日、丙寅、天晴、○景理神樂稽古に來、早韓神本之三段授之、本末出來了、○當番之間暮々參内、予一身也、明日御楊弓に可參之由被仰下候了、
廿二日、丁卯、天晴、○今日禁裏御楊弓被急之由候間、巳刻參内、雖然大概午時始了、今日者今出川前左府申沙汰云々、前左府之息新中納言晴季卿、始祗候也、御人數御矢、廿一、曼殊院宮、卅八、今出川前左大臣、廿二、一位大納言入道、十四、穴一、中山大納言、四、四辻大納言、數被取之、依所勞手不叶故也、予、十九、廣橋中納言、十四、新中納言、四十五、右大辨宰相、廿六、穴一、若王子權僧正、廿九、重保朝臣、十一、永相朝臣、廿三、源爲仲九等也、今日者六十度有之、先八時分臺之物にて一盞有之、次申刻計小漬如常、殿上人に以清祗候也、御矢取虎福、竹門之廣橋之藤堂次郎、三條之伊豆千世三人也、予廿八枚勝了、及黄昏終、各退出了、○中山新千載集上下卷被借用遣之、
廿三日、戊辰、天晴、五墓日、○中御門來談、井上將監詫言之事被申候了、不能同心、○中御門へ罷向暫雜談、一盞有之、○自冷泉今夜月待可來之由有之、暮々罷向、雜談共有之、まきにて一盞有之、夜半鐘之時分歸宅了、○正親町入道香薷一袋被送之、香薷散調合之事被誂了、
廿四日、己巳、天晴、○山井伊豆守景賴來、香薷散調合云々、持來臼借用引之、とくり取寄振舞了、○正親町へ罷向、香薷散殘之藥種可給之由申、一盞有之、次甘露寺腹中所勞之由候間罷向之處、本服歟當番祗候云々、○中御門に誂候公卿補任四條院、昨日出來、今日令校合、同加朱點懸表紙了
廿五日、庚午、天晴、○自正親町入道香薷散藥種代四十五到、○野洲五郎左衛門團扇大一本塵拂とて進之、祝着候了、○禁裏御月次和歌詠進之、但廿六日に進之、稱名院へ談合了、御短册、勅題、晩夏螢、炭竈、

月遲き程をさかりと秋ちかき空に亂てとふ螢かな
うきわさはよそにもしれなかくしても我ためならぬ嶺の炭かま

廿六日、辛未、天晴、○景理神樂稽古に來、志都韓神之初少授

之了、○當番之間晚頭參、予一身也、○阿子岡殿へ有子細祗候、晚頭罷歸了、

廿七日、壬申、天晴、○御番退出之次岡殿へ、昨日阿子參之御禮に參了、御對面了、○今日禁裏御楊弓有之、午時參內、於紫震殿御後有之、北之御庭へ、御人數御矢、廿、曼殊院宮、廿二、今出川前左大臣、廿六、一位大納言入道、十五、中山大納言、廿四、四辻大納言、依所勞見物、予、十七、廣橋中納言、十、右大辨宰相、廿五、重保朝臣、十三、源爲仲十九、等也、五十一度之後、於番衆所小漬如常、殿上人邦富、御矢取虎福、因幡法師兩人計也、予所用之儀有之間退出了、尙廿度計可有之歟、予廿二枚勝了、○覺辨七時分來、靈符行、祭文次第以下相傳了、折紙三十疋遣之、麵にて一盞勸了、○澤路筑後守就牽分之儀山崎へ罷向、昨夕上洛とて來、尙不相調云々、

廿八日、癸酉、天晴、○自竹內殿俄御連歌有之、可參之由有之、○自長橋局可參之由有之間則參、上姿にて可參之由有之、則着衣冠參之處、御連歌一折可被遊云々、於紫震殿後御有之、先中山大納言與四辻大納言碁一盤有之、御懸物御扇御影堂一本、被出之、四辻勝給之、次御連歌有之、御製、中山大納言、四辻大納言、予、廣橋中納言、源爲仲執筆也、只十六句有之、大概御雜談迄也、於番衆所小漬有之、暮々退出了、御發句如此、

風そ花木かけは夏の盛かな　御製
しけるさくらに雨晴る庭　廣橋中納言
軒ちかみ手にとるはかり月出て　四辻大納言

自竹內殿、退出之次必可參之由有之間、直に參之處、御連歌六十句計終了、可合力申之由被仰之間、十二句計申候了、御人數門跡、永相朝臣、經元、光榮（治部大藏丞・武家奉行）、光秀（松田主計允・同）、清舜（對馬法橋）、心順（因幡）、貞廣（林）、國次（加藤孫三郎・廿內）等也、亥刻計終了、御酒有之、次各退出、予可臥之由被仰之間、其間々臥了、

廿九日、甲戌、天晴、○正親町入道被申香薷散、昨日調合、今日出來之間持罷向、十六兩遣之、一盞有之、暫雜談了、○右衛門督所へ罷向暫雜談、晚飡相伴了、次納涼歸宅、

卅日、乙亥、天晴、○故葉室寶樹院、理永、宗永童子等忌日之

間、淨花院舜玉、佛陀寺之舜智等齋に來相伴、次暫雜
談了、○自伊與局文有之、竹內殿虎福自昨日所勞云
云、脈取之、藥可與之由有之間、彼局へ罷向、脈取之、
暑氣也、香薷散三服遣之、次長橋局所勞見舞了、驗之
分也、脈取之、同右京大夫脈取之、○伏見殿へ久不參
之間參、御對面、五辻祗候、次安居院僧正祗候、御酒被
下、暫御雜談申候了、○田口伊賀守自播州上洛、都多
村代官宇野右京亮杉原一束出之計云々、備前居都庄
代官中山備中守　公用三百疋文之(マヽ)實二十疋出之云々、
書狀共代二百疋到、百疋餘種々儀に引之云々、○自長
橋局香薷散被誂之、代五十到、

○六月小

一日、丙子、天晴、土用入、○薄、出納右京進、重弘、堀川判官國弘、
禮に來、薄暫雜談了、○今朝看經、神樂少々吹之、○當
番御祝旁に晩頭參內、今夜天酌に被參之輩一位大納
言、四辻大納言、予、廣橋中納言、宮內卿、輔房、公遠、
源爲仲等也、○今夜當番予一身、如常內侍所へ去年正
月元日參詣之時之御最花、于今無沙汰、仍今日十疋進
之了、又於臺所一盞有之、
二日、丁丑、天晴、○竹內殿虎福又煩之由有之間、於伊與局脈
取之、執(◎熱カ)氣有之、藥之事被申之間、五苓散に加霍
香、山梔子、烏梅了、鼻血之故也、○栂尾之閼伽井坊、
腹中藥所望之間、三服遣之了、
三日、戊寅、天晴、未刻雷鳴、○自殿下香薷散御所望之由有之、拂底
調合候間、明晚可進之由申入了、又厚朴一兩、白箭足
五兩、被下候了、○廣橋黃門被來、月藏坊與院廳公事之
儀、去年予可在國之間令與奪之處、無其儀之條、可申
沙汰之由被申、文書共被渡了、○自勸修寺一品亞相香
薷被所望之間、二兩計遣之、○南都正預、祐恩、權預延有、
等書狀到、來七月四日正遷宮之砌、必可社參之由申候
了、○香薷散一濟調合了、○竹內殿虎福于今無本服之
間、脈取之、可見舞之由御使有之間、及黃昏罷向脈取
之、同前也、明朝藥可遣之由申候了、
四日、己卯、天晴、六月中、○去夜長橋局下口へ盜人來云々、下女

發聲早退散、一種も不取之云々、南之辻切之、○從今日鎭宅靈符行之、初度之間、七日至十日可行之分也、今朝三座行候了、○長橋局被申香薷散十五、進之、○殿下香薷散御所望之由昨日被仰之間、一包（二兩餘、）進之了、○今朝竹內殿虎福藥三包同藥遣候了、

五日、（庚辰、天晴、申下刻雨下灌、）○今朝鎭宅靈符三座行之、如昨日、○自廣橋黃門懸之松洗事被申候間、朝飡以後罷向洗之了、午時過飯有之、黃門相伴、其後暫雜談、行水、未下刻歸宅、○庭田へ罷向、昇進加級有之哉、補歷可改之由申候處無之云々、春日社神主師重卿上階之日相尋、明日可見之由有之、尊勝院、五辻、木村越前入道、河內等中將棊有之云々、但亭主、尊等見物云々、勝負之汁有之、予被逗留小漬有之、戌刻計歸宅了、

六日、（辛巳、天晴、）○鎭宅靈符三座如先々行了、○當事（番カ）之間暮暮參內、先右衞門督所へ立寄、二三人鞠有之、見物、亞相此間所勞云々、大略本服之由有之、無心元之由申了、今夜當番一身也、夜於內侍所納涼、一盞有之、

七日、（壬午、陰、）○鎭宅靈符、今日聖降日也、三座行之了、○木榍之枝、薄昨日約束之間、今朝取寄了、○南都春日社正預方へ返事、同所望之目藥遣之、同大東方へ返事調遣之、○廣橋黃門被來、就正遷宮之儀、柳原下向之間、大東方へ能々樣體演說賴入之由被申候了、○冷泉可來談之由有之間罷向、棊五盤打之、瓜有之、○大祥寺殿へ參、香薷散一包進上、暫御雜談申候了、次五辻へ罷向、各將棊有之、

八日、（癸未、天晴、）○自朽木所海松一蓋到、當年始、近來新了、○海松一蓋正親町へ送之、今日各招請也、○巳刻正親町へ罷向、各被來人數廣橋一品、四辻亞相、予、廣橋黃門、庭田頭中將、（高倉）右衞門督、甘露寺權辨、四辻少將、右兵衞權佐、極﨟、（淨土寺殿）奧坊、（森）刑部大輔盛時朝臣、（久我內）速水安藝守、（廣橋內）（同）同左衞門大夫等也、吸物臺物種々肴共有之、南方酒及數盃、半に高橋雅樂助宗衡鯉切之、（洗鯉云々、宗國切出水云々、）各事外沈醉、音曲等有之、晚頭各歸宅了、○今朝鎭宅靈符如先々行之、○公卿補任龜山院下出來之間、本廣

橋へ返遣了、
九日、甲申、天晴、十方暮、○鎮宅靈符、早旦如先々三座行之了、○景理來、神樂早歌之中少授之了、○自勸修寺人兩人、紙一束計到、於此方被打了、○自廣橋公卿補任後宇多院全、來了、
十日、乙酉、天晴、○鎮宅靈符、今朝迄七日、如前々三座行之了、○自長橋局可參之由有之間則參、此方夜々盗人徘徊之間、禁中各宿直可進、予每月卅日に一人可進之由有之、又葉室に廿三日に、每度兩三人之間可進之由、可申遣之由被仰下、畏候由申候、又福昌庵中候勅筆八代集卷頭和歌被出了、○高倉へ立寄之處、小漬にて酒有之、又就私宅之儀、若王子被申事有之、○早瀬彥二郎來、鈴持來、受用了、近日多武峯へ下之由申、勅筆短冊五枚、竹內殿へ同十五枚、同詩歌等二三枚所望之由申候間、則長橋局、竹內殿等へ持參申入候了、○賀二位所へ聊相尋子細有之罷向、一盞有之、諏方左近大夫來、暫雜談了、○若王子菊亭へ罷向之間、彼所へ罷向、私宅之儀談合之事了、菊亭に楊弓有之、暫見物了、人數竹內殿、亭主、同新中納言、若王子、甘露寺、因幡、竹門木村越前入道等也、晚頭禁中御楊弓とて、申刻各被歸了、予歸宅、○禁裏御楊弓被遊之間、晚飡以後可參之由有之間參內、七度之後參、十一度仕了、十八枚負了、於紫震殿後御有之、北之御庭へ、御人數御矢、曼殊院宮、一位入道、予、廣橋中納言、右大辨宰相、若王子權僧正、源爲仲等也、御矢取藤堂二郎一身也、御楊弓之內瓜有之、及黃昏終了、次於番衆所竹門以下各干飯にて一盞有之、次各退出了、予納涼に禁中徘徊、於內侍所一盞有之、亥刻歸宅了、
十一日、丙戌、天晴、○讚岐守忠宗來、佳例之瓜持來、對面盃令飲之、但下戶也、○當番之間晚頭參內、勸修寺一品祇候、予兩人也、
十二日、丁亥、天晴、○亡父卿瀧雲院松峯宗言忌日之間、淨花院之內松林院乘誓齋に來、相伴候了、○晚飡以後可參之由被仰下之間參內、先近衞殿准后御參內、暫御雜

談有之、但予不具之間不參會申候、次於紫震殿御後、鱸膾にて御酒被下了、今出川前左府、中山大納言、四辻大納言、予、廣橋中納言、重保朝臣、源爲仲等也、月下に御楊弓可被遊之由候處、月曇之間不及是非、各退出了、

十三日、戊子、天晴、○早旦於禁中爲御法樂、御樂可被遊之由有之間、日出之時分參內、但四辻大納言依遲參、巳刻計有之、於紫震◎殿脫カ後御有之、五常樂急六返、以上卅六返也、青海波二反有之、祈雨之御法樂云々、御人數御所作、五笙、青箏、四辻大納言、箏、面箏、予、五笛、(音頭)、青笙、(音頭)、伯二位、笙、五音頭、宮內卿、篳篥、公遠箏、等也、先之於番衆所干飯一盞有之、予先之於薄所干飯有之、次各退出、○右衞門督來談、予家借用候へき分候間、尙々樣體被見之了、○今日松尾社御田植也、仍爲見物、午時より葉室へ罷向、葉室は社家月讀社神主所へ晚飡に被行了、予、殿原衆召具、見物に罷向、神供幷五乙女以下之儀如例年、次八田大夫、猿樂三番難波梅、鵜次郞、夕顏、有之、次歸路社務所へ誘引之間、予、葉室罷向、冷麵幷飯少有之、酒有之、巳刻計葉室へ歸臥了、明日朝飡に可來由約束了、○葉室、同母儀、山口又左衞門、同又七等に、香薷散一包宛遣之了、

十四日、己丑、天晴、申刻小雨降、○今朝朝飡松尾社務相光朝臣所に有之、予、葉室令同道罷向、葉室母儀、同女中等被行云云、其外八田大夫、同子、脇與右衞門、同子又七郞、笛吹孫三郞、明王新左衞門子等來相伴、中酒之後音曲有之、次各休息、又社務弟太秦僧少納言來、若衆兩三人同道、八時分飯有之、其次又予酒有之、次七時分葉室令同道、社頭へ猿樂見物に參、今日は六番有之、道明寺、春親、軒端梅、守屋、弓八幡、粉川寺等也、地藏院筠藏主銓◎鈴カ召寄酒有之、戌刻計葉室へ歸了、社務に香薷散一包遣之、

十五日、庚寅、天晴、○今日可歸宅之處、被逗留之間不及是非、申刻計葉室自身卷網被遣之、鮎卅餘有之、各賞翫了、

十六日、辛卯、天晴、○今日朝飡以後巳刻歸京了、○今日廣

橋に嘉例之嘉定有之、度々使有之云々、八時分罷向、人數正親町入道、廣橋一位、高倉新亞相、烏丸、中山、四辻、中御門、予、冷泉、亭主、若王子、庭田、高倉金吾、尊勝院、甘露寺、富小路、同藏人、奥坊、淨土(◎寺脱カ)殿半井入道閑嘯軒、服部伊勢內釆女助、海藤與三郎、其外粟津修理亮、加田彌三郎、青使(◎侍カ)等卅人計也、冷麵、いりこ酒、大略酒也、又饅頭、きんとん以下思々有之、次盃出音曲亂酒也、後に大和刑部少輔、多忠雄、大つつみ、秦三郎地下人小鼓、來了、予七過時分令沈醉歸宅、各及黃昏云々、○今日雖當番、令沈醉之間不參、

十七日、壬辰、天晴、五墓日、○安居院被來、被申子細有之、干飯勸之、下戸之間不及盃、丁子約束、則三四兩程被送之、又二才子所勞熱氣云々、藥之事被申、五苓散二包遣之處、はしか出之由申來間、惺々散二包遣候了、○中御門來談、一盞勸了、○晚飡以後、可參內之由被仰下之間則參、內々碁各々可被打之由有之處、中山依遲參無之、御雜談有之、次干飯にて一盞有之、次各退出了、中山大納言、四辻大納言、予、右大辨宰相等也、○退出之路次、竹內殿やくらに各納涼參之處、十人計祇候、瓜にて御酒有之、戌下刻歸宅了、○甘露寺藥研被借用之間遣之、○自廣橋腹之藥被所望之間、調中散三服遣之、○薄內補湯少所望とて、代卅到、

十八日、癸巳、天晴、土用終、天一天上、○南向清水寺へ早々參詣、中御門女中、富小路女中同道云々、○自五辻連歌新式本被返之、○藥屋へ藥種六色召寄、代卅三、遣之、

十九日、甲午、天晴、天一天上、七月節、○自禁裏俄御法樂御樂可被遊之間、可參之由被仰下之間、早旦參內、辰刻參集、先於番衆所ちまきにて一盞有之、次於紫宸殿後御法樂如先日有之、五常樂急廿反之分、二反つゝ兩度、靑海波二反等也、御所作五笙、青面箏、四辻大納言、五面箏、予、五笛、青笙(音頭)、伯二位、五(音頭)笙、宮內卿華箏、等也、次暫御雜談、巳下刻各退出了、○退出之次高倉へ立寄、亞相見參、金吾他行云云、小漬にて一盞有之、○伊與局官女阿茶々此間霍亂藥遣、同竹門虎福藥遣、禮に鳥子卅枚送之、祝着了、○澤路

筑後守團扇一本送之、祝着了、〇自安居院瓜一蓋被送之、祝着了、又明朝朝飡に可來之由有之、故障候了、〇臺所之たと保量圓所望とて、代五十、到、以別儀三百粒遣之、次箏か丶、たとに一束宛遣之、〇自申刻禁裏御楊弓廿一度有之、自紫震殿北御庭へ被遊了、御矢、十二、曼殊院宮、十六、（正親町）一位入道、八、（勸修寺）一位前大納言、六、中山大納言、十、予、十四、經元、二、源爲仲七、等也、次於番衆所各干飯にて一盞了、及黄昏各退出了、明日又御法樂御樂可被遊之由被仰出了、

廿日、乙未、天晴、五墓日、天一天上、〇今朝又禁裏御樂有之、如昨日、先青海波、三反、次五常樂急四返有之、御所作、笙、四辻大納言、箏、予、青笙、（音頭）五笛、（同）伯二位、笙、五（音頭）宮内卿華箏、等也、小音取計也、先於番衆所まきにて一盞有之、〇萬里小路へ罷向、亞相被出、暫雜談了、甘露寺同被來了、一盞有之、〇自伏見殿盆之をとり之歌之事被仰之、自入道相國被申云々、則令祗候御談合申、鷹百首之内十首調進之、次大祥寺殿へ祗候、暫御雜談申候了、次岡殿へ參、漸御參內之由有之間、驪退出了、

廿一日、丙申、天晴、天一天上、〇昨日南都春日社々家辰巳、大東等書狀到、今日返事遣之、〇駿州老母方へ返事、中御門へ今日調遣了、〇自長橋局可參之由有之間則參、勅筆百人一首御雙紙剪閉表紙金襴、懸之、可進上之由被仰下之間、取て退出、〇薄被申內補湯今日出來、粉藥に調之、薄被來、引事合力也、〇當番之間晩天參內、於紫震殿後御貝覆有之云々、大祥寺殿、岡殿御參、男衆中山大納言、四辻大納言、廣橋中納言、右大辨宰相、源爲仲等也、後に御酒音曲有之、御酒之時予被召出了、今夜番衆予、右大辨宰相兩人也、

廿二日、丁酉、天晴、天一天上、〇禁裏御雙紙袖之內薄（はく）紙、今朝被出之間、切詰表紙懸之、午時持參了、〇駿川（州カ）より下京商人尾前（崎カ）上洛云々、老母下向之時之借錢可相渡之由申來、同書狀共到、予に五十疋、阿子に蘇合圓、一貝、長松以下三人之方へ布越後、一端被上了、代物明日可取遣之、澤路筑後守召寄申付了、〇右衛門督所へ少

用之儀有之罷向、則歸宅了、○禁裏御月次和歌御題被出之、庭瞿麥、夕納涼、稀逢戀等也、廻文如例相調、長橋へ進了、

廿三日、戊戌、晴、自午時至戌刻大風、小雨降、雨終夜、天一天上、○今朝澤路尾崎所へ罷下申調、又人共召具、代物九貫七百請取之云々、○安居院被來、登山之事申談、雨晴次第可同道之由約束了、又被來、西塔院主之事、禁裏へ被申子細有之、○暮暮長橋局迄參、安居院被申之儀申入了、早昨日石泉院へ女房奉書被出云々、

廿四日、己亥、雨降、天一天上、○老母借錢代物、松田對馬守妻方へ七貫五百文渡之、三月末に五貫文借用云々、借狀兩通返之間付墨了、○同中御門下女に一貫四百文渡之、本一貫二百云々、又大澤左衞門大夫妻彌々に二百文渡之了、○久不參之間入江殿へ參、方丈御見參、御盃被下了、次飛鳥井へ罷向、安居院へ昨日禁裏之御返事之樣申候了、又明日登山之事申談、冷麵にて一盞了、○内侍所へ罷向、前臺所之むめ申候、古今集上下懸表紙、外題竹内殿へ申、坊官按察に音信、明日於登山者、可同道之由申候處、明後日之由申候了、

廿五日、庚子、天晴、天一天上、○早旦安居院被來、令同道登山、伴澤路彥九郎計也、於彼坊齋了、午時梶井殿へ參、西塔院主安居院望之由申入了、石泉院僧正、定法寺等競被申候由仰了、尙以於安居院無御等閑之由被仰了、御非時被下、御相伴了、次榮光坊へ罷向、所勞之樣相尋之處、自今日令看經、驗氣之由了、及黃昏安居院へ罷向、御返事之樣申含了、今夜逗留了、

廿六日、辛丑、天晴、天一天上、○於安居院齋有之、次梨門へ參、碁有之、次東塔東谷觀仙房へ罷向、留守云々、申置了、次月藏坊三位に音信、同留守之由了、次又梨門へ參、安居院々主之事、尙々可然之樣之由申入了、御非時有之、及黃昏歸安居院了、

廿七日、壬寅、天晴、天一天上、○於安居院齋相伴之後、又梨門へ參、御雜談共申了、又安居院被參、晚天令同道歸北谷、安居院非時相伴了、

廿八日、癸卯、天晴、天一天上、○早旦南谷榮光坊罷向見舞、彌所勞本服云々、茶受用了、次南光坊へ罷向逗留、齋相伴了、次梨門へ參、干飯にて御酒有之、碁打了、次非時御相伴申了、尙又西塔院主事種々申入了、所詮座主宣下之日御返事可有之由仰了、暮々歸安居院、樣體申候了、明日可下山之間、梨門にては御暇乞申了、

廿九日、甲辰、天晴、天一天上、○於安居院齋相伴以後令下山、小者一人給了、午下刻歸宅了、路次に鴨御手洗へ參詣了、○自竹內殿昨今數度御尋之由申之間、則參之處、今日故門主御十七回云々、仍今朝御齋可給之儀云々、何御酒被下了、四五人祗候、雙六了、予當月廿五日公宴御月次和歌、于今不進上之間、稱名院へ罷向令談合、次暫雜談申了、次又竹門へ參、檀紙申請、懷紙淸書仕了、○長橋局迄參、安禪寺殿御蒙氣同篇云々、勝事之儀也、勞云々、半井閑嘯軒御藥進云々、○及黃昏禁裏輪之御祝に參、被參之輩四辻大納言、予、伯二位、宮內卿、邦富等也、於議定所御祝如例、○今夜無番衆之間可祗候之由有之間、其間々祗候了、予一身也、四辻雖當番、所勞之間退出也、○廿五日御懷紙雖遲々今日進上了、懷紙調樣如常、

庭瞿麥、夕納涼、稀逢戀

名にも似すから紅にさき出て庭に色こきやまさなてしこ
しはしなをよそに入日の影なからゆふへ涼しき西の山もと
逢事はなかた絲の一すちにたえぬはかりを契りなれさや

自冷泉腹中瀉云々、藥之事被申候間、香薷散五六服一包、遣之、

○七月大

一日、乙巳、天晴、天一天上、○大祥寺殿へ參、御盃被下候了、次伏見殿へ參、李部王常御所へ參、御對面、次稱名院へ罷向、見參、次高倉へ罷向、亜相見參、干飯有之、次竹內殿へ參、御對面、次正親町へ罷向、留守云々、次岡殿へ參、御對面、御酒被下了、次一條殿へ參、殿下御對面、御盃被下了、大閤御寢とて、後御對面了、次中御門へ罷向、留守云々、○當番御祝旁に暮々參內、先親王御方へ御禮に參、御對面了、今夜御祝に祗候之輩一位大

納言、四辻大納言、予、廣橋中納言、宮内卿、重保朝臣、邦富、源爲仲等也、予當番之間其間々祗候、一身也、去廿五日御懷紙結て可進之由有之被出之、又明日觀音御法樂可有御當座、可祗候之由候了、

二日、丙午、天晴、天一天上、○竹内殿より右筆篇目一冊、御月次御懷紙等可入見參之由有之間、則先進了、○自高辻年號自大寶至享祿切字一冊被借用之間遣之、○禁裏爲長谷寺御法樂御當座有之、巳刻參集、勅題予に被出、各廻覽、秋來水邊、松久綠二首、懷紙也、紫宸殿於後御有之、御人數御製、曼殊院宮、一位大納言、中山大納言、四辻大納言、予、伯二位、重保朝臣、源爲仲等也、各和歌備叡覽了、淸書之後取重事、一位大納言に四辻大納言被申之、然處予に被命、一位合力、予取重置御前、頭中將讀揚了、次暫御雜談有之、申刻於番衆所まきにて一盞有之、次退出、○賀二位今朝使有之、晩飡可用意之由有之間、直に罷向了、予、薄兩人、同亭主相伴、種種雜談、及黃昏歸宅了、予和歌如此、秋來水邊、松久綠、

秋や先立くる波の初瀨川はつかに吹も風の涼しさ

うへそへてなゐ生さきもふか綠松の千させは君そみるへき

三日、丁未、天晴、天一天上、○松尾社社司彌介息七才、服(◎腹カ、下同ジ)中所勞、赤痢云々、藥之事葉室傳達所望之間、調中散七服遣之了、彌介は社務祐光朝臣弟云々、○冷泉へ罷向暫雜談、先日之藥にて服中平喩(◎癒カ、下同ジ)祝(◎着脱カ)之由了、○中御門へ罷向暫雜談了、

四日、戊申、天晴、天一天上、(今日迄)○自富小路竹(山上)一本被所望之間遣之、小童さゝらの用云々、○自安居院折紙到、去月卅日夜亥刻同宿少納言俄自害、不知其故云々、言語不可說儀也、○禁裏去月御月次懷紙今日とち畢、廣橋黃門拜見仕度之由被申候間遣之、○中御門來談、驪被歸了、

五日、己酉、天晴、天一下艮、○自今朝鎭宅靈符行之、明後日七日、聖降日也、今日五座行之、三ヶ日に十三座、一年中之分可行之覺語也、○高倉亞相香薷散所望、拂底之間四

五服遣之、○松林院被來、昨日經木之事申遣、檜木世上に無之間、可爲松木云々、其分成共可被誂之由申合、來卅日故葉室廿五ヶ年忌也、三部經書之可遣覺語也、○大和刑部少輔誂之音曲本一番碁、令書寫之、今日遣之了、○齋藤新三郎（澤路修理進次男也、）播州宮笥とて、なし物一桶進之、○葉室より山口又七、同一右兵衞、孫四郎等、禁裏御番に參了、又約束之木せいの枝到、○自大閤（◎閤カ）御書有之、自淨土寺殿とて、繪之上讃三枚勅筆之事、今日中に可申沙汰之由承候間、長橋局迄參申入候處、則被染勅筆被出之、於局一盞有之、則一條殿へ持參了、○七夕御和歌勅題被來（◎出カ）之、二星適逢、廻文去月廿五日に同、

六日、庚戌、天晴、七月中、○鎭宅靈符如昨日五座行之了、○自松林院經木百廿把到、○明日御會之廻文、金屋八落之間、今一可書寫之由、勸修寺一品書狀持來、堅令折檻、自勸被申候間可遣之由申聞了、聊爾曲事儀、不可說也、○自長橋局可參之由有之間則參之處、明夕御樂五可被遊之間可祗候、同御目六可調進之由被仰下之間、於長橋局調之、只拍子蘇合等長候間、只小樂之由被仰之間、青海波、白柱、劔氣褌脫、越殿樂、千秋樂、此分調進上了、○當番之間晚天參、相番一位前大納言、予兩人也、

七日、辛亥、天晴、○靈符如昨日行之、一年之分十三座之外、又二座行之、○甲斐守久宗、出納右京進重弘、同子內豎國益、伊豆守景賴、同景理、才田四郎左衞門等禮に來云々、○北尾出雲守禮に來、暫雜談、次讃岐守忠宗禮に來、暫雜談了、○公宴御歌昨夕稱名院へ罷向令談合、今日清書進上了、

七夕同詠二星適逢和歌

按察使藤原言繼

かりそめと契りやしけん一夜さはあまりすくなき星合の空

今朝星手向和歌七首、梶之葉調之、任筆之間不注付也、○中御門へ今日各嘉例參會有之、冷麵振舞也、罷向人數烏丸、中山（淨門）、予、廣橋黄門、高辻、甘露寺、富小路、同藏人、奧坊等也、予御樂に參之間、軈歸了、○中

刻參內、則御樂始、御人數御所作、而箏、四辻大納言、箏、
予、笙音頭、伯二位、笙、宮內卿華篥、音頭、計也、御樂音取、白柱、二
反、青海波、一反、劔氣褌脫、同、越殿樂、二反、千秋樂一反、
等也、於議定所有之、次於番衆所まきにて一盞有之、次
親王御方へ御禮に參、御對面了、○今夜天酌に被參之
輩一位大納言、四辻大納言、予、廣橋中納言、伯二位、
宮內卿、阿子丸、重保朝臣、輔房、邦富、源爲仲等也、次
各退出了、
八日、壬子、天晴、八專入、○葉室母儀今日出京、明日吉田之墓所
へ可被參詣之用也、此方に逗留也、○大澤左衞門大夫
妻彌々、目出事とて、赤飯振舞了、○自禁裏昨日之御懷
紙被出之、可閉進之由有之、晩天調進了、○賀二位所
へ罷向、一盞有之、○今夜此方に蚊帳俄不調之間、內
內番衆所へ參臥了、番衆伯二位、頭中將重保朝臣兩人
也、○自長橋局棗二百餘給了、
九日、癸丑、陰、申刻小雨降、○葉室母儀吉田へ父母之墓所へ參詣
云々、中御門に朝飡有之歟、○自廣橋一品法華經八卷

被返了、○安居院昨日出京とて來談、西塔院主之事條
條雜談也、○自伊與局棗百給了、○自安居院桃一包
數五十、被送之、祝着了、○及黃昏參內、御添番に祗候了、
當番衆經元一人也、永相朝臣父卿代外樣番代也、但內
內に參之間三人也、
十日、甲寅、天晴、八專、○公卿補任後宇多院、終寫功了、本廣橋へ返
遣之、次後堀川借用候了、予本剪閉沙汰之了、○葉室
內伊賀四郎左衞門弟森田又三郎從丹州上洛來、瓜三
持來、勸一盞了、○及黃昏參內、御添番に祗候、當番衆
源爲仲一人也、
十一日、乙卯、天晴、八專、○葉室より人來、鑓借用之間一本遣
之、葉室、河島、桂上下郡等四鄉與、松尾社中山田鄉與
水論有之云々、一兩日中に可取逢云々、○今日葉室母
儀在所へ被歸了、三光丸一包遣之、○今日伏見殿佳例
之御目出度事也、土器物兩種、柳一荷進了、○七時分
伏見殿へ參、申下刻御盃始、御座敷、入道宮、李部王、
御室、今出川前左府、中山大納言、中御門大納言、予、

菅宰相、頭中將、右衞門督、極﨟等也、總持院殿は二獻之後御出座也、三獻御酌李部王、四獻御室御酌、五獻總持寺御酌也、予四獻之後退出也、及大飲音曲有之、
○予當番之間亥刻計參、御寢以後也、予一身也、
十二日、丙辰、天晴、自午時雨降、○安居院來談、西塔院主之事雜談也、又梨門今朝御下山之由被申候了、○伏見殿へ參之處、入道宮城南へ還御、各路次迄御送に御出云々、上﨟へ申置了、○大祥寺殿へ參、仙翁花三本、持來、御酒被下了、次勸修寺一品、同右大辨宰相、中御門、種直等祇候、又御酒音曲等有之、○中御門被誘引之間、令同道一條殿へ參、御兩種カ◎所御對面、御酒有之、歸路奥坊に被音信、又酒有之、及黄昏歸宅、○今朝亡父卿忌日之間、松林院乘誓齋に來、相伴候了、
十三日、丁巳、天晴、八專、午時雨降、○梨門へ御禮可申入とて、伏見殿へ參、又御留守云々、御室御對面、暫御雜談了、次正親町へ罷向、見參暫雜談、一盞有之、○澤路筑後守來、粟津錢五月分とて五十疋持來了、○今日禁裏御目出度事云々、依不具故障申候了、
十四日、戊午、天晴、○自今日觸穢過、清淨令行水看經了、○來卅日故葉室寶樹院廿五廻也、爲追善自今日三部經書之、○盆之儀如形、慶存來經讀了、○今日前右京大夫晴元人數、長坂、舟岡邊迄、千餘人計出張云々、奉公衆其外河内安見人數三千計打出之云々、無殊事云々、出衆之内丹州下田同名一人馬手に餘、河内衆中へかけ入生討之云々、
十五日、己未、天晴、八專、○從葉室如佳例蓮飯來、祝着祝之了、
○勸修寺入道息兒之水干借用、今晚長松可令着用也、
○暮々長松、鶴松召具參内、先高倉へ罷向、亞相之直衣令借用、今夜御燈呂卅餘有之、見物之女房衆不知其數、今夜御祝に天酌被參之輩一位大納言、四辻大納言、予、廣橋中納言、伯二位、右大辨宰相、宮内卿、長松丸、阿子丸、重保朝臣、永相朝臣、經元、公遠、邦富、源爲仲等也、如例年於議定所有之、從二獻參御前、御銚子被出之、源爲仲酌也、三獻如例天酌、次親王御方御

退出、各供奉申候了、御參之時御迎に予不參、長松丸計進了、次各退出了、

十六日、庚申、天晴、八專、○今朝多武峯看經別沙汰之、同不動供荒米別看經、○葉室へ罷向、中御門同道、次松尾社務所へ罷向、留守之間申置、水論之儀無心元之由申、次社務相光朝臣葉室へ來、樣體雜談有之、晩飡各相伴了、先之中御門内田中隼人佐、此方澤路彥九郎、桂庄之中路美乃守、幷郡之中路若狹守所へ中分之事申遣之處、同心之由返答了、然者今日芥川三好方へ罷下、松尾衆申留了、次中路同名備前入道來、各對面勸酒、樣體申候了、中御門、予爲兩人、芥川鳥養兵部丞方へ書狀相調、以飛脚遣之、予調之、文章如此、

松尾社家與四ヶ鄕用水相論之儀、既可及糺明之由候、隣鄕之事候間、以中分落居候樣候者可然候歟、兩人之申事、雖如何之樣候、左右方別而存候子細候間如此候、此由筑前へ被申、可爲無事之段專一候、尙小泉山城守、中路若狹守可被申候、謹言、

七月十六日　言繼

鳥養兵部丞殿　宣忠

次又社務所へ罷向、書狀案文見之、酒有之、次日入之後、中御門同道歸了、戌初刻計歸宅、路次之萬燈會近頃之見物也、○夜此邊へ自方々風流共有之、四五ヶ所之分見物了、○今夜當番伯卿に相轉了、

十七日、辛酉、天晴、八專、○今朝伯卿被來、去夜御番令沈醉失念不參、令迷惑之由被申、長橋局へ今朝參、申入之由被申候了、

十八日、壬戌、天晴、○今日御靈祭之間、上下社へ心經一卷書之、看經別所作了、○召具長松丸廣橋へ罷向、門前にて御靈祭見物了、○伯卿代御番に暮々參、先伯卿所へ罷向、參之由申候處、盃被出之酒有之、次參內、當番衆予、重保朝臣、御添番に經元等也、今夜別殿行幸有之、紫宸殿之後御に行幸、三獻之天酌に各參了、○臺所之あかゝ所望之藥調中散二服遣了、○今日午時陣儀有

之、來廿一日春日社正遷宮日時定也、上卿廣橋中納言衣文之事被申候間罷向、一盞有之、奉行職事頭中將重保朝臣、辨淳光、上卿既着陣之處、日時勘文未到、仍予硯引合申出、於男末調之、大方推量計也、一枚書之、懸紙有之、少內記康雄參、以下如常、

陰陽寮

勘申

春日社正遷宮日時

今月廿一日乙丑　時亥刻

天文廿一年七月十八日

頭兼左京大夫安倍朝臣有脩

十九日、癸亥、天晴、八專終、○今日八時分可祗候、御碁可有之由被仰下了、○葉室出京、風流共爲見物歟、但今日吉田衆計有之云々、○未刻參內、曼殊院宮、中山大納言、四辻大納言、予、右大辨宰相、經元等祗候、御懸物逍遙院權大納言藤原實隆、三首懷紙被出之、中山與四辻碁四盤有之、四辻大納言勝也、給之、臺物にて一盞有之、八過時分吉田兼右卿召具參、風流有之、於臺盤所前有之、爲見物一位入道、廣橋中納言、重保朝臣、輔房、公遠其外小兒七八人祗候也、四をとり有之、其後尙碁有之、亥刻迄有之、次故靑門尊鎭、御懷紙一首、被出之、曼殊院宮與予一盤打之、予勝、御懷紙拜領了、次番衆無之間、中山大納言、予祗候、中山於番衆所小漬有之、予長橋局にて有之、

廿日、甲子、天晴、○近所室町衆風流今日之樣風聞之間、淸涼殿御大工伴二郎召寄、禁裏へ可參之由申付、然處延引之由申之、總別京中今日迄延引之由風聞、子細有之歟、內々仰之間、如此之樣長橋局迄參申候了、○安居院被來、就院主之儀被申子細有之、○薄來脈之事被申、一兩日所勞氣云々、香蘇散三服遣之、○四辻へ罷向、就院主之儀申談了、○葉室今日被歸在所、彼用水之儀、一昨日扱之儀破候由候間、又可罷向之由候處、葉室被申樣體有之間延引了、○高倉へ罷向、父子見參雜談、晩飡金吾相伴了、○禁裏御甲子待有之間暮々參

內、被參之輩曼殊院宮、中山大納言、四辻大納言、予、右大辨宰相、重保朝臣、源爲仲等也、曼宮與予、中山與四辻碁數盤有之、次白粥有之、次御懸物被出、沈一包、帶一筋、杉原三帖也、曼、中、予與四、右、爲仲相別、四番勝云々、予三盤雖勝之、曼、中勝無之、四三盤、爲仲一盤勝之間四盤也、無念々々、此間御酒音曲等有之、丑下刻迄有之、予其間々祗候、○當番衆源爲仲一身也、御添番予祗候了、

廿一日、乙丑、天晴、八月節、○安居院來談、自下京風流上之間、門前へ罷出見物了、○風流禁裏へ參之間、祗候見物、紅葉狩之心也、入破躍無之、只渡者也、○朽木室南向姉也、被來、鈴一對隨身、暫雜談一盞勸了、來廿日葉室へ之事談合也、○雖當番、三ヶ夜祗候、又沈醉旁伯卿に相轉了、○今日春日社正遷宮有之、使淳光昨日被立云々、

廿二日、丙寅、天晴、○三部經大經下卷出來之間、松林院へ爲校合遣之了、○萬里小路亞相、同右少辨輔房、來談、予公卿補任一覽幷玉葉被見之、勸一盞了、○柳原左少辨淳光從南都今晚上洛、和州以外雜說藉亂云々、

廿三日、丁卯、天晴、○前雜色源左衞門孫女疳氣煩、藥所望之由申間、保童圓糊藥一包遣之、鳥目半分持參云々、○今夜伯卿番代に祗候、中山大納言、四辻大納言兩人、於御前碁有之、懷紙二枚、實隆公、宣親卿筆、短冊尊應御筆、一枚御懸物に被出之、中山勝拜領也、予一盤見物、今日者御楊弓有之云々、今夜番衆予、重保朝臣兩人也、○來廿五日北野御法樂御和漢有之間、祗候之由被仰出、故障申候了、

廿四日、戊辰、天晴、五墓日、○早旦安居院來談、昨夕菅谷佛光寺風流方々へ返、見物云々、○白川少將腹中所勞云々、藥之事被申之間、調中散三服遣之、○自伊與局被申、今夜甘露寺番代賴入之由被申候間、晚頭祗候、今夜予一身計也、○觀經今日出來、則爲校合松林院へ遣之、

廿五日、己巳、天晴、未刻小雨灑、雷鳴、○早旦自御番退出、明日御楊弓可被遊之間可祗候之由有之、○阿彌陀經今日出來、松林院へ校合に遣之、皆出來也、○晚頭中御門へ罷向碁

二盤打之、持候了、〇今日禁中北野社爲御法樂御和漢有之、予故障申候了、但御發句寫之、如此、

風たかし松にをさらぬ萩（◎荻カ）の聲　　御製

賞　晴　望　月　臺　　入道前右大臣

廿六日、庚午、天晴、未刻小雨灑、雷鳴、〇來卅日故葉室廿五年也、谷へ各可罷之間、今朝松林院齋に呼、　三部經結之、上之書事予沙汰之、漸寫一筆、小書に、

右寶樹院榮春永公迎廿五之正諱、寫三部妙典、所仰者諸佛納受、所祈者聖靈得脫、乃至利益平等廻向無貳、敬白、

天文廿二年七月卅日　　都護郎言繼

中御門來儀、碁打之、乍三盤予勝了、〇巳刻御楊弓に參內、先伯卿所へ立寄一盞了、午時始、七十一度有之、正親町入道申沙汰云々、御人數御矢、卅三、曼殊院宮、四十、穴一、今出川前左大臣、卅七、一位入道、十七、　一位前大納言、卅一、穴一、中山大納言、卅一、　四辻大納言、十七、予、廿六、重保朝臣、十四、源爲仲十二、等也、　先臺物にて一盞有之、次未下刻於番衆所小漬如常、此外所役殿上人以淸參、御矢取虎福、加田彌三郎、庭田內小川幸菊等也、予七十枚負了、〇今日當番之間其間々祗候、一位前大納言者退出、予一身也、〇自葉室禁裏御番衆三人被進了、

廿七日、辛未、天晴、辰刻小雨降、〇早々南向、長松丸、鶴松等葉室へ被行了、予者明日可罷也、〇新大典侍殿下女腹中所勞云々、藥之事被申候間、調中散三服遣之、〇自殿下御腹中被煩之間、藥之事被仰之間、同藥五服進之、〇安居院に用之事候間、飛鳥井へ罷向、一盞有之、次大祥寺殿へ參、次竹內殿へ參、御留守云々、小刀申談了、次右衛門督所へ罷向、かうかい借用了、〇三條西內森左衛門大夫來、近日從駿河上洛云々、亞相之書狀持來、國之樣體暫雜談了、

廿八日、壬申、天晴、時々（自早旦至午時）小雨灑、〇今日早々葉室へ可罷之處、細川前右京大夫晴元入道之人數自長坂出張、然に奉公之上野民部大輔以下五六人迎に被出、細川內內藤彥七、香西、柳本、三好右衛門大夫以下廿八計武家へ

參、被御覽則御進發、北野右近馬塲、晴元御免也、西院
地下燒之、但小泉山城守城堅固に持之、三好筑前守被
補（◎捕カ）御敵云々、終日見物了、大樹晩頭御歸陣、先刻御
禮申輩悉御送に參、各今夜北山に陣取云々、晴元明日
北山迄上洛云々、○中御門へ杤木女房衆落被來、罷向、
酒有之、晩頭歸宅云々、○自薄所代半來、新內侍殿人
參丁香散所望云々、○日吉社祭禮今日有之云々、
廿九日、癸酉、天晴、○今日西院近所野伏有之、無殊事、內藤
彥七、香西、三好右衛門大夫、十河左介、宇津二郎左衛
門等五人、武家へ爲御談合被參、於御懸御酒被下、大
館左衛門佐、上野民部大輔、同與三郎、杉原兵庫頭等
被出、同朋共酌也、其外諸奉公衆談合共有之、予爲御
見舞參、以杤木民部少輔申候了、○長橋局迄參、於武
家承及分雜談了、
卅日、甲戌、天晴、○今日西院小泉城被責云々、昨日下京中へ
結橋、自一町二宛被懸之、各持參、城之近所へ被取寄、
巳刻計武家御出陣、先右近馬塲松原に御座、後に西京
巽角松之本に御座、內藤以下人數三四千人計城取卷、
但不責之、先西七條鳥羽邊迄方々燒之、三好方後卷有
之者可取懸云々、然に一人も三好方不見云々、次城又
取卷奉公衆上野、杉原等艮方請取云々、切々爲武家雖
被仰出候、人數可損之由存歟、終不責之、予於下御靈
見物、午刻計爲武家御見舞、西京に參御禮申、申次飯
川山城守也、御小漬參各有之、予冷泉同道、御中酒無
之、申下刻歸宅了、暮々武家御歸陣也、申下刻自下於
鳥羽邊上洛、於東寺邊野伏少有之云々、○今日梶井宮
天台座主宣下、戌刻有之、奉行職事重保朝臣、上卿中山
大納言、少納言代隆益朝臣等也、仰詞、以無品應胤法
親王可爲天台座主、此分歟、中山、庭田等衣文之事被
申候間、庭田へ罷向、一盞有之、

○八月大

一日、乙亥、天晴、巳下刻雨降、○自早々三好筑前守人數、其外河內、
和泉、大和、攝津、紀伊等人數二萬五千計上洛云々、武
家辰下刻御出陣、舟岡に御座候、然處東山靈山御城、

松田監物、三寶院衆、山中之磯谷等持之、今村紀伊守人數取懸責之、今村源七以下五六人討死云々、其外十五六人手負有之云々、但松田監物生害云々、御城放火了、御無念之至也、其外自下大宮通、其西又二通三手に諸家勢上了、武家山中へ御座被移云々、其外之人數山上へ取引之、下衆蓮臺野迄罷向、晴元衆此方詞に相違、不及一戰引了、次諸勢打廻、東萬里小路、中は室町、西は油小路を下へ引了、京中は不陣取也、東之衆予見物、十河其外河內、紀伊衆一萬計有之、大和衆五千未付云々、言語道斷之見事驚目者也、如此之人數被補〔◎捕カ〕御敵、殘增敷爲體也、是偏に上野民部大輔惡興行故也、言語不可說々々々、終夜北之山上に數百篝火有之、還而事呵〔マヽ〕之、○今夜御祝、天酌に被參之輩一位前大納言、一位大納言、四辻大納言、予、廣橋中納言、伯二位、宮內卿、阿子丸、重保朝臣、輔房、邦富、源爲仲等也、先之於御三間御雜談有之、一位大納言、四辻大納言、予三人祇候了、今夜當番之衆一位前大納言、予兩人也、

二日、丙子、晴、○庭梢柿數廿、朽木女房衆所へ持て罷向、從昨日中御門に被居了、○又香西以下之人數舟岡迄取出云々、武家はすい坂に御座云々、自南諸勢罷向逐拂云々、○右衞門督所へ罷向かうかい返了、次竹內殿へ參小刀返進、御參內御留守云々、因幡に渡遣之、○今日前右京兆勝〔◎晴カ〕元入道武家へ御禮被申云々、於細川御一獻被參云云、其後又すい坂へ還御、晴元入道同所へ御供云々」

三日、丁丑、晴、○慈惠大師看經別所作了、○新內侍殿御誂之人參丁香散半濟今日出來、則持參了、次右衞門督所へ罷向、聽歸宅了、○中御門へ罷向朽木女房衆見舞了、

四日、戊寅、天晴、○高倉新亞相被申磨積圓粉五兩一分、遣之、○中御門來儀、碁二盤打之、予勝了、○薄來暫雜談、十全內補湯少所望云々、代卅五、被持之、○南向、長松、鶴松等、今日從葉室歸宅了、○中御門令同道甘露寺へ罷向、留守云々、次一條殿へ參、御兩所御見參、御酒被下

了、安二位(有春卿)、參、御雜談暫有之、次中次門へ罷向朽木女房衆見舞、歸宅了、

五日、(乙卯、陰、午刻小雨降、自申刻終夜雨降、)○武家御所は山國被通、龍花へ被移云々、前右京兆入道同御伴云々、○朽木女房衆見舞、今日者無便宜云々、○右衛門督所へ罷向、是も便宜無之云々、

六日、(庚辰、陰、八月中、)○正親町に楊弓有之、可來之由候間罷向、人數竹內殿、亭主、中山、四辻、予、廣橋黃門、勸修寺右大辨、庭田、甘露寺、五辻、奧坊(淨門)、因幡(竹內殿甘)、加藤孫三郎等也、中刻小漬有之、中酒及數盃、後に音曲等有之、暮暮各退散也、予當番之間直に參內了、○今夜當番予一身也、○朽木女房衆被來、予に刀之さげ緒(大小、)被與了、長松に硯一面、其外阿子、阿茶々、鶴松等に雜(◎種カ)々被與之、○今朝薄咳氣之間藥所望之由有之、仲和散(加前胡、)三包、香蘇散二服等遣之、○朽木女房衆藥所望之間、三服計遣之、

七日、(辛巳、晴、)○龍花より昨宵奉公衆奉行衆上洛云々、(於大原)此內松田對馬守、同子主計允兩人、岩藏之山本人數召籠城へ上云々、中澤備前守、(同道衆)治部大藏丞兩人は、高野蓮養坊方へ請取、今曉京都へ送之、無別儀云々、松田九郎左衛門は逃而龍花へ歸云々、松田對馬守父子は、伊勢守內野依二郎左衛門、臼井兩人迎に罷、七時分上洛云々、此外大和刑部少輔、石谷□市等從坂本上洛云云、樣體可尋之爲、大和相尋之處留守云々、賀二位所へ罷向之處、大和參會、樣體共相尋了、暫雜談了、

八日、(壬午、天晴、)○今日從龍花奉公衆、晴元入道人數等、岩藏迄打廻云々、山本者一人討取云々、但事外被逐之由風說、

九日、(癸未、天晴、)○中御門被來、正親町入道被誘引之間、千本燒跡見物に罷向之由被申間、遊山に令同道罷向、千本地下寺々不殘燒了、常禪寺計殘了、但疊立具以下悉亂妨了、歸路に予正親町へ被呼之間罷向、一盞有之、○予造工に尺八切之、四辻へ罷向吹調之、

十日、(甲申、陰、十方暮、(自今日)自午時小雨降、)○中御門へ罷向朽木女房衆見

舞、酒有之、暫雜談了、○予細工尺八始而筏之、出來了、○今夜五辻爲代番に參、予一身也、田舍酒茶垸入、長橋局被持來被下候間受用、忝者也、
十一日、乙酉、雨降、○從今日鎭宅靈符行之、明後日聖降日也、今日五座行之、如先々、○看經に旬之間、神樂笛少々吹之、○公卿補任後堀川院一冊、今日終寫功了、則本廣橋一品へ返遣了、○自禁裏今夜不寢御番人可進之由候間、大澤出雲守可祗候之由申付了、
十二日、丙戌、陰、五墓日、○鎭宅靈符如昨日五座行之、○亡父卿忌日之間、淨花院之内松林院乘誓齋に來、相伴了、○澤路彥九郎來、二才子腹中煩之間、藥之事申、調中散三服遣了、○自駿州老母方書狀到、去々月敷予調下之院號之內、稱唯心院之由被申上了、○自冷泉使有之、寶菩提院來之間、可來談云々、則罷向、彼宿之端に、此四五日居住云々、酒有之、及數盃了、
十三日、丁亥、陰、○庭之梢之柿硯一蓋數卅、禁裏へ進上、同長橋へ一蓋、數廿、○晚頭甘露寺暫來談了、
十四日、戊子、天晴、○今日祇園會有之云々、○昨夜高倉新亞相上洛之由候間罷向、見參、於龍花に祗候者諸知行分、三好不可相渡之由申候間如此云々、違義利失面目之由被申候了、奉公衆も前御共之時百廿人也、只今祗候之輩四十餘人有之云々、大概上洛云々、大樹一向無人云々、御不運之至也、○薄被申内補湯出來之間、持罷向、一盞有之、暫雜談、次伯卿來、茶可飮之由被申候間罷向、暫雜談了、先之廣橋黃門令同道長橋局へ參、就牢分之儀、三好方へ女房奉書被出候樣之由申入候了、大樹御出奔無幾程之間、今少可致用捨之由御返事了、○今朝朽木女房衆より、予、南向等朝飡に可來之由有之間罷向、御◎（於カ）中御門一家中悉被振舞了、○葉室祇園會見物出京とて被來、晚天被歸了、來十八日必可來之由有之、
十五日、己丑、天晴、○今晚禁裏一折御連歌可被遊之間、御發句可進上之由有之、未刻稱名院へ爲談合罷向、女房客人云々、驪被遊送之、○朽木女房衆へ昨日之禮に罷向、

江州酒とて一盞了、○庭之梢枾一蓋數卅、親王御方へ進上了、○同枾一蓋數廿、大祥寺殿へ持參、同枝五久首座へ遣之、暫御雜談申候了、○晩湌以後參內、御會御人數御製、中山大納言、四辻大納言、予、廣橋中納言執筆、等也、十六句被遊之、次中山、四辻碁一盤有之、饅頭、田樂等にて一盞有之、亥下刻各退出、但予御番衆無之間可祗候之由候、予一身也、今日御發句以下如此、取次◎所役カ殿上人邦富、

こよひ名もあふけは月の雲ゐ哉　下官
玉もしかしの露滴き庭　御製
打しめり眞砂に秋の雨晴て　中山大納言
風も音せすたてる濱松　四辻大納言
あつき日の名殘しはしの夕間暮　廣橋中納言

十六日、庚寅、天晴、○多武峯看經、不動供御供米、燒香、看經別所作了、○調中散、三分一、人參丁香散一濟半、調合之、○禁裏昨日御連歌殘可被遊、晩湌急可參之由候間、申刻參內、於議定所有之、昨日御人數外稱名院、經元等被參、夜半以後終了、於番衆所入麵にて一盞有之、御製、廿句、入道前右大臣、廿、中山大納言、十三、四辻大納言、十七、予、十六、廣橋中納言、十二、經元、二、執筆、等也、所役殿上人以清祗候、○澤路筑後守申調中散三服遣之、○同彥九郎妻同藥五服、同子に七服遣之、○今日當番之間御會之間々祗候、予一身也、

十七日、辛卯、天晴、○御番退出之次高倉へ立寄、新亞相見參、中酒可振舞、人可返之由被申候間逗留、朝湌金吾相伴了、次古今集奧廿餘枚計校合了、同奧書文章之事被申候間意見了、次又一盞有之、未刻歸宅了、○自葉室人來、明日可罷之間、小袖以下皮籠一、遣之、○高倉言傳之間、朽木女房衆に罷向申候了、○山井伊豆守德利持來云々、留守之間歸云々、

十八日、壬辰、天晴、五墓日、○今日御靈祭之間、看經別候了、○中御門令同道葉室へ罷向、長松、阿子坊等召具了、今日彼在所祭也、但猿樂日吉、不來之間猿樂無之、葉室女中へ薰衣香袋、二、同ちよほに一袋遣之了、今夕櫻町聲聞師奈良松曲舞々之、二番大織冠、曾我十番剪、舞之、酒及大飲了、

十九日、癸巳、天晴、天一天上(自今日)、○今日於葉室書狀調之、三好、齋藤越前守、松永彈正、森長門守、大北兵庫助(松尾社務代)等方へ、山科三ヶ所率分等之儀申遣、澤路筑後守芥川へ差遣了、○自八時分葉室被行河狩、社家之者左馬助、新介等網三束有之、鮎二百廿餘有之、暮々被歸、各鮎賞翫了、

廿日、甲午、自午時雨降、天一天上、○中御門令同道四時分より歸了、則雨降之間、松尾社務所迄逃入了、晩飡有之、其間々彼所に臥了、○今曉葉室母儀以下在所之衆卅人計、參宮了、

廿一日、乙未、天晴、天一天上、五墓日、九月節、○葉室自昨日所勞氣之由候間、今朝早旦見舞に罷向之處、自去宵本服云々、○今朝松尾社務宮内少輔相光所に朝飡用意候間、中御門父子、予父子、葉室等令同道罷向、鮎種々用意了、午時葉室へ歸了、○今日可罷歸之處、種々申事相調、猿樂可有之間可逗留云々、猶申事有之、及黃昏猿樂始了、五番有之、竹生島、野宮、鞍馬天狗、たてを、猩々五番有之、

廿二日、丙申、天晴、天一天上、○朝飡以後、各令同道歸宅了、○今日午時芥川城渡之云々、河内安見請取之云々、三好人數昨日陣拂云々、來廿五日三好可移之由風聞、彌前右京兆難被出張樣體也、○朽木女房衆罷向見舞、無殊事、近日在所へ被下云々、

廿三日、丁酉、天晴、天一天上、○澤路筑後守昨夕上洛とて來、三好以下芥川城之儀に取亂之間、來廿五日以後可來之由有之云々、○自冷泉可來談之由被申之間罷向、碁四盤打之、持了、一盞有之、次朽木女房衆明日被下歟之由申見舞、一盞有之、藤中納言に、明後日人夫三人借度之由被申、坂本迄被下之間如此、則罷向申之處、兩人可遣之由有之、則其分申候了、

廿四日、戊戌、自寅刻雨降、天一天上、○尺八一剪之、今朝仕立了、○朽木女房衆明朝在所へ被下之間、見舞に罷向、一盞有之、南向も被行、今夜者逗留也、

廿五日、己亥、天晴、天一天上、○今曉夢想見之、のとかなる世にな

れる山かけ、如此、仍獨吟十五六句沙汰之了、○今朝早旦朽木女房衆坂本へ下向之由候了、伊勢守内野依送之云々、○自葉室皮籠到、先日之着替之具也、○甘露寺來談、次令同道右衛門所へ可罷之處、路次にて行逢、竹内殿へ各參、一盞被下候了、次予稱名院へ、御月次和歌爲談合罷向之處、客來云々、申置了、次伏見殿へ參、暫御雜談、青蓮院宮御六才、腫氣御所勞也、御脈取之、淸法印御藥云々、次正親町へ罷向、廣橋父子晩飡有之、中酒相伴了、

廿六日、庚子、天晴、天一天上、自申刻雨降、○自松林院（淨花院）之舜玉菊一莖被送之、○昨日和歌自稱名院來之間、令淸書進上了、勅題旅泊鹿、寄雲戀、曉雲、

かち枕ふる郷おもふすまの浦にうしろの山もさをしかの聲
いかにさも人の心はしら雲の立居くるしき物をこそ思へ
影ほそき月をはしろや山のはに引もわかれぬ横雲の空

自葉室禁裏御番衆秋田源二郎、山口新二郎兩人來、予召具參了、依無案内者也、○當番之間及黄昏參内、予一身也、

廿七日、辛丑、雨降、五墓日、天一天上、○自禁裏今晩御和漢一折可被遊之、可祗候、同御發句被出之、入韻仕候て可進之由有之、○廣橋黄門暫來談、入韻令談合了、○未下刻參內、四辻大納言、予兩人則參御前、御學問所、御雜談有之、暮々參集、秉燭以後始、予執筆、御人數御製、中山大納言、四辻大納言、予、廣橋中納言、菅宰相等也、卅六句にて被置之、田樂にて一盞有之、亥刻各退出了、發句以下如此、

露にさきて月をもらさぬ小萩かな　曼殊院宮
有鹿護村秋　言繼
すさましき雲は麓に暮そめて　御
河音たかし舟つなくらん　四辻大納言
罷釣漁歌涌　廣橋中納言
弛擔樵笛幽　菅宰相
歸るさのかたに見わたす里つゝき　中山大納言
帶煙緣竹脩　御

廿八日、壬寅、天晴、天一天上、○自伏見殿明題略抄懷中本、十、廿、卅首題、御借用之間進之、○大祥寺殿へ菊一本持參、暫御雜談申候

了、粟餅にて御茶了、次高倉新亞相被申入參丁香散半濟、持罷向、一盞有之、次岡殿へ參、則歸宅了、

廿九日、癸卯、陰、天一天上、○中御門、冷泉等へ罷向、何も他行云々、○自高倉金吾枇杷之木被所望之間、大小五本遣之、○五條黃門明日吉祥院八講とて、沓被借用之間遣之、

卅日、甲辰、晴陰、天一天上、○中御門へ罷向碁五盤打之、一盞有之、

○九月小

一日、乙巳、天晴、天一天上、○中御門今日之禮に來儀、澤路筑後守、同藤二郎等禮に來、○禁裏先日之御和漢之殘可被遊之間可祗候之由有之間、午時參、中山大納言、四辻大納言等被參、雖然廣橋中納言、菅宰相等故障之間無御會、御碁有之、御懸物杉原一帖、筆一對被出之、四辻大納言三盤勝、拜領也、白粥有之、暮々親王御方へ御禮に參、御對面、今夜御祝早速也、予聊休息之間過了、無念至也、今夜被參之輩一位大納言、四辻大納言、廣橋中納言、伯二位、宮內卿、阿茶々丸、三條前大納言實隆卿息也、(七才歟)公尊、重保朝臣、邦富、源爲仲等也云々、予於男末祝了、○宮御方御乳人被申、井上孫五才、腹中久煩云々、藥之事被申候間、調中散三服遣之、去月二日より煩云々、此間祐乘三位法印療治云々、○今夜當番予一身也、

二日、丙午、自寅刻雨降、天一天上、○中山息女腹中所勞云々、藥之事被申候間、調中散五服遣之、○冷泉へ罷向暫雜談了、○禁裏御碁有之、可祗候之由有之、則參內、中山大納言、四辻大納言、予三人祗候、一盤以後、於番衆所小漬有之如常、御碁三盤予續勝之、御懸物帶一筋拜領了、○薄相轉之間、其間々御番祗候了、相番一位大納言、予等也、

三日、丁未、天晴、天一天上、土用入、○北之屏三間顚倒修之、○未下刻早可祗候、先日御和漢之殘可被遊云々、則參內、但御使相違、晚湌以後云々、仍白川へ罷向、申子細有之、一盞被勸之、次高倉へ罷向、小漬有之、申下刻參內、各參集、秉燭以後御和漢始、予執筆沙汰之、夜中百韻終了、田樂にて一盞有之、所役殿上人邦富、以淸等也、御人

數御製、廿二句、曼殊院宮、一、中山大納言、九、四辻大納言、十三、廣橋中納言、廿、菅宰相、廿一、言繼十四、等也、子刻退出、
四日、戊申、天晴、天一天上終、○松尾社務に少用之事候間、葉室へ罷向、澤路筑後守召具、於葉室飯有之、社務へ案内申之處則來、松永女房方へ、就率分之儀書狀之事申候處、今朝松永丹州へ陣立云々、然者歸陣之時分可然云々、仍則罷歸了、社務息にとて、伏見殿入道宮御筆詩歌二枚遣之、○今日禁裏御楊弓に可參之由有之、佛詣之由申入候了、
五日、己酉、天晴、天一神下艮、○高倉へ罷向、庭之梢柿これ五、遣之、同金吾に三遣之、但金吾は下京常樂寺へ被行云々、今日兄永綱十七回云々、於寺佛事取行云々、一盞有之、次竹內殿へ參暫御雜談申候了、○自禁裏來九日和歌御會勅題被出之、則廻文調之長橋へ進之、稱名院へは自此方直遣之、廻文如此、折紙如每月、

籬菊色々

右重陽和歌御題、可令詠進給之由、被仰下候也、

九月六日　言繼

一位前大納言殿、一位大〃〃、新大〃〃、日野大〃〃、中山〃〃〃、四辻〃〃〃、日野新〃〃〃、萬里小路大〃〃、權帥殿、中御門大〃〃〃、菅中〃〃、冷泉〃〃、廣橋中〃〃、伯二〃〃、右大辨〃〃、宮內〃〃、頭中〃〃、三條中〃〃〃、藏人辨殿、藏人中〃〃、別紙に三條殿、西殿、
六日、庚戌、自巳刻雨降、九月中、○三好中玉葉集本上下、兩冊、自竹田之二位方到、○景理神樂稽古に來、前吹候處忘候分令吹之了、一盞勸之、○甘露寺來談、一盞勸了、○今日當番、薄去二日に相轉之間不及參、○自禁裏美乃紙三帖被出之、打之縱◎假カ閉可調之由有之、
七日、辛亥、天晴、○薄來儀、去夜御番、自禁裏不及參之由有之間不參、其理被申來了、○自朽木人上之間、朽木同女中、松田九郎左衛門方へ書狀下了、
八日、壬子、天晴、八專入、○自今日鎭宅靈符行之、如每月五座行

之、○甘露寺被來、神樂望之間、先庭火之端少授之了、次碁一盤打之、○自高倉新亞相被呼之間罷向、明日禁裏御歌內談了、一盞有之、○禁裏菊之綿三色、如例年調進之、但一昨日歟代二十疋從長橋內々被出之、予近年依無足如此也、

九日、癸丑、天晴、○鎭宅靈符行之、如昨日、○山井伊豆守景賴禮に來、對面一盞勸之、田口伊賀守來、同盞令飮之、○山井兵衛尉景理、北尾出雲守、田中將監等禮に來云云、○庭田使有之、今日禁御歌故障之由有之、同廣橋依輕服不進之由使有之、○予和歌稱名院へ談合、則令淸書、晚天持參了、

重陽同詠籬菊色々和歌　按察使藤原言繼

九重に色をつくして咲ましろまかきの菊の種やいかなる

竹內殿へ御禮に參、先日申請禁御和漢寫一冊返進之、御見參了、○親王御方へ御禮に參、御對面、暫御雜談申候了、○禁裏御祝に參內、予懷紙、同五條懷紙進上了、次廣、庭兩人故障樣申入了、先予、廣橋中納言兩人參、依召御三間、暫御雜談共了、今夜天酌に被參之輩四辻大納言、予、廣橋中納言、宮內卿、輔房、經元、公遠、廣中令同道退出了、

十日、甲寅、天晴、八專、○鎭宅靈符行之、如昨日五座行候了、○自禁裏昨日御懷紙可閉進之由有之、寫之、次閉進上了、中御門、廣橋黃門、予に被申被書改之了、○中御門竹一本被所望之、則遣之了、○中御門へ罷向碁五盤打之、予一盤負了、

十一日、乙卯、天晴、八專、○神樂少々吹之、看經了、○中御門禁御懷紙調改持來、碁五盤打之、予一盤勝了、○禁裏不寢御番、澤路彥九郎申付進之、○今日雖當番候、明日亡父卿祥忌之間不參也、

十二日、丙辰、天晴、○瀧雲院殿忌月也、松林院乘誓齋に來、相伴候了、○鶴松丸、賀二位在富卿、室見度之由申候、呼候了、一身故障之由申候間、長松丸令同道罷向、軈歸宅了、○薄被來、鶴松事賀二位所望之由有之、爲相續也、愚息地下之輩に可遣之段雖無念、當時就不辨令同心

者也、非本意也、次薄令同道高念(◎倉カ)へ罷向、客人有之
間罷歸候了、
十三日、丁巳、雨晴陰、自午時晴、八專、○稱名院齋に被呼之間罷向、亞
相之母儀一周忌也、三鈷寺、二尊院、廬山寺之僧衆十
二人有之、法華懺法有之、法事之末に皆々先齋湌之、
三條師卿、中御門、予、高辻、覺勝院、三條中將、甘露
寺、上池院、杉山兵部大輔、粟津修理亮等也、次高倉へ
罷向、他行云々、次萬里小路へ罷向、亞相見參暫雜談、
同甘露寺來談、次大祥寺殿へ參、五辻與碁五盤打之、
予一盤負了、次烏丸へ罷向、庭之梢柿五枝、子共に遣之、
驢他行之間罷歸了、○自甘露寺被申、相國寺信長老春
湖、自去月廿日痢病云々、半井(壽琳)入道藥云々、以外被煩之
間、予藥之事被申、雖斟酌、先調中散五服、遣之、又可來
談之由被申候間罷向、神樂庭火一手授之、一盞有之、
十四日、戊午、天晴、○早旦冷泉來談、辰下刻被歸了、○松田
對馬守弟之子八才、腹痛云々、藥之事申候間、人丁三服
遣之、○安養寺之慶存來談、明日故障之事候間、齋に
不可來之由申候了、○高倉へ罷向、庭之梢柿三、隨身遣
之、一盞有之、
十五日、己未、雨降、八專、○自高倉被呼之間午時罷向、大內、
同內陶方へ書狀兩通被誂之、一盞有之、○自烏丸使有
之、可來談之由有之云々、未下刻罷向、淨土寺殿之奧
坊來、速水右近等白粥有之、暮々歸宅了、○自五條沓
被返之了、菊一莖被送之、
十六日、庚申、天晴、八專、○如例年念佛百萬返家中衆申之、同
心經百卷長松讀之、其外予壽命經十卷、消除疫病經廿
卷、光明眞言千返、慈救咒千返、千手觀音咒千返等唱
之、御靈へ祈念了、○自甘露寺相國寺之信長老藥之事
被申候間、調中散又七服遣之了、○自禁裏夕方御番に
早可參之由被仰下之間、申下刻參內、中山大納言、四
辻大納言、予、廣橋中納言、菅宰相等祗候、先日被遊之
御和漢之殘卅六句有之、子刻之過に終了、田樂にて一
盞有之、丑刻各退出、予當番一身也、菅御添番に祗候
也、所役殿上人邦富也、

十七日、辛酉、天晴、八專、○禁裏御楊弓之間午時參、五十二度遲參有之、御矢、卅、今出川前左大臣、十八、廿三度遲參中山大納言、卅、四七廿四度遲參辻大納言、十八、予、廿一、穴一、右大辨宰相、六、穴一、若王子僧正、十一、穴一、廿七度遲參永相朝臣十一、等也、於番衆所小漬如常、於東庭御楊弓有之、御矢取虎福、加田彌三郎兩人也、暮々退出了、今出川陪膳以淸勤之、○早朝甘露寺被來、相國寺之春湖少驗之間、倚藥所望之由被申候間、調中散又七服遣之了、

十八日、壬戌、天晴、○朽木内之與九郎來之間、武家之儀委尋了、一向徹々御體云々、○長橋迄參、朽木之事物語申候處、今夜御添番に可參之由被仰了、○暮々正親町へ久不罷之間音信、見參暫雜談、一盞有之、○御番に參、當番邦富、父卿代、予御添番計也、

十九日、癸亥、天晴、八專終、自戌刻雨降、○早旦自竹内殿手可被倩之由有之間參、鞠之沓御新調、予調進了、甘露寺祗候、三人御相伴申候了、晩天五辻祗候也、○自禁裏晩湌以後可祗候之由有之間、申下刻參内、御和漢一折有之、御製、中山大納言、予、廣橋中納言、菅宰相、經元等也、田樂にて一盞有之、亥刻各退出、予雨降之間祗候、當番經元一身也、御發句以下如此、

山姫の露や下染初紅葉　御
秋深霜滿天　廣橋中納言
吟中樓漸月　菅宰相
いつこのかたも鐘ひゝく暮　中山大納言
行々もさらにしろへは波の上　言繼

今日自相國寺春湖藥之事被申候間、調中散又七服遣之、○昨日丹州へ立三好人數敗軍云々、内藤備前守、池田、堀内、同紀伊守、松山、岩成等討死云々、但松永彈正忠無殊事云々、

廿日、甲子、天晴、○月藏坊來、對院廳公事之儀申候了、數刻雜談了、次山井伊豆守暫雜談、澤路筑後守來、

廿一日、乙丑、天晴、土用終、○今曉寅刻より阿子吐瀉云々、昨日茸食當蟲歟、終日煩了、同予卯刻より蟲氣瀉痢、未刻計唐人蒼嵐來、予脈取之、木香、一分、黃連二朱、調合與之了、暮々半井壽琳舍弟柏藏主招寄、脈令取之、藥所

望、壽琳に申、治中湯三包到、兩人受用了、〇巳刻冷泉黄門來儀、碁一盤打之、予勝了、暫雜談、同甘露寺被來、與冷泉碁一盤有之、冷被勝了、廿は春湖藥之事被申候間、調中散五服遣之、調中散拂底之間少調合、ひき事廿十服計合力也、〇今朝旬之間、看經に神樂吹候了、

廿二日、丙寅、天晴、十月節、〇予所勞昨宵少驗之樣也、阿子彌煩敷也、八時分柏藏主招寄脈令取之、煩敷之由申、壽琳、八條伊勢守所へ見舞に罷向之間、歸次第に藥可出之云々、然間及數度雖人遣之不歸云々、亥刻計予半井所へ罷向、未歸云々、柏藏主に糊藥二服所望、尙々阿子煩之間、子刻計覺辨所へ罷向令同道、算定置之、加持等之事申、丑刻に歸了、次第に相煩、寅刻死去了、言語不可說々々々、則淨花院へ罷向、松林院に申、先松林院へ遣之、〇鞍馬寺之戒光坊來云々、毗沙門像卷數枋等持來云々、

廿三日、丁卯、自夜中雨降、〇自方々無心元之由使共有之、中御門夫婦被來、大祥寺殿より文有之、自廣橋一品使有之、富小路同使云々、〇烏丸被來、無興之儀不被知也、如此之由申返了、〇賀二位所へ凶時日次方等之事談合、廿七日亥方へ可然之由有之、松林院弟子舜玉來之間、其分申渡了、〇自賀二位所無心元之由折紙有之、同可爲不辨、米二斗、送之、懇志之至祝着了、〇自甘露寺書狀有之、杉原十帖被送之、相國寺春湖彌驗氣之間、藥所望云々、調中散十服遣之、

廿四日、戊辰、天晴陰、五墓日、〇自岡殿御使有之、阿子所勞無心元之由被仰下之間、死去之由申入了、

廿五日、己巳、晴陰、〇葉室出京、阿子事仰天とて被來、晩天被歸了、同母儀上洛、京に逗留云々、

廿六日、庚午、天晴、〇壬生官務朝芳今日元服とて禮に來、兩種柹一折、鯛一折、柳一荷持來、指合之間不能對面返了、〇齋藤新三郎澤路修理進二男、來、瘧病氣之由申、先祕藥敎之了、〇自葉室禁中御番に、秋田與左衞門、山口又左衞門、新九郎等參、

廿七日、辛未、天晴、〇予祈禱之事覺辨に申、自昨日壇を始之

由申、先十疋澤路筑後守申付遣之　又杉原二帖遣之、
○葉室殿母儀へ杉原一帖遣之、今日八過時分に被歸
了、○息女阿子法名妙順、今曉寅刻花開院へ葬禮、松
林院調之、且五十疋以澤筑遣之、庭之梢梻數五十五、遣之、
○內侍所之さい、五辻養女、主殿司女、山井伊豆守等、無心
元之由申來、對面、
廿八日、壬申、天晴、○山井伊豆守來、東福寺僧屏風仕立云
云、扇一本送之、禁裏被持御手被出之樣之由申候間、
內々長橋局迄以折紙申入了、○大澤竹壽自去十一日
參宮、昨晚下向云々、今朝伯母西專庵書狀送之、無殊
事云々、五六日逗留云々、○安養寺慶存、田中將監、妙
順事無心元之由申來、○去七月四日、平野預兼興神祇
權少副從五位等之下知、今日大內記、大外記等へ下知
了、○袖中抄十八之卷今日終寫功了、本則一條殿下へ
返上申候了、○今夜番に彥九郎臥了、
廿九日、癸酉、天晴、○山井伊豆守景賴德利送之、枝葉之儀
也、三好筑前守此間所勞、風氣云々、昨日死去之樣に風聞云
云、但無慥說、尙可相尋之、○覺辨來祓沙汰了、次算置
之、南向子共三人算見之、各東方執心、霜月十二月つ
つしみの由申之間、祈禱之事申候了、餅に豆腐入之、酒
勸之、○今夜此方番に早瀨彥二郎臥候了、

○十月大

一日、甲戌、天晴、寅刻小雨灌、○澤路筑後守、同彥九郎禮に來、○今
夜番に大澤出雲守來、
二日、乙亥、天晴、○禁裏御嚴重、予、同長松、葉室四條等以使
者申出、頂戴了、同親王御方、予父子申出了、○今夜此
方番澤路彥九郎臥了、
三日、自辰刻雨降、申刻晴、終夜風雨、○四條へ禁裏御嚴重遣之、○袖中
抄卷十四、今日終寫功了、廿卷出來之間、閉立之了、○袖中
抄之四十三、一冊一條殿下へ返上之、是にて皆返上也、○今
夜此方番衆澤路彥九郎臥候也、
四日、丁丑、天晴、○昨日元三大師看經失念之間、今朝沙汰
之、又去月十六日不動看經失念之間、同今朝沙汰了、
○淨花院之內、去夜强盜入之由候間、松林院へ無心元

之由申罷向、隣亮永存所へ入云々、二三種取之云々、
○今夜番に早瀬菊千代來、

五日、戊寅、天晴、○庭之梢柚取之、一盆數廿四、松林院、一盆同、龍天院覺辨所へ遣之、○香薷爲可取之野へ罷出、澤路彥九郎、猿千世召具、大炊御門邊にて多取之歸了、○申刻覺辨來被沙汰之、札十六枚、護五與之、札家中方々押之、護予、南向、子共三人懸之、盃出、餅善哉にて一盞勸了、○今夜番に大澤出雲守來臥了、

六日、己卯、天晴、○就率分之儀、女房奉書之事、以廣橋黃門申入候、案文調之、以澤路筑後守廣橋へ申遣、軈可申調之由返答了、○唐人蒼嵐來、軈歸了、○今夜番衆筑後不來、

七日、庚辰、自巳刻雨降、自未刻晴、○今夜彥九郎番に來、

八日、辛巳、天晴、十月中、○昨日阿茶々蟲發之間、小屋藥師立願、則平癒之間、今朝參詣、藤藏人に種直參會、自昨夕二夜三日參籠云々、○就率分之儀、芥河へ明日澤路筑後守可差下之間、書狀共相調渡之、大方如此、

禁裏御料所內藏寮領諸口率分之事、度々如申候、自往古直務無紛御料所之事候に、于今不被返渡之段、併拙者依由斷如此令延引候、然者朝役共及退轉候條、曲事之由御折檻之事候、令迷惑候、就其重被成女房奉書候、以此旨爲筑州被仰付、急度被相渡候樣、御馳走賴入存候、尙澤路筑後守可申候也、恐々謹言、

十月九日　言繼

三好日向守殿　齋藤越前守殿　森長門守殿

今夜彥九郎番に來、

九日、壬申、晴、自申刻終夜雨降、○小屋藥師へ參詣、○今夜大澤出雲守番に來、

十日、癸未、時雨、晴陰、○小屋藥師今日三ヶ日參詣、○自禁裏二十疋拜領、忝者也、御料所參歟、○今夜澤路藤二郎番に來、○伊勢國德源院仰藏主書狀到、西專庵書狀等也、

十一日、甲申、天晴、自今日十方暮、○自廣橋黃門、就率分之儀女房奉

書、同伊勢守へ添狀等被送之、○播州宇野上野守、同右京亮、島津左京亮、備前中山備中守等へ書狀等調、帶二筋宛相添、上野守勅筆詩歌一枚、遣之、田口明日罷下之由申候間持遣之了、○今夜早瀨彥二郎番に來了、○澤路彥九郎取次、壁塗赤痢煩、老體云々、藥之事申候間、調中散五服遣之、

十二日、乙酉、天晴、十方暮、○澤路筑後守來、就率分之儀、伊勢守方へ之書狀之事申候間、調遣之、○今日亡父卿忌日也、但松林院へ昨夕齋之代遣之云々、○玉葉集中卷右衞門督所へ返遣之、○今夜番筑後守代に彥九郎來、

十三日、丙戌、天晴、五墓日、○彥九郎◎申脫カ壁塗痢病驗氣之間、尙藥所望之由申云々、又五服遣之、

十四日、丁亥、天晴、○三好所へ伊勢守書狀調之、筑後持來、明日芥河へ可罷云々、○澤路修理來、同彥九郎來、壁塗本服之由申候了、○禁裏御嚴重申出、如二日、

十五日、戊子、自辰刻雨降、○慶存指合とて齋に不來、○自伊與局宿紙三枚所望、取集遣之、去九日竹內殿御灌頂云云、其阿闍梨同宿三人任僧都云々、甘露寺宿紙拂底故歟、○稱名院へ玉葉集中卷返遣之、○四條へ禁裏御嚴重持遣之、○今夜藤二郎代彥九郎番に來、

十六日、己丑、天晴、時々時雨、○松尾社務相光朝臣來、門外參會、就率分之儀申子細有之、○自長橋局北門迄可參之由候間、暮々參、自來廿五六日頃御千句可被遊之間、可祗候之由有之、廿七日迄は穢之間不及是非、又座主宮梶井殿、へ爲御使可被遣之由有之、○今夜大澤竹壽番に來、

十七日、庚寅、天晴、○田中將監來談、○月藏坊來、公事之儀催促、門外にて對談了、○安居院被來、門外對談、飛鳥井前亞相一昨日上洛云々、言傳有之、○松田對馬守所へ書狀遣之、名字地公用儀、勢州へ演說之事申候了、○今夜番筑後代藤二郎來、

十八日、辛卯、天晴、晚天時雨、○自稱名院阿子事無心元之御書狀有之、鈴一對、豆腐一折、柚一籠被送之、

十九日、壬辰、天晴、時雨晴陰、霰始散、五墓日、○葉室出京、奉公石谷兵部大輔公事出之云々、證文取に被來、同三好、鳥養方へ書狀

被誂之、寒嵐之間逗留、
廿日、癸巳、天晴、氷始結、自今日天一天上、終日寒嵐、葉室今日被歸在所了、○今夜
藤二郎番に來、
廿一日、甲午、天晴、天一天上、○中澤備前守光俊（武家奉行）近所松田九郎左
衞門賴隆宿闕所之間、自今日居住とて使者有之、○今
夜大澤竹壽番に來、
廿二日、乙未、天晴、天一天上、五墓日、○吉田武衞來、門外對談、○唐人
蒼嵐來談、
廿三日、丙申、天晴、天一天上、十月節、○妙順禪尼月忌始之間、松林院
乘誓、同舜玉兩人齋呼、風呂代少宛、遣之、同小者同之、
經一卷被讀之、○自葉室人來、與奉公石谷兵部大輔公
事儀、於三好所得理、折紙到來、祝着之由有之、○予と
同南向等輕服今日迄之間、解服祓沙汰了、○今夜彥九
郎番に來了、
廿四日、丁酉、天晴、天一天上、○油煙拂底之間、二條殿之大弼俊定
朝臣に所望、一丁到、○玉葉集下卷高倉右衞門督所へ
返遣之、上中卷前兩度に返了、○今夜早瀨彥二郎番に
來、○祐乘大藏卿申尺八、今日出來了、
廿五日、戊戌、陰、天一天上、雨自子刻至曉天、○三好筑前守被申候玉葉集終
書寫功了、令校合次第可遣之、
廿六日、己亥、晴、天一天上、○高倉新亞相被申尺八、今日出來、
○葉室出京、三好、松永彈正、鳥養兵部丞所へ書狀被
誂之、調遣了、則被歸了、○自葉室今日禁中御番に山
口又七、同一右兵衞參云々、○今夜此方番澤路彥九
郎、大澤出雲守代に來、
廿七日、庚子、天晴、天一天上、○飛鳥井上洛之間罷向、西國雜談共
有之、一盞有之、次一條殿へ久不參之間參、殿下御對
面、暫御雜談、次大祥寺殿へ參、庭之梢熟柿一蓋卅、持
參、同久首座へ一枝十、遣之、御盃被下了、妙順儀種々
各被仰落淚了、次伏見殿へ參、李部王御對面、御雜談
共有之、次岡殿へ參、御灸治有之、御對面了、今日共澤
路彥九郎、同藤二郎等也、○今夜此方番澤路筑後守代
藤二郎來、○入參丁香散半濟調合、可受用分也、
廿八日、辛巳、天晴、天一天上、五墓日、○今日妙順五七日之間、松林院

乘誓、同舜玉兩人齋に來、相伴、德利持來了、○自葉室人來之間、禁御嚴重遣之、棚所望之間遣之、○今夜大澤竹壽早瀨代番に來、

廿九日、壬寅、陰、天一天上、○竹内殿へ參、御見參、次稱名院へ罷向、先度鈴之禮申候、連歌法師紹巴雜談共有之、次高倉へ罷向、亞相見參、先度被誂候尺八遣之、祝着之由有之、一盞有之、次參内、先於臺所たと一盞振舞之、御局々石不動へ御參とて、各御留守也、御所へは以新内侍殿内々申入候了、今度之後始祗候了、次賀二位所へ罷向、大覺寺殿御出、暫雜談申候了、次歸宅了、

卅日、癸卯、天晴、天一天上、○今日故葉室、宗永童子等忌日之間、松林院之舜玉齋に來、佛陀寺之舜智は他行云々、一人相伴了、○安居院爲父卿使被來、見參申候、雜談了、○今夜早瀨彥二郎番に來、

○十一月小

一日、甲辰、天晴、天一天上、○看經に神樂少々吹了、○山井伊豆守景賴禮に來、對面暫雜談了、○今夜御祝に參、先親王御方へ祗候、御對面、次參内、長橋兄弟、伊與局等へ禮申候了、今夜天酌に被參之輩一位大納言、四辻大納言、予、廣橋中納言、伯二位、宮内卿、重保朝臣、經元、邦富、源爲仲等也、今夜雖爲當番、不具故障之子細有之間退出、當年中之儀御案内申入了、明日從早旦聖天御法樂御和漢云々、○今夜當番に大澤竹壽來、○自長橋局人參丁香散所望とて、代十疋到、又前之分同十疋到、則藥屋へ◎（之カ）藥種召寄了、

二日、乙巳、天晴、天一天上、○早旦御會參内之處、四辻亞相、妹比丘（安禪寺）尼（殿般侍者）遠行故不參、又廣橋黃門故障故御延引云々、但御用有之云々、於長橋局朝飡有之、於記錄所竹内殿、中山大納言、予三人、東坡御本朱引沙汰之了、八過時分各參三帖敷、暫御雜談、次御懸物文箱、二、天目一、被出之、碁有之、予續三盤勝、御懸物拜領了、滿足了、次於番衆所中山與兩人晚飡有之、次退出了、

三日、丙午、天晴、天一天上、○無殊事、今夜番に澤路彥九郎來、

四日、丁未、天晴、天一天上、○禁裏聖天御法樂之間早旦祗候、辰下

刻始、朝飡於長橋局有之、御人數御製、十九句、曼殊院宮、九、入道前右大臣、廿一、中山大納言、廿、四辻大納言、一、予、十五、廣橋中納言、十四、菅宰相十四、等也、執筆一予、二廣中、三曼宮、四菅等也、所役殿上人以淸、申刻終了、御發句以下如此、於御學問所有之、

雪うすく木の葉しくろゝ山路かな　曼殊院宮
凍吟寒意加　廣橋中納言
鶯のねくらな月に出そめて　四辻大納言
春にしつけき明方の空　中山大納言
暖響鐘花外　御
朝班履柳衙　入道前右大臣
遊絲寧繫暑　菅宰相
さらて入江の波の友舟　予

御會以後、尙可祇候之由有之、曼殊院宮、中山大納言、予、廣橋中納言等也、參御學問所、自來十三日御千句云々、御發句題以下被定之、田樂にて一盞有之、○澤路筑後守自芥川上洛とて來、三好以下返事有之、但率分之儀未調、

五日、戊申、天晴、天一天上今日迄、○自今日靈符行之、五座行了、○就率分之儀、細川右京兆へ書狀遣之、澤路筑後守遣之

其後者久不能拜顏、御床敷存候、就中禁裏御料所內藏寮領諸口率分之事、今村紀伊守依押領、對三好筑前守被仰出候處、可遂糺明之由候、至天文十七年、爲直務當知行之事候間、急度相渡候樣、筑前守に被仰付候者、神妙に被思食候由、內々被仰出候、於拙者も可滿足候、尙委曲石田大藏大夫可被申入候也、恐々謹言、

十一月五日　言繼

細川殿

禁裏御料所內藏寮領諸口率分之儀、至天文十七年、爲直務當知行之處、今村紀伊守令押領候間、三好筑前守に被仰出候、近日可遂糺明之由候間、急度相渡候樣、筑前守に被仰付候者、可爲神妙之由、內々被仰出候間、無別儀候樣被申入候者、於拙者も可滿足

候、御馳走賴入候、尙委曲澤路筑後守可申候也、謹
言、
十一月五日　　　　言　　繼
石田大藏大夫殿
長橋局に參、就率分之儀三好方へ、重被成女房奉書之
樣にと申入了、案文進之、則被出之了、
御れう所くられうりやうそつふんの事、みよしち
くせんのかみ返事のやうきこしめされ候、むかし
よりふしの代くわんなと丶申事は、ゆめ〳〵なき
事にて候程に、いまむらさんくうとて候ほとに、下
かうしたいにきときうめいし候て、返しわたし候
は丶、神へうに覺しめし候へきよし、三よしちくせ
んのかみに申きかせられ候へく候よし、よく〳〵
心え候て申とて候、かしく、
ひろはし中納言とのへ
仰天文廿二十一七
六日、己酉、天晴、天一下艮、○自葉室小竹二荷、繩一束到、明日內
內やね少可葺之用也、○長橋被申人參丁香散加宿砂、木香、青皮、
一濟、今日進之、○臺所たと人參丁香散所望之由申、
代五十到、
七日、庚戌、天晴、○賀二位雜色與次郞借之、自早々やねふか
せ了、澤路彥九郞合力、自未刻源左衞門來了、○自長
橋局音曲本四冊被返之、次明日禁裏天御法樂云々、依
不具故障申候了、○長松自昨日蟲氣之間、爲祈禱小屋
藥師へ暮々參詣、○以澤路筑後廣橋へ女房奉書遣之、
同添狀之事申候、及黃昏到、
八日、辛亥、天晴、十一月中、冬至、○澤路來、廣橋より書狀、同女房奉
書、予書狀共遣之、盃令飮了、廣橋狀如此、
就御料所內藏寮率分之儀、女房奉書如此候、堅被仰
付候者、可被悅思召之由被仰下候、恐々謹言、
十一月七日　　國　　光
三好筑前守殿
先度者就御料所率分之儀懇報、本望至候、今村參宮
下向次第可被相洪之由候間、重使者召遣之、尙被成

女房奉書候間、以御馳走急度被相果、被返渡之樣、
入魂賴入候外無他候、日向に如此、
悉皆御意見頼入存候、倘澤路筑後守可申候也、恐々
謹言、

十一月七日　言繼

齋藤越前守殿　三好日向守殿

臺所たと申丁香散半濟遣之、同半濟あか丶所望之由申候間、同遣之、○四條中將自伏見殿爲使被來、唐紙御所望云々、有之間々一枚進之、○小屋藥師へ召具長松丸參詣、歸路富小路へ罷向暫雜談了、○今夜番に澤路彥九郎來、

九日、壬子、天晴、八專入、○四條被來、昨日唐紙被返下了、○三好筑前守被申玉葉集校合、連々予一身二反沙汰之、今日終了、○伏見殿より及黄昏四條御使にて、拾遺愚草一冊中下、御借用之間進之、

十日、癸丑、天晴、自申刻至子刻雨降、○自來十四日禁裏御千句有之、今日御發句被定、予發句昨日稱名院へ遣之、今朝到、巳刻持參、未一點參集、於御三間被定之、竹内殿、入道前右大臣御前に御參、各候番衆所、予參御三間、發句脇第三賦物等予書之、御發句以下後日可注之、第一之御一巡等有之、於番衆所一盞、田樂等有之、被參之輩中山大納言、予、廣橋中納言、菅宰相、水無瀨三位、重保朝臣等也、冷泉中納言者今日故障、所役殿上人邦富、以淸等也、申刻退出了、

十一日、甲寅、天晴、八專、○廣橋黃門被來、從禁裏御千句一巡次第織（◎綴カ）合可調進之由有之云々、悉十句迄作者先書之、又晚天可祗候之由有之、○冷泉へ罷向、御千句一巡共（マヽ）之處遣之、次正親町へ久不罷之間罷向之處、沈醉にて被寢云々、女中久不會、今日中なをりと云々、次賀二位所へ罷向暫雜談、一盞有之、○葉室出京、與石谷兵部大輔新坊分相論之事得理、三好筑前守所にて紀（◎糺カ）明之上理運之折紙狀共被持來、爲禮又書狀可遣之由有之、予に被誂之、予今日隙入之間、葉室此方に逗留了、
○申下刻參內、曼殊院宮、中山大納言、予、廣橋中納

言、重保朝臣祇、◎候脫カ御千句一巡共少々沙汰之、白粥有之、次碁二盤有之、中山大納言勝之、竹内殿、予兩人負、御懸物古筆短冊三枚被出之、戌刻予退出、雖當番故障申候了、

十二日、乙卯、天晴、八專、○今日瀧雲院殿忌日、又妙順禪尼七七日之間、松林院乘誓、同舜玉齋に呼、經一卷讀誦、次齋相伴了、○自長橋局被呼之間罷向之處、新内侍下腹氣云々、脈取之、藥之事被申候了、○高倉へ罷向、一盞有之、次萬里小路へ罷向、亞相に聚分韻◎略脫カ點之本借用之、前内府入道、御伊茶局等御出、妙順事種々被申落淚了、○自葉室三好筑前守、松永彈正忠、鳥養兵部丞、山本孫右兵衛尉所へ之書狀共調之、自申刻被歸在所了、○從冷泉被誘引之間、一條室町四辻石風呂へ令同道、暮々罷向了、湯殿澤路藤二郎召具了、○自正親町使者有之、昨日不參會無念、又用之事有之、又自攝州酒到來之間、旁可來之由有之、風呂へ罷向之間、明日可罷之由返答了、

十三日、丙辰、天晴、○自高倉亞相代十疋到、磨積圓、人參丁香散等少所望之間、令調合可與之由有之、則藥種八色八十三にて召寄了、○新内侍殿へ藥芍、當、人、義、美、桂、鷲、肉蔻、朴、朮、中、五包遣之、○正親町へ罷向、一盞有之、六十圖年代記可書寫與之由被申之、唐紙二枚裏打之事被申間、早瀨に申付了、次大祥寺殿へ參暫御雜談申了、勸修寺父子、滿藏院等、久首座亮にて參會、中山、滋野井、五辻等被參、滋野井に碁二盤負、五辻と三番、予一番勝了、○自明日禁裏御千句之間、自今晩參内了、則番衆所出御、御燒火有之、至亥刻御雜談、予、水無瀨三位、源爲仲等也、此外從今夜冷泉中納言、廣橋中納言、菅宰相等祗候、休所記錄所也、○自高倉亞相代十疋到、人參丁香散半濟、磨積圓等所望之由有之、○安居院登山とて書狀有之、從飛鳥井言傳云々、段子之道服被與之、祝着了、

十四日、丁巳、天晴、八專、○寅下刻太神宮御法樂御千句始、於御學問所有之、先田樂にて一盞有之、御人數御製、曼

殊院宮、入道前右大臣、中山大納言、予、冷泉中納言、廣橋中納言、菅宰相、水無瀨三位、重保朝臣等也、此外源爲仲三百韻執筆、所役殿上人以淸、源爲仲等也、朝夕於長橋局有之、戌刻第四一折迄有之、次又田樂にて一盞有之、三ヶ日同前也、御發句以下如此、

第一何人　執筆菅宰相

冬きての色こそちしほ霜の松　御製
明ての後も風さゆる庭　曼殊院宮
玉簾月見る方に卷あけて　入道前右大臣

第二山何　執筆源爲仲

かれて猶草に道ある冬野かな　曼殊院宮
霜うちさくろ末のかけはし　入右
のろ駒に霞たちそふ山越て　御

第三韻字賀術　執筆予

神風の鏡や照す朝氷　入道前右大臣
玉かき淸くうつろ冬の日　御
山ちかみ一むら殘る雲消て　曼宮

第四何木　執筆廣橋中納言

ひろはめや眞砂にましろ玉霰　予
見れは小篠に影さむき月　中山大納言
野をひろみわかすむ方は鐘なりて　冷泉中納言

十五日、戊午、天晴、○寅下刻始至戌刻、六百五十韻有之、悉如昨日、

第五韻字光仙　執筆菅宰相

もろき葉に月も聲ある梢かな　冷泉中納言
しくれては又はろゝ半天　廣橋中納言
一かたになかめすてしの秋深て　中山大納言

第六何路　執筆源爲仲

夕波も音そふ鷺の羽かせかな　廣橋中納言
さきて砌にはやき梅か香　予
春にかこふかけも八重なる籬にて　水無瀨三位

第七何船　執筆菅宰相

吹送る川かせさむき千鳥かな　菅宰相
ならふひさきも落葉する頃　水無瀨三位
朝な〳〵庭には霜のふりそひて　重保朝臣

十六日、己未、天晴、八專、○寅下刻始至戌始刻終了、悉◎如（脱カ）昨日、亥初刻各退出了、

第八四季　冬春秋夏執筆予

さえし夜の深雪や庭の朝きよめ　水無瀨三位
殘るくまなく氷る池水　重保朝臣
かたらひてよるや岩根の鴛ならん　予
第九三字中略　執筆源爲仲
夜あらしはみな埋火に冬もなし　重保朝臣
松の葉しろき雪の明ほの　菅宰相
梅か香は軒はに深く匂ひきて　廣橋中納言
第十韻字侵覃談　執筆廣橋中納言
春またて匂ひやひらく窻の梅　中山大納言
あさひかれたつ村竹の陰　冷泉中納言
時雨つる雲に夕日のほのかにて　菅宰相
追加疊字　執筆予
篠波の聲面白き今夜かな　源爲仲

御製、百四十句、曼宮、百三句、入右、百四十九句、中大、八十五、予、百十二、冷中、百一、廣中、百一、菅、五十七、水三、八十五、重、四十七、爲仲、二、

予今日當番之間其間々祗候、御添番源爲仲、

十七日、庚申、天晴、八專、○今朝退出了、○久敷中御門へ不罷之間罷向、高辻被居、一盞有之、次甘露寺へ罷向暫雜談、○薄書狀到、德利兩種自新內侍局云々、先度藥にて下腹本服祝着云々、次代十疋內炎散所望云々、同代牛、八味、薄平胃散所望云々、○今夜禁裏御庚申可祗候云々、

暮々祗候、先薄所へ罷向、來廿八日御神樂云々、談合子細有之、次參內、御人數曼殊院宮、中山大納言、四辻大納言、予、菅宰相、水無瀨三位、重保朝臣、經元、源爲仲等也、豆腐に入餅一盞有之、御雜談、御碁、音曲等有之、丑刻各退出了、

十八日、辛酉、八專、陰、○澤路筑後守來、一昨日上洛云々、今村歡樂とて、十三日糺明無之云々、指日數重可糺明之由有之云々、右京兆返事有之、

芳札旨令披見候、先度者於伏見御所申承、本望至候、厥後細々可申之處、莵角打過背本意存候、將又率分之事承候、聊不可有御等閑候、猶石田大藏大夫可申候、恐々謹言、

十一月八日　氏綱判

山科殿　進覽之候

九條殿二條殿に御座之間、御禮に參、御見參暫御雜談、御酒被下之、後に二條殿御出也、

十九日、壬戌、天晴、○讃岐守忠宗來、南都伶人兩人朝葛、近時、將監之事申之、○薄來談、一盞勸之、次令同道長橋局迄參、兩人將監之事申入、則勅許、次萬里小路へ罷向、父子被出暫雜談、次高倉へ罷向、父子見參暫雜談、次庭田へ罷向口宣案之事申、一盞有之、次稱名院へ罷向、先度御袖之禮申、但留守云々、○藥共調合、人丁一濟、內炎散、磨積圓等也、

廿日、癸亥、天晴、八專終、○忠宗來、南都之者口宣案兩通遣之、今朝庭田より到、○自長橋局來廿八日御神樂出立百疋被出之、同御服御衣文に可參之由有之、又中御門大納言御後に可被參之由內々可申云々、○正親町被申唐紙二枚、裏打出來之間、持罷向遣之、○長橋局迄參、中御門御神樂可參之段畏候由、御返事申之、又右衞門督袍御神樂に借用之事申子細有之、次五辻へ立寄了、○葉室出京、明日東坊城種長元服見舞云々、今日此方に逗留、同姉丹州之阿茶上洛被來、同此方に逗留也、なまつの鮓、荒卷宮筍也、○右衞門督冬袍到來、御神樂前爲潤色也、○高倉亞相被申磨積圓之粉五兩遣之、

廿一日、甲子、陰、小雨降、○山井伊豆守景賴來、御神樂之事談合、景理參勤之事、一昨日內々申沙汰了、同景理稽古に來、今日朝倉傳授了、○總在廳來、鶴松伊勢國へ禪僧之由申之、明日可返事之由申候了、○自今日小屋藥師へ三ヶ日參詣、立願之故也、○高倉亞相へ◎衍カ被誂人參丁香散半濟、兩種に調遣了、○新內侍殿被誂內炎散、七兩、薄所へ持罷向了、次岡殿へ參、御酒被下了、○今◎日脫カ東坊城種長、元服云々、自中御門可見訪之由雖有之、故障申候了、○暮々參內、月藏坊公事之儀披露、次景理將監之事申入候、則勅許、天文廿二三廿一分也、御甲子待之間夜半迄祗候、田樂にて御酒有之、竹內殿、中山大納言、四辻大納言、予、源爲仲等也、予雖當番故障申退出了、○坊城元服之間、中御門へ一荷兩種鯯鮓、熟柿、遣之、

廿二日、乙丑、雨降、○總在廳來、昨日之返事申候了、○四辻

少將自夜前咳氣發熱頭痛とて、藥所望之間、香蘇散加川芎、前胡、五包遣之、○景理稽古に來、其駒之端聊授了、○禁裏御楊弓に參內、御矢不被遊御見物也、御人數曼殊院宮、九、中山大納言、廿、四辻大納言、六、予、廿、右大辨宰相、十一、穴一、若王子權僧正、廿五、源爲仲十四、等也、五十五度有之、予四枚勝了、於番衆所小漬如常、御矢取邦富、以清兩人也、先八時分一盞有之、音曲有之、暮暮退出了、

廿三日、丙寅、天晴、○自甘露寺可來之由使有之間、早旦罷向、從昨宵以外頭痛之間、脈藥等之事被申、一盞有之、人參敗毒散加白芷、三包遣之、○山井伊豆守景賴、同將監景理來、今日景理に神樂一返傳授、奥書遣之、說之祕說等殘了、一盞振舞云々、太刀糸卷、馬一疋折紙進之、奥書如此、

神樂庭燎、採物、前張以下曲、朝倉、其駒、星三首、等大曲、悉所授與左近將監景理也、

天文廿二年十一月廿三日

權中納言兼按察使藤原（花押）

若王子被來談、次令同道高倉へ罷向、亞相、金吾暫雜談、晚飡有之、歸路四辻少將見舞、驗氣之由有之、但脈之樣無覺束也、藥之事他人に被申云々、○小屋藥師へ今日迄三ヶ日參詣了、

廿四日、丁卯、雨降、十二月節、小寒入、○今朝總在廳來、伊勢國楠兵部大輔爲猶子鶴松所望之由申之、東福寺末寺云々、內々領掌候了、使僧明日來可見之云々、○薄息右衛門佐以淸、來廿八日御神樂始參勤、仍今日各習禮有之、人數四辻大納言、本拍子、予、笛、亭主父子、篳篥、極臈、末拍子、忠宗、付歌、人長等、久氏、付歌、久宗、和琴、大神景理笛、等也、神樂大略有之、次晚飡各有之、入夜歸宅了、

廿五日、戊辰、天晴、五墓日、○山井伊豆守景賴、昨日景理所作始祝着之由、禮に來了、○正親町へ罷向、內々被申六十圖年代記堺掛之、晚飡有之、○總在廳、伊勢使僧、芝藥師之せん藏主等來、鶴松見之云々、明日樽持て可來之由內々申云々、

廿六日、己巳、天晴、○自長橋局可參之由有之間則參、內侍所庭、淸涼殿東庭等御掃除有之、令祗候可申付之由有之、自午時參申付之候了、廣橋小者兩人、勸修寺一人、藤大納言四人進之、兩所之御庭掃除了、御酒各被下了、常御所御掃除云々、永相朝臣、邦富、以淸祗候也、於長橋局予、永相朝臣一盞有之、○總在廳、伊勢使僧、せん藏主等暮々來、樽代百疋持來、予同鶴松對面、入豆腐餠、酒勸了、○一條之風呂申付入之、予、廣橋黃門、白川、庭田、五辻、中大外記師廉、等也、入夜歸宅了、○明後日御神樂、自今日神事、但此方長松、阿茶々輕服之間、予從今夜薄所へ罷向臥了、一盞有之、

廿七日、庚午、雨降、○今所薄朝にて朝飡有之、從五辻被呼之間罷向、白粥有之、暮々薄所へ歸了、夜に入餠入大根、吸物にて酒有之、

廿八日、辛未、天晴、○今日終日薄所に候了、飯同有之、○白川少將邦富、今夜御脂燭被參云々、衣文之事被申候間、暮々罷向令着之、吸物餠入豆腐、にて一盞有之、次予裝束右衞門佐以淸、に令着之、拔衣文に沙汰之、臺所に置之、戌初刻令行水、先令衣冠參內、大略所作人之外者參集之間、薄父子に裝束令着之、薄所にて餠入豆腐、にて一盞有之、又參內、御服御着御、予御衣文に參、御前裝束廣橋中納言、次予於臺所着之、中山亞相、廣橋黃門、右大辨宰相等手津代也、亥刻出御、御簾御裾重保朝臣、御草鞋賴房朝臣、源爲仲取次之、御劒實福朝臣、御脂燭隆益朝臣、公遠、邦富、以淸、源爲仲、同長治等也、下﨟前行如常、御後に中山大納言、孝親、萬里小路大納言、惟房、中御門大納言、宣忠、廣橋中納言、國光、菅宰相、長雅、伯二位、雅業、右大辨宰相、晴秀、輔房、經元、氏直、菅原種長等祗候、於男末入麵にて盃酌如例、但予、薄父子別火之間無之、四辻大納言、菅宰相、經元、公遠等輕服也、別勅にて祗候、御失念歟不可然、前々御沙汰、輕服三人者重服に等之間不參云々、今日四人祗候不可然、內侍所行幸之後、則御鈴三度之後、神樂始如例、先駒取四辻大納言、季遠卿、予、宮內卿、以緒卿、以淸、源爲仲等、次第に本

末に別着之、公遠は沓相違之事有之不着之、次予笛音取、次宮内卿篳篥音取、次各起座、次人長進立、本方、予進圓座、庭燎吹之着本座、人長移末方、　次宮内卿庭燎曲了着本座、　次人長、本方、次出納重弘束帶、持參和琴、次公遠參進、和琴曲了着本座、　次予與利合吹出、篳篥被付之、吹畢人長移本方、四辻大納言庭火、平拍子、畢着本座、次人長移末方、源爲仲末拍子、曲畢着本座、　次以清、忠宗、久氏、久宗、大神景理、　人長多忠雄等着本座、次阿知女三度拍子後、予文籍音取、本拍子、有氣色、　次榊本末、以下同之、次韓神、堂上計也、次早韓◎神脱カ舞、人長、次人長本末如前々立移召之、才男次第畢、篠波、千歳、早歌曲等畢、星使重保朝臣、本拍子四辻大納言に仰之、次予星之音取、次宮内卿同音取、次吉々利々、得錢子、木綿作、　次予朝倉音取、次宮内卿同音取、次四辻大納言朝倉本拍子、次源爲仲同末拍子、次其駒人長舞之、四辻少將公遠依所勞、　早韓神以後退出、次還御、如出御之時、女中之衣悉紛失之間、今夜典侍、掌侍不參、　勾當内侍一人、一重衣にて被參云々、仍御廉◎簾カ御幣等伯二位參勤云々、　次所作人於内侍所吸物にて一盞有之、　脂燭以下之衆神樂之間に一盞如常、次恆例駒取無之、　人長作法以下次第同前、庭火笛大神景理、篳篥以清、和琴久宗、本拍子源爲仲、末拍子忠宗等也、次予、宮内卿、久氏等着座、榊以下同前、予下腹氣之間、千歳之時退出了、無念々々、寅下刻各退出云々、予共澤路彦九郎、早瀨彦二郎、小雜色一人計也、宮内卿着座之時落冠、諸人入嚚了、

廿九日、壬申、天晴、○借用之物共袍右衞門督、　裙藤大納言、白小袖正親町一位入道、赤大口廣橋黄門、表袴公物等返之了、○薄所へ廿七日に樽代十疋、同阿茶行水物廿遣之處、樽代今日被返之、結句肴とて、　美物二色少、被送之、○薄所へ罷向、晩天狸之汁可用意之間可來之由示之、精進之間明日可來之由有之、　○葉室昨日出京、今日被歸在所了、○内侍所へ福昌庵分出物取に遣之、疊半疊、一、膝突、一、神供四種、等到、○山井伊豆景賴來、景理初參祝着之由申、次讃岐守忠宗來、忠雄人長初參

祝着之由申、乍兩人對面了、出納來、御神樂無事珍重之由申云々、

○十二月小

一日、癸酉、天晴、○今朝薄飯に呼、狸之汁振舞了、○出納重弘禮に來云々、○大祥寺殿へ御禮に參、御盃被下、次勸修寺へ罷向、一位見參、次中山夘同道飛鳥井へ罷向、一盞有之、次一條殿へ參、御兩所御見參、御酒被下了、○暮々御祝に參、先親王御方へ參、御對面、次參內、天酌に被參之輩一位大納言、四辻大納言、予、廣橋中納言、宮內卿、重保朝臣、邦富、源爲仲、菅原種長等也、○今夜當番之間其間々祗候、予一身也、

二日、甲戌、天晴、去夜夢想、月琢ハク二玉階ノ裾チ一、○自禁裏被仰古文眞寶聞書、今日終寫功、長橋局迄持參了、○竹田之御𡑮供僧二位及黃昏來、三好筑前守被申玉葉集可請取云々、本兩册新寫之本二卷渡之、書狀可相添之由申之間、明日可調遣之由示之、○自薄所神樂笛二管、手拭、下襲襟等到、○高辻へ罷向、夢想句相語、一盞有之、

三日、乙亥、天晴、○二位所へ書狀調遣之、如此、

尙々、禁裏御料所內藏寮領率分之事、急度被返付候樣、御入魂賴存候、

從筑州承候玉葉集、終寫功候、生得之惡筆之上、殊更散々出來候、中々難立御用、乍夘迷惑候、先貴殿迄入見參候、殊兎角遲々旁慮外候、可然之樣御演說賴入候、尙期面謁之時候也、（花押）、

二位殿　　　言繼

禁裏御楊弓之由候間、辰下刻參內、午刻始、四十度有之、御人數御矢、十六、曼殊院宮、十六、穴一、中山大納言、九、予、十三、右大辨宰相、九、源爲仲八、等也、予卅二枚勝了、御矢取邦富、以淸兩人也、於番衆所小漬有之、次於番衆所御燒火有之、各祗候、碁有之、曼殊院宮、右大辨宰相、源爲仲一方、中山大納言、予與別而五番勝々負有之、御懸物被出之、三人之方三番之勝、中山三盤、予二盤勝了、御懸物帶二筋被出之、中山、予給之、滿足了、

其後重保朝臣、公古朝臣當番祗候、碁見物也、次御雜談暫有之、戌刻退出了、
四日、丙子、天晴、暮々(酉刻)雪降、○昨今從正親町一品使有之、先度被申六十圖年代記、可書寫與之由有之、然者朝飡可用意之由有之、則罷向、今日兩度飯有之、年代記少殘了、藤二郎來、澤路筑後守書狀到、率分之事、來六日糺明之由有之、次玉葉集早々遣之可然之由申、二位方へ渡遣之由返答了、
五日、丁丑、天晴、○自禁裏絹片□拜領、忝者也、次今日御碁有之、朝飡以後、杉原可持參之由有之、巳刻參內、曼殊院宮、中山大納言、四辻大納言、予等也、兩大納言碁三盤、中山一盤勝、曼宮與予六番、持也、杉原十枚懸也、於番衆所小漬如常、戌刻退出了、○巳刻冷泉へ罷向雜談、軈歸了、
六日、戊寅、天晴、○自今日三ヶ日靈符行之、去十月分也、如例五座行之、○室町之備中屋取次、大隅國肝付(きもつけ)郡祖順香衣之事可申沙汰之由申來、禁裏へ御扇引合十帖可進上之由申、內々披露、勅許也、予職事等へ五十疋可出之由申候了、○自長橋局被呼之間罷向、官女あこゝ四時分より以外頭痛之間、脈取之、藥所望之由被申、人參敗毒散に加白芷、荊芥、三包遣之、○自萬里小路亞相昨日香附子二分所望之間、今日遣之、
七日、己卯、從寅刻小雨降、土用入、自巳刻晴、○祖順香衣御敎書之事、葉室へ申遣、澤路彥九郎遣之、葉室母儀へ平胃散一包遣之、○靈符五座行之、如昨日、○正親町へ罷向、年代記之殘終寫功了、又一幅所望之由被申候間、堺掛之、一盞有之、○備中屋內田九郎左衞門來、祖順香衣之御敎書到之間遣之、引合十帖、代物一貫四百文、奏者之物迄持來、一盞令飮之了、又日向國飯隈(いくま)山別當傳朝法印之事申、明日口宣可取來之由申、予に三十疋、職事へ二十疋、同奏者之物十疋可出之由申之、明日可同道之間、予に可對面之由申候了、
八日、庚辰、去夜薄雪、天晴、○傳朝法印如昨日禮物持來、內田九郎左衞門同道、同一荷持來、吸物餅入豆腐にて勸酒了、○

禁裏へ御扇引合十帖進上之、長橋局へ一荷兩種進之了、御返事彼方へ遣之、澤路藤二郎長俊分也、○五辻へ罷向、甘露寺被來、三八令同道大祥寺殿へ參、五辻與碁打之、予一盤負了、滋野井被參、退出之時此方へ同道、一盞勸了、

九日、辛巳、天晴、○高倉へ罷向、金吾鷹野へ被行云々、亜相隙入之由有之、若王子見參了、○景理來、神樂笛吹之稽古了、

十日、壬午、天晴、十二月中、大寒入、○正親町へ罷向年代記書之、晩湌有之、暮々歸宅、○甘露寺借用之孟子一部五冊、被歸候了、○自長橋局明日曇花院殿へ姫宮廣橋局腹（御二才）御入室御共之間、飛鳥井にて板輿借用仕度之由被申候間、澤路彦九郎遣申之、留守云々、但自女中返事、安間之由有之云々、則此分申遣了、○備中屋内田九郎左衞門來、對面、打曇二枚、勅筆詩歌之事、傳朝法印申請度之由申云々、則長橋局へ持參、申入候了、

十一日、癸未、天晴、戌刻小雨降、○自五辻來可碁打之由有之間、午時罷向、中山、庭田等被來、碁有之、予中山與二盤、負候了、五辻與六盤、持打之、蔓草汁被振舞之間、晩湌召寄了、中酒阿彌陀光也、○御碁可被打、當番旁可祗候之由有之間、晩湌以後直に參、曼殊院宮、中山大納言、四辻大納言、予等祗候、於御三間御碁十二盤有之、予二盤負、四辻與中山六盤、持也、御懸物三色被出之、曼宮、四大拜領也、臺之物にて一盞有之、丑刻各退出也、但曼殊院宮番衆所御寢也、予當番之間其間々祗候了、
○自葉室發句脇等被誂之間遣之、如此、

花紅葉たちも及はし雪の松
すたれなまけはさむき朝風

十二日、甲申、天晴、自今日十方暮、○亡父卿忌日之間、松林院乘誓齋に被來、相伴了、暫雜談、○自禁裏御碁有之間杉原可持參之由有之間、未刻參內、御人數如昨日、御懸物又三種被出之、碁十盤有之、予又負、御懸物不取之、無念々々、杉原持に打之、但中山に昨日杉原十枚負遣之、於番衆所有之、同小漬如常有之、暮々退出了、一昨

日申入候、勅筆御手本出來被出之了、〇自五辻補歴被借之間遣之、

十三日、乙酉、天晴、子刻雨降、終夜嵐、〇松林院舜玉被申阿彌陀經終寫功遣之了、〇正親町へ罷向年代記終寫功了、晩飡有之、〇萬里小路へ罷向、入道前内府、亞相見參、及戌刻雜談、田樂にて一盞了、〇舜玉經之禮に被來云々、〇今朝早々備中屋へ勅筆持遣之、〇伊勢太神宮御師綿屋大夫文懷書狀、御祓、熨斗鮑百本、等送之、

十四日、丙戌、雪、晴陰、五墓日、〇自安禪寺殿瑞仙庵、阿茶々喝食に可進之由書狀有之、不具旁令斟酌了、〇同重承候間、安禪寺殿へ參、皆々見參、種々承候間、先同心申候了、吸物餅入豆腐、にて酒有之、當年來年事は金神方之間、先御やとひ分之由申之、但在富卿相尋可申由申候了、〇賀二位所へ罷向、自路次薄令同道罷向、一盞有之、阿茶々事相尋之處、金神方不可然、但御倩分不苦、四十五夜御寺に不可然、其内に一兩夜つゝ可罷歸之由申候了、〇大和宮内少輔所へ音信之所に、此方相尋之處留守にて歸とて、令同道被來、菓子にて一盞勸之、至戌刻雜談了、〇自禁裏明日聖天御法樂可祗候之由有之、同御一巡被出之、

十五日、丁亥、天晴、時々雪飛、〇今日慶存故障とて齋に不來、〇禁裏聖天御法樂御連歌有之、巳刻參內、午刻始、於御學問所有之、內々一盞有之、所役殿上人以淸祗候也、於長橋局小漬如常、御小人數之間、戌刻終了、予、菅宰相退出了、御人數御製、廿二、句、曼殊院宮、十六、中山大納言、十四、四辻大納言、十六、予、十七、菅宰相、十三、源爲仲二、執筆也、御發句以下如此、

さきて猶色香に梅は冬もなし　曼殊院宮
さえてあらしの松にふく聲　四辻大納言
見ろまゝに雲もさはらす月深て　言繼
ふもとにすめろ秋の江の水　中山大納言
舟こむろ波すさましく暮わたり　御

竹田三位方折紙到、同三好筑前書狀有之、玉葉集祝着之由也、〇中御門被來云々、

十六日、戊子、天晴、〇不動看經、別所作如常、〇今日一條殿下

御和漢有之云々、昨日御使有之不申聞、今日遲存之間不參、無念々々、○正親町へ罷向、先度之年代記校合了、晩湌有之、次竹内殿へ參、内侍所之五位申御短冊廿首出來給之了、甘露寺、白川少將被參、兩人因幡、虎福等所勞氣云々、脈取之、○中御門へ罷向、一盞有之、碁打之、乍三盤予勝了、○當番之間暮々參、於番衆所白粥有之、中山大納言、四辻大納言等祗候、於御三間御碁有之、於御前同一盞有之、御懸物被出之、御杉原一帖、帶一筋等也、四辻勝拜領也、今夜當番予一身也」、

十七日、己丑、去夜薄雪、天晴、時々雪飛、○今日勸修寺入道彥、一位孫、右大辨息晴豐元服云々、○昨日宮御方之御伊茶局腫物入藥所望、次に可來之由有之、罷向、鷹金骨之上腫物出、ましないて、同藥進之、同親王御方へも進上、萬里小路大納言にも遣之、暫雜談了、次伏見殿へ參、内々へ參、暫御雜談有之、次大祥寺殿へ參暫御雜談申候了」、

十八日、庚寅、天晴、時々雪飛、○葉室出京、清水寺へ參詣云々、今日此方に逗留也、○自甘露寺使有之、自一昨夜咳氣之間、脈之事被申候間、則罷向脈取之、罷歸了、自正親町被呼候間直罷向、地下人針屋入道淨貞樽隨身云々、相伴酒有之、次小漬有之、○甘露寺へ藥調遣之、八解散に加黃芩、前胡、草菓等、三包遣之、○讚岐守忠宗來、先度之南都之舞人兩人口宣禮二十疋持參云々、

十九日、辛卯、天晴、時々雪降、○今日葉室被歸在所了、○禁裏御煤拂之間見舞申候、同被參之輩中山大納言、四辻大納言、予、廣橋中納言、右大辨宰相、宮内卿、公古朝臣、永相朝臣、邦富、氏直、以清、源爲仲、菅原種長等也、於男末田樂にて一盞、暮々入麵にて一盞如常、於長橋局四辻、予雜煮にて一盞有之、及黃昏退出了、○自甘露寺猶藥之事被申候間、早旦罷向脈取之、一盞有之、藥香蘇散に加藿香、川芎、白芷、前胡、黃芩、人參、五包遣之、○忠宗所へ德利代十疋遣之、澤路彥九郎遣之、留守云々、

廿日、壬辰、天晴、五墓日、○賀二位所へ罷向、隙入之由申候間罷歸、廿四五日之比長松元服日次之事、奏者に申合了、

次岡殿へ參、御煤拂也、一盞有之、次烏丸へ罷向、田樂にて一盞有之、暫雜談了、○勸修寺へ元服之禮に罷向、留守云々、井家右衞門大夫に申置了、

廿一日、癸巳、天晴、自今日天一天上、○旬之間、看經に神樂少々吹之、○長松元服之用に、中御門之下女に二百疋借用之、○長松小袖紅梅以下今日取寄了、○甘露寺驗之由昨日使有之、今日尋遣之、藥之事被申、熱氣無之、尙頭痛有之、下冷下腹之樣云々、又五服（白芷湯）遣之、川芎、白芷、荊芥、藿香、當歸、厚朴等也、○忠宗來、一昨日之德利代返之、種々雖加問答尙返之了、見參、餅善哉、にて一盞勸了、○賀二位、元服之日次來廿五日廿七日撰出之、○伏見殿へ參、來廿五日笄刀、打亂筥、櫛手拭、湯灌器等可申出之由申之、御見參御酒被下了、次五辻へ罷向、三條中將指貫借用之事、演說賴之由申候了、○五條黄門被來、葉室に口宣案一通所望之由有之、十疋被持之了、一盞勸了、暫雜談有之、○當番之間暮々參內、予一身也、長松元服之間、代々御冠夘拜領之間、申出度之由申之、同御直衣御服之事、同內々以長橋局申入候了、

廿二日、甲午、天晴、天一天上、○高倉へ罷向、金吾參會、烏帽子之事催促了、次四辻へ罷向、來廿五日に少將練貫直衣、冠、透額、横目檜扇等借用之事申之、同心了、○葉室へ澤路彥九郎遣之、元服來廿五日治定之間、必可被出京之由申遣、必可來之由有之、

廿三日、乙未、天晴、時々雪飛、五墓日、天一天上、○如例年煤拂沙汰之、大澤竹壽、澤路彥九郎等來、○日中盜人來、盤二膳取之、但軈因（カ）◎四之、松田對馬守所へ渡之、盤取返之了、○澤路筑後守昨日上洛とて來、奉分公事之儀大概相調了、但弟三好日向守俄所勞之間、折紙之段延引云々、

廿四日、丙申、天晴、節分、天一天上、○月藏坊與院廳明直公事之儀三問到、自月藏坊綿帽子一送之、祝着候了、○長橋局迄參、月藏坊三問披露了、御寢云々、今夜長橋局へ別殿之間、可祗候之由有之、○山科公用之儀に、伊勢守所へ書狀相調、澤路筑後守遣之、○松田對馬守女房に、就

元服之儀二百疋借用了、○大澤出雲守、同竹壽、澤路彦九郎來、明日之獻之用意了、北尾出雲守倩之、同來、澤路修理進、早瀨彦二郎、野洲五郎左衞門等來、○中御門見舞とて被來了、○御陵(◎綾カ)織手司遠山、手覆、公私小本結三結出之、○別殿行幸長橋局へ有之、可祇候之由有之間、及黄昏參內、御咳氣之由有之、三獻有之、三獻天酌如例、參仕之輩予、宮內卿、重保朝臣、以淸計也、兩人御相伴也、先之於末節分御祝、予、重保朝臣兩人計也、○加冠日次、

今月廿五日　時辰未

廿七日　時辰申

十二月廿二日　在富

此內廿七日可然之由雖有之、餘日迫之間、可爲廿五日之由相定了、昨日到來也、

廿五日、丁酉、天晴、正月節、立春、天一天上、○野洲五郎左衞門鈴一對兩種(こふ、たうふ、)出之、○伏見殿にて打亂筥、櫛手拭、湯灌器、笄刀、髮搔申出之、四辻にて冠、練貫直衣、橫目檜扇借用、中御門にて指貫、練貫、簾借用、一條殿にて御小直衣、廣橋黄門にて指貫、高辻にて指貫、在富にて布衣狩衣、同烏帽子、伯にて冬袍借用之了、○大澤出雲守、同竹壽、(彦太郎、今日元服、)澤路筑後守、同修理進、(今日備前守、)同彦九郎、同藤二郎、井上將監、(去々年以來折檻、今日免、)早瀨彦二郎、(今日民部丞、)同菊千代、野洲五郎左衞門等來、獻方用意、此外高橋雅樂助、北尾出雲守來調之、○自方々音信、(次第不同、)中御門一荷兩種、(干鮭、串柹、)薬室二十疋、同母儀十疋、山井伊豆守一荷兩種、(ろほそ、混布、)澤路筑後守一荷兩種、(ろほそ、あさつけ、)長橋局一荷兩種、(干鮭、豆腐、)廣橋黄門一荷兩種、(干鮭、蛬、)薄一荷兩種、(くまひき、豆腐、)井上將監一荷兩種(さひ魚、こふ、)等到、○禁裏へいか一折、干鮭一尺、混布一折、柳三荷、澤路筑後守相副之(烏帽子、襖也、)進上、長橋局へいか一折、荒卷、三、串柹、柳二荷、親王御方へ鮒鮓一折、干鮭一尺、こふ一折、柳二荷進上、御伊茶局へ柳一荷、兩種(干鮭、こふ、)進之、○未刻元服之儀有之、所役人冠大澤彦太郎、(布衣)打亂筥澤路筑後守、(烏帽子、襖、)湯灌器同備前守(同上、)等也、先予着座、次新

冠着座、次三種置之、次理髮頭辨(葉室賴房朝臣)、進新冠前、次作法、先取冠見之、次冠、湯灌器、聊押手、打亂筥押開、小本結三筋、解櫛、髮搔取出之、次取新冠手定之、次髮調之、作法如常結之、次引合二枚、笄刀取出之調之、何も自左也、理髮了冠令着之、以右手かゝえ、次鬢櫛取出、髮搔と兩種、置湯灌器上退、次予進左方鬢搔之退、次理髮之人進寄、打亂筥如元調之退、次本役人撤之、次新冠退入、次予起座了、次於休所冠着改、眉等直之、二獻有之、熨斗鮑、混布にて三盃、一身計也、次烏子(金かしら、ひ、かすのこ、)一獻各、次予又着座、新冠二拜、次各被見妨(カ)◎訪之衆廣橋黃門、薄、葉室、予父子、山井伊豆守景賴、同將監景理等也、初獻雜煮、二獻吸物、(鯛)、三獻同たこ、等也、三獻予酌沙汰之、次侍共各召出、音曲有之、及黃昏各被歸了、○今日禁裏御冠拜領、代々佳例也、御直衣者重而可被出之由有之、女房奉書如此、

この御かうふりたひ候、いく久しくも御ほうこう候はんするとめてたき、よく心え候て申とて候、かしく、

やましなとのへ

取松明參內、各供奉、從車寄參、於御三間御對面、天盃頂戴也、次御局々御禮申候了、次親王御方へ參、御盃被下了、次今夜立春御祝に其間々祇候、被參之輩一位大納言、萬里小路大納言、予、廣橋中納言、宮內卿、重保朝臣、言經等也、次退出了、○今日言經內藏頭從五位上昇殿之事申入了、則勅許也、葉室申沙汰也、○建仁寺光堂、禁裏へ御卷數三枚、(東岩藏光明院、眞性院、)予に一枝被送之、

廿六日、(戊戌、雪、晴陰、天一天上、)○借用之物共悉返之、○讃岐守忠宗、同右兵衛尉忠雄禮に來、代十疋隨身、對面、雜煮にて一盞勸了、次高倉新亞相一荷兩種、(荒卷、豆腐、)次松尾社務相光朝臣、同子禮に來、樽代十疋、雜煮にて一盞勸了、○廣橋一品太刀(糸卷、)禮に被來云々、○方々禮に召具左衞門、猿等也、所々次第不同、巡路中御門、(一盞、)高辻、(他行、)正親町、(入見參、)竹內殿、(御留守、)伯、(行水云々、)薄、(見參、)內侍

所、高倉、金吾見參、四辻、留守、三條西、見參、轉法輪三條、五辻、所勞、伏見殿、一荷兩種持參、御盃被下、菊亭、見參、庭田、留守、大祥寺殿、御盃被下、岡殿、御見參、賀二位、見參、烏丸、留守、松田對馬守、同上、廣橋父子、留守、半井入道壽琳、見參、一條殿□、大閤御見參、殿下御所勞云々、德大寺、見參、一盞、近衛殿右府、御見參、御盃被下、太刀糸卷持參、西洞院、留守、飛鳥井前亞相、見參、總持寺殿、御盃被下、兩御所、一盞、寶鏡寺殿、御風呂、入江殿、御盃被下、正親町三條、中將見參、滋野井、留守、甘露寺、留守、富小路留守、等也、以外令沈醉歸宅了、

○當番當年今夜計之間、及黃昏參、予一身也、○葉室、同母儀今日 被歸在所云々、 ○鞍馬寺 戒光坊炭一俵、一聲聞師、長泊寺公私、二枚卷數到、

廿七日、己亥、天晴、天一天上、 ○庭田禮に被來、太刀金、持參、一盞勸了、次高倉金吾太刀金、持參、一盞勸了、次伯卿太刀金、持來、一盞勸了、次閼伽井坊二荷兩種ろほそ、こふ、持來、一盞勸了、○高橋、北尾所へ禮に、澤路彥九郞遣之、

廿八日、庚子、天晴、○高辻太刀金、禮に被來、次滋野井禮に被來、一盞勸之、基二盤打之、持也、次竹內殿より虎福、菊亭より高木元服之御禮云々、○自安禪寺殿方丈還御無之間、阿茶々事先延引之由有之、○四條太刀金、にて禮に被來、一盞勸了、○三條帥、烏丸、右大辨勸修寺、元服之禮に被來云々、

廿九日、辛丑、五墓日、自丑下刻雨降、自午時晴、 ○薄歲暮禮に被來、次正親町一品入道元服禮に來儀、太刀金、兩殿へ一盞勸了、 富小路權佐氏直元服歲暮等禮に來、○葉室明日四方拜に出京、○粟津公事錢且々出之、○禁裏へ御歲末御禮申、於御三間御對面、御卷數四枚進之、同御小本結進之、 同親王御方へ御禮申候了、同御小本結進上之、於御三間御對面之輩予、右大辨宰相、宮內卿、重保朝臣、輔房、經元、邦富、以淸、源爲仲、次又一位大納言、遲參 四辻大納言、廣橋中納言、公遠、次又菅原種長等也、 種長は遲參之間無御對面、次左衛門督雅教卿、祗候、上洛之後始歟、於議定所御對面、予申次、於男末天盃頂戴也、 予其間々禁裏に臥了、同中山亞相祗候、當番衆四辻退出、經元一人也、御局々へ御歲末御禮申候了、 ○中山亞相、甘露寺、五

辻、各太刀金、元服之禮に來儀也、親王御方へ御禮之次、若宮御方、御伊茶、御阿子以下、前內府入道、萬里小路大納言等に、歲末御禮申候了、次薄所へ歲末禮申候了、

言繼卿記 十九

天文廿三年 甲寅

○正月大

一日、壬寅、天晴、天一天上、土公在地中、○先令行水參詣內侍所、御最花十疋、先折紙進之、看經、御鈴之後、如例年神盃頂戴了、次甘露寺權右少辨經元に令着裝束了、次四方拜始、先御裝束着御、御衣文新大納言、永家卿、御前裝束廣橋中納言、國光卿、出御及天明、庭上座以下如例年、御簾御裾賴房朝臣、葉室頭左中辨、御劍重保朝臣、庭田頭中將、御草鞋經元、御脂燭隆益朝臣、四條中將、源爲仲五辻極﨟、等也、御後に一位大納言、兼秀卿、新大納言、永家卿、中山大納言、孝親卿、廣橋中納言國光卿、等被參、一位大納言被下階之時被引御手、予直衣之間不參、鬼間南簀子より見物了、還御之後、於男末盃酌如例年、次葉室令同道退出了、○予四方拜以下看經如例年、次雜

煮にて盃酌如例年、葉室相伴、次葉室被歸在所了、〇此方祝如例年、次吉書神樂（笛）少々吹之、〇樂始五常樂急、太平樂急笛吹之、於妙音天御前也、〇井上將監禮に來、對面、次早瀨民部丞、同彥二郎禮に束、德利出之、對面盃令飮之、〇當番始之間申下刻參內、各參集之後、參親王御方へ御禮申候了、則御參內、各供奉、今夜天酌、被參之輩一位大納言、（兼秀卿）四辻大納言、（季遠卿）萬里小路大納言、（惟房卿）予、廣橋中納言、（國光卿）伯二位、（雅業卿）右大辨宰相、（晴秀卿）宮內卿、（以緒卿）重保朝臣、庭田、輔房、（萬里小路右少辨）經元、（甘露寺權右少辨）公遠、（四辻少將）邦富、（白川少將）以淸、（薄右佐）源爲仲、（極﨟、五辻）菅原種長（東坊城秀才）等也、次親王御方御退出、各供奉、次御盃參、御酌悉參了、但伯二位行步不叶歟不參、次各退出了、〇今夜當番衆予、右大辨宰相兩人也、

二日、（癸卯、天晴、天一天上、）〇堀川判官禮に參、對面、久河彌助禮に來云々、內膳民部少輔來云々、〇今夜內藏頭御禮に召具可參內之間、四辻少將直衣指貫（練貫濃色）借用了、〇內藏頭召具竹內殿へ御禮に參、御見參、御酒給之、次伏見殿へ參、御寢云々、次大祥寺殿、御盃被下了、次久我三位中將、見參酒有之、同近衞殿大政所へも申了、次親王御方、若宮御方等へ御禮申候了、次萬里小路前內府入道へ禮申候了、見參、次參內、供井上將監、早瀨彥二郎等也、〇今夜天酌に被參輩一位大納言、四辻大納言、予、廣橋中納言、右大辨宰相、宮內卿、重保朝臣、輔房、邦富、言經、以淸、源爲仲等也、先之一位大納言、予兩人可參御三間之由有之、暫御雜談共有之、〇笛五常樂急於本尊御前吹之、

三日、（甲辰、天晴、天一天上、）〇甲斐守多久宗禮に來、對面、次澤路藤二郎禮に參、對面盃令飮之、〇自安禪寺殿阿茶々に羽子板、羽子二、被遣之、瑞仙庵文有之、〇今日禮者山井伊豆守景賴、同將監景理、粟津修理亮、中興新左衞門尉、柚留木與次郎、（南都雜掌也、）等也、次大澤彥太郎禮に來、盃令飮之、〇暮々御祝に參內、共大澤彥太郎、澤路藤二郎、猿等也、今夜天酌に被參之輩一位大納言、予、廣橋中納言、右大辨宰相、宮內卿、重保朝臣、輔房、經元、

公遠、邦富、以清、源爲仲、菅原種長等也、次廣橋父子令同道退出了、

四日、乙巳、天晴、天一天上、○於妙音天御前五常樂急一反吹之、○讃岐守忠宗、同忠雄禮に來、嘉例之扇一本持來、對面盃令飮之、次澤路彥九郎來、盃令飮之、○此邊少々禮に罷向、岡殿、御盃被下、正親町稱名院見參、轉法輪三條、五辻、勸修寺、庭田、菊亭、高倉、四辻、伊勢加賀守、白川、薄等へ罷了、○禁裏千秋萬歲に參、御近所之聲聞師也、五人有之、於議定所新內侍殿御酌御酒、各召出如例年、被參之輩四辻大納言、予、右大辨宰相、宮內卿、輔房、公遠、邦富、以清、源爲仲、菅原種長等也、七時分に祗候之間各早參、勞了、予共澤路彥九郎、同藤次郎、猿等也、○今日禮に被來之輩大內記、爲治、奉公衆五條、同祐乘三位法印、出納職定、重弘、若州武田內、內豎國益、大和宮內大輔、千秋刑部少輔、清水加賀守、同小四郎等也、

五日、丙午、自寅刻雨降、自巳刻晴、天一天上、○禁裏千秋萬歲に午時に參、今日者北畠聲聞師也、但自櫻町參云々、予、宮內卿、以清早參、其殘遲參也、四辻大納言、輔房、公遠、邦富、源爲仲等也、舞鞍馬、常磐、吉盛、木曾願書等舞了、○澤路筑後守今日禮に來、對面盃令飮了、○於長橋局四辻父子、予、吸物にて祝着之盃有之、

六日、丁未、天晴、天一天上、○自葉室如例年予、南向等へ鏡餅樽等到、祝着了、○兒島忠兵衞尉烏丸內禮に來云々、○當番之間暮々參內、予一身也、

七日、戊申、天晴、天一天上、土公在酉方（至癸丑六日）○北尾出雲守予叔父也禮に來、見參一盞勸了、○今明日鎭宅靈符行之、今日八座行了、○岡殿鎭宅靈符被行度之由仰之間、令參之處、伊勢加賀守、治部大藏丞祗候、御酒有之、粟津修理亮同祗候、音曲等有之、暮々行之、次吸物にて御酒被下了、直に禁裏御祝に祗候、先親王御方へ參了、○今夜天酌に被參之輩一位大納言、萬里小路大納言、予、菅中納言、爲康卿、五條、廣橋中納言、伯二位、右大辨宰相、宮內卿、重保朝臣、輔房、經元、邦富、以清、源爲仲、菅原種長等也、廣橋黃門令同道退出了、○今日禮者高倉亞相、同金吾、

速水左衞門尉、伊勢加賀入道、治部大藏丞、辨侍藤井等云々、
八日、己酉、天晴、天一神下艮、○今日も靈符八座行之、如昨日、○梅尾閼伽井坊◎鈌公字禮に被來、扇一本、隨身、一盞勸了、○八幡眺望坊より牛玉、二枚、兩所之御香水等進之、頂戴了、○今日禮者正親町一品入道、不斷光院、清譽西堂、松林淨花院內院、乘誓、同舜玉、融瑞軒、金山天王寺春智、鴨脚三位、光輔卿、中井入道、宗慶、廣橋內速水右近大夫有益、等也、○暮々近所藥師金山藥師寺、參詣了、
九日、庚戌、陰、○今日禮者庭田、主殿大夫、職照、中澤備前武家奉行守等云々、薄來儀、一盞勸了、
十日、辛亥、天晴、○從昨日閼伽井坊僧官口宣之事被申候、權律師惠明、代十疋到之間、今日葉室へ澤路彥九郎遣之、七時分歸候了、○自松林院明後日故障之間、明日齋に可來之由有之、德利被送之、○右府近衞殿晴嗣公、御參內之間、可被祗候歟之由、廣橋一品使者有之間、午時參、於常御所御對面、三獻參、御陪膳新中納言晴季卿、被參、御手長重保朝臣也、右府之御前公遠、三獻之時右府御酌各參、一位大納言、予、廣橋中納言、新中納言、重保朝臣、公遠等也、次長橋局三獻有之、各參了、及數盃、於そは口平少納言、時秀朝臣、大膳大夫俊直朝臣、進藤左衞門大夫長治、等酒令飮了、次御退出、次親王御方へ御參之間、予先へ參申入了、御對面有之、御參之時も各北門迄參會了、次大覺寺准后、義俊、久我三位中將、通興卿、御禮被申候、議定所、申次重保朝臣、次予小御所へ罷向理性院へ禮申、萬里小路大納言被來、酒及數盃、暮々歸宅了、○今日禮者典藥頭、賴景朝臣、古川德梅軒等也、
十一日、壬子、自寅刻雨降、正月中、八事入、○松林院乘誓齋に來、相伴了、○今日伏見殿如例年申沙汰有之、土器物二、くまひき、壺、柳一荷進上了、暮々參、被參之輩今出川前左大臣、中山大納言、中御門大納言、予、重保朝臣、永相朝臣、隆益朝臣、源爲仲等也、後に總在廳隆生、參、七獻有之、及大飮、三獻李部王御酌、四獻前左府御酌、七獻中御門酌也、音曲有之、鼓大小被打之、生島御侍與次狂言種々沙汰

了、亥下刻退出了、
十二日、癸丑、天晴、○禁裏御碁有之、午下刻杉原持參、中山大納言、四辻大納言、予、右大辨宰相等也、臺物にて御茶有之、未下刻於長橋局小漬有之、中山大納言、右大辨宰相、右、四辻大納言、予、左、相別打之、御懸物引合一帖、香包に沈、筆一對被出之、右四盤、左五盤勝也、予引合半帖、御筆拜領也、其外四辻拜領也、此內に大元帥法聽聞了、亥下刻退出了、予、中山に二盤負、杉原十枚遣之、○今日禮者甘露寺、半井三位入道、壽林、閑嘯軒、等云云、
十三日、甲寅、天晴、八專、土公地中(十日)○對馬守久氏禮に來云々、澤路備前守禮に來云々、中御門父子三人被來云々、○自禁裏未刻可祗候之由有之、先白川へ用之事有之罷向、一盞有之、次參內、中山大納言、四辻大納言、予、右大辨宰相等也、自江州御修理之事、人別懸之可進之由申蘢有之、如何之由御尋也、尤可然之由各申入、於其上條條各存分申入了、次御碁有之、又如昨日、中山右大辨等勝也、御懸物昨日之外兩三種被加之、於御前一盞有之、子下刻各退出也、予自伯卿番相轉之間祗候、○今夜當番衆予、伯卿代、新宰相中將、公古朝臣、滋野井、以淸、薄右衛門佐、三條西阿茶々代、等也、
十四日、乙卯、天晴、八專、○御番退出之次、右衛門督所へ罷向、昨日野へ被行云々、鶉之敲汁可申付之由有之、朝飡有之、薰物一貝被與之、○中御門女中被來、德利隨身、一盞勸了、○澤路彥九郎召寄、三毬打二本申付了、○飛鳥井前亞相、雅綱卿、今夜禁裏へ御禮可被申之由有之、一荷兩種、荒卷三、串柿、被送之、則暮々被來、一盞勸了、於此方用意、着衣冠被參內、戌刻計退出、被歸宅了、○廣橋亞相、吉田右兵衛督、兼右卿、禮に被來云々、
十五日、丙辰、天晴、○曉粥澤路彥九郎敲之、三毬打同彥九郎、井上將監等囃之、○安明院忌日之間、慶存齋に來、茶持參、齋相伴了、○今日禮者烏丸、白川、五辻等被來云々、○暮々御祝に參內、先親王御方へ祗候、御對面、如例年御盃頂戴之事申候處、後刻可參之由有之、今夜

天酌に被參之輩一位前大納言、尹豊卿、一位大納言、四辻大納言、萬里小路大納言、予、菅中納言、伯二位、宮內卿、重保朝臣、輔房、公遠、邦富、以清、源爲仲、菅原種長等也、次又親王御方へ參、御盃頂戴了、暫御雜談了、亥刻退出了、

十六日、丁巳、天晴、八專、子刻より雨降、○自正親町使者、隙に可來、談合仕度之由有之、○如例年家中衆百萬返念佛、心經、百卷、壽命經、十ヽ、消除疫病經、十ヽ、慈救咒、光明眞言、地藏小咒等千返宛、春日社に祈念了、○多武峯、不動等看經沙汰、妙音天看經、太平樂急一反、笛吹了、○正親町より使有之間罷向、明夜禁裏御香之懸物歌之心云々、談合了、餅蔓草に入之、一盞了、○自禁裏來十九日御題、飛鳥井前大納言に可申遣之由有之、則申遣之、初春祝君、晩天進上、近年有之間、別之可進之由有之、又申遣之、椿葉契久被進之、ヽ長橋へ進了、○今夜當番白川少將祗候也、

十七日、戊午、天晴、○御會始勅題被出之間、廻文調之長橋へ進了、如此、

椿葉契久

右御題、明後日十九日、可爲和歌御會始、各可令詠進給之由被仰下候也、

正月十七日　言繼

一位前大納言殿、一位大納言殿、飛鳥井前大納言殿、新大納言殿、日野大納言殿、中山大納言殿、四辻大納言殿、萬里小路大納言殿、權帥殿、中御門大納言殿、菅中納言殿、冷泉中納言殿、廣橋中納言殿、伯二位殿、右衞門督殿、右大辨宰相殿、宮內卿殿、頭中將殿、三條中將殿、藏人權辨殿、藏人中務丞殿、別紙に三條殿、（西殿）日野新大納言は、自舊冬勅勘之間、不載廻文也、

自正親町一品使有之、鯨汁可申付之間朝飡に可來之由有之間罷向、予計也、相伴了、今晩御香懸物仕立了、臺に梅之枝に帶四筋、にて袖調之、鶯有之、折つれは袖こそ匂へ梅花ありとやこヽに鶯のなく心也、○三毬打一本中付進上之、內藏頭進上也、ちいさく沙汰之、

無念々々、依不相調也、○予懸物調之、臺に梅之枝織物にて袖、一、中に、匂貝二、入之、矢一手、冠之針一等也、梅花たか袖ふれし匂ひそと春やむかしの月にとはゝやの心也、○暮々參內、各參集之後、於御三間御香有之、御人數御、三炷、今出川前左大臣、六ヽ、一位入道、四ヽ、若一位大納言、五ヽ、若中山大納言、三ヽ、若四辻大納言、七ヽ、若予、七ヽ、菅中納言、四ヽ、若右大辨宰相、七ヽ、宮內卿、三ヽ、若重保朝臣、二ヽ、若源爲仲六ヽ、等也、老若被別御勝負之由有之、老衆廿一炷、若衆卅二炷也、御懸物共悉和歌之心也、上之御懸物七炷、三人鬮取、右大辨拜領也、此內八人梅之歌也、次入御、次盃二、被出御酒被下候了、亥刻計各退出、予其間々祗候了、○今夜當番衆一位大納言、菅中納言、宮內卿等也、所役殿上人以清祗候也、

十八日、己未、天晴、八專、中下刻より雨降、○日出以前三毬打被囃之、兩奉行宿直共參警固也、如例年聲聞師烏帽子襖にて參囃之、被參之輩一位入道、一位大納言、四辻大納言、予、菅中納言、廣橋中納言、右大辨宰相、重保朝臣、永相朝臣、輔房、公遠、邦富、通總、以清、源爲仲等也、三毬打廿四五本有之、次於男末如例年一盞有之、次各退出了、○禁裏御楊弓之間巳下刻參內、各午下刻被參、御人數御矢、八、廿度に、曼殊院宮、廿二、中山大納言、十二、穴一、四辻大納言、六、予、十三、穴一、右大辨宰相、九、重保朝臣、三、源爲仲九、等也、卅七度有之、予六十三枚勝了、於番衆所小漬如常、次雨降之間御碁有之、予竹內殿へ一盤負、杉原五枚進上了、戌下刻退出了、今日矢取虎福、加田孫三郎兩人也、

十九日、庚申、雨降、八專、○自伏見殿御使有之、今日本願寺年頭御禮に雜掌上洛、靑蓮院殿御兒御所御對面、無人之間可祗候之由有之間、巳刻參、但遲之間大祥寺殿へ參、中山、極﨟等祗候、一盞被下了、午時伏見殿へ參、靑門之坊官衆長谷聽務三位法眼、同新三位、治部卿三人祗候也、小坂使平井御禮申候了、次御太刀折進上、御盃二參、初獻御盃予給之、二獻御盃平井頂戴了、及數盃、御侍衆三人計也、此外皆不被參、次予李部王常御所に

て又一盞被下、事外沈醉了、○年頭禮に賀二位所、一盞有之、大和宮內大輔、鳥丸、廣橋父子、松田對馬守、冷泉等へ罷候了、○禁裏御庚申之間、雖令沈醉祗候、先白御粥有之、次御酒被下之、御碁音曲等有之、丑刻各退出了、御人數曼殊院宮、中山大納言、四辻大納言、予、廣橋中納言、右大辨宰相、永相朝臣、邦富、源爲仲等也、予碁二盤勝了、予其間々祗候了、中山、永相朝臣等祗候也、御會始御懷紙共、飛鳥井前亞相、五條、伯卿、庭田等被進之、予持參了、予歌稱名院所勞とて不被見之間、禁裏へ懸御目調之、

春日同詠椿葉契久和歌

陸奥出羽按察使藤原言繼

玉椿いく八千とせの春秋を君にちきりていまかさくらん

廿日、辛酉、陰、八專、○薄被來、誂之平胃散被引之、○長講堂之周德當年禮に來、樽一、兩種餅、あさ、持來、餅入栄、にて一盞勸了、予、內藏頭對面了、同薄相伴了、○淨土寺殿奥坊禮に來、一盞勸了、○近衞殿御會始之間申刻參、先路次禮に罷向、半井入道、壽琳、一條殿、殿下御所勞、大閤は淨土寺殿へ御出云々、淨土寺殿御見參、同大閤御見參、五條祗候、御盃被下了、次德大寺等へ罷向、次近衞殿へ參、御人數大覺寺殿、右府、聖護院殿御兒、新大納言、予、廣橋中納言、永相朝臣、時秀朝臣、賴景朝臣、俊直朝臣、御侍衆十八計、里村一千代、宗養、連歌法師、紹巴同、等也、御當座一首宛有之、次俊直朝臣御懷紙御當座讀揚了、次御盃三獻有之、音曲等有之、夜半許各令同道退出了、懷紙、

春日同詠梅有佳色和歌

按察使言繼

やさに先待えし春のうれしさを色にも出てさける梅か香

御當座歸鴈、

いかにせは引もさめまし梓弓歸るはおしき春の鴈かれ

廿一日、壬戌、天晴、○旬之間、看經に神樂少々吹之、○清水寺執行宗澄、禮に被來云々、香水牛玉被送之、○當番之間暮々參內、御碁有之、中山大納言、四辻大納言、廣橋中納言、右大辨宰相等祗候、一人三番勝云々、御懸物香包に沈、筆二對、茶三袋等被出之、廣橋中納言は見

物也、但持碁三番有之者、廣橋中納言可拜領之由有之云々、然處六盤之内三番持也、何御見ヵ◎懸物廣橋中納言拜領也、奇特儀也、後に又此内之茶二袋被出之、中山、四辻碁一盤有之、中山被取之了、○今夜當番衆予、右大辨宰相兩人也、各子刻被退出了、

廿二日、癸亥、天晴、八專終、○禁裏御楊弓之間午時參內、五十一度有之、御人數御矢、十三、廿五度に、曼殊院宮、廿、中山大納言、十七、予、廿四、右大辨宰相六、等也、予百四枚勝了、但拂底之間、各不被出之、六十三枚勝了、於番衆所小漬如常、先於御前一盞有之、御楊弓之後御碁有之、今夜柳原右中辨淳光職事拜賀、衣文之事被申候間、酉下刻退出了○今朝自南都御師方神供以下到、積藏院西師清朝臣若黨也、井手掃部來之間對面、南都之儀共相尋之、一盞令飲之、書狀共、御師積藏中時良神供油物、一包、卷數、一合、火箸送之、同父時具朝臣神供串柿一袋、百、送之、正預祐恩卿同神供串柿一束百、送之、中東時宣朝臣火箸送之、次息時基加級從五上、之事、中沙汰賴入之由申之、則今日披露、勅許也、口宣案

甘露寺經元、申之、○柳原右中辨淳光、十四才、拜賀、從廣橋出門之間罷向、裝束黃門方にて令着之、自亞相方出門、三獻有之、相伴廣橋一品、同黃門、予、右中辨、極﨟等也、盃初獻一品、二獻予、三獻右中辨被始之、次出門、殿上等之儀可見物之處、事外令沈醉之間歸宅了、○三條中將、實福朝臣、賀二位、在富卿、等禮に來云々、

廿三日、甲子、陰、土公北方にあり、○妙順禪尼忌日之間、松林院舜玉齋に來、茶一器、持來、齋相伴了、○禁裏御甲子待之間暮々祗候、御人數曼殊院宮、中山大納言、四辻大納言、予、右大辨宰相、新宰相中將、公古朝臣、重保朝臣、以清等也、御碁有之、予、竹內殿四番打之、三番勝了、新相公一番予勝了、餠入豆腐にて相酒各被下了、丑刻各退出了、當番衆新宰相中將、重保朝臣、以清等也、○自禁裏、去十九日御會始御懷紙可閉進之由有之被出之、

廿四日、乙丑、天晴、○建仁寺光堂光明院良盛僧都、禮に被來、梅つけ一桶被送之、○自甘露寺被呼之間罷向、脈取之、一盞有之、養性藥之事談合也、一盞有之、○廣橋一品へ暮々罷向、

戌刻歸宅、
禁裏御懷紙次第之事、准后親王次第、先日於御前御沙汰有之間、尙令談合、應永廿三年に爲勅定、准后之上に親王之由被定、是初例云々、其後又寛正六年歟、宸筆御八講捧物之時、被經御沙汰、准后爲親王之上、其後不被改之間、准后者可爲親王之上云々、但於儲君者不及沙汰、准后之上可然也、公敎公之記に云、先内親王准后、次大臣以下之准后、次親王、可爲如此之由勅定、不足信用、只不依男女、准后可爲宣下次第儀也、但任勅定之由有之云々、又應永廿三年建聖院内府（時房公、于◎今（時カ））傳奏、記に親王は准后之可爲上之由勅定之間、不及是非、不可然之由有之云々、愚案、又除目之申文、准后申文は院宮申文之束に入之、親王申文者公卿申文之束に入之、然時無紛儀歟、

廿五日、（丙寅、天晴、）○南向鞍馬寺へ初而參詣、共彌々、大澤左衛門大夫妻、與次郎妻等云々、申下刻被下向了、○葉室母儀北野社參詣とて被來、南向留守之間無殊事、餅にて茶勸了、軈而被歸在所了、○自竹内殿御碁に可參之由、兩度御使有之、各留守之間故障申候了、○早瀨民部丞に申付、先皇三首御懷紙幷正親町被誂年代記等、今日表法會（◎繪カ）出來到、

廿六日、（丁卯、天晴、二月節、申刻より雪散、）○滋野井禮に被來、見參、軈被歸了、○禁裏聖天御法樂之由俄に被仰下、故障申候了、○正親町被誂年代記表法繪出來、取に來之間遣之、○當番之間申下刻參内、予一身也、臺所之衆四人に華撥圓一貝宛遣之、内侍所女房衆蟲起之間、脈之事申候間、罷向取、寒より蟲起了、一盞有之、雙紙一册讀之了、五位、阿子に華撥圓一貝宛遣之、長橋局茶々地に同一貝遣之、

廿七日、（戊辰、雪飛、自巳刻晴、五墓日、）○竹内殿へ參、碁七盤參了、予一盤之負也、甘露寺祗候也、一盞有之、

廿八日、（己巳、天晴、）○無殊事、

廿九日、（庚午、天晴、土公地中に入、）○今日禁裏御和漢御會有之、新亞（高倉）相直衣借用了、巳刻參内、未初刻始、御人數御製、（十一句、）大覺寺准后、（十、義俊、）右大臣、（八、晴嗣公、）陽山、（慈照寺七、右府弟、）一位大納言、

五、四辻大納言、五、予、五、冷泉中納言、五、廣橋中納言、五、菅宰相、二、執筆、水無瀨三位、三、仁如、十一、江心、八、龜年、八、策彥八、等也、於小御所有之、小漬如常、後に御盃二獻參了、所役殿上人永相朝臣、邦富、御盃之時御陪膳新中納言、晴季卿、御手長經元、其外以淸、源爲仲等參、戌刻各退出了、御發句以下如此、

山も世に雪間時ある春もかな　御
餘寒未聽鶯　右大臣
紅霞如染柳　大覺寺准后
曉日欲懸櫻　陽山
立出る袖もあまたに駒なへて　一位大納言
さゝれも淸き川つらの里　四辻大納言
つなきなく舟はむかひ◎の脫カ岸かけに　予
屋疎漏月明　冷泉中納言

薄息女咳氣發熱云々、藥之事被申候間、人參敗毒散に加薄荷、五味子、杏仁、細辛、五包遣之、

廿日、辛未、天晴、○薄息女小驗之間藥之事又所望之間、同藥三包遣之、○禁裏御楊弓之間祗候、先薄所へ罷向、彌驗氣之由有之、入麵にて一盞有之、午下刻參、御人數御矢、十六、卅度に、曼殊院宮、廿、卅一、予、八、廣橋中納言、五、卅度、若王子權僧正、十七、卅一、永相朝臣、九、卅一、源爲仲十六、等也、卅七度有之、予卅八枚負了、於番衆◎所脫カ竹内殿內小漬如常、御矢取邦富、松壽兩人也、次及黃昏御碁有之、予戌刻退出了、
○今日故葉室榮春、理永、宗永等忌日之間、淨花院舜玉齋に來、相伴了、

○二月小

一日、壬申、天晴、○甘露寺令同道方々當年之禮に罷向、先曇華院殿、御酒有之、次二條殿、無御見參、次に去年若公御誕生之御禮申、太刀金、進了、次安禪寺殿、御酒有之、次一條殿、無御見參、次德大寺、次近衞殿、御酒被下、次飛鳥井、一盞有之、次總持寺殿、半井入道祗候、音曲にて御酒有之、次南御所、御酒有之、次寶鏡寺殿、御酒有之、及黃昏之間罷歸、予當番之間直に參內、天酌に被參之輩一位大納言、四辻大納言、予、廣橋中納言、宮內卿、重保朝臣、經元、邦富、源爲仲等也、○今日禁裏御楊弓有之云々、可祗候之由有之云々、他行之間不參、今晚當番予一身

也、御寢之後內侍所へ罷向、丑刻迄物語了、〇今晚關白廿六才被薨云々、此間所勞云々、才人、歎敷御事、不可說不可說、〇今日禮に吉田右兵衛督、兼右卿、千秋刑部少輔禮に來云々、

二日、癸酉、曇、從申刻雨降、〇庭之梢梅一枝大祥寺殿へ持參、御盃被下之、右大辨宰相、極﨟等祗候、右大辨と雙六四盤打之、持也、次中山自廿六日所勞之由有之間、見舞罷向、伏見殿內被居了、昨今少驗之由有之、但未叶起居云々、次伏見殿へ參、次正親町へ罷向暫雜談、次竹內殿へ參了、〇今朝千秋刑部少輔所へ罷向、近所金山天王寺之內、暫雜談了、〇薄息女所勞悉本服、祝着之由有之、德利兩種鯛一、壺一、被送之、

三日、甲戌、天晴、風吹、〇自松林院被申法華經六卷之末七把、來六日故淨土寺殿十七回御佛事用云々、今日令書寫遣之、〇澤路筑後守、粟津公事錢未進二十疋持來云々、〇五辻へ罷向碁二盤打之、予負了、〇慈惠大師看經了、

四日、乙亥、天晴、〇五常樂急一反笛吹之、妙音天看經了、〇廣橋亞相に土代借用、被勘入之分可寫之用也、〇大祥寺殿へ參、御留守之御所也、勸修寺一位與滋野井中將碁、雙六等見物了、予、五辻等也、次五辻へ令同道碁二盤打之、予勝了、

五日、丙子、天晴、〇今夜長橋局へ別殿行幸有之、可參之由有之間、暮々參向、被參之輩一位大納言、新大納言、予、宮內卿、輔房、以清、源爲仲等也、二獻麵より御相伴、公卿計如常、三獻吸物、三獻天酌、四獻宮內卿酌、五獻以清酌等也、次源爲仲雞申之、次還御、次於局新大納言、予、宮內卿、殿上人三人等一盞有之、次各退出了、〇讚岐守多忠宗次男忠季、左兵衛少尉之事令披露、則勅許也、口宣案之事、柳原右中辨淳光に申之、

六日、丁丑、天晴、〇禁裏御楊弓之間午時參內、御人數御矢、卅一、曼殊院宮、廿七、今出河前左大臣、十五、一位入道、九、四辻大納言、十、予、廿六、廣橋中納言、八、永相朝臣、廿二、源爲仲十七、等也、御矢取竹內殿之松壽丸、虎福兩人也、於番衆所小漬如常、五十一度有之、從暮々於番衆

所御燒火、御雜談有之、亥下刻各退出、祇候之輩曼殊院宮、四辻大納言、予、廣橋中納言等也、○今夜當番予一身也、○藥室へ木檘枝所望に人遣之、晩天到、同梅三枝到、

七日、戊寅、天晴、中酉刻小雨降、土公卯方、○岡殿へ參、梅一朶進之、次禁裏へ木檘二枝進之、同薄に二枝遣之、次大祥寺殿へ參、梅一枝進之、暫御雜談申之、極﨟祇候也、次中山見舞、少驗とて伏見殿へ祇候云々、則參、暫御雜談、竹內殿、內府、西園寺公朝、中山、予、經元、源爲仲等祇候、一盞被下了、次臺所へ罷向之處、廣橋黃門、薄等白粥有之、予も相伴了、次廣橋黃門と雙六四盤打之、予三盤勝了、

八日、己卯、天晴、○自今日三ヶ日靈符行之、如常五座行了、○禁裏聖天御法樂御連歌有之、午時始、御人數御製、廿三句、曼殊院宮、十五、四辻大納言、廿一、予、廿一、廣橋中納言、十六、永相朝臣、三、執筆、等也、於長橋局小漬如常、御發句以下如此、於御學問所有之、

梅か香の花に吹あへぬ風もなし　御
晴るかすみに日のうつる庭　曼殊院宮
玉すたれひまく〳〵あそふ絲そへて　四辻大納言
小雨そほふる夕暮の空　廣橋中納言
さし歸る舟は入江の波の上　言繼
眞砂にさゆき秋のはつしほ　永相朝臣
すさましき嵐や松の聲ならん　曼殊院宮
雲にしはしの月遲き山　御
あつき日の名殘忘るよひ深て　廣橋中納言
こゝにはしゐの程やひくらん　言繼

戌刻計岡殿へ祇候、靈符一座行之了、極﨟祇候、一盞了、○勸修寺一品に平家一二三、借用了、○吉田右兵衞督兼右卿、唯識論一二返之、又三之卷遣之、

九日、庚辰、天晴、○靈符如昨日五座行之了、○自竹內殿可參之由有之間則參、碁一盤打之、負了、○禁裏御楊弓之間祇候、午下刻始、八十度有之、御人數御矢、卌、曼殊院宮、四十、穴一、四辻大納言、十一、予、卌二、若王寺權僧正、卌七、經元十六、等也、於番衆所小漬如常、御矢取松壽丸、虎福兩人也、暮々各退出、次內侍所へ罷向、亥下刻迄雜

談了、○春日社權神主、時具、同子、時良、中東時宣、等書狀到、急便之間、時良方へ計返事了、○權神主時具上階之事、小折紙相調令披露、則勅許也、但明後日之日付に口宣案之事、頭中將重保朝臣、に申候了、

十日、辛巳、天晴、○靈符今日迄三日行之、五座行之了、○高倉亞相より磨積圓所望之間、調合之事被申、代半、到、○禁裏御楊弓之間參內、五十一度有之、御人數御矢、卅一、曼殊院宮、卅三、予、卅五、廣橋中納言、十二、若王子權僧正廿九、等也、於番衆所小漬如常、御矢取邦富、松壽等也、次亥刻迄各御雜談有之、今夜無當番衆之間可祗候之由有之、予一身也、

十一日、壬午、天晴、○右衛門督高倉亞相所へ朝飡に罷向、各招請也、正親町一品入道、亭主、烏丸、四辻、予、廣橋黄門、薄、金吾、甘露寺、富小路氏直、等也、次楊弓二三十度有之、次盃出、吸物等にて及大飲、音曲等有之、申下刻各被歸了、予竹內殿へ參、一醉仕了、○當番之間直に祗候、予一身也、

十二日、癸未、天晴、夜に入小雨降、二月中、○亡父卿瀧雲院殿宗言忌日之間、松林院乘誓齋に來、相伴了、○禁裏御楊弓之由有之間參內、七十二度有之、御人數御矢、廿五、曼殊院宮、廿九、予、十八、滋野井新宰相中將、公古朝臣、十三、若王子僧正、十二、經元、廿四、御矢取以清、松壽等也、於番衆所小漬如常、予卅枚計負了、

十三日、甲申、雨降、土公地中、自午下刻天晴、今日より十方暮、○今日左衛門督飛鳥井雅教卿、於禁裏御楊弓申沙汰也、先一昨日被賦二首題、懷紙持參、予和歌昨日禁裏懸御目了、今日淸書、如此、

春日同詠二首和歌　　按察使藤原言繼

漸待花

昨日けふさくかと見えて山風に匂はぬ花や峯のしら雲

寄世祝

あふけなくもりなき世を空にみせて天津ひかりのさしのほるかけ

御楊弓三四十度有之、大勢之間數不被取、予四十枚負了、御人數御矢、曼殊院宮、今出川前左大臣、一位大納言入道、一位大納言、新大納言、日野大納言、中山大納

言、四辻大納言、予、廣橋中納言、新中納言、左衞門督。右大辨宰相、若王子權僧正、重保朝臣、經元、源爲仲等也、此外邦富、以淸祇候也、先一盞有之、申刻於男末小漬有之、御楊弓以後御盃三獻參了、御陪膳新中納言、御手長重保朝臣、先御盃以前和歌被講之、讀師今出川前左大臣、講師重保朝臣、發聲左衞門督、雅敎卿和歌四辻大納言發聲也、公卿悉助音、新中納言一身被殘了、御一獻之間に、左衞門◎督脫カ唐綾一端被進上之、廣橋中納言持參也、音曲有之、及大飮了、各亥刻退出了、

十四日、乙酉、天晴、彼岸入、○禁裏御楊弓之間午時參內、五十度有之、御人數御矢、十五、曼殊院宮、十九、一位前大納言、廿七、四辻大納言、十三、予、十九、廣橋中納言、三、四十度、永相朝臣、八、經元、十二、源爲仲十一、等也、於男末小漬如常、御矢取松壽、虎福等也、先一盞有之、次夜に入於番衆所御燒火、及亥刻有之、曼殊院宮と予碁三盤打之、予皆勝了、杉原十枚つヽ勝了、○閼伽井坊來儀、暫雜談有之、

十五日、丙戌、天晴、時正、○祖母安明院永幸大姉忌日之間、安養寺之慶存齋に來、相伴了、○冷泉被誘引之間、遺敎經へ參詣了、○庭之梅一朶禁裏へ持參進上了、

十六日、丁亥、天晴、時正、○半井三位入道閑嘯軒所へ可來之由申候間、巳下刻罷向、庭前之梅可見之由有之、罷向人數正親町入道、廣橋亞相、予、冷泉、廣橋黃門、庭田、其外速水越中守、同安藝守、江州靑地內芝原豐後守等也、飯有之、中酒之後山里にて茶有之、次烏丸精進之間、飯以後被來、次吸物臺物等にて及大飮、音曲有之、芝原狂言種種有之、亭主舞共至戌刻、予當番之間歸宅、其後各肩衣ぬき有之云々、○當番に參、予一身也、

十七日、戊子、天晴、時正中日、○右衞門督母明日十七回云々、寫經難出來之間、助筆之事被申候間、自早々罷向、齋有之、六把書之了、○禁裏御用之間早々可參之由有之、未刻參內、曼殊院宮、中山大納言、予、廣橋中納言等祇候、暫御雜談有之、次御楊弓廿五度有之、但御矢不被遊、矢取以淸、松壽兩人也、曼殊院宮、十、中山大納言、十五、

予、八、廣橋中納言七、等也、予持也、於番衆所小漬如常、暮々退出了、

十八日、己丑、天晴、時正、　○庭之梅一枝親王御方へ持參了、萬里小路亞相暫雜談了、○伯卿、坂靑門桂蓮院宮、御筆龍大文字被借用之間遣之了、　次大祥寺殿へ參暫御雜談申候了、右大辨宰相、極﨟等祗候也、次正親町へ罷向、奥坊、森刑部大輔等來、一盞有之、○內侍所へ罷向、平家物語二之卷讀之、一盞有之、戌下刻歸宅、

十九日、庚寅、天晴、時正、　○自禁裏御楊弓に可祗候之由有之、次山蜂之巢被下之、○澤路筑後守就率分之儀、明日芥河へ可下之由申候間、三好筑前守、同日向守、　齋藤越前守、飯尾越前守等へ書狀調遣之、　○巳刻參內、先一位前大納言、予兩人參御前御學問所、暫御雜談、來月二日河州之安見子猿樂可仕之由申云々、其御談合共有之、次竹田瑞竹當年御禮に參、牛黃圓十貝進上、御雜談共申候了、御扇子拜領、申次輔房參了、午下刻御楊弓始、七十二度有之、東庭、御人數御矢、廿八、曼殊院宮、卅、一位前大納言、廿八、穴一、中山大納言、廿三、穴一、予、廿一、廣橋中納言、四、經元廿二、等也、予十九枚勝、　於番衆所小漬如常、御矢取竹內殿之松壽丸、虎福兩人也、暮々退出了、　○今日鞍馬寺萬燈會有之云々、貴賤群集云々、

廿日、辛卯、雨降、時正終、　○高倉亞相被申磨積圓三兩三分、遣之、○就率分之儀、廣橋黃門より三好筑前守所へ書狀到、則澤路所へ遣之、○西洞院平少納言時秀朝臣、被來、從相州聖護院坊官森坊に申之、　源氏一冊書寫之事被申候、同心了、○早々奥坊淨門坊官、來、黑藥所望之由申、　近年無之由返答了、

廿一日、壬辰、天晴、五墓日、　○旬之間、看經に神樂少々吹之、○粟津修理亮名字之切之事申、則勘遣之、○禁裏御楊弓之間巳刻參內、六十度有之、　御人數御矢、廿三、曼殊院宮、卅、中山大納言、七、十五度に、　四辻大納言、十四、四十度に、予、十八、廣橋中納言、十一、四十一度に、　右大辨宰相、十九、若王子權僧正、廿二、經元、十九、穴一、源爲仲十八、等也、予十六枚勝了、　於東庭有之、御矢取松壽丸、虎福兩人也、　於番衆所小漬如

常、〇今夜當番予一身也、御寢之後、於內侍所平家三之卷讀之、〇田口伊賀守從播州上洛云々、自揖保百疋出之云々、都多村亂入日損云々、杉原一束出之云々、未刻備前若都座亂入云々、

廿二日、癸巳、天晴、天一天上、〇今日禁裏聖天御法樂御連歌有之、巳刻參內、則始了、御人數御製、十八句、仁和寺宮、八、曼殊院宮、十三、中山大納言、十二、四辻大納言、十六、予、十八、廣橋中納言、十三、永相、二、執筆、等也、所役殿上人以清、於長橋局小漬如常、申下刻終了、次御楊弓十度計有之、御矢御室等不被遊也、及黃昏退出了、御發句以下如此、

何船

待てさく心をたれか春の花　曼　宮
朝なくの雨かすむ山　四　大
氷さけ水行川邊橋みえて　御
末はいつくの里の通路　言　繼
あけまきの牛ひき歸る野を遠み　廣　中
夕は草の露ふかき色　永　相
此すまゐ月もやされるかけなれや　四　大
夜をこそあかせ秋のうたゝね　曼　宮
移り行程もおほえぬ醉の中　言　繼
臺もたかくひゝく琴の音　御

廿三日、甲午、天晴、天一天上、土公午方、〇禁裏より可祗候之由候間、巳刻參內、予、宮內卿、以清等細工之事被仰付之、中山大納言、四辻大納言、廣橋中納言等合力了、一盞有之、予又臺所へ鈴一、隨身了、及黃昏退出、

廿四日、乙未、天晴、五墓日、天一天上、〇長橋局に朝飡有之、次宮內卿、以清等祗候、昨日之細工之殘今日出來了、晚天於長橋局湯漬にて一盞有之、及黃昏退出、〇自田口伊賀守方杉原一束到、自播州都多村之土產也、〇從今日禁中觸穢云々、來月五日迄也、就關白御事也、

廿五日、丙申、雨降、天一天上、〇自竹內殿御齋に可參之由有之間參、伊與局、予、甘露寺等御相伴了、先爲聖廟法樂樂可吹之由候間、笙召寄、五常樂急、太平樂急、慶德等吹之、其後甘露寺碁一盤打之、予負了、御連歌一折可被遊之

由有之、御發句脇予、然處早々可參内之由有之間、則巳刻參内、○禁裏へ各祗候、竹内殿、中山大納言、四辻大納言、予、經元等也、御碁五盤有之、其外御雜談了、於番衆所小漬了、及黄昏各退出也、○極﨟番相轉之間其間々祗候、予一身也、

廿六日、丁酉、天晴、天一天上、亥刻霰、雷鳴二聲、○自庭田一昨日書狀有之、腹之藥之事被申間、今朝早々罷向、痔所勞云々、腹之藥者他人用也云々、又春日社權神主上階口宣案所望了、○飛鳥井左衛門督上洛以後不罷向之間、今日罷向、入麵にて一盞有之、笛一管、以唐木造之、胡椒二斤被與之、○自禁裏早々可祗候之由有之間、未刻參內、中山大納言、四辻大納言、予、廣橋中納言祗候、御懸物被出之、中山、廣橋拜領之、碁三盤有之、於番衆所小漬有之如常、及黄昏退出了、○今日當番之代源爲仲祗候也、昨日に相轉也、

廿七日、戊戌、天晴、天一天上、三月節、○山井伊豆守景頼來談、中酒振舞了、○自伏見殿爲御使盛嚴來、入道宮へ當年御禮不被申候間、明日李部王城南へ御下向之間、御供に可參之由有之、不具候間可隨體之由申入了、○自禁裏可祗候之由有之、則未刻參內、碁二三盤有之、曼殊院宮、中山大納言、四辻大納言、予等也、於番衆所小漬有之、今日妙心寺長老龜年被參、暫御雜談有之、引合、一束、段子二端、被進之、田舍之僧出世歟、各及黄昏退出了、○葉室出京、今日逗留、二條に勸進猿樂有之、爲見物歟、

廿八日、己亥、天晴、天一天上、○伏見殿李部王今日城南へ渡御、巳刻參之處、午時御出也、予、五辻介同道、飛鳥井左衛門督、滿藏院伊勢守弟也、兩人馬にて御伴也、直に先法安寺へ御出也、三獻有之、各御相伴、次法護院入道宮へ御出也、三獻、其内に夕御膳濟々儀也、總持寺殿も四五日以前より御出云々、次大光明寺へ御出也、予者殘申、尙御酒有之、失正體、李部王夜半時分御上洛云々、五辻又祗候了、

廿九日、庚子、天晴、天一天上、土公地中に入、○今朝可出京之處、可致逗留之由被仰之間、予、五辻逗留申候了、朝飡御相伴申候了、

其後入道宮、總持寺殿、女中衆、予、五辻以下淸泉寺へ渡御、次指月へ渡御、僧衆十餘人祗候、及大飮音曲等有之、次御舟遊有之、又御盃參及大飮了、還御之後、不及御案內申、予、五辻兩人上洛了、○路次東禪寺陸曲五辻兄樟藏主へ罷向、先於三性寺門前大酒有之、共衆返之、今夜逗留了、沈醉之故也、

○三月大

一日、辛丑、天晴、天一天上、五墓日、○於樟藏主白粥有之、午時酒有之、僧衆兩人被出、其後出京了、次五辻曇花院殿へ參之間令同道、及大飮了、次伏見殿へ參、李部王へ一昨日之御禮申候了、又各被參及大飮了、○直に御祝に參內、天酌に被參之輩一位大納言、四辻大納言、予、廣橋中納言、宮內卿、邦富、源爲仲等也、予當番之間其間々祗候、予一人也、

二日、壬寅、天晴、天一天上、○禁裏より可祗候之由有之間、午時參內、曼殊院宮、中山大納言、四辻大納言、予等也、棊二三盤有之、於番衆◎所脫カ晩飡有之、暮々退出了、明朝鬪鷄に可祗候之由被仰下了、

三日、癸卯、天晴、天一天上、○早々參內、鬪鷄十番計有之、被參之輩予、阿茶々丸、三條大納言息、永相朝臣、公遠朝臣、經元、邦富、通總、以淸、源爲仲等也、如例年於東庭有之、牛飼兩人參令鬪之、爲仲申沙汰如常、次各退出了、○御楊弓之由有之間巳下刻參內、六十二度於東庭有之、御人數御矢、十五、四十度、曼殊院宮、廿三、中山大納言、廿六、百手に、予、廿四、廣橋大納言、四、四十度、新中納言、晴季、四十三、右大辨宰相、八、經元、廿三、源爲仲十八、等也、予四十枚負了、於番衆所小漬如常、御矢取竹內殿之內虎福、因幡法師兩人也、○今夜天酌に被參之輩一位大納言、四辻大納言、予、廣橋中納言、伯二位、右大辨宰相、宮內卿、公遠朝臣、經元、邦富、以淸、源爲仲等也、戌刻退出了、

四日、甲辰、天晴、天一天上、○可祗候之由候間巳刻參內、曼殊院宮、中山大納言、四辻大納言、予等、於御學問所暫御雜談、棊五六盤有之、饅頭にて一盞有之、暮々退出了、

五日、乙巳、天晴、天一天上、○早々可參之由被仰下之間、則參內、

清涼殿小御所之間板墻可被取之間、草木共悉方々へ被渡之、小法師（河原者）兩人、仕丁四人申付令渡之、晩頭退出了、來八日九日兩日、河內國遊佐內安見子御能仕之間如此、皆々被參、御取置共有之、

六日、（丙午、天晴、天一天上、）○五時分參內、舞臺令敷之、方々申付之、御見舞被參之輩中山大納言、四辻大納言、右大辨宰相、宮內卿、永相朝臣、源爲仲等也、於臺所高橋雅樂助宗衡、大隅民部丞以下、來九日獻方用意也、予に一盞勸了、予晚飡臺所へ召寄了、當番之間祗候、今夜當番予、右大辨宰相、御添番に新宰相中將被參了、

七日、（丁未、天晴、天一天上、）○鞍馬寺戒光坊櫻之枝持來、花盛之間可參詣之由申候了、予對面、一盞勸了、○巳刻參內、方方大工に申付作事了、かこい候了、○自廣橋黃門被誘引之間、風呂へ罷了、廣橋父子、烏丸、中御門父子三人、予父子、富小路等也、湯殿に早瀨民部丞召具了、○明日爲見物、葉室、同母儀被出京被來了、○今日河州安見上洛、知恩寺に居云々、六七百人計にて上洛云云、

八日、（戊申、雨降、天一天上、土公酉方、）○辰刻朝飡急參內、召具言經、指貫新調、袍借用、右中辨、（淳光、）飛鳥井前亞相被來之間令同道、今日被參之輩、先簾中に親王御方、式部卿宮、仁和寺宮、大祥寺殿、大慈光院殿、（岡殿、）安禪寺殿、曼殊院宮等御相伴也、御陪膳新中納言（菊亭）、（晴季卿、）御手長重保朝臣（頭中將庭田）、宮々御陪膳衆永相朝臣、公遠朝臣、以清等也、參仕之輩一位前大納言、（尹豐卿、）一位大納言、（兼秀卿、）飛鳥井前大納言、（雅綱卿、）日野大納言、（光康卿、）中山大納言、（孝親卿、）四辻大納言、（季遠卿、）萬里小路大納言、（惟房卿、）中御門大納言、（宣忠卿、）下官、冷泉中納言、（爲益卿、）廣橋中納言、（國光卿、）新中納言、（晴季卿、）伯二位、（雅業王、）左衞門督、（雅教卿、）右大辨宰相、（晴秀卿、）宮內卿、（以緒卿、）水無瀨三位、（親氏卿、）新宰相中將、（公古朝臣、滋野井、）阿茶々丸、（公尊、）重保朝臣、永相朝臣、實福朝臣、公遠朝臣、輔房、經元、氏直、宣將、通總、晴豐、言經、以清、源爲仲、藤原種直、菅原種長等也、猿樂大夫河州遊佐內安見之子野尻滿五郎（十四歳、）也、小生卅人計、座衆四十人計有之、天氣晴陰、但一番

うら島、仕之、御前二獻有之、雨降之間被置之、各退出了、無念々々、○御添番に可祗候之由有之間參、予、源爲仲兩人也、

九日、己酉、天晴、時々雨灑、天一下艮、○今日御能可有之處、昨日裝束共ぬる丶間、明日可仕之由申云々、○巳刻參內、曼殊院宮、中山大納言、四辻大納言、予、右大辨宰相等也、於番衆所晩飡被下之、暮々退出了、御雜談計有之、

十日、庚戌、天晴、土用入、○今日禁裏猿樂有之間、辰下刻召具言經參內、簾中御陪膳以下如一昨日、參仕之輩同一昨日、但飛鳥井前大納言遲參也、又源長治竹內、新藏人、參、五獻參歟、御能白ひけ、熊手判官、遊屋、唐船、橋辨慶、紅葉かり、滿ちう、ふたりしつか、道成寺、とうゐい、羽衣等也、遊屋之時曲舞之末に、御扇硯蓋にすゆ、被下之、右大辨宰相被持出之、大夫階下に參、御扇計取之、則舞了、三獻親王御方御酌、五獻式部卿宮御酌也、申下刻終、各退出了、先於男末小漬了、公卿殿上人皃喝食等悉了、二人靜之內に、於黑戶之跡御庭、伊勢守に御酒被下之、大夫召出之了、罷向人數一位前大納言、中山大納言、萬里小路大納言、予、右大辨宰相、源爲仲、藤原種直等也、

十一日、辛亥、天晴、○可祗候之由有之間巳刻參內、中山大納言、予、右大辨宰相、永相朝臣、源爲仲等也、暫御雜談有之、昨日方々損候處、修理亮大工共參直之了、予晩飡召寄了、先於番衆所饅頭にて御酒被下了、○今夜當番之間其間々祗候、予一身也、內侍所之五位所勞云云、脈之事申候間罷向、引風之間令歸宅、香蘇散加川芎、五包調之遣之了、次溝所へ被呼候間罷向、田舍文被誂之間調之了、○葉室今日被歸在所云々、

十二日、壬子、天晴、八專入、○從子下刻見物之男女參庭上、予未明に退出了、○今日亡父卿雖爲忌日、參內之間僧不呼之、齋代松林院へ送之云々、女房衆見物之故也、○辰初刻召具言經參內、今日も猿樂大夫同一昨日沙汰之、小生他人數之間、一日にては手當餘之故、如此申請了、簾中御人數御陪膳以下同前、但三時智恩院殿入江殿御學問所へ被參、御所勞之故也、此外參仕之輩一位大納言

俗名實胤卿入道、一位前大納言、一位大納言、日野大納言、中山大納言、日野新大納言、晴光卿、昨日御禮被申、此間勅勘、一昨日御免、萬里小路大納言、中御門大納言、予、冷泉中納言、廣橋中納言、新中納言、伯二位、左衛門督、右大辨宰相、水無瀨三位、宮内卿、重保朝臣、永相朝臣、實福朝臣、公遠朝臣、輔房、經元、氏直、宣將、通總、晴豐、言經、以淸、源爲仲、藤原種直、源長治、菅原種長等也、於男末麵又小漬等有之、今日者七獻參云々、五獻天酌也、御能くれは、草かりあつもり、あたか、三わ、東方朔、くまさか、松風村雨、せかい、土佐正存、江口、夜うちそか、あま、しやう〳〵等十三番有之、五番之後、如一昨日伊勢守に御酒被下了、十四五人罷向了、予於大典侍殿御局一盞有之、申下刻終、各退出了、予以下六七人取置了、○次内侍所五位見舞脈取之、過半驗氣也、尙藥之事申候間、罷歸調之、五包遣之、

十三日、癸丑、天晴、午時より小雨降、三月中、○後白河院御聖月之間、長講堂へ御陪膳に參、如例、入麵吸物等にて酒了、院廳同參了、○自禁裏早々可參之由有之、但六條長講堂へ參之由申候了、然間直に參内、方◎方脫カ取置修理等有之、於番衆所麵にて御酒被下了、中山大納言、予、廣橋中納言、右大辨宰相、宮内卿、永相朝臣、以淸、源爲仲等祗候也、申刻各退出了、○予内侍所五位見舞脈取之、大槪本服也、一盞有之、永相朝臣同來了、○大祥寺殿へ參、勸修寺一位、同右大辨宰相、極﨟等祗候、御酒了、酉下刻歸宅了、○自駿州禁裏御仕丁山國、上洛とて、老母書狀共到、予に島つむぎ一端被上之、阿茶々に織物繼小袖被上了、

十四日、甲寅、天晴、八專、土公地中、○今日安見子野尻滿五郎御禮に參云々、盆香合被下云々、又安見に御繪かけい筆、被下云々、又御禮に參、御太刀御馬代三千疋、進上云々、則今日下國云々、○自禁裏可祗候之由有之間、巳刻則參内、曼殊院宮、中山大納言、予、廣橋中納言等也、暫御雜談、次於男末白粥被下之、次一盞有之、申下刻各退出了、○先度勸修寺一品に借用之平家本三卷返之、又四五六

三卷借用了、
十五日、乙卯、卯刻雨降、天晴、八專、　○祖母安明院忌日之間、安養寺之慶存齋に來、相伴候了、○自新内侍局麵一折被送之、祝着了、○暮々大和宮內大輔奉公衆來談、入麵申付了、戌下刻被歸了、○自廣橋亞相法華經五之卷被借之間遣之、
十六日、丙辰、天晴、○多武峯、不動等看經、別而沙汰候了、○明後日禁裏聖天御法樂御會云々、第三調進之、○賀二位在富卿、所へ罷向暫雜談了、一盞有之、次岡殿へ參、明日令祗候、靈符可行進之由申入了、次竹内殿へ參、先度申請候禁御會御和漢寫本返進申候了、○當番之間晩頭參內、予一身也、
十七日、丁巳、天晴、八專、　○岡殿へ參、靈符一座、去三日九日中之分行之了、餠にて一盞有之、次明日稻荷祭之間、禰宜冠袍指貫之事申間、拙者可馳走之由被仰候間、內藏頭冠進之、兩種之事者、高倉亞相に罷向、可進之由有之、○禁裏御楊弓之間午時參內、七十五度有之、御人數御矢、廿九、曼殊院宮、卅三、今出川前左大臣、廿六、穴一、一位入道、廿一、中山大納言、四十一、予、卅三、廣橋中納言、十三、經元、十九、源爲仲十六、等也、御矢取竹内殿之虎福、因幡法師兩人也、於番衆所小漬如常、暮々各退出也、今夜長橋局へ別殿行幸也、可祗候之由有之、予五十五枚勝了、○別殿行幸戌刻也、祗候之輩予、廣橋中納言、菅宰相、宮內卿、以淸、源爲仲等也、三獻麵、公卿御相伴也、天酌有之、菅宰相雖爲外樣、一兩年內々御添番に祗候也、今夜參之間如此、仍予誹諧に別殿參天酌、如此之處、廣橋中納言、長橋侍御筵云々、一興々々、次退出了、○自南都官務入道登辰、雲松軒、上洛云々、宮笥さて靈符本尊一幅持來、祝着候了、參內之間不能對面、無念無念、
十八日、戊午、天晴、　○公宴聖天御法樂御和漢有之、巳刻參內、午時始、於記錄所有之、御人數御製、十九句、曼殊院宮、二、御不參、入道前右大臣、廿二、中山大納言、十一、萬里小路大納言、十二、予、十四、廣橋中納言、十二、菅宰相、八、執筆也、等也、

於長橋局小漬如常、所役殿上人以清、暮々各退出了、
御發句以下如此、

欵冬の花やたはゝの枝の雨　中山大納言
遶籬蝶逐晴　菅宰相
捲あくろ小簾の外面は長閑にて　繼
かすみてうすき有明の月　廣橋中納言
涼新宜曉誦　御

十九日、己未、天晴、八專、申下刻より雨降、○出納右京進重弘來、去年申候九州探題鶴松所望之由申來、勢州へ約束之間、不及是非之由返答了、○大和宮内大輔に借用之うたいの本兩冊返遣之、○臺所へ立寄之處、一盞有之、次薄所へ罷向、阿茶脈之事申、頭中なると云々、强飯にて一盞有之、次内侍所へ罷向、五位脈取之、大概驗也、次大祥寺殿へ精進魚類物語草子持參、御留守之間久首座にあつけ置了、

廿日、庚申、雨降、自午時晴、八專、○淨土寺殿奥坊來、率分之儀談合之事有之、澤路同道了、○薄所より藥種代一丁到、阿茶藥之事被申之、○今日禁裏御會、妙心寺倫長老龜年、申沙汰云々、依不具故障申候了、但御延引云々、○晩頭冷泉へ罷向暫雜談了、

廿一日、辛酉、天晴、八專、○今日禁裏御會云々、依不具不參仕、御人數御製、十二句、入道前右大臣、十二、中山大納言、七、四辻大納言、六、萬里小路大納言、八、予、一、廣橋中納言、七、實福朝臣、四、仁如、十二、江心、十一、龜年、九、策彥、八、長雅三、如此云々、御發句以下如此、

たち残せ花こそ錦朝あらし　御
玉欄柳亂絲　龜年
ふりくろものさけき階に雨みえて　入道前右大臣
やすらひけりな袖の行かひ　中山大納言
到處山環擁　萬里小路大納言
松よりおくも遠き一むら　予
暮鳥銜青靄　廣橋大納言
宮鵷立赤墀　仁如

菊亭へ罷向、今夕新中納言奏慶之間見舞了、一盞有之、次大祥寺殿へ參暫御雜談申候了、○暮々當番に參、予一身也、新中納言拜賀に可來之由有之間罷向、

自庭田亭出門也、衣文新大納言、前裝束予沙汰之、五獻有之、及數盃、人數前左府、新大納言、中山大納言、四辻大納言、予、廣橋中納言、新中納言、頭中將、右衞門督、(永相朝臣、)四辻少將(公遠朝臣、)等也、夜半以後出門也、前駈一人、如木一人、小雜色八人、笠持等也、扈從頭中將、右衞門督、四辻少將三人也、申次四辻少將也、舞踏以下如常、於議定所御對面有之、

廿二日、(壬戌、天晴、)○禁裏御楊弓、巳刻參內、先各參御學問所、御雜談有之、於御前一盞各被下了、未刻御楊弓始、四十八度有之、御矢不被遊、御見物也、御人數曼殊院宮、(十二、穴一、)一位前大納言、(廿四、穴一、)中山大納言、(十八、穴一、)予、廿五、廣橋中納言、五、若王子權僧正、(十八、穴一、)永相朝臣、十三、經元、十三、源爲仲七、等也、於番衆所小漬如常。御矢取竹內殿松壽丸、虎福兩人也、予二枚負了、○廣橋番相轉之間祇候、相番宮內卿計也、○自明日之御千句、廿六日迄御延引云々、如何樣にも可祇候之由被仰下之間、御請申候了、

廿三日、(癸亥、天晴、八專終、)○從中御門今朝齋に可來之由使有之云々、故坊城長淳卿七回云々、但依兼約故障了、○甘露寺へ朝湌に罷向、右衞門督與兩人也、鰤汁之約束也、暫雜談、午時歸宅了、

廿四日、(甲子、天晴、土公子方々、)○月藏坊祐增法印當年始來、近日山上へ歸住之由申候了、一荷兩種(豆腐、串柿、)持來、一盞勸了、○禁裏御楊弓之間參內、未刻始、先於御學問所各御雜談有之、御人數御矢、(二、十度に、)曼殊院宮、(卅三、穴一、)中山大納言、廿六、予、(卅二、穴一、)經元、十六、源爲仲十二、等也、五十五度有之、予九十七枚勝了、御矢取松壽丸、虎福兩人也、於番衆所小漬如常、次又御雜談有之、暮々退出了、

廿五日、(乙丑、天晴、)○葉室北野へ參詣とて被立寄了、則被歸也、○五辻料紙打とて被參、一盞勸了、○臺所阿ちや藥內炎散、加薄荷、細辛、荊芥、七包遣之、○自明日禁裏御千句有之間、今日御發句以下被定了、七時分各參集、大覺寺准后、入道前右大臣、中山大納言、四辻大納言、予、菅宰相、水無瀨三位、仁如、江心、龜年等也、

於御三間被定之、予執筆了、准后、入道右府等御前に祗候、各は番衆所に祗候、僧衆小御所に祗候也、第三迄被定如例、廣橋中納言今日迄輕服之間不參也、各小御所へ向、臺物にて一盞有之、今夜予、源爲仲小御所に臥了、菅宰相、水無瀨三位等記錄所に被寢了、僧衆は北門前壽徳庵に逗留也、休所被仰付歟、

廿六日、丙寅、天晴、亥刻小雨降、○自早旦御千句始、不秉燭、於記錄所有之、御人數御製、大覺寺准后、入道前右大臣、中山大納言、四辻大納言、予、廣橋中納言、菅宰相、水無瀨三位、仁如、江心、龜年等也、朝飡、晝冷麵、晩飡等於長橋局有之、僧於外樣番衆所有之、戌下刻三百韻終了、御發句以下如此、

第一　執筆菅宰相

露かすむ野は若草に花もかな　御製
雉ハ雊(なく)月ノ殘ル朝　入道前右大臣
行袖に春の岡こえ駒さめて　大覺寺准后

第二　執筆廣橋中納言

菊もさけ春の海邊の鷗の聲　大覺寺准后
沙融ソ留ム二履痕ナ一　菅宰相
明わたる雲間のさかに日のさして　御

第三　執筆下官

月ニ有ルハレ和春色　仁如
けさは長閑に風そ吹來る　水無瀨三位
簾ハ爲ニレ賞(みるカ)レ花ヲ捲　入道前右大臣

於小御所水無瀨三位一盞被振舞了、予、廣中、菅相公、水三、永相朝臣、源爲仲等也、今夜予、源爲仲記錄所、菅相公、水無瀨、永相朝臣等小御所に臥了、

廿七日、丁卯、雨晴陰、○御千句諸事如昨日、仁如故障之由有之、暮々退出也、戌初刻三百五十韻終了、次於小御所於小御所◎四字衍カ永相朝臣食籠鈴等召寄振舞了、人數同昨日、臥事同前也、御發句以下如此、

第四　執筆菅宰相

紅のふりせぬ花や岩つゝし　四辻大納言
行スレ春ニ桃李ノ蹊(みち)　大覺寺准后
かけくらき谷にも雪の跡見えて　廣橋中納言

第五　執筆予

雨晴る雲にさやけし夕ひはり　予
春　風　野　草　青シ　龜　年
たか方さわかすも梅の匂ひきて　四辻大納言

第六　執筆廣橋中納言

宸　遊　忘二　日ノ　永キコトヲ一　江　心
あかす御階にさく花櫻　予
まきあくる簾に燕かたらひて　水無瀬三位

第七　執筆菅宰相

山吹や花の八重かき春の庭　廣橋中納言
雲　霞　幾カ　競フレ車ニ　仁　如
野　遊　連ルレ袂ヲ　蝶　龜　年

廿八日、戊辰、天晴、四月節、自申刻終夜雨、五墓日、　○御千句早旦始、昨日同前、但四辻、仁如等不參、仁如未刻被參了、第十之名殘折面にて、御盃一獻參了、　臺物一被出之、戌刻終各退出了、發句以下如此、三百五十韻追加等有之、

第八　執筆菅宰相

曉　雨　敲ク二　鶯　戸ヲ一
雪の跡ある谷のした途　中山大納言
尋テレ春ナ　吟　履　綴シ　江　心

第九　執筆予

色こきにうつる心や藤の花　入道前右大臣
松モ　亦　激ヌ二　春　波ナ一　江　心
舟ハ　載ス二　朧　朧ノ　月チ一　菅　宰　相

第十　執筆廣橋中納言

暮てたに猶いやよひの世々の春　中山大納言
松　偃テ　有二　纏フ　藤一　御　製
紫　翠　暖　霞　簇ル　仁　如

追加　執筆菅宰相

蛙なく水口清き夕哉　永相朝臣

臺所たと一丁にて保童圓所望之間、三包遣之、

廿九日、己巳、天晴、　○禁裏御楊弓有之、午時參内、先各於御學問所御雜談有之、未下刻御楊弓始、五十三度有之、但御矢不被遊、四辻大納言同被見物、依所勞、於番衆◎〔所脫カ〕小漬如常、御人數曼殊院宮、卅四、中山大納言、廿六、予、廿九、廣橋中納言十三、等也、御矢取竹内殿虎福計也、予十枚勝了、○御添番に可祗候之由被仰之間、其間々祗候、當番衆經元一人也、御添番に予、邦富、以淸

等祇候了、予に今度之御千句御發句以下第三迄可寫進之由有之、則寫進上了、

卅日、庚午、陰、自申刻雨降、土公地中、○禁裏へ未刻可祇候之由有之間、刻限參內、盡之御當座被遊云々、各雖參會、申刻始、十五首有之、御人數御製、親王御方、御不參曼殊院宮、中山大納言、四辻大納言、予、廣橋中納言、經元、源爲仲等也、出來之後、經元讀揚了、於御學問所、於番衆所各冷麵にて一盞有之、次御雜談有之、予戌刻退出、予和歌被加勅點了、

予和歌、盛花、羇中衣、

咲つゝく匂ひもよそにちらさしと霞の袖や花におほへる

日數のみかされ侶ぬる旅衣いつよりか又たちも歸らん

○四月小

一日、辛未、陰、時時村雨、○一條殿へ參、御見參、御酒被下了、五條父子祇候也、次四條所へ罷向、祖母見參了、次入江殿へ參、當年始也、御見參、御酒給了、次大祥寺殿へ參、御盃被下了、同伊勢守弟滿藏院祇候也、次伏見殿へ參、御對面、次稱名院へ罷向、見參了、○及黃昏參內、今夜天酌に被參之輩一位前大納言、四辻大納言、予、廣橋中納言、宮內卿、公遠朝臣、輔房、經元、邦富、源爲仲等也、予當番之間其間々祇候、一位前大納言、予兩人也、

二日、壬申、天晴、栂尾 ○自新大納言磨積圓所望之由有之、代半到、○閼伽井坊名字五、切之事被申、調遣之、

三日、癸酉、天晴、○薄、白川少將來談、次令同道罷出、予新高倉亞相へ罷向、就來七日御經供養、若王子被申之儀有之、一盞有之、○自禁裏可祇候之由有之間、未刻參內、曼殊院宮、中山大納言、四辻大納言、廣橋中納言、經元、源爲仲等也、於御學問所暫御雜談也、白粥、次一盞被下了、忝者也、申刻各退出了、○五辻へ立寄、次大祥寺殿久首座亮へ罷向、勸修寺一品、中山亞相、滋野井等暫雜談了、○今朝去月三日懈怠之分に、靈符五座行了、

四日、甲戌、天晴、申刻小雨降、○今日聖降日之間、靈符八座行之了、

○自禁裏可祇候之由有之間、午時參內、曼殊院宮、中

山大納言、予、經元、源爲仲等也、於御學問所御雜談有之、御懸物に紙二帖被出之、碁有之、勝次第取之、各一盤勝之、中山四盤勝也、番衆所にて餅入豆腐、にて一盞有之、○及黃昏岡殿へ參、靈符一座行之了、田樂にて一盞有之、○讚岐守忠宗次男忠季、右兵衞尉口宣案昨日持遣之處、今日禮に來云々、小刀一、持來云々、祝着候了、○吉田右兵衞督來談、

五日、乙亥、空晴、申刻急雨、○今日も靈符八座行之了、○自禁裏可祗候之由有之、午時參內、曼殊院宮、中山大納言、四辻大納言、予、廣橋中納言、以淸、源爲仲等也、御雜談、御碁等有之、於番衆所白粥有之、申刻退出、次內侍所へ罷向、予、五辻兩人一盞有之、

六日、丙子、天晴、○自廣橋亞相補歷被借用、又土代本返之、○大和宮內大輔うたい本二帖玉髮（◎鬘カ）定家、返之、○岡殿へ參、連々被仰忍草之臺調進之、一盞被下了、次大祥寺殿へ參、同御酒被下了、勸修寺一品、滋野井、五辻等祗候也、予五辻與碁一盤打之、予負了、○從一條殿晩湌に可祗候之由被仰下之間參、予一身也、又御談合之子細有之、○當番之間暮々參內、予一身也、

七日、丁丑、天晴、○冷泉へ罷向暫雜談了、

八日、戊寅、天晴、土公卯方、○禁裏御楊弓之間巳刻參內、先於御學問所暫御雜談有之、未下刻始、御矢不被遊之、御見物也、四十八度有之、曼殊院宮、廿八、中山大納言、卅一、四辻大納言、十、穴一、予、廿三、廣橋中納言、八、若王子權僧正、廿五、經元十六、等也、於番衆所小漬如常、御矢取虎福、加田彌三郎兩人也、暮々退出了、不被始之以前、薄所へ罷向雜談、五常樂急、太平樂急等吹之、予笛、薄篳篥、予今日十五枚負了、

九日、己卯、陰、○自稱名院可來之由候間、則罷向之處、三條帥卿任槐之事、昨日勅許云々、然者來十一日陣儀上卿之事、予可奉行賴入之由被申候間、同心了、一盞有之、奈良油煙一丁所望了、明日駿州老母方へ可下之用也、一續とて冷泉、高辻、宗養、紹巴等集了、予同被申、雖然禁裏御楊弓參之間、故障候了、○高倉新亞相へ罷

向、内々被申候磨積圓三兩三分、遣之、一盞有之、次薄所へ罷向、阿茶藥内炎散加莉芥、七包遣之、一盞有之、○午時參内、先御雜談有之、驄御楊弓始、於東庭六十餘度有之、御人數御矢、廿五、曼殊院宮、卅九、中山大納言、廿一、四辻大納言、十二、予、廿六、廣橋中納言、七、若王子權僧正、卅三、穴一、經元、五、廿度計、源爲仲卅四、等也、御矢取松壽丸、竹門加田彌三郎兩人也、於番衆所小漬如常、暮々退出了、予三枚負了、○自飛鳥井使有之、明日亡父卿年忌之間、法性寺顯迎院にて法事有之、從明晩可同道之由有之云云、○自廣橋亞相他姓之系圖一冊、補歴等被返送之云云、○今日廣橋一品亞相辭退、男國光卿に亞相讓任云云、若年早速之儀也、

十日、庚辰、天晴、○少外記中原康雄來、明日予陣宣下云々、然者無案内之間、分別仕度之由申之、對面、無殊事、但内々申聞返了、○自禁裏早々可祗候之由有之間、午時參内、曼殊院宮、中山大納言、四辻大納言、予、經元、源爲仲等也、御懸物被出之、御扇、田舍紙二帖、曼、四、予一方引別打之、曼、四勝無之、予二盤計也、中、爲仲二盤つゝ勝也、無念々々、於番衆所冷麵被下之、一盞兩度有之、暮暮各退出、但予、極﨟兩人、内侍所へ罷向雜談、亥刻歸宅了、極﨟當番云々、

十一日、辛巳、天晴、○自稱名院書狀有之、今日陣上卿之事、無別儀之樣賴入云々、次從帥卿樽代五丁被送之由傳語也、祝着之由返答了、○栂尾關伽井坊來談、一盞勸候了、○今日宣下之用公物袍、下襲、同裾、表袴等申出之、藤亞相に平緒、赤大口借用、薄に雜色烏帽子、狩衣借用、公物驄晚頭返進申候了、○午下刻參内、但先稱名院へ罷向、仰詞談合、幷樽代之禮申候了、次藤亞相へ罷向、衣文之事申之、次參內、然に大臣轉任之事申事有之遲々、先予令着陣、於宣仁門外召陣官人問刻限、答云、午刻云々、大概雖何時答戌刻也、無案内歟、次入宣仁門先右足、次左足、向北揖、次昇北行、着大納言座奥座向、東向揖、直裾刷衣裝、正笏見吉事、◎書カ次揖起、次着沓左廻、揖行東、曲折北行、柱内、次揖着端座、揖向南調裾、次

從懷中檜扇取出之直沓、檜扇如元、次刷衣裳、　次召官人二音、令敷軾、次右少辨經元、着軾、持吉書、予置笏取吉書、先刷衣裳、次結之、作法如常、辨氣色、次辨可退之氣色、予召之、如元卷之、吉書返遣之、　辨於軾結之、予氣色、次辨退入、次召官人撤軾、次向西揖、下着沓揖南行、曲折西行、出宣仁門先左足、次右足、了、　次未下刻陣儀始、　予入宣仁門着中納言座、奧座、作法如前、次職事經元、仰々詞、右大臣を左大臣に、内大臣を右大臣に、太宰權帥藤原朝臣を内大臣に、次予揖起移端座、作法如前、但沓不直之、　官人直之、次召官人令敷軾、　次以官人召外記、外記中原康雄來小庭、予氣色、唯稱して着軾、　予仰々詞、如職事、康雄唯稱して退入、次職事着軾、仰詞云、　右大臣左大將如元、次職事退入、次以官人召外記、唯稱如前着軾、仰々詞、如職事、次召官人撤軾、次居直揖、着沓揖、　經本路出宣仁門退出了、予共澤路筑後守、烏帽子、襖袴、太刀持、同彥九郎、井上將監、早瀨彥二郎、雜色一人衞門等也、○內府於稱名院亭宣旨披見云々、仍彼所へ罷向、任槐珍重之由申之、太刀金、遣之、同萬里小路亞相被來、一獻吸物有之、相伴內府、萬里小路亞相、予、滋野井新宰相中將、公古朝臣、三條中將、實福朝臣、右少辨、經元、極﨟源爲仲、等也、一獻有之、予靑侍共被召出之候了、次歸宅了、○當番之間暮々參內、予一身也、○晚頭冷泉黃門來談、

十二日、壬午、自巳刻雨降、自申刻晴、○瀧雲院忌日之間、松林院乘誓齋に來、相伴了、暫雜談、　○禁裏聖天御法樂之間巳刻參內、則始了、御人數御製、十八句、曼殊院宮、八、入道前右大臣、廿、中山大納言、九、四辻大納言、十一、新大納言、十一、國光卿、予、十三、菅宰相十、執筆也、等也、於記錄所有之、於長橋局小漬如常、所役殿上人以淸、御發句以下如此、申刻終、各退出了、

大かたにまたはまたれよ郭公　四辻大納言
薰風漸入櫺　御製
南榮宜見月　入道前右大臣
夕影淸き露の玉階　新大納言
手にならす扇に秋や深ぬらん　菅宰相
旅行袖もやゝさむき比　中山大納言
雪さのみ尾花ちる野を分てきて　下官

山好似圖屏　曼殊院宮

花山院亞相所望之事、予令披露、依不仕不許、○大和
宮內大輔うたいの本二番かなわ、大會、到、
十三日、癸未、天晴、○從一條大閤御書有之、次男鶴松丸人之
所望之由有之云々、兼約之由申入了、○禁裏御楊弓有
之、故障之事有之遲參、廿五度之後參、六十一度云々、
御矢、十九、穴二、四十度計、曼殊院宮、卅四、穴二、中山大納言、廿四、　四辻
大納言、十、四十度、新大納言、九、予、十九、穴一、卅六度に、　若王子權僧正、
卅九、穴一、永相朝臣、十六、經元、十、源爲仲十六、等也、　御矢取
松壽丸、加田彌三郎兩人也、　於長橋局小漬有之、暮々
各退出了、予八十五枚勝了、
十四日、甲申、小雨降、夜大雨、土公地中、自今日十方暮、四月中、　○今朝安禪寺殿御寺へ
御出云々、自去年春依被煩、御氣爲御養生長橋局に御
座也、彼局之御腹也、夏之入に御出也、仍上﨟無之間、
阿茶々早々御寺へ進之、臺物、一、柳一荷進之、　○午時
自安禪寺殿、可祗候之由有之間則參、同薄祗候也、　三
獻冷麵吸物等有之、　御相伴兩人、比丘尼に長福庵、瑞
仙庵兩人等也、聽退出了、　次長橋局へ罷向禮申候了、
次大祥寺殿へ參、勸一品、中山、五辻等祗候、中將棊有
之、次正親町へ久不罷候間罷向了、○晚頭阿茶々歸了、
鈴一對自御寺被送之、方丈も長橋へ還御云々、
十五日、乙酉、陰、　○安明院忌日也、但慶存故障とて齋に不
來、○自禁裏可祗候之由有之間、午時參內、曼殊院宮、
中山大納言、　四辻大納言、新大納言、予、經元、源爲仲
等也、暫御雜談、御碁等有之、白粥、次一盞有之、申下刻
各退出了、明日も可祗候云々、　○暮々高倉へ立寄、今
日右衞門督鷹野へ被行とて、鷺五位四、白一、取之云々、
十六日、丙戌、雨降、五墓日、　不動掛之、別而看經了、　自伯卿佛桑
花所望、五枝遣之、○巳刻參內、先內侍所へ罷向、平家
四卷讀之了、一盞有之、未刻各參集、曼殊院宮、中山大
納言、四辻大納言、新大納言、予、經元、源爲仲等也、於
番衆所白粥有之、御雜談共、御碁等有之、　暮々各退出
了、予當番之間其間々祗候、予一身也、
十七日、丁亥、雨降、○早々自高倉金吾使有之、鷺汁可申付之

間、書寫之雙紙可持來之由有之間、則罷向了、予、甘露寺、五辻等相伴了、○禁裏御楊弓に可參之由有之間、未刻參內、先御雜談、碁等有之、御楊弓卅一度有之、御人數曼殊院宮、廿八、中山大納言、十三、四辻大納言、九、新大納言、十一、予、十五、經元、六、源爲仲十二、等也、御矢不被遊、御見物也、御矢取以清一人也、清涼殿自御學問所也、於番衆所はう飯有之、暮々退出了、予四十二枚負了、

十八日、戊子、卯辰刻雨降、陰、　○五條來談之子細有之、○大和宮內大輔うたいの本兩冊大會、かなわ、返之了、

十九日、己丑、陰、晚頭雨降、○禁裏可祇候之由有之間、巳刻參內、先內侍所へ罷向、平家四之卷殘讀之、　一盞有之、午過時分各被參、佛桑花上、長橋以下進之、　今日御人數曼殊院宮、中山大納言、四辻大納言、新大納言、予、經元、以清、源爲仲等也、御雜談、御碁等有之、於番衆所白粥有之、次一盞有之、次御楊弓卅三度有之、　御矢不被遊之、曼宮、十六、中大、六、四大、一、新大、七、予、七、　經元、十二、源爲仲四、等也、予持也、暮々退出了、　○大和宮內大輔うたいの本東方朔佐保山二冊到、

廿日、庚寅、陰、　○山井伊豆守來談了、　○五辻へ罷向、佛桑花兩三枝遣之、次大祥寺殿へ同花進上了、同比丘尼衆へ兩三枝宛與之了、一盞被下了、暫御雜談申了、　勸修寺一品與五辻、中將棊二盤有之、　五辻皆勝也、予雙六二盤勸に負了、

廿一日、辛卯、陰、申酉刻小雨、　○看經に神樂少々吹之、○禁裏御楊弓之由有之間、　午下刻參內、　先於御學問所御雜談有之、次先於番衆所小漬有之、藤亞相室振舞之由風聞有之、次於東庭御楊弓五十七度有之、　御矢、十九、曼殊院宮、卅五、四辻大納言、廿三、四十二度に、新大納言、廿一、　予、廿二、若王子權僧正卅四、等也、　御矢取虎福一人也、　予六枚勝、所役殿上人以清祇候也、暮々各退出也、　○當番之間其間々祇候、相番一位前大納言、予兩人也、

廿二日、壬辰、雨降、五墓日、　○早旦薄所へ罷向、阿茶申子細有之、又薄脈取之、○右衞門督所へ罷向暫雜談了、○烏丸暫

被來談了、
廿三日、癸巳、晴、自今日天一天上、○今日禁裏御聯句有之云々、○親王御方へ佛桑花一莖持參進上了、於御乳人局一盞有之、令沈醉、藤亞相亭へ罷向一睡了、次内侍所へ罷向、平家五之卷讀之了、次臺所へ罷向、申刻御會終了、一盞有之、かゝ申精進魚類物語雙紙一冊書寫之事、出來之間遣之了、○於愚亭平家六之卷讀了、
廿四日、甲午、天晴、天一天上、土公午方、○薄息右衞門佐以清皇年代記所望之間、可書寫與之由申候間、今日書寫之、持罷向遣了、次内侍所、臺所等へ聊立寄了、次長橋局へ罷向、花山院昇進之事御催促申候了、一盞有之、次正親町へ罷向、一盞有之、次賀二位所へ罷向暫雜談了、次烏丸へ罷向暫雜談了、
廿五日、乙未、天晴、五墓日、天一天上、○閼伽井坊來談、山茶一袋被持來、祝着候了、瞿麥被所望之間遣之、○内侍所へ罷向、平家六之卷讀之、晩天小漬有之、○若王子に申楊弓矢之羽出來到、罷向禮申候了、

廿六日、丙申、自寅刻雨降、天一天上、○勸修寺一品へ平家本三卷四、五、六、返之、又三卷七、九、十、到、○禁裏近日御夢想和歌、今日北野社御法樂御當座被遊云々、仍午時可參内之由有之、未刻參集、御人數御製、親王御方、御不參、御歌計也、曼殊院宮、入道前右大臣、萬里小路大納言、新大納言、予、冷泉中納言、永相朝臣、經元、以清、源爲仲等也、先各御短册賜之、次冷麪にて一盞有之、淸書之後、冷泉中納言取重、彼卿出題也、同盛硯蓋事沙汰之、於御三間有之、冷泉中納言聲不出云々、其外郢曲之人無之間不被講、經元讀揚了、御夢想之歌如此、頭に被置之、卅二首也、

菊の露籬の霜と見えつるはうつれる月のなけはなりけり
松か枝もうつむはかりにちりまかひ花とはえやは雪の明かた
玲瓏の玉と見えつる白露や蟲の聲より打みたるらん

予和歌稱名院に談合了、末曉落花、連蟲、
今日當番之間其間々祗候、予一身也、
廿七日、丁酉、天晴、天一天上、○禁裏御楊弓之間午時參内、於東庭有之、御矢不被遊、御見物也、九十一度有之、御人數曼

殊院宮、五十七、予、卅三、七十度に、永相朝臣、四十二、經元、四十三、源爲仲廿八、等也、於番衆所小漬有之如常、御矢取虎福、因幡法師兩人也、暮々退出、

廿八日、戊戌、天晴、天一天上、○内侍所へ罷向、平家七之卷讀之了、次萬里小路へ罷向、親王御方に一昨日之御短冊に、予一字書ちかへ候間、申出改之、次竹内殿へ參、勸修寺、滋野井、甘露寺、五辻各六七人、中將棊雙六等有之、聽罷歸了、○大和宮内大輔之音曲之本東方朔、さほ山、兩冊返之、又兩冊楊貴妃、三山、到、

廿九日、己亥、天晴、天一天上、五月節、○故葉室理永、宗永童子等忌日之間、松林院之舜玉齋に來、相伴了、○禁裏御楊弓之間午時參内、先於御學問所御雜談有之、聽御楊弓始、於東庭有之、六十五度也、御人數御矢、廿八、曼殊院宮、卅四、一位前大納言、卅八、新大納言、六、四十度、予、卅三、若王子權僧正、四十一、永相朝臣、四、廿度、經元、十七、源爲仲十三、等也、御矢取虎福、因幡兩人也、予六十五枚勝了、暮々各退出了、○岡殿昨日御沈醉、於小御所御顚倒云々、左御手事外被打之、今朝參内、藥付藥等進上了、

○五月大

一日、庚子、天晴、天一天上、土公地中、(八日) ○看經に神樂少々吹候了、○岡殿、竹内殿、稱名院、正親町、高倉等へ御禮に參、見參也、伏見殿御見參、大祥寺殿御酒被下了、○申刻下刻參内、暮々先親王御方へ御禮に參、御對面、今夜天酌に被參之輩一位前大納言、廣橋一位、四辻大納言、新大納言、予、伯二位、宮内卿、公遠朝臣、以清、菅原種長等也、○今夜長橋局へ別殿行幸也、從二獻御相伴、一位前大納言、予、宮内卿計也、殿上人以淸一人也、三獻天酌如常、四人參、今夜當番一位前大納言、予兩人也、

二日、辛丑、天晴、天一天上、五墓日、○今日禁裏歡喜天御法樂有之、巳刻參内、則始、於記錄所有之、御人數御製、廿一句、曼殊院宮、九、入道前右大臣、十九、萬里小路大納言、十七、新大納言、十五、予、十三、菅宰相六、等也、執筆曼宮、二三、菅一四、兩人也、申刻終、各退出也、所役殿上人以淸、於長橋

局未刻小漬如常、○於内侍所平家八之卷半分讀之了、次岡殿へ參見舞申之處、聊御驗氣也、○自駿州老母方書狀到、三月十一日日付也、智恩院傳達也、自萬里小路到、

橘に匂へ軒はの梅の雨　新大納言
涼頬曝寒棚　曼殊院宮
夕斜招月近　萬里小路大納言
露氣上臺承　入道前右大臣
秋ふかき竹の下陰鳥鳴て　御
かゝるかたへは又もさはなん　言繼

三日、壬寅、晴、天一天上、○禁裏御楊弓之由有之、巳刻參内、於御學問所各暫御雜談有之、自未刻御楊弓、於淸涼殿卅度有之、御矢不被遊之、御人數曼殊院宮、廿六、四辻大納言、九、新大納言、十五、予、十六、經元七、等也、先予竹内殿與碁一盤打之、予勝、杉原十帖懸也、於番衆◎所脫カ冷麵有之、御矢取以淸一人也、予一枚負了、次各左右に被分之、左曼宮、一番勝、四大、同、經元、右一位前大納言、一、新大納言、予三盤勝、等也、御懸物帶一筋、杉原三帖被出了、右勝、杉原三人分也、帶予取之、三盤勝之故也、

○正親町一品入道茶五袋被送之、祝着候了、四日、癸卯、天晴、天一天上、○早々可參内、御用之由候間、辰下刻參、曼殊院宮、四辻大納言、新大納言、予、經元、源爲仲等參、禁裏東南堀之事、伊勢守、三好筑前守等に被仰出之、京中に可被掘之由御談合有之、冷麵にて一盞有之、曼殊院宮與予碁四盤打之、持也、暮々各退出了、○葉室去夜丑刻男子誕生云々、勘文之事申來之間、賀二位に申調遣之、予太刀金、遣之、

五日、甲辰、自未刻雨降、天一天上、○北尾出雲守禮に來、一盞勸了、次讃岐守忠宗禮に來、對面了、同澤路彥九郎、同備前守、井上將監禮に來、田中將監禮に來云々、○今朝早々鎭宅靈符九座行之了、未刻岡殿へ三條中將、總在廳等祇候、數盃被下了、次靈符一座、於彼御所行之、○暮々御祝に參内、天酌に被參之輩廣橋一位前大納言、四辻大納言、萬里小路大納言、新大納言、予、重保朝臣、輔房、邦富、源爲仲、菅原種長等也、○今夜當番源爲仲一人也、予御添番に祗候了、

六日、（乙巳、雨降、天一天上、自未刻天晴、）○早々鎭宅靈符八座行之、○禁裏御楊弓之間巳刻參内、先勸修寺一位與碁三盤打之、予一盤負、杉原十枚負、又竹内殿與源爲仲有之、午下刻御楊弓始、於淸涼殿五十度有之、御矢取邦富、以淸兩人也、御人數御矢、（卌四、）曼殊院宮、（四十八、）今出川前左大臣、（廿一、）一位前大納言、（卌四、）新大納言、（廿七、五十五度に、）下官、（卅二、）源爲仲（廿七、）等也、於番衆所小漬如常、次又於東庭有之、以上七十七度有之、御矢取虎福、因幡兩人也、予卅二枚負了、○予當番之間其間々祇候、一身也、一位前大納言勞之由申退出也、

七日、（丙午、晴、天一天上、）○内侍所へ罷向、平家物語八卷之殘、同九卷讀之了、一盞有之、○大和宮内大輔音曲本兩册（楊貴妃、三山、）返之、又兩册（岩舟、かうう、）到、

八日、（丁未、天晴、天一天上、）○禁裏可祇候之由有之間、午時參内、曼殊院宮、四辻大納言、新大納言、予、經元、源爲仲等祇候、御雜談共有之、入麵にて一盞有之、暮々退出了」、

九日、（戊申、天晴、天一天上、土公酉方、（六日））○岡殿へ參、御手見舞申候了、彌御驗氣云々、次藤大納言に罷向、父子被出一盞有之、○禁裏御楊弓之間祇候、午時始、御人數御矢、曼殊院宮、四辻大納言、新大納言、予、若王子權僧正、源爲仲等也、先於番衆所小漬有之、次御楊弓五十度有之、暮々退出了、

十日、（己酉、天晴、天一下艮、）○禁裏北野社御法樂御和漢有之、巳刻參内、於紫震殿後御有之、去二月廿五日未進云々、御人數御製、（十句、十九）曼殊院宮、（十、）入道前右大臣、（十五、）萬里小路大納言、（十五、）新大納言、（十四、）予、（十三、）冷泉中納言、（一、）菅宰相、（九、執筆、）經元（四、）等也、於長橋局小漬如常、所役殿上人邦富、次御當座廿首有之、淸書之後、於御前菅宰相讀揚了、暮々退出也、御發句以下如此、

軒ちかし風も橋の匂ひかな　曼　宮
梅黄雨歇初　御
少焉山吐月　入　右
多許爽盈虛　新大納言
行ふりの霧の下道野なかけて　萬　大
しほろゝ袖な旅の物さや　下　官

御當座勅題廿首有之、予題杜納涼、巖頭苔、入右に談合了、

涼しさにいさなはれつゝそのつからこゝにきた野の杜の下かけ
すむ人の心しれさやちりもなく淸き巖の苔のみさりは

十一日、庚戌、天晴、○看經、神樂少々吹之了、○內侍所へ罷向、平家十之卷讀了、○當番之間暮々參內、一位前大納言、予等兩人也、○正親町に箏之汁有之間、晚飡持罷向、人數烏丸、中御門、廣橋新亞相、予、庭田、富小路等也、

十二日、辛亥、天晴、○今日禁裏御楊弓三百手可被遊之由有之間、朝飡急辰刻參內、但巳刻始、於淸涼殿內百手有之、次麵にて一盞有之、御矢取邦富、以淸兩人也、次於東庭八十一度有之、始事遲々間、百卅一度有之、今廿度不足、無念々々、於番衆所小漬有之、御矢取虎福、因幡、藤堂次郎、加田彌三郎等也、予一枚勝了、御矢、五十五、曼殊院宮、五十七、今出川前左大臣、五十八、一位前大納言、六十三、四辻大納言、十七、五十度、新大納言、卅四、予、五十七、若王子權僧正、六十五、永相朝臣卅五、等也、暮々退出了、但於內侍所納涼、戌刻歸宅、○今日亡父卿忌日之間、松林院乘誓被來、予急候間不相伴、○廣橋新亞相今朝出立一盞被振舞之間罷向、則令同道參內了、

十三日、壬子、天晴、八專入、○南向葉室へ早旦被行、產所爲見舞也、○冷泉へ罷向、藤堂右兵衞大夫來、暫雜談了、次予計一盞有之、○暮々內藏頭、阿茶々、鶴松等召具、禁中徘徊納涼了、先長橋へ罷向、安禪寺殿へ阿茶々御禮申させ了、一盞有之、戌刻歸宅、

十四日、癸丑、天晴、○禁裏御楊弓之間巳下刻參內、先於御學問所御雜談有之、未下刻より四十二度有之、先冷麵一盞、後に晚飡有之、御矢、十二、曼殊院宮、卅、新大納言、十一、予、十一、若王子僧正、廿九、重保朝臣、三、經元、十、源爲仲十三、等也、御矢取虎福、藤堂次郎兩人、於東庭有之、予二枚負、暮々退出了、○箏一束、內侍所へ進之、祝着之由了、

十五日、甲寅、天晴、五月中、土公地中(十日)、八專、○祖母安明院忌日之間、安

養寺之僧慶存齋に來、相伴了、○山井伊豆守來談、近日以外所勞之由語了、○南向今日從葉室被歸云々、○禁裏御楊弓之間午時參內、未下刻始、於淸涼殿四十五度有之、御矢取邦富、以淸兩人也、於番衆所冷麪にて一盞有之、御懸物被出之、杉原二帖、結花、瞿麥、源爲仲取之、暮々退出了、御矢、廿三、曼殊院宮、廿七、新大納言、十三、予、廿、若王子權僧正、十七、源爲仲十五、等也、予七枚負了、○臺所阿茶薄室也、予外祖母之妹也、南向留守とて、今朝子供にとて、餅鷄、一盆、好之物、干鯛等送之、○新亞相、甘露寺等月下來談、

十六日、乙卯、天晴、月蝕、(亥刻九分)八專、○早旦甘露寺同道淸水寺へ參詣了、○今日如例年爲家中百萬返唱之、其外看經、心經百卷、壽命經十卷、消除疫病經廿卷、光明眞言千返、慈救咒、藥師小咒等同千返、祇園社に祈念了、次不動看經、別所作了、○當番之間申刻參內、一位前大納言、予兩人也、但一位宿に退出、源爲仲月蝕御所裏に祗候、御添番に被參了、於內侍所兩人納涼、一盞候了、

十七日、丙辰、天晴、○自正親町庭之梢梅一枝被送之、○禁裏御楊弓之間午時參內、先御雜談有之、未刻始、於淸涼殿東庭有之、御人數御矢、廿八、曼殊院宮、廿六、新大納言、十八、予、廿一、若王子僧正、卅六、永相朝臣、十六、經元、廿一、源爲仲十六、等也、四十三度有之、御矢取藤堂次郎一人也、於番衆所小漬如常、暮々退出了、七十枚勝了、

十八日、丁巳、陰、申刻小雨灑、八專、○禁裏御楊弓之間巳下刻參內、未下刻始、先御雜談有之、御人數御矢、十八、曼殊院宮、廿七、一位前大納言、十三、中山大納言、十七、新大納言、十一、予、十一、若王子權僧正、十五、卅一度に、永相朝臣、十七、穴一、經元、十六、源爲仲十六、等也、四十一度有之、予廿五枚負了、御矢取以淸、松壽兩人也、於淸涼殿有之、○尊勝院蜂にさゝるゝの間、來ましなうへき由有之間、暮々庭田へ罷向ましない了、又庭田番相轉之間祗候、以淸兩人也、○內侍所へ德利隨身、同五辻銚子隨身、夜半時分迄酒飮了、

十九日、戊午、天晴、○從親王御方拾芥抄上卷被返出了、○自安禪寺殿枇杷一蓋被送之了、○禁裏御連歌御會有之、但蟲氣之間不參了、御發句以下如此、

雲や花さかりは雨にあふち哉　御
涼しく落る木々の下露　四辻大納言
かけふかき岩ねのなかれ音すみて　曼殊院宮
眞砂地しろく月殘る庭　新大納言
なはしまによるのはしゐのやゝさむみ　予
一つらちかしなひく鴈金　萬里小路大納言

山科年貢之事、進齋一石先可相渡之由申、折紙出之、勸修寺一品被申調被送之、則山科へ澤路筑後守申付指下了、

廿日、己未、自曉天雨降、八專、○自竹內殿露蜂房御所望之間、一包進了、蟲氣如何之由御尋也、○澤路筑後守今日上洛、昨日人夫不被調云々、一石到、祝着了、○夕方長橋迄參、昨日不參之御忩申入候了、庭之梢枇杷一枝局へ進之、臺所、內侍所等へ立寄了、五位申竹內殿御手本遣之、

廿一日、庚申、天晴、八專、○早旦吉田へ自北白川取懸之由有之間馳向、烏丸、廣橋新亞相、中御門、予、富小路父子、大和宮內大輔兄弟等同道候了、予共大澤出雲守、澤路筑後守、同彥九郎、同新三郎、井上將監、小者三人等也、少々具足着了、同道之衆以上八十餘人有之、此方上京衆所々合力五百計有之、但中分有之、先引之間各午時歸宅了、○旬之間、神樂庭火計吹之、看經了、○晚天一昨日御連歌之殘句、卅六可被遊之由有之間、申刻參內、御製、曼殊院宮、中山大納言、新大納言、予、源爲仲執筆等也、於紫宸殿有之、於番衆所冷麵にて一盞有之、及黃昏各退出也、予當番之間祗候、御格子以後、一位前大納言被參了、○今夜庚申之間、新亞相、予兩人內侍所へ罷向、夜半以後迄了、

廿二日、辛酉、天晴、八專、○吉田右兵衛督昨日之禮に來了、入見參了、○內侍所へ罷向、平家十一之卷讀之、晚飡有之、及黃昏歸宅了、○勸修寺一品へ赤飯一鉢、鈴一對遣之、名字之地公用之儀口入之間、如此候了、

廿三日、壬戌、天晴、○淨花院舜玉齋に來、相伴了、愚息女妙順忌日也、○禁裏御楊弓之間巳下刻參内、五十八度有之、於淸涼殿有之、御矢、卅、曼殊院宮、卅九、一位前大納言、卅四、中山大納言、廿五、穴一、新大納言、廿、予、廿四、穴一、若王子權僧正、四十二、源爲仲廿四、等也、御矢取以淸、松壽丸兩人也、於番衆所小漬如常、予五十枚勝了、暮々各退出、但於内侍所納涼、杉原一帖、但卅枚有之歟、遣之、戌刻計歸宅了、

廿四日、癸亥、天晴、八專終、○大祥◎寺脱カ殿がんぴ三本持參之處、淸水寺御參詣云々、○自禁裏可祗候之由有之間、午時參内、曼殊院宮、予、經元等計也、御楊弓可被遊之由雖有之、莵角無之、曼宮與予碁三盤打之、予二盤勝了、今夜當番經元一人之間、可祗候之由勅定之間、御添番に祗候了、御寢以後於内侍所納涼、永相朝臣來、予、經元等也、○淨花院舜玉花柘榴一莖被送之、○新内侍局人參丁香散所望とて、代牛到云々、

廿五日、甲子、天晴、半夏生、申刻小夕立、土公子方（六日）○今朝可罷出之處、御楊弓三百手被遊之間、其間々可祗候、朝飡長橋局に有之、但各參集遲々、巳刻始了、御楊弓百卅二度有之、又十八度暮て無之、無念々々、九十度計於淸涼殿有之、御矢取以淸、松壽兩人、次於東庭有之、御矢取藤堂二郎、虎福、加田彌三郎等也、先午時冷麵有之、晩飡於番衆所如常、御矢、四十七、百度に、曼殊院宮、六十一、穴一、今出川前左大臣、四十六、中山大納言、七十二、新大納言、四十八、予、六十五、若王寺僧正、六十二、穴一、源爲仲四十二、等也、予七十三枚勝了、及黄昏各退出了、○新内侍殿人參丁香散所望とて、代牛分到、

廿六日、乙丑、天晴、申刻夕立、○久正親町へ不罷之間罷向、一盞有之、次内侍所へ罷向、平家物語十二之卷讀之、全部終了、一盞有之、次藤亞相へ罷向、和歌會有之、四辻父子、庭田、甘露寺等被來、講頌有之、予晩飡相伴了、○當番之間參、予一身也、

廿七日、丙寅、雨晴陰、○可祗候之由被仰下之間、則午時參内、曼殊院宮、中山大納言、予、經元、源爲仲等也、先暫御雜談有之、中山與予碁一盤打之、予負了、次於番衆所冷麵にて一盞有之、次御楊弓卅一度有之、御矢、十五、曼

殊院宮、十、中山大納言、九、予、廿一、經元、九、源爲仲十四、等也、御矢取以淸一人也、暮々各退出也、予被召留、御膳之御跡被下了、忝者也、予卅一枚勝了、

廿八日、丁卯、雨降、○可祗候之由有之間午時參內、御楊弓七十度有之、於淸涼殿有之、御人數御矢、卅一、曼殊院宮、廿三、一位前大納言、廿九、中山大納言、卅三、新大納言、十四、予、廿、永相朝臣、卅一、穴一、經元、廿七、源爲仲十八、等也、御矢取邦富、以淸等也、於男末小漬如常、及黃昏退出了、

廿九日、戊辰、雨降、五墓日、○久不罷之間飛鳥井前亞相、へ罷向、一盞有之、碁二盤打之、雜談移時、次總持寺殿へ平家物語兩卷十一、十二、持參、返上了、御見參御盃被下之、及數盃了、次入江殿久不參、殊近日御煩之由候間參、御見參御盃被下了、暮々歸宅了、

卅日、己巳、雨晴陰、六月節、○高倉亞相入參丁香散半濟、磨積圓等所望之由有之、代一丁到、○故葉室寶樹院榮春、理永、愚息宗永童子忌日之間、松林院舜玉齋に來、相伴了、花栢榴一莖持來、○禁裏可祗候之由有之間午時參內、御楊弓五十一度有之、於淸涼殿有之、御人數御矢、廿二、曼殊院宮、廿、中山大納言、廿、新大納言、十七、八度に、卅、予、廿、源爲仲十四、等也、予二枚負、御矢取以淸、松壽丸兩人也、於番衆所小漬如常、次又御碁有之、三盤勝云々、御懸物御扇、杉原二帖等也、竹內殿、予兩人一方、中山大納言、源爲仲兩人一方也、曼宮一盤御勝、但源爲仲續三盤勝也、無念々々、戌始刻退出了、○吉田兼右卿論語本借用之間、一、二卷遣之了、○萬里小路亞相拾芥抄中卷、被借用之間遣了、

○六月大

一日、庚午、天晴、土公地中(八日)○讚岐守多忠宗禮に來、對面、南都春日社大神樂可有之由風聞、其儀共暫雜談了、次北尾出雲守來談、保童圓所望之由、二百粒遣之、澤路彥九郎、井上將監等禮に來了、次聖護院殿之森坊禮に被來、對面了、源氏之事催促也、○大祥寺殿へ御禮に參、御盃被下了、○當番御祗旁暮々參內、天酌に被參之輩廣橋一位、同新大納言、予、宮內卿、重保朝臣、公

遠朝臣、輔房、經元、邦富、源爲仲等也、廣橋父子相續之間、一位次に予參隔之了、次一位、予於男末一盞有之、今夜當番予一身也、

二日、辛未、天晴、○御番退出之次高倉ゟ罷向、金吾與暫雜談了、○禁裏御楊弓之間巳下刻參內、先於御前御雜談有之、御銚子被出之、於御前一盞有之、次於淸涼殿御楊弓始、五十三度有之、御矢不被遊之、御見物也、御人數中山大納言、十四、新大納言、十、四十度に、予、廿四、永相朝臣、卄、經元廿八、等也、御矢取以淸、松壽丸兩人也、於番衆所小漬如常、暮々退出了、

三日、壬申、雨晴陰、申刻夕立、○明日禁裏聖天御法樂云々、御發句可進上之由有之、○山井伊豆守景賴暫來談了、○從禁裏被出之芍藥抹之、又御發句等長橋局迄持參了、歸路薄所へ罷向、一盞有之、次此方へ令同道、被誂之間、平胃散被引之了、同新內侍殿御誂人參丁香散同被引之、餠善哉、にて勸茶、○晩頭富小路へ罷向納涼、暫雜談了、

四日、癸酉、天晴、未下刻夕立、○禁裏聖天御法樂之間巳刻參內、御人數御製、廿四句、入道前右大臣、廿二、中山大納言、十、二折執筆新大納言、十七、予、十三、一折執筆菅宰相十四、三四折執筆等也、所役殿上人以淸、於長橋局小漬如常、暮々終、各退出了、發句以下如此、

手に取て月なもむすふ泉哉　言繼
涼意句◎缺先秋　新大納言
千虆句◎缺　菅宰相
一杯句◎缺柸御
山園春氣早　入道前右大臣

五日、甲戌、天晴、申刻夕立、○廣橋鞠懸松木洗事、如例年賴入之由被申之間、從早旦罷向、三本洗之、朝飡有之、新亞相相伴、一品被出雜談有之、○自禁裏御楊弓之由有之間、新亞相令同道參內、午時始、六十度有之、御人數御矢、廿九、今出川前左大臣、廿九、中山大納言、廿二、新大納言、十五、予、廿五、右大辨宰相、十一、重保朝臣、五、經元、廿二、源爲仲十六、等也、予廿四枚勝了、先臺物にて一盞、次於番衆所小漬如常、右大辨宰相昨日從但州上

洛、則今日申沙汰云々、○長橋局人參丁香散半濟所望云々、又取次にて一濟所望云々、代一丁半到、○戌刻於內侍所納涼、極﨟爲仲、當番之間被來、予德利召寄、各に一盞勸了、○新內侍殿之誂之人丁半濟、薄誂之平胃散、藤亞相被申磨積圓、三兩二分、人丁半濟等、今日調遣之、

六日、乙亥、天晴、○當番之間暮々參內、予一身也、○竹內殿御腫物之間、參候て見舞申候了、次萬里小路へ罷向、父子留守云々、五辻へ罷向、從今朝暑氣被煩云々、平臥之式也、藥之事被申、香薷散今朝兩三服遣了、次大祥寺殿へ參、海松にて御酒被下了、勸修寺父子、中山等被參了、

七日、丙子、天晴、○鎮宅靈符九座行之、依今日聖降日也、如例、○未刻岡殿へ參、同靈符一座行之、御酒被下了、

八日、丁丑、天晴、○可祗候之由有之間午時參內、中山大納言、予、經元等祗候也、於御學問所御碁有之、杉原二帖御懸物に被出之、十枚宛打取之、中山二盤、經元一盤、予五盤勝了、冷麪にて御酒有之、暮々各退出也、予尙可祗候之由有之、御膳之御跡被下了、忝者也、明日又百五十度御楊弓、自卯刻可被始云々、仍自今夜其間々祗候、今日當番衆重保朝臣、邦富、父卿雅業代、以淸西三條阿茶丸代、等也、

九日、戊寅、天晴、土公卯方、(六日)○禁裏御楊弓雖被急之、辰下刻參集始、於淸涼殿百十度計有之、於東庭殘有之、以上百五十一度有之、御矢取邦富、以淸兩人也、御庭之時、因幡法師、廣橋內藤堂次郞兩人也、予朝湌臺所へ召寄了、御人數御矢、五十七、今出川前左大臣、六十三、中山大納言、五十三、新大納言、五十三、百四十度に穴一、予、五十二、百十度に、若王子僧正、四十三、八十三度に、重保朝臣、廿三、經元四十四、等也、午時冷麪にて一盞有之、於番衆所晚湌如常、暮々終、各退出了、予五十三枚勝了、

十日、己卯、天晴、○從長橋局可來之由有之間、巳下刻則罷向之處、新大典侍殿官女阿茶々、昨宵額に小男之礫中打破、血到今朝出、氣煩之間可見之云々、石見川付之愛洲藥遣之、次藤亞相へ罷向、一盞有之、○自禁裏可祗候之由有之、午下刻參內、一位前大納言、中山大納言、

予等祗候、禁中御修理之事三好筑前守中子細有之、御談合了、次干飯にて一盞有之、又御懸物杉原二帖被出之、一位三盤勝、予一盤勝之、中山四盤勝、杉原十枚宛取之、又御帶一筋、引合一帖、中山大納言拜領也、申下刻各退出了、

十一日、庚辰、天晴、○旬之間、看經に神樂少々吹之、○陣官人大島腹中瀉之間、藥所望之由申候間、香薷散三服遣之、○山井將監景理神樂笛、稽古に來、朝倉失念之處、其駒之端一段授了、○自冷泉可來談之由被申之間、則罷向之處、自禁裏早々可參之由有之間則參內、中山大納言、新大納言等被參、但無殊事驪各退出、於伊與局中山、予一盞有之、予藤亞相へ罷向之處晩飡有之、○暮々當番に參、予、右大辨宰相兩人也、白檀二兩、申出拜領了、○長橋取次之人參丁香散一濟調進之、

十二日、辛巳、天晴、土用入、○從禁裏辨天繪像絹、紙表法繪に可申付之由有之、召大澤彥太郞申付了、○藤亞相香薷散被所望之由、一包一兩餘、遣之、○今日亡父卿忌日也、但松林院故障之由有之、齋に不來、○冷泉へ罷向雜談移時、一盞有之、歌道之儀共種々雜談、

十三日、壬午、天晴、○早旦甘露寺所勞氣之間、脈之事被申候間罷向、氣、暑氣等也、不食云々、槿花にて一盞有之、○廣橋亞相鞠懸之◎松木脫カ洗事被申候間、從早々罷向、朝飡有之、相伴了、○禁裏御楊弓之間午時參內、八十三度有之、御人數御矢、卅二、曼殊院宮、廿九、中山大納言、廿九、新大納言、十五、五十度に、予、卅四、右大辨宰相十四、等也、於番衆所小漬如常、暮々各退出了、今夜別殿行幸云々、長橋局へ、二枚勝了、

十四日、癸未、天晴、○從早旦廣橋へ罷向、懸之松木悉洗立了、朝飡相伴了、○甘露寺へ藥五苓散に加木香、沈香、香薷、厚朴、三包遣了、○禁裏御楊弓之間午時參內、今出川前左大臣申沙汰云々、先於清涼殿有之、百手以後於東庭有之、御人數御矢、卅一、曼殊院宮、廿、今出川前左大臣、卅九、中山大納言、廿五、新大納言、十三、四十五度に、予、廿八、右大辨宰相、十四、若王子權僧正、卅八、永相朝臣卅

三、等也、御矢取邦富、以淸、御庭之時藤堂次郎、虎福、因幡等也、先臺物にて一盞有之、次於番衆所小漬如常、暮々各退出了、○今夜番衆無之間可祗候之由有之、予一身也、

十五日、甲申、天晴、十方暮、土公地中（十日）六月中、雷鳴、但不夕立）○祖母安明院忌日之間、安養寺之僧慶存齋に來、相伴了、○自禁裏御扇一本野筆、畫繪、狩拜領、忝者也、長橋局迄參御禮申候了、○公卿補任（後柏原院上下兩冊）、甘露寺被借用之間遣之、○五辻へ罷向、同中山被來雜談、南隣三條亭、（轉法輪）飛鳥井左衛門督近日買得云々、今日作事有之、又沓音聞之間、三人令同道見舞、見物了、伊勢守内三上、堤等鞠了、次大祥寺殿へ參了、

十六日、乙酉、天晴、雷鳴夕立、雷落方々、四五人人取之云々、○甘露寺來談、脈取之、同前也、公卿補任先皇下卷先被返了、○北尾出雲守來、（人、）丁香散所望之間、三服計遣之、○廣橋へ午時嘉定に罷向、人數一位（正親町）大納言入道、廣橋一位、高倉亞相、烏丸、中山、中御門（新亞相）、亭主、予、滋野井、若王子、庭田、高倉金吾、富小路、氏直、同藏人、種直、奥坊、（淨土寺）大和宮内大輔、（奉公衆）（同）三上三郎、治部大藏丞、（奉行衆）其外青侍共速水越中守、同安藝守、高橋雅樂助、藤堂右兵衛尉、河端左衛門大夫、粟津修理亮、速水左衛門大夫、加田彌三郎、藤堂次郎、北尾出雲守、出納右京進、同將監、久河彌助等也、嘉定品品也、大略者酒也、先小漬有之、予麵酒兩種に調了、次又盃出及大飲、音曲有之、粟津孫三郎、窪五郎次郎等來、予暮々歸宅了、○當番之間參内、予、右大辨宰相、（御添番）以淸等也、

十七日、丙戌、天晴、五墓日、○葉室母儀淸水寺へ參詣とて被來、聽晩天被歸了、○大和宮内大輔に借用之音曲之本かう、（岩舟）二番、返遣之了、

十八日、丁亥、天晴、○賀二位所へ罷向、薄令同道法談へ參云云、次竹内殿へ參、瓜自他所進上、賞翫了、○北尾出雲守鈴一對、瓜十、等隨身、一盞勸了、○讃岐守忠宗瓜一（十五）蓋、如例年持來、對面了、○葉室淸水寺參詣とて來儀、今夜逗留云々、

十九日、戊子、天晴、未刻夕立雷鳴、○正親町へ罷向、從一昨日持病發云々、見參了、次高倉へ罷向、楊弓廿度計見物了、○從禁裏可祗候之由有之、長橋局迄參、明日御聯句執筆高辻所勞之間、可參之由有之、雖斟酌可爲仰次第之由申入了、次飛鳥井左金吾作事見物了、次五辻へ罷向暫雜談了、○葉室在所へ被歸了、中御門同道被行云々、

廿日、己丑、天晴、巳刻大地震、龍神動也、○今日御聯句之執筆有之間、不可參之由有之、○自冷泉被誘引之間、巳刻より鞍馬寺ゟ參詣、供大澤彥太郎召具、圓藏坊へ被行(マヽ)了、中食有之、今日竹切始而見物了、自未刻下向、申刻歸宅了、○廣橋一品使有之、明日從近衛殿就大神樂人被指下之間、存分懇注之可指下之由兩度使有之、四辻、薄に令談合可調進之由返答了、及黃昏薄所へ罷向令談合、同薄同道四辻へ罷向、予先々記六隨身、樣體談合了、伊勢加賀入道いりこ酒被振舞了、亥刻歸宅了、○比叡山之月藏坊より書狀到、五色廿送之、○自大和宮內大輔所音曲本もりや、錦木、六代、酒轉童子四番兩冊到、

廿一日、庚寅、天晴、○旬之間令行水、看經に神樂少々吹之、○大神樂之事注之、手日記等調之、廣橋へ隨身罷向、談義參詣云々、申置了、○今日之當番、暑氣之由故障申候了、

廿二日、辛卯、雨降、風吹、自未刻晴、○富小路藏人暫來談了、○葉室內孫四郎男、廿日所勞頭痛不食胸中苦云々、脈無殊事、但聊有內熱、頭疵起歟、四物湯に加人參柴胡、白芷、半夏等、十包遣之、○長橋局被申加減人參丁香散半濟調進之、○晚頭冷泉へ罷向、一昨日之禮申之、及戌刻迄雜談了、

廿三日、壬辰、天晴、五墓日、○薄來談了、○吉田右兵衛督暫來談了、○自長橋局瓜一蓋被送之、○竹內殿へ參、御留守云々、高倉へ罷向、父子參會、一盞有之、次禁中納涼、於內侍所三人脈取之、阿子無殊事、かゝ煩敷者也、女嬬無殊事、

廿四日、癸巳、天晴、自今日天一天上、○山井伊豆守景賴暫來談、○自甘露寺年中公事記北畠准后親房公假名記六一冊、被借用之間遣之、同補

任歷名彼方之本返遣之、○大和宮内音曲之本兩冊もりや、錦木、六代、酒轉童子、返遣之、○自竹内殿御手本到、內侍所へ隨身遣之、次大祥寺殿へ參、瓜被下之、次勸修寺殿へ罷向、中將棊有之、人數亭主父子、中山、日野、滋野井、五辻、伊勢加賀入道、杉山兵部大夫等也、暫見物、一盞有之、予碁二盤打之、暮々歸宅了、○高倉夏袍新調云々、色付はり事賴入之由有之、到來、

廿五日、甲午、天晴、天一天上、土公午方、(六日)○今日御會御一巡、昨晚被出之、早旦調進之、○禁裏北野社御法樂御和漢有之、巳刻參内、卽始、於紫宸殿後御有之、御人數御製、廿一句、曼殊院宮、十、入道前右大臣、廿五、中山大納言、九、萬里小路大納言、十五、新大納言、十三、予、七、執筆也、等也、所役殿上人邦富、未刻於長橋局小漬如常、申下刻終了、次御當座廿首、有之、酉下刻新大納言被讀揚了、御發句以下、

常磐木の松さや風に夏もなし　御
螢過流水邊　曼殊院宮
初晴籠約月　入道前右大臣
七夕硯涵天　萬里小路大納言
行袖に露をくはかり秋のきて　中山大納言
山かけふかくそよく篠原　新大納言
かりふしは夢もむすはす明はてぬ　予

御當座勅題、予二首、稱名院に談合、題泉爲夏栖、待空明戀、

あつき日は猶立さらすこゝにのみなれしすみかも忘れ井の水
こはましをさふかさこよひ玉手箱心くらへの明てくやしさ

戌刻各退出了、

廿六日、乙未、天晴、天一天上、五墓日、○內侍所へ罷向納涼、次大祥寺殿へ參、御酒被下了、移時了、○正親町へ罷向、河狩云云、晚湌有之、奧坊相伴也、○戌刻御番に參、予一身也、

廿七日、丙申、天晴、天一天上、○内侍所へ罷向納涼、干飯にて酒有之、○安禪寺殿、御輿、大典侍殿、同、新内侍殿、伊與殿以下女房衆十餘人、因幡堂藥師御參籠、申刻御出門、中山、予、右大辨宰相、極﨟等、爲御稽古可參之由有之間

參、御宿坊栁坊也、御百度有之、女房衆計也、次暮々より臺物食籠等にて御酒有之、安禪寺殿御輿添、藤亞相之衆山口彌三郎、粟津孫左衞門、同甚右兵衞尉但休息歟、窪新右衞門尉、同弟之一右衞門尉等、　御次之間にて音曲、各助音、予笛吹之、子刻計也、　今夜男女供衆雜々迄五十人有之、其外結城、進齋御番衆卅人計進云々、依要心惡也、各四五ヶ所に不寢也、進齋勸修寺一位舅之間如此、

廿八日、丁酉、天晴、天一天上、未刻小雨灑、　○早旦男衆十五人にて御百度有之、次下向了、　○大典侍殿之御局へ巳刻參、新大典侍殿、權典侍殿、長橋局等各御酒迎云々、　赤粥臺物食籠等にて御盃三有之、各男衆參、　此外新大納言參了、○禁裏御楊弓之間午時各參集、七十五度有之、先於淸涼殿內有之、次東庭にて有之、　御矢取堂上邦富、松壽丸、御庭松壽、虎福兩人也、於番衆所小漬如常、暮々各退出了、御人數御矢、廿五、曼殊院宮、卅九、中山大納言、廿六、新大納言、廿六、　予、廿九、右大辨宰相、廿三、　經元、四十一、源爲仲九、等也、予十五枚勝了、

廿九日、戊戌、天晴、天一天上、　○禁裏御楊弓之間午時參內、但遲々間、藤亞相へ罷向暫雜談、　次白川へ罷向、干飯にて一盞有之、未刻參內、御楊弓卅八度有之、御矢、十九、曼殊院宮、廿二、中山大納言、十二、新大納言、廿二、予、廿七、經元、十六、源爲仲十七、等也、御矢取松壽、虎福兩人也、御楊弓以後於番衆所小漬如常、及黃昏退出了、予廿七枚勝了、於東庭有之、

卅日、己亥、天晴、天一天上、　○寶樹院忌日宗永聖月之間、淨花院之舜玉齋に來、　相伴了、　○伊與局官女阿茶、所勞之間、脈之事被申間罷向、熱氣頭痛暑氣也、　藥之事被申候間、五苓散に加柴胡、川芎、白芷、羌活、細辛、三包遣之、○禁裏御楊弓之間午下刻參內、　先御碁、曼殊院宮、中山大納言三盤有之、　未刻始、四十一度於東庭有之、御人數御矢、十四、曼殊院宮、十六、中山大納言、廿一、予、廿四、若王子廿度計權僧正、十八、經元、廿四、源爲仲十二、等也、　御矢取松壽丸、藤堂次郎等也、　於番衆所小漬如常、予廿一

枚勝了、今夜御輪御祝に其間々祗候、戌刻有之、被參之輩廣橋一位、四辻大納言、予、伯二位、宮内卿、公古朝臣、邦富、源爲仲等也、於議定所如例年、御輪之後御盃如常、廣橋一位令同道退出了、○此方祝如形沙汰了、○自大和宮内大輔音曲之本兩冊くれは、ひろむ、到、

○七月小

一日、庚子、天晴、天一天上、土公地中(八日)、七月節、○神樂少々看經に吹了、○山井伊豆守景賴禮に來、對面暫雜談了、○長橋局迄可參之由有之間未刻參、法然一枚起請被遊歟、下繪之唐紙六枚、髮搔鏡被掛之、○大祥寺殿へ御禮に參、御盃被下之、岡殿、御留守、伏見殿、御對面、竹内殿、御見參、稱名院、見參、高倉亞相見參、等へ禮に罷向了、○暮々親王御方へ御禮申候了、御對面、同若宮御方へ申入了、萬里小路父子同見參了、入道瘧病再發云々、平臥之式也、○今夜天酌に被參之輩廣橋一位、四辻大納言、新大納言、予、伯二位、宮内卿、重保朝臣、輔房、源爲仲等也、次於臺所一盞有之、○今夜當番予一身也、

二日、辛丑、自丑刻風吹、天晴、自中下刻雨降、天一天上、○今朝七夕御題中出了、則廻文調之長橋局へ進之、如此、折紙、

七夕帶

右七夕御題、可令詠進給之由被仰下候也、

七月二日　　言繼

勸修寺一位殿、廣橋一位殿、飛鳥井前大納言殿、藤大納言殿、日野大納言殿、中山大納言殿、四辻大納言殿、日野新大納言殿、萬里小路大納言殿、中御門大納言殿、新大納言殿、菅中納言殿、冷泉中納言殿、伯二位殿、左衞門督殿、右大辨宰相殿、宮内卿殿、頭中將殿、西三條中將殿、藏人右少辨殿、藏人中務丞殿、別紙に三條殿、又別紙に正親町殿三條殿、

廣橋新亞相來儀、源氏若紫之卷於此方被校合了、又禁裏御楊弓之間、拳堅可振舞之間可來之由被示之間、罷向飮之、○午時參内、御楊弓五十五度有之、先淸涼殿、後に東庭、御人數御矢、廿三、曼殊院宮、十三、中山大納言、十六、新大納言、廿二、予、卅六、穴一、經元、廿九、源爲仲廿七、

等也、御矢取邦富、松壽丸兩人也、於番衆所小漬如常、予百廿六枚勝也、

三日、壬寅、天晴、天一天上、○應召未刻參內、曼殊院宮、勝二、中山大納言、同一、予、同三、源爲仲、同二、等也、御碁被打之、去年御暦一卷御懸物に被出之、予拜領了、ちまきにて一盞有之、其後三條正親町與滋野井公事之儀御沙汰有之、予又月藏坊、院廳公事儀同申入了、戌刻退出了、○九條殿御勸進、來八日後慈眼院廿五回歟、品經和歌、予法師品也、

鏡さて何かもさめんなのつから淸き心に見ぬ色そなき

四日、癸卯、天晴、天一天上、○滋野井來儀、去年於御前御取合、祝着之由有之、○景理來、神樂其駒一手授之了、又景賴後光嚴院之御消息七枚送之、○大和宮內大輔晴完、音曲之本兩冊氷室、くれは、返遣之、又落葉宮、吉野しつか兩冊到、○庭田へ罷向、月藏坊公事之儀、女房奉書案遣之、所勞とて無見參、申置了、後に被申子細有之、次大祥寺殿へ參、御參內御留守也、中山、五辻等碁二盤打了、次飛鳥井左金吾へ罷向作事見物、中山同被來、庭上にて一盞了、○甘露寺番相轉之間暮々參內、予一身也、

五日、甲申、天晴、天一天上、○庭田被來、院廳中分被申候了、加問答、所詮於禁中可相決之由申候了、○自冷泉可來談之由有之間罷向、暫雜談、一盞有之、澤路新三郎來、○廣橋新亞相晚天被來、今日於禁御前、月藏坊公事之儀御沙汰有之云々、御取合被申由有之、被語了、

六日、乙巳、天晴、天一天上、○自伊與局使五々、有之、與利對馬法橋赤痢所勞之間、藥之事被申、調中散に加黃連、蓮肉、三包遣之、又晚頭三包遣之、○大和宮內大輔音曲之本、一昨日之兩冊吉野靜、落葉宮、返遣之、○今日當番甘露寺に相轉之間、不參也、

七日、丙午、天晴、天一天上、○今日聖降日之間、鎭宅靈符五座行之了、○今日禮者出納右京進重弘、同子內豎國益、讚岐守忠宗、對面、伊豆守景賴、同、甲斐守久宗、同、北尾出雲守等來云云、○岡殿へ參靈符一座行了、御酒被下了、次少々禮に罷出、近衞殿、御盃被下、寶鏡寺殿、同、一條殿、淨土寺殿に御座候間參、御盃被下、大祥寺殿、同、伏見殿、御對面、稱名院、見參、

竹內殿(御見參)等也、○暮々御祝に參內、天酌に被參之輩廣橋一位、同新大納言、予、伯二位、右大辨宰相、宮內卿、重保朝臣、公遠朝臣、輔房、邦富、源爲仲等也、○大和宮內大輔所より音曲本兩册(鵜飼、東岸居士、)到、○御懷紙調進之、同飛鳥井前亞相、日野亞相懷紙到、持參了、予歌、

七月七日同詠七夕帶和歌

按察使藤原言繼

めくり逢て結ふ契りや天の河二の星の中のしたおひ

八日、(丁未、天晴、午刻雨降、天一天上、)○伊與局被申候官女阿茶々頭痛藥之事、茶調散加半夏、五味子、五包遣之、同對馬守法橋に調中散七服遣之了、○長橋局迄可祗候之由有之間、申下刻參、月藏坊公事之儀也、○葉室母儀出京被來、此方に逗留、明日墓所へ參詣歟、○薄被申香薷散五兩遣之、○昨日禁裏御懷紙可閉進之由有之被出、新亞相字之惡事有之、申遣之被來、同可寫之とて取て被歸了、

九日、(戊申、天晴、天一天上、土公酉方、(六日)、)○長橋局へ香薷散一包遣之、又晚天鮒鮓二、被送之、○內侍所へ罷向、穴太記讀之、一盞有之、○藤大納言へ罷向、楊弓有之、亭主父子、若王子、(奉公衆)伊勢加賀入道、(同)海老名刑部少輔、(同)狩野左京亮、粟津修理亮、同孫三郎等也、爲亞相代可射之由被申間、廿度計射了、五十計勝了、○臺所たと痢疾藥之事申候間、調中散五服、遣之、又對馬法橋腹痛藥之事申候間、人參丁香散三服遣之、

十日、(己酉、天晴、天一下艮、)○叡山月藏坊來、與院廳(明直、)公事之儀申之、一盞勸了、○庭田へ罷向、月藏坊申分語了、中分之儀申調度之由談合了、○長橋局迄參、月藏坊申分內々令披露了、○大和宮內大輔音曲本(鵜飼、東岸居士、)返遣之、

十一日、(庚戌、天晴、)○旬之間、看經に神樂少々吹之、春日名號掛之、唯識論くり了、○今日伏見殿御日出度事之間、兩種(土器物二、ふくもゝ、)柳一荷進了、又自庭田使有之、夕方必可參云々、○申下刻伏見殿へ參、入道宮昨日自城南御上洛云々、御座敷入道宮、李部王、御室、總持寺殿、今出川前左府、中山亞相、中御門亞相、予、飛鳥井金吾、滋

野井新相公、頭中將、重保、右衛門督、永相朝臣、四條中將、隆益朝臣、四辻少將、公遠朝臣、極﨟、爲仲、喜首座、滿藏院伊勢守弟也、等也、七獻參了、音曲及大飮了、夜半鐘之時分退出了、○今夜當番、白川少將邦富、に相轉了、○大和宮內大輔音曲本三番かんたん、羅城門、おこき、到、

十二日、辛亥、天晴、○亡父卿忌日之間、松林院乘誓齋に來、相伴候了、○自庭田院廳公事之儀、爲使河端左衛門大夫來、令對面、樣體問答返了、○月藏坊祐增法印來、食籠鈴一對隨身、則盃出了、河端召寄樣體共申、閉口了、月藏坊平家一句語了、同廣橋新亞相被來了、○未刻阿茶々長橋局へ進、安禪寺殿へ御禮申させ了、食籠鈴一對進之、暮々罷歸了、○大和宮內大輔被來、暫雜談、一盞勸了、○月下內藏頭召具禁中納涼了、

十三日、壬子、天晴、八專入、○三條西稱名院、鈴一對送之、則罷向、雖輕微之儀、日出度事也、見參盃飮之了、○近衛殿諸大夫大膳權大夫俊直朝臣、所へ罷向、殿下就御渡領之儀、候人衆粟津供御人之すりこは、かりやす等被留之間、諸公事免除之子細可被申入之由申合了、各申合不披露之由候間、直に不參申、如此瘧病之間不出仕、但爲人可披露之由了、綸旨、一通、武家御下知、二通、鷹司殿より折紙一、等、可入見參之由申候間、預了、○禁裏御目出度事候間、暮々參內、戌刻計各御迎に參、親王御方御參、御盃於議定所參、大祥寺殿、岡殿御參也、如例自二獻麵、公卿各御相伴、廣緣に疊被敷、廣橋一位、四辻大納言、新大納言、予、伯二位、右大辨宰相、宮內卿、公新宰相中將古朝臣等也、御三所御陪膳重保朝臣、邦富、以淸等勤之、女中御無人之間如此、此外殿上人重保朝臣、永相朝臣、輔房、經元、邦富、以淸、源爲仲等也、三獻親王御方御酌、四獻重保朝臣、五獻天酌也、四獻五獻之間音曲有之、亥刻計親王御方御退出、如前各御供に參、次各退出也、予白川番代に其間々祗候了、○今夜當番予、雅業代、新宰相中將、重保朝臣、但宿に退出也、以淸阿茶々(三條西)代、等也、○月藏坊來、今日上賀茂へ罷之由申、○大和宮內大輔音曲本三册返遣之、又三册大木、井筒、舟辨慶、到、○安禪寺

殿御寺へ還御之由候間、阿茶々進、今夜逗留也、但御
暑氣之間還御なしと云々、
十四日、癸丑、天晴、自酉刻雨晴陰、○俊直朝臣使有之、所勞之間不來、
此方之者可來之由候間、則澤路筑後守申付遣之處、昨
日之條々具披露之處、悉分別也、被仰付可被返之由有
之、則俊直朝臣折紙所望、則粟津物之方へ遣之、證文
四通被返之、則供御人方へ遣之、○大和宮内音曲之本
三册、今日返之、○安養寺之慶存來經讀了、冷麵にて
一盞勸了、○阿茶々今朝安禪寺殿より歸了、又晩頭參
留了、歸魂日之故也、○晩頭禁裏へ内藏頭召進、御祝
之後、幼少之間退出了、内藏頭參仕之衆相尋、萬里小
路大納言、新大納言、右大辨宰相、公遠朝臣、輔房、經
元、通總、晴豐、言經、以清等也云々、其外童體濟々被
參云々、
十五日、甲寅、雨晴陰、八專、土公地中、(十日)○從稱名院德利、一、兩種くま引、かうの物、被送之、祝着了、○自葉室予南向蓮之飯被送之、目
出度祝了、○阿茶々長橋局へ申刻進了、○召具言經、

鶴松等、暮々參内、御燈爐共見之、卅四五有之、如例年
於議定所御盃參、先親王御方へ各御迎に參、御參、今
夜天酌に被參之輩廣橋一位、同新大納言、予、伯二位、
右大辨宰相、宮内卿、重保朝臣、永相朝臣、公遠朝臣、
輔房、經元、邦富、晴豐、言經、以清、源爲仲、菅原種長
等也、次親王御退出如前、天酌に參之時、予、廣橋父
子之間に參了、次各退出、予三人子共召具退出了、○
昨日柳原淳光、夏袍、廣橋新亞相へ借用、昨今言經可召
進之用也、
十六日、乙卯、天晴、八專、申刻小雨降、七月中、○多武峯、不動等、別所作看經
了、○大和宮内大輔音曲本三番岡さき、たておこてう、到、并年代
記可書寫與之由有之、料紙到、○禁裏御楊弓有之、午
時參内、先於御學問所御雜談有之、碁一盤竹門、中山、有之、
次於紫震殿後御白粥各有之、涼所之間如此、次於東庭
御楊弓廿五度有之、御矢、十、曼殊院宮、九、中山大納言、
九、新大納言、六、予、九、右大辨宰相、十、永相朝臣、六、經
元、三、源爲仲七、等也、御矢取松壽丸、虎福兩人也、御楊

弓之間に、於御前臺物にて各御酒被下了、申下刻雨降
之間、各退出了、予當番之◎〔間脫カ〕其間々祗候、予一身也、
予今日五十勝了、○從高倉亞相鈴一對被送之、祂新調
禮云々、
十七日、丙辰、天晴、○禁裏御楊弓之間巳下刻參內、鈴一、內侍
所へ持之、一盞飲了、今日御人數御矢、卅九、曼殊院宮、
卅、今出川前左大臣、卅、中山大納言、十九、予、卅、經元、卅八、穴一、
源爲仲卅八、等也、五十五度有之、於東庭有之、御矢取
如昨日、予四枚負了、暮々各退出了、○世上風流共有
之、新亞相令同道二三見之、近所徘徊了、次新亞相門
前にて一盞有之、只兩人計也、
十八日、丁巳、天晴、八專、從未刻小雨晴陰、○今日御靈祭之間上下之社へ
心經一卷つゝ書之、別而看經了、○大和宮內大輔音曲
之本三冊岡さき、たておこてう、返遣之、又三冊鉢木、錦戸、もさめつか、到、○葉
室清水寺下向とて來儀、○月藏坊公事之儀爲談合庭
田へ罷向、御靈祭々禮之時分之間、令同道見物了、次
一盞有之、次內侍所へ罷向、阿子口熱針遣之了、

十九日、戊午、天晴、○月藏坊來、明日可登山之樣雖申、先可
逗留之由申候了、○讃岐守忠宗來、暫雜談了、○四條長講
可安養寺長老與衆僧檀那方申事有之云々、仍慶存、周
書之德來、樽代三十疋持來、一盞勸之、內々安禪寺殿勸首
座、女房奉書之事被出之樣に申候處、宛所予に可被出
之間案內云々、同心了、○今夜近衞殿に風流有之、他
所へは無御出、只於家門有之、召具內藏頭參見物申候
了、人數五十八計有之、三返有之、一段見事、驚耳目
了、
廿日、己未、天晴、八專、申刻小雨降、○從長橋可參之由有之間、局迄參
了、安養寺へ女房奉書被出之、可加銘進之由有之、則
加銘、添狀調進之、如此、

當寺夙夜不怠之念佛、神妙之由、女房奉書如此候、
彌師檀共以興隆之儀專一候也、謹言、
七月十九日　　言繼
安養寺衆僧中

次安禪寺殿勸首座御禮に被參、公方へ御扇、杉原十帖、

長橋局へ三色二荷云々、冷麪にて酒了、長橋、予、勸首座等相伴了、安禪寺殿御出、御盃被（カ）◎（衍）頂了、○月藏坊與院廳明直公事之儀爲和談、上賀茂月藏坊旅宿へ、庭田代河端左衞門大夫召具罷向之處、出京云々、則下京五條之宿へ罷向、和談之儀申調了、冷麪にて酒有之、斑女之町之間、後園桃見物了、又酒有之、暮々歸宅了、○自出羽國波岡方政宗上洛來、書狀到、先度音信之返事黃金三分、被送之、但代百疋、持來了、

廿一日、庚申、天晴、八專、　○長橋局迄參、月藏坊與院廳公事之儀申調之間、女房奉書可被出之由申入之處、神妙に被思食之由被仰下、廳御文被出了、如此、

長かう堂執行ゆ（祐）ふ（增）そう法印はうせきしき地の事、
御きうめいをとけられ候所に、ゐんのちやうあき
直色々くせ事にて候まゝ、返しつけられ候、さ候
へはいよ〳〵こん行はし〳〵さいこういたし候
やうに、申きかせられ候へく候よし申とて候、
かしく、

仰　天文廿三　七十九

山しな中納言とのへ

長講堂執行坊跡楊梅北、油小路東、敷地之事、院廳明直申分御糺明之處、依無其理、如元被返付之趣、女房奉書如此候、然者彌令再興勤行、可被專舊儀之由被仰下候也、仍狀如件、

七月十九日　按察使（花押）

大藏卿法印御房

申刻月藏坊來、河端左衞門大夫者院廳明直放狀申調持來、又周德召寄、中付之儀共有之、各相伴、吸物餅に入豆腐にて一盞勸了、月藏坊に兩三通渡之候了、○暮々當番之間參內、月藏坊忝之由申入之由、以長橋局申入了、今夜番衆勸修寺一位、予兩人也、今日御碁有之云云、中山亞相其間々祗候也、御寢以後、三人內侍所へ罷向、庚申守了、予德利隨身、又赤粥有之、地聲音曲有之、丑刻終了、

廿二日、辛酉、天晴、八專、　○昨日大和宮內大輔被誂之音曲本

一番之分、今朝寫遣了、○今日禁裏聖天御法樂之間巳刻參内、御人數御製、廿二句、曼殊院宮、九、入道前右大臣、廿一、中山大納言、十、新大納言、十六、予、九、執筆也、菅宰相十三、等也、暮々終退出了、○橘之通子燈籠供養曲舞有之云々、廣橋新亞相令同道、内藏頭召具、二番くまさか、かまた、聞了、巳刻計歸宅了、

廿三日、壬戌、天晴、○妙順忌日之間、淨花院舜玉齋に來、相伴了、○院廳明直を召具治部大藏大輔來、武家奉行明直德利代十疋、隨身、今度公事之儀禮也、一盞勸了、○禁裏御楊弓之間午時參内、五十度有之、御人數御矢、廿六、曼殊院宮、廿一、中山大納言、十七、新大納言、十八、予、十六、穴一、經元、卅、源爲仲十六、等也、御矢取松壽丸、虎福兩人也、於東庭有之、於番衆所小漬如常、予四十三枚負了、但一帖拜領仕了、次於臺所各雜談、新亞、滋野井、庭田、戌下刻歸宅、各被送了、

廿四日、癸亥、雨降、八專終、○内侍所へ罷向、玉藻前之物語讀了、次藤亞相へ◎罷向脱カ乍父子他行云々、○大和宮内大輔音曲本三册、鉢木、もとめつか、にしき戸、返遣之、又三册すゞき、道成寺、野守、到、○御添番に可祗候之由有之間暮々參、當番經元一人、中山大納言、予兩人加番也、於番衆◎所脱カ碁三盤打之了、

廿五日、甲子、天晴、申刻より小雨降、土公子方、(六日)○自下京東寺伊勢守方へ返し風流有之間、爲見物罷向、同道廣橋新亞相、予、冷泉、庭田、鶴松丸、甘露寺、内藏頭、五辻等也、路次通を見物了、長講堂茶所望之處、周得自他所歸、冷麵にて及數盃候了、次風流於本國寺入破一番見物、次又於安養寺周得又冷麵にて及數盃、各令沈醉、及黃昏歸宅了、

廿六日、乙丑、天晴、未下刻夕立、○從岡殿可祗候之由有之間巳刻參、新大納言に可申屆之由、被仰下之子細有之、一盞被下了、○禁裏御楊弓之間午時參、先御碁四五盤有之、次於東庭御楊弓卅度有之、二度之後夕立、御矢、十、曼殊院宮、十一、中山大納言、十二、新大納言、九、予、八、經元、五、源爲仲十一、等也、予廿一枚勝、御矢取松壽丸、虎福兩人也、四辻大納言祗候、見物也、及黃昏於番衆◎所脱カ小

漬如常、○當番之間其間々祗候、予一身也、自葉室山口又七御番に上了、

廿七日、丙寅、天晴、夜入風吹、○御番退出之次藤亞相へ立寄、於馬屋雜談、自昨夕馬煩云々、今朝得驗云々、　御楊弓之由候間午時參內、先碁有之、次御楊弓四十七度有之、御矢、十一、曼殊院宮、十一、中山大納言、十四、新大納言、六、予、廿四、永相朝臣、廿二、經元、十九、源爲仲廿、等也、予百四十枚勝了、於東庭有之、御矢取松壽丸、虎福兩人也、於番衆◎所脫カ小漬如常、次內侍所へ罷向納涼、　杉原五十枚遣之了、○今夜別殿行幸之間可祗候之由有之、其間祗候、　長橋局へ也、戌刻行幸、從二獻公卿御相伴如常、三獻天酌、被參之輩新大納言、予、菅宰相、宮內卿、永相朝臣、邦富、以淸、源爲仲等也、　次還御、次各退出了、

廿八日、丁卯、晴、至未刻風吹、子刻又風雨、○大和宮內大輔音曲之本三冊鉢木、錦戸、もさめつか、返遣之、○禁裏御楊弓被急之間、巳刻參、午時始、五十三度有之、廿一度淸涼殿、後東庭、御矢、九、曼殊院宮、廿五、穴一、中山大納言、十二、新大納言、十二、予、十三、　若王子權僧正、廿二、永相朝臣、十二、經元廿四、等也、　予四十二枚負了、御矢取上以淸、松壽丸、下松壽、虎福等也、於番衆所小漬如常、暮々新亞相令同道退出了、

廿九日、戊辰、天晴、五墓日、○故葉室寶樹院、愚息宗永童子忌日之間、松林院乘誓齋に來、相伴了、○南御所宗春房五六十日赤痢被煩云々、藥之事被申候間、調中散五服遣之、○自大和宮內大輔音曲之本さも、松浦鏡、源氏くやう、三番一冊、到、○從岡殿可參之由有之間未刻參、廣橋新亞相に可申傳之由、　被仰子細有之、　次賀二位所へ罷向暫雜談了、○大和宮內大輔音曲本一冊さも、源氏供養、松浦鏡、到、◎按ズルニ、此項重複、

○八月大

一日、己巳、天晴、○禁裏御たのむ、　御太刀、金、言繼、上、言經、上、札付之進上、親王御方へ同進上、御返同之、如例年、○竹內殿へ御禮に參、御盃被下了、　次稱名院へ罷向、同盃被出之、次伏見殿へ參、御沈醉御寢云々、　次大祥寺殿へ參、御盃被下之、　次萬里小路へ罷向、亞相見參

了、○暮々御祝に參、先親王御方へ參、御對面、次參內、天酌に被參之輩勸修寺一位、廣橋一位、四辻大納言、新大納言、予、伯二位、新宰相中將宮內卿、公古朝臣、重保朝臣、輔房、邦富、源爲仲、菅原種長等也、○今日當番勸修寺一位、予兩人也、新宰相中將御添番祗候也、○讃岐守忠宗、美濃小中折三帖持來、對馬守久氏、北尾出雲守、澤路筑後守、同備前守、同藤次郎等來、各對面了、賀州白山長史◎吏カ同宿中坊來、鮎鮨十、持來、一盞勸了、

二日、庚午、早旦夕立、從午時晴、八月節、土公地中、(八日)○甘露寺へ罷向、一盞有之、次令同道竹內殿へ參、雙六有之、御見◎懸カ物被出之、五十一數云々、御人數中山、予、白川少將、松田主計允、林等也、但禁裏へ各祗候遲々間、先被置了、○未刻參內、御碁有之、御人數曼殊院宮、中山大納言、四辻大納言、予、經元、源爲仲等也、冷麵にて一盞有之、御懸物三種被出之、四辻五盤勝、拜領了、下之勝杉原五枚つつ也、予持也、戌刻退出了、○南御所宗春御房痢病小驗云々、同宿禮に來、尙藥之事被申、拂底之間二服遣了、

三日、辛未、天晴、○慈惠大師看經、別所作了、○自伯卿靑門御筆大文字虎一幅被借用之間遣之、○長橋局迄參、勅筆法然一枚起請之事二枚、申入了、一釆女官女所望之間如此、次內侍所へ罷向、一釆女阿子口中針立了、○右衞門督可雇手之由申候間罷向、雙紙二冊切閉了、晚飡相伴了、○南御所宗春彌驗云々、藥之事被申候間、又七服遣之、

四日、壬申、天晴、○召具內藏頭召具◎二字衍カ御靈上下御旅所、參了、供大澤彥太郞、澤路藤次郞、小者猿計也、○薄、同右衞門佐被來、料紙百枚、於此方被打之、一盞勸之、○岡殿へ可參之由有之間祗候、公事邊之儀、女房奉書被出之、御祝着之由有之、一盞被下了、○禁裏御碁有之、曼殊院宮、中山大納言、四辻大納言、予等也、御懸物故中山宣親卿筆懷紙云々、中山勝也、於番衆所小漬有之、暮暮各退出也、大典侍殿御煩也、予被取御脈了、退出之次、竹內殿御門前納涼、一盞被下了、

五日、癸酉、天晴、○大祥寺殿へ參之處、百座の楞嚴呪有之、大典侍殿御禱云々、仍先退出、內侍所へ罷向納涼、次藤亞相へ罷向雜談、次正親町へ罷向、近日所勞氣云云、暫雜談、一盞有之、次又大祥寺殿へ參、四種香◎系脫カ圖申出了、勸修寺一品、中山亞相、新宰相中將、極﨟等祗候、小漬にて一盞有之、○昨夕羽州より上洛政宗、鈴一對持來、他行之間今朝來、受用了、○南御所之宗春長仙庵、痢病彌驗氣云々、尙藥之事被申、又五服遣之、

六日、甲戌、天晴、○正親町に朝飡有之、罷向、久我諸大夫森刑部大輔盛時朝臣相伴也、次冷泉へ罷向、新亞相同被來、暫雜談、一盞了、○未刻可參內之由有之間、新亞相令同道參內、曼殊院宮、中山大納言、四辻大納言、新大納言、予、新宰相中將等祗候、御碁有之、御懸物短冊被出之云々、四辻大納言勝、拜領也、於番衆所白粥一盞等有之、酉下刻各退出、予當番之間其間々祗候了、○今夜當番勸修寺一品、予兩人也、○南御所從長仙庵、樽代二十疋、被送之云々、痢病本服祝着之由有之、

七日、乙亥、天晴、○右衛門佐薄子被來、一昨日被借用音曲之本四冊廿番、被返之、○南御所長仙庵自曉又煩敷樣之間、藥之事被申候間、七服遣之、○甘露寺へ罷向、花山院亞相所望之中沙汰之事申合了、次竹內殿へ參、四種香系圖可被寫下之由申候了、次大祥寺殿へ參、淸藏主に杉原一帖、梔子一袋遣之、水引所望了、

八日、丙子、天晴、○南御所長仙庵藥之事尙被申之間、又七服遣之、○禁裏御楊弓之間巳刻參內、四十二度有之、御矢、十一、曼殊院宮、十四、中山大納言、八、新大納言、十一、予、十四、若王子權僧正、十八、經元、七、源爲仲九、等也、先兩三度之後、於御前御酒被下之、肴餠、於東庭有之、於番衆所小漬如常、予八十三枚勝了、暮々各退出了、

九日、丁丑、天晴、○讚岐守忠宗來、大和國亂和睦相調之由雜談、大神樂之記令借之、遣之了、同大カ◎山井伊豆守景賴、同息小男痢病云々、藥所望之間、調中散五服遣之、○南御所へ參長仙庵脈取之、樣體共尋了、酒有之、瑞慶院同脈取之、慶勝庵、慶福庵各被出了、次入江殿へ參、御

寢云々、次一條殿へ參、御見參御酒被下了、

十日、戊寅、天晴、土公卯方、(六日)○長仙庵藥之事被申候間、又五服遣之、○從一條殿孝經御借用之間進之、○右衞門佐被申雙紙閉之遣了、○晚頭甘露寺來談、明日雙紙四五帖可閉與之由被申候了、

十一日、己卯、巳刻雨降、晴、○旬之間令行水、神樂少々吹之、看經了、○從早々甘露寺へ罷向、朝飡相伴、孟子、上巾下、新朗詠、光臺院五十首等五冊、切閉懸表紙了、○自禁裏可祗候之由有之間、未刻參內、勸修寺一位、中山大納言、四辻大納言、新大納言、予、經元、源爲仲等祗候、御雜談有之、碁三四盤有之、上に御咳氣之由有之、白粥、次一盞有之、暮々各退出、勸修寺一位雖當番、故障退出、○今夜當番予、經元御添番、兩人計也、御寢之後、兩人於內侍所酒有之、夜半計迄雜談了、○大和宮內大輔音曲本一冊さも、源氏くやう、松浦鏡、返遣之、又兩冊養老、蟻通、到、○讃岐守忠宗來云々、神樂記返之、但可寫與之由申云々、小中折五帖送之、

十二日、庚辰、天晴、○亡父卿雖爲忌日、松林院故障也、予讀經念佛了、○勸修寺一品に朝飡有之、予、甘露寺兩人、去晚約束也、中酒之時分、滋野井、五辻兄弟被呼之、來儀也、將棊碁等有之、未刻罷歸了、但禁裏へ可祗候之由有之間參、曼殊院宮、中山大納言、四辻大納言、予等也、碁六七盤有之、次御楊弓於淸涼殿廿五度有之、三度遲參御矢、十一、曼宮、八、中大、五、四大、三、予七、若王子僧正八、等也、御矢取以淸、松壽丸兩人也、予杉原碁に五枚負、楊弓に八枚勝了、次於番衆所小漬如常、次退出了、

十三日、辛巳、陰、○葉室出京、則晚頭被歸了、○鎭宅靈符六座行了、○午時岡殿へ祗候、同一座行之、吸物にて御酒被下了、次正親町へ罷向、見參、所勞未本服云々、次高倉亞相瘧病云々、見舞之、一昨日落云々、楊弓十度計見物了、次大祥寺殿へ參御雜談申候了、淸藏主水引百五十筋被與之、祝着候了、○讃岐守忠宗來、暫雜談了、○自廣橋一品使者有之、南都神樂、來月十八日可有始行云々、內々被知之、但吉日尙可被勘之云々、

十四日、(壬午、雨降、晴陰、)○冷泉可來談之由有之、罷向、但聽參內了、○午時參內、御碁有之、曼殊院宮、中山大納言、四辻大納言、予等也、一盞被下之、先於內侍所細工沙汰之、一盞了、暮々退出了、

十五日、(癸未、天晴、)○祖母安明院忌日之間、安養寺之慶存齋に來、相伴、暫雜談了、○歡喜天御法樂御和漢之間巳刻參內、於御學問所有之、御人數御製、曼殊院宮、(俄御不參、)入道前右大臣、中山大納言、四辻大納言、新大納言、予、菅宰相(執筆)也、等也、所役殿上人邦富、於長橋局小漬如常、暮々終、各退出了、御發句以下如此、

高き名は今夜の月の雲井哉　　曼殊院宮

逢秋◎(缺)句　　眈　　御製

十六日、(甲申、天晴、自今日十方暮、土公地中、(十日))○多武峯、不動等看經、別所作了、○山井伊豆守來談、神樂記借用之間遣之了、○御用之由有之間午時參內、曼殊院、(◎宮脫カ)中山大納言、(新宰相中將)予、公古朝臣、經元、源爲仲等也、御碁有之、四番勝、御懸物(帶二筋、引合一帖、)被出之、公古朝臣以下勝にて拜領也、入麵にて一盞有之、暮々各退出了、予當番之間祗候了、○今日予當番、滋野井新宰相中將御添番に被祗候了、

十七日、(乙酉、天晴、八月中、)○禁裏御楊弓之間巳刻參內、午時始、(於東庭)五十六度有之、御人數御矢、廿九、曼殊院宮、廿四、中山大納言、十五、四辻大納言、十八、新大納言、(十二、廿四度に、)予、廿三、公古朝臣、廿、經元、廿、源爲仲十五、等也、御矢數◎(取カ)松壽丸、虎福兩人也、予四十五枚負了、於番衆所小漬如常、暮々各退出了、

十八日、(丙戌、天晴、五墓日、)○上總介多忠吉、同子忠隆來、樽代十疋隨身、大澤出雲守奏者也、對面一盞勸了、○大和宮內大輔音曲本兩冊(蟻通、養老、)返遣之、又兩冊(池にへ、んふう、)だ到、○南御所長仙庵痢病本服之由有之、藥代二十疋被送之、○禁裏より早々可祗候之由有之、午時參內、於御學問所番衆所御碁有之、五盤勝云々、左曼殊院宮、(三、負、一、勝、)四辻大納言、(二、勝、二、負、)右中山大納言、(二、勝、一、負、)予、(一、負、)經元、(三、勝、一、負、)等也、仍御懸物右方取之、茶垸一、中山大ゝゝ、薄樣一帖予、硯經元拜領也、小漬於番衆所有之、如常、

予杉原五枚負了、暮々退出了、○御靈祭とて、澤路筑後守德利迯之云々、○今日葉室在所之祭猿樂有之、中御門雖被誘引故障了、

十九日、丁亥、雨降、時正入、○禁裏御齋可被下之間可祗候之由有之、辰刻參內、午時各御齋被下之、御相伴也、曼殊院宮、中山大納言、四辻大納言、新大納言、予、源爲仲等也、御陪膳に以淸參、次碁四五盤有之、予竹內殿へ二盤勝、杉原十枚勝之、極﨟與二丶持也、次於淸凉殿御楊弓廿五度有之、御矢、十三、曼殊院宮、十五、中山大納言、九、四辻大納言、十四、新大納言、十七、予、十四、穴一、源爲仲十六、穴一、等也、予三枚負了、御矢取以淸、松壽丸兩人也、栗餠有之、暮暮各退出了、

廿日、戊子、辰刻小雨降、自巳刻晴、時正、○澤路筑後守雞頭花三本持來、○山井伊豆守德利持來、則受用了、暫雜談、○讚岐守忠宗來談了、○雞頭花二本長橋局迄持參進上了、○藤亞相へ罷向、磨積圓三兩、先日被誂之間遣之了、

廿一日、己丑、雨降、時正、○從甘露寺可來談之由有之間、罷向之處、聽自禁裏乍兩人可祗候云々、則參內、曼殊院宮、中山大納言、予、經元、源爲仲等御碁有之、中山大納言三盤勝、御懸物御短冊、卅枚計歟、杉原一帖拜領也、各一盤乍勝之間空手、入麵にて一盞有之、暮々各退出也、予當番之間其間々祗候、今日當番予、新宰相中將勸修寺一品代、兩人也、御寢之後、予、甘露寺兩人內侍所へ呼之間罷向、田樂にて酒有之、○大和宮內大輔音曲本兩册養老、蟻通、返遣之、又兩册池贄、だんふう、到、◎按ズルニ、此項十八日ノ條ニモ見ユ、○今朝旬之間令行水、看經に神樂少々吹之、春日名號掛之、

廿二日、庚寅、雨降、時正中日、○御番退出之次高倉へ立寄、朝飡有之、次右衞門督與二八明題集春部半分計校合了、午時歸宅、○正親町一品入道所勞之間、罷向見舞了、事外煩敷者也、○今朝薄脈取之、咳氣也、藥之事被申候間、晩頭仲和散七包遣之、

廿三日、辛卯、雨降、夜に入深雨風吹、時正、○妙順忌日之間、淨花院之舜玉齋に來、相伴了、○禁裏御楊弓之間午時參內、四十二度有之、御矢、十三、曼殊院宮、廿、勸修寺一位、十三、中山

大納言、八、新大納言、十一、予、十八、經元、十三、源爲仲十、等也、御矢取邦富、以淸兩人也、於淸涼殿有之、於番衆所小漬如常、竹内殿御申沙汰云々、昨夕於竹内殿、祇園社執行得度云々、彼門跡御戒師也、仍御振舞云々、暮々各退出、予十五、負、深雨之間、予其間々番衆所祗候了、當番衆新宰相中將、邦富兩人也、

廿四日、壬辰、小雨灑、天晴、時正、五墓日、〇讚岐守忠宗來、南都大神樂來月廿日始行決定之由、昨日注進云々、仍出立料、自近衞殿來廿七日に被取下云々、次勅筆之天神名號令借用之間遣之、山井將監景理來、爲稽古歟、但參內之間先返了、〇禁裏御楊弓之間未刻參內、五十二度於東庭有之、御人數御矢、廿七、曼殊院宮、廿一、今出川前左大臣、廿、中山大納言、廿一、新大納言、十四、卅六度に、予、廿二、穴一、卅七度に、經元、廿五、源爲仲十七、等也、予百卅四枚勝了、御矢取松壽丸、虎福兩人也、於番衆所小漬如常、暮々各退出了、

廿五日、癸巳、天晴、時正終、自今日天一天上、〇自庭田補歷被借之間遣之了、〇來月十二日瀧雲院殿廿五年爲追善、自今日金剛經書寫立筆了、〇晩頭大祥寺殿へ參、勸修寺一位、四辻大納言被參、御酒被下了、次勸修寺へ罷向鷹見之、暫茶にて雜談了、〇冷泉可來談之由有之間、及黃昏罷向、亥刻迄雜談、一盞有之、

廿六日、甲午、雨降、天一天上、自申刻晴、土公午方、(六日)〇四條羽林自伏見殿御使に被來、先度被仰候歌、可書進之由有之、〇山井伊豆守景賴來、次讚岐守忠宗來、南都神樂之事申候了、〇大和宮内大輔音曲之本兩冊池贊、だんふう、返遣之、〇萬里小路へ罷向、亞相見參暫雜談、來月南都へ被用與借用之事、西園寺、上乘院兩所之內、演說賴入之由申候了、次四辻へ罷向、神樂之儀共談合了、一盞有之、〇當番之間暮々參、予一身也、〇上總介忠吉來、御詫言之儀申候了、暫雜談了、

廿七日、乙未、天晴、天一天上、五墓日、〇安養寺之慶存來、前住宥賢上人就常住、不義有之間、爲禁裏被仰出、離寺之事可申沙汰之由、衆僧誓願寺等申分之由有之、〇伏見殿へ

參、御見參、暫御雜談申候了、○薄咳氣之由有之、今朝脈取之、藥之事被申候間、仲和散七服遣之、 ○讚岐守忠宗來、南都神樂之儀に申子細有之、

廿八日、丙申、天晴、天一天上、○薄來談了、○庭梢柿これり、一蓋廿、禁裏へ進上、同長橋局一蓋十三、進之、長橋局へ參丁香散一濟所望とて、代十疋到、藤亞相へ柿十、遣之、○長橋局迄參、安養寺之儀披露了、爲本寺圓福寺可申入之由有之、次内侍所へ罷向細工沙汰之候了、次藤亞相へ立寄了、

廿九日、丁酉、陰、自申刻雨降、天一天上、 ○禁裏御楊弓之間午過時分參内、於小御所北御庭有之、但雨降之間、 後於清涼殿有之、卅九度有之、御人數御矢、廿、曼殊院宮、十四、穴一、中山大納言、十三、穴一、四辻大納言、廿八、新大納言、十一、予、十五、經元、十二、穴一、源爲仲十三、等也、予四枚負了、御矢取以清、松壽丸兩人也、御庭之時松壽、虎福等也、 於番衆所小漬如常、暮々各退出了、○退出之時、路次雨降之間、田中隼人佐門に立寄之處、呼入酒有之、戌下刻歸宅了、

卅日、戊戌、天晴、天一天上、 ○今日松林院坂本へ下向とて、齋に不來、○大和宮内大輔被來、暫雜談了、 ○藥屋藥種召寄了、

○九月大

一日、己亥、天晴、天一天上、自酉刻小雨降、 ○山井伊豆守景賴、北尾出雲守、出納右京進重弘禮に來云々、○禁裏御楊弓之間、參之處無之、碁有之、曼殊院宮、 中山大納言、四辻大納言、予等也、 竹内殿與予二盤持に打了、 栗餅にて一盞有之、今夜天酌に被參之輩廣橋一位、 四辻大納言、新大納言、予、宮内卿、公遠朝臣、輔房、邦富、 源爲仲等也、暮々親王御方へ御禮に參、御對面了、○今夜當番予一身也、○葉室出京、驪被歸了、

二日、庚子、天晴、天一天上、九月節、土公地中、(八日) ○讚岐守忠宗來、南都神樂之儀、 昨日近衞殿内大膳權大夫俊直朝臣自南都上洛云云、新儀共申云々、一向不可能許容之由申候了、 ○自廣橋一品使者有之、 近衞殿大膳權大夫來之間可對面之由有之間、罷向申談了、尙各令談合、 手日記書狀等可調遣之由約諾了、一盞有之、○四辻へ罷向樣體令談

合、手日記十二ヶ條調之、別記に有之、同書狀調之、各
加判形廣橋へ遣之、書狀如此、
就大神樂堂上各御下向之儀、筒井殿被申分條々、以
手日記十二ヶ條、申候、此内折中之段、於九ヶ條者、雖爲
一種難同心申候、各雖爲御造作、且敬神且爲御願主
仰之間、無別儀可有御下向分候、爲此方更非懇望申
儀候間、及兎角之儀候者可被打置候、此旨能々以御
分別、可被仰調事專一候也、恐惶謹言、
　　九月二日　　　　　　　五辻家雜掌　秀　持　判
　　　　　　　　　　　　　薄家、、　秀　治　判
　　　　　　　　　　　　　山科、、、　重　清　判
　　　　　　　　　　　　　四辻家、、　久　家　判
　　　　　　　　　　　　　　　　　　田口筑後守
　　　大膳權大夫殿
高倉へ罷向、一盞有之、○薄所へ罷向、神樂之事申合
加判、五辻於禁中申合加判、手日記書狀廣橋一品迄
遣之了、○禁裏御楊弓有之、未刻參内、廿八度過了、以
上六十三度有之、於東庭有之、御人數御矢、廿七、曼殊
院宮、卅五、中山大納言、十八、四辻大納言、廿、新大納言、
六、卅五度に、予、卅一、穴一、卅五度に、經元、卅七、穴一、源爲仲十一、等也、予百一
枚勝、於番衆所小漬如常、御矢取松壽丸、虎福兩人也、
暮々各退出了、予勝之分杉原臺所衆に遣之、
三日、辛丑、天晴、天一天上、五墓日、○慈惠大師看經了、○五辻來談、南
都神樂之記被寫之、
四日、壬寅、天晴、天一天上、○自禁裏可祗候之由有之間、午時參内、
中山大納言、四辻大納言、予等也、御碁四五盤有之、
栗餠にて一盞有之、次今夜十炷香有之、各御懸物うた
いの心云々、御人數上、梅之枝に薫物廿貝、難波梅云々、頭中將拜領、曼殊院宮、引合、
蠟燭、ひな、名さりの老女云々、中山大納言、硯に鈴筆、關寺小町、四辻大納言、柳之枝、雁紙、東岸居
士、新大納言、杉二、ひな二、わく二、唐紙、三輪云々、予、太刀(絲卷)に帶、玉(繪書)、矢、常陸帶返しはつや、
頭中將、杉二、香合二、岩戸二、すみ二丁、女面、三輪日月光、、、重保朝臣、永相朝臣、日月紙絲、玉鬘云々、經
元、中山同作、源爲仲新大納言同作、等也、懸物各公事取也、上へは
永相朝臣懸物參了、次音曲、田樂にて御酒了、予、中山
懸物取之、夜半過各退出了、予右衞門督所に臥了、○
大祥寺へ參四炷香系圖返上、但御留守也、清藏主金

剛經（書寫出來）返之、次萬里小路へ罷向、亞相見參、於相國寺邊
經校合賴入之由申候了、
五日、癸卯、天晴、午未之刻急雨、天一天上、○安養寺之慶存、誓願寺之宗壽等
來、對面、中子細有之、○禁裏召之間未刻參内、御楊弓
於東庭卅三度有之、御人數御矢、廿三、曼殊院宮、十五、中山大
納言、十七、四辻大納言、十五、新大納言、七、予、十二、經
元、廿二、源爲仲八、等也、予十二枚負了、御矢取松壽丸、
虎福等也、於番衆所小漬如常、暮々退出了、○今朝朝
飡右衞門督所にて相伴了、○來九日勅題被出之、廻文
調之長橋局へ進了、菊滿庭、
六日、甲辰、天晴、天一天上、○禁裏御楊弓之間巳刻參内、午時始、
於東庭五十度有之、御矢、廿五、曼殊院宮、廿八、中山大
納言、卅、四辻大納言、廿三、穴一、予、廿三、右大將、今出川晴季卿、廿九、穴一、右大
辨宰相、八、重保朝臣、七、永相朝臣、廿一、經元、廿三、源爲
仲廿四、等也、御矢取松壽丸、虎福兩人也、御矢取次、御
陪膳等に邦富祗候也、昨日右大辨宰相從濃州上洛申
沙汰云々、晝ぬる麵にて一盞、次於番衆所小漬如常、
暮々各退出、予當番之間其間々祗候、右大辨宰相雖當
番退、◎出脫カ予一身也、○中院少將通總十二才、今日遠行云
云、久腫氣所勞云々、
七日、乙巳、天晴、天一天上、○五辻來談、南都神樂之事如何之由有
之、○山井伊豆守景賴來、同神樂之事左右有歟之由尋
了、○自廣橋一品使有之、南都神樂之儀、飛脚上洛、近
衞殿御使に可對談云々、則罷向、平少納言從南都之手
日記被隨身、一々無同心之間不及覺悟、折紙可調與之
由被申之間、予折紙調遣之、如此、

就大神樂之儀、自南都之手日記之趣、各に申傳候、
人數四人之段、第一無分別候、順興時之記、其方に
何と注置候哉、此方故人之記に悉以相違之儀候、先
度自此方進候手日記之筋目、雖爲一種於相違者、不
及覺悟候、所詮此方之非立願候間、可有延引之段不
及是非候、此段以御分別可被仰下之條、專一候也、

七日　言繼

御方　西洞院殿

自伏見殿被仰候御雙紙、令出寫持參進上了、御見參有之、○四辻、薄、五辻等へ罷向、自南都之手日記見之了、八日、丙午、天晴、天一天上、○堯長老(相國寺雲頂院)に中金剛經(京極中納言自筆本也)校合出來了、○及黄昏冷泉被來、拾遺愚草下卷持來、予本聊不審之事有之、校合了、

九日、丁未、天晴、天一天上、○今朝鎭宅靈符七座行之了、○山井伊豆守景賴、同將監景理、對馬守久氏、同甲斐守久宗、北尾出雲守、澤路筑後守等禮に來云々、野洲五郎左衞門來云々、○出納右京進、澤路備前守等禮に來、對面了、○早瀨民部丞禮に來云々、墨一丁、雜紙二帖宮笥とて送之、久多武峯に有云々、○岡殿へ參、鎭宅靈符一座行了、御酒被下了、○御楊弓之間未刻參內、(於東庭)卅八度有之、御人數御矢、廿二、曼殊院宮、十六、穴一、中山大納言、十五、四辻大納言、十五、予、十七、右大辨宰相、十三、穴一、經元、十三、廿九度に、源爲仲廿二、等也、御矢取松壽丸、虎福兩人也、予八十枚勝了、於番衆所小漬如常、○四辻、予、經元令同道、親王御方へ御禮に參、御對面了、萬里小路父子に禮申、○今夜天酌に被參之輩廣橋一位、四辻大納言、新大納言、予、伯二位、宮內卿、公古朝臣、(新宰相中將)重保朝臣、永相朝臣、輔房、經元、邦富、源爲仲等也、次各退出了、

十日、戊申、雨降、天一天上、終、土公酉方、(六日)○飛鳥井左衞門督今日東國へ下向云々、老母方へ書狀言傳了、硯、一、(號向)墨一丁、下了、○廣橋新亞相飛驒國へ今日下向云々、小鷹狩左兵衞佐貞熙に書狀、入道宮御筆短册十枚、三木に書狀、竹內殿御筆三社託宣等言傳了、○讚岐守忠宗來、大神樂之儀大略治定之樣に有之云々、○昨日御會和歌、稱名院指合之間、禁裏へ懸御目、御合點了、今日令淸書進上了、

　　重陽同詠菊滿庭倭歌
　　　　　　　　　　陸奧出羽按察使藤原言繼
にほはすは雪とや見まし咲てけふましろ色なき庭のしら菊

廣橋新亞相今日未刻發足、驒州へ下向、土御門富小路迄送に罷向、於彼亭一盞有之、送之衆烏丸、四辻、予、薄、滋野井、庭田、右衞門督、尊勝院、富小路、同藏人等也、○自圓福寺爲使納所來、對面、安養寺公事之儀、御取合賴入之由有之、同慶存來、○從花山院鈴一對被送

之了、○禁裏昨日御懷紙可閉進之由有之、被下了、○今日日吉社祭禮有之云々、○忠吉來、不能對面、
十一日、己酉、天晴、天一神下艮、○明日爲追善六時禮讚本書之、今日出來了、金剛經與二部、山井伊豆守に申、大經師に剪事申遣之、則到、○讃岐守忠宗來、神樂之事左右有之歟之由尋了、○淨花院舜玉に、六時禮讚校合之事申遣之、次に松林院乘誓、同舜玉、乍兩人齋に可被來之由申遣了、○松林院より德利豆腐等被送之、○及黃昏讃岐守鈴一對豆腐持來了、○當番之間參內、長橋局へ別殿行幸、勸修寺一位、予、宮內卿、邦富等參、三獻天酌、如例、各次第に參了、今夜當番勸修寺一位、予兩人也、
十二日、庚戌、天晴、○亡父卿瀧雲院殿松峯宗言廿五年忌之間、松林院乘誓、同舜玉、安養寺之慶存三人齋に來、四十八願讀誦之、各相伴了、依不辨佛事不調、無念々々、不可說々々々、布施聊卅疋、遣之、同杉原一帖宛遣之了、○召具內藏頭、鶴松等、近所木屋藥師へ參詣了、
十三日、辛亥、天晴、○長谷寺御法樂御連歌之由候間、巳刻參內、但御人數無之云々、御楊弓於東庭五十度有之、御矢不被遊、御人數曼殊院宮、卅八、穴二、中山大納言、廿、穴二、四辻大納言、十四、予、十八、右大辨宰相、十八、若王子權僧正、十七、卅度に、經元、廿七、源爲仲十三、等也、御矢取松壽丸、虎福兩人也、於番衆所小漬如常、予廿三枚負了、次御當座廿首、有之、同御人數也、但若王子退出、當番衆新宰相中將、公古朝臣、邦富等祗候也、於番衆所一盞有之、次講頌有之、讀師中山大納言、講師經元、發聲四辻大納言也、四辻和歌予發聲了、夜半鐘之後各退出了、予歌伺叡心了、月前蟲、社頭月、二首也、

さえまさる影もや月の霜さむみ枕によりてなくきり〳〵す
松に見る月の光も住吉の宮井こさなるけふこさの秋

十四日、壬子、天晴八專入、夜小雨降、○讃岐守忠宗來、從近衞殿西洞院平少納言爲御使被來、大神樂に堂上人數、如何樣にも一人折中、五人分可申調之由被仰下了、不及覺悟、又手日記條々相違之間、旁不可罷下之由申放了、○廣橋一位被來、同自近衞殿被仰云々、同前に申放了、折紙所

望之由被申候間調遣之、○伏見殿へ參、暫御雜談、次高倉へ罷向、楊弓有之、見物了、一盞有之、○御楊弓之間未刻參內、四十二度於東庭有之、御人數御矢、十四、曼殊院宮、十八、中山大納言、廿四、四辻大納言、十三、予、廿、若王子權僧正、十六、經元廿八、穴一、等也、予卅七枚勝了、於番衆所小漬如常、次（小）各退出了、○鞍馬寺之戒光院來云云、卷數、毘舍門、栗等持來云々、

十五日、癸丑、天晴、○讚岐守忠宗來、無殊事、○祖母安明院忌日之間、慶存齋に來、相伴了、○大祥寺殿へ參、暫御雜談了、次內侍所、臺所へ立寄了、○自廣橋一位可來之由有之間、申刻則罷向、近衞殿大膳權大夫來、就大神樂之儀、爲堂上中五百疋分用捨之事、可申調之由有之間、四辻、薄等へ罷向令談合、僮僕中へ酒肴之代三百疋之分可用捨之由、又廣橋へ罷向申調了、今二百疋之分者、爲奉幣使可調之由有之、於事調者、明日各出立可相渡之由有之、一盞有之、薄被來了、

十六日、甲寅、天晴、八專、土用、土公地中、(十日)○讚岐守忠宗來、神樂之儀難調之由申候了、○晚天甘露寺來談了、○如例年念佛百萬返、心經百卷、壽命經十卷、消除疫病經廿卷、慈救咒、光明眞言、千手等、眞言千返つゝ唱、上御靈祈念了、念佛家中衆申候了、又不動看經別行了、○自廣橋使南都雜掌云々、各五人宛迎之人夫一人詫言云々、則罷向、大膳權大夫參會、雖無興至極、予合點了、薄此方へ被來之間令同道罷向、來廿三日下向治定之由申定了、出立半分今夜可渡之云々、但及晚之間、明朝可取遣之由申候了、○及黃昏忠宗來、地下之儀も如形相調之由了、○當番之間夜に入參內、予一身也、○早瀨民部丞來、小鼓之筒二みせ了、

十七日、乙卯、天晴、八專、○高倉へ罷向、金吾南都へ之儀必定之由申候、同道之事思案云々、晚天左右可有之云々、亞相見參了、○早々大膳權大夫宿へ澤路筑後守遣之、出立六貫文請取了、○對馬守久氏、甲斐守久宗來、久宗男久賢、左兵衞尉可申沙汰之由申了、次景理來、袍之事談合、○忠宗來、地下之輩半分出立各請取之由語

了、〇忠吉御詫言之儀催促に來、栗一籠持來了、〇小袖共表裏今日取寄云々、〇近衞殿夏袍、薄父子袍、同薄指貫等、潤色之事被申云々、〇薄被來、此方予苦勞之禮に來云々、見參申候了、〇葉室へ人遣之、松室左衞門佐袍借用之到、同葉室輿舁之事申遣了、同心也、

十八日、丙辰、天晴、九月中、〇山井伊豆守景賴招寄、牛黃圓藥種用意了、晩天歸了、〇對馬守久氏、甲斐守久宗兄弟來、讃岐守忠宗子忠季與久宗子久賢次第之事、久賢兄之間可爲仲首、然者左兵衞尉前日申請度之由申、此儀去天文十三三十九除目之時、左衞門少志同日被任之時、旣勅筆之小折紙大間同聞書等に、忠季上首之間、不及是非之由返答了、〇讃岐守忠宗來、就神樂之儀申子細有之、晩天又來了、〇薄被來、南都へ之儀共談合也、〇晩頭五辻へ罷向、南都之儀共談合了、一盞有之、

十九日、丁巳、天晴、八專、〇牛黃圓掛◎調カ合了、次人參丁香散半濟調合之、予用也、〇廣橋一位被來、南都へ之儀談合也、軈被歸了、〇予白小袖內侍所衆、朽葉袷臺所之かゝに仕立事誂了、

廿日、戊午、天晴、〇月藏坊東塔東谷來、今度就公事得利之儀、禁裏へ御禮申、御折三合、柳三荷、長橋局へ一荷、兩種、柿、豆腐、此方へ五十疋持來、先於此方栗餠にて一盞勸了、中山亞相被來、同相伴了、次令同道長橋局迄參、令披露了、面白思食之由可申之旨有之、長橋見參、一盞有之、月藏坊證文返濟之、四種香圖遣之、〇自南都大神樂出立之殘今日到來云々、從大膳權大夫方可渡之由申來、則薄雜掌令同道、澤路筑後守罷向請取了、請取如此、

請取申南都大神樂錢之事

御出立　十貫文

御輿舁物　二貫文

御供衆出立　七百文

以上十二貫七百文者

右所請取申如件、

天文廿三年九月十七日　山科家雜掌　重清　判

大膳權大夫殿

及黄昏四辻へ罷向、爲習禮神樂有之、亭主父子、予、薄父子、五辻等也、次一盞有之、戌下刻歸宅了、

廿一日、己未、天晴、八專、○看經に神樂少々吹之、○山井伊豆守景賴來、爲樽代二十疋持來、對面一盞勸了、○讃岐守忠宗來、對面、次同兄上總介忠吉來、對面了、○薄金吾來儀、藥令引之、一盞勸了、○澤路筑後守今日宇治迄罷下、明日南都へ下了、於屋落付候儀申付了、○自廣橋一品使有之、南都大神樂之儀、來廿六日迄延引之由有之、來廿五日可下向云々、自河州和州へ手遣云々、但あつかひ有之歟、○五辻神樂習禮之間罷向之處、南都延引之間、明日迄之觸穢旁に、可爲明後日之由有之間、罷歸了、○當番之間晩天參内、予、新宰相中將尹豊卿代、兩人也、○澤路彥九郎佛詣之後、今日禮に來云々、○内侍所へ祗候予白袖仕立事出來到、

廿二日、庚申、天晴、八專、○大典侍殿自去夜下腹氣之由有之、脈之事被仰之間取之、藥之事被仰之間、調中散七服進了、かくの氣、御驗氣云々、但御脈御無力御煩敷者也、○伊豆守景賴來、○岡殿へ參、栗一包進上了、一盞有之、次大祥寺殿へ參、栗一蓋進了、御酒被下了、次高倉へ罷向、亞相見參、一盞有之、金吾從一昨日東寺伊勢守所へ被行云々、○内侍所之阿子に昨日中春日名號之錦袋、今日出來了、○伏見殿御使に四條羽林來儀、南都への路次、伏見舟之儀被仰付云々、次輿之簾被仰調之由有之、

廿三日、辛酉、陰、八專、○伊豆守景賴來、○賀二位所へ罷向、久我入道殿渡御、暫雜談、南都へ輿可借給之由有之、祝着了、粟田口之上乘院輿違變了、次薄所へ立寄了、次高倉へ罷向、○薄金吾、五辻兩人被來、南都へ之儀談合有之、○晩飡之後五辻へ罷向、秉燭之後神樂始、四辻、同少將、予、右衞門佐、亭主等也、吸物にて一盞有之、亥下刻歸宅了、○息女妙順忌日之間、松林院乘誓、同舜玉、今朝齋に來、四十八願讀了、

廿四日、壬戌、天晴、○山井伊豆守景賴、出納將監職定、同右京進重弘等來、對面了、○萬里笠袋、廿直垂、雜色狩衣、賀二位輿舁之十德、一條殿御小直衣、右督小袖等借用了、○滋野井

早旦被來、予革籠漆にて塗事誂了、朝飡相伴了、○葉
室出京、明日可見立之由有之、輿昇四人合力也、則久
我入道こし取寄了、○長橋局迄參御暇申候了、次薄所
へ罷向、○讃岐守忠宗來、明日可同道云々、○召具内
藏頭風呂へ入了、廣橋一品、柳原辨、五辻等入了、
廿五日、癸亥、天晴、八專終、寅刻又未刻小雨灌、○寅刻出門南都へ下向、供松日野
内
波九郎、澤路藤二郎、同虎市、早瀨民部丞、玉井源二
郎、雜色、與三、小者三人等也、輿昇四人、葉室地下人、人夫四
人、自南部去夜上洛也、西路自富森乘船、芋洗上津屋
渡、於天神森晝休申付了、予、薄父子、五辻等同道也、
四辻父子、廣橋、柳原等遲々間不及同道、申刻春日社
舟渡屋之下瓦屋に付了、五辻同宿也、四辻父子、薄父
子、舟渡之屋也、
廿六日、甲子、天晴、土公子方、(六日)○今日近衛殿北隣但馬屋に被移云
云、廣橋一位、同柳原等藤屋、地下之衆向松屋に移云
云、○方々宮笥共遣之、大乘院殿へ杉原十帖、扇一本、
同御母儀政所へ牛黃圓三貝、同院主御妹也に二貝、喜多院へ
扇一本、同雲松軒に扇十本、修南院へ扇一本遣之、大
乘院殿内南院に牛黃圓一貝遣之、使者澤路藤二郎遣
之了、○權神主時具卿來、鈴一對兩種持來、一盞勸了、
宮笥に帶二筋遣之、次に正預祐恩辰巳に同帶二筋、神主師向
重卿に牛黃圓一貝、西刑部少輔師清朝臣、中東民部少
輔時宣朝臣等に牛黃圓一貝宛言傳遣之、○御師中大
藏大輔時良來、一盞勸了、牛黃圓二貝遣之、新祐岩に
華撥圓二貝言傳遣之、○申刻社參、予、薄父子、五辻等
令同道、淨衣各御師に借用、薄御師新藥師奥家種朝
臣、五辻御師無之、兄滋野井御師之間、中大藏大輔に被
申候了、次第に奉幣、予、宮内卿、右衛門佐、極﨟等作
法如常、次若宮奉幣同前、御神樂參了、次下向了、○亥
刻近衛殿へ參、御衣冠被重大帷、御衣文に參、先之四
辻亞相、同少將、薄、同金吾等に令着了、於近衛殿御盃
被下了、○子刻各令同道參社頭、見物之群集、貴賤二
萬計可有之歟、先予笛、吹庭火曲着本座、次宮内卿、篳篥、
次四辻少將和琴、同曲了着座、次予、宮内卿與利合吹
之、次四辻大納言本拍子庭火曲、次極﨟末拍子庭火曲
了着座、次右衛門佐、次忠宗以下地下之輩十三人、左右

に次第に分着座、和琴出納將監職定持參、次阿知女、次予問籍音取、次榊、次韓神、次早韓神、人長舞了、次第に堂上計、才男各傍に逗留、此間に饗膳居之移刻、次各復座、次勸盃、社司權預延安盃持參、次神宮預祐父酒、入杓、酌次第に勸之、次地下之輩酌神人兩人勸之、次薦枕、篠波、千歳、早歌、次笛、次篳篥、星音取、次吉々利利、得錢子、木綿作、次朝倉、音取同前、次本末曲了、其駒、人長舞了、自下﨟起座、歸屋寅下刻也、

御願主　近衛殿　簾中

奉幣使淳光座

社頭

多久氏　狛近次　狛弘葛　狛近定　狛季葛　多久長

篳篥 宮内卿以緒　同 右衛門佐以清　末拍子 源為仲

庭火

本拍子 四辻大納言季遠卿　予　言繼　和琴 四辻少將公遠朝臣

多忠宗　大神景理　多久宗　大神景理（◎頼カ）　多忠隆　多忠季

造合神主以下社司氏人悉着座

人長
多忠雄

本拍子 四辻大納言
末拍子 源為仲
笛 按察中納言
篳篥 宮内卿
和琴 公遠朝臣
人長 多忠雄

地下
付歌 忠宗　久氏
篳篥 以清
笛 大神景理
和琴 久宗
人長 多忠雄
此外加陪従等
景頼　近次
弘葛　近定
大神景理　狛季葛
多忠隆　多忠季
多久長

廿七日、乙丑、天晴、夜兩度小雨灌、○四辻に碁有之、見物了、神主師重卿來、予に墨一丁與了、祝着了、○薄に新藥師奥家種、禮に來云云、被呼之間罷向、一盞有之、予牛黃圓一貝遣之、○薄、同右衛門佐、五辻等、近衛殿へ御禮に被參、予令同道、御酒被下了、次各廣橋へ藤屋へ罷向、一盞有之、修南院東北院被來了、○御師中大藏大輔時貞、一荷兩種こんにやく、さうふ、持來、一盞勸了、○自大乘院殿御樽一荷食籠被下了、○攝州之池田紀伊守近所に參籠之間、從大乘院殿被下食籠御樽等遣之、使者澤路藤次郎遣之、○亥下刻各令同道參社、神樂有之、丑下刻終了、先之殿下へ御衣文に參了、御盃被下了、

廿八日、丙寅、天晴、○四辻、予、四辻少將、右衛門佐、五辻等令同道方々見物、各始之間、予案內者了、東大寺之八幡、同若宮、二月堂、大佛、安藝所梶井殿廳務小鳥、同茶湯見物、次喜多院へ予計罷向、見參、坊新造驚目了、次一乘院殿へ參、各御見參、次興福寺七堂見物、次大乘院殿へ參、各御見參、御盃二參了、次四辻父子、薄右衛門佐等被歸了、予五辻兩人、大乘院殿御母儀政所へ參、御見參、院主同御見參、御酒了、大乘院殿內多門院觀賢、覺阿彌、政所之正祐等に、牛黃圓一貝宛遣之、○池田紀伊守禮に來、兩種松茸、豆腐、一荷持來、福壽坊日蓮衆同道、對面、酒勸了、○近衛殿御衣文、沈醉之間故障申不參、○亥下刻予、薄父子、五辻等令同道參社、四辻父子遲參、則神樂始、今夜各地下へ與奪、本拍子忠宗、末拍子久氏、和琴久宗、笛大神景理、篳篥右衛門佐以清、等也、但笛、篳篥、庭火、與利合、朝倉、音取計也、殘同去夜、丑下刻終了、

廿九日、丁卯、天晴、○富小路梶井殿廳務安藝法印禮に來、清心圓三貝、送之、城南院同道、一盞勸了、安藝と忠雄碁一盤有之、安藝先にて忠雄勝了、○正預辰巳祐恩中卿吉野紙三束持來、新あたらし兵部少輔祐岩紙二束持來、時良令同道、各に一盞勸了、○壬生官務入道雲松齋登辰禮に來、紙二束送之、○薄へ被呼之間罷向之處、四辻父子、五辻等被呼、うとん吹物等にて一盞有之、各靑侍共迄被呼云々、○廣

橋一品被來、談合之子細有之、○殿下御社參之間、御衣文に參、御供に可參之處、予供物共見物各罷出無人之間、不參了、○自殿下御樽二荷兩種(饅頭、混布、)被下之、御使古川次郎左衞門尉也、○戌刻殿下御衣文に參、御母儀政所始御見參、御盃被下了、御懇之仰共也、○亥刻計各令同道參社、神樂所作各同前、但中夜之間、大曲弓立、星之次に有之、四辻大納言一身被歌之、先笛予、(細音取、)篳篥宮內卿、和琴久宗等、次第に音取如朝倉、小前張本拍子忠宗、末ヽヽ久氏に被與奪、和琴小前張以下悉久宗に與奪也、人長多忠雄早歌之乙舞祕曲舞了、丑刻終了、

卅日、(戊辰、天晴、五墓日、)○未刻殿下御社參之間、御衣文に參、御酒被下了、則供奉申候了、政所へ牛黃圓三貝進了、次廣橋へ立寄了、光明院被居了、○安藝法印來、忠雄、成就坊等來、碁有之、○五辻(禁裏近衞殿等御師也、)各に白粥被振舞了、一盞有之、○中東時宣朝臣、同子大夫時基禮に來、鈴一對隨身、盃令飮了、○權神主來、墨三丁送之、又東大寺八幡神主紀延材從四位上之事、申沙汰賴入之由演說、同墨二丁送之、○戌刻又殿下御衣文に參了、次着衣冠各令同道參社、則神樂始、本拍子以下同前、和琴小前張以下久宗に與奪也、丑刻終了、

○十月小

一日、(己巳、天晴、)○四辻へ各被呼、白粥一盞有之、○巳刻殿下御社參御衣文に參、御酒被下了、則供奉申候了、今日於若宮大神樂亂拍子有之、爲殿下被參了、五辻に申遣、見物了、○今日殿下に御會有之、予和歌殿下へ持參、御談合申候了、五辻令同道同前、薄父子予に被言傳了、○申刻自殿下可參之由有之、各令同道參了、御人數四十七八人歟、昨日御題被賦、五十首也、祗候之輩先殿下、増長院殿、一乘院殿御加行之間無御出、廣橋一位、四辻大納言、予、宮內卿、西洞院少納言、四辻少將、柳原右中辨、右衞門佐、極﨟、俊直朝臣、筒井藤勝丸、一乘院殿坊官以下、殿下御侍衆忠宗、多忠雄、宗養、紹巴、市千代、中東時宣朝臣、同時基、其外筒井內

中坊、八條、喜多、中村、飯田等祗候、臺物饅頭等にて御盃三獻參了、先御和歌平少納言時宣朝臣被讀揚了、御酒之時披講、樂、唱歌等有之、亥刻計終、各退出了、予次殿下之御衣文調之罷出了、○亥下刻各令同道參社、如廿八日、大略地下へ與奪了、無殊事、丑下刻終了、○予和歌見花、忠宗代に寄風戀、同多忠雄代に浦鶴、

千々の春ひとつの春になせりとも花なしみろにあかれやはせん
いかにせんこと浦風によろ波の立居くるしき物なこそおもへ
浦遠く洲さきにあさろひな鶴のおいたちぬへき向後なそ思ふ

二日、庚午、天晴、土公地中、（八日）○殿下御社參之間、御衣文に參了、御酒被下了、○予、薄、同右衞門佐、五辻等令同道社參了、各不及奉幣直垂也、次廣橋へ罷向、明日可上洛之間暇乞了、次薄父子被歸了、予、五辻令同道增長院殿へ御禮に參、御留守云々、次政所へ御暇乞に參、吸物にて御酒了、政所より予に紙二束、院主墨二丁給了、五辻同前、次歸宅了、○權神主、同大藏大輔暇乞に來、神主同鈴持來了、新藥師奧家種朝臣來、こんにやく少、一盆送之、○大藏大輔に借用之淨衣二具、烏帽子等返了、○雲松軒に借用夜之物、太刀等返了、○中宮寺殿伏見殿御妹也、爲御聽聞御出也、予屋に御座了、牛黃圓二貝、進上了、幸秀高辻女其外御同宿兩三人有之、同一貝宛遣之、參社之時御供申候了、及天明御歸了、○南曹與社家申事有之、丑刻各參社、神樂如夜々、寅下刻終了、七日無事珍重滿足、手舞不知足踏、大慶々々、

三日、辛未、天晴、酉下刻小雨灑、○茶湯之道具幷鍋、金輪等返渡云々、○人夫一人前七人宛出之、送市邊、普賢寺、今中等云々、辰刻各令同道上洛了、輿舁各昨日下了、殿下御逗留也、廣橋明日上洛云々、今日於天神森晝休如前、送之者に一盞勸了、路次四五里各步行了、於鳥羽豐州之實相坊一盞有之、上鳥羽迄予迎十人計來、自東寺松明取之、戌刻計無事上洛歸宅了、人夫此方に可逗留之由申候間、北隣柳原闕所之間申付了、

四日、壬申、天晴、○自和州之人夫、路次過書之事申候間、澤路筑後守諸役所中へ遣之、○方々返物遣之、久我へ輿

返之、紙二束遣之、高倉へ輿綱返之、墨一丁遣之、同右衞門督に小袖返之、墨一丁遣之、甘露寺へ直垂、雜色狩衣一具返之、同墨一丁遣之、○長橋局迄上洛之由申入了、長橋言傳之金紙五帖遣之、安禪寺殿、長橋等へ（黑粉一袋）墨一丁宛進之、新內侍殿へ墨二丁進之、末之衆に總中へ油一筒遣之、かゝに紙一束、針一遣之、給仕立事申禮也、非司けゝ、とくに墨一丁宛遣之、內侍所さいにかか女兩人等に墨一丁宛遣之、阿子に紙一束、針一遣之、白小袖仕立禮也、德夜叉に墨二丁遣之、次正親町へ罷向、紙一束遣之、次大祥寺殿へ參、墨一丁進上之、久首座へ黑粉一袋、淳首座、淸藏主、壽正等に墨一丁宛、喝食に墨二丁、帶付事申禮に遣之、御酒被下了、次岡殿へ參、墨一丁進上之、西方庵に黑粉一袋遣之、粟津修理女茶々、伊勢守內東鄕女彌々等に墨一丁宛遣之、尾州牢人織田大和守女に墨二丁遣之了、○烏丸へ冠返之、墨二丁遣之、高辻へ指貫返之、墨一丁遣之、○廣橋、柳原等、戌下刻自南都上洛云々、

五日、癸酉、天晴、○一條殿御小直衣返上、五條黃門申次、五條に墨二丁遣之、○賀二位在富卿に輿舁十德兩人分返之、打置之板一枚遣之、勸修寺一品へ打置之板一枚遣之、伊與之局へ墨二丁遣之、○留守事方々長橋局、薄、（奉行）松田對馬守室、（同）同子主計允室、（中御門內）田中隼人佑、彌々母、（前々雜色）與二郎妻、其外より有之云々、宮笥少々遣之歟、○葉室へ人遣之、松尾社務弟松室左衞門佐袍返之、墨五丁、黑粉一袋遣之、葉室に墨三丁、同母儀三丁、女中へ二丁、ちよほに二丁遣之了、○四辻、予、五辻三人申合、今日禁中御楊弓申沙汰了、巳刻參內、獻料五十疋（爲三人）進了、御楊弓午時始之、於東庭有之、四十五度有之、御矢、廿四、曼殊院宮、十四、勸修寺一位、十三、中山大納言、十四、四辻大納言、廿五、予、十二、新宰相中將公古朝臣、廿三、重保朝臣、十一、永相朝臣、（庭田內小川）五、十（度計）、經元、廿五、源爲仲十八、等也、御矢取虎福、孝菊兩人、於番衆所小漬了、予五十四枚負了、及黃昏退出了、

六日、甲戌、天晴、○廣橋一品へ罷向、此間馳走共禮申候了、

○讚岐守忠宗、同忠雄禮に來、二十疋持來、禁裏へ、於路次對面了、○禁裏御楊弓之間巳刻參內、於東庭四十七度有之、御人數御矢、十七、曼殊院宮、廿二、中山大納言、十六、穴一、四辻大納言、廿五、予、十六、右大辨宰相、十二、穴一、新宰相中將、十九、若王寺僧正、廿五、重保朝臣、九、經元、十三、穴一、源爲仲十二、等也、於番衆所小漬如常、予負了、御矢取虎福、加田彌三郎兩人也、暮々退出了、○今日當番予、新宰相中將尹豐卿代、兩人也、○內侍所へ予宮笥、又五位留守事旁に、赤飯德利一、遣之、御寢以後罷向、各受用了、五辻に參會有之云々、可來之由有之、故障了、其衆滋野井、頭中將、五辻、大外記師廉朝臣等內侍所へ來、又酒有之、及數盃了、

七日、乙亥、天晴、○大祥寺殿へ參暫御雜談申候了、○御亥子御祝に參內、天酌に被參之輩廣橋一位、四辻大納言、新宰相中將萬里小路大納言、予、右大辨宰相、宮內卿、公古朝臣、重保朝臣、公遠朝臣、輔房、經元、邦富、源爲仲、菅原種長等也、次親王御方へ參、各同前、次退出、

八日、丙子、天晴、○薄被誘引之間、令同道入江殿へ參、先賢秀房亮にて田樂吸物等にて酒有之、次方丈奧之御小座敷にて入麵にて御酒有之、薄御樽進上歟、賢秀薄猶子也、又今度南都へ御番衆鳥井新左衛門申請御禮旁云々、次予一條殿へ參、御見參、御酒被下了、

九日、丁丑、天晴、○殿下從南都昨宵御上洛之由有之間、御禮に參了、御見參、御酒被下了、今度苦勞之由、種々御懇之仰共也、○賀二位所へ罷向暫雜談、次岡殿へ參御雜談申、御酒被下了、

十日、戊寅、天晴、土公卯方、（六日）○親王御方御母儀、今日卅三廻也、法花經一部紙に被遊之、勅筆提婆品同被遊之、漸寫法華經一部等也、淨花院長老以下僧衆十四人有之、御經供養有之、予、笙、笛、薄篳篥、兩人付物仕了、雖平調大略壹越也、白粥各參、御齋有之、堂上祗候之衆入道前內大臣、勸修寺一位、萬里小路大納言、予、右大辨宰相、宮內卿、經元等也、各相伴、萬里小路亭にて有之、次長老親王御方へ御禮被申、御扇、杉原十帖進上也、又松林院

乘誓今度種々馳走とて、初而御對面、面目之至也、次於親王御方、大祥寺殿、岡殿、堂上之衆各御酒被下了、未下刻各退出了、

十一日、己卯、天晴、○旬之間令行水看經、春日名號懸之、神樂少々吹之、次唯識論くり了、○松林院弟子舜玉來、淨花院長老春才上人、明日越前へ下向之間、音信候者今日可然之由申候了、○自五辻鮎鮓有之間、朝飡隨身可來之由候間罷向、中山、予、庭田等相伴、雜談了、午時歸宅了、○淨花院へ田樂鈴一對隨身罷向之處、萬里小路前内府入道、同亞相被來、長老へ自親王御方、御扇、杉原十帖被遣之、又勅筆之提婆品被申候間被遣之、同御製、親王御方御詠、稱名院歌等同被遣之、入麵、吸物、田樂等にて酒及數盃了、○及黄昏淨花院長老禮に被來、混布廿管隨身、盃雖出之被歸了、無念至也、○當番之間及黄昏參內、勸修寺一位、予兩人也、

十二日、庚辰、天晴、○亡父卿忌日之間、松林院乘誓齋に被來、相伴了、○禁裏御楊弓之間巳刻參內、四十八度於東庭有之、御人數御矢、廿九、曼殊院宮、廿二、勸修寺一位、十七、中山大納言、十一、予、廿四、新宰相中將、十六、若王子權僧正、廿三、重保朝臣、十九、永相朝臣、九、十六度に、經元、卅五、源爲仲十二、穴一、等也、於番衆所小漬如常、御矢取虎福、加田彌三郎等也、予卅六枚勝了、暮々各退出了、○葉室被出京、太神樂禰宜死闕替故云々、神宮奉行故也、

十三日、辛巳、天晴、○禁裏御楊弓之間巳刻參內、於東庭四十三度有之、御人數御矢、廿四、曼殊院宮、卅一、穴一、中山大納言、廿二、予、廿、右大辨宰相、廿七、若王子權僧正、廿一、永相朝臣、廿四、經元、廿八、穴一、源爲仲十八、穴一、等也、於番衆◎所脱カ小漬如常、予八枚負了、御矢取如昨日、暮々各退出了、○稱名院へ罷向、昨日御會發句談合了、齋之時分也、僧衆三人有之、中酒相伴了、

十四日、壬午、天晴、○今日禁裏聖天御法樂御和漢有之、巳刻參內、則始了、於記錄所有之、御人數御製、廿五句、曼殊院宮、十一、入道前右大臣、廿五、中山大納言、六、萬里小路

大納言、十、予、十四、執筆、菅宰相九、等也、於長橋局小漬如常、
戌刻終、各退出了、發句以下如此、

雪さのみ氷らぬ程やむら時雨　言繼
期晴楓後籬　萬里小路大納言
雲低離袂短　御
夜永漏聲添　入道前右大臣
うちそよく風の下萩露散て　曼殊院宮
影もすさまし月の夕暮　中山大納言
促織陰蛩響　菅宰相
里さひわひぬ野へのはるけさ　言繼

葉室今日被歸在所云々、
十五日、癸未、天晴、○今日禁裏御楊弓於東庭四十七度有之、中御門大納言申沙汰云々、父子祗候也、巳刻參內、御人數如一昨日、 小漬於番衆所有之、御矢取同前、予少負了、 ○今夜於親王御方御日待有之、可祗候之由有之間暮々參、御人數親王御方、父宮御方、大祥寺殿、岡殿、御伊茶、御阿子、 入道前內大臣、勸修寺一位、萬里小路大納言、中御門大納言、予、右大辨宰相、新宰相中將、輔房、經元、源爲仲等也、 碁雙六音曲等有之、御見◎懸カ物に杉原三帖被出之、雙六に經元勝、拜領也、田樂にて御酒、白御粥等有之、御酒三度有之、日出之時分又大御酒有之、次各退出了、
十六日、甲申、天晴、十方暮、土公地中、（十日） ○從南都春日社御師書狀到、則返事遣之、○去夜之勞に終日平臥了、 ○南向、內藏頭等松尾社參云々、 直葉室へ行云々、逗留、澤路彥九郎歸了、 ○今夜當番故障申候了、 ○葉室今日參宮云云、
十七日、乙酉、雨降、○無殊事、
十八日、丙戌、雨晴陰、十月中、 ○禁裏聖天御法樂御和漢之間巳刻參內、 於記錄所有之、 御人數御製、十六句、 曼殊院宮、十二、入道前右大臣、廿一、中山大納言、八、四辻大納言、十二、萬里小路大納言、十一、予、十二、執筆、菅宰相九、等也、 於長橋局小漬如常、所役殿上人以淸、暮々退出了、
十九日、丁亥、天晴、○今日葉室へ迎に澤路彥九郎遣之、但逗留之由申歸了、 ○安養寺之慶存被來、予物申儀有之、昨日彥九郎遣之故也、○今夜御祝に暮々參、天酌に被

參之輩廣橋一位、四辻大納言、萬里小路大納言、予、右大辨宰相、宮內卿、公古朝臣、重保朝臣、公遠朝臣、輔房、經元、邦富、以淸、源爲仲、菅原種長等也、四辻大納言、天酌之時於御前冠被落之、不可說々々々、次各親王御方へ參如例、戌刻各退出了、

廿日、戊子、天晴、○今日南向從葉室被歸、內藏頭同道、澤路彥九郎、猿千代等迎に遣之、○禁裏御楊弓卅八度有之、御人數御矢、十四、曼殊院宮、廿二、中山大納言、十五、予、十四、右大辨宰相、十三、公古朝臣、十四、永相朝臣、廿一、經元、八、源爲仲十、等也、予四十八枚負了、御矢取虎福、幸菊兩人也、於番衆所小漬如常、暮々退出了、

廿一日、己丑、天晴、○旬之間令行水、先靈符七座行之、次春日名號掛之、神樂庭火吹之、唯識論くり看經了、○自禁裏可祗候之由有之間巳下刻參內、中山大納言、予、源爲仲等參、申刻計曼殊院宮、經元、以淸等參、白御粥有之、暫御雜談了、予當番之間其間々祗候了、○今夜當番勸修寺一位、予兩人也、御寢以後右衞門督所へ罷向、一盞有之、

廿二日、庚寅、天晴、○禁裏御楊弓之間午時參內、於東庭六十二度有之、御人數御矢、卅三、曼殊院宮、卅二、中山大納言、廿四、穴一、四辻大納言、廿九、予、十八、經元、廿、穴一、源爲仲卅二、等也、予六十二枚負了、於番衆所入麵にて御酒被下了、暮々退出了、○今夜別殿行幸云々、長橋局へ、○西淨門坊所へ罷向、楊弓矢新誂了、又古物矢羽付改事申之、南艮紙、一束、墨二丁、遣之、矢之木同羽共、鉼之代卅、等遣之、次一條殿へ參、御對面、暫御雜談申候了、○松林院明日故障とて今日齋に來、相伴了、

廿三日、辛卯、雨、晴陰、○今日禁裏御楊弓之間巳刻參內、四十五度有之、於御學問所被遊之、御人數御矢、十七、曼殊院宮、十九、中山大納言、七、四辻大納言、十七、予、廿二、右大辨宰相、廿六、經元、十七、源爲仲十二、等也、予五十枚勝了、御矢取邦富、以淸兩人也、於番衆所小漬如常、暮々退出了、○古物矢四、之羽付改、昨晚西坊より到云々、今日又殘二遣之、晚頭持來云々、又紙以下之禮

云々、
廿四日、壬辰、天晴、五墓日、○滋野井、五辻等招寄、矢之羽十一枚、禁裏御矢羽二枚、五辻矢之羽三枚等、於此方赤根に文を付染之了、入筆にて一盞勸了、○正親町へ罷向、灸治之間慰之、暫雜談了、晩飡被振舞了、鶴之汁有之、
廿五日、癸巳、天晴、天一天上、○岡殿へ參、總在廳祗候、暫御雜談申候了、次大祥寺殿へ參、中山右大辨、庭田等、北野社へ參之次とて祗候、勸修寺一位同被參、御酒了、○晩飡以後禁裏御和漢有之、秉燭始了、御人數御製、十八句、三折曼殊院宮、十、入道前右大臣、廿一句、二折一四執筆中山大納言、七、四辻大納言、十三、萬里小路大納言、十一、予、十、菅宰相十、等也、田樂にて御酒了、所役殿上人以淸、夜半計終了、予、菅宰相深更之間其間々祗候了、○今夜當番萬里小路大納言一人也、御添番兩人祗候、但予、源爲仲代付了、今日御發句以下如此、

心もて染るもちるも木の葉かな　萬里小路大納言
曉　霜　送　一　寒　菅宰相
から衣うちもねぬ夜の月澄て　曼殊院宮
吹出る空も秋風の聲　四辻大納言
分て猶ゆく〳〵野へのうら枯に　予
かすかに成ぬ遠の山もと　中山大納言
醉　鞭　驢　倚　倦　御
歩　輦　蝶　云　園　入道前右大臣

廿六日、甲午、巳刻小雨、天晴、天一天上、土公午方、(六日)○禁裏御楊弓、巳刻參內、於東庭五十度有之、中山大納言申沙汰云々、御人數御矢、廿五、仁和寺宮、十三、曼殊院宮、十七、勸修寺一位、十八、中山大納言、十五、四辻大納言、廿七、予、廿七、右大將、廿二、右大辨宰相、十七、穴一、公古朝臣、十四、若王子權僧正、十九、重保朝臣、十三、經元、十五、源爲仲十八、等也、予百五枚勝了、所役殿上人以淸、御矢取虎福、庭田内小川同弟幸菊等也、於番衆所小漬如常、御楊弓以後御盃三獻參、臺物等有之、式部卿宮御參也、及大飲音曲有之、勸修寺一位退出也、殿上人公遠朝臣、邦富等祗候也、御陪膳右大將、御手長重保朝臣也、亥刻各退出了、○予當番之

間其間々祗候、勸修寺一位代新宰相中將祗候也、
廿七日、乙未、天晴、天一天上、○安養寺慶存被來、見參、中間之儀返事也、○葉室出京、參宮宮笥とて祓熨斗鮑被送之、禁裏へ栗一蓋、土長鮓一折被進上、予長橋局へ進了、○禁裏御楊弓之間午時參內、五十度有之、於東庭有之、御人數御矢、卌、穴一、仁和寺宮、七、曼殊院宮、十九、中山大納言、六、四辻大納言、十八、予、十一、四十度に、右大辨宰相、廿四、新宰相中將公古朝臣、十二、若王子權僧正、廿三、重保朝臣、十四、源爲仲、十四、等也、所役殿上人以清、御矢取虎福、幸菊兩人也、予七十九枚負了、於番衆所小漬如常、
廿八日、丙申、天晴、天一天上、○晚頭富小路へ久不罷向之間音信、暫雜談、一盞有之、戌刻計歸宅了、○葉室內山口又左衞門來、牛黃圓一貝遣之、○勸修寺右大辨に牛黃圓二貝遣之、美濃紙所望、他行云々、
廿九日、丁酉、天晴、辰刻時雨、天一天上、○故葉室、宗永等忌日之間、松林院之舜玉齋に來、相伴了、○中山狸之汁可振舞之由有之間、未下刻罷向、正親町被借之、一位入道所勞とて無出座、罷向人數勸修寺一位、中山、萬里小路亞相、中御門、予、高辻、右大辨、薄、滋野井、庭田、白川少將、五辻、伊勢加賀入道等也、晚飡有之、次音曲有之、予沈醉之間及黃昏歸宅了、○自內侍所呼之間罷向、自江州狐付之物、花山院折紙所望間、可申調之由有之、申遣之處、他行云々、○葉室今日被歸在所了、○右大辨より美乃紙二帖到、

○十一月大

一日、戊戌、天晴、天一天上、夜時雨晴陰、○令行水神樂少々吹之、看經、春日名號掛之、唯識論くり了、○岡殿へ御禮に參、次內侍所へ罷向神盃にて酒飮了、○禁裏御楊弓五十二度於東庭有之、巳刻參內、則始、御人數御矢、卌、曼殊院宮、廿一、中山大納言、八、卌一度に、四辻大納言、十六、予、廿九、右大辨宰相、十八、永相朝臣、十六、穴一、廿二度に、經元、十、穴一、源爲仲、廿、等也、御矢取虎福、幸菊兩人也、於番衆所小漬如常、五十八枚勝了、○暮々四辻、予、甘露寺令同道、親王御方へ御禮に參、御對面有之、同若宮御方へも申入

了、次今夜天酌に被參之輩廣橋一位、四辻大納言、萬
里小路大納言、予、右大辨宰相、宮內卿、公古朝臣、公
遠朝臣、輔房、經元、邦富、源爲仲等也、○今日當番予、
公古朝臣尹豐卿代、兩人也、
二日、己亥、天晴、天一天上、丑刻雨降、○廣橋一位、四辻亞相、予、薄、四辻
少將等令同道、近衞殿へ御禮に參、四辻、薄、神樂以後
依不參也、殿下鷹山へ御出云々、上﨟、御茶ち、乳人達
三人被出、御酒被下了、○禁裏御楊弓、未刻參內、廿九
度於東庭有之、御人數御矢、十五、曼殊院宮、十五、中山
大納言、十一、四辻大納言、十九、予、廿、右大辨宰相、八、經
元、三、源爲仲十、等也、御矢取如昨日兩人也、於番衆所
小漬如常、予四十四枚勝了、暮々退出了、○自進齋方
山科公用旦一石可相渡之由折紙到、勸修寺辨被傳之、
則澤路藤二郎請取に遣之、
三日、庚子、天晴、天一天上、十一月節、土公地中、(八日)○今朝藤二郎歸了、山科公
用一石到、旦祝着了、○岡殿へ參、中山被振舞申御齋
有之、小漬御相伴申候了、次晚頭自竹內殿可參之由有
之間直に參、白粥有之、伊與局、予、滋野井、中山、甘露
寺、杉山兵部大輔等也、夜に入田樂にて御酒、音曲等有
之、戌刻計歸宅了、○薄より代十疋到、人參丁香散、養
脾湯等所望云々、○從禁裏灰方御公用米一俵拜領如
例年、忝者也、○自南都當季祭禮之事に書狀共有之、
御師方より仙龍花二三本送之、
四日、辛丑、天晴、天一天上、○長橋局迄參、灰方俵拜領之御禮申入
了、○滋野井被呼之間、五辻亭へ罷向、勸修寺父子、滋
野井、庭田、尊勝院、五辻、伊勢加賀守、大外記師廉等
中將棊有之、白粥有之、後に一盞有之、○禁裏より可
祗候之由被仰之間未刻參內、於御學問所御雜談移刻、
竹門と棊二盤勝了、御人數曼殊院宮、中山大納言、四
辻大納言、予、源爲仲等也、入麵にて一盞有之、戌下刻
退出、○南都之返事今日調遣之、○從伊勢御師方御祓
熨斗鮑百本、送之、
五日、壬寅、天晴、天一天上、○無殊事、
六日、癸卯、天晴、天一天上、○未刻可參內之由有之、則祗候、曼殊

院宮、中山大納言、四辻大納言、予、經元、源爲仲等也、可有御楊弓之處、風吹之間無之、碁四五盤有之、邦富、以淸等參、白粥一盞等有之、戌刻計各退出、予當番之間其間々祗候、無相番一身也、

七日、甲辰、陰、天一天上、曉丑刻地震、○鎭宅靈符七座行之了、○醍醐之水本僧正來儀、一荷兩種豆腐一折、混布一折、隨身、一盞勸候了、葉室に口宣案六通所望之由有之、可傳達之由被申候了、○岡殿へ參、靈符一座行了、御留守之御所也、被仰置云々、一盞有之、次禁裏臺所へ立寄、次內侍所へ立寄了、次伏見殿へ參、御酒被下了、及數盃了、次大祥寺殿へ及黃昏參、十炷香了、方丈、御伊茶局、勸修寺一位、中山、予、右大辨宰相、滋野井、勸修寺左兵衞佐、五辻、比丘尼衆六七八等也、予六炷聞了、六炷三人有之、方丈御懸物帶淸藏主被取之、其外鬮次弟也、予俄之事候間、鼻紙香合出之、五辻被取了、次御酒有之、及大飮音曲有之、次久首座之亮にて又酒有之、沈醉失正體了、夜半計退出了、○內侍所へ盜人入云々、一釆女阿子、官女今晚宿へ行、不審之間尋出召籠也、予五辻へ罷向、兩人彼在所へ罷向、堅申付了、次兩人內侍所へ罷向、至寅刻種々談合、及曉天歸宅了、

八日、乙巳、天晴、天一天上、○今日禁裏御楊弓云々、餘醉之間午下刻參內、先內侍所へ罷向、彼官女未及白狀云々、次參內、未刻御楊弓始、於東庭卅九度有之、御矢、十一、曼殊院宮、十五、中山大納言、九、四辻大納言、十一、予、十四、右大辨宰相、廿二、公古朝臣、十、重保朝臣、九、永相朝臣、八、廿五度に、經元、九、源爲仲十、等也、予三枚勝了、於番衆所小漬如常、御矢取藤堂次郎（廣橋內）、生駒與次（伏見殿御侍）、幸菊（庭田內小川）等也、暮々伏見殿、式部卿宮、妙心寺龜年長老被參、於御三間御盃五參了、殿上人邦富、以淸等參、御陪膳右大將被參、御手長重保朝臣、及大飮音曲順舞等有之、亥刻各退出、沈醉了、○內侍所女房衆、今夜用心迷惑之由申候間、予臥了、

九日、丙午、辰刻雪散、巳午刻雨降、自未刻天晴、天一天上、○於內侍所一盞有之、早旦彼女之宿主、去夜々半計尋出云々、歸宅之後、聽使

有之、白狀、則小袖、七、帷四、以下、以上廿九種取返持來了、神妙奇特之儀也、各滿足、晩頭鼻そくへきの（◎處脫カ）路次にて、知恩寺長老乞請被放云々、　○葉室へ人遣之、水本被申口宣案之事申遣、　到來了、　○未刻召使有之、則參內、　先御雜談共有之、　於淸涼殿御楊弓廿五度有之、先之於番衆所小漬如常、　御楊弓人數御矢、九、曼殊院宮、七、中山大納言、四、四辻大納言、六、予、五、經元、七、源爲仲八、等也、御矢取邦富、以淸兩人也、　予四十七枚負了、次赤粥有之、及黃昏退出了、

十日、（丁未、天晴、天一天上、終夜時雨晴陰、）○從五辻番相轉之間暮々參內、相番無之、予一身也、　於臺所肴入筆にて一盞予振舞了、予、右衞門佐、たと、か丶、一釆女阿子呼之、　中山女喝食、たと息律僧一人等也、

十一日、（戊申、天晴、時々時雨、天一天上（今日迄）、土公酉方（六日））○旬之間令行水看經、懸春日名號、神樂少々吹之、唯識論轉之、　○松林院乘誓齋に來、相伴了、　明日亡父卿忌日指合とて今日來、○自醍醐水本口宣案六通取來遣之、　○飛鳥井へ久不罷之間罷向、一盞有之、碁二盤打之、持也、山椒之そう水有之、次德大寺へ罷向、閼伽井坊に見參、　和歌題抄被借用之間借遣之、　又竹內殿へ被申三社託宣連歌懷紙、今日出來之間同遣之、田樂にて一盞有之、

十二日、（己酉、天晴、天一下艮、自酉刻至子刻雨降、）○從長橋局代十疋到、　人參丁香散二濟所望之由有之、○田中將監來、先度墨二丁遣之禮云々、　○藥種持來、四五種取之、又藥屋にて取寄了、○自岡御所可祗候之由有之、則參、御酒被下了、○禁裏御楊弓之由有之間、未刻參內、於淸涼殿四十三度有之、御人數御矢、十六、曼殊院宮、八、中山大納言、十一、四辻大納言、十四、予、廿一、右大辨宰相、十一、經元、十三、源爲仲十六、等也、予六十三枚勝了、　御矢取邦富、以淸兩人也、田樂にて御酒了、○自親王御方御雙紙（百官、）奧書、次懸表紙可進之由有之、○澤路筑後守中間所勞再發、熱氣頭痛云々、參蘇飮加薄荷、川芎、五包遣之」、

十三日、（庚戌、雨晴陰、）　○雁賀二位雜色與次郎、庇之やね少直了、○今晩花山院新亞相（家輔卿、）拜賀也、從西三條亭出門、

衣文之事被申候間罷向、例式三獻有之、相伴中山亞相、新亞相、予、極﨟計也、行粧前駈淸範、西三條諸大夫中務權少輔、布衣侍一人、如木一人、小雜色六本、白張等也、其外烏帽子着十人計有之、申次極﨟源爲仲、也、不經床子座前、直進弓塲代、舞踏之後不着殿上、從高遣戸堂上、二條殿御說云々、左右左之時、袖中へ不入手其間々也、

十四日、辛亥、陰、○親王御方御雙紙書立閉之、懸表紙持參了、萬里小路へ祐乘三位法印來、予相伴、入麪にて酒有之、○正親町へ罷向、一盞有之、久我諸大夫森刑部大輔盛時朝臣同來、相伴了、○禁裏へ可祗候之由有之間、午時參內、曼殊院宮、中山大納言、四辻大納言、予、源爲仲等也、御見◎懸カ物に杉原百枚、潤體圓薫物等一貝被出之、爲仲杉原七十枚、兩種等拜領了、予杉原卄枚取之、田樂にて一盞有之、亥刻退出了、

十五日、壬子、天晴、八專入、○祖母安明院忌日之間、安養寺之慶存齋に來、相伴了、○自花山院鯉二、被送之、祝着了、

○早旦甘露寺被來、飛鳥井へ卄八品出題之事可演說之由有之、○禁裏御楊弓之由有之間午時參內、五十度於淸涼殿有之、御人數御矢、十四、曼殊院宮、卄三、中山大納言、十四、予、卄四、右大辨宰相、卄五、穴一、經元、十九、源爲仲卄八、等也、御矢取邦富、以淸兩人也、於番衆所小漬如常、次御碁有之、曼、經元、源爲仲、一方中山、予、右大辨宰相等勝、四盤勝也、御懸物被出之、中山潤體圓一貝、右大辨宰相牛黃圓一貝、予杉原一帖拜領了、予卅二枚負了、

十六日、癸丑、天晴、○多武峯、不動等之看經、別所作了、○甘露寺、五辻招寄、今朝鯉之汁振舞了、朝飡隨身也、暫各雜談了、○禁裏御楊弓之間午下刻參內、四十一度於淸涼殿有之、御矢、十一、曼殊院宮、十七、穴二、中山大納言、三、卄一度に、四辻大納言、十二、予、卄一、右大辨宰相、卄、經元、七、源爲仲十一、等也、予八十六枚勝了、御矢取邦富、以淸兩人也、自暮々又御碁有之、亥刻各退出也、於番衆所小漬如常、○今夜當番予、右大辨宰相父卿代、兩人也、○大和宮內大輔音曲之本繪馬返遣之、

十七日、甲寅、天晴、八專、土公地中、(十日)○一兩日中聖天御法樂之間、御發句可進上之由有之、稱名院へ罷向令談合調進了、次大祥寺殿へ參、久首座にて一盞有之、次御前にて右大辨與中將棊一盤指之、勝了、勸一品、中山、極﨟等被參、御盃出及數盃、音曲了、次及黃昏五辻令同道竹內殿へ參、中山、滋野井、白川少將、杉山兵部大輔等祗候、中將棊雙六等有之、御酒數盃被下了、予杉原六十七枚負了、亥下刻歸宅了、○自正親町人參丁香散所望とて、代半到、

十八日、乙卯、天晴、八專、○禁裏聖天御法樂、依稱名院故障御延引云々、但御碁有之、未刻參內、御人數曼殊院宮、中山大納言、四辻大納言、予計也、御懸物段子のきんちやくに沈、名香、藥、薰物十餘種被入之被出了、五盤勝、中山拜領也、予杉原卅枚負了、於番衆所小漬如常、予戌刻早出了、

十九日、丙辰、天晴、○岡殿へ參、軈罷歸了、○葉室出京、今日逗留云々、○自禁裏葉室に被仰、榎木之破木八束被進之、○禁裏御碁有之、未刻參內、曼殊院宮、中山大納言、四辻大納言、予等也、御懸物如昨日、中之物大概同之、又中山大納言五盤勝之間拜領也、予四盤勝、無念無念、但杉原廿枚勝、於番衆所小漬如常、亥刻退出了、

廿日、丁巳、卯辰小雨、八專、十一月中、冬至、晴、○人參丁香散從長橋局取次、半濟宛兩所、薄半濟、正親町半濟持向遣之了、一釆女阿子に二兩遣之、於內侍所一盞有之、○禁裏聖天御法樂之御和漢之間巳刻參內、御人數御製、廿句、曼殊院宮、三折執筆九、入道前右大臣、十八、中山大納言、九、四辻大納言、十、萬里小路大納言、十二、予、四折執、十二、一二折執、菅宰相十、等也、戌刻終了、次內侍所五位自攝州上洛之間立寄了、今日發句以下如此、

霜さむし水のうすらひ夕あらし　言繼
吹雪一株松　曼殊院宮
鳥傍晴簾氈　萬里小路大納言
蟾臨雅席容　入道前右大臣

廿一日、戊午、自卯刻雪降、自巳刻晴、○旬之間令行水、神樂少々吹之、懸名號、唯識論くり看經了、○自竹內殿音曲本難波

御借用、一冊五番、進之、○岡殿へ參、入筆にて一盞有之、總在廳參、兩人音曲了、○酉下刻參内、妙心寺龜年長老、御樽被持參、田樂にて御酒有之、被參之衆式部卿宮、伏見殿邦輔親王、曼殊院宮、中山大納言、四辻大納言、予、右大將、右大辨宰相、公古朝臣、重保朝臣、公遠朝臣、經元、邦富、以清、源爲仲等也、三獻有之、二獻曼殊院宮御酌、三獻式部卿宮御酌也、及數盃、初獻重保朝臣酌也、御陪膳右大將、御手長重保朝臣也、式、曼之御陪膳公遠朝臣、邦富、以清等也、夜半計各退出、各沈醉、音曲巡舞等有之、先漢和聯句取捨有之、如此、

拂雪答温釀　式部卿宮
立出ろ袖も冬の梅か香　御
卷あくろ簾の軒は月さえて　曼殊院宮
聲もまちかし鴈の一行　言繼
欲雨秋雲濕　四辻大納言
皆山曉霧藏　龜年
成群窺苑鹿　右大將
覽德止庭凰　御

なひく也千尋の竹の陰しけみ　中山大納言
かたるにあかぬ夜半の涼しさ　右大辨宰相
手にならす扇の風に秋待て　公古朝臣

御製、龜年句今一句失念了、○今夜予當番之間其間々祗候、予、右大辨宰相兩人也、經元御添番に被祗候了、○大和宮内大輔音曲本櫻河ゆ屋兩冊借用到、又可寫與之由有之、飛鳥川、あいしゆ忠信兩冊到、○藤大納言磨積圓所望之由有之、代十疋到、

廿二日、己未、天晴、八專、○可祗候之由有之間未刻參内、御碁有之、曼殊院宮、中山大納言、四辻大納言、予等也、於三帖敷有之、於番衆◎所脫カ小漬如常、御懸物薰物一貝、杉原二帖被出之、四盤勝、四辻大納言拜領也、予戌刻退出了、○今朝長橋局官女所勞之間、脈之事被申候、引風也、○甘露寺被來、品經勸進次第以下、於此方被包談合也、來月卅日故伊長卿之七廻也、當月卅日へ被取越云々、○今朝退出之次、藤大納言へ罷向暫雜談、右衞門督從一昨日鷹野云々、

廿三日、庚申、天晴、八專、　○從竹内殿音曲之本被歸了、○妙順忌日之間、松林院之舜玉齋に來、相伴了、　○御楊弓之由有之、午時參内、御人數御矢、廿四、曼殊院宮、廿、中山大納言、十三、予、十七、穴一、右大辨宰相、十五、經元、十四、源爲仲廿五、等也、於淸涼殿五十一度有之、　御矢取邦富、以淸兩人也、於番衆所小漬有之、予四十一枚勝了、　其間間御庚申也、御碁有之、御懸物御薰物三貝被出之、左右方に別、曼、予、源爲仲、一方、中山、右大辨、經元、一方、予勝方、一貝拜領了、私ぎみに杉原卅枚負了、　田樂にて御酒有之、重保朝臣當番に祗候、子下刻各退出了、

廿四日、辛酉、天晴、八專、　○禁裏御楊弓之間午時參内、五十度有之、於淸涼殿、御人數御矢、十八、曼殊院宮、廿四、穴一、中山大納言、九、四辻大納言、十一、予、十五、右大辨宰相、十二、經元、廿三、源爲仲廿三、等也、　於番衆所小漬如常、御矢取邦富、以淸、松壽丸等也、予十枚勝了、次於三帖敷御碁有之、　御懸物被出之、曼宮、予、右大辨宰相、一方、四辻、薰物一貝、經元、奈良紙一束、源爲仲、帶一筋、　拜領也、　戌下刻各退出了、先々於内侍所一盞有之、○於内侍所一采女阿子、一盞振舞也、　罷向衆中山大納言、予、庭田、右衛門督、甘露寺、極﨟等也、田樂にて及大飮、内々音曲有之、子刻計歸宅了、

廿五日、壬戌、雪、晴陰、　○長橋局被申人參丁香散一濟調進之、代十疋到、○薄被申鐵刷湯令調合遣之、○大和宮内大輔被申音曲本愛壽忠信、寫之遣了、他行云々、

廿六日、癸亥、雪、晴陰、八專終、　○禁裏御楊弓之由、　參内之處御延引云々、内侍所へ罷向、五辻被來細工有之、合力了、一盞有之、○當番之間及黃昏參、予一身也、　○從安禪寺殿瑞仙庵蜜柑一包被送之、

廿七日、甲子、天晴、土公子方、(六日)　○禁裏御楊弓之間巳下刻參内、子刻始、於淸涼殿五十一度有之、　御人數御矢、廿三、穴一、曼殊院宮、十九、中山大納言、十、廿七度に、　四辻大納言、廿二、予、十五、右大辨宰相、九、永相朝臣、十五、穴一、源爲仲廿三、等也、　予廿四枚負了、御矢取邦富、以淸、松壽丸等也、於番衆所赤粥有之、暮々小漬有之、　但蟲氣之間予退出了、今夜

御甲子待有之云々、○山科公用從進齋方二石到了、勸修寺傳語也、○從坂本執當言全法印、例年之納豆廿包送之、

廿八日、乙丑、天晴、卯辰刻雨降、○葉室若子被煩とて、召具被上洛被來、富小路、半井等他行云々、予先霍香正氣散與了、○禁裏御楊弓之由候間未刻參內、予廿度計遲參也、祗候之後、到戌刻四十二度有之、御人數御矢、十五、曼殊院宮、十四、中山大納言、九、四辻大納言、廿二、予、八、右大辨宰相、十四、永相朝臣、十、源爲仲十五、等也、御矢取邦富、以清兩人也、於番衆◎所脫カ白粥有之、戌刻又小漬如常、次各退出了、○新內侍殿承候內炎散調進之、○勸修寺へ禮に罷向、山科公用之事口入之故也、○從甘露寺使者有之、明後日伊長卿七回、燒香に可來之由有之、

廿九日、丙寅、卯辰刻小雨、天晴、○葉室息事外驗氣云々、○薄右金吾音曲之本道盛被借用之間、一冊五番、遣之、○山科公用、今日又總次渡之由風聞之間、勸修寺書狀令所望、澤路彥九郎西山へ差遣之處、早進齋上洛云々、京都宿相尋之處、又他行云々、○稱名院へ罷向、明日之品經之和歌令談合了、次高倉へ罷向、一盞有之、次半井入道閑嘯軒壽琳、所へ罷向、葉室息藥之事令所望、雖斟酌可調與之由有之、二十疋遣之、風呂へ入云々、不見參也、○甘露寺へ鈴一對遣之、次品經和歌令淸書遣之、安樂行品、在於閑所心也、

しつかにと思ふ心の積りてやあらしもきかぬ雪の松か枝

卅日、丁卯、天晴、甘露寺へ早々罷向、先白粥有之、罷向衆稱名院、藤亞相、中御門、予、右大辨勸、右衛門督高倉、亭主等也、僧衆二尊院、長老良純、廬山寺衆穎乘、周智、照傳、照印、二尊院僧一人等也、法事例時有之、齋以後各罷歸了、次岡殿へ參、御留守之間歸宅了、○葉室母儀出京也、葉室在所へ被歸了、息小驗也、○伯卿借用之靑門御筆懸字二幅龍虎、被歸了、○今朝松林院之舜玉齋に來、他行之間不及相伴、

○十二月小

一日、戊辰、天晴、五墓日、○岡殿へ御禮に參、御對面、次大祥寺

殿へ參、御盃被下了、○禁裏御楊弓之間午時參內、於清涼殿五十七度有之、御矢、廿二、曼殊院宮、十六、穴一、中山大納言、十五、四辻大納言、廿八、予、廿五、右大辨宰相、十六、經元十七、等也、予十一枚負、於番衆所小漬如常、御矢取邦富、以清兩人也、次御碁有之、四盤勝、曼宮、四大、源爲仲、一方勝也、中大、予、經元、一方負了、御懸物三色有之、○今夜天酌に被參之輩廣橋一位、四辻大納言、萬里小路大納言、予、右大辨宰相、宮內卿、重保朝臣、公遠朝臣、輔房、經元、邦富、以清、源爲仲等也、○今日當番予、邦富尹豐代、兩人也、

二日、己巳、天晴、○賀二位所に晩飡有之、明日天智天皇御國忌也、其內祭佳例也、罷向人數予、薄、吉見奉公、丶、丶、千秋奉公、刑部少輔、松田對馬守奉行、中澤備前守同、慶休庵、中井入道宗慶等也、○今夜於親王御方十炷香有之、各一種一瓶云々、予鈴一對持參了、同御懸物牛黃圓二貝持參了、御人數親王御方、大祥寺殿、四炷、岡殿、曼殊院宮、御伊茶、二炷、御阿子、萬里小路前內府入道、勸修寺一位、二炷、中山大納言、四辻大納言、二炷、萬里小路大納言、予、五炷、右大辨宰相、公古朝臣、二炷、萬大次男火本、積善院兒、重保朝臣、輔房、經元、二炷、源爲仲等也、十二人無也、宮御方御懸物予拜領、依高名也、殘悉鬮取也、次田樂にて御酒有之、及數盃、丑下刻退出了、宮御方御懸物帶二筋、筆一管有之、歌之心云々、玉章に只一筆とむかへとも思ふ心をとゝめかねぬる、此歌云々、

三日、庚午、天晴、自酉刻雪降、土公地中、(八日)○慈惠大師掛之、看經別所作了、○禁裏御楊弓之間未刻參內、於清涼殿廿七度有之、御人數御矢、十五、曼殊院宮、十一、中山大納言、八、四辻大納言、十三、予、七、右大辨宰相六、等也、予卅一枚負了、御矢取邦富、以清、松壽等也、於番衆所小漬如常、次御碁有之、一方曼殊院宮、四辻大納言、一方中山大納言、予、右大辨宰相等勝也、御懸物天神名號、執筆中山拜領、美濃紙二帖、予拜領、薰貝一右大辨拜領、等也、亥下刻各退出了、或祇候云々、

四日、辛未、雪降(五寸)、自辰刻晴、○今朝早々可參內之由有之間辰刻

參內、自去夜曼宮、四大、新宰相中將、邦富等祗候云云、今朝予、中山祗候、御燒火有之、次御當座廿首有之、御製、親王御方三首宛、其外二首宛也、先於番衆所小漬有之、予題風前雪、氷上雪等也、後日入道前右大臣に點被仰了、

春ならて枝たはむまてさきまさる花や匂はぬ雪の山風

行水になかれもやらす見えつるは氷をしきて雪や積れる

下句よろしきやうに見え候、二三句よはきやうに候、行水をせくはかりなる川風になさありたくや、

御製一首、親王御方一首、曼殊院宮二首、中山大納言一首、四辻大納言二首、予一首等也、

○御楊弓之由有之、巳刻參內、先御碁有之、次御楊弓於淸源殿卅七度有之、御人數御矢、十六、曼殊院宮、十二、中山大納言、十三、四辻大納言、十六、穴一、予、十二、公古朝臣、十、經元廿、等也、御矢取邦富、以淸等也、於御前一盞有之、暮々退出、○葉室出京也、息彌験氣滿足也、

五日、壬申、天晴、十二月節、小寒入、○巳刻參內、御碁有之、曼殊院宮、中山大納言、四辻大納言、予等也、於番衆所小漬如常、暮々退出了、○半井閑嘯軒所へ罷向、葉室息藥之禮申候了、從葉室鮎鮓一折遣之、盃出及數盃了、同淸水小四郎來了○丹州八田鄉淨實山妙春寺雷泉和尚住持職之事、綸旨予令中沙汰、禁裏へ御扇杉原十帖進上、長橋へ柳一荷兩種遣之、予、葉室兩人之內へ五十疋出之、半分取之、

六日、癸酉、天晴、○冷泉へ罷向暫雜談了、○晩飡急可參內之由有之間、申刻參內、御楊弓七度有之、御矢、曼殊院宮、中山大納言、予、右大將、經元、源爲仲等也、予二枚負了、次今夜長橋局へ別殿行幸也、當年今夜計云々、自二獻曼殊院宮御相伴、自三獻各參、麵吸物等御相伴、御陪膳右大將、御手長重保朝臣、三獻天酌、祗候之輩廣橋一位、藤大納言、中山大納言、予、右大將、宮內卿、重保朝臣、永相朝臣、經元、邦富、以淸、源爲仲等也、七獻參、音曲有之、先之御楊弓有之人數御碁有之、御懸物小高檀紙一帖被出之、曼、予、經元取之、○今夜當番予一身也、御添番廣橋一位、中山大納言等也、

七日、甲戌、天晴、夜雪降、○御授戒之申次に參、善應寺西堂被參、

次東坡一二枚點之、次曼殊院宮、檀紙一帖、中山大納言、予、經元、薫貝、源爲仲同上、等參、御碁有之、御懸物被出之、中山、予負了、無念々々、於番衆所小漬如常、亥刻退出了、

八日、乙亥、天晴、〇禁裏御楊弓於清涼殿五十五度有之、御人數御矢、廿八、曼殊院宮、廿七、中山大納言、十八、予、十五、經元、卅五、源爲仲十二、等也、予四十二枚負了、御矢取邦富、以清兩人也、於番衆所小漬如常、次各退出了、〇今日廣橋亞相從飛驒國上洛、於臺所見參了、〇予於内侍所田樂にて一盞振舞了、五辻番之間招寄了、〇葉室、同母儀、息瘧之間被歸在所了、心安事也、

九日、丙子、天晴、時々雪降、〇可祇候之由有之間午時參内、曼殊院宮、中山大納言、予、經元等參、御雜談御碁有之、永相朝臣御番に參、於番衆所一盞有之、戌刻計曼宮。予兩人早出了、

十日、丁丑、天晴、〇澤路筑後守從芥河上洛、鱸又以飛脚三好筑後守、飯尾越前守、松永彈正忠所へ書狀調遣之了、〇禁裏御楊弓之間午時參、暫御雜談有之、未下刻御楊弓始、先於番衆所小漬有之、次御楊弓廿二度有之、御矢、七、曼殊院宮、十一、中山大納言、六、四辻大納言、十、予、七、廣橋大納言、無、源爲仲八、等也、御矢取邦富、以清。松壽丸三人也、次御碁、御燒火等於番衆所有之、御懸物爲中紙十枚宛百廿枚被出之、勝者十枚宛取之、予卅枚取之了、子下刻退出了、

十一日、戊寅、天晴、從亥刻雪降、（曉天五寸）土公卯方、（六日）〇旬之間令行水、春日名號掛之、神樂少々吹之、唯識論くり看經、〇一昨日歟御題五首被出之、可詠進之由有之、詠草長橋局迄持參、備叡覽了、次明日聖天御法樂御和漢入韻可仕進之由有之、着帶之間故障申候處、爲別勅可祇候之由有之間、調進之和歌令清書持參了、冷泉中納言出題、はらふ白雪、雪ふれは、雪こそ關の、なからのはしも、千とせまて、如此、

日の影もくもらぬ空に打ちるや梢を風のはらふしら雪

へたてなる竹もなひきて雪ふれは更にまちかき遠の一さと

逢坂やなを過かてにふり積る雪こそ關のさゝしさはなれ
誰ありて又もかけまし難波なるなからの橋も名のみ殘れり
移しうふる二葉の松の千とせまておい行末は君のみそみん

當番之間申下刻參、予一身也、○大和宮内大輔一昨日自和泉境上洛云々、音曲本通小町、天ニ、兩冊到、又宮笥とて楡一對被送之、
十二日、己卯、天晴、○亡父卿忌日、　松林院故障事有之云々、爲代淨花院之僧永玉齋に來、相伴了、○禁裏聖天御法樂、巳刻參内、御人數御製、廿五句、三折執筆曼殊院宮、九、入道前右大臣、廿一、中山大納言、六、四辻大納言、十四、予、十五、菅三宰相十、四折執筆等也、於長橋局小漬如常、　發句以下如此、戌刻退出了、

雪の下もなを常磐木の緣哉　菅宰相
吟　句　對　寒　窻　言　繼

十三日、庚辰、天晴、○岡殿へ參、聽罷歸了、次高倉へ罷向、亞相、金吾見參、一盞有之、○禁裏御楊弓之間巳下刻參内、於清涼殿五十二度有之、御人數御矢、廿五、穴一、　曼殊院宮、十九、中山大納言、十、四辻大納言、廿二、予、四十二、經元、卅四、源爲仲十八、等也、御矢取以清、予廿五枚勝、　於番衆所小漬如常、次於番衆所御碁有之、飛驒紙十枚宛百廿枚被出了、勝次第拜領之、予卅枚拜領了、　戌下刻各退出了、○臺所之かゝ女八才、引風熱氣有之、藥之事申候間、人參敗毒散三包遣之、同乳人手の疵うつく之由申候間、下馬三禮草之粉遣之了、
十四日、辛巳、天晴、
◎以下缺文、

言繼卿記 二十

天文廿四乙卯年 ◎十月改元弘治、

○正月大

一日、丁酉、天晴、天一天上、○自去夜禁中に祗候、四方拜有之、御服御衣文藤大納言、永家卿、御前裝束同右衛門督永相朝臣奉仕、奉行職事淳光、柳原左中辨、寅下刻出御東庭、庭上御裝束如例年、御格子階間計也、御簾同御裾頭中將重保朝臣、御草鞋者淳光、御劔公遠朝臣、四辻少將、初度、御脂燭永相朝臣、源爲仲五辻極﨟、計也、早參職事經元、甘露寺右少辨、其外後御に廣橋一位、藤大納言、中山大納言、四辻大納言、廣橋大納言、公古朝臣滋野井新宰相中將、等被參了、予直衣之間、傍にて見物了、主上御束帶之時、臣下衣冠尤加掛酌之故也、先之公遠朝臣、經元兩人、於臺所予令着之了、次内侍所へ罷向、一盞有之、次各於男末各盃酌如例年、次各退出了、今朝還御及天明了、○令行水四方拜、看經、神樂吹之、懸春日名號、唯識論くり候了、○今日此方祝如形如例年候了、○早瀨民部丞、同彥二郎禮に來、德利持來、澤路彥九郎、早瀨民部丞、同彥二郎對面、盞令飲了、○吉書沙汰了、○今夜御祝、天酌に被參之輩廣橋一位、兼秀卿、四辻大納言、季遠卿、萬里小路大納言、惟房卿、廣橋大納言、國光卿、予、伯二位、雅業卿、白川、右大辨宰相、晴秀勸修寺、宮内卿、以緒卿、薄、公古朝臣、重保朝臣、公遠朝臣、輔房、萬里、經元、小路左少辨、邦富、白川少將、言經、内藏頭、以清、薄右衛門佐、源爲仲、菅原種長東坊城秀才、等也、次各親王御方へ參、御對面、御盃被下了、○召具内藏頭内侍所へ禮に罷向、一盞有之、○當番之間其間々祗候、予、右大辨宰相父卿代、兩人也、於臺所予、薄父子、佳例一盞有之、○如例年從妙音天掛之、葩日々佛供等供之、

二日、戊戌、天晴、天一天上、○今日禮者堀川判官國弘、中興新左衛門尉、松山兵部大輔、久河彌介等云々、○召具内藏頭岡殿へ御禮參、御見參御盃被下之、次竹内殿へ參、御

盃被下了、○御祝に參、天酌に被參之輩同去夜、但右大辨宰相不參也、次各退出、

三日、己亥、小雨降、天一天上、○山井將監景理禮に來、對面盃令飮之、次澤路藤次郎、齋藤新三郎來、同盃令飮了、次大澤彥太郎禮に來云々、○今日禮者廣橋亞相、同內衆藤堂次郎、同兵衞大夫、速水安藝守、同左衞門大夫、○召具內藏頭大祥寺殿へ御禮に參、御盃被下了、○暮々御祝に參內、天酌に被參之輩廣橋一位、四辻大納言、萬里小路大納言、廣橋大納言、予、伯二位、宮內卿、公古朝臣、重保朝臣、公遠朝臣、輔房、經元、邦富、言經、以清、源爲仲、菅原種長等也、同昨夜、次親王御方へ參、御對面了、次退出、○今日樂始、妙音天御酒供之、笙吹之、五常樂急、太平樂急、慶德一反吹之、心經七卷、眞言七返看經了、

四日、庚子、雨降、天一天上、自巳刻晴、土公地中、(八日)○召具內藏頭伏見殿へ御禮に參、御對面御盃被下、稱名院見參、同盃飮之、其外菊亭、中山、正親町、見參、高倉、亞相見參、一盃有之、四辻、伊勢加賀守、白川、薄等へ禮に罷了、○禁裏千秋萬歲に可祗候之由有之間、內藏頭召具參內、未下刻に參、於孔雀間申之、種々儀曲舞等有之、於議定所一獻如例年、被參之輩四辻大納言、予、公遠朝臣、經元、邦富、言經、源爲仲等也、○今日禮者薄、同右衞門佐、祥壽院、祐乘三位法印歟、醫師、多甲斐守久宗、武田內清水加賀守等云々、○大和宮內大輔音曲之本西王母、松尾、伏見、返遣之、又三冊猩々、舍利、引鐘、到、

五日、辛丑、天晴、天一天上、節分、○讃岐守多忠宗禮に來、如例年扇一本、面金、持來、對面盃令飮了、○禁裏北畠千秋萬歲に可祗候之由有之間、午時參內、被參之輩中山大納言、四辻大納言、予、輔房、經元、邦富、言經、源爲仲等也、次各長橋へ被呼之間罷向、吸物にて一盞有之、次各退出了、次予內侍所へ可來之由有之間罷向、雜煮にて酒數盃有之、○當年星金子、內藏頭兩人之分、竹內殿へ供養之事申入了、○北隣柳原へ方違沙汰了、○節分、心經百六十餘卷、讀之了、○今日禮者伊勢加賀守入道、武家奉行大和宮內大輔、同外記中原康雄、中澤備前守、松田主計允等云々、

六日、壬寅、陰、天一天上、正月節、立春、○自葉室入來云々、樽到云々、中井宗慶禮に來云々、○甲斐守久宗蔓草二束、持來、對面盃令飮之、曲舞々了、○澤路筑後守禮に來、徳利隨身云々、盃令飮之、同澤路備前守來、同盃令飮之、次大内五條記爲治、禮被來、一盞勸了、○申下刻御祝に參、天酌に被參之輩廣橋一位、四辻大納言、廣橋大納言、予、伯二位、宮内卿、重保朝臣、公遠朝臣、邦富朝臣、今日四品、輔房、經元、源爲仲等也、次親王御方へ參、御對面、次於臺所一盞有之、予雖當番、故障申退出了、

七日、癸卯、天晴、天一天上、○聖降日之間、靈符七座行之、○岡殿へ參靈符一座行之、吸物にて御酒被下了、次此邊少少禮に罷向、次第不同、久我、近衞殿大政所、庭田、五辻、酒有之、賀二位、大和宮内大輔、烏丸、千秋刑部少輔、廣橋一位、同亞相、半井閑嘯軒、松田對馬守、同主計允、冷泉、中澤備前守、高辻、富小路、攝取院、甘露寺、一條殿、御對面、御酒有之、淨土寺殿、同御酒有之、日野、祐乘三位法印、安威孫二郎等へ罷了、○酉下刻御祝に參内、天酌に被參之輩廣橋一位、四辻大納言、萬里小路大納言、廣橋大納言、予、伯二位、宮内卿、重保朝臣、公遠朝臣、邦富朝臣、輔房、經元、源爲仲等也、次廣橋亞相令同道退出了、○今日此方へ禮者烏丸、西洞院、半井閑嘯軒、北小路大膳大夫、廣橋内、速水越中守、同左衞門大夫、高倉内、對馬守多久氏、内膳民部少輔、外記市正通昭、粟津修理亮、南部雜掌柚留木與次郎等云々、

八日、甲辰、天晴、天一天上、○白川少將、賀二位等に、從舊冬借用之指貫返遣之、○今日禮者賀二位來云々、○暮々爲大元帥法聽聞參内、中山大納言、御添番云々、四辻大納言、予、宮内卿、公古朝臣、當番、重保朝臣、當番、公遠朝臣、御添番歟、經元等也、於男末各御酒被下了、次退出、

九日、乙巳、天晴、天一天上、○山井伊豆守景頼禮に來、對面一盞勸了、○冷泉黄門之兄荷月齋明融禮に被來、一盞勸了、暫雜談、○大和宮内大輔音曲之本三冊猩々、舍利、引鐘、返遣之、又兩冊右近、小鹽、到、○今日禮者神光院、吉田弟、伊勢守内蜷川新右衞門尉、古川徳梅軒等云々、

十日、丙午、天晴、天一天上、○方々禮に罷向、供澤路彥九郎、同藤次郎、早瀬民部丞、新五郎、猿等也、(次第不同)德大寺、同閼伽井坊、典藥頭、近衛殿(殿下)、(御盃被下)、西洞院、不斷光院、中興新左衛門、大膳權大夫、飛鳥井、(盃被出之)、總持寺殿、(御酒被下)、南御所、(御酒有之)、寶鏡寺殿、(御留守)、瑤琳庵、(留守)、光勝院殿、(御酒被下之)、入江殿、(無御見參、御酒有之)、三條(正親町)、小笠原備前守、有馬治部少輔、局務等へ罷了、○此方へ今日禮者高辻、典藥頭賴景朝臣、千秋刑部少輔(奉公衆)、海老名刑部少輔(同)、有馬治部少輔(同上)、治部大藏丞(奉行)、下笠又二郎(伊勢守內)等云々、

十一日、丁未、天晴、天一天上、○旬之間令行水看經、神樂少々吹之、壽命懸名號、繰唯識論了、○滋野井禮に被來、一盞了、壽命院被來、一盞勸了、○松林院乘誓德利兩種被送之、○自南都人上、(井手掃部允)、對面了、從權神主時具卿、御師時良朝臣、神供、卷數、火箸等送之、正預辰巳祐恩卿如例年(神供)串柿百、送之、積藏院西師淸朝臣墨二丁送之、○今日伏見殿嘉例申沙汰之間、土器物(海老、薹)、二、柳一荷進之、○自庭田使有之、申沙汰に可參之由有之、暮々に參、被參之御人數先李部王、總持寺殿(自四獻御出也)、今出川前左大臣、中山大納言、四辻大納言、中御門大納言(遲參早出)、予、重保朝臣、永相朝臣、隆益朝臣、公遠朝臣、宣將、源爲仲等也、五獻及大飮、音曲巡舞等有之、丑刻退出了、

十二日、戊申、天晴、天一天上、土公酉方、（六日）○今曉寅刻南向產、女子誕生也、○葉室へ澤路彥九郎遣之、葉室母儀明日可出京之由候了、○安禪寺殿方丈明日御寺へ還御云々、就者愚息阿茶々可召進云々、則明日喝食に可被成之由有之、仍今日御寺へ兩種、(混布一折、豆腐一折、)柳二荷進了、○今日禮者吉田之智福院、安威兵部少輔(奉公衆)、河端左衛門大夫(庭田內)等云云、

十三日、己酉、天晴、天一下艮、○葉室母儀今日出京也、○南都へ返事遣之、正預に華撥圓、二貝、權神主、積藏院西、同中等に同藥一貝宛遣之、五辻より返事同到、扇一本被下之、○自安禪寺殿可祇候之由有之間午時參、方丈還御、長橋局(御母儀)始而祇候也、其外予、薄、同右衛門佐、(以淸、)祐乘三位法印、其外比丘尼衆各祇候也、三獻有之、臺

所之阿茶參、外祖母之故也、次御非時各御相伴、次又入麵にて御酒、及大飮音曲等有之、戌刻各退出了、阿茶々喝食になる、惠桂金山天王寺云々、○今日禮者庭田、吉田三位云々、正親町一品、融瑞軒壽智等被來云々、

十四日、庚戌、天晴、○長講堂之周德當年之禮に來、樽一、肴、餅一盆、大根つけ一盆、蜜柑一籠、代二十疋持來、吸物にて一盞勸了、○自安禪寺殿喝食來、土器物三、柳一荷、南向に帶一筋被送之、送之比丘尼に帶一筋遣之、予相伴、吸物にて一盞勸了、喝食則歸參了、○自禁裏可祗候之由有之間、午下刻參內、曼殊院宮、中山大納言、四辻大納言、予等也、御碁四五盤有之、其後御雜談有之、粟餅にて一盞被下了、暮々各退出了、○五辻禮に被來云々、

十五日、辛亥、天晴、○今朝三毬打にて、光照院殿悉炎上、俄事之間一物不殘云々、馳參候了、歸路烏丸、廣橋亞相、富小路、同藤藏人、三上三郎等令同道、近衞殿、入江殿等へ參、御見參、安樂光院へ人遣之、則同宿禮に來、○此方三毬打三本、赤粥祝如例、○大和宮內大輔所へ音曲之本兩冊小鼓、右近、返遣之、又兩冊夜討曾我、調伏曾我、到、○五條黃門禮に被來、一盞勸了、廣橋一品禮に被來云々、田中隼人佐禮に來云々、○暮々御祝に參內、天酌に被參之輩廣橋一位、四辻大納言、萬里小路大納言、廣橋大納言、予、伯二位、宮內卿、重保朝臣、公遠朝臣、邦富朝臣、輔房、源爲仲等也、次於東庭三毬打三本如例年、修理職粟津修理亮、加田彌三郎兩人烏帽子にて參、御吉書以下入之、仕丁共囃之、總別今夜之三毬打者、自當家十本、勸修寺三本進上、以上十三本也、予名字之地不知行以來不進上、勸修寺又當月二日大典侍局依遠行不被進之、仍從長橋局予可申付之由被申候間、申付進之了、次於臺所予、庭田兩人一盞有之、次退出了」

十六日、壬子、天晴、八專入、○朝飡以後早々可參內之由有之間、辰刻參、但相違之儀有之、仍高倉へ罷向、亞相、金吾等雜談、午時又參、御楊弓於淸涼殿四十七度有之、御矢者不被遊、曼殊院宮、廿一、中山大納言、五、四辻大納言、五十三、予、四十二、源爲仲七、等也、予五十四枚勝、御矢取邦富

朝臣、松壽丸等兩人也、先於御前一盞有之、次於番衆
◎所脱カ小漬如常、秉燭以後、於御湯殿之上御貝覆有之、
上、大祥寺殿、岡殿、曼殊院宮、中山大納言、四辻大納
言、予、邦富朝臣、源爲仲等也、上御三人、曼殊院宮以
下六人與御勝負云々、六人衆少勝申候了、貝予出之、
半一盞又有之、音曲等有之、予雖當番故障申、亥刻退
出了、仍御添番中山大納言、邦富朝臣云々、
十七日、癸丑、天晴、○安禪寺殿、同喝食爲見舞參、御對面御
盃被下之、及數盃了、○一條殿御會始之間未刻參、御
人數大閤、淨土寺殿、予、菅中納言、爲康卿、伯二位、大內記
爲治、明融、冷泉黃門兄、御侍東坊、専祝法眼、淨門坊官、中坊、同惟心、同上、六王院公首
座、時衆僧阿、堀川判官國弘、難波右京允常久、宗觀入
道等也、御懷紙僧俗別に被取重之、爲治讀揚了、次御
盃參、入麵吸物臺物共數獻、及數盃音曲巡舞等有之、
亥刻計歸宅了、

春日詠松契多春和歌　按察使言繼

ちきりなく春たかそへは君か代こ松の千とせといつれたかけむ

今朝禁明後日十九日、御會始御題勅筆、被出之、則廻文
相調、長橋局へ進之、

水石契久

右御題、明後日十九日、爲和歌御會始、各可令詠進給之
由被仰下候也、

正月十七日　言繼

勸修寺一位殿、廣橋一位殿、飛鳥井前大納言殿、藤
大納言殿、日野大納言殿、中山大納言殿、四辻大納
言殿、日野新大納言殿、萬里小路大納言殿、中御門
大納言殿、廣橋大納言殿、菅中納言殿、冷泉中納言
殿、伯二位殿、右大辨宰相殿、宮內卿殿、頭中將殿、
三條中將殿、藏人右少辨殿、藏人中務丞殿、別紙に
西殿三條殿、
自深草三毬打竹五本持來云々、○明日禁裏御三毬打、
如例年七間間中不相調之間、減少調之、澤路筑後守に
申付、於禁中調進之了、

十八日、甲寅、天晴、八專、土公地中、(十日)○禁裏御三毬打早旦之間、卯刻參、廿餘本有之、被參之輩廣橋一位、藤大納言、中山大納言、四辻大納言、廣橋大納言、予、宮內卿、重保朝臣、永相朝臣、公遠朝臣、邦富朝臣、經元、源爲仲等也、此外兒四五人有之、於男末盃酌如例年、次於淸涼殿御楊弓五十餘度有之、御矢、曼殊院宮、中山大納言、四辻大納言、廣橋大納言、予、永相朝臣、經元、源爲仲等也、巳刻於番衆所小漬有之、御矢取邦富朝臣、松壽丸兩人也、予餘醉之間卅度計仕了、臺所に平臥、四辻大、、、廣橋大、、、予早出、其外之衆又御碁有之云々、

十九日、乙卯、天晴、八專、今夜亞相之拜賀也○廣橋大納言被借用之間、累カ◎螺鈿太刀、同沓遣之、同薄所へ笏遣之、○廣橋へ兩種荒卷二、串柹一束、柳一荷遣之、○白川少將衣文之事被申候間、申下刻罷向令着之、一盞有之、次庭田へ罷向令着之、次廣橋へ罷向、右衞門督、永相朝臣、右衞門佐以淸、等に裝束令着之、吹亞相被束帶、衣文藤大納言、前裝束右衞門督沙汰之、西洞院、平少納言、時秀朝臣、柳原、右中辨淳光、兩人、先々右衞門督衣文令着之、次盃酌有之、人數廣橋一位、藤大納言、烏丸亞相、四辻亞相、廣橋亞相、予、冷泉黃門、菅相公、高辻長雅卿、滋野井新相公、公古朝臣、庭田頭中將、右衞門督、永相朝臣、平少納言、時秀朝臣、白川少將、邦富朝臣、富小路、右兵衞佐氏直朝臣、淳光、右衞門佐薄以淸、等也、雜煮吸物二三獻有之、次出門、扈從之輩庭田、右衞門督、平少納言、白川少將、柳原辨、薄右衞門佐等也、次出門、前駈一人、如木一人、小雜色八本、白張一人、其外烏帽子着卅餘人有之、殿上人各扈從也、氏直朝臣計不扈從也、禁中舞踏各見物、次各歸宅了、○萬里小路亞相禮に被來云々、○禁裏御會始御懷紙暮々進之、此方へ被付候、同添進之、飛鳥井前亞相、日野亞相、伯卿、頭中將等也、予和歌稱名院へ談合之、

春日同詠水石契久和歌

陸奧出羽按察使藤原言繼

さゝれ石の巖さなれる松かけに幾世すむらん庭のいけ水

廿日、丙辰、天晴、自子刻風吹、○自廣橋亞相太刀沓等被返了、次使速水越中守正益朝臣、有之、明後日小漬可申付、可來之由有之、○

禁裏御楊弓之間可參之由有之、巳下刻參內、未下刻より始了、於清涼殿廿二度有之、御人數御矢、七、十度に、十曼殊院宮、十四、中山大納言、九、予、九、經元、五、源爲仲一、等也、御矢取以清、松壽丸等也、予十二枚勝了、先之碁二三盤有之、於番衆所小漬如例、暮々退出了、御楊弓以前薄所へ罷向、一盞有之、○今日近衞殿御會始也、可參之處、禁裏御楊弓之間、故障申候了、懷紙者廣橋へ進之、御題松有春色、

春日同詠松有春色和歌

按察使言繼

時わかぬ常磐の松も若綠たつにそ千代の春はしらるゝ

廿一日、丁巳、時々小雨降、八專、子刻大雨、正月中、○禁裏御會始御懷紙可閉進之由有之、被出之、○御用之由有之間、午下刻參內、曼殊院宮、中山大納言、四辻大納言、予、源爲仲等也、無殊事、御雜談有之、吸物餅入、韲立、にて一盞有之、秉燭以後貝覆有之、予雖當番故障申退出了、御添番源爲仲參云々、

廿二日、戊午、天晴、○廣橋亞相に朝飡有之、罷向人數正親町一品入道、廣橋一品、高倉亞相、烏丸、中山、四辻、廣橋亞相、予、冷泉、白川、薄、滋野井、庭田、高倉金吾、西洞院少納言、富小路、柳原、甘露寺、五辻、中大外記、師廉朝臣、烏丸青侍兒島忠兵衛尉、廣橋青侍速水越中守、同同安藝守等相伴也、濟々儀也、次碁六七盤有之、次吸物臺物以下にて、音曲亂盃及大飲、亥刻計各失正體歸宅云々、○大和宮內大輔音曲本兩册夜討曾我、調伏、返遣之、又兩册禪師曾我、小袖曾我、春榮、守久、到、

廿三日、己未、天晴、八專、○妙順忌日之間、松林院之舜玉齋に來、茶一器、隨身、齋相伴了、○安禪寺殿へ爲御見舞參、ゐ茶々有付之由被仰了、御對面御盃被下了、

廿四日、庚申、天晴、八專、○下京邊禮に可罷下之由、內々中山奉行、甘露寺、五辻等約束、但各故障、予一人下了、先治部大藏丞、花山院、留守云々、二條殿、御咳氣云々、曇花院殿、各留守云々、但見首座、榮藏主被出、一盞有之、次古川德梅軒、本光院殿、皆御他行云々、○禁裏御楊弓之間、雖遲參內、予參之後廿五度有之、於御學問所有之、御矢、七、十六度に、曼殊院宮、十一、中山大納言、五、廣橋大納言、八、予、十一、穴一、若王子僧正、

七、永相朝臣、五、經元五、等也、御矢取邦富朝臣、松壽丸兩人也、於番衆所小漬如常、予五十一枚勝了、次御庚申有之、御雜談音曲等也、御銚子出了、夜半之後、於御湯殿之上御貝覆有之、御庚申に四辻大納言、以清、源爲仲等祗候也、丑下刻退出了、

廿五日、辛酉、天晴、八專、○廣橋亞相同カ◎來談、同月藏坊山上祐增法印當年之禮に來、樽代十疋、持來、一盞勸了、及數盃祐增法印平家三句語了、○禁裏御楊弓之間未刻參內、遲參、十四五度過歟、予參之後廿八度有之、御矢、十二、曼殊院宮、三、中山大納言、九、四辻大納言、八、廣橋大納言、四、予、十五、永相朝臣、九、經元、九、源爲仲不中、等也、御矢取邦富朝臣、以清兩人也、於番衆所小漬如常、鷹、鷹之鳥汁也、秉燭之後、於御三間御貝覆有之、上樣、大祥寺殿、岡殿御三所、殘十八又御勝負云々、半御銚子出一盞有之、以後又御盃二參、御三所先日之御勝負之御振舞也、音曲有之、亥下刻退出、○甘露寺痳病之藥被所望之間、五淋湯七包遣了、

廿六日、壬戌、天晴、○長橋局迄參、建仁寺一華院之本續錦繡段、同注、青玉案上中下、三冊、彼僧可被返下之由申候間申出了、次春日社正預祐恩卿正三位、同積藏院之西師淸朝臣從四位上、同息師孝正五位下之事披露、勅許也、○當番之間申下刻參內、戌刻退出了、邦富朝臣、以清等祗候也、

廿七日、癸亥、天晴、八專終、○甘露寺來談、○禁裏御用之由候間午時參內、曼殊院宮、中山大納言、四辻大納言、予等也、御雜談有之、次御碁三盤有之、御懸物杉原二帖被出之、曼、四一方、御勝也、栗餅にて一盞有之、暮々退出了、

廿八日、甲子、天晴、土公子方、(六日)○大和宮內大輔音曲之本兩冊せんしそか、小袖そか、春榮、守久、返遣之、又三冊杜若、軒はの梅、戀のおも荷、到、○宮內大輔來談、餅善哉、にて一盞勸了、○正親町に晩飡有之、未下刻罷向、人數先亭主、廣橋一品、烏丸、四辻、中御門、廣橋亞相、予、庭田、富小路、甘露寺、廣內、速水安藝守、同左衞門大夫等也、後に又盃出、音曲及大飲、戌刻歸

宅了、

廿九日、乙丑、曉丑寅刻雨降、天晴、○禁裏御楊弓之間午時參内、先御雜談、碁一盤有之、次於淸涼殿御楊弓廿度有之、御矢、十二、廿二度、曼殊院宮、十、中山大納言、九、四辻大納言、十三、予、十一、經元、廿一、源爲仲五、等也、御矢取邦富朝臣、松壽丸兩人也、於番衆所小漬如常、暮々退出了、○五辻法華經大意被借用之間遣之、○暮々五辻へ罷向、又廣橋亞相被來、一盞有之、令同道戌刻歸宅、

卅日、丙寅、天晴、○故葉室寶樹院、宗永童子等忌日之間、松林院之舜玉齋に來、相伴了、禁裏御會始和歌之寫被借之間遣之、○從竹内殿同御會始之和歌可寫進之由被仰之間、調進之、

○二月小

一日、丁卯、天晴、○方々御禮に罷出、先安禪寺殿、御對面御盃被下之、次近衞殿、御盃被下之、次寶鏡寺殿御見參、廣橋一品、烏丸等被參、御酒及數盃、音曲等有之、次兩人同道被誘引之間、又安禪寺殿へ爲案内者參、御酒有之、次大祥寺殿へ參、御盃被下之、次竹内殿御見參、次岡殿へ參、御見參也、次御祝に參内、先親王御方へ御禮に參、御對面也、○今夜天酌に被參之輩廣橋一位、四辻大納言、萬里小路大納言、廣橋大納言、予、宮内卿、公遠朝臣、邦富朝臣、經元、以淸等也、雖當番御祝以後退出了、○讃岐守忠宗、伊豆守景賴、北尾出雲守等禮に來云々、

二日、戊辰、天晴、五墓日、夜入雨晴陰、○滋野井被來、安禪寺殿へ可同道之由雖有之、散々令餘醉吐血之間、不及是非、又歸路に被見舞了、○未下刻岡殿へ參暫御雜談申候了、一盞被下了、

三日、己巳、陰、○慈惠大師掛之、別所作看經了、○正親町一品和漢通載年代記所望之由、連々被申候間、今日罷向、掛境筆立了、晩飡有之、申下刻歸宅了、○大和宮内大輔音曲之本三冊軒端梅、杜若、戀のおもに、返遣之、

四日、庚午、天晴、土公地中、(八日)○竹内殿へ參、御手本一申入候了、筆一對被下了、○正親町へ罷向、年代記書寫之、半分計

出來了、晩飡有之、

五日、辛未、天晴、○薄金吾被申連歌抄物書寫之事、今日出來之間遣之、○正親町へ罷向年代記書寫之、晝一盞、晩飡等有之、○大和宮内大輔より音曲之本三冊關寺小町、朝顔、經正、到、

六日、壬申、天晴、○正親町へ罷向年代記終寫功、被祝着了、賀州之山田所望云々、晝一盞、晩飡等有之、○高倉へ罷向、亞相、金吾等被出雜談了、

七日、癸酉、天晴、七月節、○廣橋亞相被立寄、明後日禁裏へ御盃令申沙汰之間必可祗候、又二首御懷紙可爲持參、題山殘雪、寄松祝君之由被示了、○岡殿へ參、明日靈符、雖產穢予可行之、可參行歟否之由尋申候、可祗候之由被仰下了、次賀二位在富卿所へ罷向、大和宮内大輔、千秋刑部少輔、上池院法印等來、一盞有之、次茶、暫雜談、戌刻計歸宅了、

八日、甲戌、天晴、○鎭宅靈符如例七座行之、次岡殿へ參一座行之、御齋被下了、次北御門迄參、薄に見參、明日就參仕、指貫之事申談之處、不參之由有之、○近所一條之風呂留之、合木入之、廣橋一品、同亞相、高倉亞相、同金吾、若王子、予等也、○明日之用、賀二位に指貫借用了、○高倉金吾へ暮々罷向、明日爲參内一夜隔之留了、一盞有之、

九日、乙亥、陰、○今朝金吾に留、朝飡有之、○午時内侍所へ罷向、かゝ小女之乳人振舞一盞有之、○未下刻參内、予和歌今朝稱名院へ罷向談合、則令淸書、

春日同詠二首和歌

按察使藤原言繼二行七字如常、

山殘雪　寄松祝君

春なから日のさすかたへかた分て殘り殘らぬ雪の山かけ

陰たかき松の葉數のかそふさもかきりはしらし君か代の春

親王御方御懷紙計被進、御不參也、被參之輩式部卿宮、曼殊院宮、廣橋一位、一位入道、藤大納言、日野大納言、中山大納言、四辻大納言、新宰相中將、廣橋大納言、予、冷泉中納言、右大將、伯二位、公古朝臣、重保朝臣、永相朝臣、邦富朝臣、氏直朝臣、經元、以淸、源爲仲等也、先於

御三間公卿各參、重保朝臣讀上之、次御盃參、各番衆所に、簾外祇候、黒戸之跡舞臺被敷之、伊勢守内淵田三郎藤左衞門尉父子、河村民部、窪紀介、其外澤路藤次郎、窪亞相内新右衞門尉、同弟市右衞門、地下八兩人鼓大小、太鼓、狂言、以上十六人歟參、小うたい其外七番狂言等有之、御盃數獻參了、予夜半計早出了、酉下刻於男末各小漬了、御陪膳右大將、兩宮御陪膳永相朝臣、邦富朝臣、以清等沙汰之、女中衆無御出、於御學問所大祥寺殿、岡殿、安禪寺殿、女中各御見物也、

十日、丙子、天晴、○高倉亞相直衣、賀二位指貫等返遣之、○松田對馬守女房に十一貫借錢了、先借共返辨之子細之御倉町地字書入了、

十一日、丁丑、陰、○岡殿へ參御雜談申、尾州牢人沙彌尼咳氣云々、脈取之、藥明日可遣之由申候了、○明日禁裏聖天御法樂御和漢有之、仍可隔一宿之間、暮々高倉へ罷向、今日會有之云々、甘露寺逗留、雜談了、一盞有之、乍兩人留了、

十二日、戊寅、天晴、○尾州之沙彌藥、仲和散に加前胡、五包遣之、○亡父忌日之間、松林院乘誓齋に來、予他所之間不及相伴、○高倉金吾所にて朝飡相伴了、今日鷹山へ出之由有之、予禁裏御會聖天御法樂也、於御學問所有之、御人數御製、廿四句、曼殊院宮、十一、入道前右大臣、廿四、中山大納言、八、四辻大納言、十三、予、十二、菅宰相、八、執筆也、所役殿上人以清、於長橋局小漬如常、酉下刻終、各退出了、○松尾社務宮内少輔、相久朝臣、同子宮内大輔當年禮に來云々、扇一本隨身云々、○讃岐守忠宗來云云、○今日御發句以下如此、

春そさは天(あま)の機なる霞かな　御
入柳雨千絲　曼殊院宮
燕卜安巣地　入道前右大臣
月も影さす軒のしつけさ　中山大納言
荻の葉の末こそ風の吹たえて　四辻大納言
思へはほさな秋も暮けり　言繼
鐘從霜落脆　菅宰相
漏與夜闌移　御

十三日、己卯、（◎以下缺文）

○三月小

一日、丙申、天晴、天一天上、○令行水神樂吹之、看經、懸春日名號、唯識論繰之、○岡殿へ御禮に參、（梅之枝進之）御對面、次竹内殿へ參同前、次大祥寺殿、御盃被下候了、梅之枝進之、次伏見殿へ參、同御盃被下之、移刻、次三條西見參、次高倉へ罷向、金吾見參、一盞有之、次萬里小路へ罷向、亞相見參、目又煩之由有之、親王御方へ梅之枝進上、○暮暮親王御方へ御禮に參、御對面、次參內、天酌に被參之輩廣橋一位、四辻大納言、廣橋大納言、予、新中納言、伯二位、宮内卿、輔房、經元、源爲仲等也、今夜雖當番退出了、

二日、丁酉、天晴、天一天上、夜雨降、○禁裏圓頓戒有之、二尊院長老（貞純）被申之、於議定所有之、爲聽聞被參之輩一位入道、廣橋一位、藤大納言、中山大納言、四辻大納言、予、新中納言、宮内卿、重保朝臣、經元、源爲仲等也、次中山大納言、四辻大、、、予、經元、源爲仲等參番衆所、御碁有之、御銚子被出之、鬮取、予、源爲仲只一盤、御懸物被出之、爲仲勝、御帶二筋被出云々、次殘衆又碁有之、杉原二帖被出之、予暮々早出之間不能巨細也、○安禪寺殿御寺へ還御云々、仍阿茶々（喝食惠桂）、御寺へ祗候了、

三日、戊戌、雨降、天一天上、○讃岐守多忠宗禮に來、對面了、○令行水、鎮宅靈符七座行之、次岡殿へ令祗候、靈符一座行之了、筆一對、杉原一帖被下了、○禁裏御楊弓之間午下刻參內、於清涼殿御楊弓三十一度有之、御矢、十四、曼殊院宮、十七、（穴一）、中山大納言、廿、四辻大納言、十一、廣橋大納言、五、予、十八、經元、十一、源爲仲十、等也、予二枚負了、御矢取邦富朝臣、以清兩人也、於番衆所小漬如常、○暮々親王御方へ御禮に參、御對面、今夜天酌に被參之輩廣橋一位、四辻大納言、廣橋大納言、予、新中納言、伯二位、宮内卿、重保朝臣、公遠朝臣、邦富朝臣、輔房、經元、以清、源爲仲、菅原種長等也、次内侍所へ可參之由有之間、甘露寺令同道罷向、極﨟同罷向、か、

酒振舞了、亥刻歸宅了、
四日、己亥、天晴、天一天上、○午時可參內之由有之間參、御碁有之、牛黃圓二貝御見◎懸カ物に被出之、一人勝中山大納言拜領也、曼殊院宮、中山大納言、予、經元等也、次白粥有之、次御楊弓廿度有之、御矢取邦富朝臣、松壽等也、御人數曼宮、十、中大、十二、四大、二、度に五、廣大、五、予、二、經元八、等也、御矢不被遊也、及黃昏退出了、
五日、庚子、天晴、天一天上、○禁裏御楊弓之間巳下刻參內、於東庭御楊弓六十八度有之、御矢、卅一、穴一、曼殊院宮、廿九、中山大納言、卅五、四辻大納言、卅、廣橋大納言、四、予、廿三、經元、廿、源爲仲十九、等也、御矢取松壽丸、虎福兩人也、予五枚勝了、於番衆所小漬如常、及黃昏退出了、
六日、辛丑、天晴、天一天上、夜雨降、○今日竹內殿物書會也、巳刻參、予、勸修寺新黃門、右衞門督、白川少將、甘露寺、極﨟等也、白川少將頭役也、未下刻一盞有之、酉下刻歸宅了、
○當番之間暮々參、但宿に退出了、
七日、壬寅、晴、天一天上、○從禁裏被仰古文眞寶之註七枚、朱引迄調之進上了、○甘露寺內加藤新三郎申音曲本楊貴妃、今日寫遣之、晩天禮に來云々、○竹內殿被仰之御藥合調合持參之、但勸修寺に將碁有之渡御云々、仍彼亭へ罷向見物之、竹門、中山、亭主父子、五辻等也、晩飡各被取寄汁有之、予晩飡亭主被用意、相伴申候了、暮々歸宅了、
八日、癸卯、天晴、天一天上、○今日於禁裏聖天御法樂御和漢有之、巳刻參內、於御學問所有之、御人數御製、十八句、二折、一折執筆、曼殊院宮、十一、三折、入道前右大臣、廿、中山大納言、八、四辻大納言、十一、廣橋大納言、十二、予十、四折、菅中納言長雅卿、十、等也、於長橋局小漬如常、酉刻終各退出了、御發句以下如此、

さかぬ間を花は思はぬ春日かな　曼殊院宮
露暖草先肥　御
蝶碾車無轍　入道前右大臣
蛍催杼是機　廣橋大納言
深行は月の光も猶すみて　中山大納言
いやはれられん此頃の秋　四辻大納言
波の音もあらき濱邊の旅の空　言繼

風　急　一　帆　飛　管　中　納　言

九日、甲辰、

◎以下缺文

言繼卿記　廿一

弘治二年丙辰

○正月大

一日、辛酉、天晴、八專、土公地中、(三日迄)○自去夜禁中に祗候、先寅刻於內侍所令行水、次着衣冠參神殿、折紙十疋、進之、御鈴之間看經了、次餅にて神盃頂戴了、○葉室頭辨頼房朝臣、甘露寺權右中辨經元、衣文之事被申候間令着之、四辻中將公遠朝臣、去夜令着之、拔衣文也、○今日四方拜、奉行職事頼房朝臣、東庭御裝束屛風以下如常、但御路打板被敷之、寒冷之故也、御格子階間計揚之、御劔實福朝臣、三條中將、脂燭永相朝臣、高倉右衞門督、公遠朝臣、源爲仲等也、御簾御裾等頼房朝臣、御草鞋淳光、柳原左中辨、於簾中着御、早參職事經元計也、頼房萬里小路右中辨、不參也、內豎國益、出納兩人等參了、先之藤大納言永家卿、御服に參、御前裝束同永相朝臣奉仕、御後に廣橋一位、兼秀卿、藤大納言、四辻大納言、季遠卿、廣橋大納言、國光卿、予、源宰相中將庭田重保卿、等參了、及天明出御有之、次男末盃酌如例、公卿六人、殿上人七人悉給之、如常、次各退出及日出了、○予四方拜看經如例年、次神樂笛、少々吹之、唯識論くり、春日名號奉掛之、看經如常、○葉室今朝之祝以後被歸在所了、○朝飡以下此方祝如例年、靑侍共朝飡中付了、盃被飮之輩澤路筑後守、同備前守、同彥九郞杓持來、同藤二郞、早瀨民部丞、德利持來、同彥二郞、野洲五郞左衞門杓持來、等也、○吉書始沙汰了、○暮々御祝に參、召具內藏頭、供彥九郞、彥二郞、澤路小者兩人等也、今夜先各親王御方へ御迎に參、則御參也、今夜天酌に被參之輩廣橋一位、兼秀卿、四辻大納言、季遠卿、萬里小路大納言、惟房卿、廣橋大納言、國光卿、予、伯二位、雅業卿、源宰相中將、重保卿、庭田、阿茶々丸、西實隆卿男、公遠朝臣、四辻中將、邦富朝臣、白川少將、輔房、萬里小路右中辨、經元、甘露寺權介、言經、以淸、薄右佐、源爲仲、五辻極﨟、菅原種長東坊城秀才、等也、次親王御方御退出、各參、御酌にて各被下、廣橋父子先之被下云々、伯卿老足之間不參、殘悉參了、次各退出、予當番之間其間々祗候了、○今夜內藏寮御樽一荷、鯛、二、混布五、、如每月進上之、臺所へ遣之、

二日、壬戌、天晴、○澤路孫七郞來、對面盃令飮了、次北尾出雲守來、一盃勸了、○今日禮者北小路大膳權大夫、近衞殿諸大夫俊直朝臣、同御侍進藤左衞門大夫、長治、堀川判官、一條殿御侍國弘、大和宮內大輔、奉公衆晴完、庭田內河端左衞門大夫、伊勢守內蜷川新右衞門尉、中興新左衞門尉、久河彌介等云々、○暮々御祝に參、召具內藏頭、先親王御方へ參御禮申候了、今夜天酌に被參之輩廣橋一位、四辻大納言、廣橋大納言、予、源宰相中將、公遠朝臣、邦富朝臣、輔房、經元、言經、源爲仲、菅原種長等也、戌刻廣大令同道退出了、○去夜女中御指合とて、今夜御所之口にて內藏くこんの御盃被下了、寮頭之間、內藏頭に令飮、次予飮之了、

三日、癸亥、陰、八專終、正月中、巳刻より雪散、○西園寺より使田中來、予對面、葉室方へ云々、六日敍位執筆故障有之、仍萬里小路亞相へ申遣之處、俄之間故障之由有之、次廣橋大納言

申遣之處、御請被申了、則長橋へ此樣申入了、　葉室在
所之間、予如此、○自禁裏敍位之儀被打置之由被仰下
了、○五條、同大內記禮に被來、一盞勸了、田中隼人佑(中御門內)
禮に來、盃令飮了、　其外今日禮者高倉藤亞相、同右衞
門督、白川少將、薄、伊勢加賀守(奉公)、松田對馬守(奉行)、同主計(同)
允、內膳民部少輔、(淸景、)藤堂次郞(廣橋內)、甲斐守久宗(舞人)等云々、
○大澤彥太郞禮に來、盞令飮之、同松千代來云々、○
暮々親王御方へ御禮に參、　予、言經兩人御盃頂戴了、
源宰相中將、源爲仲、菅原種長等祗候也、　○御祝に參
內、先御三間に可參之由有之、經元參、敍位之事、元日
節會不被行、同白馬無之條、敍位不可然之由、　稱名院
前右府入道被申云々、文明八年敍位計有之由、以經元
被仰下之處、文明八平座有之、不然者尙不可然之由被
申云々、予存分可申旨有之間、　先例文明八如此、又無
節會者位記如何之由被申云々、文明八如此、又朔旦冬
至之敍位々記、豐明節會に被與之、雖然天文五歟豐明
無之、其例等申入了、元日節◎會(脫カ)無之者、年中諸公事陣
儀等迄可被停止歟、如何之由申入了、然者敍位可被行
歟之由有之、○今夜天酌に被參之輩廣橋一位、中山大
納言、四辻大納言、廣橋大納言、予、伯二位、　源宰相中
將、公遠朝臣、邦富朝臣、　輔房、經元、言經、以淸、源爲
仲、菅原種長等也、次廣橋父子令同道退出了、　予供大
澤彥太郞、澤路彥九郞、與四郞(澤路小者)等也、
四日、(甲子、雪降、土公子方、)(六日、九日迄、)○從禁裏敍位可被行之間、　高辻、
庭田等參仕之事可申遣之由有之、　所役殿上人薄(以淸、)
に可申之由有之、則各申遣之、○召具內藏頭大祥寺殿
ゟ御禮に參、御盃被下、伏見殿御對面、其外今出川、勸
修寺、萬里小路、白川、飛鳥井左金吾、庭田、薄、五辻等
へ罷向了、○禁裏千秋萬歲に可參之由有之間、召具內
藏頭參內、申刻計に參、於孔雀間申之、　被參之輩中山
大納言、　四辻大納言、予、阿茶々丸、公遠朝臣、邦富朝
臣、經元、言經、以淸、源爲仲等也、　於議定所御盃如例
年、暮々退出了、○齋藤新三郞(澤路備前守次男也、)禮に來、　盃令
飮了、其外今日禮者內豎國益、出納兩人、(將監職定、右京亮重弘、)淨西

土寺殿坊官祐乗三位法印坊、玄潤、祥壽院、粟津修理亮等云々、
五日、乙丑、晴、○讃岐守多忠宗、扇一本持來、同忠雄禮に來、對面一盞令飲了、○自四辻高倉相續、勸修寺中納言晴秀卿次男、名字切之事被申之間、則調遣之、範敎たか、切匏、範友、切婦、範清、无形、範盛、同、範淳、同上、範將同、等也、○溝被來、敍位之所役不具之間難參之由有之、尙可被馳走之由示了、○堀川判官國弘來、對面一盞勸了、敍位無之由風聞、如何之由申來、治定之由示了、○禁裏千秋萬歳に召具內藏頭午時參了、被參之輩中山大納言、四辻大納言、予、公遠朝臣、邦富朝臣、輔房、言經、以淸、源爲仲等也、次於長橋局各吸物にて一盞有之、輔房、以淸兩人者退出也、次中山大納言、四辻大納言、予三人被召御學問所、敍位之事、元日節會不被行之時敍位不可然之由、尙稱名院被申、如何之由有之、無元日節會之時敍位有之例、明德二、應永廿五、先例分明也、尙經元被召、稱名院へ被仰云々、暮々各退出了、○竹內殿へ御禮に參、同內藏頭召具、御盃被下了、藤亞相、四辻等へ罷向了、○葉室出京云々、山口又左衞門、秋田與左衞門、山口又七等禮に來云々、扇一本つゝ持來、○今日禮者廣橋內速水越中守、同左衞門尉、南都雜掌柚留木與二郎、中井宗慶等云々、
六日、丙寅、天晴、○從新內侍局柳一荷、兩種鯛一折、豆腐一折、被送之、予猶子之故也、○廣橋一位より名字十一、切之事被申、亞相之息爲敍爵之歟、調遣之、○溝被來、橋氏是定款狀之事談合、舊案可被相尋之由示之、一盞勸了、○昨今從一條殿橋氏是定可被申請之間、可申調之由被仰下了、○四條中將隆益、正四位下、內藏頭言經、正五位下、狛近次正五位下、多久宗從五位上等之事、小折紙調之、付葉室披露了、○堀川一條殿御侍判官國弘正五位上、難波同右馬允常久從五位上加級之事、可申沙汰之由申之、小折紙到、則付葉室披露了、○溝是定之舊案尋失之由申之間、遂◎逐カ而款狀可調進、先勅許候樣にと、予令參內申入之、則勅許也、御返事取之、則一條殿へ進候了、○廣橋亞相被來、折重之事賴入之由有之、衣文者藤亞相云々、○溝來、橋氏之氏爵之申文於此方被調之、予指

南了、但是者自本家可被調進儀云々、中文調様如此、
二枚に又懸紙有之、不封也、

橘氏
正六位上家盛
右氏爵所請如件、
弘治二年正月六日　從一位藤原朝臣房通
（源氏同如此）
源氏
正六位上倶宅（天曆御後）
右氏爵所請如件、
弘治二年正月六日
從二位行權中納言源朝臣通典

廣橋へ罷向折重調之、又柳原に裝束令着之、一盞有之、○高辻衣文之事被申候間、罷向令着之、餅にて一盞有之、○參內、奏聞於朝餉間有之、如常、簀子に燈臺二立之、先職事三人着小板敷疊、（南面、）頼房朝臣中文懷中、入上戸着座、次淳光、經元自東方着座、次頭辨取上之、插文杖奏聞、（極﨟爲仲指燭取之、）次兩人同前也、次於鬼間撰定、頼房朝臣中文相分、職事兩人撰定之、次源爲仲取目六如常、次於議定所簀子、頼房朝臣小折紙寫之時分、既夜半鐘鳴了、此後文書不調之子細有之、及鷄明陣儀有之云々、先之菅中納言（長雅卿、）着陣有之、筥文作法以下之事、勞煩之間不見物、睡眠了、御前之儀天明之時分終了、執筆廣橋大納言（國光卿、）硯取之、筥文菅中納言、源宰相中將、奉行職事頼房朝臣、辨淳光、少納言時秀朝臣、所役殿上人以清、（但不參、）大內記菅原爲治、少內記中原康雄、小槻伊昭、中務源爲仲、近衞（陣官勤之、）等也、不見物之間不能巨細、見物之月卿雲客以下、於男末入麪にて一盞如例年、（翌日）辰下刻入眼之儀終了、小折紙如此、
正二位源通爲（中院也）、菅原爲康（五條也）、正四位下藤原永相（高倉也）、平時秀（西洞院也）、藤原隆益（四條也）、正五位上大石國弘（堀川判官也）、正五位下狛近次（舞人）、中原職定（出納也）、藤原言經、從五位上多久宗（舞人）、中原重弘（出納也）、藤原常久（難波也）、（前太政大臣給、薄也）橘　以　清、從五位下藤原兼保（廣橋大納言息也）、同範將（高倉也）、
今夜當番予、公古卿兩人也、○今日禮者速水右近大夫（廣橋內）、禁裏壁大工、疊大工等來云々、

七日、丁卯、小雨下、申刻より天晴、○此方祝如例年、○鎮宅靈符如例七座行之、○自吉田右兵衛督當社神宮カ◎供送之、祝着祝着、頂戴了、○自嵯峨三才子腹中煩之由申來、見之、人參丁香散七服遣之、十疋出之、○岡殿へ參鎮宅靈符一座行之、如每月、吸物にて御盃被下了、○賀二位、市奉公衆民部少輔所へ禮に罷了、又此方へ禮者烏丸云々、○白川少將被來、今夜節會次將に參懃云々、様體被尋之間示之、同魚袋被借之間遣之、○自中山魚袋之事被申之間遣之、○今夜御祝、暮々召具內藏頭參內、天酌に被參之輩勸修寺一位、廣橋一位、四辻大納言、廣橋大納言、予、公遠朝臣、邦富朝臣、經元、言經、以清、源爲仲、菅原種長等也、○白馬節會有之、先北陣有申事、夜半之後始了、賴房朝臣、淳光、經元、源爲仲等被立了、國弘、〻〻判官兩人以下、役者等如例、○四辻大納言衣文之事被申、於臺所令着之、次庭田へ罷向、中山、庭田等令着之、一盞有之、次高辻へ罷向令着之、先之葉室同、○今夜節會、內辨中山大納言、公卿四辻大納言、今夜着陣、菅中納言、源宰相中將等也、奉行職事淳光、辨經元、少納言代邦富朝臣、次將邦富朝臣一人也、外任奏如常、外辨四辻大〻〻、菅中〻〻、源宰相〻〻、經元、康雄、伊昭、盛厚、官掌〻〻、作法如常、次內侍不名賜、內辨召二省賜之、次近仗引陣、次內辨謝座昇殿、次開門闈司、次敍位宣命之奏、次召舍人、次少納言代邦富朝臣、就版、刀禰召せ、以下如常、次諸卿參列、謝酒謝座了堂上如常、次敍人言經、參列、輔代盛時朝臣、引之、次敍位宣命拜舞、兩段再拜如常、次輔代進位記案、下式二筥、位記一卷取之授言經、輔代退入、次言經拜舞了退入、次親族拜、內辨以下下殿如常、次四辻大納言早出、次內辨下殿、白馬奏、左馬助也次白馬渡、左右馬寮相添、邦富朝臣、右馬、代持梓、源爲仲兩人也、次內辨、菅中納言取替笏、內辨早出、菅中納言續之、及天明之間予退出了、仍此後不注之、內藏頭今夜始束帶、公事參懃、自愛〻〻、

八日、戊辰、天晴、時々小雨降、五墓日、○中山、白川等より魚袋被返之、自庭田靴被返之、○葉室朝飡以後被歸在所了、○奉行中澤備

前守禮に來云々、○自嵯峨昨日子小驗之間、尙藥之事申候間、同藥七服遣之、○内藏頭加級之御禮に、衣冠にて祗候させ了、○八幡眺望坊より香水牛玉等送之、返事に筆三對遣之、○内藏頭加級之位記、從廣橋亞相被送之、去夜内藏頭賜之位記者、廣橋亞相息之位記之間、今朝遣之、其返報之由有之、○大和宮内大輔より音曲之本兩册到、又彼方新寫三番之事被申了、

九日、乙巳、曉雪降、天晴、(備前)○從播州田口伊賀守四五日以前上洛云云、揖保、居都等へは無道路云々、　都多之宇野右京亮方より杉原一束計到、　公用不及沙汰、不可說々々々、○自禁裏晝以後可祗候之由有之、八時分參内、安禪寺殿、竹内殿、　今日始而御參内也、竹門、中山大納言、四辻大納言、予暫御雜談、中山者遲參也、　饅頭にて一盞有之、秉燭以後御碁有之、竹門、予と中山、　四辻引別、竹門二番皆御勝也、　引合二帖被出了、予一帖賜之、○大和宮内大輔音曲之本老松返遣之、今朝寫之、○今日禮者壽命院、少内記兩人云々、

十日、庚午、天晴、土公地中、(八日、十七日迄)　○自大和宮内大輔方音曲本四番舞車、反魂香、舟橋、葉じさみ、夕顏、到、今日芥河へ被越云々、　○從禁裏可祗候之由有之間午時參内、　曼殊院宮、中山大納言、四辻大納言、予、經元、源爲仲等也、　饅頭にて一盞有之、次御見◎(◎懸カ下同ジ)物御帶一筋、杉原二帖被出之、御碁有之、人數三人つヽ別、竹内殿、四辻、予一方、中山、經元、爲仲一方也、五盤勝也、竹門二番、予三番勝了、仍御見物御帶予拜領、竹門、四辻御杉原也、　一方中山三ヽ勝計也、次又御帶二筋、杉原一帖被出之、　今度者三盤勝云々、四辻、予一ヽつヽ勝之、但一方中山二ヽ、經元一ヽ勝也、　仍彼方御見物拜領也、秉燭之後、於番衆所晩飡有之、子刻退出了、○淨花院之内松林院德利兩種被送之云々、○今日禮者奉行衆治部大藏丞來云々、○杉原一帖田口伊賀守に遣之、他行云々、

十一日、辛未、天晴、○旬之間令行水看經、神樂少々吹之、　唯識論繆之、○佛陀寺僧融瑞軒舜智禮に來云々、○自庭田使有之、　今日伏見殿申沙汰如例年有之、　可祗候云

云、○伏見殿へ柳一荷、兩種土器物鮒すし、くき、進上了、○暮
暮伏見殿へ參、早之間、先大祥寺殿へ參、右衛門督御
禮に參、御盃被下了、次令同道伏見殿へ參、御人數李
部王、御兒御所、同御弟、青門也、總持院殿、中山大納言、四
辻大納言、予、源宰相中將、永相朝臣、隆益朝臣、公遠
朝臣、源爲仲等計也、音曲有之、及大飮了、予當番之
間、六獻之後退出了、直に御番に參了、○今夜當番予
一身也、御寢之後參了、○從南都井手掃部上洛、對面、
從權神主時具卿嘉例串柿、御師時良朝臣卷數油物等
送之、
十二日、壬申、天晴、○亡父忌日之間、松林院乘誓西堂齋に
來、相伴候了、○今日少々禮に罷出、路次次第不同、甘
露寺、松田對馬守、烏丸、千秋刑部少輔、融瑞軒、廣橋祐乘三
一品、淨門之內同、西坊、奥坊、五條、一條殿、御盃、大覺寺殿、祥壽
院、位法印、淨土寺殿、御盃、德大寺、近衛殿、御盃、西洞院、中興
新左衛門、大膳權大夫、不斷光院、進藤左衛門大夫、入
江殿、御盃、伊勢加賀守、正親町三條、西室、滋野井、小
笠原、勸修寺入道、海老名刑部少輔等へ罷了、事外沈
醉、暮々歸宅了、供澤路彥九郎、早瀨彥二郎、小者一人
也、○今日從禁裏可祗候之由有之云々、令他行之間不
及是非、
十三日、癸酉、天晴、從亥刻雨降、○滋野井禮に被來、見參申候了、○
五辻被來、今日庭田息元服云々、理髮之樣被尋之間指
南了、○今日禮者若王子、西洞院、吉田右兵衛督等云
云、○晚頭爲太元帥法護摩聽聞參內、先大祥寺殿、岡
殿始而御參、御盃參、常御所也、三獻之時、大祥寺殿御
酌召出、予、以淸兩人參了、次護摩聽聞了、長橋女房衆
三人、末之衆七人、內侍所之衆三人等に華撥圓一貝宛
遣了、戌刻退出了、○從廣橋亞相檜扇借用之間遣之、
十四日、甲戌、天晴、○大澤彥太郎來、三毬打三本用意了、○
庭田侍從重通昨日元服禮に被來云々、今日禮者賀二
位在富卿來云々、
十五日、乙亥、天晴、八龍日、○三毬打、粥等祝如例年、○今日上
邊禮に罷出、先總持寺殿御見參、御酒及數盃、平野預

兼輿同參、次南御所、各被出御酒有之、次寶鏡寺殿、御盃被下、矢田大夫一座十餘人參御うたい有之、暫閑之、次飛鳥井所勞云々、次光照院殿、御留守云々、次瑤林院、留守云々、次安禪寺殿、御對面、吸物にて御盃被下之、次本光院、御留守云々、次二條殿、御見參、御盃被下之、次曇花院殿、各御留守云々、次花山院、他行云云、○今夜禁裏御祝、天酌に被參之輩廣橋一位、中山大納言、四辻大納言、萬里小路大納言、廣橋大納言、予、源宰相中將、公遠朝臣、邦富朝臣、以清、源爲仲、菅原種長等也、御盃以後、於東庭三毬打三本有之、如例年源爲仲申沙汰、自修理職兩人(粟津修理亮、加田彌三郎、)參、仕丁共等囃之、次各退出了、○長橋局迄可參之由有之、祗候之處、來十九日御會始御題被出之、各可相催之、初參に永相朝臣、公遠朝臣、邦富朝臣三人可相催之由有之、各父子御人數之事、別而規模之事也、滋野井可被召加歟之由予申之、普代之儀也、御心得之由有之、萬里小路大納言近年無沙汰之間、不可相觸之由被仰出之、○今日禮者四條、典藥頭賴景朝臣、月齋等云々、

十六日、(丙子、天晴、)○來十九日御會始廻文調之、相觸之、

家々翫春

(刻限可爲午一點之由、其沙汰候也、)

右御題、來十九日可爲和歌御會始、各可令豫參給之由被仰下候也、

正月十五日　言繼

勸修寺一位殿、奉、廣橋一位殿、奉、飛鳥井前大納言殿、(但所勞之間可得御意候、)奉、藤大納言殿、奉、日野大納言殿、奉、中山大納言殿、奉、四辻大納言殿、奉、廣橋大納言殿、奉、侍從前中納言殿、奉、兵部卿殿、奉、冷泉中納言殿、奉、勸修寺中納言殿、(從舊冬所勞平臥之式候、可得御意候、)伯二位殿、奉、左衞門督殿、奉、源宰相中將殿、奉、滋野井宰相中將殿、(不具之間、かまへ候はゝ可參候、可得御意候、)右衞門督殿、奉、三條中將殿、(所勞之間可得御意候、)四辻中將殿、奉、白川少將殿、(初參之間如此)奉、藏人權辨殿、奉、藏人中務丞殿、奉、別紙に(西殿)三條殿、右衞門佐殿、(今日御人數之事中伺之、遲々間)

(別觸、滋野井、右衞門督、四辻中將、白川少將、急候間、非別紙書加之、)

今日嘉例百萬返念佛、其外看經少々沙汰之、但予餘

醉、又禁裏へ召之間、明日可祈念也、○午時參內、曼殊院宮、中山大納言、四辻大納言、予、源爲仲等也、御碁有之、同晩飡有之、御懸物杉原三帖被出之、五盤勝也、兩方相別、曼宮、中大兩人勝也、戌刻退出了、○今日禮者吉田權少副兼高朝臣來云々、

十七日、丁丑、陰、終夜小雨降、○自嵯峨二才小男相煩之由申來、見之、蟲痢疾等也、人參丁香散三服遣之、正親町官女傳之云々、○昨日之百萬返念佛、心經、百丶、消除經、廿丶、兩種內藏頭讀之、壽命經、十丶、光明眞言千返、慈救呪千返、地藏小呪千返等、春日社へ祈念了、○吉田右兵衛督兼右卿暫來談了、○明日之禁裏御三毬打、內藏頭進上、澤路筑後守に申付、如元大に沙汰了、長さ七間々中、澤路父子四人、小者兩人、大澤彦太郎等沙汰之、於禁中調之、予參見舞申付了、○自高辻黄門、先日被借用韻鏡之本被返之、○從廣橋、來廿日近衛殿御會始御題梅花久薫被送之、

十八日、戊寅、雨降、土公卯方、(六日)二月節、自申刻晴、○卯一點參內、御三毬打、聲聞師大黑各參囃之、如例年、賀茂之九本迄廿五本有之、被參之輩廣橋一位、藤大納言、中山大納言、四辻大納言、廣橋大納言、予、源宰相中將、阿茶々丸、永相朝臣、公遠朝臣、邦富朝臣、淳光、輔房、經元、源爲仲等也、於男末盃酌如例年、次各退出了、但御楊弓有之間、少々被召留了、○御楊弓、御人數曼殊院宮、中山大丶丶、四辻大丶丶、廣橋大丶丶、予、源宰相中將、經元、源爲仲等也、十三度有之、御矢取以清、松壽丸竹內殿兩人、於番衆所朝飡被下了、次御碁有之、七番勝、御懸物小高檀紙、引合、杉原、各一帖、透頂香五十粒、被出之、人數別之、曼殊院宮、四辻大納言、以清、源爲仲等勝衆也、及黄昏各退出了、

十九日、己卯、天晴、○今日御會始、只各可爲詠進之由被仰下之間、以澤路彦九郎觸之了、予和歌昨日懸御目、今日清書了、

春日同詠家々翫春和歌

陸奥出羽按察使藤原言繼

たれも先待えてうれしあら玉のひかりのさけき家ここのはる

可祗候之由有之間午時參內、被參之輩曼殊院宮、中山大納言、四辻大納言、予、源爲仲等也、御碁有之、五番勝、御懸物帶一筋、沈一包、透頂香二包、はいね九等也、中山大丶丶、源爲仲拜領也、晚飡有之、夜に入十炷香有之、御人數曼殊丶丶、中山大丶丶、四辻大丶丶、廣橋大丶丶、予、源宰相中將、永相朝臣、公遠朝臣、邦富朝臣、經元、以清、源爲仲等也、御懸物杉原十帖、御扇、火取桐、入沈、源爲仲八炷聞之間拜領了、予六炷也、無念々々、次御盃二參、音曲有之、丑刻鷄鳴之時分各退出了、殘人數之懸物各鬮取了、予鳥子十枚、筆二對出之、作杉原十帖扇取之、○今日御會始御懷紙、十八計予に被送之、取集進上了、

廿日、庚辰、天晴、○烏丸昨日之御懷紙被送之間、參之次進上之、今日近衛殿御會始也、予內々以長橋局懸御目了、次清書如此、

春日同詠梅花久薰倭歌

按察使言繼

古も今難波津に咲やこの花に匂へる代々のはるかせ

可參之由雖有之、不具之子細有之間廣橋亞相へ送之、委曲申遣了、○今日禮者正親町一位入道、冷泉黃門、中御門等被來云々、

廿一日、辛巳、天晴、○旬之間令行水看經、神樂笛、少々吹之、唯識論綫之、○自嵯峨七日に來小女二才、腹中悉本服、祝着之由申禮に來云々、十疋持來云々、○自禁裏可祗候之由有之間巳刻參內、曼殊院宮、中山大納言、四辻大納言、廣橋大納言、予、源爲仲等也、暫御雜談、次被出御懸物、帶一筋、匂具十、曼宮、四辻大丶丶、二勝、予、三勝、等勝方也、御懸物拜領也、予帶取之、五丶勝也、中山大丶丶、三勝、爲仲一勝、等也、晚飡如常、音曲少有之、戌刻各退出、○今夜當番予、滋野井宰相中將兩人也、又碁五盤打之、一丶持、殘四番予勝了、

廿二日、壬午、天晴、○御會始御懷紙可閉進之由有之被出之、先廣橋へ被借之、晚天被返之、○明日妙順忌日隙入と

て、舜玉今日齋に來、相伴了、茶一器、隨身、○伏見殿に參之處、御客人之間罷歸了、但大祥寺殿へ參、岡殿御出也、驢罷出了、

廿三日、癸未、天晴、○自禁裏御楊弓云々、巳刻參內、先白川亭へ罷向、松尾社務、相久、同弟禰宜、社務男祝等禮に來、吸物二にて酒有之、次參內、先於番衆所一盞饅頭、有之、次於東庭御楊弓廿一度有之、御矢、十三、曼殊院宮、八、中山大納言、七、廣橋大納言、六、予、九、經元、三、源爲仲七、等也、予四枚勝、次於番衆所晩飡被下之、次御碁有之、人數引別五盤勝云々、御懸物小高檀紙、一帖、油煙、二張、莚三枚被出之、中山大ヽヽ、廣橋大ヽヽ、源爲仲等勝也、又饅頭にて一盞、又御茶饅にて有之、亥刻退出了、

廿四日、甲申、天晴、十方暮、土公地中、(十日)彗星出現、今夜見付、世上同前之由風聞也、○從萬里小路亞相可來談、又歷名土代被借用之間持罷向、中院同被來、一盞有之、次甘露寺同被來、次又天龍寺長老江心被來、又一盞有之、自禁裏可祗候之由有之間申刻祗候、御碁有之、曼殊院宮、中山大納言、予、源爲仲等也、饅頭にて一盞有之、御懸物杉原四帖、香合一被出之、三盤勝云々、人數別了、曼宮、源爲仲等勝也、昨今共無念々々、爲仲香合、杉原二帖取之、亥刻退出了、

廿五日、乙酉、自丑刻雨降、○唐人蒼嵐招寄、沈善惡に三兩三分取之、薰物調合之用也、○岡殿へ參、餅にて御酒被下了、地聲にうたい六番以本うたひ了、

廿六日、丙戌、天晴、五墓日、○長講堂周德依蟲氣、當年禮遲々、以使僧一樽兩種送之、對面、吸物、餅入埿立、にて盃令飮之、○自禁裏可祗候之由有之間午時參內、曼殊院宮、中山大納言、四辻大納言、廣橋大納言、予、源爲仲等也、御雜談有之、於番衆所晩飡被下之、秉燭之後碁四五盤有之、亥刻各退出了、○今日當番予一身也、○三好筑前守所へ禮に可下之處、遲々間、先澤路筑後守芥河へ可罷下之由申付了、仍爲音信薰物沈三兩にて今日調合了、

廿七日、丁亥、天晴、○禁裏十一面御法樂連歌有之、午時參、

御製、句、十八曼殊院宮、十五、中山大納言、五、四辻大納言、十九、廣橋大納言、十三、予、十七、菅中納言、十一、邦富朝臣、二、執筆、等也、於長橋局晩湌有之、亥刻終了、各退出了、○葉室出京云々、但軈被歸云々、○叡山東谷月藏坊祐增法印當年禮に來云々、鈴一對隨身云々、參內之間不及對面、重可來云々、○誓願寺長老使僧有之、去十二日俄泉堺へ下向之間、當年之禮に不來也、來月始可上洛之由有之、次唐紙三枚勅筆所望之由被申、

廿八日、戊子、小雨降、○今日澤路筑後守芥河へ罷下、仍書狀共調之、三好筑前守、太刀一腰、薰物廿貝、(金銀)齋藤越前守、太刀、松永彈正忠、太刀、中村美濃守太刀、等也、澤路に三貝同遣之、○自葉室枝之枝(マヽ)五、禁裏へ進上、予持參了、可進之由予に被仰之由、昨日澤路彥九郎申遣了、○禁裏御楊弓之間午時參內、十五度有之、御矢、曼殊院宮、中山大納言、廣橋大納言、予、源爲仲等也、予持也、於番衆所各晩湌被下之、御雜談、御碁等有之、予戌刻早出了、御矢取邦富朝臣、以淸兩人也、○酉刻伏見殿當年始御禮に御參、御陪膳に右大將、御手長に經元參了、李部王之御陪膳邦富朝臣、以淸等云々、○長橋局へ鈴一對送之、仍御楊弓之前に一盞局にて有之、

廿九日、己丑、天晴、○禁裏初心衆御連歌當年始有之、御人數如舊冬、但以淸初而參、巳刻參集、酉刻終了、御製、句、十三曼殊院宮、八、中山大納言、七、四辻大納言、十三、廣橋大納言、十三、右大將、十、予、十一、源宰相中將、一、參、不永相朝臣、七、公遠朝臣、二、執筆、邦富朝臣、四、經元、四、以淸、四、源爲仲四、等也、次御盞二、參了、大祥寺殿、岡殿、安禪寺殿等御出座也、戌下刻各退出了、於番衆所晩湌如例、發句以下、

しつたまき絲くる風の柳かな　邦富朝臣
都はにしき櫻さく春　予
明そむる色に霞の袖はえて　御
殘るもうすき月の山のは　中山大納言
分出る里は麓の露ふかみ　四辻大納言
歸るかさなく鹿の聲する　公遠朝臣
淺茅原かけもあらはに秋暮て　永相朝臣

なかろゝ末のほそき澤水　曼殊院宮
思ふさちこゝにさあかぬ朝すゝみ　源宰相中將
やさりしはしの村雨の空　右大將
卅日、庚寅、天晴、○故葉室、宗永等忌日之間、淨花院舜玉齋に來、予佛詣之間不相伴、○辰刻鞍馬寺ゟ參、供澤路彥九郎、小者一人計也、三ヶ月宿願有之、先戒光坊へ立寄、次眞勝坊へ立寄、元女嬬に筆一對、坊へ圓頓者一、遣之、竹門御筆、餅にて酒有之、次妙本坊へ立寄、勸修寺一位參籠之故也、一盞有之、次一位令同道御前に參、次戒光坊へ罷向、杉原一帖、筆一對、針一遣之、又中食申遣之、次下向之次上賀茂へ立寄、月藏坊相尋之處、他行云々、申刻歸宅了、○一條之在家午時五六間燒亡云々、○安居院僧正當年之禮に被來云々、○從入江殿饅頭一包十、被下之、

○二月小

一日、辛卯、天晴、雪時々飛、○入江殿へ御禮に參、御見參御酒給了、次近衞殿へ參、御所勞云々、次德大寺昨今被呼之間罷向、外樣申沙汰、來十二日之事談合也、晩湌有之、少外記中原康雄相伴了、次一條殿へ御禮に參、御見參了、○暮々御祝に參內、天酌に被參之輩廣橋一位、中山大納言、四辻大納言、廣橋大納言、予、源宰相中將、公遠朝臣、邦富朝臣、輔房、以淸、菅原種長等也、內藏九獻如例年、於御所口予計參了、○今夜當番之間其間々祗候、相番輔房、菅原種長、乍兩人宿には退出也、○內藏九獻之御樽一荷兩種、鯛、混布、如例臺所へ進了、
二日、壬辰、天晴、五墓日、○岡殿へ參、總在廳祗候、音曲了、次大祥寺殿へ祗候、御盃被下、勸修寺一位、中山大納言、予、勸修寺中納言、源爲仲等祗候、音曲了、次萬里小路へ罷向、前內府入道、亞相等暫雜談、親王御方御次迄參御雜談申候了、次歸宅了、○薄所へ方違に罷向、留守云々、阿茶隙入之間、內侍所へ罷向雜談了、次薄所にて一盞有之、次鷄介鳴之歸了、次臺所へ立寄、戌下刻歸宅了、
三日、癸巳、天晴、天一天上、二月中、○慈惠大師別而看經了、○自禁裏

早々可祇候之由有之間巳刻參、曼殊院宮、中山大納言、四辻大納言、廣橋大納言、予、源爲仲等也、御楊弓卅五度有之、予、四十二枚負了、於番衆所晩湌如例有之、次御碁御雜談等有之、又一盞有之、亥下刻退出了、○自淨花院長老食籠、樽一、被送之云々、禮に可來之由有之云々、松林院西堂爲使被來云々、

四日、甲午、雨降、天一天上、土公午方、(六日)　○澤路筑後守昨晩自芥河上洛之由申來、三好筑前守、齋藤越前守、松永彈正忠、中村美濃守等返事共有之、○賀二位所へ罷向、一盞有之、來十二日に指貫可借用之由兼約了、次右衛門督亭へ罷向暫雜談了、○淨花院長老へ兩度使者遣之呼之、客來有之由返答、

五日、乙未、晴、申酉刻雨晴陰、天一天上、時正入、五墓日、○長橋局迄參、誓願寺長老泰翁上人、被申勅筆懸字三、之事申入了、次臺所、内侍所等へ立寄、歸宅了、○大和宮内大輔音曲之本四番舟橋、反魂香、葉蔀、夕顔、舞車、返遣之、

六日、丙申、天晴、天一天上、時正、自申下刻雪降、○可祇候之由有之間巳刻參内、曼殊院宮、中山大納言、四辻大納言、廣橋大納言、予、源爲仲等也、御雜談、御碁等有之、一盞有之、次晩湌於番衆所有之、如常、戌刻各退出也、○今日當番予一身也、

七日、丁酉、天晴、天一天上、時正、○竹内殿に御連歌有之、巳刻參、午時始、御人數門跡、十二句、中山大納言、十、四辻大納言、十三、廣橋大納言、十三、予、十五、源宰相中將、六、滋野井宰相中將、一、永相朝臣、八、公遠朝臣、三、邦富朝臣、一、執筆、經元、四、以清、四、源爲仲、八、光榮治部大藏丞二、等也、酉刻終、先八時分吸物誹入整立、にて御盃二、參、申刻各晩湌被下之、御會以後又吸物にて御盃二、參、及數盃音曲有之、亥下刻歸宅了、

待さしろ空さや花に朝くもり　曼
雨よりさきの青柳の露　四辻大丶丶
岸による春の川波風見えて　廣橋大丶丶
行ゑやいかに出る舟人　經元
暮初て遠き雲間の鴈の聲　邦富朝臣
さしのほる月の影たかき峰　中山大丶丶

なかむれは秋に及はん色もなし　予

八日、戊戌、天晴、自申刻雨降、天一天上、時正中日、○自禁裏可祇候之由有之、巳刻參內、御碁有之、曼殊院宮、中山大納言、四辻大納言、廣橋大納言、予、源爲仲等也、御懸物杉原百枚被出之、十枚宛勝取也、予一番も不勝、無念々々、晩飡於番衆所被下之、如例、又夜に入御銚子出了、子刻退出了、

九日、己亥、天晴、天一天上、時正、○從大祥寺殿御言傳有之間則參、一兩日御咳氣云々、御頭痛御熱氣少有之、藥之事被仰之間、仲和散に加前胡、川芎、三包進之、一盞被下了、次自入江殿一昨日文被下之間、四辻へ罷向令談合、鷲尾息女御阿子、祇候之事被仰之間如此、入江殿へ參御返事申入了、一盞被下、今晩祇候之樣に可申由候、則四辻へ罷向、女中に申之處、彼御阿子佛詣他行之由有之、仍入江殿へ又以使者申入了、○自禁裏可祇候之由有之、申刻參內、御碁有之、御人數如昨日、但廣橋大納言不參、御懸物二具◎鈌文被出之、源爲仲拜領也、沙唐餅にて御酒各被下之、亥刻各退出、予內侍所へ立寄、田舍酒有之、受用了、

十日、庚子、天晴、天一天上、時正、土公地中、(八日)○高倉右衛門督指貫潤色云云、色相予可意見之由有之、朝飡用意云々、仍早々罷向令指南張之、午時又一盞有之、狩野左京亮奉公衆被來、次大祥寺殿へ參、從昨日者御驗氣云々、御脈取之、御熱氣少減了、御藥之事被仰之間、暮々同藥五包進上了、久首座亮にて酒有之、○大和宮內大輔所へ立寄、音曲本共見之、三百番計被仕立、驚目者也、

十一日、辛丑、天晴、天一天上、時正終、○飛鳥井左金吾に罷向、一盞有之、暫雜談、次白川少將袍潤色、紋文、小紐等之事被申候間、罷向調之、一盞有之、○今日雖當番故障申了、○明日申沙汰之間、葉室、同母儀出京了、○明日申沙汰之獻料二十疋長橋局へ進了、

十二日、壬寅、天晴、天一天上、○亡父忌日之間、淨花院之舜玉齋に被來、○葉室之地藏院僧箏首座、禁裏猿樂爲見物來、扇一本、持來、一盞勸了、○召具內藏頭巳刻參內、同葉室同道、但予衣文之事被申間、菊亭へ罷向令着之、父

子、予父子令同道參內、則御能始了、大夫立うりの虎屋云々、御稽古伊勢守衆也、於東庭有之、御相伴殿下、曼殊院宮、今出川前左大臣、同右大將、(御陪膳也、)久我中納言等也、參仕之輩廣橋一位、藤大納言、日野大納言、中山大納言、四辻大納言、廣橋大納言、右大將、予、冷泉中納言、久我中納言、左衞門督、新宰相、源宰相中將、阿茶々丸、賴房朝臣、永相朝臣、公遠朝臣、邦富朝臣、淳光、經元、宣將、言經、重通、以淸、源長治、菅原種長等也、三獻御酌殿下、五獻前左府、六獻右大將、七獻天酌、八獻又右大將等也、申刻於男末各小漬有之、御能以後四辻、久我、長治等早出也、御能以後、各堂上音曲了、子刻各退出了、伊勢十郎其外奉公衆四五人、常御所御庭にて御酒被下了、十八計罷出了、今日御能十五番有之、難波、道盛、松風、張良、二人靜、羅城門、(以下歟)野宮、た(きりき)(り)んふう、西行櫻、山うは、夜討曾我、三輪、是害、黑主、呉機等也、

十三日、(癸卯、天晴、天一天上、申刻大地震(翼宿、金翅鳥動、以外凶也、))○禁裏御楊弓有之、午下刻參內、四十二度有之、御矢、曼殊院宮、中山大納言、廣橋大納言、予、若王子僧正、永相朝臣、經元、源爲仲等也、先御銚子被出之、於男末晩飡如常、次御碁有之、御懸物杉原百枚被出之、予三十枚取之、御楊弓に九枚勝了、亥下刻退出了、○葉室被歸在所、母儀者此方に逗留也、

十四日、(甲辰、雨降、天一天上、)○禁裏御楊弓有之、御矢、曼殊院宮、中山大納言、予、經元、源爲仲等也、先御銚子被出之、次於番衆所晩飡如常、次御碁有之、但予故障之由申退出了、○叡山東南谷榮光坊宮內卿下山來、勅題之事、次坂本之法藏院より綸旨之事申之、扇一本、持來、一盞勸了、○酉下刻長橋局迄參、兩條之儀申入了、法藏院之事被成御心得云々、但本寺淨花院ゟ可相尋之由有之、

十五日、(乙巳、晴陰、天一天上、)○宮內卿來、樽代十疋隨身、齋相伴了、安明院忌日之間、慶存齋に來、同相伴了、○淨花院之內松林院乘誓西堂招寄、法藏院申綸旨之事申之、長

老に申可返事之由有之、但他行云々、今日數度雖催促、返事無之、爲本寺相定之寺法有、違犯之輩有之間、本寺々法可相護之由之綸旨申之也、

十六日、丙午、天晴、天一天上、○淨花院より永玉、舜玉兩使にて返事、雖無殊事、拋本寺直に法藏院綸旨申事、背本意之間、不許之樣に可申入之由有之、種々加意見、重尙同前被申、又松林院招寄申含之、又以舜玉被申放、不及是非題目也、○宮内卿來、鈴隨身、淨花院返事之樣悉申渡之、○禁裏十炷香有之、申刻參內、各遲參、秉燭之後始了、各懸物小うたの心云々、御懸物者かい道くたりの心也、十種有之、予大原木の八瀬や小原の心也、各同前、柳の絲の亂心兩人有之、其外別々也、御人數御、八炷、曼殊院宮、六丶、中山大納言、二丶、廣橋大納言、無、右大將、七丶、予、六丶、源宰相中將、二丶、永相朝臣、二丶、公遠朝臣、二丶、邦富朝臣、無、經元、無、以淸、四丶、源爲仲九丶、等也、仍源爲仲御懸物拜領也、次御盃二、被出之、音曲等有之、夜半計各退出也、○予今日當番之間其間々祗候、輔房晝計祗候也、

十七日、丁未、天晴、天一天上、○去夜亥刻吉田社鳴動云々、今日又同馬場に無疵死鹿有之云々、太以奇異也、何事可有之哉、奇恠々々、

◎以下缺文

就在國從所々餞之事

鵠串納 禁裏 御硯箱(黑くろくろ)、御太刀、

鵠 親王御方 御硯箱、(黑刻金、平、)

大祥寺殿 御扇二本、(金、裏砂こ、)

納筥 岡殿 沈、帶一筋、筆十管、そい子卅三人、雀三、柑子箱三、花平箱一、

同香合 安禪寺殿 勅筆御短册十枚、

納 入江殿 短册十枚、八十枝十本、

梶井殿 杉原五帖、御扇、(末廣、金、)

雁 近衛殿々下 墨一丁、川芎七兩、

鴈串 長橋殿 杉原十帖、昆布十管、

新內侍殿 勅筆御短册十枚、

伊與殿　丁子一兩半、白檀一兩、
南御所慶笑庵　大箱四、小袖、三、扇、二、葩、二等、
入江殿正御亮　短册十枚、　瑞仙庵　牛黃圓二貝、
大祥、久首座　水引三結、　内侍所さい　雀十、こま十、水引三結、
同五位　眉作十具、　同あこ　眉作十具、水引二結、
臺所衆あちや　樽代十疋、希爾種、　同か丶　眉作十具、
東卿母　硯筥、扇一本、(金銀、狩野筆)
同や丶　水引二結、　正親町　墨一丁、
柳原　せん香たて茶垸物、八十枝十本、大さち一、鈴一對、
廣橋一品　墨五丁、　高倉亞相　扇代二十疋、薫物、目藥、
同女中　墨一丁、　同金吾　青門手本、的一、
四辻　沈二兩、大墨二丁、(惡)　冷泉　扇二本、(金うら砂こ)硯、(たんけい石)
庭田　墨一丁、　葉室　墨一丁、
甘露寺　唐紙三枚、　若王子　墨一丁、
鴈吉田　扇二本、(面金、裏砂こ)　納月藏坊　墨三丁、鈴一對、
盛方院　牛黃圓二貝、　澤路備前守　杓三、
松室中務大夫　朱十五、　田中母　そい子七、昆布二管、

對馬所之少將　鈴一對、　太秦奥坊　同、
覺辨　同、　山井伊豆守　同片、
田中隼人佑　同、　松林院　同、
山口與左衞門　同、　三上神五　同、
澤路筑後守　同、　鴈山口又七　鮎鮓、
大覺寺殿　茶せん一、　鴈賀二位　茶せん五、
白川　扇二本、
（鴈納）伏、（同）栗、（葛）同式、（同）竹門、（同）南光榮、（納）卿、

○九月小

十一日、丁卯、天晴、○今日發足駿州へ下向、先方◎方脱カ暇乞に罷向、長橋局、盃出、權典侍局、大典侍局、見參、伊與局、見參、臺所、盃出、内侍所、同上、白川、薄、高倉、見參、四辻、同、親王御方、御對面御盃被下、(平黑刻金)拜領也、硯箱　萬里小路、伏見殿、御對面、勸修寺、大祥寺殿、御盃、五辻、竹内殿、御見參、梶井殿、御盃、杉原五帖、御扇(末廣金)被下候、岡殿、御盃、賀二位見參、等へ罷向了、次家中暇乞盃飲之、則出門了、次粟津修理亮所へ罷向、一荷臺物遣之、此間此所へ門出也、一盞有之、次發足之路

次、大原辻迄各餞、被送之輩廣橋一位、高倉亞相、四辻、冷泉、（扇二本（面金）被送之、）右衛門督、四辻中將、甘露寺、內藏頭、庭田侍從、薄、五辻、此外山井伊豆守景頼、出納兩人、（職定、重弘、）豐將監隆秋、賀二位靑侍等也、吉田右兵衛督（兼右卿、）雖爲所勞出向、（扇二本送之、）各從河原口返之、內藏頭、大澤出雲守、同彥兵衛尉、澤路備前守、同右京進、同新三郎、同孫七郎、早瀨民部丞、野洲五郎左衛門尉等、山中迄送に來了、自是返之、磯谷新左衛門に扇一本（面金、）遣之、昨日澤路筑後守江州へ遣之次、三社託宣（竹門御筆、）遣之、案內申遣、出合禮申候了、次坂本宿坂井ゟ荷物遣之、予直に上坂本妙觀寺に近衛殿大閤御座之間參、御禮申候了、扇（金、）一本進上之、御盃被下了、同政所御見參、御酌也、次宿へ罷向、先風呂へ入了、自此所吉田人夫四人、高倉人夫一人返之、次晩湌、次下邊之者小池與左衛門、前野（まい）與介、河合孫四郎等、相州へ下之間、予可供之由申、此所にて禮申之間對面、銚子振舞了、

十二日、（戊辰、五墓日、天晴、）○今日船仕立渡海了、志那之船付迄澤路筑後守をい僧清心馬一疋、人夫一人出之、予乘馬同出之、（江州大林馬云々、）觀音寺之麓石寺宿迄來了、池田被官三郞右衛門宅に着了、筑後守路次迄迎に來了、則小笠原備前守に案內申遣、但六角左京兆咳氣之間、以雜掌禮可申之由使召之、仍澤路筑後守遣之、左京兆ゟ太刀、（持、）硯、（たんけい石、）同四郎に太刀（持、）遣之、奏者三雲三郎左衛門（同太刀遣之）に渡之、云々、次勢州楠迄之送人夫之事所望之處に、進藤新介に申付之由有之、小笠原馳走也、仍扇、（一本、）牛黃圓三貝、遣之、次前女官梅當城之間、牛黃圓一貝遣之、予供澤路隼人佐、雜色與次郎、小者與三郎、隼人小者又二郎等也、予今日老その森にて如此、

かゝみ山立より見るに我もはや老そのもりのかけははつかし

十三日、（己巳、雨降、申刻晴、）○從進藤方送人夫八人等雖來、雨中之間返之、今日此所に逗留了、楠千草所へ進藤書狀、同諸關過書等到、次從左京兆禮返に三雲三郎左衛門尉來、自左京兆太刀、段子、（一端、萌黃、）引合十帖被送之、同四郎太刀、三雲太刀送之、對面了、次進藤新介に牛黃圓

五貝、遣之、宿へ帶一筋遣之、
十四日、庚午、天晴、○進藤送中間孫太郎、人夫七人來、次澤
路筑後守上洛留主（清心へ牛黃圓二貝遣之）に段子遣之、書狀共言傳了、次河津（かう）
叺と云所へ未刻着、（六里云々）此所迄三雲三郎左衞門馬申付來、
自是返了、宿速水勘解由左衞門所也、各一盞受用、則
たうけ越し過四里、根しろと云在所へ戌刻着了、人夫
此所迄來了、辛勞之間酒肴代少宛申付遣之、宿へ三
光丸百粒、同姉に百粒遣了、此所に一宿了、
十五日、辛未、天晴、○今日根代にて人夫雇之、大概女也、北
伊勢千草迄四十八町之三里、罷向、千草三郎左衞門方に進藤新
介書狀遣之、牛黃圓二貝遣之、近所之宿にて中食沙汰了、千草三
左他行之由申、但馬二疋、送等申付出之了、楠に四里
云々、暮々に着了、在所名ごろ塚云々、才松九郎左衞
門宿へ付了、自是送馬等返了、楠兵部大輔城に、進藤
使に澤路隼人佑相添先申遣、他行云々、同名藤六出合
云々、
十六日、壬申、天晴、○楠兵舟之事雖被申付、小船無覺束之由
申候間返之了、才松舟可然之由申候間、可被申付之由
申遣、楠與宿兩人馳走之分にて舟仕立、明日可出之云
云、先楠兵部大輔城へ禮に罷向、太刀、持、牛黃圓五貝、
遣之、城之内中門迄出對面了、落馬云々破顏也、仍驄
禮返以同名藤六太刀送之、次近所之僧連藏主鈴一對
持來、去々年愚息鶴松丸所望之間雖申合、去年從彼方
違變之間、南都東院へ申合之處、只今迎に可上洛之由
申、雖然如此之間不及是非之由返答了、楠左馬助、同
子右衞門尉同道、一盞勸了、次近所之僧自三月所勞云
云、脈之事申、才松同道罷向脈取之、氣積虛熱有之、次
盃出一盞有之、藥之事申候間、家傳方之人參湯に加三
陵、干葛、□き、前胡、柴胡、山藥、減干姜、五包遣之、
十七日、癸酉、天晴、自戌刻雨降、○昨日之僧聊驗氣之間、猶脈之事
申、早々罷向、同前也、但主事外驗之由申、七日可逗
留之由、及數度雖令懇望、急用之由申乘船了、尚々藥
之事申候間又七包遣之、五十疋送之、雖令斟酌亭主
に預置云々、次進藤中間返了、鳥目十疋、三光丸百粒

遣之、種々馳走辛勞了、才松に帶二筋遣之、女房血道氣之間藥之事申候、內炎散五包、愛洲藥一包十服計、遣之、才松九郎左衞門令上乘、志々島ゟ及黃昏着岸、十一里云々、宿三郎左衞門云々、船中にて才松小漬にて一盞振舞了、事之外馳走也、舟ちん五十疋遣之云々、常百疋餘可出儀也云々、

十八日、甲戌、自曉風雨、○仍て今日志々島に逗留了、雨自未刻晴、亭主三郎左衞門弟孫左衞門、座頭島一來談、宿之息女痳病氣之由申之間、五淋散七包遣之、同三光丸百粒遣之、孫左衞門舟子下腹氣之藥所望之間、人參丁香散三服遣之了、島一には晚飡申付了、

十九日、乙亥、天晴、風少吹、○亭主鯨のたけり二きれ出之、又亭主之息女脈之事申候間取之、今日雖爲風波、以外無事に參川國室津に着了、十四里云々、過一里着吉田、宿主孫右衞門入道道久云々、但方々差合とて、近所智恩院末寺悟眞院塔頭に一宿了、於飡者自宿持之、

廿日、丙子、天晴、○早々吉田城ゟ隼人佑遣之、但伊藤左近西三川へ出陣云々、天龍(れう)に申處、不承引之間不及是非也、宿主道久に牛黃圓二貝、坊主に扇一本、遣之、過一里大岩有觀音云々、又過二里白すかと云所也、又過一里今きれの渡也、舟渡し遲々、此所にて持明院大藏卿方ゟ言傳者書狀等、關屋之物伊藤に添書狀て渡之、又下京之商人に同濱にて書狀調、澤路方へ言傳了、次海上一里餘渡之、過一里前坂と云に一宿了、宿主源三郎云々、

廿一日、丁丑、天晴、○今◎朝カ飡以後發足、過三里着引馬、人夫傳馬之事、飯尾善三郎に遣太刀雖申遣、三川へ出陣留守云々、母も三里計佛詣云々、太刀取て歸了、宿にて一盞受用、亭主に牛黃圓一貝、遣之、次引馬川渡之、次天龍川舟渡有之、船ちんの儀及喧嘩、但所之長兩人馳出、先無事候了、移刻、次過三里着見付衞了、かけ川迄四里、可日暮之由申候間、此在所奈良屋二郎左衞門所に一宿了、帶一筋遣之、南都之者云々、女は山科北花山之者云々、馳走也、

廿二日、戊寅、天晴、○朝飡以後發足、亭主申付予乘馬出之、過四里かけ川に着、宿佐武孫左衛門云々、朝比奈備中守女房衆方迄案內申遣之處、則今井入道爲使來、乍父子駿州江被越留守云々、但禮に可罷向之由申遣、葉室母、南向等之言傳之者渡之、次予城江禮に罷向、備中守に天神名號、勅筆、奈良油煙五丁預置之、同女中へ伊勢物語一部、金龍丹五貝遣之、左京亮に梶井宮之御筆百人一首遣之、同女中へ牛黃圓五貝、ひいなはりこ數十五、一包遣之、今井入道に扇二本遣之、次亭主に牛黃圓二貝遣之、又膳方馳走之者脇彥三郎に牛黃圓一貝、遣之、兩人禮に出了、今晩晩飡從城被申付了、次亭主母所勞之由申之間、麝香丸一貝遣之、次從左京亮女中使者有之、葛山與介云々、對面了、自兩所種々懇に被申送了、今日雜色與三郎、駿州老母方へ爲案內申遣了、

廿三日、己卯、天晴、○駿州へ案內者に村田彌太郎被申付云々、對面了、朝飡同從城被申付之、則發足、過二里至日(につ)坂、自是越左夜中山、古說種々在之間、在所之輩に相尋に、答云、左夜(よ)中山云々、仍在所之輩代に如此、

長さ云人はありともこゝにてはさやはこたへんさよの中山

一笑々々、其麓に里二三十有之、菊川とて矢之根打之所也、又山一越え至金屋里、此山之間二里云々、其末過大井川一里至島田、鍛冶之多在所也、其次過二里至藤江田、又は號くんせ田云々、此所に一宿了、爰迄予乘馬從城被申付、同荷物傳馬同被申付了、但自金屋三里之間傳馬、村田馳走にて出之云々、宿主與一云々、扇一本遣之、

廿四日、庚辰、雨降、○朝飡以後發足、出藤枝過二里、越宇津山とて如此、

よそにのみ聞しは夢のうつの山うつゝにこゆるつたのほそ道

又宇津之屋とて里有之、かりていの供物、數十之名物有之云々、自是過岡邊里二里まりこの里、又一里半過之安倍川渡之、着府中、從中御門迎馬八四五人來、着新光明寺、東山智恩院末寺也云々、大澤左衛門大夫馳走盃出之、一盞之所へ、中御門黃門被來暫雜談、非時相伴了、及黃昏

被歸了、次左衞門大夫國之樣體種々雜談了、
廿五日、辛巳、晴、　○自朝比奈備中守方、同名彌三郎爲使來、急用有之、自湯山歸國之間、聽可來之由有之、同左京亮同前云々、次住持ゟ扇、一本、金廣、牛黄圓二貝、納所永宗に天神名號（竹門）送之了、次盛方院（せいほう）言傳之物共、自松井彌介方取に來之◎（間脫カ）則渡之、次大澤左衞門大夫に扇三本、茶せん、一、墨一丁、遣之、次小池與左衞門、前野與介、河合孫四郎等、只今相州へ罷越之由申間、南都東大寺之松井法眼方ゟ書狀遣之、同子息按察書狀言傳遣之、三人之者藥所望之間、麝香丸一貝つゝ遣之、次老母方ゟ葉室之大方殿、南向、內藏頭以下言傳之物書狀等、以大澤左衞門大夫進之、同妙祐、左衞門大夫方ゟ言傳物共悉遣之、次大方之內衆膳方奉行五人內、甘利（あまり）佐渡守、福島（くしま）八郎左衞門兩人方ゟ、以左衞門大夫勅筆天神名號、茶せん一つゝ遣之、祝着之由申候了、又從老母方食籠に串柿、醬、濱名納豆、茶等賜之、投入者也、又宮笥に筆、十管、油煙、三丁、人參丁香散一包半濟、進之、今日未刻中御門來談、同當寺之住持忍譽上人號證蓮社、被來、一盞被振舞了、及數盃、次今朝之齋迄は、自當寺振舞之分云々、自今晚先內々甘利佐渡守申付分云々、三條西內木村左衞門大夫方ゟ言傳物共悉渡遣之、
廿六日、壬午、天晴、○盛方院內松井彌介禮に來、對面、明日京都へ便宜之由申、加藤代官上洛云々、書狀共調言傳遣之、次以澤路隼人佑、三條亞相ゟ下向之由申遣了、見參云々、又從彼方木村左衞門大夫爲使來、對面、種種雜談之所ゟ牟禮備前守來談、今朝內々太守ゟ、自老母方以牟禮、飯尾長門守兩人被申之處、聽可見參之由被申之由雜談也、次今井入道來、住持同招請、各一盞勸了、次中御門黃門來談、及黃昏了、次老母號黑木方ゟ罷向、見參、盃三獻有之、牟禮備前守、甘利佐渡守、福島八郎左衞門、甘利太郎右衞門等召出及數盃、亥刻計歸旅宿了、
廿七日、癸未、天晴、○自牟禮備前守樽一荷一種被送之、次

今井入道菊一莖持來、住持招寄各勸一盞了、次大澤左衞門大夫爲使、自葉室母儀中御門女中へ書狀遣之、幷老母官女妙祐に帶一筋、雀、こまはりこ等一包、あちに帶二筋、薰物三貝遣之、又牟禮所へ隼人佐爲使牛黃圓二貝、杓一、茶せん一、遣、又木村左衞門大夫所へ扇二本、牛黃圓二貝等遣之、又住持に杓一、出之、今朝自住持串柿一蓋廿、被送之、次牟禮備州被來勸一盞之所へ、甘利佐渡守一荷兩種、福島八郎左衞門樽代二十疋持來、同盃令飮之、雜談に移刻、次及黃昏三條亞相被來、同勸酒了、各同時に被歸了、今日自老母方食籠、鈴一對、海老一包等被送之、(自中御門女中被送之云々、)

廿八日、(甲申、天晴、自今日十方暮、)○大野見掃部助禮に來、莚二枚送之、勸酒了、次中御門來談、次住持禮に被來、一盞勸了、次當寺納所永宗蜜柑一盆送之、祝着了、當國之今日之禮如節朔云々、

廿九日、(乙酉、雨降、雷鳴、自未刻晴、)○住持被所望之間、一竹四穴、同圖略頌等調遣之、則被來口傳了、次韻鏡名字切之事少々相傳、一紙祕決被懇望之間遣之、次大澤左衞門大夫雨中一盞振舞、納所永宗召出了、次晚頭住持湯瓶(田樂、)持來、雜談了、

○十月大

一日、(丙戌、天晴、五墓日、)○令行水看經、神樂笛、少々吹之、住持ゟ以隼人佑禮申候了、則又此方ゟ被來了、次當寺之老僧龍壽庵、西林軒兩人禮に來、茶(一やきん宛、)隨身、見參勸一盞了、次中御門來儀、同牟禮備州一荷兩種持來、又大方之內葉科彥九郎中折三束持來、勸一盃了、次予、二、中御門、一、牟禮二、三人楊弓廿度有之、各不中、無念々々、次甘利佐渡守禮に來、勸一盞了、甘利、葉科乍兩人、自明日大方被入湯山、湯治供云々、牟禮次郎に矢一筋(けんしり、ふしぬる、)遣之、又備州に言傳了、次大方ゟ宮笥練貫、(一端、しらし、)勅筆短冊十枚、杉原十帖遣之、祝着之由有之、今晚可被見參之由有之處不相屆云々、無念々々、

二日、(丁亥、天晴、)○今日大方、中御門女中、大方之孫(相州北條次男也、)等湯山ゟ被越云々、仍各留守之間午下刻老母見舞に

罷向、牛黄圓、麝香丸二貝宛進之、先雜煮にて一盞有之、次大方之庭等見物、次晩飡有之、供衆各迄有之云云、戌刻迄雜談、次罷歸了、次大澤左衞門大夫、住持、納所、喝食松的等招寄一盞勸了、暫雜談、予喝食に竹門御筆短册二枚遣之、

三日、戊子、天晴、○自御黑木ふしべに、魚二、せり等賜之、畏入者也、芹は則住持へ遣之、次左衞門大夫勅筆之天神名號所望之間遣之、又東漸寺之僧煩之間、藥之事申、脈不取之間雖無覺束、先調中散三服遣之、次中御門來談、同住持湯瓶被攜來談、及數盃、及黄昏被歸了、

四日、己丑、天晴、○前坊城内關忠兵衞禮に來、大方之酒油等奉行被申付云々、樽一、魚二、持來、盃令飲、暫雜談了、次住持へ昆布廿きれ、送之、夕方蔓草被送之、次隼人佑晩飡に他行、勢州□こきのかけ橋と云者云々、次及黄昏三條亞相ゟ罷向、一荷兩種遣之、吸物田樂等にて盃二被出之、種々雜談移刻、戌下刻歸了、今日從早々太守父子、湯山大方被見舞云々、

五日、庚寅、自丑刻雨降、自巳刻晴、○早旦住持茶之子餅等隨身來談了、次當寺喝食兩人松的、文甫、手本可書與之由申來、文甫に竹門御短册二枚遣之、次住持湯瓶一、被送之、次御黑木之下女來之間、帶二筋遣之、次關忠兵衞に扇二本、以左衞門大夫遣之、次晩頭御黑木見舞に、次中御門へ罷向、金龍丹一貝遣之、吸物以下盃三出了、戌刻計歸了、

六日、辛卯、晴、自酉下刻雨降、○早旦遠州ゟ朝比奈備中守所へ、先度之禮并太守ゟ取合等之儀賴入之由、以澤路隼人佑申遣了、次座頭城涌檢校禮に來、一盞勸了、同住持被來、蜜柑被攜、暫雜談了、住持へ先皇勅筆樂目六一、與之、次從御黑木食籠色々四五種賜之、畏入者也、又鈴一對、鮭三きれ、賜之、住持、龍壽庵、西林軒等招寄一盞勸了、次自三條亞相一昨日爲禮木村左衞門大夫來、對面了、

七日、壬辰、五墓日、終夜深雨、從辰刻天晴、○從中御門使庵原有之、昨日者湯山へ見舞被越云々、紅葉一枝被送之、近所庵原左衞門尉以

内々梯楊弓之道具一覽仕度由申候間、則遣之、軈返之、又主弓一張被見之、次納所永宗持佛堂ゟ可參之由申候間、午時罷向、同住持被出、田樂にて盃出及數盃、半中御門來儀了、次中御門興行楊弓十七度有之、予、三、中、一、大澤一、計中了、次中御門被歸、予沈醉忘前後平臥了、

八日、癸巳、天晴、天一天上、辰刻南方鳴動、○今井入道、住持來談了、秉燭之後住持、永宗等呼、左衞門大夫一盞勸了、

九日、甲午、天晴、天一天上、○晩湌之後、納所永宗餠にて鈴持來、住持招請及數盃了、

十日、乙未、天晴、五墓日、天一天上、○從御黑木被呼朝湌罷向了、昆布一包隨身進之、熟柿一蓋賜之、未刻計罷向了、大方之座敷、持佛堂以下見物了、先之今朝住持へ一竹四穴調之遣了、次中酒とて鈴被送之、罷歸之後住持招寄一盞勸了、次酉下刻甘利佐渡守鈴一對、古酒、食籠持來、住持招寄及數盃了、暫雜談有之、

十一日、丙申、天晴、天一天上、自寅刻寒嵐、自戌刻雨降、○自一宮出羽守方山鳥一、樽一、送之、午時住持◎招脫カ請一盞勸了、次自御黑木蜜柑一蓋賜之、住持へ遣之、又食籠に色々賜之、畏入者也、次甘利佐渡守へ昨宵之禮に、左衞門大夫に人參丁香散一包持遣之、次黃昏住持以下同道、立泉寺之念佛に參聽聞了、七日晝夜不怠云々、行道之僧衆五十人計有之、次住持湯瓶持來一盞了、御黑木下女今一人來、帶二筋遣之、

十二日、丁酉、雨降、天一天上、○一宮所へ左衞門大夫遣之、昨日樽之禮申、他行云々、次今日亡父卿忌日之間永宗に齋申付了、靈供同申付燒香了、次御黑木見舞に罷向了、次澤路隼人佑自遠州歸了、屋形之儀、以牟禮申可然之由返答、次中御門來儀云々、他行之間被歸云々、次當寺々僧勢林禮に來、茶一やきん、持來、次三條內鑪入道淨蓮龍膽一莖持來云々、

十三日、戊戌、天晴、自子刻雨晴陰、天一天上、○住持茶子串柿、被携來談、次予以下御黑木に朝湌有之、官女之尼宗壽に牛黃圓一貝遣之、午時罷歸了、次中御門來談、楊弓四十一度有之、予、四、中御、八、住持等也、次一盞勸了、次及黃昏東漸寺

へ罷向、從六月煩之僧脈取之、痢病張滿云々、長病難
治者也、次自御黑木田樂鈴一、賜之、住持招寄受用了、
亥下刻迄雜談了、
十四日、己亥、雨降、天一天上、○雨中住持被携湯瓶、永宗、喝食松
的等招寄一盞有之、種々雜談移刻了、沈香共香了、住
持新伽羅、松的に沈少遣之了、
十五日、庚子、雨降、天一天上、自戌刻天晴、○今日當寺念佛講云々、卅八計
齋念佛等有之、自住持湯瓶被送之、次喝食文甫沈少持
來、予又可然沈少遣之、次入夜住持來談、夜半計迄雜
談了、、晚天從御黑木田樂、餅一包、かまほこ一包賜之
云々、
十六日、辛丑、天晴風吹、天一天上、五墓日、○多武峯御聖月之間看經了、次
住持、永宗等招寄、茶子餅にて勸茶了、次予自去夜咳
氣之間、盛方院内松井彌介召寄脈令取之、藥羌活湯五
包出之、熱氣少有之、
十七日、壬寅、天晴、自丑刻雨降、天一天上、○今日大方從湯山被歸云々、松
井彌介所へ隼人佑遣之、風熱等過半散之間、其由申禮
に遣了、扇一本遣之、次中御門來儀、時宗、號法蓮寺、又自京
之中御門使僧相國寺鹿苑院尹藏主、被同道了、次又時宗之老僧三
智坊禮に來、大黑天一體隨身也、二千體作之內云々、
次松井彌介に藥所望、五包出之、
十八日、癸卯、雨降、終日大雨風、天一天上、○午時住持來談、又晚頭吸物湯
瓶等被持了、次御黑木之宗壽蜜柑一盆送之、住持へ小
盆二、遣之、又各に遣了、所勞彌驗氣之分也、
十九日、甲辰、天晴、天一天上、○予內熱未散之間、松井彌介に尙藥
之事申遣、又五包出之、次大澤左衛門大夫遣藁科彥九
郎所へ、此間者湯山へ供之間如此、勅筆御短冊、二枚、扇
二本、遣之、先度之禮申候了、過分祝着之由申云々、次
入夜住持來談移刻、桂蓮院宮御筆一、出之、
廿日、乙巳、天晴、天一天上、○牟禮備前守此方之由候間、澤路隼人
佑爲使遣之、他行云々、次自住持唐之薯蕷一盆被送
之、次松井彌介來、脈取之、咳氣本服之由申、但尙藥可
與之由申、暫雜談、一盞勸了、
廿一日、丙午、天晴、天一天上、○自御黑木食籠あん入餅、賜之、畏入者也、

各に與之、住持へ一盆送之、次聖降日之間、鎮宅靈符五座、又岡殿御分一座、以上六座行之、未刻住持來談、次中御門來談了、松井彌介藥又五包、快氣湯到、

廿二日、丁未、天晴、未刻小雨降、天一天上、 ○甘利佐渡守鮒四送之、次住持御茶、一やきん、茶之子に煮栗一盆隨身、雜談了、晩頭又うご一盆被送之、則御黑木ね進了、

廿三日、戊申、天晴、天一天上、 ○隼人牛黃圓一貝所望之由申候間昨日遣之、又與七同所望候間一貝遣了、次自松井彌介又藥五包到、同名也、次中御門女中へ宮笥、勅筆之御短册五枚、金龍丹五貝、眉作、十具、中御門姬御料人へひいなはりこ以下數十五、一包等、從老母方可被屆之由申遣了、 次一宮出羽守所へ以澤路隼人佑、牛黃圓二貝、杓一、茶二袋遣之、祝着之由返答了、次自牟禮備前守使渡邊、有之、可來之處、俄在所歸之間、飯尾長門守、甘利佐渡守等に懇に申置之由有之、 暮々木村左衞門大夫爲使來談、一盞勸了、次以大澤左衞門大夫大野見掃部助に扇二本、筆五管遣了、次住持湯瓶被攜來談、移刻了、

廿四日、己酉、天晴、天一下艮、 ○當寺々僧龍壽庵、西林軒、勢林等、入道宮御筆短册二枚宛遣之、 次大野見來、同住持來談、一盞勸了、次中御門來談、被移刻了、 香之禮(札カ)五十枚持來、兩度に百枚也、

廿五日、庚戌、天晴、 ○一宮出羽守來談、令飮盃了、 相國寺之尹藏主來談移刻、燒跡之ましない授之、又腫物入藥一包遣之、一盞勸了、

廿六日、辛亥、天晴、 ○御黑木母儀西方院聖月云々、 法事有之、從住持予以下各に齋被送之、 痛入者也、次住持へ可然筆二管送之、則來談了、次相國寺之尹藏主胸蟲藥方、五膈寬中湯方持來、雜談了、次木村左衞門大夫鈴一對持來、令受用暫雜談了、次澤路隼人爲使、飯尾長門守所へ勅筆詩歌、墨二丁、遣了、大澤相添了、 太守へ取合之儀賴入之由申遣了、次城涌檢校所へ使者遣了、約束之一竹四穴遣了、又松井彌介半夏闕如之由候間、三兩遣之、次住持至亥刻來談了、

廿七日、壬子、晴、自午時雨降、八專入、十一月節、 ○住持、大野見掃部來談、一

盞勸了、住持雜談被移刻了、次木村左衞門大夫京都へ便宜之由申之間、書狀共調遣言傳了、

廿八日、癸丑、自曉晴、○自御黑木鯛（あえ）二かけ、鈴（伊豆酒）一對、蜜柑一蓋、餅等賜之、畏入者也、住持所望之間、鳥子一枚に百人一首令書寫送之、禮に湯瓶持來、自他受用了、次今井入道來、勸酒了、次中御門來談、同爐入道來談了、次甘利佐渡守來、夕方大方可有見參之由案內也、一盞勸了、及黃昏福島八郎左衞門迎に來、先老母方ゟ罷向、次大方ゟ入見參、孫がいえい若子出座、盃出、若子へ太刀、勅筆之御短冊三枚送之、上﨟號冷泉、明母云々、圓帶二筋、薰物三貝遣之、奧殿元上﨟、今尼也、帶二筋、金龍丹二貝遣之、中﨟頭小宰相、帶二筋、薰物三貝遣之了、次三獻盃、初獻予、二獻老母、三獻大方被始了、三獻酌予取之、予には大方酌也、各々予酌沙汰了、次亥刻計歸了、澤路隼人二獻に召出、三獻むし麥相伴也、三獻之時、男衆五六人召出有之、

廿九日、甲寅、天晴、終日寒嵐、八專、○甘利佐渡守、福島八郎左衞門所へ、去夜之禮に隼人佐遣了、次中御門內神尾對馬入道來、此間在庵云々、兩種魚一折、强飯、一荷持來、盃令飲了、次住持へ鈴强飯等送之、次自大方樽二荷、三種鯛四（一折）、いなだ廿（一折）、豆腐一折、賜之、使甘利佐渡守、對面勸酒、住持、永宗招寄及大飮、甘利與力號同心、新右衞門（只來或太田來）同召出、及黃昏歸了、當寺僧龍壽庵、西林軒、勢林、良哲等呼之、亥刻計迄酒了、

卅日、乙卯、天晴、終日寒嵐、八專、○昨日大方樽之禮、佐渡守所へ以隼人佑申遣之、次神尾對馬所へ昨日之禮に隼人遣之、次松井彌介所へいなた魚十五、遣之、留守云々、次未刻住持呼、湯豆腐にて勸一盞、及黃昏雜談了、

○十一月大

一日、丙辰、天晴、○住持茶、一やきん、くるみ被持禮に被來談了、次御黑木ゟ禮に罷向、大方ゟ可然昆布十貫遣之、大方より蜜柑、鈴木新大夫小女房達等持來、三智庵、村田藤左衞門、甘利太郎右衞門等來、及數盃了、次此方ゟ三智庵、太郎右衞門同禮に來、太郎右衞門一荷兩種

鯛三(一折)、干魚一折、持來、住持呼之、及大飲了、三智忘前後平臥、永宗亮に逗留云々、次木村左衞門大夫、相國寺之景尹藏主等禮に來云々、予沈醉平臥之間不申聞云々、不及對面、無念々々、

二日、丁巳、天晴、八專、○昨日不吹之間、看經に神樂笛、庭火、早韓神吹之、又妙音天へ五常樂急一反吹之、次松井彌介此方山中へ罷向、昨晩歸宅云々、先度之魚物、半夏等之禮に來、對面了、先之今朝隼人方迄使有之云々、次住持來談、扇へ和歌之書樣可相傳之由被申之間、申候了、一昨日御短冊之書樣、五之口傳被懇望之間、相傳了、次又住持被攜湯瓶來談了、次澤路隼人佑、甘利太郎右衞門所へ昨日之禮に遣、竹門御筆圓頓者、一、麝香丸二貝遣了、但遠路之間、明日左衞門大夫可同道之由申預置云々、

三日、戊午、天晴、○申刻計御黑木へ罷向、從大方奧殿、あこう等、銚子、田樂、入麵等持來、及數盃、同甘利太郎右衞門來了、戌刻計罷歸了、大澤左衞門大夫申法然上人之一枚起請、今日書之間遣了、次住持暫來談、

四日、己未、天晴、八專、○梅尾閼伽井坊號如汐齋從勢州一身田昨日下向之由有之、被來了、次今井入道明後日遠州へ歸之由申來談、次又閼伽井坊薰物二貝持來、一盞勸了、次住持來談了、從御黑木茶子一包賜之、次甘利太郎右衞門一昨日之圓頓者、藥等之禮に來云々、

五日、庚申、天晴、八專、○閼伽井坊號如汐齋、來談、目之藥一貝被與之、貝闕如之由被申候間五十遣之、又住持に參會、汝守つり物、二取寄被見之了、次住持被攜湯瓶、今川內作工者宮內卿同道也、酒有之、次住持、永宗等同道、八幡、清水等見物了、今日者當國淺間祭禮云々、晴々敷之間不及見物、當月初之申日云々、次精進魚類物語之雙紙、老母方へ以左衞門大夫入見參了、次雜色與次郎痢病氣之由申候間、調中散五服遣之、

六日、辛酉、天晴、八專、○從中御門熟柹、蜜柑等一盃に被送之、則住持へ小盃に送之、同永宗に小盃に十遣之、次三條亞相より使者木村左衞門大夫有之、一荷食籠被送之、

一盞勸了、音曲有之、次臨濟寺之祠首座飛鳥前亞相子、鈴、食籠等持來、一盞勸了、暫雜談了、次從老母方食籠に饅頭、油物等賜之、畏入者也、次住持、松的、文甫、永宗、勢林、良哲等招寄、饅頭、田樂にて酒勸了、亥下刻迄雜談了、勢林茶一やきん、持來、

七日、壬戌、天晴、子丑刻小雨降、○從三亞之食籠老母方へ進之、次中御門、相國寺之僧尹藏主、鱸入道淨蓮等來談、被移刻了、今朝鎭宅靈符五座、又岡殿御分一座行之、次酉下刻住持來談被移刻、半被携湯瓶被勸一盞、亥刻計迄雜談了、晩頭自老母方左衞門大夫爲使、明日朝飡に可來之由有之、晩頭自御黑木振海鼠一盆賜之、

八日、癸亥、天晴、八專、上弦、○御黑木へ朝飡に罷向、各に被申付云云、從中御門女中予可呼之由有之、鴈、雉、鯛等被送云云、午時罷歸了、次如汐齋被來、勸茶了、次神尾對馬來、先度之手本、藥等之禮云々、蜜柑一盆隨身了、次御黑木、同大澤左衞門大夫等に沈少與之、次御屋敷之奧殿より御茶、一やきん、食籠餠廿三、等被送之、次餠一蓋十、住持へ遣之、

九日、甲子、陰、時時小雨、○御黑木へ朝飡に罷向、昨日之鴈之殘有之、午時罷歸了、次未下刻中御門、住持等來談、及黃昏了、

十日、乙丑、天晴、自黃昏寒嵐、夜中より雨晴陰、○大野見掃部爲見舞來、次相國寺之尹藏主來、近日可上洛之由申、暫雜談、次住持來談了、新板之觀經被見之、

十一日、丙寅、天晴、亥下刻小雨、○旬之間令行水看經、神樂笛、少々吹之、未下刻御黑木へ罷向、予守之春日名號入見參了、明日可返之由有之、一盞有之、大方中御門へ被行留守云々、次相國寺之尹藏主、明日早々上洛之由申云云、仍書狀相調、さづか紙一束言傳、遣隼人佑暮過持罷向、次至亥刻來談、

十二日、丁卯、天晴、冬至、十一月中、寒嵐、○自御黑木綿頭巾賜之、畏入者也、次今日亡父卿忌日之間、永宗に齋申付燒香了、今朝如汐齋來談、今日大概遠州へ可罷越由云々、及黃昏住持、永宗、敎傳等令同道、報土寺之念佛聽聞了、同中

御門被參詣、朝比奈孫一郎、牧、淨蓮等同道、次淺間、國分寺之藥師等へ乍次見物、歸路に各中御門へ罷向、酒音曲等有之、亥下刻罷歸了、今日富樫民部少輔、齋藤佐渡守、同彈正忠、庵原左衞門尉所へ、隼人爲使遣之、庵原勸酒云々、

十三日、戊辰、天晴、酉刻小雨、五墓日、○住持湯瓶被攜來談移刻、未下刻御黑木へ罷向、晩飡相伴了、及黃昏罷歸了、天龍寺之西堵策彥一昨夕下向云々、昨晩自葉室之書狀被送之間、今朝隼人佑遣之、軈可來之由返答云々、

十四日、己巳、天晴、○住持來談、懸字被見之、妙音天法樂、笛五常樂急一反吹之、次中御門、住持等來談之處、齋藤佐渡守樽一荷、食籠持來、次甘利佐渡守來、各酒有之、隼人佑庵原左衞門尉所に晩飡罷云々、

十五日、庚午、天晴、望、○自住持中酒湯瓶被送之、次澤路隼人佑昨日爲禮、齋藤佐渡守所へ遣之、於路次行逢甘利佐渡守之處、太守今明日之間に可有見參之由內々言傳云々、天龍寺西堵來談、鈴一對、蘇合圓二貝、被送之、一盞勸了、次御黑木へ罷向、鈴一對、臺物隨身、强飯にて酒有之、次晩飡相伴了、次甘利佐渡守來、明日太守可有見參之由內議云々、一盞被勸了、次自大方奥殿爲使、予風呂へ可入之由有之、甘利佐渡守、同太郎右衞門、蒔科彥九郎、大澤左衞門大夫、澤路隼人佑等召具入了、同座頭城涌檢校入了、次歸寺、住持亥下刻迄雜談了、

十六日、辛未、天晴、自夜中寒嵐、○住持へ蜜柑小盆に送之、次明日三心院聖月之間持佛堂へ參、燒香之次住持雜談了、今日太守可有見參之處、天龍寺策彥招請入夜云々、

十七日、壬申、天晴、○今日三心院乘光聖日也、燒香了、從住持予以下各々齋被送之、痛入者也、次御影堂徘徊之處永宗一盞被勸、次中御門來儀、周泰、花陽院之僧一人、淨蓮等被同道、住持被勸一盞、音曲有之、暮々被歸了、次御黑木へ罷向、次三條亞相煩氣、罷向相尋、少驗之由有之見參、種々雜談移刻、亥下刻罷歸了、今日於太守天龍寺良西堵以下詩歌有之云々、

十八日、癸酉、天晴、○三條亞相ゟ隼人遣之處、從昨宵彌驗之由有之、次中御門令同道淸水寺へ參詣了、路次華陽院へ參詣、庭有之、士峯之景、大切之所也、酒有之、次住持宵之間來談有之、
十九日、甲戌、天晴、○齋藤佐渡守ゟ以隼人扇二本遣之、一宮出羽守兩所へ、今日於太守入魂賴入之由申遣了、次自三條亞相木村左衞門大夫爲使來、今日自太守被呼之間可同道之由有之、并絹之直垂有由緒之間令着之間、予に內々案內云々、令對面返答申候了、次自御黑木餠一盆賜之、次牟禮備前守來、餠一盆送之、同甘利佐渡守來、一盞勸了、次御黑木へ罷向、朝飡有之、次未下刻甘利佐渡守迎に來、自路次牟禮同々道、三條亞相へ罷向、中御門同被來、各令同道太守ゟ罷向、門外迄一宮出羽守、齋藤佐渡守等出向、奏者飯尾長門守也、則太守被出合、軈短册取之、當座有之、予卷頭讀之、雖斟酌堅被申之、十首也、三、予、中、太守、關口刑部少輔、木村左衞門大夫、澤路隼人佑、一宮出羽守、牟禮備前守、齋藤佐渡守等一首宛也、次關口讀揚之、三、予、中等歌三反、太守之歌二反讀之、予歌如此、寒草霜、旅行、隼人代

袖ふれて千世や經ぬへき今朝さらに山路の秋を霜のしら菊

文かきてつてやりぬへきたよりさへしらす過來しうつの山こえ

次盃出、湯漬有之、七五三也、相伴衆和歌之人數計也、盃三出、初獻三亞被始、二獻予、三獻太守、予酌取之、二獻之時菓子七種、結花、折一合出、三獻之時、自大方食籠出了、盃及再反及數盃了、太守近年之機嫌云々、先予太刀出之、關口持て出、次勅筆之百人一首、置引合十帖之上出之、飯尾長門守持出、次酒之內に桂蓮院宮詩歌二首つゝ、出之、大澤左衞門持出、予取之直に出之、被頂戴被祝着了、戌刻計各罷歸了、直御黑木ゟ罷向、樣體雜談申候了、牟禮是迄被送、次歸寺、甘利送に來、次住持へ一盞勸了、五郎殿者、今日可入夜之間明日可來之由有之、
廿日、乙亥、天晴、終日寒嵐、○三條亞相、一宮、齋藤、牟禮、飯尾、甘利等所へ、早々爲禮隼人佑遣之、自三又木村爲使來、

對面了、次大澤、三浦内匠所へ罷向、五郎殿へ時分相尋之處、晩景之由有之云々、飯尾長門今日禮に可來之由案内云々、次淨蓮來、今日齋藤彈正忠子也、佐渡守可禮來之由案内也、次住持招寄茶子にて勸茶、又餅一盆送之、次齋藤彈正禮に來、鴈一、干魚一折、蜜柑一折、樽一荷送之、對面一盞勸了、淨蓮令同道了、次住持、良一座頭來談、茶子餅にて勸茶、次甘利佐渡守自太守爲使來、明日晩湌に可來之由有之、勸一盞及數盃了、次飯尾長門守禮に來、樽代五十疋持來、則五郎殿へ同道、迎に齋藤佐渡守、牟禮備前守、飯尾長門守、甘利佐渡守來同道、中門外迄三浦内匠出合奏者、五郎殿被出、太刀、竹門之御筆自讃歌百人一首出之、次盃出引渡、寒酒にて一獻了、相伴關口刑部少輔計也、則罷歸、庭迄三度被送了、昨日太守同前、中門外迄關口以下十八計送了、次牟禮、甘利等同道、御黑木に罷向雜談、酒有之、及數盃、戌下刻罷歸了、牟禮此方迄被送了、次三浦内匠助太刀にて禮に來云々、

廿一日、丙子、天晴、終日寒嵐、時々雪花飛、〇早々飯尾長門守、三浦内匠助兩所へ澤路隼人佑遣之、昨日禮申了、次中御門へ隼人遣之處、今日大方へ所勞氣之間不出云々、次花陽院へ先日之禮に隼人遣之、筆十管遣之、酒被勸云々、申下刻先御黑木迄罷向之處、牟禮、甘利太郎右衞門等迎に來、從内々大方に罷向、麝香丸五貝出之、次三條亞相被來、次太守以下出座、相伴衆御黑木、大方、三條亞相、予、太守、奥殿、城涌檢校、關口刑部少輔、木村左衞門大夫、澤路隼人佑、牟禮備前守、齋藤佐渡守等晩湌濟々儀也、中酒三反、次むし麥、吸物、食籠以下二獻及大飲、此召出に甘利佐渡守、葉科彦九郎、大澤左衞門大夫計出了、酌陪膳各女房衆計也、無正體令沈醉、亥刻歸寺了、大方、太守等近年之機嫌云々、太守雖爲下戸、十餘盃被受用了、

廿二日、丁丑、天晴、終日寒嵐、雪花飛、下弦、〇甘利佐渡守、齋藤佐渡守、奥殿、牟禮等所へ、爲禮大澤左衞門大夫遣了、次牟禮來、住持雜談移刻、一盞勸了、次自大方とて、從御黑木は

つりのきれ一包賜之、次瀬名、葛山、三浦上野介所へ澤路隼人佑遣之、次晩頭關口刑部少輔、太刀遣之、飯尾長門守、太刀遣之、齋藤佐渡守、同彈正忠所へ禮に罷了、各出仕留守云々、甘利佐渡守供に來了、次御黑木へ參、晩飡之次相伴了、戌刻歸寺了、

廿三日、戊寅、天晴、○自住持唐之薯蕷茶子に一盃被送之、次御黑木に罷向、五郎殿女中にひいなはりこ以下一包、數十五、金龍丹五貝、送之、御黑木書狀にて被送之、次臨濟寺之禎首座に罷向、筆、十管、茶垸一、遣之、一盞有之、次佛殿方丈等見物了、次三條に罷向暫雜談、次年禮案內之間歸寺了、次關口刑部少輔、小食籠、鮭一雙、樽一荷被持之、朝比奈下野守、食籠、樽一荷、飯尾長門守饅頭、大食籠、等送之、此外牟禮備前守、甘利佐渡守、住持等勸酒、湯豆腐申付之、各及數盃了、入夜各歸了、次御黑木に小食籠、饅五、鈴一、進之、次隼人朝比奈下野守所へ太刀にて禮に遣了、

廿四日、己卯、天晴、○東漸寺之前住上人禮に被來、老母寺之分云々、同宿三人有之、食籠樽一荷被持之、湯豆腐にて勸一盞、同住持被出、同宿衆等相伴及數盃、次中御門へ罷向、一竹四穴出之、暫雜談晩飡相伴、戌下刻歸了、留守に花陽院師弟禮に被來云々、茶被持云々、住持へ蜜柑一盆送之、

廿五日、庚辰、天晴、終日寒嵐、○從御黑木書狀にて、自大方小袖二織筋、織物、島被送之、祝着了、次齋藤彈正忠所へ隼人遣之、扇二本、天神名號竹門御筆、遣之、次御黑木に罷向小袖之禮申候了、城涌檢校來雜談、戌下刻歸了、晩飡相伴了、齋藤彈正忠今朝之禮に來云々、東漸寺へ昨日之禮に大澤左衞門大夫遣了、

廿六日、辛巳、天晴、○三浦內匠助所へ隼人佑遣、太刀、伏入宮御短册五枚遣之、次從三條西爲使木村左衞門大夫來、明日晩飡に可來之由有之、同心了、次今朝齋住持振舞也、中御門、飯尾長門守所勞云々、來之衆牟禮備前守、甘利佐渡守、鱸入道淨蓮、福島左衞門、葉科彥九郎、大澤左衞門大夫、澤路隼人佑等相伴、濟々之儀也、中酒及大飮、次むし麥にて酒有之、音曲有之、次楊弓

卅度計有之、人數予、牟禮、卄利、蘋科等也、暮々各歸了、次從大方富士海苔一折賜之、牟禮に一竹四穴出之、住持へ今朝之菓子、二、蜜柑一蓋卅、送之、自葛山左衞門佐使有之、

廿七日、壬午、小寒入、天晴、十二月節、○飯尾長門守所へ澤路隼人佑遣、近日可上洛之間、傳馬以下之過書之事申遣了、驗可披露之由返答也、次御黑木へ罷向暫雜談、餅有之、次牟禮備前守令同道三條へ罷向、晩飡有之、濟々之儀也、亞相、予、牟禮、大澤左衞門大夫、澤路隼人佑等相伴也、其外此方之物共與二郎、與三郎、與七、又二郎悉被申付云々、中酒及數盃、入夜歸寺了、

廿八日、癸未、天晴、自申刻寒嵐、○住持茶子餅、被持今日禮被申、勸茶了、次三條へ罷向、約束之一竹四穴、同一卷添遣之、暫雜談了、次中御門へ罷向、法蓮寺、牧四郎右兵衞、唐人大貫等湯豆腐にて酒有之、次御黑木へ禮に罷向、晩飡相伴了、瀨名殿女中へ號新造、太守之姉、中御門女中妹也、麝香丸、五貝、ひいなはりこ以下一包、數十五、自老母取次遣之、又大方之中﨟新大夫に藥（◎薰カ）物、二貝、小官女茶阿にひいな一、遣之、及黃昏歸了、次住持暫來談了、

廿九日、甲申、天晴、終日寒嵐、○早々牟禮備前守來、從太守鵠一、被送之、鐵炮之鳥、昨晩自遠州到來云々、祝着了、人參丁香にて勸一盞、同住持被出了、牟禮痰氣之由被申候間牛黃圓二貝、遣之、

卅日、乙酉、天晴、○牟禮備前守申、廿二三之女從去六月有蟲之所勞之輩、藥之事被申、雖難治、麝香丸二貝爲十丸遣之、次從中御門今日風呂に可來之由有之、幷一輕三管之筆被借之間遣之、次御黑木朝飡に可來之由有之間罷向、從中御門女中被送鴈云々、次中御門へ罷向、風呂有之、次予、大澤左衞門大夫、澤路隼人佑、鱸入道淨蓮、牧之四郎兵衞等、晩飡鴈之汁有之、酉下刻歸旅寺了、

○十二月大

一日、丙辰、天晴、寒嵐、五墓日、○住持禮に來儀、午下刻御黑木へ禮に罷向、一盞有之、次大方へ禮に罷向、奏者蘋科彥九

郎見參、一盞有之、次御黑木に晩飡相伴了、及黄昏歸宅了、中御門、富樫、牟禮等雖被來、留守之間自路次被歸云々、

二日、丁亥、天晴、○早旦隼人佑飯尾長門守所へ遣、傳馬之事申、以定日過書可調與之由返答、次從京都書狀、鏡、禁裏御嚴重等到、頂戴了、幷予二才之小女遠行之由十一月一日注進、無興愁腸（◎傷カ）不可說、京中疱瘡以外相煩、失子之輩不知其數云々、次御黑木に罷向、朝飡有之、如形向之、次如汐齋昨晩被尋之由有之、林齋寺相尋逢了、次三條西へ罷向雜談移刻、晩飡如形相伴了、戌下刻罷歸了、

三日、戊子、天晴、○住持來談、飯尾長門守所へ隼人佑遣、來六日に可罷立之間、印判之事可相調之由返答了、次御黑木に罷向、一盞有之、次中御門へ罷向暫雜談、晩飡相伴、中酒之內牟禮備前守、牧四郎右衞門（◎兵衞カ）等到及數盃、牟禮予上洛之事、寒中之間可越年之由有之、太守內儀云々、存分申只可上洛之由返答了、尙明日可來談之由有之、此方へ雖來留守之間相尋之由有之、歸路被送了、

四日、己丑、天晴、○早々飯尾長門守所へ傳馬之事、以隼人佑申遣、他行云々、次如汐齋、住持等來談、次富樫介、同弟民部少輔所へ太刀にて禮に罷向、他行云々、次三條亞相へ罷向、予、如汐齋、木村左衞門大夫三人鞠一足有之、次三、予、隼人晩飡相伴了、次戌刻御黑木に罷向、內々太守之儀、西向、御黑木、大方等、予上洛之事被留、明日可返答之由申候了、

五日、庚寅、天晴、○自住持薯蕷一盆被送之、次富樫介禮に被來、太刀隨身、一盞勸了、次中御門へ罷向暫雜談、今日隱居之事、使四人有之云々、無興至極痛入者也、次御黑木に罷向、晩飡相伴了、上洛之事申談之處、御黑木中御門へ爲使御出之間罷歸了、及黄昏富樫民部少輔太刀、禮に被來云々、次牟禮備州來談、戌下刻被歸了、

六日、辛卯、陰、巳刻雪、不藏地、七八ヶ年以來雪云々、午時小雨、○如汐齋旅宿林齋寺禎首座庵へ罷向、如汐與一樂（當國中將棊之指手云々）、中將棊一盤、（如汐先に）

勝て、見物了、次三條西へ罷向、强飯にて茶有之、次御黑木ね罷向、入麪にて一盞有之、甘利佐渡守來、又一盞有之、自大方可越年之由有之段、領掌之儀返事申渡了、次酉下刻歸寺了、一宮出羽守從遠州歸候由申使有之云々、

七日、壬辰、天晴、五墓日、○奥殿、小宰相、甘利佐渡守、牟禮備前守、飯尾長門守等所へ、澤路隼人佑爲使遣之、越年之儀に各種々馳走云々、次如汐齋來談、次木村左衞門大夫來、予就逗留、山國與七先上洛に申事有之、木村申調了、次尋如汐齋之處、禎首座被出湯豆腐にて酒有之、此方ね使有之、路次にて相違也、炭一袋被送之、次御黑木ね參、晩飡相伴了、城涌檢校來談、戌刻計歸寺了、從中御門筆被返了、

八日、癸巳、陰、天一天上、上弦、○報土寺、淺間常光院之庭、國分寺之内仙瞳院之座敷、同庭等一身見物了、次三條西へ罷向暫雜談、次如汐齋宿見舞、次御黑木ね罷向、餅にて一盞有之、從大方被送之、次又三條西へ罷向、氣煩之間鞠一足一身仕了、一宮出羽守出談、次又御黑木ね罷向、晩飡之次湯漬少受用、戌下刻罷歸了、

九日、甲午、雨降、未下刻晴、天一天上、○松井彌介に藥所望、快氣湯十裹出之、次松井彌介來談、脈取之、次御黑木ね罷向、一盞有之、暮々罷歸了、次住持來談移刻了、

十日、乙未、天晴、天一天上、五墓日、○御黑木ね罷向、朝飡有之、次三條西ね罷向雜談移刻、萩原馬乘上手云々、來談、又葛山三郎來、次晩飡相伴、今日一段氣煩之間終日了、暮々又御黑木ね立寄之處、自大方可入風呂之由有之間同心了、片時入了、甘利佐渡守、福島八郎左衞門、大澤左衞門大夫、澤路隼人等入了、次從大方鈴、田樂等被送之、各勸一盞、戌下刻迄雜談、次歸寺了、

十一日、丙申、天晴、天一天上、○如汐齋來談、脇指被見之、一、吉岡住助義、康永三年二月日、吉岡一文字隨分之者云々、旬之間、神樂庭火、早韓神等吹之、今日氣之煩大驗也、御黑木へ罷向、晩飡相伴了、次山國與七明日上洛之間、傳馬之印之事、飯尾長門守に此間申、今晩到來、暮過罷歸了、暮々中御

門被尋云々、

十二日、丁酉、天晴、寒嵐、天一天上、○亡父卿忌日之間、永宗に齋申付燒香了、今日與七上洛之間路錢百疋令借用、如汐齋遣之、次住持來談了、晩頭御黑木に罷向、晩飡相伴、酉下刻歸寺、次住持來談移刻了、松井彌介に申藥之事、又快氣湯十包出之、

十三日、戊戌、天晴、天一天上、入大寒、十二月中、○與七昨日不立、今朝々飡以後上洛了、次中御門へ罷向暫雜談、次三條西に罷向之處近所燒亡、十間計燒了、尤雖難儀他人數之間不苦、次以木村左衞門大夫禮被申云々、次御黑木に罷向、晩飡相伴了、

十四日、己亥、天晴、天一天上、○早々中御門へ罷向、隱居之儀事破云々、種々雖加意見無同心之間罷歸了、次三條西見舞、今日湯治之儀、春迄延引之由有之、次御黑木に罷向、朝飡相伴了、以御黑木瀨名殿子息虎王十三才、に竹門之御短冊二枚遣之、次住持來談、被勸一盞、雜談移刻了、

十五日、庚子、天晴、天一天上、望、○自住持齋之中酒湯瓶被送之、次三條亞相へ約束之麝香丸二貝、遣之、初夜以後住持來談移刻、赤粥にて一盞勸了、

十六日、辛丑、陰、五墓日、天一天上、○多武峯、不動等別而看經、神尾對馬に申要脚百疋到、則如汐齋へ隼人佑持返之、次如汐齋上洛之由有之間、暇乞に罷向之處明日云々、一盞有之、次御黑木に罷向、一盞有之、次三條亞相へ罷向暫雜談、晩飡相伴、入夜歸寺了、

十七日、壬寅、天一天上、○雪降、終日、七寸計有之、廿餘年以前二寸計、如此大雪五十餘年不及見候云々、○宿之儀永宗馳走也、勸一盞了、次暮々住持湯瓶被携、雜談移刻了、今日人丁一濟調合、

十八日、癸卯、天晴、天一天上、○大澤左衞門大夫鈴携來、雪消歟、招寄住持一盞有之、自住持被送二首、如此

旅人の富士はさもしもさひもせはいかゝいふへき今朝のみなら◎しカ雪

めつらしや雪ふる里に來てみれはいつくさらにわかぬ白たへ

予贈答、

つくりなすみきりの山をかされあけてふしもやこゝに今朝のしら雪
積らぬさこゝに聞しか故郷をみせてや雪のふりもきぬらん
行て見ぬわかためさてや庭の面にたかれの雪を送る山かせ
次澤路隼人佑使にて、朝比奈丹波守に伏見殿御短册五、、同藏人に竹門同三枚、由比四郎右衞門に伏見殿詩歌一、竹門御短册二、岩本六郎右衞門に竹門圓頓者遣之、今日伊豆之若子祝言云々、中御門無興云々、
十九日、甲辰、天晴、天一天上、○今日小女妙清四十九日之間、住持龍壽庵、西林軒、永宗、勢林等に齋申付了、龍壽以下四人に布施廿疋申付了、次御黑木ゐ能向、次宿之事見計申付に福島八郎左衞門來、勸一盞、次東漸寺前住へ先度來儀之禮に罷向、人參丁香散五兩遣之、吸物にて酒有之、歸路三條亞相へ立寄雜談、暮々歸寺了
廿日、乙巳、天晴、天一天上、○御黑木鴈之汁用意之間、朝飡に可來之由有之間罷向、次三條ゐ罷向、次中御門へ罷向暫雜談、次又御黑木に鴈之殘にて晩飡相伴、及黃昏歸寺了、三亞へ弘法大師御筆豆不動被所望之間二體遣之、同武家大雙紙之事被申候間借遣之、
廿一日、丙午、天晴、天一天上、○旬之間令行水看經、神樂笛、少々、法樂二、吹之、如常、次先度住持へ遣之贈答書改、次に言葉直之、端之歌取替了、

玉塵山のことく積りし事、老たる人も此國にてはいまた見及ひ侍らさるよし申あへりしに、新光明寺證蓮祉兩首を送られ侍り、雪手再三披みるに、まことに金玉光を磨し、吟味肝に銘す、よつていさゝか野詞を綴り、志の行さころを述さ云事しかなり、

樵夫言繼

雪はけさ四方の山なみふりにけりいつれを富士さわきてなかめん

此外與二首如前、次岩本六郎右衞門禮に來、鴈一、樽一持來、勸一盞、住持龍壽庵等招寄勸一盞了、次三條亞相へ罷向、先日所望之間神樂笛、少々吹之、次御黑木へ罷向、昨日之鴈之殘汁被申付、晩飡相伴了、
廿二日、丁未、陰、自酉刻雨降、天一天上、○遠州懸川朝比奈備中守女中より、八木十俵被送、今日渡之、芳信祝着之儀也、則住持へ二俵、松井彌介に度々藥之禮に二俵、隼人、與次郎、與三郎、又二郎等に一俵宛遣之、次從御黑木厚紙三帖

賜之、紙帳之料、昨日約束也、隼人に二帖被遣之、紙絹云々、次自住持芹一盆被送之、次入夜赤粥申付、住持相伴申候、次一盞勸之、雜談移刻了、大澤左衞門大夫同來、

廿三日、（戊申、雨降、天一天上、）○自住持菓子、（小せんべい一蓋、）茶（一やきん、）被送之、次御黑木ゐ罷向、御屋敷ゐ小鬼子廿卷立入見參、此内五可進之由申候了、則五（こきいた、いかだ、か幸びし、雨字、）被留、伊豆之若子二（矢、車字、）被留之、則自大方はつり一包、雉之羽十一具賜之、又若子より羽三具被送之、次鴈之汁にて晚飡相伴、暮々歸寺了、午時當寺之塔頭勢林周等庵へ移初了、樽一、兩種送之、湯豆腐にて酒有之、住持、西林軒、永宗、良哲等相伴也、

廿四日、（己酉、天晴、天一下艮、）○御黑木に鴈之汁にて朝飡相伴、次昨日之大方、若子等小鬼子取寄、木れん子をすけ薄置之了、若子被來被見之、同晚飡又相伴了、次當寺之永宗小鬼子連々所望之間二（吉更、ちきり、）遣之、同敎傳被所望之間一（八唐花、）遣之了、次住持來談亥刻迄、

廿五日、（庚戌、天晴、）○從三條亞相被呼之間罷向之處、於太守小鬼子二、（なてしこ、字平日）兩人之子に約束之間遣之、）七夕七首之和歌懷紙閉事被誂之間調之、爰元紛云（◎紜カ）之人も有之云々、同短册閉了、次御黑木へ立寄　大方へ太守晚飡に被呼之間相伴云々、今日由比四郎右兵衞先日之禮、以同名助右衞門申云々、次宵に住持（◎脱アルカ）隨身、被勸一盞、雜談移刻了、

廿六日、（辛亥、天晴、終日寒嵐、）○御黑木ゐ晚飡に罷向、入夜歸寺了、中御門に借用之鏡返遣之、又姬御料人へ小鬼子二（孔雀之尾、矢はす、）遣之、酉下刻住持、良哲、松的等招寄、湯豆腐にて勸一盞、雜談移刻了、氣煩之間、又松井彌介に藥所望、如前快氣湯七包到、

廿七日、（壬子、天晴、節分、終日寒嵐、八專入、）○今日聖降日之間令行水、靈符五座行之、同岡御所之御分一座行之、今朝周等庵（勢林、）所へ移了、疊十帖自大方到、同屛風一枚到、次御黑木爲合力、予堪忍分從太守千疋被渡之、次豆隼人打之、次住持、龍壽庵、永宗、庵主勢林等、田樂にて勸一盞了、

廿八日、癸丑、天晴、尙西風吹、立春、〇御黑木へ罷向、（鈴一對遣之）一盞有之、次三條亞相へ今日之禮、又歲暮禮に罷向、暫雜談了、次中御門へ罷向、次住持へ禮申、餠にて酒有之、次御黑木へ小鬼子二す卷、十二唐花、進之、同あちに一四唐花、遣之、次隼人、與二郎等に百疋宛、與三郎に七十疋、又二郎に五十疋給分申付遣了、次永宗に二十疋遣之、

廿九日、甲寅、天晴、八專、寒嵐、〇自住持薰物被屜香具到、次東漸寺先住小鬼子被所望之間一井筒、遣之、次淨蓮來談、次大方之風呂へ暮々罷向、次御黑木にて餠にて一盞有之、次歸寺、次庵主勢林振舞、住持、永宗等被來、湯豆腐にて酒有之、雜談移刻了、三條亞相女中へ內炎散十餘服一包遣之、〇三條亞相之會、炭竈雪、

ふしのれをうつすさなしに煙のみ雪よりのほる峯の炭かま

卅日、乙卯、天晴、八專、〇甘利佐渡守使有之、取亂近日無音云云、牛房、いるか等送之、次永宗腹痛、下藥之事申、八參丁香散五服遣之、次自大方岸彥太郎使、かち栗一盆被送之、對面了、次中御門、住持、花陽院之周泰、淨蓮等歲末之禮に被來、一盞勸了、次當寺僧敎傳大根一蓋送之、次住持、永宗、勢林等へかち栗少つゝ遣之、次松井彌介來、對面、次一宮出羽守歲末之禮使有之、次太守へ禮に罷向、奏者由比五郎右衞門、次五郎殿、奏者稻垣玄蕃允、次大方、奏者岩本六郎右衞門、新大夫出合、大方風呂云々、太守父子不及見參、次御黑木ゟ罷向、一盞有之、次當寺住持へ禮申了、次西林軒禮に來了、次住持湯瓶被携來儀、自他受用了、

言繼卿記 廿二

弘治三年 丁巳

○正月小

駿州府中に越年、新光明寺（智恩寺末寺）之内周等庵（勢林）、

一日、丙辰、天晴、○先令行水看經、四方拜次第、不隨身之間大概に沙汰了、次爲法樂神樂笛、少々吹之、次大澤左衛門大夫樽、一、魚一折、持來、次花平雜煮祝了、次坊主勢林禮被申、樽、一、豆腐五、持來、對面勸一盞了、次寺僧敎傳、座頭良一等禮に來、對面勸一盞了、次御黑木ゟ禮に參、一荷兩種進之、二獻有之、暮過歸寺了、次坊主勢林に樽代十疋遣之、禮に來、今日吉書始沙汰之、

二日、丁巳、天晴、八專、○自御黑木樽一荷兩種幷さつか紙一束賜之、大澤左衛門大夫使也、同大野見掃部助禮に來、樽代十疋送之、對面盃令飮之、次寺僧衆龍壽庵、西林軒禮に被來、茶やきん一つゝ、持來、一盞勸了、次永宗禮に來、蜜柑一盆持來、勸一盞了、次住持へ一荷兩種送之、則罷向、引付、吸物、麥あつ三獻有之、及數盃了、次龍壽、西林、永宗等へ罷向、扇一本つゝ遣之、次自御黑木蜂蜜來、薰物沈二兩半合調進之、次住持被申薰物、沈一兩合調遣之、三條亞相へ藥研返遣之、次伊豆之若子賀永へ令所望はま弓矢等到、

三日、戊午、天晴、○勢林薰物少所望之由有之間二貝遣之、蜜柑一盆持來、又目之藥所望之間、一包遣之、隼人佑薰物令所望之間六貝遣之、大澤左衛門大夫に三貝遣之、晩頭甘利佐渡守禮に來、樽一、貝鮑五、送之、對面勸一盞了、同心大村彌二郎召出了、次大方へ今川母、老母姉、禮に罷向、奏者甘利佐渡守也、薰物十貝遣之、若子賀永へ五貝遣之、三獻引付、吸物、蒸麥等有之、賀永、奥殿相伴、三獻之時老母號御黑木、相伴也、及數盃了、戌刻歸寺、先之御黑木へ立寄了、薰物又二兩令所望之由有之、代二十疋賜之、

四日、己未、曉天雪藏地、天晴、八專、○早旦住持新光明寺禮に來儀、樽一荷、牛房一折被持、引付、吸物、餅入豆腐、三獻勸之、及數盃了、次松井彌介所へ隼人佑爲使樽一、兩種遣之、　次晩飡之汁土長、大澤左衞門大夫振舞也、　次自三條大、隼人佑被呼、　則罷向之處、　明日朝飡以後屋形五郎殿へ禮に罷向、內々申調之間可同道之由被申云々、次隼人佑を甘利佐渡守所へ遣之、太守へ之禮以後如何之由申遣、留守云々、

五日、庚申、天晴、八專、　○早々隼人佑甘利佐渡所へ遣之、同三浦內匠所へ遣、五郎殿奏者之事申遣了、次自大方甘利佐渡守爲使樽一荷、鴈一、鯛二、鮒十、賜之、同松井彌介來、鳳髓丹二貝、送之、兩人盃令飮之、　只來新右衞門同召出了、次中御門樽一荷、あんがう一、干魚一折、高橋爲使被送之、對面盃令飮之、次三條西へ罷向、鈴一對、鮒五、送之、　則令同道五郎殿へ罷向、　飯尾若狹守迎に來、則見參、盃三獻、雜煮吸物二有之、次太守へ兩人罷向、引付にて一獻有之、五郎殿にて相伴衆關口刑部大輔、同刑部少輔、大澤左衞門大夫、木村左衞門大夫、澤路隼人佑等也、　次三條へ又罷向、引付、吸物等にて二獻有之、次御黑木に罷向、同瀨名虎王被來、一盞有之、次妙珠院三條入道內府伯母へ禮に罷向、薰物五貝遣之、所勞之間見參無之、　村田藤左衞門奏者也、　次八重梅之枝住持へ送之處、攜湯瓶被來、一盞有之、次中御門へ禮に罷向、樽一荷、鮒五、海草一折遣之、三獻有之、　次梅之枝に袖に匂貝一、入之、三州之松平和泉守、寺中龍壽に居之間送之處、樽一荷、鴈一、牛房等持來、　永宗同道、盃出及數盃了、

六日、辛酉、天晴、八專、　○自三條亞相昨日之禮に木村左衞門大夫爲使來、對面一盞勸了、　華撥圓一貝、遣之、次坊主勢林蜜柑五、送之、　次松平和泉守所へ樽一荷、　あんかう一、鯛一、遣之、次松平所へ大澤左衞門大夫、澤路隼人兩人晩飡に呼云々、

七日、壬戌、天晴、○今日聖降日之間令行水、　靈符五座、岡御所御分迄六座行了、先之今日祝茱羹祝有之、次御黑木

ゟ禮に罷向、大方ゟ太守朝飡に被呼、佳例云々、仍相伴に被出、留守也、但一盞有之、次及黃昏一宮出羽守禮に來、樽、一、鴨、一、田螺一折、持來、勸一盞、狩俣今了戒、矢一手遣之、

八日、癸亥、自寅刻雨降、自未下刻晴、寒嵐、八專終、○今朝御黑木に朝飡有之、隼人以下各有之、次又餅にて一盞有之、未下刻歸寺了、次住持へ鈴一對令隨身罷向、松平和泉守來、及數盃了、次從中御門女中樽一荷、鴈、一、かつを魚、五、干ふく十、給之、◎使脫カ淺沼(あさのま)彥四郞云々、令沈醉不及對面、但勸一盞了、

九日、甲子、天晴、八龍日、○關忠兵衞尉禮に來、樽、一、熨斗鮑二百本、持來、對面盃令飮之、次八幡邊遊山見物、次中御門禮に被來、盃二、出了、花陽院之周泰、淨蓮等同道、祌尾對馬、高橋、粟田等召出了、次松平菱食一、送之、今日鐵炮四張にて出、鶴、一、鴈、十二、鴨三、射之云々、次木村左衞門大夫禮に來、鈴一對、兩種送之、勸一盞、次自住持永宗爲使被申、今日從御黑木樽豆州酒、賜之間可來之由有之、木村令同道及黃昏罷向、吸物にて酒及數盃、木村音曲有之、亥刻罷歸了、今朝中御門女中へ、以隼人佑昨日之樽之禮申遣、次中御門へ華撥圓二貝遣之、次大澤に目藥一貝遣之、

十日、乙丑、天晴、○隼人佑爲使甘利佐渡守に華撥圓三貝遣之、次時宗三智庵禮に來、沈香圓十粒、小せんべい一包持來、勸一盞了、次御黑木ゟ罷向、城涌檢校來、酒及數盃、音曲少有之、次從五郞殿小原(をはら)伊豆守爲使、來十三日和歌會始に可來之由有之、題被送之、遐齡如松云云、同自分爲音信樽一荷兩種さゝい、干ふく、送之、同飯尾長門守爲案內者乍次禮に來、樽代二十疋送之云々、留守之間不及對面、仍廳兩所へ澤路隼人佑遣禮申候了、同會始之事領掌了、

十一日、丙寅、天晴、○令行水淺間へ參詣、大澤以下各召具、御初尾十疋、申付了、次三智庵ゟ禮に罷向、留守之間申置了、筆十管、遣之、次永宗召寄、明日住持以下僧衆六七人、不思議之齋可申付之由內々申之、各可來之由有

之、次三條亞相へ明後日之和歌爲談合罷向、於路次木村左衛門大夫行逢、樽被送云々、近所之間令同道罷向、亥下刻迄雜談、一盞有之、和歌同類可除之間、明後日早々可相定之由被申候了、樽一荷、兩種（絲より二、干ふく一折、）云云、

十二日、丁卯、天晴、○今朝住持、龍壽庵、西林軒、永宗、勢林、敎傳等に齋振舞了、次松平和泉守來、一盞勸了、次花陽院禮に被來、茶、一やきん、梅之枝被送之、一盞勸了、但斷酒也、弟子周泰等同道、次御黒木ら罷向、餠にて一盞有之、朝比奈備中守、同左京亮父子、如例年自遠州昨日相越出仕云々、仍今日禮に可罷向之處、從彼方可來之間可延引之由、以甘利佐渡守、福島八郎左衛門、神尾對馬等申送之間先罷歸了、次當寺喝食松的里より蜜柑一折被送之、次一宮出羽守、飯尾長門守所へ禮に罷向、留守之間申置了、

十三日、戊辰、天晴、未刻小雨降、正月中、五墓日、○自大方小袖、織物、袷、淺黃、一重、肩衣袴かちん、賜之、今日之會始に可着之由有之、今日之懷紙調之、如此、

詠退齡如松倭歌　　正二位言繼

生さきのいつれたかけむ子日せし松の千とせに君か千とせは

次飯尾長門守所より昨日之禮に使同心、にて、又會に八時分可罷出之由大原伊豆守申云々、次時分三條亞相へ罷向、大原伊豆守、飯尾若狹守迎に來、但被返之、三、予、勝路時衆令同道五郎殿へ罷向、先予に各禮申、富樫次郎、葛山左衛門佐、三浦上野介、進藤丶丶丶、岡邊太郎左衛門、神◎蒲カ原右近、粟屋左衛門尉、若州武田内牢人也、朝比奈丹波守等也、次各御懷紙置之、次富樫民部少輔被讀揚之、次盃出、初獻蒸麥、羊餠、吸物、二獻土器物ニにて及數盃、相伴衆三、予、五郎、總持院勝路、富樫次郎、葛山左衛門佐、富樫民部少輔、最勝院、木村左衛門大夫、一宮出羽守、三浦上野介、澤路隼人佑、齋藤佐渡守、粟屋左衛門尉、進藤、岡邊太郎左衛門、蒲原（かんはら）右近、小原伊豆守、朝比奈丹波守孝甫、觀世十郎大夫、同二郎大夫、同神六等也、猿樂二人音曲有之、申下刻罷歸

了、

十四日、己巳、天晴、寒嵐、　○早旦自住持白粥に被呼之間罷向、松平和泉守、同與力兩人、隼人、寺僧兩三人等相伴也、次淨蓮來談、茶子にて勸茶、次自御黑木薯蕷一盆賜之、次自三條爲使木村左衛門大夫來、今日八時分に一宮出羽守所へ可同道之由有之云々、仍一宮所へ樽一荷兩種干ふく折(數十)、蜜柑一盆、遣之、次申刻一宮出羽守所へ罷向、從路次三亞相同道、則晩飡有之、相伴三、予、一宮出羽守、木村左衛門大夫、澤路隼人佑、粟屋左衛門尉、孝甫等也、數奇之仕立濟々儀也、次當座十首、有之、粟屋讀揚之、次餅、善哉、吸物にて一盞有之、亥下刻罷歸了、予和歌題墻根若草、如此、

花なまつ垣根に生る若草のはつかなるしもあかぬ色かな

十五日、庚午、天晴、寒嵐、　○粥祝有之、次一宮三郞昨夕之禮に來、對面、次由比四郞右兵衛尉禮に來、樽代三十疋持來、對面盃令飮之、次葛山近所より火事、片時に百餘間燒失云々、東漸寺之寮社悉燒云々、予大方、御黑木等へ罷向了、三條へ隼人佑遣之、無殊事、關口刑部少輔、瀨名殿新造、齋藤佐渡守、同彈正等所へ大澤左衛門大夫遣之、次福島八郞左衛門禮に來、樽一、さわら一折三、持來、一盞勸了、次城涌檢校禮に來、八郞左衛門又來、盃令飮之、及數盃了、次御黑木之妙祐禮に來、樽、一、鯛一、持來、令飮盃了、

十六日、辛未、天晴、○多武峯之看經了、次春日社へ祈念、例年之百萬返は、小人數之間、予一身般若心經七百卷、慈救呪、地藏呪等千返唱之、次不動之看經沙汰了、次自三條亞相爲使木村左衛門大夫來、今晩晩飡に可來之由有之、先勸一盞、同心之返答申候了、次遠州朝比奈備中目守懸之座頭方一禮に來、勸酒暫雜談、自御上﨟香丸所望之由被申云々、次三條へ罷向、大澤左大夫、澤路隼人以下各に晩飡有之、中酒及數盃音曲有之、戌刻に罷歸了、腹痛之間御黑木へ立寄、爐邊加養生歸寺了、三亞へ約束之荊芥之種遣之、

十七日、壬申、天晴、○住持へ約束之荊芥之種遣之、次淸水寺

へ參詣、御初尾十疋進之、富樫介に參會、此方へ令同道勸一盞了、次方丈ね罷向、住持被勸一盞了、次大方新光明寺御影堂へ暮々爲燒香被行、老母同道、兩人輿也、其外女房衆十八計有之、次於方丈三獻有之、予自二獻罷出了、及數盃、次乍次老母、大方以下、此方へ禮に被來、從大方樽三荷、田舍酒云々、雉一折、二番、饅頭一折、卅、食籠等被送之、同奥殿茶、一やきん、香合入こ七、被送之、小宰相樽代二十疋送之、引渡、食籠以下にて及數盃、城涌檢校以下男衆七八人有之、次寺僧衆四五人酒有之、

十八日、癸酉、自寅刻雨降、自午時晴、○從住持折一合被送之、昨日大方御影へ二合被參之內云々、折に繪かうたて薄根串柿、油物、入之、結花梅、十枚被飾之、今一合花椿云々、次未下刻住持令同道大方へ禮に罷向、取亂之子細有之無見參云々、於御黑木一盞有之、甘利佐渡守、同太郎右衞門奏者、酒馳走也、次老母甲州紙號藁檀紙、二束、蠟燭廿丁餞とて賜之、今朝鴈紙二帖同賜之、衾障子申付令張之、自京都書狀到、薄以淸、四辻女中死去云々、愛宕山伏下云々、

十九日、甲戌、天晴、○松井彌介先日之樽之禮に來、脈令取之、勸一盞了、次大野見來、愛洲藥所望之間一包、保童圓三百粒遣之、次自大方振海鼠一鉢賜之、今日朝比奈備中守可來之由有之間、相待之處無其儀、亥刻計住持、坊主招寄勸一盞了、

廿日、乙亥、天晴、八龍日、○御黑木へ罷向、一盞有之、次牟禮備前守禮に來、今日出仕云々、樽一荷兩種、かつほ魚一折、(三)串柿一折、(五束)引付、雜煮、吸物三獻、及數盃、福島八郎左衞門來、牟禮沈醉平臥也、一笑々々、次三條亞相へ罷向暫雜談、山茶一包遣之、今日未刻三條近所又二間燒亡也、

廿一日、丙子、天晴、○旬之間令行水神樂少々吹之、看經了、次坊主に串柿一束遣之、各之中へ一束遣之、次自御黑木木綿袴潤色出來到、又島物小袖爲潤色進之、甲州紙一帖賜之、次夜に入坊主一盞被勸之、

廿二日、丁丑、小雨、晴陰、風吹、○寺之喝食松的、文甫、小僧良哲幷松井彌介等、朝飡申付相伴了、彌介遠州之濱納豆一

桶持來、次方丈𛀙罷一盞有之、從御黑木串柿一包賜之、則肴に召寄了、次臨濟寺之正金上洛之由、木村申之間、京都へ書狀言傳、十疋上之、關口刑部少輔、岡邊太郎左衛門爲見物上洛云々、次暮々朝比奈備中守所へ禮に罷向、同子左京亮兩人に太刀遣之、留守云々、奏者井上藤九郎云々、次牟禮備前守所へ罷向、二十疋遣之、留守云々、奏者石神云々、次御黑木𛀙立寄、湯漬にて一盞有之、

廿三日、戊寅、天晴、○去十六日之末進看經、春日社へ、壽命經、十卷、消除疫病經、廿卷、光明眞言、釋迦、藥師等之小咒各千返唱了、次御黑木より法論味噌一桶土筆等賜之、次大野見掃部來、勸一盞了、

廿四日、己卯、自曉天寒嵐、陰、自申下刻雨降、○大澤左衛門大夫汁各に振舞之由有之、予可來之由申候間御黑木𛀙罷向、雉之汁也、次三條亞相へ罷向暫雜談、十種香之札十五人分書事誂了、次住持へ法論味噌一包梅之枝遣之、則鈴一、あめ一桶持來、自他受用了、次自大方鯨一鉢賜之、使良智三郎左衛門尉對面、返事申候了、

廿五日、庚辰、自辰刻晴、終日陰、○福島八郎左衛門來、朝比奈備中守今日可來之處、咳氣之間明日可來之由有之云々、次中御門來談、淨蓮、周泰等同道也、次朝備女中被申麝香丸五貝、御黑木へ進之、彼方へ可被傳之由申候了、但從此方可遣之由有之、

廿六日、辛巳、天晴、○大澤左衛門大夫に申付之紙張出來、自午時前濱へ罷出遊山、五十町有之云々、鈴持之、碁石二百計拾之、八幡邊有東(うごう)廿町計迄住持迎に被出とて、永宗濱迄來之間勸一盞、次住持有東之內於神龍院酒張行也、樽、食籠等被持之、次令同道歸寺了、次自大方小貝鮑一折伊豆國物也、賜之、

廿七日、壬午、自寅刻雨降、○自備中守朝比奈女中中御門姉被申麝香丸、法一備中宿、所へ隼人爲使持遣之、則今日便宜有之條可相屆之由返答、次三條亞相下腹氣之間、人參丁香散所望之間、十服計一包遣之、次住持懇望之間薰物黑方相傳之、方丈にて一盞有之、同勢林被望之間相傳了、次自御黑

木音曲之本、中御門女中被見之間可借之由有之、先日十帖、青黃五、紫五、五十番、只今十帖五十番、遣之、次申刻上洛之門出に、大澤左衞門大夫部屋へ罷向、鈴一對遣之、三獻有之、次御黑木へ立寄了、次油物串柿一蓋住持へ送之、同坊主へも遣之、同各に遣之了、

廿八日、癸未、天晴、自未刻風吹、酉下刻霰、○自住持蔓草一折被送之、及黃昏住持被來、碁三盤打之、後二盤予負了、

廿九日、甲申、晴、自今日十方暮、去夜薄雪、○三條亞相に申香之筒十五八分書事出來到、幷今日太守之和歌會始可來之由俄被申云々、題仙洞鶴多、未下刻三條へ罷向、令同道太守へ罷向、人數三亞、予、太守、瀨名孫十郎、一家各和式部少輔、同かくわ葛山三郎、進藤三川守、木村左衞門大夫、最勝院素經、同子宮菊、齋藤彈正忠、一宮彥三郎等也、此外當座計、澤路隼人佑、一宮出羽守、蒲原右衞門尉等也、讀上事瀨名孫十郎、次湯漬、次蒸麥吸物等也、及黃昏罷歸了、先之御黑木へ立寄了、今日和歌如此、

詠仙洞鶴多和歌

正二位言繼

立よりて聞にも千世や仙人の道はこゝらにまなつるの聲

當座題紅葉淺、關路雲、隼人代

あすやいかに青かりし葉も昨日けふ時雨し程を梢にそ見る

もろ人も及はぬきはや淸見かたゆるさぬ關をこゆるしら雲

○二月大

一日、乙酉、天晴、○令行水看經、神樂笛、少々爲法樂吹之、次永宗に油物一蓋遣之、則禮に來、次坊主禮申之、仙袂持來、次從御黑木村懸之小袖潤色到、幷しゝみ貝一折賜之、午下刻大方へ禮に罷向、留守云々、大野見掃部に申置了、次御黑木へ參、一盞有之、予細工之香包、昨日二入見參、一大方に被留云々、一返給之、又從中御門女中音曲之本十冊被返之、紅梅一枝被送之、又本十冊遣之、又從御黑木濱納豆一筥蔓草一折賜之、次三條亞相へ禮に罷向、瀨名孫十郎、一宮出羽守、粟屋左衞門尉、城宿座頭等來、暫雜談、次中御門へ罷向、次罷歸了、次中御門禮に被來、淨蓮同道、勸一盞了、碁一盤打之、次住持禮に被來、香包一遣之、三智庵禮に來

云々、次從妙珠院三條內府入道伯母也爲音信葛二端賜之、

二日、丙戌、天晴、五墓日、〇從三條亞相昨日之禮に木村左衛門大夫來、對面勸一盞了、次正覺院長老禮に來、茶一やきん、持來、吸物餅入蔓草、にて一盞勸了、但下戸也、次瀨名殿女中大方女、中御門之妹、より樽二荷、五色鳫二、雉四、干ふく一折、若和布一折、串柹一折、(十五)(五百)賜之、次御黑木へ罷向、晩飡之そは相伴、次大澤部屋へ門出に罷向、次罷歸了、

三日、丁亥、天晴、亥刻小雨降、〇住持へ若和布小盆に送之、次甘利佐渡守明日之經營爲見舞來、一盞勸了、

四日、戊子、辰刻霰、天晴、〇甘利佐渡守奈良つけかうの物一鉢、酸一壺私迄送之、今朝々飡に飯尾長門守、甘利佐渡守、松平和泉守、薗科彥九郎、由比左近、福島八郎左衛門、甘利太郎右衛門、岩本六郎右衛門、城涌檢校等呼之、長門守、樽一、鮑五、なからみ一鉢、彥九郎、二十疋、左近、樽一、鳫一、岩本樽一串柹持來、次三智庵來談、勸一盞、茶一やきん持來、次住持來談、勸一盞、同良一來、平家早物語等語之、扇金、遣之、次朝比奈備中守禮に來、樽五荷、豆州江川、五種、鵠一、鮭三、さゝい一折、あんかう一、干ふく一折、太刀、馬等持來、同子左京亮太刀百疋之折紙、同下野守、粟屋左衛門尉等太刀にて禮申候了、先神尾對馬來馳走、同福島八郎左衛門馳走、甘利佐渡守同來、引付、吸物等にて及數盃、各沈醉也、次龍壽庵、西林軒、勢林、了葩等招寄勸酒了、住持は醉臥云々、永宗、敎傳は他行云々、

五日、己丑、天晴、〇從大方晩飡に可來之由有之、次御黑木へ鮭一、進之、次永宗、敎傳等勸一盞了、次住持招寄勸一盞了、次大方ゟ晩飡に罷向、相伴御黑木、大方、予、奥殿、城涌檢校、齋藤彈正忠、澤路隼人佑、飯尾長門守等也、濟々儀也、次御黑木ゟ立寄、次罷歸了、甘利佐渡守此方迄送候間勸一盞了、

六日、庚寅、天晴、自戌刻雨降、〇松井彌介來、對面了、次齋藤彈正忠來、鈴一對食籠持來、淨蓮同道、勸一盞、みを清見寺見物之事、爲太守被申付之、案內者に彈正被申付之間、何比可罷向哉之由申之間、十三四日之比之由返答了、次住持へ客人有之間食籠送之、次於方丈之庭新發大

鼓打之、見物に可來之由永宗申送之間、罷向見物了、住持は醉臥云々、一盞有之、淨蓮來、則令同道花陽院へ當年之禮に罷向、牛黃圓二貝遣之、同弟子源竹に一貝遣之、吸物、蒸麥等にて酒有之、次御黑木へ罷向、門出に大澤部屋へ罷了、

七日、辛卯、雨降、風吹、自未下刻晴、自酉刻又風吹、 ○自住持昨日食籠之禮に使玄家、有之、次今晚一宮出羽守呼之處、初卯精進別火之由申不來、鈴一對送之、次住持德利持來、自他受用之事、住持へなら油煙、二丁、さしやく、一、八十枝（はしきひ）二本、遣之、次中御門（三内）食籠、樽一荷被送之、次晚飡三條亞相、中御門、木村左衞門大夫、高橋（中内）、三宮（三内）等呼之、飡之時食籠にて酒有之、音曲有之、

八日、壬辰、五墓日、天晴、 ○自三條亞相昨日之爲禮木村左衞門大夫來、對面了、次方丈江罷向暫雜談、一盞有之、次一昨日之新發大鼓又來打之、 十三四之若衆也、酒被勸、引物有之、 次國分寺之藥師、長谷之觀音等へ參詣、次大澤部屋へ門出、次御黑木へ立寄、湯漬給之、 今朝令行水、聖降日之間靈符、岡殿御分迄六座行之、如常、

九日、癸巳、天晴、十方暮終、自今日天一天上、 ○勢林爲使喝食松的里江庵原大藏母、牛黃圓三貝遣之、從來十二日於當寺之庭、女房狂言勸進有之云々、仍普請有之、 次晚頭御黑木江罷向、予十炷香張行、 人數御黑木、二、、大方、三、、予（筆取）、二、、賀永、四、、御まん、二、、奥殿（火もと）、二、、山宰相、二、、中將、二、、小少將、無、御乳（か永）、二、、 あこう、二、、客人、二、、あち、二、、こち、六、、 城涌檢校無、等也、次入麵、吸物、食籠等にて盃三、酒勸之、同自大方樽一荷、饅頭、 食籠等被持之、各懸物高名三人被取之、殘者鬮取也、 丑刻罷歸了、奥殿、小宰相等に牛黃圓二貝、宛遣之、召出大澤左衞門大夫、澤路隼人佑、甘利太郎右衞門等也、

十日、甲午、天晴、自酉刻雨降、天一天上、 ○從御黑木香之筒以下到、同蠟燭二丁賜之、次甘利佐渡守來、勸一盞了、 次御黑木へ罷向、晚飡相伴了、次大澤所へ門出了、 次三條亞相へ罷向暫雜談了、

十一日、乙未、天一天上、五墓日、自卯刻晴、 ○從住持松露一籠、早蕨一鉢被

送之、則大方へ遣之、次今日愚息女妙清百ヶ日之間、住持、龍壽庵、西林軒、永宗、勢林等に齋申付了、住持に十疋、殘四人風呂代少宛申付了、次齋藤佐渡守來、淨蓮同道、食籠鈴等持來、勸一盞了、次中御門之內神尾對馬入道、但馬入道等來、勸一盞了、次中御門來談、淨蓮同道、勸一盞了、

十二日、丙申、天晴、風吹、天一天上、○自大方鴈一被送之、爲養生可受用之由有之、次於寺之庭女房狂言六番有之、勸進也、五六百人見物有之、齋藤佐渡守來談、見物了、一日鹽斷之由申之間不及一盞、次甘利佐渡守、福島八郎左衞門、三智庵等來談、於花陽院沈醉云々、勸茶了、三智庵住吉神體縫物令見之、次齋藤彈正忠來、三浦見物之事、明後日十四日之由太守被申付之間、爲案內者可來之由申之、勸一盞了、次大澤部屋へ門出に罷向、次御黑木に罷向、一盞有之、次自西林軒土筆一折被送之、

十三日、丁酉、天晴、天一天上、○住持來談、饅頭にて勸茶了、次福島八郎左衞門來、朝比奈左京亮言傳鴈一送之、祝着了、次一宮出羽守來談、女房狂言見物、同松井彌介來、勸一盞了、今日者見物衆千四五百有之、次中御門來談、周泰、淨蓮同道也、次朝比奈左京亮所へ鴈之禮に隼人遣了、次皮籠一、御黑木に進了、

十四日、戊戌、二月中、天一天上、○早々大澤部屋へ門出、幷御黑木に參、一盞有之、今日從辰刻名所見物自太守被申付、爲案內者齋藤彈正忠、蒲原右衞門尉、其外甘利佐渡守、蕓科彥九郎來、予馬幷大澤隼人等馬從太守來、久能觀音、次羽衣松見物、狂言に如此、

いつまでの見るめもあかし浦波に釣するあまの羽衣の松

次三浦之大明神參詣、則於社中小漬有之、次貝島遊山、貝拾之、次於先之所晩飡有之、次於拜殿音曲、酒及數盃、次於先之所旅宿了、今朝蒲原右衞門尉太刀にて禮申候了、三浦社禰宜大田樽一、蛤蜊一折にて禮申了、又牛黃圓二貝遣之、

十五日、己亥、晴、自申刻雨降、天一天上、○朝飡以後乘船、海上二里餘船中音曲有之、着淸見寺、遠景言語不可說也、此所へ自大方使福島八

郎左衞門來、樽三荷、食籠、赤强飯等被送之、及大飮、次關見物、次濱通一里餘見物至江尻、於江上院晩飡有之、昨今之儀、從太守被申付濟々儀也、大草、周阿彌以下六七人、自一昨日罷越云々、申刻歸府中、直大方へ罷向禮申候了、奏者小宰相に申置、太守へ禮、齋藤彈正忠、蒲原右衞門尉に申渡了、金錢花一本遣之、大方へ生たる鮑二、土筆一蓋、同花一本送之、次御黑木へ罷向、昨今之儀雜談了、令行水了、次當寺へ立寄、住持醉臥云々、次住持鈴被携來、一盞有之、自奧殿杓子貝五、被送之、

十六日、庚子、自寅刻晴、天一天上、彼岸入、○龍壽庵、西林軒來談、昨日一昨日狂言に事外大群衆云々、澤路隼人佑爲使、齋藤彈正忠、蒲原右衞門尉、甘利佐渡守、藁科彥九郎、福島八郎左衞門等に禮申遣之、次三條亞相へ罷向暫雜談、次御黑木へ罷向、晩飡有之、貝共賜之、大澤部屋へ門出沙汰了、

十七日、辛丑、陰、天一天上、五墓日、時正、○中御門、飯尾長門守等へ隼人佑遣之、留守云々、次一宮出羽守來談、勸一盞、馬之藥少出之、祝着了、幷香爐灰之燒樣、同たどんの燒樣等尋之、注置之、腫物入藥遣之、次中御門來談、○淨蓮同道、明日建穗寺ね舞そろへ見物、可同道之由約束了、次住持入夜來儀、及亥下刻雜談有之、

十八日、壬寅、天晴、天一天上、時正、○從大方貝二折、色々、羊餌之食籠賜之、則住持へ十遣之、次勢林同道、建穗(たけほ)へ罷向、先大澤部屋へ門出に立寄了、同御黑木へ參、次中御門へ罷向、酒有之、次兩人乘馬、建穗寺へ罷向、先於莊嚴院茶有之、次於本堂兒之舞、萬歲樂、延喜樂、陵王破、安摩、太平樂急、ヽヽヽ三番有之、此間に盃出之、酒及數盃了、次當寺方丈へ罷向、一盞有之、城涌又申一竹四穴、御黑木に預置之、

十九日、癸卯、天晴、自戌刻雨降、時正中日、天一天上、○昨今又當寺に女房狂言以上六日有之云々、次御黑木へ罷向、次三條亞相へ罷向、來廿五日五郎殿月次會可罷出之由、昨日敕被申送之間返事申候了、次正覺院へ禮に罷向、牛黃圓二貝、

送之、法談阿彌陀經、有之間聽聞了、次吸物にて一盞有之、相伴予、住持、富樫介、齋藤佐渡守、甘利佐渡守、大澤、澤路等也、次各令同道罷歸了、次又御黑木へ罷向、湯漬有之、次又三條亞相へ罷向、鞠一足有之、三、予、木村、三宮計也、次晩飡相伴、至戌刻雜談了、

廿日、甲辰、雨降、自未刻晴、從亥刻雨降、時正、天一天上、 ○坊主若和布一盆送之、次妙祐田にし一盆送之、次中御門被來、淨蓮同道、同住持被來、勸一盞、暫雜談了、次大澤部屋へ門出に罷向、次御黑木へ參、一盞有之、奥殿來談了、予木綿袴今日出來了、今日淺間宮廿日會、依雨儀延引云々、

廿一日、乙巳、晴、風吹、自酉刻小雨降、時正、天一天上、 ○今日天氣不定之間廿日會又延引云々、齋藤佐渡守度々使有之、次近所善然寺法談聽聞、坊主、甘利佐渡守等同道、次勝路、寶樹院之をとり聽聞、以外群集也、三條亞相被聽聞、次住持兩人被招請、三亞相當年始歟音信云々、三獻有之、次當寺之方丈へ罷向、住持暫雜談、喝食松的に約束之百人一首令書寫遣之、次御黑木より京都へ言傳之狀共、鳥目以上七十疋、阿茶々に織物小袖等到、又隼人に三十疋、與二郎、與三郎等に二十疋宛、又二郎に十疋等被遣之、又同貝ながらみ、一盆、土筆等賜之、次冷泉黃門兒明融四五日以前自奥州當國へ被越云々、今日使有之云云、則隼人遣之、見參云々、次法一座頭に約束之一竹四穴相添一紙遣之、

廿二日、丙午、天晴、時正終、天一天上、 ○今日廿日會有之、棧敷之事甘利佐渡守に申、午時齋藤佐渡守、甘利佐渡守、同子萬德、蘘科彥九郎、糟屋小二郎、良智、、、高屋彌二郎并住持等、勸一盞了、同僧衆以下同道、從路次由比左近來、次棧敷へ冷泉弟之兒、中御門息之喝食、各和式部少輔、牟禮備前守、朝比奈左京亮、蒲原右衛門尉、由比四郎右兵衛、同弟十郎兵衛、神尾對馬入道、觀世大夫來、從大方食籠樽等賜之、次當社新宮禰宜、同總社禰宜兩人、樽土器物持來、酒及數盃了、兒之舞三雙女十八日、但衣裳舞之出立也、僧衆七人出仕、二舞等有之、此間にもとり四十四人有之、一興、不思議之見物也、次

牟禮此方へ同道、次方丈へ罷向、酒有之、永宗、長運此間不出仕之間、牟禮、隼人以兩人住持へ申、兩僧召出了、次御黑木へ參、今日之樣雜談申候了、晚飡相伴申候了、暮々罷歸、從中御門女中貝（すわうかふさ）一折、勝栗一箱賜之、次永宗禮に來、

廿三日、丁未、天晴、天一天上、○法一座頭一竹四穴之禮に來、暫雜談、次從住持生之椎茸一盆被送之、次隼人爲使勝路へ一昨日之禮、廿利、齋藤、牟禮、新宮之總社木禰宜等へ、昨日之禮申遣之、朝比奈備中守に上洛路次三ヶ國之送傳馬以下之事同申遣了、次住持、勢林等に百草黑藥一包つヽ遣之、方丈へ罷向、茶にて暫雜談了、次三條亞相へ罷向、楊弓廿度有之、各和式部少輔來談、幷新野、由比玄陽、最勝院素經等、明後日和歌談合、一盞有之、次予晚飡相伴了、次御黑木へ立寄了、

廿四日、戊申、天晴、天一天上終、○方丈に罷向、同中御門被來、酒有之、次中御門、永宗等令同道、淺間宮徘徊花共見物、音曲有之、次大岩今林寺之名花見物了、次御黑木へ罷向、永宗同道、太守へ今日招請云々、留守也、湯漬受用、次大澤部屋へ門出に罷向、ぬる冷麥にて一盞有之、次喝食松的里より餅一盆、鈴一對被送之、次入夜住持、永宗、勢林、松的、良哲、宗益等招寄、十炷香張行了、筆取予、火本隼人沙汰了、住持懸物鈴一對、食籠被持了、次吸物餅にて一盞勸了、

廿五日、己酉、天晴、天一下艮、○早々以隼人佑飯尾長門守、三浦内匠助所へ、來廿八日上洛之案內、傳馬等之事、太守、五郎殿へ可申之由申遣了、同廿利佐渡守へ大方へ案內之事申遣了、次御黑木へ罷向、次三條へ罷向、飯尾若狹守迎に來、三、予、勝路令同道、五郎殿へ罷向、則各置懷紙、卅二人、次短冊廿五首、硯蓋に予盛之、當座有之、人數三條亞相、予、太守、五郎、總持院勝路上人、富樫二郎、武田左京亮、各和式部少輔、葛山左衞門佐、新野彥十郎、三浦上野介、一宮出羽守、木村左衞門大夫、澤路隼人佑、齋藤佐渡守、粟屋左衞門尉、最勝院、同子千菊、進藤彈正少弼、小原伊豆守、蒲原右近、岡邊太郎左

衞門、朝比奈丹波守、由比玄陽、朝比奈下野守、飯尾若狹守、由比四郎右兵衞、同主計允、德源寺、醫者孝甫、系以、三浦內匠等也、最勝院素經懷紙等讀揚之、次晩飡有之、觀世神六、同二郎大夫迄相伴廿八人云々、三、予兩人二首つゝ也、其外各一首也、予和歌懷紙、

詠歸鴈越嶺和歌

正二位言繼

一つらの峯行かりも故鄕に花の錦やきて歸るらん

山中瀧水

おくふかく雪も氷もさけぬらん瀧のひゝきの山さよむまて

いかにしてみしかき野への若草のいはゆる駒をつなきとむらん

よそに先たくへてもしれ吹さなき風にも絕すなを松の聲

同當座春駒嘶、忍待戀、

隼人佑代河上氷、

たえす行なかれの末の河波はいつのよさみの氷そむらむ

廿六日、庚戌、晴、從巳刻雨降、〇福島八郎左衞門來、從牟禮言傳、明後日廿八日、朝比奈備中守所へ可來之由有之、可罷立之由雖存之、一日者延引可罷向之由內々申候了、勸一盞、次甘利佐渡守來、勸一盞了、次冷泉黃門兄佳月齋明融宿へ罷向、弟兒之宿所也、一盞有之、雜談移刻、次大澤部屋へ門出了、次御黑木へ參、晩飡相伴了、

廿七日、辛亥、天晴、〇明融俄今朝甲州へ被越云々、京へ言傳之書狀到、次從京都召具則相州へ罷之小池、前野等、昨晩當國へ罷越云々、兩人來、上洛之供可仕之由、但小池同道有之上洛云々、前野此方へ來、宮笥に蠟燭十丁出之、次大野見掃部助來、鈴一對、食籠持來、坊主、大澤等來、自他受用了、次方丈へ罷向、濱納豆の調味習之、如此、一兩分別あるへし、

大豆一兩口傳煎て、小麥の粉半兩よくませて、板口傳にひろけて榎の葉を覆て、露の後取て、黃花の付く程七日計過て、其後よく〱ほして、水一兩に鹽三分一を入て、よく〱煎し口傳てよくさまして、先紫蘇山椒の皮、各三分一、茴香、生姜各少、前の鹽水に四種をよくねり合て、後に大豆を合て桶に入、蓋の上に口傳をもし置て、三日計ありて又よくかき合て、二七日計有て、

しるをしたみて日にほすべし、口傳
次冷泉弟之兒十四才禮に被來、可上洛之間諸事賴之由、母儀
より言傳有之、勸一盞了、次從中御門約束之杏李煎、
少、矢十筋、根十菊川、被送之、次從御黑木音曲之本十冊、
返給之、同結花之仙翁花一枝、中御門女中作、櫻之作枝等賜
之、次及黃昏一宮出羽守使有之、木綿二端送之、祝着
了、同澤路隼人に手縄一筋遣之、又母之方へ紙袋一、言
傳也、次福島八郎左衞門來、朝比奈所へ明晚可來之由
有之云々、
廿八日、壬子、八專入、天晴、○方丈ゟ罷向、住持へ蓋置、赤銅、唐小
盆遣之、次勢林茶器遣之、次冷泉へ昨日之禮に罷向、先
之御黑木へ今日之禮申、一盞有之、次大澤部屋へ門出
に罷向、岩本六郎右衞門尉約束之鵠之君不知七枚送
之、次牟禮備前守、三智庵來談了、次三條亞相へ暇乞に
罷向、次中御門へ罷向、留守云々、但此方へ被來云々、
次三智庵來談、尋之儀共有之、大黑一鉢、蕨一折送之、
次從中御門女中小袖二、萠黃紅一、白紅一被送之、次
牟禮備前守、福島八郎左衞門來、令同道朝比奈備中守
所へ罷向、相伴吉淸法印、醫者、牟禮備州、朝比奈備中守、同
左京亮、同下野守、大澤左衞門大夫、澤路隼人佑、原父遠州國者
子、齋藤佐渡守、法印若衆、福島八郎左衞門、繪師式南良
部、南都之入道等也、湯漬三七五、濟々儀也、次燕麥、吸物、
食籠等にて及大飮、音曲有之、予に段子二端與之、予
又太刀遣之、夜半計罷歸了、
廿九日、癸丑、天晴、○從御黑木音曲本十六冊被返之、幷富士
海苔一折賜之、次松井彌介紙一束、養生藥ヽヽ持來、
次中御門暇乞に被來、紙一束、ふすべ草二枚、鳥目百
疋被送之、同隼人に五十疋、與二郎、與三郎等に二十
疋宛被遣之、勸一盞了、同法一座頭來、次三浦内匠助
來、尻かひ一懸送之、不及見參罷歸云々、次松平和泉
守暇乞に來、鴈一送之、勸一盞了、次從三條亞相木村
左衞門大夫爲使來、紙二包、四束、尻かい一懸被送之、次
牟禮備州百疋、飯尾長門守五十疋持來、勸一盞了、次
住持紙十五帖、濱納豆一箱持來、寺へ暇乞に罷向、燕

麥にて酒有之、次甘利佐渡守麥食一、奧尻かい一懸持來、勸一盞、次太守、五郎殿、朝比奈備中守、大方等へ暇乞に罷向、申置了、牟禮長門守、甘利等同道了、次蒲原右衛門尉、自太守爲使鞠一足被送之、勸一盞了、次太守禮來儀、太刀千疋被送之、五郎殿各和爲使太刀被送之、次御黑木へ罷向、大方に晩飡有之云々、次甘利佐渡守爲使、自大方黃金二兩、島つむき三端、紙一束、從賀永段子一端、紙一束、從冷泉局紙二束、自奧殿紙一束、引物二、師子皮こ一對、自小宰相香箸、紙一束等被送之、次大方へ晩飡に罷向、相伴老母、大方、予、奧殿、牟禮備前守、大澤左衛門大夫、澤路隼人、飯尾長門守等也、從大方隼人に二百疋、雜色兩人に百疋つゝ賜之、次福島八郎左衛門手繩五筋送之、次三條亞相暇乞に被來、於御黑木見參、勸一盞了、

卅日、甲寅、雨降、八專、○林際寺之禎首座聚分韻二部被送之、次齋藤彈正忠暇乞に來、華撥圓三貝遣之、蒲原右衛門に三貝言傳了、次自蒲原右衛門方使有之、五郎殿に申鞠一足送之、次自御屋敷大方、濱納豆一筥賜之、次矢部縫殿丞木綿二端送之、次神尾對馬入道暇乞に來、沖津鯛、一折、鳥目三十疋送之、中御門へ華撥圓三貝言傳了、次牟禮備州、甘利佐渡守等送に來、勸一盞了、次朝比奈左京亮來、太刀二百疋、父備中所勞云々、太刀千疋送之、勸一盞了、先日之分迄以上十六貫渡之云々、次甘利太郎右衛門鈴一對、干鯛一折送之、次藁科彥九郎卷ふすへ草一枚送之、先刻左京亮に、燒どの藥ひはつ圓之方懇望之間令相傳、又予ににきりくたし并萬力合藥方送之、明日大澤、妙祐等令同道可上洛之分也、大澤に牟禮腰刀一文字、被出之、次大方に風呂有之入、佐渡、八郎左衛門等入、次從大方田樂賜之、兩人以下受用了、隼人小者又二郎に三十疋遣之、

○三月小

一日、乙卯、晴、風吹、八專、○小宰相、中將、小少將禮に被來、佐渡、左近、八郎左衛門、彥九郎、兵部、縫殿丞禮申了、朝飡御黑木、予、牟禮等相伴、昨今者從御屋敷各に朝夕

被持了、飯尾長門守者從昨朝藤枝へ罷越、予一宿之儀申付云々、朝比奈備中守者今朝早旦中田遠州へ遣之云々、未刻罷立、女房衆今朝三人暇乞に被來、一盞有之、牟禮備前守、甘利佐渡守、矢部縫殿丞等藤枝迄（五里餘）、送に來、中御門はまりこ迄五十町被來、其外八郎左衞門、岩本六郎右衞門、關忠兵衞等者宿末より返了、予乘馬備中守申付云々、大澤左衞門大夫、澤路隼人等馬御屋敷より被出云々、申下刻着藤枝了、次晚飡有之、予、牟禮、長門守、佐渡守等相伴、次蒸麥にて酒有之、

二日、（丙辰、晴、）○牟禮、飯尾長門、甘利佐州、矢部縫殿之中へ一首遣之、同牟禮贈答、

わすれめやかゝる情の花もなと匂ふ千枝の里のかりふし　拾翠のふ

こゝもけに匂ふ千枝の花なるにかへるさいそく雲の上人　元誠

今朝今川那古屋殿へ隼人遣之、太刀にて禮申候了、所勞云々、○朝飡以後起藤枝一里、各六七騎送に來了、二つつか迄來、岡邊、青島、藤島等過三里大井川、（此所迄駿州、遠州）金屋、左夜中山、（中程菊川、）過二里三つ坂、又過二里至懸川宿天然寺、（淨土宗、）則住持被出禮、湯麥吸物等にて一盞有之、則今井入道來、同從左京亮女中使有之、晚飡自城持來云々、

三日、（丁巳、晴、酉刻雨降、八專、）○自住持茶子草餅被出之、（薰物二貝遣之、）今井入道爲使自城草餅一盆、茶（一やきん、）等賜之、次中田善左衞門、弟同十郎右衞門路次之儀に來、對面、牛黃圓二貝、遣之、次又爲使來、夕方可見參、又一兩日可逗留之由有之云々、次朝飡從城被持云々、住持今日之禮被申候、見參了、次自左京亮女中使有之、甲州紙、（一束、）茜根つむき一端被送之、同南向へ一包、葉室母儀へ一包、書状共等到、次當所神宮寺（淨土衆、）住持來、尾州へ案內者之事備中申付之間、則同宿申付也、樣體談合に來、對面勸一盞了、次當寺住持へ牛黃圓二貝送之、次當寺門前之櫻及四十本、其外六十計有之、回覽之時狂言に如此、

天然寺

月ならはよるもすからに花見てんねむしと思ふ事はあらしな

次晚飡城に有之、同名助七郎、（筑後息、）中田善右衞門等迎

に來、同罷向、備州女中中御門姉也、見參、則晩飡相伴、女中、
予、筑後室、朝比奈筑後入道、備州兄也、直一檢校等也、中酒
以後羊かん、湯し麥、吸物等盃三出了、各及數盃、亥刻
計罷歸了、
四日、戊午、天晴、○今井爲使昨晩之禮被申、又以大澤同禮申
候了、同左京亮女中へ昨日音信之禮、筑後入道所等へ
遣了、次以今井入道薯蕷一盆被送之、次醫者被申付、
來脈取之、下虚氣等之間可養生禁酒之由申候了、次自住
持さたう餅にて一盞各被勸了、次先刻之醫者賢虎今
一度脈取之、藥可與之由申來、勸一盞了、次賢虎藥十
一包、加減順氣木香散送之、次自朝比奈筑後入道使有
之、前島又四郎云々、明日可逗留之由有之、對面了、住持被申
一枚起請、其外短冊廿五六枚各申候間書之、同扇二本
書之、
五日、己未、小雨降、八專、○寺僧是觀茶子草餅一盆、茶等被送之、
次自城食籠、蕨餅、但葛也云々、三つ坂の名物云々、鈴一對被送之、則住
持以下寺僧若衆共招寄勸一盞了、次自城地藏菩薩靈
驗記十二卷、五六卷上下、沙石集十卷外題書事被申、則調遣
了、賢虎手本之事二枚申、一枚五常詩歌等書遣之、其
外各五六書之、
六日、庚申、天晴、八專、○自城朝夕日々被送之、次食籠珍味一
種被送之、住持以下各勸之、次餅豆腐等吸物にて、各
に一盞勸了、次手本共數多書之、庚申之間亥刻計迄住
持之方に雜談、音曲等有之、餅にて茶有之、朝比奈筑
後室に眉作五具遣之、
七日、辛酉、雨降、自未刻晴、八專、○寺僧意文茶一やきん、送之、筑後并中田
十郎右衞門所へ澤路隼人遣、明日可罷立之間、傳馬送
等之事申遣之處乍兩人留守云々、從筑州使有之、明日
者傳馬指合之間可延引之由有之、
八日、壬戌、天晴、○天王邊徘徊、賢虎出合、於芝疊敷之脈令
取之、無殊事之由申候、次從城今井入道爲使京へ言傳
之物共到、ところ一盆、干飯三、紙袋、路次之用とて被送之、
次賢虎甲州紙一束持來、勸一盞了、次從城女中田十郎
右衞門爲使予に千疋、大澤に百疋被送之、對面勸一盞

了、次入夜住持以下に干飯を振舞了、
九日、癸亥、天晴、八專終、○賢虎所へ沈、一兩、せん香立茶垸物、師子、遣之、同ひはつ圓之方懇望之間調遣之、則禮に來了、次朝比奈宗右衞門、三川之岡崎迄送之事被申付之由申禮に來、對面盃令飲之、同住持神護寺以下勸一盞了、神護寺同宿宗全、尾州とこなべ迄送之事申付云々、今日同道、次住持へ樽代二十疋遣之、次朝比奈筑後入道禮に來、二十疋隨身、勸一盞、同中田十郎右衞門來、勸一盞了、次朝飡後發足、予乘馬先日之備中守馬也、其外傳馬十疋到、是觀二三町送に來、今井入道十餘町來、懸川より過一里はら川、又過一里袋井、又過二里見付之衙、各一盞用之、次過一里池田、天龍川、又過二里着引馬、宿之事宗右衞門申付、當所之飯尾善四郎、三州岡崎之番也、留守云々、内之者繪馬に一宿、落着出立等之事、筑後、中田狀にて宗右衞門罷向申付云々、次隼八小者又二郎又二十疋遣之、次備中守中間又一郎、五郎二郎、自駿州今日迄三日來之間、十疋つゝ茶之代申付遣之、

十日、甲子、陰、從巳刻風雨、○辰下刻起引馬、過四里今きれの渡、則汀迄持明院大府卿迎に被出、則新居(あらゐ)里宿に立寄、中安兵部少輔出合禮被申、紙二束樽一荷兩種送之、强飯にて酒有之、予太刀遣之、今日風雨之間予此所に逗留、又二郎計此方に置、荷物共其外之衆白須賀迄一里、遣之了、今夜持明院同宿雜談了、
十一日、乙丑、天晴、風太吹、○朝飡以後發足、風以外吹之間、路次之里(過二里)に過三里暫逗留、持明院二村山鹽見坂(三川境)迄被來了、七時に着吉田(三州)之宿に、天盧齋爲太守被申付晚飡有之、朝比奈宗右衞門尙送に來、山國與七迎に白菅(すか)迄來、從京方々書狀共到、日々傳馬共十疋出之云々、
十二日、丙寅、陰、自酉刻雨降、入土用、○與七に卅貫借用之内、今日九貫渡之、於府中宿去月卅日十二貫渡之、然者以上廿一貫渡之、駿州へ下□云々、次朝飡以後立吉田、過三里五位里、又自是山中長澤過一里餘山中鄕、又過二里餘着岡崎(西三川)、及黃昏、今朝朝比奈宗右衞門に薫物三貝、筆一對遣之、今晚落付晚飡、自城飯尾善四郎申付云々、

十三日、丁卯、雨降、○朝飡飯尾善四郎申付云々、飯尾所へ大澤左衞門大夫爲使、太刀、竹門御筆三社託宣等遣之、次宗右衞門に書狀共言傳、左京亮、中安兵部に靑門御筆、持明院に扇二本、五靈膏之方等遣之、次大林寺へ罷向、牛黃圓二貝、さつか一束遣之、吸物入麪にて二獻有之、予受戒之師也、廿餘年在國、空立軒照翁上人云々、七十六才云々、次自飯尾善四郎方、同名善右衞門爲使來、依所勞不來云々、太刀、百疋等送之、對面了、今日雨故逗留了、

十四日、戊辰、天晴、五墓日、月蝕廿刻、○大林寺照翁上人暇乞に被來、五十疋被持之、勸一盞了、次朝比奈宗右衞門紙一束持來送之、次竹田法眼來、牛黃圓二貝、蕪荑仁丸二百粒持來、次朝宗に太刀遣之、立岡崎過六七町、矢はき川舟にて渡る、過三里荒川傍吉良、又過一里渡入海、舟着鷲塚、一向宗、次又過一里着大濱宿了、自引馬善四郎予乘馬來、自入海のきは返了、口付に十疋遣之、同傳馬從岡崎九疋出之、自鷲塚一里三分駄ちん也、自此所一里半海上賊難有之由申候間、向地水野山城守內ならわの里蜷川十郎右兵衞所へ、遠州神宮寺より案內者宗全、夜舟にて遣之、迎之事申候了、

十五日、己巳、天晴、○大林寺之僧智春上洛之間可召具之由申來、次從成波(ならわ)迎相待、未刻乘船、五十町渡海、着成波之宿、蜷川十郎右兵衞宿傳馬無之由申之、今夜此所に逗留了、宿へ十疋遣之、

十六日、庚午、小雨降、自巳刻晴、○亭主、宗全等申一枚起請書之、次亭主爲案內者馬三疋出之、過二里とこなべに着了、宿正住院、淨土宗、禪林寺末寺云々、次水野八郎次郎山城守次男、使有之、路次同北伊勢へ舟之事申付云々、次城へ隼人佑使に遣之、山城守に太刀、檀紙一束、牛黃圓一貝、同紀三郎に桂蓮院宮御懷紙、同八郎次郎に逍遙院三首和歌遣之、次八郎二郎禮に來、太刀持來、城州所勞云々、鯨一蓋送之、紀三郎鷹野へ出云々、從城晚飡申付了、長太未下刻乘船、海上七里也、酉下刻着北伊勢ながう、送之者片岡宗右兵衞云々、次船長に酒肴十疋遣之、

十七日、辛未、天晴、○早々大澤、片岡兩人神戸（かんべ）五十町へ遣、太刀遣之、次大林寺之僧智春自是上洛之間書狀言傳了、次前野與介可上洛之由申候間、同言傳共申遣了、次亭主片岡和泉守德利出之、今日傳馬不調之間逗留了、去夜者東隣に予臥了、隣之亭主に扇一本今朝遣之、

十八日、壬申、天晴、○自神戸送兩人、傳馬人夫等出之、朝飡以後發足、亭主に十疋、片岡宗右兵衛種々馳走之間二十疋遣之、送自上野（二里餘）歸了、乘馬同從是歸了、別所（別邊內）二郎左衛門乘馬出之、過二里着一身田、專修寺（飛鳥井前大納言子也、一向宗、）へ案內申候了、紙一束、尻かい一懸遣之、次院家より可來之由有之、則罷向、一盞有之、次晚飡相伴、次歸敎光坊、次花恩坊來談、亥刻迄雜談了、晚飡各に被申付云々、

十九日、癸酉、晴、○朝飡被持之、各同前云々、未刻可來之由有之間院家へ罷向、茶せん一遣之、吸物蒸麥等にて一盞有之、次風呂有之、次晚飡被持了、次參宮路次之事、花王坊種々令談合、明日廣德寺之德源院へ大澤指遣、明後日德源院可罷に申定了、

廿日、甲戌、天晴、○朝飡於院家相伴、次樂（笛）、所望之間、太平樂急二返吹之、次大澤左衛門大夫德源院へ（五里云々、）遣之、從院家案內者被相添之、次一竹四穴、略頌圖等被所望之間調遣之、次後小松院消息一、院家へ遣之、午時罷向、沙唐餅にて一盞有之、又及黃昏罷向、暫茶にて雜談了、晚飡被持了、次花王坊龍珠軒來談、及深更、

廿一日、乙亥、陰、八龍日、法樂に神樂少々吹之、次朝飡被持之、次岡本宗八來、碁三盤打、次花王坊龍珠軒、木村將監、神戸民部、長岡新三郎、佐野神六等來談、次院家へ罷向、入麵一盞有之、音曲本卅六冊、玉藻前物語、精進魚類物語等見度之由被申候間遣之、今日德源院へ可罷越之處、天氣無覺束之間延引、次晚飡被持之、次花王坊被申外題十一書之、次及黃昏三人音曲有之、

廿二日、丙子、天晴、○院家へ罷向、朝飡相伴、次發足、人夫兩人、乘馬等被申付之、阿野之津迄一里、佐野神六、木村將監來、二里又八幡、木（自是御料所）森（くろまや）過雲出（くもづ）に到、是迄音部衆十八計送に來、馬以下返之、尙半里馬塲新右衛門中

間來了、雲津◎出カ之於蓮光坊、坊主德利出之、一盞有之、同所迄送了、此所迄大澤迎に來、馬一疋に荷物持之、予乘馬等來、從雲出過二里到細結、過ひらう平生以下二里、到魚見之宏德寺之内德源院、則周仰藏主出向、伯母西專庵に見參申候了、次周清長老來面、先一盞、次仰藏主庵にて非時有之、西專庵に紙一束、藏主に同一束遣之、次長老へ禮に罷向、油煙一丁、紙一束遣之、酒有之、先之長老弟子之喝食禮に被來了、

廿三日、丁丑、天晴、○喝食に小盆に、八十枝十本遣之、藏主に先皇勅筆樂目六、水引百筋遣之、若衆に竹門御筆短冊二枚遣之、次長老に朝飡有之、久保彌十郎相伴西專庵、予、長老、喝食、藏主、若衆、大澤、澤路等也、次方丈に禮に罷向、住持西堂大河内弟也云々、留守之間、弟子喝食に申候了、濃州土岐子國司猶子云々、也、短冊廿枚遣之、次藏主、能侍者、若衆等令同道、御絲神へ參、神宮御衣日々被織之神云々、次住持へ食籠樽等遣之、寺僧中へ酒勸之、次能侍者鈴持來、次蒸麥にて一盞有之、次晩飡御庵、予、喝食、周芳、仰藏主、大河内之内者久保彌十郎等相伴也、未刻石風呂有之、入了、

廿四日、戊寅、天晴、○朝飡長老、周芳、御庵、藏主、予、彌十郎等相伴了、次參内發足、過いなぎ市有之、頸かけ松二里、玉丸うに、たまるの城、國司此所に被越之間先禮可申之處、猿樂有之間明日可參會之由有之間、直に參宮、過一里宮川、山田鄉也、此所にてさたう餅、麵等一盞有之、次外宮、次過一里宇治鄉、參内宮、暮々歸宿、綿屋館之彥三郎云々、御祓三十疋遣之、

廿五日、己卯、天晴、○亭主に百疋遣之、御祓三合、熨斗鮑二把、持禮來、次朝飡以後發足、着玉丸たまる宿洞壽院、禪宗也、次國司奏者稻生いなう佐渡守德源長老見也、所へ使以大澤太刀遣之、次當院主へ手繩一筋遣之、則禮に來、次於玉丸城國司可見參之由有之、但客人依有之、亥下刻罷向、太刀、持、金ふくりん以下、段子白、一段遣之、則見參、初獻雜煮、國司酌にて予飲之、太刀、祐定、馬、代、折紙被與之、二獻蒸麥引付、予酌、三獻吸物又予始之、相伴予、北畠黃門、大坂入道號東、計也、三獻之時、大坂に予◎酌脫カにて勸之、折三合出了、次罷

歸、庭まて被送之、次則族館へ大坂入道爲代禮に被來、依用心不來之由有之、對面了、今日奏者垂水(たるみ)云々、太刀遣之、則又太刀にて禮に來、次馬代三百疋到、

廿六日、庚辰、自巳刻雨降、○早旦歸徳源院、齋有之、次午時於長老方うとん吸物にて酒有之、

廿七日、辛巳、自辰刻晴、○渡唐天神之讃和歌書事仰藏主被申之間、東風ふかは書之、其外四五書之、次午時長老喝食被來、麵にて酒有之、非時之時、西專庵魚物振舞有之、

廿八日、壬午、天晴、○長老、藏主以下衆僧、各從早々大河内へ被越、明日母儀之卅三回佛事云々、今日一身田へ可罷越之處、被留之間不及是非也、次吹伊浦根あかり松見物了、次留守衆酒迎云々、一盞有之、うとん有之、

四方にさく花を盡して松にのみ春もふけいのうら風そふく

廿九日、癸未、陰、未刻小雨、又申刻より雨降、○昨日酒迎之返、冷麵にて一盞各に勸了、申刻藏主、次長老以下、從大河内被歸了、

○四月小

一日、甲申、晴、四月節、自今日十方暮、○齋於長老方相伴、次從午時一折被興行、予執筆沙汰了、上句喝食漢和也、予に入韻被申、如此、

駐　駕　花　移　洛　園　淑

來つゝも馴ろ春の鶯　言繼

ましらふに永日あかぬ席にて　周仰藏主高岑

國　家　自　太　平　天　與

送　涼　山　致　爽　古　印

掬　水　月　揚　淸　周淸長老太虛

暮ふかみ秋のなかれに舟さめて　如　水

きけはかすかに初かりの聲　宗　成

故鄕のたより床しき旅の空　能侍者點雪

歸　意　數　離　程　惟　文

冷麵吸物等盃三、酒有之、及黄昏四十四句終了、

二日、乙酉、雨降、○無殊事、長老來談了、西專庵小壺一、被與之、

三日、丙戌、天晴、十方暮、○從藏主天目之盃、海苔紙袋一、又二束、被與之、兩人之子に小刀一宛被言傳之、大澤、澤路等に海苔、小刀、雜色兩人に小刀一宛、被遣之云々、從長老予に海

苔二束、茶十袋給之、兩人に海苔被與云々、次於長老方齋濟々儀有之、次於仰藏主一盞有之、古文眞寶後集一册被與之、巳刻發足、予乘馬、人夫三人被申付之、仰藏主細組迄二里被送來、於彼所一盞有之、次過二里着雪出運光院、一盞有之、茶五袋、やきん一遣之、此所迄自一身田迎に予馬、人夫兩人、松尾與次郎、中間等來了、德源之人夫一人召具、過二里着一身田敎光坊、則從院家晩飡被持之、入夜坊へ罷向暫雜談了、次花王坊に上洛路次之事談合了、

四日、丁亥、天晴、自酉下刻雨降、十方暮、○德源之人夫返之、仰藏主に約束之聚分韻一部駿河國之本、遣之、次朝飡院家に有之、相伴、暫雜談了、次院家鵪一、殿原衆之中へ鴈一、遣之、次午時院家へ罷向、麵にて一盞有之、次花王坊に薫物三貝、長岡新三郎に透頂香一包、木村將監に靑門之御筆御折紙遣之、

五日、戊子、天晴、自申刻雨降、○朝飡自院家被持、餞に鳥目二百疋、ふのり二束被送之、大澤、澤路に濃州紙一束宛被遣之、暇乞に罷向、一盞有之、此一宿敎光坊に茶五袋遣之、辰下刻發足、馬共申付、同送共被申付了、久保田、といく野、鷹之尾等一里、山中以上二里過之、ひるの宿、又過一里龜山に着了、奉公衆關在所也、從是三里從關送申付、鈴鹿之坂下之宿に申下刻着了、一宿了、大竹屋孫太郎云々、德利出之、宮笥十疋遣之、

六日、己丑、天晴、○早旦朝飡急發足、馬六疋申付了、大竹屋孫太郎送に來、たうげ過二里土山里に着了、於此所中食日野蒲生持分也、又過四里着石原里、同持分云々、又過五里着前郷、此所に一宿、亭主六角中間云々、宮笥十疋遣之、德利出之、前郷馳走之者云々、晩飡之後對面了、守山迄二里可越之處馬共無之云々、

七日、庚寅、天晴、○前郷朝飡以後發足、過二里守山、又過一里芋志那宿、藤田ヽヽ、牛黃圓一貝遣之、舟を仕立渡海、着東坂本坂井之布屋了、午時、亭主に十疋遣之、自是京都へ迎人夫等之事申、與次郎上洛了、

◎以下缺文

言繼卿記 廿三

永祿三年 庚申

○正月小

一日、戊辰、天晴、乾風吹、辰刻虹、（見戌）、○寅一點令行水、召具内藏頭參詣内侍所、同右衞門督、甘露寺等參、予父子先十疋宛折紙進之、看經之後戴神盃、祝如例年、次大典侍局へ罷向、右少辨晴豊に裝束令着之、次於伊與局甘露寺令着之、次於外樣番所葉室、四條等令着之了、○四方拜有之、奉行職事晴豊、寅刻御行水、次着御御服、御衣紋者永相朝臣、御前裝束予奉事之、及天明出御、御簾賴房朝臣、御劔隆益朝臣、御草鞋輔房、御脂燭永相朝臣、藤原種直、早參經元等也、庭上之座以下如例年、御草鞋に輔房簾中又御屛風之内に參、不審云々、又書御座御簾不下、如何、此外公卿少々被參、次於男末如例年盃酌、花ひら雉燒にて賜之、中山大納言、萬里小路大納言、予、新宰相、賴房朝臣、永相朝臣、隆益朝臣、言經朝臣、宗房朝臣、輔房、經元。晴豊、藤原種直等也、次各退出、次予、右衞門督、内藏頭等、於長橋局雜煮にて酒有之、○於愚亭如例年四方拜沙汰之、次春日名號掛之、神樂庭火法樂に吹之、繆唯識論看經了、○此方祝儀朝飡等如例年、○大澤左衞門大夫、早瀨民部丞等鈴送之、澤路筑後守一荷兩種送之、○今朝々飡青侍共悉如例年有之、予盞令飮之、大澤左衞門大夫、同右兵衞大夫、澤路筑後守、同備前守、同隼人佐、同一郎右衞門尉、早瀨民部丞、同彥次郎、野洲（杓送之）五郎左衞門尉等也、○飛鳥井左衞門督、同侍從、一色式部少輔、細川兵部大輔、外記一﨟康雄等禮に來云々、○内藏九獻一荷兩種（鯛、混布、）等、如每月臺所へ進之、○午時内藏頭近衞殿へ御屋之間參、暮々歸宅、○酉刻召具内藏頭御祝に參内、御こは供御參、天酌に被參之輩勸修寺一位（尹豊卿）、中山大納言（孝親卿）、四辻大納言（季遠卿）、萬里小路大納言（惟房卿）、廣橋大納言（國光卿）、予、勸修寺（晴秀卿）

中納言、(庭田重保)源中納言、(雅業卿)伯二位、(基孝卿、持明院)新宰相、(三條宰相中將)實福朝臣、(四辻中將)公遠朝臣、(內藏頭)言經朝臣、(三條少將)公陸朝臣、(松木)宗房朝臣、(萬里小路)輔房、(甘露寺)經元、(勸修寺右少辨)晴豐、(庭田少將)重通、(正親町少將)實彥等也、次若宮御方へ各參御酌也、各同前、公陸朝臣俄蟲之所勞早出也、次予、內藏頭等於御所之口、內藏九獻御祝如例、次退出了、夜半、先之御局々不殘御禮申候了、

二日、己巳、(天晴、自酉下刻終夜雨降、)○早旦內藏頭近衞殿へ參、晩頭歸宅、○澤路孫七郎禮に來、盃令飲之、同新四郎來云々、○今日吉書了、○長橋局、薄所等へ一荷兩種宛送之、○自廣橋入道內府使(藤堂兵衞大夫、)有之、補歷被借用之間遣之、○自吉田神供一膳被送之、頂戴滿足了、○今日禮者(庭田內)河端左衞門志、北野出雲入道、(西園寺內)案主七郎、(北隣)眞繼彌(柳原內)五郎、(近衞殿諸大夫)北小路大膳大夫、(同御侍)進藤左衞門大夫、(廣橋內)速水越中入道宗喜、(同)同左衞門大夫、(奉公衆)本鄉大夫判官、(同)同與三郎、(同)同源三郎、(同)安威兵部少輔、(同)狩野左京亮、(同)眞下式部少輔等也、○當番之間申下刻參內、於長橋局一盞有之、相番予、公遠朝臣、(實澄卿代)經元等也、○今夜天酌に被參之輩勸修寺一位、中山大納言、四辻大納言、萬里小路大納言、廣橋大納言、予、源中納言、新宰相、(三條宰相中將)實福朝臣、公遠朝臣、言經朝臣、公陸朝臣、宗房朝臣、輔房、經元、重通、以繼等也、次若宮御方御祝、御阿子御酌、參仕之輩同前、但廣橋大納言沈醉早出也、

三日、庚午、(天晴、自未刻雪、晴陰、)○番衆乍三人被召留、女中兩人(大典侍殿、伊與殿、)請取之、嘉例御酒有之、(花ひら、きし燒、あさ〳〵、嘉例也、)○子刻內藏頭參武家、供大澤左衞門大夫、澤路筑後守、同隼人佑、同一郎右衞門尉、早瀨民部丞、又四郎、又小者六人等也、奉公衆大概、安禪寺殿、此邊大概禮に罷云々、暮々歸宅、內藏頭沈醉也、○今日此方へ禮に來衆、(奉公衆)三淵伊賀入道、(同)大和宮內大輔、(竹內殿御侍)林隼人佑、(廣橋內)速水右近、(宮內卿局內)谷口但馬守、(平野預內町人)野間右京進、○暮々御祝に參內、倉部同參、今夜被參之輩中山大納言、四辻大納言、萬里小路大納言、廣橋大納言、予、勸修寺中納言、源中納言、伯二位、新宰相、公遠朝臣、言經朝臣、公陸朝臣、宗房朝臣、輔房、經元、重通、實彥、以繼等也、次若宮御方御酌にて各參同前、

次予、勸修寺中納言、言經朝臣等、別御盃頂戴了、次各退出了、○御仕丁山國與七自駿州今日上洛云々、老母文、新光明寺忍譽返事、甲州之藁檀紙一束百四十枚、被送之、

四日、辛未、雪降、自巳刻晴、○自長橋帶一たけ被裁之、○早旦內藏頭參近衞殿、暮々歸宅了、○禁裏千秋萬歲に可參之由有之間、午時參內、大黑五人未刻參、於議定所御庭如例年申之、被參之輩予、實福朝臣、公遠丶丶、公陸朝臣、輔房、重通、以繼、藤原種直等也、於御湯殿上御酒各被下之、如例年、御酌新內侍殿也、先之於薄所吸物にて祝了、○今日禮者中山、右衞門督、柳原頭左中辨、出納兩人、內豎國益等也、○河原者岩禮に來云々、○自淨花院之松林院鈴一對、兩種豆腐、あさ〳〵、被送之、祝着了」、

五日、壬申、天晴、○早旦內藏頭參近衞殿、晚頭歸宅了、○自長橋局一荷兩種干鯛一折、豆腐一折、賜之、○讃岐將監忠雄禮に來、扇一本金銀、持來、對面盃令飮之、次山井近江守景長、隱岐將監隆秋來、同盃令飮之、○竹內藏人長治來、御卽位之儀、裝束共事談合了、酒勸之、○大工源左衞門父子以下四人來、酒令飮之、○自禁裏千秋萬歲に可參之由有之間午時參、北畠之五人參、如例年舞了、曲舞暫舞之、萬里小路大納言、予、三條宰相中將、實福朝臣、公遠朝臣、輔房、重通、藤原種直等參、○此邊少々禮に罷向、萬里小路、高倉、入道對面、伏見殿、御盃被下、勸修寺、中山、大祥寺殿、御盃被下、五辻、對面、飛 左衞門督、竹內殿、吸物、御盃、岡殿御盃被下、等へ參了、○淸少納言來云々、

六日、癸酉、天晴、自亥刻雨降、○淸少納言來、樽代二十疋隨身、吸物餅にて酒勸之、就御卽位、父子、兵庫頭等袍以下之仕立事、又種々談合共也、○自高倉入道使有之、禁裏御禮服早々可申出、任例來可檢知之由有之、同右金吾言傳有之、昨日罷向之禮有之、○長橋局へ參、御禮服可被出之由申候處、先重而之由御返事有之、萬里小路に被仰聞之處、御意見歟、爲御修理料每度三百疋被下之儀、存分有之、遂可申達、不可說々々々、於長橋局一盞有之、次祐乘子大藏卿御禮申、先於長橋局一盞有之、相

伴了、次御對面有之、予申次、從車寄一臺、經南簀子常御所北簀子、參番衆所下壇、御禮申候了、御座御學問所也、次退出了、○高倉へ罷向、御禮服之事申聞了、相共重可申入之由候了、又右金吾擬侍從及闕如之間、可祗候之由被仰出、如何之由談合了、大樹云御參內、云諸人之衣紋、隙入之處、又參懃之段、尙可被思案之由申候了、○伏見殿昨日御所望之間、人參丁香散十服進之、晚頭薯蕷二束爲山藥被下之、一束若州之也、畏入者也、○自竹內藏人絹共調料且五十疋到云々、○從廣（一條殿御侍）橋入道補歷被返之、○今日禮者高伊與守（奉公）、堀川判官國弘、（六位二﨟）外記市正伊昭、同盛厚、內膳民部少輔、主殿大夫職照、（同）新大夫、（武衞內）磯參河守、（伊勢守內）淵田和泉守、○又四郎從一昨日熱氣頭痛腰痛云々、香蘇散加前胡、紫胡、川芎、白芷、半夏、五味子等、與之、

七日、（甲戌、天晴、）○聖降日之間、鎭宅靈符如每月行之了、○自近衞殿御使有之、從今日於大覺寺殿御千句有之、彼門跡へ可參云々、嘉例之祝以後參了、亥下刻歸宅云云、○又四郎小驗云々、同藥加川芎、前胡、半夏、杏仁、五味子等、與之、○岡殿へ參、靈符一座行申候了、吸物（莖立入餅、）御盃被下了、次萬里小路へ罷向、辨見參、暫雜談了、○暮々當番御祝旁參內、天酌に被參之輩中山大納言、萬里小路大納言、廣橋大納言、予、勸修寺中納言、源中納言、新宰相、實福朝臣、公遠朝臣、公陸朝臣、宗房朝臣、輔房、經元、重通、爲仲等也、御こは供御參、御小盃如例、次若宮御方御酌、被參之輩同前、別御盃少少賜之、廣、源、新、實丶、重丶等也、○今夜番衆予、經元、爲仲等也、御寢以後、予、經元兩人參竹內殿、御酒有之、音曲有之、四辻中將、松木、勸修寺辨、中山侍從等祗候也、○大和宮內大輔音曲之本三冊（くす、知章、半蔀、夕顏、）返遣之、又兩冊（幽靈、酒轉童子、玄上、）到、○今日禮者五條、同大內記、富小路入道、同極﨟、伊勢左京亮、同加賀守、同與一等來儀云々、○葉室出京了、

八日、（乙亥、雪晴陰、八龍日、）○自南都人上洛、自中大藏大輔時良（御師）朝臣書狀、卷數、油物等送之、辰巳權預祐礒連書狀、油

物等送之、五辻、甲州之武田入道方へ等、從此方持遣之、○今日禮者齋藤太郎左衞門尉、粟津修理亮、松田丹後守、飯尾中務大夫、淸水式部丞等來云々、○柳原へ禮罷向、客來云々、廣橋亞相へ申置、同入道內府見參、一盞有之、○暮々外樣番德大寺代に參、內々番中山大納言、廣橋大納言、源中納言等也、長橋局にて御萬、安五、ちや〳〵ち、末々衆あか丶、たこ、か丶、むめ等に墨一丁宛遣之、御寢以後、廣橋大納言樽臺物等被持、內外番衆末衆等酒有之、及大飮、予夜半以後退出了、○葉室禁裏へ御禮被申、於議定所如例御對面、申次予沙汰了、

九日、丙子、天晴、○自南都春日社家中東新權神主時宣朝臣書狀、金紙一帖等送之、○自西園寺使治部少輔孝衡朝臣來、春日社神供料三十疋被送之、則可差下之由返答了、○五辻へ罷向、野太刀返之、平鋺鐐借用、則富小路極﨟方へ遣之、又自南都之祓以下遣之、次勸修寺へ罷向、葉室申松尾社公文分田畠綸旨之事申之、文章談合、一品黃門被出一盞有之、次四條へ立寄、沈醉云々、次長橋局へ罷向、春日社權預中臣延時、同祐礒等從四位上之事申候、則勅許也、同樂人山井將監、大神景理敍爵之事、是は來十五日敍位に可被敍之由申入了、勅許也、又御卽位に、桂甲代秦王之具足之事、早々武家へ可被仰出歟之由、內々申入了、○菊亭左大將今日嫁娵云々、甲州武田入道女云々、○久我竹內藏人、極﨟種直、新藏人淸原國賢等半臂襴之絹到云々、○今日禮者勸修寺一品、四辻中將、甘露寺、土御門左京大夫有修朝臣、對馬守多久氏等來云々、

十日、丁丑、天晴、○柳原へ罷向、就御卽位之儀申談了、○自一條殿百疋、自高倉金吾七十疋、春日社神供料到、○自淸少納言方蘇芳檜扇新調賴入之由、十疋到、又平鋺鐐、矢之根、狩俣以下二、燕之水晶等借用之間遣之、○薄所へ朝飡に罷向、同內藏頭同道相伴、新典侍殿、長橋局、予、白川、同姉永久庵、內藏頭、亭主等也、薄に墨一丁、阿茶に火箸一ぜん遣之、○內侍所へ罷向、五位

一采女や丶、あか等に墨一丁宛遣之、大典侍殿へ參、あや丶、あちやち、茶々等に墨一丁宛遣之、次臺所非司兩人、同一丁宛遣之、○近衞殿大閤御參內、內藏頭御輿寄了、廣橋大納言、予同參了、次若宮御方へ御參、次御退出也、予又參若宮御方、不被下御座事、無御氣色事、不可然之由新大典侍殿へ申候了、次於臺所、廣橋亞相、予父子、右少辨晴豐等一盞有之、晴豐事、貫首乍兩人不參之間、今日申次に參云々。○自勸修寺黃門松室申綸旨到來、則葉室に渡之、葉室今朝被歸在所了、○南都之返事遣之、祐礒方へ神供料一貫七百文渡之、時良方へ同三百卅、予御初尾十疋等、返事共渡之、○自勸修寺黃門女房衆、南向へ臺物、鈴一對被送之、袍被仕立音信歟、○今日禮者正親町、壽命院、松田對馬守、同主計允、中大外記師廉朝臣等云々、

十一日、戊寅、天晴、○朝湌以後、內藏頭近衞殿へ參了、及黃昏歸宅、○新典侍殿へ臺物、鈴一對送之了、又春日社神供料十疋到、○春日社中東時宣朝臣返事、扇一本遣之、中方へ五辻返事、扇等遣之、○三條亞相妾安五、舊冬產後之藥之禮、德利、兩種干鮭、混布、送之、○淸少納言、五條使有之、○今日伏見殿如例年申沙汰有之、從庭田父子可候之由使有之、任例一荷兩種栗臺、くまひき土器物、進之、暮暮參、秉燭以後始、被參之輩先李部王、三獻之後御出座 總持寺殿、左府、公朝公、中山大納言、四辻大納言、予、左衞門督、源中納言、永相朝臣、隆益朝臣、公遠朝臣、言經朝臣、重通、爲仲等也、七獻有之、音曲有之、丑刻計歸宅了、○讚岐守忠宗所へ、平緒之縫物代十疋返之、又扇三本牛、召寄之、○薄安禪寺殿へ參云々、次此方へ來了、

十二日、己卯、自曉天雨降、自午時晴、○瀧雲院殿忌日之間、松林院乘誓 淨花院內 西堂齋に被來、相伴了、茶持來、扇一本遣之、○自竹內藏人弓矢、一、隨身之太刀返之、○五條大內記被借用之間、主殿大夫職照に借遣太刀召寄遣之、敍位之日之用也、○安禪寺殿へ御禮に參、火箸進上之、惠桂、瑞仙庵、同弟子仙侍者、周藏主、昌侍者、周仙房、新典侍殿官女あか丶等に墨一丁宛遣之、御盃被下之、次新典侍

殿吸物にて一盞有之、次五條へ禮に罷、乍父子他行云云、次德大寺へ罷向、吸物（壺立に餅入、）にて一盞有之、御卽位之儀談合、又拜賀之習禮等有之、隼人佑（澤路）被召出了、○近衞殿々下御直衣御新調、可調進之由有之云々、○雖爲當番故障申候了、○自薄所鳥目十疋到、中酒之代云云、到來之儀有之歟、

十三日、（庚辰、晴、自未刻雨降、）○自萬里小路入道使有之、御總用之事御服等之事也、仍卽罷向、先尋大典侍殿退出云々、次參新大典侍殿、萬里小路大納言に參會、次長橋局へ立寄了、先之竹內殿へ參了、次自高倉右金吾可立寄之由有之間罷向、談合之子細有之、○自安居院平鎶鏁、同丸緒、玉石帶等到、飛鳥井所持之由、竹內藏人借用之間取次了、平ヽヽ事也、○淸少納言來、對談了、○高辻被來、明後日敍位に衣紋之事石帶等之事被申、勸一盞了、○內藏頭弓之裝束少々予細工に沙汰了、同矢之はす八木にて調之、○早旦內藏頭參近衞殿、及黃昏歸宅了、○喝食惠桂自安禪寺殿來、一荷兩種隨身云云、

十四日、（辛巳、天晴、）○岡殿へ參、御留守云々、御さ五、西方庵、了首座等に墨一丁宛遣之、矢八のはすにきらヽのぬり事申候了、○飛鳥井左金吾へ罷向、次極◎局（カ）務師廉所へ罷向、裝束折重調之、吸物にて一盞有之、持明院、五辻等相伴也、次勸修寺へ罷向、辨痳病相尋、先日藥遣、尙尋之處本服云々、狸汁にて小漬有之、次長橋へ立寄、岡殿、安禪寺殿御座也、次正親町へ罷向、被尋儀有之、○自五條大內記明日敍位之用下襲襟、笏等被借用、太刀迄三色也、○典藥頭賴景朝臣禮に來云々、○內藏頭近衞殿へ朝飡以後參、酉下刻歸宅、新紅筋之小袖一、被下之云々、○自四辻矢一筋（はす水晶、）被借用之間遣之、○德大寺へ笏一、遣之、御卽位牙笏之分也、新也、（位山之一位之木也、）○自武家三毬打竹二百五十本被下之、上野民部少輔使者相添、廣橋へ被渡候由案內有之、大澤右兵衞大夫遣令請取之、從山科大宅鄕例年出之竹也、○先之廣橋へ罷向竹之事申之、一盞有之、高辻同被行了、

○高辻此方へ被來、玉石帶被借用、○葉室出京也、從武家久我之竹內堂上之御案內也、以廣橋予に可申聞之由有之間、則申聞、廣橋へ葉室罷向上意次第之由申云々、○惠桂御寺へ歸、一荷兩種進之云々、晚頭薄歸宅云々、○禁裏へ嘉例三毬打十本進上、文如此、

かしこまりて申入候、かれゐの三きつちやう十ほんしん上いたし候、いく久しくもあひかはらすしん上いたし候へきよし、御心え候て御ひろうにあつかり候へく候、かしく、

とき　繼

勾當內侍との丶御局へ

自德大寺被呼之間、及黃昏罷向、來十八日中納言拜賀之事種々談合也、入麵にて一盞有之、酉下刻歸宅了、

十五日、壬午、天晴、○早旦三毬打六本囃之、赤粥祝如先カ◎例年、○大工源左衞門召寄、御服之御唐櫃申付之了、○柳原へ罷向御總用之儀申談了、○清少納言枝賢朝臣來、矢一、根狩俁、蕪水晶、等返之、丸根於路次落之云々、○柳原辨被來、晚頭衣紋之事被申候了、○近衞殿々下御直衣新調、出來之間進之云々、○今夜敍位云々、大內記笏下襲𧞧太刀等借用之間遣之、○竹內藏人來、矢十六筋持來、予に預了、又老懸借用之間遣之、○柳辨被來令着裝束、次於萬里小路勸修寺右少辨、次師廉朝臣、一盞有之、次高辻、同上、於同所大內記、次庭田、一盞有之、次於臺所廣橋亞相、次於小御所關白等衣紋調之、○先御禮服御覽有之、清涼殿階間御庇に出御、御引直衣御簾賴房朝臣、着兀子給、次關白、直衣、左大臣、束帶、廣橋大納言、同、菅中納言、同、源中納言、同、水無瀨宰相同、等、東簀子北第一間より北上西面着座、圓座、次御禮服御唐櫃、自殿上清涼殿御拜之間迄五位職事舁之、次第被覽之、次入御、次次第に起座了、至丑刻、次予勞之間退出了、敍位不及見物、

小折紙

正二位藤原晴季、從三位藤原兼孝、同內基、正四位下藤原淳光、從四位上三善高衡、從四位下大石國弘、正五位下小槻朝芳、從五位上小野久直、中原慶景、藤原

親綱、從五位下大神景理、藤原家隆、中原職淸、從三位藤原兼孝、同內基、左近衞權中將如元、公卿執筆左大臣、廣橋大納言、菅中納言、入眼上卿源中納言、淸書水無瀨宰相、辨、奉行職事淳光朝臣、傳奏日野一位、早參賴房朝臣、輔房、經元、晴豐等也、

十六日、癸未、天晴、寒嵐、時々雪飛、○敍位今日未刻終云々、遲々何樣候哉、不可說々々々、○自淸少納言、昨日落候矢之根令新調返送之、○禁裏十八日之三毬打、明日未明に可有之由被仰出候間、今日申付沙汰了、○從竹內藏人小寺左京亮來、弓之事談合、予所持之弓之下地遣之、○今晚德大寺禁裏へ御禮可被申云々、仍袍指貫借遣之、晚頭於伏見殿用意、李部王御見參、一盞有之、次予令同道參內、於議定所御對面、申次滋野井宰相中將也、次明後夜拜賀之路次以下指南了、○自高辻石帶、從大內記太刀笏下襲襟被返之、○內藏頭自午時參近衞殿、及黃昏歸宅了、○三好修理大夫前筑前守、上洛云々、○自德大寺、明後日之用大帷被借之間遣之、

十七日、甲申、天晴、時々雪飛、自今日十方暮、正月中、○內藏頭自早旦參近衞殿、及黃昏歸宅了、○四辻中將被來、御卽位次將之具被談合了、丸緒昨日被借用、○自淸少納言、平胡簶爲飾本借用之間遣之、○德大寺新調之表袴、瓜に霰、蘇芳之檜扇等出來候間遣之、○自四辻眞羽被借之間、五枚遣之、○當番之間暮々參、予、公遠朝臣、實澄卿代、經元等也、各參御三間、戌下刻迄御雜談了、御寢之後各於大典侍殿御局御酒被下了、

十八日、乙酉、天晴、十方暮、○內藏頭自早々近衞殿へ參、及黃昏歸宅、○久我內竹村左衞門尉招寄、藏人借用之平胡簶之事談合之子細有之、勸一盞了、○右衞門督被來、袖單裾等之事被談合了、勸一盞了、○公物之表袴申出了、○柳原へ罷向、參內云々、○德大寺へ石帶二筋太刀遣之、今夕拜賀之用也、○自庭田平胡簶矢十六、丸緒等到、縛之事被申之、○德大寺へ一荷兩種遣之、○暮々淸少納言所へ罷向、太刀金、遣之、新藏人國賢に令着裝束、一盞有之、今夜藏人之拜賀也、不及見物也、次德大

寺黃門拜賀也、自小笠原備前守宿所被出、先令着裝
束、次三獻有之、扈從隆益朝臣、前駈刑部少輔長氏、
久我諸大夫、布衣侍一人、如木一人、小雜色十本、白張等也、
於禁裏作法如常、家說假立揖有之、御對面於議定所有
之、申次中山大納言也、今日勅授被申、禁裏三荷三種、
長橋へ二荷兩種也、予以書狀申入了、若宮御方へ被
參、御寢之間申入了、子刻計歸宅了、○御卽位來廿七
日へ御延引云々、自三傳奏案內有之、
十九日、丙戌、天晴、自酉下刻小雨、十方暮、○內藏頭早々近衞殿へ參、及黃
昏歸宅了、○自德大寺、大帷二、太刀石帶二筋、裾等被歸
之、二荷兩種被送之、○淸少納言昨夜之禮に來、樽代
三十疋隨身、勸一盞了、○自岡殿可參之由有之、則參、
方之事御尋、少御造作之事也、○滋野井被來、隨身之
老懸新調、同壺胡籙二、太刀一、等令塗之、晚湌相伴了、
又一盞勸之、○自伏見殿南御方禮服之裝御借用、德大
寺之用、予新調進之、
廿日、丁亥、小雨降、自午時晴、十方暮、○自柳原勸修寺使者有之、三好南
方に隙入之間、御卽位於御延引者可罷下云々、仍可爲
來廿三日之由有之、裝束以下之事に、及數度使有之、
○自高辻鈴一對兩種被送之、十五日敍位衣紋之禮被
申之、○大內記被來、就御卽位之儀被申儀有之、○申
刻參內、右衞門督長橋局迄召寄、御禮服、大袖、小袖、御
裳、玉冠、玉佩、綬等檢知之、玉冠玉佩損之間此方へ申出
之、總別御禮服內藏頭平生預申者也、雖然近代文庫無
之間被置御倉、卅餘日以前此方へ申出加修理之處、今
度以新儀不被出之、不可說々々々、○予、內藏頭等沓
新調出來了、○內藏頭早々近衞殿へ參、及黃昏歸宅
了、○淸少納言蘇芳之檜扇出來遣之、○伏見殿南方御
借用之裝返賜之、
廿一日、戊子、天晴、十方暮、○早々岡殿へ參、御さごに平緒之總
之より事誂之、○庭田へ平胡籙縛之持罷向、普請最中
之間先取て歸了、當色赤直垂、一具自南都上云々、予一具
借用了、○久我之內小寺左京亮、竹村左衞門尉等來、
竹村代百疋持來、竹內藏人誂物共料也、小寺弓矢等之

儀也、○召使行爲來、袍折重之事申候間調遣之、○藝州之雜掌與禪寺東堂より、御服御總用之殘六貫四百文請取之、但織手司過半絲にて取之云々、以上五十九貫四百請取也、○四條被來、弓被持來、紙卷被調之、勸一盞了、○三條宰相中將被申檜扇閉之遣了、○內藏頭自早々參近衞殿、及黃昏歸宅了、近衞殿御物之馬瑙之石帶申請了、御卽位內藏頭用也、○御下袴調進之、長橋局へ持參了、○勸修寺右少辨被申裝束之折重調遣之、○自柳原合木風呂之事被申、取亂候間故障了、○新藏人國賢申平額纐縛之遣了、○佛師侍從召寄、玉冠玉佩等加修理、勸一盞了、○四條、竹內藏人等申平額纐縛之、○陰陽頭有脩朝臣、爲本大帷借之間遣之了、○竹內藏人大帷爲本、竹村來借用之間、葉室大帷遣之、○御綾織手司御服御小本結之絲、公私二結出之、○喝食惠桂自安禪寺殿來、○自花山院女中文有之、御卽位に右府被參之間、沙汰之儀賴入之由有之、串柹一束被送之、○五辻に借用之老懸返遣之、○御卽位御服御總用之殘、傳奏切符舊冬到、同此方請取、如此、

御卽位總用之內九貫四百文者、爲御服御調料、可被付渡山科殿雜掌之旨可申旨候也、恐々謹言、

十二月八日　萬里小路雜掌就時 判
日野柳原、、久直 判
勸修寺、、豐弘 判
與福寺侍司

御卽位御服御總用之殘九貫四百文、所請取申如件、

永祿二十二月九日　內藏寮目代重成 判

日野柳原殿　勸修寺殿
萬里小路殿 各御雜掌

廿二日、己丑、雨降、自午時天晴、十方暮、○內藏頭自早々參近衞殿、及黃昏歸宅了、○自久我竹內藏人同朋來、竹村同道、裝束以下取に來候間渡之、目六添之、一袍、一下襲、一裾、一袖單、同襟、一半臂襴、同忌緒、一老懸、一袍裏之きれ渡遣之、調料以下百疋送之、三度二貫五百到、尙百廿八未到云々、○葉室女房衆上洛、御卽位明日之由也、但來廿七日へ御延引也、女中宮笥樽以下濟々云々、此方に

今日逗留也、禁中見物也、小御所御庭予令見之、○自長橋、就御下袴之儀可參之由有之間、則參様體申候了、次右衛門督所へ罷向暫雜談了、次岡殿へ參、稻荷社社務中小女祇候、予に油煙二丁與之、○當番之間申刻參内、安禪寺殿長橋局に渡御、夕御膳之御中酒御相伴申候了、相番予、經元、兩人參御三間、御雜談有之、於御前兩人御酒被下了、○白川被申繪扇閉遣隨身了、

廿三日、庚寅、天晴、十方暮、○内藏頭午時參近衛殿、及黄昏歸宅了、○葉室女房衆先今日被歸在所了、○清少納言申禮服之裳、半臂襴、同忌緒等出來遣之、○佛師侍從召寄、玉冠方々損之處令直、餅にて令飲酒了、○松尾社社務、扇一本持來、同子宮内大輔、（入埜立）同月讀社禰宜松室左衛門佐扇一本持來、餅にて勸一盞了、四條同被來相伴了、（入埜立）○松尾社月讀禰宜父松室中務大輔禮に來、餅にて勸一盞了、十疋持來了、○佛師侍從に十疋、以大澤左衛門大夫持遣之、○竹内藏人弓之金物明（◎昨カ）日出來、今日取に來之間遣之、○禁裏玉冠玉佩、長橋局迄持參了、去夜仰に、御表袴えびすがけ無之事御不審之間、古物之紙形記六等持參懸御目、限御服無之、臣下以下えびすかけ有之、次參大典侍殿同入見參、○自高倉右金吾、武家御袍御新調出來到、色付張事等被申之、調料如例百疋同到、○柳原へ罷向暫雜談、一盞有之、自御室御使總在廳、罷向相伴了、

廿四日、辛卯、天晴、十方暮、自午時雪霰、晴陰、○内藏頭朝湌以後參近衛殿、及黄昏歸宅、○出納右京進重弘取次沽却之蒔繪細太刀有之、當家之文（◎紋カ）也、予所望之間内々三十疋之分に申定、今日先且十疋遣之、○大澤左衛門大夫に申付御拔巾子之御冠、予冠、内藏頭冠、以上三頭出來持來了」、

廿五日、壬辰、天晴、五墓日、十方暮、○葉室、同大方殿、南向等北野社に參詣云々、○内藏頭弓之弦飾仕立了、○禁裏御拔巾子御冠御小本結等、長橋局迄持參了、次玉佩損之間直之了、一盞有之、次右金吾へ罷向暫雜談、太刀絲卷、一振借用候了、次四辻へ罷向、御卽位次將桂甲之事談合了、又太刀絲卷、一振借用了、内藏頭方々禮可申用也、

○又從長橋局可參之由有之、御拔巾子御冠、高倉亞相入道、同右金吾參檢知、相違之事有之、可申付之由候了、○勸修寺へ罷向之處、一品大祥寺殿へ祗候之間則參之處、御茶子にて御茶有之、桂甲今日從勸修寺一位被渡之、不足之事有之間申之、令歸宅遣之了、○淸少納言衣紋之事申候間申下刻罷向、新藏人、兵庫頭、外記一﨟康雄等拔衣文調之、餅入墊立、にて一盞有之、及黃昏歸宅、○弓之仕立樣見度之由申候間、持罷向了、

廿六日、癸巳、天晴、今日迄十方暮、自今日天一天上、○四條被來、明日之儀談合也、內藏頭次之冠被借用、○局務師廉朝臣兩度來、衣紋之事申候了、○竹內藏人平鍸錄皆具、隨身之壺鍸錄等取に來之間遣之、○出納右京進重弘來、靴笏等借之間遣之、○自竹內藏人段子之狩衣、雜色狩衣五具、同烏帽子五到、予借用也、○甘露寺、勸修寺右少辨、竹內藏人等申裝束之折重調遣之、○中山被申平鍸錄縛之遣之、○萬里小路辨、勸修寺辨等、拔衣文之事被申候間罷向之處、乍兩人參內云々、○飛鳥井左金吾、同侍從等、明日爲見物袍被潤色、仍罷向拔衣紋調之、一盞有之、次富小路極﨟種直所へ罷向、拔衣紋調之、○自萬里小路辨使有之間亥刻罷向、拔衣紋調之、一盞有之、子刻歸宅了、○葉室女房衆拔官以下悉來、松尾之松室左衞門佐此方へ來、晚飡相伴、暮々勸一盞了、

廿七日、甲午、天晴、天一天上、○早旦中御門へ罷向、甘露寺權辨、勸修寺右少辨衣紋調之、次中御門衣冠之衣紋調之、○柳原へ罷向、頭左中辨、壬生官務朝芳、六位外記盛厚等衣紋調之、次柳原一位衣冠衣紋調之了、○於此方葉室裝束令着了、○予、內藏頭着衣冠、庭田へ罷向、供布衣侍大澤左衞門大夫重成、小雜色四本、當色一人、白丁一人、烏帽子着大澤右兵衞大夫重延、澤路筑後守重淸、同備前守、同隼人佑長俊、同一郞右衞門、早瀨彥二郞等也、其外多忠雄以下都合五十八計有之、於庭田亭相待、右衞門督、內藏頭、源少將等着束帶、金吾遲之間に一盞有之、自本願寺下間中務丞、庭田供奉に來、暫雜談、內藏頭具冠、老懸、袍單、表袴、赤大口、襪、淺沓、桂

甲、（せひへ）又帶二筋、太刀、（野）平緒、紫緒、平鏑籙弓等也、今度
稱名院被申之、靴用意之、次將有之云々、予存分不及
覺語之由申、各淺履也、次四條中將、內藏頭、源少將（庭田）侖
同道參內了、〇今日御卽位未刻始、傳奏日野一位、（資定卿）
勸修寺一位、（尹豐卿）萬里小路大納言（惟房卿）等三人也、傳奏三
人初例也、不可說々々々、奉行職事葉室頭辨賴房朝
臣、內辨左大臣、（西園寺公朝公）外辨中山大納言、（孝親卿）四辻大納言、
（季遠卿）勸修寺中納言、（晴秀卿、宣命使）德大寺中納言、（公維卿）水無瀨宰
相、（親氏卿）新宰相、（基孝卿）擬侍從左滋野井宰相中將公古卿、（親王代）
（三條）公陸朝臣、（淸少納言）枝賢朝臣、（大內記五條少納言）右三條宰相中將、（實福卿）宗房朝臣、（松木）
五辻爲仲、典儀爲治、先陣儀有之、不及見物、於外樣番
所一盞有之、左府被持之、源少將平鏑籙破損纓頭也、
予縛之、又公陸朝臣、重通兩人、蟲氣絕入云々、但不苦
軈被參、次將左隆益朝臣、（四條中將）公遠朝臣、（四辻中將）親綱、（中山少將）右言經朝（內藏頭）
臣、重通朝臣（庭田少將）等也、先之關白（前副（◎嗣カ）公）於小御所御束帶、衣紋予
奉仕、御服御衣紋永相朝臣、（高倉右衞門督）御前經元合力、御手水役右（花）
（山院）大臣、（家輔公）女中女王大典侍殿、劔內侍長橋局、璽新內侍、

九才、依無其仁幼少之輩、不可說々々々、命婦伊與、御
今參等也、得錢兩人、羽黏左右各三人等也、職事賴房朝（葉室左大）
（辨）臣、淳光朝臣、（柳原左中辨）輔房、（萬里小路右中辨）經元、（甘露寺權右中辨）晴豐等也、（勸修寺右少辨）六
（極）位藤原種直、（﨟）源長治、（竹內）清原國賢等也、及黃昏還御也、關
白（近衞殿）、御卽位御申沙汰之、近代邂逅之儀也、今日御警固
三好修理大夫長慶朝臣、後に於御懸御酒被下之、御太
刀拜領也、忝之由申、御太刀萬疋之折紙進上云々、此外
祗候之輩廣橋大納言、（國光卿）予、式部大輔、（長雅卿）左衞門督、
（雅教卿）源中納言、（重保卿）伯二位、（雅業王）竹內三位、（季治卿）宣（中御門左少辨）將、
實（正親町少將）彥、（飛鳥井侍從）雅敦等也、及黃昏終退出、庭田へ罷向改裝束、
小漬有之、內藏頭着衣冠又參內、三獻參、天酌に被參之
輩日野一位、勸修寺一位、中山大納言、萬里小路大納
言、廣橋大納言、予、勸修寺中納言、源中納言、水無瀨
宰相、伯二位、滋野井宰相中將、三條宰相中將、永相朝
臣、言經朝臣、公陸朝臣、宗房朝臣、輔房、經元、晴豐、
重通、實彥等也、賴房朝臣今日奉行之間、可參之處早
出云々、子下刻各退出了、予雖當番勞煩之間退出了、

○葉室衆男女、松室左衛門佐等此方に被留了、
廿八日、乙未、天晴、五墓日、天一天上、○松尾社務子宮内大輔、藏人、松室左衛門佐等、今朝朝飡振舞、予、葉室、内藏頭等相伴了、未刻男女悉被歸了、○出納重弘禮に來、笏靴等返送之、○清少納言、康雄、盛厚、朝芳、召使行爲等、昨日之禮に來云々、○自竹内藏人平銷錄、新藏人丸緒等返之、則安居院へ返之了、○長橋局迄昨日無事珍重之由申參了、○自竹内藏人取に來之間、段子之狩衣、一具、雜色之烏帽子、五頭、狩衣五具、返遣之、使不見知之由申候間、竹村左衛門尉所へ引合了、
廿九日、丙申、天晴、天一天上、○内藏頭早々參近衛殿、及黃昏歸宅了、○松林院之舜玉齋に來、故葉室、宗永童子等忌日也、予相伴、茶持參、扇一本遣之、○自萬里小路、弓平銷錄等見度之由使有之、○岡殿へ參、御留守也、次大祥寺殿へ參、兩種各被見之、於寶德庵一盞有之、次庭田へ一昨日之禮に罷向、他行云々、少將見參、次四條へ罷向、間塞之薄樣借用、次萬里小路へ弓平銷錄薄樣等持罷向、乍父子參内云々、林越前守に渡之、○正親町へ罷向、平緒返遣之、○戌下刻廣橋大納言被來、松永彈正室申沙汰、一兩日中に俄内侍所御神樂可被行之間、可馳走之由被申了、

○二月大

一日、丁酉、天晴、天一天上、○早旦五辻へ、御神樂稽古之事内々令告知之、同讃岐守忠宗所へも申遣、則忠宗來了、○自長橋局可參之由有之間早々參、三日四日之間に可被行内侍所御神樂、參懃如何之由御尋有之、予雖爲何時可參懃候、持明院、爲仲等に可被仰聞之由申入了、○當年不參武家之間、今日可參、勸修寺黃門同道、先參一條殿、御酒有之、次徳大寺、見參、次近衛殿、大閤殿下等御見參、御酒有之、次參武家、予先參御臺、御酒有之、次大樹御對面、公家廣橋大納言、予、左衛門督、勸修寺中納言、三條宰相中將、竹内三位、葉室頭辨、右衛門督等也、大名三好修理大夫、御供衆細川右馬頭、大館陸奥守、同伊與守、上野民部大輔、細川小四郎、三好筑前守、伊勢

守、同兵庫頭、同左京亮、御部屋衆三淵入道、一色式部少輔、伊勢備後守、申次飯川山城守、伊勢加賀守、彥部今日申次也雅樂頭、小笠原、丶、丶、次齋藤越前守等也、醫者上池院參、次三好任修理大夫、同孫二郎任筑前守之御禮、御太刀馬等にて、兩人更御禮被申候了、次同道勸中、葉室、予等、慶壽院殿、御臺、春日局等へ御禮被申、無御見參、次二條殿、御酒有之、次通玄寺殿、御佛詣云々、次花山院、同女中被出、吸物にて盃、三、次入江殿、御客人云々、次甲州之武田入道、他行云々、次滋野井、三條等留守云々、次歸宅、○內藏頭早旦參近衞殿、及黃昏歸宅、○禁裏へ內藏九獻御樽一荷兩種、如每月臺所へ進之、○暮々御祝に參內、被參之輩勸修寺一位、中山大納言、萬里小路大納言、予、勸修寺中納言、源中納言、滋野井宰相中將、公遠朝臣、言經朝臣、公陸朝臣、輔房、經元、重通、實彥等也、次予、內藏頭兩人、於御所口御酒有之、如每月、次各退出了、○自播州田口伊賀守上洛云々、

二日、戊戌、天晴、自申刻終夜雨降、天一天上、　○禁裏御袍御潤色之事被仰被出之了、○御神樂明後日四日、云々、持明院へ罷向、參仕之事故障之間、加意見了、次五辻へ罷向御神樂之事申合了、○先度出納右京進持來蒔繪細太刀召寄之、當家之文入之、五十六七年以前祖母失之歟、同來之條本望滿足也、三十疋に買得之分也、○葉室御神樂之一通被送之、如此方々へ之一通予加指南了、

追言上

御所作可爲笛候也、重謹言、

明後日四日、可被行內侍所臨時御神樂、可令候召人座給、者依天氣上啓如件、恐惶謹言、

二月二日　　左大辨賴房

謹上　太宰權帥殿

○柳原一位自去月廿日比癰腫出來、兩三日被煩云々、罷向尋之、北向見參也、○內藏頭自早々參近衞殿、先日申請候御太刀返進、及黃昏歸宅了、○雖爲當番、自今日神事始之間不參、○今朝伯卿へ罷向、神事不審之事尋之、取親之事、公役不苦神社に憚之云々、

三日、己亥、天晴、天一天上、二月節、○局務師廉朝臣來、暫雜談了、○太刀加修理、足革新調、金具不足分申付了、○竹内三位禮に來、門外對面了、○武家之御袍張事出來、右衞門督所へ遣之、使澤路隼人佑也、金吾參武家云々、粟津式部丞に渡之云々、○禁裏御袍今日張之了、○明後日御神樂之用、勸修寺黃門表袴赤大口等借用了、○自廣橋亞相、御神樂之出立料可相渡之由有之間、暮々取に遣、大澤左衞門大夫請取如此、

請取申　内侍所御神樂出立之事

合一貫文者

右所請取申如件、

永祿三年二月三日　山科家雜掌　重成（花押）

廣橋殿　御雜掌

柳原辨來談了、○山井近江守景長來、神樂笛、稽古了、草餠にて勸一盞了、失念之所々申聞候了、又明日可來之由申候了、

四日、庚子、自寅刻雨、天一天上、○出納右京進所へ細太刀代二十疋遣之、先日十疋、以上三十疋渡之了、○景長來、神樂朝倉稽古、幷神樂笛借用之間、古物遣之、○自南都中東、中等書狀到、則返事遣之、中方へ油煙卅丁火箸二せん誂之、代七十二遣之、○内侍所へ參詣、御初尾十疋進之、次御袍御潤色出來之間、持參長橋局了、○清少納言に裾借用之、柳原辨に替用之、○今夜御神樂奉行葉室幷新藏人國賢に令着裝束了、○予衣紋之事右衞門督に申之、及黃昏被來、先柳原辨、内藏頭等着用、次兩人參内、先之勸一盞了、次予着用、次參内了、夜半計出御、御服御衣紋藤大納言入道、當御代始也、御前裝束永相朝臣也、出御、御簾御裾等賴房朝臣、御草鞋淳光朝臣、御劔公遠朝臣、御脂燭永相朝臣、言經朝臣、宗房朝臣、爲仲、藤原種直、源長治、淸原國賢等也、御後に輔房、經元、晴豐等參、其外中山大納言、萬里小路大納言、勸修寺中納言、滋野井宰相中將等祗候也、○内侍所臨時御神樂、本拍子四辻大納言、末拍子新宰相、付歌爲仲、笛予、和琴公遠朝臣、近衞召人久氏、久宗、忠季、人長多

忠雄等也、恆例本拍子爲仲、末拍子久氏、付歌久宗、忠季、笛景長、和琴公遠朝臣、人長多忠雄等也、臨時之時小前張各與奪、恆例に公遠朝臣早出、和琴久宗也、御神樂始事及鷄鳴、終寅下刻、次還御、次所作人之堂上五人、於內侍所盃酌有之、如例、女中大典侍殿、勾當內侍等自下姿被參、不可然之儀也、○竹內藏人老懸借用之間遣之、多忠雄人長之太刀借用之間、薄野太刀遣之、○自廣橋、明日御參內參會之廻文及黄昏到、如此、

（刻限辰一點之由、其沙汰候也、）明日室町殿可有御參內、可令參會給之由被仰下候也、

五日　國光

日野一位殿、（所勞之子細候間難參候、）勸修寺一位殿、中山大納言殿、萬里小路大納言殿、權帥殿、民部卿殿、（不具了、）左衛門督殿、勸修寺中納言殿、伯二位殿、滋野井宰相中將殿、（不具了、）三條宰相中將殿、竹內三位殿、左大辨宰相殿、右衛門督殿、頭辨殿、內藏頭殿、三條新中將殿、中御門前少將殿、藏人辨殿、藏人權辨殿、左少辨殿、藏人右少辨殿、源少將殿、正親町少將殿、飛鳥井侍從殿、中山少將殿、

五日、（辛丑、天晴、天一天上、五墓日、）○多忠雄太刀返之、○自庭田、平舖籙、桂甲之肩宛、同せひへ、丸緒等被返送之、○自萬里小路、平舖籙、矢、丸緒、間塞、弓等返送之、○喝食、薄等此方へ來、○月藏坊來、串柿一束送之、吸物（餅入羹、）勸一盞了、暫雜談了、○柳原へ雜色之烏帽子狩衣等二具、裾等返遣之、○勸修寺黄門へ、表袴赤大口等返遣之、淸少納言へ裾返遣之、○及黄昏、從長橋局可參之由候間則參、御直衣御頸紙狹少之由被仰之間、於局如蜻蛉直之了、○自右衛門督武家之御檜扇閉事被申、今日及晚之間、明日可調進之由申之、○葉室今日被任參木云々、

六日、（壬寅、雨降、天一天上、）○景長一昨夜御神樂無事珍重之由申來、同大笛返送之、○從四條、平舖籙、（薄）同矢（八）、丸緒、石帶、冠、單之襟等被返送之、又從此方、袍、間塞之薄樣返遣之、○右衛門督被申武家之御檜扇閉遣之、○今日武家御參內有之、柳原頭辨此方へ被來、裝束令着、次葉室、

頭辨、內藏頭、中御門左少辨等令同道參內、次予着衣冠、先飛鳥井左金吾へ罷向、少將等兩人に令着裝束、三人同道參內、從殿上參、巳下刻御參內、參會衆各太刀持笠取兩人宛、正親町小路迄罷出、勸修寺一位、中山大納言、萬里小路大納言、廣橋大納言、予、左衞門督、勸修寺中納言、三條宰相中將、左大辨宰相、竹內三位、右衞門督、淳光朝臣、言經朝臣、公陸朝臣、經元、宣將、晴豐、重通、實彥、雅敦、源長治等也、御走衆左沼田上野介、小林民部少輔、安威兵部少輔、御笠役右安藤藏人、進士源十郎、大草三郎左衞門尉等也、御供衆細川右馬頭、晴賢大館左衞門佐、今日始上野民部大輔、今日始三好筑前守、伊勢兵庫頭、松永彈正少弼、伊勢守、春阿彌等也、御物奉行松田丹後守、御書奉行松田主計允等也、御物御直盧之同朋萬阿彌、御直盧長橋局へ渡御、被着衣冠、御衣紋右衞門督、御前裝束予懃仕之、御直盧之衆勸修寺一位、傳奏廣橋大納言、予、左衞門督、勸修寺中納言、三條宰相中將、竹內三位、右衞門督、言經朝臣、晴豐、御劔雅敦等也、自三獻若宮御方御出座、御陪膳大典侍殿、若宮御方、新大典侍殿、大樹初新大典侍殿後晴豐今日始等也、三獻大樹御酌に被參之輩勸修寺一位、萬里小路大納言、廣橋大納言、左衞門督、勸修寺中納言、三條宰相中將、右衞門督、晴豐、雅敦等也、三獻に御平鞦御太刀參、如例、此間に於長橋局三の間そは口にて、伊勢守に勸一盞、土器物、みすへにて、予、右衞門督兩人罷出酌、局之官女、次同朋萬阿に三獻等如例年、五獻之時、參會衆各爲仲迄、常御所御庇にて御とほり有之、御酌長橋局也、五獻之時檀紙十帖折紙二千疋被遣之、廣橋大納言持參也、御代始雖七獻、大樹窮窟迷惑之由兼而被申之、五獻也、次退出長橋局、次以廣橋大丶丶御太刀被拜領、忝之由、又御太刀被進上之、次若宮御方へ御太刀御馬折紙被進之、次自若宮御方御太刀被拜領了、次改衣冠被着烏帽子直垂、右衞門督、予兩人奉仕之、次長橋局出座、三獻有之、此間に御供衆御走衆以下各に、於車寄御酒賜之、折三合被出之、廣橋大丶丶、予、右衞門督等相替出、酌爲仲、源長治等也、次御退出、御供衆以下參會等如前、及秉燭了、次各退出了、御平鞆之代千疋、長橋局へ御宮笥五百疋、如例昨日被遣之云々、○葉室、右衛門督等今日上階、頭辨正四位下、右中辨輔房藏人頭從四下云々、

七日、癸卯、天晴、天一天上、○春日社御師積藏院中大藏大輔時良朝臣、一昨日上洛之由申來、油煙、一丁、茶酌一、送之、祝着了、草餅にて勸一盞了、出納右京進重弘來之間、相伴了、○早旦内藏頭近衛殿へ參之處、大閤、殿下等、武家之初卯之御會に渡御之間、御留守とて罷歸了、○當番之間暮々參内、相番予、宗房朝臣、實澄卿代公遠朝臣相轉、經元等也、番衆所へ若宮御方渡御、音曲御所望有之、至亥刻御酒賜之、

八日、甲辰、雨降、自巳下刻晴、天一天上、○聖降日之間、鎮宅靈符如每月六座行之了、○岡殿へ祗候、又一座行之、入麵にて御酒被下之了、○中時良朝臣明朝下國云々、從長橋局被進之神供料十疋遣之、○自竹内藏人老懸返送之、○右衛門督所へ罷向、上階之禮申候了、○柳原へ罷向、一位癰腫尋之、同篇之由有之、見參了、○竹内殿へ參、門跡、勸中、甘、勸辨、極﨟以下八人、御雙六有之、○大外記師廉朝臣、官務朝芳等、位記筥之儀來、葉室對談也、

九日、乙巳、天晴、天一天上、○今朝長橋局に朝湌有之、相伴新典侍殿、長橋局、藤大納言入道、予、右衛門督等也、次召若宮御方、可有御楊弓云々、但無御人數、退出了、次萬里小路入道、同亞相へ、御即位無事珍重之由申候、又辨貫首拜任珍重之由申、暫雜談了、○朝湌以後内藏頭參近衛殿、及黄昏歸宅了、○大外記來、御即位之日及晩之間、位記筥失了、其儀葉室談合有之、

十日、丙午、天晴、天一天上、○葉室、同母儀、自去月中旬此方に逗留、今日被歸在所了、○葉室右筆不叶之間、御禮服御覽、御即位御神樂等之散狀、禁裏、殿下、大樹等へ進上之分以上九、予書之、如此、禁裏へ此分也、殿下へ進候は御參と書之、又武家へ被進候は關白殿と書之、又水無瀨宰相雖被參候、六人は數惡之間、五人載之、古今

之例之◎（カ）也云々、諸家宿紙に書之、葉室家説强紙也、

御禮服御覽

公卿　關白　左大臣

廣橋大納言　式部大輔

源中納言

御卽位（强紙二枚續之、折紙也、）

內辨　左大臣

外辨　中山大納言　四辻大納言

勸修寺中納言　德大寺中納言

水無瀨宰相　新宰相

擬侍從　左　滋野井宰相中將　公隆朝臣

枝賢朝臣

右　三條宰相中將　宗房朝臣

爲仲

宣命使　勸修寺中納言

典儀　爲治

贊者　雅樂允和氣助季　掃部允藤原景秀

燒香　圖書允藤原重光　少屬藤原重貞

主殿允橋久次　少屬高階宗重

內記　爲治　中原康雄

中務省　權少輔清種

內竪　頭川國益

式部省　丞代川國益

兵部省　丞代川國安

兵庫寮　頭清原益福

隼人司　正中原康雄

開門　伴國忠　佐伯安屋

次將　左　隆益朝臣　公遠朝臣

親綱

右　言經朝臣　重通

內侍所臨時御神樂

本拍子　四辻大納言

末拍子　新宰相

付歌　爲仲

笛　權帥
和琴　公遠朝臣
近衞召人　景長　久氏
　　久宗　多忠季
人長　多忠雄
内侍所御神樂
本拍子　爲仲
末拍子　久氏
付歌　久宗
笛　景長
和琴　公遠朝臣
近衞召人　多忠季
人長　多忠雄

長橋局へ昨朝之禮に罷向、他行云々、次臺所へ立寄、滋野井被來、強飯にて一盞有之、高橋子元服之祝云云、次薄所へ立寄了、○廣橋内府入道へ罷向、稱光院、後土御門院兩代御卽位之散狀返遣之、暫雜談、今度御卽位相違之事多端、自他語之、古物之裝綬等一覽之、又玉英記、後芬陀梨花院經通公御記也、禮服之着用之樣體委有之、一册令借用之、○薄今晩歸私宅了、○五條兵部卿門前迄被來、位記粉(紛カ)失不可說之事對談、委曲申合點了、○三好修理大夫、同筑前守、松永彈正少弼等、今日芥川へ下國了、明後日和泉國へ陣立云々、細川右馬頭同被下云々、

十一日、丁未、天晴、天一天上、○自長橋可來之由有之間晩頭罷向、仰御懸之松木二本枯之間、令祗候申付可植改之由有之、舊冬自賀茂參之木也、畏之由申入了、又局脈之事被申候間取之、血道氣少風ひかれ了、又官女安五自去夜煩之由有之、同脈取之、蟲氣也、無殊事、又廣橋大納言局へ被參、先日御參内之時之御折紙以下之代卅三貫被遣之、若宮御方へ御馬之代同三百疋參云々、

十二日、戊申、天晴、天一天上、(今日迄)○瀧雲院殿忌日之間、松林院乘誓西堂齋に被來、相伴了、○自禁裏可祗候之由候間、齋以後則參内、紫震殿以下方々御取置有之、次自醍醐

理性院櫻之木三本被進之、二本淸涼殿東庭に被栽之、一本普賢堂云々、又內侍所之南に三本栽之了、前內府入道、萬里小路大納言、予、公遠朝臣、宗房朝臣、經元等祇候也、於常御所御庇御酒被下了、後又予於長橋局一盞有之、及黃昏、當番之間晩飡溝所へ取寄之、又中酒有之、○今夜當番予、公遠朝臣、經元等也、若宮御方之御阿子取次腹痛下痢云々、藥之事承候間、人參丁香散三服進之、○御卽位御拔巾子御冠、內藏頭に拜領、忝者也、尙明日可注之、

十三日、（己酉、天晴、天一下艮、自亥刻雨降、）○以長橋局、予堪忍不相叶之間落髮、御暇之事申入了、不許云々、○午時長橋局へ罷向、丹州之局領中事有之、次溝所へ立寄、安禪寺殿御座、暫御雜談申候了、○正親町へ罷向暫雜談、一盞有之、次岡殿へ參、治部大藏丞祇候、暫御雜談有之、次柳原へ罷向腫物尋之、北向、辨等暫雜談了、次四條へ罷向、醉臥云々、次伏見殿へ參、安居院祇候也、次五辻へ罷向、兩人暫音曲了、戌刻歸宅、○南都積藏院之中時良朝臣昨日又上洛とて來、中東、辰巳書狀到、○御阿子昨夕之藥にて少驗云々、尙藥之事承候間又三服進之、○內藏頭近衞殿へ早旦祇候、御會有之云々、亥刻歸宅了、○御卽位御服之內御服一種、必內藏頭拜領也、今度御服之事被閣之間、嘉例之趣、昨日御冠被拜領、御文如此、

御そくゐ御ふく御てうしんめてたく　おほしめし
候、御ふく出され候はんすれとも、このたひはしか
しかともせられ候はぬ程に、　あひかはらぬしるし
に、御かうふり出され候、いく久しくも御はいりや
う候へく候よし、おほせ事候、

仰（永祿三 二十二）

くらのかみとのへ

十四日、（庚戌、雨降、）○長橋局へ罷向、又春日社々司祐岩四品、祐庭、祐父正五下、祐久敍爵等之事申入了、則勅許也、○萬里小路へ罷向、亞相へ正月廿一日に請取總用之九貫四百文之請取渡之、梅見之酒有之云々、餘滴被

勸之、及數盃音曲了、○今夜大典侍殿御局へ別殿行幸云々、可參之由有之、暮々參、五獻參、三獻天酌、四獻若宮御方御酌、五獻勸修寺中納言酌也、被參之輩勸修寺一位、中山大納言、萬里小路大納言、予、勸修寺中納言、持明院宰相、宗房朝臣、爲仲等也、音曲有之、還御之後尙御酒音曲有之、予沈醉退出了、

十五日、辛亥、天晴、○今曉高倉右金吾男子誕生云々、仍太刀金、持罷向、祝着之由申之、金吾門外に被出見參了、○大典侍殿へ去夜之御禮に參了、次長橋局へ立寄了、

十六日、壬子、天晴、八專入、○近衛殿へ參、殿下御鷹山云々、大閤御見參、暫御雜談、御酒被下了、自春日社司申候間之儀申入了、次德大寺へ罷向暫雜談、一盞有之、次安禪寺殿へ參、暫御雜談、御酒被下了、次岡殿へ參暫御雜談、戌刻歸宅了、○頭辨去十三日轉任右大辨云々、今日轉任拜賀云々、衣文之事予に被申、令失念之間大澤左衞門大夫調之云々、

十七日、癸丑、天晴、自晩頭雨、終夜、晴陰如時雨、○柳原腫物爲見舞罷向、滋野井爲療治被來、うとんにて一盞有之、○自伏見殿城南卽成院瓦奉加之事御催促之間、長橋局へ罷向申之、次御乳人へ申之處、客人有之、大典侍殿以下御出了、赤飯にて酒有之、○當番之間及黃昏參、相番予、公遠朝臣、實澄卿代、經元等也、

十八日、甲寅、天晴、八專、二月中、○從北伊勢一身田花恩坊一昨日上洛とて來、對面了、宮笥とて藥ふるゐ送之、次自專修院言傳文箱一、濃州紙一束被送之、吸物餅入整立、勸一盞、暫雜談了、○高辻へ罷向、今日禁裏御讀書始、高辻御侍讀被參、束帶帶劔、被着之、予令着之、五條黃門、同大內記等被見訪之、吸物にて一盞有之、小雜色二人、白丁以下、自四足門入無名門神仙門昇殿上、經上戶被參、奉行職事頭辨淳光朝臣也、○禁裏御服予奉仕之、御前裝束萬里小路大納言被參、御物具也、先淸涼殿晝御座御簾卷之、淳光朝臣御劔申出、置御座之傍了、式部大輔、五帝本記以頭辨被進之、入筥蓋、晝御座之前に御硯之蓋うつむけ、其上に兼置之、次出御、次淳光朝臣

伺御氣色、次召式部大輔、經南簀子於鬼間與御拜之間に、被伺御氣色、磬折、次入常間（御拜間階間之中也、御座之中央）着圓座、揖繆裾、次又揖參御前膝行、五帝本記取添笏持之、先本記置之、右、次笏置之、左、次御前之本記取之、解紐卷籠之、令讀所迄披之取直之、置御硯蓋上了、次退、先取笏、次取本記還着圓座、揖繆裾、次置本記、右、次置笏、左、次披本紀、切聲に讀之、五帝本紀第一（てい）、、、讀畢如元卷之、取笏添之、揖如前退下、次入御、次淳光朝臣御劔本紀等進御所了、次於高遣戸、以萬里小路大納言三ヶ賞之事被申之、御組懸拜領、直衣御免大辨等也、但大辨者捧、二位三位之時之事也、又雲客之時無之云々、今日御懸直衣之事御免云々、總別御侍讀一度に兩人也、今度五條兵部卿未拜賀也、仍今日先式部大輔（長雅卿）一人也、次於男末天盃頂戴也、萬里小路大納言、予、頭辨等同一盞有之、次各退出了、次末女官かゝ從昨日所勞、爲見舞内侍所へ罷向、持明院、萬里小路頭左中辨等被來了、一盞有之、かゝ少驗氣云々、

十九日、（乙卯、天晴、八專、）○千本養命坊へ罷向、一竹調之用也、鈴一對隨身、但他行云々、空罷歸了、北野邊徘徊了、次安禪寺殿へ參、御酒被下了、○新大典侍殿、長橋局へ罷向、卽成院廻奉加之事申了、次伏見殿へ參申入了、○自安居院うどの根三本被送之、約束也、可令栽之用也、

廿日、（丙辰、小雨降、入時正、）○養命坊へ人遣、今日も客來云々、○柳原へ罷向、明日御會始之和歌談合了、滋野井同被來、腫物療治也、次滋野井令同道正親町へ罷向、暫雜談了、一盞有之、次又同令同道禁中へ參、予長橋局へ罷向、次岡殿へ參了、

廿一日、（丁巳、天晴、八專、時正、）○今日禁裏和歌御會始也、午時召具内藏頭參内、未下刻參集、家之人不參之間、上首四五人被取重之、尙予次第檢知了、如例年御三間に出御、次各被參披講有之、讀師日野一位、講師淳光朝臣、發聲四辻大納言等也、御人數御製、式部卿宮（御不參）、大覺寺准后（御不參別）、入道前右大臣（同同）、入道前内大臣（同同）、日野一位、勸修寺一位、

中山大納言、四辻大納言、萬里小路大納言（奉行）、予、兵部（不參）卿、民部卿（同）、伯二位、持明院宰相、滋野井宰相中將、三條宰相中將、右衞門督（不參）、淳光朝臣、公遠朝臣、言經朝臣、宗房朝臣、輔房朝臣、經元、源爲仲等也、次折三合にて御酒二反有之、如例年、暮々各退出了、予懷紙如此、

春日同詠梅有佳色和歌

太宰權帥藤原言繼

時にあふなをこの春のうれしさを梅も色にや出てさくらむ

明日水無瀨殿御法樂和歌題三首被下之、

廿二日、（戊午、天晴、時正、）○養命坊、花恩坊等へ人遣之、午時乍兩人來、鈴各持來、先一身田專修寺之尺八、調子相違之處令談合、予直之了、次予一竹四穴五調之、次盃吸物（餅入、𦵔立、）酒及數盃、養命坊聲明、又各音曲等有之、晚頭各歸了、○當番之間暮々參內、相番予、公遠朝臣、經元等也、○柳原へ罷向、水無瀨殿御法樂之和歌談合、次暫雜談了、和歌後日可注之、

廿三日、（己未、天晴、八專、時正中日、）○妙順忌日之間、松林院舜玉齋に來、相伴了、○淨花院法談へ參、住持玄蓮社被說之、大群集也、慶壽院殿（大樹御母儀）御聽聞云々、後大御酒有之云々、予歸路中山令同道、於此方勸一盞、又令同道誓願寺、眞如堂、智恩寺へ參詣了、○今朝予御暇之儀、種々以長橋（◎局脫カ）被仰下之、何も先可延引之由有之、○自新典侍殿、德利兩種（たこ、たうふ、）送賜之、○四條廿日にあやまち云云、昨日愛洲藥之事被申候間遣之、仍今朝見舞了、

廿四日、（庚申、天晴、八專、時正、）○巳刻淨花院之法談參詣、松林院（昨日）へ濃州紙二帖遣之、今日舜玉に墨一丁遣之、被呼、內藏頭同道了、淸水式部丞、河端兵部丞、土屋與三等相伴、酒及數盃、澤路隼人佑供也、若衆共有之、音曲了、次武家御殿御堀等見舞申候了、奉公衆上野民部大輔橋下、松田對馬守御堀奉行、御殿沼田上野介、結城七郞奉行也、慶壽院殿御殿、春日局等見舞了、○長橋局へ罷向了、今夕御庚申に可祗候之由被仰下了、○酉下刻參內、今夜番衆中山大納言、三條宰相中將、公遠朝臣等也、其外予、持明院宰相、宗房朝臣、輔房朝臣、以繼等祗候也、三帖敷へ若宮御方、岡殿、安禪寺

殿、女中衆御出也、音曲子下刻迄有之、赤粥臺物御酒有之、丑刻退出了、○一昨日水無瀨殿御法樂之和歌勅題也、歸鴈、待戀、野旅、

こし路にも吉野の花や匂ふらん都の春に歸ろ鴈かれ
さりともと立てみゐてみあくかれてせんすへなみに夜こそ深ぬれ
海山はなかめ有けりひろき野を分行旅はなくさみもなし

廿五日、辛酉、晴、自申刻終夜雨降、八專、時正、○早旦南向北野社參詣云々、○伏見殿痔以外御煩云々、仍爲御見舞參、少驗之由被仰御見參、暫御雜談申候了、次四條侗愛洲藥之事被申候間、又一包遣之、一盞有之、次柳原腫物尋之、見參、彌驗氣云々、○松林院昨日之禮に被來云々、

廿六日、壬戌、雨降、自巳刻天晴、時正終、○淨花院法談へ參詣了、次唐人蒼嵐呼寄、沈一兩取之、長橋局用也、○高辻へ罷向、左大將被來、暫雜談了、次長橋局へ沈持罷向、岡殿、安禪寺殿自一昨日御座、暫御雜談申候了、又御組懸二筋申付之、持參了、次大祥寺殿へ參、寶德庵に暫雜談了、○白川に借用之紫冠懸公物本之用也、返遣之、○自甘露寺、當御代公卿補任補歷等被借之間遣之、○飛鳥井左金吾へ罷向、次五辻へ罷向、各留守云々、堂上次第被所望之間書遣之、

廿七日、癸亥、天晴、八專終、○早旦內藏頭始而高辻へ罷向、讀書大學云々、鈴、朝煩◎顏カ一盃等遣之、予可來之由有之間罷向、一盞有之、○大和宮內大輔音曲之本兩冊持罷向返之、幷甲州紙百枚遣之、他行云々、次花恩坊總在廳相尋之處他行云々、次一條殿へ參、暫御雜談、御酒有之、○座主宮梶井殿、御下山之間、予、內藏頭御禮に參、御酒及大飲、音曲等有之、及黃昏歸宅了、○雖當番、令沈醉之間故障申候了、

廿八日、甲子、天晴、自酉刻雨降、○從四條干鮭一尺被送之、又藥之事被申、愛洲藥一包遣之、○自梶井殿乍父子可祗候之由、御使に勸學院來、未刻參、中御門、源少將等被參、暫御酒有之、予、倉部等御非時御相伴也、倉部其間々祗候、予計退出了、○長橋局へ罷向、丹州局領申談子細有之、○近所山伏石見杉原五帖送之、去年あやまち藥遣之禮也、

廿九日、乙丑、雨降、○巳刻梶井殿に參、滋野井、內藏頭、中山少將、五辻、眞如堂之金乘院、中村越前入道、菊亭內河內、庭田內丶丶等參、碁中將棊等有之、次御酒及大飲了、音曲有之、予早出了、○萬里小路へ晩飡に罷向、相伴勸修寺一品、中山、四辻、亭主、予、勸修寺黃門、持明院、四辻中將、松木、頭左中辨、甘露寺、五辻等也、次又盃出及大飲、音曲有之、亥刻歸宅了、

卅日、丙寅、陰、自巳刻天晴、○故葉室、宗永等忌日之間、松林院之舜智齋に來、相伴了、○廣橋前內府入道へ罷向、少中談事有之、○柳原法樂之連歌有之、故障之事有之、四十韻以後午時罷向、先一盞有之、未下刻終了、執筆晩飡有之、人數一品、予、滋野井、石泉院僧正、頭辨、飛鳥井少將、五辻、松田左衞門大夫賴隆、眞繼兵庫助久直等也、○正親町一品へ罷向、見參、軈罷歸了、○長橋局へ罷向、丹州局領之事申談了、○梶井殿へ參暫御雜談申候了、

○三月大

一日、丁卯、天晴、○旬之間、爲法樂神樂少々吹之、繆唯識論、春日掛名號看經了、○內藏頭武家へ出仕了、但御鷹山云云、御臺、慶壽院殿、春日局等へ參云々、次安禪寺殿へ參云々、○召具內藏頭岡殿へ參、御見參、次梶井殿へ參、頭辨被參、次定法寺被參、其外及大飲、音曲有之、澤路隼人佑被召出了、次伏見殿へ同道申候了、頭辨、內藏頭兩人沈醉平臥云々、次大祥寺殿へ參、次竹內殿へ參了、○勸修寺黃門鮒之汁にて晩飡被振舞了、相伴五辻、局務師廉朝臣兩人、飯持之了、○暮々御祝に參內、天酌に被參之輩勸修寺一位、中山大納言、四辻大納言、萬里小路大納言、予、勸修寺中納言、持明院宰相、三條宰相中將、公遠朝臣、輔房朝臣、公陸朝臣、宗房朝臣、經元、晴豐等也、先之若宮御方、御局々御禮申候了、次內藏九獻御祝如例、○內藏九獻御樽一荷兩種進臺所、如每月、○從禁裏百疋拜領、忝者也、以長橋局御禮申入了、○葉室母儀出京來儀了、○澤路隼人佑に申付、鮒四十五喉召寄之、葉室へ五喉、松尾社務に十

喉、松室中務大輔に十五喉持遣之了、
二日、戊辰、陰、自申刻雨降、五墓日、○伊勢之專修寺内花恩院朝飡に呼了、予、内藏頭等相伴了、○今日此方に和歌會月次始了、人數予、葉室、頭辨、内藏頭、中御門、飛鳥井少將、薄、耆婆宮内大輔國東(ふさ)、越後賢世、竹内殿御侍法師、大澤左衛門大夫重成、柳原内眞繼兵庫助久直、澤路隼人佑長俊等也、兼日一首、當座十五首也、懷紙講之、讀師予、講師頭辨、發聲飛鳥井少將等也、當座同頭辨被讀揚之、次臺物にて一盞勸之、宮内大輔小刀一、送之、祝着了、予和歌、兼日題鶴伴仙齡、

仙人のつたふる道やまな鶴のなのかよはひも萬代の聲

同當座二首、霞春衣、旅行、

巻頭
縫さしもしられさりけりさほ姫の霞の衣たつのみにして

山をこし野を分つゝも春はたゝうからぬ花の旅衣かな

葉室、同母儀被歸在所了、○勸修寺黄門へ栗卅送之、○當番之間暮々參内、相番予、公遠朝臣、實澄卿代、經元等也、栗一包宛、若宮御方へ卅、大典侍殿へ卅、御乳人へ十進之、若宮御方番衆所へ渡御、御所望之間至亥刻音曲有之、御銚子被出了、
三日、己巳、雨晴陰、三月節、○禁裏鬪鷄に内藏頭持參、同薄武衛祗候云々、○聖降日之間、鎭宅靈符如每月六座行之、○岡殿へ參同一座行之、入麵にて御酒被下了、○伏見殿へ御禮に參、於常御所御盃被下之、梶井殿御出也、次鬪鷄有之、見物了、次大祥寺殿へ參、御盃被下之、次竹内殿、梶井殿、安禪寺殿御盃被下之、等へ參了、○暮暮御祝に參内、先之若宮御方、御局々へ御禮申候了、今夜天酌に被參之輩勸修寺一位、中山大納言、四辻大納言、萬里小路大納言、予、勸修寺中納言、伯二位、持明院宰相、公遠朝臣、輔房朝臣、言經朝臣、公陸朝臣、宗房朝臣、經元、晴豐、重通、實彥、親綱、以繼等也、次若◎宮脫カ御方御酌にて各被下之、同前、次各退出了、
四日、庚午、天晴、○正親町に朝飡有之、予、倉部罷向、招請之人數、先亭主、勸修寺一品、藤大納言入道、中山亞相、四辻亞相、予、白川、右衛門督、四辻中將、内藏頭、甘露

寺、庭田少將、正親町少將、中山少將等也、濟々儀也、次又うとんにて入カ◎及大飲、音曲有之、〇自梶井殿可參之由有之間直に參、同內藏頭、甘露寺、其外數人祗候、及大飲了、〇禁裏女中衆各被進御銚子云々、於小御所晚頭御盃參了、若宮御方、岡殿、安禪寺殿、前內府入道等御相伴、五獻參了、祗候之輩勸修寺一位、中山大納言、四辻大納言、萬里小路大納言、予、三條宰相中將、公遠朝臣、輔房朝臣、宗房朝臣等也、音曲順舞有之、及大飲了、子下刻退出了、〇薄自今朝咳氣頭痛發熱云云、罷向脈取之、參蘇飲三包遣之、

五日、辛未、天晴、自酉刻雨降、〇昨日餘醉、終日平臥了、〇薄同藥又三包遣之、

六日、壬申、晴、自昨日勸進有之〇梶井殿に參、御齋御相伴了、今日六角堂之猿樂御見物云々、可被召具之由有之間參、梨門、竹門、予、滋野井、頭辨、內藏頭、中御門、庭田少將、飛鳥井少將、其外祗候人五六十人にて、冷泉邊迄御下、但天氣陰之間猿樂無之云々、空御歸了、則中將棊有之、中山、甘露寺、惠倫祗候、御當座十五首有之、出題飛鳥井少將、讀揚甘露寺、次御酒及大飲、音曲巡舞、鼓大小有之、子刻計歸宅了、御當座題花鏡、寄花逢戀、寄花旅、

竹千世丸代　淸凉坊快春代

むかひ見よ日にみかき風にみかゝれてくもらぬ花の朝鏡かな

逢見ても人の心の花ならはうつろひぬへき末いかにせん

旅なれや山路分きて九重の花にもこよひ枕をそいる

薄見舞之、少驗云々、同藥又二包遣之、

七日、癸酉、晴陰、自戌刻大雨、〇自竹內殿鞠之裝束之事被仰之間、參調之、自駿州到來云々、梶井殿、勸修寺一位、藤大納言入道、中山亞相、滋野井以下被參、御將棊棊等有之、御酒有之、予早出了、〇當番之間晚頭參、相番予、公遠朝臣、經元等也、御茶之子御茶等被出了、〇薄爲養生此方へ召寄了、同藥與之、

八日、甲戌、雨降、自巳刻晴、〇薄養母阿茶、從去夜所勞熱氣頭痛云云、脈取之、參蘇飲三包遣之、〇安禪寺兩三日御煩云云、爲御見舞參、今日御驗云々、御酒被下了、〇梶井殿へ參、各被參、御酒被下了、

九日、乙亥、天晴、〇聖降日之間、鎮宅靈符如毎月六座行之、

去年九月分未進也、○岡殿へ參同一座行之、入麵にて御酒被下了、○梶井殿候人衆各、內藏頭、中御門等同道、六角堂猿樂見物云々、○梶井殿へ參、自巳刻至申刻御雜談申候了、竹內殿御出也、御酒兩度被下了、○薄所へ罷向阿茶見舞了、驗氣也、

十日、丙子、雨晴陰、夜大雨、○伊與局所勞云々、脈之事被申候間、甘露寺へ罷向、咳氣頭痛熱氣有之、臙參蘇飲三包遣之、○千本之養命坊へ罷向、一竹四穴八調之、田樂にて酒有之、○梶井殿へ參、內藏頭、飛鳥井少將、中山少將等祗候也、暫御雜談申候了、

十一日、丁丑、雨降、○伊與局頭痛又吐逆云々、仲和散に加前胡、川芎、白芷、丁香、草菓、砂仁等、三包遣之、○梶井殿朝飡可有御相伴、父子可祗候之由御書有之間、召具內藏頭參了、仁和寺殿自昨日御出云々、兩門跡、予、內藏頭等御相伴了、左衞門督、同少將被參、將棊有之、左衞門督得利被進之、貝之盃南蠻物、被進之、音曲にて御酒候了、申刻歸宅了、

十二日、戊寅、天晴、○瀧雲院殿忌日也、但松林院故障云々不來、一寺鞍馬寺花見云々、○局務師廉朝臣所へ罷向、仙翁花一本所望了、次左衞門督へ罷向、內々被申一竹四穴遣之、一盞有之、次伏見殿へ參、同一竹四穴進上之、御對面有之、次梶井殿へ參、御室へ一竹四穴進之、一盞有之、仁門、梨門御兩所、城南入道宮へ渡御云々、○甘露寺被來、暫雜談了、○一身田之使僧花恩坊明日下向云々、旅宿西武者小路宗祐所へ暇乞に罷向、專修寺へ返事、幷僧正勅許之賀禮、後光嚴院御消息一枚、墨二丁、一竹四穴之かば申付遣之、又花恩坊に梅色之扇五本梶井殿和歌申、遣之、又魚三の宏德寺之德源之仰藏主、同母、予伯母西專庵方へ書狀言傳了、一盞有之、○一條殿に御楊弓有之間參、御人數一條殿、勸修寺門跡之新門主、御兄也、中山亞相、予、大內記、堀川判官國弘朝臣等也、予負了、○當番之間酉下刻參、相番四辻大納言、實澄卿代、予、經元等也、○松尾社家松室新介來云々、扇一本送之、

十三日、己卯、天晴、酉刻小雨灑、○伊與局少驗云々、吐逆留云々、得利代十疋被送之、罷向脈取之、尚頭痛云々、內熱少殘之間、仲和散に加川芎、白芷、前胡、丁香、砂仁、三包遣之、于今不食云々、○梶井殿內衆按察〔聽務〕任超、竹千世〔北坊〕、勸學院等來、暫雜談、一盞勸了、○今日後白川院御忌月之間、長講堂へ御陪膳に內藏頭參、供大澤左衞門大夫、澤路隼人佑、野洲五郎左衞門尉、早瀨彥二郎、又四郎、隼人小者等也、酒有之、又五條天神迄周德酒隨身、又及大飮云々、次法住寺へ參云々、但御靈供不參云々、御燒香申云々、予所勞氣之間不參、

十四日、庚辰、天晴、○安禪寺殿へ參、藪垣被結之間一反回覽了、○葉室出京、松室申綸旨之事也、不合點之間可同道也、○長橋局迄罷向御暇之事申入了、○葉室、內藏頭等令同道、葉室へ罷向了、晚飡有之、

十五日、辛巳、天晴、○朝飡以後松室中務大輔來談移刻、綸旨之文言談合了、○山口又七、秋田與左衞門、山口又左衞門等に、墨一丁宛遣之、○松尾社務、同宮內大輔、同藏人、同左馬助、同新介等へ、當年之禮に罷向、各他行云々、左馬助見參、一盞有之、內藏頭同道之、◎〔也カ〕○近所之在所德大寺之孫八郞來、小漬被相伴了、次於御靈社小的有之、見物に罷向、弓廿五張有之、

十六日、壬午、雨降、土用入、○松室中務大輔所に朝飡有之、予、葉室、內藏頭、松尾社務、亭主等相伴了、終日碁中少◎〔小カ〕將碁雙六等有之、又晚飡有之、暮々歸葉室了、墨二丁左衞門佐に遣之、

十七日、癸未、雨降、自未下刻晴、○松尾社務所に朝飡有之、予、葉室、內藏頭、亭主、同宮內大輔、松室左衞門佐等相伴了、後に中務大輔來、少將碁有之、宮內大輔、藏人等墨一丁宛遣之、未刻歸葉室了、○明日春日祭歟之間令上洛了、但非明日云々、○今日當番中山亞相へ相轉了、

十八日、甲申、天晴、自今日十方暮、○長橋局へ罷向、就丹州召拔之儀與丁之事被申子細有之、○勸修寺へ罷向、黃門に松室中務申綸旨之事申談了、則被調持了、如此、

當社公文分河原田一町七反大、雖不作、如元爲知行、

同梅木原二反、宇久呂須畠等之事、幷開田畠一所之儀、對宛文上者、任武家下知之旨、全領知可專神役者、天氣所候也、悉之以狀、

永祿二年十二月十三日　右少辨（花押）
表書には晴豐、

松尾社公文中務大輔館

常寂院へ立寄、梶井殿于今無還御云々、御城南云々、按察、内膳民部少輔中將棊有之、見物了、○柳原へ罷向、庭之松木洗之、暫雜談了、○禁裏御懸之藤見之、次内侍所へ立寄、高畠與三一盞振舞了、

十九日、乙酉、天晴、自未刻雨降、十方暮、○長橋へ罷向、就丹州駕輿丁之儀談合之子細有之、○高倉へ罷向、入道見參、暫物語了、右金吾は昨日武家之◎脫アルカ近衞殿御兩所、大覺寺殿、入江殿、寶鏡寺殿、久我入道、慶壽院殿等鞍馬寺御參詣、慶壽院殿、入江殿御振舞、大御酒有之、金吾蟲發之、于今平臥云々、次木村左衞門大夫所へ罷向、長橋言傳有之、癰腫煩之云々、夫婦出合雜談了、○三條亞相妾ぁ五姉之用云々、愛洲藥之事申候間一包遣之、先日所望云々、自留守遣之云々、草餠一盆送之云々、○從岡殿可祗候之由有之間則參、賀州御知行之事御談合也、田樂にて御酒被下之、次長橋局へ罷向、又岡殿御言傳有之、又御返事參申候了、○安禪寺殿へ參、白篇豆栽之了、御酒被下了、又新典侍殿取次人參丁香散所望云云、代十疋賜之、則藥種召寄了、

廿日、丙戌、雨降、十方暮、五墓日、自未刻晴、○内侍所へ罷向、徽音に音曲四五番歌了、餠にて一盞有之、先之長橋局へ罷了、○自中山番之事被申候間、暮々參、相番萬里小路大納言、予兩人也、

廿一日、丁亥、天晴、十方暮、○早旦長橋局迄參、朝飡以後可祗候、御用之事有之云々、○巳刻參內、源氏被仕立、烏子六半、夕霧迄料紙出來、檢知了、古御本十一册有之、又源平藤之系圖十三卷有之、蟲損御談合有之、暫御雜談移刻、次於長橋局小漬にて御酒被下之、御懸之藤、小法師に申付可洗之由被仰、但小法師他行云々不參、仍退出了、

廿二日、戊子、晴、自未下刻雨降、　○梶井殿御留守常舜院へ早旦罷向、按察、勸學院兩人、其外惠倫來、予茶子朝槿一盆持之、各賞翫了、　○小法師參之由申來之間、朝飡以後參內、藤令結(カ)(◎洗)之、　同御懸之松少々予洗之、　午時退出了、○若宮御方今日賀茂之藤躑躅御覽云々、酒迎之歸之次云々、御輿添案主七郎、(西園寺內北隣安禪寺殿御番衆)市川右京亮、同(同子)彌三郎、內膳民部少輔等云々、路之間加田新左衛門尉、澤路隼人佑、大隅民部丞等被加之云々、　女中衆大典侍殿、新大典侍殿、御阿子、御今參、御乳人、萬里小路女房衆悉云々、男衆前內府入道、中山大納言、四辻大納言、萬里小路大納言、勸修寺中納言、　持明院宰相、玉泉院權僧正、輔房朝臣、上乘院法印、延命院僧都、經元、重通、(御劔)以繼、茂首座等云々、　山下に假屋被申付之、御小漬にて及大飮、音曲有之云々、雨降之間申刻還御、　又於御方御所御酒音曲等有之云々、○今日雖當番、故障之儀有之不參、○葉室出京、

◎以下缺文

言繼卿記 廿四

永祿六 癸亥年

○正月大

一日、庚辰、天晴、天一西、　○寅一點令行水、倉部同道內侍所へ參、兩人先折紙進之、御鈴之後、如嘉例戴神盃、祝有之、○參禁裏、御新調之御冠之纓被直之、　○四方拜有之、庭上御座以下如例年、奉行職事頭辨淳光朝臣、御簾御裾等被懃之、御草鞋經元、其外傍頭以下不參、淳光〻〻、經元、淸原國賢等也、　國賢遲參之間、御笏內々奉行申出、　於臺盤所妻戶前令渡內豎國益之、　各依遲參及天明出御也、先於常御所着御御服、　御衣文新宰相(永相卿)奉仕之、御前裝束予也、御劔公遠朝臣、御脂燭爲仲等也、無人之間各參御後、中山大納言、萬里小路大納言、予、滋野井前中納言、新宰相、言經朝臣、重通朝臣等也、次

各於男末盃酌如例年、辰刻退出了、○於愚亭四方拜、看經了、次吉書了、○此方雜煮以下祝如例年、○大澤出雲守、同左衞門大夫、同右衞門（◎兵衞カ）大夫、澤路筑後守、同備前守、同隼人佐、同一郞右衞門尉、野洲五郞左衞門、早瀨、朝飡如例申付了、○大澤左衞門大夫、澤路筑後守、早瀨民部丞鈴一對持參云々、澤路一郞右衞門子鯛一折持參云々、野淵杓持參云々、○未刻參武家、倉部同道、供大澤左衞門大夫、同右兵衞大夫、澤路筑後守、與二郞、小者兩人計也、於御小座敷御對面、公家廣橋大納言、予、飛鳥井中納言、新宰相、內藏頭、飛鳥井少將、日野侍從、竹內藏人等也、外樣に攝津掃部頭、御供衆大館十郞、同伊與守、上野民部大輔、細川中務大輔、同兵部大輔、一色式部少輔、伊勢七郞左衞門、御部屋衆、申次番方以上七十人計也、今日之申次大館伊與守也、次慶壽院殿へ參、各御小盃被下之、次御酒有之、次御臺へ參、御小盃御酒有之、次御さ五、小侍從局等へ禮申候了、次春日局見參、御酒有之、公家衆各同前、奉公衆少々、申下刻歸宅了、○今日禮者新藏人國賢、外記一﨟康雄、小笠原又六等云々、○內藏九獻御樽一荷兩種臺所へ進了、○及黃昏御祝に參內、先若宮御方、御局々等へ禮申候了、天酌に被參之輩勸修寺一位、中山大納言、萬里小路大納言、予、源中納言、滋野井前中納言、持明院宰相、公遠朝臣、言經朝臣、重通朝臣、經元、實彥、親綱、以繼、季長、雅英等也、次若宮御方御酌、各同前也、○於御所口內藏九獻之御祝如常、內藏頭參、予御方御所之御盃同時之間、不參了、○今夜當番勸修寺一位、予、滋野井前中納言等也、御寢以後、於臺所番衆三人、末之衆一盞候了、

二日、（辛巳、天晴、）○番衆三人、於男末御佳例之御酒有之、先之予於長橋局雜煮にて一盞祝有之、○此方祝如例年、○澤路隼人佑禮に來、筆一對持來、盃令飮之、○自吉田神供一膳任嘉例送之、頂戴祝着了、次明日北野社之淸祓に參行云々、冠襪借用之間遣之、靑侍以下餠酒勸了、○暮々倉部同道御祝に參內、天酌に被參之輩勸

修寺一位、中山大納言、四辻大納言、萬里小路大納言、廣橋大納言、予、源中納言、滋野井前中納言、持明院宰相、公遠朝臣、言經朝臣、重通朝臣、經元、實彥、爲仲、以繼、季長、雅英等也、次若宮御方御祝御酌、被參之輩各同前、予先於長橋局一盞有之、退出之砌、於薄所吸物にて一盞祝有之、次退出了、○今日禮者攝津掃部頭、伊勢七郎左衞門、山名與五郎、三淵伊賀入道、武田宮内大輔、大和宮内大輔、安威兵部少輔、二階堂右京亮、杉原彌七郎、本鄕與三郎、同又三郎、松井山城守、疋田修理進、同彌四郎、同尉松、同孫六、春あみ、觀世與左衞門等云々、

三日、（壬午、陰、天一乾、）○今日此方祝如例、○長橋局、高辻等へ、佳例一荷兩種（鯛一折、蛬一折、）遣之、○倉部同道、此邊少々禮に罷向、次第不同、覺勝院、半井宮内大輔、高辻、（酒有之、）岡御所、（御見參、）長谷寺、竹内殿、（御盃被下之、）正親町、飛鳥井中納言、五辻、中山、大祥寺殿、（御盃被下、）勸修寺、庭田、伏見殿、（御見參、）菊亭、三條西、（見參、）久我、高倉、四辻、萬里小路入道、同亞相、白川、内侍所、（酒有之、）女房衆六人に墨一二丁宛遣之、次薄所へ罷向、阿茶、御今等へ墨一丁宛、臺所へ罷向、末衆、女嬬、非司兩人、以上七人一丁宛、御乳人之小茶、若宮御方之あか等に同一丁宛遣之、次長橋局へ罷向、酒有之、官女三人下女迄、同一丁宛遣之、次宮内卿局、冷泉、柳原等へ罷向、次歸宅了、○今日禮者新宰相、（高倉）正親町少將、東坊城、北小路大膳大夫、雅樂頭守秋朝臣、（廣橋内）速水越中入道宗喜、同右近大夫、同左衞門大夫、進（近衞殿之内）藤左衞門大夫、奉公衆荒川治部少輔、同與三、彥部雅樂頭、片岡大和守、安東藏人、其外磯三川守、喜春軒榮訓等云々、○暮々御祝に參内、天酌に被參之輩勸修寺一位、中山大納言、四辻大納言、萬里小路大納言、予、滋野井前中納言、持明院宰相、公遠朝臣、言經朝臣、重通朝臣、經元、實彥、爲仲、親綱、季長、雅英等也、次若宮御方御酌、被參之輩同前、次予、滋野井、言經朝臣等別御盃被下之、予計御酌、兩人は御乳人酌也、○予外樣番烏丸代に參、如例御銚子出了、内々に可祗候之由

有之、內々に臥了、內々番衆中山大納言、萬里小路大納言、中院代、爲仲等也、
四日、癸未、陰、自午時雪降、節分、○河原者岩禮に來、帶、緖太等持來、如例年、○禁裏へ祥壽院法印御禮に參、申次に內藏頭參云々、○節分に看經心經百五六十卷讀之、公私祈禱了、○廣橋亞相之次男三才、今日色直食初云々、母末之か丶柳二荷兩種被送之、去々年十一月十四日於愚亭誕生也、○今日千秋萬歲に未刻參內、議定所軒之下にて申之、後に曲舞二番張良、大織冠等舞了、如例年於御湯殿上御祝有之、御酌新內侍、祗候之輩予、源中納言、公遠朝臣、言經朝臣、重通朝臣、實彥、親綱、以繼、雅英等也、今日別殿若宮御方へ行幸云々、○今日禮者陰陽頭有脩、大館十郎、祥壽院法印、河內(柳原内)源五郎、(同)眞繼兵庫助、山井將監景理、壁大工等云々、
五日、甲申、立春、正月節、自今日十方暮、晴陰、申刻小雨灑、○柳原へ鈴一對遣之、則罷向、雜煮にて一盞有之、○午下刻參內、櫻町之千秋萬歲四人、參如例、後に曲舞濱出、烏帽子折二番舞之、被參之輩中山大納言、萬里小路大納言、予、公遠朝臣、言經朝臣、經元、實彥、爲仲、親綱、雅英、淸原國賢等也、今日立春之御祝之間、予、倉部等晩㴱長橋局へ召寄了、天酌に被參之輩勸修寺一位、中山大納言、萬里小路大納言、廣橋大納言、予、源中納言、滋野井前中納言、持明院宰相、公遠朝臣、言經朝臣、重通朝臣、經元、爲仲、親綱、雅英等也、次若宮御方御酌、各同前、次退出了、○今日禮者松田(奉行)對馬守、同(同子)主計允、布施(同)彌太郎、藤堂(廣橋内)右兵衞大夫等也、○今日實彥(藤)、爲仲(源)從四下、親綱(藤)、輝資(同)正五下、藤長治從五上に敍云々、
六日、乙酉、天晴、未申刻雪纔飛、十方暮、○薄禮に來、樽代十疋持來、雜煮にて祝了、○澤路備前守禮に來、盃令飮了、○從葉室佳例之樽餠等到云々、○倉部竹內殿へ鈴一對持參云云、○稱名院(三西)へ食籠鈴一對遣之、可罷向之處蟲之所勞云々、○自松林院乘誓西堂鈴一對食籠等被送之、○晩頭當番之間參、勸修寺一位、予兩人也、今日姬宮御方御忌明云々、番衆所へ御銚子出了、外樣衆日野一

位、資定卿、新三位隆益卿、御禮被申、於議定所御對面、予申次了、於男末乍兩人天盃頂戴如例、○今日禮者西洞院、柳原辨、高辻、竹門坊官宮内卿、五辻、中澤(奉行)備前守、多久宗、藤堂藤左衛門、同與三次郎等云々、

七日、丙戌、天晴、十方暮、五墓日、○今日七草之羹之祝如例年、大澤右兵衛大夫重延禮に來、○鎭宅靈符如例六座行了、○讃岐守忠宗、同將監忠雄、同忠季等禮に來、扇一本表金、裏砂、持來、盃令飲了、次澤路新四郎來、同盃令飲之、觀世與五郎同、○岡殿へ參鎭宅一座行之、雜煮にて御酒被下之、雙六五番參了、次長橋局へ罷向、酒有之、岡殿杉原一帖被下之、又御さこ、西方庵に墨一丁宛遣之、○今日禮者堀川近江守國弘、山井近江守景長、六位外記盛厚、出納將監職定、同右京進重弘、内豎國益、松波(日野内)九郎左衛門、山形(同)右衛門大夫、祥壽院大藏卿、竹藤(奉公衆)兵部少輔、飯尾(奉行)與三左衛門尉、粟津(藤宰相内)肥前守等云々、○及黄昏御祝に參内、天酌に被參之輩勸修寺一位、中山大納言、四辻大納言、萬里小路大納言、廣橋大納言、予、源中納言、滋野井前中納言、持明院宰相、公遠朝臣、言經朝臣、重通朝臣、實彦朝臣、經元、親綱、以繼、季長等也、次若宮御方御酌同前、但廣橋大丶、令沈醉早出也、次退出、○今夜番衆以繼一身之間、内藏頭令祗候云々、

八日、丁亥、天晴、十方暮、○今日禮者廣橋亞相、六位外記市正伊昭、驢庵、安樂光院、諏方(奉行)信乃守、中與加賀入道等云云、○自稱名院使有之、明朝乍父子朝飡に可來之由有之、薄へ兼約之間故障了、

九日、戊子、天晴、時々雪飛、天一北、十方暮、○自長橋局一荷兩種小鮒一折、混布一折、嘉例被送之、○薄所に朝飡有之、鈴一對遣之、長橋局、予、内藏頭、薄、阿茶、同孫千代等相伴了、次長橋、臺所、御乳人等へ立寄、次竹内殿へ參碁三盤參了、○近邊禮に罷向、廣橋入道、同亞相、富小路入道、石谷(奉公衆)兵部少輔、片岡大和守、武田小次郎、松田對馬守、同主計允、諏方信乃守、布施彌太郎等へ罷向了、○自近衛殿明後日御法樂御短冊被下云々、○今日禮者覺勝院、進(奉

公士美作守等云々、○大澤出雲守禮に來、盃令飲之、
十日、己丑、天晴、十方暮、○稱名院西三條へ朝飡に罷向、予、飛鳥井黄門、內藏頭、薄等相伴也、○近邊禮に罷向、中御門、甘露寺、伊勢七郎左衞門、沼田彌七郎、左京大夫、有脩、安禪寺殿、桂侍者、秀主座、正藏主、仙藏主等に墨二丁宛、周仙房、市川越後守等に一丁宛遣之、一盞有之、次細川中務大輔、曾我上野介、安威兵部少輔、松田丹後守、祥壽院、伊勢加賀守、五條、同東坊城、一條殿、御盃被下、驢庵等へ禮に罷了、○今日禮者五條、白川、大外記師廉、半西園寺內井宮內大輔明貞、安主七郎、松田丹後守、飯尾右馬助等云々、四辻父子、庭田少將等被來了、○未下刻近衞殿大閤御禮に御參內、廣橋大納言、予、內藏頭等北門へ參會、內藏頭御輿寄御沓進之、於議定所御對面、次若宮御方へ御禮被申、次御退出了、
十一日、庚寅、自辰下刻雨降、十方暮、○神樂少々吹之、纔唯識論看經如常、○未刻中次に可參之由有之、則祗候、大理性院僧正に、於御三間護身法御傳受了、御硯拜領也、次聖廟御筆觀音品被見之、○今日伏見殿嘉例之中沙汰云々、自庭田使有之、仍一荷兩種芹、海老、土器物進上了、○近衞殿御夢想御法樂云々、二首懷紙、野若草、馴增戀、御短册勅題し荻、葉室代に紅か葉深等也、內藏頭、薄等和歌持進之、

秋こそは千種にましれ春は皆ゆるし色なる野への若草
年月はかゝる心もしら絲のさけて思ひの色をそへけり
しらせてや軒はの荻のむつましくさひ來る人をそよさ告らむ
かつ染る程さへあかぬ色なるにけふは千しほの木々の紅葉は

暮々伏見殿へ參、被參之輩左府、西園寺、中山大納言、四辻大納言、予、飛鳥井中納言、新宰相、五辻、新三位、隆益卿、四辻中將、內藏頭、源少將、左兵衞權佐、中山少將、飛鳥井少將、喜首座等也、三獻より音曲有之、五獻李部王御酌、以後予退出了、六獻之後內藏頭退出了、倘大御酒云々、
○今夜當番、庭田內、薄に可參之由申候了、○今日禮者伊勢加賀守、河端志等云々、
十二日、辛卯、天晴、時々小雨散、十方暮、○伏見殿へ參、御沈醉云々、次稱名院へ一昨日之禮に罷向、申置了、次長橋局へ罷向、

攝取院之相伴、吸物にて一盞有之、○南都春日社中
東新權神主時定書狀、卷數神供油物等送之、則頂戴
了、此方之御師有咎、去十二月廿八日、爲松永彈正少
弼霜月始より召籠、令生害云々、仍先爲彼代音信云
云、○自安禪寺殿桂侍者來、一荷兩種土器物、隨身云々、○
來十九日御會始廻文有之、寄若菜祝言、刻限可爲午刻之由被仰下候也、
　來十九日和歌會始、各可令豫參給之由、被仰下候
　也、
　　正月十一日　　　　孝　親
　日野一位殿、勸一、飛一、四大、萬大、廣大、帥中、飛
　中、滋前中、新中、持宰、新宰、頭辨、四中、內藏、左兵
　衞佐、藏人辨殿、
十三日、壬辰、陰、十方暮、五墓日、○南都へ返事調遣之、○後白川院
御陪膳に內藏頭申付、進竹內殿了、○今日智恩寺に念
佛講に罷向、廣橋內府入道、同亞相、予、高辻、速水越
中入道、同右近等也、如例齋有之、次入麵にて酒有之、
鈴一對遣之了、○上邊少々禮に罷向、誓願寺、吸物にて盃二、
飛鳥井一品、一盞有之、總持寺殿、御留守、南御所、瑞慶院にて酒有之、瑤琳
庵、留守、光照院殿、御留守、安樂光院、近衞殿、御兩所御留
守、中興大膳大夫、西洞院、德大寺、一盞有之、奉行飯尾大和守、
同右馬助、大和宮內大輔、本滿寺、奉公狩野左京亮等へ罷
了、○今日禮者甘露寺、誓願寺長老、壽命院、耆婆宮內
大輔、加田新左衞門云々、
十四日、癸巳、天晴、十方暮終、自今日天一天上、○正親町へ罷向暫雜談、次
長橋局へ罷向、一盞有之、次御乳人局へ罷向了、○自
廣橋使有之、自武家三毬打竹持給候、三荷二百八十本、七十かごの分也、此方五十かご、北中輔分廿かご也、彥部書狀如此、
　從山科鄉參爆竹之事、如例年御進上候、可然之樣可
　有御奏達之旨、得其意可申入由被仰出候、可得御意
　候、恐々謹言、
　　正月十四日　　　　彥部雅樂頭　晴　直　判
　　　廣　橋　殿　參人々御中
請取候由可調與之由被申候間、折紙如此遣之、
　從山科鄉之三毬打竹參候、珍重存候、慥請取申候、

被得其意可被申入候、尙期面之時存候也、

正月十四日　　　　言　　　繼

廣　橋　殿

松尾之松室中務大輔禮に來云々、茶二袋一斤、送之、○禁裏へ如例年三毬打十本進之、文如此、

かしこまりて申入候、三きつちやう十ほん、あとのまゝしん上いたし候、いく久しくもあひかはらすしん上いたし候へきよし、御心え候て御ひろうにあつかり候へく候、かしく、

とき繼

勾當内侍とのゝ御局へ

今日之禮者吉田右兵衛督、兼右卿、奉公衆狩野左京亮、同孫二郎等云々、○桂侍者歸寺、一荷兩種進之、

十五日、甲午、雨降、天一天上、入吉書、○此方三毬打早朝囃了、根本六本也、近年三本沙汰了、次赤粥祝如例年、珍重々々、○參武家、勸修寺一位、中山亞相同道、先御供衆大館陸奥守、同十郎、同伊與守、申次、上野民部大輔、細川中務大輔、伊勢因幡入道、同七郎左衛門、申次に彥部雅樂頭、荒川治部少輔、安東藏人、小笠原又六、進士美作守、其外有馬ゝゝ等也、御小盃如常、次公家勸修寺一位、中山大納言、廣橋大納言、予、上冷、民部卿、飛鳥井中納言、三條中納言、新宰相、飛鳥井少將等也、次慶壽院殿へ參、各同前、御酒有之、次御臺へ參、各同前、御酒有之、次春日局、次少々勸一、中大令同道禮に罷向、攝津掃部頭、本鄕與三郎、同又三郎、大館陸奥守、同十郎、上野民部大輔、杉原兵庫頭、同彌七郎、荒川治部少輔、同與三、小林民部少輔、飯川山城入道、慈壽院殿、御酒有之、淸少納言、同藏人、一色式部少輔、小笠原、二階堂右京亮、入江殿、御酒有之、寶鏡寺殿御酒有之、等也、○暮々御祝に參內、天酌に被參候輩勸修寺一位、四辻大納言、萬里小路大納言、廣橋大納言、予、滋野井前中納言、新中納言、持明院宰相、松夜叉丸、公遠朝臣、言經朝臣、重通朝臣、實彥朝臣、爲仲朝臣、經元、親綱、以繼、兼勝、雅英等也、次於東庭三毬打十三本、如例年兩奉行之宿直仕丁

囃之了、次若宮御方御酌同前、次予、內藏頭兩人天盃
申出頂戴、忝者也、次退出了、○今日禮者冷泉、飛鳥井
黃門、（繪師）土佐刑部大輔、（若州武田內）淸水式部丞等云々、
十六日、（乙未、天晴、五墓日、天一天上、）○今日如例年家中衆百萬返、心
經百卷、春日社へ看經、予餘醉之間眞言以下略之、○
鞍馬寺之戒光坊禮に來、牛玉以下卷數、炭一俵、等送
之、如例、○今日當番故障申候了、○今日之禮者（北野）新善
院、小笠原又六、鴨大藏大輔光綱（卷數送之、）等也、○桂侍者
又來了、
十七日、（丙申、天晴、天一天上、）○早旦上御靈へ參詣、內藏頭、薄等
同道、供大澤左衞門大夫、同右兵衞大夫、早瀨民部丞、
都筑宮千世、與二郎、與四郎、若等也、歸路禮に少々罷
向、（甲州）武田陸奧守入道、聖護院殿、（奉行衆）齋藤兵部少輔、三條黃
門、（奉行）中澤備前守等也、○禁裏明日之御三毬打、如例年
七間々中申付進之、於禁中沙汰也、爲見舞參了、（醫）竹田
瑞竹御禮に參、予申次、御懸より參、於御學問所御對
面、御袴計着御、牛黃圓（百粒、）進之、如例年御扇被下之、

予に牛黃圓一貝拜領、忝者也、○今日禮者飯川山城入
道云々、○本光院殿へ參、御客來云々、薄同參、堀川判
官へ立寄、吸物にて二盞有之、伊勢七郎左衞門相伴
也、伊勢因幡入道、同七郎左衞門等へ禮に罷了、
十八日、（丁酉、天晴、時々雪降、天一天上、）○禁裏御三毬打今朝未明有之、
內藏頭參、各被參、於男末之御酒如例年云々、○長橋
局、御乳人、臺所等へ立寄、岡殿へ參、暫御雜談了、○竹
內殿之宮內卿禮に來云々、○自薄所炭一器送之云々、
十九日、（戊戌、天晴、辰刻雪散、天一天上、）○柳原へ罷向和歌介談合了、○
今日禁裏和歌御會始、午下刻倉部同道參內、未下刻參
集、被參之輩（發聲）飛鳥井一位、（奉行讀師）中山大納言、四辻大納言、萬
里小路大納言、予、（講師）飛鳥井中納言、滋野井前中納言、持
明院宰相、新宰相、淳光朝臣、公遠朝臣、言經朝臣、爲
仲朝臣、經元、（初參）雅敦等也、下讀師一位、予、中納言等合
力、此外式部卿宮、入道前右大臣、（仍覺）、入道前內大臣
（等禱、）兩公懷紙被進之、如例年、出御、講頌於御三間有
之、入御之後、折にて盃二（あい、五さ）、如例、及大飮音曲有之、

及黄昏退出了、爲役送以繼參了、○今日懷紙如此、

春日同詠寄若菜祝言和歌

太宰權帥藤原言繼

わか君の千代のためしに淨邊なるなかき根芹をつみやそむらむ

廿日、己亥、天晴、天一天上、正月中、○長橋局之官女阿五昨日八幡へ參詣云々、牛玉宮笥一包送之、○正親町へ罷向、尊勝院に對顏、楊弓之矢所望之間、可尋與之由昨日被申間、淨門之西坊に申取寄遣之、則代渡了、今日正親町少將、尊勝院等大坂へ下向也、仍本願寺へ書狀、太刀、一腰、下間上野法橋に書狀、烏丸に書狀、水引五把、等言傳了、○長橋局へ立寄了、次飛鳥井黄門へ罷向、久我右大將被來、音曲二三有之、○伏見殿にて晩飡被下之、申刻參、李部王、青蓮院宮、曼殊院宮、中山大納言、四辻大〻〻、右大將、予、飛鳥井中〻〻、滋野井中〻〻、新三位（四條）、四辻中將、内藏頭、源少將（庭田）、左衞門佐（五辻）、飛鳥井少將、中山少將等御相伴也、濟々儀也、次又御盃參、音曲有之、予、内藏頭兩人、近衞殿御會始之間早出了、○近衞殿御會始可參之處、蟲氣之間内藏頭計參、冷泉新宰相計也、其外雜々數多御人數云々、丑刻歸宅了、予懷紙計進之、

春日同詠鶴遐年友和歌

太宰權帥言繼

巣たつより砌になるゝひな鶴の千代のよはひは君かそへてむ

自廣橋亞相米二石三俵、被與之、番代之音信云々、

廿一日、庚子、天晴、天一天上、○自廣橋入道内府土代被借用之、晩頭歸來、○今日聖護院殿和歌御會始、未刻參、先三條（正親町）へ罷向暫雜談、一盞有之、今日御人數近衞殿、同殿下、聖門、同新門、四辻大納言、久我右大將、予、冷泉民部卿、四辻中將、大膳大夫俊直朝臣、細川兵部大輔、同宮内少將、一色式部少輔、同治部少輔、飯川山城入道、安東藏人、治部三郎左衞門、小林新介、宗養、元理、紹巴、玄哉、候人衆以下數多、以上卅餘人有之、懷紙計講頌、短册讀揚、讀師民部卿、發聲四辻大納言、講師刑部大輔光政、付物有之、笙守秋朝臣、笛予、箏四辻中將等也、先晩飡各有之、御會以後又御酒有之、樂御所望、太平樂急、（平調）五常樂急、青海波等也、朗詠水宴曲、唱歌等有

之、子刻各退出了、懷紙短冊和歌如此、

春日同詠松樹契多春和歌

太宰權帥言繼

二葉より移し栽てし松なれは君そ見るへき千かへりのはる

御當座題、山吹のはな、

色にそむ心しられて見る人の衣のかされも山吹の花

今朝長橋局に朝飡有之、薄衆各、予、桂侍者等相伴了」、

廿二日、辛丑、天晴、天一天上、曉天雪少降、五墓日、○自聖護院殿昨日參候御祝着之由御使、久我諸大夫森刑部大輔盛時朝臣、二荷兩種串柿、豆腐、被下之、一盞勸之、御禮可參申之由申了、御懇之儀也、○伏見殿へ一昨日之御禮に參、武家之御さこの局被參、三獻有之、右大將、予、四條、源中將、五辻等大御酒、音曲等有之、○長橋局へ罷向昨日之禮申候了、

廿三日、壬寅、天晴、天一天上、○日出之刻鞍馬寺へ參詣、供宮千代、與二郎、與四郎計也、戒光坊へ宮笥十疋、御初尾同折紙遣之、飯有之、祥壽院法印、同新發僧一人等相伴了、同坊主弟宮內卿玉泉、兄御所坊等に油煙一丁宛遣之、先之眞勝坊に油煙二丁、同母に一丁遣了、未刻歸宅了、○長橋局へ罷向、とびかぎ、山椒之皮進之、○今曉松田對馬守開闔、盛秀死去、七十三歲云々、

廿四日、癸卯、天晴、天一天上、○早旦慶壽院殿之今御乳鹿苑寺殿御乳人、より、爲使河端兵部丞來、舊冬自武家可被下之由候廿石、河州若江庄にて可被渡之、雜掌可召下之由有之、則大澤左衞門大夫に申付了、○長橋局へ罷向、次內侍所、臺所、薄等へ立寄、次岡殿へ參、五辻祗候、雙六有之、一盞被下了、○自安禪寺殿可來之由候間罷向、伏見殿へ申度事有之、賴之由被申、雖然故障了、一盞有之、○建仁寺之種善軒、西賀茂之神光院等禮に被來云云、

廿五日、甲辰、天晴、天一天上、○南向北野社に參詣云々、○內藏頭柳原へ月次連歌罷向云々、○四條被來、勸一盞了、及黃昏五辻被來、勸一盞了、○長橋局へ罷向了、

廿六日、乙巳、天晴、天一天上、申刻俄風雨、○長橋局へ立寄了、次薄所へ立寄了、次柳原へ罷向、明日和歌談合了、○四條呼曉飡相伴了、○今日當番、所勞氣之間內藏頭參了、

廿七日、丙午、天晴、天一天上、○今日愚亭和歌會始沙汰之、人數高倉亞相入道、久我、右大將予、飛鳥井黃門、高倉新相公、柳原辨、内藏頭、飛鳥井少將、薄、坊城、耆婆宮内大輔、信承本能寺之坊等也、先一盞、次短冊清書之後、吸物餅入埀立、にて一盞、次取重短冊講頌有之、讀師右幕下、講師内藏頭、發聲飛中等也、次各被歸了、今日之出題飛鳥井一位に申候了、予懷紙如常、兼題竹契齡、當座題春月、祝言等也、

契りなかむ代々のよはひのためしには常磐かきはの庭のむら竹
いかなれは思ひしよりは老か身にかすまさりけむ春の夜の月
敷島の道を心のましはりにけふまつ契る千代の行末

及黃昏滋野井被來、勸一盞了、○聖護院殿へ先日之御樽之御禮に、内藏頭申付進之、

廿八日、丁未、天晴、天一天上、○誓願寺長老被來、鈴一對饅頭一箱隨身、吸物餅に埀立入、にて一盞勸之、暫雜談了、○朝山日乘上人近日從藝州上洛云々、晩頭禮に來、樽代二十疋送之、一盞勸了、○東山吉田へ罷向、父子に墨一丁宛遣之、但自昨日清水寺之心月坊へ罷向云々、申置歸宅了、○葉室當年始而出京被來、狸之荒卷、樫鳥一、被送之、今晩禁裏へ御禮被申了、申次予、於議定所御對面、今夜則外樣番に祗候云々、○予中山番代に參、昨日廣橋代に相轉也、相番萬里小路大納言、爲仲朝臣等也、

廿九日、戊申、雨降、天一天上今日迄、○薄養母臺所之阿茶來、柳一荷、兩種強飯、埀、一盃宛持來、吸物等にて酒勸了、○近所金藏坊へ鈴一對兩種遣之、可來之由有之間罷向、飯尾與三左衞門被來、酒及數盃了、亭主安主七郎後に自他所歸了、○及黃昏四條富小路入道是齋、被來、談合之子細有之、勸一盞了、○葉室母儀咳病之藥、仲和散に加川芎、五味子、又七包遣之、

卅日、己酉、卯刻雪散、天晴、天一神下艮、○早旦滋野井、四條是齋、五辻等被來、談合之子細有之、是齋鈴一對田舍酒、持來、一盞有之、○淨花院内松林院之舜智齋に來、故葉室、愚男宗永等忌日之故也、相伴了、○葉室今日被歸在所了、○長橋局へ罷向、一盞有之、次御乳人局、内侍所、薄所等へ立寄了、先之竹内殿へ參了、○北隣あかゝ子慶松咳嗽之藥、仲和散に加川芎、五味子、薄荷等、七包遣了、

○二月小

一日、庚戌、天晴、○曇花殿へ當年之御禮に參、廣橋に御座云云、但一盞有之、○參武家、午時御對面、申次上野民部大輔、御禮申衆大館十郎、進士美作守、上池院法印、公家に勸修寺一位、予、飛鳥井中納言、新宰相、飛鳥井中◎少カ將、東坊城盛長、等也、次御さこ、小侍從局、見參、次慶春院殿、於御臺御方御見參、於御臺各御酒有之、次春日局、所勞云々、次勸一同道參二條殿、御酒賜之、次花山院、留守、次竹内殿、御留守、次西三條、見參、次伏見殿、御對面、次大祥寺殿御盃賜之、等罷了、○多忠雄禮に來、倉部對面了、○暮々御祝に參內、倉部同道、天酌に被參之輩勸修寺一位、中山大納言、四辻大納言、萬里小路大納言、予、滋野井前中納言、輔房朝臣、公遠朝臣、言經朝臣、經元朝臣、雅英等也、先之若宮御方、御局々御禮申候了、次退出了、○今日當番代言經朝臣參、勸一、滋前中云々」、

二日、辛亥、雨降、○薄從昨朝咳氣之由申候間、仲和散に加川芎、白芷、加◎衍カ前胡等、五包遣之、○暮々廣橋番代に參、相番予、三條中納言、爲仲朝臣等也、自今夜朝山日乘上人申沙汰、於小御所七ヶ日に百座之仁王經御祈禱有之、聖護院新門主僧正道澄被參、內々小御所に行幸、供奉女中各、其外入道前內大臣、勸修寺一位、中山大納言、四辻大納言、萬里小路大納言、予、新中納言、新宰相、輔房朝臣、爲仲朝臣等祗候、先小御所東面於妻戶間、新門主御禮被申、次日乘上人於簀子御禮申候了、引合十帖段子一端進上云々、法丶表白等若王子◎權脫カ僧正增眞勤之、仁王經讀之、僧正十供、聖護、新門主僧正道澄、若王子權僧正增眞、萬里小路大丶息積善院法眼覺俊、寺日光院靈鷲院靜覺、寺勸學院法印宥存、同藏乘坊權大僧都朝永、同善法坊權大僧都靜寺玉、同金乘坊權大丶丶兼存、□□□勝仙院權少僧都增堅、照光坊權律師覺快等也、施物二千疋云々、日乘上人進之云云、爲天下御祈禱云々、

三日、壬子、天晴、八專入、○自長坂敵柳本云々二百計出內野、二條迄打出、西京少々燒之、奉公衆卅騎計被出、則引退云々、○一昨夕高野之蓮養坊子宮內卿、吉田侍從兼和

に遺恨切懸、同名以下四人手負云々、侍從不苦、昨夕風聞之間今日罷向、右兵衛督他行云々、侍從出合物語共有之、伯父卜庵、同名權大副兼高、同子藏人兼〻、侍一人蒙疵云々、一盞有之、○暮々外樣番光康卿代に參、內々に可候之由有之、小御所之仁王經聽聞了、僧衆今夜八口也、今日內々番衆萬里小路大納言、中院代、親綱父卿代、等也、

四日、癸丑、天晴、○自早々滋野井被來、細工誂之、朝晩飡相伴申候了、午時一盞有之、○倉部◎參脫カ竹內殿御連歌有之云云、○晩頭長橋局へ罷向了、○早旦大澤左衛門大夫以下五人河州若江庄へ召◎罷カ下、於彼在所從武家廿石可被下云々、

五日、甲寅、雪散、自申刻雨降、八專、○薄所へ又仲和散に加川芎、白芷、七包遣之、○北隣慶松同方仲〻、加川芎、薄荷、五味子、七包又遣之、○暮々從聖護院御使有之、從禁裏御樽五荷、五合、被進之間、可參之由云々、則參小御所、被參之輩前內府萬入道、勸修寺一位、中山大納言、予、新宰相、若王子僧正、輔房朝臣、公遠朝臣、經元朝臣、積善院、三井寺衆七人被召出、御盃三、及數盃了、亥下刻退出了、○澤路筑後守來、山科鄉人手負藥之事申候間、愛洲藥七服遣之、

六日、乙卯、雪晴陰、八專、天一神東、二月節、○正親町へ罷向暫雜談、一盞有之、次長橋局へ罷向御笙火桶、申出、明後日御樂始稽古之用也、四辻亞相被參、一盞有之、次御乳人局へ立寄了、次飛鳥井黃門へ罷向、來九日會之事申定了、○自河州若江庄大澤左衛門大夫飛脚到、人夫舟等之儀不被相調之間、米可沽却歟否之由注進了、○今夜當番代內藏頭參了、○澤路申手負藥、又七服遣之、

七日、丙辰、天晴、○河州へ飛脚指下、米可沽却之由申付了、○朝山日乘上人書狀有之、御室御所へ三十疋可屆進之由申送之、明日藝州へ下向云々、○薄明日御樂始に面箏初參、圭亭依狹少於愚亭樂奏始沙汰之、各被來、四辻亞相、箏、久我右幕下、音頭同、三條予、笙、新黃門、笛、持明院相公、笙、四辻羽林、箏、薄左兵佐、篳篥、守秋朝臣、大鼓、景長、音頭笛、

隆秋鉦鼓、等也、先調子、次萬歲樂、只拍子、三臺急、五常樂急、殘樂笙予、華薄、笛景長、太平樂急、殘樂笙持明、以下同前、郎君子、小娘子、慶德等也、如常二反宛也、殘樂之時三返也、次小漬にて一盞勸了、○內々番廣橋亞相代に參、相番以繼計也、予寸白所勞煩、夜半に歸宅、滋野井に俄相轉了、仁王經明朝結願云々、

八日、丁巳、天晴、八專、○禁裏御樂始有之、午下刻參內、未刻參集、御所作、御箏 若宮御方、御箏、四辻大納言、箏、右大將、同、予、音頭 笙、新中納言、笛、持明院宰相、笙、公遠朝臣、箏、以繼、華築、初參之間束帶、守秋朝臣、大鼓、景長音頭笛、等也、目六如昨日、但殘樂三臺急、笙予、華築以繼、笛景長、太平樂急、笙持明、以下同上、、老君子、笙予、以下同上、朗詠德是也、於小御所南簀子有之、次於鬼間盃酌如例年、所役殿上人季長、申下刻退出了、○葉室當番之間出京被參了、○澤路筑後守申手負之藥、同七服遣之、

九日、戊午、天晴、○今日愚亭月次和歌會也、但禁裏御樂之間來十四日に延引、各相觸、○禁裏太神宮御法樂、爲天下御祈禱、五常樂千反被始之、御人數御所作、御箏、若宮御方、同、四辻大納言、同、五反笛、右大將、同、予、笙、五反大鼓、五反笛、新中納言、笛、持明院宰相、笙、公遠朝臣、箏、以繼、華築、守秋朝臣、大鼓、五反鉦、景長、隆秋、笙、鉦鼓、景理笛、鉦、等也、辰刻參集、右大將番衆所、殘衆於長橋局朝飡有之、此外勸修寺一位、輔房朝臣等相伴聽聞也、所作殿上人季長、巳下刻より始、五反宛三度、次休息、於前所入麵にて一盞有之、次自未刻又始、反數如先、以上卅反有之、兩度之終に太平樂二反宛有之、予笙廿反、笛五反、及太平樂、大鼓五反至太平樂、等也、申刻退出了、

十日、己未、天晴、八專、○辰刻參內、如昨日御法樂御樂有之、先朝飡於長橋局有之、御人數同昨日、所作同前、鞨鼓守秋朝臣、大鼓隆秋、鉦鼓景理等也、打物乍三人沙汰之限也、不可說々々々、五反宛三度十五反有之、次休息、於同所吸物、埿立餅入、にて一盞有之、次三度に十五反、又三反、太平樂急二反等有之、所役殿上人季長也、如昨日於御學問所有之、未下刻終了、各退出了、○澤路申手

負之藥、同十服遣之、
十一日、庚申、天晴、八專、天一神巽、○辰刻參内、御人數以下如兩日、樂數如一昨日、所作人同前、但四辻大納言和琴所作也、大鼓守秋朝臣、鉦鼓隆秋等也、先十五反如前々、次休息、入麵にて一盞有之、次十五反、太平樂急等如前々、守秋沈醉無正體、狼藉之至不可說々々々、次於番衆所臺物にて御酒有之、不及出御、音曲等有之、申下刻各退出了、○今夜禁裏御庚申待有之、暮々參内、若宮御方、岡御所、女中等御三間、男衆番衆所、臺物にて御酒有之、子刻於長橋局赤粥有之、音曲始終有之、被參之輩勸修寺一位、中山大納言、四辻大納言、予、大藏卿、新宰相、輔房朝臣、公遠朝臣、爲仲朝臣、以繼、季長等也、子下刻各退出了、○今夜當番勸修寺一位、宿相轉中山大納言、予、大藏卿等也、
十二日、辛酉、雨降、八專、○柳原に法樂連歌有之云々、内藏頭罷向了、○亡父卿忌日之間、松林院西堂齋に被來、相伴了、○江村七郎次郎食籠鈴一對送之、○長橋局、薄所等へ罷向、可祗候之由有之、未刻參内、若宮御方、岡殿、女中等御出、於御三間御酒有之、勸修寺一位、中山大納言、予、大藏卿等音曲移刻、○今夜廣橋亞相番代に參、予、新中納言、親綱、實澄卿代、以繼等也、○今日薄所へ本國寺之菊仙房來、予同罷向、一盞有之、
十三日、壬戌、天晴、○竹内殿へ參、後白川院御陪膳申候了、○高倉へ罷向、入道、相公對顏、一盞有之、次長橋局へ立寄了、○新相公同道武家に參、小侍從殿へ食籠柳二荷送之、見參、祝着之由有之、御庭御普請見物、次今御乳人へ罷向、他行也、次覺辨所へ罷向暫雜談了、○自河州大澤左衛門大夫以下上洛、米廿八俵到、殘造作云々、祝着々々、○今夜外樣番烏丸亞相代内藏頭參了、○澤路申手負之藥、同十五服遣之、
十四日、癸亥、天晴、八專終、○朝飡以後參武家、於御馬場甲州武田内者に被乘御馬、御見物也、暫祗候、同見物、以一色市正自河州到來柔之由申入了、次小侍從殿へ同申、今御乳人へ同申候了、○今日愚亭月次和歌會有之、飛鳥井

黃門頭役也、短冊廿枚十疋等被送之、午時各被來、人數高倉入道、久我右幕下、予、飛鳥井黃門、柳原辨、內藏頭、飛鳥井少將、中山少將、薄左兵佐、堀川近江守國弘、眞繼兵庫助、江村七郎次郎等也、各被執短冊、先一盞有之、次短冊計講頌有之、讀師予、講師柳原辨、發聲飛黃門等也、先之吸物（臺立に入餅、）にて一盞有之、次音曲有之、及數盃、申下刻各被歸了、○予和歌如此、兼日題歸鴈連雲、契行末戀、

雲の袖花の錦をふる鄕にきてこそ鴈の歸り行らめ

契りなく我中かきの姫小松木たかきまてに色かはるなよ

同當座松藤、旅曉、

ためしにはさか行松を三笠山世々の花さけ北の藤波

旅はたゝまた夜ふかくも鳥かねにいそかしたてゝしつ心なや

十五日、（甲子、去夜雨、終日陰、自黃昏終夜大雨、酉下刻雷一聲、）○大和宮內大輔所へ罷向、從河州到來之儀祝着之由禮申、他行云々、次一條殿へ參、御見參、御酒賜之、○暮々參內、自本願寺昨日鮑十合十荷進上云々、各に被下之、被參之輩勸修寺一位、中山大納言、四辻大納言、　萬里小路大納言、予、大藏卿、、新中納言、輔房朝臣、公遠朝臣、經元朝臣、爲仲朝臣、以繼等也、音曲有之、子刻各退出了、予深雨之間其間々祗候了、○今夜當番衆萬里、、、大、、、新中納言、（實彥代、）持明院宰相等也、

十六日、（乙丑、小雨晴陰、）○長橋局官女阿五攝州へ下向云々、仍鈴一對、兩種隨身罷向、一盞有之、　○伏見殿へ參雙六三丶參、大藏卿、新宰相、源少將等祗候也、○當番之間暮々參、相番勸修寺一位、予、大藏卿等也、

十七日、（丙寅、天晴、天一神南、）○長橋局へ罷向、一盞有之、御乳人、內侍所等へ立寄了、次大祥寺殿之寶德庵へ立寄了、○自禁裏被借召公卿補任、（先皇上下、）大人參湯一包等、長橋局迄持參了、○廣橋番代內藏頭參了、○滋野井自早旦被來、朝飡相伴、　細工誂之、午時一盞勸之、未刻令同道、正親町北向被煩之間罷向尋之、入道見參也、○自勸修寺一品音曲之本（くれは、）被借用、遣之、

十八日、（丁卯、天晴、）○長橋局へ罷向、阿五一盞振舞了、　次御乳人ゐ立寄、　次伊與局へ被呼之間罷向、五々女、あこ

こ所勞、脈取之、潮熱云々、藥事明日可遣之、○澤路備前守來、大館十郎申云々音曲本借用、兩冊十番、遣之、

十九日、戊辰、天晴、五墓日、○昨日あこ丶申藥、參蒼白朮散五包遣之、○安禪寺殿へ參、皆々雙六有之、一盞了、次龍善院北野社僧、三淵入道子、宿に吉田左兵衛督有之間、令音信、碁可見物之由申間立寄、一盞有之、人數吉兵、亭主、淸水寺之平等坊、野田新七郎等也、次晩飡相伴了、○澤路申愛洲藥又十服遣之、

廿日、己巳、天晴、晩頭小雨降、○長橋局へ罷向、官女阿子明日攝州へ下云々、予に一盞勸之、長橋は安樂光院へ被行云云、○滋野井令同道仁和寺へ參之處、城南へ渡御之由候間、自路次罷歸、一條殿へ參暫御雜談、御酒賜之、

廿一日、庚午、陰、二月中、○自長橋局被呼之間罷向、被申儀有之、次御乳人へ立寄了、○柳原へ罷向暫雜談、明日之和歌、來廿五日發句等談合了、○宗養所へ罷向、發句爲談合也、但河州飯盛三好修理大夫へ罷下云々、次紹巴所へ罷向、江州へ下向云々、次德大寺へ罷向暫雜談了、○今日當番代内藏頭參了、

廿二日、辛未、雨降、天一神坤、○禁裏水無瀨殿御法樂和歌詠進如此、題折花、薄暮煙、

手ならすは又來む春の色も見むかさすはいさもおしき花かな

暮ふかみそこさわかれさ一むらの煙にこそは里もしらるれ

柳原へ罷向、來廿五日御月次和歌談合、雜談移刻、一盞有之、○暮々廣橋亞相番代に參、相番予、爲仲朝臣、以繼等也、

廿三日、壬申、雨降、時正入、○息女妙順忌日之間、松林院之舜玉齋に來、相伴了、○稱名院入道右府西三條公條公、今日於嵯峨二尊院灌頂、仍爲見舞罷向、樽代二十疋遣之、見參、饅頭、蒸麵、羊かん等にて一盞有之、正親町入道相伴了、住持に田舍紙五帖遣之、次又一盞有之、自申刻罷向、及黃昏歸宅了、○澤路申山科鄉人手負之藥又十服遣之、強飯一盃送之、

廿四日、癸酉、天晴、時正、○長橋局、薄所等へ立寄了、○新宰相、細川兵部大輔等令同道、淀細川右京大夫明日之千

句に自未刻罷向、馬自彼方來、宿は迎福寺、予、高倉相公兩人候了、小漬來、　相公之兄遍照心院、能州守護之弟閑嘯軒等來談了、〇明日公宴御月次和歌詠進、題時雨、曉戀、

染つくす紅葉の後の常磐木にふるはあやなき時雨成けり

せめて思ふ獨の床は鐘の聲鳥かれつらき別路もかな

廿五日、甲戌、天晴、時正、　〇早旦右京兆城へ罷向、　人數予、新相公、覺勝院僧正、細川兵部大輔、　高雄尾崎坊尊進法印、大膳大夫俊直朝臣、士紡、宋判、宗養、紹巴、若槻伊豆守長澄、千句奉行也、　阿閉京兆内丶丶長治、第一之執筆、右馬頭内丶丶上介士稔ひとゝも第二之執筆、　等也、先粥一盞有之、次朝飡、午時吸物、饅頭、蒸麵等有之、申刻湯漬有之、酉下刻二百韻終了、　以上八百候也、丹州之分今日無之、次京兆出座、予、相公等太刀にて禮申候了、　如例魚物吸物三獻、及大飲了、音曲有之、天竺上野介被出了、亥下刻歸旅宿了、　今日大樹御發句以下如此、

第一

枝かはす花や千世みむ庭の松　宰相中將

岩ほ苔むす春の池水　氏綱

にほ鳥の羽風や氷なかすらん　藤賢

影あたゝかに日ののほる空　帥中納言

有明のかすむ遠かた雲消て　新宰相

第二

なひく世を色にみせたる霞かな　氏綱

柳櫻に明ほのゝ空　藤賢

春の夜は月の光もたゝならて　帥中納言

はしゐにちかき玉たれの山　新宰相

予發句、

織ぬふや花の錦の絲さくら

歸宅之後、自京兆使上坂丶丶來、明日朝飡相伴之由有之、

廿六日、乙亥、天晴、時正、　〇予、新相公令同道城へ罷向、朝飡有之、予、高倉、京兆、覺勝院、遍照心院、宋判、富小路弟晴雲寺、天竺上野介等也、中酒之後又盃出、　及大飲音曲有之、京兆大鼓被打之、未刻歸宅、則上洛、直に予、　相公、遍

照心院へ罷向逗留、非時、酒、音曲等有之、○今日當番內藏頭參了、但薄に申云々、
廿七日、丙子、天晴、時正、　○遍照心院に齋有之、未刻歸宅了、
○廣橋亞相番代に內藏頭參了、
廿八日、丁丑、自午時雨降、時正、天一神西、　○長橋局へ罷向、春日祭可爲來月六日之由、自廣橋以飛鳥井黃門自南都言傳之間、內內申入了、次御乳人局、薄等へ立寄了、次伊與局へ罷向、あこ丶脈取之、○岡殿へ參、雙六有之、御酒被下之、○自山科手負藥之事澤路申來、十五服遣之、○伊與局之あこ丶藥、參蒼白朮散五包遣之、鈴一對送之、祝着了、○葉室出京被來、今日當番云々、
廿九日、戊寅、雨降、自申刻晴、時正終、　○自南都春日祭之事可爲來六日之由、廣橋、中東等書狀到、則長橋局迄持參令披露、次柳原へ罷向辨に申合了、○正親町使有之、被申儀有之、則罷向、晩飡有之、中山亞相相伴了、

○三月大

一日、己卯、天晴、○倉部令同道參武家、御鷹野云々、小侍從殿申置了、次慶壽院殿へ參、於常御所御盃被下之、次御臺へ參、御酒賜之、次春日局へ申置了、次近衞殿へ參、大閤御盃被下之、次同殿下へ參、御盃被下了、次岡殿、御見參、竹內殿、御見參、稱名院、見參、禪林寺之長老被來、酒有之、次伏見殿、御沈醉云々、次大祥寺殿へ參、次歸宅了、○遍照心院被來、鈴隨身、勸一盞了、笙之譜被借用之間遣之、○暮々御祝に參內、天酌に被參之輩勸修寺一位、中山大納言、四辻大納言、萬里小路大納言、予、大藏卿、輔房朝臣、公遠朝臣、言經朝臣、重通朝臣、親綱、以繼、雅英等也、先之御局々御禮申候了、○今日當番代內藏頭參了、
二日、庚辰、雨降、　○大祥寺殿故御喝食御所若宮御方御姉宮也、御十三回也、懺法有之、僧衆十八御齋に參、御粥有之、大典侍殿、新大典侍殿、御乳人、稱名院、〔萬〕前內府入道、勸修寺一位、中山大納言、予、萬里小路御亮等御相伴也、大藏卿、持明院宰相、爲仲朝臣等、僧衆之相伴也、次又御酒有之、○暮々廣橋番代に參、相番予、新中納言、親綱、

實澄卿代、以繼等也、自夜半主上御蟲被煩、丑刻祥壽院法印參、自寅刻且御平癒云々、○堀川近江守來、來六日春日祭に御棚餝に不可出來之由申之、加問答了、可爲延引也、○六位外記盛厚來、就祭申子細有之、又同伊昭來、申子細等有之、

三日、辛巳、天晴、○鎭宅靈符五座、去月末進分且三座行之、○澤路筑後守鈴㢟飯等送之、○今日禮者堀川近江守、勸一盞、飯尾與三左衞門、讃岐將監忠雄、豊將監隆秋、山井將監景理、大澤右兵衞大夫、澤路筑後守、同新四郎、早瀨民部丞、野洲五郎左衞門尉等來、○禁裏鬪鷄に倉部參、如例年云々、極﨟以下六位不參、仍以繼申沙汰了、○伏見殿へ御禮に參了、次大祥寺殿へ參、御盃被下、先之岡殿へ參靈符二座行之、御盃被下之、○暮々御祝に參、天酌に被參之輩勸修寺一位、中山大納言、四辻大納言、萬里小路大納言、予、勸修寺中納言、大藏卿、輔房朝臣、公遠朝臣、言經朝臣、爲仲朝臣、重通朝臣、親綱、以繼、雅英等也、次若宮御方御酌、被參之輩同前也、御局々御禮申、○外樣番烏丸代に參了、予一身也、但内々に祗候、内々番衆中山大納言、萬里小路大納言、中院代、爲仲朝臣等也、

四日、壬午、陰、天一神乾、○高倉新相公へ罷向雜談、朝飡有之、齋藤安藝守相伴了、○早瀨子十才、煩云々、脈取之、藥平胃散加川芎、木通、五包遣之、○澤路申山科之手負藥五十服遣之、○暮々和州多門山より淸少納言書狀、春日祭之總用到、松永少弼中間三郎左衞門持來、勸一盞了、則長橋局へ予持せ參介渡之、十五貫也、

爲春日祭御用脚靑銅千五百疋、久秀朝臣進上候、宜願奏達候、諸司各被相催、來六日御參行可爲珍重候、枝賢謹言、

三月三日

山科殿

此書狀懸御目、則女房奉書出了、如此(ママ)、

仰永祿六三四

かすかまつりの御ようきやく千五百疋しん上候、

神へうにおほしめし候よし、少ひつによく〳〵心
え候て申きかせ候へのよし、しけかたのあそんに
おほせつたへられ候へのよし、心え候て申とて候、
かしく、

山しな中納言とのへ

當季春日祭御總用千五百疋、爲霜臺被進候、神妙之
由女房奉書如此候、別而御神忠不可如之、能々被得
其意御演説專一候、來六日御棚不相調候間、十八日
迄延引候、尙期後信之時候、謹言、

三月四日　言繼

清少納言殿

菊之種中澤備前守に三種、四條へ七種遣之、

五日、癸未、雨降、○早瀨子はしか出之由申候間、昨日之藥召
返、人參敗毒散三包遣之、○新宰相愛洲藥被所望之間
一包遣之、○葉室へ與二郎遣之、今日南都へ之人夫申
留了、○春日祭御總用之內七貫五百文、昨宵被下了、
畏入者也、予上卿可存知之故也、

六日、甲申、雨降、自午時晴、自今日十方暮、○松田主計允猶子蟲瀉痢之間、今
日脈藥等之事被申之、長病候之間、藥明日可遣之返答
了、○長橋局、御乳人局等へ立寄了、○滋野井、柳原
辨、薄等晩飡に呼之、鮒汁、膾等申付了、○今日當番代
薄參云々、○御室御出京之間伏見殿へ參御禮申、朝山
日乘上人書狀、同三十疋入見參了、御盃被下之、暫御
雜談了、○新宰相被申菊之種十種計遣之、

七日、乙酉、天晴、十方暮、三月節、○菊之種御室十種、一條殿七種、德大
寺へ大白、四條へ七種等遣之、○松田主計允子之藥、
平胃散十服遣之、○殿下（近）當年初而御參內、未刻予、內
藏頭北門迄參會、車寄より長橋局へ渡御、次被經常御
所簀子、被參御三間、上壇、次御盃參、御陪膳新中納言、
御手長經元朝臣、殿下御陪膳は公遠朝臣、言經朝臣兩
人也、初獻新中納言、各召出、予、新宰相四人悉被參、
三獻關白御酌、次第に各參、二獻言經朝臣等也、次被
參若宮御方、御見參、被下御座了、次於長橋局御盃
二獻、各同前、次御退出了、○於小御所北間御盃二獻

參、櫻盛之故也、公方、若宮御方、女中衆各、予、大藏卿、新中納言、新宰相、公遠朝臣、爲仲朝臣等也、音曲有之、○廣橋番代に參、相番予、新中納言、言經朝臣、以繼代、爲仲朝臣實澄代、等也、

八日、丙戌、天晴、十方暮、五墓日、○長橋局へ罷向、一盞有之、次内侍所へ罷向、一盞有之、次正親町へ罷向、一盞有之、次賀二位所へ當年初而罷向、一盞有之、沈醉了、○自禁裏音曲之本可懸御目之由有之、三百番六十册進之、但三册不足、

九日、丁亥、雨降、十方暮、○今日於若宮御方可有御能云々、長橋より廻文有之、勸一、中大、四大、予、大藏卿、新宰、四中、内藏頭、右中辨、源少將、左衞門佐、中山少將、左兵衞佐、大内記、しら川侍從等也、但雨降之間御延引云云、○鎭宅靈符五座行之、二月未進分一座行之、○愚亭月次和歌會有之、江村七郎次郎頭役也、短册卄枚代十疋昨日送之、但觸穢之由申之不來、各指合有之、被來之人數久我、予、三條黄門、柳原辨、内藏頭、薄、東坊城、堀川近江守、耆婆宮内大輔等也、先一盞勸之、次當座了、坊城被讀上之、次臺物にて一盞有之、及數盃音曲有之、予和歌兼日、尋花、交花、落花、

さひゆけは心ありけり松杉のおくある花の香に匂ひつゝ

花にのみ立ましりつゝ夙におき夜半をかさぬる春の木の本

そのまゝにしはしは殘れちる花を梢にかへす春の夕かせ

當座天卷頭、山、關、

あふくよりいよ／＼たかくすみのほる天こそ國のはしめ成けれ

比はいまいつくはありとも芳野こそ花にことなる山路成けれ

さにかくに愚なりける我身をはゆるさぬ文字の關守そうき

十日、戊子、天晴、十方暮、天一神北、○若宮御方、長橋局等へ參、御猿樂可爲今日歟之由尋申、明日云々、次高倉新相公へ罷向暫雜談了、○伏見殿へ參暫御雜談、一盞被下了、御室今日御歸寺云々、次岡殿へ參、御雙六有之、予負申候了、○富小路是齋所へ罷向、所勞氣之間脈申之、無殊事之由申、

十一日、己丑、天晴、十方暮、○若宮御方に參、猿樂之事尋申之、暫御延引云々、次長橋局へ立寄菊千本計栽之、○出納

右京進來、召使兄行事官去月死去云々、春日祭に參事如何之由尋之、傍親之服難遁、不可然之由返答了、○東隣長谷寺へ鈴一對、兩種遣之、可來之由候間、未刻罷歸(カ)◎向了、一盞、次入麵、次小漬等及數盃、種々雜談了、○今日當番代內藏頭參了、

十二日、(庚寅、小雨降、十方暮、)○亡父卿忌日之間、松林院乘誓西堂齋に來、相伴了、○岡殿へ參、一昨日之勝負之鈴一對持參、一盞有之、又雙六數盤有之、○晩頭廣橋亞相番代に參、予、爲仲朝臣、(三條大納言代、)以繼等也、

十三日、(辛卯、天晴、十方暮、)○後白川院御聖月之間、竹內殿へ御陪膳に參、(長講堂之)御影御座之故也、御靈供如例、御承師盛嚴奉仕之、○朝飡以後吉田へ罷向、父子共に他行云々、○今日御乳人申沙汰御盃參、於御三間七獻有之、御相伴之衆若宮御方、岡殿、大祥寺殿、萬里小路入道前內府等也、其外各被參之輩勸修寺一位、中山大納言、四辻大納言、萬里小路大納言、予、勸修寺中納言、大藏卿、持明院宰相、松丸、輔房朝臣、公遠朝臣、言經朝臣、重通朝臣、爲仲朝臣、雅敦、親綱、以繼、季長、雅英等也、猿樂有之、大夫結城山城守、慈勝寺之中山、大文字屋等也、唐船、實盛、熊野、三輪、自然居士、百萬、江口、融、高砂等也、後二番入破計也、於黑戶東庭有之、其後又公家衆音曲有之、寅刻終了、(申刻始、)○外樣番烏丸代に參、內々に祗候、內々番衆輔房朝臣、(中院大納言代、)爲仲朝臣、親綱(父卿代、)等也、○南都中東方より注進狀到、春日祭來十八日に必可參行云々、

十四日、(壬辰、天晴、十方暮、五墓日、)○南都之返事調、飛脚差下了、○甘露寺へ罷向、雜色狩衣二具、來十八日可借用之由申候了、一盞有之、

十五日、(癸巳、晴、十方暮今日迄、自今日天一天上、)○長橋局へ立寄、次御乳人局へ罷向、一昨日之儀珍重之由申之、次薄所へ罷向、次四條へ罷向、伏見殿御煩之由有之、無御心元之由申入了、次五辻へ罷向、舍兄神光院被來、一盞有之、○大澤左衞門大夫女相煩熱氣有之、脈取之、人參敗毒散二包遣之、○正親町へ罷向、醉臥云々、竹筒所望、晩頭被送

之、〇笠袋新調了、〇早瀨申候間、稻荷へ袍太刀兩種借遣之、

十六日、甲午、自寅刻雨降、天一天上、〇大澤小女同前云々、同藥加芎藥、三包遣之、〇薄所へ罷向、一盞有之、次長橋局へ罷向、今晚御盃參候間必可祗候之由有之、但自今晚神事候間、不可參之由申入了、〇自岡殿被仰下、稻荷祭之間、冠袍指貫三色借進之、〇今日當番代內藏頭參了、

十七日、乙未、天晴、天一天上、五墓日、〇中山に表袴、萬里辨に裾、甘露寺に雜色狩衣、二具、柳原に同烏帽子三、借用了、與西園寺へ借用、〇自仁和寺殿仕丁二人、自葉室山口又七、雜色一人、仕丁二人、自吉田雜色一人等自晚頭來、

十八日、丙申、天晴、天一天上、〇卯一點出門南都へ下向、春日祭上卿參行、供大澤左衞門大夫、早瀨民部丞、山口又七、澤路隼人代片山、同一郞右衞門代與七郞、雜色與二郞、葉室孫右衞門、吉田之者澤路太郞右衞門、又小者二人、人夫四人、輿舁三人等也、西路下向、於天神森晝休、菜屋、申刻社頭但馬屋に着了、中東父子三人新權神主時宣朝臣、子共時基、時盛、出合了、晚飡有之、〇辰巳權預祐礒禮に來、火箸一せん送之、一盞勸之、戌刻廣橋亞相被來、暫雜談、一盞勸之、〇寅刻令束帶參行、供布衣大澤左◎衞門脫カ大夫、烏帽子着三人、雜色四本、白張一人等也、先着祓戶座、神祇官作法如常、次着々到殿、外記史等着之、令氣色自下﨟起座、次入藤鳥井慶賀門等、於作合撤太刀懸裾、次御棚舁之、予、神主時重卿、殘四脚社司次第に舁之、次官幣、氏院幣等參、次予着庭上座、次神馬五疋引之、但依申事有之、七疋引之、盜人唱之如例、次予奉幣、次於作合帶劒、次着直會版座、次三獻、盃神主杓に入酒、正預持來如例、次召々使召外記、見參持來、杖にはさむ、置笏覽之、取添笏令氣色、次召々使仰大和舞、鬘木綿懸之、次起座、於作合見參返外記了、次參若宮看經、神樂申付、十疋參了、次歸但馬屋了、及天明了、〇出仕以前入麵にて一盞了、〇御師中東方へ幣料百疋、宮笥百疋、膝突之代三十疋、年始之御最花十疋、爲祈禱七日詣之代十疋等遣之、〇今日

敵柳本以下自西出候由云々、人數二三百云々、
十九日、丁酉、天晴、天一天上、土用入、○朝飡有之、次大乘院殿へ參、時宣同道、扇一本宛兩門主へ進之、門主御見參、御酒被下了、次一乘院殿へ參、急候間申置退出了、次東北院へ罷向、廣橋入道に對顏、次眞善院之廣橋亞相へ罷向、於路次對顏、樽代二十疋遣之了、○淸少納言枝賢朝臣宿へ大澤遣之、樽代三十疋遣之、祭之儀悉皆馳走之故也、松永彈正少弼久秀朝臣に太刀絲卷、遣之、同大澤申付了、但淸少納言請取之、八時迄朝寢之故也、○自午時上洛、如前日於天神森晝休了、於此所武家之姬總持寺殿八才也君御喝食懸御目、松永方へ人質に御下向云々、予酉下刻歸宅、則長橋局迄參、祭無事に參行之由申入之、珍重之由御返事候了、
廿日、戊戌、天晴、天一天上、○借用之物共悉返之、人夫共同返之了、與同返之、○陰陽頭有脩朝臣晩飡に呼之、鮒汁菜申付了、但事外之沈醉也、○大館十郎被來、音曲本一覽之、一盞勸了、
廿一日、己亥、天晴、天一天上、○長橋局、御乳人局、蔣、臺所等へ立寄了、次伏見殿へ參、御煩氣云々、暫御雜談申候了、次正親町へ罷向、田舍客人有之、次岡殿へ參、御物詣云云、○今日當番代內藏頭參了、○自安禪寺殿桂侍者來了、
廿二日、庚子、天晴、自申刻雨降、天一天上、三月中、○細川右馬頭爲大將、三好方二千計打廻云々、すい坂放火了、○晩頭廣橋大納言番代に參、岡殿、竹內殿御參、御盃三被出之、於番衆所御酒有之、若宮御方御出也、音曲有之、被參之輩予、新中納言、新宰相、公遠朝臣、經元朝臣、爲仲朝臣、親綱、以繼等也、今夜番衆予、新中納言、爲仲朝臣、三條大納言實澄卿代、以繼等也、
廿三日、辛丑、雨晴陰、自未刻晴、天一天上、申下刻急雨、○伏見殿へ參、尙御煩云云、勸修寺門跡御出京之間御禮申候了、○攝州池田勘右衛門以下四人衆、爲總領討之由風聞搔◎騷カ動云云、○今朝松林院之舜玉齋に來、相伴了、爲妙順忌日也、

廿四日、壬寅、天晴、天一天上、○柳原一品へ罷向、明日公宴御月次和歌談合、暫雜談了、則令淸書進上了、御題松藤、暮春、忍戀、

三笠山さかゆく松のこすゑまてさきそふ花のかゝる藤波
みてるたはかくならひさや百日にもたらて程なく春は暮けん
かくさしもよそにや見えむさはかりたかたみに忍ふ程のくるしさ

廿五日、癸卯、天晴、天一天上、○南向北野社へ參詣云々、○柳本衆すい坂邊篝燒徘徊云々、三好方舟岡邊迄罷出、無殊事、奉公衆各具足にて被參武家、仍勸修寺一位令同道參武家、無殊事之間、軈退出了、○長橋局へ罷向、安樂光院純覺鈴隨身、仍一盞有之、○廣橋亞相自南都昨晚上洛之間罷向、暫雜談了、次德大寺へ罷向暫雜談、一盞有之、次堀川近江守所へ罷向、一盞有之、及黃昏歸宅了、

廿六日、甲辰、天晴、天一天上、酒損 ○巳刻伏見殿式部卿宮邦輔親王御 五十一才 遠行云々、則御門迄參、無御心元之由申入候了、○大祥寺殿寶德庵へ罷向、勸父子、中山雜談、中山に來廿九日內侍所御神樂に表袴借用之事約束了、次長橋局へ罷向了、○廣橋亞相被來、公卿補任被引勘事有之、伏見殿御他界之薨奏、來廿九日御神樂以後可然云々、三ケ日可爲廢朝之故也、○大澤左衛門大夫男子四才、はしか煩之、藥之事申、升麻葛根湯二包遣之、此間姉煩之、人參敗毒散遣之、○今夜當番代內藏頭參了、

廿七日、乙巳、天晴、天一天上、○長橋局へ罷向、次御乳人局へ罷向、一盞有之、次臺所、薄所等へ罷向了、○廣橋亞相へ罷向、一盞有之、○葉室へ人遣、御神樂に袍、袖單借用之事申遣、同心也、駿州へ書狀遣之、○大澤左◎衛門脫カ大夫男子、富小路是齋藥與之云々、

廿八日、丙午、天晴、天一天上、自申刻雨降、○前長橋官女あかゝ息慶松近日潮熱咳嗽藥之事被申、十疋被送之、隔日煩云々、人參敗毒散に加草菓、三包遣之、○外記一﨟中原康雄に、河海抄一冊書寫之事誂之、○明日內侍所御神樂出立請取、廣橋へ遣之、薄同此方へ請取了、

請取申內侍所御神樂御出立用脚之事

合一貫文者

右所請取申如件、
永祿六年三月廿八日
山科家雜掌 重延（花押）
薄家雜掌 繼久 判
速水殿
出納右京進來、女嬬詫言之子細有之、予、薄爲兩人十
疋遣之、○大澤子今夜丑刻死云々、不便々々、
廿九日、丁未、天晴、天一天上、○午時薄令同道内侍所へ參詣、十疋
宛進之、御鈴看經以後一盞有之、○御神樂爲聽聞、葉
室母儀、女中出京被來了、桂侍者來、○未下刻於四辻神
樂之習禮有之、才男以後略之、次人數亭主、和琴予、笛持明本拍子
院、中將、末、付、五辻、箏薄、忠宗、景長、久氏、久宗、忠雄、多忠人長
季等也、次晩飡有之、○今夜内侍所御神樂、戌下刻令
束帶參內、倉部、薄等同令束帶參、倉部衣文予沙汰之、
予、薄等衣文新宰相に申之、子刻參集、御服着御、新宰
相奉仕之、子下刻出御、奉行職事頭辨淳光朝臣、御簾
御裾等淳光朝臣、御草鞋輔房朝臣、御劔公遠朝臣、御
脂燭言經朝臣、爲仲朝臣、雅敦、以繼、源長治等也、御
後に無人、公卿少々被參了、女中内々自下被參、大典
侍殿、勾當内侍等云々、次駒取、本方四辻大納言、予、末、本、持明
院宰相、末、公遠朝臣、本、爲仲朝臣、末、以繼等也、座揖沓揖如
常、公卿計也、次予笛音取、次以繼篳篥音取、次自下﨟
次第起座了、次人長勸、本方、予笛、庭火吹之着座、本方、
次篳篥以繼吹之着丶、末方、次四辻大納言和琴引之着
座、本方、次予與利合吹出之、以繼付之吹了、本拍子持
明院歌之、次末丶丶、公遠朝臣歌了着座、次爲仲朝臣、
末方、忠宗、本、景長、本、久氏、末、久宗、本、忠雄、末、多久賢、末、等着座、人長
多忠季如例列座、又次阿知女、次榊、本末、次韓神、本末、
次早韓神、本末、人長舞了、才男次第に如常、次小前張
地下へ與奪、本忠宗、末久氏、笛景長、和琴久宗等也、
誰贊、次千歳、次早歌了、星之勅使淳光朝臣仰本拍子
持明院丶丶、予音取、次以繼音取、次吉々利々、本末、次
得錢子、同、次木綿作本末、了、所作人被始、次朝倉、次其
駒、人長舞了、各起座、次還御、如出御、及天明、次於内
侍所所作人各雜煮にて一盞有之、次退出、日出之時分

也、次恆例不及聽聞、

内侍所臨時御神樂

本拍子　持明院宰相
末拍子　公遠朝臣
付歌　爲仲朝臣
笛　帥中納言
篳篥　以繼
和琴　四辻大納言
近衛召人　忠宗　景長
久氏　久宗
忠雄　多久賢
人長　多忠季

内侍所御神樂

本拍子　公遠朝臣
末拍子　爲仲朝臣
付歌　忠宗
笛　景長
篳篥　以繼
和琴　久宗
近衛召人　久氏　忠雄
多久賢
人長　多忠季

兩座散狀如此、和琴置事出納役也、但爲代内豎國益勤之、

予供山口又七、雜色一本、白張計也、薄供北尾新三郎、雜色一本計也、

晦日、戊申、天晴、天一天上今日迄、〇中山亞相大坂へ下向云々、仍烏丸、咲隱軒等へ書狀調之言傳了、咲隱へ誂物事申候、代二丁遣之、〇借用之物共悉返之、〇長橋局へ去夜御神樂無事珍重之由、内々申入了、次薄、臺所へ罷向、次内侍所へ罷向、廣橋亞相、持明院、頭辨等酒有之、次岡殿へ參、雙六有之、

〇四月小

一日、己酉、小雨、晴陰、天一神下艮、〇忠雄禮に來云々、〇武家へ巳下刻參、子刻御對面、被參之輩廣橋大納言、予、新宰相、

東坊城、今日申次安東藏人、御供衆大館陸奥守、細川中務大輔、同十郎、同伊與守、次御部屋衆三淵伊賀入道、申次小笠原備前守、進藤美作守、醫者上池院治部卿等也、次慶壽院へ參、御見參、御酒有之、次御臺へ參、各御酒有之、次春日殿へ罷向、所勞煩敷云々、女房衆被出、各酒有之、及大飲了、次歸宅了、○葉室女房衆今日被歸在所了、○暮々御祝に參內、天酌に被參之輩勸修寺一位、四辻大納言、廣橋大納言、予、大藏卿、輔房朝臣、公遠朝臣、爲仲朝臣、親綱等也、先之若宮御方、御局々御禮申候了、○今夜當番勸一所勞云々退出、予、大藏卿兩人也、

二日、庚戌、寅刻夕立雷鳴、方々落云々、雨自午時晴、○高倉新相公被來、談合之子細有之、勸一盞了、○今曉寅刻東寺之塔悉燒亡、雷火云々、言語不可說至也、同時愛宕山に雷落云々、杉木損云々、東寺之北へ一、以上三落云々、

三日、辛亥、天晴、○長橋局迄參、兩三日御暇之事申入了、次廣橋へ罷向、南都へ下向十日比之由有之、人夫一人借之、○葉室へ罷向、軈松室中務大輔所へ被呼、餛飩有之、次又小漬有之、及晚雜談了、予、葉室、松尾社務、亭主父子、山田之善介等也、松室父子に愛洲藥一包召遣之、與二郎、人夫等返了、

四日、壬子、天晴、八事入、○葉室女房衆悉東寺見物、一昨日以來洛中外貴賤男女之群集、驚目云々、

○松尾社務に晚飡有之、予、葉室、亭主父子三人相伴了、雜談移刻了、社務子宮內大輔、藏人等兩人に油煙二挺宛遣之、

五日、癸丑、天晴、○秋田與左衞門所へ罷向、一盞有之、葉室同道、母儀同被呼了、次又晚飡有之、○與二郎（寅）迎に來、

○社務宮內少輔、秋田與左衞門、西芳寺之いん首座等、愛洲藥一包宛遣之、

六日、甲寅、自曉天雨降（至巳）八專、陰、○松室中務大輔所へ晚飡に罷向、予、葉室、同侍衆秋田若狹入道宗賢、同與左衞門尉、同源二郎、伊賀四郎左衞門尉、山口又左衞門尉、同又七、同七郎次郎、同新二郎、同又二郎等相伴了、

七日、乙卯、天晴、八専、天一東、○松尾社祭禮御歸云々、今朝社務宮内少輔所へ朝飡に罷向、予、葉室、太秦之奥坊法印以下五六人、秋田與左衞門、山口又左衞門、同又七、喜多村、岡本、亭主父子三人等相伴了、みこ兩人具足共渡庭、見物了、○松室中務大輔所へ晩飡に罷向、鯉有之云云、予、葉室、喜多村、其外太秦衆相伴了、次參社頭、神輿御歸、神供等見物了、

八日、丙辰、天晴、四月節、○自社務宮内少輔方予に神供物まき、數十、餅一、被送之、自松室左衞門佐ちまき數十、被送之、○午時より歸京了、○長橋局迄參、罷歸之由内々申入了、次薄、御乳人局等へ立寄、次岡殿へ參了、○勸修寺黄門自今朝所勞之間、脈之事被申、則罷向、頭痛熱氣、腰より下痛腹張云々、人參敗毒散に加荊芥、三包遣之、

九日、丁巳、寅下刻小雨降、天晴、八専、○勸修寺黄門又脈之事被申之間罷向、腰痛平癒熱氣少散、猶頭痛云々、少減也、一盞有之、罷歸同藥に加荊芥、白芷、三包遣之、○大祥寺殿、長橋局、薄、臺所等へ立寄了、次御乳人へ罷向脈取之、伊與局於同所脈取之、次廣橋へ罷向、他行云々、○自遍照心院被申樂之譜外題書之、瑞鳳略集平、雙、大、盤、黄、壹、新相公へ持罷向預置之、暫雜談、先之五辻へ罷向、中山少將、加田新左衞門等雜談移刻、○自南都春日社新權神主時宣朝臣中東方書狀到、御〻米、代官詣之撫物等送之、○柳原一品へ罷向、愚亭月次兼日之和歌談合了、今日之會、人數無之間延引了、○去々年召使下女之子はしか煩之、藥之事申候間、人參敗毒散三包遣之、

十日、戊午、自卯刻雨降、自午時晴、○高倉新相公來談、勸一盞了、○岡殿へ參雙六了、御酒被下了、次正親町へ罷向、一盞有之、次廣橋へ罷向、他行云々、

十一日、己未、天晴、八専、○松永彈正内武藤源内來談了、○今日之當番薄に相轉了、

十二日、庚申、天晴、八専、天一巽、○藪田彌六熱氣有之、はしか歟、脈藥之事申、敗毒散三包遣之、○亡父忌日之間、松林院西堂齋に被來、相伴了、○長橋局、御乳人局等へ立寄

了、○飛鳥井一品へ罷向暫雜談了、次一條殿へ參、御見參、御酒被下了、○禁裏御庚申之間暮々參、被參之輩勸修寺一位、四辻大納言、予、大藏卿、輔房朝臣、公遠朝臣、經元朝臣、爲仲朝臣、親綱、以繼等也、先於長橋局入麪一盞有之、次於御三間御酒有之、若宮御方、岡殿、女中衆御出也、及子下刻了、○今夜當番予、國光卿代、爲仲朝臣、實澄卿代、以繼等也、○伊與殿被所望之愛洲藥一包遣之、

十三日、辛酉、天晴、八專、　○常御所之御庭之杜若之雛之事被仰之間調之、○御新參被所望二月堂牛玉一枚、御乳人之官女小茶所望之愛洲藥遣之、次萬里小路前内府被申、薄に六位藏人に可被補之間、可馳走由被申候了、次賀二位所へ罷向、他行云々、○松永彈正少弼内武藤源内來談、音曲本攝待借用、遣之、○柳原へ罷向、辨被申蜻蛉結調之、持罷向、明日南都へ下向云々、松彈與多武峯和睦之勅使云々、自武家被申請云々、

十四日、壬戌、天晴、○賀二位所へ罷向、薄拜賀之日次之事申、來十七日十八日兩日勘之、次萬里小路入道前内府へ罷向、拜賀之事談合、兩度、次稱名院へ罷向談合了、一盞有之、

十五日、癸亥、天晴、自晩頭雨降、八專終、○長橋局薄所へ罷向、拜賀之事申了、○與二郎松尾社務、葉室等へ遣之、社務三位之事申入度之由書狀到、

十六日、甲子、雨降、○長橋局迄參、松尾社務相光朝臣上階之事令披露、則勅許也、次勸修寺へ罷向、辨に口宣案所望了、○今日當番代倉部參了、

十七日、乙丑、晴陰、○松尾社務所へ與二郎遣之、◎口脱カ　宣案送之、晩頭歸了、禁裏へ御禮御扇、杉原之代、五十疋、長橋局へ樽代三十疋到、則持參了、長橋之書狀申出了、冷麪にて一盞有之、予方へ新茶三袋送之、滿足之由申送了、○五辻へ罷向、令同道甘露寺へ罷向、召具、拜賀、殿上之儀等習禮了、薄鈴一對隨身云々、一盞有之、

十八日、丙寅、晴、時々小雨灑、天一南、○勸修寺一品より傳達、新藏人國賢冠、纓、袍、表袴、裾、石帶、赤大口七色被借用被送

之、殘之具相添、薄所へ遣之、予樽代十疋遣之、自稱名院二十疋、自長橋局十疋被送之云々、○薄拜賀之間、先萬里小路辨方へ薄以書狀、藏人左近將監禁色等之儀、可被申沙汰之由申遣了、從五位上左兵衞佐等逆退不及上表、○薄所へ自未刻罷向諸事申付之、晚飡有之、及秉燭則薄令束帶、衣文予沙汰之、前裝束倉部、次三獻、熨斗鮑、混布、鯛鯉吸物等也、相伴予、倉部、五辻左佐、竹內藏人長治、亭主等計也、戌刻出門、出北御門入四足、◎門脫カ前聲唱之、於下侍舞踏、申次源長治、作法如常、次乍兩人撤帶劔着殿上、先源長治、次橋以繼、乍兩人橫敷、西方、次長治召主殿司、二聲、火直て(マヽ)硯、次火直硯持參、長治入水摺墨染筆、付日給札、藏人二字、但如形、次主殿司撤硯、湯漬居之、兩人次第に居之、女嬬取次之、次兩人指寄々懸箸、次撤之、次長治に以繼吉書奏聞之事目(先吉書取出之置前(橫))之、長治下殿、經小庭上小板敷伺之、次自上戶可候之由氣色、次以繼取吉書、經臺盤與疊之間上戶、自臺盤所妻戶奏聞、次返賜之復本座、吉書置前、次召主殿司

火直硯、硯持參、如前調之、次披吉書、作法如常、披廣紙敷膝下絹解文覽之、端に二行書之、如此、卷之遣出納、以右手付板遣之、出納取之披見之懷中、次內藏寮請奏覽之、如前引裹紙敷膝下覽之、如元加懸紙卷之懷中、供雜色二本、烏帽子着一人、持太刀、此外雜々五六人等也、　引裏

可成返抄

藏人左近衞將監橋以繼

美濃國司解申進上廣絹事

合十疋

右當年御服內上進上如件、以解、

永祿六年四月十八日

出納中原朝臣職定

守從四位上源朝臣永行

內藏寮

請米十斛

右臨時公用、以諸國所進年料內、依例所請如件、

永祿六年四月十八日

正六位上行少屬藤原朝臣久國
正六位上行少允藤原朝臣久吉

次出納返抄書宿紙盛柳筥、三に疊、位署之所上、返抄取之加判返之、

藏人所
檢納廣絹十疋
右美濃國所進、當年御服內上、檢納如件、
永祿六年四月十八日
出納中原朝臣職定
藏人左近衛將監橘朝臣判

次立座、不經上戶、下小板敷參御所、於御三間御對面、天盃頂戴、申次爲仲朝臣、次若宮御方へ御禮申、御對面、次退出了、○次竹內新藏人源典治、同今日補侍中之拜賀、今日久我へ予罷向加意見、藏人將監禁色昇殿等申入了、亥刻着束帶、衣文予沙汰之、次三獻、鮑、混布、雜煮、鯛吸物等也、相伴予、滋野井、源長治、竹內薄以繼、新藏人典治等也、次出門、雜色兩人計也、作法大概如前、申次橘以繼、殿上之儀同、次於議定所御對面、申次爲仲朝臣、次出四足入北門、若宮御方へ御禮申入之、但御寢之間申置退出了、次予歸宅了、○巳刻出納子來、吉書無案內之由申之間、兩人分六通予調遣之、職定、重弘乍兩人南都へ下留守之故也、○禁裏、若宮御方御兩所へ一荷兩種鯛一折、和布一折、進上云々、輕微至也、○自薄所德利兩種被送之云々、○勸修寺辨へ松尾社務口宣案禮十疋持遣之、

十九日、丁卯、天晴、○自北隣慶松所勞本服云々、禮に來、德利兩種被送之、祝着了、○自大坂吉田咲隱軒書狀到、重箱五重被送之、祝着了、○山科大宅鄉之手負田中吉右兵衛尉藥之禮に來、五十疋隨身、盃令飲之、疵今少殘了、藥之事又申候間、愛洲藥廿服遣之、○長橋局へ罷向、內灸散一包、人參丁香散三兩半進之、一盞有之、御新參被所望菩提樹百六十遣之、次稱名院へ罷向昨日之儀禮申之、甘瘡藥一包遣之、次萬里小路前內府入道へ同禮に罷向了、次御乳人へ罷向、約束之金紙廿枚

遣之、同官女小茶に愛洲藥一包遣之了、○自稱名院可來之由有之間罷向、薄昨日之禮に樽隨身云々、一盞有之、

廿日、戊辰、天晴、五墓日、　○及黄昏葉室出京、明日多賀社へ參詣云々、○愚亭月次和歌會、兼日題朝更衣、島漁客、同當座夏草、餞別、◎按ズルニ、此項重出、追記ナルベシ、

春といひ夏の衣といかにれておくるあしたにぬきはかふらん

しつかなる此島かけによる魚をとりあつめてや歸る釣人

見れはゝや青み渡れる宮城野に夏咲はきの花も有けり

けふ出て程なく歸り相坂の鳥かれまてとめくるさかつき

廿一日、己巳、天晴、○葉室早旦發足、　秋田與左衞門夫婦、妹以下來、參詣云々、山田衆まて四五十人同道云々、○内灸散調合之、○長橋局、御乳◎人脱カ所等へ立寄了、○當番之間申下刻參内、相番勸修寺一位、予、大藏卿等也、

廿二日、庚午、天晴、○未下刻依召參内、渡御小御所、　若宮御方、女中衆、萬里小路前内府入道祗候、　御庭之梅木笠一二本摘之、申下刻退出了、○倉部廣橋亞相番代に參云々、○巳刻正親町へ罷向、　茶各用意、見物了、一盞有之、

廿三日、辛未、天晴、天一坤、四月中、○岡殿へ參、御客人之間罷歸、次正親町へ罷向、茶袋に入之、滋野井、奥坊、淨門之奉公衆後藤治部少輔等也、小漬にて一盞有之、○柳原へ罷向暫雜談、辨に借用之宣旨之草案返之、渡北向、○外樣番烏丸代に參、内内に祗候、　來廿六日に伏見へ爲御訪御使可罷下之由被仰下了、今夜内々番衆輔房朝臣、中院亞相代、爲仲朝臣、親綱父卿代、等也、　○今朝妙順忌日之間、松林院乘誓西堂齋に被來、相伴了、

廿四日、壬申、天晴、○日吉祭禮有之云々、○廣橋内府入道薄補六位藏人以下官位之事被尋之間、則罷向申之、雜談移刻、一盞有之、○昨日於和州少弼得理云々、　○鴨社祝光輔卿明日祭之葵桂等送之、

廿五日、癸酉、晴、自巳刻雨降、夜大雨、　○岡殿へ參雙六參了、　次長橋局へ參、明日伏見殿へ御經被出了、○今日禁裏御月次和歌詠進、勅題夕花、擣衣、山旅、

いつ見るもおろかならねと色も香も猶一しほの花の夕はえ

こゝも又おきゐの里と長き夜をうち明したる暁かさ衣
いな舟にあられと山はいく度ものほれはくたり山のさかしき

白語來、予手に針立了、

廿六日、甲戌、雨降、○自早旦伏見へ爲御使罷下、供大澤右兵衞大夫、早瀬民部丞、與次郎、松若、仕丁禁、一人計也、先於般舟院着烏帽子直垂、西堂へ十疋、金紙二帖、永盛に墨二丁、永ゝに同一丁遣之、次參大通院、以庭田自禁裏之仰三部經等進之、次以四條予御訪之儀申之、樽代二十疋進之、庭前にて御酒賜之、次入道宮御出、仰忝之由可申入、予雨中遠路辛勞之由候了、次歸般舟院、齋有之、供衆各同前云々、次上洛、未下刻歸宅、則長橋局へ參御返事申入了、伏見殿若宮御方、青蓮院宮、妙法院宮、南御方、茶々地、庭田、四條以下今日御歸京云々、○今夜當番代内藏頭參了、

廿七日、乙亥、天晴、○岡殿へ參雙六參、予勝了、御酒被下了、伊勢上人同宿周陽尼、爲使參、鈴食籠等進上也、次長橋局、御乳人、薄所等へ立寄了、○廣橋亞相番代に暮々參、相番予、新中納言、爲仲朝臣三條大納言代、等也、○白語來、予手疼之間針立了、

廿八日、丙子、天晴、○内侍所へ立寄了、次滋野井愚亭へ同道、朝飡相伴了、若宮御方被仰下御貝卅鳥子裏打之事誂之、晩頭被歸了、○自勸修寺黄門晩飡に被呼之間罷向、相伴一品、予、黄門、持明院等也、○白語來、予手肩等に針立了、

廿九日、丁丑、天晴、天一神西、○故葉室、宗永等忌日之間、松林院之舜智齋に來、相伴了、○大祥寺殿之寶德庵へ罷向暫雜談了、○自禁裏可參之由有之、申刻參内、今日各御着到之和歌淸書云々、於番衆所御酒有之、竹内殿、中山大納言、四辻大納言、萬里小路大納言、予、大藏卿、新中納言、新宰相、輔房朝臣、公遠朝臣、爲仲朝臣、親綱等也、音曲有之、及大飲、御三間に若宮御方、岡殿、女中各亂酒及亥刻、次退出了、○奉公衆上野民部大輔午下刻死去云々、

○五月大

一日、戊寅、天晴、晩頭小雨降、○近衛殿へ御禮に參、大閤御見參、御盃被下之、殿下賀茂へ渡御云々、次入江殿へ參、御見參御盃被下、次一條殿へ參、賀茂へ渡御云々、次岡殿へ參、御見參、次稱名院へ罷向申置了、次竹内殿御見參、次正親町申置了、○大澤出雲守、同右兵衛大夫、野洲五郎左衛門等禮に來、○葉室内山口又七來、土長送之、○滋野井被來、貝之仕立被調了、勸一盞了、○暮々御祝に參、天酌に被參之輩勸修寺一位、中山大納言、四辻大納言、萬里小路大納言、予、大藏卿、輔房朝臣、爲仲朝臣等也、○今夜當番、相番勸修寺一位、予、大藏卿等也、○若宮御方へ御貝卅持參、新大典侍殿御出、御酒被下了、

二日、己卯、天晴、自黄昏雨降、○滋野井被來、土長汁にて朝飡相伴了、○堀川近江守來、申子細有之、勸一盞暫雜談了、○伊勢上人慶光院禮に被來、樽代二十疋被送之、被急之間、門前へ出合了、

三日、庚辰、雨降、自午時晴、酉刻星連月、○長橋局へ罷向、一盞有之、次自萬里小路亞相使有之、自大坂隨身之田舍酒有之、可來談之由有之、則罷向、中山亞相、亭主父子、予、滋野井、三條、四辻羽林等也、吸物にて酒有之、中央久我右大將被來、及大飲也、音曲移刻、○勸修寺へ罷向、辨へ堀川近江守申土州之醫者定勝、法橋口宣案之事申候了、○清和院之壽珍來、戸張新調之間、禁中奉加之事賴之由申云々、

四日、辛巳、天晴、自申刻雨降、○白語來針立了、糭にて一盞勸了、○長橋局へ罷向、栗十遣之、清和院之奉加之事申、一盞有之、次若宮御方へ栗十五進上了、次御局々へ奉加之事申、御乳人奉加少有之、○自勸修寺昨夕申口宣案早々來、則堀川所へ遣之、

五日、壬午、晴、天一乾、○今日禮者河端志、庭田内讃岐將監忠雄、舞人野洲五郎左衛門尉、大澤出雲守、同右兵衛大夫、同又四郎、樂人豐雅樂頭守秋朝臣、近江守内豎國益、奉行出納將監職清、飯尾與三左衛門尉、竹内源大夫、金藏坊、柳原内大澤左衛門大夫、同備前守、澤路新四郎、甲斐守久宗、河内源五郎等來、○

竹内殿へ御禮に參、御見參、大祥寺殿御盃賜之、三條西見參、岡殿御盃被下、長橋局一盞有之、○暮々御祝に參内、天酌に被參之輩勸修寺一位、中山大納言、四辻大納言、萬里小路大納言、予、輔房朝臣、公遠朝臣、雅英等也、次於若宮御方御盃參、御酌輔房朝臣、被參之輩同前、次退出了、○安禪寺殿(三條西内)桂侍者、高辻、薄等へ鈴、糉等遣之、○及黄昏木村越前守來、近日上洛云々、駿州參州之事雜談、勸一盞了、○鎭宅靈符五座、去月四日分五座等行之、

六日、(癸未、天晴、)○澤路筑後守養女所勞之間、脈藥之事申之、風熱之間、仲和散に加川芎、白芷、前胡、二包遣之、○外記一﨟康雄招寄申之、薄に極﨟之事雖被仰下、清原國賢爲上首之間、可存知歟否之事、可演說之由申含了、○當番之間晩頭參、勸修寺一位、予兩人也、

七日、(甲申、天晴、自今日十方暮、)○今宮祭有之、○澤路養女昨日之藥令吐逆之由申間、香蘇散、加川芎、白芷、木香、芍藥、莪朮、二包遣之、○柳原辨昨夕自和州上洛、多武峯與松永和睦之事不相調云々、被借用之笠被返了、○堀川近江守來、先度之口宣案禮十疋持來、則勸修寺へ持遣、雜談移刻、次外記一﨟來、昨日之國賢返事、父枝賢朝臣南都へ申下可返事之由申之、○今日廣橋亞相番代倉部參了、○岡殿へ參雙六參了、

八日、(乙酉、天晴、十方暮、)○守秋朝臣(覺壽)來、局務師廉朝臣使云々、明後日十日、故師象朝臣卅三回之間齋に可來之由申、同心了、○堀川判官より明日月次和歌會頭役之間、短册、廿首、十疋送之、○甘露寺へ罷向、一盞有之、暫雜談了、先之岡殿へ參、稱名院へ渡御、伊勢淸舜上人被召具、於御留守一盞有之、

九日、(丙戌、天晴、十方暮、五墓日、五月節、)○今宮祭有之、○愚亭月(去月分)次和歌會、巳刻各被來、人數高倉亞相入道、久我、予、三條黄門、柳原頭辨、内藏頭、中山少將、東坊城、(季長、)薄、堀川近江守、内膳民部少輔等也、先一盞有之、次當座計倉部讀揚了、次糉にて一盞有之、兼日題朝更衣、島漁客、當座夏草、餞別、

春といひ夏の衣といかにれておくる朝にぬきはかふらむ
しつかなる此島かけによる魚を取あつめてや歸るつり人
見れはゝや青み渡れる宮城野に夏さく萩の花も有けり
けふ出て程なくかへり相坂の鳥かれまてとめくるさかつき

鈴一對、兩種豆腐一折、和布一折、局務所へ遣之、

十日、丁亥、小雨降、自午時晴、十方暮、七鳥日、○自早旦局務師廉朝臣亭へ罷向、故師象朝臣法名覺壽卅三回云々、施餓鬼有之、僧衆淸和院園福寺、三福寺等之衆八人、此外靈山之時衆三人等也、公家四辻亞相、予、持明院、亭主等也、先粥一盞、次齋有之、僧衆歸坊之後、又一盞及數盃了、○賀二位在富卿所へ罷向、下津屋越前守奉公衆來、一盞有之、暫雜談、次岡殿に參、次長橋局へ立寄了、

十一日、戊子、天晴、十方暮、天一北、○自德大寺可來談之由使有之、○伊勢淸舜上人宿誓願寺之通子、宗養母所也、禮に罷向、小扇二本表裏金、土佐繪、遣之、見參、冷麵吸物等にて酒有之、供衆四人まて同前云々、次德大寺日蓮宗へ罷向、一盞有之、勸修寺一品、滋野井、外記康雄、本妙坊、飯尾右馬助奉行衆等被來、中將基有之、○當番之間申下刻參、相番勸修寺一位、予、大藏卿等三人也、

十二日、己丑、晴、自午時小雨降、十方暮、○亡父忌日之間、松林院西堂齋に被來、相伴了、○廣橋亞相番代倉部參了、

十三日、庚寅、雨降、十方暮、自午時晴、○御用之間可參之由有之間午時參內、今日各被參御着到淸書、晩頭御酒有之、甘露寺經元朝臣、親綱兩人、臺物御樽進上云々、於御三間若宮御方、岡殿、女中衆御酒有之、各參番衆所及大飮、音曲移刻、御人數曼殊院宮、勸修寺一位、四辻大納言、予、大藏卿、新中納言、藤宰相、輔房朝臣、公遠朝臣、經元朝臣等也、戌刻各退出了、○外樣番烏丸代に參、但宿に退出了、

十四日、辛卯、天晴、十方暮、○柳原へ罷向、宣下共案尋辨注之、勸修寺一品雜談也、次甘露寺へ罷向、同宣下之案寫之、次勸修寺辨へ罷向同寫之、次萬里小路左中辨へ罷向同寫之、亞相同被出了、雜談一盞有之、田舍酒云々、先日禁裏御補歷可直改進之由有之間如此、○自伏見殿明日御齋に可參之由御使有之、

十五日、壬辰、天晴、十方暮、五墓日、○早旦伏見殿へ參、堂上衆四辻大納言、予、飛鳥井中納言、源中納言、持明院宰相、四條三位、四辻中將、源少將、飛鳥井少將、僧衆仁如以下相國寺、天龍寺、妙心寺等衆十四人御齋有之、後安養院七々日半齋計也、各相伴了、僧衆退出之後、若宮御出、竹内殿、右大將以下御酒有之、次各退出了、

十六日、癸巳、天晴、十方暮今日迄、自今日天一天上、○嘉例家中衆念佛百萬返、心經百卷、壽命經十卷、消除疫病經、廿丶、光明眞言千返、慈救咒千返、藥師小咒千返等看經祈禱、祇園社に祈念了、○今日申刻太神宮正遷宮日時定陣儀有之、先萬里小路辨へ罷向、衣文之事被申、一盞有之、次中山へ罷向、傳奏之間上卿被存知、同衣文之事被申、襪笠袋被借用之間遣之、晩飡相伴了、五辻前裝束了、○未刻參內、先於長橋局岡殿、局、清舜上人等、麵にて酒有之、次陣儀見物了、奉行職事輔房朝臣、上卿中山大納言告着陣、次陣儀如常、左大史朝芳、外記盛厚等也、日時勘文如此、

擇申

太神宮御遷宮日時事

九月廿三日己亥　時戌

永祿六年五月十六日　正二位賀茂朝臣在富

次於男末各冷麵一盞有之、次於常御所天酌三獻、被參之輩勸修寺一位、中山大納言、四辻大納言、萬里小路大納言、予、大藏卿、輔房朝臣、公遠朝臣、經元朝臣、爲仲朝臣等也、○當番之間其間々祗候、若宮御方へ別殿行幸有之、天酌に被參之輩勸修寺一位、萬里小路大納言、予、大藏卿、輔房朝臣、爲仲朝臣等也、今夜番衆一位、予、大藏卿等也、

十七日、甲午、天晴、天一天上、○今日愚亭月次和歌會有之、薄頭役也、當座之題廿首飛鳥井黃門へ申之、名所計也、被來之衆高倉入道、久我、予、飛鳥井黃門、藤宰相、內藏頭、飛鳥井少將、東坊城、薄、內膳民部少輔、耆婆宮內大輔等也、先一盞、次被講、讀師予、講師坊城、發聲飛鳥井等也、次又一盞音曲有之、今日之題郭公、五月雨、歎無

名戀、同當座天香久山、阿波手杜、
一聲に明ぬといひし夏の夜にたちかへりなく山ほとゝきす
大かたはこまもろこしの雲までもあつまりきてや五月雨の空
いかにせん思ひもかけぬ人にいまほすかたもなきあまのぬれきぬ
ちはやふる神代はいかにてる月の影も涼しき天のかくやま
日にそへてなたしけり行秋の名のあはていつまて物思はまし
十八日、乙未、天晴、天一天上、五墓日、　○禁裏御補歷改直、長橋局へ持參申候了、次御乳人、薄等へ立寄了、次正親町へ罷向暫雜談了、
十九日、丙申、天晴、天一天上、　○長橋局被申內炎散粉藥、相調持罷向遣之、次五疳保童圓調合之、○女官かゝ宿へ鈴一對、赤飯兩種等遣之、
廿日、丁酉、天晴、天一天上、　○香薷散二濟調合了、
廿一日、戊戌、天晴、天一天上、　○大館伊與守申五疳保童圓、先度遣之殘三百粒、又十疋之分六百粒等、高辻へ持遣之、○香薷散又一濟半調合分引之、○當番之間晚頭參、相番勸修寺一位、中山大納言、大藏卿代・予等也、
廿二日、己亥、天晴、天一天上、　○久不參之間參武家、賀二位依召祗候云々、申次大和宮內大輔、於常御所御對面、御庭之菊可見申之由被仰之間廻覽、一段見事驚目之由申之、種々御雜談移刻、次慶壽院殿、御臺に參申入了、小侍從殿へも申、次春日局へ罷向、賀二位同罷向、見參酒有之、暫雜談了、○自殿中吉田右兵衞督同道東山へ罷向、懸之木少々洗之、今夜逗留了、○從高辻取次保童圓之代且十疋到云々、
廿三日、庚子、自曉天小雨、晴陰、天一天上、　○今日も吉田懸之木共洗之、碁打之、申下刻歸宅了、
廿四日、辛丑、天晴、天一天上、五墓日、五月中、　○堀川近江守へ呼之間、午時中山亞相令同道罷向、飯有之、人數中山、予、祐乘大藏卿、亭主、保田加賀守等也、中酒數反有之、次茶勸之、晚頭歸宅了、○行事官于俊來、神事札可書與之由申之、明日可相調之由申返之、
廿五日、壬寅、天晴、天一天上、　○早旦鞍馬寺へ參詣、供大澤右兵衞大夫、與次郎計也、戒光坊へ御最花十疋、香薷散一包一兩、遣之、飯各有之、自午時下向、未刻歸宅了、○晚頭

大典侍殿、新大典侍殿、め丶典侍殿、長橋、伊與殿、御新參、御乳人、若宮御乳人、萬里小路前内府入道、薄、同阿茶、御乳人官女等に香薷散一包（一兩半、）宛進之了、持參了、各祝着之由有之、○自岡御所香薷散御所望之間一包進之、○及黃昏行事官于俊樽代二十疋持來、對面盃令飲之、札於燈下書與之、如此、

　太神宮正遷宮神事也、僧尼重輕服不淨之輩不可入來矣、

吉田へ約束之紫蘇二袋持遣之、同白藊豆一袋遣之、

廿六日、（癸卯、天晴、天一天上、）○岡御所へ鈴一對持參、先日之御雙六之勝負也、又卅一數御雙六有之、五辻祗候、予勝申、次御酒有之、○晩頭依召參内、御着到衆被參淸書有之、次御酒有之、公遠朝臣、親綱等臺物御樽等進上云云、音曲有之、御酒及大飲、若宮御方、岡殿、女中衆於御三間御酒有之、曼殊院宮、勸修寺一位、中山大納言、四辻大納言、予、大藏卿、公遠朝臣、爲仲朝臣、親綱等於番衆所御酒有之、戌刻各退出了、○今夜當番勸修寺一位、四辻大納言、（大藏卿代、）予等也、

廿七日、（甲辰、天晴、天一天上、）○禁裏源氏御料紙鳥子八十一枚伐之折之了、

廿八日、（乙巳、晴、午時夕立雷鳴、雨晴陰、天一天上、）○滋野井自早旦招寄、漆細工誂之、朝飡相伴、晝勸一盞了、○正親町へ罷向香薷散一包遣之、一盞有之、○葉室へ與二郎遣之、葉室、同母儀へ香薷散一兩宛遣之、白瓜七、同遣之、次松尾社務三位、同松室中務大輔兩人に白瓜十宛遣之、初物濟々祝着之由申候了、

廿九日、（丙午、晴陰、天一天上、）○柳原へ罷向公宴御月次和歌談合、又香薷散一包遣之、一盞有之、燒酒（しやうちう）、○一條殿へ參香薷散一包進之、御母儀殿（近衞、）御所勞尋申之、御盃被下、堀川近江守に同一包遣之、他行之間申置了、一條殿菊御所望之間、四五本進之、次德大寺へ罷向暫雜談了、○晩頭參内、源氏御料紙調之、○今朝松林院之舜智齋に來、明日故障云々、相伴了、

卅日、（丁未、小雨降、自午時晴、天一天上、）○岡殿へ參雙六參了、○去廿五日

公宴御月次和歌今日詠進、無沙汰不可說々々々、題郭
公、五月雨、名所旅泊、
月なから一さなりふるむら雨の雲のはつかになくほとゝきす
夕立はまたき過行夏の空にいかに日をふる五月雨の雲
いかにれん鹽時ならし波の音の枕にたかきしかの浦舟

○六月小

一日、戊申、天晴、天一天上、自申刻雨降、○巳刻參武家、内藏頭同參、則御
對面、公家勸修寺一位、予、新中納言、藤宰相、中院松
壽丸、内藏頭、飛鳥井少將、日野侍從、東坊城盛長、御
供衆大館陸奥守、同伊與守、同十郎、細川中務大輔、一
色式部少輔、伊勢七郎左衞門尉、御部屋衆三淵伊賀入
道、申次大和宮内大輔、小笠原又六、伊勢加賀守、荒川
治部少輔、進士美作守、醫者上池院治部卿等也、今日
之申次安東藏人也、次各慶壽院殿へ參、御見參、御酒
有之、如例、次御臺へ參、同前、次春日局へ罷向、同前、
次御さこ、小侍從局へ申置了、次予近衞殿に參、大閤
御盃被下了、次入江殿御盃被下之、次岡殿、次伏見殿、
竹内殿、稱名院、大祥寺殿御盃被下了、予供大澤右兵
衞大夫、宮千世、與次郎、與四郎計也、○及黄昏御祝に
參内、天酌に被參之輩勸修寺一位、中山大納言、四辻
大納言、萬里小路大納言、予、源中納言、大藏卿、輔房
朝臣、公遠朝臣、爲仲朝臣、雅英等也、次若宮御方御酌
に被參之輩同前也、先之御局々へ御禮申候了、○今夜
當番衆勸修寺一位、予、大藏卿等也、上より奈良油煙
二丁拜領、忝者也、○今日禮者堀川近江守、讃岐將監
等來云々、

二日、己酉、雨降、天一神下艮、○自薄所得利送之、次澤路筑後守養
女召具、鈴持來、先度之所勞本服禮云々、香薷散一包
遣之、○自高辻取次大館伊與守所より、保童圓之代十
疋到、○廣橋亞相番代内藏頭參云々、

三日、庚戌、天晴、○大澤出雲守に香薷散一包遣之、

四日、辛亥、天晴、半夏生、○滋野井香薷散所望之間一包遣之、○
速水越中入道宗喜來、對面、明日知恩寺之念佛講云
云、

五日、壬子、天晴、八專入、○女官梅自一昨日相煩之間、脈之事申、

辰刻罷向、人參丁香散一包遣之、冷瀉痢蟲等也、昨日之香薷散にて小驗云々、次長橋局、御乳人等へ立寄、○廣橋内府入道、予、高辻、庭田、速水入道、同右近等同道、知恩寺之念佛講に罷向、如例卄錢遣之、念佛之後齋各相伴了、暫雜談了、各歸宅、予一條殿へ參、同東坊城盛長被參、御盃賜之、及數盃了、○岡殿へ參、雙六參了、○自中山亞相拾芥抄中卷被借之間遣之、

六日、癸丑、天晴、未下刻小雨降、○滋野井被來、朝飡相伴了、漆細工誂之、午時被歸了、○高倉へ罷向、入道、相公等見參了、○禁裏へ參源氏検知料紙調之、於番衆所干飯賜之、於小御所暫御雜談、及黄昏退出、當番之間又參、相番勸修寺一位、予、大藏卿等也、○田口伊賀守所より、播州都多村代官宇野右京亮舊冬之書狀、公用百疋送之、沙汰之限、不可說至也、

七日、甲寅、天晴、八專、○鎮宅靈符五座行之、次岡殿へ參一座、去年六七月未進等三座行之、冷麵にて御酒被下了、○長橋局、御乳人、薄所等へ立寄了、○今日祇園會有之、爲見物葉室、同若子、御乳以下出京、今夜此方に逗留也、

八日、乙卯、晴、八專、天一神東、○葉室此方に逗留、若子以下被歸了、彼在所之鍛冶になた誂之到、代に愛洲藥可與之由申之間、一包遣之、葉室之大方殿、同山口又七同藥所望之間、一包宛遣之、○高倉入道香薷散被所望之間一包遣之、明後日大坂へ下向云々、○自禁裏被仰鳥子假閉調之、長橋局迄持參了、次御乳人、臺所、内侍所等へ立寄雜談了、女官梅脈取之、驗氣也、

九日、丙辰、雨降、六月節、○早旦祥壽院法印へ罷向、脈令取之、灸のしるし（曲池）之事申之、○曲池之灸左五十一右卅一、燒之、○渡邊餅屋、後室依藥本服とて、得利、糉一折、干鮭一、送之、○禁裏御着到和歌各淸書云々、勸修寺一位、爲仲朝臣兩人御樽臺物進上云々、如前々、岡殿、竹内殿、女中衆、一位、中山大納言、四辻大納言、予、大藏卿、新中納言、藤宰相、公遠朝臣、經元朝臣、爲仲朝臣、親綱等御酒、及大飲音曲有之、自申刻至戌刻、次退出了、○今日愚亭和歌會、依無人數頭人等延引了、

十日、丁巳、雨降、八專、自巳刻晴、○申刻依召參內、御懸之松木可洗申之由有之間、少洗之、○葉室迎不來之間逗留也、○伏見殿へ香薷散一包持參、次四條に同一包遣之、次大祥寺殿之寶德庵に同一包遣之、一盞有之、御庭之菊栽了、○正親町へ罷向、一品入道暫雜談了、

十一日、戊午、天晴、○今日葉室被歸在所了、○巳刻參內、及黃昏松木洗之、午時於若宮御方御酒被下了、○當番之間參、相番予、大藏卿兩人計也、御寢之後月下徘徊、於內侍所一盞有之、

十二日、己未、天晴、八專、○亡父卿忌日之間、松林院乘誓西堂齋に被來、相伴了、○巳刻參內、至未刻御懸之松木二本洗立了、次於長橋局干飯賜之、次於薄所一盞有之、次御乳人局、內侍所、臺所等へ立寄了、次岡殿へ參、雙六參了、○今夜廣橋亞相番代倉部參了、

十三日、庚申、天晴、八專、天一巽、○女官か丶保童圓所望、十疋到、三包六百粒、遣之、○自淸藏人國賢、秋永彥六名字切之事申、輝久切朽之間、不宜之由返答了、○自柳原辨香薷散被所望之間一包遣之、○晚頭依召參內、御着到之和歌今日迄云々、各淸書、於御三間五獻參了、今日者出御、御相伴若宮御方、岡殿、曼殊院宮等也、其外女中各、勸修寺一位、中山大納言、四辻大納言、予、大藏卿、新中納言、藤宰相、公遠朝臣、言經朝臣、經元朝臣、爲仲朝臣、親綱、季長等也、音曲有之、及大飲巡舞等有之、丑下刻各退出了、○外樣番烏丸代に參、但有子細退出了、

十四日、辛酉、天晴、八專、○祇園會有之云々、○久不參之間參武家、藤相公同道、出羽國之御所山形殿父子御禮被參云々、仍暫候、夜半計御對面、父子馬太刀にて御禮被申、次大館陸奥守、次御盃二獻參、折二合宛參、御盃父子頂戴、御盃忝之由有之、乍父子太刀被進、初獻御酌大館伊與守、召出予、藤宰相御伴衆計也、二獻之時、各奉公衆召出に被參、御伴衆大館陸奥守、同伊與守、同十郎、細川中務大輔、同兵部大輔、一色式部少輔、伊勢七郎左衛門尉等也、御部屋衆朽木彌六、同彌十郎、細川宮內大輔等、申次大和宮內大輔、彥部雅樂頭、荒川

治部少輔、安東藏人、進士美作守等、番方武田宮内大輔、大館兵部少輔、本郷與三郎、杉原與七郎以下也、次慶壽院殿へ被參云々、予令沈醉退出、依上意別而及數盃、丑刻歸宅、

十五日、壬戌、天晴、○城州大北龜介近日在京云々、仍禮に罷向、鞦一懸、遣之、對顏、冷麪にて酒有之、暫雜談、即刻禮に來云々、○長橋局、御乳人局、臺所等へ罷向了、於長橋一盞有之、○下冷泉少將俊右近日上洛、禮に被來云々、令沈醉不對顏、

十六日、癸亥、天晴、八專終、○自早旦廣橋へ罷向、懸之松木一本洗之、朝飡相伴了、○自甘露寺補曆士代等被借用、遣之、○未刻廣橋亞相へ罷向、如例年各嘉定之振舞有之、罷向人數四辻亞相、亭主、予、庭田、三條、高倉相公、柳原奉公辨、四辻中將、日野内內藏頭、甘露寺、是齋、冷泉少將、三上藤三郎、山形右衞門大夫、似栗齋、栗津肥前守、河端志、加田新左衞門尉、其外六七八、内衆以下數多有之、先小漬有之、次嘉定大概酒、又きんとん等也、次音曲、酒及大飲云々、予令沈醉早歸宅了、

十七日、甲子、天晴、○廣橋へ罷向昨日之禮申候了、暫雜談了、次甘露寺へ罷向、他行云々、次岡殿へ參、御留守云云、次正親町へ罷向、一盞有之、○香薷散一濟半調合、以上當年五濟調合了、○長橋局迄參御暇之事申入了、明日令登山之故也、

十八日、乙丑、天晴、申刻夕立雷鳴、○未明發足登山、辰下刻參梶井殿、御齋相伴申候了、當年之御禮申候了、瓜、あこた五、白瓜、十、干瓜、卅、香薷散一包進上了、同北坊三位、櫻光院、伊與等に一包宛遣之、同德千代墨一丁遣之了、供宮千世、與二郎、人夫等飯被下之、則歸京了、

十九日、丙寅、天晴、天一南、○櫻光院宮内卿宣圓、被住千光坊之間、令同道罷向、暫雜談了、今日終日梶井殿に祗候申候了、

廿日、丁卯、天晴、○今日も終日梶井殿に祗候了、晩頭東谷御鞠有之、住侶衆各參、見物申候了、其後音曲有之、○佛頂尾勸仙坊、淨土寺殿へ御禮に參、香薷散一包進上了、同

寶藏坊に一包遣之、暫御雜談申歸坊了、〇早旦參中堂藥師了、〇今晚非時、於門跡櫻光院振舞也、濟々儀也、

廿一日、戊辰、天晴、五墓日、〇今日終日梶井殿に祗候、無殊事、晚頭御鞠有之、見物申候了、

廿二日、己巳、天晴、土用入、〇巳刻迎に與二郞、松若等登山、飯被下之云々、自梨門杉原二帖、筥二重、けやき、一被下之、自午時下山、未刻歸宅了、〇長橋局へ參罷歸之由申之、又明日葉室へ罷向之由內々申之、局自先日于今被煩云云、脉取之、心肺熱氣少有之、藥之事被申之間、五苓散三包遣之、〇愛洲藥調合了、〇自松尾社務明日御田栽、必可來之由人到、

廿三日、庚午、天晴、〇從萬里小路辨香薷散被所望之間一包遣之、〇葉室へ罷向、今日松尾御田栽也、晚頭松室中務大輔所へ被呼、晚飡有之、予、葉室、亭主、葉、內、秋田與左衞門尉、同山口又左衞門尉、同又七等相伴了、中務、同左衞門佐等に香薷散一包宛遣之、次參社頭、猿樂見物、御田栽之作法不及見物、香椎、野宮、是害三番有之、酒有之、社務以下各出仕也、及黃昏歸葉室了、

廿四日、辛未、天晴、天一坤、〇松尾社務三位所に有朝飡、罷向、予、葉室、亭主父子四人、僧衆兩人、赤塚山城守子、葉室內衆三人、八田大夫以下七人等相伴也、社務、同藏人等に香薷散一包宛、宮內大輔に愛洲藥一包等遣之、〇葉室、同大方殿、秋田與左衞門等に香薷散一包宛遣之、葉、女中、山口與左衞門、同又七に愛洲藥一包宛遣之、〇未下刻參社頭、社家各出仕、猿樂五番有之、老松、春榮、三輪、鱸、通小町等也、及黃昏歸宅了、晚飡葉室所に有之、

廿五日、壬申、天晴、自未刻夕立雷鳴、六月中、〇自未明歸京、朝飡以後禁裏御法樂御和漢有之云々、可祗候之由有之間、則參內、御人數御製、十一句、曼殊院宮、九、入道前右大臣、十九、入道前內大臣、十二、四辻大納言、十三、予、十、新中納言、七、藤宰相、六、輔房朝臣、執筆一二折、二、公遠朝臣、同、二、經元朝臣、二、爲仲朝臣、五、季長二、等也、未刻於長橋局小漬有之、申刻終了、次一盞有之、次御當座廿首有之、講頌有之、讀師同發聲兼帶、

四辻大納言、講師經元朝臣等也、及黃昏退出了、今日
御發句如此、
夏草に夕露いそく螢かな　御　製
風成開扇圖　曼殊院宮
麓晴山吐月　入道前右大臣
御當座勅題、予題郭公、
秋もさく聞あへぬ程のみしか夜に來なくはおしき山ほとゝきす
今日御月次短册廿九日に進之、予題款冬、嶺雪、
秋またて春生ろ草の中にしも花めつらしくさける山ふき
ふかさなは分いられさもはやくふり積るなこゝにみれのしら雪
廿六日、癸酉、夕立、晴陰、○安禪寺殿へ參、御庭之梅木洗之、御齋有之、明後日御喝食御所御入室云々、伏見殿姬宮、禁裏御猶子云々、○廣橋內府入道所勞罷向尋之、見參酒有之、同篇云々、高辻、庭田等被尋之、暫雜談了、次岡殿へ參、御雙六有之、次長橋局、御乳人局、薄、內侍所等へ立寄了、○申下刻當番に參內、予一人、勸一霍亂、滋、、他行云々、仍御添番爲仲朝臣祗候也、○香薷散又一濟調合、以上六濟調合了、

廿七日、甲戌、天晴、時々小雨、○長橋局前之官女阿こ、先日文香之圖、こ、鹽等送之、返事今日母所へ遣之、痔煩之間藥之事申、人參丁香散に加槐花、艾葉廿包、香薷散一包、薰衣香之方等遣之、同母に香薷散遣之、○安禪寺殿へ柳一荷、瓜、廿、豆腐一折等進之、○自薄所德利兩種等送之、知行之物少到來云々、
廿八日、乙亥、天晴、齋以後○自早々參安禪寺◎殿脫カ、各烏帽子也、予、庭田、藤宰相、甘露寺、其外東福寺之不二長老、龍西堂、相西堂、久首座、祥壽院法印等相伴、御齋有之、巳刻伏見殿姬宮御入室、先御參內、御猶子御盃參云々、御四才也、則御髮長老被揷之、御安名惠彭云々、次市川女七才、同成喝食、惠、、次三獻有之、各御相伴、各一返盃先於內內賜之、長老所勞之間、初獻之次退出也、其後及大飮、三獻之後僧衆退出、、次又於內々御盃參、比丘尼衆、至市川越後守、同子左馬助、御庵者周仙迄、御盃賜之、次御喝食御所御參內、御伴桂侍者參、定三獻可有之、次各歸宅了、

廿九日、丙子、天晴、○早々參內、議定所御庭之◎木脫カ洗之了、○參伏見殿、昨日安禪寺殿御入室珍重之由申之、今朝入道宮御出京云々、仍御禮申之、暫御雜談了、○及黃昏六月御輪に參內、如例年、六位不參之間、爲仲朝臣奉仕之、被參之輩四辻大納言、予、源中納言、公遠朝臣、親綱等也、二三獻御銚子出了、

○七月大

一日、丁丑、天晴、天一酉、○內豎國益禮に來云々、○巳刻參武家、則御對面有之、御供衆大館陸奧守、同伊與守、同十郎、細川中務大輔、上野孫三郎、一色式部少輔、申次進士美作守、公家予、飛鳥井中納言、日野侍從等也、廣橋亞相、藤宰相等遲參云々、次慶壽院殿へ參、各御對面、御酒有之、御盃予賜之、各次第參了、奉公衆數多參了、次御臺へ參、各同道、同御酒有之、如例、次春日局へ罷向、同各酒有之、次此邊伏見殿入道宮御見參、次大祥寺殿へ參、御盃賜之、次稱名院見參、次竹內殿御見參、次岡殿御見參、次歸宅了、供大澤右兵衛大夫、澤路筑後守、小者兩人計也、○晚頭當番御祝旁に參內、先若宮御方、大典侍殿、新大典侍殿以下御局々不殘御禮申候了、天酌に被參之輩勸修寺一位、中山大納言、予、源中納言、大藏卿、輔房朝臣、重通朝臣、實彥朝臣等也、○今夜番衆勸修寺一位、予、大藏卿等也、

二日、戊寅、天晴、○高倉亞相入道之母儀天德院卅三回云々、仍今日於遍昭院懺法講有之、雖被昨晚誘引、今朝早々罷向、若王子僧正、神護寺、大原之金藏坊、當院々主以下、以上八人、樂蘇合急、靑海波、白柱、越殿樂、千秋樂、太平樂急等有之、四辻父子、予、守秋朝臣、山崎僧等沙汰之、先白粥有之、午時齋各相伴、中酒及大飲、次於恩德院亮酒音曲等有之、及黃昏高倉父子、四辻父子、予、若王子令同道歸宅了、

三日、己卯、天晴、酉戌刻雨降、○早旦禁裏議定所之御庭之木共洗之、巳刻歸宅了、○正親町へ罷向、中山亞相同被來、今日少將、尊勝院等大坂へ下向云々、一盞有之、○自北尾後室所瓜一蓋送之云々、○松尾左馬助來、腹之藥所

望之間五服遣之、干飯にて一盞勸了、○武家御舍弟鹿苑寺殿今御乳人香薷散被所望之間、一包進之、○遍昭心院貞海、昨日之禮に被來、見參了、高倉亞相入道次男也、

四日、庚辰、天晴、酉刻夕立、○早旦禁裏□御庭之木洗之、內山上乘院、萬里小路衆十人計沙汰之、巳刻歸宅了、○廣橋入道所勞尋之、見參暫雜談、彌不食云々、次德大寺へ罷向、懸之柳木洗之、晚飡有之、及黃昏歸宅了、

五日、辛巳、小雨晴陰、風吹、自午時晴、○朝飡以後、禁裏御庭之木洗之、竹內殿御侍法師越後同參、午時罷出了、次於長橋局干飯にて一盞有之、次於同侍所一盞了、○自勸修寺一品晚頭被呼、大館陸奧守相伴、はう飯有之、但奥州禁酒之間無其與者也、

六日、壬午、天晴、天一乾、○禁裏明日之御樂之御習禮云々、辰下刻參內、午時始、平調萬歲樂、只拍子、三臺急、殘樂笙予、笛景長、五常樂急、二反、太平樂急、殘樂笙予、笛景長、郎君子、殘樂笙隆秋、笛景長、小娘子、次朗詠二星適逢了、次慶德等也、於議定所有之、笙予、音頭調子計、守秋朝臣、隆秋、笛三條中納言、音頭景長、箏御所作、若宮御方、四辻大納言、而箏右大將、公遠朝臣等也、次於番衆所臺物にて各一盞有之、次退出了、○高倉入道へ罷向先日之禮申候了、○番頭辨今日被任八座云々、

七日、癸未、天晴、午未申刻夕立、○北隣飯尾與三左衛門、金藏坊、讃岐守忠宗、出納大藏大輔、同右京進、內豎國益、內膳民部少輔、山井將監景理、豐將監隆秋、甲斐守久宗、澤路備前守、同新四郎等禮に來云々、○巳刻參武家、倉部召具、供大澤左衛門大夫、同右兵衛大夫、澤路筑後守、早瀨民部丞、宮千世、與二郎、松若等也、午下刻御對面、公家予、飛鳥井中納言、三條中納言、藤宰相、內藏頭、飛鳥井少將、東坊城、御供衆大館陸奧守、同伊與守、同十郎、細川中務大輔、上野孫三郎、畠山次郎、一色式部少輔、伊勢七郎左衛門、此外御部屋衆申次以下數多有之、今日之申次安東藏人也、次御さこ、小侍從殿局等へ禮申、次慶壽院殿へ參、御見參、公家悉御酒賜之、次御臺へ參、同前、次春日局へ罷向、被參御前云々、雖然

各酒有之、及數盃音曲等有之、次歸宅了、○晚頭參內、若宮御方以下御局々御禮申候了、戌刻御祝如常、天酌に被參之輩勸修寺一位、中山大納言、四辻大納言、予、源中納言、大藏卿、三條中納言、右大辨宰相輔房朝臣、公遠朝臣、言經朝臣、爲仲朝臣、親綱、雅英等也、次御樂亥刻始、平調々子萬歲樂、（只拍子、）三臺急、（殘樂三反、笙予、）五常樂急、（各二反、）太平樂急、（笙持明院宰相、笛景長（乍三）、）老君子、（殘樂笙隆秋、）小娘子、朗詠二星丶丶、慶德等也、笙予（音頭）、持明院宰相、隆秋、笛三條中納言、景長（音頭）、箏御所作、若宮御方、四辻大納言、右大將、公遠朝臣、大鼓守秋朝臣等也、次於鬼間盃酌如例年、番衆大藏卿、言經朝臣、爲仲朝臣等被出之、次退出子刻也、今夜若宮御方朗詠之付物御沙汰、奇特不可說々々々、○今日公宴七夕和歌持參了、題織女雲爲衣、

けふさいへは我袖のみか織女に雲の衣も空に手向て

八日、（甲申、天晴、未刻夕立雷鳴、自今日十方暮、）○若宮御方へ參、御付物奇特之由申入了、次長橋局、御乳人局、薄、內侍所等へ立寄了、次岡殿へ參雙六參了、次四條尋之、他行云々、○內膳民部少輔淸景招寄、予左手痛之間針治了、

九日、（乙酉、天晴、十方暮、土用終、未刻夕立、）○內膳民部來針治了、勸一盞了、○甘露寺へ罷向、一盞有之、土代被返之、調中散被所望之間三服遣之、

十日、（丙戌、天晴、十方暮、五墓日、七月節、）○四條所へ罷向、彼卿八座之事佡談合、內々萬里前內府へ罷向申候了、○內膳來針治了、○薄知行靑花賣買盜賣之輩成敗之事、以飯尾與三左衞門尉申、松田左衞門大夫以雜色、明日京中可相催之由申渡了、

十一日、（丁亥、天晴、十方暮、）○北隣慶松宮笥さて、瓜一蓋十、被送之、○御服之織手司瓜一蓋卅送之、○今朝此方目出度事、桂侍者、薄等朝飡相伴了、薄樽代十疋、桂侍者一荷兩種送之、○午時薄所へ被呼罷向、長橋局目出度事云々、樑にて二獻有之、御局、御今、予、內藏頭、亭主、阿茶等也、○伏見殿御目出度事如例年有之、土器物二、柳一荷進之、及黃昏參、御人數御兒御所、靑蓮院

宮、妙法院宮、參仕之衆勸修寺一位、中山大納言、四辻大納言、予、飛鳥井中納言、藤宰相、四條三位、四辻（五辻）中將、內藏頭、左衞門佐、飛鳥井少將、中山少將、喜首座等也、音曲有之、予所勞氣之間、五獻之若宮御方御酌之後退出了、

十二日、戊子、天晴、十方暮、天一北、○瀧雲院殿忌日之間、松林院西堂齋に被來、相伴了、○廣橋入道內府所勞見舞に罷向、一盞有之、暫雜談、同篇云々、亞相者七觀音へ參詣云云、○青花之座衆禮に來云々、北尾後家、同新三郎等召具、樽代十疋送之、飯尾與三左衞門に十疋、松田左衞門大夫に二十疋遣之云々、此方使澤路筑後守相添了、○澤路筑後守目出度事に錫持來、盃令飲之、○自長橋局目出度事に兩種一荷被送之、祝着了、○中御門、千秋次郎被來、倉部瓜振舞了、○內膳民部來針治了、進干飯了、○甘露寺被來、今晚貫首之拜賀之儀談合之子細有之、勸一盞了、○戌刻甘露寺へ罷向、奏慶有之、衣文藤宰相、前裝束予沙汰之、罷向衆予、藤宰相、右大辨（萬）宰相、亭主、左少辨（勸）、新藏人與治等相伴、三獻有之、雜煮吸物冷麵等也、亥刻出門、布衣侍、如木一人、雜色六本、烏帽子着三四人等也、舞踏見物了、殿上奧座被着了、次歸宅了、

十三日、己丑、天晴、十方暮、○從中山香薷散被所望、一包少遣之、○梶井殿へ香薷散一包、同松賀殿、北坊三位等鳥子五枚宛、櫻光坊へ蓮肉一包等、內膳所之便宜に言傳了、○後白川院爲御陪膳、竹內殿へ着衣冠參了、○西三條稱名院へ鈴肴一盆遣之、則罷向、一盞有之、如例年、○禁裏御目出度事暮々參內、於議定所御盃參、御相伴若宮御方、岡殿、大祥寺殿等也、三獻之冷麵公卿各御相伴、所役殿上人爲仲朝臣、雅英兩人也、被參之輩勸修寺一位、中山大納言、四辻大納言、萬里小路大納言（右大辨宰相）、廣橋大納言、予、源中納言、大藏卿、藤宰相、輔房朝臣、公遠朝臣、經元朝臣、爲仲朝臣、親綱、雅英等也、御酌三獻若宮御方、四獻岡殿、五獻天酌、六獻大祥寺殿、七獻經元朝臣云々、音曲有之、子刻各退出了、予外樣番烏丸代

に内々祗候了、○今夜内々番衆中山大納言、萬里小路大納言、中院代、爲仲朝臣等也、
十四日、庚寅、天晴、十方暮、○廣橋亞相へ罷向暫雜談、一盞候了、○盆之用意如例年、○及黃昏大（山）敎坊、（寺）倉藏坊、案主七郎同道誓願寺へ參詣、歸路大敎坊借坊にて雜談移刻、一盞有之、子刻歸宅了、
十五日、辛卯、天晴、十方暮、○長橋局へ一荷、兩種瓜十五、干鯛、一折宛進之、○自稱名院鈴一對兩種瓜十、はむ一折、賜之、○今朝松林院之舜智來、讀經了、○高辻、安禪寺殿桂藏主、薄等へ蓮飯、鈴一對宛送之、○自廣橋亞相内藏頭に帷三被與之、番代之音信也、○晚頭御祝に參内、倉部同道、如例年於議定所御燈爐被燈之、廿四五有之、如例年二獻之時御銚子出了、倉部酌三獻、天酌、三盃、被參之輩勸修寺一位、中山大納言、四辻大納言、萬里小路大納言、廣橋大納言、予、勸修寺中納言、源中納言、三條中納言、藤宰相、右大辨宰相、松丸、公遠朝臣、言經朝臣、經元朝臣、重通朝臣、親綱、雅英等也、次各退出了、予、藤宰相兩人、於長橋局祝酒有之、○自安禪寺殿桂侍者來、
十六日、壬辰、天晴、十方暮、五墓日、自亥刻雨降、○岡殿へ參雙六數盤打了、干飯被下之、○長橋、廣橋等へ燈爐令所望、一松林院之舜玉所望之間遣之、○當番之間晚頭參、相番勸一、予、大藏卿、例之三人也、○香薷散一濟調合、以上七濟（◎調脫カ）合了、
十七日、癸巳、雨降、十方暮今日迄、自今日天一天上、○大敎坊へ罷向、一竹四穴三調之、暫雜談了、○大祥寺殿へ參、勸一、中山、滋野井等中將棊有之、○自長橋局香薷散調合之事被申、代半來了、
十八日、甲午、天晴、天一天上、○自禁ヽ御乳人鈴一對、のし、瓜一蓋被送之、祝着了、○今日御靈祭之間看經、上下社へ心經二卷書寫之、○萬里小路亞相一昨日歟香薷散所望之間、一包遣之、
十九日、乙未、天晴、五墓日、天一天上、○禁裏陣座、爲武家可被取立之由有之、仍古材木檢知有之、萬里入道、勸一位、中山大納言、予、源中納言、藤宰相等也、粟津肥前守、加田新

左衛門尉、總官右衛門等參了、○武家へ爲御見舞參了、次慶壽院殿へ參、香薷散一包進上之、御祝着之由有之、同今御乳人へ一包遣之、次御臺へ參、同一包進上之、於堀川局干飯にて一盞有之、藤相公同道、次小侍從局へ一包遣之、晝寢云々、次春日局へ罷向、同一包遣之、慶壽院殿へ被參云々、○自未刻柳原へ罷向、人數亭主父子、高倉亞相入道、四辻亞相、予、甘露寺、堀川近江守等也、晩飡有之、次盃出、音曲及數盃、黃昏歸宅了、

廿日、丙申、天晴、天一天上、○早旦小御所之御庭之松木洗之、前内府入道被參、巳刻退出了、又晩頭參了、○今朝早旦梶井殿御下山云々、仍伏見殿へ參、御見參、御酒被下了、山門衆四五人御供也、岩本、櫻光、淸涼ヽ、練禪ヽ、伊與等也、○高橋女五才、腹煩云々、調中散三服遣之、

廿一日、丁酉、天晴、天一天上、○自早旦小御所之御庭松木洗之、滋野井同被參、又晩頭參了、○梶井殿へ參、御酒有之、軈歸宅了、○高橋女同前云々、同藥五服遣之、○當番之間暮々參、相番勸修寺一位、中山大納言、公古卿代、予等也、

廿二日、戊戌、天晴、天一天上、○自早旦小御所御庭之木洗之、餅にて一盞有之、滋野井同被參、巳刻退出了、又未刻參、及晩了、○高橋女又同藥五服遣之、藥代十疋送之、○甘露寺所勞云々、脈之事被申罷向、一盞有之、五苓散二包遣之、頭痛熱氣、遍身被痛之、

廿三日、己亥、天晴、天一天上、○自早旦小御所御庭木洗之、餅にて一盞有之、滋野井同被參、巳刻退出了、○午時參伏見殿、梶井殿御酒被下、於上﨟御局及大飲音曲有之、定法寺食籠御樽被進、御室御所御出、但軈御歸寺也、被參之輩庭田、同少將、中山、予、五辻、雲松軒以下數多有之、晩頭歸宅了、○高橋嫡男雅樂助宗敎十三才、痢病煩云々、藥之事申候、同藥五服、女に又五服等遣之、

廿四日、庚子、天晴、天一天上、○甘露寺小驗云々、又脈に罷向、一盞有之、參蘇飮に加川芎、茴香、三包遣之、○申刻小御所に參御庭之木洗之、晩頭歸宅了、

廿五日、辛丑、天晴、天一天上、午時夕立大雨、五墓日、○自早旦小御所之御庭木

洗之、巳刻退出了、滋野井自昨日他行云々、○清少納言枝賢朝臣上洛とて、昨日音信云々、仍罷向之處、參武家留守云々、次一色式部少輔相尋之、同參武家云云、○午時參伏見殿、飯尾中務丞盛就梶井殿へ御禮申、御酒了、○內藏頭柳原へ連歌に罷向云々、

廿六日、（壬寅、天晴、天一天上、自午時雨降、七月中、）○早旦小御所之御庭木洗に參了、朝飡薄所へ取寄了、臺所へ罷向、高橋若狹守酒振舞、及數盃了、藥之禮旁歟、○甘露寺彌驗氣云々、藥種代十疋被送之、猶藥之事被申候間同藥三包遣之、○晚頭梶井殿御參內、可祗候之由有之、但沈醉勞煩之間故障申候了、內藏頭祗候了、禁、若宮御方、長橋局等にて御酒有之云々、雖當番不參了、

廿七日、（癸卯、天晴、天一天上、）○自早旦小御所之御庭之木洗之、滋野井同被參、餅にて一盞有之、自巳刻河原者四人、上乘院之小者等參了、見物、加意見了、晚頭退出了、○四辻新宰相中將女中（彥部雅樂頭女、）今晚被呼云々、大澤右兵衛大夫女房今夜呼之云々、

廿八日、（甲辰、天晴、天一天上、）○庭田へ罷向、私宅之地子之事、伏見殿へ申子細有之申渡之、一盞有之、○梶井殿へ參、無殊事、次長橋殿へ罷向、一盞有之、○小御所へ參、河原者以下如昨日參了、大方木洗事出來之後也、○晚頭梶井殿へ鈴一對持參、各御酒了、○大澤兵衛大夫祝着之鈴强飯等送進之、

廿九日、（乙巳、天晴、天一天上、）○早旦清少納言所へ罷向暫雜談了、一盞有之、次一色式部少輔に約束之一竹四穴遣之、見參、祝着之由有之、○今晚梶井殿伏見入道宮へ御下向云々、○長橋局へ罷向、次御乳人局、薄所等へ立寄了、○未刻高倉亞相入道へ罷向、柳原一品、亭主、四辻亞相、予、藤相公、四辻相公羽林、甘露寺、（奉公衆）狩野左京亮、眞（柳）、（內）繼兵庫助、觀世右左衛門尉等相伴晚飡有之、先之碁雙六等有之、次又盃出、大館十郎被出、音曲有之及大飲、戌刻歸宅了、○廣橋入道見舞、自一昨日瀉痢之由被申、

卅日、（丙午、天晴、天一天上、）○小御所之御庭御掃除人可進之由有之、雜色與次郎進之、十餘人各被進之、午時爲御見舞

參了、○柳原へ罷向、北向之痢病散々被煩云々、藥之事被申候間調中散三服遣之、

○八月大

一日、丁未、天晴、天一天上、○今日禮者讃岐守忠宗、同將監忠雄、山井將監景理、北隣飯尾與三左衞門、金藏坊、案主七郎等云々、○巳刻參武家、勸修寺一位、飛鳥井兩人、三條等令同道、午時御對面、公家勸修寺一位、廣橋大納言、予、飛鳥井中納言、三條中納言、藤宰相、內藏頭、飛鳥井少將、東坊城、竹內近江守、御供衆大館陸奥守、同十郎、同伊與守、細川中務大輔、上野孫三郎、一色式部少輔、畠山二郎、御部屋衆三淵伊賀入道、申次小笠原備前守、彥部雅樂頭、荒川治部少輔、安東藏人、伊勢又七、進士美作守等也、申次彥部也、次慶壽院殿へ參、與にて御對面、御酒有之、公家以下同前、尙數多有之、次御臺へ參、同前、御酒各有之、次御さこ、小侍從殿へ御禮申之、次春日局へ各罷向、見參、酒及數盃、次近衞殿へ參、大閤御見參、御酒有之、次入江殿へ參、兩三人祗候之衆有之、御盃被下之、次寶鏡寺殿へ參、奉公衆十餘人、觀世大夫、同與左衞門祗候、音曲有之及大飲、及黃昏了、次予、一色式部少輔、祭主大副令同道總持寺殿へ參、音曲及大飲、次同三人令同道光照院殿へ參、石泉院、飯尾中務等祗候、及大飲、亥下刻歸宅了、○今夜御盃に內藏頭參云々、內藏九獻御樽一荷兩種進上了、當番代同內藏頭祗候了、○今朝御たのむ御太刀絲卷、予、葉室、內藏、薄四人分進之、禁裏、若宮御方御兩所へ進上、禁則御返有之、若宮御方御衰日云々、予、內藏頭伏見殿へ同進之、御返有之、雜掌大澤左衞門大夫也、○澤路筑後守より鈴、兩種等送之、○一竹四穴之圖口傳等、今日於武家授一色式部少輔了、

二日、戊申、天晴、天一天上今日迄、○伊曾與右衞門來、三好日向守書狀持來、一竹同一紙等祝着之由有之、○禁裏より召之間、長橋局迄參、御懺法講に御直衣可有御新調、樣體可注進之由有之、五辻、淸和院等酒有之、

三日、己酉、天晴、天一下艮、○讃岐守忠宗來、南都之伶人悉勅勘也、

御詫言之儀申入、可然之由令下向可申調、予涯分可馳走之由示了、○長橋局へ參、樂奉行四辻亞相、南都之伶人來月御懺法講に可參之由被申下云々、御勘氣之者不及其沙汰可被仰下之段、如何之由申入了、仍被召四辻令談合了、尤之由有之、書狀被取返了、○桔梗、仙翁花等若宮御方へ持參、御酒被下了、次御乳人局へ立寄了、○自久我爲使森刑部大輔來、極﨟竹公事代官之事被申子細有之、種々加問答了、

四日、庚戌、天晴、○高橋子兩人于今煩之由申來、調中散五服宛遣之、○廣橋亞相へ罷向、入道同被居了、雜談了、痢病小驗之由有之、

五日、辛亥、天晴、○長橋局へ罷向、　次大典侍殿御局へ罷向、前內府入道に、四條右衛門督兼任之事、今明日中に可被申沙汰之由申候了、明日可奏慶之由有之間如此、○四條相公被來、明日可拜賀之由有之、舞踏稽古了、勸一盞了、○伏見殿へ參、　次梶井殿毘沙門堂に渡御之由有之間參、　竹內殿、稱名院、四辻亞相、同相公羽林、候人衆大御酒有之、音曲了、

六日、壬子、辰刻小雨灑、自巳刻天晴、八專入、○內侍所へ罷向、一盞有之、　次前內府大典侍殿へ被呼之間罷向、　四條宰相中右衛門督兼任之事、勅許云々、一盞有之、次長橋、御乳人等へ立寄、次四條へ罷向、　於伏見殿右督勅許之由示之、梶井殿御酒被下了、○庭田へ罷向、今日息重通朝臣貫首之拜賀云々、　裝束之折重調之、沓、隨身之褐袴一具被借用之間遣之、晚頭可見舞之由被申、○當番之間晚頭參了、　入夜自庭田可來之由有之、則罷向、太刀絲卷、遣之、貫首拜賀也、　罷向人數中山亞相、廣橋亞相、予、亭主、藤宰相、衣文、四條金吾、　頭中將、五辻左佐、中山羽林、新藏人與治等也、雜煮、吸物、鯉、鴈等三獻如常、戌刻出門、　隨身二人、小雜色四本、如木一人、　布衣侍一人、白張仕丁一人、烏帽子着十餘人、雜々等也、舞踏殿上之儀如常、於御三間御對面、御盃頂戴也、次退出、更入北門若宮御方へ被參、御寢也、　次伏見殿へ被參、次歸宅、家之拜有之、○頭中將裝束以下僮僕等悉四條借

用、拜賀有之、人數同前、但廣橋歸宅、頭中將勞煩云云、內藏頭罷出、太刀金、禮申、二獻有之次自同亭出門、同前拜賀申、申次同、新藏人舞踏了、於議定所御對面、予申次沙汰了、次於男末天盃被頂戴了、予、源中納言等同賜之、次四條退出了、○今日當番勸一代四辻大納言、予、大藏卿等也、御酒被下了、○四條へ一荷兩種遣之、○薄知行青花公事役之事、下京中武家之雜色に今日申付觸了、代官北尾後室鈴一對送之云々、

七日、癸丑、天晴、○三條黃門へ罷向、予左手痛煩之間、可付之間押藥所望了、酒有之、雜談移刻了、次一條殿へ參、御寢云々、次五條、東坊城、堀川近江守等へ罷向、他行云々、○四條昨夜之禮に被來云々、○讚岐守忠宗來、明日早々南都へ下向云々、伶人事申含了、○澤路備前守暑氣之由申、香薷散所望之間一包遣之、

八日、甲寅、天晴、八專、○長橋局へ罷向、苦辛被所望之間一包遣之、次臺所へ罷向、滋野井に散藥所望、予右之人指脂◎指カ腫之間如此、○柳原、大澤出雲守等香薷散所望之間、一包宛遣之、○柳原へ罷向、北向、同左大辨之瘧病等尋之、北向小驗云々、一位見參、次廣橋內府入道尋之、見參、小驗云々、○梨門へ參暫御雜談申候了、伏見殿は仁和寺殿へ渡御云々、次大祥寺殿へ參、勸一、中山中將碁有之、滋野井細工、一盞了、暫見物了、

九日、乙卯、天晴、八專、天一東、

◎以下缺文

言繼卿記 廿五

永祿七年甲子

○正月小

一日、乙巳、小雨降、天一天上、正月中、自未刻晴、土公地中、○寅刻令行水參內侍所、倉部同道、於薄亭着衣冠、兩人十疋宛折紙先進之、看經以後盃酌有之、如例年、○今朝四方拜如例年、東庭御座以下如常、奉行職事頭辨頭中將經元朝臣、卯初刻出御、御簾經元朝臣、御劔重通朝臣、御草鞋晴豐、脂燭殿上人爲仲朝臣、雅敦、◎敦カ源典治等也、出納職定、重弘兩人、內豎國益等參懃之、御服御衣文藤宰相、御前裝束予奉仕之、階間計御格子揚之、天明之間、柱之不及掌燈也、內內祗候之公卿以下御後に各參了、次於男末各盃酌如例年、餅以下賜之、中山大納言、四辻大納言、予、源中納言、大藏卿、藤宰相、輔房朝臣、公遠朝臣、經元朝臣、重通朝臣、言經朝臣、爲仲朝臣、晴豐、雅敦、源興治等、也、次各退出了、○於愚亭四方拜看經等如例年、○愚亭雜煮花ひら飯等祝如例、○如例年靑侍共朝飡申付了、大澤左衛門大夫、重成、鈴一對進之、同右兵衛大夫、重延、澤路筑後守、重淸、鈴一杓、同備前守、重、扇、早瀨民部丞、鈴一、同又三郎、野洲五郎左衛門等禮に來、予、倉部兩人之盃令飮之、○越州朝倉一家云々、三段崎（さんだがさき）息相煩云々、舊冬富小路藥所望、予演說得驗氣云々、仍藥重て所望とて使上洛、鈴代十疋送之、祝着了、則相添大澤左衛門大夫、是齋に申遣了、○暮々御祝に參內、天酌に被參之輩勸修寺一位、中山大納言、四辻大納言、予、源中納言、大藏卿、輔房朝臣、公遠朝臣、松夜叉丸、經元朝臣、重通朝臣、言經朝臣、爲仲朝臣、晴豐、親綱、雅英等也、次予、內藏頭兩人、於御所口內藏九獻御祝如常、次宮御方へ各參、御酌に被參之輩同前、次若宮御方御盃頂戴、予、大藏頭、◎卿カ言經朝臣三人計也、御乳人御酌也、○禁裏臺所へ內藏九獻御樽一荷兩種鯛一折、混布、進之、如

例、〇今日禮者外記一﨟康雄來云々、〇今日當番勸修寺一位、予、大藏卿等也、

二日、丙午、天晴、天一天上、〇禁裏女中御嘉例之御祝大典侍殿、新内侍殿、有之、如例、予、大藏卿於男末如先々、一位者早出也、〇此方祝如例、〇靑侍共禮に來、予、倉部兩人之盃令飮之、大澤彥十郎、澤路隼人佑、鈴一對、同新四郎等也、次大澤左衞門大夫、澤路備前守等來、〇暮々御祝に參內、天酌に被參之輩勸修寺一位、中山大納言、四辻大納言、萬里小路大納言、予、源中納言、三條中納言、輔房朝臣、公遠朝臣、松夜叉丸、經元朝臣、重通朝臣、言經朝臣、爲仲朝臣、晴豐、親綱等也、次若宮御方御酌同前、次各退出了、予、倉部、薄等於長橋局一盞有之、〇烏丸番代に參、但宿に退出了、倉部廣橋大納言番代祗候也、〇今日之禮者藤宰相、奉公衆攝津掃部頭、高伊與守、大和宮內大輔、小笠原又六、武田宮內大輔、安威兵部少輔、奉行三上藤三郎、小林右衞門亮、萬阿み、壽阿、飯尾與三左衞門尉、奉公石谷孫九郎、二階堂右馬助、眞下九郎、柳原內眞繼兵庫助、同河內源五郎、廣橋內速水越中入道、同右近大夫、同左衞門大夫、高橋若狹守、立入與介、豐雅樂頭守秋、久河彌介、同仙千代、浮島次郎等也、〇倉部高辻へ讀書始に罷向、一荷兩種遣之云々、

三日、丁未、天晴、天一天上、〇午時武家へ參、倉部同道、但遲參之間、予父子、飛鳥井父子不及御對面、無念々々、次慶壽院殿へ參、御對面、御酒有之、武家女中三人、予、飛黃門、藤宰相、倉部、飛鳥少將、御供衆九人、中次以下數多被參了、次御臺へ參、各同道、同御酒有之如例、御さご、小侍從局へ、同禮申候了、予供大澤左衞門大夫、同右兵衞大夫、澤路筑後守、同備前守、早瀨又三郎、雜色彌二郎、又小者二人等也、次予父子、飛鳥父子、藤相公令同道、少々禮に罷向、彥部雅樂頭、武田宮內大輔、本滿寺、大和宮內大輔、總持寺殿、御酒音曲有之、次南御所、御見參、御酒、次寶鏡寺殿、御見參、御盃、次光照院殿、御見參、御盃、次入江殿、同上、次近衞殿、大閤御煩云々、殿下、御見參、御盃、次伊勢加賀守、三上藤三郎、松田丹後守、祥壽院、松田左

衞門大夫、同主計允、諏訪信乃守、飯尾與三左衞門尉、金藏坊、宮内卿局等へ罷向了、同冷泉へ罷向了、○自吉田神供一膳被送之云々、○自南都春日社御師積藏院中時堯方、卷數神供油物ほろみそ一袋送之、次三條、滋野井、五辻、水無瀨、富小路等へ同音信到來、○今日禮者大館十郎、同源五郎、同兵部少輔、伊勢七郎左衞門尉、三上式部丞(武田内)、本鄕與三郎、河端志(庭田内)、對馬守(舞人)久武、甲斐守久宗、清水式部丞、松田七郎、觀世與五郎等云々、○暮々御祝に參内、倉部令沈醉不參、天酌に被參之輩勸修寺一位、中山大納言、四辻大納言、萬里小路大納言、予、源中納言、大藏卿、輔房朝臣、公遠朝臣、松夜叉丸、經元朝臣、重通朝臣、爲仲朝臣、晴豐、親綱、季長等也、次若宮御酌、被參之輩同前、次各退出了、

四日、戊申、(陰、天一天上今日迄、土公酉方、)○自南都返事調進之、御初尾十疋進之、三條より十疋、五辻扇等到、則使下之、滋野井、富小路等重可返事云々、○庭田腰物昨日借用、今朝取に來之間返遣之、○讚岐守多忠宗、同將監忠雄、同忠季等禮に來、嘉例之扇(金銀、)一本持來、對面盃令飮之、大澤出雲守來、盃令飮之、○吉田へ昨日返事持遣之、油煙二挺遣之、○自駿州與三郎上洛、老母書狀持來了、○河原者岩禮に來、緒太、帶等持來了、○午下刻千秋萬歲に參内、被參之輩四辻大納言、予、源中納言、輔房朝臣、公遠朝臣、經元朝臣、重通朝臣、爲仲朝臣、晴豐、季長、雅英、源與治等也、於御湯殿上御盃如例年、新内侍殿御酌也、次於薄所吸物にて祝了、阿茶、御今等に油煙一丁宛遣之、長橋局之官女兩人に同一丁宛遣之、次内侍所才、あか、一釆女、同乳、女孺、あこゝ等に同一丁宛遣之了、○今日之禮者滋野井、勸修寺一位、柳原辨、祥壽院(大藏卿)、内膳民部少輔、粟津肥前守、彥部雅樂頭、同孫四郎、荒川治部少輔、同與三、進士美作守、土御門左京大夫、松田主計允、林出雲入道、出納大藏大輔等云々、

五日、己酉、(天晴、天一神下艮、)○大工源左衞門禮に來、酒令飮之、扇一本遣之、○午時參内、倉部同道、北畠之千秋萬歲五

人參、如昨日於議定所有之、先之於長橋局一盞有之、被參之輩中山大納言、予、輔房朝臣、松夜叉丸、經元朝臣、重通朝臣、言經朝臣、晴豐、雅英、源興治等也、○今日之禮者下津屋越前守、竹藤兵部少輔、生島越中盛嚴、田口伊賀守、出納右京進、廣澤將監等云々、薄始而來云々、十疋、德利等持來云々、○暮々外樣番日野權左少辨輝資代に自今日參、御銚子出了、内々に可候之由被仰候畢、番衆萬里小路大納言、持明院宰相兩人也、御寢之後、予、持明院兩人内侍所へ罷向暫雜談、一盞有之、

六日、庚戌、天晴、時々雪散、○薄朝飡に呼了、○今日禮者下津屋孫三郎、山下孫三郎、中澤備前守、布施彌太郎、正親町三條等云々、磯三河守同來云々、○暮々當番に參、相番勸修寺一位、予、大藏卿等也、番衆所へ御銚子被出之、次臺所へ一位德利被持之、番衆薄等也、

七日、辛亥、天晴、○今日之祝如例年、○聖降日之間、鎭宅靈符如例五座行之、去年十二月廿七日之未進分又五座行之、次岡殿へ參、同一座、去年十一月七日、十二月廿七日之未進分、以上三座行之、次入麵にて御盃賜之、○此邊少々禮に罷向、次第不同、覺勝院、長國寺、高辻、賀二位、飯尾加賀守、一色市正、梶井殿之廳按察、橋本與五郎、正親町、竹内殿御盃賜之、飛鳥井黃門、五辻、中山、大祥寺殿、御盃賜之、勸修寺、庭田、菊亭、四條、伏見殿、御盃賜之、内山之上乘院、萬里小路、四辻、久我、高倉、白川、攝取院、甘露寺、三淵伊賀入道、山名與五郎、龍善院、石谷兵部少輔、中澤備前守、富小路入道、柳原等也、○暮々御祝に參內、倉部同參、御强供御參、天酌御小盃有之、被參之輩勸修寺一位、中山大納言、四辻大納言、萬里小路大納言、予、勸修寺中納言、源中納言、大藏卿、三條中納言、輔房朝臣、公遠朝臣、松夜叉丸、經元朝臣、重通朝臣、言經朝臣、爲仲朝臣、晴豐、親綱、雅英等也、次若宮御方御酌、被參之輩同前也、御小盃有之、御方御所に有之事不見及、御兩代無之、各無案內之故也、不審也、○飛鳥井中納言、同少將雅敦於議

定所御禮被申了、申次倉部、於男末乍兩人天盃被頂戴之、倉部今夜廣橋番代に參了、〇今日禮者松田左衞門大夫、粟津肥前守、淵田和泉入道、飛鳥井黃門、同少將、松田丹後守、三淵伊賀入道、萬里小路辨、中興加賀入道、北小路大膳大夫、甘露寺等云々、〇女官梅(滋野井妻、)咳氣聲不出也、藥之事被申、熱氣少痰等也、參蘇飲五包遣之、

八日、(壬子、天晴、八專入、)〇參蘇飲調合了、〇臺所へ立寄、次内侍所へ罷向、予、持明院等雙六打了、餅にて一盞有之、次長橋局へ立寄了、〇自長橋局佳例之柳一荷兩種(赤貝、串柹、)等被送之、祝著了、〇今日之禮者内山上乘院、狩野孫二郎、飯尾右馬助、二階堂山城守、庭田、建仁寺之一華院、同大龍之岡首座、(三井寺之)金藏坊、外記盛厚等云々、

九日、(癸丑、寅刻雨降、嵐吹、晴、)〇若宮御方へ參、次大典侍殿御局へ立寄、酒賜之、次長橋へ立寄了、次岡殿へ參雙六打了、〇今日之禮者長國寺、安主太郎等云々、〇自甘露寺番被相轉之間暮々參、予、重通朝臣兩人也、藤宰相外樣に參、内々に祗候也、於長橋局予、水無瀨宰相、藤宰相等一盞有之、次番衆所へ御銚子出了、伊與殿御酌也、

十日、(甲寅、天晴、八專、土公地中、)〇長橋局へ罷向、頭中將重通朝臣兩人一盞有之、次内侍所へ罷向、雙六有之、暫雜談了、〇今日之禮者四辻亞相、同新相公、白川拾遺、大外記師廉朝臣、官務朝芳、半井宮内大輔明貞、同驢庵、土佐刑部大輔光茂等云々、

十一日、(乙卯、天晴、八專、天一東、)〇上御靈社へ參、倉部同道、供大澤左衞門大夫、同右兵衞大夫、宮松、彌二郎、小者兩人等也、於御靈三條黃門參會、令同道北野社へ參詣了、次大館源五郎、狩野左京亮、同孫二郎等へ禮に罷了、〇三條黃門來臨、一盞勸了、名字切七八被申之間勘遣之、諸大夫兩人云々、〇陰陽頭有脩朝臣今日參內、長橋局へ罷向之間、同參取合賴入之由申候間罷向、先若宮御方へ御禮申、御身固申候了、予申次了、次於長橋局吸物にて盃二出了、長橋局、御新參、予、寮頭相伴了、〇伏見殿佳例之申沙汰云々、柳一荷兩種(海老、栗一折、)進

之、○勸修寺一位女中自昨日腹痛云々、脈之事被申候間罷向、一盞有之、藥之事被申、下冷蟲に引風候間、香蘇散に加白朮、芍藥、干姜、三包遣之、○暮々伏見殿へ參、秉燭之後御出座、被參之御人數伏見殿、中山大納言、予、飛鳥井中納言、源中納言、大藏卿、藤宰相、右衞門督、新宰相中將等相伴、岡殿、總持寺殿、大藏卿等、三獻より御出座、殿上人頭中將、內藏頭、左衞門佐、飛鳥井少將、中山少將等也、音曲有之、及大飲、五獻之御伏酌之以後予退出了、○當番之間戌下刻參、勸修寺一位、予兩人也、○長橋局へ嘉例之一荷兩種（小鯛一折、壷一盆、）遣之、

十二日、（丙辰、晴陰、時々小雨、申下刻雷電急雨、）○春日社々家中東時宣朝臣卷數神供油物雜紙一帖送之、次大炊御門、滋野井兩所へ、卷數神供等自此方可傳達之由申之、○自陰陽頭度度使有之、今晚明朝之間飡可用意之間、可來之由申之、今日精進、明朝薄へ罷向之間無念之由申之、○亡父卿瀧雲院忌日之間、淨花院之內松林院乘誓西堂齋に來、茶一器持來、相伴了、○自勸修寺女中煩驗之由使有之、藥筥被返之、○倉部廣橋亞相番代に參云々、外樣番烏丸代に甘露寺經元朝臣被參、○正名與五郎禮に被來云々、

十三日、（丁巳、天晴、八專、）○薄所へ朝飡に罷向、長橋局、予、倉部、亭主、阿茶（マヽ）等へ相伴了、故伯卿女松御料人中酒之時分被出了、次內侍所へ立寄、持明院被來、雙六有之、餅にて一盞有之、○南都中東方へ返事、御最花十疋遣之、○吉田右兵衞督兼右卿に予藥又所望、藿香湯七包到、舊冬十二月十一日以來九十八包所望了、○自安禪寺殿桂侍者初而來、樽一土器物二（薯蕷、白てん、）持來、○滋野井及黃昏被來、一盞勸之、暫雜談了、

十四日、（戊午、天晴、）○桂侍者歸寺、一荷兩種（串柿、壷一盆、）送之、○自山科鄉之三毬打竹、（二百八十本、）武家より勸修寺へ被付之、彥部雅樂頭書狀如此、

例年之爆竹々御進上候、可然之樣可有御奏達之由、可申入旨被仰出候、可得御意候、恐惶謹言、

正月十四日　晴直判　彦部雅樂頭

勸修寺殿　參人々御中

大澤左衞門大夫、同右兵衞大夫、早瀨又三郎、彌三郎、與二郎、小者兩人等來、三毬打用意、禁裏十本、此方へ三本沙汰之、文如此、

かしこまりて申入候、かれゐの三きつちやうしん上いたし候、いくとせまてもあいかはらすしん上いたし候へきよし、御心え候て御ひろうにあつかり候へく候、かしく、

とき繼

勾當内侍との丶御局へ

勸修寺へ竹請取之由、折紙如此、

從山科鄕之三毬打竹參候、珍重存候、慥請取申候、被得其意可被申入候、旁得◎期カ拜顏之時存候也、

十四日　言繼

勸修寺殿

長橋局へ立寄、一盞有之、次内侍所へ罷向、持明院、薄等雙六有之、○今日之禮者五辻、吉田右兵衞督、覺勝院、堀川判官、

十五日、己未、晴、自申刻時々小雨、八專、○此方粥之祝如例年、三毬打三本はこらかし了、○武家に參賀、御對面、近日被急之間辰下刻參、遲之間先慶壽院殿、御臺等へ、勸一、予、倉部、冷泉等參申置了、未下刻御對面有之、申次一色式部少輔也、公家勸修寺一位、廣橋大納言、予、冷丶、民部卿、飛鳥井中納言、藤宰相、内藏頭、飛鳥井少將、日野權辨、竹内左兵衞佐等也、御供衆大館陸奧守、同十郎、細川中務大輔、上野民部少輔、同兵部少輔、畠山次郎、伊勢因幡入道、一色式部少輔、御部屋衆三淵伊賀入道、一色治部少輔、御取次荒川治部少輔、彦部雅樂頭、安東藏人、進士美作守、御走衆進士源十郎等也、御供衆計御小盃有之、次予、倉部通玄寺殿へ參、御見參、御盃被下之及數盃、次二條殿へ參、御見參、御盃被下之、次高伊與守、大館陸奧守、同十郎、同兵部少輔、細川兵部大輔、本鄕與三郎、進士美作守、同源十郎、攝津掃部

頭、陰陽頭等へ罷了、○今日禮者冷泉、中山、竹內左兵衛佐、壽命院等云々、○暮々御祝に參內、天酌に被參之輩勸修寺一位、中山大納言、四辻大納言、萬里小路大納言、廣橋大丶丶、予、源大納言、大藏卿、持明院宰相、輔房朝臣、公遠朝臣、松夜叉丸、經元朝臣、重通朝臣、爲仲朝臣、晴豐、親綱、雅英等也、次於東庭御三毬打有之、勸修寺三本、予十本進上之、粟津式部丞、加田新左衛門尉參、御吉書共入之、源與治申沙汰之、以繼不參故也、作法如例年、次若宮御方御祝、御酌に被參之輩同前、次各退出了、○外樣番日野權辨輝資代に參、內々に祗候了、內々番衆萬里小路大丶丶、持明院宰相兩人也、

十六日、庚申、自寅刻雨降、午未刻晴、八專、天一巽、二月節、○如例年祈禱之百萬返念佛、家中衆申之、其外心經百卷、內藏頭、壽命經十卷、消除疫病經廿卷、光明眞言、慈救咒、地藏小咒等千反宛、予讀誦之、春日社へ祈念了、○當番之間暮々參、相番勸修寺一位、予、大藏卿等也、御庚申有之、於御三間御貝覆二番有之、御八數御、若宮御方、岡殿、大典侍殿、め丶、典侍殿、長橋、御伊茶、伊與殿、一位、四辻大納言、予、大藏卿、輔房朝臣、公遠朝臣、經元朝臣、爲仲朝臣等、也、於男末入麵有之、於御三間御酒音曲有之、至丑刻了、

十七日、辛酉、天晴、八專、○明日之御三毬打、於禁中申付調之、於內侍所中山亞相、予、持明院、薄等餠にて酒有之、於禁中相調之衆六七本有之、賀茂九本迄廿一本有之、此方之三毬打大さ◎缺文、○葉室初而出京、禁裏へ御禮被申、倉部廣橋亞相亞相◎二字衍カ代に參、則申付仕云々、○廣橋亞相禮に被來云々、○昨日公宴御會始廻文有之、

鶯有慶音
刻限可爲午一點之由、其沙汰候也、

右來十九日御會始御題、可令豫參給之由被仰下候也、

正月十一日　孝親

日野一位殿、勸修寺一位殿、四辻大納言殿、萬里小

路大納言殿、飛鳥井中納言殿、勸修寺中納言殿、源中納言殿、大藏卿殿、三條中納言殿、持明院宰相殿、藤宰相殿、左大辨宰相殿、右大辨宰相殿、新宰相中將殿、頭辨殿、內藏頭殿、左衞門佐殿、飛鳥井少將殿、

十八日、壬戌、天晴、○早旦參內、御三毬打有之、聲聞師囃之、如例年、次於男末盃酌有之如例、勸修寺一位、中山大納言、四辻大納言、予、源中納言、三條中納言、藤宰相、輔房朝臣、公遠朝臣、松夜叉丸、經元朝臣、重通朝臣、爲仲朝臣、晴豐、雅敦、親綱、雅英、源與治等也、○明日御會始之和歌、柳原へ罷向令談合、鈴一對遣之、同倉部罷向、吸物にて一盞有之、○薬室被歸在所了、○內侍所へ罷向暫雜談了、次長橋局へ立寄了、

十九日、癸亥、陰、八專終、○鞍馬寺之戒光坊來、對面盃令飲之、卷數牛玉札炭一俵持來、御最花少遣之云々、○二尊院參內、申次之事倉部に被仰、予參之處、白川侍從被參之間不參、於長橋局中山亞相、廣橋亞相、予等一盞有之、次內侍所へ立寄了、○未刻參內、倉部同道、今日如例年御會始有之、未下刻參集、於御三間如例年有之、出御、御引直衣、下讀師飛鳥井中納言、予、雅敦兩人合力令次第、御製、曼殊院宮、御不參日野一位、勸修寺一位、不參飛一位入道、高雅、奉行中山大納言、四辻大納言、不參廣橋大納言、予、飛鳥井中納言、源中納言、三條中納言、持明院宰相、初參藤宰相、輔房朝臣、公遠朝臣、初參經元朝臣、重通朝臣、言經朝臣、爲仲朝臣、晴豐、雅敦、親綱等也、次講頌有之、讀師日野一位、講師頭辨經元朝臣、發聲飛鳥井中納言、飛中之和歌四辻大ヽヽ發聲迄、講頌之衆十一人、大中納言悉、持明院ヽヽ、公遠ヽヽ、爲仲ヽヽ、雅敦等也、御製七反、曼殊ヽヽ御歌三反等也、曼宮、一位入道二枚別に被重之、講頌自此中有之如例、次入御、次於御三間盃酌有之、折二合饅頭、こあい五さし、卜、如例二獻有之、各及數盃、微音小歌等有之、次各退出了、珍重ヽヽ、曼宮、一位入道、三條中ヽヽ、懷紙計被遣之、其外不參之人數萬里小路大納言、民部卿、勸修寺

中納言、大藏卿、□、丶、等也、在國之衆者不及是非、所役之殿上人季長、雅英等也、○今日會紙如此、

春日同詠鶯有慶音和歌

太宰權帥藤原言繼

うれしさは我はかりかは君か代にあへるを春のうくひすのこゑ

廿日、甲子、自子刻雨降、八龍日、土公子方、○晩景御用之事有之可參之由被仰下之間、晩㴱以後參內、先日之御貝覆之御振舞御酒於御三間有之、若宮御方、岡殿、女中衆御出座、勸修寺一位、四辻大納言、予、大藏卿、輔房朝臣、公遠朝臣、經元朝臣、爲仲朝臣等也、及數盃音曲順々舞有之、及寅刻、○今日當番衆持明院代經元朝臣一人也、予深泥之間御添番に祗候了、○今日近衛殿御會始、懷紙計父子可進之由有之、晩頭持進了、

春月同詠椿葉契久和歌

太宰權帥言繼

移し植しみきりの椿つら〳〵におもへは久し八千させの春

廿一日、乙丑、晴、○南都春日社之西刑部大輔師清油煙一挺送之、息師孝刑部少輔之儀申沙汰賴之由申之、同葉室へ卷數神供油物油煙等送之、○長橋局へ參、師孝刑部少輔之事令披露、則勅許也、庭田へ罷向、口宣案令所望、則被送之、次大祥寺殿寶德庵へ罷向、次內侍所へ罷向暫雜談了、○飛鳥井黃門へ罷向、一盞有之、次鞠有之間加人數了、人數予、滋野井、藤宰相、內藏頭、五辻、飛少將、靑侍速水兵部丞、安田彌七、淸水與介等也、○當番之間晩頭參內、予、大藏卿兩人也、○自萬里小路使有之、明日故前內府能證院百ヶ日之間、燒香に可來之由有之、

廿二日、丙寅、天晴、天一南、○早々萬里小路へ罷向、廿五三昧有之、淨花院之僧衆長老西堵以下、以上七人也、其外勸修寺一位、亭主、予、飛鳥井黃門、右大辨宰相、甘露寺相伴也、次長橋局、內侍所等へ立寄了、○此邊に（カ）（◎衍）少少禮に罷向、安禪寺（山）殿酒有之、次西方寺見參、次一條殿御盃賜之、坊城、櫻本坊等被參、及數盃了、次安威兵部少輔、驢庵、廣橋父子等へ罷了、○倉部竹內殿に和漢有之參云々、次直に廣橋番代に參云々、

廿三日、丁卯、天晴、○廣橋亞相爲誘引、相國寺勝定院之內不

孤にて、廣橋内藤本越後入道朝飡振舞、亞相、予、是齋、晴雲、久河彌介父子以下靑侍廿人計、〆相伴八人也、晝うとん吸物、晩頭白粥吸物等濟々振舞及黄昏、及數盃音曲等有之、

廿四日、戊辰、天晴、五墓日、○梶井殿昨朝御下山之由有之間參、四條亭に御座也、御盃被下之、勸修寺中納言、定法寺等同被參了、次長橋局へ立寄了、次内侍所へ罷向、中山亞相、持明院等一盞有之、雙六有之、次臺所へ立寄、又一盞有之、滋野井、持明院等也、

廿五日、己巳、天晴、○自殿下昨日御使有之云々、今朝又御使被下之、明後日廿七日、西國島津薩摩守參御會有之間、可參之由有之、別殿行幸之間不可參之由申入了、○外樣番日野權辨輝資代に參、但内々に祇候、番衆萬里小路大納言、持明院宰相兩人也、但萬大重服之間黑戸に祇候也、

廿六日、庚午、天晴、土公地中、（至丁丑）○早旦梶井殿毘沙門堂へ渡御、參之處、餅吸物等にて御酒有之、預之僧孝順振舞也、○自近衛殿御使進藤左衛門大夫長治來、如何樣にも明日可參之由有之、別殿行幸之間不可參之由猶申入了、重又明後日へ可有御延引之間、乍父子可祇候之由有之間、御請申候了、○甘露寺頭辨夢想北野社法樂一續興行之間、朝飡以後則罷向、人數曼殊院宮、四辻亞相、予、三條黄門、萬里小路右大丞、四辻新相公羽林、中院松夜乂、亭主、五辻左金吾、東坊城大内記季長等也、先一盞有之、次當座淸書以後、はう飯有之、次講頌有之、讀師予、講師大内記、發聲四辻亞相等也、次吸物にて酒有之、及數盃音曲有之、予題、山殘雪、俄逢戀、窻竹、各三首宛也、

へたてこし春さもいはし消やらぬ山路は雪のふるさしの空
呂の聲に心もこゝにひかれきてたのめぬ人をあひ見つる哉
道すくに思ふ心の窻ならはなをうへそへよ千尋あるかけ

當番之間戌刻參、中山大納言、勸一代、予、大藏卿等也、

廿七日、辛未、晴、風吹、時々雪飛、天一坤、○長橋局へ兩種栗壹、こさ土器物、一荷送之、同見舞に罷向了、○暮々參内、倉部同道、長橋局へ別殿行幸有之、女中各御供也、若宮御方御咳氣云々、

祇候之衆中山大納言、四辻大納言、予、源中納言、大藏卿、三條中納言、藤宰相、輔房朝臣、公遠朝臣、經元朝臣、重通朝臣、言經朝臣、爲仲朝臣、晴豐、親綱、雅英等也、初獻雜煮、二獻入麵、各御相伴女中衆公卿等也、三獻天酌、四獻新宰相中將酌、五獻三條中納言、六獻親綱、七獻長橋局等也、三ゝ(マヽ)より音曲有之、次御鳥申以後還御了、次女中、男衆大概又御酒音曲有之、次各退出了、倉部廣橋大納言番代に祇候了、○大祥寺殿上蔔喝食周賢咳氣云々、脈之事被申之間參、同藥之事被申、仲和散に加前胡川芎白芷草菓等了、熱氣頭痛吐逆等也、

廿八日、壬申、天晴、○柳原へ罷向、今日近衞殿御會和歌談合了、○未下刻各令同道近衞殿へ參、高入、四大、廣大、予、冷、飛中、倉部、飛少等也、御人數大閤、殿下、大覺寺殿、高倉入道、四辻大納言、廣橋大納言、予、(冷)民部卿、飛鳥井中納言、左兵衞督、淳光朝臣、言經朝臣、雅敦、千代松丸、大膳大夫俊直卿、近藤左衞門大夫、齋藤太郎左衞門、進藤左馬允、祥壽院、守秋朝臣、不斷光院淸譽西堂、薩州之僧興首座、島津薩摩守義俊等也、島津申沙汰云々、兼日懷紙持參、先御當座有之、出題民部卿、則御硯蓋盛之、卅首也、淸書之後秉燭、講頌有之、先之懷紙自下蔔置之、讀師民部卿、講師言經朝臣、發聲飛鳥井中納言、付物有之、笙守秋朝臣、笛予、箏四辻大納言等也、次五獻有之、音曲及大飲、五獻之時大閤御酌、御盃御太刀島津に被下之、則御馬御太刀にて御禮申候了、次各退出丑刻、予兼日懷紙、

春日同詠松色春久倭歌

太宰權帥言繼

蘚のむすいはほいはれに春を經て千世に八千代の松のこたかゝさ

同御當座、浦邊雪、

袖さむくまの丶浦かせ吹からに尾花むらくなひくしら雪

長橋局へ參、御笛郭公申出了、○松尾神主三位當年之禮に來、扇一本送之、同子兩人宮內大輔、藏人等同道、次松室左衞門佐來云々、荒卷鯯のすし、送之云々、

廿九日、癸酉、天晴、○大澤左衞門大夫南都へ下向、廣橋亞相

同道、舊冬公事之儀に禮云々、○梶井殿へ參、伏見へ御下向云々、次大祥寺殿へ參、御喝食本服也、先刻禮文有之、次長橋局へ笛持參返上了、次薄へ立寄、次內侍所へ罷向、持明院と雙六打之、餅にて茶飲了、

○二月小

一日、甲戌、自丑刻雨降、○令行水吹神樂、縿唯識論看經了、○野洲五郎左衛門尉禮に來云々、○岡殿へ御禮に參、頭中將同被參、雙六有之、次正親町へ罷向、一盞有之、次大祥寺殿へ參、御盃賜之、滋野井、持明院同被參、次伏見殿へ參、同梨門へ御禮申候了、○暮々參內、伏見殿當年始御參內、三獻參云々、次於若宮御方二獻參、少々御通に被參、二獻伏見殿御酌也、次退出了、今夜例之御祝、天酌に被參之輩勸修寺一位、中山大納言、萬里小路大納言、予、源中納言、大藏卿、輔房朝臣、公遠朝臣、經元朝臣、重通朝臣、爲仲朝臣、親綱、雅英等也、○今夜當番也、相番勸ヽヽ一位、予、大藏卿等也、御寢之後、於內侍所一盞有之、

二日、乙亥、晴、晩頭小雨、八龍日、二月中、○自一條殿可參之由有之間巳刻參、雙紙一冊拾遺注、閉之、次日向國伊東入道所へ被成御書、彼一冊被遣之、文章書事等予調之、東坊城盛長、同被參、先一盞有之、次小漬被下之、御相伴也、予、盛長等也、○梶井殿へ參、四條所に御座也、栗一笥五十數、持參了、革之代二十疋、進之、三條黃門、柳原右◎左カ大辨宰相、雲松軒等祗候、一盞有之、

三日、丙子、天晴、○甘露寺へ罷向、先日之當座之和歌少直之了、○梶井殿へ參、大原之金藏坊祗候、御酒被下了、仁王講之儀被仰付之、○三條黃門來儀、後苑之桃木一本令繼之、次長橋局へ同道、庭前之桃二枝令繼、唐碧桃、薄色等也、次四辻亞相、予兩人餅にて一盞有之、次內侍所へ罷向、雙六有之、

四日、丁丑、天晴、時正入、天一酉、○梶井殿へ參、革之代被返下之、雙六有之、次長橋局へ參、御笙火桶申出了、明後日御樂始爲稽古也、次內侍所へ立寄、持明院相公此方へ同道、令同樂了、勸一盞了、○及黃昏自高辻廣韻被借之、上

下兩冊遣之、
五日、戊寅、天晴、時正、土公卯方、(至癸未)○藥種共召寄、予養生藥調合之用也、薄召寄、少々調之、○外樣番日野權辨代に參、內內に祗候了、內々番衆萬里小路大〻、持明院宰相等也、○自飛鳥井黃門使者有之云々、明後日七日、破子之鞠有之、可罷出之由了、
六日、己卯、天晴、時正、○宮內卿枝賢朝臣所へ書狀、扇一本金銀、遣之、土屋與三今日南都へ下向之間、大澤左衞門大夫方へ言傳了、春日祭、松永霜臺申沙汰之事申遣之、○梶井殿へ參、御茶被下之、○自飛鳥井明日必可來之由又使有之、則罷向令談合、不具之間未定也、○今日御樂始、未刻參內、未下刻參集、於議定所有之、先奉行四辻大納言自切御簾伺御氣色、四辻大納言、右大將、予、三條中納言、持明院宰相、新宰相中將、地下守秋朝臣、景長等參着座、次奉行被下目六、廻覽畢、目六音頭景長前に留む、次予音頭吹出、以下如常、朗詠嘉辰令月也、御樂畢、於鬼間折二合盃二及數盃、如例年、盃居三方如常、次各退出了、今日之御目錄、平調萬歲樂、殘樂笙持明院宰相、笙景長、只拍子、三臺急、殘樂笙予、笛景長、五常樂急、太平樂急、老君子、殘樂笙予、笛景長、小娘子、慶德等也、散狀御樂始、笙師而箏中納言、持明院宰相、笛景長、箏御所作、若宮御方、四辻大納言、右大將、公遠朝臣、大鼓守秋朝臣、所役殿上人爲仲朝臣、雅英等也、○當番之間其間々祗候、予、大藏卿兩人也、勸一不參、臺所あか〻局にて一盞有之、
七日、庚辰、曉天薄雪、天晴、時正中日、○飛鳥井へ罷向、黃門上へ被行云云、少將見參、次梶井殿見舞、次長橋へ立寄、○未刻高倉相公令同道、飛鳥井へ罷向用意、慶壽院殿以下武家女中衆各御見物、慶壽院殿へ御禮申候了、武田陸奥守入道、大館陸奧守、同伊與守、細川中務大輔、上野兵部少輔以下奉公衆數多見物群集、所無之、殿下於彼亭御用意、日向國島津薩摩守義俊興行云々、兼て人數二八に被分之、中刻人數集、殿下、一位入道、右大將等疊二帖用意、以下各圓座也、一位、大將兩人帖不謂儀也、先着座關白、前久公、香之上錦革、葛袴繪有之、柳に鷄有之、一一位入道、高雅、黑紋紗道服、紫革、二久我右大

將、通興卿、紫之上、葛袴、紫濯濃、二予、玉蟲之上錦革、扇各不被指之、一飛鳥井中納言、雅教卿、紫之上錦
革、一庭田源中納言、重保卿、萌黄文紗之上錦革、二三條中納言、實福卿、萌黄文紗之上錦革、一高倉藤宰
相、永相卿、紫之上錦革、二飛鳥井少將、雅敦、香之上錦革、各東方也、北上西面次西之方北上東面
二に細川宮內少輔、隆是、二一色淡路守、輝喜、二治部三郞左衞奉行
門尉、藤通、歲阿彌御同朋、等也、一次南方に島津薩摩守、義俊、錦革、東上北面
二下間上野内若林◎鈌字等也、次一色式部少輔、藤長、枝之鞠持て
出、東方臺之上に置之、宮內少輔上に着座也、次少將
進枝之鞠取之、自南方出巳方之木之本、枝を打返解之
紙捻懷中、枝を木に寄懸、次取鞠中央に置之、次關白、
巳方軒、一位入道、未方、飛鳥井中納言、巳方、源中納言、戌方、
藤宰相、申方、一色式部少輔、寅方、島津薩摩守、戌方、歲
阿彌辰方、等也、次一位入道上鞠作法反閉有之、次之上
鞠薩摩守以下十度計にて各復座、一位入道一二足に
て復座、替に少將被立了、次之衆先細川宮內少輔進、
枝之鞠置西方之臺之上復座、次薩摩守枝之鞠解之、未
方、作法如前、次に松之枝渡役者同前、次右大將、亥方、

予、未方、三條中納言、寅方、少將、丑方、細川宮內少輔、戌
方、一色淡路守、辰方、治部三郞左衞門尉、申方、若林、、
、巳方、等也、上鞠十度計にて歸座、次關白、一位入道
等被入內、次盃出、左右、次破子居三方、右大將以下に居
之、一色式部少輔以下足付に居之、次銚子提持て出、
次取箸食如常、次右大將以下酒飮之、東西別々也、折
二合被出之、盃今一獻可有之事也、薄暮之間略之、次
各打合て鞠有之、及黃昏、次殿下以下改衣裳、肩衣袴、
湯漬有之、若林不相伴、人數之外左兵衞督、時當卿、西洞院、大膳
大夫俊直卿、大館陸奥守晴光朝臣、等相伴也、中酒以後予所
勞氣之間歸宅了、其後三獻及大飮、音曲者共來亂舞、及
丑刻云々、今日扇可指之處、殿下不被持之間各略之、
○若宮御方御乳人串柹一束被送之、祝着賞翫了、
八日、辛巳、天晴、自亥刻雨降、時正、○飛鳥井黃門へ罷向禮申候了、次
五辻へ立寄、中山亞相、素賢等酒有之、次梨門梶井殿へ參、次
長橋殿へ立寄、次內侍所へ罷向、持明院、薄等雙六打
之、一盞有之、○鞠之上葛袴飛鳥井黃門へ返之、同竹

門へ葛袴返上申候了、○葉室出京、佛詣云々、此方に逗留、

九日、壬午、雨降、自巳刻晴、時正、天一乾、○愚亭和歌會始有之、頭役高倉入道、短冊廿首、一昨日至、一袋十疋等被送之、午時來集人數高倉入道、久我右幕下、予、飛鳥井黃門、三條黃門、高倉相公、內藏頭、飛鳥井少將、薄等也、出題飛黃門、當座題取之、次懷紙置之、次一盞、次取重、講頌有之、先懷紙、次當座如常、讀師予、講師內藏頭、發聲飛鳥黃門等也、次吸物餅入整立、酒有之、暫音曲有之、次各被歸了、○自今夕禁中於小御所百座之仁王講有之、梶井宮被行之、聽聞に可參之由勸修寺一位使有之、則晚頭參內、御聽聞に行幸有之、座主宮、梶井宮應胤親王、大僧正忠順、石泉院、法印實源、定法寺、宏淵法印、大原勝林院之普賢院、唄師承淵法印、大原南坊來迎院、承佑僧都、大原來迎院之金藏坊、永憲大法師十六才、大納言、勸修寺一位弟也、等也、先座主宮登高座、次唄、次散華、次法息表白、次仁王經讀誦、微音、畢各歸座了、御承師高穎法橋、金善法師兩人也、各聽聞之衆、於番衆所土器物にて一盞有之、勸修寺一位、中山大納言、四辻大納言、予、源中納言、大藏卿、三條中納言、藤宰相、公遠朝臣、經元朝臣、爲仲朝臣等也、次小御所座主宮へ各可參之由有之、食籠にて御酒被下之、參之輩同前也、次各退出及亥刻了、○今日兼日題松千春友、當座題湖上霞、名所鶴、

千とせとも春はかきらしわか君の友とみきりの松の木たかさ

消殘る雪もさやかにひらの根の霞ふきとくしかのうらかせ

霜さむき夜半もふけゐのうらかせに所さためぬひな鶴のこゑ

十日、癸未、天晴、時正終、○午時小御所へ參、仁王講聽聞申候了、次予、大藏卿、三條中納言、輔房朝臣等御酒被下之、石泉院、定法寺等同祗候也、次座主宮御所へ御參也、於御三間御酒有之、御、若宮御方、岡殿、女中衆、予以下四人等御酒及數盃、音曲巡舞等有之、次御懸梅之近所にて御酒了、次初夜之仁王講聽聞申候了、次又於小御所御酒有之、亥刻退出了、

十一日、甲申、天晴、自今日十方暮、土公地中、(至癸巳)○午時小御所へ參仁王講聽聞了、勸修寺一位、中山大納言、予、大藏卿、石泉院以下大原衆迄御酒有之、申刻退出了、○當番之間暮々

參內、勸修寺一位、予、大藏卿三人也、初夜聽聞了、次岡殿、大典侍殿小御所へ御出、予、大藏卿等大御酒有之、○西三條へ一荷兩種（串柿、豆腐一折、）送之、明後日稱名院仍覺之百ヶ日也、

十二日、（乙酉、天晴、十方暮、自亥時雨降、）○早旦小御所梨門へ、鈴一對、槿花一折、肴小盆に三種、茶一器、進之、朝座之後、予、大藏卿、石泉院以下僧衆不殘、上乘院等御酒有之、次退出了、○自西三條使有之、明日百ヶ日之間燒香に可來之由有之、同心了、○亡父卿瀧雲院忌日之間、松林院乘誓西堂齋被來、倉部相伴了、○午時、自座主宮可參之由御使有之間則參小御所、從禁裏五荷五合被進之間各被下之、勸修寺一位、中山大納言、萬里小路大納言、予、大藏卿、其外石泉院以下至大原衆各祇候、御酒及數盃了、次御非時參、予、上乘院等に被出之、及黃昏歸宅了、○倉部廣橋番代に參云々、

十三日、（丙戌、雨降、十方暮、五墓日、）○早旦西三條へ罷向、稱名院百ヶ日法事有之、僧衆長老以下三人、廬山寺竹中西堂、秀（二尊院）智、照傳等以上六人、法華一部讀誦也、先二卷讀之、粥有之、次六卷讀誦了、齋有之、相伴衆勸修寺一品、中山亞相、萬里小路亞相、予、三條黃門、水無瀨相公、萬里小路相公、右大辨、富小路是齋、報恩寺之宗禪、紹巴、（連歌師）玄哉（同辻）等也、○參小御所、梨門へ四辻亞相御樽持參、次妙觀院、同兒參、勸修寺、大藏卿、石泉院以下及大飲、微音々曲有之、兒舞了、及黃昏歸宅了、

十四日、（丁亥、陰、十方暮、亥刻小雨、）○倉部、竹內殿和漢に參云々、○岡殿へ參雙六打了、七、、次內侍所へ罷向餠にて一盞有之、持明院と雙六打了、五、、薄來了、次自座主宮召之間、著衣冠參小御所、石泉院、定法寺以下御酒有之、爲仲朝臣祇候也、其外數多參御酒共也、次予、五辻（爲仲朝臣、）碁打之、三番、勝負付之時梨門懸物に杉原一帖被出之、予勝賜之、祝着了、次橫川衆四人御樽持參、源中納言、白川侍從、（雅英、）上乘院等參、御酒有之、及黃昏、次初夜始、主上御聽聞、驄還御、下卷之內に予退出了、○自吉田昨日申反古百枚持遣之、舊冬八百枚、以上九百枚遣之、

十五日、戊子、天晴、十方暮、　○今朝早々仁王講百座御結願云々、無事珍重之由參小御所申入了、毘沙門堂へ還御、供奉申候了、次飛鳥井へ罷向、少將に明後日之會兼日之題申之、少々觸之、○長橋局、內侍所等見舞了、○近衞殿へ先日之御當座之短册令清書持參、大閤常御所へ參、御中風于今不平之由被仰、御酒賜之、西洞院、大膳大夫、不斷光院、紹巴等祗候也、去月廿八日之御懷紙閉事被仰之間調之、次德大寺へ罷向、一盞有之、森周防久我諸大夫守、外記一﨟康雄等中將棊有之、

十六日、己丑、天晴、十方暮、　○座主宮へ參、伏見殿、中山、滋野井、四條、頭中將、定法寺等野遊に御出云々、仍梨門御酒迎有之、門跡、妙門御兒、雲松軒、候人衆等也、於河崎之河原御酒有之、○江村七郎次郎廣次、久不來之間來、綿一包廿五目、持來、明日之會に可來云々、盃令飮之、○當番之間暮々參內、相番勸修寺一位、予、大藏卿等也、御寢之後、予、滋野井等內侍所へ罷向、持明院、萬里小路辨、薄等酒有之、及數盃微音々曲有之、

十七日、庚寅、天晴、十方暮、三月節、○禁裏小御所御庭之菊、中山亞相、四辻亞相、予三人に作事被仰付之、三に分請取栽、兩人被栽立之、予半分先栽之、自內侍所三人呼之、一盞有之、次自御所御銚子被出之、各受用、忝者也、但四辻客來云々退出也、○今日之會、飛鳥井、頭人等故障故、明後日へ延引、各相觸了、

十八日、辛卯、陰、十方暮、自戌刻小雨、　○大和宮內大輔に所望之菊之種共來、○朝飡以後參小御所、菊共予請取之分に卅三種栽之、晩頭退出、內侍所にて餅、長橋にて酒有之、○中山、四辻兩人分廿五種歟、○自柳原一品書狀有之、春日祭上卿之事被申之、罷向樣體申候了、

十九日、壬辰、雨降、十方暮、五墓日、○南都廣橋亞相より書狀到來、當季春日祭總用之儀、松永少弼に申調之由有之、可爲來廿三日之由有之、御棚之事不日に中々相調候間敷之間、來月六日可然之由返答了、○禁裏梅見之御返、梨門以下御沙汰云々、可候之由有之間暮々參、倉部故障申候了、若宮御方、岡殿、座主宮、曼殊院宮、女中衆、其外勸

修寺一位、中山大納言、四辻大納言、予、源中納言、大藏卿、藤宰相、公遠朝臣、經元朝臣、重通朝臣、爲仲朝臣、親綱、雅英等也、三獻之後、臺物盃之臺數多參、折三合等也、御盃七參及大飮、音曲巡䑛等有之、丑刻各退出、○今夜番衆四辻大納言、源中納言、經元朝臣等也、外樣番衆藤宰相同內々に祗候、予深泥之間祗候了、

廿日、癸巳、（自巳刻晴、十方暮今日迄、自今日天一天上、）　○長橋局明日南都春日社へ參詣、罷向見舞了、次內侍所へ罷向了、持明院と雙六打了、○水無瀨殿御法樂御短冊二首、自禁裏被出了、○高辻へ罷向雜談了、

廿一日、（甲午、天晴、天一天上、土公午方（至己亥）、）　○寅刻長橋局へ罷向、南都へ下向見立了、供（藤宰相內衆）粟津肥前守、同孫九郎、窪新右衛門尉、小者等也、女房衆三人、下女以下廿人計也、輿也、肥前馬云々、○禁裏爲太神宮御法樂、五常樂急千反、自今日三ヶ日有之、諸事勸修寺一位馳走也、朝山日乘上人調云々、辰刻各參集、朝飡於大典侍殿局有之、右大將於番衆所有之、樂之人數之外、勸修寺一位、中山大納言、大藏卿、爲仲朝臣等相番（伴カ）也、樂人四辻亭へ取寄受用云々、朝飡以後始了、於御學問所番衆所有之、地下之樂人東庭之打板に祗候也、笙持明院宰相、隆（音頭）秋、笛予（音頭）、景長、景理、箏御所作、若宮御方、四辻大納言（面箏）、右大將、公遠朝臣、大鼓守秋朝臣等也、先小音取、笙隆秋、笛予吹之、次五常樂急、予吹出之、（六反、六反、五反、）以上十七反有之、千反之間始終諸管同樣に吹出、又吹留了、小音取は明後日可有之、次爲仲朝臣以碁石數取之、一位、中山大ヽヽ、大藏卿等聽聞也、次各起座、於同所入麵にて一盞有之、雜掌方內膳民部少輔清景請取云々、女中衆女官迄有之云々、次又十七反（反數加先）、有之、吹畢、次太平樂急二反有之、各退出了、○今夜當番勸修寺一位、予、大藏卿等也、○明日御法樂之和歌、今朝詠進了、

廿二日、（乙未、天晴、五墓日、）　○早旦予、持明院等、於內侍所槿花にて茶飮了、○辰刻於同所朝飡有之、樂之衆如昨日、

其外勸丶丶一位、源中納言、同中納言、大藏卿、松夜叉丸、經元朝臣、重通朝臣、爲仲朝臣、親綱、雅英、季長等祇候也、聽聞也、主上御脚氣之間過半御休息也、仍今日樂數加之、五反つヽ、四反有之、次太平樂急二反有之、昨今御樂之半罷立、各茶受用了、於簀子也、樂了各起座、於同所中飡有之、次又十七反五反、六反、六反、有之、次起座各退出了、○紀伊國高宮神主紀ノ國造（こくぞう）中子細有之、○水無瀨殿御法樂之和歌題、柳垂絲、被忘戀、

露ならて何をぬきさか織なましたてのみ見ゆる青柳のいと

契りたゝ後の世までと誓しにいまさらなさか忘れはつらむ

廿三日、丙申、天晴、天一天上、○辰刻參内、參集之後於同所朝飡有之、所作八如兩日、其外一位、中山大丶丶、大藏卿、重通朝臣、爲仲朝臣、親綱、雅英、季長等祇候也、樂反數如一昨日十七反有之、次各起座、於同所麪にて酒有之、次又十七反同前、吹了小音取有之、次太平樂急二反有之、日々男女聽聞衆共有之、次各退出了、前々臺之物にて御酒音曲等有之、一位無案内之故歟、樂奉行可爲意見事也、勸丶丶、奉行四辻大丶丶等へ、無事珍重之由可被申入之由申渡了、○今朝妙順忌日也、松林院西堂被來云々、倉部相伴云々、○長橋局今日可爲下向之處、八幡へ參詣之逗留之間、明日歸京云々、

廿四日、丁酉、天晴、天一天上、○當月不參之間、武家へ爲御見舞參、以歲阿申入了、結城山城守と暫雜談了、次小侍從殿へ姬君御誕生珍重之由申之、次御臺へ參、御取亂之樣候間申置了、次春日局へ罷向、所勞云々、日野權辨、女房衆四人出合一盞了、次慶壽院殿へ參、御取亂之間、今御乳人に申置了、○長橋局へ罷向、自南都上洛、一盞了、次內侍所へ立寄了、○自大館奥州清水寺花見に行之間、花梅等之和歌兩首被所望之、筆に任如此、

こゝにきてさはすはあらし梅の花袖ふれてなを色香もそそふ

よそに又たくひあらめや所からやさかゝらふかき花の色香は

廿五日、戊戌、天晴、天一天上、○禁裏北野社御法樂御當座卅首、有之、巳刻參、御製、若宮御方、曼殊院宮、四辻大納言、萬里小路大納言、予、三條中納言、持明院宰相、輔房朝

臣、公遠朝臣、經元朝臣、重通朝臣、言經朝臣、爲仲朝臣、親綱、季長等也、講頌有之、讀師萬里小路大納言、講師重通朝臣、初度、讀様共不可説々々々、發聲四辻大納言、講頌衆四大、予、三中、持宰、新宰、爲仲丶丶等也、次入御、於御三間有之、次折二合出之、盃二出及數盃、戌刻各退出了、○内々番衆萬里小路大納言、持明院宰相兩人也、予外様之番日野權辨代、内々に祗候了、今日予和歌上之、御合點也、倉部同、出題飛鳥井中納言、予題旅春雨、隔遠路戀、

旅にしてやすむもあれといそくには道さまたけの春雨のそら
契りしなさはむさはかり出たつにたゝあしもとの千里ともなき

廿六日、己亥、天晴、天一天上、自申刻雨降、終夜風雨、○四條所座主宮へ參、次長橋局へ罷向、明日御盃之用意有之、次内侍所へ立寄了、庭前に菊栽之、持明院兩人也、○自禁裏鴈拜領、忝者也、爲養生可受用仕之由有之、○當番之間暮々參、相番勸修寺一位、予兩人也、滋野井他行云々、

廿七日、庚子、雨降、自申刻晴、天一天上、土公地中、(至丁未)○禁裏今日之御盃於小御所可有之、仍こしらへ候了、勸一、予、女官、女嬬等に申付調之、次祥壽院瑞昌御脈に參、御學問所、予中次、自長橋局經内々常御所簀子參番衆所、次御局予脈申之、煩敷之由申候了、○今日之御短冊昨夕各被賦之、予和歌柳原へ罷向令談合、三首也、倉部昨夕竹内殿大御酒、餘醉無正體之間不參、和歌計詠進了、御製以下至予三首宛、若宮御方、大藏卿以下二首宛、倉部以下一首宛也、勅題也、五十首、予題曉花、月前花、寄花釋敎、

鳥の聲鐘もきこえて咲つゝく花の色よりあくるしのゝめ
よしの山花より出て花にいる月に我身もさそはれそする
さけはちるこさはり見せて春こさの花こそ法のなしへさはなに

禁裏先度之梅見之御返御沙汰也、予栗小折進上之、於男末參次第麵賜之、未刻參集、若宮御方、座主宮、曼殊院宮、一位入道、勸修寺一位、中山大納言、四辻大納言、予、大藏卿、三條中納言、持明院宰相、藤宰相、輔房朝臣、公遠朝臣、經元朝臣、重通朝臣、爲仲朝臣、親綱、季長、雅英等也、御短冊被取重講頌有之、讀師勸修寺一位、講師經元朝臣、發聲四辻大納言等也、講頌衆九

人也、次岡殿御出座、女中衆（七人）各御出、九獻參云々、二獻末より音曲有之、藤宰相息（五才）、千菊丸論義共有之、予勞煩之間、五獻以後退出了、

廿八日、（辛丑、天晴、天一天上、五墓日、）○梨門へ參、四條所に御座也、伏見殿、中山、予、持明院、四條、柳原右大辨等、麵にて御酒有之、又雙六有之、○自頭中將使者（加田新左衛門、）來、春日祭上卿各故障之間可參行之由有之、令思案自是可返答之由申候了、○長橋局、薄、内侍所等へ立寄見舞了、

○吉田武衞被來、予脈被診之、暫雜談了、

廿九日、（壬寅、晴、天一天上、土用入、自未下刻雨降、）○高倉入道へ罷向、薰物廿五貝計調合之事誂了、次長橋局へ立寄、次内侍所へ罷向、持明院と雙六打之、○今朝故葉室寶樹院、宗永等忌日之間、松林院代淨花院之善祖齋に來、相伴了、香附子十兩計遣之、

○三月大

一日、（癸卯、天晴、天一天上、）○今日參武家、御鷹山云々、仍巳刻御對面、申次大和宮内大輔、御供衆大館十郎計也、次公家予、飛鳥井中納言、三條中納言、藤宰相、飛鳥井少將、東坊城等計也、各山仕立之間不及御禮也、次小侍從殿へ參、女中衆四五人、奉公衆五六人、飛鳥父子等御酒有之、次御さこ申置了、次御臺へ參、同飛鳥父子被參御酒了、次春日局へ罷向申置了、茶々所望之愛洲藥一包遣之、次慶壽院殿へ參、予、三條、坊城等御禮申、御酒有之、次上邊近衞殿、大閤御見參、御酒賜之、女房衆計也、殿下鷹山へ御出云々、次入江殿へ參、御盃賜之、次大祥寺殿へ參、御盃賜之、次伏見殿、梶井殿へ御禮申候了、次歸宅了、○内藏九獻一荷兩種臺所へ進上了、○暮々參内、天酌に被參之輩勸修寺一位、四辻大納言、萬里小路大納言、予、大藏卿、公遠朝臣、親綱、雅英等也、次於御所口内藏九獻御祝如常、○今夜當番勸修寺一位、予、大藏卿等也、御局々御禮申候了、○自頭中將使有之、春日祭參不之事被尋之間、御請申候了、

二日、（甲辰、天晴、天一天上、）○葉室へ與二郎遣之、來六日に人夫四

人之事申之、同心了、○長橋局、薄、內侍所等へ立寄了、○三條黃門へ、菊人參等之種持遣之、黃茋十兩被與之、重寶祝着了、○倉部廣橋番代に參云々、○廣橋亞相、大澤左衛門大夫、及黃昏從南都上洛、春日祭用途千五百疋松永霜臺進上之、長橋局へ予持參之、則半分七貫五十疋予に被下了、殘者諸司之下行、堀川近江守可請取也、

三日、乙巳、天晴、天一天上、○鎮宅靈符如例、聖降日之間五座行之、去月八日未進分、同五座行之、○今日禮者三條黃門、北隣飯尾與三左衛門尉、奉行衆佛師中將、對馬守久氏、舞人甲斐守久宗、同讃岐將監忠雄、同見參、隱岐將監隆秋、堀川近江守、見參、出納兩人、大澤出雲守、同左衛門大夫、同右兵衛大夫、同又四郎、澤路筑後守、同備前守、同隼人佑、同新四郎、野洲五郎左衛門尉等也、○岡殿へ參、靈符兩月之分二座行之、御留守也、一盞有之、○竹內殿、伏見殿、梶井殿等へ御禮申候了、次高倉入道へ被呼之間罷向、能登守護へ返事調之、一盞有之、次長橋局、臺所、內侍所等へ立寄了、春日社々司正預延時正四位下、權預祐金、同祐定、同延安、神宮預祐父等從四位下、權預祐國、家光、經久等從五位上之事、以長橋局申入了、則勅許也、○暮々御祝に參內、先若宮御方、御局々等御禮申候了、天酌に被參之輩勸修寺一位、中山大納言、四辻大納言、萬里小路大納言、予、勸修寺中納言、輔房朝臣、松夜叉丸、經元朝臣、重通朝臣、言經朝臣、爲仲朝臣、親綱、季長、雅英等也、次各退出了、今日午時鬪鷄如常云々、

四日、丙午、自午時雨降、天一天上、三月中、○座主宮へ參、暫御雜談申候了、次長橋局、薄、內侍所へ立寄了、○春日社家之加級口宣案四位之分、勸修寺右中辨晴豐に所望、則五通到來了、五位三通之分頭中將に申了、○高倉入道に誂候薰物廿五貝、又一貝被送之、○自今日門に引注連、神事之札打之、如此、

神事也、僧尼重輕服不淨之輩不可入來矣、永祿七年三月四日

六位外記盛厚來、六日下向之路東西相尋、東路之由返

答、可相從之由申之、〇泥繪之扇十三本出來到、狩野
弟子云々、
五日、(丁未、雨降、天一天上、自午時晴、)〇早旦大澤左衛門大夫南都へ差
下、晝休之事舟之事輿之事以下、五六ヶ條申付了、〇
持明院表袴、頭中將裾借用了、〇土左刑部大輔光茂
に申付候扇(金銀、末廣、)三本到、〇泥繪扇九本に、梶井殿へ詩
歌等申入了、晩頭出來、竹内殿へ五本同前、〇白葉室
人夫四人到、革籠一借用到、〇今夜外樣番日野代薄に
申候了、
六日、(戊申、天晴、天一天上(今日迄)、土公酉方、(至癸丑))〇曉天發足南都へ下向、春
日祭參行、藤宰相馬借用乘之、雖可爲乘輿、所勞眩暈
之間如此、供大澤出雲、(乘馬、)同彥十郎、小川與七郎、(澤路肥後名代)上
田ヽヽヽ、與二郎、彌二郎、與五郎、新五郎、又小者三
人、笠持二人、馬上之者一人、人夫二人等也、晝休宇治
市𡋽桶屋也、木津之渡舟無之、修南院へ申之被申付
之、此所迄輿來、予乘之、大澤左衛門大夫同所へ迎に
來、春日社但馬屋へ未下刻に付了、御師中後室馳走云
云、中東新權神主時宣朝臣、同子大夫時基等馳走也、
舞人伯耆守近次來、盃令飮之、墨二挺隨身、泥繪扇三
本遣之、同息若狹守弘葛に同二本、播磨守近定、辻將
監近重等に同二本つヽ言傳遣之、次西刑部少輔師孝
來、一官之禮申之、吉野紙二束送之、盃令飮之、次辰巳
權預祐礒連禮に來、神供之串柹一包百、持來、泥繪扇一
本遣之、次晩湌有之、次中東父子に泥繪扇一本宛遣
之、次大膳亮經久(正眞滋子也、)一級之禮に來、墨二挺遣之、盃
令飮之、次舞人弘葛、近定、近重等禮に來、墨二丁宛遣
之、各盃令飮之、次うとん有之、次臥了、又新祐岩に扇
一本、(金銀、)若宮神主祐根に同一本、(末廣、)又先日令申沙
汰八人之加級之口宣案等、以中東遣之、又野間右京進
見舞に來、廣橋入道へ書狀言傳遣之、大納言妹松永少
弼妾に薫物廿貝(薄置之、)遣之、入道申之、又賀茂之中室前
之一采女に同五貝言傳遣之、又一貝中東次男時盛に
遣之、所勞云々不來、〇中後室方へ、(幣料百疋)宮笥百
疋軾之代三十疋等渡之、中東に祈禱七日詣之代十疋

遣之、〇今朝廣橋亞相通玄寺殿に祇候之間、御門迄立寄參會、樽代二十疋遣之、〇今朝以大澤左衞門大夫、廣橋入道へ樽代十疋遣之、

七日、己酉、天晴、天一神下艮、辰下刻大地震、(鬼宿、金翅鳥動也、)〇丑刻令行水束帶、寅刻出門、先參祓戶、神祇官代陣官人神前に居神供御棚、予着座、祝申之、祓出之、予置笏取祓、氣をかけ返之、次起座、四度之揖如常、度々不及注之、篝火金屋人燒之、所々同之、次着々到殿座、外記康雄、史盛厚次第に着座、予前に兼てつゝらの蓋着到居之、次予外記に氣色、自下﨟起座、次予起座、次入藤鳥井慶賀門等、於作合撤帶劍懸裾、次社司一社之取葉薦持參、次予、神主師重卿兩人、一之御棚舁之、指笏、一之社之前に置之拔笏、蹲居、歸作合引裾、着庭上之座、先之殘四脚之御棚社司共舁之、次召官幣持參、次召氏院御幣、院雜色持參、次神馬五疋引廻、三反之時口引共聲々唱盜人如例、次召上卿之軾、布衣侍持參、可爲雜色之處大澤失念、不可說、黃衣之神人請取之、次上卿之幣出雲守綱守朝臣持來、取之兩段再拜如常、次神主來幣取直之渡之、參神前申祝、其間に予看經祈念、次神主出向拍聲、予又打手了起座、次於作合令帶劍着直會殿座、饗膳兼て居之、次神主盃、正預酌(杓に酒入之、)持來、如形飮之三度也、次予召々使、仰外記に見參、次康雄見參持來、披覽之作法如常、氣色外記、外記退、見參取添笏、次召々使仰大和舞、冠に鬘木綿懸之、次予起座、次參若宮、先撤帶劍參着看經、御神樂申付之、十返、次歸但馬屋了、供布衣綱守朝臣、烏帽子着大澤彥十郎、(太刀持之、)小川與七郎、上田ヽヽヽ等也、大澤左衞門大夫異體也、小雜色四本、白張一人、布衣供當色一人等也又小者四人有之、〇辰市權預祐金、紙二束、新次預祐岩、紙三束持參、盃令飮之、次正預富田、延時連(紙一束帶一筋、)持來、盃令飮、泥扇一本遣之、次辰巳來、盃令飮之、次若宮神主祐根(紙二束、)本地井子祐範(墨二丁、父代、)禮に來、盃令飮之、次西刑部大輔内井手掃部馳走之間扇一本遣之、次轉害迄出、中東父子、辰巳等二三町送了、次大乘院殿御參籠之間參、奏者無之、罷

歸了、○巳始刻立轉害乘輿、自木津如前乘馬、路次東路如昨日、於高餅にて茶受用、於宇治昨日之宿晝休申付了、各勞煩之間一時計臥了、直長橋局へ參、祭無事に執行之由申入了、秉燭以前也、早速に珍重之由被仰下、舊冬以來予所勞之處、無事に參行、滿足不如之、○三月六日春日祭、三日上巳等邂逅之儀云々、春日社影向之始之年に相當云々、

八日、(庚戌、天晴、)○持明院へ表袴返遣之、紙一束遣之、頭中將裾同返之、○葉室之人夫今日返之、同革籠二返遣之、○長橋局へ參、禁裏へ吉野紙二束進上之、薄、臺所、內侍所等へ立寄、次高倉へ罷向薰物之禮申之、藤宰相に馬之禮申置、武家御鷹山之御供云々、同ゆかけ返遣之、次梶井殿へ參、御留守云々、次大祥寺殿之寶德庵へ罷向、一盞有之、勸修寺黃門へ罷向、他行云々、○春日社々家之官位、若宮神主(祐根、)從四位下、東地井子祐範從五位上、正預子延淸中務少輔、中東子時基民部少輔、辰市子祐敍式部少輔等之事披露申候了、則勅許也、

九日、(辛亥、天晴、)○長橋局、薄、內侍所等へ立寄、無殊事、○鎭宅靈符、聖降日之間如例五座行之、○伏見殿へ參、座主宮御見參、本隆寺之本乘坊同參、御酒被下了、次勸修寺黃門相尋之、他行云々、○安禪寺殿へ參、桂侍者に吉野紙半束遣之、半束者昨日薄に遣之、又昌藏主に墨一丁遣之、貝之薄之事申之、祝着之故也、又御侍市川左馬助に香之圖之繪(六種、十種、)二枚誂之、墨一丁遣之、○五辻被來、年皇(◎皇年カ)代記被返之、又明日大坂へ下向云々、勸一盞了、

十日、(壬子、天晴、八事入、)○五辻へ罷向、大坂烏丸へ書狀言傳了、次於寶德庵勸修寺黃門に對面、先度之口宣案一通名字相違之間申之、又一昨日令披露春日社々家之官位五人之分、同辨に申之、油煙二挺遣之、又音曲本結城山城守被返之、次內侍所へ罷向、滋野井、持明院等雙六打之、予德利召寄一盞有之、又女嬬に南良宮笥さて帶一筋遣之、次小御所之菊予作分掃除了、次長橋局へ

立寄了、
十一日、癸丑、晴、時時小雨降、○近所木屋藥師寺に自今日萬句始、可罷出之由宗永昨日申候間、辰刻罷向、武家之御發句被出之、人數柳原、十二ヽ、四辻、十四句、予、ヽ、十三覺勝院、ヽ、十三青北野社僧松院、九、一色淡路守輝喜、五、松田左衞門大夫賴隆、六、春阿彌、十、里村彌次郎仍景、十四、耆婆宮内大輔國任、執筆、等也、先粥一盞有之、午時齋有之、晩頭吸物食籠臺物等にて酒有之、申刻終歸宅了、御發句以下如此、何路、

幾春もかはらぬ色や宿の梅　宰相中將殿
馴てもあかし鶯の聲　關白
かすむ野の月に夜をこめおき出て　日野一位
明ほのしろく山そまちかき　四辻大納言
行舟の末はそこさも波の上　帥中納言

當番之間暮々參、勸修寺一位、予兩人也、大藏卿親之聖忌云々、
十二日、甲寅、雨晴陰、八專、土公地中、(至癸亥)○亡父卿忌日之間、松林院代に淨花院善祠齋に來、相伴了、暫雜談了、○内膳民部少◎輔脫カ清景雇之、扇地紙形臺之物盛之了、○午時申次に參内、祥壽院大藏卿瑞昌今朝法眼御推任云々、御禮に參、於御學問所御對面、御脈賜之、引合十帖盆に一包沈歟、進上了、長橋局へ杉原絹一疋進之、官女以下帶遣之、次於長橋局麵吸物にて盃二獻有之、及數盃、次若宮御方へ御禮申入了、御脈賜之、同予申次了、次於臺所あかゝ局、勸修寺門跡坊官柳本少將等酒有之、○相國寺雲頂院堯長老云雲澤仁如、罷向、倉部召具、連々爲習練也、臺之物柳二荷吉野紙三束送之、麵吸物にて酒有之、云捨十句有之、

追歳松君子　倉部
偃風草美人　仁如
有花菩薩面　予
現月辟支身　忠藏主
盡醉合歡酒　仁如
隱名買釣綸　ヽ
雲簑漁撥具　ヽ
雨笠牧生薪　仁如

山かつの歸る家路やかすむらん　元　理
何　寺　暮　鐘　頻　仁　如
倉部廣橋番代に參云々、
十三日、乙卯、天晴、八專、天一東、○後白河院御聖月也、長講堂に不參之間、於此方燒香申候了、頭中將被參云々、○四條所梶井殿へ參、一盞有之、中山、予、持明院、按察、雲松軒、盛嚴等雙六有之、懸物に蠟燭三丁被出之、日暮不決勝負、皆同盤數也、○雲頂院堯長老昨日之禮に被來云々、扇杉原十帖被送之、他行之間不及面謁、無念々々、○今夕長橋局へ別殿行幸有之、及黄昏參內、被參之輩番衆中山大丶丶、四辻大納言、番萬里小路大丶丶、番予、大藏卿、藤宰相、輔房朝臣、經元朝臣、重通朝臣、季長、雅英等也、五獻參、三獻天酌、四獻頭辨、五獻頭中將酌等也、四獻より音曲有之、還御之後、又大典侍殿、御新參、男衆各御酒有之、子刻歸宅了、○巳刻滋野井被來、若宮御方御鞠沓塗事誂之、勸一盞了、
十四日、丙辰、天晴、○四條亭梨門へ參、昨日之雙六更五盤勝有之、予代薄打之、勝之云々、蠟燭予に賜之、又一盞有之、雙六打之了、○先之かゝ廣橋亞相妾見舞、一盞有之、○小御所之菊合掃除水打之、次內侍所、長橋局等へ立寄了、○澤路隼人佑來、保童圓所望云々、代十疋送之、拂底之間可調合也、仍麝香、丁香、莪朮等召寄了、○大祥寺殿之寶德庵へ立寄、勸修寺黄門に南都へ口宣案之事催促了、
十五日、丁巳、天晴、八專、○梶井殿へ參、葩之紙四色十三枚染青黄赤紫之持參、則各地葩伐之、來十九日之御懺法講之御用也、あめちまきにて一盞有之、中山、予、四條、柳原辨等也、○長橋局、內侍所等へ立寄了、公物御笙火桶申出了、○勸修寺黄門より、先日申春日社々家官位之宣案六通到、則中東、同若宮神主兩所へ、三通宛可傳達之由書狀相調、大澤左衛門大夫に遣之、明日邊可罷下之故也、○外樣番日野權辨輝資代に參、如例內々に祗候、內々番中山大納言、實彥朝臣代、萬里小路大納言、持明院宰相等也、

十六日、戊午、天晴、未刻晩立雷電、大霰降、○梨門へ參、十九日之儀御談合申候了、座主宮明日伏見へ可有御下向云々、各明後日可罷下之由有之、人夫等被下云々、同倉部散花に可參之由有之、○慶壽院殿御煩氣御見舞に參、勸修寺黃門同道、今日者御小驗、御食事少有之云々、同藤宰相被參、御酒被下了、次小侍從殿局迄、爲御見舞參之由、以一色淡路守申入了、御馬に御座之間可參之由有之、同兩人參、御馬之爪被打之、禁裏御庭之菊之事被相尋之、御雜談共有之、一時餘祗候了、○當番之間暮々參、相番勸修寺一位、予、大藏卿等也、於臺所酒有之、白二位後室樽被持云々、一位、予、大藏卿、侍從、末々衆等也、

十七日、己未、天晴、八專、○早朝梶井殿へ參、伏見へ晝御下向之由有之、○薄所へ罷向、冠裝束以下撰之取寄了、次四辻へ罷向、亞相見參、明日伏見へ可同道之樣體談合了、次正親町へ罷向、一盞有之、暫雜談了、○廣橋亞相今朝南都へ下向云々、大澤左衛門大夫同罷下云々、

十八日、庚申、天晴、八專、土用終、天一巽、○長橋局迄參、伏見へ罷下候間御暇之事申入了、次御笠申出之、火桶被出之、次中山、四辻等へ立寄可同道云々、但於先可相待之由申之、○朝飡以後伏見へ下向、供大澤出雲守、與三郎兩人計也、人夫自伏見殿被下之、先通玄寺殿へ立寄、方丈被相建之御作事見物申之、御盃被下之、於路次所々令休息雖相待之、中山以下遲之間、參法灌院、入道宮、座主宮へ御禮申、竹田衆兩三人參、御酒有之、次御兩所大通院へ渡御、御供申候了、同總持寺殿、臺御方同御出也、予休所大光明寺へ罷向、暫後中山、四辻父子同所へ被來、大原衆八人同端間に居了、樂人守秋朝臣、景長、又出納右京進等、此方之衆靑侍一所に候了、○先巽體にて各大通院へ參、中山二十疋、四辻臺物指樽一荷進之、御酒有之、次大原衆各御禮申之、各に御盃被下之、御樽共進上云々、次御次間にて晩飡被下之、中山亞相、四辻亞相、予、四條右衛門督、四辻相公、頭中將等也、次庭田黃門、五辻等從大坂直被參了、及黃昏御法事始、

例時卅二相等有之、早懺法無之、入道宮簾中、（簾被上之、頭中將重通朝臣、）座主宮簾外、共行中山大納言、（衣冠、重大帷、）源中納言（同、）兩人也、調聲承淵法印、（來迎院南坊、）伽陀重宗僧都（勝林院寶泉坊、）等也、付物箏四辻亞相、（衣冠、）笙守秋朝臣、笛景長等也、予、右衛門督、（直垂、）新宰相中將等衣冠にて聽聞了、入道宮以下御行道如例、散花殿上人佛前爲仲朝臣、（衣冠、）入道宮御前重通朝臣、（束帶、）座主宮爲仲朝臣、僧衆前丹波守俊清（二條殿諸大夫、）一人懃之、僧名宏淵法印、（勝林院、普賢院、）承淵法印、（來ヽヽ南ヽヽ、）承佑僧都、（來ヽヽ金藏ヽヽ、）重宗僧都、（勝ヽヽ寶泉ヽヽ、）承秀僧都、（來ヽヽ塔坊、）良承律師、（來ヽヽ北坊、）祐心大法師、（勝ヽヽ向ヽヽ、）承聲大法師（來ヽヽ二位南坊弟）子、等也、承師盛嚴也、○休所へ大通院承孝首座以下四五人來、　麵吸物等被持之、○大光明寺承公首座に扇（兩面金、末廣、）一本遣之、大通院一本（惡扇、）遣之、

十九日、（辛酉、天晴、八專、四月節、）○早旦僧俗各吸物餅にて一盞有之、○今日安養院御卅三回也、御懺法講有之、入道宮、座主宮、共行兩人、散花役者僧衆八人、御藥師以下如昨日、調聲承佑僧都、總禮承秀僧都、廻向伽陀ヽヽ大法師、錫杖宏淵法印等也、樂所笙予、（音頭、殘樂、）守秋朝臣、（付物、）笛景長、（付物青海波、越殿樂二吹之、殘失念云々、無念不可說之、）琵琶入道宮、箏四辻大納言、公遠朝臣等也、先調子吹之、此間に賦花筥如常、賦畢小音取吹之、次採桑花、（只拍子、）次總禮、次敬禮段、次蘇合急、次眼耳鼻三段畢、次青海波、（殘樂笙予、）次舌身意段、次越殿樂、（殘樂笙守秋朝臣、）次懺法畢、千秋樂、次錫杖、次各起座退出、次御齋參、入道宮、座主宮、淨土寺殿、中山大ヽヽ以下八人御相伴、僧衆出休所賜之、次饅頭御酒有之、八原各御禮申之、御酒賜之、　杉原十帖扇一本各に被下之云々、次中山、四辻父子、予等令同道歸京都、庭田父子、五辻等同歸京云々、梶井宮、四條等御逗留云云、

廿日、（壬戌、天晴、）○武家御母儀慶壽院殿御煩氣爲見舞參、彌御驗氣云々、次御臺へ參、次春日局へ罷向、官女兩三人出、一盞有之、次覺辨所へ立寄暫雜談了、次安禪寺殿へ立寄、各大德寺へ被行留主也、次岡殿へ參雙六十番計打之、次長橋局へ立寄、一盞有之、次內侍所へ

立寄了、○自禁裏晩頭可參之由有之、庭田大坂御宮笥
田舍酒進上之間、各に可被下云々、秉燭以後參集、出
御無之、若宮御方、岡殿、女中衆御三間、各番衆所、臺
物にて御酒數盃、音曲等有之、勸修寺一位、中山大納
言、四辻大〻〻、予、源中納言、大藏卿、持明院宰相、輔
房朝臣、公遠朝臣、經元朝臣、重通朝臣、實彥朝臣、親
綱朝臣、子刻各退出了、○自明日內々小番結改之由觸
有之、予三番云々、

廿一日、癸亥、天晴、八專終、○長橋局へ立寄、次小御所之菊掃除
了、次內侍所へ立寄、持明院と雙六打了、滋野井、薄等
被來、予腹痛之間歸宅了、○自伏見殿入道宮御書、三
木左京亮に被持下、十八日に參、御祝着之由之御禮共
也、○今夜倉部廣橋亞相番代に參云々、自今日結改云
云、四五ヶ所次第被替之、

一番　尹豐卿　國光卿　公古卿　宗房朝臣
二番　實澄卿　通爲卿　基孝卿　雅　英
三番　孝親卿　言繼卿　經元朝臣　橋以繼
四番　季遠卿　重保卿　爲仲朝臣　季　長
五番　惟房卿　實福卿　實彥朝臣

廿二日、甲子、天晴、土公子方、(至己巳)○五辻より香薷所望、五兩遣之、
○自御室被仰御檜扇﨟、閑事以下相調之、總在廳宿迄
進之、○薄來藥種調之、次滋野井來談了、○伏見殿入
道宮へ御返事調渡之、○田口伊賀守今日備州播州等
へ下之間、都多村、宇野右京亮、居都庄浦上與二郎、兩所へ書狀言傳
了、○今日烏丸番代予所勞氣之間、薄に申付了、○近
所藥師寺之宗永來、萬句之發句之事、只今所望之由申
之、題暮春、

行春をつなきさゝめよ絲柳

廿三日、乙丑、天晴、申刻雷鳴小雨、嵐吹、○妙順忌日之間、淨花院之舜玉齋
に來、相伴了、○誓願寺へ罷向、長老暫雜談、麵にて一
盞有之、○長橋局、內侍所等へ立寄、先之岡殿へ參雙
六參了、○今夜雖爲當番、蟲氣之間故障申候了、

廿四日、丙寅、天晴、天一南、○早旦小御所之菊、水を打掃除申付
沙汰之、次長橋局へ罷向暫雜談、次歸路藤宰相に行

會、近所之藥師へ被誘引、萬句一折沙汰之、千五句終了、辰下刻歸宅了、○自庭田使有之、明後日故伏見殿後安養院一回之間、御燒香に可參之由有之、○正親町へ罷向、中將暫雜談、一盞有之、一品暫時被出了、次內侍所、臺所等へ罷向暫雜談了、次高辻へ罷向、他行云云、男仁和寺之菩提院明日灌頂、可爲見舞者也、○伏見之大光明寺公首座禮に來、扇子一本送之、先日從此方遣之扇也、失念歟如何、○自大館十郎音曲之本一冊被歸之、又一冊短冊忠度、被借之、使澤路備前守、

廿五日、丁卯、天晴、柳原一品、今日之法樂之連歌に可來之由有之間、朝飡以後罷向、人數一品、卅五、北向、七、予、十七、石泉院、十二、內藏頭、三、執筆、中山少將、七、青松院禪元、十七、宮千代二、名代、等也、午時茶子にて一盞有之、未下刻終了、次晚飡有之、暫雜談移刻了、○外樣番日野權辨代に參、如例內々に可候之由被仰下、內々番衆萬里小路大納言、三條中納言兩人也、萬里小路は重服之間、御寢以後黑戶に祗候也、○伏見殿へ御樽一荷兩種、豆腐一折、若和布一折、爲明日之御音信進之、

廿六日、戊辰、自巳刻至申刻小雨、五墓日、○早旦伏見殿に參、先御粥有之、次觀音懺法有之、僧衆伏見衆九人、妙心寺衆兩人等也、公家中山大納言、四辻、ヽ、ヽ、予、源中庭田、ヽ四條、ヽ、右衞門督、新宰相四辻中將、頭中將庭田、左衞門佐五辻、飛鳥井少將、中山少將等也、御齋僧俗衆相伴、相國寺之萬松軒自牛齋被參、次伏見殿各に御見參、御酒有之、次僧衆退出、男衆於內々又御酒有之、予計退出了、○薄、內侍所等へ立寄了、○堀川近江守所へ罷向、春日社之葉薦之事堅申付之、又下行張◎帳カ之事所望之處與之、入麵にて一盞有之、大原勝林院之寶泉坊重宗出座了、次一條殿へ參、御見參、御盃賜之、次歸宅了、下行張如此、

春日祭諸司御訪下行之事自禁裏被出分、堀川國弘朝臣請取、各に支配也、

三百五十疋　大藏省幣料此內三百疋、社家へ庭積云々、
百疋　外記御訪　百疋　史御訪
三十疋　大膳職　三十疋　召使
二十疋　木工寮　二十疋　內藏寮掃部寮へ取之云々

二十疋　掃部寮　五十疋　大藏省官御訪
五十文　贖　物(行事官取之歟、)
以上七百(◎疋脱カ)二百五十文、　左右馬寮、　院雜色、召
使、金屋人等國に知行有之云々、
倉部廣橋亞相番代參云々、
廿七日、(己巳、天晴、午未刻陰、)　○内侍所之さい諏方神(◎主脱カ)右兵衞姉也、宿橋辻
へ、鈴一對持之罷向、一盞了、次長橋局、臺所等へ立寄了」、
廿八日、(庚午、天晴、土公地中、(至丁丑))　○明日禁裏坤方堀可有掃除、人
可進之由從庭田觸有之、内外衆也、○甘露寺來談、鴨沓
筒革之損補談合、　目打印兩種被借之間遣之、　一盞勸
了、同柳原左大辨被來、今日自城南梨門御供申被歸云
云、○今日午下刻大樹入江殿へ御出也、門前御路見物
了、御供大舘十郎、(御劔、)細川中務大輔、大舘伊與守、一
色式部少輔、伊勢七郎左衞門尉五騎也、如例藤宰相御
跡に被參了、予、柳辨、廿、倉部、薄等向之、藤宰相雜色
之二郎左衞門所、簾之内より見物了、○梨門毘沙門堂
に御座之間參、中山同被參、暫御雜談申候了、　○當番
之間申下刻、參相番中山大納言、予、經元朝臣等也、○
今日灸治(三里、)沙汰了、
廿九日、(辛未、天晴、天一坤、)　○禁裏御普請に、　與三郎、澤路小者
兩人申付進了、午時見舞了、　次長橋へ立寄了、次内侍
所へ罷向、持明院と雙六打之、次梨門へ參、庭田、柳原
辨等祗候也、本能寺之上乘坊鈴持參、　御酒有之、暫御
雜談有之、　次山上之大藏坊宰相御見舞に下山、　鈴持
參、又一盞有之、
卅日、(壬申、天晴、)　○故葉室寶樹院并宗永忌日之間、淨花院舜
玉代に善祖齋に來、　相伴暫雜談了、　○内侍所之さい
宿へ罷向、一盞有之、次岡殿へ參、禁裏へ御參云々、御
さ五と雙六打了、次遍昭心院被誘引、近所藥師萬句へ
罷向、藤宰相、覺勝院、淨林院、西林坊以下十四五人有
之、五十韻に相終了、以上二千九百韻出來、　未下刻歸
宅了、　○自禁裏可參之由有之、申下刻參、御貝覆勝負
有之云々、　女中御銚子被進、御、若宮御方、岡殿、女中
衆、中山大納言、　源中納言、輔房朝臣、公遠朝臣、重通

朝臣、親綱等也、此予、(マヽ)(當番)三條中納言被參、御酒於御三間有之、出御無之、音曲有之、及黃昏各退出了、〇大澤左衛門大夫及黃昏從南都上洛、　山城賀茂之中女房衆去六日之返事到、火箸一膳送之、

〇四月小

一日、(癸酉、寅刻晩立雷鳴、大霰、天晴、)〇巳刻參武家、倉部召具、勸修寺一位同道、午時御對面、申次大和宮內大輔、先御供衆大館陸奥守、同十郎、同伊與守、　細川中務大輔、　畠山次郎、一色式部少輔、伊勢七郎左衛門尉、　申次荒川治部少輔、飯川山城守、海老名刑部少輔、大館兵部少輔、安東藏人、進士美作守等也、次公家勸修寺一位、予、藤宰相、內藏頭、正親町中將、(當年始、)飛鳥井少將、日野權辨、東坊城盛長等也、次小侍從局へ各罷向、一盞有之、御さ五同所にて禮申候了、次慶壽院殿へ參同前、但奉公數多被參御酒有之、次御臺之御方へ各參、　御酒有之如例、次春日局へ罷向申置了、次此邊岡殿、(御見參、)次梶井殿、御酒有之、次竹內殿、(御見參、)次伏見殿、次大祥寺殿、(御見參、)次高倉入道、(見參、)　目藥一包所望了、次內侍所、臺所等へ立寄、次於薄所休息、　〇未下刻殿下御參內、予、藤宰相、倉部、北御門外參會、　自車寄長橋局へ渡御、次御三間へ御參、御直衣着御、關白夏袍に被重大帷、三獻參、御陪膳三條中納言、御手長重通朝臣、被參之輩乍三獻召出有之、初獻御酌、　公卿以下言經朝臣、二獻三條中納言、三獻關白也、被參之輩勸修寺一位、中山大納言、萬里小路大納言、予、三條中納言、　藤宰相、重通朝臣、言經朝臣、親綱等也、關白御陪膳言經朝臣、親綱兩人也、次若宮御方へ御參、被下御座御對面、次於長橋局二獻有之、各同前、猶雅英參及數盃、　此間御侍兩人齋藤太郎左衛門尉、進藤左馬允そは口にて一盞勸了、次御退出、北御門外迄如先三人送申候了、〇葉室母儀出京來儀、桂侍者來了、〇暮々御祝に參內、倉部召具、天酌に被參之輩勸修寺一位、中山大納言、　萬里小路大納言、予、源中納言、大藏卿、輔房朝臣、公遠朝臣、松夜叉丸、重通朝臣、言經朝臣、實彥朝臣、爲仲朝臣、親綱、雅英

等也、次若宮御方御酌にて各被下之、同前、次各退出
了、倉部廣橋亞相番代に祗候了、
二日、甲戌、天晴、○長橋局へ被呼之間罷向、細工之事被申、
一盞有之、次梶井殿へ參、次岡殿へ參、御參内之由有
之間、則歸宅了、○外樣之番烏丸代に參、内々に祗候
了、内々番萬里小路大納言、中院代、持明院宰相兩人也、於
御所口各御酒被下之、通玄寺殿方丈被取建之、棟上御
樽被進云々、
三日、乙亥、自午時雨降、寅刻地動、金翅鳥動也、○内侍所へ罷向、持明院同被來
雙六了、次梶井殿へ參、兩度御酒有之、竹内殿、勸修寺
一位、中山大納言、予、勸修寺中納言、大藏卿、左大辨
宰相等祗候、中將碁有之、梨門と予一盤參了、二階堂
山城守室食籠錫等持參、御酒音曲等有之、○當番之
間申下刻參、相番中山大納言、四辻大納言、外樣左大將代、内々に祗
候也、予等也、予於長橋局一盞有之、
四日、丙子、雨降、○庭田へ早旦罷向、觀音懺法有之、伏見僧
衆九人、頭中將外祖母榮秀、廿五年云々、中山大丶丶

予、亭主、同頭中將、正親町少將、中山少將等也、次内
侍所へ罷向、持明院と雙六三番打了、○大和宮内大輔
音曲本三冊被返送之、又豐干本一冊遣之、○武家小侍
從殿御局へ、以書狀竹公事之事、奉行衆不請取之間、
此由可被披露之由申遣了、
五日、丁丑、雨降、四月中、天一酉、○從梨門今日雨中可有御將碁、可參
之由御使有之、○誓願寺へ罷向、長老參會、申子細有
之、麵にて一盞有之、○座主宮へ參、各被參、竹内殿、勸
修寺一位、中山大納言、右大將、予、勸修寺中納言、源
中納言、大藏卿、持明院宰相、右衞門督、左大辨宰相、
淳光朝臣、頭中將、重通朝臣、雲松軒、候人衆以下、中將碁雙六等
有之、先食籠にて一盞有之云々、次白粥、次晩頭御小
漬有之、次臺物にて御酒音曲有之、笛鼓大小、大鼓有
之、入破二番右大將沙汰之、入夜各罷歸了、○外樣番
日野代に參、内々に祗候、内々番衆中山大納言、實彥朝臣代、
萬里小路大納言、三條中納言等也、
六日、戊寅、天晴、土公卯方、(至癸未)○通玄寺殿去二日御棟上之間爲見

舞參、鈴之代十疋進之、御作事最中也、御小漬被下之、御母儀三位殿以下御雜談移刻、○梶井殿へ昨日之御禮に參、各被參中將棊等有之、○禁裏小御所之菊見舞了、次長橋局へ罷向暫雜談了、○倉部廣橋亞相番代に參云々、

七日、己卯、天晴、○梨門へ參、中山大納言、予、勸修寺中納言、大藏卿、左大辨宰相、重通朝臣、親綱、雲松軒以下參、將棊雙六等有之、定法寺、伏見之僧等鈴持參、兩三度御酒有之、○自長橋局鮒二喉被送之、自粟津出之濯分云々、○禁裏小御所之菊晩頭掃除了、次長橋局へ罷向、鮒之禮申之、○葉室母儀、今日迎來被歸在所了、

八日、庚辰、天晴、○梶井殿へ參、各被參、將棊雙六等有之、御酒有之、○早旦又晩頭小御所之菊掃除了、夕方中山亞相同被參、掃除有之、○當番之間申下刻參、相番中山大納言、予兩人計也、

九日、辛巳、天晴、○梨門へ參、各將棊有之、次正親町へ罷向、一位、中將等暫雜談了、一盞有之、

十日、壬午、天晴、天一乾、○久河彌介來、昨夕自大坂上洛云々、烏丸言傳有之、○內侍所へ立寄、次臺所、次長橋局、薄所等へ立寄了、○梨門へ參、將棊有之、

十一日、癸未、天晴、○內侍所へ罷向、さい卅日計宿に居今日參、一盞有之、○安禪寺殿見舞に參、躑躅見有之、各一盞有之、雙六打之、同內玉林庵へ被呼之間罷向、各被行、酒有之、○藤宰相被誘引之間、木屋之藥師萬句へ及黃昏罷向、藤大納言入道、予、藤宰相、雲松軒、龍善院、粟津式部等也、一折有之、夜半に歸宅了、

十二日、甲申、天晴、土公地中、(至癸巳)自今日十方暮、○遍昭心院早旦被來、笛五常樂急被習了、○瀧雲院忌日之間、淨花院之善祐齋に來、相伴了、○禁裏御堀各に被仰出さらへらる、今日庭田、藤宰相兩人手本に被掘始、巽方口一丈、兩人自身罷出被申付、予同罷出了、歸路於藤宰相小漬にて一盞有之、庭田同被來了、○外樣烏丸番代予所勞氣之間、薄に可參之由申遣之、○澤路筑後守一昨日令別家、隼人に渡之云々、鈴持來云々、

十三日、乙酉、天晴、十方暮、○早旦藤宰相被誘引之間、藥師之萬句に罷出、藤亞相入道、予、庭田、藤相公、内藏頭、覺勝院、雲松軒、龍善院、靑松院、春阿、粟津肥前守、同弟、似粟等也、巳下刻百韻終了、各歸宅了、○今夜當番可參之處、終日相煩之間内藏頭參了、八時分に可參之由有之、御酒有之云々、故障申候了、

十四日、丙戌、陰、十方暮、五墓日、○長橋局、内侍所、臺所等立寄、見舞了、

十五日、丁亥、雨降、十方暮、○晩頭大和宮内大輔來談、脈之事申、以外虛冷云々、藥之方被與之、暫雜談了、○今夜外樣番日野代、所勞氣之間薄に申遣之、

十六日、戊子、天晴、十方暮、天一北、○岡殿へ參雙六五丶打了、次梨門へ參、各被參御雜談、將棊等有之、淨土寺殿渡御、柳辨、庭丶頭中將、中山少將、雲松以下也、○久河彌介來、令談合子細有之、一盞勸了、次高屋右京進來、○自長橋局被呼之間罷向、勢州へ之儀被申子細有之、四辻亞相被參、一盞有之、○倉部廣橋亞相番代に參云々、○予養生藥、大和方にて半兩令調合了、晩頭灸兩所沙汰之、

十七日、己丑、天晴、十方暮、○梨門へ參、次長橋局へ罷向、次薄所へ立寄、次内侍所へ罷向暫雜談了、○吉田兵衞督來談了、○未刻通玄寺殿御近所姉小路一町大略燒了、○外樣番飛鳥井代に參、然處薄參之由有之、御寢以後退出了、

十八日、庚寅、自巳刻雨降、十方暮、晩頭晴、○久河彌介來、大坂へ書狀調之相添遣之、○薄呼寄、麝香丸之藥種調之、○澤路筑後守召寄、（まて合て）久河彌介所へ遣借錢之儀申調了、五貫文（利八百、筆二百）之預狀云々、○當番之間晩頭參、相番予、持明院宰相中山大代、兩人計也、○久河彌介女四貫文持來云々、

十九日、辛卯、自曉雨降、十方暮、五月節、○梨門へ參、勸修寺一位、滋野井、柳原左大辨、中山少將等被參、中將棊有之、ちまきにて一盞有之、○自正親町一品細工之茶八袋被送之、祝着了、

廿日、壬辰、陰、五墓日、十方暮、○自藤相公被誘引之間、近所藥師之萬句へ早旦罷向、高倉入道、久我、予、藤相公、覺勝院

僧正、若王子僧正、内藏頭、春阿、西林、雲松軒、似粟、粟津肥前守、同勘右兵衛尉、同式部丞、圓心等也、三折面過て巳刻歸宅、○座主宮へ參、從伏見一臺御出、御酒有之、次長橋局へ立寄、次内侍所へ罷向、持明院、さい等と雙六打了、

廿一日、癸巳、晴、十方暮今日迄、天一天上、○座主宮へ參、無殊事、次長橋局、内侍所等へ立寄了、○内膳民部少輔宿へ、門出に申刻罷向、鈴、鱠、一、和布一盃、遣之、盃三出、吸（鯰）物等有之、○（小川布袋屋）麝香丸華撥圓等調合了、○泥繪之扇二丁に十二本出來到、梨門和歌之事申入了、

廿二日、甲午、晴陰、天一天上、土公午方、（至巳亥）○梨門へ參、無殊事、早旦安禪寺殿へ參、所用之儀有之、○布袋屋末廣扇一本金、墨繪、到也、○香薷散一濟調合了、愛洲藥少調合了、○南向朝飡以後藥室へ被行、太刀之儀に調有之、申刻被歸了、○外樣番烏丸代參、内々に祗候了、内々番衆持明院宰相一身也、○自安禪寺殿桂侍者來、水引色々五把、白三把、送之、

廿三日、乙未、天晴、天一天上、五墓日、○土御門にて申付扇三本表金、裏墨繪、十疋宛、出來到、布袋扇二本金、墨繪、出來到、○妙順忌日之間、松林院之西堂齋に被來、相伴了、○土佐刑部大輔に申付之扇、末廣、兩金、十疋半一本、小扇兩金、十疋宛、三本、以上四本出來到、○梨門へ參、申入候扇十四本、和歌被遊下了、各參將棊有之、次内侍所へ立寄了、次甘露寺へ罷向、去九日落馬被煩云々、左之手不叶云々、○當番之間申下刻參内、相番持明院宰相中山代、計也、於小御所御酒音曲有之、御、若宮御方、岡殿、女中衆、持明院、、、輔房朝臣、公遠朝臣等也、○久河彌介に申付筆廿管二十疋、到、又透頂香三包送之、○遍昭心院被來、笛五常樂急奥段令習了、○澤路隼人佑鈴持來、各受用了、

廿四日、丙申、天晴、天一天上、○大坂へ今日可下向之處、自烏丸飛脚有之、先子細有之間可延引云々、使飯申付之、返事調遣了、○内侍所へ罷向、持明院と雙六打之、次梨門へ參、各被參一盞有之、○早旦近所藥師萬句に罷向、高倉父子、三條、覺勝院以下十四五人有之、巳刻百韻

終了、三條此方へ同道、勸一盞了、東坊城、山下孫三郎等相伴了、○武家之御馬場にて、來月賀茂へ不出之馬共十四五疋、奉公衆被乘、競馬心有之、申刻也、見物群集所無之、一色淡路守、杉原與七郎行合、兩方落馬、杉原不苦、一色蒙疵煩敷馬も相煩云々、
廿五日、丁酉、天晴、天一天上、自戌刻雨降、○早旦近所藥師萬句に罷向、人數如昨日、巳刻百韻終了、○梨門へ參、岡殿御出、各祗候也、○自烏丸又飛脚有之、中山、萬里小路上洛以後可罷下之由有之、各居所無之云々、○久河彌介所へ罷向、烏丸令見之盃出、予兩人音曲有之、澁谷掃部來、暫音曲有之、予舞了、○外樣番日野代に參、今夜長橋局へ別殿行幸也、女中衆各御供、被參之輩勸修寺一位、四辻大納言、予、大藏卿、三條中納言、藤宰相、輔房朝臣、公遠朝臣、重通朝臣、親綱、季長、雅英等也、五獻參、五獻より音曲有之、三獻天酌、四獻親綱、五獻三條中納言酌也、鷄季長申之、次還御、次大典侍殿御出、御跡之祝有之、男衆各酒有之、次予內々に祗候、內々番衆三條中納言、右大辨宰相父卿代、等也、
廿六日、戊戌、雨降、天一天上、○自長橋局可參之由有之參之處、朝飡以後之御用云々、仍先罷歸了、○座主宮見舞申候了、各被參了、○巳刻參內、於小御所御貝覆有、御人數御、若宮御方、岡殿、大典侍殿、今典侍殿、長橋、御伊茶、輔房朝臣、公遠朝臣、重通朝臣、雅英等也、勸修寺一位、四辻大納言、予、大藏卿等御人數故障申、四人は音曲申候了、貝一番之以後、大典侍殿より赤飯各有之、次臺物にて御酒、及申刻音曲了、新大典侍殿、下姿にて東之簀子迄被參了、次各退出了、○倉部廣橋番代に參云々、
廿七日、己亥、雨降、天一天上、自未刻晴、○可祗候之由有之間午時參內、於小御所御貝覆有之、自申刻及黃昏、於◎衍カ常御所御三間之御庇にて、御酒音曲有之、若宮御方、岡殿、大典侍殿、今典侍殿、長橋、御伊茶、新內侍殿、四辻大納言、予、大藏卿、輔房朝臣、公遠朝臣、重通朝臣、雅英等也、暮々退出了、先之岡殿へ參、御留守也、○早旦近所之

萬句に、三條、藤宰相使有之、故障了、倉部罷向、
廿八日、庚子、自寅刻雨降、天一天上、土公地中、(至丁未)○岡殿へ參、雙六廿四五番打了、○梨門へ參之處、自禁裏可祗候之由有之、未刻參內、四辻大納言繪被書之、同新宰相中將祗候也、三人音曲、臺物にて御酒有之、予當番之間、晩飡長橋局へ召寄其間々祗候、今夜番衆予、持明院宰相中山大納言代、兩人也、
廿九日、辛丑、陰、天一天上、五墓日、○故葉室寶樹院、宗永等忌日之間、淨花院之善祖齋に來、相伴了、予脈診之、藥可與之由申之間取に遣、補中湯五色、◎包カ送之、○西林所へ罷向、岩藏之山本佐渡守實尙、令所望之間、一竹同一紙等可相届之由申之、但留守之間女房衆に申置了、次內侍所へ罷向、持明院被來雙六打了、○粟津勘右兵衛次男五才、腹中相煩云々、藥所望之間、調中散三服遣之、

○五月大

一日、壬寅、雨降、天一天上、日蝕辰刻、(二分)自巳下刻天晴、○令看經、吹神樂庭火早韓神、次縿唯識論了、○武家に參、賀茂足そろへに御出也、仍今日各參賀無之、予御出之刻懸御目御禮申候了、今日見物不仕歟之由仰也、不罷向之由申之、次小侍從殿、御さこ之局へ御禮申、慶壽院殿へ被參云云、次慶壽院殿へ參、予一人也、御盃被下了、次御臺へ參、上﨟被出如例御酒賜之、次春日局へ罷向、日野瘧病被煩云々、見參無之、女房衆被出一盞有之、○此邊禮に罷向、梨門御見參、次伏見殿へ參、御見參御盃被下之、次大祥寺殿へ參、御見參御盃被下之、次長橋局へ罷向、次內侍所へ罷、持明院と雙六打了、○暮々御祝に參、先若宮御方、御局々等へ御禮申候了、次天酌被參之輩勸修寺一位、予、輔房朝臣、經元朝臣、重通朝臣、親綱、雅英等也、次於御所之口內藏九獻之御祝如例、大藏卿、公遠朝臣遲參也、次各退出了、○今日內藏九獻柳一荷兩種臺所へ進了、
二日、癸卯、天晴、天一天上、○自葉室人來、太刀持來了、○外樣之番烏丸代に參、內々祗候了、內々番衆持明院宰相一身也、○早旦近所藥師萬句へ罷向、四辻亞相、予、三條、

藤相公四辻、新相公、倉部、覺勝院、雲松、春阿、粟津肥前守以下也、巳刻百韻終了、以上八千三百韻出來了、

三日、甲辰、晴、自未刻至戌刻雨降、天一天上、○大祥寺殿寶德庵へ罷向、中子細有之、次梨門へ參、各祗候、竹門渡御、將棊一盞等有之、○松林院之舜玉招寄、要脚借用之事申談了、○晩頭内膳民部少輔所へ門出に罷向、民部他行云々、一盞有之、○當番之間參、予、持明院宰相中山代、兩人也、入夜於長橋局一盞有之、柳原之北向鈴被持來故也、

四日、乙巳、天晴、天一天上、辰巳刻刻（◎衍カ）雨降、○梨門へ參、各祗候、將棊有之、予一番雲松と差之、次内侍所へ立寄、一盞有之、小御所之菊菊カ◎衍枝下葉取之、若宮御方、岡殿、竹内殿渡御、め丶すけとの等音曲四五うたい了、

五日、丙午、雨降、自午時晴、天一天上、五月中、○聖降日之間、鎭宅靈符如例五座行之、次去月四日未進分同五座以上十座行之、○大澤出雲守、同右兵衞大夫、同又四郎、澤路筑後守、鈴持來、盞令飲、同隼人佑、盞同、野洲五郎左衞門尉等禮に來、其外出納大藏大輔、讃岐將監忠雄、豐雅樂頭守秋朝臣、久河彌介、盞令飲、飯尾與三左衞門尉、佛師侍從、河内源五郎、觀世與五郎等來了、○暮々御祝に參内、先若宮御方、御局々御禮申候了、天酌に被參之輩勸修寺一位、四辻大納言、予、大藏卿、三條中納言、輔房朝臣、公遠朝臣、經元朝臣、言經朝臣、親綱、雅英等也、次若宮御方御祝有之、御酌輔房朝臣也、次各退出、予外樣番日野輝資代に參、御銚子出了、但内々に祗候了、内々番衆三條中納言、輔房朝臣父卿代、等也、

六日、丁未、天晴、天一天上、○朝飡以後參内、御懸之松木一本洗之、薄合力、次常御所御學問所等御庭之木少々洗之、次若宮御方小御所へ渡御、參了、次主上渡御、暫御雜談申候了、次薄所へ罷向、一盞有之、次内侍所へ罷向、持明院と雙六打之、申刻歸宅了、

七日、戊申、天晴、今日迄天一天上、土公酉方、（至癸丑）自申刻雨降、○太秦之奧坊來、樽代十疋送之、中坊同道、麵にて一盞勸了、○久不罷之間飛鳥井一位入道へ罷向、油煙一挺遣之、暫雜談、一盞有之、次近衞殿へ參、大閤御見參、暫御雜談申候了、殿

下御留主云々、次德大寺へ罷向、久我諸大夫森周防守、外記一﨟康雄等雙六有之、一盞了、〇今日今宮祭加興丁申事有之、及黃昏祭禮有之云々、

八日、己酉、雨降、天一下艮、自巳刻天晴、〇自禁裏可祗候之由有之、巳刻參、四辻大納言被書之、岡殿、竹內殿、勸修寺一位、予、公遠朝臣等、於御三間御酒有之、若宮御方、女中衆等御出也、音曲本にて地聲に十番計御所望也、次於長橋局予計小漬有之、當番之間其間々祗候了、〇今夜番衆予、持明院宰相、中山大丶代、經元朝臣等也、〇自南都春日社之御師女房衆より◎二字衍カ三月に申七日詣之撫物到、

九日、庚戌、天晴、〇座主宮へ參、各被參中將棊有之、勸修寺一位、四辻大納言、予、勸修寺中納言、大藏卿、左大辨宰相、頭中將、一色市正、雲松齋、飯尾中務丞等、冷麵にて一盞有之、甲斐守久宗參鶉籠仕了、〇禁裏常御所之御庭之木洗之、內山之上乘院御學文所之御庭被洗之、次長橋局內侍所等へ立寄了、

十日、辛亥、天晴、〇座主宮へ參、各被參將棊有之、甲斐守參籠仕了、〇禁裏小御所之菊令掃除了、末之あか丶次有之一盞振舞了、次內侍所へ立寄了、次常御所之御庭之木洗之、〇三好修理大夫舍弟安宅、飯守之城へ呼寄令生害云々、以上十八人云々、逆心惡行共云々、

十一日、壬子、晴、時々小雨降、八專入、〇岩藏之山本佐渡守實尙一竹一紙等祝着之由、西林坊方へ之禮狀持來了、〇梨門へ參將棊有之、次臺所へ罷向持明院と雜談了、次兩人令同道內侍所へ罷向、前之か丶來、一盞有之、次持明院と雙六打之、〇南都春日社々家中東書狀四月七日日付、到、

十二日、癸丑、天晴、〇瀧雲院殿忌日之間淨花院之善祖齋に來、相伴了、〇梶井殿へ參、將棊一盤指之、久宗參籠仕了、各被參了、〇長橋局へ罷向、次臺所へ罷向、一盞有之、次常御所之御庭之木共洗之、次於長橋局一盞有之、晝於臺所御膳之御跡頂之、

十三日、甲寅、自夜中雨降、土公地中、(至癸亥)自巳刻天晴、八專、〇自禁裏可祗候之由有之間午時參、於小御所御貝覆有之、御人數御、若宮御方、岡殿、竹內殿、今典侍殿、長橋、勸修寺一位、四辻大

納言、予等也、次御酒有之、音曲徽音にて六七番有之、當番之間其間々祗候了、○今夜之番衆予、持明院宰相、(中山代、)經元朝臣等也、新宰相中將、(公遠朝臣、左大將代、)內々に祗候也、○自禁裏公卿補任(龜山院上、)一冊被返下之、

十四日、(乙卯、陰、天一東、八專、)○自今日、於相國寺八幡觀世大夫勸進猿樂有之、奉公衆馳走也、武家御成云々、內藏頭、薄等、久我之棧敷へ罷向云々、今日之能弓八わた、朝長、定家、女郎花、かんたん、大會、朝かほ等七番云々、○午時參內、常御所御庭木共洗之、申下刻罷歸了、

十五日、(丙辰、天晴、)○今日猿樂、久我、予、薄等令同道、近衞殿御棧敷へ參、先折、次小漬等にて三度御酒有之、御臺、光照院殿以下女中衆、殿下、(御裏頭、)大覺寺新門主等御出也、能老松、あたか、二人靜、錦木、三井寺、東岸居士、ぬゑ、くれは(入破、)等也、○外樣番日野代に參、內々(御添番)に祗候了、內々番衆持明院宰相、輔房朝臣(父卿代、)等也、

十六日、(丁巳、小雨灑、自辰下刻天晴、八專、半夏生、)○勸進猿樂、依天氣今日無之云々、○早旦座主宮へ參、一位以下六七人將棊有之、予一盤差之、○今日如例年爲祈禱、家中衆百萬返之念佛、心經百卷讀之、殘は後日に可讀誦之、祇園社へ祈念了、○長橋局內侍所等へ立寄了、次藤宰相へ罷向、一盞有之、暫雜談了、晚天召之間參、明日若宮御方御見物、御供に可參之由有之、○久不參之間參武家、御留守之間上野與八郎に申置了、小侍從殿へ罷向、慶壽院殿へ被參云々、栗一蓋五十、遣之、次御臺へ參、從昨日近衞殿へ御出云々、各留守也、栗廿、堀川殿へ預置あやゝに了、次慶壽院殿へ參、若州之姬君御上洛に御取亂云々、明後日皆々御參宮云々、左衞門督、新宰相等(◎衍カ)小林新介等被出、御次にて一盞有之、○及黃昏葉室、松尾社務子祝藏人同道被來、明日猿樂爲見物也、

十七日、(戊午、天晴、)○早旦用意若宮御方に參、御忍棧敷へ御出也、御衣かつき御輿也、御輿添內膳民部少輔、案主七郎兩人也、女中新大典侍殿、めゝ典侍殿、御伊茶、御(大ゝ、般)今參、御乳人等、其外岡殿、大祥寺殿、竹內殿、喝食、

大典丶丶姉、官女四五人等、男衆勸修寺一位、四辻大納言、予、勸修寺中納言、三條中納言、右大辨宰相、新宰相中將、玉泉院、頭辨、頭中將、中山少將、內山上乘院、薄、極﨟等御供也、予供大澤右兵衞大夫、宮松、與三郎計也、先臺物ちまき、にて御酒有之、次麵にて御酒、次折二合にて御酒有之、能山うは、春榮、松風、木賊、三輪、春日龍神、猩々、二人靜、遊行柳等也、次還御御供申候了、○南都伶人辻子近定上洛とて來云々、團扇二本送之、○松尾藏人能以後歸云々、葉室は此方に逗留也、

十八日、己未、小雨灌、八專、○岡殿へ參雙六打了、次內侍所へ罷向、一盞有之、持明院參會、先若宮御方へ參昨日之御禮申候了、次長橋局へ立寄了、○當番之間晚頭參、相番予、持明院宰相、中山代、經元朝臣等也、御銚子被出之、○中山、萬里小路兩亞相、庭田等、昨晚自大坂上洛云云、○昨晚近所之栖雲來云々、自雲頂院堯長老、來廿四五日之間和漢可有張行、父子可來之由有之云々、定日此方次第云々、

十九日、庚申、雨降、(寅卯辰大雨)自巳刻晴、八專、天一巽、○臺所へ罷向、持明院と微音に音曲一番有之、次內侍所へ兩人罷向、雙六有之、予一盞振舞了、次長橋局へ立寄了、○晚頭御庚申に參內、被參之人數勸修寺一位、中山大納言、四辻大納言、予、持明院宰相、藤宰相、輔房朝臣、公遠朝臣、經元朝臣、重通朝臣、言經朝臣、親綱等也、先於番衆所音曲有之、臺物にて御酒被下之、次於男末白粥有之、次於御三間音曲御酒等有之、岡殿、女中衆御出也、夜半鐘以後各退出了、○早旦慶壽院殿、鹿苑寺殿、武田室之姬君、小侍從等御參宮云々、

廿日、辛酉、天晴、八專、○葉室、薄等勸進猿樂見物云々、當麻、實盛、舟辨慶、松蟲六、櫻川五、融四、そとは小町、高砂入破、等云々、かうかいぬき一人召取云々、○長橋局へ罷向、次大典侍殿御局へ若宮御方召之間參、若、岡殿、阿茶々等と雙六打申候了、次可祇候之由候間則參、於小御所御貝覆有之、次御庭少洗之、一盞有之、御、若丶丶

丶、岡殿、め丶、典侍殿、長橋、御新參、予、公遠朝臣等也、晚頭予、內藏頭可祗候之由被仰了、○晚頭可參之處持病氣之間不參、倉部同所勞氣之由申、
廿一日、壬戌、天晴、六月節、○召之間午時參內、於小御所御貝覆有之、予故障申候了、御人數御、若宮御方、岡殿、曼殊院殿、め丶典侍殿、長橋、四辻大納言、三條中納言、輔房朝臣、公遠朝臣等也、次御盃參、御入御也、源中納言臺物御樽進上云々、女中各御出也、其外祗候之衆中山大納言、四辻大丶丶、源中納言、三條中納言、輔房朝臣、公遠朝臣、重遠朝臣、雅英等也、音曲有之、及數盃申下刻各退出了、○自攝州保童圓三十疋にて取に來、六包千二百粒遣之云々、
廿二日、癸亥、天晴、八專終、○勸修寺中納言令同道參武家、慶壽院御留守之間爲御見舞也、於常御所御對面、申次細川宮內少輔也、御盃被下之、女中逹御出也、藤宰相祗候也、禁裏菊之儀以下暫御雜談也、次慶壽院殿御留守、御臺、小侍從局等見舞申候了、○萬里小路へ被呼之間午下刻罷向、飯有之、罷向之衆勸修寺一品、中山亞相、亭主、予、勸修寺黃門、庭田、滋野井、持明院、右大辨宰相、甘露寺、庭田頭中將、中山少將、東坊城等也、中酒之後又及大飮、音曲有之、大坂宮笥振舞田舍酒也、○外樣之番烏丸代薄に相轉了、
廿三日、甲子、辰刻小雨灌、終日陰晴、土公子方、（至己巳）○柳原へ罷向、雲頂院尭長老、仁如、來廿六日和漢張行、一巡令談合了、○禁裏常御所御庭之木共洗事、悉出來了、晚頭當番之間暮々參、相番予、持明院宰相、中山代、經元朝臣等也、予、持明院兩人、常御所簀子に被召之、暫御雜談了、○自葉室禁裏菊之籬之竹十七本細竹等到、
廿四日、乙丑、晴、申刻雨降、○禁裏小御所之菊掃除了、○座主宮へ參、各將棊有之、○自高辻取次保童圓五十之分所望、別儀に三百五十粒遣之、
廿五日、丙寅、天晴、申刻小雨灌、天一南、○早旦南向北野參詣云々、○中山へ午下刻罷向、飯有之、人數勸修寺一位、亭主、萬里小路亞相、予、勸修寺黃門、庭田、滋野井、持明院、萬里

右大辨、庭頭中將等也、次又吸物臺物等にて及數盃、音曲有之、○外樣番日野代に參、内々に祗候、内々番衆中山亞相、實彦朝臣代、萬里小路大納言等也、

廿六日、丁卯、天晴、從申刻小雨降、○朝飡急之、予、甘露寺、倉部令同道、相國寺之内雲頂院雲澤集堯長老、へ罷向、和漢有之、人數四辻亞相、予、四辻相公羽林、甘露寺、內藏頭、仁如、堯、事也、、祥壽院、瑞昌法眼、元理、永東首座、集陌藏主、宗詔藏主、集厚藏主、承兌（たい）侍者、壽恩似笑、鹽川入道招月、栖雲執筆、等也、辰刻始、未刻終了、先切麵吸物等にて一盞有之、會以後湯漬濟々儀也、次吸物食籠共臺物共にて及大飲、音曲等有之、日沒之時分各歸了、發句以下如此、

雲に名のきこへてたかし時鳥　山科少將
望山新綠濃　仁如
雨晴ろ枕の月の明そめて　頭辨
はらふに露のおき出ろ道　四大
風報砧聲近　宗詔
霞溪坏面釀　承兌
なかき日もおほへすくらす席にて　山中
あくこやはある櫻さくかけ　新宰相
詩景□吟步　集厚
今朝打出ろはつ雪の山　元理
寒村翁賣炭　永東
曉寺獨聞鐘　集陌
夢覺月淸色　壽恩
竹の葉ならす秋風の比　似笑
冷しく時雨しにけり窗の前　瑞昌
さひしくならぬ山かけの暮　栖雲

自高辻保童圓之儀半分到云々、

廿七日、戊辰、天晴、五墓日、○小御所之御庭、滋野井、内山之上乘院被摘之、見舞了、次座主宮へ參了、○梨門へ參、岡殿、總持寺殿御出也、其外各被參、御酒及數盃、音曲有之、晩飡被下之、入夜歸宅了、

廿八日、己巳、雨降、自午時晴、○長橋局へ參、香薷散一包二兩遣之、次內侍所へ罷向、官女腹中煩之由有之間香薷一包一兩遣之、先之岡殿へ參、香薷散一包一兩進之、雙六參了、○座主宮へ參、總持寺殿御逗留、比丘尼衆御迎に被參、御齋有

之、御中酒御相伴申候了、未刻又白粥有之、各被下之、次御酒及大飲、音曲有之、及黄昏總〻〻殿御歸寺、各御送に被參、予一條より歸宅了、○大隅阿五楊梅一盞送之、祝着了、

廿九日、庚午、天晴、土公地中、(至丁丑)○松林院之舜玉、明日之齋に今朝來、相伴了、○梨門へ參、香薷散一包二兩、進之、次長橋局へ罷向、御新今參へ香薷散一包一兩半、遣之、女官阿茶、あか〻、梅、たと等に一包一兩、宛遣之、○庭田へ被呼之間午時罷向、勸一品、中山、萬里小路、予、勸修寺黃門、亭主、滋野井、持明院、右大辨宰相、甘露寺、頭中將、中山少將等也、飯有之、次吸物共食籠臺物等にて及大飲、音曲有之、

卅日、辛未、天晴、天一坤、○昨宵吉田東山燒亡云々、今朝大澤彥十郎遣之、河原者家云々、○總持寺殿へ參、御約束之蓽撥圓、二貝、香薷散二兩、進之、同比丘尼衆中へ一包一兩半、遣之、御見參、御酒被下之、暫御雜談申候了、次誓願寺くり新造見物、然に長老被出被呼之間罷向、麵にて一盞有之、次大和宮內大輔所へ罷向雜談移刻、葛にて一盞有之、○長橋局へ參、香薷散一包二兩、上へ進上了、同若宮御方へ參一包同、進上了、同御伊茶、御乳人等へ一包一兩半、宛進之、次大典侍殿、め〻典侍殿等へ一包同、宛進之、次新大典侍殿御里へ同一包二兩、持參之、臺所之あちや、あか〻樽持參歟、麵にて御酒有之、予相伴、御酒賜之、持明院被進候了、

○六月小

一日、壬申、天晴、申刻夕立雷鳴、○今日禮者奥坊、淨門之堀川近江守、甲斐守久宗等來云々、○武家に參、勸修寺黃門同道、先御臺へ參、御酒有之、次巳下刻御對面、申次伊勢七郎左衛門、後也公家予、勸修寺中納言、藤宰相、東坊城盛長、等也、御供衆大館陸奥守、同十郎、同伊與守、畠山次郎、上野兵部少輔、一色播磨守、同式部少輔、御部屋衆三淵伊賀入道、一色淡路守、申次荒川治部少輔、小笠原備前守、海老名刑部少輔、飯川山城守、千秋左近、安東藏人、祐乘〻〻、千代等也、同御さ五、小侍從局申置了、

次慶壽院殿へ參、各同前、侚奉公衆數多被參了、御盃頂戴了、各御酒有之、次春日局へ罷向見參、一盞有之、○岡殿、梨門、竹內殿、各御見參、伏見殿、御盃被下之、大祥寺殿同上、等へ參了、○暮々御祝に參內、倉部同道、若宮御方御局々先御禮申候了、天酌に被參之輩勸修寺一位、中山大納言、四辻大納言、萬里小路大納言、予、源中納言、大藏卿、三條中納言、輔房朝臣、松夜叉丸、經元朝臣、言經朝臣、親綱、雅英等也、次若宮御方御祝、右大辨宰相各へ酌也、同前、次於御所口內藏九獻御祝如常、予、倉部參了、次各退出、倉部廣橋亞相番代に祗候也、

二日、癸酉、天晴、○自禁裏爲御帷子之代五十疋拜領、忝者也、自藝州金銀參故也、○晚頭柳原へ被呼之間罷向、人數亭主、勸修寺一品、中山亞相、四辻亞相、予、勸修寺黃門、庭田黃門、甘露寺、堀川近江守、角田入道等也、晚飡濟々儀也、中酒以後盃出、酒有之、音曲有之、予番之間早罷歸了、○及黃昏外樣番烏丸代に參、內々に祗候了、內々番衆萬里小路大納言、親綱、持明院代等也、長橋局へ罷向、帷之代御禮申候了、

三日、甲戌、天晴、土用入、○梨門へ參、將棊一番指之、次正親町へ罷向、一品見參、一盞有之、○當番之間暮々參內、相番中山大納言、予、經元朝臣等也、

四日、乙亥、天晴、土用、○正親町一品へ、咋日約束之愛洲藥一包遣之、○三條黃門華撥圓之方被所望之間寫遣之、○御臺之堀川殿誂之香薷散一濟、十八兩、持參之、藥斤八十、被送之、一盞有之、次小侍從殿一包二兩、進之、見參、一盞有之、次慶壽院殿へ一包、二兩、同今御乳人へ一包、一兩半、小宰相殿へ同進之、於御次御酒賜之、次春日局へ一包同、進之、於武家東御庭盜人歟被生害了、奉公衆狩野（松田右衞門大夫者）佐竹、其外兩人蒙疵了、○從大坂本願寺公武へ十荷十合進上云々、使平井越後入道云々、此方へも以庭田音信、大澤出雲守庭田へ遣之令請取、自門跡樽代二百疋、從慶壽院杉原十帖、越後布二端被送之、使不案內之間如此云々、○晚頭從禁裏可參之由有之、令沈醉之間故障申候了、倉部所勞云々、自武家十合十荷

御進上、從本願寺御樽旁如此云々、○參武家之路次、大澤出雲守所へ立寄、麵にて一盞振舞了、覺辨來相伴、

五日、丙子、天晴、土用、○賀茂之山本帶刀來、予對面、盃令飲之、薄、極﨟渡領白粉之儀、勢州へ可召下之由申談了、○伏見殿へ參、香薷散一包、一兩半、同南御方へ一包同、進之、次禁伊與殿へ同一包、一兩半、女嬬に一包一兩、遣之、御新參へ一包遣之、○晩頭外樣番日野代に參、内々に祗候了、内々番衆中山大納言、實彥朝臣代、萬里小路大納言、三條中納言等也、

六日、丁丑、天晴、天一西、土用、六月中、○御番歸早旦座主宮へ參、總持寺殿之賢藏主、祐範等被參、予、雲松大御酒有之、各沈醉了、巳刻歸宅了、○從一條殿御楊弓に可參之由有之、勸修寺一品、予、滋野井令同道參、午時、一種一瓶之間、鈴一對持參了、廿五度有之、御人數一條殿、五、勸一位、四、中山大、六、予、三、滋野井、三、三條中、三、坊城、六、堀川近江守、三、難波右馬助、九、穴、海老名刑部少輔、四、狩野左京亮、二、安威兵部少輔二等也、自未下刻御酒有之、先冷麵有之、食籠臺物等にて御酒及大飮、音曲有之、申下刻歸宅了、

七日、戊寅、天晴、土公卯方、(至癸未)土用、○令行水、鎭宅靈符五座如例行之、次岡殿へ參、一座行之、麵にて一盞被下之了、○薄伊勢國射和白粉御料所之儀、木造へ太刀、扇、兩金、代官朴木左京亮、扇泥繪二本、同源介、河合總左衞門同、政所也、等へ、去年當年兩度之分書狀調之、賀茂山本帶刀所へ持遣之、○前之かか、雲松等へ香薷散一包一兩、宛遣之、次長橋局へ參、從久我大將夫木抄三册被返上之間持參了、次安禪寺殿之あかゝに香薷散一包一兩、遣之、次內侍所へ罷向、一釆女、あか、さい、官女あこゝ等に香薷散一包一兩、宛遣之、一盞有之、○澤路隼人佑來、酒令飲之、大坂堺等へ下向云々、烏丸へ書狀言傳、香薷散一包遣之、○大坂へ返事、下間大藏卿、烏丸等へ調之、庭田持遣之、

從御門跡爲芳信樽代、同自慶壽院殿越後杉原等送賜候、如御狀到來候、御懇之至、不知所謝候、必以參

御禮可申候、先宜然之樣御取合所仰候、謹言、
六月七日　　言繼
下間大藏卿法橋殿
澤路筑後守召寄、久河彌介所へ三貫文返遣之、殘二百疋之分也、酒令飲之云々、
八日、己卯、天晴、土用、○大澤出雲守、同左衞門大夫室やゝ、同右兵衞大夫、澤路筑後守等に香薷散一包一兩、宛遣之、○安禪寺殿へ參、桂侍者、春首座、昌藏主、仙藏主、玉林庵、市川左馬助等に香薷散一包一兩、宛遣之、暫雜談、玉林、ゝ干飯鈴一持來振舞了、○梨門へ參、次正親町一品へ香薷散一包一兩半、遣之、見參、次長橋局へ立寄、今日所勞驗氣云々、次內侍所へ罷向、今日百味神供參云々、一盞有之、予、持明院、萬里ゝゝ辨、薄等罷向、雙六各打了、○當番之間暮々參、予、經元朝臣兩人也、中山大納言暑氣所勞云々、若宮御方昨日被仰雙紙、五十枚、假閉調之持參了、
九日、庚辰、天晴、土用、○早旦梨門へ參、遍昭心院瓜持參、滋野井祇候也、○久河彌介明日大坂へ下向云々、香薷一包一兩、遣之、烏丸へ言傳了、○一條殿、一兩半、堀川近江守、〃、高倉亞相入道、〃、澤路備前入道〃、香薷散一包宛送之、○吉田へ罷向、德大寺、外記一﨟、淸水寺之平等坊、亭主父子、同名權大副父子等連歌有之、六十韻以後罷向、九韵沙汰了、德大寺暮々被歸了、予逗留、各晚湌有之、○四條へ罷向、香薷散一包一兩、遣之、伏見殿へ參、暫御雜談申候了、次大祥寺殿寶德庵へ同一包一兩半、遣之、寶德庵、淳首座、永首座三人、自一昨日霍亂以外被煩了、中山亞相以外霍亂云々、罷向尋之、不能對面、
十日、辛巳、天晴、土用、○吉田懸之木共朝晚少々洗之、亭主父子、權大副父子、亭主弟牧庵、平等坊、智福院等終日碁有之、平等坊晚頭歸房也、予逗留、宵之間音曲有之、
十一日、壬午、天晴、土用、天一乾、申刻雷鳴夕立少灑、○吉田懸之木朝之間に悉立了、朝湌、巳下刻歸宅了、○長橋局へ立寄、去夜別殿行幸云々、倉部祇候云々、次內侍所へ罷向、持明院と

雙六打之、一盞有之、先之座主宮へ參、二條殿へ渡御也、○倉部廣橋番代に參云々、○淨花院之内松林院之舜玉、昨日香薷散被所望之間、今日一包遣之、

十二日、癸未、天晴、土用、　○亡父卿忌日之間淨花院之善祖齋に來、相伴了、○從葉室人來、明日之御田栽に可來之由有之、革籠一、言傳遣之、○長橋局へ罷向御暇之事申之、明日松尾へ可罷向也、座主宮へ立寄了、次内侍所へ罷向了、

十三日、甲申、天晴、土公地中、至癸巳、未刻小夕立、土用、自今日十方暮、　○朝飡以後葉室へ罷向、供大澤彥十郎、與三郎兩人也、路次太秦之奥坊眞珠院、罷向暫納涼、一竹一紙等調進之、依兼約也、干飯にて一盞有之、次葉室へ罷向、先行水小漬有之、次松室へ罷向、晩飡有之、予、葉室、良峯之岸泉坊、同若衆、亭主、大澤彥十郎、秋田與左衛門、山口又左衛門等相伴也、次社頭へ同道、御田之儀式過了、猿樂始、大夫八田子也、弓八幡、丹後物狂、半蔀、夕顔等三番有之、葉室へ歸了、於神前棧敷一盞有之如例、○香薷散各へ遣之、大方殿、一、葉室、一半、宗玄、一、同與左衛門、一、山口又左衛門、一、同又七、一、松室中務に、一半、愛洲藥一包、同左衛門佐に同、遣之了、

十四日、乙酉、辰刻夕立、天晴、土用、十方暮、　○松尾社務三位所へ朝飡に罷向、香薷散、一半、愛洲藥、一包、宮内大輔に香薷、一、同藏人に同、遣之、今朝相伴、予、葉室、亭主三位、同宮内大輔、同藏人、大澤彥十郎、宗清、八田大夫、與右衛門、與七郎、甚六、明王又六、彌右、、日吉十郎四郎、灰方之下司、同内足田等也、中酒之内に音曲有之、其後暫雜談、午臥有之、○予、葉室令同道、松室中務大輔へ使有之間罷向、小漬有之、次令同道社頭棧敷へ罷向、猿樂始、御裳濯、俊成忠度、雲雀山、行家、朝顔、黑主入破、等有之、一盞如例、次葉室へ罷歸了、○葉室堂之坊主に香薷散一、遣之、

十五日、丙戌、天晴、土用、辰刻小雨灌、十方暮、　○早旦西芳寺之庭見物に罷向、蓮花得盛驚目者也、廿餘本令所望、歸路に社家之左馬助相尋、他行云々、香薷散一、遣之、廳禮に來、次

社務三位使に藏人兩度來、晩飡可用意之由有之、急能歸之間不同心也、○葉室女中松室へ被行留守也、仍香薷散一、大方殿へ預置了、○朝飡以後罷歸了、○禁裏、若宮御方、內侍所等へ蓮花卷葉等進之、外樣之番日野代に暮々參了、內々番衆中山大納言、實彥朝臣代、萬里小路大、、、三條中納言等也、御寢以後、於內侍所酒有之、持明院鈴被持云々、萬里小路右大辨等也、

十六日、丁亥、天晴、土用、十方暮、○座主宮へ早旦參了、無殊事、蓮花進之、次長橋局へ所用之儀有之罷向、○正親町へ罷向、嘉定有之、予、麵、滋野井、奧坊、淨門之久我、森刑部大輔、泰公後藤治部少輔、各酒被飮之、次自伏見殿召之間參、嘉定之儀返了、梨門、竹門、滋野井、四條以下數多祗候、岡殿御出也、後に又御盃に參、予大概程飮之、暮々歸宅了、○堀川近江守口宣案僧官、申之、勸修寺辨に申之、黃門へ申之、十疋進之、予に瓜一蓋卅、送之、

十七日、戊子、天晴、土用、十方暮、天一北、○伏見殿へ昨日之御禮に參、三條中納言被參暫御雜談移刻、瓜被出之、○自禁裏召之間參、未下刻於小御所御酒有之、御貝覆有之云々、岡殿、若宮御方、曼殊院宮、女中衆、重通朝臣等也、音曲有之、次內侍所へ罷向、萬里小路右大辨宰相、鈴食籠等被持云々、自戌刻酒有之、予、滋野井、持明院、右大辨、內侍所之衆酒有之、徽音々曲有之、鷄鳴之時分歸宅了、

十八日、己丑、天晴、從酉刻終夜風吹、土用、十方暮、○前之か、瓜一蓋十、送之云云、○葉室被官人自能州上洛云々、直に來、鈴干烏賊廿、持來云々、○自大坂澤路隼人佑昨晩上洛云々、烏丸書狀持來、言傳共有之、南方◎來脫カ儀雜談、吉田之唉隱書狀同到、油煙一挺、毛拔一、送之、祝着了、一盞令飮之、澤路備前入道來了、○武者小路德大寺向、小川與七郎所へ、大澤彥十郎遣之、澤路一郎右衞門に扶持之敷地、他人に申付之由案內、侘言之由申之、重不及是非之由申遣、尙尙侘言條々申云々、○禁臺所へ罷向、暫納涼了、○暮暮當番之間參、相番中山大、、、予、經元朝臣等也、

十九日、庚寅、天晴、風吹、土用、十方暮、○香薷散一濟調合、以上當年七

濟也、○梨門へ參、無殊事、次長橋へ立寄、次內侍所へ罷向持明院と雙六打之、次長橋へ罷向、安樂光院同純照來、鈴持來云々、酒有之、次庭田被來、同酒有之、次御新參鬢そかる祝に一盞有之、○自正親町一品瓜一蓋十、被送之、愛洲藥度々所望、祝着云々、

廿日、辛卯、天晴、土用終、十方暮、○伏見殿へ參、南御方又御所望之間、香薷散一包一兩半、進之、暫御雜談、同官女阿五所望之間一包遣之、梨門之御乳人に一包一兩、遣之、次大祥寺殿之寶德庵へ立寄、次正親町へ罷向昨日之瓜之禮申之、一盞有之、次長橋局へ立寄、次內侍所へ罷向納涼了、先之岡殿、梨門等へ參了、無殊事、○大和宮內大輔に、音曲之本大原御幸ぬれ衣二冊借用了、

廿一日、壬辰、天晴、七月節、十方暮、五墓日、○內侍所へ罷向納涼、持明院、萬右大辨等細工雙六打之、○座主宮へ參、各被參將棊雙六等有之、瓜にて御酒候了、○晚頭納涼に前之かゝ所へ立寄、一盞有之、○倉部廣橋番代に參云々、今日竹門和漢御會同參云々、

廿二日、癸巳、天晴、今日迄十方暮、自今日天一天上、○滋野井從早旦被來、朝飡相伴了、禁裏菊之籬竹ため事誂之、午時干飯にて一盞勸了、未下刻被歸了、卅本出來也、○外樣番烏丸代に參、內々に祗候、內々番衆持明院宰相一人也、○三好孫六郎修理大夫次男、存家督之間、武家へ爲御禮東寺迄上洛云々、松永右衞門佐同上洛云々、明日武◎家脫カへ御禮申云々、他人數云々、廣橋亞相、宮內卿持賢朝臣等同上洛云々、

廿三日、甲午、天晴、天一天上、土公午方、六日、○早旦禁小御所之菊に水打了、○朝飡以後、予、倉部、中御門、坊城等令同道二條邊へ罷向、三好孫六郎、同日向守、松永右衞門佐、齋藤右衞門大夫等出仕見物了、細川右馬頭も出仕云々、不見物、都合四千人計云々、御對面以後直に山崎迄罷下云々、廣橋亞相、竹內三位、宮內卿等も上洛云々、○當番之間暮々參、相番中山大納言、予、經元朝臣等也、

廿四日、乙未、天晴、天一天上、五墓日、○西方寺之法談聽聞了、大原問答也、次堀川近江守所へ罷向暫雜談、干飯にて酒有

之、次一條殿へ參、御見參、御盃賜之、○內侍所へ罷向納涼了、
廿五日、丙申、天晴、天一天上、○禁裏に北野社御法樂御當座有之、巳刻參內、御人數御製、四首、若宮御方、二首、無御出、曼殊院宮、三、、中山大納言、三、、四辻大納言、二、、萬里小路大納言、三、、予、二、、源中納言、二、、三條中納言、二、、輔房朝臣、二、、經元朝臣、一、、重通朝臣、一、、親綱、一、、季長一、、等也、予雖爲三首、季長遲參之間分遣之、於御三間有之、未刻被取重、經元朝臣讀揚了、次入御、次於御三間土器物にて御酒了、○予和歌懸御目了、題閑庭薄、稀戀、

獨すむ庭の籬の花薄なくさめかほに何まねくらん

さ絶ある中もかこたし彦星の契りをたにもたのむためしに

暮々外樣番日野輝資代參、內々に祗候了、內々番衆三條中納言、親綱實彦朝臣代、等也、○大隅阿五鮎一盆送之、祝着了、
廿六日、丁酉、天晴。天一天上、○自正親町一品被誘引之間鴨御手洗へ參、一品乘輿、中山父子、予、滋野井、甘露寺、奥坊、奉公衆後藤治部少輔、久我之森刑部大輔等同道、森東河へ卷網持之、鮎百計取之、於社內燒之、飯酒被持各及大飲、音曲等有之、暮々歸宅了、○倉部廣橋番代に參云々、
廿七日、戊戌、天晴、天一天上、晚頭雨灑、○仁和寺殿御在京之間伏見殿へ參、一盞有之、暫御雜談申候了、石山寺之緣起五卷、禁裏へ被入見參、予持參、以長橋局申入候了、○內侍所へ罷向、持明院、右大辨宰相等雙六有之、一盞了、○晚景納涼之次高倉へ立寄、入道見參、相公他行云々、瓜有之、
廿八日、己亥、大雨降、風吹、天一天上、終夜風吹、○自禁裏召之間午時參、於小御所御貝覆有之、御、若宮御方、岡殿、め丶、典侍殿、新內侍殿、伊與殿、予、經元朝臣等也、次御酒音曲等有之、其間々當番之間祗候、晚飡召寄、今夜相番中山大納言、予、經元朝臣等也、○澤路一郎右衞門子愛松丸、六才、姉兩人禮に來、鈴持來、盃令飲之、代替禮也、○辰刻、大祥寺殿御近所實德庵之邊過半燒亡、早消之、予、

倉部、大祥寺殿へ馳走了、
廿九日、庚子、大雨降、風吹終夜、天一天上、○故葉室、宗永等忌日之間、淨花院善祖齋に來、茶隨身、相伴了、○內侍所へ罷向納涼、持明院、右大辨等雙六有之、一盞有之、○祝如例、御祝に可參內之處、風雨之間無其儀、

○七月大

一日、辛丑、雨降、自辰至申刻晴、天一天上、終夜大雨、 ○看經、神樂少々吹之、緣唯識論了、 ○武家に參、勸修寺中納言同道、午時御對面、廣橋大納言、予、勸修寺中納言、 藤宰相、御供衆大館十郎申次也、 同伊與守、細川中務大輔、上野兵部少輔、一色播磨守、御部屋衆三淵伊賀入道、 申次飯川山城守、進士美作守等也、 次慶壽院殿へ參、御酒有之如例、次御臺へ參、各御酒有之、次御さ五、小侍從局々へ申置了、次春日局へ罷向、見參、各酒有之、○梶井殿へ參、中山と中將碁一ヽ指之、總持寺殿、伏見殿、南御方等御酒有之、○暮々御祝に參內、天酌に被參之輩中山大納言、四辻大納言、予、源中納言、 右大辨輔房朝臣、言經朝臣、親綱、雅英等也、先之御局々へ御禮申候了、次◎於脫カ御所口內藏九獻御祝、長橋、伊與殿、予、倉部等如例、次予退出、倉部廣橋番代に祗候了、 ○自四辻七夕御樂之觸有之、

二日、壬寅、雨降、天一天上、洪水、○早旦洪水之間林中見舞了、無殊事、正親町小河悉成河、 巳刻梨門以下各河崎迄水見物に罷向、 東河原如海也、 東西共大洪水云々、 小川舟橋邊之小家少々損之云々、○外樣番烏丸代に參、內々に祗候、內々番衆中山大納言、持明院代、萬里小路大納言中院大、代、等也、

三日、癸卯、天晴、天一天上、 ○滋野井被來、 五辻次男三才、煩之間、脈藥等之事被申候間、令同道罷向見之、暑熱有之、 赤痢云々、 調中散五服遣之、 次梨門へ參暫御雜談申候了、○廣橋大納言被來、六月會之勅使日野可爲參向之間、諸事賴之由被申之、一盞勸之、 明日南都へ下向云云、定日座主宮へ可尋之由被示之、 ○梨門へ參、六月會之定日尋申之、山上へ被相尋可被仰下之由有之、久

我御樽被進、久我、予、柳原左大辨、甘露寺、中山少將、
山名與五郎、（伏見之）大光明寺公首座以下御酒有之、次東川御
見物、各參了、 水過半引了、次薄所、內侍所へ立寄了、
〇當番之間申下刻參、中山大納言、予、經元朝臣等也、
（外樣）公遠朝臣（左大將代）、內々に祗候也、
四日、（甲辰、天晴、晩頭村雨、天一天上、）〇田口伊賀守從播州上洛云々、 都
多村公用百疋出之、沙汰之限也、 音信之代、辛勞分旁
に三十疋遣之、惡物法外比興々々、 〇長橋、薄等見舞
了、次內侍所へ罷向納涼了、 〇中御門母儀被來、德利
持來、廣橋へ六月會之儀徵望也、 則罷向申之處、春日
局次第之由返答、其由以使申遣了、
五日、（乙巳、天晴、天一天上、）〇座主宮へ參、雙六勝負振舞勸修寺中
納言鈴召寄、御酒了、門跡、予、勸中、滋野井、柳原辨等
也、次內侍所へ罷向納涼了、 〇外樣番日野代暮々參、
內々に祗候、於臺所高橋若狹守酒振舞之、 滋野井、頭
中將、薄、女官各也、予同一盞飲之、內々番衆中山大納
言、（實彥朝臣代、）三條中納言兩人也、 〇廣橋亞相南都へ下向
之事昨日延引、今日下向云々、
六日、（丙午、天晴、天一天上、）〇自伏見殿可參之由有之間則參、六角
堂（頂法寺）之太子傳之繪五幅之事書被讀了、〇薄所へ罷向、目
出事也、 長橋局、御新參、予、內藏頭、薄、御今、（故薄女也、）阿
茶、同孫小女、西坊（淨門之）女等、ちまきにて酒有之、〇未刻高
橋若狹守、 大澤彥十郎等召具、殿下へ御禮に參、四五
日以前御廚子所之供御人、 嵯峨座商買之鮎之すし一
荷候人留之、關白領公事錢可取之由申之、此間諸役免
除之段申分了、 殿下御分別之處、候人兎角申延引、昨
日返渡之故也、暫御雜談申候了、先之大閤へ參暫御雜
談申之、 御盃被下之、 〇申下刻禁裏明日御樂之御習
禮於議定所有之、 簾中御所作、若宮御方等也、各簀子
に候、樂人打板如常、平調萬、只、三臺急、（殘笙予、笛景長、）五常樂
急、太平樂急、（殘樂笙守秋朝臣、篳篥以繼、笛景長、）（音頭）老君子、（予、景長、）小娘子、 次
朗詠、次慶德等也、笙（音頭）予、守秋朝臣、篳篥橋以繼、（五、太、慶三吹之、）
笛三條中納言、景長、箏御所作、若宮御方、（而箏）四辻大納言、
右大將、公遠朝臣等也、次於番衆所一盞有之、戌下刻退

出了、予笙公物火桶申出了、
七日、丁未、天晴、天一天上、七月中、○多忠雄禮に來、對面了、甲斐守多久宗、出納大藏大輔、眞繼兵庫助等禮に來云々、北隣飯尾與三左衞門被來云々、○大澤出雲守、同右兵衞大夫、同彥十郎、澤路筑後守、鈴持來、同隼人佑等來、○自日野使松波九郎左衞門尉來、對面、六月會之事被相尋之間、條々申聞了、一盞勸了、○鎭宅靈符如例五座行之、次岡殿へ參一座行之、麪にて御酒賜之、甘露寺御禮に被參、次座主宮へ御禮に參、御見參、次長橋局へ罷向、酒有之、次內侍所へ罷納涼了、○自伏見殿如例年花一筒被下之、則花立加禁裏へ進上了、○暮々御祝御樂旁參內、倉部暑氣相煩之間不參、天酌に被參之輩中山大納言、四辻大納言、萬里小路大納言、予、勸修寺中納言、源中納言、三條中納言、輔房朝臣、公遠朝臣、松夜叉丸、經元朝臣、親綱、季長、雅英、橘以繼等也、次亥刻御樂初了、於議定所有之、平調萬歲樂、只拍子、三臺急、殘樂笙予、笛景長、五常樂急、太平樂急、笙持明院宰相、箏、橘以繼、笛景長、老君子、予、景長、小娘子、次朗詠、二星適逢、次慶德等也、次於鬼間御酒有之、盃三方に置之、如例、各及數盃、折二合饅頭、魚物、殘地下之樂人へ出之如例、丑刻退出了、○禁裏御會御懷紙計各進之、御題星夕言志、予和歌如此、

七月七日同詠星夕言志和歌

太宰權帥藤原言繼

せめて思ふけふより年に二たひさふたつの星よ契りなかなむ

持參了、倉部懷紙同添進之、
八日、戊申、天晴、天一天上、今日迄土公酉方(六日)、申刻夕立、○久河彌介來、從大坂烏丸言傳申之、勸一盞了、○梨門へ參暫御雜談申候了、次內侍所へ罷向納涼、女官共德利持來一盞了、○當番之間晚頭參、相番中山大納言、予兩人也、經元朝臣墓所へ參云々、此外源中納言、大藏卿、輔房朝臣、公遠朝臣被參、御酒賜之、夜半以後迄音曲等有之、各及數盃、子下刻各退出了、○五辻二男三才、他界云々、
九日、己酉、自曉時々小雨、天一下艮、終夜大雨、○就大坂へ可罷下之儀、今朝早旦與次郎烏丸へ差下了、○岡殿へ參、雙六有之、一盞被下了、次梨門へ參暫御雜談、竹門、勸修寺黃門等祗

候也、次內侍所へ罷向、萬里小路辨と雙六打之、次臺所へ立寄了、○倉部御番に參、一昨日に庭田に相轉云云、

十日、庚戌、雨降、自巳刻天晴、○武家春日局へ罷向、就六月會之儀、日野裝束以下之事談合、一書調遣之、所勞とて無見參、日野被出、女房衆出一盞有之、次武家に參、以一色市正申入了、次慶壽院殿、御臺等へ參、次小侍從局へ罷向、留主云々、○座主宮へ參、御酒賜之、次藤井與正親町侍四郎鈴持參、又一盞有之、次長橋局、內侍所等へ立寄了、持明院と雙六打了、

十一日、辛亥、天晴、○大澤左衞門大夫自南都早旦上洛、水出之間、今夜五條北御門に宿云々、自社中言傳共有之、一官一級申沙汰之禮、上權預延安二月堂牛玉、一枚、中東子時基油煙、二挺、富田子延清杉原二帖等送之、○自長橋局目出事柳一荷兩種豆腐一折、干鯛一折、賜之、祝着了、○與次郎自大坂上洛、十三日に可下向之由返事有之、昨日水出無渡之間、去夜薬室に逗留云々、○薄目出度事に來、樽代十疋送之、滿足了、○自安禪寺殿桂侍者目出事に來、土器物二、柳一桶持來、一盞有之、軈歸寺了、○竹內右兵衞佐長治八幡より桃一盆五十、送之、祝着了、○自庭田使有之、如例年目出御盃に夕方可參之由有之、則土器物二、柳一荷進上了、○守秋朝臣來、香薷散、調中散等所望之間一包宛遣之、○及黃昏伏見殿御目出事御盃に參、入道宮今日從城南御上洛、御座敷入道宮、御室、梶井殿、親王御方、四辻大納言、予、源中納言、大藏卿、藤宰相、右衞門督、新宰相中將、重通朝臣、言經朝臣、親綱、季長、雅英等也、倉部御番之間三獻之後退出、予五獻之後退出了、七獻參、及大飮音曲了、

十二日、壬子、天晴、八專入、丑寅刻雨降、○竹內殿へ御齋に可參之由、昨日度々被仰之間、御粥より參、御母儀故伊與局妙祐七回云々、例時作法有之、僧衆門跡、松泉院、同大納言、調聲上乘院內宰相、錫杖眞如堂之中將、以上五人也、御齋門跡無御出、公家中山大納言、四辻大納言、予、勸修寺中納言、大藏卿、藤宰相、新宰相中將、頭中將、大內記、後藤奉公衆

治部少輔等也、御齋以後御出、御酒有之、予罷歸了、○座主宮今日御登山之由有之間、御暇乞に參之處、御參內云々、次長橋局へ參御暇之事申入了、一盞有之、次若宮御方、大典侍殿、薄、臺所、內侍所等へ暇乞に罷向了、○自智恩院堺之旭蓮社へ、鹽風呂之儀許狀到、

十三日、癸巳、天晴、曉天雨降、未下刻夕立、○柳原へ久不罷向之間、暇乞旁罷向了、暫雜談有之、○此方目出事今朝有之、祝着了、○未刻大坂へ發足、供澤路筑後守、小者兩人計也、其外舟付迄送之衆倉部、中御門、薄、大澤左衞門大夫、同右兵衞大夫、同彥十郞、宮松、與二郞等也、於下鳥羽各に勸一盞返之了、自此所乘船、於淀大船に可乘替云云、然處無便船之由申、加問答移刻、夜半に山崎迄着之間、水無瀨に逗留了、干餠にて一盞有之、

十四日、甲寅、天晴、土公地中(十日)、八專、○水無瀨に朝飡有之、橋本之舟仕立、若槻伊豆守過書申調、巳下刻乘船、申刻着大坂烏丸亭、則門跡之燈呂見物に罷向、但雜人濫滿之間罷歸了、烏に逗留、晩飡有之、烏へ腐(マヽ)ひけ籠數百、出之、

十五日、乙卯、天晴、天一東、八專、○巳刻門跡之燈籠見物、正親町中將、烏丸辨等同道了、大四小卅三有之、驚目事也、○終日自町々躍共來、見物了、○申下刻烏丸父子、予、正親町中將等同道、門跡之燈呂見物、火とほし彌見事之至極也、

十六日、丙辰、天晴、○烏辨へ楊弓之矢筒、扇二本、金泥、御料人へ透袋、五、茶阿、御今等へ小扇兩金、一本宛遣之、西川右衞門尉に口中之醫書一冊遣之了、次河那部室向に小扇兩金、一本遣之、○巳下刻烏父子、予、正親町中將等乘馬、天王寺へ參詣、龜井水佛に供了、次藥師院之庭にて向食籠以下持之、酒有之、芳春軒同被來了、次藥師院賢尊、晩飡振舞了、暮々歸了、○八木治部丞に約束之一竹四穴、同一紙、金龍丹二貝、等持遣之、○烏へ麝香丸二貝、送之、

十七日、丁巳、天晴、八專、○吉田㕝隱軒へ麝香丸、二貝、扇一本泥繪、遣之、洞雲へ同扇、一本、梨門より御言傳之外題遣之、洞雲禮に被來、芳春軒、河那部肥後、同室向、東坊

等酒有之、音曲鞠等有之、○月下納涼、近所徘徊、又各至夜半酒音曲有之、

十八日、戊午、天晴、○巳下刻發足、和泉堺へ罷越、烏丸馬◎缺文中務丞以下、以上五六人、人夫等被申付了、住吉にて勸一盞返之了、住吉神主所へ罷向、御乳に見參、武家春日局より被申子細有之、干飯にて一盞有之、神主母故日野女、母春日局、方へ金龍丹三貝、送之、人夫一人借了、○未下刻堺へ着了、九條殿へ參、御留守云々、次南庄旭(ぎよく)蓮社へ罷出、住持へ杉原十帖、金龍丹、五貝、納所に油煙五挺、遣之、留守云々、鹽風呂之町之宿人相添被申付之、但所不宜之間、別之宿取了、亭主元和久與介隱名、今、彌左衛門尉云々、○堺へ之用以西川右衞門尉、隱岐越前守に鳥目五十疋借用、

十九日、己未、天晴、八專、○自旭蓮社使行堂前、來、昨日之禮被申、予對面、越前に扇一本、泥繪、遣之了、○一番風呂巳下刻留、餘人入了、從寺被申付云々、○亭主に香需散一包遣之、○彌二郎申刻より大霍亂以外相煩、終夜痛云々、麝香丸數粒與之、

廿日、庚申、天晴、八專、天一巽、○亭主に麝香丸一貝、遣之、又予に未刻一盞振舞了、○武家春日局より飛脚到、山上大會自來月一日始云々、同は予可上洛、裝束以下之事被申送之、返事調遣之、使に對面、勸一盞了、○自旭蓮社使有之、申刻風呂へ入了、○自今日南庄之東堀普請云々、

廿一日、辛酉、天晴、八專、○午時予に亭主一盞勸了、○依普請今日風呂無之、○德利、四、同錫之家、一、小筥、二、盃一、召寄了、

廿二日、壬戌、丑寅刻急雨、天晴、○午時風呂へ入了、去夜之雨故、今日普請無之云々、○公家之御河原者善通入道禮に來、近日下云々、近所に女有之云々、

廿三日、癸亥、天晴、八專終、八月節、戌刻小雨、○與三郎大坂へ遣之、申刻歸了、西川右衞門尉に申又五十疋借用了、○鈴之家、一、德利二、小、硯筥、二、鬢たらひ、一、御つほ一、等召寄了、○女亭主に水引一把遣之、○大坂川那部肥後室向方より人別文有之、自肥後方鱣(うなぎ)一折十、送之、同烏丸狀有

之、今日大坂者下間丹後守風流有之云々、○午時風呂へ入了、

廿四日、甲子、寅刻雨降、土公子方(六日)、天晴、時々小雨灌、○旭蓮社へ澤路筑後守遣之、風呂之禮申之、又明日可罷上之間、智恩院へ返事可有之由申遣之、留守云々、○自旭蓮社爲使越前來、對面了、さたう(沙糖)五桶被送之、同知恩院へ返事到、○午時風呂へ入了、

廿五日、乙丑、天晴、○自大坂鳥丸迎に村田孫四郎馬等到、風呂へ遲之間不入之、大坂へ歸了、堺之人夫住吉迄雇之、又住吉神主に申、人夫大坂迄雇了、予に一盞之儀に、十町計人令馳云々、○未刻大坂鳥丸亭へ着了、申刻下間上野法橋、同大藏卿法橋以下風流有之、驚目了、次酒有之移刻、

廿六日、丙寅、天晴、天一南、○今朝門跡へ禮申之、下間上野法橋所へ申遣了、則鳥、予令同道罷向、上野法橋奏者、門跡へ御太刀一腰馬一疋折紙、慶壽院へ杉原十帖板物、生、褐色、御兒へ扇一本、透袋一包數十、送之、則見參、一獻有之、次朝飡相伴有之、次雜談、次鳥亭へ罷歸了、○西町、次北町風流共有之、驚耳目了、次又酒有之、及黄昏了、向、兵衞督、芳春、肥後以下也、○晩飡予以下各に自門跡被持之云々、

廿七日、丁卯、寅刻小雨、天晴、○鳥、予、正親町中將、辨等令同道、三ヶ所朝顏見物、於矢倉暫遠見、十人計河之魚取之、○澤路隼人佑、小者彌二郎、今朝早々上洛了、○向、東坊、桂女、地藏兩人等酒有之、○門跡女中山田へ杉原十帖金龍丹、十貝、以下間上野法橋進之、次光教寺へ杉原十帖扇一本、兩金、末廣、同女中南向、へ金龍丹五貝、遣之、使筑後守に見參、盃賜之云々、○向、河那部肥後、東坊少輔等、晩飡松茸汁被振舞了、○鳥へ保童圓、五百粒、葦撥圓二貝、遣之、東坊に同藥三貝、遣之、○予朝夕飯、自門跡上下被持之、日々同前、

廿八日、戊辰、寅刻小雨灌、天晴、○興生寺へ杉原十帖筆十管、女中へ金龍丹十貝、以使筑後守遣之、見參酒有之云々、○未下刻慶壽院に風呂有之、鳥父子、予、正親中等令同道

罷向、次晚飡各有之、及黃昏鳥へ罷了、
廿九日、己巳、天晴、○與三郎京へ上了、鳥目二十疋上了、○光敎寺禮に被來、太刀、絲卷、折紙三十疋、被送之、見參申候了、○咲隱軒被來、油煙、一挺、小刀一、兼貞、持來、雜談移刻、諷之本廿九冊被借用、○武家日吉社へ御參云々、日吉へ御供衆大館十郎、御劔上野兵部少輔、細川兵部大輔、一色式部少輔、細川中務大輔、後陣福河彌等云々、御走衆卅人、都合三千人計云々、御太刀七振、御馬七疋被進云云、曙に御出、申刻還御云々、
卅日、庚午、天晴、土公地中(八日)、自黃昏小雨、○川那部肥後に扇一本金、金龍丹、三貝、同向に二貝遣之、○興生寺禮に被來、太刀絲卷、被送之、見參了、○鳥之女房衆茶阿、自一昨日所勞云々、仍自堺牛井宗珠被呼越了、晚頭肥後、向等、濃之食籠鈴等持來、酒音曲等有之、

○八月小

一日、辛未、小雨晴陰、亥刻大風雨、天一坤、○咲隱軒、牧齋、祐順、芳春軒、八木治部丞、河那部肥後等禮に被來了、東坊少輔、兵衛督、向、端等被來了、○未刻鳥父子、予令同道門跡へ禮に罷向、祝一獻有之、門跡、御兒、慶壽院、御上、南向、鳥、予、辨等相伴也、次興生寺へ罷向、茶屋にて一盞有之、暫雜談了、○下間刑部卿法橋賴廉申一竹四穴、一紙等、以東坊少輔遣之、
二日、壬申、雨降、午時晴、○川那部肥後所へ朝飡に罷向、鳥、予、辨同道、終日酒音曲有之、吸物、葛、晚頭白粥等有之、申下刻各歸了、咲隱、芳春、安咲、東坊、宗珠、門跡衆四五人、鳥之衆四五人等也、○鳥にて食籠にて一盞有之、
○自京南向、內藏頭文共扇三本等到、
三日、癸酉、辰巳午刻雨降、晴、○安咲軒に朝飡有之、鳥父子、予令同道罷向、其外河那部肥後、同向、宗珠、澤路筑後守等相伴也、其後葛吸物以下、終日音曲酒有之、芳春軒、東坊以下被來、申刻各歸了、○安咲に予太刀絲卷、遣之、宗珠に扇一本泥、遣之、梨門御歌有之、○今朝早々肥後所へ、昨日之禮に筑後守遣之、
四日、甲戌、天晴、○安咲へ昨日之禮に、早々筑後守遣之、○

半井宗珠昨日之扇、人之令所望之由申間、又一本遣之、御歌同、○下間上野法橋鯉一折三、送之、祝着了、使洞雲、○下間筑後法橋に扇二本金、持遣之、留守云々、○午時鳥父子、予令同道門跡へ罷向、門跡、御兒、慶壽院、御上、南向等吸物にて酒有之、次猿樂有之、大夫春日、座衆悉門跡内衆也、座者五人有之、鵜飼、ゑひら、千手、重衡、錦木、葛城天狗、東岸居士、弓八幡入破等也、湯漬吸物等酒及大飲、下間丹波法眼、同上野法橋、同大藏卿法橋、半井宗珠等相伴了、及黄昏罷歸了、

五日、己亥、天晴、○半井宗珠朝飡以後堺へ歸了、○向に保童圓三百粒遣之、○自咲隱軒諷之本十三册返到、

六日、丙子、雨降、○慶壽院に朝飡有之、門跡、慶ヽヽ、鳥、予、辨、南向、下間上野、同大藏卿等相伴、次碁雙六等有之、次酒音曲有之、各召出有之及大飲、晩頭白粥有之、及黄昏罷歸了、○南向へ金龍丹五貝遣之、

七日、丁丑、天晴、未刻小雨灌、天一酉、○自早旦中島之内野田自大坂二里西、舟にて罷向、鳥女房衆、父子、予、正親町中將、芳春軒、川那部肥後、同向、東坊少輔以下舟七艘歟、於野田之道場朝飡有之、美物共濟々儀也、暫午睡、雙六碁等有之、自午下刻乘船、歸路在所之衆百餘人罷向、立干に水多之間、すまき沙汰之、魚三百計取之、歸路中酒音曲有之、其興濟々也、申下刻歸宅了、

八日、戊寅、天晴、土公卯方(六日)、八月中、○今日可上洛之處、昨日終日遊山故明後日へ延引、洞雲軒へ申遣了、○兵衞督、向、肥後等來、一盞有之、咲隱暫來談了、次芳春軒被來、公武大體抄之事共被尋之、又以芳春、二尊院長老相伴之儀被尋之子細有之、○咲隱被申圖竹調子之名書付之事、調遣之、○嵯峨二尊院長老禮に下向、鳥へ禮申度之間、予取合之事賴入之由、兩度使僧等覲來、鳥故障有間敷云々、但以奏者可被申之由返答、則被來、予見參申、奏者隱岐越前守請取、引合十帖扇也、

九日、己卯、天晴、○下間上野法橋宅之亭(ちん)へ鳥父子、予、正中將令同道見物、盃出、各廿五六人來、粟餅、水煎、小飯等有之、終日之大飲、音曲有之、及黄昏歸了、○自門跡

下間筑後法橋爲使太刀一腰千疋、自慶壽院二百疋被送云々、〇以澤路筑後守、下間筑後所へ禮申遣、同上野所へ今日之禮、又馬代三百疋持遣之、〇今朝洞雲軒來、明日上洛之馬人夫送等之事申談了、

十日、庚辰、天晴、彼岸入、夜半急雨、〇今日可上洛之處、餘醉之間明日へ延引了、〇咲隱軒被來、音曲之本四冊被返之、殘十五冊有之云々、筆十管、被與之、〇光敎寺之南向より使有之、布一端被送之、〇下間大藏卿法橋暇乞に杉原十帖綿一裹送之、申置歸了、〇上野爲使洞雲軒來、上洛之事尙相尋之、明日之由返答了、〇八木治部丞美物三種はむ、かつほ五十、小桶一（かに）、送之、〇自上野爲使洞雲來、自門跡御上杉原十帖筆廿管、賜之、自上野方鹽二石、明日京迄可持送之由有之、〇隱岐越前守茶垸二大小、送之、〇烏之女中茶阿木綿一端、御今杉原十帖、墨、三挺、〇烏段子之肩衣、梅染一端、三百疋賜之、祝着了、〇門跡へ暇乞に罷向、門跡、慶壽院見參、烏父子、予、正中同道、盞二出了、〇河那部肥後室向杉原十帖鈴小、一對送之、祝着了、〇下間上野法橋暇乞とて來、對面、烏見參酒了、〇南向廣壽院女、賀州波佐谷後室、綿一端賜之、〇八木治部丞、芳春軒、墨齋等暇乞に來、兵衞督、向等來、酒有之、音曲有之、〇刑部卿以東坊少輔、手綱腹帶送之、〇洞雲軒墨一挺送之、

十一日、辛巳、天晴、時正、〇洞雲軒早々來、人夫八人、馬二疋、口付四人、又人夫一人申付了、〇門跡、同慶壽院以下悉、烏丸父子、正親町中將等、河州若江庄一宮遷宮法樂之猿樂見物に、辰刻被出云々、〇予辰下刻發足上洛、予、筑後乘馬、於平堅晝休申付、於山崎各に一盞申付了、申下刻夜半に歸宅了、〇留守事、自長橋、高倉入道、葉室、薄等有之云々、

十二日、壬午、天晴、時正、天一乾、〇瀧雲院忌日之間、淨花院僧周光齋に來、相伴了、〇大坂之馬之口付午時下云々、烏丸、洞雲等へ書狀遣之、〇長橋局迄參上洛之由申入了、次若宮御方、薄、臺所、內侍所等へ立寄了、〇滋野井被來、予はうに草瘡出來、藥被付了、一盞勸之、

十三日、癸未、天晴、時正中日、未申刻時々小雨灌、　○長橋局へ參、上へ砂糖一斤、長橋に得利一對宮笥に進之、又長〻〻鈴之家遣之、次薄所へ罷向、薄に茶垸、一、筆一對、菅笠、一、杉原一帖遣之、同阿茶に鹽一蓋遣之、次內侍所へ杉原一帖鹽一蓋、客人に墨一丁遣之、又鈴一對令持之、酒有之、○南向、內藏頭以下家中衆に宮笥遣之、○當番之間申下刻參、相番中山大納言、予、經元朝臣等也、明後日之御會御短冊、明後日晚可持參之由有之被出了、○久河彌介所へ、先度之二百疋、宮笥十疋等遣之、

十四日、甲申、天晴、自今日十方暮、時正、土公地中、(十日)　○中御門被來、勸一盞了、○竹內殿宮內卿太刀持、被借用、明日長谷之祭之用云々、○久河彌（◎介脫カ）借用之代撰之利平又四十疋取之、不可說々々々、四月に四貫文借用、五貫二百返之、筆之代二十疋、宮笥迄五貫五百文兩度に渡之、○吉田右兵衛督來、予脈令診、相煩之由申、藿香正氣散可受用由申之間、令調合服用、杉原十帖手綱腹帶一具遣之、去年以來藥所望之間、且音信也、

十五日、乙酉、天晴、時正、十方暮、未刻小雨、　○南向御靈北野へ參詣云々、桂侍者御靈計參詣云々、○長橋局へ參、今晚御會所勞之間不可參之由申入了、次內侍所へ立寄了、次藤宰相へ罷向、筆一對遣之、次萬里小路へ罷向暫雜談了、先之竹內殿へ參暫御雜談申了、○暮々倉部、薄等御會に參云々、予御短冊以倉部進上、題月下女郎花、寄月閑居、

をみなへし月に心をうつしつゝなひくさ見ろやくれるなるらん

すむかけは人もさひ來ぬ老か身を昔忘れす月そ友なふ

倉部、薄等、若宮御方に、被仰下十五首懷紙詠進云々」、

十六日、丙戌、天晴、時正終、十方暮、未刻小雨、五墓日、　○通玄寺殿へ參、烏丸書狀持參、三位殿へ金龍丹二貝、進之、御小漬有之、暫御雜談申候了、御作事見物申候了、內藏頭、薄等、四條へ道場之躍見物に罷向、歸路に同參、粟餅にて御酒賜了、○早旦半井驢庵所へ罷向、脈令診之、心腎之虛云々、三膀胱灸可然之由申、しるしをろし候了、○倉部廣橋番代に參云々、

十七日、丁亥、天晴、十方暮、　○早旦大澤左衛門大夫南都へ廣橋

へ下云々、○自竹内殿被仰、於伏見殿御楊弓有之、御人數竹園、竹門、勸修寺一位、中山亞相、予、源中納言、大藏卿、重通朝臣、親綱等也、杉原持參、一盞有之、○中刻武家に物忩有之云々、勸修寺一品、同黄門、予令同道參、僧一人逃入之間被召籠、但不苦之儀也、軈被歸云々、以大館十郎申入了、次予春日局へ罷向、住吉之儀、山門へ之儀等申之、日野被出一盞有之、

十八日、戊子、天晴、十方暮、天一北、○禁裏今晚御盃參云々、内々衆不殘可參之由廻文有之、但予、倉部故障之由申入了、○長橋局迄參、予、倉部御暇申入了、今日葉室へ可罷之間也、○巳刻予、倉部、中御門、坊城、雲松軒、山下孫三郎、布施彌太郎、小㠀藤二郎等令同道、葉室へ罷向、先飯有之、未下刻猿樂始了、伏見、熊野、金山寺、東岸居士、かつほ五番有之、次又晚飡有之、各及深更くるゐ有之、○大方殿へ胡椒粉二兩、葉室に杉原一帖得利、同女中へ毛拔一、出之、

十九日、己丑、陰、十方暮、自中下刻終夜雨降、○葉室へ日吉彌右衛門、狂言、明王又六朝飡に來、○内藏頭、中御門、坊城、雲松軒、山下孫三郎、布施彌太郎、小㠀藤二郎等、未刻歸京、同大澤彥十郎、倉部召具了、○社務三位所へ罷向、一竹之用竹廿五伐之、火箸一せん、遣之、○權神主左馬助柿、廿、紙袋一、送之、祝着了、

廿日、庚寅、雨降、十方暮、自巳刻晴、○松室中務大輔所に朝飡有之、予、葉室、社務三位、亭主父子等相伴了、次日吉彌右衛門、狂言、同彌八笛吹來、入麵、次小漬等有之、申刻歸葉室、中務扇一本泥繪、梨門歌、遣之、○大澤彥十郎迎に來、自雲頂院堯長老昨日鈴被送之云々、書狀到、

廿一日、辛卯、天晴、十方暮、○今日松尾社務嫡男宮内大輔家造立、立柱上棟云々、○社務三位鮎十、被送之、祝着了、○自巳刻歸京、太秦迄社務馬に乘、路次太秦之眞珠院へ立寄、一盞有之、○長橋局へ參、鮎十、進上了、於局一盞有之、次薄、臺所、内侍所等へ立寄了、○倉部廣橋亞相番代に參云々、○雲松軒、山下孫三郎、布施彌太郎、小㠀藤次郎等着替肩衣袴等、自葉室持來、取に來之間各

遣之、
廿二日、壬辰、天晴、十方暮、五墓日、○武田（奉公衆）宮内少輔被來、山名與五郎同道、一竹四穴被尋之儀有之、勸一盞了、鵠之君不知七枚遣之、暫雜談了、○伏見殿へ參、御佛詣云々、次大祥寺殿之寶德庵へ罷向、次正親町一品へ罷向、一盞有之、次安禪寺殿へ參、昌藏主に堺之硯筥一、遣之、○外樣番烏丸代に參、内々に祗候了、内々番萬里小路大納言、中院大、代、持明院宰相兩人也、今晩通玄寺殿御禮に御參、一昨日御得度也、於常御所御盃參、女中御隙入之間、中山少將親綱通玄寺殿御陪膳也、三獻之時通、、殿御酌女中各、次予親綱等也、次御退出了、
廿三日、癸巳、天晴、十方暮今日迄、自今日天一天上、九月節、○妙順忌日之間、松林院之舜玉齋に來、相伴了、○一條殿へ參、御見參、御盃賜之、暫御雜談申候了、次自伏見殿御使有之、御楊弓に可參之由有之云々、仍堀川近江守令同道參伏見殿、御人數竹内殿、勸修寺一位、中山大、、、予、滋野井、中山少將、近江守國弘等也、卅六度有之、予廿六枚勝了、○當番之間暮々參、相番中山大納言、予、經元朝臣等也、外樣番左大將代に四辻宰相中將被參、内々に祗候也、○南向、薄等葉室へ被行、立歸云々、但各被留之間、明後日可歸之由有之、妙祐、與二郎等歸了、
廿四日、甲午、陰、天一天上、土公午方（六日）、自未刻雨降終夜、○柳原へ罷向、明日公宴御月次之和歌談合了、一盞有之、御題初雁、翫月、野旅、今日詠進了、

すかたなは霧のむら〳〵へたつれと聲はまかはす鴈の來る空
たか里も行てさはなんわれひとりあたら今夜の月を見ましや
野を遠み蟲の音そへてかり衣露をむすへる草枕かな

滋野井來臨、勸一盞、雜談移刻了、
廿五日、乙未、雨降、天一天上、自未刻天晴、五墓日、○烏丸へ書狀共相調、兒島大隅守在京之間宿へ遣之、一兩日中に攝州迄下向云云、菅笠一、向、祐舜、村田三人之方へ愛洲藥一包宛、芳春軒被借用之間、御室五十首和歌一冊、書狀十等一包遣之、○岡殿へ參、自通玄寺殿御歸也、雙六七八番打了、次高倉へ罷向、藤相公龍花へ下向云々、入道見參、筆げんかう、一對遣之、岡殿へ金龍丹一貝進之、○暮々

外樣番日野代に參、今日御楊弓有之云々、於御學問所御酒音曲有之、若宮御方、曼殊院宮、勸修寺一位、中山大納言、大藏卿、公遠朝臣、經元朝臣等也、及黃昏予、三條中納言參、雅英御矢取、新大典侍殿御銚子被進云云、今夜當番衆中山大ヽヽ、（實彥朝臣代、）萬里小路大ヽヽ、三條中ヽヽ等也、予內々に祗候了、

廿六日、（丙申、天晴、天一天上、）○自甘露寺補歷被借之間遣之、○南向之迎妙祐、與一郞、彌二郞等葉室へ遣、申下刻被歸了、同薄歸了、○倉部廣橋番代參云々、○自大坂正親町中將香之圖七枚被返送之、

廿七日、（丁酉、天晴、天一天上、）○知恩寺へ禮に罷向、當住持舊冬當春禮に被來之後今無音之間、杉原十帖油煙三丁遣之、住持以下悉他行云々、納所に申置了、次大和宮內大輔所へ立寄、留守云々、次中御門妹姬所へ立寄、一盞有之、○自知恩寺使に西向庵禮に來云々、○禁裏御楊弓有之、可參之由有之間午時參、御人數若宮御方、曼殊院宮、勸修寺一位、中山大納言、予、大藏卿、經元朝臣等也、六十度有之、五十七枚負了、半薄所に一盞有之、次御盃被出之、各於御前一盞有之、暮々退出了、

廿八日、（戊戌、天晴、天一天上、）○知恩院住持出京之由有之、彼坊へ罷向、堺之旭蓮社へ許狀之禮申之、同返事遣之、砂糖一斤遣之、○伏見殿御楊弓有之間參、御人數竹園、曼殊院宮、勸修寺一位、中山大納言、予、源中納言、大藏卿、重通朝臣等也、五十一度有之、四枚勝了、一位鈴持參云々、一盞有之、○當番之間及黃昏參、相番中山大納言、予、經元朝臣等也、

廿九日、（己亥、天晴、天一天上、）○水無瀨へ去月十三夜之禮に書狀、藝州紙一束、筆（げんかう）一對遣之、（去廿六日日付、）高倉入道へ預置、便宜に可被指下之由示之、○長橋局へ立寄、砧之諷之本被御覽度之由被仰之間進之、次內侍所へ立寄、○伏見殿に御楊弓有之、御人數竹園、竹內殿、勸一位、中山大ヽヽ、予、大藏卿、頭中將、堀川近江守等也、五十度有之、一盞有之、四十枚負了、

○九月大

一日、庚子、天晴、天一天上、九虎日、土公地中、(八日)　○武家に參、勸修寺一位同道、午過時分御對面、申次進士美作守也、公家勸修寺一位、予、飛鳥井中納言、藤宰相、日野權辨、御供衆大館十郎、同伊與守、細川中務大輔、同兵部大輔、一色式部少輔、御部屋衆三淵伊賀入道、申次小笠原備前守、大和宮内大輔、荒川治部少輔、安東藏人、上池院民部卿等也、如例公家別に後也、觀世大夫、同三郎、同與左衞門尉等内々被御覽、次慶壽院殿へ參、如例各御酒被下了、次御さこ、小侍從局へ禮申置了、次御臺へ參、各御酒有之、次春日局へ罷向、各見參、酒有之、○勸一位、予、飛鳥井、藤宰相令同道通玄寺殿へ參、御得度今日御禮旁也、於新造方丈御見參、御盃三參、御酒及數盃、音曲有之、○及黄昏御祝に參内、天酌に被參之輩勸修寺一位、中山大納言、萬里小路大納言、予、源中納言、大藏卿、松夜叉丸、經元朝臣、重通朝臣、言經朝臣、晴豐、親綱、雅英等也、次若宮御方へ各御禮申、御對面、先之御局々へ御禮申候了、次於御所口内藏九獻御祝有之、倉部計參了、次予退出、倉部廣橋番代に祗候了、○内藏九獻御樽兩種一荷如例進之、

二日、辛丑、天晴、天一天上、○禁裏小御所之菊之籬於此方調之、先南方計三分一調之、滋野井、柳原左大辨宰相、薄等合力、同與二郎合力、晩頭持參仕立了、○松林院之舜玉引茶一器送之、厚紙之反古所望之由申候了、○及黄昏外樣番烏丸代に參、内々番衆勸修寺一位、中院代、大藏卿持明院宰相代、等也、於御三間御雜談暫有之、乍三人參了、

三日、壬寅、天晴、天一天上、○薄所之小女八幡田中女阿茶孫、今曉眩暈、罷向藥與之、無殊事、風氣之間、參蘇飲三包遣之、○禁裏菊之籬調之、南方出來了、薄合力、○當番之間暮々參内、相番中山大納言、予、經元朝臣等也、外樣番左大將代公遠朝臣内々に祗候也、○晩頭甘露寺來談、補歷被返之、

四日、癸卯、天晴、天一天上、○澤路備前入道來、乳人所勞氣之間藥之事申、參蘇飲三包遣之、○禁裏菊之籬於此方調之、薄合力參少々調之、薄所之小女驗了、○與次郎用之事

有之、葉室へ遣之、○愛洲藥少調合了、
五日、甲辰、天晴、自酉刻小雨降、天一天上、○松室中務大輔來、茶三袋送之、栗餅にて勸一盞了、○觀世與五郎暫來談了、○禁裏菊之雛於此方調之、晩頭持參調懸了、次溥所之小女脈診之、彌驗氣也、雨降之間、晩飡溥所へ召寄了、○外様番日野代に參、内々に祗候、内々番衆萬里小路大納言、三條中納言、持明院宰相代實彦、三人也、於小御所今日知恩院長老法談云々、後御酒有之云々、予一盞賜之、
六日、乙巳、雨降、天一天上、土用入、○禁裏重陽御會廻文到、如此、

秋菊盈枝

右重陽御題、可令詠進給之由被仰下候也、

九月四日　　孝親

日野一位殿、勸修寺一位殿、飛鳥井一位入道殿、四辻大納言殿、萬里小路大納言殿、帥中納言殿、飛鳥井中納言殿、勸修寺中納言殿、源中納言殿、大藏卿殿、三條中納言殿、持明院宰相殿、藤宰相殿、左大辨宰相殿、右大辨宰相殿、新宰相中將殿、頭辨殿、頭中將殿、内藏頭殿、藏人辨殿、

今夜長橋局へ別殿行幸有之、暮々參、祗候之輩勸修寺一位、中山大納言、萬里小路大納言、予、源中納言、大藏卿、藤宰相、公遠朝臣、經元朝臣、重通朝臣、雅英、橘以繼等也、三獻天酌、四獻經元ヽヽ、五獻公遠朝臣、自三獻音曲有之、及大飲、次還御、次又一盞有之、大典侍殿、男衆等也、次各退了、○予廣橋大ヽヽ番代に參、相番勸修寺一位、予、經元朝臣大藏卿代、等也、○晝岡殿へ參雙六參了、○松室中務大輔禁裏へ申子細有之、長橋局へ參申入了、
七日、丙午、天晴、天一天上、土用、○禁裏御楊弓有之、御人數御、若宮御方、曼殊院宮、勸修寺一位、中山大納言、四辻大納言、予、大藏卿、公遠朝臣、經元朝臣、重通朝臣、親綱等也、御矢取雅英、四十六度有之、於清涼殿有之、於御學問所一盞音曲等有之、暮々退出了、今日菊之雛少々調之、○愛洲藥調合了、

八日、丁未、陰、天一天上、土用、○自松室中務大輔松茸卄本送之、一昨日之御返事申遣了、○禁裏菊之籬調之、晝於長橋局一盞有之、○當番之代倉部參了、○此方菊之綿如例年各令着之、○禁裏へ如例年菊之綿三色紫、黃、白、進之、倉部以書狀長橋へ進上也、

九日、戊申、自丑刻雨降、天一天上、今日迄、土用、九月中、土公酉方、(六日)○聖降日之間、如例鎭宅靈符五座行之、去月分未進也、○岡殿へ參、靈符去月當月分兩座行之、一盞被下了、○禁裏御會懷紙調之、晩頭持參了、

重九同詠秋菊盈枝和歌

太宰ヽヽヽヽヽ

九重にけふ八重ひさへ下枝まてさきてや千世をあきのしらきく

晩頭御祝に參內、天酌に被參之輩勸修寺一位、中山大納言、四辻大納言、萬里小路大納言、予、源中納言、大藏卿、三條中納言、輔房朝臣、公遠朝臣、經元朝臣、晴豐、親綱、雅英等也、次若宮御方へ各參、御酌被取之、參仕之輩同前、次各退出了、

十日、己酉、自子刻天晴、土用、天一下艮、○南向、桂侍者葉室へ被行、但水事之外出之間渡舟無之、自梅津被歸了、○長橋局、薄、臺所、內侍所等へ罷向、無殊事、○明日武家湯山へ被入之間、爲御見物勸修寺一位令同道參、申次以一色淡路守申入了、御取籠云々、次春日局へ罷向、見參、麝香丸二貝遣之、同湯治云々、

十一日、庚戌、天晴、土用、○自松室綸旨、武家之奉書來、則以長橋局披露、被仰出之旨有之、明日可申遣之、小松茸又卄本送之、祝着了、○禁裏菊之籬今日大概仕立了、○倉部廣橋番代に參云々、○安禪寺殿昌藏主被來、ほうに腫物出來、非指物、ましない了、○今日武家有馬之湯へ御成也、二七日云々、御供細川中務大輔、同兵部大輔、一色式部少輔三八云々、

十二日、辛亥、天晴、土用、○瀧雲院聖月忌日之間、松林院之代花開院慶春齋に來、相伴了、○南向、桂侍者、薄等葉室へ罷了、○一昨日自禁裏被仰下繪筆小六管出來、持進之、○自葉室妙祐、與二郎等歸了、松茸卄本被送之、○柳原內眞繼兵庫助禮に來、鳥子十枚送之、去月室產之砌、夜

中に愛洲藥所望之故也、其刻觸穢之間遲々云々、
十三日、壬子、自卯刻雨降、土用、八專入、自午時天晴、○自松室早々人來、明日南都多門院へ罷越云々、長橋局へ種々雖申入、綸旨之儀不許由、申刻使返了、○內侍所へ罷向暫雜談、一盞有之、○當番之間暮々參內、相番中山大納言、予兩人也、經元朝臣不參、外樣左大將番代公遠朝臣內々に祗候也、○御新參局被申雙紙三冊、百人一首自讃歌、在京人物語等表紙伐閉調進之、
十四日、癸丑、天晴、土用、○所用之事有之、與二郎葉室へ遣之、○五月十六日未進分、祇園社へ壽命經十卷、消除疫病經廿卷讀誦之、幷慈救咒千反、光明眞言千反、藥師小咒千反唱之祈念了、○風折烏帽子昨日之用、吉祥院之藪田十兵衞借用、今日返之、餅五送之、
十五日、甲寅、天晴、土用、八專、土公地中、(十日)○與二郎今日歸、栗到、○伏見殿御楊弓有之、各一種一瓶持參云々、予鈴一對進之、御人數竹園、勸一位、中山大納言、予、庭田、滋野井、頭中將、堀川近江守等也、御酒兩度有之、音曲了、御楊弓百手有之、及黃昏各退出了、歸路自竹內殿可參之由有之間直に參、堀川同參、四辻父子、三條、久我、甘露寺、觀世與五郎等御酒、音曲囃有之、予亥刻早出了、
十六日、乙卯、天晴、土用、八專、天一東、○如例年家中衆祈禱之念佛百萬反、般若心經百卷、內藏頭讀之、其外予壽命經十卷、消除疫病經廿卷、慈救咒、光明眞言、千手小咒等千反宛誦之、上御靈へ看經了、○長橋局へ參栗百進之、但佛詣云云、官女に五十遣之、若宮御方へ花一莖進上之、廣橋若子へ栗五十遣之、內侍所へ栗百、遣之、次高倉へ罷向雜談了、次薄所へ立寄了、○倉都廣橋番代に參云々、巳刻下京毛詩講釋に罷向云々、
十七日、丙辰、天晴、土用、○倉部祇園之論語之講釋に罷向云云、頭中將、淸少納言國賢等同道云々、○禁裏小御所菊之籬今日悉出來了、花且開了、次內侍所へ罷向、刀自あか昨日迄輕服、今日出仕之間、振舞有之、中山大、予、持明院、柳原辨、萬里小路辨、內藏頭等田樂にて酒

及數盃、微音に音曲了、○澤路筑後守小鮒一折十、送之云々、

十八日、丁巳、寅卯刻小雨、天晴、土用、八專、○武家爲御見舞參、奉公衆十餘人有之、御さこ、小侍從殿御留守云々、小少將殿に申候了、菊暫見物申、驚目者也、次慶壽院殿、御臺、春日局等見舞了、小侍從殿へ砂糖一斤遣之、あか〻に申置了、○竹内殿へ參、御物書會有之、久我、四辻父子、三條黃門、藤相公、甘露寺、内山上乘院、中山少將、坊城等也、各晩飡被召寄、予同召寄了、汁中酒等有之、中山少將頭役云々、○當番之間暮々參、相番中山大納言、予、經元朝臣等也、

十九日、戊午、時々時雨、天晴、土用、○薄今日可歸之由申間、葉室へ迎に與二郎遣之、小官女大澤左衛門大夫女ほた罷云々、○倉部講釋に罷向云々、○岡殿へ參、雙六有之、次長橋局、薄、内侍所等へ立寄了、次正親町へ罷向、一品入道見參、奥坊同來、一盞有之、

廿日、己未、天晴、土用、八專、○早旦召具倉部、薄等、上御靈社へ參詣、供大澤右兵衛大夫、同彥十郎、早瀨又三郎、與二郎、若等也、朝飡以後、倉部、薄等北野社へ參詣云々、

○通玄寺殿御庭に五葉松、自泉涌寺被召寄被栽之、予參可見計之由昨日被仰之間、午時參、先入麵有之、又晚飡賜之、松以下木共廿本計被栽了、及黃昏歸宅了、

廿一日、庚申、天晴、土用、八專、天一巽、○小畠藤二郎來、暫雜談了、山下奉公衆孫三郎同白地來、○岡殿へ參、通玄寺殿御言傳申入了、次長橋局へ立寄了、○從德大寺兩三日使到、懸之松洗事被申、自午時罷向、先一盞有之、次晚飡相伴了、松一本如形洗之了、○倉部論語講釋に罷向云々、

廿二日、辛酉、天晴、土用、八專、○爲禁裏自去々年可被下由之三尋木一組、今日從庭田被相渡之、○長橋局へ罷向、一盞有之、次臺所、内侍所等へ立寄了、○晚頭外樣番に參、如例内々に祗候、内々番衆萬里小路大納言、持明院宰相兩人也、

廿三日、壬戌、天晴、時々時雨、今日迄土用、○長橋局に朝飡有之、次内侍所、臺所、薄等へ立寄了、○妙順忌日之間、松林院乘誓

西堂齋に被來、倉部相伴了、○德大寺へ罷向懸之木洗之、一盞有之、○自禁裏御楊弓に召之間參、但遲之間十一度有之、御人數御、若宮御方、中山大納言、予、大藏卿計也、予弓御手にあひ候間進上了、又御弓拜領了、當番之間、晚凔長橋局へ召寄了、次番衆所へ御銚子出、若宮御方渡御、中山大納言、予、大藏卿、經元朝臣、雅英等也、音曲有之、○今夜當番衆中山大、、、予、經元朝臣等也、

廿四日、癸亥、天晴、八専終、十月節、○昨夕竹內殿楊弓之御弓申請之間、今朝持參返上了、○千本之養命坊へ、山井近江守景長召具罷向、一竹四穴調之儀也、但令他行、於路次行合之間罷歸了、直に德大寺へ罷向懸之柳木洗之、先一盞有之、松柳乍二本洗事出來了、晚凔相伴、及黃昏歸宅了、○自薄德利兩種送之、留守事歟、

廿五日、甲子、天晴、土公子方、（六日）○禁裏御月次和歌詠進之、長橋局へ持參、一盞有之、次薄所、內侍所へ立寄、勅題秋夕、馴戀、旅夢、

身ひとりと何うれへけん昔よりいつくの空も秋の夕暮

立なれてかたらふさへにいなせともいひもはなたて程をふる哉

かり衣露をかされて草枕結ふとすれと夢はむすはす

伏見殿へ參暫御雜談申候了、○申刻自禁裏可祗候之由有之、則參、御楊弓廿二度有之、御人數御、若宮御方、曼殊院宮、中山大納言、予等也、予外樣番日野代に參之間、晚凔長橋局へ召寄、如例內々に祗候、內々番衆中山大納言、實彥代、萬里小路大納言兩人也、三條黃門不參、○與二郎菓室へ遣、南向晦日に可歸之由有之、栗柿等到、○大和宮內大輔來談、古綸旨院宣等被尋之子細有之、

廿六日、乙丑、自丑刻小雨降、自巳晴陰、○總持寺殿へ參、御客人有之云云、次南御所之瑞慶院へ罷向、一盞有之、八重芙蓉、菊等遣之、次近衞殿へ參、大閤御見參、御酒賜之、殿下御留守云々、○長橋局へ立寄了、

廿七日、丙寅、自丑刻風吹、天晴、天一南、○伏見殿へ參御懸之松木洗之、吸物鯉にて御酒賜之、次長橋局、薄、內侍所等へ立寄

了、

廿八日、丁卯、天晴、風吹、　○長橋局へ參、自午時御盃參、可參之由有之、次藤相公へ罷向、他行云々、　若子達へ栗遣之、次廣橋之若子へ栗遣之、　次薄所へ罷向、本國寺之菊仙房來、薄に箏築稽古了、一盞有之、○未下刻參內、小御所之菊被御覽、相國寺長德院之茂西堂御盃被參、御人數御、若宮御方、岡殿、曼殊院宮、　女中各、勸修寺一位、中山大納言、　四辻大納言、萬里小路大納言、予、源中納言、大藏卿、三條中納言、　持明院宰相、輔房、公遠朝臣、經元朝臣、親綱、雅英、茂西堂等也、　音曲有之及大飮、亥刻終了、予當番之間其間々祗候了、　○今夜當番中山大〻〻、予、經元朝臣等也、　○與二郎葉室へ遣之、晚頭歸了、南向明後日可歸之由有之、

廿九日、戊辰、天晴、五墓日、氷始結、○於禁臺所女官あか〻茶之子槿花、振舞之、酒有之、○松尾社務三位相光卿柿こねり、數十送之、○大和宮內大輔、石谷兵部少輔等、禁裏之菊見物之望之間令同道參、令見之了、

卅日、己巳、卯刻、初雪降、　○故葉室寶樹院、理永、　宗永等忌日之間、淨花院之僧壽仙齋に來、相伴了、　○妙祐、與二郎、さい女等、　葉室へ南向迎に遣之、申刻南向、侍者等被歸了、○人參丁香散加青皮、干姜、胡椒等、二分宛一濟調合、予爲受用也、

○十月大

一日、庚午、天晴、土公地中、(八日)　○滋野井被來、　楊弓々絲にて被卷之、勸一盞了、○今日可參武家之處、所勞之子細有之、不參了、○澤路筑後守、小川與七郎禮に來、盃令飮之、讚岐守忠宗禮に來云々、○薄禮に來、○江州之妙觀院近所に有之、栗一盆送之、○暮々御祝に參內、天酌、被參之輩勸修寺一位、　中山大納言、四辻大納言、萬里小路大納言、予、大藏卿、三條中納言、　輔房朝臣、公遠朝臣、松夜叉丸、經元朝臣、重通朝臣、言經朝臣、親綱、雅英等也、先之若宮御方、御局々御禮申候了、次若宮御方御酌各參、同前、次予、　倉部等於御所之口內藏九獻御祝如例、長橋局、御新參等也、次予退出了、倉部廣橋番

代に祇候也、
二日、辛未、天晴、天一坤、　○長橋局被申少本之法花經一部近日疊之、表紙表卷外題等幷普門品一卷等伐之表紙相調、持罷向遣之、被祝着了、一盞有之、次內侍所へ立寄了、次小御所之菊見舞之處、可祇候之由有之間、着衣冠參、大典侍殿御局二臺東端へ今日御移之間、見舞申候了、茶子にて御茶賜之、　次及黃昏於御三間御盃二獻參、理性院僧正嚴助御樽以下進上云々、御、若宮御方、岡殿、女中衆各、勸修寺一位、中山大納言、四辻大丶丶、萬里小路大丶丶、予、大藏卿、輔房朝臣、公遠朝臣、理性院僧正、重通朝臣、親綱、雅英等也、及數盃音曲有之、戌刻退出了、
三日、壬申、天晴、　○正親町中將被申諷之本橋姫、一番令書寫之、大坂へ可指下之由、　藤井與四郎に持向申之、次伏見殿へ參、無殊事、次大祥寺殿寶德庵へ罷向、一盞有之、○晚頭當番に參、相番中山大納言、予、經元朝臣等也、番衆各大典侍殿御局へ可參之由有之間各參、御酒賜之、
四日、癸酉、天晴、○細川馬廻第十加賀入道本忠、來、來廿八日連歌可興行、乍父子可來之由示之、對面盃令飮之、發句淸譽不斷光院西堂、脇本忠、第三之事予に申之、令同心了、次一條之栖雲來、同事申之、第三調之遣之、○柳原へ罷向、一品見參、第三令談合、暫雜談、一盞有之、
五日、甲戌、天晴、○朝飡以後薄令同道、內野、北野、千本等香需求之、少有之、歸路安禪寺殿へ立寄、桂侍者、昌藏主、あか丶等雜談、田樂にて一盞有之、○自大坂咲隱軒書狀、音曲之本十四冊被返之、今一冊相殘云々、筆之、けんがう、十管被送之、祝着了、廣橋へ便宜云々、則返事遣之、○外樣番日野代に參、如例內々に祇候了、內々番衆中山中(◎大カ)納言、實彥朝臣代、萬里小路大納言、三條中納言等也、
六日、乙亥、天晴、○早旦內侍所へ立寄、滋野井被來、茶受用了、○淨土寺殿坊官西坊所へ罷向、楊弓之矢六、羽付改事申之、羽數十六、遣之、菊一莖遣之、酒振舞了、次一條

殿へ菊一莖持參、御見參、御盃賜之、幷堀川近江守に菊一莖遣之、他行云々、○今夜武家御亥子に倉部召進之、○暮々御家御祝に參內、先め丶典侍殿、御新參等菊一莖宛進之、次內侍所へ一莖同遣之、一盞有之、天酌、今夜祇候之輩中山大納言、四辻大丶丶、萬里小路大丶丶、予、源中納言、大藏卿、三條中納言、持明院宰相、輔房朝臣、公遠朝臣、松夜叉丸、經元朝臣、重通朝臣、晴豐、親綱、雅英等也、次若宮御方御嚴重、如例於常御所御庇取之、次菓室、四條、內藏頭等御嚴重申出了、武家之御嚴重、同予、菓室、四條等之分、內藏頭申出了、御臺同申出了、次各退出、予廣橋大納言番代に祗候、相番大藏卿計也、

七日、丙子、天晴、○岡殿へ參、御留守云々、次小御所之菊に札百本計付之、○自長橋局代二十疋到、牛黃圓調合之、人數之望也、

八日、丁丑、天晴、天一西、○小御所之菊之札、今日に皆付之了、○自禁裏召之間未刻參、菊造候衆に御酒被下云々、申刻參集、於小御所御盃二獻參、御、岡殿、曼殊院宮、女中衆、中山大納言、四辻大納言、予、其外大藏卿、公遠朝臣等也、及數盃各令沈醉、明後日十日、母后之御聖月之間、音曲無之、前日之御愼如何、不審々々、○當番之間、晚飡へ召寄了、今夜番衆中山大丶丶、予、經元朝臣等也、

九日、戊寅、天晴、土公卯方、(六日)○自長橋局被呼之間罷向、土器物三調之、一盞有之、次內侍所へ立寄了、○自堀川近江守代十疋到、牛黃圓之人數云々、

十日、己卯、天晴、十月中、○禁裏東之御堀、近所六町衆堀之、罷向見之、藤相公、頭中將等被見舞之、○長橋局へ罷向、來廿二日猿樂之能組予に談合之間、書立調了、次內侍所へ立寄、次伏見殿入道宮自城南御上洛云々、仍暮々參、御室、竹內殿、中山大丶丶、四辻大丶丶、左大將、予、重通朝臣、親綱等被參、御盃二參了、

十一日、庚辰、天晴、○自禁裏召之間長橋局迄參、四辻大納言、予、東之御堀之事、罷向堅可申付之由有之、藤相

公、頭中將相共に申付了、先於四辻亭一盞有之、○千本之養命坊弟子中將舜慶來、山井近江守景長同道、鈴一對持參、勸一盞了、一竹四穴、同一紙等所望之間遣之、奥書如此、

此一竹一紙等、依養命坊之中將舜慶律師所望、雖非無斟酌、令進者也、

永祿七年十月十一日　　特進龍作敎督言繼

又御堀之所へ罷向申付了、

十二日、辛巳、天晴、○亡父卿忌日之間、淨花院之僧等永齋に來、相伴了、○伏見殿入道宮へ菊五本持參了、先於上﨟御局入道宮、御室、宮御方、總持寺殿、南御方、中山大納言、予、四條、總、丶、丶御比丘尼三人等御酒有之、次於入道宮予、滋野井、持明院、四條等、餅にて御酒被下了、○外樣番烏丸代に參了、如例內々に祗候、內內番萬里小路大納言、中院代、持明院宰相兩人也、○奉公衆一色市正明日駿州へ下向云々、仍老母方へ書狀共言傳遣之、

十三日、壬午、天晴、天一乾、○禁裏御楊弓有之、巳下刻參、御人數若宮御方、曼殊院宮、勸修寺一位、中山大納言、予、三條中納言、經元朝臣等也、御矢取季長、六十五度有之、申刻於男末一盞有之、○予當番之間、晚飡長橋局へ召寄了、相番中山大納言、予、經元朝臣等也、○自禁裏如例年灰御公用一俵拜領、忝者也、

十四日、癸未、天晴、○長橋局、薄、內侍所へ罷向、無殊事、○安禪寺殿之周首座、玉林庵、仙藏主等へ、菊兩三本宛持罷向遣之了、

十五日、甲申、天晴、土公地中、(十日)方暮、月蝕、酉刻五分、(陰之間不見)自今日十　○遍昭心院被來、暫雜談、被誘引之間令同道高倉へ罷向、相公他行、入道見參、予累代之笙鳳凰近年失却、然處近日旣令他國之處、令賣(◎買カ)得之由被申被見之、無念々々、但留京都之間、且本望也、盃被出一盞了、五常樂急同樂了、四辻亞相被來了、○禁裏御日待、暮々參內、先和歌御廿首當座有之、講頌有之、讀師中山大納言、講師經元朝臣、發聲四辻大納言、御人數御製、若宮御方、曼殊院宮、勸

修寺一位、中山大納言、四辻大納言、予、源中納言、大藏卿、三條中納言、輔房朝臣、公遠朝臣、經元朝臣、重通朝臣、言經朝臣、親綱等也、藤宰相遲參、和歌不詠之、講頌に被參、不可說々々々、予題河千鳥、暮山雲、

青海の波もやあらき狛梓のさほのかはらに千鳥なくなり

こよひ月かけたる影を山の端の夕の雲の立やかくせる

碁五六盤有之、予刻於長橋局飯有之、臺物田樂等にて御酒數度有之、講頌之後入御、岡殿御出、音曲有之、及天明又出御、於御前御酒有之、十度飲有之、勸一位、予、源中納言非御人數、中山以下十一人也、酌源中納言、咎之酌予沙汰之、次御楊弓有之、予勞煩之間退出了、○内山之上乘院察病指南被返送之、

十六日、乙酉、晴、時々小雨灌、十方暮、○長橋局、薄、内侍所へ立寄、於内侍所田樂有之、次岡殿へ參雙六參了、次飯尾中務丞參、御酒被下之、

十七日、丙戌、天晴、五墓日、十方暮、○與二郎、隼人小者兩人葉室へ遣之、竹木所望了、栗四本、竹等到、○長橋局へ罷向、一盞有之、今夜別殿行幸云々、臺物以下予、薄調之、暮々又參、別殿行幸有之、長橋局へ女中各御供、男衆萬里小路大納言、予、持明院宰相、親綱等也、萬ヽヽヽ、持ヽ、當番衆也、三獻天酌如例、次還御、次大典侍殿、男衆御跡之祝一盞有之、次退出了、○長橋へ魚かつほ五遣之、

十八日、丁亥、天晴、十方暮、○若宮御方被仰鵠之君不知四枚持參了、御楊弓有之云々、予小御所之菊盛過少々伐之、次於内侍所持明院ど雙六打之、○暮々勸修寺一位、三條中納言令同道參武家、先御臺へ參、於堀川局一盞、餅茶等賜之、葉室、四條、内藏頭等御嚴重申出了、次參武家、節朔衆也以飛鳥井、滋野井、葉室、四條、内藏頭等御嚴重申出了、滋野井近年無沙汰不被申出、樣體申分被出了、今夜申次大舘伊與守也、大名武田陸奥守入道、外樣山名與五郎、御供衆上野民部大輔、大舘伊與守、畠山次郎、一色播磨守、細川兵部大輔、御部屋衆三淵伊賀入道、細川宮内少輔、大舘伊與息、同源五郎、上野與八郎、杉原與七郎、荒川與三、申次大和宮内大輔、小笠

原又六、荒川治部少輔、進士美作守、醫者上池院民部卿祐乘、丶、等也、御對面所御作事之間、於常御所有之、次御臺御嚴重各參取、上﨟御さこ、中﨟小少將殿出座、參仕之衆同前、公家勸修寺一位、予、飛鳥井中納言、三條中納言、藤宰相、日野權辨等同前、次如前三人令同道歸宅了、○倉部今夜禁裏へ祗候、御嚴重中出了、予當番代同參、○此方亥之祝如例、

十九日、戊子、晴、自午下刻小雨降、十方暮、天一北、○滋野井、四條等へ御嚴重持送之、○長橋局へ罷向、來廿二日御申之儀、手つ代共沙汰了、一盞有之、

廿日、己丑、雨降（至子刻）十方暮、○長橋局へ罷向種々調之、次末之阿茶（富小路）蟲以外煩之、藥共與之、是齋呼之、藥所望、少驗之間暮々歸宅了、予麝香丸一貝遣之、

廿一日、庚寅、陰、十方暮、○早旦薄所へ罷向、阿茶見舞之、少驗云々、但于今腹痛云々、又麝香丸、人參丁香散、香薷散等遣之、長橋局見舞、先罷歸了、去夜め丶典侍殿蟲起、以外御煩云々、今朝御平癒也、○長橋へ栗五十遣之、終日座敷以下調之、庭之西南之はた板被取之、舞臺覆等出來了、一盞有之、柳一荷兩種、栗、はむ、土器物等送之、暮々退出、樂屋議定所御庭也、雜掌所長橋局北へ方三間假屋沙汰之、

廿二日、辛卯、天晴、十方暮、○早旦湌食之、辰刻參、倉部同道、巳下刻行幸、女中衆男衆悉供奉了、則猿樂始、大夫、ほりけ彌二郎、十三才、座衆京邊土上手共集了、難波、八島、松風、紅葉狩、春榮、三輪、羽衣、鼎、舟辨慶、東岸居士、大會、猩猩、高砂入破、等也、至戌刻、未刻各於局小漬有之、御酌三獻若宮御方、五獻天酌、七獻岡殿、其餘公卿殿上人沙汰之、猿樂以後各音曲有之、十一獻參及大飲、被參之輩正親町一位入道、早出、勸修寺一位、藤大納言入道、中山大納言、四辻大納言、萬里小路大納言、廣橋大納言、予、飛鳥井中納言、源中納言、大藏卿、三條中納（中院、丶）言、持明院宰相、藤宰相、輔房朝臣、公遠朝臣、松夜叉（丶息）（藤宰相息）丸、千菊丸、五才、經元朝臣、重通朝臣、言經朝臣、晴豐、親綱、季長、橋以繼等也、御相伴御、若宮御方、岡

殿、通玄寺殿、曼殊院宮等也、子下刻還御、次各退出
了、○今夜當番萬里小路大丶丶、中院代、持明院宰相代
言經朝臣、御添番予、外樣鳥丸代、三條中納言等也、
廿三日、壬辰、晴、時々小雨降、十方暮、五墓日、○種々馳走、巳下刻退出了、今
日午時男衆各長橋へ被呼、○午下刻長橋局へ參、昨日
之大夫御禮に參、長橋小庭に打板に參、座衆四人、音
曲一時餘有之、御扇拜領舞了、酒有之、萬大、予、三中、
藤宰相、輔房、丶丶、經元、丶丶、親綱等也、未下刻參集長
橋局へ、大典侍殿、藤大納言入道、中山大、丶丶、四辻大
丶丶、萬里小路大、丶丶、廣橋大、丶丶、予、源中納言、大
藏卿、三條中、丶丶、藤宰相、輔房朝臣、公遠、丶丶、經元
丶丶、親綱、橋以繼等也、入麵吸物鯛、三獻及大飲、音曲
有之、暮々各退出了、今日舞臺取置之、はた板以下如
元調之、當月庭田番、修理職加田新左衛門尉奉仕之、
○當番之間其間々祗候、中山大納言、予、經元朝臣等
也、外樣番左大將代公遠朝臣內々に祗候也、
廿四日、癸巳、天晴、十方暮今日迄、今日より天一天上、○禁裏御楊弓有之、巳刻參
內、於東庭有之、鬼間淸涼殿各祗候、御人數若宮御方、
曼殊院宮、勸修寺一位、中山大納言、四辻大納言、予、
大藏卿、三條中納言、輔房朝臣、經元朝臣、重通朝臣、
言經朝臣、親綱等也、橋以繼御矢取次、御矢取高橋雅
樂助宗敎、大澤彥十郎兩人也、於番衆所縶壁にて一盞
有之、及秉燭各御三間へ參、若宮御方、岡殿御出座、臺
物御盃三參、音曲有之及大飲、當番之間源中納言祗候
也、曼宮、勸一、三中等早出也、戌刻各退出了、御楊弓
卅二度有之、○自長橋局ゑい魚、一賜之、祝着了、
廿五日、甲午、天晴、天一天上、土公午方(六日)、十一月節、○倉部柳原亭連歌會能
向云々、○土佐刑部大輔光茂繪師、來、鈴持來、源氏之
和歌十餘首卷之、各可注與之由申之、勸一盞了、則撰
之注付持遣之、晩頭禮に使來、○長橋局へ罷向、局取
置之一盞有之、○外樣番日野代に參、內々に祗候如
例、內々番衆中山大、丶丶、實彥朝臣代、萬里、丶丶、大、丶丶、三條
中納言等也、○葉室出京被逗留了、
廿六日、乙未、天晴、天一天上、五墓日、○小御所之菊皆苅之、雖少々取

置之、次於長橋局一盞有之、○自竹内殿左兵衛佐長治、蜜柑一籠百、送之、○倉部廣橋大納言番代に參云々、○武家石藏へ院御所御跡之虎石被引之云々、　武家裏御門にて細川宮内少輔中間兩人喧嘩突之、　相手押寄生害、奉公衆三上藤三郎手負則死去、不可説々々々、以上三人滅了、予、倉部參武家、於西御門懸御目、被加御詞了、則飛鳥井中納言、藤宰相等令同道罷歸了、

廿七日、丙申、陰、天一天上、○葉室今日在所へ被歸了、○岡殿へ參、無殊事、

廿八日、丁酉、天晴、天一天上、○早旦倉部、栖雲令同道、第十加賀入道本忠所へ罷向、法樂連歌有之、人數予、倉部、靑松執筆院禪秀、慶順、栖雲、亭雲、宗念、宗淳、宗家、宗信、祖貞等也、先白粥有之、未刻齋有之、申下刻終了、次吸物にて一盞有之、及黄昏歸宅了、予、倉部太刀絲、遣之、○今日當番令失念不及相轉、不可説々々々、○今日之發句以下如此、

いつはさは冬こそ松のふか緣　本忠

枝をならさす積る白雪　政秀（第十帶刀代）

明る夜の砌のなかれ月さえて　師中納言

廿九日、戊戌、天晴、天一天上、申刻小雨、○第十加賀入道昨日之禮に來、對面了、栖雲同道了、○明日之齋に今朝松林院之舜玉來、相伴了、蜜柑一盆廿、隨身送之、○遍照心院令同道四辻へ罷向、四辻父子、箏、予、大鼓、遍照心院、笙、養命坊、本壽等、箏、景長、笛、三臺急、二反、林歌、三四反、有之、一盞了、

卅日、己亥、天晴、天一天上、○薄所へ罷向、をり湯之籠與二郎に申付居之、長橋局、内侍所等へ立寄、○誓願寺長老泰翁上人、來儀、鈴食籠等被持之、吸物餅菜、にて一盞勸了、○今夕御豕に武家へ倉部參、予、滋野井、葉室、四條等之分同申出了、予及黄昏參内、但遲參之間、天酌過了、若宮御方之御嚴重如例參、◎於脫カ常御所御庇賜之、被參之輩四辻大納言、萬里小路大納言、予、大藏卿、三條中納言、持明院宰相、輔房朝臣、公遠朝臣、松夜叉丸、經元朝臣、重通朝臣、晴豐、親綱等也、予、葉室、四條、倉部

等御嚴重申出了、予天酌に不參之間、於常御所女中衆御祝之、次御酒賜之了、

○十一月大

一日、庚子、天晴、天一天上、時々小雨降、土公地中、(八日) ○早旦四辻父子、予、養命坊之中將令同道東寺へ罷向、先於遍照心院改衣裳、次金剛殊院へ各罷向、齋有之、大師御作之大黑一尺五寸計、開帳、大師以來無之云々、塔爲奉加如此云々、法會大黑講、七日有之、至十三日開帳云々、登高座樂三臺急、二反、先之音取笙予吹之、所作人笙遍照心院貞海、笛景長、箏四辻亞相、同新亞相、養命坊、同中將、恩德院、本壽坊、大鼓予打之、講了林歌、三反、太平樂急三反殘樂、有之、次入麵吸物等にて酒有之、次四辻父子、予令同道罷歸了、及黃昏、○御祝に參內、被參之輩四辻大納言、萬里小路大納言、予、三條中納言、輔房朝臣、公遠朝臣、松夜叉丸、經元朝臣、重通朝臣、言經朝臣、晴豐、親綱等也、次於御所口、長橋、新內侍殿、予、倉部等、內藏九獻之御祝如例、先之若宮御方、御局々御禮申候了、○於長橋局子祭、林歌二反、小呪百反誦之、祈念申候了、次御供頂戴了、長橋、予、倉部、薄等相伴、一盞了、次退出了、倉部廣橋番代祗候也、○城州賀茂之中室前采女ぁこ文到、當歸一連數十、送之、祝着了、○祇園之山本へ大澤出雲守遣之、橋之板楠木、所望之、大黑可被作之用也、

二日、辛丑、天晴、天一天上、○朝飡以後、四辻父子、予、養命坊中將等令同道東寺へ罷向、如昨日於遍照心院改衣裳、肇(げんかう)一對遣之、一盞有之、次金剛珠院へ罷向、齋有之、法會未下刻始如昨日、樂所作人同前、今日者五常樂急、林歌、二反、慶德等有之、次一盞可有之由、但予日暮之間寓に罷歸了、養命坊中將同道了、供大澤彥十郎、澤路筑後守、小者兩人、○南都春日社家中後室折紙到、墨三丁送之、

三日、壬寅、天晴、天一天上、○早旦澤路筑後守來、竹公事之儀申子細有之、○自禁裏召之間長橋局迄參、北門之儀被尋下之子細有之、次薄、臺所、內侍所等へ立寄了、○內膳民部

少輔來、密々申子細有之、○武家之小侍從殿、今御乳人等へ以文、在所御公用之事申候了、小侍從殿へ栗百、進之、○佛師侍從に一寸之大黑、長橋、予兩人之分二體申付了、一昨日之橋木也、○山城賀茂へ之返事調遣之、○當番之間暮々參內、予、經元朝臣兩人也、中山亞相不參也、

四日、癸卯、丑刻雨降、天晴、天一天上、○朝湌以後、三條黃門令同道東寺へ下了、先遍昭心院へ罷向改衣裳、金剛珠院へ罷向、齋有之、四辻亞相箏、予笙、三條黃門笛、新相公羽林箏、遍昭心院笙、恩德院大鼓、養命坊箏、同中將同、本壽坊同、景長笛、等也、次穀堂へ如前々各令同道罷向、大黑講式伽陀如例、三臺急、林歌、太平樂急等也、次遍昭心院へ罷向、四辻父子、三條等歸京也、予逗留、供衆歸了、夜一盞有之、

五日、甲辰、天晴、天一天上、○自金剛珠院齋に可來之由使雖有之、故障了、齋以後遍昭心院令同道、穀堂へ罷向、巳刻僧衆以下參集、僧衆十餘人、式伽陀如例、樂衆予、笙、薄、篳篥、遍昭心院、同、養命坊、同、同中將、同、恩德院、太鼓、景長、笛、本壽坊箏、等也、樂慶德、林歌、太平樂急等有之、次遍昭心院へ歸了、岡御所、め、ヽ典侍殿、長橋局等御參詣、於遍昭ヽヽ晚湌被振舞了、倉部、薄等今日罷下了、岡殿以下御歸之間、薄同道申候了、又一條殿御參詣、同晚湌被申、予、倉部、御供衆十餘人有之、倉部御供申罷歸了、

六日、乙巳、天晴、天一天上、○齋以後、遍昭ヽヽ、恩德院等令同道、穀堂へ罷向、巳下刻僧衆以下參堂、式始了、五常樂急有之、次四辻父子、三條等被來、今日も予笙、恩德院大鼓也、本壽坊故障、殘者如前々、今日通玄寺殿御參詣、於◎〔衍カ〕法護院へ渡御云々、藤宰相、女房衆、遍昭心院へ被行、晚湌有之云々、大典侍殿、新大典侍殿、御伊茶、新大典侍殿姉等御參詣、局申付法會以後御酒申候了、次各金剛珠院へ罷向了、吸物にて一盞有之、次法護院食籠樽等持來、酒及大飲、音曲順舞等有之、入夜遍ヽヽ院へ罷歸了、四辻、三條等供衆被歸之、女中衆送之」、

七日、丙午、天晴、天一天上、○自金剛珠院粥申付之由有之間、四辻

父子、予、三條、遍ヽヽ院令同道罷向、白粥有之、次一
盞有之、巳刻各參堂、薄來、先五常樂急、次式伽陀如
例、次林歌、太平樂急等也、笙予、遍昭心院、篳篥薄、笛
三條、景長、箏四辻亞相、同新相公、養命坊、同中將、本
壽坊、大鼓恩德院等也、次金剛珠院へ各同道、法護院、
觀智院、寶菩提院來、總寺家振舞有之、蒸麵、小飯、吸
物等にて及大飲、音曲巡舞移刻、及黃昏各令同道直に
歸京了、
八日、丁未、天晴、天一天上、○火桶御笙長橋局へ持參返上、自昨日
御咳氣云々、次大典侍殿、次臺所へ立寄、次內侍所へ
立寄、一盞有之、次大祥寺殿之寶德庵へ罷向、一盞有
之、次伏見殿へ參、御留守云々、先之岡殿へ參了、○當番
之間暮々參、相番四辻大納言、中山大代、ヽ予、經元朝臣等
也、若宮御方之御乳人へ三人乍被呼之、大典侍殿、新
大典侍殿、御伊茶等、田樂にて御酒賜之、○葉室東寺
へ參詣云々、此方に逗留了、
九日、戊申、天晴、天一天上今日迄、土公西方、（六日）○禁裏御不例尋申、同前云々、
次小御所之菊之籬取置了、次內侍所へ立寄了、○葉室
此方に逗留了、
十日、己酉、天晴、天一下艮、冬至、十一月中、○玉屋與右衛門昨日從大坂上
洛とて、唉隱軒書狀、音曲本一冊先日殘是迄也、持來、
對面、南方攝州之和睦之樣雜談了、○第十加賀入道
來、連歌一巡誂之間調遣之、盃令飲之、○太秦之眞珠
院被來了、小畠來、○薄來、勢州射和白粉公用之事に、
木造以下書狀共調遣之、○正親町餅屋渡部子長鶴明
日元服云々、強飯、鈴等送之云々、○葉室今日在所へ
被歸了、○田口伊賀守來、播州へ下云々、盃令飲之、○
長橋局迄參御不例尋申、今日御驗云々、次薄所へ罷
向、をり湯之竈與二郎調之、見舞了、今少不出來、○今
晚此方竈新造、與二郎仕初了、
十一日、庚戌、陰、申酉刻小雨降、○看經、神樂笛、少々吹之、○長橋局
迄御不例尋申、彌御驗氣云々、次臺所へ立寄了、○東
寺之金剛珠院先日之禮に被來、扇一本兩金、末廣、被送之、但
他行之間不見參、被居近所之間、以使禮申候了、○自

誓願寺長老唯識論被返送之、○此方之竈塗事出來了」、

十二日、辛亥、天晴、○雖爲瀧雲院殿忌日、松林院故障不被來、○長橋局迄參御不例尋申、彌御驗氣云々、一盞有之、次薄所へ罷向、長橋被申漬湯竈以下與二郎仕立了、今晚予湯に入初了、○太神宮之御師綿屋之大夫文盆、御被筥、長鮑百本送之、

十三日、壬子、自丑刻雨降、八專入、晴陰自戌刻晴、○佛師に申付之大黑卅、一寸出來、同長橋局被申、同一體出來到、○福天二體、東寺之金剛珠院へ開眼供養之事申遣之、予扇金、墨繪、一本、自長橋局墨一挺、持遣之、子年開帳之大黑、今日開帳之間可參詣之處、依深泥無其儀、無念々々、晚頭則到、今日開帳之天則閉帳云々、自朔日之尊天、來廿五日迄開帳云云、○當番之間暮々參內、相番中山大納言、予、經元朝臣等也、外樣左大將代公遠朝臣內々に祗候也、予於長橋局子祭、林歌二反笙、吹之、小兒百反祈念、次飯にて一盞如例、○長橋局へ立寄、次伏見殿入道宮御在京之間參、暫御雜談申候了、先之岡殿へ參、梶井殿、按察、御乳人等被參御酒了、次雙六參了、

十四日、癸丑、天晴、○南向從一昨日咳嗽、頭疼、喉痛、自今朝仲和散に加川芎、白芷、細辛、與之、○大澤右兵衞大夫一昨日男子誕生云々、餠得利送之、○長橋局へ立寄、次薄所へ罷向湯治了、○田口伊賀守播州へ下向、仍都多村宇野六郎方へ書狀調遣之、

十五日、甲寅、陰、八專、土公地中(十日)、小雨晴陰、○薄根寄障子以下張之、○及黃昏外樣番日野代に參、如例內々に祗候、內々番衆中山大納言、實彥朝臣代、三條中納言兩人也、萬里小路大納言不參也、

十六日、乙卯、天晴、八專、天一東、○久不參之間、武家へ御見舞に參、御鷹山へ御成云々、小侍從殿へ申置、但留守云々、次慶壽院殿へ參、御公用之儀早々被下候樣、御取合賴存之由申之、次御臺へ參、於堀川局一盞有之、次春日局へ罷向、日野見參、酒有之、次安禪寺殿へ立寄了、○及黃昏薄所へ罷向湯治了、○倉部廣橋番代に參云々、

十七日、丙辰、天晴、○武家御臺之堀川殿へ福天二體之分、四

條之橋木持進之、昨日約束也、同姉之少將殿へ一體之分遣之、○相國寺雲頂院雲澤へ罷向、倉部同道、砂糖一斤送之、但風呂へ悉被入留主之由有之、次三條へ罷向、同他行云々、次萬里小路に三條被居之間罷向、若宮御方渡御也、一盞有之、三條烏帽子額之事被申間調之、○自葉室、大原野之社務式部大輔狛満房束帶之具之事申來了、來月八日遷宮云々、二百疋到、○長橋局へ罷向、無殊事、次内侍所へ罷向、一盞有之、持明院と雙六打之、

十八日、丁巳、晴陰、八專、○禁裏於御學問所御楊弓四十一度有之、御人數若宮御方、曼殊院宮、中山大〻〻、予、大藏卿、三條中納言、輔房朝臣、經元朝臣、重通朝臣、親綱等也、未刻於男末有赤粥、於御前御酒賜之、及黄昏各退出了、予卅枚負了、○内侍所之さい去夜眩暈云云、今晩尋之、少驗云々、無殊事、○今夜當番衆中山大納言、予、經元朝臣等也、

十九日、戊午、辰刻雪降、○岡殿へ參、無殊事、次長橋局へ罷向、次内侍所之さい見舞、彌驗氣云々、一盞有之、○與二郎葉室へ遣、百味之具五六種所望了、

廿日、己未、天晴、八專、○葉室出京、禁裏東之御堀、六日之分被申付之、十七人來、予見舞了、○禁裏御楊弓廿七度有之、御人數御矢、若宮御方、曼殊院宮、予、三條中納言、輔房朝臣、經元朝臣、親綱等也、於御學問所有之、臺物にて一盞賜之、御矢取雅英、予廿二枚負了、暮々各退出了、予薄所之をり湯に入了、

廿一日、庚申、丑刻雪降、天晴、寒嵐、八專、天一巽、○東寺大師之御袈裟、御念珠、御胸息、御髮そり箱、水瓶等今日出云々、仍參詣、薄召具、先金剛珠院へ先度之大黑開眼之禮に罷向、同養命坊、景長等罷向、入麵にて一盞、各相伴了、次先穀堂之大黑へ參詣、次御影堂之南に子歳開帳之大黑根本一日云々、爲塔奉加之、來廿五日迄開帳云々、參詣了、同靈寶共頂戴了、次御影へ參詣、則歸宅了、○柳原に連歌有之、倉部罷向、予雖被申、東寺へ下之間故障了、

廿二日、辛酉、天晴、寒嵐、八專、○薄へ朝飡に罷向、梅宮御火燒嘉例也、次臺所、長橋局へ立寄、先之內侍所へ罷向さい尋之、彌驗氣云々、○倉部朝飡竹內殿に有之云々、御乳人振舞云々、○自大原野裝束之代又二百疋到云々、○外樣番烏丸代に參、如例內々に祗候了、內々番衆萬里小路大納言、中院代、持明院宰相兩人也、○自南都廣橋亞相鵠一筥被送之、祝着了、

廿三日、壬戌、天晴、○自東寺金剛珠院亮惠僧正、薄申大黑之開眼供養被調之被送之、則薄へ遣之、○長橋局へ立寄、一盞有之、薄、內侍所等へ立寄了、次四辻へ罷向、明後日大黑祭に乍父子可被來之由申之、他行云々、○當番之間暮々參內、相番中山大納言、予、經元朝臣等也、外樣之番衆左大將代新相公羽林公遠朝臣、如例內々に祗候也、

廿四日、癸亥、天晴、八專終、○一昨日東寺之塔作事始に大工冠袍借用、近所之餠屋渡邊取次、今日返之、鈴一對送之、○明日之用大黑祭之棚用意之、供物少々盛之、○長橋局へ罷向、一盞有之、大黑祭之用意也、

廿五日、甲子、十二月節、自丑刻雨降、從未刻晴、小寒入、土公子方、(六日)○朝飡以後長橋局へ罷向、巳下刻各來集、先田樂にて一盞有之、四條之橋木之大黑供百味、林歌百返有之、小咒千返予誦之、人數四辻大ヽヽ、箏、予、笙、三條中納言、笛、持明院宰相、笙、景長、笛、隆秋笙、等、三反つヽ三度九返有之、次餠有之、次三反二度二反一度、以上百餘返有之、次吸物にて一盞有之、次各退出了、○各令同道愚亭同大黑に供百味、同人數、其外久我右幕下被來、三反つヽ三度、次晩飡有之、次三條黃門故障有之被歸、次三度にて百十餘返也、次一盞音曲有之、樂無事滿足了、各被歸之後、小咒千反誦之、拜至亥下刻、○奉公衆武田宮內大輔所望有之云々、餠◎瓶カ一對隨身被來、樂最中之間不及見參、無念々々、○自松田主計允內儀大黑一體被送之、林歌聽聞之望云々、鈴被送之云々、○外樣番日野代に參、但宿に退出了、○去夜內侍所へ盜人入云々、革籠三、取之云々、南之築地切之云々、神殿之下掘之入云

云、無心元之由申罷向了、
廿六日、乙丑、天晴、○薄所之東方之塀損之間、與二郎に申付根繼沙汰之、罷向見舞了、次内侍所へ罷向、藤相公、頭中將等被來、一盞有之、次長橋局へ罷向、一盞有之、遍昭心院貞海、安樂光院純覺、純照等來、一盞有之、但予罷歸了、持明院被申出大唐之御笙、予持參返上了、予絲卷之笙、同局に預け候了、○新造之大黑へ林歌一反吹之拜了、
廿七日、丙寅、天晴、天一南、○新造大黑へ林歌二反吹之、供御酒、小咒百返誦之拜了、○滋野井來談了、次中御門被來、勸一盞、次觀世與五郎來、女房衆血道煩云々、藥所望之間、愛洲藥一包遣之、驗之由申、又禮に來、音曲之本松風借用之間遣之、其外栖芸、渡邊彌七郎、餅屋、長鶴丸、松千代等來、○武田宮内大輔被來、吸物にて勸一盞、大坂へ入口之儀賴入之由被申、子細有之、暫雜談了、○吉田へ與二郎遣之、内藏頭氣煩之間、脈藥等之事申遣之、明日可來云々、
廿八日、丁卯、天晴、○吉田右兵衞督來、倉部脈診之、心腎之虚、氣寒邪熱有之云々、晚頭藥取に遣之、橘紅湯五包到、則煎服云々、○鎭宅靈符未進分、八月十三日、十月廿一日之分、五座宛十座行之、如例、當月七日之分尙未進也、○長橋局へ見舞に罷向、今夜別殿行幸、當年今夜計也、仍七獻被參云々、○今朝三條へ以大澤彥十郎、去廿五日林歌に來儀之禮申之、○久我へ罷向、廿五日之林歌に來臨之禮申之、○暮々參内、酉下刻長橋局へ行幸、女中皆參、其外祗候之輩中山大納言、萬里小路大納言、予、源中納言、大藏卿、三條中納言、藤宰相、輔房朝臣、公遠朝臣、經元朝臣、親綱、季長、雅英、相伴、女第二之内侍迄如例、御酌二獻親綱、三獻天酌、四獻季長、橋以緒◎繼カ等也、二獻蒸麵、三獻吸物等、女中公卿各御五獻三條中納言、六獻經元朝臣、七獻藤宰相等也、二獻より音曲有之、順舞以下及大飮了、次御鳥橋以繼申之、次還御、次大典侍殿、男衆等、御跡祝之御酒音曲等有之、次各退出了、○今夜内侍所へ御番に與二郎申付

進之、萬里小路より一人被進云々、○今夜當番中山大
納言、予、經元朝臣等也、三條中納言遠路之間被祗候
了、
廿九日、戊辰、時々小雨、晴陰、五墓日、○滋野井招寄、大黑入、三體、廚子細工
誂了、朝飡相伴、晚頭被歸了、同薄來、自大原野之石帶
之床調之、○倉部今日者食事如形有之云々、良藥之故
也、○觀世與五郎來、女房衆血下云々、自一昨日藥之
事申之、愛洲藥又一包以上三包、遣之、
卅日、己巳、天晴、○長橋局へ罷向、被仰下之山國之事、十餘
枚書寫之進上了、次內侍所へ罷向、一盞有之、次薄へ
罷向湯治了、○自水無瀨使有之、明後日稱名院一周
忌、燒香に可來之由有之、

○十二月小

一日、庚午、雨降、土公地中、(八日) ○掛春日名號、神樂笛、少々吹之、唯
識論繆之、卅頌之分讀之看經、○出仕武家、被參之輩
公家予、飛鳥井中納言、藤宰相、御供衆大館十郎、同伊
與守、細川中務大輔、申次進士美作守計也、以次小侍
從殿へ禮申置了、次慶壽院殿へ參、御臺へ渡御云々、次
御臺御方へ參、各祗候、暫御酒有之、次春日局へ罷向、
祗候公方云々、但各酒有之及數盃、○岡殿、竹內殿、
伏見殿等へ御禮に參、各御見參也、○內藏九獻御樽一
荷兩種臺所へ進之、如例、○暮々御祝に參、天酌に被
參之輩四辻大納言、予、公遠朝臣、重通朝臣、親綱、雅
英、橘以繼等也、次若宮御方に參、御酌被參之輩同前、
先之御局々へ御禮申候了、次於御所之口內藏九獻御
祝、予計參、長橋酌、伊與殿等如例、次退出了、○吉田
へ彥十郎遣之、倉部藥又所望、加減同前七包到云々、
二日、辛未、天晴、天一坤、○德大寺へ罷向、自禁裏之仰、外樣御
番に可被參之由也、畏之由御返事也、次一條殿へ參、
御盃被下之、及數盃了、○長橋局迄參、德大寺御返事
申入了、次內侍所へ罷向、小漬にて一盞有之、
三日、壬申、天晴、寒嵐、○滋野井招寄、妙音天、毘舍門天二體、
廚子細工也、晚飡相伴了、午時勸一盞、吉田右兵衛督
來、莖之羹相伴了、內藏頭脈診之、少驗之由有之、○薄

へ罷向湯治了、〇晩頭當番之間參、先於薄亭一盞有之、次參、相番予、經元朝臣、橘以繼等也、外樣番公遠朝臣左大將代、内々に祗候也、

四日、癸酉、天晴、〇澤路筑後守來、竹之座人申子細有之、禮に來、二十疋持來、極﨟座之輩懇望之一行有之、如此、

京都竹座、御本所樣御百姓及退轉より、大原之地下人めし出され、商賣之儀被仰付候、於總座迷惑仕者也、然者御百姓兩三人三座より參置、御詫言申上候處、大原商賣人被停止候、忝存候、然上者於新儀商人、向後一人も入申間敷候、但於先祖商人者、御百姓になし可申候、就其座中法度之儀如先々可申付候、如此定相違之儀在之者、御違返可有者也、仍爲後日狀如件、

永祿七年甲子十一月十三日

きよくらう座
道　金（花押）
同
二郎左衛門（花押）
同
三郎左衛門（花押）
同
七郎左衛門（花押）
くられう座
三郎左衛門（花押）
きよくらう座
五郎衛門（花押）

澤路筑後守殿參

長橋局、薄、臺所、内侍所等へ立寄了、無殊事、先之正親町へ罷向、一品入道寒中に風煩之由有之、不能面也、

五日、甲戌、天晴、〇葉室出京、一兩日之間に禁裏御堀被申付云々、今夜外樣番日野代予令相轉了、〇松尾社家之衆同御堀之間、見舞了、〇大原野神主式部大輔滿房敍爵之事申來候間、長橋局迄參令披露、則勅許也、

六日、乙亥、曉天雪降、（一寸）〇長橋局へ參、松室中間之儀内々令披露、御思案云々、次庭田へ罷向、頭中將に滿房敍爵口宣案之事示之、他行云々、則到、

七日、丙子、天晴、土用入、〇松尾社務三位來、餅にて勸一盞了、〇從大原野束帶之具取に來、代之錢七十疋到云々、冠、袍、大帷、裾、石帶、表袴、赤大口、襪、以上八色新調渡遣之、同口宣案遣之、〇吉田武衛被來、倉部脈診之、尙驗氣云々、虛熱相殘云々、〇自近衞殿大閤御使林與五郎、有之、御用之事候條可參云々、則參了、先畠山九

郎元服云々、御禮に被參、御盃頂戴、大和宮内大輔、治部三郎左衞門等同道也、次被仰云、飛鳥井一位入道孫千代松丸當月末可被元服之間、官位以下諸事予に被任之間、可馳走之由被仰下、河耆(◎鰭カ)跡にと被仰、仍名字公虎、於御前切音勘之、切古也、敍爵之事可申沙汰之由被仰下、又冠以下之事、白川侍從に可申試之由有之、又饅頭にて御盃被下之、○白川へ罷向、冠以下之事申候了、次長橋局、内侍所等へ罷向了、

八日、丁丑、天晴、土用、天一西、○高倉へ罷向、入道見參、藤相公被參武家云々、次禁臺へ罷向、一盞有之、次長橋局、内侍所等へ立寄、次於薄亭湯治了、○滋野井被來、毘沙門廚子細工首尾了、予、滋、葉室等晩飡相伴了、○當番之間晩頭參、相番中山大納言、予、經元朝臣、橘以繼等也、外樣番新中納言葉室、被參、一身之間極﨟被相添之、

九日、戊寅、自曉天雪降、土公卯方、(六日)、土用、自午時晴、○自葉室禁裏御堀普請之衆廿人計來、今夜此方各逗留、明日又可掘之云々、○從高倉入道被呼之間罷向、能登守護書狀之返事被誂之間調遣之、一盞有之、次長橋局へ罷向、次御堀見舞了、葉室、薄等同前、

十日、己卯、天晴、土用、大寒入、十二月中、○葉室衆朝飡急御堀之普請也、及黃昏各歸了、○自藤宰相牛黃圓之人數に十疋被送之、○正親町一位入道自昨夕以外被煩云々、罷向尋之、今日少驗云々、○自大閤被申河鰭公虎敍爵之事、今日勅許也、

十一日、庚辰、天晴、土用、○葉室今日被歸在所了、五日より此方に逗留也、○岡殿へ參雙六打了、次長橋局、内侍所等へ立寄了、次廣橋亞相之妾かゝ宿へ立寄、一盞有之、及黃昏歸宅了、

十二日、辛巳、天晴、土用、○亡父雖爲忌日、淨花院觸穢之間、齋料持遣之、○正親町中將昨晚自大坂上洛云々、仍罷向暫雜談、一盞有之、一品尙々驗云々、次長橋局、大典侍殿、内侍所等へ立寄了、○自春日局爲日野番代料米二石被渡之、人取遣之、以上三百石也、○從御室可參之由御使加賀、有之、令同道則參、御相談御弟子之儀、禁

へ御申候儀也、先一盞有之、次御非時御相伴、及黃昏之間逗留申候了、宵に田樂にて御酒被下了、○南都維摩會、勅使柳原左大辨宰相淳光朝臣、早旦下向云々、

十三日、壬午、自曉雪降、自巳刻晴、天一乾、土用、○御齋御相伴、未刻吸物にて御酒音曲等有之、次歸宅及黃昏、

十四日、癸未、天晴、土用、○自長橋局被申平胃散調合、又非司德子痳病之藥五痳湯調合、七包遣之、○禁裏御煤拂之間巳刻參、先於男末田樂にて一盞如例、次於長橋局、伊與殿、予、藤宰相、頭中將、極﨟等雜煮にて酒有之、次各被召、若宮御方女中以下悉雜煮にて御酒賜之、源興治一人不參也、外樣之者也、先臺盤所六位計、次議定所、次常御所、御湯殿之上、御庇は六位計、次御三間、次小御所、次黑戸等如例年拂之、疊之大工罷之大工如例參、衞士同參、末、男末棚一間所、御所之口、淸涼殿等洗之、如例年、次於男末入麪にて一盞如例年、被參之輩中山大納言、四辻大納言、萬里小路大納言、予、大藏卿、三條中納言、輔房朝臣、公遠朝臣、經元朝臣、重通朝臣、親綱、季長、雅英、橘以繼、源興治等也、次各退出了、○御室御申之段、長橋局へ申含退出了、

十五日、甲申、天晴、自今日十方暮、土公地中、(十日)○長橋局へ罷向、御室御申之段內々勅許也、尙從是御返事云々、次平胃散八兩調進之、阿茶に被遣之、次內侍所へ立寄了、○自御室加賀爲御使來、對顏、御返事之樣申渡之、尙一兩日中可參申之由返答申入了、○自葉室人來、松室申綸旨之儀也、長橋局へ罷向申之處、自是御返事云々、次正親町へ立寄所勞相尋之、同前云々、中將雜談了、○正親町中將音曲浮舟之本被借之間遣之、○外樣之番日野權辨輝資代に暮々參、如例內々に祗候、內々番衆萬里小路大納言、三條中納言實彥朝臣等也、御寢之後藤相公へ罷向、一盞有之、

十六日、乙酉、天晴、土用、十方暮、○自甘露寺河鰭公虎敍爵之口宣案到、○武家へ爲御見舞參、御作事御庭之造等暫見物了、次小侍從局へ罷向、御公用之事催促申候了、次慶壽院殿へ參、御酒被下之、次御臺へ參、堀川殿局にて

御茶賜之、暫雜談了、次春日局へ罷向、無殊事、○晩頭勸修寺一品女中遠行、無心元之由罷向訪之、一品被出對顏了、同黃門、辨等へ申之、所勞之由有之、○大澤右兵衞大夫男子去月誕生、今日此方へ來、德利隨身云云、

十七日、丙戌、雨時々降、土用、五墓日、十方暮、○近衞殿へ口宣案持參、大閤御見參、御盃賜之、○滋野井被來、勸一盞了、○薄亭へ罷向湯治了、次長橋局へ罷向、御室之御返事被成御意得之由有之、次松室申綸旨之事、同被成御意得云云、

十八日、丁亥、天晴、土用、十方暮、○葉室內山口又左衞門來、松室申綸旨之事、勅許之由書狀言傳之、仁、○御室へ參、御返事之樣申入了、御滿足也、御盃賜之、則罷歸了、○陰陽頭土御門左京大夫、有脩所へ晩飡に罷向、予、亭主、堀川近江守、座頭安一等相伴了、次女房衆、新內侍局等被出、及大飮音曲等有之、戌刻歸宅了、○安禪寺殿へ參、於昌藏主一盞有之、桂侍者此方へ來、○今夜之當番三條黃門に相轉了、

十九日、戊子、天晴、土用、天一北、十方暮、○自御室御使加賀、同御書被下之、昨日之御禮也、見參了、○長橋局へ參、御室被畏入之由御返事申入了、次別殿之儀御尋之子細有之間、賀二位在富卿所へ罷向、又長橋へ參御返事申候了、次內侍所へ立寄了、

廿日、己丑、天晴、土用、十方暮、○仁和寺御室へ參、自禁裏以三條中納言、伏見殿若宮御七才、被申請之間、門跡次第に可有御入室之由、內々女房奉書有之間持參了、一段御滿足也、御盃被下了、御煤拂也、則罷歸了、○長橋局へ參御返事之樣申入了、次內侍所へ立寄了、○暮々三條中納言番代に參、相番萬里小路大納言、予、實彥朝臣等也、○相國寺雲澤より倉部に鈴臺物被送之云々、○自南都柳原辨上洛云々、廣橋大納言同上洛云々、

廿一日、庚寅、天晴、土用、十方暮、○大澤左衞門大夫今日自南都上洛、柳原荷物五ヶ庄に去夜逗留之故云々、春日社々家辰市權預祐金加級之禮書狀、墨二挺送之、祝着了、○

長橋局、臺所、内侍所等へ罷向了、

廿二日、(辛卯、天晴、土用、十方暮、)○今日此方煤拂、大澤右兵衛大夫、同彦十郎等也、祝如例年、 ○朝飡以後近衛殿へ參、白川侍從冠、直衣、指貫等令借用持參、今日河鰭元服也、同侍從昇殿等之事、 頭中將に申遣、則宣案別遣之、於大閤御前元服、理髮御侍長井如形調之、 諸事略儀也、予扶眼了、次加冠大閤御沙汰、過分之至也、次三獻、大閤、關白、予、右兵衛督(西洞院)、公虎等也、三獻之時、予御太刀(勝光、)賜之、次新冠に予太刀(絲卷)遣之、次罷歸了、 ○河鰭侍從禁裏へ御禮に被參之間、扶持に參、先此方へ禮に被來云々、太刀(絲卷)、被送之、先予於大典侍殿御局三獻有之、姫宮御方御色改也、 外祖飛鳥井入道、萬里小路大納言、予、飛鳥井中納言、右大辨宰相等也、女中大典侍殿、新大典侍殿、め丶典侍殿(御母儀、)等也、 滋野井、持明院等異體之間、次間にて祝有之、次公虎於議定所御對面、予申次、 次若宮御方御對面、予申次了、 次長橋局、次大典侍殿御局へ被參、御酒有之、 飛鳥井一位入道孫也、 兩孫祝儀一段之滿足也、 ○外樣番烏丸代に參、如例内々に祗候、 内々番衆中山大納言、(基孝卿代、)萬里小路大納言(通爲卿代、)等也、○自柳原辨維摩會之記被返之、又自廣橋補歷土代等被返之、同傳達、又下襲之襟被返之、串柿一束被送之、

廿三日、(壬辰、寅刻小雪、天晴、土用、五墓日、十方暮、)○禁裏御楊弓五十二度有之、御人數御矢、 若宮御方、曼殊院宮、中山大納言、予、大藏卿、三條中納言、經元朝臣等也、 中間田樂にて一盞有之、御矢取季長、橘以繼等也、予杉原五十枚負了、○予當番之間、晩飡長橋局へ召寄、今夜相番中山大丶、早出、目之所勞也、予、經元朝臣、橘以繼等也、 ○澤路筑後守鈴一對、鯉二、送之云々、

廿四日、(癸巳、曉小雪、土用、天一天上、十方暮今日迄、晴、)○松尾左馬助相久來、禁裏御堀に各罷上云々、勸一盞了、 同東山吉田衆掘之、罷向見舞了、同藤宰相罷出被申付了、○自御室理證院御使、御書御樽代(十疋、)送賜之、 先日馳走御禮也、次御弟子御所親王宣下之事、陣座無之間、消息宣下之儀可申

調之由仰下了、理證院に勸一盞了、○予、倉部、薄所へ罷向湯治了、

廿五日、甲午、天晴、自酉下刻終夜雪降、土用、天一天上、節分、土公午方、(六日)　○栖雲來、第十加賀守正月會發句以下之事申渡了、○柳原へ罷向、今日御月次之和歌談合了、則詠進之、　御題雪中眺望、家々歲暮、谷松年久、

雪にけさあかぬなかめをすかはらや伏見もちかき小初瀬の山

名殘なくたかきいやしきたか里もしたふさするに年の暮行

こたへせはさはまし物を谷の戸に陰たかき松はいく世をか經し

葉室出京、五條天神へ參詣云々、則被歸了、　松室中務申綸旨之爲御禮、御扇杉原代五十疋、長橋局へ樽代三十疋、則御局へ予持參了、次勸修寺辨に書出之事黃門に申渡了、樽代三十疋同渡遣之、○安禪寺殿昌藏主所望之人參丁香散三兩遣之、代廿五、昨日到、○今夜方違に甘露寺へ罷向、鈴一對隨身、一盞有之、令鳴鷄罷歸了、○自勸修寺綸旨雖到來、落字有之間返遣之、　○當年星日曜星、予、倉部同令作之、　竹內殿へ供養事申入了、

廿六日、乙未、天晴、五墓日、立春、正月節、天一天上、　○自勸修寺黃門綸旨到、　葉室へ之宛所也、目錄不及注置也、

松尾月讀社公文、　松室中務大輔重清申城州大原野內幷谷內所々買得田地山林等目錄在別紙、事、　被聞食訖、所詮任賣劵狀之旨永代可全領知之由、可令下知給、者依天氣言上如件、晴豐謹言、

永祿五年十二月十三日　　左少辨判

進上　新中納言殿

松室中務大輔綸旨歲末等之禮に來、十疋送之、同松尾神主三位來、餅にて一盞勸了、○建仁寺之眞性院、光明院、禁裏へ歲末之御卷數持來、　予に眞性院被送之、次安樂光院歲末之禮に被來、　卷數被送之、　○武家に參、以小侍從殿御公用之儀申之、雖無之、　尙代官衆に被尋、有之者可被下之由有之、次慶壽院殿、御臺御方、春日殿等歲末之御禮申候了、　○近所之茶々女煩之由申來、脈取了、人參敗毒散三包遣之、○倉部樂吉田へ取

に彥十郎遣之、快氣湯十二包到、○暮々立春之御祝に參、天酌に被參之輩予、源中納言、大藏卿、松夜叉丸、經元朝臣、言經朝臣、親綱、雅英、橋以繼等也、次若宮御方へ御禮申候了、次退出、倉部は廣橋大納言番代に參了、○山井近江守景長來、明日八幡神樂有之間、神樂笛借之間遣之、○竹内殿へ今朝星中出頂戴了、

廿七日、丙申、時々雪降、天一天上、○大工源左衞門吉田、來、垣板、箸木等持來、まな板、かき板、かんな懸させ了、一盞令飲之、○鎭宅靈符、聖降日之間五座如例行之、次去月未進分行之、次岡殿へ參、十月より未進三ヶ月分行之、入麵にて一盞賜之、○去夜々半より大坂門跡を初、悉不殘燒亡云々、庭田、正親町今晚下向云々、○自南都廣橋亞相、倉部に爲番料百疋、米一石被送之云々、

廿八日、丁酉、自巳刻雪降（七寸五分）、天一天上、○長橋局へ參、御室御弟子親王宣下之事、被成御意得云々、則以折紙大澤彥十郎、仁和寺殿へ進申入了、御祝着之由御書有之、次高倉へ歲末之禮申之、入道、藤宰相見參、入道一盞被勸了、次内侍所、次伏見殿、四條、大祥寺殿、竹内殿へ御禮申候了、各御見參、勸修寺、中山、正親町等へ申候了、○自岡殿鎭宅之由布施歟、米一斗賜之申候了、○當番之間暮々參内、眞性院、光明院等卷數持參進上了、今夜相番中山大納言、予、經元朝臣、「橋以繼等也」、

廿九日、戊戌、晴、天一天上、○番衆爲四人般若心經百卷可誦讀之由有之、予廿五卷讀誦了、○早瀨民部丞に四五ヶ年以前申付之和漢通載年皇代記表法會、今日出來了、○廣橋内府入道自南都兩三日以前上洛云々、仍歲末旁に罷向、見參、一盞有之、次柳原へ罷向、一品見參、茶子にて茶受用了、○結城山城守借用之音曲之本一册、白四、自勸修寺黃門被歸之、○御陵カ◎綾織手司遠山右京進、御小本結之絲公私二結、枕裏織物一尺等如例送之、珍重々々、○岡殿へ歲末又昨日之御禮等に參、御見參了、○柳原一品、高辻、甘露寺等歲末之禮に被來云々、○澤路筑後守粟津公事錢百疋持來云々、○及黃昏御歲末御禮に參内、倉部同道、御小本結如例年調進之、於御三間

如例御對面、公卿疊上、殿上人簀子、一人つヽ御禮申、被參之輩勸修寺一位、中山大納言、予、大藏卿、三條中納言、藤宰相、經元朝臣、重通ヽヽ、言經朝臣、晴豊、雅英、橘以繼等也、次各若宮御方へ申入了、同前、次御局局同申了、次退出了、

言繼卿記　廿六

永祿八乙丑年

○正月大

一日、己亥、晴、天一天上、 ○分行水、卯初刻參内侍所、倉部同道、十疋宛折紙進之、拜御鈴以後、餅にて神盃頂戴、如例年、依不具四方拜に不參、○於愚亭四方拜如例年、次掛春日名號、神樂笛、庭火計吹之、繆唯識論、讀卅頌、看經如常、○雜煮祝如例年、○大澤彥十郎、鈴持來、澤路筑後守、同早瀨民部丞、同、同又三郎等禮に來、予、倉部盃各分飲之、朝飯各如例申付之、此外大澤出雲守、同右兵衞大夫、澤路備前入道、小川與七郎等禮に來云々、○朝湌如例年、祝等如常、珍重々々、○吉書始沙汰之、○內藏寮竹供御人再興、兩人分公事錢二十疋筑後守持奉公衆來、珍重々々、○今日禮者外記一藟康雄、沼田上野介、

同山下孫三郞、同小林左京亮等云々、○暮々御祝に參內、倉部同道、先若宮御方、御局々御禮申、今夜御强供御參、御小盃有之、天酌に被參之輩勸修寺一位、四辻大納言、萬里小路大納言、予、源中納言、大藏卿、三條中納言、輔房朝臣、公遠朝臣、松夜叉丸、經元朝臣、重通朝臣、言經朝臣、晴豐、親綱、雅英、橘以繼等也、次於御所口內藏九獻御祝、長橋局酌、伊與殿御加にて長橋、予、伊與殿、內藏頭如例、珍重々々、次若宮御方御祝御强供御同參、御酌御小盃有之、被參之輩同前、宮御方御小盃之事根本無之、當今御方御所之時より始了、然者別而御盃被下之規模無之、別御盃西三條、勸修寺、廣橋、予、四辻、庭田、甘露寺、薄等計歟、(各父子也、)次各退出、倉部廣橋大納言番代に祗候了、○於薄亭乍父子着裝束之間、鈴一對持遣之、

二日、(庚子、天晴、天一天上、土公地中、(八日))○廣橋亞相之妾之女(一之朵女、高畠大和守女、)髮のそき事予に申之間、未刻罷向調之、鈴一對遣之、三獻有之、○澤路隼人佑禮に來、串柿一束持來、盃令飲之、次大澤右兵衛大夫、同弟又四郞等禮に來、對面盃令飲之、○暮々御祝に參內如例、天酌、被參之輩勸修寺一位、予、源中納言、大藏卿、輔房朝臣、松夜叉丸、經元朝臣、重通朝臣、晴豐、親綱、季長、雅英、橘以繼等也、次若宮御方別御盃被下之、次各退出、予外樣番烏丸代に參、仍天酌被出之如例、予內々祗候、內々番衆無之、御添番勸修寺一位計也、○今日御方へ禮者藤宰相、(奉公衆)大館十郞、本鄕治部少輔、同又三郞、大和宮內大輔、杉原彥五郞、小林民部少輔、武田左兵衛尉、松井新二郞、同甚七郞、金阿、(奉行衆)飯尾彥左衛門尉、布施彌太郞、(御足輕衆)小畠藤一郞、田井孫九郞、(近衛殿內)齋藤太郞左衛門尉、(久我內)竹村左門衛尉、(廣橋內)速水右近大夫、(柳原內)河內源五郞、(同)眞繼兵庫助、其外內膳民部少輔、伊賀左衛門尉、藤堂與三次郞、浮島平次郞、豐雅樂頭等云々、

三日、(辛丑、天一天上、五墓日、)○御嘉例御盃於末如例、菱花平にて勸一位、予御酒有之、先之於長橋局一位、予、雜煮にて酒有之、次退出了、○小川與七郞禮に來、○吉田右兵

衞督春日神供如例年被送之、頂戴滿足了、墨一丁、遣之、○晩頭御祝に參內、倉部同道、天酌如例、被參之輩勸修寺一位、予、源中納言、大藏卿、三條中納言、松夜义丸、經元朝臣、重通朝臣、言經朝臣、晴豐、親綱、季長、雅英、橘以繼等也、次若宮御方御酌各同前、言經朝臣別御盃頂戴云々、次各退出、○今夜番衆予、經元朝臣、親綱、(父卿代、)橘以繼等也、○今日此方へ禮者柳原辨、(奉公衆)攝津掃部頭、山名與五郎、高伊與守、彥部雅樂頭、荒川治部少輔、大館兵部少輔、安東藏人、松田七郎、此外速(廣橘內)水左衞門大夫、甲斐守多久宗、出納大藏大輔、同右京進、內豎、陣官人土島將監、觀世與五郎等云々、

四日、(壬寅、晴、天一天上、)○禁裏御嘉例如昨日、番衆四人同前、○一之釆女爲一昨日之禮、柳一荷兩種(鯛一折、串柿、)送之、祝着了、○讚岐守多忠宗、同將監忠雄泥繪扇一本、持來、同新將監多忠季等禮に來、對面、各盃令飮之、○千秋萬歲に參內、(未刻、)被參之輩勸修寺一位、四辻大納言、予、三條中納言、輔房朝臣、松夜义丸、同弟、(藤宰相子)千菊丸、經元朝臣、重保朝臣、晴豐、親經、雅英、橘以繼等也、御湯殿上にて御とほり有之、酌新內侍殿也、次內侍所へ立寄、次薄所にて祝有之、次歸宅了、○今日禮者(藤宰相內)竹內左兵衞佐、荷月齋、(冷泉)弟、北小路大膳大夫、粟津備前守、行事官民部等云々、

五日、(癸卯、天晴、天一天上、)栖雲來、來十八日於第十加賀入道所連歌、發句之星所望之由申候間、則調遣之、一盞勸了、發句如此、

さはてやは鶯さそふ春の宿

倉部高辻へ讀書始罷向云々、一荷兩種昨日遣之云々、○禁裏千秋萬歲に未刻參內、自櫻町參、根本北畠也、如例議定所御庭、被參之輩勸修寺一位、四辻大納言、萬里小路大納言、予、輔房朝臣、松夜义丸、同弟、(毘沙門堂、中院子、)重通朝臣、言經朝臣、晴豐、親綱、雅英、橘以繼等也、曲舞張良、筥根詣、烏帽子折、秀平、濱出等舞之、○第十加賀入道禮に來云々、扇子一本送之、大澤出雲守禮に來云々、○今日禮者(奉公衆)一色式部少輔、進士美作守、二

階堂右馬助、下津屋孫三郎、林出雲入道（竹内殿内）等云々、○外様番日野權辨輝資代に暮々參、御銚子出了、如例十五日迄被出之、如例内々に祗候、内々番衆萬里小路大納言、三條中納言等也、

六日、甲辰、天晴、天一天上、○藥屋小山新四郎所麝香一分二朱、以下五包、二十疋餘にて召寄了、○自葉室人來、正三位舊冬廿七日、勅許、息長敎五才、敍爵、今日勅許等之事申遣之、扇子一本遣之、自葉室樽以下到云々、○徳大寺亞相之息四才敍爵之事、名字實滿切之事予調、甘露寺へ申遣之、舊冬廿二日之分に申之、三才故也、則勅許云々、次倉部正四位下勅許云々、○澤路備前入道禮に來、盃令飮之、○今日之禮者甘露寺、祥壽院法眼、對馬守久氏、生島（御藥師）盛嚴法師、喜春軒、濃州、新五郎、中與加賀入道、久河彌介等云々、

七日、乙巳、天晴、天一天上、○徳大寺へ息敍爵勅許之由申遣之、禮に使有之、甘露寺申沙汰也、○聖降日之間、鎭宅靈符如例五座行之、次岡殿へ參一座如例行之、雜煮にて御酒賜之、○自長橋局柳一荷兩種串柿、くまひき、被送之、嘉例祝着了、○今夜御祝に可參之處、明日御靈宮へ可參詣神事之間不參了、○今日禮者勸修寺一品、廣橋亞相、三條、大館（奉公衆）伊與守、伊勢七郎左衛門尉、狩野左京亮、同孫二郎、同孫六、諏訪信濃守、松田（奉行）左衛門大夫、中澤備前守、飯尾右馬助、春阿彌、六位外記盛厚、清水（武田内）式部丞、磯三川守、長谷川與次郎、土屋へ兵衛尉等云々、

八日、丙午、自辰下刻雪降、天一天上、○倉部令同道上御靈へ參詣、供大澤右兵衛大夫、同彦十郎、早瀬又三郎、小川與七郎、與二郎等也、次廣橋内府入道へ兩人罷向、高辻被來、一盞有之、暫雜談了、○倉部武家へ法中申次に參、但宮門跡不被參之間、不及申次云々、御禮申、申次細川兵部大輔云々、理性院、安居院、若王子、尊勝院以下計云云、慶壽院殿、御臺以下御禮申云々、御盃被下云々、○自甘露寺倉部加級、葉室正三位、同息長敎敍爵之口宣案等到、徳大寺息實滿敍爵之宣案彼方へ遣之云々、○山下孫三郎、布施彌太郎、浮島平次郎、柄田三郎次郎、

渡邊彌七郎等到、一盞勸了、○倉部宣案如此、同葉室
同前、
上卿源中納言
永祿八年正月六日　宣旨
從四位上藤原言經朝臣
宜敍正四位下
藏人頭左中辨藤原經元奉
上卿原中納言
永祿八年正月六日　宣旨
藤原長敎
宜敍從五位下
藏人頭左中辨藤原經元奉
上卿源中、、
永祿七年十二月廿七日　宣旨
從三位藤原朝臣賴
宜敍正三位
藏人、、、、、經元奉
內侍所へ鈴一對遣之、○長橋局へ罷向、相國寺長德院
之茂西堂萬里小路大、、弟被來、一盞有之、相伴了、次內侍所へ罷向、一
盞有之、○今日雖當番、令沈醉之間不參了、○倉部加
級之御禮に參云々、予番代晝計付之云々、○今日此方
へ禮者宮內卿竹內殿、養命坊中將、十念寺之宗春澤路筑後子、茶一器持參云々、
等云々、
九日、丁未、天晴、天一天上、終日雪晴陰、○自仁和寺殿御書御使被下、御弟
子若宮、御俗名二、師秀、切秀、惟常、切陽、此內爲禁裏被
相計、親王宣下之事被仰付之樣可申調之由有之、次
莖一桶樽尾、被送下之、御使加賀入道、對面勸一盞了、
宣下之日次之事、在富卿に被仰遣云々、舊冬十二月廿
一日勘進、御衰日之間可改進之由申遣之、仍十二月十
四日癸未、勘進也、○葉室當年始出京、宣案共遣之、暮
暮禁裏、同若宮御方へ御禮に被參、申次極﨟溥、參云
云、加級、息敍爵等御禮、長橋へ被參申云々、○自二條
殿御使有之、明日武家へ御參之間、御取合馳走賴思召
云々、內藏頭可祗候之間、可申聞之由返答申入了、○
今日禮者三井寺之金藏坊云々、
十日、戊申、雪降、天一天上、今日迄、土公酉方、(六日)○倉部武家へ辰刻參、參賀申
次之儀也、葉室出仕之間令同道、供大澤彥十郎、澤路

筑後守、早瀬又三郎、與二郎等也、今日參賀之衆二條殿、四辻大納言、左大將、葉室、四辻、新宰相中將、萬里小路右大辨宰相、其外師廉朝臣、水無瀨宰相、同侍從、庭田頭中將、朝芳等云々、○葉室今日被歸在所了、山口又左衞門小女來、强飯串柿等持來云々、○今日此方へ禮者水無瀨、萬里小路辨、庭田頭中將、局務師廉朝臣、官務朝芳等云々、○諸家近代七代之傳抄出、今日立筆了、○暮々長橋局へ參、灰方之事一冊可寫進之由舊冬有之、令失念、今日撰出寫之持參、并御室御弟子御所御名字日次等持參了、次內侍所へ立寄、持明院、薄等來、一盞有之、

十一日、己酉、天晴、天一下艮、○自庭田使者有之、今日伏見殿嘉例之申沙汰に、乍父子必可祗候之由有之、予未出頭之間、內藏頭可召進之由返答了、○四條右金吾當年之禮に來儀、勸一盞了、○伏見殿へ柳一荷、土器物一、栗之臺物一、等進之、○山名與五郎、山下孫三郎、布施彌太郎、小畠藤二郎、觀世與五郎等來、雙六有之、○今日之禮者中御門、白川、半井驢庵、恩德院、淨土西坊等云々、○暮々內藏頭伏見殿申沙汰に參、中山大納言、飛鳥井中納言、藤宰相、四條右衞門督、新宰相中將、頭中將、內藏頭、中山少將等云々、四獻より總持寺殿御出座云云、五獻竹園御酌、以後內藏頭退出云々、○一條殿今夜御參內云々、冠御借用之間進之、

十二日、庚戌、自子刻雪降、自卯刻小雨、正月中、○瀧雲院殿忌日之間、淨花院善祖齋に來、相伴了、薰物二貝持來了、○太秦眞珠院禮に來、莖一桶送之、覺勝院、半井宮內大輔等來云々、

十三日、辛亥、天晴、○自禁裏可參之由有之間巳刻參內、理性院僧正御樽進上云々、仍御盃三獻參、於御三間有之、女中各御出也、中山大納言、萬里小路大納言、予、大藏卿、輔房朝臣、理性院僧正、經元朝臣、重通朝臣、延命院、、僧都、親綱、雅英、橘以繼等也、予當番之間晚飡召寄、其間々祗候了、○來十九日御會始廻文有之、御題春天象、刻限可爲午一點之由、其沙汰候也、

右御題、來九日可有御會始、各可令豫參給之由被

仰下候也、

正月十二日　　孝　親

日野一位殿、勸修寺一位殿、飛鳥井一位入道殿、四辻大納言殿、萬里小路大納言殿、廣橋大納言殿、帥中納言殿、飛鳥井中納言殿、源中納言殿、大藏卿殿、三條中納言殿、持明院宰相殿、藤宰相殿、右衞門督殿、左大辨宰相殿、右大辨宰相殿、新宰相中將殿、頭辨殿、頭中將殿、內藏頭殿、藏人辨殿、藏人中務丞殿、

自淨花院之松林院西堂鈴一對被送之、○安禪寺殿桂侍者禮に來、嘉例一樽、土器物二、持來了、○自大坂芳春軒、（中院弟、）御室之五十首和歌一冊被返之、櫛十枚被送之、舊冬之書付也、○今夜右衞門督（四條宰相隆益卿、）禁へ御禮被申、極﨟申次、於議定所御對面、於男末天盃頂戴如例、○今夜當番衆中山大納言、予、經元朝臣、橘以繼等也、外樣番衆左大將代公遠朝臣內々に祗候、番所へ御銚子出了、大元帥法へ參、今夜計也、

十四日、（壬子、陰、雪散、八專入、）○桂侍者御寺へ歸、一荷兩種遣之云云、○中御門被來、一盞勸了、自葉室人來、春日御師音信物遣之、○自山科大宅鄕三毬打竹二百八十本、從武家勸修寺へ被渡之、則人相添此方へ被渡了、則三毬打申付了、大澤右兵衞大夫、彥十郞、與二郞等沙汰之、如例禁裏へ十本進上了、

かしこまりて申入候、かれゐの三きつちやう十ほんしん上いたし候、いく千とせもあいかはらすしん上つかまつり候はんするよし、御心え候て御ひろうにあつかり候へく候、かしく、

勾當內侍とのゝ御局へ　　とき繼

長橋局舊冬被申反古雙紙二帖、假閉調遣之、又禁御料紙疊之、○遍照心院禮に被來、莖一箱被送之、吉田右兵衞督來云々、

十五日、（癸丑、天晴、）○巳刻參武家、當年始而出仕了、勸修寺一品、飛鳥井黃門等同道、今日被參之輩勸修寺一位、

廣橋大納言、予、民部卿、飛鳥井中納言、藤宰相、日野權辨、外様衆攝津掃部頭、御供衆大館十郎、同伊與守、細川中務大輔、同兵部大輔、上野民部大輔、同兵部大輔、一色播磨守、同式部少輔、伊勢七郎左衛門尉、御部屋衆三淵伊賀入道、中次伊勢加賀守、飯川山城守、海老名刑部少輔、彦部雅樂頭、荒川治部少輔、安東藏人、大館兵部少輔、進士美作守、今日之申次一色淡路守等也、次慶壽院殿へ各參、御酒及數盃、一色刑部少輔、平野社預兼興等參、次御臺へ各被參、御酒同前、次予御さこ、小侍從殿へ申置、次廣橋、予兩人春日殿へ罷向、日野女房衆等被出、酒及數盃、次予少々禮に罷向、次第不同、攝津掃部頭、沼田上野介、進士美作守、同主馬首、杉原彦五郎、細川中務大丶、松井兄弟、高伊與守、彦部雅樂頭、大館陸奥守、同十郎、同兵部少輔、松田七郎、荒川父子、飯川山城守、同與三、武田宮内大輔、土御門左京大夫、次廣橋令同道知恩寺へ罷向、長老見參、酒有之、次予飛鳥井一位入道へ罷向、見參、

次總持寺殿へ參、一色式部丶丶、伊勢七郎左丶丶、祭主權大副等參、御酒音曲有之、入黄昏歸宅了、○今夜禁裏御祝、御こは供御參云々、令沈醉勞煩之間不參、倉部參了、○今日此方へ禮者中山、四辻新相公、富小路入道、平野預、(西京)壽命院、三淵伊賀入道、飯川山城守、安主七郎等云々、○此邊禮に罷向、竹内殿御見參、正親町、覺勝院等也、

十六日、甲寅、天晴、八専、土公地中、(十日) ○巳刻廣橋亞相被誘引馬被引之間、雖餘醉鞍馬寺へ參詣、同道衆廣、予、柳原辨、富小路是齋等也、其外内衆馬上速水右近、同左衛門大夫、飯田、岡本與七、山田等以上八人也、參詣之衆近年之群集也、輿馬等不知其數、廣御所坊へ被付了、飯以下被持云々、酒及數盃、音曲移刻、申下刻下向歸宅了、

十七日、乙卯、天晴、八専、天一東、 ○禁裏へ明日之大三毬打申付之、本とり一間之中、其下三間四千竹、二間々中、以上七間也、大澤出雲守、同右兵衛大夫、同彦十郎、澤路筑後守代同備前入道、小川與七郎、與二郎等用意了、予、

倉部同參申付了、於長橋局一盞有之、
十八日、丙辰、天晴、○禁裏御三毬打未明に有之、曉天倉部參、予異體にて參、於內侍所見物、飯にて一盞了、三毬打廿本計有之、如例聲聞師囃之、棒振、藏大鼓等有之、
○自仁和寺殿昨日御使、手日記等被下云々、今日又御書有之云々、罷出不能御返事申、御弟子御所御入室、來廿九日分可申入之由有之、又宣下御名字等之事、御籠被申出度之由之事、笠袋可借進之由事等也、○日出之時分栖雲令同道、第十加賀入道所へ油煙一挺遣之連歌に罷向、人數予、慶順、北野法師、淨林院、同藏圓、能堯、宮司也、執筆、宗念、栖雲、宗淳、宗賀、宗盛、亭主本忠、以上十三人歟、先粥有之、次吸物にて一盞有之、未刻朝飡有之、同下刻終了、次吸物にて又一盞有之、申刻罷歸了、予直に少々禮に罷向、光照院、御留守云々、飯尾彥左衞門、同三郎、次入江殿、御見參、御盃賜之、亮々御乳人等へ申之、次安樂光院、三條、下津屋父子、竹藤兵部少輔、二階堂右馬助、喜春軒、持仕院殿、御見參、御盃賜之、次大和宮內大輔、本滿寺、常磐井殿、中御門妹、一色式部少輔、本光院殿、御盃賜之、次一條殿、同御盃賜之、次東坊城、西坊、堀川等へ罷向了、○今日連歌之發句以下如此、

法樂、

さけてやは鶯さそふ春の宿　　帥中納言
こすのひま〱匂ふ梅か香　　本忠
明る夜の月の外面の雪さけて　　慶順

當番之間暮々參、相番中山大納言、予、橘以繼等也、經元朝臣不參、
十九日、丁巳、天晴、八專、○春日社之御師中、同中東兩人、卷數神供油物送之、則頂戴了、中東雜紙添之、祝着了、
○禁裏御會始之間、未刻參內、倉部同道、先御室御入室之事共、以長橋局披露申候了、未下刻各參集、於番衆所三帖敷飛鳥井中納言下讀師、奉行中山大納言、予兩人合力被取重之、於御三間講頌如例年、次出御、讀師日野一位、講師重通朝臣、御不參發聲飛鳥井中納言、不來飛中之歌四辻大丶丶發聲也、先法中曼殊院宮、飛鳥井一位入道只二枚也、講頌衆公卿各、但藤宰相、右大辨宰相

講頌に不參、初參右衛門督四條隆益卿、雖被仰出筆作、非器之間斟酌云々、其外季長、橘以繼兩人被召加也、過分之至也、參仕之輩日野一位、中山大納言、四辻大納言、萬里小路大納言、予、飛鳥井中納言、源中納言、三條中納言、持明院宰相、藤宰相、輔房朝臣、公遠朝臣、經元朝臣、重通朝臣、言經朝臣、晴豐、親綱、季長、橘以繼等也、講頌之後入御、次於御三間折二合御酒有之、盃二獻如例、音曲有之、及黃昏各退出了、次於新大典侍殿、萬里父子、予、三條酒有之、○今日之和歌、今朝柳原一品に談合了、油煙一挺、遣之、懷紙如此、

春日同詠春天象倭歌

太宰權帥藤原言繼

君か代のためしはかくさ北に居てうこかぬ星のいく春か經し

廿日、戊午、天晴、自酉下刻雨降、○南都之返事遣之、中東方へ扇一本泥繪、遣之、中所へ後使に御初尾可進之由申遣之、○土御門左京大夫有脩朝臣今日御身堅參內、午時、御對面、申次極﨟云々、久不參訴訟有之、賀家安家何も非例年之儀云々、常は御服被出之御身堅云々、御問答之樣有之間、予に罷向可申聞之由有之間、被旅宿へ罷向申之、一盞有之、陰陽頭申分、忝之由申之、則長橋迄參申入了、冠借用之間遣之、○此邊少々禮に罷向、次第不同、甘露寺、三淵伊賀入道、山名與五郎、小林民部少輔、武田左兵衛尉、安禪寺殿、十五日より御座云々、御盃被下之、治部三郎左衛門尉、飯尾右馬助等同參、次攝取院、布施彌太郎、白川、見參、高倉父子、久我、四辻、萬里小路、見參、伏見殿、御見參、四條、庭田、勸修寺、大祥寺殿、御盃被下之、中山、五辻、飛鳥井、中御門、高辻、長國寺、諏訪神右兵衛尉、中澤備前守、富小路、諏訪信濃守、冷泉、山下孫三郎、松田左衛門大夫、金藏坊、宮內卿局、半井宮內大輔、同驢庵、朽木刑部少輔、飯尾右馬助、齋藤太郎左衛門、伊勢因州、同七郎、左衛門尉、北小路大膳大夫、中興加賀入道等也、○近衛殿御會始之間、倉部召具申下刻參、秉燭各參集、御人數大閤、殿下、大覺寺殿新門、予、左兵衛督、西洞院時當卿、左大辨宰相、柳原以定、內藏頭、河鰭侍從、公虎、大膳大夫俊直卿、同春德丸、齋藤太郎左衛門

尉、進藤左馬亮、家盛、紹巴、連歌師、昌叱、同、心前同、等也、御懷紙予取重之、御當座廿首、飛鳥井入道出題也、同中納言懷紙計被進之、御短册盛事、後に執重事予調之、次御當座計内藏頭讀揚之、次御盃參、初獻入麵、二獻吸物臺物土器物、三獻臺物、大閤御酌、音曲有之、次各退出、亥刻歸宅了、今日之和歌懷紙以下、

春日同詠鶯是萬春友和歌

太宰權帥言繼

春こさに友なひ來てや鶯のかそふる君か萬代の聲

同御當座梅遠薫、寄杣木戀、

程遠き里の梢はさきぬさもしはしな風の梅か香そする

つらしたか思ひそま木のそまぬその心の色はいかにひかまし

廿一日、己未、雨降、自巳刻晴、八專、○長橋局へ參、陰陽頭申分、又御室之儀等申之、上姿にて可參之由被仰之間祗候、御楊弓之がう御新調之間、寸法被取之、次若宮御方にて御茶賜之、長橋局にて一盞有之、○御室へ大澤彥十郎進之、御入室之儀、以書狀御返事申入候了、○岡殿へ參、御留守云々、次內侍所へ罷向、持明院、萬里小路辨、薄等雙六有之、一盞了、先之竹內殿へ參、門跡、甘露寺、中山少將等同雙六有之、

廿二日、庚申、天一巽、天晴、八專、自戌刻至子小雨降、○自葉室山口又七來、小鷹つゝも、高倉相公に被出之、召具罷向、一盞有之、○年頭禮に來衆、公人以下十所計、大澤彥十郎禮返に遣之、○禁裏御庚申に可參之由有之間、晩頭參、先於薄所湯治了、今夜被參之輩中山大納言、四辻大納言、予、大藏卿、輔房朝臣、公遠朝臣、經元朝臣、重通朝臣、親綱、橘以繼等也、於番衆所音曲有之、於男末餅入莖立有之、於番衆所臺物にて酒及數盃、子下刻各退出了、予外樣烏丸代祗候、內々番衆輔房朝臣、中院代、經元朝臣持明院代、等也、

廿三日、辛酉、天晴、申刻雪降、八專、○妙順忌日之間、松林院之舜玉齋に來、茶一器扇梅地、一本持來、相伴了、筆一對遣之、○自禁裏召之間參、御楊弓之がう御新調、露四、其外結革共持參仕立之了、於臺所一盞有之、○日野權辨輝資御禮に被參、實父廣橋大納言被具之、於常御所簀子御

對面、如例年、頭中將重通朝臣申次也、次若宮御方、御局々内々より御禮被申、次若王子御兩御所へ御禮被申、同頭中將申次也、御加持被申候了、○自未刻於御學問所御楊弓卅六度有之、御矢、若宮御方、中山大納言、予、大藏卿、重通朝臣、親綱等也、中間於男末田樂にて御酒被下了、今日予三枚負了、當番之間、晩飡長橋局へ召寄了、○當番衆予、持明院宰相、(經元朝臣代、)親綱、(父卿)代、橋以繼等也、今日御矢取雅英、

廿四日、(壬戌、天晴、)○武家姫君御煩之間、勸修寺一位令同道、小侍從殿局へ參尋申、從昨日半井驢庵御藥進之、少驗云々、此間者上池院藥云々、歸路予計土御門陰陽頭宿へ立寄、餅鯨等にて酒有之、御祈始之事申調了、○長橋局へ參、御祈始之事陰陽頭に申調之間、可被仰出之由申之、根本過分之御下行云々、大永五年廣橋折紙出之、二百疋御下行云々、然者近年不及其沙汰之條、存分申入云々、予申調者可相調之由申之、如何樣可被仰付之由也、次内侍所へ柳原辨と兩人罷向、一盞有之、○自柳原一品明日法樂之連歌に可來之由有之、同心了、

廿五日、(癸亥、天晴、時々雪降、八專終、)○柳原へ可罷向之處、從若宮御方御法樂之御會可參之由有之間、柳原へ異變了、倉部計罷向了、○巳刻若宮御方へ參、御夢想御法樂御連歌有之、御人數若宮御方、(十四句、)曼殊院宮、十、四辻大納言、十二、萬里小路大納言、十一、予、十、三條中納言、七、持明院宰相、七、輔房朝臣、六、公遠朝臣、六、經元朝臣、五、重通朝臣、三、親綱、三、季長、(二、執筆、)橋以繼一、等也、未刻一盞有之、申刻於新大典侍殿御局晩飡有之、亥下刻終了、次臺物にて御盃參了、次各退出了、及子刻、○外樣番日野權辨代、如例内々に祗候了、内々番衆三條中納言一人也、○鞍馬寺之戒光坊禮に來云々、牛玉札以下、山椒之革等送之云々、○今日御發句以下如此、

いく千させ色そふ松の緑かな　御
かけものさけき君か代の春　宮
消初る雪の跡より道みえて　曼　宮

下もえいそく野への朝露　四大
有明のいろかたうすき霧の中　萬大
めつらかにしも來ろ鴈の聲　予
秋風に帆をひく舟の波の末　三中
汀のあしのそよく一むら　持宰

廿六日、甲子、陰、土公子方、(六日)自巳刻晴、○武家へ參、姫君之御煩尋申、以春阿彌申入了、小侍従局同申候了、次慶壽院殿へ參了、次小林左京亮、花山院、大館伊與守等へ禮に罷向了、田井孫九郎、使遣之、磯三川守、同、春阿、次二條殿、御盃賜之、暫御雜談申候了、壬生官務、使遣之、讃岐守忠宗父子三人、同、次曇花院殿へ參、御留守云々、次祥壽院、次德大寺見參、一盞有之、暫雜談、次歸宅了、

廿七日、乙丑、自寅刻雨降、二月節、○昨日自禁裏、御室御弟子親王宣下之案被出之、仁門へ可進者也、如此、

上卿 源中納言
永祿七年十二月十四日　宣旨
師秀
宜爲親王
藏人頭右近衛權中將源重通 奉

上卿 源中
永祿七丶丶丶丶丶　宣旨
以權大納言源朝臣 通
宜爲師秀親王家別當
藏人頭右丶丶丶丶丶丶丶丶 奉

仁和寺殿へ宣案持參、次明後日之儀共御談合申候了、供奉之公卿三條中納言一人也、各故障被申云々、然者拙老被改仰之間、難辭御請申候了、入麵吸物等にて御盃被下了、則罷歸了、○自長橋局晩飡に被呼之間直に罷向、高倉入道、同相公、予、倉部等相伴也、及黄昏歸宅了、

廿八日、丙寅、天晴、天一南、○自殿下御使有之、今日未刻可有御參內之間、可參之由有之、○自仁和寺殿御使有之、御約束之笠同袋進之、○午時參內、殿下御參、予、倉部北川迄參會、長橋局取亂之間、鬼間へ先御座、於御三間御對面如例、三獻參了、後二獻各召出有之、御陪膳三條中納言、御手長經元朝臣、殿下之御前言經朝臣勤之、三獻殿下御酌、各迄也、被參之輩四辻大納言、萬里

小路大納言、予、三條中納言、　藤宰相、經元朝臣、言經朝臣、橋以繼等也、此間於長橋局そは口、河鰭侍從、大膳大夫、齋藤太郎左衞門、進藤左馬亮等御酒賜之、○今日雖當番故障申候了、○葉室出京、外樣番に祗候也、御銚子被出云々、

廿九日、丁卯、天晴、○今日御室御弟子御所師秀親王御入室也、先着衣冠參伏見殿、竹園、御兒御所、予、三條中納言、頭中將重通朝臣御相伴、二獻參了、次三人分同道參內、次御兒御所御參、自唐門入、御車寄迄御板輿、兩三人參會、先長橋局へ渡御了、次於御三間御見參、三獻有之、參仕之衆召出有之、女中衆各御陪膳也、御急之間、於長橋局御盃被略之、總別御室之儀、諸門に不混之條、於常御所可有御見參事也、又御三間可爲上壇也、今日下壇之事、女中以下之無案內故也、次於同所御乘輿、御牛尻、横目檜扇、御供理證院、宏俊法眼、寺家、從儀師光緣、御輿副烏帽子着廿人計、兩人之供烏帽子着十人宛、以上到小者百人計、其次に予、衣冠、三條中納言、衣冠、頭中將重通朝臣、束帶、三人乘輿、悉笠袋分持之、三人之供衆五十餘人有之、未刻參着、辻堅彥部雅樂頭晴直進之云々、則御盃參、初獻昆布、かち栗、御三盃、御陪膳門主御前理證院、御手長成多喜、威儀師教盛、御兒御所御前眞乘院、賴惠法印、御手長高橋、威、、維專、兩人之前陪膳總在廳、威儀師隆生、寺家成多喜從、、慶心、等也、其外總在廳子、慶松丸、其外兒兩人候了、次二獻雜煮、陪膳酌等同前、次三獻饅頭蒸麵、四獻五獻吸物、六獻湯漬、七五三、濟々儀也、御酌頭中將、御前計也、七獻吸物折三合出了、御酌三條中納言、御前計也、總へ門主御酌、悉被通之、御滿足御大慶之由也、予悉皆馳走故相調之由仰也、予最前御扇分進上、從禁裏御兒御所へ御扇被進之、此後尙御盃被出之、雖御抑留堅辭申退出了、直乍三人禁裏へ參、無事に御入室御滿足之由申入了、及黃昏、次各退出了、○今日近衞殿御輿皆具申出之、則返上了、輿舁三人自御室被下了、○今朝松林院之舜玉齋に來、明日故障云々、相伴了、○葉室今日被歸在所云云、○今朝澤路筑後守大坂へ下云々、仍烏丸へ書狀言

傳之、下間以下所へ遣之、年始禮、又舊冬火事無心元之由申遣了、

卅日、戊辰、天晴、五墓日、自晩頭雪降、(一寸計) ○就御今參之儀、左京大夫有脩朝臣旅宿へ罷向、種々申子細有之、一盞有之、直に長橋へ罷向、返事之樣申之、一盞有之、先之內侍所へ罷向暫雜談、次岡殿へ參雙六三盤打之、○高倉へ罷向、入道、相公等見參、相公に昨日小者一人、人夫一人借用之間、禮申候了、一盞有之、○栖雲來、日野權辨爲讀書、孝經之本借用之間遣之、

○二月小

一日、己巳、天晴、○依不具武家に不參、御腫物故無御對面云云、○東坊城盛長當年之禮に被來云々、○暮々御祝に參、天酌に被參之輩中山大納言、四辻大納言、萬里小路大納言、予、勸修寺中納言、大藏卿、三條中納言、輔房朝臣、公遠朝臣、松夜叉丸、經元朝臣、重通朝臣、親綱、雅英、橘以繼等也、先之若宮御方、御局々御禮申候了、於大典侍殿一盞賜之、○予當番三番、廣橋大納言一番也、被替改、今夜可祗候之由被仰出之間其間々祗候、予、大藏卿兩人也、○德大寺之家傳借用、被書落之分注付之、又此方之公卿補任に不載之分書加之、

二日、庚午、天晴、自晩頭小雨、土公地中、(八日) ○德大寺へ傳返遣之、書加之段祝着之由候了、○葉室女三才、長橋局猶子に所望之由內々被申、今日同心之由申來、則罷向申之、祝着之由文賜之、則葉室へ遣了、○岡殿へ參雙六打申候了、次大祥寺殿へ參、勸一品、同辨、滋野井等祗候也、一盞賜之、○薄へ罷向湯治了、

三日、辛未、陰、自未刻小雨晴陰、天一坤、○薄へ罷向湯治了、○自仁和寺殿加賀入道御使、御書御樽一荷土器物三、被下之、入室之儀予馳走故、無事御祝着之由有之、加賀に見參、勸一盞、暫雜談了、御返事申入了、○柳原辨來談、筆一管(けんかう)、所望之間遣之、中御門來談、次布施彌太郞來談、勸一盞了、○晩頭倉部廣橋亞相番代に參云々、

四日、壬申、小雨降、○岡殿へ參雙六打申候了、次正親町一品相尋之、過半驗氣云々、

五日、癸酉、天晴、○去夜丑刻東坊城宅燒上云々、朝飡以後傳聞之間、無心元之由申罷向、同高辻被行、一盞了、無事珍重之由申候了、次御近所之間一條殿へ參、同祥壽院法眼參、御見參御酒賜之、予猶御用之子細有之、御抑留之間祗候之處、晩飡御相伴了、次近衞殿へ參、御家之傳申出度之由申之、被相尋可被下之由有之、大閤內內にて御見參、田樂にて御酒賜之、女房衆御酌也、次安禪寺殿へ參雙六打之、○外樣番日野代に參、如例內內に祗候了、內々番衆萬里小路大納言、三條中納言兩人也、

六日、甲戌、天晴、○從長橋岡殿へ御言傳有之、今日御貝覆有之間、午時可有御參之由被申之間、退出之次參申入了、雙六被遊之由有之間、五六盤參了、○未下刻參內、御貝覆有之、御人數御、若宮御方、岡殿、曼殊院宮、大典侍殿、新大典侍殿、め〻典侍殿、長橋、御伊茶、新內侍殿、公遠朝臣、重通朝臣等也、其外四辻大納言、予、親綱、橋以繼等音曲了、先日之御勝負振舞御酒有之、及數盃音曲有之、暮々大藏卿參、及戌刻了、先之四辻父子、予、於內侍所一盞有之、○予當番之間、晩飡長橋局へ召寄其間々祗候、今夜番衆予、大藏卿兩人也、○誓願寺長老泰翁上人來儀云々、鈴、麪一鉢、串柿一束被送之、參內由申返之云々、

七日、乙亥、天晴、○誓願寺へ大澤彥十郎遣、可有來儀之由申、聽可來之由有之、○誓願寺長老來儀、入麪吸物にて勸一盞、暫雜談了、次約束之煮香十本被送之、八十枚也、○土御門左京大夫有脩朝臣所へ晩飡に呼之間、旅宿へ罷向、奉公衆一人二階堂山城守重泰、淨土寺殿西坊等相伴也、中酒及數盃、暮々歸宅、予本一枚之年皇代記令借用之間遣之、○澤路隼人佑來、勸一盞了、

八日、丙子、天晴、○葉室へ與二郎遣了、晩頭歸了、○久我へ罷向、傳借用可相尋之由有之、暫雜談了、次菊亭へ罷向、同借用、所勞之由被申、次四條へ立寄暫雜談、茶有之、次伏見殿へ參、暫御雜談有之、次大祥寺殿へ參、無殊事、○大和宮內大輔來談有之、

九日、丁丑、陰、自午時小雨降、天一西、○三條黃門へ約束之川芎之種卅本持遣之、○中御門來儀、勸修寺一家之傳借用、則被取寄之七册、又諸例之一册到、次石谷孫九郎奉公、松田又二郎等被來了、○若宮御方へ梅一枝持參、次長橋局へ立寄、次內侍所へ罷向、持明院、四辻新相公雙六有之、予又打之、一盞有之、

十日、戊寅、晴、自申刻雨降、土公卯方、○陰陽頭有脩朝臣來、御新參之事申談、勸一盞了、○長橋局へ罷向、左京大夫有脩申分演說了、同又被申段有之、次岡殿へ參、無殊事、日蓮衆蓮乘院參了、○土御門左京大夫所へ罷向、長橋被申樣演說了、一盞有之、次長橋へ罷向樣體申候了、御新參一兩日中可祗候之由有之、○柳原へ罷向、一品見參、暫雜談、家之傳令借用、撰出次第可借之由有之、

十一日、己卯、雨降、○晚頭甘露寺へ罷向雜談、音曲等有之、今日方違之間、酉下刻迄逗留、一盞有之、中院兒松夜叉、同弟兒大草滿三丸等被來、一盞有之、○戌刻當番之間直に參、相番予、大藏卿兩人計也、○自晚景與二郎葉室へ遣了、

十二日、庚辰、天晴、二月中、○瀧雲院忌日之間、淨花院之善祖齋に來、相伴了、○安禪寺殿へ參、昨日之雙六之勝負云云、餠にて御酒有之、御喝食御所御盃被下了、○田口伊賀守自播州上洛云々、漆二盃到、公用不出云々、

十三日、辛巳、陰、○松室松尾中務大輔當年禮に來云々、茶三袋到、祝着了、○自大坂澤路筑後守上洛、烏丸返事到、

十四日、壬申、天晴、天一乾、時正入、○三條へ罷向、佛詣云々、次長橋局へ罷向、御短册五十首伐之、又大臣之稱號卅三人被注、何々家名字等注付可進之由有之、次臺所、內侍所等へ立寄了、

十五日、癸未、天晴、時正、○安禪寺殿涅槃へ參、御酒賜之、雙六有之、晚飡御相伴了、○外樣番日野權辨輝資代に參、如例內々に祗候、內々番衆大藏卿、萬里小路大納言代、三條中納言兩人也、御三間へ參、御若宮御方御兩所、大藏卿同參、暫御雜談有之、○滋野井晚頭來談了、

十六日、甲申、天晴、未申刻雪、自今日十方暮、時正、土公地中、（十日）○近所木屋藥師堂從

一昨日法談有之間、聽聞了、大原問答也、○梶井殿座主宮、御下山之間參、滋野井同被參、御盃賜之、○禁裏御楊弓有之、可參之由有之則參、御人數若宮御方、曼殊院宮、四辻大納言、予、親綱等也、於淸涼殿四ヶ度有之、臺物にて御酒有之、○予當番之間其間々祗候、晩飡長橋局へ召寄了、相番大藏卿代萬里小路大納言、予兩人也、於長橋局又酒有之、慶壽院殿小宰相局五條妹、被參了、

十七日、乙酉、天晴、時正中日、十方暮、○一條殿御誘引之間淸水寺へ參詣、溥、淨土寺殿之東坊、宗祐寺、其外五條兒、祥壽院子松千代以下御供也、先靈山御見物也、次於淸水寺小漬にて御酒有之、次法住寺卅三間御見物、於佛前食籠にて御酒暫有之、及數盃音曲有之、申下刻歸宅了、

十八日、丙戌、天晴、時正、五墓日、十方暮、○自禁裏可祗候之由有之間未刻參、於小御所御貝覆有之、御人數御、若宮御方、岡殿、曼殊院宮、大典侍殿、新大典侍殿、めゝ典侍殿、長橋、公遠朝臣、經元朝臣等也、其外四辻大納言、予、親綱、雅英、橋以繼等參、音曲有之、御盃二參、臺物共亂盃及數盃、各沈醉了、番衆言經朝臣參、戌刻始退出了、

十九日、丁亥、寅卯刻又申刻雨降、時正、十方暮、○梨門へ參暫御雜談申候了、次長橋局へ參、御笙火桶、申出之、明日御樂始之用也、次內侍所へ立寄了、

廿日、戊子、天晴、十方暮、天一北、時正終、○禁裏御樂始之間午時參內、未下刻參集、於議定所有之、御兩所簾中、各簀子候圓座、地下樂人打板、同圓座如例、先奉行四辻大納言、被伺御氣色、次各參、笙予音頭、持明院宰相、隆秋、篳篥橋以繼、笛三條中納言音頭、景長、箏御所作、若宮御方、四辻大納言、右大將、公遠朝臣、大鼓守秋朝臣等也、御樂平調々子萬歲樂、只拍子、三臺急、笙予、笛景長、五常樂急、太平樂急、殘樂笙持明院宰相、笛三條中納言、老君子、殘樂笙隆秋、笛景長、慶德、次朗詠德是也、次林歌等也、所役殿上人雅英、次於鬼間如例折二合盃酌有之、盞居三方、四辻大ヽヽ、久我右大將、予、三條中ヽヽ、持明院宰ヽ、公遠朝臣、雅英、橋以繼等也、盃三出了、初四辻、二ヽ、右大將、三ヽ、予始了、次各退出了、今日樂共

出來了、予公物御器火桶、以長橋返上了、○隆秋冠借用之間遣之、則晩頭返了、

廿一日、己丑、自寅刻雨降、十方暮、○當番之間晩頭參、胡籙、日蔭絲以下出仕之具共、叡覽有度之由仰也、相番大藏卿、兩人參御前御三間、御雜談移刻、至夜半鐘了、○明日水無瀨殿御法樂之和歌持參了、御題花雪、朝海路、

春風やおのへの花をさそふらし猶降そひて匂ふしら雪

朝ほらけなきたろ浪に跡さきさ漕こそ出れ浦の友舟

自三條黄門約束之木樨之取木被送之、祝着了、

廿二日、庚寅、天晴、十方暮、○午時參內、於御三間平鎖籙、搦矢、日蔭絲、心葉以下備叡覽了、先被置御前之間退出了、但御庭之木共伐之、細工共仕了、○晩頭外樣之番烏丸代に參、如例內々に祗候、內々番衆持明院宰相一人也、○今日座主宮へ參暫御雜談了、一盞有之、○一昨日鶫、從武家禁裏へ鷹之鳥雉廿、被進云々、一拜領、忝者也、

廿三日、辛卯、天晴、十方暮、○巳刻參內、參御三間、御前、昨日之具御尋之儀共有之、則退出了、次梨門へ參、今日武家へ御參云々、○內藏頭武家へ座主之宮御參之申次に參、昨日小侍從殿承飯川山城守使有之云々、○午時參武家、當月不參之間爲見舞參、座主宮御盃二獻之所へ參、三獻參了、三荷三合被進云々、予、內藏頭、大館十郎、細川兵部大輔、一色式部少輔、飯川山城守、飯尾中務丞等祗候了、御椽迄被送了、次梨門慶壽院殿へ御出了、御盃參、女中衆各被出、男衆同前、其外久我右大將入道、小笠原備前守被參、及數盃、次梨門還御也、次予御臺へ參、梨門御使に廳務按察參、予、倉部、按察、山城守等、堀川殿被出御酒了、次予春日局へ立寄、他行云云、次歸宅了、○又參內、路次廣橋妾か丶所へ呼之間罷向、一盞有之、次參之處、於御三間四辻大納言、同新宰相中將祗候、御酒音曲等有之、暮々退出了、令沈醉者也、

廿四日、壬辰、天晴、五墓日、十方暮、○長橋局へ參、出仕之具申出了、內侍所、臺所等之衆見度之由有之間、持罷向令見之、○

梨門へ參、同具御一覽御望之間召寄了、久我、萬松院、持明院以下皆々見物也、其外中山、滋野井、持明院、柳原辨、千秋左近、波多野彥五郎、四條、雲松軒以下被參御酒了、次飯川山城守、武家御內書持參、鹿苑院殿御物御硯被進之、御祝着之由也、御酒被下了、次予、持明院兩人御非時御相伴了、次河堂之少納言、常持院御禮に參、同御酒被下了、

廿五日、癸巳、天晴、十方暮今日迄、今日より天一天上、○禁裏御月次和歌淸書持參了、御題山花、池水鳥、

うへし世も名のみにいまはあらし山又も千本の花は見まほし

池ひろみ汀の蘆は枯はてゝたゝ鴨のみそあそは成ける

今朝鎭宅靈符如例五座行之、去八日分未進分也、○禁裏御法樂御當座卅首有之、巳刻參內、御人數御製、三首、若宮御方、三首、曼殊院宮、三ヽ、四辻大納言、三ヽ、予、三ヽ、三條中納言、三ヽ、持明院宰相、二ヽ、輔房朝臣、二ヽ、公遠朝臣、二ヽ、經元朝臣、二ヽ、言經朝臣、一ヽ、親綱、一ヽ、季長、一ヽ、橘以繼一ヽ、等也、先土器物にて御酒有之、次講頌、讀師四辻大納言、講師經元朝臣、發聲持明院宰相等也、次各令退出了、讀師作法、短冊返事以左手沙汰之如何、又卷頭御製講頌九返有之、讀師發聲共失念、不可說々々々、予和歌備叡覽、御題夏草露、擣衣幽、逢切戀、

茂る野に先ひめをきてひめゆりの花にあらはす露の色かな

遠くきゝ近くきこえて里わかぬきぬたの音そ風の上なる

思ふそのすちたかふなよ絲竹もあはすはかゝる心しらめや

今日外樣番日野代薄に申付了、

廿六日、甲午、天晴、天一天上、土公午方、(六日)○梨門へ參、無殊事、次勸修寺一品藝州へ下向、今日發足大坂迄云々、仍大祥寺殿迄參、暇乞申候了、於寶德庵一盞有之、次長橋局へ罷向、佛詣參籠七日云々、其所は隱密云々、次菊之作事被仰下之間、以大典侍殿故障申候了、先之高倉へ罷向、相公武家へ被參、本國寺へ今日御成也、御供云々、入道暫雜談、次飛鳥井黃門へ罷向、本國寺へ參云々用意とて不能面也、次內侍所へ立寄了、○竹內殿へ御非時に可參之由有之、未刻參、則御相伴有之、中山亞

相、予、滋野井、甘露寺、大草滿三、松田主計允等也、中酒及數盃、次四辻亞相被參、一盞有之、次又梨門へ參、柳原辨、同弟錦織寺等被參、御酒有之、次强飯にて又一盞有之、二月堂之餅少被下之、○當番之間暮々參內、番衆所へ若宮御方渡御御雜談有之、次御前御三間へ參、御雜談有之、至亥刻御寢也、今夜大藏卿代に萬里小路大納言祗候、只兩人也、○葉室へ與二郎遣、栗木一本取寄了、

廿七日、乙未、天晴、天一天上、五墓日、○禁裏御楊弓之間巳刻參、則始了、御人數御矢、十六、若宮御方、廿八、曼殊院宮、五十二、四辻大納言、十二、予、十一、大藏卿、廿一、親綱廿八、等也、未刻予に滋野井一盞被振舞了、次土器物臺物等にて御盃二參了、御楊弓八十七度有之、次御鞠有之、申下刻退出了、次梨門へ參、四條祗候也、無殊事、○武家西岡へ中五日御宿山云々、

廿八日、丙申、雨晴陰、晩頭降、天一天上、三月節、○自禁裏召之間參、夕方之由被仰之間、內侍所へ罷向、持明院來談、田樂有之、次申刻參、於御三間御貝覆有之、御兩所、女中衆、其外公遠朝臣等也、四辻亞相、予、親綱、橋以繼等參、臺物にて御酒音曲等有之、經元朝臣、言經朝臣等、當番之間晚頭參、及黃昏退出了、○久我家之代々傳一冊令借用之、

廿九日、丁酉、晴、時々雪飛、天一天上、○梨門へ參、無殊事、久我、四條、柳原辨等被參、次又日蓮衆本能寺之定承坊鈴食籠等持參、御酒了、○今朝故葉室理永、宗永等忌日之間、松林院之舜玉齋に來、倉部相伴了、

○三月小

一日、戊戌、天晴、晩頭雪降、天一天上、○午時武家、慶壽院殿、御臺、御酒有之、御さ五、小侍從殿、春日局等へ御禮に參、次安禪寺殿へ參、御盃被下之、次岡殿へ參、雙六被遊之、次竹內殿御見參、次伏見殿、御湯殿云々、次大祥寺殿御盃賜之、等へ御禮に參了、○暮々當番御祝旁參內、天酌に被參之輩中山大納言、四辻大納言、予、勸修寺中納言、大藏卿、輔房朝臣、公遠朝臣、重通朝臣、晴豐、親綱、雅英、橋以繼等也、先

之若宮御方、御局々へ御禮申候了、〇今夜相番予、大藏卿、晴豐等也、番衆所へ若宮御方渡御、暫御雜談了、
二日、己亥、天晴、天一天上、〇早朝内侍所へ立寄、餅にて一盞有之、
〇庭之垣破之間、壁に沙汰了、與二郎細工也、
三日、庚子、天晴、天一天上、酉下刻小雨降、土公地中、(八日)　〇鎮宅靈符如例五座行之、次岡殿へ參、去月未進分等二座行之、一盞有之、〇外記一﨟康雄禮に來、　對面酒勸之、其外忠宗、久氏等禮に來、守秋朝臣同來云々、澤路筑後守來、鈴送之、酒令飮之、同備前入道來、酒令飮之、同隼人佑來云々、大澤右兵衛大夫同來、　〇座主宮へ參、淨土寺殿渡御、内内御約束之三ヶ秘法神魂攝持法、金剛壽命法、一切無障法、幷二ヶ密受隱而不現法、勝軍法、等咒印等相傳申候了、御奥書曰、
右五箇秘法、覺大師被授申忠仁公已來、眞俗兩家之相承異于他、尤可秘之、此上尙可有深密口傳矣、
右以秘法、授申山科中納言者也、
天台座主二品應胤親王示
御酒被下了、次滋野井、三條中納言、持明院宰相、右大辨宰相等被參了、〇暮々御祝に參内、天酌に被參之輩予、源中納言、大藏卿、三條中納言、　持明院宰相、輔房朝臣、公遠朝臣、松夜叉丸、經元朝臣、言經朝臣、晴豐、親綱、雅英、橘以繼等也、次若宮御方御酌、參仕之衆同前、先之御局々御禮申候了、次退出了、　内藏頭廣橋番代に祗候云々、〇今朝禁裏鬪鶏如例年云々、
四日、辛丑、天晴、天一天上、〇萬里小路へ朝飡に被呼之間罷向、各相伴衆中山亞相、亭主、予、庭田、滋野井、三條黄門、持明院、右大辨、甘露寺、頭中將、勸修寺辨、白川侍從、西三條諸大夫中務權少輔範淸、加藤新三郎、烏丸内兒島大隅守等也、　中酒及數盃、　又盃臺物にて音曲亂盃移刻、申刻各歸了、次長橋局、内侍所等へ立寄了、
五日、壬寅、卯刻晩立雷鳴、天一天上、〇久我之傳持罷向返之、但被他行之於路次渡之、　右大將之傳、其外落候分書加遣之、祝着之由候了、次藤相公へ罷向暫雜談了、　晩飡相伴了、
〇薄來、今日外樣番日野代薄に申付了、
六日、癸卯、天晴、天一天上、〇松尾社務三位相光卿、同息嗣宜東宮内大

輔相房、扇一本送之、同弟藏人扇同、當年禮に來、對面了、次松室左衛門佐重賴同禮に來、鮎鮓、荒卷、送之、參內之間不能對面、無念々々、○自禁裏召之間未刻參內、於小御所御貝覆有之、御兩所、岡殿、曼殊院宮、女中各、公遠朝臣、經元朝臣、重通朝臣、晴豐等也、其外四辻大納言、予、大藏卿、親綱、橋以繼等參、音曲有之、次於北之御座敷御盃參、臺物共にて御盃三參、各及數盃、音曲移刻、至戌刻候了、予當番之間、長橋局へ晩飡召寄了、今日相番予、大藏卿、晴豐祖父一位代、等也、

七日、甲辰、天晴、天一天上、○吉田へ當年不罷向之間、滋野井令同道罷向了、漆一合子遣之、先一盞有之、碁二三盤有之、晩飡相伴了、供返之逗留了、鰐之法光坊金藏坊弟、來、音曲雜談了、

八日、乙巳、天晴、天一天上、○朝飡相伴以後、碁雙六等有之、未刻罷歸了、路次土筆取之、○自長橋局被呼之由有之間直に參、小御所之御庭櫻之本に芝疊上之儀、仕丁に可申付之由被仰下之、人數可入之間、近日可申調之由申入了、御茶十袋自勢州六大院進上之、令拜領、忝者也、次小御所之菊三條黃門被栽之間見舞了、次若宮御方、女中悉御門外東南御遊山、被求土筆、予、三條黃門、白川侍從、極﨟等參了、次歸宅了、○自禁裏可祗候之由有之間申刻參、於御三間若宮御方、岡殿、女中、四辻大納言、予、公遠朝臣、經元朝臣、橋以繼等、臺物にて御酒及數盃、音曲了、戌刻退出了、○葉室出京、今夜御番に被參了、

九日、丙午、雨降、雷鳴、曉鳴、天一天上、又○聖降日之間、鎭宅靈符如例五座行之、次岡殿へ參、御留守之間罷歸了、次梨門へ參御雜談申候了、柳原辨被參、○長橋局へ罷向、葉室女之事被申子細有之、草餅にて一盞有之、次大典侍殿御局へ立寄、次內侍所へ罷向、茶一袋遣之、持明院被來、雙六三盤打了、○葉室今朝未明に被歸在所了、

十日、丁未、自巳刻天晴、天一天上、○柳原辨、勸修寺辨、中御門來談、勸一盞、倉部參會、當座將棊雙六有之、○梨門へ參、無殊事、次長橋局、內侍所等へ立寄了、

十一日、戊申、天晴、天一天上、土公酉方(六日)、土用入、○禁裏小御所之御庭櫻之

本に芝疊上、一疊敷程申付沙汰之、東野御遠見之用也、高さ築地に少低也、仕丁四人、彥十郞、與二郞等沙汰之、御銚子餠等出了、予於長橋局一盞了、○當番之間暮々參、予、晴豐一位代、兩人也、滋野井親之聟忌之間不參、予參御前、御三間、小御所之築地樣體入御意之由仰也、

十二日、己酉、天晴、天一下艮、土用、○瀧雲院忌日之間、淨花院之善祖齋に來、相伴了、○梨門へ參、無殊事、○禁裏御楊弓之的、同串等、於鬼間仕合之了、○南向自昨日咳氣、頭痛平臥也、仲和散に加川芎、白芷、與之了、○今夜外樣番烏丸代參、但宿は薄に申了、○內藏寮領率分東口之事女房奉書之事、長橋局へ參申入了、被成御意得之由有之、仍勸修寺黃門へ罷向案內申了、

十三日、庚戌、天晴、土用、○今日後園菊共栽改了、○正親町一品見舞に罷向、小驗之由有之、不能見參、田舍酒一盞有之、次梨門座主宮へ參、庭田、柳原辨等祇候、及黃昏罷歸了、○昨日申入候女房奉書、今日被出之、案文予調之、勸修寺中納言に於大祥寺殿遣之、則仰永祿八三十三書加之、此方へ被渡之、大館所勞之間、自此方進士美作守方へ以澤路筑後守遣之、進士內々馳走之故也、女房奉書如此、

たひ／＼申され候くられうりやうそつふんひんかしくちの事、たにことなる御れう所の事にて候に、いまたいまむらわうりやう、くせ事なる事にて候、かやうに候へは、てうや／＼もたいてんにをよひ、又かのいゐもせうしにおほしめし候まゝ、きとへちきなくおほせつけられ候はゝよろこひおほしめし候へきよし、むろまちとのへよく／＼御心え候て申され候へく候よし、心え候て申とて候、かしく、

仰永祿八三十三

くわんしゆ寺中納言とのへ

十四日、辛亥、陰、酉戌亥刻急雨、三月中、土用、○座主宮へ參、御留守云々、次竹內殿へ參、勸修寺黃門、同辨、持明院等被參、雙六勸、二、持明五、等打了、次正親町一品被申八掛綫樣、調

之持罷向遣之、次自禁裏召之間、◎處カ韮受用之間故障申候了、次又只可參之由御使有之、暮々參內、庭田臺物御樽進上、於小御所御盃參二獻、御若宮御方、岡殿、女中衆、中山大納言、四辻大納言、予、源中納言、大藏卿、三條中納言、輔房朝臣、重通朝臣、親綱、雅英、橘以繼等也、及大飲音曲等有之、亥刻退出了、○今日武家御所鞍馬寺へ御參詣、花之最中云々、慶壽院殿御振舞云々、○菊之種自方々所望之間遣之、高倉入道へ五種、持明院へ十五種、甘露寺へ十種、正親町侍大槻に四種各十本宛、等遣之、

十五日、壬子、天晴、八專入、土用、○竹內右兵衞佐折紙到、加級之儀也、八幡之內ごい藏と云所云々、○庭田菊之種所望之間七種十本宛、遣之、○座主宮へ倉部同道參、中御門同道、大光明寺公首座御樽持參、御酒有之、倉部護身法幷三ヶ祕法、二ヶ之密法傳受申候了、○安禪寺殿へ參、御庭に白幕豆栽之了、

十六日、癸丑、天晴、土用、○山門東塔南谷櫻光院被來、鈴隨身、則受用了、大和宮內大輔同來談了、○當番故障申候了、

十七日、甲寅、天晴、土用、八專、土公地中、(十日)○朝飡以後長橋局へ罷向之處、佛詣云々、仍大典侍殿へ參、予、倉部等今日大原野へ罷向之間、御暇之事申入了、○葉室へ罷向、予、倉部、中御門、小畠藤二郎等同道、晩飡有之、無殊事、○松尾社務へ當年之禮に罷向、愛洲藥一包遣之、宮內大輔に火箸、一、藏人に櫛一對遣之、一盞有之、次松室中務大輔所へ同罷向、同一包遣之、一盞有之、同左衞門佐に一包遣之、他行云々、

十八日、乙卯、雨降、土用、八專、天一東、○松室中務大輔所へ予、葉室、倉部晩飡に被呼之間、令同道罷向、中御門、小畠等被殘、今日松尾祭禮御出見物了、予は松室に逗留了、○昨日葉室、同大方殿、同取次之女、山口又七、秋田左衞門室等に、愛洲藥一包宛遣之、葉室女中へ櫛一對遣之、○予留守へ、向之宮內卿局より食籠鈴一對被送之云々、

十九日、丙辰、天晴、土用、自申下刻雨降、○今朝朝飡に社務三位所へ被呼、予、葉室、倉部、中御門、小畠藤次郎、大澤彥十郎、社務父子三人等相伴了、○自巳刻予同道衆、葉室等、大原野へ參詣、法花千部經聽聞了、次勝持寺之花見物、悉零落了、次社頭見物了、新造也、近日山之木共四千八百本伐之云々、武家御下知云々、不可說々々々、於神前之邊中澤左介行合、一盞振舞了、社務親類也、次下向了、

廿日、丁巳、天晴、土用、八專、○西芳寺之寅首座來、愛洲藥所望之間一包遣之、○朝飡以後各罷歸了、路次太秦之眞珠院へ當年之禮に罷向、扇一本遣之、一盞有之、各同前、次各被歸了、予は仁和寺殿へ參、暫御雜談、山椒之羹にて御酒被下了、申下刻歸宅了、○自坊城盛長、予直垂被借之間遣之云々、明日賀茂之をさな成之用云々、

廿一日、戊午、天晴、土用、○座主宮へ參、竹門、內膳以下中少將碁有之、躑躅一莖進之了、○長橋局へ罷向、賀茂之猿樂見物に被行云々、上へ躑躅、澤ちしや等進上、以御新參進之、次臺所、內侍所へ立寄了、○今朝以大澤彥十郎、向之宮內卿之局へ先日之音信之禮申遣之、○今夜之當番故障申候了、

廿二日、己未、天晴、土用、八專、○自坊城直垂被返之、○梨門、長橋局、內侍所等へ徘徊了、

廿三日、庚申、天晴、土用、八專、天一巽、○久不參之間近衞殿へ參、太閤御見參、御盃賜之、御雜談移刻、攝家御傳之事被相尋、八九十合被尋失之由有之、古兎毫申請、五管給之、次一條殿へ參、御見參御盃賜之、次歸宅了、近衞殿々下自廿日五ヶ庄へ御宿山云々、次安禪寺殿へ參、一盞有之、○倉部廣橋番代に祗候云々、○今朝妙順忌日之間、松林院之舜智齋に來、相伴了、

廿四日、辛酉、天晴、土用、八專、○近衞殿へ御約束之菊種七種持進之、幷南都中東書狀同進之、○安禪寺殿へ菊之種持參、廿本計栽之、一盞有之、

廿五日、壬戌、天晴、土用、○安禪寺殿之御侍市河越後守方へ、約束之菊種五色遣之、○自柳原俄夢想法樂之連歌に

可來之由有之、巳刻罷向、兼て獨吟五十句有之、自三
之折有之、人數一品、六十句、予、十二、石泉院、十、倉部、三、執筆、
中山少將、六、局務師廉朝臣、五、康綱、一、此外御一句、北
向二、等也、先一盞有之、晚頭會終、晚飡有之、暫雜談
了、〇外様番日野代に參、如例内々に祇候、内々番衆
三條中納言一人也、〇自伏見殿明日御齋に可參之由
御使有之云々、後安養院殿御第三回云々、
廿六日、癸亥、雨降、土用、八専終、〇早旦伏見殿へ參、施餓鬼有之、僧
衆伏見衆、大通院倉光、大光明寺等之僧衆、妙心寺之
伯首座等以上九人、公家中山大納言、四辻大〻〻、予、
飛鳥井中納言、源中納言、右衞門督、頭中將、中山少將
等、齋各相伴了、次親王御方御對面、御盃二獻參、僧俗
及數盃了、次長橋局、内侍所等へ立寄了、〇當番之間
暮々參内、相番予、大藏卿、晴豐祖父一位代、等也、〇倉部相
國寺雲頂院之堯長老山谷集講釋に罷向云々、
廿七日、甲子、雨降、土用、土公子方、(六日)〇禁裏御楊弓之間參、百手有之、
御矢、若宮御方、曼殊院宮、予、大藏卿、晴豐、親綱等
也、御矢取雅英、臺物にて御酒有之、音曲了、〇今朝祥
壽院瑞昌法眼御脈に參、御三間、予申次了、心腎御虛之由
申候了、於長橋局酒有之、次座主宮へ參了、〇晚頭八
幡之田中兒御禮申候了、廣橋大納言申次、今日自南都上洛、於御
學問所御對面、於座主宮御戒師於彼御旅所得度云々、
廿八日、乙丑、雨降、土用終、〇今日若宮御方北野社へ御參詣、供
奉に可參之由被仰下、以極﨟、萬里小路大納言御輿副
可進之由有之、但於故障者、高橋雅樂頭宗敎御輿副に
可參歟否之由被尋之、高橋内膳事者准北面可參候、仁
體不苦之由返答申候了、大澤各不具故障申候了、予令
用意參之處、雨降之間御延引云々、次長橋局へ立寄、
次内侍所へ立寄、一盞有之、次梨門へ參、中將棊雙六
等打之、〇倉部廣橋番代に參云々、〇下冷泉俊右朝臣
自播州近日上洛云々、今日御禮被申云々、倉部指貫自
舍弟甘露寺借用、遣之云々、
廿九日、丙寅、雨降、四月節、天一南、〇故葉室理永、宗永等忌日之間、淨
花院之舜玉齋に來、相伴了、〇禁裏三月盡之御會御當

座有之、巳刻參內、廿首云々、御人數御製、三首、若宮御方、二、、曼殊院宮、二、、四辻大納言、二、、予、二、、源中納言、一、、三條中納言、一、、以下同、輔房朝臣、公遠朝臣、經元朝臣、言經朝臣、親綱、雅英、橘以繼等也、講頌無之、經元朝臣讀揚了、於御三間有之、御會以後御兩所入御了、曼宮以下、於同所土器物二にて御盃二出了、各及數盃音曲了、申刻各退出、予歸路座主宮へ參、無殊事、○倉部御會以前、相國寺之雲澤山谷之講釋に罷向云云、○今日御會勅題、予二首、竹鶯、霞隔花、

なれて來る春は限もなよ竹のいく世の宿の鶯の聲

たつさてもいさひははてし花にふく風やへたての霞なるらん

○四月大

一日、丁卯、雨降、○看經、法樂に神樂笛、少々吹之、唯識論參之、卅頌計讀之了、○禁裏御楊弓之間巳刻參內、先於長橋局一盞兩度有之、御楊弓之人數御矢、若宮御方、曼殊院宮、予、大藏卿、三條中納言、晴豐、親綱等也、御矢取雅英、橘以繼兩人、於御學問所有之、未刻臺物にて御盃兩度參、七十五度有之、音曲等有之、○御祝之間、予晚飡長橋局へ召寄、今夜天酌に被參之輩廣橋大納言、予、源中納言、大藏卿、持明院宰相、輔房朝臣、公遠朝臣、松夜叉丸、經元朝臣、言經朝臣、晴豐、親綱、雅英、橘以繼等也、次各退出、予當番之間其間々祗候了、倉部雖着冬直衣、管領頭經元朝臣更衣之間、改夏袍了、○今夜當番予、大藏卿、晴豐等也

二日、戊辰、天晴、○今日若宮御方北野石不動御參、各御供衆萬里小路大納言、予、大藏卿、三條中納言、持明院宰相、輔房朝臣、公遠朝臣、晴豐、雅英、橘以繼等也、女中衆大典侍殿、新大典侍殿、御伊茶、伊與殿、新大典侍殿之姉御乳人等也、御輿副高橋雅樂頭宗敎、安禪寺殿御侍市川越後守兩人計也、男女各步行立、北野社へ御參詣、次石不動、次鹿苑寺之金閣御見物、男衆御池舟遊等有之、次石不動にて御盞參、折二合臺物共四五、御酒及大飲、音曲移刻、暮々還御也、滋野井者沈醉被失正體、北野宮司宿に薄預置之由候了、

三日、己巳、天晴、○岡殿へ參雙六打了、滋野井參、又打之、次若宮御方へ昨日之御禮に參、新大典侍殿、御乳人等、予令祗候樣體宜之由執々御褒美也、次長橋局　內侍所、臺所、梨門等へ立寄了、無殊事、○葉室靑侍秋田與左衞門來、○倉部廣橋番代に參了、

四日、庚午、陰、土公地中、（八日）○去夜丑刻村雲廿間計燒亡了、○鎭宅靈符、聖降日之間如例五座行之、次岡殿へ參之處、御留守之由有之間罷歸了、次梨門へ參、竹內殿、中山、久我、滋野井、柳原辨、雲松齋等祗候、雙六打了、

五日、辛未、自丑刻雨降、天一坤、自午時晴、○去夜丑刻長橋局へ盜人入云々今朝風聞、則參、中間三間兩所へ入、御新參幷官女五位、いと兩人剌之衣裳以下悉取之、宿物二、小袖等廿計、帷、湯帷四五、其外鏡臺鏡共以下、銚子提等取之云云、沙汰之限、不可說々々々、○梨門へ參、無殊事、○外樣番日野權辨輝資代に參、如例內々に祗候、內々番衆三條中納言、右大辨宰相父卿代、兩人也、○今日細川兵部大輔藤孝館武家御成、慶壽院殿以下女中御相伴、殿下、廣橋大納言、久我右大將、飛鳥井中納言、藤宰相等云々、猿樂觀世大夫父子以下六人、其外皆奉公衆云々、進物以下如形之儀云々、

六日、壬申、晴陰、○中山家之傳借用寫之、又不足之分勘、◎加カ之、○與二郎葉室へ遣了、○當番之間暮々參、相番予、大藏卿、晴豐祖父一品代、等也、○南向松尾社御旅所參詣、幷東寺見物云々、

七日、癸酉、天晴、○禁裏へ元應寺之當住御受戒被申入之、住持代々必被申入之儀也、於小御所有之、若宮御方、岡殿、曼殊院宮、女中各於簾中御聽聞、御前之御簾半分被卷之、晴豐申次也、被參之輩萬里小路大納言、予、源中納言、三條中納言、輔房朝臣、晴豐、親綱、橘以繼等也、靈寶共御頂戴各同、南岳大師之袈裟、傳教御筆之梵網經、後醍醐院御念珠、皆水晶、慈惠大師松室之忠山さ法文之時被持之、如意等也、次引合十帖に香合被下之、次於長橋局酒有之、御局、予、長老計也、吸物臺物等二獻有之、後に同宿一人被呼出之、

八日、甲戌、天晴、自酉刻雨降、○禁裏於御三間内侍所御法樂、五常樂急百反有之、午初刻始、御所作、御箏、若宮御方、同、四辻大納言、同、予、笙、笛七反つゝ、三條中納言、笛、持明院宰相、笙、公遠朝臣、箏、橋以繼、篳篥、等也、五反又五反又四反、以上十四反、次太平樂急二反等有之、予笛吹之、次於番衆所臺物にて御酒有之、御樂反數親綱取之、次内侍所へ罷向、滋野井、持明院等雙六打之、次梨門へ參、無殊事、○倉部廣橋亞相番代に參云々、

九日、乙亥、雨降、○梨門へ參、無殊事、次長橋局、内侍所等へ立寄了、

十日、丙子、天晴、○自半井驢庵鯉一、送之、去二月八重芙蓉一本遣之禮申之由了、○薄來、晩景鯉汁相伴了、○自今日丹州野々村之者宮千代先雇置之、○安禪寺殿へ菊四五本持參栽之了、

十一日、丁丑、天晴、天一酉、○自冷泉齋に被呼之間罷向、母之忌日云々、予、亭主、覺勝院、智恩院僧三人、佛師侍從、客僧等相伴了、○大館陸奥守所勞煩敷之由候間、爲見舞罷向、不及見參、次久不參之間武家へ參、以大館兵部少輔申入、御咳氣之由有之、次慶壽院殿、御臺、次小侍從殿へ申入了、次春日局へ罷向、見參、一盞有之、暫雜談了、○近衞殿へ齋藤太郎左衞門尉以定從五位上之宣案持參、自路次廣橋亞相同道、大閤、殿下御一所に御見參、御酒被下了、暫御雜談有之、次予者飛鳥井一位入道へ罷向、餅にて一盞、音曲等移刻了、○當番之間申刻參、予、大藏卿、晴豐、祖父代、等也、外樣淳光朝臣一人也、

十二日、戊寅、天晴、辰申刻村雨、土公卯方、(六日)○亡父卿忌日之間、淨花院之善祖齋に來、相伴了、○自梨門天鼓之本御用之由候間持參、久我、薄、雲松等祗候、一盞被下了、○外樣番烏丸代薄に申遣了、

十三日、己卯、天晴、○大澤左衞門大夫吉野紙三帖送之、○大和宮内大輔來談移刻、麝香丸方種々被懇望之間、令相傳了、○倉部御楊弓に參内云々、

十四日、庚辰、天晴、○禁裏小御所之御庭之木共新緑摘之了、

於新大典侍殿御局竹內殿、御局、御乳人、萬里小路亞相、予、三條黃門等御酒有之、

十五日、辛巳、天晴、四月中、○巳刻予、持明院、薄等令同道、四條道場法談智恩寺長老、爲聽聞參、但羣集之間不寄付之間、方丈之靈佛共拜之、惠心之筆阿彌陀三幅、同廿五之菩薩、三幅一對、日蓮筆釋迦、一遍上人念佛之名號等拜之、次於端亮茶飲之、油煙一挺遣之、次本尊開帳之間拜之、釋尊作云々、廿三ヶ年以前開帳云々、今日諷誦四十八通有之、貴賤之羣集驚目者也、次通玄寺殿へ參、御酒賜了、○陰陽頭有脩近日令上洛之由有之間罷向、但他行云云、次一條殿へ參、御酒被下了、次驢庵へ罷向、他行云云、○梨門へ參、横川衆祗候、御酒有之、次又一色淡路守祗候、同御酒有之、○日野權辨輝資番代に參、如例內々に祗候了、內々番衆萬里小路大納言、三條中納言兩人也、○倉部自一昨夕所勞熱氣頭痛之間、仲和散に加川芎、白芷、前胡與之、

十六日、壬午、天晴、天一乾、○中山へ罷向、他行之間少將に申置、家之傳返之、不足書加遣之、次庭田へ罷向、他行云々、次高辻へ罷向系圖借用、一盞有之、次賀二位在富卿所へ罷向、可建厠之日相尋之、來廿二日可然之由申之、次梨門へ參、無殊事、○當番之間暮々參、相番予、大藏卿、晴豐祖父代、等也、各參御前、御三間、巳下刻迄御雜談有之、○陰陽頭來云々、

十七日、癸未、天晴、○陰陽有脩朝臣旅宿へ罷向、御新參之事申子細有之、一盞有之、次甘露寺寅刻へ罷向暫雜談了、○武家へ參、小侍從殿姬君御誕生之間、珍重之由申之、武家へは以一色淡路守申入了、○梨門へ參、無殊事、音曲之本天鼓被返下之、○禁裏御添番に可祗候之由有之間則參、當番持明院宰相、輔房朝臣、父卿代、御添番予等也、外樣番飛鳥井中納言代橘以繼內々に祗候了、

十八日、甲申、天晴、自今日十方暮、土公地中、(十日)○近所一條之栖雲所へ罷向、第十加賀守來月法樂之連歌再反之事令談合了、次淨土寺殿西坊へ罷向、禁裏御楊弓之矢少可細工之由申付了、次安禪寺殿へ參、雙六有之、○陰陽頭所に

晩湌有之、秋本右兵衞尉武家之足輕、相伴計也、○梨門へ參、滋野井同祗候、雙六打之、御雜談移刻、○倉郎同篇之間、參蘇飮に加川芎、白芷、與之、○勸修寺辨、鴨祝光輔卿等葵桂枝等被送之、明日賀茂祭之故也、
十九日、乙酉、天晴、十方暮、○今日大澤左衞門大夫牛之馬塲云云、各飯に來云々、此方之衆上下各朝湌送之、○自一條殿御楊弓に可參之由有之間則參、三條黄門へ此方より申遣了、從巳刻至申刻有之、御人數一條殿、予、三條黄門、勸修寺辨、東坊城盛長、堀川近江守、難波右馬助、狩野奉公衆左京亮、安威同兵部少輔等也、未刻一盞有之、
廿日、丙戌、天晴、十方暮、○近衞殿內北小路大膳大夫俊直卿爲御使來儀、來廿五日豐後國住くたみ朽綱宗業入道申沙汰和歌御會可有之、乍父子可參之由有之、同持明院、守秋朝臣、景長等可同道之由被仰下了、對面、畏存之由返答申候了、○樂人兩人に申遣之處、他行云々、○禁裏御楊弓之間參內、七十五度有之、御人數御矢、十五、若宮御方、廿五、曼殊院宮、卅九、予、廿、經元朝臣、廿五、親綱十五、等也、予九十枚勝、於御學問所有之、臺物にて御酒了、暮暮退出了、○豐州之くたみ禮に來云々、連歌師紹巴同道云々、綵しらか、二斤送之、倉部に沈一包三兩、遣之、○周防國祇園大宮司時重兵部少輔朝臣書狀到、銀二分、送之、息右兵衞少志貞次參宮云々持來、夜に入又來、餅にて一盞勸了、兄弟三人上洛云々、
廿一日、丁亥、天晴、十方暮、未下刻夕立、○防州返事相調遣了、○武家自一昨夜以外御煩之由有之、參以大和宮內大輔申入了、今日者御驗之由有之、次小侍從局臺所、見舞之、數多見舞之衆有之、餅にて酒有之、次梨門へ參、各祗候、御酒了、○禁裏常御所御庭之木共洗之了、○當番之間暮々參、相番予、大藏卿、晴豐祖父一位代、等也、女官あか、酒各に勸了、○北小路大膳大夫、豐州之くたみ朽綱、紹巴等所へ、大澤左衞門大夫爲禮遣之了、○大膳大夫來、來廿五日之御會之樣談合也、諸事賴思召之由有之、
廿二日、戊子、天晴、十方暮、天一北、○早旦梨門へ參、遍昭心院、守秋朝臣等祗候、兩人笙、予笛召寄、五常樂急、太平樂急等吹

合之了、〇此方之廁、今日與二郎細工に建改了、〇豐雅樂頭守秋朝臣、山井近江守景長等、來廿五日に不具之由申之、但涯分可令馳走之申候了、持明院不具故障之由有之、〇禁裏常御所御學問所等之御庭之木共摘之了、〇梨門へ參、各祗候、御酒有之、中將棊雙六等有之、〇外樣番烏丸代に參、如例內々に祗候、內々番衆萬里小路大納言、持明院宰相、御添番源中納言等也、御寢以後、女官むめ各に酒勸之、

廿三日、己丑、晴、自未刻雨降、十方暮、〇滋野井此方へ令同道、朝飡申付、漆一合子こし事誂之、薄合力、今日妙順忌日之間、松林院之舜玉齋に來之間、三人相伴了、〇守秋朝臣、景長等に、豐州之くたみ纖絲一斤宛遣之、自大膳大夫使者相添、無案內之由申之間、自此方與二郎添遣之、則兩人禮に來、令對面返了、

廿四日、庚寅、天晴、十方暮、〇梨門へ參、小高檀紙五枚被下了、〇柳原へ罷向、明日之和歌令談合了、〇晚頭倉部令同道近衞殿へ參、明日之和歌懸御目得御意了、御酒被下了、

廿五日、辛卯、天晴、十方暮、〇長橋局迄參、御笙、火桶、御笛瀧野、兩種申出了、〇午時高倉入道、同相公、四辻亞相、同新相公羽林、予、內藏頭、遍昭心院令同道近衞殿へ參、先於不斷光院各着烏帽子直垂參了、未初刻參集、先各置懷紙、如例自下﨟也、御人數大閤、殿下、大覺寺新門主、義性、藤大納言入道、常昭、高倉、右大將入道、宗入、久我、四辻大納言、季遠、右大將、通興、久我、予、民部卿、爲益、冷泉、上藤宰相、永相、高倉、左兵衞督、時當、西洞院、左大辨宰相、淳光朝臣、柳原、新宰相中將、公遠朝臣、四辻、內藏頭、言經朝臣、梅仙軒、靈超、大膳大夫、俊直朝臣、北小路、遍昭心院、貞海、不斷光院、清譽、以定、齋藤太郎左衞門尉、光盛、進藤左馬允、朽網入道宗業、紹巴、昌叱、心前等也、次御當座卅首、短冊取之、御人數同前、此外樂人兩人守秋朝臣、景長等也、次御湯漬七五三、有之、紹巴、昌叱、心前、樂人兩人等非御相伴、大閤、殿下等御陪膳內藏頭、河鰭侍從公虎、兩人也、次各短冊清書持參、自上首、御兩所後、御先之民部卿參、御懷紙被重之、僧俗別也、次短冊被取重、民部卿、次秉燭、次講頌

有之、讀師民部卿、講師內藏頭、言經朝臣、發聲四辻大納言等也、連歌新相公、各助音付物、笙守秋朝臣、笛景長、箏右大將等也、懷紙計也、次短冊讀揚、讀師被召留、其間也、各復座、次御盃參、初獻吸物、鯛也、紹巴御相伴、御酌左大辨宰相、上五六人計也、次二獻蒸麵、引付有之、御酌左兵衞督、同前上四五人計也、披講、付物、聲雅、同、樂太平樂急、笙予、貞海、守秋朝臣、笛景長、箏四辻大納言、右大將、新宰相中將等、次五常樂急、同前、但予笛吹之、次吸物、鳥也、御酌內藏頭、及數盃再返大飮、音曲打物以下有之、次各歸宅、子下刻、○今夜外樣番日野代薄に申候了、○今日和歌懷紙如例調之、題暮山聞郭公、御當座題隔年戀、

月なのみ待し夕の山のはに聲はのめかすほさゝきすかな

中墻のよそなるさへもうかりしにいかてか年をへたて來ぬらん

廿六日、壬辰、天晴、十方暮、五墓日、○公物御笙御笛等、長橋局迄持參返上了、次內侍所へ立寄、次梨門へ參、各祗候也、○當番之間暮々參內、相番予、大藏卿、晴豐等也、○大館陸奧守晴光朝臣昨晚死去云々、

廿七日、癸巳、天晴、十方暮今日迄、自今日天一天上、○屋上西方葺之、與二郎調之、○梨門、長橋局、內侍所等へ罷向、無殊事、○一昨日公宴御月次和歌延引、慮外之御短冊、題旅宿春雨、水鳥馴舟、樵路日暮、

春雨の日をふる旅の宿なれはさまろもいふせぬれてゆかはや

かち音になれてさはかぬをし鴨はさなからうかふ波の友舟

山遠く歸る木こりは夕暮の月になりてや越る一さか

於梨門十番勝御雙六有之、喜首座勝也、御懸物小高檀紙一帖被出之、又晚飡有之、梨門、竹門、中山亞相、予、滋野井、柳原辨、中山少將、大通院、喜首座等御相伴了、

廿八日、甲午、天晴、天一天上、土公午方、(六日)○連歌師紹巴臨江齋、所へ罷向、談合之子細有之、一盞有之、次近衞殿へ參、大閤御見參、暫御雜談申候了、御盃賜之、次德大寺へ罷向、滋野井同被來、酒有之、暫雜談了、○昨夕大館陸奧守晴光朝臣死去云々、◎按ズルニ此項重出、

廿九日、乙未、天晴、五墓日、天一天上、○豐後國朽網(くたみ)入道宗業古帆庵所へ、後小松院勅筆御製和歌九首懸字、一軸遣之、紹巴所へ書狀相副、明日下國云々、○梨門へ參、次長橋局、內侍所

等へ立寄了、○松林院之舜玉明日之齋に今朝來儀、相伴了、

卅日、丙申、天晴、天一天上、五月節、○梨門、長橋局、內侍(所脫カ)等へ罷向、持明院と雙六打了、

○五月小

一日、丁酉、天晴、天一天上、○可參武家之處、供衆不具之由申之間令略之、○近邊禮に罷出了、岡殿、御留守、梨門、竹門、同御留守、伏見殿、御見參、於上﨟御局宮御方、梨門、竹門、南御方、中山亞相、予、四條等、御酒音曲等有之、幷雙六有之、次四條、次大祥寺殿、御盃賜之、次歸宅了、○暮々御祝に參內、被參之輩萬里小路大納言、予、源中納言、大藏卿、輔房朝臣、公遠朝臣、晴豐、親綱、季長、雅英、橘以繼等也、先之若宮御方、御局々御禮申候了、予當番其間々祗候、相番予、大藏卿、晴豐等也、○御盃以後御前御三間、參、予、大藏卿兩人也、暫御雜談了、

二日、戊戌、天晴、天一天上、○禁裏御楊弓之間辰下刻參內、則始、七十五度有之、御人數御矢、若宮御方、曼殊院宮、予、大藏卿、晴豐、親綱等也、予五十枚負了、自上杉原一帖拜領了、於御學問所有之、御矢取松夜叉、季長兩人也、臺物にて御酒被下了、申刻各退出了、○外樣番烏丸亞相代に參、如例內々に祗候了、內々番衆輔房朝臣中院亞相代、一身也、御添番大藏卿計也、持明院宰相所勞云々、

三日、己亥、小雨降、自酉刻終夜大雨、天一天上、○梨門へ參雙六參了、次雲松齋伊勢與次入道と中將棊一盤差了、○雲松軒來儀、棗一包持來、所勞氣云々、脈診之、心熱頭痛也、香蘇散に加川芎、白芷、麥門冬、五包遣之、○倉部廣橋亞相番代に參云々、

四日、庚子、自巳刻天晴、天一天上、土公地中、(八日)○長橋局へ罷向、次內侍所へ罷向、無殊事、次梨門へ參、雙六中將棊等有之、御酒有之、○山門無童子之中方、藤宰相召捕之、去月四日夜長橋局へ盜人々數云々、則進武家、開闔請取云々、則且々白狀云々、

五日、辛丑、天晴、天一天上、○聖降日之間、鎭宅靈符如例五座行之、次岡殿へ參、同兩月未進分迄三座行之、御酒賜之、○山下孫三郎被來、一盞勸了、○大澤左衛門大夫、同右兵

衛大夫、同又四郎、澤路筑後守、同隼人佑禮に來云々、筑後守鈴一對送之云々、○梨門、竹門御禮に參、次伏見殿、（御見參、）次大祥寺殿、御盃賜之、○暮々御祝に參、被參之輩予、源中納言、大藏卿、三條中納言、輔房朝臣、松夜叉丸、經元朝臣、重通朝臣、晴豐、親綱、橘以繼等也、先御局々御禮申候了、若宮御方御咳病云々無御參、○今夜番衆三條中納言、輔房朝臣（父卿代、）兩人也、予日野權辨代に外樣へ參、如例内々に祗候了、○昨日之召人今日强問、白狀云々、證人奉行飯尾中務丞、松田丹後守云々、

六日、（壬寅、天晴、天一天上、）○高辻へ罷向、先日借用之彼家之系圖返遣之、一盞了、次梨門へ參、南都之松井兵部卿兄弟祗候、御酒有之、○淸宮内卿枝賢朝臣來、三好左京大夫名字切之事申之、七調之、一盞勸了、○當番之間暮參内、相番予、大藏卿、晴豐等也、○戌下刻倉部大霍亂云々告來之間、令退出了、富小路是齋所へ罷向、招寄脈令取之、藥所望、三度吐瀉之後落入了、

七日、（癸卯、天晴、未申刻雨降、天一天上、）○昨朝自禁裏被仰下源氏系圖懸表紙、長橋局へ持參之、昨晚失念故也、次若宮御方御咳氣尋申之、御小驗云々、次臺所、内侍所等へ立寄了、○梨門へ參、雙六將棊等有之、御酒有之、○自吉祥院疱瘡藥之事申來、升麻葛根湯三包遣之、○竹内殿下女小男赤痢煩云々、調中散五服遣之、○速水右近母赤痢相煩云々、藥之事申、調中散三服遣之、○三條黄門來儀、西園寺於三條亭明後日和歌會張行、可來之由被示之、與州之西園寺（號松葉、）上洛、近日於大德寺落髮、彼入道招請云々、可罷向之由返答、裏之菊被一覽了、

八日、（甲辰、天晴、天一天上、）○梨門へ參、雙六有之、暫御雜談申候了、無殊事、○長橋局へ立寄、薄養女阿茶咳氣云々、罷向脈取之、持明院藥被與云々、次内侍所へ罷向、持明院、四辻新相公雙六打了、薄同來、○内々番廣橋亞相代倉部所勞之間不參、予に可祗候之由有之間參、相番予、經元朝臣、橘以繼等也、○倉部に香蘇散に加川芎、白芷、與之、

九日、乙巳、天晴、天一天上、○近所金藏坊來、從西園寺今日會短冊一枚勅題、持來、午時可持來之由有之、○柳原へ罷向、今日和歌令談合了、○梨門へ參、岡殿、伏見殿、南御方等御出也、○午時西園寺三條亭へ罷向、又一首可詠之由有之間、當座に讀之、未下刻始、人數西園寺、左府、四辻亞相、予、冷泉民部、三條黄門、四辻新相公、甘露寺頭辨、與州之松葉入道、五十六才、松巖齋紹景、等也、各着烏帽子直垂、先冷麵吸物鯛にて一盞有之、次短冊置之、次冷泉被取重之、次講頌有之、讀師民部卿、講師頭辨、發聲四辻亞相等也、十五首也、次はう飯、吸物、食籠、臺物等にて盃三出了、唱歌、披讀、音曲等有之、及大飲、秉燭戌刻各令同道歸宅了、予和歌題夏草露、秋述懷等也、

暮て見む茂る河邊の夏草に螢そ露の色をそへぬる

いかにせは我身ひとつも四の國二の島に名をもしられん

三好左京大夫禮に被來云々、太刀絲卷、被送之、○自吉祥院藥取に來、又三包遣之、○竹內殿下女子同藥、昨日今日五服宛遣之、○中山亞相女中親綱女、今朝辰刻死去云々、

十日、丙午、天晴、天一天上、○滋野井來談了、○自若州土御門左京大夫有脩朝臣、書狀到、鯛一、送之、則返事遣之、○竹內殿下女子莫太驗氣云々、十疋持來、同藥七服遣之、○梨門御登山之由有之間、御暇乞に參了、次長橋局、內侍所、薄等へ立寄、阿茶脈取之、驗氣也、先之若宮御咳氣蕁申、大概御驗氣云々、○盜人同類一條之門太郎今日召捕云々、

十一日、丁未、天晴、未申刻雨降、天一天上、○旬之間令行水看經、神樂笛、少少吹之、緣唯識論卅頌計讀之、○知恩寺之岌然上人、末寺八幡之正法寺奉譽上人香衣參內、當住持被同道、申次廣橋大納言在南都之間、予に自亞相被申之間參、如例於議定所御對面、先當住、次岌然、次正法寺御禮被申候了、次於大典侍殿御局予、長老三人等、冷麵臺物にて二獻有之、次之間にて同宿衆七八人同前、次退出了、次內侍所へ罷向、持明院と雙六打了、○當番之

間暮々參、予、持明院宰相尹豐代、兩人計也、
十二日、戊申、雨降、天一天上、土公酉方、(六日)　○亡父卿忌日之間、松林院代小僧、齋に來、相伴了、○勸修寺中納言令同道、三好へ禮に可罷之由候處、雨降之間延引了、
十三日、己酉、天晴、天一下艮、○與二郎今日一日暇乞了、○中御門、雲松軒、山下孫三郎以下來、將棊雙六等有之、○瞿麥十本、若宮御方へ持參、御酒賜之、暫御雜談申候了、上に御煩之由有之間、長橋局迄參尋申候了、次內侍所へ罷向、○自南都廣橋亞相、一昨日智恩寺參內申次之事禮狀到、○開闔之召人共日々强問、驚耳事共也、
十四日、庚戌、天晴、○吉田咲隱軒在京、相國寺之常德院之內やうけんに被居之間罷向、大坂之儀共雜談了、饅頭、吸物にて一盞有之、先之三條へ罷向、西園寺へ先會之禮申候了、但鳥羽へ被歸云々、一盞有之、暫雜談了、次德大寺へ罷向、滋野井被來、同一盞有之、
十五日、辛亥、天晴、○中御門、山下孫三郎、松田二郎、河內源五郎、雲松軒以下被來、將棊雙六有之、○長橋局へ罷向、上之御煩氣尋申、次內侍所へ罷向、無殊事、○外樣番日野權辨代に參、如例內々に祗候了、內々番三條中納言、輔房朝臣父卿代、兩人也、自今夜御近所六町衆二人宛以上十二人、禁中御番に祗候殿上了、○禁裏へ瞿麥十本進上之、內侍所へ同五本遣之、
十六日、壬子、天晴、八專入、五月中、○如例年家中衆念佛百萬返、幷心(倉部)經百卷、(予)壽命經十卷、消除疫病經廿卷、慈救咒千反、光明眞言千反、藥師小咒千反、祈念祇園社了、○中御門、雲松軒、山下孫三郎、山名與五郎、松田又二郎以下來、將棊雙六等有之、○當番之間暮々參內、相番予、大藏卿、晴豐等也、臺所へ右中辨鈴被持之、御寢以後於臺所酒有之、番衆三人、伊與殿、女官三人等也、○め丶典侍殿御咳氣以外御煩也、尋申脈診之、持明院藥被進之云々、
十七日、癸丑、小雨降、○中御門、松田又二郎等來談、同柳原辨來談了、○岡殿へ參雙六參了、一盞有之、移刻、次長橋局へ立寄、次大典侍殿御局へ參、め丶典侍殿尋申、

驗氣云々、脈診之、○吉田咲隱軒書狀有之、先日約束之白芷之種生廿本被送之、此内五本三條黄門へ遣之」、十八日、甲寅、天晴、八專、土公地中、(十日) ○勸修寺中納言同道禮に罷向、先三好日向守、智恩寺之内、太刀、絲卷、門外へ出對面、次三好左京大夫義重、旅宿、河堂之内、太刀、絲卷、見參、奏者金山駿河守也、金山同太刀遣之、次松永右衛門佐義久、宿、大森壽觀所、常德院之内、太刀、絲、奏者海老名石見守、見參酒有之、清宮内卿枝賢朝臣、馳走、以次伊丹弟玄哉等禮申候了、河堂之内に金山相待之間に、予誓願寺へ罷向、長老見參、一盞有之、○吉田咲隱軒書狀有之、先日約束之白芷之種生廿本被送之、◎按ズルニ、此項重出、十九日、乙卯、天晴、八專、申刻雨降、天一東、○辰刻三好人數松永右衛門佐等、以一萬計俄武家御所へ亂入取卷之、戰暫云々、奉公衆數多討死云々、大樹午初點御生害云々、不可說不可說、先代未聞儀也、阿州之武家可有御上洛故云々、御殿悉放火、春日殿燒、慶壽院殿御殿殘云々、御小袖之唐櫃、御幡、御護等櫃三、伊勢加賀守貞助爲警固、禁中へ被預申云々、討死人數大樹、鹿苑寺殿、慶壽院殿、畠山九郎、十四才、大館岩石、與州子、十才、上野兵部少輔、同與八郎、攝津いと、十三才、細川宮内少輔、一色淡路守、同又三郎、與八郎弟也、彥部雅樂頭、同孫四郎、小林弟、荒川治部少輔、武田左兵衛尉、小林弟、進士美作守、同主馬頭、沼田上野介、杉原兵庫助、逃死、朝日新三郎、結城主膳正、有馬源次郎、奉行治部三郎左衛門、福阿彌、臺阿、松阿、林阿、廿四か手負、慶阿、御末疋田彌四郎、同二宮彌三郎、足輕衆大貳、同谷口民部丞、慶壽院殿内小林左京亮、西面左馬允、松井新二郎、高木右近、森田新左衛門尉、竹阿、金阿、鹿苑院内衆藏首座、河端兵部丞、木村小四郎、小川之養屋、十六才、高名、春日局内衆飯田左橘右兵衛尉、松原小三郎、粟津甚三郎、林與五郎、西川新左衛門尉、中井助左衛門尉、畠山九郎内畑、十六才、杉原内村田彌介、八田十右衛門尉、進士内高橋ヽヽ、ヽヽ、一河ヽヽヽ、小者、其外雜兵數多云々、○朽木刑部少輔藤綱來、賴之由被申、餅にて一盞勸之、葉室へ予送之、今夜逗留了、同女房衆此方に逗留也、○三好

松永人數討死手負數十八有之云々、
廿日、丙辰、天晴、晩頭雨降、〇朝飡以後、自葉室罷歸了、〇長橋局迄見舞了、久我、高辻等雜説有之、無殊事、近衞殿雜説申之間參、無殊事、次柳原辨令同道寶鏡寺殿に參、三好下野守、岩成主税助、長松軒等祗候、御取亂云々、次南御所見舞申、於瑞慶院白粥にて一盞有之、
廿一日、丁巳、天晴、八專、時々小雨降、〇三好日向守長逸朝臣禁裏へ爲御見舞參、藤宰相申次了、於小御所之御庭御酒被下了、被參之輩萬里小路大納言、予、勸修寺中納言、藤宰相、經元朝臣、重通朝臣、晴豐、雅英、橘以繼等也、次於長橋局萬大、予、藤宰、萬辨、頭中將、白川、極﨟等一盞有之、〇朽木女房衆北隣に置之、刑部弟與生寺被來、一盞有之、〇明日奉公衆、奉行衆、悉三好松永等に禮被申云々、朽木同禮可然之由、與生寺被申之間、迎に及黄昏與二郎遣之、〇今日當番代溥に申了、〇慶壽院殿上﨟畠山上野介猶子、眞下式部少輔女、奉公衆、自害云々、但無死去云々、
廿二日、戊午、天晴、〇角田釆女正使有之、今日朽木刑部少輔奉公衆被罷出事、今日各見參無之云々、雜説有之間不可然、可申留之由有之、然者路次迄罷向可相留之處、路次令相違此方へ被來、予は葉室へ罷向、則葉室令同道罷歸了、晩頭朽木刑部葉室へ被同道了、〇長橋局へ罷向、無殊事、自先日禁中觸穢云々、內侍所庭迄見舞了、
廿三日、己未、天晴、八專、〇早旦三好衆松永金吾以下悉一乘寺破之、地下人悉退散云々、悉放火了、竹木伐之、〇白葉室秋田與左衞門尉來、葉室へ雜説申來之間、去夜朽木刑部少輔若州へ被送之云々、〇柳原へ罷向、一品と暫雜談了、〇倉部廣橋亞相番代に參云々、
廿四日、庚申、天晴、八專、自申刻雨降、天一巽、〇岡殿、長橋局等へ立寄了、東隣長國寺へ罷向、先日預物之禮申了、〇澤路隼人佑來、暫雜談了、〇中御門、雲松軒、布施彌太郎以下來談了、〇武家之同朋林阿彌蒙疵今朝死云々、同小侍從殿、久我內之竹村所に被居之處、松山新入物請取之、於智恩院殺害云々、痛敷之樣體、尤不可說々々々、〇慶壽院殿御あこ死去云々、

廿五日、辛酉、雨降、八専、　○中御門、雲松軒、山下孫三郎、松田又二郎以下來談了、○禁裏御月次和歌御會懷紙調之、柳原一品へ令談合了、御題郭公、五月雨、名所旅泊、

山よりも空に名たかし夕暮の聲めつらしきほさゝきすかな
いかなれは時こそ有けれ五月さてかならす雨の日數ふりぬる
またなれぬ方のみ見つのさまり舟行ゑなさふもしら波の聲

自葉室山口又七、孫右衛門等來、若州之商人龜屋嵯峨へ上、明日下之間、朽木刑部少輔女房衆、　明日早々嵯峨迄可送之由申來之間、其分申含了、○外樣番日野權辨代參、　如例内々に祗候了、　内々番衆萬里小路大納言、三條中納言兩人也、懷紙持參了、

廿六日、壬戌、雨降、半夏生、　○朽木刑部少輔女房衆、息女七才、等若州へ下向、　嵯峨迄山口又七、與二郎、孫右衛門相添之遣、下女路次迄遣之、葉室之内藤右衛門若州迄申付被送之云々、於此方門出盃出之、興生寺同被來了、○當番之間申刻參内、　被召常御所簀子、暫御雜談有之、大藏卿、時豐等同參、相番如例三人也、　○安禪寺殿へ參、御喝食御所、　自十九日伏見殿へ渡御御留守云々、三好、松永等へ御樽臺物被遣之、一盞有之、

廿七日、癸亥、天晴、八専終、　○長橋局迄參、名字地之事、　可被仰出之樣申入之、被成御意得之由有之、○廣橋亞相被來、萬松院御贈官何頃乎、　公卿補任以下無座右候由被申之、　則勘之天文十九五四御他界、　卽七日御贈官贈位也、予公卿補任に注誤歟、　可爲次月之由被申之、又予日次記勘之、同前也、卽七日也、被仰天了、○柳原右大辨、雲松以下來談了、　○自禁裏可祗候之由有之、長橋局迄參、山科之儀松永に可被仰出之間、案文可調進之由有之間、則調進之、廣橋大納言に被持了、　予一盞有之、

「山しな七郷の事御れう所にて、この御所へしたかひまいり候て御はんをもいたし候事にて候」◎以下缺文、此二行、原本塗抹セリ、

此分廣橋存分有之被返申云々、明日南都へ下向之間、令上洛可相調之由有之、

廿八日、甲子、自寅刻雨降、土公子方、(六日)　○竹内殿に參、門跡、東坊城、千

松等雙六打之、干飯賜之、暫御雜談申候了、○一條殿へ參暫御雜談申候了、御酒賜了、次御近所に春日局被居、相尋之見參無之、攝津入道、海老名入道、兄弟也、智恩寺之僧等暫雜談了、女房衆各無殊事、

廿九日、乙丑、天晴、○葵一本長橋局迄持參進上了、○岡殿へ參暫御雜談申候了、雙六有之、○葵一本若宮御方へ持參進上了、同譜車之跡に、鷄頭花十五六本持參栽之、○中御門、雲松軒、栖雲以下來、將棊雙六等有之、

○六月小

一日、丙寅、天晴、天一南、○觸穢之間不及看經、今日之祝如例、○伏見殿へ御禮に參、御見參、次大祥寺殿へ參、御盃賜之、次竹內殿へ參、棊雙六等打之、御茶子にて御茶有之、次滋野井令同道岡殿へ參、御見參、頭中將同被參了、○大澤左衞門大夫、澤路筑後守、同隼人佑等禮に來云々、○暮々御祝に參內、天酌、被參之輩四辻大納言、萬里小路大納言、予、三條中納言、持明院宰相、輔房朝臣、公遠朝臣、松夜叉丸、經元朝臣、重通朝臣、言經朝臣、晴豐、季長、雅英、橘以繼等也、先之若宮御方、御局々不殘御禮申候了、予當番之間其間々祗候、予、晴豐兩人、御添番持明院宰相也、御方御所之御番三條中納言、右大辨宰相兩人云々、御寢之後於臺所予、右中辨等一盞有之、

二日、丁卯、卯刻小雨、天晴、六月節、○鷄頭花、小車草等持參、譜車之跡、長橋局小庭等に栽之、於長橋局一盞有之、次高倉へ罷向、父子被出暫雜談了、次正親町へ罷向、一品見參、去年以來所勞病中也、○柳原左大辨宰相、中御門、薄、雲松軒、松田又二郎以下各來、雙六將棊等有之、○安禪寺殿之桂侍者來、去月廿五日より所勞氣之由申、頭痛云々、氣血道蟲等歟、四物湯に加白芷、さこく、ひんらうし、先與之、○外樣番烏丸亞相之代に參、如例內內に祗候、內々番衆萬里小路大納言、中院代、持明院宰相兩人也、

三日、戊辰、天晴、五墓日、○柳原辨、中御門、雲松軒、薄、松田又二郎以下如例各來、將棊雙六等打之、○冷泉へ罷向

雜談移刻了、一盞有之、○倉部廣橋番代に參云々、
四日、己巳、天晴、○中御門、雲松軒以下各來談了、○禁裏へ三好左京大夫義重使寺町遠江守、松永右衛門佐(佑)義久使河那部主水正兩人進之、廣橋大納言被召具、以萬里小路大納言、三條中納言等被申入、高辻前中納言、東坊城大内記盛長等勅免事云々、重御返事可有之由云云、○及黃昏大和宮内大輔入道被來、桂侍者脈被診之、予存分同前也、藥明日可與之由被申、○自速水右近所鱠一、送之、祝着了、則大和宮内大輔へ遣之、
五日、庚午、天晴、土公地中(八日)、未刻小雨降、○自頭中將(庭田重通)使有之、明後日七日、武家贈官宣下之上卿可存知之由有之、不具故障之由返答、各故障之間可參之由重而被申送之間、同心申候了、○通玄寺殿に廣橋亞相祗候之間罷向、稱號地之事、馳走別而賴入之由申候了、幷宣下之上卿之事談合了、次方丈御所へ御禮申候了、同三位殿御出、御盃被下了、次歸路之次、武家御所之燒跡見物、淺猿敷之爲體也、落淚莫言々々、次覺辨所へ立寄、無殊事、次雨降之間早瀨民部丞所へ立寄、盃出一盞勸之了、○長橋局へ罷向、次久我、甘露寺等へ罷向、袍以下之具可借用之由約束了、○廣橋、寺町、河那部等禁裏へ被召、昨日之高辻、坊城等勅免之儀、雖有御存分、兩人執申之間勅許之由、以萬里小路、三條等被仰下云々、珍重々々、○外樣番日野權辨代、如例内々に祗候了、内々番萬里小路不參、三條中納言一人也、御添番經元朝臣被參了、○今朝大和宮内へ藥取に遣、分氣湯五包到、
六日、辛未、天晴、天一坤、○中山亞相女中去月九日死去、爲訪罷向、同少將に申之、亞相對顏、以次明日贈官宣下次第所望之由申、後刻被寫送之、○高倉へ罷向、相公に明日之衣文之事申了、入道相公見參了、○柳原辨、雲松軒以下各來談了、明日之習禮沙汰了、○三好、松永使如前、禁裏へ菅家之輩勅免、忝之由御禮申之云々、奏者同前云々、○菅家之兩人今日可有御對面之由有之、但明日之由又被仰出云々、○當番之間申下刻參、予一人也、御添番四辻大納言、持明院宰相等也、○頭中將、

勸修寺辨等來儀、明日之儀談合也、
七日、壬申、天晴、自中刻雨降、〇少外記盛厚來、今日宣下實不之事尋之、對面、奉行に可尋之由返答、次同一﨟康雄來、對面、同前返答了、次陣官人來、同前、〇借用之物共袍、久我、表袴、持明院、裾、甘露寺、雜色狩衣二具、久我、等借寄了、〇廣橋亞相富小路是齋所に被居之間罷向、宣下之事令談合、同令同道庭田へ罷向、黃門昨晚自大坂上洛、一盞了、中山被來、次伊勢加賀守被來、總用之事十日十一日之間に可渡之由有之、加州被請乞了、諸司に爲奉行被申遣、予暮々歸宅、未下◎刻迄脫カ　雨儀種々儀共有之、〇亥下刻令治定、深雨深泥之間、布衣侍烏帽子着共供少々略之、供大澤右兵衛大夫、早瀨民部丞、宮千世、雜色二本、小者三人計也、於殿上着束帶、藤宰相相語、夜半に參集、雨儀也、先予於宣仁門陣官人に問刻限、午刻と答、常には戌刻と答歟、相違之儀也、次入門着陣着奧座、大納言座、四度之揖如例案祝儀、次移端座、裾引寄直沓、次召官人令敷軾、次頭中將重通朝臣吉書持來、予置笏取之、披見如例了氣色、次頭中將退、以次官人召辨、右中辨こなたへ、晴豐　次辨來、下吉書、辨披見之、次退、次召官人令撤軾、次起座出宣仁門了、次廳陣儀始、先予着奧座、中納言座、次頭中將仰云、征夷大將軍參議左中將源朝臣義輝、可被贈左大臣從一位、令作宣命位記、次移端座召官人令敷軾、次以官人召內記、大內記こなたへ、盛長　次大內記來、仰詞同前、次少內記康雄、宣命草位記等納一筥持參、宣命披見、位記予懷中、康雄に令持宣命奏聞、雨儀、殊西軒短之間、於孔雀間頭中將に渡之、次返賜之、仰云、令淸書、卽於同所取替之、淸書宣命黃紙也、次被入御畫返賜之、次歸着端座、披見了康雄退、次召少納言盛長少納言こなたへ、軾、下宣命位記懷中取出之、等氣色、次召內記空筥返下、次召官人令撤軾退出了、以外深雨、纏頭之至也、少納言直に持向相國寺雲頂院、集堯長老被請取之云々、御寺不定之間、作法無之云々、
〇高辻前黃門長雅卿、東坊城大內記盛長、永祿三年以來勅勘、今日御對面云々、東坊城內々衆也、今日可爲外樣之由被仰出云々、根本外樣之仁也、祖父和長卿內

內に始而祗候也、○頭中將拔衣文、予舛刻調之、○少外記所役雖無之、每度參之儀先例云々、

八日、癸酉、雨降、○東坊城昨日之禮に被來云々、又借用之具大帷、單襟、石帶、太刀、平緒、沓、指貫等被返送之、○自高辻冠被返之、○少外記盛厚、陣官人等禮に來云云、○高辻へ罷向、昨日出仕珍重之由賀申了、見參一盞有之、次勸修寺右中辨へ禮に罷向、昨夜者予着陣之時、下吉書用計也、仍別而禮申之、次禁裏臺所へ罷向、昨夜脫置之束帶之具取置之、次內侍所に預置之支證之革籠三、取寄之、次長橋局へ立寄了、○倉部廣橋亞相番代に參云々、

九日、甲戌、雨降、○光源院殿贈左大臣從一位融山道圓御葬禮寅刻云々、於等持院、（北山）但及天明之由有之、昵近之公家前々悉參、今日一人も不參、又御比丘尼御所々々、五山十札諸宗之諷經悉以無之云々、御子孫無之故歟、相國寺衆、奉公衆、奉行衆計也云々、○自禁裏召之間、長橋局迄參、大典侍殿御使入江殿に參、武家慶壽院殿御事御訪之儀也、參（◎可脫カ）申之由有之、○入江殿へ參、爲禁裏御使光源院殿、鹿苑寺殿、慶壽院殿御儀、御力落御愁傷被察申之由申之、則奧御座敷へ可祗候之由有之、一乘院殿之御使高麗、武家之萬阿等祗候也、御酒被下之、又予盃被聞召、過分之至也、次返事、御使忝者也、得其意可申入之由有之、歸路之次一條殿へ參、御盃被下之、次東坊城出仕珍重之由、禮能向申候了、○長橋局へ參、入江殿御返事申入了、次大典侍殿へ參、御言傳之御返事申候了、○公物之公卿之下襲長橋局へ持返進了、○久我諸大夫森刑部少輔招寄、談合之事有之、一盞勸之、○勸修寺黃門來儀、光源院殿御燒香に可參歟否之由被申、萬松院御時不參、又御經不持參者可見苦、無用歟之由返答、被同心了、○就光源院殿御儀、禁中自七日至今日三ヶ日廢朝云々、清涼殿階間御簾被垂之、御拜之間之御格子之本不被取之也、親王大臣之外雖無之、武家御儀各別之儀也、三位以上者一日云々、

十日、乙亥、雨降、〇岡殿へ參雙六打之、御酒被下了、〇久我殿袍、雜色狩衣、二具、持明院へ表袴、中山、四辻等へ雜色之烏帽子等返之了、〇柳原辨、薄、栖雲以下來談了、雙六有之、

十一日、丙子、晴陰、子丑刻大雨、〇岡殿へ葵一枝持參了、〇大祥寺殿へ葵一本持參、於寶徳庵勸修寺黄門等暫雜談了、次長橋局へ罷向、一盞有之、〇結城山城守子左衞門尉晩景死去云々、自今朝蟲發云々、持病云々、〇申刻當番之間參內、予一身也、御添番四辻大納言、橘以繼等也、〇及黄昏大和宮內大輔入道、桂侍者脈に被來云々、同篇云々、

十二日、丁丑、雨晴陰、天一西、〇瀧雲院忌日之間、松林院乘誓西堂齋に被來、當年始也、相伴了、〇甘露寺へ罷向、先日裙借用禮申候了、暫雜談了、次安禪寺殿へ參、御盃御酒被下了、雙六有之、〇大和宮內大輔へ藥取に遣之、快氣湯五包到、

十三日、戊寅、雨降、土公卯方、(六日)〇柳原辨、中御門、伊勢雲松軒、松田又二郎、栖雲以下共五六人如例來、將棊雙六等有之、次當座一首、通題にて有之、題雨中螢、

　しめらすも晴やらぬ雨に消もせていかにかさもす螢火のかけ

自禁裏可祗候之由有之、未刻參、申下刻參集、於御三間御盃三參、源中納言臺物御樽平野、進上云々、若宮御方、岡殿、曼殊院宮、女中衆、萬里小路大納言、予、源中納言、輔房朝臣、經元朝臣、重通朝臣、橘以繼等也、二獻之時、中院松夜叉丸、同弟兒菊花色々、桃實等持參也、驄退出、三獻之時言經朝臣參、廣橋番代也、及數盃、戌刻退出了、

十四日、己卯、自辰刻天晴、土用入、〇中御門、雲松軒以下如例各來談、雙六等有之、〇內山上乘院香薷散所望之間少遣之、

十五日、庚辰、雨降、土用、〇竹內殿に參暫御雜談、雙六有之、次長橋局へ立寄了、〇大和宮內大輔入道來儀、桂侍者脈被診之、少驗云々、藥同銘五包隨身、暫雜談、松田又二郎以下來談如例、〇今夜外樣番日野代薄に申候了、

○大和雜談、武家之御小袖之間鳴動之事、普廣院殿御生害之時、兼日鳴動、慈照院殿御代鳴動、被改御座所之處、常御所悉顚倒云々、今度鳴動、又後日に重て一日に三度鳴動云々、然に御用心無之段、御運盡故也、
十六日、辛巳、陰、土用、　○廣橋亞相於通玄寺殿嘉定可振舞之間可來之由有之、各に不申、小人數云々、未刻下了、人數高倉入道、廣亞相、予、庭田、高倉相公、柳原辨、是齋、富小路駿河守、通玄寺殿御番衆、廣橋内衆高橋若狹守、高屋右京進、兒島烏丸内大隅守、河端庭田内左衛門尉、加田同新左衛門等卅六七人有之、酒、冷麵以下思々也、　次又嘉例盃出及數盃、暮々各被歸了、予令沈醉逗留了、
十七日、壬午、天晴、土用、天一乾、六月中、　○今朝於通玄寺殿御齋被下、三位殿、瑞慶院、同弟子、廣橋、予、尊勝院等御相伴了、巳刻歸宅了、　○長橋局へ參、去夜御番不參之儀申候了、但番代に薄參云々、○柳左大辨令同道近衛殿へ參、大閤御盃被下了、暫御雜談了、　次殿下へ參暫御雜談了、○桂侍者脈之儀に吉田へ申遣、清水寺へ參詣云々、
十八日、癸未、天晴、土用、　○吉田右兵衛督來、侍者脈令診之、脾胃虚弱之由有之、煩敷之由有之、暫雜談有之、　自在所後刻育神湯五包被持送之、　○岡殿、長橋局等へ參、無殊事、　○倉部故障之由申之間、廣橋亞相番代に參、予、輔房朝臣、經元朝臣代、　橋以繼等也、
十九日、甲申、晴、自今日十方暮、自午時雨降、土用、土公地中、(十日)　○誓願寺へ罷向、　鈴隨身、長老近日所勞云々、　但一兩日驗之由被申對顏、冷麵にて一盞有之、就參内之儀申子細有之、次春日局見舞に罷向、見參一盞有之、　廣橋奉公衆以下有之、足之疵煩敷之由有之、　○長橋局へ參、　誓願寺之長老被申之樣雜談了、　○自藤宰相番之事被申之間暮々參、内々に祗候、内々番衆源中納言、公遠朝臣父卿代、兩人也、
廿日、乙酉、陰、自午下刻雨降、土用、十方暮、　○南向聲聞師兩人之所にて、桂侍者算令置之、何も氣血道之由申之云々、○午時龍天院覺辨行へ罷向、　同算令置之、氣血道之由申之、次安禪寺殿へ參暫雜談、昌藏主一兩日氣事外被煩云々、○中御門以下各來、將棊有之、

廿一日、丙戌、雨降、土用、十方暮、○岡殿へ參雙六參了、次長橋局、內侍所等へ音信了、○當番之間晚頭參、予、大藏卿兩人也、兩人當御所簀子に被召暫御雜談了、若宮御方同渡御也、○岡殿へ參雙六參了、滋野井同被參、次正親町中將自大坂上洛之間、滋野井令同道罷向、入道、同中將見參、一盞有之、

廿二日、丁亥、雨降、土用、十方暮、○岡殿へ參雙六參、次伊勢之勸進法師淨舜坊法印參、長橋局へ可參之由有之間、予先へ參申候了、○着衣冠長橋局へ罷向、岡殿渡御、長橋、予、法印相伴、吸物有之、岡殿御陪膳白川侍從被參了、次食籠にて二獻有之、次廣橋亞相被參、又酒及數盃了、次法印小御所御庭見物、予令見之、○如每日各被來、雜談將棊等有之、○薄自昨日此方に逗留、

廿三日、戊子、雨降、土用、天一北、十方暮、○滋野井被來、一盞勸了、次滋令同道正親町へ罷向、大槻と碁三盤打了、次長橋局へ立寄、次小御所之菊に三條黃門被參之間罷向、暫雜談了、○倉部廣橋番代に參云々、薄自一昨日此方に逗留、當番之間、倉部令同道參了、○今朝早旦廣橋亞相旅亭曇花院殿へ、鈴一對茶子一盆槿花、數百、遣之、同方丈栗一笘進了、

廿四日、己丑、天晴、土用、十方暮、○岡殿へ參、無殊事、次大祥寺殿寶德庵へ罷向、次伏見殿へ參、予、高辻、四條、柳原辨等祗候、暫御雜談了、高辻は御讀書に被參了、

廿五日、庚寅、天晴、土用、十方暮、○祥壽院法橋所へ罷向、桂侍者脈之事申之、干飯にて一盞有之、○祥壽院來、侍者脈診之、氣血道之由申、一盞勸了、藥之事申、酸棗仁湯三包送之、○德大寺へ罷向、禁裏御本夫木抄三の卷一冊申出遣之、一盞有之、○伊勢太神宮勸進之淨舜坊法印禮に來云々、鈴食籠送之、令他行不能對面、人遣之處、又他行云々、○去七日陣宣下之出立之殘百疋從廣橋到、○公宴月次和歌柳一品へ令談合、勅題池上蓮、寄蟲變戀、水鄉蘆、

濁にもそまれはそまぬ心をもしれさや淸き池の蓮葉

かならすといひし今夜も松蟲のまつにかひなく明るはかなさ

難波人さしては何のわさならし蘆分小舟行歸りぬる
倉部柳原之連歌會に罷向云々、○外樣番日野代に參、如例内々に祗候了、内々番衆萬里小路大納言、三條中納言實彦朝臣等也、○自禁裏以廣橋大納言、三好左京大夫、松永右衛門佐等に、予名字之地之事以下五ヶ條歟被仰出云々、畏之由申入云々、

廿六日、辛卯、天晴、土用、十方暮、○淨花院之松林院へ久不罷向之間、鈴小食籠令隨身罷向、冷麵にて酒有之、○葉室殿、同大方殿、松尾三位、松室中務大輔、秋田與左衛門等に香薷散一包宛一兩つゝ、遣之、○當番之間晩頭參、予、大藏卿兩人也、常御所簀子に被召御雜談移刻、御酒女中以下各被下了、○祥壽院ゐ藥又所望、加減同銘五包到、

廿七日、壬辰、天晴、五墓日、土用、十方暮、○岡殿へ參、御留守云々、次竹内殿へ參御雜談移刻、次長橋局へ罷向、○以澤路筑後守宮内卿枝賢朝臣に、稱號之地之儀賴入之由申遣之、書狀遣之、意得之由返答了、

稱號之地東庄、大宅鄉、西庄、野村鄉、西山鄉、幷四宮河原等之事、當知行之處、從去天文十五年、爲公方御押領之樣候、禁裏へ被仰定之儀、近衛殿御書に相見候、然に御公用少分被下候、令迷惑候、法住院殿御判、萬松院殿御奉書等案入見參候、定爲禁裏可被仰出候、此度被返付候樣、霜臺へ御取合別而賴入候、尙可參申候也、謹言、

六月廿六日　　　言繼

宮内卿殿

廿八日、癸巳、天晴、土用、自今日天一天上、十方暮今日迄、○香薷散二濟調合了、先日一濟調合了、以上三濟、○滋野井從早旦招寄、朝飡相伴了、細工共誂了、午時勸一盞了、未刻被歸了、○自禁裏召之間長橋局迄參、賀二位相續猶子可仕之由被仰出、次近年變違之勘文不進之間、度々可進之由有之、御請申之、忝之由存分共申候了、則參申入了、一盞有之、○正親町邊及黄昏納涼、中將被出一盞被勸了、○葉室出京、御番に被參、倉部同廣橋代に參云々、

廿九日、甲午、天晴、土用、天一天上、土公午方、(六日)○岡殿へ參、次正親町へ罷向、大槻と碁二盤打了、 ○晩頭六月之祝如形有之、○葉室今日此方逗留了、○今朝松林院故障不來、

○七月大

一日、乙未、天晴、土用、天一天上、○近衛殿へ御禮に參、 大閤御盃被下之、香薷散一斤、進之、御臺一斤、堀殿一、殿下御盃被下之、同一包一斤、宛進之、次入江殿へ參、御盃被下之、次一條殿御盃被下之、同一包、一斤、堀川近江守に一包一兩、遣之、○岡殿へ參、同一包進之、次長橋局へ參、同一包二兩、上へ進上、同一包二、、長へ遣之、次若宮御方へ參、同一包、一斤、、新大典侍殿、 御伊茶等へ一包、一斤、御乳人へ一包、二兩、進之、 次大典侍殿へ參、同一包一斤、進之、次伊與殿へ一、、次薄所へ罷向、阿茶に同一包一、、遣之了、 ○豐雅樂頭守秋朝臣、 澤路隼人佑等禮に來、 ○暮々御祝に參內、天酌、被參之輩萬里小路大納言、予、源中納言、大藏卿、三條中納言、持明院宰相、輔房朝臣、實彥朝臣、雅英、橘以繼等也、予當番之間其儘祗候、相番大藏卿計也、

二日、丙申、天晴、土用終、天一天上、○賀二位所へ罷向暫雜談、 一盞有之、次岡殿へ參雙六參了、次大祥寺殿へ參、御貝覆有之、御酒被下了、○香薷散又一濟調合、以上四濟也、○禁裏女官あかゝ痢疾煩之間、調中散五服遣之、○暮々外樣番烏丸代に參、如例內々に祗候、內々番衆萬里小路大納言、中院代、三條中納言、持明院宰相御添番、等也、 ○葉室今日も此方に逗留了、

三日、丁酉、天晴、天一天上、七月節、 ○松永足輕奥田一二百人にて、御近所報恩寺に、 自早旦至未刻徘徊、 依近所事外雜說申、各用心也、予、藤宰相見舞了、 次禁裏へ祗候、未下刻退出了、倉部同參、內々衆大概祗候也、無殊事、○倉部廣橋番代に祗候云々、○桂侍者小驗、尙祥壽院に藥之事申遣之、加減同銘又十包到、

四日、戊戌、天晴、天一天上、 ○柳原辨、中御門、松田又二郎、渡邊彌七郎、◎缺文カ○越州横田之松尾所より愚息女阿茶順禮に文言傳到、今度之儀無心元之由申之、 則返事調遣之、

干飯にて酒勸之、保童圓五百粒、香薷散、愛洲藥等一包宛下之、使僧にも香薷散一包遣之、去年男子誕生之由申之、自愛々々、當月又產之由申候了、○晩頭薄來、北尾後家言傳、予實母者永祿元五十九死去云々、○今朝淨花院之內松林院乘誓西堂頓死、霍亂云々、七十三才云々、

五日、己亥、天晴、天一天上、申刻晩立、○予服之事可相尋之用、吉田へ可罷向之處、出京使有之、內山に被居之由申之間、則罷向、實母養母之服、雖爲何可爲存分次第之由返答之間、七ヶ年過之條、駿州之養母之服に可穢之存分也、○長橋局へ立寄、次臺所之あかゝ相尋、本服云々、次內侍所之あかに香薷散一包一兩、遣之、次伏見殿へ參、同一包、一半、同南御方一半進之、次大祥寺殿一、同寶德庵一、持參了、○柳原辨登山之由有之間、梨門へ書狀、香薷ゝ一ゝ、言傳進之、○大澤右兵衞大夫、與次郎等に同一包宛遣之、同宮千代に一包遣之、○吉祥院之藪田十右兵衞尉來之間、香薷散一包遣之、○明日大澤左衞門大夫小者南都へ下之間、廣橋父子、左衞門大夫等へ書狀、香薷散三包、遣之、○外樣番日野代に參、如例內々に祗候了、內々番衆萬里小路大納言、三條中納言、實彥朝臣等也、被仰下之料紙假閉調之持參了、○今日三好左京大夫、松永右衞門佐以下悉罷下云々、○今日左京大夫禁裏女房奉書申出、大うす逐拂之云々、○香薷散又一濟調合、以上五濟也、○今度予書立候諸家傳、又從禁裏可借進之由仰之間進之、

六日、庚子、天晴、天一天上、自申刻大雨及終夜、土公地中、(八日)○安禪寺殿へ參、香薷散一ゝ、進之、御酒被下之、同昌藏主、市川越後守等に一包宛一ゝ、遣之、市川約束之團扇被與之、祝着了、次瑞仙庵へ罷向、仙藏主に一包一ゝ、遣之、隣玉林庵へ同一包一ゝ、遣之候了、○今日當番故障之間、薄に申候了、○澤路筑後守來、香薷散一包一ゝ、遣之、大澤右兵衞大夫に同一包一ゝ、遣之、○中御門、山下孫三郎、小畠藤二郎、渡邊彌七郎以下各來、碁將棊等有之、

七日、辛丑、雨降、自巳刻晴、天一天上、○伏見殿花一筒所望申、花立加、禁裏へ

佳例に進上了、○四條へ香薷散一包一、、遣之、○柳原へ罷向暫雜談、今日公宴之和歌談合了、御題星河秋久、

彦ほしはあまの河瀨に天地のあらむかきりの秋や契りし

○此邊少々禮に罷出、先岡殿雙六有之、日蓮衆蓮乘院祇候、御酒有之、次竹内殿御見參、次伏見殿御對面、南御方御出、先日之香薷散之御禮被仰、御酒被下了、次長橋局へ罷向、一盞有之、次若宮御方へ參申置了、次大典侍殿御局へ參、御留守云々、め〻典侍殿、新内侍殿へ御禮申、次内侍所へ立寄、さいに香薷散一包一、、預置之了、○祥壽院來桂侍者脈診之、驗之由申之、一盞勸了、○大澤又四郞、澤路筑後守、同隼人佑禮に來云々、○倉部御祝に參、予依不具不參、被參之輩萬里小路大納言、源中納言、大藏卿、三條中納言、持明院宰相、輔房朝臣、公遠朝臣、松夜叉丸、經元朝臣、言經朝臣、實彥朝臣、雅英、橘以繼等云々、

八日、壬寅、天晴、天一天上、○岡殿へ參、雙六有之、次正親町へ罷向、中將見參、暫雜談了、○柳原辨、石谷孫九郞、松田又二郞以下來談了、○倉部廣橋番代參云々、○祥壽院へ桂侍者藥又所望、加減同銘十包到、

九日、癸卯、雨晴陰、天一天上、○禁裏東南之御堀回覽、次柳原一品、予、石泉院、倉部等令同道、武家之御舊跡、上野、杉原所等見物了、慶壽院殿御殿今日方々へ引之、御對面所相國寺廣德へ引之、號光源院建之云々御小座敷、御茶湯所、御風呂等、嵯峨之鹿王院へ引之、號慶壽院云云御藏、雜舍等本國寺へ引之云々、○藤宰相へ罷向、入道と春阿彌と碁、見物之了、○廣橋亞相南都より上洛云々、同大澤左衞門大夫上洛、廣父子言傳有之、

十日、甲辰、雨降、天一天上、○觸穢昨日迄之間、今朝令行水看經了、○内侍所へ罷向暫雜談了、次長橋局へ罷向、一盞有之、次岡殿、正親町等へ立寄、無殊事、明日大坂へ下向云々、

十一日、乙巳、天晴、天一天上、○正親町中將大坂へ下向之由候間、烏丸へ書狀、香薷散、二兩、河那部肥後妻向に同書狀、

同一包二、、言傳之、中將に同一包一、遣之、○長橋局、臺所等へ立寄、次内侍所へ罷向、一盞有之、○伏見殿御嘉例御目出度事之間、一荷兩種土器物、進上了、○自安禪寺殿桂侍者目出度とて、一樽兩種到、○當番之間暮暮參內、相番予、大藏卿兩人也、○此方目出度事、晩湌申付了、薄等來、○伏見殿御目出度事、倉部參、大御酒音曲等有之云々、御室御兩所、安禪寺殿御出座云々、四辻大納言、源中納言、藤宰相、右衞門督、重通朝臣、言經朝臣、雅敦朝臣、種直等祗候云々、○祥壽院藥之事申遣之、五包到、

十二日、丙午、天晴、天一天上、○御室御座之間、伏見殿へ參御禮申、親王御方同御見參、御盃御酌にて御酒被下了、次長橋局へ罷向、御室御參之儀に也、軈御兩所可有御參之由有之、○自長橋局又可參之由有之、御室御兩所御參、於長橋局御盃二參、御酌申候了、次御參常御所、女中御他行之間、雅英御陪膳也、二獻之時御室御酌、召出に予、雅英參了、次若宮御方へ予參申之處、御霍亂氣之由有之、御見參無之、次御退出了、次曇花院殿御目出度事に御參、常御所也、○廣橋内府入道へ罷向、同亞相兩人見參、名字地之事申之、一盞有之、○從長橋局一荷兩種、瓜一折、干鯛一折、目出度事に被送之、祝着了、○祥壽院へ桂侍者藥之事申遣之、又加減同銘七包到、○自甘露寺風折烏帽子被借之間遣之、○香薷散又一濟調合之、以上六濟也、○大隅ゟ五今日河州へ下向之間、香薷散一半、一包遣之、

十三日、丁未、小雨降、天一天上、○自甘露寺烏帽子被返送之、○竹內殿之千松丸、日野乳人等香薷散所望之間、一包宛一、遣之、○澤路隼人佑瓜一蓋送之、○桂侍者吐逆彌不食之間、大和宮内大輔招寄令診之、彌煩敷之由有之、藥之事申之、育脾湯二包被與之、○禁裏御目出度事之間暮々參內、若宮御方、伏見殿、岡殿御參也、於議定所御盃七獻參、被參之輩四辻大納言、萬里小路大納言、予、源中納言、大藏卿、遲參、三條中納言、藤宰相、輔房朝臣、公遠朝臣、經元、、、重通、、、親綱、雅英、橋以繼

等也、御酌三獻若宮御方、四獻伏見殿、五獻天酌、六獻岡殿、七獻經元朝臣等也、自三獻音曲有之、丑刻各退出了、

十四日、戊申、雨晴陰、天一天上今日迄、土公酉方、(六日)○早々驢庵へ罷向、桂侍者脈之事申之、他行云々、其後又三度人遣之、同前也、侍者彌不食吐逆有之、○竹門へ參、無殊事、○宗春來、盃之經讀之、○晩頭倉部御燈呂に參內、其間々宿に祗候了、

十五日、己酉、小雨降、天一下艮、○長橋局、高辻、薄等へ遣之飯鈴等送之、○今日之祝如形、如例薄來、○晩頭御祝に參內、如例於議定所御燈呂有之、天酌、被參之輩四辻大納言、萬里小路大納言、予、源中納言、藤宰相、輔房朝臣、公遠朝臣、松夜叉丸、經元朝臣、重通朝臣、言經朝臣、晴豐、親綱、雅英、橋以繼等也、○外樣番日野代に如例內々に祗候、內々番衆萬里小路大納言、御添番持明院宰相等也、○未刻安禪寺殿へ參、御祝有之、御酒賜之」、

十六日、庚戌、天晴、○大和宮內大輔所へ罷向、桂侍者樣體申候了、同藥二包被與之、○長橋局、內侍所等へ立寄了、○山門櫻光院所望之間、燈呂共令所望、長橋、一、薄二、持來了、○當番之間晩頭參、予、大藏卿兩人也、○安祥寺殿之昌藏主被來、桂侍者見舞也、御寺より七十疋被下之、被持來了、○自廣橋亞相、倉部に番料に百疋被送之云々、

十七日、辛亥、天晴、○堀川近江守所へ罷向、奉公衆狩野左京亮入道、同孫二郎、安威兵部少輔入道等、干飯にて酒有之、次一條殿へ參、御見參、御酒有之、○大和宮內大輔に桂侍者藥之事申之、同銘三包到、少驗之儀也、○祥壽院法眼所へ此間之藥之禮申之、樽代三十疋遣之」、

十八日、壬子、天晴、八專入、未刻夕立、堀川近江守をとり之歌之事申來、雨種壺之つゝ調遣之、則罷向一盞有之、町衆五六人來稽古、拍子以下定之、則今夜有之云々、○倉部廣橋番代に參云々、○今日從禁裏長橋局迄十人計被召、天王寺之別當之事被仰聞云々、四辻大、予、源中納言等故障申候了、

十九日、癸丑、天晴、七月中、○桂侍者口中より蟲二筋赤、白、出了、○同藥之事宮内大輔に申遣之、同銘三包到、今日令來脈被診之、少驗云々、○晩景甘露寺へ罷向納涼、一盞有之、近所之をとり令同道見物了、○賀二位在富卿癰腫七日八日比より相煩云々、罷向尋之、七十疋散々式、不能對面云々、○安禪寺へ參、先日被下之御禮申候了、御盃被下了、

廿日、甲寅、天晴、八專、土公地中、(十日)○午時三條黄門へ罷向、雲松軒同被來、一盞有之、令同道罷出、近所之をとり見物了、○長橋局へ立寄、次若宮御方へ仙翁花、桔梗、小車等一莖進上之、暫御雜談申候了、次於内侍所納涼了、一盞有之、○今朝廣橋入道鈴、ふのやき一盆送之、御靈へ參詣云々、巳刻罷向、一盞有之、

廿一日、乙卯、天晴、八專、天一東、○大和宮内ヽヽ藥丁香湯三包到、腹中に不相應則吐逆、此由申遣之、又育脾湯三包到、今日蟲大赤、一筋口中より出云々、○當番之間晩頭參、予、大藏卿兩人也、○闕之代近衛殿御番頭下京井筒屋申分に、澤路筑後守和州多門城へ罷下了、

廿二日、丙辰、天晴、○桂侍者口中より又蟲三筋云々、吐逆有之、不食同前、○大典侍殿御局へ小車花三本、御三局之内へ進之、伊與局へ同一本遣之、次臺所、内侍所等へ罷向、持明院と雙六打了、

廿三日、丁巳、天晴、八專、○廣橋門前へ躍爲見物罷向、先隣半井宮内大輔明貞所へ罷向、柳原辨、東坊城盛長同被行、酒有之、次參伏見殿、同見物、立賣町之也、

廿四日、戊午、天晴、○廣橋入道明日下向、南都多門へ下向之由有之間罷向、稱號地之事賴入之由申含了、先刻をとり見物に門前迄罷了、○大和宮内大輔所へ藥之事申遣之、治中湯三包到、○禁裏明日御月次和歌御短冊、御題たまやなき、をのヽすみかま、あかつきは、

光をもちらさす露の玉柳つらぬく絲やなかく見ゆらん
草木まてうつもれはつる雪の日も煙はのほるをのヽすみかま
鐘の聲鳥の音そへてあかつきはいさヽめさます秋の夜なかさ
仙翁花以下一莖遣之

廿五日、己未、天晴、八專、未下刻夕立雷鳴、○辰刻より倉部、栖雲等令同道、第十加賀入道所へ連歌に罷向、去五月廿五日之分也、

人數予　倉部、不斷光院、慶順、栖雲、宗淳、宗家、宗信、守盛、亭主、執筆澤地等也、齋有之、未刻冷麵、又申刻はう飯にて一盞有之、次歸宅了、於路次躍兩所にて見物、次大和宮內大輔所へ罷向、今日此方へ被來云々、○從大和宮、、、侍者藥同銘三包到、○今夜日野番代藤宰相被參、先度相轉返勤也、　○葉室大方殿出京、北野へ參詣云々、南向今朝參詣云々、

廿六日、庚申、天晴、未刻大夕立大雷鳴、八專、天一巽、○召之間參內、四辻大納言、仙翁花以下一莖進上之予、源中納言等也、萬里小路大納言、三條中納言以兩人、天王寺別當之儀被尋下、於番衆所、予存分有之間、一向無分別、可有叡慮之由申入了、四辻は梨門之儀委不承之、青門之儀被仰下之趣者、御理運之樣也、尙可爲叡慮之由被申之、源中納言同心也、○智恩寺へ雷墮落之由風聞之間罷向、無心元之由申之、住持阿州へ下向、敎蓮社他行云々、堂前へ落云々、無殊事、見物之貴賤群集也、　次河堂見物、次大和宮內入道所へ立寄、侍者樣體申之、　次總在廳所へ音信、御室へ於參候者、御言傳申度之由示之、不參之由申、一盞有之、○當番之間暮暮參內、予、大藏卿、晴豐等也、內々御庚申有之云々、○葉室母儀今日此方に逗留、山口左衞門妻計被歸之、○第十入道昨日之禮に使有之、

廿七日、辛酉、天晴、八專、亥下刻夕立、　○高倉へ罷向、入道、　相公等見參、雜談了、次內侍所へ罷向、持明院と雙六打之、晚景岡殿へ參、雙六四五番有之、　○及黃昏長橋局へ參、蘇合圓一二粒申請之、桂侍者腹痛之間如此、○自松尾社務三位鮎廿、被送之、祝着了、

廿八日、壬戌、雨晴陰、○自大祥寺殿之寶德庵、　長橋局之重之衣、人之見度由申之間、則長橋へ罷向申之、　被置御倉無之云々、　則寶德庵へ罷向申之、滋野井等暫雜談了、次長橋局へ罷向、仙翁花以下一莖遣之、次若宮御方へ參、蘇合圓申請、三粒被下之、　次內侍所へ罷向、　持明院、萬里小路辨等雙六有之、一盞有之、　○自大和宮內大輔、　今朝侍者之藥快胸湯二包被送之、自口蟲二出、○今朝禁裏へ鮎五、進上之、柳原辨に三遣之、○倉部廣橋番代

に參云々、○澤路隼人佑來、小鼓仕籠墨付事、尾芝に可誂之由申遣之、
廿九日、癸亥、天晴、八專終、未刻小雨、自戌刻終夜雨、○從大典侍殿桂侍者無心元、若可受用歟之由有之、串柿一包廿六、賜之、○葉室之大方殿迎昨夕來、今日被歸在所了、○桂侍者今日者吐事只一度有之、大和宮内ヽヽ藥同銘二包到、和中散粉藥三服來、○遍昭心院へ麝香丸令所望、二貝到、○南都一乘院光源院殿御舍弟、去夜亥刻御逐電之由必定云々、
卅日、甲子、雨降、土公子方、(六日)○桂侍者從口中蟲一筋出也、○豆蔻散半濟、香薷散一濟以上七濟、調合之、○長橋局へ罷向、一盞有之、次内侍所、臺所等へ立寄了、○大和宮内大輔被來、侍者脈被診、事之外煩敷之由被申、以外腹痛了、○上池院所へ罷向、脈之事申、則法印來、脈煩敷之由申候了、○竹内左兵衛佐桃一蓋數五十、送之、
○八月小
一日、乙丑、雨降、○令行水看經、神樂笛、少々吹之、春日名號奉掛之、唯識論緂之卅頌讀之、○讃岐將監忠雄禮に來、扇子一本送之、次大澤右兵衛大夫、澤路備前入道、同隼人佑等禮に來、薄禮又侍者見舞に來、日々見舞也、○若宮御方へ仙翁花以下一莖持參進上了、次大祥寺殿へ同一莖持參、御盃被下之、次伏見殿御盃被下之、次竹内殿御見參、次岡殿御盃被下之、○安禪寺殿昌藏主、あか、ヽヽ、慶松、菊等、桂侍者見舞に被來、勸一盞了、○今朝禁裏、若宮御方等へ御憑に、予、葉室、倉部等御太刀進上了、則御返被出之、次伏見殿へ予、倉部御太刀進上、同御返被出之、○禁裏御祝に暮々參内、倉部同道、天酌に被參之輩若宮御方、中山大納言、予、源中納言、輔房朝臣、松夜叉丸、經元朝臣、重通朝臣、言經朝臣、晴豐、橘以繼等也、先之御局々御禮申候了、○今夜當番代薄に相轉了、晴豐兩人也、予明日早早御靈へ可參之間如此、○大和宮内大輔に藥之事申遣之、同銘二包到、粉藥同三服到、侍者今日少驗云々、
二日、丙寅、天晴、未刻急雨、天一南、○早旦上御靈御旅所へ參、倉部同道、供大澤右兵衛大夫、早瀨民部丞、宮千代、與二郎等

也、侍者爲祈禱御百度沙汰了、　次下御靈へ參、次倉部同爲祈禱北野社へ七度詣云々、○正親町へ罷向、中將昨夕上洛云々、奉公衆後藤治部少輔等暫雜談、○安禪寺殿之周首座、仙藏主、御乳人等、侍者爲見舞被來、饅頭、十、腐（◎麩カ）一包、被送之、勸一盞了、○長橋局、臺所、內侍所等へ立寄、右大辨宰相、新宰相中將等雙六有之、○大和宮內大輔へ藥之事申遣之、同銘三包、木香散三服到、侍者昨今同篇也、　○外樣番烏丸代に參、如例內々に祗候、於內侍所一盞有之、內々番衆萬里小路大納言、中院代、三條中納言、三條大納言代、持明院宰相等也、　○侍者爲祈禱、木屋之藥師へ參詣了、

三日、丁卯、天晴、○賀二位煩氣爲見舞罷向、以外煩敷之由有之、次岡殿へ參、　雙六有之、次竹內殿へ參、久我、甘露寺、中御門、遍昭心院等祗候、御連歌有之、次正親町へ罷向、中將暫雜談、一盞有之、　○安禪寺殿小女いゝ、侍者爲見舞來、侍者今日腹痛驗氣云々、○丹州內藤備前守昨日巳刻討死云々、以上二百六十八討死云々、○倉部廣橋番代參云々、

四日、戊辰、天晴、五墓日、　○今朝藥師觀音へ參詣、倉部北野社へ參詣云々、○長橋局、臺所、內侍所等へ立寄了、○大和宮內大輔所へ罷向、侍者藥之禮、又樣體等申之、　暫雜談了、驗氣之間藥斟酌之由被申、　尙賴入之由申候了、藥二包、粉藥三服等被與之、　○正親町へ罷向、中將見參暫雜談、一盞有之、

五日、己巳、天晴、○藥師觀音へ參詣了、倉部北野社へ參詣云云、○岡殿へ參、雙六有之、次長橋局、臺所、　內侍所等へ立寄了、次南隣にて柳原辨晚飡之汁被振舞了、○外樣番日野代に參、如例內々に祗候、內々番衆萬里小路大納言、三條中納言、實彥朝臣等也、

六日、庚午、天晴、時々小雨降、土公地中、（八日）○禁裏御懸之松、　又梅等洗之、於長橋局干飯にて一盞有之、　○大和宮內大輔所へ桂侍者藥之事四五度申遣、　他行云々、　○當番之間暮々參、予、大藏卿、晴豐祖父一位代、等也、○今朝藥師、觀音へ參詣了、倉部北野社へ參詣云々、

七日、辛未、天晴、天一坤、○藥師、觀音へ參詣了、倉部北野社へ參詣云々、○今日祇園會有之、倉部見物に罷向云々、齋に○正親町故亞相公敍卿、慈空十七回、隨行念佛有之、可來之由有之間罷向、盧山寺之僧九人、公家衆中山亞相、四辻亞相、予、庭田黃門、甘露寺頭辨、亭主中將、淨門之奧坊、伊勢雲松軒、奉公衆後藤治部少輔、奉行中澤備前守、久我諸大夫森刑部大輔盛時朝臣、庭田內加田新左衞門等相伴了、○長橋局、大典侍殿御局、臺所、內侍所等見舞了、○大和宮內大輔被來云々、桂侍者脈被取之、藥同銘三包到、又罷向之處、祭禮見物云云留守也、次德大寺へ罷向暫雜談、一盞有之、

八日、壬申、天晴、○藥師へ參詣、今日迄七日也、次觀音へ參詣、倉部北野社へ參詣云々、今日迄七日七度參云々、桂侍者祈禱也、○柳原左大辨宰相今朝南都へ下向云云、廣橋亞相へ書狀言傳了、○大和宮內大輔所へ罷向、藥以下之禮申之、侍者藥之事相續可出之由申之、又予脈令診之、養生藥之事談合了、一盞有之、○禁裏棗木枯枝以下、宮千代に令伐之、○澤路筑後來、就牽分之儀、松永少弼、同右衞門佐父子方へ書狀調之、明日南都へ隼人佑指下云々、

九日、癸酉、天晴、○金山天王寺觀音へ參詣、今日迄七日也、侍者祈禱也、○安禪寺殿玉林庵、弟子いん藏主、昌藏主等、侍者爲見舞被來、玉ヽヽ槿花、砂糖桶被持來、勸一盞了、○早旦筑後來、松永所へ兩通書狀遣之、○長橋局、臺所へ立寄、滋野井所勞尋之、次內侍所へ罷向、持明院、薄等雙六有之、一盞有之、次藤宰相へ罷向、○太秦廣隆寺藥師開帳之事申之、予於車寄返答、寺務無之間衆僧參、重可申入之由申含了、○予養生藥不換金正氣散に加桔梗、茯令、益智、五味子、木香等、受用了、

十日、甲戌、天晴、○侍者爲祈禱、七觀音へ逆に參、令本服巡に可參之由祈念、予、倉部、中御門、薄、大澤右兵衞大夫、宮千代、與二郎等七人也、○同大和宮內大輔に藥之事申遣之、同銘三包到、○長橋局、內侍所等へ立寄了、

十一日、乙亥、天晴、○從太秦眞珠院折紙到、則長橋局へ參、文之事者被出間敷候、但勅許之由可申遣之由有之、仍予書狀調遣之、如此、

廣隆寺藥師開帳之事令奏聞候處、被成御意得之由候、又閉帳之刻、可被申入御案內之由被仰出候、此由衆中へ可有御演說候、謹言、

八月十一日　言繼

眞珠院　御房

當番之間晩頭參、予、晴豐兩人也、滋野井子今所勞也、

十二日、丙子、天晴、○高倉入道へ罷向、漆少、黑め事申之、次臺所へ罷向、滋野井に予小鼓塗事誂之、并團扇二、令塗之、次長橋局、內侍所等へ立寄了、○自松尾社務三位相光卿折紙到、明日御田代也、自朝飡可來之由有之、同心了、

十三日、丁丑、天晴、天一西、○長橋局迄參御暇之事申入了、次高倉相公へ罷向、人夫一人借之、○早旦葉室へ罷向令用意、松尾社務所へ罷向、供宮千世、與二郎計也、於社務朝飡有之、予、三位、同宮內大輔、藏人、安井之永藤四郎次郎、三位むこ也、宮千世等相伴了、終日雜談、八田大夫以下兩三人禮に來、一盞了、未下刻御田代始、參社頭、うへめ渡如例、次神人等苗持參、禰宜宮內大輔、祝申之、次猿樂三番伏見、落葉、馬あらそひ入破、如例、次社務所へ罷向、宗淸被來了、音曲有之、夜入麵にて一盞有之、其儘臥了、於棧敷酒如例、

十四日、戊寅、天晴、土公卯方、(六日)○今朝松室中務大輔所に朝飡有之、予、中務大輔、兩人は午時來、穴太之松岸坊、同若衆八田大夫子又四郎、七郎右衞門、神六、勝右兵衞、又五郎、萬德、彥三郎、宮千世等相伴了、午時西福寺三位、八田大夫、九郎左衞門、七郎等來酒有之、未刻予、葉室、中務大輔等令同道參社頭、猿樂五番有之、神有月、春永、二人靜、錦木、大會等也、酒兩度有之如例、入夜歸葉室臥了、○與二郎所用有之間返之、○大和宮內大輔被見舞云々、藥同銘三包到云々、

十五日、己卯、天晴、○三位子禰宜宮內大輔相房所へ朝飡に罷向、

予、葉室、三位、中務大輔、亭主、藏人、宗清、宮千代等也、暫雜談了、次午時松室左衞門佐所へ被呼之間罷向、予、葉室、三位、中務大輔、宮内大輔、亭主等うとん幷小漬有之、酒有之、晩頭罷歸之處に、社務へ被呼之間罷向、音曲有之、又一盞了、其儘臥了、

十六日、庚辰、天晴、○今朝社務三位所に朝飡有之、予、三位、大輔、藏人、宗清等相伴了、終日雜談了、○晩飡松室中務大輔所に有之、次社務へ罷向臥了、○京へ宮千代遣之、侍者樣體尋之、驗之由中之歸來了、

十七日、辛巳、天晴、自夜中雨降、○於葉室予、早旦罷向宗清等終日雜談了、無殊事、◎脫カ○自大和宮内大輔、侍者藥三包到云々、

十八日、壬午、雨降、自午下刻晴、○今朝葉室へ社務三位以下一社悉、山田神人七八、三四十人朝飡に來、中酒凝了、午時各歸了、予、宗清等相伴了、○午時自京各來、倉部、勸修寺辨、中御門、薄、竹門之宮内卿、同越後、奉公衆雲松軒、山下孫三郎中御門内、布施彌太郎、松田又二郎、其外澤路隼人佑、中村三郎右衞門等也、先飯有之、各相伴、中酒凝了、樂頭明王又六來、申刻猿樂始、大夫日吉孫四郎、高砂、八島、百萬、通小町、合浦入破等也、夜に入被歸、小漬又有之、次音曲有之、次各若衆くるゐ有之、萬、予、宗清等社務へ罷向臥了、

十九日、癸未、天晴、◎以下缺文

◎原書附箋、雖未申通候、以事次令啓候、賀二位逝去、言語道斷之儀候、就其跡職之事、既及斷絶候間、被取立度之叡慮候、貴殿御息被取持候哉、不然者可似相候仁體爲御後見、再興有度候間、樣體可有御談合候間、可有御上洛之由被仰出候、女房奉書如此候、旁期御上洛之時候、尙金藏房可被申候也、謹言、

十一月九日　　言繼

宗屑軒

○十二月大

一日、甲子、天晴、土公子方、(六日)○長橋局へ罷向、次内侍所へ罷向了、次伏見殿へ參、内々被仰一竹一紙等調進之、奥書、

這一竹一紙等、依竹園御所望所調進也、

永祿八年十二月一日　　太宰權帥藤言繼

御見參了、次大祥寺殿へ參、御盃賜之、次萬里小路へ罷向、右大辨宰相に對顏、誓願寺之事申談之、○禁裏御禮に參內、倉部同道、天酌、被參之衆中山大納言、四辻大丶丶、予、公遠朝臣、經元朝臣、言經朝臣、晴豐、雅英等也、先之若宮御方、御局々御禮申候了、萬里小路大納言、持明院宰相、輔房朝臣遲參、天酌以後也、次各退出了、予今日當番倉部參了、予退出、○誓願寺之證文十通相添目六到、則右大辨宰相に渡之了、

二日、乙丑、天晴、○柳原へ罷向、一品見參、誓願寺證文共見之、暫雜談了、○自禁裏可祗候之由有之間、巳下刻參內、誓願寺圓福◎寺脱カ訴論之儀に、誓願寺之事、予可披露之由被仰下之、證文以め丶典侍殿被渡之、誓丶丶之儀披露者右大辨宰相也、依無功予に可披露之由有之、圓福寺之儀、自二條殿被付◎二字衍カ甘露寺、予兩人に被付之、但今日甘露寺頭辨披露也、未下刻被參、於御前御三間、被聞召之、先予誓願寺之證文綸旨兩通、武家御判兩度、永正五還補奉書、糺明之奉書兩通、大永二意見狀、伊勢守添狀、女房奉書一通、以上十通讀之、次頭辨經元朝臣、圓福寺之證文被讀之、奉書一通、御下知兩度、女房奉書四通、傳奏添狀、近衞殿和睦之御書一通、本願以下之出仕一通、圓福寺格翁上人和睦之事一通、淸備中守同和睦之事一通、對三福寺大館入道狀一通、同知行之目六一通、同下知一丶、以上十六通也、此內永正十年奉書一通、可爲證文歟、但誓丶丶住持與寺僧訴論之處に、橫取之證文也、次予發言種々問答、移刻及黃昏、於誓願寺證文者、可被捨無之、於圓福寺證文者、可被取揚更無之、予言上了、誓丶丶事、慈勝◎照カ院殿御代、金珠長老依不法御成敗也、一代之長老故、永代御成敗不謂之儀歟、其上永正五に還補、廿餘年還補之處、近代申掠、爲兩寺進止歎敷事也、於慈照院殿御成敗以前より相計之證文無之上者、可被還補歟之由言上了、然者大永二意見狀之後、兩方相對、圓福寺理運之證文於有

之者、可被召進之由、二條殿へ可申入之由勅定有之、
次兩人退出御前了、此間右大辨祗候御前也、○予廣橋
亞相番代に祗候、相番中山大納言計也、
三日、丙寅、天晴、天一南、○自甘露寺、二條殿へ以折紙被申入之、
文言、
就圓福寺與誓願寺訴論之儀、大永二年以後之證文
可被召進之由被仰出候、此由可然之樣に御披露所
仰候也、
十二月三日　經元　言繼書加之、
彈正大弼殿
予端書加之、
尙々大永二以後、左右方糺明之上、圓福寺理運之證
文、今明日中に可被召進之由候、
誓願寺へ罷向、但觸穢之間門外於小御堂邊參會、樣體
雜談了、次德大寺へ罷向、一盞有之、及數盃、次雙六十
番打了、○自誓願寺此間爲禮、鈴一對兩種豆腐、大根、(淺漬)被
送之云々、○長橋局へ罷向、梔子卄、被所望之間遣之、
次內侍所へ立寄了、
四日、丁卯、天晴、○萬里小路へ罷向誓願寺之事申談、彼意見
狀、奉書不相添之、不審之沙汰有之云々、約束之一竹
四穴、同一紙等遣之、一盞有之、○長橋局へ罷向、自二
條殿證文之事、明日迄被申延云々、次內侍所へ立寄
了、○自大坂與二郎上洛、自烏丸返事、百疋等到、其外
庭田、東坊少輔法橋返事有之、下間上野法橋、正親町
中將返事等未到、○飯尾加賀守所へ罷向、無奉書之意
見狀之法尋之、雖無、奉書之意見狀者尤可爲證云々、
殊大永二誓願寺之意見之時之奉書、加賀守書出之間、
案文可有之間、尋出之可進之由申之、又御糺明之後、
被召證文之儀不謂之儀也、自然取落之證文雖有之、後
に出之時者不用之法也云々、
五日、戊辰、天晴、五墓日、○早旦從誓願寺爲使誓忍來、飯尾加賀
守所へ申遣返事之樣被申送、彌無油斷可馳走之由有
之、○萬里小路へ罷向、右大辨參會、昨日加賀守申樣
雜談了、次長橋局、內侍所等へ立寄了、次大祥寺殿へ

參暫御雜談申候了、勸修寺辨と雙六打了、次岡殿へ參、雙六被遊了、○外樣番日野代に暮々參、如例内々に祗候、就誓願寺之儀、自二條殿、以四辻大納言、頭辨兩人御申云々、享祿元之御下知有之間、破先判、後判之間、大永二之意見狀可破之由被申云々、被破之文章無之者、何可破乎、無遠慮之言上也、今夜内々番衆萬里小路大納言、持明院宰相兩人也、

六日、己巳、天晴、時々雪飛、寒嵐、十二月節、小寒入、○誓願寺長老門前迄被來了、昨日之被申樣雜談了、樣體又飯尾加賀に罷向可相尋之間、内々可被申談之由申之、長老被罷向云々、○飯尾加賀所へ罷向、見參、意見狀後に御下知にて不破哉之由尋之、被破之文言無之者、不可破之由申之、然者可注與由申之處に、如此題目不注之法也云々、自何方成共於被尋者、可返答之由申候了、○參長橋局へ、此由申入了、次萬里小路大納言祗候之間、樣體申之處、誓長老樣體可被注進之由被申候間、則誓長門外迄罷向申含了、則又長老被來、又飯加へ被行、文章談合云々、予存分又加意見了、○今日予番代倉部參了、○自誓願寺書狀到、如此、

今度就訴訟之儀、大永二年御糺明之意見狀雖有之、享祿元之御下知有之間、破先判、後判之由、一向に從彼方被申候歟、奉行飯尾加賀守に相尋候處、享祿元之御下知に雖有意見狀、理運之子細有之旨文言無之者、破候間敷之由被申候、於御不審者可有御尋候、然上者任理運之旨、被成下綸旨者可忝畏存候、恐惶謹言、

十二月六日　　泰翁判

山科殿人々御中

吉田へ人遣之、薄藥之事申之、橘紅湯、五包、調中散七服、等到、同長橋局之藥到、則持進了、

七日、庚午、天晴、寒嵐、土公地中、(八日)○早旦從誓願寺萬里女中へ二百疋折紙、長橋局、予等に又百疋宛折紙到、予雖返之置て歸了、○早々萬里小路へ罷向、以持明院女中へ折紙遣之、被返了、重雖申之無同心、次右大辨宰相に昨夕

之書狀令見之、次最前之儀、慈照院殿以前之本文有之者不及、無之者誓丶丶可爲理運之由有之處、圓福寺に證文無之、殊慈丶丶丶以後、數度誓丶丶理運之證文、意見狀迄有之上者、一兩日中に可被相決之(◎由脫カ)申含了、次長橋局へ參、昨夕之書狀進之、同前に樣體申入了、被成御意得之由有之、○誓願寺長老被來、見參、吸物にて一盞勸了、觸穢昨日迄之故也、○三井寺之金藏坊被申、三川へ誓丶丶長老之書狀到之間則遣之、一宿逆等之儀也、予暇乞に罷向、老母方へ書狀言傳之、愛宕之札十枚遣之、○暮々廣橋大納言番代に參了、相番晴豐、(實彥朝臣代、)兩人也、於御湯殿上亥下刻迄御燒火、若宮御方御參、女中衆各被參、予地聲に四五番被歌了、

八日、(辛未、天晴、寒嵐、天一坤、)○自右大丞可來之由有之間罷向、誓願寺之事、柳原一位に可有勅問之樣承及之間、誓願寺長老令同道罷向、內々賴入之由申可然云々、次長橋局へ立寄了、○誓願寺へ罷向對談、吸物にて一盞有之、次令同道柳原へ罷向、自誓柳一荷兩種被持了、樣體共申含了、吸物にて酒有之、可爲憲法之由返答有之、○飯尾加賀入道先日罷向之禮に來云々、○第十加賀入道來正月十七日に連歌可張行之間、可來之由申、於路次行合同心了、同倉部可同道之由申之、

九日、(壬申、曉天雪降、天晴、)○萬里右大辨へ罷向、昨日之儀雜談了、近日可有勅問之由了、次長橋局へ立寄、次內侍所へ罷向、預置之藥之重箱此方へ召寄了、同所に預置葉室之唐櫃共召寄、自葉室取に來遣之云々、○南向之姉阿茶、自去月三日此方に逗留、今日葉室へ被歸了、○亥下刻小河々堂內定持院火事、○北隣北尾後室宵之程來談、一盞被振舞了、

十日、(癸酉、天晴、)○自誓願寺使僧來、去夜火事に見舞之間爲禮也、○長橋局へ罷向、無殊事、次內侍所へ立寄了、先之萬里小路へ罷向、右大辨に昨夕之樣語之、長老言傳に禮被申、同傳語了、

十一日、(甲戌、天晴、)○萬里小路へ罷向、父子見參、亞相誓丶丶圓福以下證文、速不被肝心、仍樣體懇に申含、被合

點了、〇誓願寺へ罷向、吸物にて酒有之、先條委雑談、自他始終之存分合談合移刻了、〇今夜當番代に倉部參了、〇日野番代料米一石於東寺請取、去月二石、以上三石也、春日局申付之、

十二日、乙亥、天晴、〇亡父卿忌日之間、松林院之舜玉齋に來、相伴了、〇誓願寺之老僧西林院、惠林、大善庵惠源、兩人、就寺之儀禮に來、彌可然之樣賴入之由申候了、對面暫雑談了、〇自誓願寺誓忍來、近所十念寺之緣起上下二卷到、則長橋へ持參、備叡覽了、次誓願寺之緣起一卷到、〇長橋局、臺所、內侍所等へ立寄了、〇自本國寺一竹四穴祝着之由禮狀到、〇晚頭廣橋大納言番代に參、予、持明院宰相實彥朝臣代、兩人也、無殊事、

十三日、丙子、天晴、〇西京松本ヽヽ薄所へ收納に來、代替也、無其禮、如何、如例年雑煮、澤路筑後守相伴、二獻に薄對面、吸物、鯛、三獻之時予對面了、松本得利二、混布、栗、柿、鯛二、等持來、諸事嘉例云々、〇長橋局へ罷向、次萬里小路へ罷向、右大辨宰相暫雑談、誓願寺之事共申談了、〇晚頭誓願寺長老被來、樣體共雑談了」、

十四日、丁丑、天晴、天一西、〇自長橋局可參之由有之、被仰出之子細有之、〇萬里小路へ罷向、父子見參、亞相に暫申談子細有之、次又長橋局、大典侍殿御局、臺所、內侍所等へ立寄、無殊事、〇東坊城へ罷向暫雑談了、一盞有之、次安禪寺殿へ參了、〇勸修寺右中辨被來、被申子細有之、

十五日、戊寅、陰、自午時雨降、土公卯方、(六日)〇自誓願寺爲使誓忍來、就公事之儀也、對面了、〇長橋局へ罷向、次岡殿へ參雙六打了、〇日野番代に參、如例內々に祗候、內々番衆萬里小路大納言、持明院宰相兩人也、

十六日、己卯、天晴、〇早旦吉田右兵衛督來、薄脈被診之、彌大驗云々、尙脾熱殘云々、茶子餅善哉、勸茶了、昨日於近衛殿長恨歌、今日琵琶行被讀云々、仍倉部參近衛殿云々、〇臺所へ罷向、女官あかヽに念珠二連すけ事誂之、次長橋局、內侍所等へ立寄了、〇薄に自禁裏鴨一番、被拜領、忝者也、〇自長橋局可參之由有之、禪師號

上卿之事可存知之由有之、爲禮島織物一端賜之、予上卿之時之分に九月之日付云々、忝者也、○誓願寺之誓忍方へ、禁之御硯持遣之、質物之儀也、晩頭來申談了、○當番代倉部參了、相番持明院、勸一品代、經元朝臣等云々、

十七日、庚辰、陰、○吉田へ薄藥、同長橋局藥等取に遣之、參朮湯十包到、次自薄方鴫一、遣之、○誓忍來、百疋持來、先御引替之分也、大事之御物之間、御硯長橋預申候、則兩種予持參了、次臺所へ立寄、次内侍所へ立寄、持明院と雙六打了、次大典侍殿御局にて右大辨宰相參會、誓ゝゝ事申候了、○柳原へ罷向、一品見參、近日誓ゝゝ之儀、可有勅問之由有之間、憲法之御申賴入之由、長老被申候由傳語、百疋之折紙遣之、○庭田大カ◎中納言番代參、相番持明院宰相計也、於御湯殿上御燒火有之、御兩御所、岡殿、女中衆各、番衆兩人祗候、田樂にて御盃參、予地聲にて音曲八九番被謳了、至夜半了、

十八日、辛巳、陰、○自柳原法樂連歌可來之由有之、故障了、倉部罷向云々、○長橋局被申帶二たけ裁て遣了、○東坊城へ罷向、就禪師號御下知之事、普案尋失之間、重可調遣之由申談了、次一條殿へ參暫御雜談申之、御酒賜之、次大和宮内大輔へ罷向、他行云々、一竹四穴之一紙調之預置了、次誓願寺へ罷向、吸物餅、豆腐、にて酒有之、次近衞殿へ參、御中風氣御煩云々、同殿下に參、御鷹山云々、○自勸修寺辨一通到、持來云々、

永祿八年九月廿一日　宣旨

佛惠和尙

宜特賜佛惠正續禪師號

藏人右中辨藤原晴豐

口宣一紙獻上之、早可令下知給之狀如件、

九月廿一日　右中辨晴豐奉

進上　帥中納言殿

勸修寺中納言及黃昏被來、内々被申談子細有之、○自甘露寺諸家之傳之一冊被返之、

十九日、壬午、陰、土用入、天一乾、○自柳原一品一昨日之誓ゝゝ折紙

被返之、雖重遣之、又被返了、○長橋局へ罷向、佛詣云云、次臺所へ罷向、あかゝに申念珠二連すけ事出來、次內侍所へ立寄了、○從長橋局可參之由有之間參、柳原一位、中山大納言、予、右大辨宰相、甘露寺參、誓願寺與圓福寺之證文被出之、兩卿存分可被申之由有之、予、甘左右之證文讀之、問答移刻、一位被申、兩方證文入相之間難分別、所詮將軍家相定之時、可有落居歟、不然者可被和與歟之儀、可然歟之由言上也、中山同前之言上也、兩卿共以圓福寺贔負之儀歟、數日於禁裏之御沙汰不入之儀也、併被令輕叡慮歟、田樂にて御酒各賜之、○誓願寺へ罷向、今日之樣體雜談了、

廿日、癸未、陰、土用、○萬里小路被呼之間罷向、誓之儀に被申子細有之、次長橋局へ立寄了、○柳原へ罷向、甘露寺被來、次東寺之本願賢廣上人來、暫雜談了、○葉室出京被來、同姉之阿茶、同小女等同道、此方に逗留也、○自誓願寺使に誓忍來云々、木綿一端椋實染、被送之、祝着了」、

廿一日、甲申、天晴、十方暮、土用、○誓願寺へ罷向、葉室、倉部等同道、長老他行之由有之間罷歸了、○一條殿へ參、東寺之賢廣上人申土州へ御許狀之事申入了、御煤拂御取亂云々、○近衛殿へ參暫御雜談、誓願寺之事御物語申入了、御酒被下、次甘露寺祗候、狩野左京亮入同道祗候、御酒又被下了、予新撰之諸家傳可懸御目之由仰之間、持參了、○當番之間暮々參內、相番持明院宰相、豐尹卿代、兩人也、頭辨不參、於◎御脫カ湯殿上御燒火有之、御兩所、岡殿、女中衆、番衆兩人、輔房朝臣等、田樂にて御酒有之、地聲にて音曲四五番被諷了、○庭田父子自大坂去夜曉天上洛云々、○葉室預置之唐櫃、皮籠等、長橋、內侍所之分二宛四つ取寄了、

廿二日、乙酉、天晴、十方暮、土公地中(十日)、土用、○萬里小路へ罷向、誓願寺之事談合之子細有之、次長橋局へ立寄了、○誓願寺へ罷向、長老令同道殿下へ參、一ヶ條之儀御執奏之事申入了、然に三福寺は御寺也、外聞如何之間御斟酌也、於勅問者、有樣可被申入之由御返答也、不及是非之儀也、次萬里小路、長橋局等へ罷向樣體申候了、○晚頭

外樣番烏丸代に參、如例內々に祗候、內々番衆言經朝臣、廣橋代、晴豐實彥朝臣代、等也、於臺所右大辨予に被申之、爲近衞殿々下、日野一位、中山大納言に、誓之事可然之樣にと可被仰遣之由被申、中々御同心、必被行之間申入候間敷之由返答了、

廿三日、丙戌、天晴、十方暮、土用、○早旦從誓願寺誓忍爲使來、就公事之儀、予馳走不及是非題目也、仍爲音信百疋被送之、不及覺語之由、數度加問答雖返遣之、堅申置了、○北隣北尾女近日所勞云々、藥之事被申之間、罷向脈取之、內灸散に加藥五包與之、○故庭田卅三回明日云云、仍明日禁御煤拂之間、今日齋に可來之由有之、罷向、四辻亞相、予、亭主、持明院、四辻相公、甘露寺、頭中將、泉涌寺之金臺寺、法性寺之遣迎院等相伴也、中酒及數盃了、○誓願寺へ罷向、今朝之禮申之、次公事之儀令談合了、吸物にて一盞有之、次近衞殿へ參、殿下御鷹山云々、西洞院に申置了、○一條殿へ參、先日申土州へ御狀之事申之、御他行云々、總別御停止之間、不及是非之由有之、○今日葉室在所へ被歸了、

廿四日、丁亥、天晴、十方暮、土用、○今日此方煤拂、大澤右兵衞大夫遲參來、○禁裏御煤拂之間、朝飡以後參、被參之輩中山大納言、四辻大納言、萬里小路大納言、予、早出持明院宰相、輔房朝臣、公遠朝臣、經元朝臣、言經朝臣、晴豐、雅英、源長治等也、疊龎御大工衞士等如例、先於男末一盞如例、次於番衆所一兩人女中等田樂にて御酒有之、次於長橋局、御局、予、頭辨、內藏頭等雜煮にて酒有之、次御方之御所へ各被召之、同雜煮にて御酒被下之、次內侍所へ四辻父子、予、持明院被呼、小漬にて一盞有之、○右大辨宰相予に被語之、明日殿下へ可有勅問、誓願寺之事、予、頭辨證人に勸修寺中納言に可被仰之由了、○自殿下西洞院御使有之云々、誓願寺長老令同道可參之由有之、令早出則誓〻〻へ罷向、長老令同道參近衞殿、吉田兼右卿祗候也、公事之儀御談合也、自圓福寺江州一乘院殿へ御執奏之儀申入之間、可致分別之由仰也、明日者高野へ御鷹山云々、蓮養坊御盃參云々、

廿五日、戊子、天晴、十方暮、天一北、土用、○早旦誓願寺長老被來、江州矢島一乘院殿へ昨（◎明カ）日罷下可申入歟之由談合也、予不可然之由加意見、一兩日中に大方可有一途歟之處に、他行不可然、以使僧可被申入歟之由中之、餅善哉にて勸一盞了、○柳原へ罷向御月次和歌令談合、則清書進上、（勅題）遠歸鴈、山家月、寄露戀等也、

錦さて鴈は霞の衣をやふろ郷さなくきて歸ろらむ
山里はなくさみおほく松の聲鹿の音そへて月を見ろかな
いたられさ人の心の秋さいへは時ならぬ露の袖にあまれろ

大和宮内大輔入道宗恕來、一竹四穴之儀相傳也、暫雜談了、○吉田兼右卿申、有脩朝臣進上之新暦一覽仕度之由申候間、長橋局へ申出之遣之了、○近衛之地少用之儀有之、沽却之狀調遣之、

近衛烏丸畠一畝半作職之事、依爲要用、又次郎方へ五百五十文に所賣渡申也、於地子錢者、毎季卅文宛可有納所候、更不可有違亂煩者也、仍狀如件、

永祿八年十二月廿七日　　　重成（花押）
大澤左衛門大夫

北隣北尾女所勞少驗之由有之間、罷向脈診之、同藥七包遣之、○外樣番日野代可祗候之處、蟲氣之間故障申了、○長橋局へ被呼、今日近衛殿御使云々、御鷹山之間御留守之由申候了、

廿六日、己丑、天晴、十方暮、土用、○早旦從吉田右兵衛督昨日新暦返上也、○自長橋局可參之由有之間、則以次新暦返上之、殿下（近衛殿）ゟ誓願之儀勅問、御使源中納言、予、甘露寺兩人左右之證文被出之持參、未下刻三人參之處、聖護院殿（御所之八幡南也、）御風呂へ渡御云々、則各令同道參、御見參之間、樣體源中納言被申入之、次予、頭辨等證文共披露、問答移刻、殿下御返事卽座に難被申入之間、被成御思案、重可被申入之由有之、證跡共先被預之由有之、御盃被出之、御酒有之、戌刻罷歸、直に各長橋局へ參、御返事之趣申入了、○當番今日御滿之間參、予、經元朝臣、晴豐（祖父一位代、）等也、

廿七日、庚寅、天晴、土用、十方暮、○今朝自禁裏御茶十袋拜領、忝者也、内侍所へ罷向一袋遣之、○誓願寺へ罷向昨夕之樣雜談了、吸物にて一盞有之、然者殿下御返事次第公事

可有落居之由、内々長橋局被知之間、長老令同道殿下へ參、則御見參了、去夜至丑刻數多人被召寄、被加問答被評定、聊も圓福寺、三福寺理運之儀無之、於三福寺者家門之雖爲御寺、以憲法之儀、誓願寺之可爲理運之由可有勅答之由、内々御雜談也、然者庭田一人被召之、御返事可被申、證文共以御使、兩人に可被返之由仰也、○庭田自近衞殿仰之間、未下刻被參云々、雖然大事之御返事、一人承事令迷惑、今一人可被相添之由被申退出云々、然者及黃昏之間明日へ延引了、○萬里小路へ罷向、亞相、右大辨兩人見參、先刻殿下御雜談之樣内々委語了、然者則今日長老參内可然之由被申之、則長橋へ罷向此由雖申、庭田之儀如此之間延引了、○倉部廣橋番代參云々、○自殿下渡邊神介御使、誓願寺證文被持下之、同圓福寺之證文被下之、令檢知渡之、甘露寺へ被遣云々、

廿八日、辛卯、天晴、十方暮、土用、○自誓願寺爲使長德來、對面、殿下彌無別儀之由被申、米一俵被送之、祝着了、又御添使之事雜談了、次兩度之綸旨、女房奉書三丶、殿下御再覽之儀被仰之間渡之、又彼寺之緣起一卷可返之由被申間、宮千代持遣之、○自禁裏殿下へ庭田、持明院被參、御返事被申、各被召寄種々被經御沙汰、兎に角に誓願寺理運之間、尙可爲叡慮之由被申之、○萬里小路へ罷向、右大辨見參、誓願寺理運之間、明日可爲參内被申之、○誓願寺へ宮千世遣之、明日可有御參内之由申之、滿足之由返答也、○暮々可參内之由被仰下、同倉部同前、則兩人令同道參、誓願寺證文持參了、今夜庭田御盃被參、於御湯殿上御燒火有之、若宮御方、岡殿、曼殊院宮、女中衆、中山大納言、四辻大納言、萬里小路大納言、予、源中納言、持明院宰相、輔房朝臣、公遠朝臣、經元朝臣、言經朝臣、雅英等祗候、御盃三獻臺物共有之、音曲及夜半、次退出了、

廿九日、壬辰、天晴、十方暮、土用、五墓日、○早旦自禁裏可祗候之由有之、長橋局へ參、誓願寺之事、三好内岩成主税助、三好下野守弟侍者等上洛之間、願之由風聞之間、誓丶丶不

可油斷之由內々仰也、○巳刻誓願寺泰翁上人被來、於此方衣被着之、予着衣冠令同道、同宿西堂、寶樹庵宗琳、誓忍等也、先萬里小路へ罷向、右大辨見參、亞相蟲之所勞云々、亞相へ三百疋、右大辨へ二百疋、女中へ板之物二端被出之、數度被斟酌被返之、重遣之、一盞有之、次禁裏へ同道、殿上へ被參、於議定所御對面如例、申次右大辨、檀紙代百疋、盆香合代三百疋、以上四貫長橋局へ渡之、次長橋局へ禮被申之、百疋被出之、見參、吸物にて酒有之、西堂召出了、次此方へ同道、勸一盞了、○自右大辨被呼之間罷向、女房奉書之案文被見之、長老に可見之由申、取て歸了、○誓願寺へ罷向、奉書之文言加談合、吸物にて酒及數盃、戌刻歸宅了、○自勸修寺辨四辻番代之事被相轉之間、倉部參了、

卅日、癸巳、天晴、十方暮今日迄、今日より天一天上、土用、○誓願寺長老被來、昨日之禮、又女房奉書之事尙々談合、加文言了、○萬里小路へ罷向、右大辨に奉書之事申渡之、聽可申調之由有之、次長橋局へ罷向、次內侍所、臺所等へ立寄、次伏見殿へ參歳末之御禮申、御見參也、次勸修寺へ禮申、次大祥寺殿へ同御禮申之、次竹內殿へ同御禮申之、次岡殿へ參、御留守之間申置了、○粟津之物與三左衞門、自來春伏見之ざこ之公事代官之事望之間令同道、澤路筑後守雖爲代官、每年二十疋出之、與三左衞門五十疋可出之由申之、今日爲禮米二斗五升、串柿一束等持來、米者樽代之分云々、○暮々御歳末御禮に參內、倉部薄等召具、如例於御三間御對面、被參之輩中山前大納言、四辻大納言、萬里小路大納言、予、源中納言、持明院、輔房朝臣、公遠朝臣、經元朝臣、重通朝臣、言經朝臣、晴豐、親綱、雅英、橘以繼等也、次若宮御方、御局局へ申入了、次各退出了、先之眞性院、光明院之卷數二枚令披露了、○自庭田鹽重箱一、被送之、祝着了、

言繼卿記卷三終

山田安榮
伊藤千可良　校
本居清造

平成十年十一月二十日　印刷
平成十年十一月二十五日　発行

言継卿記　第三
編纂　國書刊行會

発行者　太田史

印刷所　東京都豊島区南大塚二丁目三五番七号
株式会社　平文社

発行所　東京都豊島区北大塚一丁目一四番六号
株式会社　続群書類従完成会
電話　〇三（三九一五）五六二一
振替　〇〇一二〇-三-六二六〇七

史料纂集既刊書目一覧表

⑦⑦	師郷記	3
⑦⑧	妙法院日次記	3
⑦⑨	田村藍水西湖公用日記	全
⑧⓪	花園天皇宸記	3
⑧①	師郷記	4
⑧②	権記	2
⑧③	妙法院日次記	4
⑧④	師郷記	5
⑧⑤	通誠公記	1
⑧⑥	妙法院日次記	5
⑧⑦	政覚大僧正記	1
⑧⑧	妙法院日次記	6
⑧⑨	通誠公記	2
⑨⓪	妙法院日次記	7
⑨①	通兄公記	1
⑨②	妙法院日次記	8
⑨③	通兄公記	2
⑨④	妙法院日次記	9
⑨⑤	泰重卿記	1
⑨⑥	通兄公記	3
⑨⑦	妙法院日次記	10
⑨⑧	舜旧記	6
⑨⑨	妙法院日次記	11
⑩⓪	言国卿記	8
⑩①	香取大禰宜家日記	1
⑩②	政覚大僧正記	2
⑩③	妙法院日次記	12
⑩④	通兄公記	4
⑩⑤	舜旧記	7
⑩⑥	権記	3
⑩⑦	慶長日件録	2
⑩⑧	鹿苑院公文帳	全
⑩⑨	妙法院日次記	13
⑪⓪	国史館日録	1
⑪①	通兄公記	5
⑪②	妙法院日次記	14
⑪③	泰重卿記	2
⑪④	国史館日録	2
⑪⑤	長興宿禰記	全
⑪⑥	国史館日録	3

史料纂集既刊書目一覧表

古記録編

配本回数	書名	巻数
①	山科家礼記	1
②	師守記	1
③	公衡公記	1
④	山科家礼記	2
⑤	師守記	2
⑥	隆光僧正日記	1
⑦	公衡公記	2
⑧	言国卿記	1
⑨	師守記	3
⑩	教言卿記	1
⑪	隆光僧正日記	2
⑫	舜旧記	1
⑬	隆光僧正日記	3
⑭	山科家礼記	3
⑮	師守記	4
⑯	葉黄記	1
⑰	経覚私要鈔	1
⑱	明月記	1
⑲	兼見卿記	1
⑳	教言卿記	2
㉑	師守記	5
㉒	山科家礼記	4
㉓	北野社家日記	1
㉔	北野社家日記	2
㉕	師守記	6
㉖	十輪院内府記	全
㉗	北野社家日記	3
㉘	経覚私要鈔	2
㉙	兼宣公記	1
㉚	元長卿記	全
㉛	北野社家日記	4
㉜	舜旧記	2
㉝	北野社家日記	5
㉞	園太暦	5
㉟	山科家礼記	5
㊱	北野社家日記	6
㊲	師守記	7
㊳	教言卿記	3
㊴	吏部王記	全
㊵	師守記	8
㊶	公衡公記	3
㊷	経覚私要鈔	3
㊸	言国卿記	2
㊹	師守記	9
㊺	三藐院記	全
㊻	言国卿記	3
㊼	兼見卿記	2
㊽	義演准后日記	1
㊾	師守記	10
㊿	本源自性院記	全
(51)	舜旧記	3
(52)	台記	1
(53)	言国卿記	4
(54)	経覚私要鈔	4
(55)	言国卿記	5
(56)	言国卿記	6
(57)	権記	1
(58)	公衡公記	4
(59)	舜旧記	4
(60)	慶長日件録	1
(61)	三箇院家抄	1
(62)	花園天皇宸記	1
(63)	師守記	11
(64)	舜旧記	5
(65)	義演准后日記	2
(66)	花園天皇宸記	2
(67)	三箇院家抄	2
(68)	妙法院日次記	1
(69)	言国卿記	7
(70)	師郷記	1
(71)	義演准后日記	3
(72)	経覚私要鈔	5
(73)	師郷記	2
(74)	妙法院日次記	2
(75)	園太暦	6
(76)	園太暦	7

言継卿記　第3　〔オンデマンド版〕

2014年11月30日　初版第一刷発行　定価（本体13,000円＋税）

編纂　国書刊行会

発行所　株式会社　八木書店　古書出版部
代表　八木乾二
〒101-0052　東京都千代田区神田小川町3-8
電話03-3291-2969（編集）-6300（FAX）

発売元　株式会社　八木書店
〒101-0052　東京都千代田区神田小川町3-8
電話03-3291-2961（営業）-6300（FAX）
http://www.books-yagi.co.jp/pub/
E-mail pub@books-yagi.co.jp

印刷・製本　（株）デジタルパブリッシングサービス

ISBN978-4-8406-3055-9　AI557